BAYERN – BÖHMEN
BAVORSKO – ČECHY

1500 Jahre Nachbarschaft
1500 let sousedství

Bibliografische Information der Deutschen Nationalbibliothek
Die Deutsche Nationalbibliothek verzeichnet diese Publikation in der Deutschen Nationalbibliografie;
detaillierte bibliografische Daten sind im Internet über http://dnb.d-nb.de abrufbar.

© 2007 Bayerisches Staatsministerium für Wissenschaft, Forschung und Kunst
Haus der Bayerischen Geschichte, Augsburg

Die Herausgabe des Werkes wurde durch die Vereinsmitglieder der WBG ermöglicht.
Gestaltung: Wolfgang Felber, Evamaria Brockhoff
Umschlaggestaltung: Stefan Schmid Design, Stuttgart, unter Verwendung des Plakatentwurfs von
Schneider & Partner, Herrsching, sowie Kat.-Nr. 411
Rückseite: Glasarche am Březník/Pürstling (Foto H. Pöhnl, Viechtach)
Lithografie: media men GmbH, Augsburg
Gesamtherstellung: Grafisches Atelier Wolfgang Felber, Ottobrunn
Druck: Aumüller Druck KG, Regensburg
Buchbinderische Verarbeitung: Ludwig Auer GmbH, Donauwörth

Gedruckt auf Symbol Freelife Satin von Fedrigoni Deutschland GmbH, Unterhaching

Lizenzausgabe für:
Konrad Theiss Verlag GmbH, Stuttgart, 2007
ISBN 978-3-8062-2098-8

BAYERN – BÖHMEN
BAVORSKO – ČECHY

1500 Jahre Nachbarschaft
1500 let sousedství

Herausgegeben von
Rainhard Riepertinger, Evamaria Brockhoff, Ludwig Eiber,
Stephan Lippold und Peter Wolf

Úvodní slovo bavorského ministerského předsedy

Bavorsko a Čechy – to je historie jednoho sousedství v srdci Evropy. Obě země k sobě úzce váže půldruhého tisíciletí společných dějin. Styčné body lze najít prakticky ve všech oblastech politického, společenského a církevního života, v dějinách umění i kultury.

Vzájemné vztahy mezi Bavorskem a Čechami jsou tématem Bavorské zemské výstavy 2007. Volba místa konání – město Zwiesel – prozrazuje přeshraniční ambice této výstavy, jež je společným dílem bavorských a českých historiků. Exponáty byly zapůjčeny z České republiky i z Bavorska. Informační panely jsou opatřeny dvojjazyčnými popisky, českými i německými. Cílem je oslovit a upoutat stejnou měrou návštěvníky z Bavorska i z Čech. Moje poděkování patří všem tvůrcům výstavy a všem zapůjčitelům, obzvláště pak české straně, která velmi ochotně spolupracovala.

Bavorsko-české sousedství bylo po staletí pokojným soužitím, jež obohacovalo obě strany. Styčných míst je tolik, že vzájemný vztah charakterizují především shody a podobné vývojové tendence. Němci, kteří v Čechách žili od 12./13. století a mnohdy pocházeli z Bavorska, hráli spolu s Židy roli zprostředkovatelů a „stavitelů mostů".

Společné dějiny znamenají však také období konfliktů, ve kterých se otevřely hluboké propasti. Zejména dramatické události 20. století vedly k zásadní a trvalé proměně bavorsko-českých vztahů, a tyto závazky ovlivňují bavorsko-české sousedství dodnes. Nacistický režim nastolil v Čechách vládu teroru, která znamenala útisk, perzekuci, nucené práce a do té doby nevídanou míru násilí.

Poválečné vyhnání a zbavení práv více než tří milionů sudetských Němců učinilo definitivní konec staletému soužití obou národů v Čechách. Přibližně jeden milion sudetských Němců našel svůj nový domov v Bavorsku. Stali se naším „čtvrtým kmenem" – vedle Starobavorů, Švábů a

Franků. Úspěšná integrace vyhnanců představuje velkolepý výkon, na který můžeme být všichni právem hrdí.

Po roce 1945 se mezi Bavorskem a Čechami spustila železná opona, která po čtyřicet let prakticky znemožňovala jakékoli mezistátní či mezilidské kontakty. Protržením železné opony v roce 1989 začala nová fáze vzájemných vztahů. Jako přímý soused má Bavorsko obzvláštní zájem na dobrých bavorsko-českých vztazích. Společná historie ve středu Evropy nabízí mnoho povzbudivých momentů, na něž lze dnes navázat. Po roce 1989 však vznikly i zcela nové spojnice. Již patnáct let prohlubuje bavorsko-česká pracovní skupina vzájemné kontakty. Enormně se zvýšila hustota sítě hospodářských vazeb. Pořádají se žákovské a studentské výměny a navazuje se partnerství mezi školami, univerzi-tami a městy. Do těchto společných projektů jsou významně zapojeni i sudetští Němci.

Česká republika se mezitím stala členem Evropské unie a NATO, tedy dvou společenství, která se cítí být zavázána základním hodnotám pokojného soužití, demokracie a právního státu.

Přese všechny smělé výhledy do společné budoucnosti v srdci Evropy nesmí však být zapomenuta minulost. Úsilí o její objektivní zhodnocení a zpracování, ochota ke vzájemnému porozumění a uznání utrpení toho druhého se mohou proměnit ve společnou sjednocující vzpomínku.

V tomto smyslu přeji Bavorské zemské výstavě „Bavorsko-Čechy. 1500 let sousedství" mnoho úspěchů a velký počet návštěvníků, zejména návštěvníků mladší generace, z Bavorska i České republiky.

Domu Bavorských dějin patří mé srdečné poděkování za uspořádání této výstavy.

Bavorský ministerský předseda
Dr. Edmund Stoiber

Grußwort des Bayerischen Ministerpräsidenten

Bayern und Böhmen – das ist die Geschichte einer Nachbarschaft mitten im Herzen Europas. Beide Länder sind durch eine etwa 1500-jährige Geschichte eng miteinander verbunden. Die Berührungspunkte umfassen praktisch alle Kontaktfelder des politischen, gesellschaftlichen, kirchlichen Lebens sowie der Kunst- und Kulturgeschichte.

Die Bayerische Landesausstellung 2007 hat sich diese Beziehung zwischen Bayern und Böhmen als Thema gesetzt. Mit der Wahl des Präsentationsortes Zwiesel zeigt sich der grenzüberschreitende Anspruch dieser Ausstellung, die von bayerischen und tschechischen Historikern erarbeitet worden ist. Leihgaben kommen aus der Tschechischen Republik wie aus Bayern. Die Schautafeln sind in beiden Sprachen beschriftet, in Tschechisch und Deutsch. Die Besucher aus Bayern und Tschechien sollen sich gleichermaßen gut in dieser Ausstellung aufgehoben fühlen. Mein Dank geht an alle Mitwirkenden und Leihgeber, insbesondere auch an die tschechische Seite, die sehr kooperativ mitgearbeitet hat.

Die bayerisch-tschechische Nachbarschaft war über Jahrhunderte hinweg friedlich und sich gegenseitig befruchtend. Angesichts der vielen Nahtstellen ist sie von zahlreichen Gemeinsamkeiten und ähnlichen Entwicklungen geprägt. Dabei spielten die Deutschen in Böhmen, die dort seit dem 12./13. Jahrhundert ansässig waren und vielfach aus Bayern kamen, sowie auch die Juden eine vermittelnde und Brücken bauende Rolle.

Aber die gemeinsame Geschichte ist auch von Konfliktperioden gekennzeichnet, die zum Teil tiefe Gräben aufrissen. Vor allem die dramatischen Ereignisse des 20. Jahrhunderts führten zu grundlegenden und nachhaltigen Veränderungen im bayerisch-böhmischen Verhältnis, die zu einer Hypothek für die bayerisch-böhmische Nachbarschaft bis heute wurden. Das nationalsozialistische Regime errichtete eine Terrorherrschaft in Böhmen mit Unterdrückung, mit Verfolgung, mit Zwangsarbeit und mit einem bis dahin unvorstellbaren Ausmaß an Gewaltanwendung.

Die Vertreibung und Entrechtung von über drei Millionen Sudetendeutschen nach dem Krieg zerriss ein jahrhundertelanges Miteinander in Böhmen. Über eine Million Sudetendeutsche fanden ihre neue Heimat in Bayern. Sie wurden zu unserem „Vierten Stamm" neben Altbayern, Schwaben und Franken. Die Integration der Heimatvertriebenen war eine großartige Leistung, auf die wir alle stolz sein dürfen.

Nach 1945 senkte sich der Eiserne Vorhang zwischen Bayern und Böhmen hernieder, der zwischenstaatliche und zwischenmenschliche Kontakte über 40 Jahre hinweg weitgehend verhinderte. Mit dem Durchschneiden des Eisernen Vorhanges 1989 begann eine neue Phase der gegenseitigen Beziehungen. Als unmittelbarer Nachbar hat der Freistaat Bayern ein besonderes Interesse an guten bayerisch-böhmischen Beziehungen. Die gemeinsame Geschichte im Zentrum Europas enthält viel Ermutigendes, an das heute wieder angeknüpft werden kann. Aber seit 1989 entstand auch viel Neues. Seit über 15 Jahren vertieft die bayerisch-tschechische Arbeitsgruppe die gegenseitigen Kontakte. Die wirtschaftlichen Verflechtungen haben sich enorm verdichtet. Es gibt Schüler- und Studentenaustausch, Patenschaften zwischen Schulen, Universitäten und Kommunen. Auch die Sudetendeutschen sind in dieses Miteinander eng eingebunden.

Die Tschechische Republik ist inzwischen Mitglied der Europäischen Union und der Nato, beides Gemeinschaften, die sich grundlegenden Werten des friedlichen Zusammenlebens, der Demokratie und des Rechtsstaates verpflichtet fühlen.

Bei allen mutigen Blicken in eine gemeinsame Zukunft im Herzen Europas darf die Vergangenheit nicht vergessen werden. Das Bemühen um objektive Aufarbeitung, die Bereitschaft zum gegenseitigen Verständnis und die Anerkennung des Leidens der Menschen auf beiden Seiten können zu einer einigenden und gemeinsamen Erinnerung werden. In diesem Sinne wünsche ich der Bayerischen Landesausstellung „Bayern-Böhmen. 1500 Jahre Nachbarschaft" viel Erfolg und zahlreiche Besucher, insbesondere auch junge Besucher, aus dem Freistaat Bayern und der Tschechischen Republik.

Dem Haus der Bayerischen Geschichte gilt mein herzlicher Dank für die Erarbeitung der Ausstellung.

Der Bayerische Ministerpräsident
Dr. Edmund Stoiber

Úvodní slovo ministra kultury České republiky

Vážené dámy, vážení pánové , milí příznivci české a německé kultury!

Skutečnost, že je poprvé tematizováno česko-bavorské sousedství se svými světlými i stinnými stránkami v průběhu 1500let, od archeologie po současnost, je důkazem trvalého a spontánního zájmu o rozvoj česko-německých kulturních vztahů v jejích různých podobách.

Ministerstvo kultury České republiky přikládá výstavě „Bavorsko-Čechy. 1500 let sousedství" velký význam, neboť je historie sousedního regionu jak v Čechách, tak v Bavorsku málo známá, především co se týče vzájemného obohacování v oblasti kultury.

Jsem velmi potěšen, že příprava konceptu výstavy vznikala v těsné spolupráci s českými vědci a muzei a doprovázelo ji i česko-německé kuratorium.

Jsem proto přesvědčen, že cíl výstavy „Bavorsko-Čechy. 1500 let sousedství", tedy porozumění lidem a jejich osudům na obou stranách hranice, bude naplněn a významnou měrou přispěje k dalšímu rozvoji vzájemných vztahů v oblasti kultury mezi oběma národy.

Václav Jehlička
ministr kultury České republiky

Grußwort des Ministers für Kultur der Tschechischen Republik

Die bayerisch-tschechische Nachbarschaft, hier zum ersten Mal mit ihren Licht- und Schattenseiten in einem Zeitraum von 1500 Jahren anhand von archäologischen Befunden bis zum heutigen Tag thematisiert, liefert einen Beweis für ein dauerhaftes und spontanes Interesse an der Entwicklung der deutsch-tschechischen Kulturbeziehungen in ihren unterschiedlichsten Formen.

Für das tschechische Ministerium für Kultur ist die Ausstellung „Bayern – Böhmen: 1500 Jahre Nachbarschaft" von großer Bedeutung, weil sie die sowohl in Böhmen als auch in Bayern wenig bekannte Geschichte der Grenzregionen hinsichtlich der gegenseitigen kulturellen Bereicherung hier besonders zum Ausdruck bringt. Ich bin sehr darüber erfreut, dass das Ausstellungskonzept in enger Zusammenarbeit mit tschechischen Wissenschaftlern und Museen entstanden ist und dabei von einem tschechisch-deutschen Kuratorium begleitet wurde. Deswegen bin ich fest davon überzeugt, dass das Ziel der Ausstellung „Bayern – Böhmen. 1500 Jahre Nachbarschaft", sprich Verständnis für Menschen und für Menschenschicksale an beiden Seiten der Landesgrenzen, in Erfüllung gehen wird und in bedeutendem Maße zur Weiterentwicklung der gegenseitigen Beziehungen im Bereich der Kultur von beiden Völkern beitragen wird.

Václav Jehlička
Minister für Kultur der Tschechischen Republik

Impressum

Die Schirmherren der Ausstellung / Patroni výstavy
Der Bayerische Ministerpräsident / Bavorský ministerský předseda
Dr. Edmund Stoiber
Ministr kultury České republiky / Kulturminister der Tschechischen Republik
Mgr. Václav Jehlička

Veranstalter / Pořadatelé
Haus der Bayerischen Geschichte
Direktor Prof. Dr. Claus Grimm
und
Stadt Zwiesel
Bürgermeister Robert Zettner

Projektleitung / Vedoucí projektu
Dr. Rainhard Riepertinger

*Koordination Tschechische Republik /
Koordinace spolupráce s Českou republikou*
Dr. Peter Wolf
Mitarbeit / Spolupráce
PhDr. Věra Přenosílová
Caroline Sternberg M.A.

*Wissenschaftliche Konzeption /
Vědecká koncepce*
Dr. phil. habil. Ludwig Eiber
Stephan Lippold
Dr. Rainhard Riepertinger
Dr. Peter Wolf

*Wissenschaftliche Mitarbeit /
Vědecká spolupráce*
Sven Bauer M.A.
Dr. Ulrich List
PhDr. Jitka Lněničková
PD Dr. Hans Losert
Caroline Sternberg M.A.

*Organisation Kolloquium /
Organizace kolokvia*
Dr. phil. habil. Ludwig Eiber

*Objekt- und Fotoverwaltung /
Správa exponátů a fotografií*
Dr. Peter Wolf
Stephan Lippold

*Didaktik und Museumspädagogik /
Didaktika a muzejní pedagogika*
Stephan Lippold (Leitung)
Roland Pongratz M.A.
Akademie für Sozialpädagogik Zwiesel
Kinderlandbüro des Landkreises Regen

Katalogredaktion / Redakce katalogu
Evamaria Brockhoff
Dr. Christof Hangkofer
Helga Wiedmann

Übersetzungen / Překlad
Markéta Ederová
Ilka Giertz
Gudrun Heißig
Kristina Kallert M.A.

Kartografie
Heinz Muggenthaler, Regen

Internet
Evamaria Brockhoff
Dr. Christof Hangkofer

*Gestaltung, Grafik, Inneneinrichtung /
Výtvarné řešení výstavy, grafika, interiér*
Schneider & Partner. Atelier für Gestaltung,
    Herrsching
Peter Rudolf, Zwiesel

*Inneneinrichtung und Bau /
Vnitřní vybavení a instalace*
Schreinerei Emil Fritz, Tiefenbach

Konservatorische Betreuung und Objektmontage / Konzervátorská péče a montáž exponátů
Jürgen Holstein M.A.
Ernst Bielefeld
Oliver Schach
Alfred Stemp
Magdalena Verenkotte

Multimedia / Multimédia
Georg Schmidbauer, München
Res Media GmbH, Augsburg
Archimedix, Ober-Ramstadt

Führungsdienst / Průvodcovská služba
Diana Stock-Megies M.A.
Horst Rüdel

Öffentlichkeitsarbeit / Public relations
Dr. Michael Henker
Dr. Verena Schäfer

*Marketingmaßnahmen Landkreis Regen /
Marketingová opatření Landkreis Regen*
Herbert Unnasch
Simona Fink
Sabine Pöschl
Roland Pongratz M.A.
Susanne Wagner

Verwaltung / Administrativa
Clemens Menter
Kurt Lange
Wolfgang Schaile

Kuratorium

Dr. Thomas Goppel
Bayerischer Staatsminister für Wissenschaft,
Forschung und Kunst

Mgr. Václav Jehlička
Kulturminister der Tschechischen Republik

Dr. Peter Becher
Geschäftsführer des Adalbert-Stifter-Vereins

Landtagspräsident a. D. Johann Böhm
Sprecher der Sudetendeutschen Volksgruppe

Mgr. Karel Borůvka
Generalkonsul der Tschechischen Republik
in München

Prof. Dr. Walter Koschmal
Universität Regensburg

Dr. Wolfgang Kunert
Regierungspräsident der Oberpfalz

Ing. Jan Lontschar
Leiter „Tandem" Pilsen

Alexander Muthmann
Landrat des Landkreises Freyung-Grafenau,
Vorsitzender der Euregio Bayerwald-Böhmer-
wald in Bayern

Prof. PhDr. Jaroslav Pánek
Historisches Institut der Akademie der Wissenschaften der Tschechischen Republik

JUDr. Josef Pavel
Bezirkshauptmann des Bezirks Karlsbad

Prof. PhDr. Jiří Pešek
Karls-Universität Prag, Vorsitzender
der tschechischen Sektion der deutsch-
tschechisch-slowakischen Historikerkommission

Thomas Rudner
Leiter „Tandem" Regensburg

Prof. Dr. Alois Schmid
Erster Vorsitzender der Kommission für
Bayerische Landesgeschichte bei der Baye-
rischen Akademie der Wissenschaften

Prof. Dr. Martin Schulze Wessel
Erster Vorsitzender des Collegium
Carolinum

David Stecher
Direktor des Tschechischen Zentrums
München

Georg Steiner
Geschäftsführer des Tourismusverbandes
Ostbayern

Ing. František Vlček
Vorsitzender der Euregio Bayerwald-
Böhmerwald in Tschechien

Wilhelm Wenning
Regierungspräsident von Oberfranken

Heinz Wölfl
Landrat des Landkreises Regen

RNDr. Jan Zahradník
Bezirkshauptmann des Bezirks Südböhmen

Robert Zettner
Erster Bürgermeister der Stadt Zwiesel

Dr. Petr Zimmerman
Bezirkshauptmann des Bezirks Pilsen

Dr. Walter Zitzelsberger
Regierungspräsident von Niederbayern

Leihgaben und Vorlagen für Reproduktionen stellten dankenswerterweise zur Verfügung / Exponáty a předlohy pro reprodukce laskavě zapůjčili:

Staatsarchiv Amberg
Stadtmuseum Amberg
Sammlung Stefan Fendt, Aichach
Heimatkreis Reichenberg Stadt und
    Land e.V., Augsburg
Evangelisch-Lutherische Kirchengemeinde
    „Zu den Barfüßern" Augsburg
Kunstsammlungen und Museen der Stadt
    Augsburg
Staats- und Stadtbibliothek Augsburg
Universitätsbibliothek Augsburg,
    Oettingen-Wallersteinsche Bibliothek
Knopffabrik Seitz, Bärnau
Deutsches Knopfmuseum Bärnau
Staatsarchiv Bamberg
Dr. Christine Riedl-Valder, Beratzhausen
Bildarchiv Preußischer Kulturbesitz, Berlin
Bundesarchiv Berlin
Politisches Archiv des Auswärtigen Amts,
    Berlin
Deutsches Historisches Museum, Berlin
Freie Universität Berlin, Universitäts-
    bibliothek
Kreis- und Heimatmuseum auf dem Bogen-
    berg, Landkreis Straubing-Bogen
Bibliothek der Friedrich-Ebert-Stiftung,
    Bonn
Bund der Vertriebenen (BdV), Bonn
Haus der Geschichte, Bonn
Seliger-Archiv im Archiv der sozialen
    Demokratie der Friedrich-Ebert-Stiftung,
    Bonn
Kolegiatní kapitula sv. Kosmy a
    Damiána ve Staré Boleslavi,
    Brandýs nad Labem – Stará Boleslav
Múzeum mesta Bratislavy, Slovensko
Moravská galerie v Brně
Bundeswehr, Fernmeldebataillon 4, Cham
Krajské muzeum Cheb
Státní okresní archiv Cheb
KZ-Gedenkstätte Dachau
Stadtarchiv Deggendorf
Wetzel – Karlsbader Oblaten- und Waffel-
    fabrik, Dillingen
Muzeum Chodská v Domažlicích – Muzeum
    Jindřicha Jindřicha
Zdeněk Procházka, Domážlice
Benediktinerinnenabtei St. Walburg,
    Eichstätt

KZ-Gedenkstätte Flossenbürg
Karl-Heinz Paulus, Freyung
Freiwillige Feuerwehr der Stadt Furth im
    Wald
Landestormuseum Furth im Wald
Stadt Furth im Wald – Stadtarchiv
Stadt Furth im Wald – Stiftung Voithenberg
Hartmut Wolff, Furth im Wald
Stromer'sche Kulturgut-, Denkmal- und
    Naturstiftung, Grünsberg bei Nürnberg
Gertrud Seibt, Haar
Sammlung Reinhold Balk, Hahnbach
Kath. Kirchenstiftung Heldenstein, vertreten
    durch das Erzbischöfliche Ordinariat
    München, Kunstreferat
Deutsches Porzellanmuseum Hohenberg an
    der Eger
Bayerisches Armeemuseum Ingolstadt
Stadtmuseum Ingolstadt
Muzeum skla a bižuterie v Jablonci nad
    Nisou
Sklářské muzeum Kamenický Šenov
Stadtmuseum Kaufbeuren
Bundesarchiv Koblenz
Galerie moderního umění v Hradci Králové
Rimská-katolická farnost Kutná Hora-Sedlec
Zisterzienserinnenabtei Seligenthal in
    Landshut/Niederbayern
Památník Lidice
Oblastní muzeum v Litoměřicích
Mucha Foundation, London
Bundesarchiv, Außenstelle Ludwigsburg
Königlich Privilegierte Schützengesellschaft
    Mainbernheim
Riesengebirgs-Museum, Marktoberdorf
Königlich privilegierte Feuerschützen-
    gesellschaft Markt Schwaben
Erwin † und Traudl Hofmann, Maxhütte-
    Haidhof
Luftbildverlag Hans Bertram GmbH,
    Memmingerberg
Dr. Walter Assmann, München
Adalbert Stifter Verein, München
Staatliche Antikensammlung und Glypto-
    thek, München
Sudetendeutsches Archiv, München
BMW AG Konzernarchiv, München
Heinz Firsching, München
Staatliche Graphische Sammlung München

Bayerisches Hauptstaatsarchiv München
Justizvollzugsanstalt München
Metropolitanstiftung zu Unserer Lieben
    Frau, München
Monacensia. Literaturarchiv und Bibliothek
    München
Staatliche Münzsammlung München
Bayerisches Nationalmuseum München
Porzellan Manufaktur Nymphenburg,
    München
Dr. Rolf Schmidt genannt Waldschmidt,
    München
Jítka Scholz, München
Staatsarchiv München
Archäologische Staatssammlung München
    – Museum für Vor- und Frühgeschichte
Bayerische Staatsbibliothek, München
Bayerische Staatsgemäldesammlungen,
    München
Mineralogische Staatssammlung. Museum
    Reich der Kristalle, München
Münchner Stadtmuseum
TV Sokol e.V., München
Sammlung Karl Stehle, München
Tschechisches Zentrum, München
Bayerische Verwaltung der staatlichen
    Schlösser, Gärten und Seen, Residenz
    München
Wittelsbacher Ausgleichsfonds, München
Isergebirgs-Museum Neugablonz
Familie Josef Neumeyer, Neukirchen
    b. Hl. Blut
Wallfahrtsmuseum Neukirchen b. Hl. Blut
Schwarzachtaler Heimatmuseum Neunburg
    vorm Wald
Stadtmuseum Neustadt a. d. Waldnaab
Museum der Stadt Neutraubling – Orts-
    geschichtliche Dokumentation
Helena Lukas, New York
Abtei Niederaltaich
Stadtarchiv Nördlingen
Deutsche Bahn AG – DB Museum Nürn-
    berg
Germanisches Nationalmuseum, Nürnberg
Pressearchiv Nürnberger Nachrichten/Nürn-
    berger Zeitung
Staatsarchiv Nürnberg
Katholische Pfarrkirchenstiftung St. Wenzes-
    laus, Oberlauterbach

Galerie výtvarného umění v Ostravě,
  příspěvková organizace
Archiv Karel Kryl, Passau
Böhmerwaldmuseum Passau
Glasmuseum Passau
Plzeňský Prazdroj a.s. Pivovarské muzeum
  v Plzni
Zapadočeské muzeum v Plzni
Prachatické muzeum Prachatice
Archeologický ústav AV ČR, Praha, v.v.i.
Česka spořitelna a.s. Centrala v Praze, odbor
  sprava majetku
Česká tisková kancelář, Praha
Collections of Prague Castle
Otto Dlabola, Praha
Galerie hlavního města Prahy
Metropolitní kapitula u sv. Víta, Praha
Muzeum hlavního města Prahy
Muzeum Policie České republiky, Praha
Národní archiv, Praha
Národní galerie v Praze
Národni knihovna Česke republiky, Praha
Národní muzeum Praha
Národní technické muzeum Praha
Památník národního písemnictví, Praha
Pedagogické muzeum J.A.Komenského v
  Praze
Radio Free Europe, Praha
Vojenský ústřední archiv, Praha
Uměleckoprůmyslové muzeum v Praze
Vilém Prečan, Praha
Vojensky historicky ústav Praha – Armadní
  museum

Židovské muzeum v Praze
Hornické muzeum Příbram
Staatliche Bibliothek Regensburg
Domschatzmuseum Regensburg
Diözesanmuseum Regensburg
Fürst Thurn und Taxis Kunstsammlung,
  Regensburg
St. Katharinenspitalstiftung Regensburg
Kunstforum Ostdeutsche Galerie, Regens-
  burg
Museen der Stadt Regensburg
Johannes Paffrath, Regensburg
Wilhelm Dietl, Sattelpeilnstein
Bundespolizeiamt Schwandorf
Josef Lehnerer, Schwandorf
Ortsheimatpfleger Heinrich Schwarz, Alt-
  falter/Heimatmuseum Schwarzenfeld
Porzellanwelt Selb – Die Museen
F. Kraus, Silberbach
Gäubodenmuseum Straubing
Landesmuseum Württemberg, Stuttgart
Stadt Sulzbach-Rosenberg
Muzeum Šumavy Sušice
Husitské muzeum v Táboře, sbírka histo-
  rických zbraní, výstroje, výzbroje
Památnik Terezin (Gedenkstätte Theresien-
  stadt)
Muzeum města Ústí nad Labem
Privatsammlung Anita und Hartmut Naefe,
  Viechtach

Herbert Pöhnl, Viechtach
Muzeum při Správě NP a -CHKO Šumava
  ve Vimperku
Wolferstetter Bräu, Vilshofen
Annamarie Babl, Waldmünchen
Foto Beer, Waldmünchen
Grenzland- und Trenck-Museum, Wald-
  münchen
Stadt Waldmünchen
Stadtarchiv Waldkraiburg
Katholische Kirchenstiftung St. Johannes
  Ev. Waldsassen
Verein zur Erhaltung und Förderung der
  Wallfahrtskirche Maria Loreto in Altkins-
  berg, Egerland e.V., Waldsassen
Stadtmuseum Weiden
Bohmann-Verlag, Wien
Kunsthistorisches Museum, Wien, Kunst-
  kammer
Kunsthistorisches Museum, Wien,
  Gemäldegalerie
Graphische Sammlung Albertina, Wien
Mainfränkisches Museum Würzburg
Gangkofner KG, Zwiesel
Annemarie Rimpler, Zwiesel
Waldmuseum Zwiesel

sowie private Leihgeber, die ungenannt
  bleiben wollen

Katalogtexte / Texty katalogu

E. A.	Ernst Aichner
R. B.	Reinhold Balk
F. B.	Fritz Bauer
S. B.	Sven Bauer
G. B.	Günther Bauernfeind
M. Bě.	Milena Běličová
L. B.	Ludwig Biewer
V. B.	Vojtěch Blodig
D. B.	Detlef Brandes
D. Br.	Dagmar Braunová
M. B.	Milena Bravermanová
C. B.	Christiane Brenner
E. B.	Evamaria Brockhoff
H. B.	Helena Brožková
M. Bu.	Michal Burian
W. D.	Wolfgang David
V. D.	Volker Dittmar
St. E.	Stefan Ebenfeld
L. E.	Ludwig Eiber
E. F.	Elisabeth Fendl
Z. F.	Zuzana Francová
K. E. F.	K. Erik Franzen
F. Fr.	František Frýda
F. F.	Friedrich Fuchs
M. G.	Magdalene Gärtner
R. G.	Rupert Gebhard
C. G.	Claus Grimm
G. G.	Günther Grünsteudel
U. H.	Ulrich Haag
E. Ha.	Eva Habel
E. Ham.	Edwin Hamberger
J. Há.	Jiří Hána
C. H.	Christof Hangkofer
K. H.	Katharina Hantschmann

E. H.	Eva Haupt
H. H.	Hana Havránková
R. N. H.	Rainer Nikolaus Heinrich
R. H.	Reinhard Heydenreuter
T. H.	Tomáš Hladík
V. H.	Vladimír Horpeniak
J. H.	Jana Hubková
W. J.	Wolfgang Janka
F. I.	František Ibl
I. K.	Isabel Käser
F. M. K.	Frank Matthias Kammel
M. K.	Manfred Knedlik
Z. K.	Zdeňka Kokošková
J. K.	Jiří Košta
O. K.	Ortfried Kotzian
J. Ku.	Jaroslav Kuntoš
M. L.	Miroslava Langhamerová
H. L.	Hans Lemberg
J. L.	Jitka Lněničková
S. L.	Stephan Lippold
U. L.	Ulrich List
H. Lo.	Hans Losert
R. L.	Robert Luft
C. M.	Christoph Meixner
J. N.	Josef Nejdl
J. O.	Jörg Osterloh
A. P.	Astrid Pellengahr
W. P.	Werner Perlinger
V. P.	Václav Petrbok
D. P.	Daniel Povolný
M. P.	Marek Poloncarz
J. v. R.	Judith von Rauchbauer
G. R.	Gerhard Rechter
H. R.	Hermann Reidel

C. R.-V.	Christine Riedl-Valder
R. R.	Rainhard Riepertinger
J. R.	Jan Royt
V. R.	Vacláv Rutar
S. S.	Sigrid Sangl
M. R. S.	Maria Rita Sagstetter
R. S. g. W.	Rolf Schmidt genannt Wald-
schmidt
F. S.	Frank Schmitter
Ch. S.	Christiane Sellner
H. S.	Hinrich Sieveking
E. Ši.	Eduard Šimek
St. S.	Stanislav Slavík
E. Š.	Evženie Šnajdrová
M. S. J.	Martina Sošková Jandlová
D. S.	Dana Stehlíková
P. S.	Petr Štembera
C. S.	Caroline Sternberg
G. S.	Gerd Stumpf
W. Sp.	Walter Spiegl
L. S.	Lubomír Sršen
B. S.	Barbora Svojanovská
M. S.	Marta Sylvestrová
U. T.	Uwe Tresp
M. T.	Magdalena Turková
F. U.	Friederike Ulrichs
D. U.	Daniela Urbancová
J. V.	Josef Velfl
B. V.	Birgit Vierling
L. V.	Lucie Vlčková
A. W.	P. Angelus Waldstein OSB
K. W. W.	Karl-Wilhelm Warthorst
P. W.	Peter Wolf

Für Rat und Hilfe danken wir / *Za radu a podporu děkujeme:*

Franz Amberger, Kötzting
Walter Annuß, Regensburg
Dr. Adrian Arburg, Praha
PhDr. Jan Nepomuk Assmann, Muzeum hlavního města Prahy
Margot Attenkofer, Bayerische Staatsbibliothek, München
Milan Augustin, Státní okresní archiv Karlovy Vary
Prof. Dr. Joachim Bahlcke, Universität Stuttgart
Robert Baierl M.A., Passau
Jitka Balcarová, München
Reinhold Balk, Hahnbach
Prof. Dr. Ulrich Bauche, Hamburg
Fritz Bauer, Waldmuseum Zwiesel
Theo Bauer, Bayerische Staatsbibliothek, München
Ulrich Bauer, Furth im Wald
Günther Bauernfeind, Wallfahrtsmuseum Neukirchen b. Hl. Blut
Andrea Bäuml, Deutsches Knopfmuseum, Bärnau
Martin Baxa, Krajský úřad Plzeňského kraje, Plzeň
Dr. Peter Becher, Adalbert Stifter Verein e.V., München
Hans Beer, Waldmünchen
Katrin Bellinger, London
Vladimir Benes, München
Benita Berning M.A., München
Franz Beyerl, Landkreis Straubing-Bogen, Straubing
František Bízek, Spolek Zlatá stezka, Vimperk
PhDr. Naděžda Blažíčková-Horová, Národní galerie v Praze
PhDr. Vojtěch Blodig, Terezín
Prof. PhDr. Lenka Bobková, Univerzita Karlova v Praze
Dr. Jaromir Bohač, Státní okresní archiv Cheb
Landtagspräsident a.D. Johann Böhm, Unsleben
Dr. Kamil Boldan, Národní knihovna ČR, Praha
Prof. Dr. Frank Boldt †, Evropské Comenium, Cheb
Prof. Dr. Friedhelm Boll, Institut für Sozialgeschichte e.V., Bonn
Dr. Andreas Boos, Historisches Museum, Regensburg
Generalkonsul Mgr. Karel Borůvka, München
Prof. Dr. Detlef Brandes, Universität Düsseldorf
Milena Bravermanová, Prague Castle Management
Mgr. Marie Bretlová, Mrákov
Dr. Hans Breuer, Augsburg
Alois Brunner M.A., Diözese Passau
PhDr. Stanislav Burachovič, Krajské muzeum Karlovy Vary
Prof. Dr. Václav Bůžek, České Budějovice
PhDr. Vojtech Čelko, Praha

PhDr. Ladislav Čepička, Západočeské muzeum v Plzni
Rainer Christoph, Altenstadt
Dr. Silvia Codreanu, Bayerisches Landesamt für Denkmalpflege, Regensburg
Dr. Martin Dallmeier, Historischer Verein für Oberpfalz und Regensburg
Dr. Wolfgang David, kelten römer museum, manching
Dr. Harald Derschka, Universität Konstanz
Wilhelm Dietl, Sattelpeilnstein
PhDr. Eva Dittertová, Krajské muzeum Cheb
Volker Dittmar, Egerland-Museum, Marktredwitz
Martin Dobes, München
Dr. Stephan Dolezel, Rosdorf
Dr. Milos Dostal, Praha
Rudolf Drasch, Justizvollzugsanstalt München
Dr. Michael Drucker, Staatliche Bibliothek Regensburg
Dr. Jozo Džambo, Adalbert Stifter Verein e.V., München
Marketa Eder, České Budějovice
Erster Bürgermeister Hans Eibauer, Schönsee
Dr. Claudia Fabian, Bayerische Staatsbibliothek, München
Elisabeth Fendl M.A., Johannes-Künzig-Institut für ostdeutsche Volkskunde, Freiburg
Stefan Fendt, Aichach
Ota Filip, Murnau a. Staffelsee
Simona Fink, Volkshochschule Regen
Dr. Fritz Fischer, Landesmuseum Stuttgart
Gottlieb Fischer, Riesengebirgs-Museum, Marktoberdorf
Dr. Max Fischer, Staatssekretär und Landrat a.D. Cham
Eva-Maria Fleckenstein, Landesstelle für die nichtstaatlichen Museen, München
Bertold Flierl, Bayerische Staatskanzlei, München
Msgr. Karel Fořt, München
Zuzana Francová, Múzeum Mesta Bratislavy
K. Erik Franzen, Collegium Carolinum e.V., München
Christian Freundorfer, Stadt Bogen
Ulrich Fritz M.A., KZ-Gedenkstätte Flossenbürg
PhDr. František Frýda, Západočeské muzeum v Plzni
PhDr. Eliška Fučíková, Senat der Tschechischen Republik, Praha
Dr. Walter Fuger, Landesstelle für die nichtstaatlichen Museen, München
Dr. Magdalene Gärtner, Augsburg
Iva Gaudesová, Památník Terezín
Prof. Dr. Rupert Gebhard, Archäologische Staatssammlung, München
Wolfgang Gebhardt, Kriminalpolizeiinspektion Amberg
Prof. Dr. Monika Glettler, Historisches Seminar der Universität Freiburg
Hans H. Gold, Hessisch Lichtenau
Werner Grube, München
Prof. Dr. Rudolf Grulich, Justus-Liebig-Universität Gießen

Karl Grünbeck, Zwiesel
Günther Grünsteudel, Universitätsbibliothek Augsburg
Andreas Grunwald, Bundesarchiv Berlin
H.H. Weihbischof Josef Grünwald, Bistum Augsburg
Dr. Eva Habel, München
Widmar Hader, Bad Abbach
Mgr. Karel Halla, Státní okresní archiv Cheb
Prof. Dr. Reinhard Haller, Bodenmais
Edwin Hamberger, Stadtarchiv Mühldorf am Inn
Christoph Hammer, Schorndorf am Ammersee
Paul Hansel, Bayerische Staatskanzlei, München
Radana Hanuštiáková, München
Louis Freiherr von Harnier, Gräfelfing
Elmar Hartl, Freyung
Eva Haupt M.A., Isergebirgs-Museum, Neugablonz
Prof. Dr. Karl Hausberger, Universität Regensburg
Heinrich Hegen, Vermessungsamt Regensburg
Dr. Ralf Heimrath, Oberpfälzer Freilandmuseum, Nabburg
Josef Heisl, Polizeipräsidium Niederbayern/Oberpfalz, Regensburg
Gudrun Heißig, München
Dr. Martin Herda, Prague Castle Management
Dr. Johanna von Herzogenberg, Adalbert Stifter Verein e.V., München
Prof. Dr. Reinhard Heydenreuter, Bayerisches Hauptstaatsarchiv, München
Dr. Sabine Heym, Bayerische Verwaltung der staatlichen Schlösser, Gärten und Seen, München
Ernst Hinsken, Haibach
Konsul Dr. Jan Hloušek, München
Dr. Rupert Hochleitner, Mineralogische Staatssammlung, München
Erwin Hofmann †, Maxhütte-Haidhof
Dr. Daniel Hohrath, Deutsches Historisches Museum, Berlin
PhDr. Zdeněk Hojda, Univerzita Karlova v Praze
Johann Carl Freiherr von Hoenning O'Carroll, Sünching
Roland Hopp, Bayerisches Armeemuseum Ingolstadt
Jitka Horakova M.A., Königsbrunn
Dr. Reinhard Horn, Bayerische Staatsbibliothek, München
PhDr. Vladimír Horpeniak, Muzeum Šumavy, Kašperské Hory
Mgr. Václav Houfek, Muzeum města Ustí nad Labem
Mgr. Jan Hrdina, Archiv hl. města Prahy
Michaela Hriberski, Bund der Vertriebenen, Bonn
Prof. Dr. Achim Hubel, Otto-Friedrich-Universität Bamberg
Alois Huber, Lam
Botschafter a.D. Hermann Huber, Grafing

Mgr. Jana Hubková PHD., Ústí nad Labem

Dr. Markus Hundemer, Bayerisches Landesamt für Denkmalpflege, München

Dr. Miroslav Hus, Západočeské muzeum v Plzni

Mgr. Vítězslav Jandak, Praha

Dr. Wolfgang Janka, Universität Regensburg

Mgr. Jiří Jauce, Policie České Republiky, Praha

Dr. Norbert Jocher, Erzbischöfliches Ordinariat München

Birgit Jooss, Akademie der Bildenden Künste, München

PhDr. Marek Junek, Národní Muzeum Praha

Mgr. Kateřina Jurková, České Budějovice

PhDr. Vladimír Kaiser, Archiv Ústí nad Labem

Doc.PhDr. Kristina Kaiserová, CSc., Universita J. E. Purkyně, Ústí nad Labem

Mgr. Olga Kalčíková, Krajský úřad Plzeňského kraje

Mgr. Kateřina Kalistová, Ministerstvo kultury České republiky, Praha

Kristina Kallert M. A., Regensburg

PhDr. Jan Kalous, Policie České Republiky, Praha

Ernst Kamm, Stadt Zwiesel

Dr. Frank-Matthias Kammel, Germanisches Nationalmuseum, Nürnberg

Herbert Karbach, Auswärtiges Amt Berlin

Karel Kasparek, München

Ralf Kaulfuß, Gymnasium Olching

H. H. Pater Vladimir Kellnar, Praha

Konrad Kern, Stadtarchiv Waldkraiburg

Dr. Bärbel Kleindorfer-Marx M.A., Landratsamt Cham

PhDr. Ivan Klimeš, Národní filmový archiv, Praha

Dr. Dietrich O. A. Klose, Staatliche Münzsammlung, München

Dr. Florian Knauß, Staatliche Antikensammlung und Glyptothek, München

Manfred Knedlik, Landshut

Aleš Knižek, Vojenský historický ústav Praha

Albert Knoll, Dachau

Zdeňka Kokošková, Národní archív Praha

Olga Kopecká, Praha

PhDr. Jiří Kořalka, Praha

Prof. Dr. Fritz Koreny, Wien

Prof. Dr. Walter Koschmal, Universität Regensburg

Dr. Ortfried Kotzian, Haus des Deutschen Ostens, München

Fritz Kraus, Silberbach

Marlene Kryl, Passau

Miroslav Kubasa, Augsburg

Dr. František Kubů, Prachatické muzeum

Pavel Kucera, Zirndorf

Doc. PhDr. Ctirad Kučera, Universita J. E. Purkyně, Ústí nad Labem

René Küpper, Bonn

Petr Ladman, Západočeské muzeum v Plzni

Heide Langguth, Egling-Neufahrn

Johannes Laschinger, Stadtarchiv Amberg

Dr. Joachim Lauchs, Bayerisches Hauptstaatsarchiv, München

Dr. Gerhard Lehrberger, Technische Universität München

Dr. Gerhard Leistner, Kunstforum Ostdeutsche Galerie, Regensburg

Prof. Dr. Hans Lemberg, Universität Marburg

PhDr. Šárka Leubnerová, Národní galerie v Praze

Dr. Norbert Leudemann, Kunstreferat der Diözese Augsburg

Ing. Jaroslav Lobkowicz, Plzeň

Michael Lochar, München

Martin Löwenberg, München

Dr. Richard Loibl, Textil- und Industriemuseum, Augsburg

Dr. Ulrike Lorenz, Kunstforum Ostdeutsche Galerie, Regensburg

Dr. Robert Luft, Collegium Carolinum e.V., München

Prof. Dr. Franz Machilek, Bamberg

PhDr. Václav Maidl, Praha

Dr. Andreas von Majewski, Wittelsbacher Ausgleichsfonds, München

Theo Männer, Festspielverein Neunburg vorm Wald

Dr. Max Mannheimer, Comité International de Dachau, Haar

Prof. Dr. Dietrich Manske, Altenthann

Prof. Dr. Michaela Marek, Universität Leipzig

Dr. Anne Martin, Zeitgeschichtliches Forum Leipzig

Dr. Jan Matějka, Sbor kanonvníku sv. Vita, Praha

Markus Mauritz, Würzburg

Christoph Meixner M.A., Hochschule für Musik, Weimar

Lisa Miková, Praha

Mgr. Petr Mikšíček, Praha

Jan Mlčoch, Uměleckoprůmyslové museum v Praze

Klaus Mohr M.A., Sudetendeutsches Archiv e.V., München

Johannes Molitor, Bischofsmais

PD Dr. Günther M. Moosbauer, Universität Osnabrück

Dr. Eva Moser, Bayerisches Wirtschaftsarchiv, München

Tomas Mrtvy, TV Sokol München e.V.

Andreas Müller, Bayerisches Landesamt für Denkmalpflege, München

Mgr. Josef Nejdl, Muzeum Chodska v Domažlicích

Prof. Dr. Marek Nekula, Universität Regensburg

Hans Neueder, Bogen

Dr. Stefan Nobbe, Goethe-Institut, Praha

Žaneta Nováková, Krajský úřad Plzenského kraje

Angelika Obermeier, Bayerische Staatsbibliothek, München

Peter Ochsenmeier, Volkshochschule Furth im Wald

Dr. Martin Ortmeier, Freilichtmuseum Finsterau

Jana Niedermayer M.A., München

Prof. PhDr.Dr.h.c. Jaroslav Pánek, Historický ústav Akademie věd ČR, Praha

PhDr. Arno Pařík, Židovské muzeum v Praze

Karl-Heinz Paulus, Freyung

Leo Pavlát, Židovské muzeum v Praze

Sebastian Pawlowski, Mucha Museum s.r.o., Praha

Werner Perlinger, Stadtarchiv Furth im Wald

Prof. Dr. Jiří Pešek, Institut mezinárodních studií, Praha

Václav Petrbok, Praha

Birgitta Petschek-Sommer M.A., Stadtmuseum Deggendorf

Mathias Pfaffel, Egweil

Franz Platzer, Furth im Wald

Karel Pokorný, Vorstandsvorsitzender SKV Sokol München e.V.

Roland Pongratz M.A., Regen

Stefan Freiherr von Poschinger, Frauenau

Sabine Pöschl, Volkshochschule Regen

Margret Pötzl, Kirchlicher Suchdienst HOK, Passau

Mgr. Daniel Povolný, Policie České republiky, Praha

PhDr. Roman Prahl, Ústav pro dějiny umění, Praha

Prof. PhDr. Vilém Prečan, Praha

Zdeněk Procházka, Nakladatelství českého lesa, Domažlice

Dr. Veronika Procházková, Národní knihovna ČR, Praha

Edgar Pscheidt M.A., Sudetendeutsches Archiv e.V., München

Judith von Rauchbauer M.A., Stadtmuseum Amberg

Dr. Gerhard Rechter, Staatsarchiv Nürnberg

Gerhard Reibrich, Bayerisches Hauptstaatsarchiv, München

Alexander Reif, Stadt Zwiesel

Dr. Hermann Reidel, Diözesanmuseum Regensburg

Mgr. Zdenka Řezníčková, Muzeum Šumavy, Sušice

Dr. habil. Peter Philipp Riedl, Regensburg

Ludwig Riedlberger, Regierung der Oberpfalz, Regensburg

Josef Roiger, München

Dr. Walter Rösner-Kraus, Bayerisches Staatsministerium für Arbeit und Sozialordnung, Familie und Frauen, München

Prof. PhDr. Ing. Jan Royt, Ústav dějin křesťanského umění, Praha

Otto Rubner, Oberschleißheim

Thomas Ruhfaß, Stadtmaus GmbH, Regensburg

Prof. Dr. Hermann Rumschöttel, Generaldirektion der Bayerischen Archive, München

Dr. Vladimír Růžek, Praha

Petr Šafařík, Praha

Dr. Maria Rita Sagstetter M.A., Staatsarchiv Amberg

Kaspar Sammer, Euregio Bayerischer Wald, Freyung

Konrad M. Scharinger, Botschaft der Bundesrepublik Deutschland, Praha

Mgr. Vojtěch Scheinost, Národní Muzeum Praha

Rainer Schlenz, Passauer Neue Presse, Zwiesel

Prof. Dr. Alois Schmid, Universität München

Alexander Schmidt, KZ-Gedenkstätte
   Flossenbürg
Frank Schmitter, Monacensia – Literatur-
   archiv, München
Jítka Scholz, Adalbert Stifter Verein e.V.,
   München
Rainer Schönberg, Bayerisches Staatsminis-
   terium für Wissenschaft, Forschung und
   Kunst, München
Lore Schretzenmayr, Regensburg
Karlheinz Schröpfer, Grenzland- und
   Trenckmuseum, Waldmünchen
Dr. Karl Schütz, Wien
Dieter Schunda, München
Pfarrer Reinhold Schwarz, Pfarreiengemein-
   schaft Aresing
Dr. Wolfgang Schwarz, Adalbert Stifter
   Verein e.V., München
Karel Schwarzenberg, ministr zahraničních
   věcí České republiky, Praha
Matthias Sehling, Bayerisches Staatsminis-
   terium für Arbeit und Sozialordnung,
   Familie und Frauen, München
Ernst Seidel, Warmensteinach
Jaroslava Severova, Česká Tisková Kancelář,
   Praha
Dr. Hinrich Sieveking, München
Emil Soukup, Diecézní muzeum v Plzní
Ing.arch. Jan Soukup, Diecézní muzeum
   v Plzní
PhDr. Lubomir Sršen, Narodní Muzeum,
   Praha
Dr. Wolfgang Stäbler, Landesstelle für die
   nichtstaatlichen Museen, München
Prof. Dr. Robert Stalla, Technische Univer-
   sität Wien
David Stecher, Tschechisches Zentrum
   München
Udo Stefandl, Stadt Zwiesel
Willi Steger, Riedlhütte
Karl Stehle, München
PhDr. Michal Stehlík, Narodní Muzeum,
   Praha

PhDr. Dana Stehlíková, Národní Muzeum,
   Praha
Eva Stichová, Praha
Dr. Gerd Stumpf, Staatliche Münzsamm-
   lung, München
Elisabeth Suttner-Langer, Regierung der
   Oberpfalz, Regensburg
Peter Styra M.A., Fürst Thurn und Taxis
   Kunstsammlungen, Regensburg
Dipl.-Ing. Alfons Swaczyna, Stadt Regens-
   burg
Melanie Thierbach M.A., Diözesanmuseum
   St. Afra, Augsburg
Prokop Tomek, Policie České republiky,
   Praha
Rudolf Treitner, München
Jan Trunčik, TV Sokol München e.V., Tauf-
   kirchen
Katharina Tunkel, Zwiesel
Dr. Mathias Ueblacker, Bayerisches Landes-
   amt für Denkmalpflege, München
Klemens Unger, Stadt Regensburg
Herbert Unnasch, Volkshochschule für den
   Landkreis Regen
Fritz Veits, Perlesreut
PdDr. Josef Velfl, Okresní muzeum Příbram
Dr. Thea Vignau-Wilberg, Staatliche Graphi-
   sche Sammlung München
S. E. Kardinal Miloslav Vlk, Praha
Doc.PhDr. Vít Vlnas, Národní galerie v
   Praze
Christine Vogl, Stadtmaus GmbH, Regens-
   burg
Pfarrer Thomas Vogl, Kath. Kirchenstiftung
   St. Johannes Ev. Waldsassen
Elisabeth Vogl M.A., Haselbach
Susanne Wagner, Volkshochschule Regen
Hans-Joachim Wappler, Regensburg
Verena Wasmuth M.A., Humboldt-Univer-
   sität Berlin
Johann Wax M.A., Bezirk Oberpfalz,
   Regensburg
Karl Weidemann, Zwiesel

Regierungspräsident a. D. Dr. Wilhelm
   Weidinger, Regensburg
Dr. Michael Weigl, Ludwig-Maximilians-
   Universität München
Helga Weissová-Hosková, Praha
Hans Joachim Westholt, Haus der Geschich-
   te, Bonn
Marlene Wetzel-Hackspacher, Wetzel-Karls-
   bader Oblaten- und Waffelfabrik,
   Dillingen
Dr. Falk Wiesemann, Universität Düsseldorf
Prof. Dr. Joachim Wild, Bayerisches Haupt-
   staatsarchiv, München
Helmut Willnecker, Bundespolizeiabteilung
   Deggendorf
Hermann Wintermayr, Oberlauterbach
Rudolf Winterstein, Deutscher Kunstverlag
   GmbH, München
Dr. Helmut Wolf, Regensburg
Dr. Alexander Wöll, Regensburg
Hans Wudy, Glasfachschule Zwiesel
Dusan Žampach, Vimperk
Dr. Jitka Zamrzlova, Narodní Technické
   Muzeum, Praha
PhDr. Roman Zaoral, Univerzita Karlova
   v Praze
Frank Zelinsky, Kirchengemeinde zu den
   Barfüßern, Augsburg
Prof. Dr. Walter Ziegler, München
Jitka Zikmundová, Českokrumlovský
   rozvojový fond s.r.o.
Edith Zimmermann, Stadtmuseum Sulz-
   bach-Rosenberg
Martin Zückert M.A., Collegium Carolinum
   e.V., München
Stefan Zwicker M.A., Johannes Gutenberg-
   Universität Mainz

Mit freundlicher Unterstützung von

ZWIESEL KRISTALLGLAS AG

Inhalt

Einführung und Dank

Mit der Bayerischen Landesausstellung „Bayern-Böhmen: 1500 Jahre Nachbarschaft" veranstaltet das Haus der Bayerischen Geschichte nach der Landesausstellung des Jahres 2001 „Bayern-Ungarn" eine weitere Übersichtsschau mit einem Blick weit über die eigenen Grenzen. In einer Darstellung über viele Jahrhunderte und in der Auseinandersetzung mit unterschiedlichen Perspektiven liegt eine große Herausforderung. Es wurde allen Beteiligten bald klar, dass eine Gesamtdarstellung der beiderseitigen Geschichte nicht zu leisten und der Schwerpunkt der Ausstellung auf ausgewählte Berührungspunkte zwischen beiden Gebieten zu legen ist.

Beide Pfeiler unseres Brückenschlags haben sich in 1500 Jahren Geschichte gründlich verändert; das gilt in je verschiedener Weise für die heutige Tschechische Republik wie für das heutige Land Bayern als Teil der Bundesrepublik Deutschland. Doch da alle Geschichtsbetrachtung vom Tellerrand der Gegenwart aus stattfindet, ist es ein legitimes und sehr wichtiges Anliegen, die gegenseitigen Erinnerungen von den heutigen Gegebenheiten ausgehend miteinander zu vergleichen. Dieser Vergleich wird heute auch aufgrund des Zusammenrückens der geschichtlichen Regionen unter dem Dach eines gemeinsamen Europa aktuell. Seit der Beseitigung des Eisernen Vorhangs sind viele Barrieren abgebaut worden, die die Menschen beiderseits der politischen Grenze voneinander getrennt haben.

In der Landesausstellung 2007 wird eine Geschichte vieler Nachbarschaften und Verbindungen vorgestellt. Es geht darum zu erkennen, dass räumliche Nähe und weiche, durchlässige Grenzen, wie sie bis zum 20. Jahrhundert zwischen Bayern und Böhmen vorherrschend waren, gegenseitige Beeinflussungen und Befruchtungen mit sich brachten, die allen Menschen genutzt haben. Andererseits bedingte die räumliche Nähe aber auch Konflikte und Krisen mit weitreichenden Auswirkungen, die bis in die unmittelbare Gegenwart spürbar sind.

Die Vielschichtigkeit des Themas wird bereits am scheinbar so einfachen Begriffspaar „Bayern und Böhmen" deutlich. Auf Deutsch kann dies sowohl die Länder selbst als auch die dort lebenden Menschen bezeichnen. Der moderne Begriff Bayern schließt Altbayern, Schwaben und Franken als Bewohner Bayerns ein – mit der Unschärfe, dass etwa Albrecht Dürer historisch gesehen ein Nürnberger, vom Dialekt her ein Franke, und erst aufgrund der Eingliederung der Reichsstadt Nürnberg in das Königreich Bayern 1806 im übertragenen Sinne ein „Bayer" wurde. Diese Ambivalenz lässt sich im tschechischen Ausstellungstitel „Bavorsko – Čechy" nicht nachvollziehen. Hier sind jeweils eindeutig die Regionen gemeint. Dafür existiert hier eine andere Mehrdeutigkeit. Alle romanischen und germanischen Sprachen kennen den Ländernamen „Böhmen". Der römische Geschichtsschreiber Tacitus bezeichnete das Land nach dem wichtigsten dort siedelnden keltischen Stamm, den Bojern, als „Boiohaemum". Da diese antike Überlieferung für die slawischen Geschichtsschreiber aber erst später zugänglich wurde als für ihre westlichen Nachbarn, wurde das Wort „Böhmen" nicht in die tschechische Sprache übernommen. In den überaus populären tschechischen Ursprungssagen folgt die Benennung statt dessen dem legendären Urvater Čech, der die slawischen Einwanderer nach Böhmen geführt haben soll. Ihm zu Ehren sei das Land „Čechy" genannt worden. Dies freilich bedeutet im engeren Sinne sowohl „böhmisch" als eben auch „tschechisch". „Čechy" kann heute sowohl die Tschechische Republik, also die historischen Länder Böhmen, Mähren und Mährisch-Schlesien, als auch Böhmen allein bedeuten. Dies bringt erhebliche Übersetzungsprobleme mit sich: Auf Tschechisch spricht man von tschechischem Glas und tschechischer Gotik, auch wenn man eigentlich böhmisches Glas und böhmische Gotik meint. Und Kaiser Karl IV., König von Böhmen und damit auch Kurfürst im Heiligen Römischen Reich, heißt auf tschechisch selbstverständlich „král český" und beherrscht die „země koruny české" – die Länder der böhmischen Krone.

Diesen und anderen geschichtlichen Zusammenhängen und Ereignissen und ihren besonderen Bedeutungen für das geschichtliche Selbstverständnis geht unsere Ausstellung nach. Wir haben uns zum Ziel gesetzt, die Geschichte der so unterschiedlichen Nachbarn, die insbesondere durch die Ereignisse des 20. Jahrhunderts weit auseinander gerückt waren, so darzustellen, dass gegenseitiges Verständnis möglich wird. Wir, die an der Ausstellungsvorbereitung beteiligten Mitarbeiter des Hauses der Bayerischen Geschichte, haben viele Kontakte gesucht und Gespräche geführt, um dieses Ziel zu erreichen. Besonders dankbar sind wir den tschechischen Kollegen, die uns dabei unterstützt haben. Eine besondere Freude und Ehre war es für uns, dass neben dem bayerischen Ministerpräsidenten, Herrn Dr. Edmund Stoiber, der amtierende Kulturminister der Tschechischen Republik, Mgr. Václav Jehlička, die Schirmherrschaft für die Ausstellung übernahm.

Die in Zwiesel nahe der deutsch-tschechischen Grenze realisierte Ausstellung ist deutsch und tschechisch beschriftet und wendet sich an ein breites Publikum. Ihr ging die ebenfalls bereits in beiden Sprachen betextete Landesausstellung 2003 in Amberg voraus, die dem „Winterkönig" gewidmet war. Dort stand das eng miteinander verbundene politische Geschehen in Böhmen und in der Oberpfalz im frühen 17. Jahrhundert im Mittelpunkt. „Wir wussten nicht, dass Eure Geschichte auch unsere Geschichte und unsere Geschichte auch Eure Geschichte" war, schrieben uns tschechische Besucher dort in das Gästebuch. Dass etwas von dieser Gemeinsamkeit des Erlebens, des Mitfühlens und Einigseins in Bewertungen über frühere Grenzen hinweg auch dieses Mal zustandekommt, ist unser Wunsch.

Viele Personen und Einrichtungen hatten daran Anteil, dass unser anspruchsvoller Ausstellungsplan realisiert werden konnte. An erster Stelle danke ich der Stadt Zwiesel als unserer Mitveranstalterin. Engagiert hat sie das Projekt unterstützt und das Ausstellungsgebäude renoviert, das uns nun mit 1500 qm Fläche zur Verfügung steht. Besonders danke ich Herrn Bürgermeister Robert Zettner und seinen Mitarbeitern Ernst Kamm, Fritz Bauer, Alexander Reif und Udo Stefandl. Danken möchte ich auch dem Landrat des Landkreises Regen, Heinz Wölfl, der die Landesausstellung weit über das übliche Maß hinaus gefördert hat. Er und der ehemalige Werksleiter der Riedlhütte, Willi Steger, haben gemeinsam mit dem Zwieseler Bürgermeister die Landesausstellung nach Zwiesel geholt.

Unterstützt und begleitet wurde die Konzeption der Landesausstellung durch ein etwa 25-köpfiges Kuratorium, dem Vertreter aus Verbänden, Politik und Wissenschaft aus Bayern und der Tschechischen Republik angehörten. Für ihre Anregungen sage ich den Mitgliedern dieses Gremiums Dank. Wichtig für die Vorbereitung war ferner das wissenschaftliche Kolloquium, das im Mai 2005 in Zwiesel stattfand und an dem etwa 100 Wissenschaftler aus Bayern und Tschechien teilnahmen. Die dortigen Referate und Diskussionsbeiträge waren die Grundlage für unsere weitere Arbeit. Mein Dank gebührt hier dem Collegium Carolinum, das als Mitveranstalter des Kolloquiums fungierte und den Aufsatzband mit dem Titel „Bayern und Böhmen – Kontakt, Konflikt, Kultur" herausgibt, der den Katalog zur Landesausstellung ergänzt. Besonders danke ich Dr. Robert Luft vom Collegium Carolinum, der uns immer wieder mit seiner wissenschaftlichen Kompetenz zur Seite stand.

Ein kleines, besonders feines Kolloquium zu den kunsthistorischen Themen der Darstellung konnten wir dank der Gastfreundschaft von Baron und Baronin Hoenning O'Carroll im Juli 2005 in Schloss Sünching abhalten. Wir sind für die dort gesammelten Anregungen ebenso dankbar wie für die vielen geschichtlichen und kunstgeschichtlichen Hinweise von Museumskollegen und Universitätswissenschaftlern in der Tschechischen Republik. Ebenso danke ich für die Hinweise, die wir bei Besprechungen im Collegium Carolinum und bei dem Treffen mit Vertretern der Sudetendeutschen Landsmannschaft im Februar 2007 erhielten. Für die überaus wertvolle Hilfe vor allem in Fragen der Leihabwicklung danke ich dem Kulturministerium der Tschechischen Republik, das dem Haus der Bayerischen Geschichte stets aufgeschlossen gegenüberstand. In vielerlei Hinsicht unterstützt wurde die Landesausstellung vom Generalkonsul der Tschechischen Republik, Mgr. Karel Borůvka und vom Direktor des Tschechischen Zentrums in München, David Stecher.

Für die Entwicklung und Umsetzung zusätzlicher Werbemaßnahmen im Landkreis Regen danke ich neben Landrat Heinz Wölfl besonders Herbert Unnasch von der Volkshochschule Regen. Er und sein Team, bestehend aus Susanne Wagner, Simona Fink, Sabine Pöschl sowie Roland Pongratz M.A. (Kultur & Konzept), sorgten mit viel Ideenreichtum für die regionale Bewerbung und für die Verankerung der Landesausstellung in der breiten Öffentlichkeit der Region und darüber hinaus. Wichtige Unterstützung fand das Haus der Bayerischen Geschichte auch beim Tourismusverband Ostbayern und seinem Geschäftsführer Georg Steiner sowie beim Kreis Pilsen, vertreten durch Mgr. Olga Kalčíková und Martin Baxa. Ihnen danke ich ebenso wie den Verantwortlichen an allen Orten, die sich an der Begleitmaßnahme „Treffpunkte/Setkání" beteiligt haben, die von Diana Stock M.A. zusammengestellt wurde. Als Medienpartner konnte die Passauer Neue Presse gewonnen werden, von der wir uns eine weitreichende Wirkung erwarten! Finanzielle Unterstützung der Landesausstellung gewährten dankenswerterweise die E.ON Bayern und die Firma Zwiesel Kristallglas AG.

In die unmittelbare Ausstellungsarbeit waren ebenfalls viele Personen eingebunden. Grafik, Gestaltung und Inneneinrichtung übernahmen als Team Alexandra Bauer und Roland Schneider von der Firma Schneider & Partner sowie der Innenarchitekt Peter Rudolf. Ihr Ideenreichtum und ihre Kreativität ließen spannungsreiche Raumstimmungen und Schau-Erlebnisse entstehen, die von der Schreinerei Emil Fritz professionell umgesetzt wurden. Ihnen allen danke ich genauso herzlich wie dem Projektteam unseres Hauses. Projektleiter Dr. Rainhard Riepertinger, Dr. Ludwig Eiber, Stephan Lippold und Dr. Peter Wolf haben der anspruchsvollen Thematik gemeinsam das konzeptionelle Gesicht gegeben. Unterstützt wurden sie von einigen externen Mitarbeitern, von denen ich stellvertretend Caroline Sternberg M.A. aufführen möchte, die die Kommunikation nach Tschechien beispielhaft gemeistert hat. Mit hoher Sachkenntnis und größtem Engagement hat das Projektteam die Objektauswahl getroffen, Darstellungsideen entwickelt und die vielfältigen organisatorischen Aufgaben bewältigt.

Gedankt sei auch den zahlreichen Leihgebern, die uns mit höchstwertigen Schaustücken und aussagestarken Dokumenten unterstützt haben. Mehr als die Hälfte der Exponate kommt aus der Tschechischen Republik. Stellvertretend möchte ich hier das Nationalmuseum Prag (Generaldirektor PhDr. Michal Lukeš, PhDr. Věra Přenosilová), die Nationalgalerie Prag (Generaldirektor Professor Dr. A. Milan Knížák, Direktor PhDr. Vít Vlnas) und das Westböhmische Museum Pilsen (Direktor PhDr. František Frýda) nennen. Ohne die Leihbereitschaft all unserer Leihgeber wäre das Vorhaben „Bayern-Böhmen: 1500 Jahre Nachbarschaft" nicht möglich gewesen.

Danken möchte ich auch der Verwaltung des Hauses der Bayerischen Geschichte, allen voran Clemens Menter, Kurt Lange und Wolfgang Schaile, für deren sachkundige Unterstützung. Auch dem Lektorat des Hauses der Bayerischen Geschichte ist nachhaltig Dank zu sagen. Frau Evamaria Brockhoff und ihre Mitarbeiter Dr. Christof Hangkofer und Helga Wiedmann haben mit Einsatz und Geschick Katalog, Internetauftritt und andere Publikationen betreut und umgesetzt. Die Öffentlichkeitsarbeit lag in den bewährten Händen von Dr. Michael Henker und seiner Mitarbeiterin Dr. Verena Schäfer.

Prof. Dr. Claus Grimm

Alle Maßangaben in Zentimeter
(R) = Reproduktion
AK = Ausstellungskatalog

Grenzfahrt [durch Deutschland im Jahr 1963]

Im nordwestlichen Zipfel Oberösterreichs, näher zur bayerischen als zur böhmischen Grenze, liegt eine Ortschaft
namens Zwettel (nicht identisch mit dem gleichnamigen
Stift). Wenn der Einwohner eines Nachbardorfs dort zu
Besuch war, dann war er „in der Zwettl". Denn der Name
des Ortes kommt aus dem Tschechischen, vom Wortstamm
„světlo", und bedeutet soviel wie „Lichtung". Das Volk im
nordwestlichen Zipfel Oberösterreichs weiß das noch. Österreich grenzt an Böhmen. Auch Deutschland hat mit Böhmen – oder wie man hier wohl besser sagen wird: mit der
tschechoslowakischen Republik – eine gemeinsame Grenze,
die gar nicht unbeträchtlich ist. Aber sie fällt niemanden auf
und sie verbindet sich mit keinen akuten Vorstellungen. Daß
Deutschland im Osten an die Tschechoslowakei grenzt, ist
eine Angelegenheit der Landkarte.

Deutschland grenzt an Deutschland. Ich bin die deutsch-
tschechoslowakische Grenze mehr als 100 km entlang-
gefahren, ohne mir richtig innezuwerden, daß ich eine
Grenze entlangfuhr, und welche. Rechter Hand, im Osten,
lag etwas Leeres, Farbloses, Volksdemokratisches, das mir
fremd geworden ist trotz allen einstigen Bindungen und
mit dessen Unzugänglichkeit ich mich abgefunden habe,
obwohl es für mich (wie für jeden Wiener) früher einmal
das nächste und häufigste Reiseziel war. Heute ist das vorbei
... Vom Aussichtsturm der nahegelegenen Burg Hohenberg
genießt man, wofern ‚genießen' der passende Ausdruck ist,
weiten Rundblick ins Egerland und angeblich schon nach
Sachsen. Die Angabe findet sich neben einem Fernrohr,
das man gegen Einwurf von 10 Pfennig auf das gewünschte
Ziel einstellen kann. Zahlreiche Besucher, einem unten war-
tenden Autobus entquollen, machen von dem Instrument
Gebrauch und zeigen sich lebhaft enttäuscht, daß sie ‚nichts
sehen'. Da völlig klare Sicht herrscht, kann das unmöglich
eine optische Enttäuschung sein, und ich frage mich, was
die Schaulustigen eigentlich zu sehen erwartet haben.

Friedrich Torberg: Auch Nichtraucher müssen sterben.
Essays, Feuilletons, Notizen, Glossen, München 1985

Cesta podél hranice [Německa v roce 1963]

*V severozápadním cípu Horních Rakous, blíže k bavorským
než českým hranicím, leží osada zvaná Zwettl (není totožná
se stejnojmenným klášterem). Když přišel na návštěvu někdo
ze sousední vesnice, tak byl „in der Zwettl". Název obce totiž
pochází z češtiny a je odvozen od slova „světlo" ve smyslu
„světlá část", „mýtina". Lidé v severovýchodním cípu Horních
Rakous to ještě ví. Rakousko hraničí s Čechami. I Německo
má s Čechami – nebo tady radši řekneme: s Československou
republikou – společnou hranici, která není nevýznamná. Ale
zůstává nepovšimnuta a nepojí se k ní žádné akutní představy.
Že Německo na východě hraničí s Československem, je jen kar-
tografickou záležitostí. Německo hraničí s Německem.*

*Jel jsem více než 100 kilometrů podél německočeskoslovenské
hranice, aniž bych si skutečně uvědomil, že jedu po hranici,
natož po jaké. Po pravici, na východě, se rozkládalo něco prázd-
ného, bezbarvého, lidovědemokratického, co se mi i přes dřívější
vazby odcizilo a s jehož nedostatečností jsem se smířil, ačkoli to
pro mě (jako pro každého Vídeňáka) dříve bylo nejbližším a
nejčastějším cílem mých cest. To už je dnes pryč. ... Z rozhledny
blízkého hradu Hohenbergu je široký výhled po celém Chebsku
a prý dokonce až do Saska. Alespoň se to tak píše na tabulce
vedle dalekohledu, který je po vhození 10 pfennigů možno
zaměřit na žádaný cíl. Mnozí z návštěvníků, kteří se vyhrnuli
z dole čekajícího autobusu, tohoto přístroje použijí a jsou velmi
zklamáni, že „nic nevidí". Protože je jasná viditelnost, nemůže
to být zklamání optické, a já se sám sebe ptám, co ti zvědavci
vlastně čekali, že uvidí.*

Friedrich Torberg: Auch Nichtraucher müssen sterben.
Essays, Feuilletons, Notizen, Glossen, 1985

Walter Koschmal

Die Entdeckung der Gemeinsamkeiten

Bayern und Böhmen sind durch eine lange Nachbarschaft verbunden, nicht nur durch die Namen dieser Gebiete, die so poetisch zusammenklingen. Doch die bayerischen Regionen sind in unterschiedlichem Maße benachbart; nur Ostbayern grenzt direkt an Böhmen. Schon deshalb kommt den Regionen ein je unterschiedliches Gewicht in der beiderseitigen Beziehung zu. Aber auch Böhmen und Sachsen verbindet vieles und auch Mähren gäbe ein reizvolles Vergleichsobjekt zu Bayern ab, heißt doch der wohl beliebteste deutsche Räuber aller Zeiten „Hotzenplotz" und trägt damit den Namen des bis 1945 existierenden gleichnamigen mährischen Ortes (heute „Osoblaha"). Diese Landschaft wurde schon 1890 von einem Deutschen, Edwart Richter, auf 500 Seiten beschrieben. Zu seinem heutigen Bekanntheitsgrad aber hat Hotzenplotz erst Otfried Preußler verholfen. Seit einem halben Jahrhundert bei Rosenheim beheimatet, war dieser Kinderbuchautor biografisch und schriftstellerisch gleichwohl in Reichenberg in Nordböhmen verwurzelt. Preußler und Hotzenplotz können so für das lebendige, Kinder wie Erwachsene verbindende Band zwischen Bayern, Böhmen und Mähren stehen.

Schwierige Gemeinschaft

Bayern und Böhmen, diese bilaterale Beziehung bildete und bildet in Vergangenheit und Gegenwart nur einen Ausschnitt aus einem europäischen Ganzen. Die Tschechen haben sich zu keiner Zeit nur in einem spannungsvollen Miteinander mit Bayern oder Deutschen begriffen. Vielmehr verstand man sich – weitaus europäischer – als Kreuzungsraum west-östlicher Einflüsse. In Deutschland sah man deren Vermittler. Auf dieser Kreuzung fand man sich in der Spannung zum Westen und zugleich als Mittler zu slawischen Ländern und Kulturen wieder. Nicht zufällig propagierte der Slowake J. Kollár seit 1837 die „slawische Wechselseitigkeit". Die Metapher der Kreuzung ersetzte man gerne durch jene des Herzens. Das Herz Europas verankerte man bevorzugt im Tschechischen. Im Herzen Europas trat auch Bayern Böhmen gegenüber oft als Vermittler des westlichen Europas auf so wie Böhmen als Repräsentant von Tschechen, Slowaken und Slawen. In diesen europäischen Spannungsrahmen zeigen sich Bayern und Böhmen eingebunden.

Vieles wurde zwischen Bayern und Böhmen in den letzten Jahrhunderten stellvertretend für ganz Europa ausgetragen. Die bisweilen allzu verkrustete Rollenverteilung zwischen Slawen und Deutschen – hier verfestigte sie sich oft zuerst. Wenn wir Böhmen und Bayern nicht nur als konkret historischen Einzelfall, sondern als Modell begreifen, öffnen wir

es auf Europa hin. Bayern und Böhmen gemeinsam erhalten so den Status eines Modells für eine europäische Region.

Vieles Verbindende war auch in vergangenen Jahrhunderten bekannt. Aus politischen Rücksichten wurde dies aber ignoriert oder gar verschwiegen: Den Tschechen etwa lag wenig an dem Hinweis, dass mit Ludwig von Schwanthaler, dem Schöpfer der Bavaria in München, ausgerechnet ein Deutscher die Libussa im Prager Nationalmuseum geschaffen hatte. Ein Deutscher, J. Wenzig, hatte ja auch schon das Libretto zur gleichnamigen Nationaloper „Libuše" von Bedřich Smetana verfasst.

Gemeinsam – zum wechselseitigen Nutzen

Stellt man heute die Frage nach den Gemeinsamkeiten von Bayern und Böhmen, so überrascht die Fülle der Verbindungen. Am häufigsten scheinen sich diese in Kunst, Religion und Wirtschaft, insbesondere im Handel, gebildet zu haben. Händler und Glasarbeiter waren ebenso Grenzgänger wie Musiker oder – in der jüngeren Vergangenheit – Kellner und Bedienungen. Glasherstellung und Glashandel schufen ihr eigenes grenzüberschreitendes Netz. Viele solcher ökonomisch und kulturell motivierter Netze legen sich im Laufe der Jahrhunderte übereinander. Arbeitsteilung und Spezialisierungen gab es damals wie heute. Betriebe waren auch in der Vergangenheit grenzüberschreitend tätig. Heute treten an die Stelle der Arbeitsteilung oft ganze Betriebsverlagerungen, aber auch erste binationale Gewerbegebiete entstehen. Immer dann, wenn sich Bayern und Böhmen zur Zusammenarbeit aufraffen konnten, ob in Kultur oder Wirtschaft, kamen sie der Weltspitze ganz nahe: Erst als Josef Groll aus Vilshofen im Jahr 1842 – und nach ihm so mancher niederbayerische Braumeister – nach Pilsen zog, um Bier zu brauen, erlangte das „Pilsner" durch die niederbayerisch-böhmische Kooperation Weltruf. Im Bier besaßen Bayern und Böhmen schon früh einen – werbeträchtigen – internationalen Repräsentanten. Glasmacher und -händler aus Böhmen – wie die Prager Brüder Franz und Wilhelm Steigerwald, die Gründer der berühmten Glasmanufaktur Theresienthal – trugen als „Entwicklungshelfer" und Förderer der bayerischen Glasmacherkunst in vielfältiger Weise dazu bei, dass diese ebenso wie die böhmische weltweiten Ruf erlangte.

Die Ausstellung „Bayern-Böhmen" gibt Anlass, diesen lange unbeachteten Gemeinsamkeiten nachzuspüren. So manche Skulptur, manches Gebäude, das man lange für ein Symbol „nationaler" Eigenständigkeit hielt, entpuppt sich dabei als gemeinsames Werk, wie das „Pilsner". Die bayerisch-böhmische Vergangenheit ist reich an solchen „joint ventures".

Gemeinsame Wurzeln

Mit der langsamen Entdeckung von Verbindungen, etwa gemeinsamer Siedlungsräume, hat man sich schwer getan, zu wichtig nahm man in den Zeiten national begrenzten Geschichtsinteresses die Eigenständigkeit – auf beiden Seiten. Doch Gemeinsamkeiten finden sich schon früh. Mögen die Bayern zwar nicht aus Böhmen eingewandert sein, so verbindet sie dennoch die sprachliche Wurzel „baia", die in „boiohemium" wie in „bavaria" steckt.

Eines der bedeutendsten deutschen Sprachdenkmäler, der um 1400 entstandene „Ackermann aus Böhmen", wurde über Jahrzehnte als rein deutsches Werk behandelt. Bekannt war auch die Existenz einer unvollständigen tschechischen Bearbeitung des Stoffs. Die Tschechen sahen hingegen in ihrem dem deutschen Text verwandten „Weberchen" („Tkadleček") ein Werk der frühen tschechischen Literatur. Doch beide Positionen, die den jeweils anderen ausgrenzten, sind fragwürdig. Erst Ende des 20. Jahrhunderts fand man heraus, dass beide Werke eine gemeinsame Wurzel verbinden dürfte. Der ursprüngliche, beiden zugrunde liegende Text aber gilt als verschollen. Wenn wir also etwas über die älteste Stufe dieser Werke beider Literaturen erfahren wollen, müssen wir uns nolens volens mit der jeweils anderen Sprache auseinandersetzen. Böhmische und deutsche Kultur und ihre Erforschung waren und sind also voneinander abhängig.

Oft erlaubt es erst das gemeinsame böhmisch-bayerische Erinnern, auf der einen Seite Lücken zu schließen, die auf der anderen entstanden sind. So war die ursprünglich gemeinsame Tradition der Dudelsackmusik in Bayern schon längst vergessen; dank ihrer ungebrochenen Pflege in Böhmen kann sie auf dieser Grundlage auch in Bayern wiederbelebt werden. Dies sind nur wenige Bereiche, in denen Böhmen und Bayern imstande waren, aus der Gemeinsamkeit Kapital zu schlagen: Erst die aus Bayern kommende kalte und die in Böhmen entspringende warme Moldau ergeben den großen wohltemperierten Fluss.

Frühe Begegnungen

Die Begegnungen zwischen Bayern und Böhmen haben von Beginn an auf den verschiedensten Feldern stattgefunden, offiziell und im Alltag, ob dies Wallfahrten, Heiligenverehrung oder bayerisch-böhmische Ehebeziehungen waren. Kaum war der Eiserne Vorhang aus dem Weg geräumt, schon wallfahrteten Tschechen wieder nach Hl. Blut und Bayern zur Schwarzen Madonna nach Příbram. Die Sehnsucht nach den tradierten Symbolen der Transzendenz in Form der katholischen Frömmigkeit ließ die Staatsgrenzen wieder überschreiten. Aber auch die Fachwerkhäuser diesseits und jenseits der Grenzen glichen sich, etwa im Egerland, wie ein böhmisches einem bayerischen Ei.

Die verschiedensten Bevölkerungsgruppen begegneten sich in der Geschichte: Schmuggler und Grenzwächter, die Choden, Handelsleute und Adlige. Goldene Straßen und Steige zogen sich als einendes Wegenetz durch Bayern und Böhmen. Und in neuester Zeit kamen nicht nur die Westeuropäer nach Böhmen, um ihre EU zu erweitern, es war vielmehr eine Bewegung in beide Richtungen. Bisweilen unterschieden sich die Heiligen, zu denen man betete, nur durch ihre Namen: Gunther hieß eben Vintíř und Wenzel Václav. „Wolfgang" stand ohnehin für grenzüberschreitende Kontinuität.

Der gemeinsame Kulturraum schlägt sich heute in einer böhmisch-bayerischen Präferenz für Bier, Schweinebraten und Knödel ebenso nieder wie in den aus der Vergangenheit herüberwachsenden Disteln gleichenden Akanthus-Verzierungen so mancher Dorfkirche hier wie dort. Selbst die noch heute im bayerisch-böhmischen Boden aufzufindenden Grabstätten gleichen sich frappant, die Gemeinsamkeiten reichten bis über den Tod hinaus.

Sinnlicher und anschaulicher Ausdruck für die Lebendigkeit gemeinsamen Lebens ist die Steinerne Brücke in Regensburg. Im Capitulare von 809 firmiert Regensburg als Grenzplatz zum Osten. In den folgenden Jahrhunderten öffnete die Brücke nicht nur die Wege von Bayern nach Böhmen, sondern auch von Böhmen über Bayern bis nach Italien. Die in der Oberpfalz noch anzutreffende Skulptur des doppelten Nepomuk, der in beide Richtungen blickt, gen Böhmen und gen Bayern, stellt – wie die frühe Brücke über die Donau, die man in Prag in der Judithbrücke nachbaute – eine Stein gewordene Symbiose dar. Das doppelgesichtige Regensburg blickt in Handel, Religion und Kultur immer schon in beide Richtungen, vor allem nach Böhmen.

Das Hin und Her der Einflüsse

Die Einflussströme verliefen von Beginn an hin und her: Wurde Böhmen auch von Bayern aus christianisiert, so verdanken die Bayern ihren im Rautenwappen symbolisch geronnenen weiß-blauen Himmel den Böhmen. Die böhmische Prinzessin Ludmilla hatte dieses heute wohl bekannteste Symbol Bayerns gleichsam als Morgengabe aus ihrer Ehe mit dem Grafen von Bogen in ihre zweite Ehe mit Ludwig dem Kelheimer mitgebracht.

Neben der Heiratspolitik war es die Religion, die immer wieder die böhmisch-bayerischen Grenzen überwand. Die Verehrung des hl. Nepomuk verbreitete sich von Böhmen nach Bayern. Dort wurde er sehr viel früher als Landesheiliger verehrt als in Bayern. Im hl. Wenzel – in Bayern der Hostienbäcker, nicht die böhmische Identifikationsfigur – betete man nicht nur in der bayerischen Pfarrei Oberlauterbach zu einem böhmischen Landesheiligen. Doch die Zeiten des Aufrechnens von „früher" und „später", von „mehr" und „weniger" gehören der Vergangenheit an. Wenzel wie Nepomuk haben die Menschen in Bayern und in Böhmen schon früh in Andacht zusammengeführt, lange vor allen politischen europäischen Vereinigungen.

Vielleicht vermögen ja die böhmisch-bayerischen Gefühls-unionen dem oft undeutlichen Ziel Europa neue Impulse zu versetzen. Das regionale Modell Bayern-Böhmen zeigt, dass Konkurrenz und Gegeneinander durch wachsende Zusammenarbeit reduziert werden können. Die Erinnerung an die Begegnungen der Vergangenheit bietet reichliches Anschauungsmaterial für die in unserer Zeit zunehmende Gemeinsamkeit.

Annäherung durch Nachahmung

Kulturen, auch die bayerische und deutsche, haben immer durch „imitatio", durch Nachahmung, von anderen gelernt: Wenn die ersten böhmischen Münzen bayerische Vorbilder aufgreifen, dann zeigt dies, dass es eigene Identität immer nur in der Berührung und im Austausch mit fremder Identität geben kann. Nachahmung ist nie nur Kopie, sondern beinhaltet auch eine Veränderung des Originals. Die Mariensäule auf dem Altstädter Ring in Prag ist nicht bloße Kopie der Mariensäule auf dem Münchner Marienplatz, sondern auch eine kreative Transformation. Schon der andere Stadtplatz, der neue Bezug zu den umgebenden Gebäuden verändert ihre Eigenart. Dennoch wurde und wird Nachahmung immer wieder dazu missbraucht, die Nachahmenden als rückständig zu diskreditieren. Wenn deshalb Ende des 19. Jahrhunderts ausgerechnet die Prager deutsche Presse den Tschechen die „Germanisierung" als den für sie besten Weg nahe legt, so ist das doppelt problematisch: Zum einen musste diese Empfehlung aus einer deutschen Perspektive auf Ablehnung stoßen, zum anderen meinte die deutsche Presse mit „Germanisierung" gerade nicht ein kreatives Umgestalten, sondern das blinde Kopieren eines Vorbilds. Solche Empfehlungen waren schon wegen der damit unterstellten Geringerwertigkeit für die tschechische Bevölkerung unannehmbar. Die Reaktion darauf konnte nur sein, demonstrativ die Gleichwertigkeit tschechischer Schaffenskraft und Eigenständigkeit dagegenzusetzen. Das geschah mit der Prager Landesausstellung 1891. Schlägt man den Bogen von der damaligen zur heutigen Bayerischen Landesausstellung, so wird deutlich, dass der Charakter der Leistungsschau, auf der etwa Viehzüchter den neidischen Betrachtern den leistungsfähigsten Zuchtbullen präsentieren, der Vergangenheit angehört. Auch Landesausstellungen selbst unterliegen dem historischen Wandel. Sie rücken heute die Kooperation an die Stelle der Konkurrenz. Die Bayerische Landesausstellung 2007 ist der Besinnung auf die gemeinsame Vergangenheit gewidmet und ist in ihren Exponaten eine Leistung beider Seiten.

Gemeinsamer Raum und gemeinsame Sprache

Nachahmung bedeutet auch Annäherung. Das Imitieren schafft die Grundlage dafür, dass das auch staatlich-politisch zusammenwachsen darf, was kulturell schon zusammen gehört: Der gemeinsame europäische Kulturraum hat sich über Jahrhunderte gebildet, gerade zwischen Bayern und Böhmen. In der frühen mittelalterlichen Annäherungs-phase kann man Bayerisches und Böhmisches nicht immer so lupenrein trennen, wie das viele in späteren Phasen der Abgrenzung forderten. Bis in die Sprache hinein, in die Ortsnamen und die gemeinsamen Siedlungsgebiete bildeten Bayern und Böhmen aus heutiger Sicht eine nicht zu trennende Einheit.

Beide verbindet zunächst der geografische Raum; dennoch muss man von einem böhmischen und einem bayerischen Territorium sprechen. Gerade das Mittelalter suggeriert die Vorstellung von einem gemeinsam besiedelten Raum. Noch heute entpuppen sich vermeintlich bayerische Ortsnamen als slawische, vermeintlich tschechische als bayrische bzw. deutsche. Viele Familiennamen („Herkunftsnamen") beruhen auf Ortsnamen. Diese Mischnamen beiderseits der Grenze erlauben es, Wanderungen zwischen Bayern und Böhmen aus vorgeschichtlicher Zeit zu rekonstruieren.

Die Schwierigkeiten der Annäherung zeigen sich mitunter direkt an der Grenze am deutlichsten. So dürfte Einigkeit in dem Wunsch bestehen, dass der grenzüberschreitende Tourismus, eine neue Gemeinsamkeit, umweltverträglich blühen und gedeihen soll. Warum aber enthält eine bayerische Loipenkarte von 2002 den Skilangläufern die Anschlussloipen auf der tschechischen Seite vor und lässt alle Loipen an der undurchdringlich rot markierten bayerischen Grenze enden? Die Annäherung vollzieht sich ebenso langsam wie unaufhaltsam: In der „Loipen- und Wintersportkarte" derselben Grenzgemeinde von 2005 finden sich bereits die böhmischen Anschlussloipen. Nun wird es sicher nicht mehr lange dauern, bis die dort noch deutsch benannten Berge der böhmischen Region ihre tschechischen Namen bekommen und die schon jetzt verzeichneten tschechischen Ortsnamen richtig geschrieben sein werden. Einer korrekten grenzüberschreitenden Orientierung steht dann nichts mehr im Wege.

Sprechen wir von Böhmen, so werden wir die Orts-, Flur- und Flussnamen entweder nur tschechisch oder tschechisch und deutsch nennen müssen, „Prachatice" und „Prachatitz", wenn wir uns an die „political correctness" halten. Doch sind die bayerisch-böhmischen Verhältnisse beneidenswert klar. In der Geschichte von Kaschau bzw. Košice bzw. Kassa in der Ostslowakei hingegen muss man zumindest die slowakische, die deutsche und die ungarische Bezeichnung kennen. Die Stadt gehörte allein im 20. Jahrhundert acht verschiedenen Staatswesen an.

Die vielen Namen und Doppelnamen weisen darauf, dass wir es mit Mischregionen zu tun haben. Sie erinnern an tief verankerte Gemeinsamkeiten. Doch bei so manchem Namen, der in Bayern einsprachig daherkommt, sind die gemischten Wurzeln nicht mehr zu erkennen. Es sieht nur so aus, als wären Namen wie „Kreuzhof" bei Bamberg, „Knetzgau" in Unterfranken oder „Perschen" in der Oberpfalz deutsche Namen. Die fremdsprachigen, slawischen Wurzeln sind in diesen Mischnamen nur verborgen. So waren die Perschener, die „brežane", einfach die Slawen, die am Ufer siedelten. Nimmt man die sichtbaren und unsichtbaren Mischungen zusammen, so ergibt sich ein beachtliches gemeinsames Siedlungsgebiet.

In der jüngeren Geschichte versuchte man die alte Siedlungsgemeinschaft politisch wiederherzustellen. So verfolgte Karl IV. die Absicht, die nördliche Oberpfalz bis Nürnberg, „Neuböhmen" in Bayern, „auf ewige Zeiten" dem Königreich Böhmen einzugliedern. Viele können sich wohl heute noch kaum vorstellen, dass er hätte Erfolg haben können. Karl IV. wusste bereits, dass bei der Umsetzung dieser „Ewigkeit" in die Wirklichkeit der Sprache eine herausragende Rolle zukommen würde. Deswegen legte seine Goldene Bulle 1356 fest, dass die Söhne der deutschen Kurfürsten Tschechisch lernen sollten. Und man könnte sich die Frage stellen: Wie viele Kinder tschechischer Minister lernen heute Deutsch, wie viele Kinder bayerischer Minister Tschechisch?

Natürlich sind für uns derartige Direktiven unannehmbar. Heute bereiten vielmehr das in Regensburg ansässige deutsch-tschechische „Tandem", das „Bohemicum" und andere Einrichtungen auf eine weitaus demokratischere Weise diesen Weg. Das Interesse an der fremden Sprache und Kultur hat aber schon in dem im Jahr 1531 im Regensburger Katharinenspital verstorbenen kurpfälzischen Geheimsekretär Johann Maria Warschitz einen Vorläufer. Bei ihm findet man ein kleines deutsch-tschechisches Reisewörterbuch mit Alltagsfloskeln. Ob heutige politische Reisende ähnliches im Gepäck haben? Zu hoffen ist es, arbeiten sie doch daran, dass der gemeinsame politische Raum Wirklichkeit wird und die Ausdehnung auf Kosten des anderen ein Ende findet. Damit wurde erstmals eine stabile Grundlage dafür geschaffen, dass man sich unter einem gemeinsamen europäischen Himmel „auf ewige Zeiten" findet.

Böhmisch-bayerische Doppelgeschichte

Das regionale Modell Bayern-Böhmen führt eines deutlich vor Augen: Bayern war in seiner Geschichte in Zeiten ohne Verbindung zu Böhmen meist ein Stück ärmer. Dies gilt auch umgekehrt: Böhmen verdankt Bayern den Siedlungsbau, die christliche Kultur, die zahlreichen Klöster. Wo aber stünde wiederum die bayerische Musikkultur, hätte sie nicht bis in unsere Tage immer neue Impulse von der hohen musikalischen Kunst aus Böhmen empfangen.

Dort wo Böhmen in seiner Geschichte Defizite aufwies, glich diese nicht selten Bayern aus, dort wo Bayern Lücken hatte, konnte man auf Böhmen zurückgreifen. Beide ergänzten sich in vielfältiger Weise. Nötig ist deshalb heute der Blickwechsel vom Trennenden der Grenze zum Verbindenden des Grenzraums, zur Fruchtbarkeit böhmisch-bayerischer Wechselseitigkeit. So lässt sich ein gemeinsames regionales Selbstbewusstsein entwickeln, das seinen regionalen Reichtum in einem größeren europäischen Reichtum aufgehoben weiß. Dieser aber erwächst aus der Region.

Die vielen schönen Beispiele dieser bereichernden Doppelgeschichte mögen heute zur Annäherung ermutigen. Dabei schreiten die beiden Wappenlöwen voran, der böhmische und der bayerische, die – wie in Goethes „Gingko Biloba"-Gedicht – „eins und doppelt" sind. Ihnen gesellt sich der oberpfälzische Gott Janus hinzu, der doppelte Nepomuk. Bei den Römern ist Janus der Gott der öffentlichen Tore und Durchgänge. Eigene und fremde Kultur vermischen sich schon in der Vergangenheit. Peter Parlers Familie etwa stammt aus Schwäbisch Gmünd in Württemberg. Kaiser Karl IV. war es, der für Parler in Prag die Voraussetzungen dafür schuf, zu einer festen Größe der europäischen Kunstgeschichte aufzusteigen. Parler und seine Werkstatt prägten über Böhmen hinaus Architektur, Bildhauerei und Glasmalerei der Zeit. Sie schufen jenen unverkennbaren Schönen oder Weichen Stil, der in den „Schönen Madonnen" und den „Schönen Vesperbildern" einzigartig zum Ausdruck kommt. In seinen künstlerischen Werken, vor allem aber in denen seiner Schüler kehrt Parler schließlich wieder nach Bayern zurück, so etwa nach Landshut in die Kirche St. Martin.

Am Beispiel Peter Parlers kann die geglückte bayerisch-böhmische Symbiose, das bereichernde Dritte erkannt werden. Prag wirkte auf ihn und seine Kunst als Katalysator, der erst jene künstlerischen Formen ermöglichte, die Böhmen und Bayern gleichermaßen bereichern. Wie wenig hat davon wohl der sudetendeutsche Dichter Hans Watzlik in seinem Roman „O Böhmen!" (1917) verstanden, als er den für ihn nur deutschen Parler wieder aus Prag nach Bayern heimholen und einseitig national vereinnahmen wollte. Man könnte als Beispiele für die böhmisch-bayerische Doppelgeschichte in der Kunst statt der Familie Parler auch jene der Asams, der Dientzenhofers, Schöpfs oder den in Franken so aktiven nordböhmischen Bildhauer Ferdinand Tietz anführen. Sie alle belegen das Nämliche, die bereichernde regionale Symbiose. Denn ihre Wege führten sie nicht nur von West nach Ost, sondern ebenso von Ost nach West. So manches Wirken, etwa das des in Augsburg tätigen Prager Goldschmieds Amos Neuwald, konnte sich nur in beiden Kulturräumen entfalten. In anderen Fällen brauchte es dazu die nächste Künstlergeneration, etwa bei den Schöpfs.

Die Kunst konfrontiert uns besonders hartnäckig mit der Frage, ob die Grenzziehung zwischen Bayern und Böhmen, zwischen eigener und fremder Kultur überhaupt zulässig ist. Was empfinden wir denn als Heimat? Vielleicht ist es eine barocke Kirche, der wir uns aus religiösen oder ästhetischen Gründen emotional verbunden wissen. Man stelle sich vor, man würde mit verbundenen Augen ins Innere einer Dientzenhofer- oder Asam-Kirche geführt, die man als Teil der heimatlichen religiösen Kultur schätzt und liebt. Kann man denn dann mit geöffneten Augen mit Gewissheit sagen, ob diese in Böhmen oder in Bayern steht, ob man im Innern dieser Kirche zu Hause oder in der Fremde ist? Schließlich baute man die Kirchen so ähnlich, dass man selbst gleiche Baupläne verwendete. Der Stil, die künstlerische Handschrift, die Frömmigkeit und ihre Zeugnisse – sie unterscheiden sich nicht in Böhmen und Bayern. Wo also verläuft die Grenze? Auch für die Musik hat sie keine Bedeutung.

So klagt nicht zufällig der Tscheche Jaroslav Hilbert 1907 in der in Prag deutsch erscheinenden „Čechischen Revue", dass die Schriftsteller ständig nur auf die Heimat angewiesen seien. Von keiner anderen Kunst als der Literatur führe „eine so schwer zu bauende Brücke zum Verständnis einer andersprachigen Nation". Wie viel besser hätten es da die tschechischen Komponisten, die mit ihrer universalen Sprache jede Grenze überschreiten und daraus ein besonderes „Selbstbewusstsein" ableiteten.

Doch werden wir die Differenz weiterhin aushalten müssen. Das Trennende offenbart sich nicht zuletzt in der unterschiedlichen Wertung historischer Gestalten. So ist in Ostbayern Jan Hus zu einem vielfach mythisierten Trauma geworden. Das liegt aber weit weniger an ihm als an den legendären böhmischen Kämpfern, den Hussiten, die nach seiner Hinrichtung 1415 seit den 20er-Jahren des 15. Jahrhunderts ganze Landstriche verwüsteten und die man oft mit ihm gleichsetzte. Hus aber ist für Tschechen eine nationale Identifikationsfigur. Dem könnte man sich von deutscher Seite mit der Überlegung nähern, dass es ohne ihn und seine Reformen vielleicht keinen Martin Luther gegeben hätte. Bisherige Traditionen der Wahrnehmung konnten nur das Eigene als einmalig verstehen und schlossen den anderen aus. Die heute angemessene Europäisierung der Wahrnehmung bereitet diesem Ausschließen ein Ende und setzt ihm eine Vielfalt der Perspektiven entgegen.

Durch diesen Wechsel der Perspektive werden auch die Juden, ihre Religion, ihre Kultur, ihre wirtschaftlichen und politischen Leistungen, den ihnen gebührenden Platz in einem böhmisch-bayerischen Miteinander noch erhalten müssen. Der 1996 in Regensburg gefundene Goldschatz lässt das vermutlich eng geflochtene jüdische wirtschaftliche Netzwerk zwischen Bayern, Böhmen und Ungarn erahnen. Die Juden schufen ihre eigene symbiotische Doppelgeschichte. Doch begegneten ihnen Böhmen wie Bayern teilweise mit derselben reservierten, ja feindlichen Haltung.

Von den Grenzen zu den Grenzräumen

Zwischen Bayern und Böhmen herrschte über lange Zeit eine erstaunliche räumliche Konstanz und Kontinuität der Grenzen. Historisch verändert hat sich allerdings deren Durchlässigkeit. Das Material der Grenzzeichen vermag dies zu veranschaulichen: Die frühen Marchbäume mit Einritzungen im Holz werden durch die dauerhaftere Grenzen signalisierenden Grenzsteine abgelöst. Schließlich markiert auf dem Weg vom Holz über den Stein das Eisen einen traurigen Höhepunkt der Abgrenzung: In der Wirklichkeit sind es eiserne Drahtkonstruktionen, sprachlich und politisch ist es der „Eiserne Vorhang". Es bedurfte am Ende schon der Kraft zweier Außenminister, Jiří Dienstbiers und Hans-Dietrich Genschers, um diesen zu durchschneiden.

Das immer undurchlässiger werdende Material führt vor Augen, dass die frühe Grenze weitaus weniger trennte als spätere. Das Überschreiten der Grenze gehörte anfangs fast noch zur Grenze dazu. Im 20. Jahrhundert war dies unvor-

stellbar geworden. Für viele hat deshalb der wieder vereinte Bahnhof von Bayerisch-Eisenstein/Železná Ruda, einst das „eiserne" Symbol der Trennung schlechthin, noch etwas von einer Fata Morgana.

Die bayerisch-böhmische Geschichte entwickelte ihren eigenen, pulsierenden Rhythmus: Sie begann – zumindest seit der schriftlichen Überlieferung – mit Trennungen, zwischen Ländern und Leuten. Doch gerade das vermeintlich dunkle Mittelalter schuf mit Kirchen, Klöstern und Kunst Begegnungen, die viele nationale Trennungen überwanden. Religion, Kunst und Wirtschaft setzten sich früh über Grenzen hinweg, um Begegnungen und Austausch zu ermöglichen.

Vom bayerisch-böhmischen zum tschechisch-deutschen Pendel

Die Geschichte der bayerisch-böhmischen Beziehungen folgt einem Rhythmus, der einem Pendelschlag gleicht: Das Pendel schwingt zwischen den Extremen von Abgrenzung und Begegnung. Dabei bleibt aber der jeweils andere, entgegen gerichtete Ausschlag immer noch spürbar, die Trennung schwingt in der Erinnerung noch mit, wenn Begegnungen schon ein neues Miteinander schaffen. Man könnte als Bild die Volumenschwankung des Pulsschlags bemühen: Ausdehnung und Rückzug: des Eigenen, des Fremden, des Eigenen, des Fremden ... Fast komisch mutet das Zerrbild dieser pulsierenden Geschichte im Falle des Fraischbezirks in der nördlichen Oberpfalz an. Dessen landeshoheitliche Rechte wechselten zwischen Bayern und Böhmen bis ins 19. Jahrhundert im Jahresrhythmus. Das Intermezzo des Winterkönigs Friedrich V., Kurfürst von der Pfalz, schuf eine alles andere als komische Verbindung zwischen Böhmen und der Oberpfalz: Nach der niedergeschlagenen Revolution griff der Kaiser nicht nur zu gewaltsamen Mitteln der Rekatholisierung. Zehntausende von Glaubensflüchtlingen suchten ihre neue Heimat vor allem auch im nahe gelegenen Bayern.

Konfessionen schufen im bayerisch-böhmischen Mit- und Gegeneinander, in dieser „Konfliktgemeinschaft" (J. Křen) einmal das Miteinander, dann jedoch führten sie die Beziehungen wieder in die Krise. Deren Spuren sind in Form von Hussitenkugeln den Menschen in Ostbayern bis heute sichtbar. Grenzen wurden immer dann überschritten, wenn die Musik, die Skulptur, die Kunst, von den liturgischen Gegenständen der Messe bis zum kleinen Andachtsbild, den Pendelausschlag bestimmten.

Das 19. Jahrhundert mit seinem Pochen auf das Eigene, auf die nationale Identität sehen wir heute meist unabhängig von der „eisernen" Trennung zwischen Bayern und Böhmen im 20. Jahrhundert. Man könnte glauben, das Pendel sei hier aus dem Rhythmus geraten. Werden wir aber die „eiserne" Trennung nicht eines Tages – mit größerem Abstand – nicht nur als die letzte extreme Schwingung werten und damit das 19. und 20. Jahrhundert viel stärker als Einheit begreifen?

Für diese andere Sicht spricht auch ein beide Jahrhunderte verbindendes Merkmal: Die einzelnen gesellschaftlichen Bereiche wurden viel stärker ausdifferenziert als in der Vergangenheit. Es ging nicht mehr nur um Volk, Adel, Religion oder Kunst. Sprache und Politik drängten mehr und mehr auf Trennung. Doch Kunst und Kunstgewerbe schlugen weiterhin Brücken, wenngleich sie im Schatten der übermächtigen Trennungen standen. Verstärkt führten diese auch zu innerböhmischen Grenzziehungen, jenen zwischen Tschechen und Deutschböhmen, die vielfach von beiden Seiten ausgingen. Die Sudetendeutschen nehmen ihre Gefühle der Separiertheit auch nach dem Zweiten Weltkrieg mit auf die Flucht. Die Erinnerung an die Heimat, vornehmlich an das eigene deutsche Leben, nicht an das mit den tschechischen Nachbarn, hatten sie im Gepäck. Die Trennung und Isolierung von den Tschechen erscheint aus heutiger Sicht in einem neuen Licht. Fast könnte man meinen, dass man in Bayern und Böhmen im 19. Jahrhundert auch in der Kultivierung des Nationalstolzes und der wechselseitigen Abgrenzung wetteiferte. Zeigt sich auch in dem Streben nach Trennung letztlich etwas Gemeinsames?

Im 20. Jahrhundert wandelte sich das bayerisch-böhmische Verhältnis zu einem deutsch-tschechischen. Das findet in den extremen politischen Homogenisierungen durch die Gewaltherrschaften des 20. Jahrhunderts, durch Nazis und Kommunisten, einen Grund. Bei allen ideologischen Unterschieden hatten die Menschen unter totalitären Herrschaftssystemen, dem staatlich organisierten Terror, unter Kriegen und Kriegsfolgen auf beiden Seiten gleichermaßen zu leiden. Deutsche wie Tschechen waren im 20. Jahrhundert davon betroffen. Auch das gemeinsame Erinnern und das gegenseitige Verstehen des Leidens des anderen kann heute zu neuen Gemeinsamkeiten führen.

Lord Curzon hat gezeigt, in welch hohem Maße gerade die Nationalsozialisten auch gemischte Ethnien und Kulturen beseitigt haben. Die Verherrlichung des Eigenen als einmalig verträgt keine Mischung. Die bayerisch-böhmische Mischung trat seit dem 19. Jahrhundert, vor allem aber im 20. Jahrhundert zusehends in den Hintergrund. Bayern und Böhmen erschienen nur mehr als Teile einer unter Zwang homogenisierten Ost-West-Welt.

Die deutsch-tschechischen Beziehungen dominierten nun die bayerisch-böhmischen, die staatlichen die regionalen. Das kam auch darin zum Ausdruck, dass Bayern für die Böhmen, Böhmen für die Bayern gleich nah blieben: Man schaute und horchte zunehmend misstrauisch über die Staatsgrenze. Dieses Misstrauen macht deutlich, dass die Kontinuität der räumlichen Nähe lediglich über die wachsende innere Entfernung hinwegtäuschte. Im Bewusstsein der Menschen auf der einen Seite lebten jene auf der anderen Seite der breit gesicherten Grenze wie auf einem anderen – politischen – Stern. Die über Jahrhunderte gewachsene regionale Gemeinschaft litt durch die diktatorischen Machthaber des 20. Jahrhunderts beträchtlichen Schaden. Die Menschen, die jetzt kamen, wechselten nicht aus freien Stücken und auch nicht mehr hin und her: Sie zogen nur

mehr aus dem Osten in den Westen und blieben dort, die Sudetendeutschen ebenso wie die aufgrund der kommunistischen Herrschaft Emigrierten. Auch damit wurden Grenzen sanktioniert und Gräben immer tiefer gezogen.

Betroffen aber waren immer die Menschen in den Regionen, in denen, aus denen sie kamen, und in jenen, in die sie gingen. In diesen, in Böhmen und Bayern, sollte man sich gemeinsam daran erinnern und sich damit auch über jegliche Instrumentalisierung hinwegsetzen. Es gilt heute, die Grenze im Kopf zu vertreiben und die Region als gemeinsamen europäischen Raum zu verstehen und zu empfinden. Die Region einerseits, Europa andererseits bilden den neuen Ausschlag für das böhmisch-bayerische Pendel.

Gemeinsame Heimat in der Region

Aus der Region erwächst die Alternative zur national geprägten Geschichte. Der regionale Raum schafft vor allem kulturelle Identität. Diesen Kulturraum kennzeichnet durch die stetige Berührung mit dem anderen eine gemischte Identität. Solche regionalen Räume erweisen sich als flexibler, als offener für Veränderungen als Städte, die besonders bezeichnende Markierungen, etwa jene einer bestimmten Nationalität, setzen müssen. Regionen hingegen müssen das nicht.

Man sollte auch die Bedeutung des verbindenden Waldgebirges nicht gering schätzen, trotz aller trennenden Namen wie Bayerischer Wald, Böhmerwald bzw. Šumava, Český les. Geografische Gegebenheiten, Berge und Wälder, zeitigen immer kulturelle Folgen. Geografische Gemeinsamkeit führt in aller Regel zu kultureller Gemeinsamkeit. Man braucht nur an die beiderseitige „Böhmerwald-Literatur" zu denken, eine oft katholisch geprägte ländliche (Kalender-)Erzählung. Wer wollte hier eine Grenze ziehen? Die Grenze, die Staaten trennt, wird vom verbindenden regionalen Grenzraum abgelöst. Gartenschauen finden – so erstmals 2006 – grenzüberschreitend statt. In seiner regionalen „kleinen Heimat" fühlt man sich im Grunde mehr zu Hause als in der Reisepassheimat seines Staates. Dies ist nur eine logische Konsequenz daraus, dass sich Kultur- und Mentalitätsgrenzen noch nie mit Staatsgrenzen gedeckt haben. Staatsgrenzen haben vielmehr die gemischte Grenzraumidentität, die Grenzen überschreitenden „kleinen Heimaten" meist über- und verdeckt. Es ist an der Zeit, sie – wohl erstmals – zu entdecken. Die Geschichte des – nationalen – Kollektivs tritt in den Schatten zahlloser individueller Geschichten und Schicksale: Geschichte lässt sich – wie Heimat – nur mehr im Plural verstehen.

Haben in diesem Licht die Sudetendeutschen tatsächlich ihre Heimat zurückgelassen? Zum einen ja, natürlich, mussten sie doch Haus und Hof, ihre gefühlte „kleine Heimat" unfreiwillig für immer aufgeben. Heute aber, in einer Zeit, in der die Zahl der Migranten weltweit rapide zunimmt, wird Heimat mehr und mehr als transportabel begriffen, flexibel wie die kreative Region, aus der die Menschen kommen. Sie alle tragen ihre Heimat mit sich. Heimat heute nur mehr statisch als einen verlassenen Raum zu begreifen erscheint zunehmend als überholt, auch zwischen Bayern und Böhmen. Kann nicht die Tatsache, dass sich so viele Sudetendeutsche in Bayern oder Sachsen dauerhaft im Grenzraum niedergelassen haben, als Hinweis darauf gewertet werden, dass sie ihre mentale Heimat, ihre kleine Heimat nicht zur Gänze aufgeben wollten und mussten? Reichte ihre Heimat nicht auch bis in den bayerischen Raum? Dies ließe sich aus heutiger Sicht als Glück im Unglück begreifen, auch angesichts der Tatsache, dass zum Beispiel so viele Ostpolen in die für sie nicht mehr gefühlte Heimat Schlesien vertrieben wurden.

Auf dem Weg in die europäische Heimat

Nach 1989 begann etwas ganz Neues, das Pendel schlug wieder in die entgegengesetzte Richtung aus. Der Pulsschlag erhielt neue, europäische Impulse. Die „samtene" Annäherung setzte ein, die europäischen Unionen zwischen Bayern und Böhmen entwickelten eine kaum zu glaubende Vielfalt. Diese neuen Begegnungen im geweiteten Raum werden wohl – so darf man hoffen – so lange andauern, das Pendel wird so weit ausschlagen, dass es den Weg zurück in die andere Richtung nicht mehr finden wird. Hier tut sich ein weiter Raum für die Fantasie derjenigen auf, denen die europäische Einigung wichtig ist.

Das regionale bayerisch-böhmische „Europalabor" hat Europa von seinem Erfahrungsschatz vieles mitzugeben.

Der von den Kommunisten 1980 nach Deutschland vertriebene tschechische Dichter Jiří Gruša begann in der Emigration seine Gedichte auch auf Deutsch zu schreiben. Doch schuf er sich schon vorher neben den nationalen Sprachen Tschechisch und Deutsch, seinen beiden Literatursprachen, eine dritte: Er nannte sie „Alchadokisch". Vielleicht ließ er sich dabei von jenem „Böhmisch" oder „Kucheldeutsch" inspirieren, das in einer genial-komischen Symbiose Deutsch und Tschechisch vereint. Das Alchadokische sollte für Gruša die Sprache des Landes „Karien" sein. In diesem herrschten nicht länger „die Götter der Exklusion", des Ausschließens und des Grenzziehens. Denn diese – so Gruša – mögen keine Vielzahl von Sprachen und Kulturen. In seinem Land „Karien", in dem mit Alchadokisch viele Sprachen gesprochen werden, walten die „Götter der Inklusion", der Integration. Mit ihnen verehrt man die sprachliche und kulturelle Vielfalt als den höheren Wert. Gruša kommentierte diese utopischen Fantasien einst mit den Worten: „Der unwahrscheinlichste Weg bietet eine Lösung." Damals ließ sich noch keine Lösung finden. Heute, gut zwei Jahrzehnte später, dürfen wir alle gemeinsam diese Utopie in die Wirklichkeit umsetzen: Karien – das ist heute Europa, und Alchadokisch ist unsere gemeinsame, vielfältige europäische Sprache, an der wir allerdings noch arbeiten müssen, auch zwischen Bayern und Böhmen.

Walter Koschmal

Objevování společného

Bayern und Böhmen, Bavorsko a Čechy, pojí dlouholeté sousedství, znamenající víc než jen poetické souznění názvů obou území. Jednotlivé bavorské regiony jsou však „sousedy" v různé míře: bezprostředně s Čechami hraničí jen Východní Bavorsko. Již z tohoto důvodu jim v rámci vzájemného vztahu připadá různá důležitost. Řada spojnic však existuje i mezi Čechami a Saskem, podnětné by jistě bylo také srovnání Bavorska a Moravy: vždyť stejně jako nejoblíbenější německý loupežník všech dob, „Hotzenplotz", se jmenovala moravská obec, existující do roku 1945 (dnes „Osoblaha"). Tuto krajinu obšírně popsal již v roce 1890 německý spisovatel Edwart Richter. Za svou dnešní proslulost však vděčí Hotzenplotz teprve Otfriedu Preußlerovi, autoru knih pro děti, jehož domovem je již půl století bavorský Rosenheim, ale který je svou biografií spjat také s Libercem v severních Čechách. Preußler a Hotzenplotz tak ztělesňují živé pouto mezi Bavorskem, Čechami a Moravou, mezi dětmi i dospělými.

Složité společenství

Bilaterální vztah Bavorska a Čech představoval odjakživa jen výřez z evropského celku. Obraz Čechů o sobě samých nebyl utvářen výhradně na základě neklidného soužití s Bavory či Němci. Sami sebe chápali spíše – v širším evropském rámci – jako křižovatku, prostor, kde se protínaly západní a východní vlivy. Německo bylo považováno za jejich zprostředkovatele. Taková pozice „na křižovatce" znamenala vazby na Západ a současně roli prostředníka směrem ke slovanským oblastem a kulturám. Ne náhodou propagoval slovenský národní buditel Ján Kollár od roku 1837 „slovanskou vzájemnost". Vedle „křižovatky" se vžila další oblíbená metafora: „srdce". Jako srdce Evropy bylo přednostně označováno české území – a zde se často setkávalo Bavorsko v roli zprostředkovatele západní Evropy s Čechami jako zástupcem Čechů, Slováků a Slovanů. Bavorsko i Čechy jsou tedy zasazeny do tohoto evropského rámce vztahů.

V průběhu minulých staletí se mezi Bavorskem a Čechami řešily mnohé konflikty zástupně za celou Evropu. Mnohdy zkostnatělé a strnulé rozdělení rolí mezi Slovany a Němci začalo často právě zde tuhnout nejdříve. Chápeme-li vztahy Čech a Bavorska nejen jako jednotlivý historický případ, ale také jako určitý model, otevírá se možnost širší – evropské – interpretace. Bavorsko a Čechy tak společně získávají status modelu evropského regionu.

Mnohé spojnice byly známy již v minulých staletích. „Politické ohledy" však velely je ignorovat či přímo zamlčovat: Češi například neviděli pražádný důvod upozorňovat na skutečnost, že autorem sochy Libuše v Národním muzeu byl právě Němec, totiž Ludwig Schwanthaler, tvůrce mnichovské Bavarie. Německé národnosti byl i autor libreta stejnojmenné národní opery Bedřicha Smetany, J. Wenzig.

Společně – k oboustrannému užitku

Klademe-li si dnes otázku, co mají Bavorsko a Čechy společného, překvapí zejména bohatost a rozmanitost vazeb. Nejčastěji se utvářely v oblasti umění, náboženství a hospodářství – především obchodu. Obchodníci a skláři překračovali hranice stejně samozřejmě jako muzikanti či – v bližší minulosti – gastronomický personál. Vlastní přeshraniční síť si vytvořila sklářská výroba a obchod. V průběhu staletí vzniklo mnoho takových ekonomicky a kulturně motivovaných sítí, vrstvících se přes sebe. Dělba práce a specializace existovaly tenkrát i dnes. I v minulosti firmy rozšiřovaly své pole působnosti za hranice. Dělbu práce dnes často nahrazují přesuny celých firem, vznikají však i první binacionální průmyslové zóny. Pokaždé, když se Bavorsko a Čechy vzchopily a odhodlaly ke spolupráci, ať již na poli umění či hospodářství, dotáhly to téměř na světovou špičku: teprve poté, co roku 1842 přišel z Vilshofenu do Plzně Josef Groll – a jeho příkladu následoval nejeden dolnobavorský sládek –, aby zde vařil pivo, získalo „plzeňské" díky této dolnobavorsko-české kooperaci světovou proslulost. Pivo se pro Bavorsko i Čechy brzy stalo nejvýznamnějším mezinárodním reprezentantem. Čeští skláři a obchodníci se sklem – jako bratři Franz a Wilhelm Steigerwaldové z Prahy, zakladatelé proslulé sklářské manufaktury Theresienthal – se jako „rozvojoví pomocníci" a mecenáši bavorského sklářského umění zasloužili o to, že se stalo stejně světoznámým jako české.

Výstava „Bavorsko-Čechy" dává podnět k zamyšlení nad těmito dlouho přehlíženými shodami a spojitostmi. Nejedna socha, nejedna budova, zcela samozřejmě považována za symbol „národní" svébytnosti, přitom vyjeví svou pravou podobu společného díla, jako ta zmíněná „plzeň". Bavorsko-česká minulost je plná takových „joint ventures".

Společné kořeny

Objevování spojitostí, např. společných sídlišť, šlo pomalu a ztuha; v době národně omezeného zájmu o historii se na obou stranách přikládala přílišná důležitost „svébytnosti". Shody však lze najít v samých počátcích. Bavoři sice z Čech nepochází, přesto je však spojuje jazykový kořen „baia", který je obsažen ve slovech „boiohemium" i „bavaria".

Jedna z nejvýznamnějších německých jazykových památek, totiž „Ackermann aus Böhmen" („Oráč z Čech"), která vznikla kolem roku 1400, byla po desetiletí považována za ryze německé dílo. Známa byla také existence nedokončeného zpracování této látky v češtině. Na druhé straně měli Češi svého „Tkadlečka", text s podobným námětem, zaujímající významné místo v rané české literatuře. Oba postoje jsou však, protože opomíjí a vyřazují toho druhého, stejně pochybné. Teprve na sklonku 20. století se prosadil názor, že obě díla pravděpodobně vyrůstají z jednoho kořene. Původní text, který byl předlohou pro obě zmíněná díla, je ale zřejmě nenávratně ztracen. Pokud se tedy chceme něco dozvědět o nejstarší podobě těchto významných děl obou literatur, musíme se chtě nechtě zabývat i druhým jazykem. Česká a německá kultura a bádání o nich spolu vždy souvisely a souvisí.

Často je možné teprve díky společnému česko-bavorskému vzpomínání zaplnit mezery na jedné straně ze strany druhé. Původně společná tradice dudácké hudby upadla v Bavorsku již dávno v zapomnění; díky nepřetržité péči, jaké se jí dostávalo v Čechách, však může být na tomto základě rekonstruována také v Bavorsku. To je jen jedna z oblastí, v nichž byly Čechy a Bavorsko schopny vyzískat užitek z toho, co je spojuje: teprve soutokem Studené Vltavy přicházející z Bavorska a Teplé Vltavy pramenící v Čechách vzniká velká, dobře temperovaná řeka.

Raná setkání

Bavorsko-česká setkávání probíhala od počátku v nejrůznějších sférách, při oficiálních příležitostech i ve všední den, ať už se jednalo o poutě, úctu ke světcům, či bavorsko-české sňatky. Bezprostředně po stržení železné opony se obnovila poutní tradice z Čech do Neukirchen bei Hl. Blut a z Bavorska k Černé madoně do Příbrami. Touha po tradovaných symbolech transcendence ve formě katolické zbožnosti opět bezstarostně míjela státní hranice. Také hrázděné domy po obou stranách hranice si jsou podobné jako české vejce vejci bavorskému.

V dějinách se křížily cesty nejrůznějších skupin obyvatelstva: pašeráků a hraničářů, Chodů, obchodníků a šlechticů. Bavorsko i Čechy byly protkány a propojeny sítí „Zlatých" cest a stezek. A nedávné rozšíření Evropské unie neznamenalo jen příchod Západoevropanů do Čech, mnohem spíše šlo o pohyb oběma směry. Světci, ke kterým směřovaly modlitby, se mnohdy lišili jen jménem: Gunther nebo Vintíř, Wenzel nebo Václav. „Wolfgang" symbolizuje kontinuitu překračující hranice.

Dokladem společného kulturního prostoru je dnes obliba stejných nápojů a jídel (pivo, vepřo-knedlo-zelo), ale i charakteristické tvarosloví akantových listů a rozvilin, prorůstající venkovské kostelíčky tady i tam jako bodláčí minulosti. Nápadně blízké jsou si i náhrobky v Bavorsku a v Čechách – i zde tedy vzájemná podoba, sahající až za hrob.

Smyslově uchopitelným a názorným výrazem intenzivního soužití je Kamenný most v Řezně.

V kapituláři z roku 809 se o Řezně mluví jako o hraničním místě směrem na východ. V následujících staletích se přes tento most otevřely cesty jak z Bavorska do Čech, tak i z Čech do Bavorska a až do Itálie. Socha dvojitého Jana Nepomuckého v Horní Falci hledící oběma směry, do Čech i do Bavorska, představuje – tak jako most přes Dunaj, podle kterého byl postaven pražský Juditin most – symbiózu zvěčněnou v kameni. Řezno, město dvojí tváře, se v oblasti obchodu, náboženství a kultury také odjakživa dívalo do obou stran, především však do Čech.

Vlivy přelévající se sem a tam

Vlivy proudily od počátků oběma směry: proces christianizace Čech vyšel z Bavorska, Bavoři zase vděčí Čechům za svůj znak, ve kterém symbolicky vykrystalizovalo bílomodré nebe. Česká princezna Ludmila přinesla tento dnes asi nejznámější symbol Bavorska takříkajíc jako jitřní dar ze svého svazku s hrabětem z Bogenu do svého druhého manželství s Ludvíkem Kelheimským.

Vedle sňatkové politiky to bylo náboženství, které zas a znova zdolávalo česko-bavorskou hranici. Uctívání sv. Jana Nepomuckého se do Bavorska rozšířilo z Čech, kde byl jako zemský světec uctíván mnohem dříve než v Bavorsku. V osobě sv. Václava – v Bavorsku se jedná o pekaře hostií, ne o českou identifikační figuru – se modlili nejen věřící v bavorské farnosti Oberlauterbach k českému zemskému světci. Ale časy, kdy se vážilo a srovnávalo „dříve" a „později", „více" a „méně", jsou dávno pryč. Václav a Jan Nepomucký brzy přivedli české a bavorské věřící ke společné pobožnosti, dávno před celým politickým evropským sjednocováním.

Třeba bude česko-bavorské citové společenství schopno dát nové podněty často poněkud nejasnému cíli jménem Evropa. Regionální model Bavorsko-Čechy svědčí o tom, že rostoucí spolupráce může zmírnit konkurenci a antagonismus. Připomínka minulých setkávání skýtá v dnešní době rostoucí pospolitosti bohatý materiál pro pozorování.

Sbližování nápodobou

Kultury, a tedy i bavorská a německá, se vždy učily od jiných i skrze „imitatio", nápodobu. První české mince ražené podle bavorských vzorů svědčí o tom, že vlastní identita může existovat vždy pouze v kontaktu a skrze výměnu s cizí identitou. Nápodoba není nikdy jen opakováním, ale nese v sobě také změnu originálu. Mariánský sloup na Staroměstském náměstí v Praze není pouhou kopií mariánského sloupu z mnichovského Mariánského náměstí, ale jeho kreativní transformací. Jiné náměstí a nový vztah k okolním budovám mění jeho charakter. Přesto byla „nápodoba" často ve zjednodušeném smyslu zneužívána k diskreditaci napodobujícího, sugerujíc jeho zaostalost. Když na sklonku 19. století právě pražský německý tisk prezentuje Čechům „germanizaci" jako tu nejlepší cestu, je to dvojnásob problematické: za prvé muselo podobné doporučení z německých úst samozřejmě narazit na odpor, za druhé nebylo „germanizací" myšleno ono kreativní přetváření, nýbrž slepé kopírování daného vzoru. Takové návrhy byly právě z důvodu takto předpokládané méněcennosti pro české obyvatelstvo nepřijatelné. Logickou reakcí tedy mohla být jen demonstrativní prezentace rovnocennosti české tvůrčí síly a svébytnosti, jak ji předvedla Jubilejní zemská výstava v Praze roku 1891. Porovnáme-li ji s dnešní „Bavorskou zemskou výstavou", vyvstane jasně a zřetelně, že charakter přehlídky mimořádných výkonů, při které např. chovatelé dobytka předváděli závistivým divákům nejvýkonnějšího plemenného býka, patří nenávratně minulosti. I zemské výstavy podléhají historickým změnám. Dnes se místo na konkurenci klade důraz na kooperaci. Bavorská zemská výstava 2007 je věnována reflexi společné minulosti a vystavené exponáty dokládají mimořádný výkon obou stran.

Společný prostor a společný jazyk

Nápodoba znamená také sbližování; vytváří základ pro státně-politické srůstání toho, co k sobě kulturně již dávno patří: společný evropský kulturní prostor se utvářel po staletí, právě i mezi Bavorskem a Čechami. V rané fázi sbližování ve středověku nelze mnohdy tak dokonale rozlišit, co je „bavorské" a co „české", jak se to vyžadovalo později, v dobách sebevymezování. Bavorsko a Čechy tvořily z dnešního pohledu nedělitelnou jednotu – i jazyka, místních jmen a společných sídlišť.

Na prvním místě je spojuje geografický prostor; přesto je třeba rozlišovat české a bavorské území. Právě středověk sugeruje představu jednoho společně osídleného prostoru. Ještě dnes se překvapivě vyloupne slovanský původ zdánlivě čistě bavorských místních jmen a bavorský, resp. německý původ jmen českých. Mnohá příjmení jsou odvozena z místních jmen. Tato smíšená jména po obou stranách hranice umožňují rekonstruovat pohyb mezi Bavorskem a Čechami v předhistorické době.

Těžkosti při sbližování se tu a tam rýsují nejzřetelněji přímo na hranici. Obě strany se pravděpodobně shodnou na tom, že je žádoucí, aby v ekologicky přijatelné podobě vzkvétal a prosperoval přeshraniční turismus, jedna z nových forem „pospolitosti". Proč tedy ale bavorská běžkařská mapa z roku 2002 bere běžkařům potěšení klouzat dál ve své stopě i na české straně, proč všechny zde zakreslené trasy náhle končí na neproniknutelné, červeně označené bavorské hranici? Sbližování probíhá pomalu, ale nezadržitelně: na téže běžkařské mapě již v roce 2005 česká pokračování běžkařských stop zakreslená jsou. Jistě už to také nebude dlouho trvat, a stará německá označení hor na českém území budou vyměněna za česká a místní jména v češtině budou i správně napsaná. Korektní přeshraniční orientaci pak již nebude stát v cestě vůbec nic.

Mluvíme-li o Čechách, pak budeme muset místa, řeky, hory označovat buď jen česky, nebo česky i německy, tedy „Prachatice" a „Prachatitz", pokud chceme být politicky korektní. Můžeme být však rádi, že jsou bavorsko-české vztahy tak jasné. V pojednáních o historii východo-sloven-

ských Košic/Kaschau/Kassa by se měl uvádět alespoň slovenský, německý a maďarský název, neboť toto město patřilo jen ve dvacátém století osmi různým státním celkům.

Velký počet dvojitých jmen dává tušit, že tu máme co do činění se smíšenými regiony. Jsou připomínkou hluboce zakotvených spojitostí. I mnohá místní jména, která se v Bavorsku zdají tak krásně jednojazyčná, mají však smíšené kořeny – které ovšem dnes již nejsou k rozeznání. Zdání klame, takový „Kreuzhof" u Bamberku, „Knetzgau" v Dolních Francích nebo „Perschen" v Horní Falci nejsou čistě německá jména. Cizojazyčný, slovanský kořen je v těchto smíšených jménech jen dobře skryt. „Perschener", „brežané", byli prostě jen Slované, kteří bydleli na břehu. Sečtou-li se tedy všechna viditelná i neviditelná smíšená jména, vyjde nám úctyhodná rozloha společně osídleného prostoru.

Z pozdější doby je třeba zmínit snahy o politickou obnovu tohoto starého sídlištního společenství. Karel IV. například sledoval záměr začlenit do Království českého „na věčné časy" severní část Horní Falce až po Norimberk, bavorské „Nové Čechy". Dnes už si nikdo nedovede představit, že by tyto snahy bývaly mohly být korunovány úspěchem. Karel IV. dobře věděl, že při pokusu o proměnu této „věčnosti" ve skutečnost případně velmi důležitá role jazyku. Proto jeho Zlatá bula z roku 1356 stanovila, že synové německých kurfiřtů mají povinnost učit se česky. Tady se nabízí otázka: kolik dětí českých ministrů se dnes učí německy, kolik dětí bavorských ministrů česky?

Direktivy takového rázu jsou samozřejmě nepřijatelné. Dnes se vydávají touto cestou v mnohem demokratičtějším duchu německo-český „Tandem"a „Bohemicum" se sídlem v Řezně a jiné instituce. Zájem o cizí jazyk a kulturu měl svého předchůdce v osobě falckého tajného sekretáře Johanna Marii Warschitze, který zemřel roku 1531 v řezenském Kateřinském špitálu. Našel se u něho malý německo-český slovníček na cesty s frázemi pro každodenní použití. Zdalipak mají dnešní politikové na cestách v kufru něco podobného? Doufejme, že ano, vždyť by měli pracovat na tom, aby se společný politický prostor stal skutečností a expanze na úkor druhého skončily. Tím by byla vytvořena stabilní základna pro „věčnou" existenci pod společným evropským nebem.

Česko-bavorské podvojné dějiny

Regionální model Bavorsko-Čechy zřetelně ukazuje jednu věc: ve fázích, ve kterých se spojení s Čechami přerušilo, byla bavorská historie většinou o kus chudší. Platí to i obráceně: Čechy vděčí Bavorsku za výstavbu osad, křesťanskou kulturu, četné kláštery. Kde by ale byla bavorská hudební kultura, kdyby dodnes nepřijímala nové podněty vysokého hudebního umění z Čech!

Kde se v české historii vyskytly deficity, tam byly nezřídka vyrovnávány z bavorské strany; kde mělo mezery Bavorsko, pomáhaly je překlenout Čechy. Obě země se doplňovaly nejrůznějšími způsoby. Je proto třeba změnit perspektivu a místo na dělící čáru hranice se zaměřit na integrující hraniční prostor, na plodnou česko-bavorskou vzájemnost. Tak se může rozvinout společné regionální sebevědomí, jehož bohatství je součástí toho většího, evropského – které opět čerpá z regionů.

Mnoho krásných příkladů z této podvojné historie by dnes mohlo povzbudit ke sbližování. V čele kráčí oba erbovní lvi, český a bavorský, jejichž těsná sepjatost parafrázuje Goethovu báseň „Gingko biloba": „Dvojmý, a přec jeden jsem!"*. K nim se přidává hornofalcký Janus, dvojitý Jan Nepomucký. Pro Římany byl Janus bohem dveří, bran a průchodů; symbolizuje tedy propustnost, směšování vlastní a cizí kultury. Rod Parléřů například pocházel z württemberského Švábského Gmündu. Byl to císař Karel IV., který Petru Parléřovi stvořil v Praze podmínky vhodné k tomu, aby se mohl stát nespornou veličinou evropských kulturních dějin. Vliv parléřovské huti sahal daleko za hranice Čech a vtiskl ráz architektuře, sochařství a sklomalbě své doby, projevil se v onom proslulém „krásném" či „měkkém" stylu, který nachází svůj jedinečný výraz v „krásných madonách" a „krásných pietách". Ve svých uměleckých dílech, ale především v dílech svých žáků se Parléř pak zase vrací do Bavorska, například do Landshutu, do kostela sv. Martina.

Na příkladu Petra Parléře je obzvláště dobře čitelná šťastná bavorsko-česká symbióza. Praha na něho a jeho umění působila jako katalyzátor, který teprve umožnil rozvoj oněch uměleckých forem, které obohatily stejnou měrou Čechy i Bavorsko. Naprosté nepochopení této skutečnosti demonstruje román „O Böhmen!" sudetoněmeckého básníka Hanse Watzlika z roku 1917, ve kterém chtěl autor ze svého jednostranně nacionalistického pohledu čistě německého Parléře vrátit z Prahy zpět do Bavorska. Dalšími příklady česko-bavorských „podvojných" dějin by mohly být vedle rodu Parléřů také umělecké dynastie Asamů, Dientzenhoferů a Schöpfů nebo sochař Ferdinand Tietz, původem ze severních Čech, působící ve Francích. Všichni dosvědčují totéž: obohacující regionální symbiózu. Vlivy a podněty nepřicházely jen ze západu na východ, ale putovaly stejně tak i opačným směrem. Tvorba mnoha umělců, například pražského zlatníka Amose Neuwalda činného v Augsburku, potřebovala ke svému rozvoji oba kulturní prostory. Jindy se tato plodná symbióza plně rozvinula teprve v následující generaci, jako tomu bylo například v dynastii Schöpfů.

Právě v oblasti umění se tvrdošíjně vynořuje otázka, zda je takové vytyčování hranic mezi Bavorskem a Čechami, mezi vlastní a cizí kulturou, vůbec přípustné. Co vlastně rozumíme pojmem „domov"? Může to být barokní kostel, se kterým se cítíme být svázáni poutem náboženským či estetickým. Představme si, že bychom se ocitli se zavázanýma očima uvnitř dientzenhoferovského či asamovského kostela, přesně takového, jaký milujeme a považujeme za součást vlastní náboženské kultury. Když pak šátek z očí sejmeme a kostel si prohlédneme, můžeme s jistotou říct, nacházíme-li se v Čechách nebo v Bavorsku, doma nebo v cizině? Kostely se stavěly tak podobně, že se mnohdy využívaly tytéž stavební plány. Styl, umělecký rukopis, zbožnost a její projevy – to

všechno se v Čechách a Bavorsku neliší. Kde tedy probíhá hranice? Ani v oblasti hudby nemá pražádnou platnost. Ne náhodou si stěžuje Čech Jaroslav Hilbert v roce 1907 v pražských německých novinách „Čechischer Revue", že jsou spisovatelé odkázáni jen na svou vlast; žádné jiné umění než literatura není „s takovou námahou nuceno stavět most k porozumění jinojazyčnému národu". O co lépe si žijí čeští hudební skladatelé, kteří za pomoci svého univerzálního jazyka lehce překračují všechny hranice a vyvozují z toho zvláštní „sebevědomí".

Rozdíly tu však jsou, a nelze je přehlížet či potlačovat. Odlišnost se manifestuje v neposlední řadě také v rozdílném hodnocení historických osobností. Například Jan Hus se ve východním Bavorsku stal mnohonásobně mytizovaným traumatem. To však spíše než s jeho osobou souvisí s legendárními českými bojovníky, husity, kteří po jeho smrti v roce 1415 od dvacátých let 15. století pustošili celé krajiny a s nimiž byl Hus ztotožňován. Pro Čechy je však Jan Hus národní identifikační figurou. Z německé perspektivy se tomuto chápání lze přiblížit třeba skrze úvahu, že by bez něj a jeho reforem možná nebylo žádného Martina Luthera. Dosavadní tradice byla schopna vnímat jako jedinečné pouze „vlastní", vždy současně s eliminací „jiného". Dnešní sjednocující evropský pohled se podobného vyřazování a vyčleňování snaží vyvarovat a zdůrazňuje naopak význam různorodosti perspektiv.

Touto pozměněnou optikou se bude třeba podívat i na historii židovského obyvatelstva, jeho náboženství a kulturu, jeho hospodářský a politický přínos – a bude třeba přiznat mu místo, jaké mu v česko-bavorském soužití náleží. Zlatý poklad, nalezený roku 1996 v Řezně, dává tušit pevně utkanou síť hospodářských vazeb mezi Bavorskem, Čechami a Uhrami. Židé vytvořili vlastní symbiotickou „podvojnou" historii. V Čechách i Bavorsku se však setkávali s týmž rezervovaným či dokonce vyloženě nepřátelským postojem.

Od hranic k hraničním prostorům

Mezi Bavorskem a Čechami vládla dlouhou dobu podivuhodná prostorová stálost a kontinuita hranic. Jejich propustnost se ovšem v průběhu dějin měnila. Názorně si to lze představit na materiálu hraničních znaků: hraniční stromy se zářezy byly nahrazeny hraničními kameny, signalizujícími trvalejší charakter hranice. Smutným vrcholem, ke kterému vede od dřeva přes kámen cesta sebevymezování, je železo: v rovině skutečnosti konstrukce ze železného drátu, v rovině jazykové a politické „železná opona". K jejímu protržení bylo nakonec třeba spojených sil dvou ministrů zahraničí, Jiřího Dienstbiera a Hanse-Dietricha Genschera.

Materiál hraničního značení, který se postupem doby stával čím dál nepronikutelnějším, svědčí o tom, že v počátcích měla hranice mnohem méně charakter „dělící čáry" než tomu bylo v dobách pozdějších. Jakousi samozřejmou součástí hranice bylo i její překračování – ve 20. století již cosi nepředstavitelného. Pro mnohé je znovusjednocené hraniční nádraží v Železné Rudě/Bayerisch Eisenstein, bývalý „železný" symbol rozdělení par excellence, pořád ještě jakousi fatou morgánou.

Bavorsko-české dějiny tak dostaly svůj vlastní, pulzující rytmus: začaly – přinejmenším od doby písemně zaznamenané – rozdělováním území a lidí. Právě domněle temný středověk však se svými kostely, kláštery a uměním umožňoval setkávání překlenující mnohé národnostní rozdíly. Byly to právě oblasti náboženství, umění a hospodářství, kde se již brzy překonávaly hranice, navazovaly vztahy, kde fungovala výměna.

Od bavorsko-českého k česko-německému kyvadlu

Dějiny bavorsko-českých vztahů se odvíjejí v rytmu podobajícím se pohybu kyvadla, v pravidelných výkyvech mezi oběma extrémními polohami: „vymezování se" a „setkávání". Při každém výkyvu zůstává však skrytě přítomen i pohyb opačným směrem, odcizení ještě doznívá v paměti, i když už je setkávání novou formou soužití. Nabízí se i obraz proměnlivosti objemu pulzující krve – roztažení a stažení, expanze a ústup: vlastního, cizího, vlastního, cizího... Případ oblasti zvané Frais v severní části Horní Falce je až jakousi úsměvnou karikaturou těchto pulzujících dějin: právo svrchovanosti nad tímto územím přecházelo až do 19. století každoročně z Bavorska na Čechy a zase zpátky. Česko-hornofalcké intermezzo falckého kurfiřta a „zimního krále" Fridricha V. nebylo naopak komické ani trochu: po porážce povstání začal císař násilně prosazovat rekatolizaci. Desetitisícům náboženských uprchlíků se stalo novým domovem především blízké Bavorsko.

Konfese byly v bavorsko-českém soužití, v tomto „konfliktním společenství" (J. Křen) jednou spojujícím prvkem, podruhé rozdělujícím momentem a příčinou krize vzájemných vztahů. Ve východním Bavorsku jsou dodnes viditelné stopy této krize: „husitské koule". Hranice se vždy překonávaly lehčeji, když pohyb kyvadla určovalo působení hudby, sochařství a umění obecně, od liturgických předmětů až po malé devoční obrázky.

Dnes posuzujeme 19. století s jeho horlivým vyzdvihováním „vlastního" a národní identity většinou bez přímé souvislosti s „železným" rozdělením Bavorska a Čech ve 20. století. Zdá se, že tu kyvadlo vypadlo ze svého pravidelného rytmu. Je však možné, že jednoho dne budeme z většího odstupu toto „železné" rozdělení chápat jako poslední fázi extrémního vychýlení a století devatenácté i dvacáté se nám budou jevit mnohem silněji jako jednota.

Ve prospěch tohoto jiného úhlu pohledu mluví rovněž oběma stoletím společná charakteristika: jednotlivé společenské obory se rozrůzňovaly v mnohem větší míře než v minulosti. Už se nejednalo pouze obecně o národ, šlechtu, náboženství či umění. Jazyk a politika se stále hlasitěji dožadovaly diferenciace. Umění a umělecké řemeslo mezi sebou však nadále stavěly mosty, i když se to dělo ve stínu mocného vymezování a rozdělování. Tato tendence se projevila i v Čechách, ve vytyčování vnitřních hranic mezi

Čechy a českými Němci, jež nacházelo živnou půdu na obou stranách. Pocity separace provázely sudetské Němce i po druhé světové válce. Vzpomínka na domov, kterou si s sebou nesli, byla především vzpomínkou na vlastní německý život, méně již na soužití s českými sousedy. Izolace a stranění se Čechů se dnešnímu pohledu zjevuje v novém světle. Skoro by se dalo říct, že spolu Bavorsko a Čechy v 19. století soupeřily i v kultivaci národní hrdosti a vzájemném vymezování. Nakonec se ale možná právě v tomto horlivém rozcházení projevuje skutečná vzájemná blízkost.

Ve 20. století se bavorsko-české vztahy proměnily ve vztahy německo-české. Důvod je třeba hledat v extrémní politické homogenizaci tyranskými režimy 20. století, nacistickým a komunistickým. Při všech ideologických rozdílech je utrpení života v totalitním režimu, hrůzy, které s sebou nesl státně organizovaný teror, válka a její následky, na obou stranách srovnatelné. Ve 20. století takto strádali Němci i Češi. Společné vzpomínání a vzájemné pochopení utrpení toho druhého se dnes může stát základem pro vznik nové pospolitosti.

Lord Curzon poukázal na to, v jak velké míře se právě nacismus postaral o eliminaci smíšených etnik a kultur. Apoteóza vlastní jedinečnosti nepřipouští směšování. Již v 19. století, zejména však ve století dvacátém, ustupovalo bavorsko-české promísení zřetelně do pozadí. Bavorsko a Čechy se nyní staly především součástí nuceně homogenizovaného světa rozděleného na „Západ" a „Východ".

Německo-české vztahy nyní pohltily vztahy bavorskočeské, vztahy mezistátní zastínily vazby regionální: z obou stran se čím dál víc nedůvěřivě pokukovalo a naslouchalo přes hranice. Tato nedůvěra svědčí o tom, že kontinuita prostorové blízkosti pouze zastírá rostoucí vnitřní odcizení. V povědomí lidí na jedné straně žili ti na druhé straně rozsáhle zajištěné hranice jakoby na jiné – politické – planetě. Regionální společenství, které se tvořilo po staletí, utrpělo v diktaturách 20. století Mocní způsobili značné škody. Na druhou stranu se přecházelo již jen z donucení a ten tam byl volný pohyb přes hranice: lidé se stěhovali z východu na západ a už tam zůstávali, sudetští Němci stejně jako emigranti prchající před komunismem. I tímto způsobem se utvrzovaly hranice a dále prohlubovaly příkopy mezi oběma stranami.

Bezprostředně postiženi byli vždy lidé v regionech, v těch, ze kterých přicházeli, i v oněch, do kterých směřovali. V těchto regionech tedy, v Čechách a v Bavorsku, by si to lidé měli společně připomínat a s tímto vědomím se povznést nad jakoukoli instrumentalizaci. Dnes je především důležité zbavit se myšlení omezovaného hranicemi a chápat a pociťovat celý region jako společný evropský prostor. Region a Evropa, to jsou dvě nové krajní polohy, mezi kterými se pohybuje česko-bavorské kyvadlo.

Společný domov v regionu

Z regionu vyrůstá alternativa k národnostně pojatým dějinám. Regionální prostor utváří identitu především v kulturním smyslu. Charakteristický pro tento kulturní prostor je neustálý kontakt s jinakostí a z něho vyrůstající smíšená identita. Takové regionální prostory bývají pružnější a otevřenější změnám než například města, která jsou mnohem více nucena mít svou „značku", např. jedné určité národnosti. Regiony tomuto tlaku vystaveny nejsou.

Podceňovat by se neměl ani význam spojujícího lesního pohoří, vzdor všem diferencujícím názvům jako Bayerischer Wald, Böhmerwald/Šumava, Český les. Geografické danosti, hory a lesy, mají vždy kulturní důsledky. Společná geografie se projeví zpravidla i ve společné kultuře. Připomeňme zde například oboustrannou šumavskou literaturu („Böhmerwaldliteratur"), především žánr venkovské kalendářové povídky, často katolicky podbarvené. Dá se tu vůbec vymezit hranice? Hranice, oddělující státní celky, je nahrazena integrativním regionálním hraničním prostorem. Konají se přeshraniční zahradnické výstavy, poprvé v roce 2006. Ve své regionální „malé vlasti" se člověk stejně cítí víc doma než ve státě, ke kterému ho vztahuje jeho cestovní pas. To je jen logickým důsledkem skutečnosti, že se hranice kultur a mentalit nikdy v historii nekryly s hranicemi států. Státní hranice tuto smíšenou identitu hraničního prostoru, tyto „malé vlasti" přeshraničního charakteru spíše vždy překrývaly a zakrývaly. Je načase začít je „odkrývat". Kolektivní dějiny národa ustoupí nespočetným individuálním příběhům a osudům: dějiny se skládají z mnoha „dějů"a porozumět jim lze právě jen v této mnohosti; stejně tak lze „vlast" či „domov" chápat pouze v plurálu.

Viděno z této perspektivy: skutečně ztratili sudetští Němci svou vlast? Na jedné straně jistě ano, vždyť museli nedobrovolně navždy opustit svůj dům, svou „malou vlast", se kterou byli citově spjati. Dnes však, v době celosvětově prudkého nárůstu počtu migrantů, se prosazuje tendence chápat „vlast" jako cosi přenosného, tvárného, jako kreativní region, ze kterého přicházejí. Svou vlast si všichni nesou v sobě. Statické chápání „vlasti" jako prostoru, který zůstal opuštěn, se jeví stále více překonaným, i ve vztahu Bavorska a Čech. Nemůže být skutečnost, že se tolik sudetských Němců v Bavorsku či Sasku trvale usadilo v pohraničí, interpretována jako důkaz toho, že svůj mentální domov, svou „malou vlast" nechtěli či nemuseli opustit úplně? Nesahala

jejich vlast až na bavorské území? To lze z dnešní perspektivy chápat jako štěstí v neštěstí, v porovnání například se skutečností, že mnoho Poláků z východních oblastí bylo vystěhováno do Slezska, které jako svou vlast vůbec nepociťovali.

Na cestě do evropského domova

Rok 1989 znamenal zcela nový začátek, kyvadlo se opět vychýlilo opačným směrem. Pulzující česko-bavorské dějiny byly obohaceny o nové, evropské aspekty. Nastalo „sametové" sbližování, evropské unie mezi Bavorskem a Čechami vykvetly v mnoha podobách. Tato nová setkávání v rozšířeném prostoru budou snad – doufejme – trvat tak dlouho, kyvadlo vykmitne tak vysoko, že cesta zpátky, na opačnou stranu, již nebude možná. Otevírá se tu volný prostor pro fantazie o sjednocování Evropy.

Regionální bavorsko-česká „evropská laboratoř" může Evropě poskytnout nejednu zkušenost. Český básník Jiří Gruša, jehož komunisté v roce 1980 donutili k odchodu do Německa, začal v emigraci psát své básně i v němčině. Už předtím si však vedle obou národních jazyků češtiny a němčiny, svých dvou literárních jazyků, vytvořil jazyk třetí: nazval ho „alchadočtina". Možná se nechal inspirovat oním „böhmisch" či „kucheldeutsch", který v geniálně-komické symbióze slučuje a mísí němčinu s češtinou. Grušova alchadočtina je jazykem země zvané Kárie, ve které „bohové exkluze", vyčleňování a vymezování, pozbyli veškeré moci. Neboť tito bohové nestrpí vedle sebe vícero jazyků a kultur. V Kárii, kde se mluví mnohojazyčnou alchadočtinou, však vládnou „bohové inkluze", integrace. V nich se uctívá jazyková a kulturní rozmanitost jako vyšší hodnota. Gruša tyto své utopické fantazie kdysi komentoval slovy: „Tou nejméně pravděpodobnou cestou se dochází k řešení." Tehdy se k žádnému řešení ještě dojít nedalo. Dnes, o dvě desetiletí později, máme my všichni možnost učinit tuto utopii skutečností: Kárie – to je dnes Evropa, a alchadočtina – to je náš společný, mnohotvárný evropský jazyk, na kterém je ovšem ještě třeba pracovat, a to i mezi Bavorskem a Čechami.

Miloslav Polívka

Bayern und Böhmen im Mittelalter

Die kolorierte Landkarte von Europa, die der Nürnberger Kartograf Erhard (Eberhardus) Etzlaub auf der Grundlage seiner Reisebeobachtungen und geografischen Kenntnisse um das Jahr 1500 anfertigte, zeigt den Mittelpunkt des europäischen Raums da, wo ihn die Menschen im Mittelalter und in der Frühen Neuzeit gesehen haben. Böhmen liegt für ihn in einem tiefen Kessel, eingeschlossen von Bergen und undurchdringlichen Wäldern, hinter denen sich die böhmischen Kronländer erstrecken: Mähren, die Lausitz und Schlesien. Im Süden – bei Etzlaub waren, wie damals üblich, die Himmelsrichtungen umgekehrt angeordnet – standen nach Österreich hin keine vergleichbaren natürlichen Barrieren im Weg. Die Bergpässe zu überwinden, die Furten und Hochmoore nach Bayern, aber auch nach Sachsen hin und in die Lausitz zu bewältigen, war wesentlich schwieriger. Das galt in beiden Richtungen. Doch nicht nur die natürlichen Barrieren erschwerten den Weg; Obrigkeiten, Adlige, Geistliche, Kaufleute, Bürger und Bauern konkurrierten hier um Macht und Besitz, in einem Sprachbereich, in dem sich nicht nur Deutsch und Slawisch gegenüberstanden, sondern auch die vielen unterschiedlichen lokalen Mundarten. Doch die Menschen im Grenzraum lernten sich zu verständigen, man tauschte Waren, knüpfte private Verbindungen, ging Mischehen ein, welche die beiden „Nationalitäten" über Jahrhunderte hin miteinander verweben sollten.

Grundlage seiner Arbeit waren Etzlaubs eigene Reisen sowie Chroniken, auch mündliche Berichte von Kaufleuten und Pilgern. Natürlich war ihm bekannt, dass Augsburg, Cham, München, Nürnberg, Passau, Regensburg, Weiden – freilich auch andere Städte im heutigen Freistaat Bayern – enge Kontakte zu böhmischen Städten pflegten, zu Prag, Taus/Domažlice, Böhmisch Budweis/České Bud-ějovice, Kuttenberg/Kutná Hora, Pilsen/Plzeň und Tachau/Tachov beispielsweise, aber auch zu Städten in Mähren, insbesondere zu Brünn/Brno, Iglau/Jihlava und Olmütz/Olomouc. Diese Kontakte hatten sich im Mittelalter entwickelt und schlugen sich unter anderem in den doppelten Namensformen der Städte nieder: Zunächst aus der anderen Sprache abgehört und klanglich nachgebildet, etablierten sich diese Formen auch schriftlich und begegnen noch heute: Augsburg – Augšpurk, München – Mnichov, Nürnberg – Norimberk, Praha – Prag, Plzeň – Pilsen, Budějovice – Budweis. Unübersetzt blieben die Ortsnamen nur dann, wenn keine engeren wechselseitigen Beziehungen bestanden.

Seit dem letzten Drittel des ersten Jahrtausends hatte sich über Jahrhunderte hin zwischen Bayern und Böhmen ein Zusammenleben an der Naht durch die Mitte Europas entwickelt. Freilich verteidigten hier auch Ungarn, Polen und die Bewohner Österreichs ihre existenziellen Interessen. Um die Wende ins zweite Jahrtausend jedoch bildete sich der Kern Mitteleuropas heraus, wie wir ihn – trotz aller Veränderungen – heute kennen. Dazu gehörte auch die Nachbarschaft zwischen Bayern und Böhmen, zweier Länder, die nicht nur eine lange historische Tradition miteinander teilen, sondern auch eine geografische Grenze. Ihre Interessen konnten sich auch konfliktreich kreuzen, sei es bei der Wahl des römischen Königs oder Kaisers, in der Kirchen- oder Wirtschaftspolitik oder bei der Durchsetzung erster kirchenreformatorischer Ideen. Auch die Obrigkeiten im Grenzgebiet waren sich nicht immer einig, Kaufleute prozessierten in Handelsangelegenheiten, Räuberbanden, die sich aus Bayern wie Böhmen zusammensetzten, machten sich gegenseitig die in den Grenzwäldern erbeuteten Güter streitig. Und wurden die Männer oder auch Frauen gefasst, mussten sie auf beiden Seiten – sowohl in Bayern wie in Böhmen – vor Gericht.

Bestimmend jedoch waren die langen Phasen friedlichen Miteinanders, auf sie gehen die Charakteristika eines gemeinsamen Kulturraums zurück: übernommene Rechtsnormen, die städtische und ländliche Architektur, das geistige Erbe und kirchliche Denkmäler, nicht zuletzt die Zwiebel- und Spitztürme. Ebenso war der Heiligenkult ein verbindendes Element, zunächst der Kult der Heiligen Emmeram und Georg, später, ab dem 18. Jahrhundert, die Verehrung des hl. Johannes von Nepomuk. Bei der Organisation ihrer militärischen Verteidigung richteten sich die böhmischen Städte nach bayerischen, insbesondere fränkischen Vorbildern. Tanz- und Trachtenfeste, eine Vorliebe für ähnliche Speisen, Kolatschen, Knödel, Wein und vor allem Bier – all dies fand sich beidseits der Grenze. Und auch das literarische Erbe weist Vergleichbares auf: hier den Tkadleček, da den Ackermann von Böhmen.

Doch wenden wir uns der bayerisch-böhmischen Nachbarschaft im frühen Mittelalter zu. Germanen und Slawen finden sich entlang der Grenze vom Baltikum bis zu den Alpen, die Herausbildung von Stammesverbänden jedoch, als die Namen der Franken und später der Bayern, Böhmen, Mährer und anderer erstmals erscheinen sollten, stand noch bevor. Eine germanisch-slawische Grenze mit festem Verlauf gab es nicht. Slawische Stämme siedelten auch in dem Gebiet südwestlich des Böhmischen und des Bayerischen Waldes bis nahe an die Flüsse Donau, Naab, Regen, Regnitz und an den Obermain, die germanischen Franken überschritten die Wälder der Šumava und siedelten an Moldau und Eger. Sie drangen bis in das böhmische Vorland der Šumava vor, teils auch weiter, bis in das heutige Gebiet von

Budweis/Budějovice, Schüttenhofen/Sušice, Klattau/Klatovy und Tachau/Tachov.

Die Herausbildung der Stammesgesellschaften verlief nicht problemlos. Die fränkische Fredegar-Chronik schildert die Umstände, unter denen der fränkische Kaufmann Samo die Stämme auf böhmischem und mährischem Gebiet im Kampf gegen die Awaren und dann auch gegen die Franken zu einigen suchte, ein Unterfangen, das mit seinem Tod (658) endgültig gescheitert war. Gegen Ende des 8. Jahrhunderts legte Karl der Große die Grundlagen für einen neuen Zusammenschluss Europas. Bayern, in etwa in seiner heutigen territorialen Gestalt, schloss sich dem Bund seines Reichs an und damals begann es offenbar auch – selbst schon seit längerem unter dem Zeichen der neuen Kultur des Christentums stehend – deutlichen Einfluss auf die kulturellen Verhältnisse im Großmährischen Reich zu nehmen, welches Mähren, die heutige Slowakei und Teile Böhmens umfasste. Christliche Missionare brachen von Bayern in die böhmischen Länder auf, Kaufleute kamen mit neuen Waren und kunsthandwerklichen Anregungen. Der fränkische Kulturraum registrierte das Geschehen bei seinen Nachbarn hinter der Šumava nun aufmerksamer, wie die Berichte des so genannten bayerischen Geografen oder die Annales regni Francorum belegen.

Anfang der 30er-Jahre des 9. Jahrhunderts – auch das ist Ausdruck immer engerer Verbindungen – empfingen mährische Fürsten vermutlich in Passau die Taufe. Sicher belegt ist die Taufe von 14 böhmischen Fürsten mit ihrem Gefolge 845 in Regensburg. Im Anschluss daran übernahm das Regensburger Bistum die geistliche Schutzherrschaft über die böhmischen Länder (895). Kurz nach 906 zerfiel das Großmährische Reich und in Böhmen entbrannte der Kampf um die Macht, aus dem die Přemysliden als Sieger hervorgingen, die sich um die Anknüpfung neuer Beziehungen zu ihren bayerischen Nachbarn bemühten. Der bayerische Herzog Arnulf I., der über die so genannte Ostmark herrschte, unterstützte die Přemysliden in Prag, verpflichtete jedoch 929 gemeinsam mit Heinrich I. Fürst Wenzel zu einem jährlichen Tribut ans Reich, der aus einer bestimmten Summe in Gold- und Silbermünzen sowie 120 Ochsen bestand. Dieses „tributum pacis" garantierte die Wahrung des Friedens, bedeutete aber auch, die Souveränität des Reichs anzuerkennen. Von da an waren Bayern und Böhmen politisch eng verbunden. Gegensätze und kriegerische Scharmützel, wie sie in den folgenden Jahrhunderten immer wieder auftraten, waren im damaligen Europa nichts Besonderes und endeten meist – war das militärische Potenzial erst erschöpft – in der Suche eines gemeinsamen Nenners, wobei internationale Politik und Kirchenpolitik die Interessen lenkten. Auch Wenzels (gest. 935) Nachfolger auf dem böhmischen Fürstenthron, Boleslav I. (gest. 972), der sich dem Druck des Reichs zu entziehen suchte, konnte nicht auf die politischen und wirtschaftlichen Kontakte zu Bayern verzichten. So erfolgte etwa die Prägung der ersten böhmischen Fürstenmünzen – der Denare – nach bayerischem Vorbild.

Kurz vor seinem Tod bereitete Boleslav I. die Gründung des Prager Bistums vor (973), durch die er Böhmen aus dem Machtbereich der Regensburger Diözese herauslöste, und initiierte den Aufbau einer eigenen Kirchenverwaltung. Dennoch kamen aus den bayerischen Gebieten weiterhin Impulse, die engere Kontakte zur Folge hatten. Offenbar nach Regensburger Vorbild wurde die Kirche auf der Prager Burg dem hl. Georg, die Kirche in Budeč nördlich von Prag dem hl. Peter geweiht. Boleslav II. (gest. 999) holte Mönche aus dem Benediktinerkloster Niederaltaich, die in Ostrov (Insula) nahe Prag ein Kloster gründeten. Das Zisterzienserkloster Waldsassen betrieb Filialen in Sedletz/Sedlec bei Kuttenberg/Kutná Hora, in Ossek/Osek bei Teplitz/Teplice und in Zbraslav (Aula Regia) bei Prag. Aus Langheim kamen Mönche nach Plassy/Plasy, aus Ebrach wiederum gingen Mönche nach Pomuk/Nepomuk. Boleslavs Bruder Kristian wirkte im Kloster St. Emmeram in Regensburg, seine Schwester Mlada lebte im dortigen Kloster Niedermünster. Derartige Beispiele der Wechselseitigkeit gibt es auch im Bereich des Kirchenbaus oder bei der Gründung von Bibliotheken und Skriptorien, in denen bedeutende Handschriften entstanden.

Unverzichtbares Element im Kalkül der Herrscher war die Heiratspolitik. Auch auf diesem Wege sollten die Beziehungen zwischen Ländern und Adelsfamilien gefestigt werden. Der bayerische Herzog Heinrich II. vermittelte die Ehe zwischen Boleslav II. und der westfränkischen Königstochter Hemma, aus der drei Söhne hervorgingen. Boleslavs Enkel, Břetislav I. (gest. 1055), brach um 1025 mit seinem Gefolge ins entfernte Schweinfurt auf, um Judith (auch Guta, gest. 1058), die Tochter des dortigen Markgrafen Heinrich, als Braut zu entführen. Dieser Ehe entstammten weitere vier böhmische und mährische Fürsten, der fünfte Sohn wurde Bischof von Prag. Erwähnung verdient, dass der erste bedeutende böhmische Chronist, der Prager Kanoniker Kosmas (gest. 1125), Judiths Schönheit bewunderte und hundert Jahre später findet sich das Motiv des Brautraubs auf einer böhmischen Münze. Auch Břetislav II. fand in Bayern eine Frau. Er vermählte sich 1194 mit Luitgard von Bogen. Dieses im heutigen Niederbayern reich begüterte Geschlecht war auch am Aufbau des Gebiets um Schüttenhofen/Sušice beteiligt. Als die Grafen von Bogen ausstarben, fiel deren Besitz in Böhmen an die bayerischen Herzöge.

Politische Interessen brachten die beiden Nachbarn jedoch auch in Konflikt miteinander. Die Herrscher des Heiligen Römischen Reichs, welchem Geschlecht sie auch immer entstammten, mussten sich Unterstützung sichern und auf ihren Feldzügen kamen auch Ritter aus Bayern nach Böhmen, während böhmische Ritter wiederum Seite an Seite mit ihren Nachbarn um Macht und Einfluss kämpften. Vratislav II. (gest. 1092) schließlich bekam 1185 für seine Dienste von Kaiser Heinrich IV. (gest. 1106) den Königstitel verliehen, den Friedrich I. Barbarossa (gest. 1190) nach seinem Italienzug, auf dem ihn ein böhmisches Heer unterstützte, 1158 für erblich erklärte.

Barbarossas Sohn Friedrich II. bestätigte dies in der so genannten Sizilianischen Goldenen Bulle (1212). Der böhmische König hatte als Kurfürst das Recht, an den Reichstagen teilzunehmen, die häufig in Bamberg oder Nürnberg stattfanden. Als erster unter den Kurfürsten oblag ihm das Amt des Erzmundschenks. Er musste dem König und Kaiser bei der Tafel nachschenken und den Wein – eine symbolische Aufgabe – vorkosten. Die böhmischen Könige hatten im Kreis der Kurfürsten eine starke Position und spielten eine wichtige Rolle bei der Königswahl.

Das 13. Jahrhundert brachte gleich zu Beginn eine Art Durchbruch in den böhmisch-bayerischen Beziehungen. Der geografische Raum in diesem Teil Europas schrumpfte gleichsam zusammen. Handelsinteressen ließen neue Wege über das Gebirge entstehen. Passau, Regensburg und das im Aufschwung begriffene Nürnberg suchten nicht nur die Verbindung mit Böhmen und Mähren, sondern mit ganz Mittel- und Nordosteuropa. Verbanden Elbe und Donau einerseits Sachsen, andererseits Österreich und Südostbayern mit den böhmischen Märkten und Zwischenhändlern, so entstanden nun Trassen, die über die Berge im böhmisch-bayerischen Grenzraum führten. So wurde zum Beispiel auf dem so genannten Unteren Goldenen Steig Salz aus dem Salzburgischen über Passau nach Prachatitz transportiert. Auf den westlichen und nördlichen Handelswegen gelangten gepökelter Meeresfisch nach Böhmen, aber auch Schmuck und Stoffe aus den Niederlanden und die Erzeugnisse deutscher Waffenschmiede. In umgekehrter Richtung wurden Vieh, Getreide, Wachs und Rauchwaren befördert. Über Böhmisch Budweis wurden Rinderherden nach Bayern, vor allem nach Nürnberg, getrieben, auf dem Rückweg führte man Wein mit. Prag, Regensburg und später Nürnberg entwickelten sich zu bedeutenden Warenumschlagsplätzen und Handelsknotenpunkten in Mitteleuropa. Die Verbindung weiter im Norden war ebenfalls durch zahlreiche Wege gewährleistet, zum Beispiel über Eger, Taus und Tachau. Zum Großteil liefen diese Straßen in Pilsen zusammen, führten von dort weiter nach Prag, aber auch über die nördliche und östliche Grenze des böhmischen Königreichs hinaus. Die Waren waren dieselben und der Handel ertragreich, wie die Bezeichnungen zweier weiterer Haupthandelsrouten bezeugen. Wiederum von Passau ausgehend führte ein Weg als so genannter Oberer Goldener Steig über Berg Reichenstein/Kašperské Hory in das böhmische Binnenland. Die nördlichere Verbindung zwischen Nürnberg und Prag hieß bezeichnenderweise Goldene Straße. Neben diesen Hauptrouten zogen sich kleinere Verbindungswege übers Gebirge, die vor allem dem Warenaustausch im Grenzraum selbst dienten.

Vermehrt siedelten sich nun auch Kaufleute aus Bayern an und bayerischer Einfluss ist in böhmischen Städten nachzuweisen. Sichtbar wird dies konkret in der Zollstelle hinter der Kirche der Jungfrau Maria am Altstädter Ring, wo die Waren taxiert wurden, bevor sie ihren weiteren Weg nahmen. In der Nähe, um die Kirche St. Gallus, ließen sich Kaufmannsfamilien aus den benachbarten deutschen Ländern nieder. Sie waren versiert im internationalen Handel, verfügten über weit reichende Kontakte und mehr Kapital. Und als Zahlungsmittel war in Böhmen der Regensburger Pfennig genauso im Umlauf wie in Franken der böhmische Denar und später der böhmische Groschen.

Jüngste kunsthistorische und archäologische Untersuchungen verweisen auf den Einfluss der gotischen Architektur, die, aus Frankreich kommend, wahrscheinlich über Regensburg und Freising nach Böhmen vermittelt wurde und zuerst in Prag ihren Niederschlag fand, aber auch in anderen böhmischen Städten und Burgen, zum Beispiel in Böhmisch Budweis oder auf der Burg Rosenberg. Schriftliche Zeugnisse geben Aufschluss über die Beziehungen zwischen Einheimischen und Zuwanderern, über die Verflechtung der Familien und die Regelung von Eigentum und Erbrecht. Sie zeigen auch, wie sich deutsche und böhmische Namen vermischen. In den Städten – für das ländliche Umfeld gibt es aus dieser Zeit keine Belege – geschah dies innerhalb von drei Generationen. In den Bürgersfamilien, aber auch auf dem Land wurden nicht selten beide Sprachen gesprochen. Das spärlich besiedelte böhmisch-bayerische Grenzgebiet lockte neue Zuwanderer an. In Böhmen und Südmähren bildete sich eine neue Sprachgrenze aus. Die bayerischen und fränkischen Dialekte übten deutlichen Einfluss aus auf das Gebiet entlang der binnenländischen Grenze von Eger über Ellbogen/Loket bis hinunter nach Böhmisch Budweis, südöstlich von Budweis wurden dagegen ostbayerische und österreichische Einflüsse geltend, die bis nach Südmähren reichten. Nordöstlich von Eger und Ellbogen wiederum hörte man sächsische Dialekte. Dass sich der deutsche und der tschechische Sprachraum nun näher gerückt waren, zeigt sich auch daran, dass böhmische Adlige ihren Sitzen deutsche Namen gaben, wie die Burgen Rosenberg oder Gutstein zeigen. Der Adel war zweisprachig. Sein Interesse an der deutschen Kultur rührte nicht zuletzt daher, dass diese unmittelbar aus französischen und italienischen Vorbildern schöpfte und die höfischen Ideale sozusagen aus unmittelbarer Quelle bezog. Die Přemysliden riefen in der zweiten Hälfte des 13. Jahrhunderts Minnesänger und Künstler an ihren Hof nach Prag, die sich zuvor in Bayern aufgehalten hatten. Sie waren es, die in der Zeit von den Ottonen über die Welfen bis hin zu den Wittelsbachern dank ihrer Kontakte kulturelle Einflüsse aus Süd- und Südwesteuropa nach Böhmen vermittelten. Der Zustrom deutscher Bevölkerung, und damit auch aus Bayern, in dieser Zeit war erheblich. Kritisch wird diese Entwicklung in der um 1310 entstandenen tschechischen Dalimil-Chronik beurteilt, in deutschen Chroniken wiederum finden sich Vorbehalte gegen die Feldzüge böhmischer Heere nach Franken und Bayern – Nachbarschaft hat viele Seiten.

Die Wende vom 13. zum 14. Jahrhundert stand im Zeichen einer Verschiebung der politischen Gewichte in Mitteleuropa. In den Kampf um die Macht in Ungarn traten nun neben den Böhmen, Habsburgern, Polen und dem Haus Anjou auch die Wittelsbacher ein, die sich freilich höhere Ziele gesetzt hatten. Sie einten ihre süddeutschen Kerngebiete und spekulierten auf die römische Krone. In dieser Hinsicht bedeutend waren die Regierungen Heinrichs XIII. (gest. 1290), Ludwigs II. (gest. 1294) sowie des niederbayerischen Herzogs Otto III. (gest. 1312). Mit Wenzel III. (gest. 1360) erlosch die Dynastie der Přemysliden und der Kampf um die Krone erfasste das aus dem Kernland Böhmen und der Markgrafschaft Mähren bestehende Königreich. Es ist auch ein Verdienst der Äbte jener von Bayern aus gegründeten Klöster in Sedletz (Abt Heidenreich) und Zbraslav (Abt Konrad) sowie der Bürger von Eger und Prag, als es der böhmischen Gesandtschaft in Frankfurt am Main gelang den römischen König Heinrich VII. von Luxemburg davon zu überzeugen, dass sein Sohn Johann die böhmische Krone übernehmen sollte.

Die Beziehungen zwischen Bayern und Böhmen vertieften sich in dieser Zeit erheblich. Der junge Johann unterstützte 1314 die Wahl Ludwigs des Bayern zum römischen König und Kaiser. Er begleitete ihn auf seine Kriegszüge, unterstützte ihn aber auch in der Schlacht von Mühldorf 1322, als es um die Macht im Reich ging. Aus dieser Schlacht ging Ludwig als Sieger über Friedrich von Habsburg hervor. Ludwig wiederum gab Johann im Gegenzug Rückendeckung bei seinen Auseinandersetzungen mit dem böhmischen Adel, den er 1318 in Taus zu einer Aussöhnung nötigte. Ergebnis dieser Allianz war schließlich auch, dass Ludwig der Bayer Johann von Luxemburg (1322) den Weg zu einer Anbindung Egers an die Länder der böhmischen Krone freigab. Johann nahm auch das Kloster Waldsassen und das Städtchen Redwitz (heute Marktredwitz) unter seinen Schutz. Zudem gestand man den Luxemburgern zu, sich in den nördlich von Böhmen und Mähren gelegenen Gebieten zu betätigen: von Zittau/Žitava über Bautzen/Budyšin bis hin nach Schlesien, Gebiete, die dann im zweiten Drittel des 14. Jahrhunderts bereits zu den Ländern der böhmischen Krone zählten. In diesem neu geschaffenen Begriff kündigte sich zweierlei an: zukünftige Expansion und Verflechtung mit benachbarten Ländern.

Johann von Luxemburg wollte freien Zugang zu seinen Stammlanden. Luxemburg und Frankreich sollten also mit Böhmen verbunden bleiben – über eine Brücke aus Besitztümern und Lehensgütern, die durch Bayern führen würde. Doch konnte er sich nur einige Herrschaften sichern, so die Burgen Parkstein und Flossenbürg. Und auch hier hatte Heiratspolitik eine wichtige Rolle gespielt. Margarete (Marketa, gest. 1341), eine Tochter aus Johanns Ehe mit Elisabeth (Eliška) Přemyslovna, war mit dem bayerischen Herzog Heinrich XIV. (gest. 1339) vermählt worden. Doch erst Karl IV. sollte Johanns Vorhaben verwirklichen. Dazu bediente er sich nicht nur seiner kaiserlichen Macht, sondern auch der Finanzmittel, die ihm Steuern, der Kuttenberger Silberbergbau und die dortige Münzprägung an die Hand gaben. In der Auseinandersetzung zwischen Ludwig dem Bayern und der päpstlichen Kurie stellte er sich auf Seiten des Papstes, doch noch bevor sich das daraus folgende Zerwürfnis zu einem größeren kriegerischen Konflikt ausweiten konnte, starb Ludwig 1347. Damit hatte sich der Weg zur

römischen Kaiserkrone für Karl endgültig aufgetan. Wie wichtig ihm die Verbindung zu Süddeutschland und zum Rheingebiet war, zeigte sich, als er sich ein Jahr nach dem Tod seiner ersten Frau Blanca von Valois (1349) mit Anna von der Pfalz vermählte (gest. 1353), der Tochter des oberpfälzischen Herzogs Rudolf. Auf diese Weise beruhigten sich die schon seit mehreren Jahren virulenten Differenzen zwischen Karl und den Wittelsbachern. Luxemburger und Wittelsbacher trieben die Verflechtung ihrer Familien voran: Otto V. (gest. 1379) heiratete Karls Tochter Katharina (gest. 1395), Johann III. vermählte sich mit Karls Enkelin Elisabeth (gest. 1451). Nicht nur gegenseitige Besuche an den Höfen in Bayern und Prag, sondern auch gegenseitige politische und wirtschaftliche Unterstützung und kultureller Austausch festigten die Beziehungen zwischen den beiden Dynastien und ihren Ländern.

Das Böhmische Salbüchlein von 1366/68 listet die Güter, Einkünfte und Rechte auf, die Karl IV. in der Oberpfalz innehatte. Das Verzeichnis zeigt, mit welcher Intensität und Willenskraft er den Verbindungsweg durch Bayern vorantrieb. Ohne die Zustimmung der Wittelsbacher Herzöge und die Unterstützung der Landgrafen von Leuchtenberg, der Nürnberger Burggrafen aus dem Geschlecht der Hohenzollern sowie der Grafen von Hohenlohe, deren Vertreter als Räte am Hof Karls saßen, hätte er das freilich nicht erreichen können. Auch die Heirat mit Anna von der Pfalz erwies sich als hilfreich. Am meisten Besitz konnte Karl IV. in der Oberpfalz und in Franken erwerben, Hauptverwaltungssitz wurde Sulzbach. Bei der Kaiserkrönung in Rom am 5. April 1355 ließ sich Karl IV. bestätigen, dass er seine Lehen und Besitztümer dem böhmischen Königreich inkorporieren könnte – die Lehensbindungen lockerten sich im 15. Jahrhundert und im Dreißigjährigen Krieg, formal bestanden sie jedoch bis zur Mitte des 18. Jahrhunderts fort.

Karl selbst schuf sich einen Sitz in Lauf. Die dortige Burg sollte ihm auf seinen Reisen ins Reich und nach Nürnberg als Residenz dienen, Ruhe und Rückhalt bieten. Zu den Verhandlungen in Nürnberg, wohin er Diplomaten einbestellte und Reichstage einberief, waren es von dort nur ein paar Stunden Wegs. Die berühmte Wappengalerie der böhmischen Adligen und Städte in Lauf spiegelt den Einfluss des böhmischen Raums im Reich wider. Auf deutscher Seite verschaffte sich Karl IV. Unterstützung durch die Erteilung von Marktprivilegien oder Stadterhebungen, wie im Falle Erlangens. Seine Lehenspolitik reichte bis Frankfurt am Main, von wo aus es nach Frankreich und Luxemburg nicht mehr weit war, und bis nach Baden-Württemberg; von dort bot sich eine Verbindung ins Elsass an, nach Österreich und nach Italien. Dies war wichtig für die Entwicklung von Handelskontakten. Günstig gestalteten sich auch seine Beziehungen zu dem bedeutenden Adelsgeschlecht der Nothaffts, denen das Gebiet zwischen Waldsassen und Wernberg-Köblitz sowie südlich davon in Richtung Regensburg gehörte. Die Landgrafen von Leuchtenberg wirkten bis ins 14. Jahrhundert am Hof der Luxemburger, ebenso der

Fürstbischof von Bamberg, Lamprecht von Brunn, der bis 1398 die Reichs- und die Böhmische Kanzlei leitete.

Für die Luxemburger spielte Nürnberg eine herausragende Rolle. Karl IV. berief nun immer häufiger die Reichstage dorthin ein, er erteilte der Stadt zahlreiche Privilegien und legte den Grundstein zur Frauenkirche. Nach schwierigen Verhandlungen konnte Karl IV. in Nürnberg 1356 eine grundlegende Gesetzesurkunde des Römischen Reichs proklamieren – die Goldene Bulle. Diese regelte die dynastische Erbfolge, den Ablauf gerichtlicher Verhandlungen und definierte das Verhältnis von böhmischer Krone und Reich. Die Goldene Bulle blieb bis zum Untergang des Heiligen Römischen Reichs Deutscher Nation im Jahr 1806 in Kraft. Neben Passau und Regensburg war nun auch Nürnberg zu einem politischen und wirtschaftlichen Zentrum im bayerischen Teil des Reichs geworden und stand an Bedeutung Städten wie Frankfurt, Köln, Mainz oder Aachen in nichts nach. Die Sitze der bayerischen Herzöge in Straubing, Landshut, Ingolstadt oder auch München konnten zu jener Zeit noch keinen derartigen Aufschwung verzeichnen. Nürnberger Bürger waren im Fernhandel tätig und trieben Geschäfte in böhmischen Städten, in Eger, Taus, Pilsen, Prag und Kuttenberg.

Die Gründung der Prager Universität am 7. April 1348 – ab 1366 Collegium Carolinum, heute Karls-Universität – führte zu einer neuerlichen Intensivierung der böhmisch-bayerischen Kontakte, später freilich auch zu neuen Konflikten. Nach den damaligen Gepflogenheiten beteiligten sich die an einer Universität vertretenen Nationen auch an deren Organisation. In Prag entschieden neben den Böhmen, zu denen auch die deutschsprachigen Bewohner des Königreichs gehörten, Bayern, Polen und Sachsen mit ihrer Stimme über Finanzierung und Studienaufbau, Lehrinhalte und ideelle Ausrichtung. Die Absolventen der Hochschule verließen Prag als Bakkalaurei – meist als Lehrer, aber auch als Priester, Ärzte oder Juristen – und sorgten so für Kontakte und Verbindungen in alle Welt.

Eine letzte große Reise führte Karl IV. zum Jahreswechsel 1377/78 nach Paris, wo er mit dem französischen König über die Beendigung des Schismas der christlichen Kirche verhandelte. Er kehrte, begleitet von seinem Sohn Wenzel und großem Gefolge, Ende Januar über Heidelberg zurück, besuchte in Bayern und Franken etliche seiner Lehen, hielt sich mehrere Tage in Sulzbach und in der Reichsstadt Nürnberg auf und erteilte Adligen und Städten bei dieser Gelegenheit zahlreiche Privilegien. Noch im selben Jahr starb der kranke Herrscher am 28. November 1378 und auf beide Throne, den böhmischen wie den Reichsthron, folgte ihm sein ältester Sohn Wenzel IV. Dieser schenkte zunächst der Entwicklung in Bayern durchaus Aufmerksamkeit, doch ließ sein Interesse an der Außenpolitik bald nach, obwohl ihn mit Bayern einiges verband. Wenzel war 1361 in Nürnberg geboren und dort auch getauft worden. In seinen beiden Ehen war er mit einer Wittelsbacherin vermählt, in erster Ehe mit Johanna (Heirat 1370), in zweiter Ehe mit Sophie (Heirat 1389).

Wenzel verlegte sich zunehmend auf seine persönlichen Interessen wie Jagen, Turniere, Feste, aber auch kulturelle Projekte. Er gründete eine Bibliothek und rief verschiedene Künstler an seinen Hof, so auch den Eichstätter Konrad Kyeser (1366 – um 1405), der für die Wittelsbacher tätig war und nun in Prag sein bekanntes Werk über die Kriegskunst, „Bellifortis", verfasste. Sein Desinteresse an außenpolitischen Belangen brachte Wenzel jedoch in Konflikt mit den Städten und dem Adel im Reich und auch in Böhmen, wo ihn sein Stiefbruder Sigismund, König von Ungarn, zweimal festsetzen ließ. Die Vernachlässigung der Reichsbelange führte im Jahr 1400 schließlich zur Absetzung Wenzels als römischer König. Ihm folgte Ruprecht von der Pfalz auf den Thron. Als sich der Reichsadel und die Städte hinter den neuen Herrscher stellten, kühlten Wenzels Beziehungen zum Reich und auch zu Bayern ab. Im Bemühen um seine Wiederwahl suchte er Unterstützung bei einem der zwei bzw. drei Päpste. Um auch den stimmberechtigten Klerus für sich zu gewinnen, stützte er sich auf eine Gruppe von Prager Universitätsmagistern unter der Führung von Jan Hus, die bereits in den 90er-Jahren des 14. Jahrhunderts eine Reform der katholischen Kirche angestrebt hatten. Mit dem Kuttenberger Dekret vom Januar 1409 änderte der König das Stimmenverhältnis unter den Nationen der Universität. Die böhmische Nation erhielt nun drei Stimmen, während die bayerische, polnische und sächsische Nation zusammen nur mehr eine Stimme innehatten. Da nun die Anhänger von Jan Hus und die böhmische Nation die Universität beherrschten, zog die Mehrheit der ca. 600 anderen Magister und Studenten aus Prag an die neu gegründeten Universitäten in den Nachbarländern. Sie gingen vor allem nach Leipzig, Erfurt, Krakau und Wien. Der Gelehrte Johann Schindel ging nach Nürnberg und wurde dort ein bedeutender Arzt, Mathematiker und Astronom, dessen Dienste nicht nur die Nürnberger Bürger, sondern auch die bayerischen Herzöge in Anspruch nahmen. Für die Prager Universität war dieser Auszug ein schmerzhafter Aderlass; abgeschlossen in sich selbst, büßte sie ihren wissenschaftlichen Ruf auf Jahrzehnte hin ein.

Die Rechnung Wenzels IV. ging nicht auf. Nach Ruprechts Tod (1410) wurde sein Stiefbruder Sigismund von Luxemburg, König von Ungarn, zum römischen König gewählt. Da Wenzel und Sigismund nicht miteinander auskamen, beeinträchtigte dies die Beziehungen zwischen Bayern und den böhmischen Ländern zusätzlich. Das Verhältnis verschlechterte sich zudem durch die Aktivitäten der böhmischen Reformatoren unter Jan Hus. Deren Bestreben, die verweltlichte Kirche zu erneuern, stieß nicht nur auf die Ablehnung der päpstlichen Kurie, sondern im Grunde des ganzen Reichs. Mochten die Hussiten auch einige Inhalte mit den Waldensern teilen, die eine größere persönliche Frömmigkeit forderten und im Süden Deutschlands eine gewisse Verbreitung fanden, so konnte der böhmische Reformgedanke nach 1409 in Bayern und insbesondere in Franken dennoch nicht Fuß fassen. Das hatte mehrere Gründe: Aus Prag und Böhmen war – wie erwähnt – ein

Teil der deutschen Intelligenz abgewandert und es zeigte sich nun, dass die hussitische Reformbewegung selbst nicht in der Lage war, sich in deutscher Sprache und im deutschen Umfeld angemessen zu präsentieren. Der religiöse Konflikt bekam so eine nationale Dimension, die sich auf beiden Seiten zunehmend verschärfte. Interessant ist, dass sich die zweite Frau Wenzels IV., die aus Bayern stammende Sophie, für die Reformideen engagierte, was man am Hof der Wittelsbacher sicherlich wusste.

Jan Hus machte sich 1414 auf den Weg, um seine Lehre vor dem nach Konstanz einberufenen Konzil zu verteidigen. Er selbst wie auch sein Begleiter, der Chronist Petr z Mladeňovic/Peter von Mladeniowitz, berichten über die freundliche Aufnahme, die sie unterwegs erfuhren. In Nürnberg wurde Hus eine öffentliche Disputation ermöglicht; nur der Pfarrer von St. Sebald beschwerte sich hinterher über dessen falsche Auslegung des Glaubens. Die Verurteilung und Verbrennung von Jan Hus in Konstanz am 6. Juli 1415 war ein erster entscheidender Schritt zur Entzweiung, die Papst Martin V. mit seinem Dekret von 1417, in dem er den Umgang mit den böhmischen Ketzern untersagte, besiegelte. Etliche deutsche Kaufleute verließen daraufhin Prag und andere böhmische Städte.

Nach dem Tod Wenzels IV. am 16. August 1419 mündete der Konflikt in einen Krieg. Nach böhmischem Recht musste der König gewählt werden. Der konfessionell gespaltene böhmische Adel wollte jedoch die erblich berechtigte Kandidatur Sigismunds nicht anerkennen. Als böhmischer König musste sich Sigismund den Entscheidungen der päpstlichen Kurie beugen, doch wollte er auch von seinem Recht Gebrauch machen, den böhmischen Thron zu besteigen – ein Ziel, das nur durch einen Krieg zu erreichen war. Der erste Kreuzzug wurde ausgerufen und Sigismund versuchte mit starken militärischen Abteilungen aus dem ganzen Reich und Ungarn Prag zu erobern, doch verlor er am 14. Juli 1420 die Schlacht auf dem Veitsberg, bei der ihn auch der bayerische Adel und bayerische Städte militärisch unterstützt hatten. Ein neuerlicher Vorstoß im selben Jahr auf die zweitwichtigste Festung oberhalb Prags, den Vyšehrad, scheiterte ebenfalls. Die weiteren Kreuzzüge rief Sigismund nun schon in Nürnberg aus. Es folgten die erfolglose Belagerung von Saatz/Žatec (1421), die Schlachten bei Aussig (1426), Tachau (1427) und Taus (1431). Doch in keiner war ihm Erfolg beschieden. An all diesen Feldzügen waren Streitkräfte aus Bayern, wie überhaupt aus allen Ländern Europas beteiligt. Nürnberg übernahm die Aufgabe, im ganzen Reich das so genannte „hussengelt" zu erheben und zu verwalten, eine Steuer zur Finanzierung der Kriege gegen die Hussiten; die militärische Organisation oblag Friedrich I. von Hohenzollern, einem in Franken ansässigen Reichsfürst. Die militärischen Erfolge der Hussiten veranlassten den Reichstag 1426, eine Reorganisation der Kreuzzugsheere zu verfügen, in die manches an Taktik und Ausrüstung einfloss, was von den Hussiten stammte.

Die in den schriftlichen Quellen überlieferten Ausgaben für die Hussitenkriege weisen besonders für Nürnberg und Regensburg hohe Summen aus. Zwischen Bayern und Teilen Böhmens festigten sich die Beziehungen. Das betraf die Übermittlung von Nachrichten, die Lieferung von Kriegsmaterial und auch die Versorgung der städtischen Besatzungen. Trotz des gegen die Hussiten verhängten Embargos wechselten gerade über die südböhmische Grenze teure Waren. Die Burggrafen von Karlštejn ließen sich aus Nürnberg und anderen Zentren Lebensmittel und Kleidung liefern, umgekehrt flossen aus Kuttenberg Silber und Blei in den Handel. Aus Bayern wurde Schießpulver nach Böhmen geliefert, das trotz aller Verbote auf indirekten Wegen an die Hussiten verkauft wurde. Katholische wie auch hussitisch orientierte Herren hinterlegten Barschaften bei bayerischen Bürgern.

Der nach mittelalterlichen Grundsätzen geführte Krieg ging mit Plünderungen einher und die Kreuzzügler waren in dieser Hinsicht bei der Eroberung böhmischer Städte und auch auf dem Land nicht zurückhaltend. Als Böhmen zu sehr unter politischen Druck aus dem Ausland geriet und durch die Kriegsverwüstungen auch wirtschaftlich erschöpft war, entschieden sich die Hussiten unter der Führung des Priesters Prokop Holý zu einem Gegenangriff auf die benachbarten Länder. Die kleineren Scharmützel im Grenzgebiet wurden nun von der so genannten „holden Heerfahrt" der Hussiten nach Sachsen und insbesondere Franken überschattet. 1429/1430 vernichteten die hussitischen Heere Hof, Kulmbach, Bayreuth, bedrohten Bamberg und zogen gegen Nürnberg. Die Stadt und Markgraf Friedrich von Brandenburg schlossen aus Angst vor Belagerung und Verwüstung mit Prokop Holý 1430 bei Beheimstein einen Waffenstillstand, den sie mit hohen Geldsummen und Sachgeschenken erkauften. Die Hussiten zogen auf verschiedenen Wegen nach Böhmen zurück, unter anderem über Auerbach, Arzberg und Weiden, machten weitere Beute und forderten Brandgeld, womit sie bei ihrem triumphalen Einzug in Prag prahlten.

Sigismund, ab 1433 auch römischer Kaiser, und die päpstliche Kurie mussten schließlich einlenken. Es zeigte sich ein Weg zum Frieden, den die Gesandten der Kurie und des Königs sowie die hussitischen Theologen und Politiker nach den Verhandlungen in Eger 1432 für das Konzil vorbereiteten, das diesmal in Basel stattfand. Die böhmische Gesandtschaft zog über Bayern dorthin. Geheime Verhandlungen Anfang 1433 in Cham mit den Gegnern des radikalen Hussitentums, wie ihn Taboriten und Orphaniten vertraten, ermöglichten es – anstelle weiterer Kreuzzüge – ein böhmisches Heer aufzustellen, das am 30. Mai 1434 Prokops Truppen östlich von Prag in der Schlacht von Lipan/Lipany besiegte.

Im Jahr 1436 wurden die Kompaktaten proklamiert, eine Übereinkunft der katholischen mit der hussitischen Kirche. Kaiser Sigismund, der damals schon zum böhmischen König gewählt worden war, akzeptierte sie und eröffnete damit den Weg zu einer Erneuerung der bayerisch-böhmischen Beziehungen, obwohl deren Realisierung noch einige Jahrzehnte benötigen sollte. Erst in den 60er-Jahren des

15. Jahrhunderts wurden die Handelsverbindungen zwischen Böhmen und Bayern wieder aufgenommen. Später, als der Buchdruck aufkam, bauten die Nürnberger intensive Beziehungen zu Pilsen auf, wo man gegen Ende des 15. Jahrhunderts Bücher zu drucken begann. Förderlich wirkte sich auch eine schwerwiegende politische Veränderung aus. Nach den Erbverträgen mit den Habsburgern, Jagiellonen und den ungarischen Herrschern fiel der Titel des böhmischen Königs nach dem Tod Kaiser Sigismunds (1437) an dessen Schwiegersohn Albrecht II. von Habsburg, der 1438 zum römischen König gewählt wurde, aber schon ein Jahr später starb. Der diplomatische Kampf um den böhmischen Thron setzte von Neuem ein. Auch der bayerische Herzog Albrecht III. (gest. 1460) engagierte sich, fand jedoch in den böhmischen Ländern keine Unterstützung. Er scheute die Machtkämpfe auf unbekanntem Terrain und suchte auch den Konflikt mit dem neu gewählten römischen Kaiser Friedrich III. von Habsburg zu vermeiden. Albrecht verzichtete auf die Krone, die ihm die böhmischen Stände angetragen hatten. Der Kaiser unterstützte die Kandidatur des Sohnes von Albrecht II., Ladislav Posthumus, der allerdings 1457 starb. Der sich hinziehende Kampf um das Erbe endete mit der Wahl Georgs von Podiebrad, der auf der Seite der gemäßigten utraquistischen Hussiten stand. Dessen Versuch, die politischen Beziehungen zur päpstlichen Kurie sowie den europäischen Höfen und Städten zu erneuern, hatte die europäische Wiedereingliederung des böhmischen Königreichs zum Ziel. Daher sandte er 1464 und wieder 1465/67 Gesandtschaften auf eine diplomatische Reise durch Süd- und Westeuropa, die sich aus den vornehmsten böhmischen Adligen zusammensetzten. Einige Teilnehmer führten Reisetagebücher, so der Page Jaroslav, der von der freundlichen Aufnahme der böhmischen Gesandtschaft im Kloster Waldsassen berichtet, während man in Wunsiedel, wo man zur Erinnerung an die hussitische Belagerung im Mauerwerk steckengebliebene Kanonenkugeln aus hussitischen Geschützen ausgestellt hatte, unfreundlich empfangen wurde. Dann folgte ein angenehmes Frühstück auf dem Weg nach Bayreuth, offenbar in Gefrees. Auch in Nürnberg wurde man von den Ratsherren aufs Schönste bewirtet, ebenso in Ansbach, wo der Markgraf zur Jagd lud. Ein weiteres Tagebuch verfassten der Ritter Šašek z Bířkova und Gabriel Tetzel, der Nürnberger Reisebegleiter und Dolmetscher. Hier sind insbesondere die Besuche in Nürnberg, Heilsbronn und Ansbach detailliert überliefert. Eine entsprechende Beschreibung der böhmischen Länder hat sich aus der Feder Johann Butzbachs erhalten, der, unweit von Würzburg geboren, in seiner Jugend einen Teil der böhmischen Länder durchreiste und seine Besuche von Eger, Kaden, Kommotau, Ellbogen, Karlsbad und Prag sehr persönlich beschreibt. Dass sich vor allem die hussitische Zeit diesseits und jenseits der Grenze tief im Bewusstsein verankert hat, zeigen teilweise bis heute gebräuchliche Bezeichnungen wie etwa in der Chamer Gegend die Hussenstraße in Rötz, Hussitentor, Hussitenturm, Hussiteninsel in Neukirchen oder der Hussitenturm auf der Burg Falkenberg.

Die deutliche Abkehr der böhmischen Länder von ihrer Orientierung nach Westen verstärkte sich mit der Thronbesteigung der Jagiellonen 1471. Die politischen Beziehungen zu Bayern erlahmten, insbesondere nachdem im böhmischen Landtag die Kandidatur der Enkel Albrechts von Wittelsbach, Wilhelm und Ludwig, abgelehnt worden war. Ein weiterer Schritt zu einer Neuorientierung war die Eingliederung des Königreichs Böhmen in die Habsburger Monarchie. Die ursprünglich deutliche Ausrichtung der Luxemburger nach Südwesten hin ging verloren. Die ökonomischen und kulturellen Beziehungen zwischen Bayern und den böhmischen Ländern bestanden jedoch in den folgenden Jahrhunderten weiter. Im wechselseitigen Kontakt verflochten sich alle Ebenen des täglichen Lebens, denn allen Uneinigkeiten, Konflikten, Kriegen zum Trotz hatten die menschlichen Bindungen, Handel und kulturelle Einflüsse Werte von größerer Dauer geschaffen.

Lit.: Atlas der Länder der Böhmischen Krone 2004; Schmid/Weigand 2001; Kupčík 1995; AK Europas Mitte 2000/01; Geschichte Bayerns 1983; Velké dějiny zemí Koruny české 1999–2003; Zatschek 1939; Jánský 2000–2006; Rall 1986; Handbuch der Historischen Stätten Deutschlands 1965; Handbuch der Historischen Stätten Böhmen und Mähren 1998; Bayerisch-böhmische Nachbarschaft 1992; AK Kaiser Karl IV. 1978; AK Die Parler 1978; Seibt 2002; Šmahel 2002; Schlesinger 1974; Großmann/Häffner 2006; Karel IV. císař z Boží milosti 2006

Miloslav Polívka

Bavorsko a Čechy ve středověku

Kolorovaná mapa Evropy, kterou kolem roku 1500 zhotovil norimberský kartograf Erhard (Eberhardus) Etzlaub podle svých poznatků z cest a geografických znalostí, znázorňuje střed evropského prostoru tam, kde jej vnímali lidé ve středověku i v raném novověku. Z jeho pohledu leží Čechy v hluboké kotlině, kolkolem obklopené horami a neproniknutlinými lesy, za nimiž se prostírají země Koruny české: Morava, Lužice a Slezsko. Na jihu – u Etzlauba byly, dle tehdejších zvyklostí, světové strany opačně uspořádány – směrem na Rakousko, nebyly žádné srovnatelné přírodní překážky. Mnohem obtížněji se zdolávaly horské průsmyky, brody přes řeky a vřesoviště na hranicích do Bavorska, ale i do Saska a do Lužice. To platilo pro oba směry. Ale nejen přírodní překážky znesnadňovaly cestu: vrchnost, šlechta, duchovní, kupci, měšťané a sedláci zde soupeřili o moc a majetky, v jazykové oblasti, kde nestály proti sobě jen němčina a slovanské jazyky, nýbrž také mnoho rozdílných místních nářečí. Avšak lidé v příhraničním prostoru se naučili domlouvat se, vyměňovali si zboží, navazovali soukromé kontakty, uzavírali smíšená manželství, která pak po staletí obě „národnosti" navzájem proplétaly.

Podkladem pro jeho práci bylo Etzlaubovo vlastní putování jakož i kroniky, též ústní podání kupců a poutníků. Samozřejmě věděl, že Augsburg, Cham, München, Nürnberg, Passau, Regensburg, Weiden – ovšemže i další města dnešního Svobodného státu Bavorsko – měly úzké kontakty s městy českými s Prahou, Domažlicemi, Budějovicemi, Kutnou Horou, Plzní a Tachovem, ale i s městy na Moravě, zvláště s Brnem, Jihlavou či Olomoucí. Tyto kontakty se rozvíjely ve středověku a mimo jiné se také projevily v dvojjazyčném pojmenování měst. Jazykové podoby, zprvu odposlouchané z druhého jazyka, pak zvukově napodobené, se ustálily i v písemné formě a my se s nimi setkáváme dodnes: Augsburg – Augšpurk, München – Mnichov, Nürnberg – Norimberk, Praha – Prag, Plzeň – Pilsen, Budějovice – Budweis. Místní jména zůstala nepřeložená jen když neexistovaly žádné užší vzájemné vztahy.

Od poslední třetiny prvního tisíciletí se mezi Bavorskem a Českými zeměmi rozvíjelo po staletí soužití jejich obyvatel podél švu procházejícím středem Evropy. Ovšemže zde hájili své existenční zájmy i Maďaři, Poláci a obyvatelé Rakous. Jádro střední Evropy se vytvářelo na přelomu prvého a druhého tisíciletí tak, jak ho známe dnes – navzdory všem proměnám. Patří k tomu i sousedství Bavorska a Čech, dvou zemí, které spolu nesdílejí pouze dlouhou historickou tradici, nýbrž i zeměpisnou hranici. Jejich zájmy se mohly také konfliktně křížit, ať už šlo o volbu krále či císaře římského, církevní a hospodářskou politiku nebo o prosazování prv-

ních idejí o reformaci církve. Též vrchnosti v příhraniční oblasti se leckdy neshodly, kupci se soudili o obchodní záležitosti, loupežnické tlupy, skládající se z Bavorů i z osob ze zemí Koruny české, se hádaly a praly o zboží ukořistěné v hraničních hvozdech. A když muže, nebo také ženy, dopadli, museli na obou stranách hranic – v Bavorsku i Čechách – před soud.

Rozhodující však byla dlouhá období klidného soužití, která dala vzniknout podstatným rysům společného kulturního prostoru: přejaté právní normy, městská a venkovská architektura, duchovní dědictví a církevní památky, a v neposlední řadě též cibulové báně a špičaté věže. Spojujícím prvkem bylo též uctívání světců, velmi záhy to byl kult svatého Jimrama a Jiřího, později, od 18. století, to bylo uctívání svatého Jana Nepomuckého. Při organizování své vojenské obrany postupovala česká města podle vzoru bavorských, především franských měst. Taneční a krojové zábavy, záliba pro podobná jídla, koláče, knedlíky, víno a především pivo – to vše lze nalézt na obou stranách hranic. A též literární dědictví vykazuje srovnatelné: zde „Tkadleček", tam „Ackermann von Böhmen" (Oráč a smrt).

Věnujme se ale bavorsko-českému sousedství v dobách raného středověku. Podél hranic, od Baltu až k Alpám, sídlili Germáni i Slované, avšak vytváření kmenových svazů, kdy se pak prvně objeví jména Franků, později Bavorů, Čechů, Moravanů a jiných, bylo ještě dalekou budoucností. Neexistovala žádná stálá germánsko-slovanská hranice. Slovanské kmeny sídlily i na území jihozápadně od Českého a Bavorského lesa až poblíž řek Dunaje, Naab, Regen, Regnitz a horního toku Mohanu, germánští Frankové překročili šumavské hvozdy a sídlili na březích Vltavy a Ohře. Pronikli až do českého Pošumaví, částečně i dále, až do dnešního Budějovicka, Sušicka, Klatovska a Tachovska.

Vytváření kmenových společností neprobíhalo bez problémů. Franská Fredegarova kronika popisuje okolnosti, za nichž se pokusil franský kupec Sámo sjednotit slovanské kmeny na českém a moravském území v boji proti Avarům a později i proti Frankům, tento pokus však po jeho smrti (658) definitivně ztroskotal. Na sklonku 8. století položil Karel Veliký základy pro nové sloučení Evropy. Bavorsko, zhruba v dnešním teritoriálním rozsahu, se připojilo k společenství říše, a patrně tehdy, stojíc již delší dobu pod znamením nové kultury křesťanství, také začalo výrazněji ovlivňovat kulturní poměry ve Velkomoravské říši, která se rozkládala na území Moravy, dnešního Slovenska a části Čech. Z Bavorska přicházeli do českých zemí křesťanští misionáři, kupci přicházeli s novým zbožím i s novými umělecko-řemeslnickými podněty. Franské kulturní prostředí si začínalo více všímat dění u svých sousedů za Šumavou, jak o tom svědčí zprávy tzv. Geografa bavorského anebo Annales regni Francorum.

Počátkem třicátých let 9. století – i to je projev stále užších kontaktů – přijali moravští velmožové pravděpodobně v Pasově křest. Spolehlivě doložený je křest 14 českých velmožů s družinou roku 845 v Řezně. V návaznosti na to převzalo řezenské biskupství duchovní záštitu nad českými zeměmi (895). Krátce po roce 906 se Velkomoravská říše rozpadla a v Čechách vypukl boj o moc, z kterého vyšli vítězně Přemyslovci, kteří usilovali o navázání nových vztahů k svým bavorským sousedům. Bavorský vévoda Arnulf I., vládce tzv. východní marky, podporoval pražské Přemyslovce, avšak spolu s římským králem Jindřichem I. zavázal r. roku 929 knížete Václava, aby platil říši každoroční poplatek, který se skládal z určité sumy zlatých a stříbrných mincí jakož i z 120 volů. Toto „tributum pacis" zajišťovalo zachování míru, znamenalo ale též uznat svrchovanost říše.

Od té doby byly Bavorsko a Čechy politicky úzce spojeny. Rozpory i válečné šarvátky, ke kterým v následujících staletích opakovaně docházelo, nebyly v tehdejší Evropě ničím výjimečným a končily většinou – jakmile byl vyčerpán vojenský potenciál – hledáním společného jmenovatele, přičemž zájmy usměrňovala mezinárodní a církevní politika. Také Václavův († 935) následník na české knížecí stolici, Boleslav I. († 972), který se pokoušel vymanit se z mocenského tlaku říše, se nemohl vzdát politických a hospodářských kontaktů s Bavorskem. Například se razily první české knížecí mince – denáry – podle vzoru bavorských mincí.

Krátce před svou smrtí připravil Boleslav I. založení pražského biskupství (973), čímž vymanil Čechy z mocenské sféry řezenské diecéze a inicioval vybudování samostatné církevní správy. Přesto přicházely z bavorských území i nadále podněty, což zase vedlo k užším kontaktům. Patrně dle řezenského vzoru byl kostel na Pražském hradě zasvěcen sv. Jiřímu a v severně od Prahy ležícím Budči sv. Petru. Boleslav II. († 999) přivedl mnichy z benediktinského kláštera Altaich, kteří založili v Ostrově (Insula) poblíž Prahy významný klášter. Klášter cisterciáků ve Waldsassen měl filiální kláštery v Sedlci u Kutné Hory, v Oseku u Teplic a ve Zbraslavi (Aula Regia) u Prahy. Mniši z Langheimu přišli do Plas, do Nepomuku zase mniši z Ebrachu. Boleslavův bratr Křišťan působil v klášteře sv. Jimrama v Řezně, jeho scstra Mlada žila v ramějším klášteře Niedermünster. A více takových příkladů vzájemností by se mohlo uvést, vždyť ovlivňovali též architekturu církevních staveb či zakládání knihoven a skriptorií, v kterých vznikaly významné rukopisy.

Neodmyslitelným prvkem politiky panovníků byla sňatková politika. Také touto cestou se měly upevňovat vztahy mezi zeměmi a šlechtickými rody. Bavorský vévoda Heinrich II. zprostředkoval manželství mezi Boleslavem II. a západofranskou královskou dcerou Hemmou, z kterého se narodili tři synové. Boleslavův vnuk, kníže Břetislav I. († 1055), se kolem roku 1025 dokonce s družinou vydal až do vzdáleného Svinibrodu, aby tam unesl jako svou nevěstu Judith/Jitku (též Guta † 1058), dceru tamního markraběte Heinricha. Z tohoto manželství pocházejí další čtyři česká a moravská knížata, pátý syn se stal biskupem pražským. Za zmínku též stojí, že první významný český kronikář, pražský kanovník Kosmas († 1125), se obdivně zmiňoval o Juditině kráse, a že sto let později se motiv jejího únosu objevil i na české minci – na koni ujíždí kníže Břetislav s Jitkou. Také Břetislav II. našel v Bavorsku svou manželku. Oženil se roku 1194 s Luitgardou z Bogenu. Tento zámožný rod, jehož majetky ležely v dnešním Dolním Bavorsku, se podílel také na zvelebování Sušicka. Po vymření hrabat z Bogenu připadl jejich majetek v Čechách bavorským vévodům.

Na základě politických zájmů se ovšem oba sousedé také dostávaly do konfliktu. Panovníci Římské říše, ať už pocházeli z kteréhokoli rodu, si museli zajišťovat podporu a při svých vojenských taženích přicházeli rytíři z Bavorska do Čech, zatímco zase čeští rytíři bok po boku se svými sousedy bojovali jinde o moc a vliv. Vratislav II. († 1092) posléze za své služby dostal 1085 od císaře Jindřicha IV. († 1106) královský titul, který pak Fridrich I. Barbarossa († 1190), po svém vojenském tažení do Itálie, při kterém ho podporovalo české vojsko, prohlásil r. 1158 za dědičný.

Barbarosův syn Fridrich II. jej potvrdil v tzv. Zlaté bule sicilské (1212). Český král měl jako kurfiřt právo účastnit se říšských sněmů, které se konaly často v Bamberku či v Norimberku. Jako prvnímu mezi říšskými kurfiřty mu náležel úřad arcičíšníka. Při hostinách musel králi a císaři nalévat víno a toto víno – úkol symbolický – předem ochutnávat. Čeští králové zaujímali významné postavení ve sboru kurfiřtů a hráli důležitou roli při královských volbách.

Třinácté století přineslo hned na začátku jakýsi průlom do bavorsko-českých vztahů. Geografický prostor se v této části střední Evropy jakoby zmenšil. Obchodní zájmy daly vzniknout novým cestám přes pohoří. Pasov, Řezno a rozvíjející se Norimberk hledaly spojení nejen se zeměmi českými a moravskými, nýbrž i s celou střední a severovýchodní Evropou. Zatímco Labe a Dunaj spojovaly na jedné straně Sasko, na druhé Rakousy a jihovýchodní Bavorsko s českými trhy a kupci, začaly nyní vznikat cesty, které vedly přes hory na česko-bavorských hranicích. Tak se například po tzv. „dolní zlaté stezce" dopravovala sůl ze Solnohradska přes Pasov do Prachatic. Po západních a severních obchodních cestách přicházely do českých zemí solené mořské ryby, ale také šperky či látky z Nizozemska a výrobky německých zbrojířů. Opačným směrem se dopravoval dobytek, obilí, vosk a kožešiny. Přes České Budějovice byla hnána stáda skotu do Bavorska, především do Norimberku, na zpáteční cestě se dováželo víno. Z Prahy, Řezna a později Norimberku se vyvinula významná překladiště zboží a obchodní střediska střední Evropy. Spojení na sever zajišťovaly též četné cesty, například přes Cheb, Domažlice a Tachov. Většinou se tyto stazky sbíhaly v Plzni, odkud vedly do Prahy, ale také dále přes severní a východní hranice Království českého. Obchodní zboží zůstávalo stejné a obchod byl výnosný, jak to naznačuje název dalších dvou hlavních obchodních cest. Jedna, tzv. „horní zlatá stezka", vedla opět z Pasova přes

Kašperské Hory do českého vnitrozemí. Severní trasa mezi Norimberkem a Prahou nesla příznačný název „zlatá cesta". Vedle těchto hlavních tepen, vedly menší spojovací cesty přes hory a sloužily zejména příhraniční výměně zboží.

Stále více kupců z Bavorska se usazovalo v Čechách a v českých městech se setkáváme s prokazatelnými bavorskými vlivy. Konkrétně se to projevuje u celní stanice za kostelem Pany Marie u Staroměstského náměstí, -Ungalí, kde byl vyměřován poplatek pro obchodní zboží, než putovalo dále. Nedaleko, kolem kostela sv. Havla, se usazovali kupecké rodiny ze sousedních německých zemí. Byly obeznalé v mezinárodním obchodu, měly rozsáhlé kontakty a více kapitálu. A jako platidlo byl v Čechách v oběhu právě tak řezenský fenik jako ve Frankách český denár a později český groš.

Nejmladší uměleckohistorické a archeologické průzkumy odkazují na vliv gotické architektury, která přicházela z Francie, ale do Čechse dostala pravděpodobně prostřednictvím Řezna a Freisingu, nejdříve do Prahy ale záhy také do jiných českých měst a hradů, např. do Českých Budějovic či na hrad Rožmberk. Písemná svědectví osvětlují vztahy mezi domácími a přistěhovalci, rodinná propojení a urovnávání majetkových záležitostí a dědických práv. Ukazují též, jak se mísila německá a česká jména. Ve městech – z venkovského prostředí nemáme z těch dob žádné prameny – k tomu docházelo během tří generací. V měšťanských rodinách, ale i na venkově se nezřídka mluvilo oběma jazyky. Řídce osídlené příhraniční oblasti mezi Bavorskem a Čechami lákaly nové přistěhovalce. V Čechách a na jižní Moravě se vytvářela nová jazyková hranice. Bavorské a franské dialekty ovlivnily výrazně území podél české vnitrozemní hranice od Chebu přes Loket až po České Budějovice, jihovýchodně od Budějovic jsou patrné východobavorské a rakouské jazykové vlivy, které sahaly až na jižní Moravu. Severovýchodně od Chebu a Lokte se zase uplatňovala saská nářečí.

O tom, že se české a německé jazykové prostředí sbližovalo svědčí i to, že česká šlechta dávala svým sídlům německá jména, např. Rosenberg nebo Gutstein. Šlechta byla dvoujazyčná. Její zájem o německou kulturu byl podmíněn nejen tím, že německá kultura čerpala bezprostředně z francouzských a italských vzorů a mohla dvorní ideály přebírat takříkajíc přímo u pramenů. Přemyslovci zvali v druhé polovině 13. století do Prahy na svůj dvůr minnesängery a umělce, kteří se předtím zdržovali v Bavorsku. Od dob vlády Ottónů, přes Welfy až po Wittelsbachy přicházely, díky jejich kontaktům, kulturní vlivy z jižní a jihozápadní Evropy do Čech. Příliv německého obyvatelstva, tedy i z Bavorska, byl v této době značný. Kriticky tento vývoj posuzovala česky psaná Dalimilova kronika, která vznikla kolem roku 1310. V německých kronikách zase stížnosti proti válečným tažením českých vojsk do Frank a Bavorska - sousedství má mnoho stránek.

Přelom 13. a 14. století stál ve znamení posunu mocenských poměrů ve střední Evropě. Do zápasů o moc v Uhrách vstoupili vedle Čechů, Habsburků, Poláků a rodu Anjouvců také Wittelsbachové, kteří si však stanovili vyšší cíle. Sjed-

notili svá hlavní jihoněmecká území a spekulovali o získání římské koruny. V tomto ohledu byla významným obdobím vláda Heinricha III. († 1290), Ludvíka II. († 1294) a posléze dolnobavorského vévody Otty III. († 1312). Smrtí Václava III. († 1306) vymřel rod Přemyslovců a boj o korunu zachvátil Království české, t.j. zemi Českou a Markrabství moravské. Že se českému poselstvu podařilo na sněmu ve Frankfurtu nad Mohanem přesvědčit římského krále Jindřicha VII. Lucemburského, aby jeho syn Jan převzal českou korunu, o to se zasloužili vedle měšťanů z Prahy a Chebu i opati ze Sedlce (Heidenreich) a ze Zbraslavi (Konrád), byli to opati klášterů založených kdysi z Bavorska.

Vztahy mezi bavorskými a českými zeměmi se tehdy prohloubily ještě výrazněji. Mladý Jan podporoval r. 1314 volbu Ludvíka Bavorského za římského krále a císaře. Účastnil se jeho válečných výprav, podporoval ho ale též r. 1322 v bitvě u Mühldorfu, kde šlo o dobytí moci v říši. V této bitvě Ludvík zvítězil nad Fridrichem Habsburským. Ludvík naopak podporoval krále Jana v půtkách s českou šlechtou, kterou přinutil r. 1318 v Domažlicích ke smíru. Výsledkem tohoto spojenectví bylo, že Ludvík Bavorský uvolnil Janu Lucemburskému (1322) cestu k připojení Chebu k zemím Koruny české. Jan vzal pod svou ochranu i klášter Waldsassen a městečko Redwitz (dnes Marktredwitz). Navíc se Lucemburkům otevřela cesta působit v oblastech ležících severně od Čech a Moravy: počínaje Žitavou, přes Budyšín až po Slezsko, oblasti, které se posléze již v druhé třetině 14. století staly součástí zemí Koruny české. Tento nově vytvořený pojem signalizoval dvě skutečnosti: budoucí expanzi a propojení se sousedními zeměmi.

Jan Lucemburský usiloval o volný přístup ke svým rodovým zemím. Lucembursko a Francie tedy měly zůstat spojeny s Českými zeměmi – přes jakýsi most majetkových držav a lénních statků, který by vedl přes Bavorsko. Ale podařilo se mu zajistit si jen několik držav, např. hrady Parkstein a Flossenbürg. Ale také zde sehrála významnou úlohu sňatková politika. Z manželství Jana Lucemburského s Eliškou Přemyslovnou pocházející dcera Markéta († 1341) byla oddána s bavorským vévodou Heinrichem XIV. († 1339). Ale snahy Jana Lucemburského uskutečnil až Karel IV. Využil k tomu nejen své císařské moci, ale posloužily mu i finanční prostředky, které získával z daní, z těžby stříbra a ražení českých grošů v Kutné Hoře. V rozmíšce mezi Ludvíkem Bavorským a papežskou kurií se Karel postavil na stranu papeže, ale dříve než z toho vyvíjící se roztržka mohla přerůst ve větší válečný konflikt, Ludvík Bavorský umírá (1347). Tím se pro Karla definitivně otevřela cesta k dosažení císařské koruny římské. Jakou váhu kladl na spojení s jižním Německem a s Porýním dokládá fakt, že rok po smrti své první ženy Blanky z Valois se r. 1349 oženil s Annou Falckou († 1353), dcerou hornofalckého vévody Rudolfa. Tím se Karlovy neshody s Wittelsbachy z několika posledních let zklidnily. Lucemburkové a Wittelsbachové v propojování rodů pokračovali: Otto V. († 1379) se oženil s dcerou Karla IV. Kateřinou († 1395) a Jan III. s Karlovou vnučkou Alžbětou († 1451). Nejen vzájemné návštěvy dvorů v Bavorsku a Praze, ale i vzájemná politická a hospodářská podpora a kulturní výměna posilovaly vztahy obou zemí.

Daňová kniha, tzv. „Böhmisches Salbüchlein", z roku 1366/68 uvádí statky, příjmy a práva s tím spojená, které vlastnil Karel IV. v Horní Falci. Seznam ukazuje, s jakou intenzitou a energií usiloval o vybudování spojnice napříč Bavorskem. Bez souhlasu vévodů z rodu Wittelsbachů a podpory landkrabat z Leuchtenbergu, norimberských purkrabí z rodu Hohenzollernů jakož i hrabat z Hohenlohe, jejichž zástupci pobývali jako rádci na Karlově dvoře, by toho všeho ovšem nemohl dosáhnout. Také sňatek s Annou Falckou tomu byl nápomocný. Nejvíce majetkových držav získal Karel IV. v Horní Falci a ve Frankách, kde se hlavním administrativním sídlem držav stal Sulzbach. Při císařské korunovaci v Římě 5. dubna 1355 si Karel IV. nechal potvrdit, že léna a državy může vtělit do Českého království – lenní svazky se uvolňovaly v 15. století a ve třicetileté válce, formálně však trvaly až do poloviny 18. století.

Karel IV. si vybudoval sídlo v Laufu. Tamní hrad měl sloužit jako jeho rezidence při cestách do říše a také do Norimberku, měl mu poskytnout klid a zázemí. Do Norimberku k jednáním, kam si zval diplomaty a kde se konaly říšské sněmy, trvala cesta jen pár hodin. Proslulá znaková galerie s erby české šlechty a českých měst na hradě v Laufu je odrazem vlivu českého prostředí na říši římskou. Na německé straně si Karel IV. získával přízeň a podporu udělováním tržních výsad či povyšováním obcí na města, jako například u města Erlangen. Jeho lenní politika sahala až směrem k Frankfurtu nad Mohanem, odkud už nebylo daleko do Francie a Lucemburku, a do Baden-Württemberska, odkud bylo spojení do Alsaska, Rakouska a Itálie. To bylo důležité pro rozvoj obchodních styků. Příznivě se vyvíjely i jeho vztahy s významným šlechtickým rodem Notthafftů, kterým patřilo území od Waldsassen až po Wernberg-Köblitz a odtud na jih směrem na Řezno. Lankrabata z Leuchtenbergu působili až do konce 14. století na lucemburském dvoře stejně jako kníže biskup bamberský Lamprecht z Brunu, který vedl až do roku 1398 říšskou a českou kancelář.

Pro Lucemburky hrál výraznou roli Norimberk. Karel IV. sem začal stále častěji svolávat říšské sněmy, městu uděloval četná privilegia a položil tu základní kámen pro kostel Panny Marie (Frauenkirche). Po obtížných jednáních se Karlu IV. podařilo r. 1356 v Norimberku proklamovat základní listinu zákoníku římské říše – Zlatou bulu. Ta stanovila dynastickou posloupnost, pravidla soudních řízení a vymezila vztahy Českého království a Říše římské. Zlatá bula zůstala v platnosti až do zániku Svaté říše římské národa německého v roce 1806. Vedle Pasova a Řezna tak vyrostl i Norimberk v politické a hospodářské centrum bavorské části říše a v ničem si nezadal s městy jako Frankfurt, Kolín, Mohuč nebo Cáchy. Sídla bavorských vévodů ve Straubingu, Landshutu či Ingolstadtu nebo i v Mnichově v této době ještě nemohla zaznamenat takový rozmach. Norimberští měšťané byli činni v dálkovém obchodě a rozvíjeli jej s českými městy, s Chebem, Domažlicemi, Plzní, Prahou a Kutnou Horou.

Založení pražské univerzity 7. dubna 1348 – od roku 1366 nazývané Collegium Carolinum, dnes Karlova univerzita – vedlo poznovu k posílení česko-bavorských vztahů, později ovšem i ke zrodu nových konfliktů. Podle tehdejších zvyklostí se národy zastoupené v univerzitě podílely též na její organizaci. V Praze rozhodovali vedle národa zemí českých, ke kterému patřili i německy hovořící obyvatelé království Českého, také Bavoři, Poláci a Sasové svými hlasy o financování a organizaci studia, obsahu výuky a ideové orientaci. Absolventi vysoké školy odcházeli z Prahy jako bakaláři - většinou coby učitelé – ale též jako kněží, lékaři či právníci – a tím zajišťovali styky a spojení s celým tehdejším světem.

Na přelomu let 1377/78 vedla Karla IV. jeho poslední velká cesta do Paříže, kde jednal s francouzským králem o ukončení rozkolu v křesťanské církvi. V doprovodu svého syna Václava a početné družiny se vracel koncem ledna přes Heidelberg, v Bavorsku a ve Frankách navštívil několik svých lén, pak se zdržel několik dní v Sulzbachu a v říšském městě Norimberku, a při této příležitosti udělil šlechticům a městům četná privilegia. Ještě ve stejném roce nemocný panovník zemřel (28. listopadu 1378) a na obou trůnech, českém i říšském ho následoval jeho nejstarší syn Václav IV. I ten zpočátku věnoval svou pozornost vývoji v Bavorsku, ovšem jeho zájem o vnější politiku brzy ochabl, ačkoli ho s Bavorskem mnoho spojovalo. Václav se narodil roku 1361 v Norimberku, kde byl také pokřtěn. Obě svá manželství uzavřel s ženami z rodu Wittelsbachů, první manželství s Johannou (sňatek r. 1370), druhé se Žofií (sňatek r. 1389).

Václav se stále více věnoval svým osobním zájmům, jako byly lov, turnaje, ale i kulturní projekty. Založil knihovnu a zval k dvoru různé umělce, tak i Konrada Kyesera (1366 – kolem r. 1405), původem z Eichstättu, který pracoval pro Wittelsbachy. V Praze vytvořil své známé dílo o umění válečném „Bellifortis". Svým nezájmem o vnější politiku se však Václav začal dostávat do konfliktů s městy a šlechtou v říši i v Čechách, kde ho nevlastní bratr Zikmund, tehdy král uherský, nechal dvakrát zajmout. Zanedbávání říšských záležitostí posléze vedlo v roce 1400 k sesazení Václava z trůnu římského krále. Jeho následníkem na tomto trůnu se stal Ruprecht Falcký. Václavovy vztahy k říši i k Bavorsku ochladly, když se za nového panovníka postavila říšská šlechta i města. Ve snaze o své znovuzvolení se Václav rozhodl hledat podporu u jednoho ze dvou, respektive tří papežů. Aby získal duchovenstvo oprávněné hlasovat, opřel se o skupinu pražských univerzitních mistrů vedených Janem Husem, která se již od devadesátých let 14. století snažila o reformu katolické církve. Kutnohorským dekretem z ledna 1409 změnil král poměr hlasů mezi univerzitními národy. Český národ obdržel tři hlasy, zatímco národy bavorský, polský a saský měly nyní dohromady pouze jeden hlas. Jelikož nyní ovládli univerzitu stoupenci Jana Husa a univerzitní národ český, opustilo na 600 učitelů a studentů, Prahu a odešli do nedávno založených univerzit v sousedních zemích, do Erfurtu, Krakova, Vídně a především pak do Lipska. Do Norimberka odešel učenec Johannes Schindel, tam se stal významným lékařem, matematikem a astronomem, jehož služeb využívali nejen norimberští měšťané ale i bavorští vévodové. Pro pražskou univerzitu byl odchod studentů a profesorů bolestnou ztrátou – do sebe uzavřená, pozbyla na mnoho let svůj vědecký věhlas.

Kalkulace Václava IV. nevyšla. Po Ruprechtově smrti (1410) byl zvolen římským králem Václavův nevlastní bratr Zikmund Lucemburský, král uherský. Jelikož Václav a Zikmund spolu nevycházeli, poškozovalo to ještě více vztahy mezi Bavorskem a českými zeměmi. Navíc se tento vztah také zhoršoval aktivitami českých reformátorů v čele s Janem Husem. Jejich snahy o obrodu zesvětštělé církve narazily nejen u papežské kurie na odpor, nýbrž v podstatě v celé říši. Ačkoli husitství sdílelo některé ideje s hnutím valdenských, kteří požadovali větší osobní zbožnost a na jihu Německa našli určité rozšíření, nepodařilo se českému reformnímu myšlení zakotvit po roce 1409 v Bavorsku a zejména ne ve Frankách. To mělo několik příčin: z Prahy a Čech odešla část německé inteligence, a nyní se ukázalo, že reformní husitské hnutí samo nebylo schopno prezentovat se přiměřeně v německém jazyce a prostředí. Náboženský konflikt tak dostal národnostní dimenzi, která se na obou stranách stále více vyhrocovala. Je zajímavé, že se druhá žena krále Václava IV., z Bavorska pocházející Žofie angažovala ve prospěch reformních idejí, o čemž byl jistě informován i dvůr Wittelsbachů.

Jan Hus se vydal r. 1414 na cestu do Kostnice, aby své učení obhajoval před koncilem, který tam byl svolaný. Sám Hus i jeho průvodce, kronikář Petr z Mladeňovic, píší o tom, jak byli všude vlídně přijímáni. V Norimberku byla Husovi umožněna veřejná disputace; jen farář od sv. Sebalda si poté stěžoval na jeho pochybení v interpretaci víry. Husovo odsouzení a upálení v Kostnici dne 6. července 1415 bylo prvním rozhodným krokem k roztržce, kterou pak stvrdil dekret papeže Martina V. z roku 1417, který zakazoval styky s českými kacíři. Nato opustili někteří němečtí kupci Prahu i jiná česká města.

Po smrti Václava IV. dne 16. srpna 1419 vyústil konflikt ve válku. Podle českého práva musel být panovník zvolen. Vírou rozpolcená obec české šlechty ale odmítla uznat dědičně oprávněnou Zikmundovu kandidaturu. Jako český král se Zikmund musel podřídit rozhodnutí papežské kurie, ale trval také na svém právu nastoupit na český trůn – byl to cíl, kterého mohl dosáhnout pouze válkou. Byla vyhlášena první křížová výprava a Zikmund se pokusil dobýt Prahu pomocí silných vojenských oddílů z celé říše a z Uher, ale bitvu na Vítkově, v které ho vojensky podporovala také bavorská šlechta a bavorská města, 14. července 1420 prohrál. Další útok, ve stejném roce, na druhou nejdůležitější hradní pevnost nad Prahou – Vyšehrad – ztroskotal též. Další křížové výpravy už Zikmund vyhlašoval z Norimberku. Následovalo neúspěšné obléhání Žatce (1421), bitvy u Ústí nad Labem (1426), u Tachova (1427) a u Domažlic (1431). Ale v žádné nemohl slavit úspěch. Všech tažení se zúčastnily vojska z Bavorska, ale také ze všech zemí Evropy. Norimberk převzal úlohu v celé říši vybírat a spravovat tzv. „hussengelt",

daň na financování válek proti husitům; vojenskou organizaci měl zajišťovat Fridrich I. Hohenzollernský, říšský kurfiřt sídlící ve Frankách. Vojenské úspěchy husitů přiměly r. 1426 říšský sněm, aby nařídil reorganizaci křižáckých vojsk, do níž byly začleněny mnohé poznatky z husitské taktiky a výzbroje.

V písemných pramenech dochované záznamy o výdajích na vedení válek s husity vykazují zejména pro Norimberk a Řezno vysoké sumy. Mezi Bavorskem a částmi českých zemí se vztahy upevňovaly. Týkalo se to předávání zpráv, dodávek válečného materiálu a též zásobování městských posádek. Navzdory embargu proti husitům existovala právě přes bavorsko-české hranice živá výměna cenného zboží. Karlštejnští purkrabí si nechávali dovážet zejména z Norimberka a jiných center potraviny i ošacení, opačně proudilo z Kutné Hory stříbro a olovo do obchodních center. Z Bavorska byl do Čech dodáván střelný prach, který byl přes všechny zákazy prodáván nepřímou cestou husitům. Jak katoličtí, tak i husitsky orientovaní páni si ukládali hotovosti u bavorských měšťanů.

Války vedené podle středověkých zvyklostí byly spojeny s drancováním a v tomto ohledu nebyli křižáci při dobývání českých měst či na venkově nikterak zdrženliví. Když už byly české země vystaveny přílišnému politickému tlaku ze zahraničí a hospodářsky válkami skutečně vyčerpány, rozhodli se husité pod vedením kněze Prokopa Holého k protiútoku na sousední země. Teď byly drobné půtky v pohraničních oblastech zcela zastíněny tzv. spanilými jízdami husitských vojsk do Saska a zejména do Frank. Na přelomu let 1429/30 zničila husitská vojska Hof, Kulmbach, Bayreuth, ohrožovala Bamberg a táhla na Norimberk. Ze strachu před obléháním a zpustošením uzavřelo město a markrabě Friedrich Braniborský r. 1430 s Prokopem Holým příměří v Beheimsteinu, které vykoupili velkou sumou peněz a věcnými dary. Do Čech se pak husité vraceli různými cestami, mezi jiným přes Auerbach, Arzberg a Weiden, zmocňovali se dále kořisti a požadovali výpalné, tím vším se chlubili při triumfálním návratu do Prahy.

Zikmund, od roku 1433 pak též císař římský, a papežská kurie museli nakonec ustoupit. Objevila se možná cesta k míru, kterou pro koncil, který se tentokrát konal v Basileji, připravili vyslanci kurie a krále jakož i husitští teologové a politici po vyjednáváních v Chebu r. 1432. Do Basileje se české poselstvo ubíralo přes Bavorsko. Tajná jednání začátkem roku 1433 v Chamu s odpůrci radikálního husitství, jehož zástupci byli Táborité a Sirotci, umožnila - namísto dalších křížových výprav - zorganizovat a zaplatit české vojsko, které v bitvě u Lipan, východně od Prahy, porazilo 30. května 1434 Prokopovy oddíly.

V roce 1436 byla vyhlášena kompaktáta, dohoda katolické církve s husitskou. Císař Zikmund, který byl tehdy již zvoleným českým králem, je akceptoval a otevřel tím cestu k obnovení česko-bavorských vztahů, i když pro jejich naplnění bylo ještě zapotřebí několika desítiletí. Teprve v šedesátých letech 15. století byla znovu navázána obchodní spojení mezi Čechami a Bavorskem. Později, po objevení knihtisku, rozvíjeli Norimberští intenzivní styky s Plzní, kde se začaly tisknout knihy na sklonku 15. století. Podporou byla i vážná politická změna. Podle dědických smluv s Habsburky, s Jagellonci a s uherskými panovníky připadl po smrti císaře Zikmunda (1437) český královský titul jeho zeti Albrechtu II. Habsburskému, který byl r. 1438 zvolen římským králem, ale již rok nato zemřel. Diplomatický boj o český trůn vypukl znovu. Do něj se zapojil i bavorský vévoda Albrecht III. († 1460), který však nezískal v českých zemích žádnou podporu. Obával se mocenských zápasů v neznámém prostředí a též se snažil zabránit konfliktu s nově zvoleným římským císařem Fridrichem III. Habsburským. Albrecht se zřekl koruny, kterou mu nabídli čeští stavové. Císař podporoval kandidaturu syna Abrechta II., Ladislava Pohrobka, ale ten v roce 1457 zemřel. Dlouho trvající zápas o dědictví skončil volbou Jiřího z Poděbrad, který stál na straně umírněných husitů – utrakvistů. Cílem jeho snahy o obnovení politických vztahů s papežskou kurií jakož i s evropskými dvory a městy bylo opětné evropské začlenění Českého království. Proto vyslal roku 1464 a znovu v letech 1465/67 poselstva, složená z předních českých šlechticů, na diplomatickou cestu jižní a západní Evropou. Někteří účastníci si vedli cestovní deníky, jako například panoš Jaroslav, který píše o vlídném přijetí českého poselstva v klášteře Waldsassen, zatím co je v městečku Wunsiedel, kde na památku husitského obléhání vystavují koule z husitských děl, které se zaryly do hradeb, přijali nevlídně. Na cestě do Bayreuthu pak následovala příjemná snídaně, patrně v Gefrees. Také v Norimberku byli radními pohoštěni co nejlépe, rovněž tak v Ansbachu, kde je markrabě pozval na lov. Druhý deník napsali rytíř Šašek z Bířkova a Gabriel Tetzel, norimberský průvodce a tlumočník. Zde jsou podrobně popsány zejména návštěvy Norimberka, Heilsbronnu, a Ansbachu. Obdobný popis Českých zemí se zachoval z péra Johanna Butzbacha, narozeného poblíž Würz-

burgu, jenž v mládí procestoval kus českých zemí a velmi svérázně popisuje své návštěvy Chebu, Kadaně, Chomutova, Lokte, Karlových Var a Prahy. Že se především doba husitská na obou stranách hranic hluboce vryla do povědomí, ukazují částečně až do dnešní doby běžně používané výrazy, např. poblíž Chamu v Rötzu existuje „Hussenstrasse" [=Husitská ulice], Hussitentor [husitská brána], Hussitenturm [husitská věž], Hussiteninsel [husitský ostrov] v Neukirchenu nebo Husitská věž na hradě Falkenberg.

Výrazný odklon českých zemí od jejich západní orientace zesílil po nástupu Jagellonců na český trůn v roce 1471. Politické vztahy s Bavorskem ochabovaly, zejména poté, co na českém sněmu byla zavrhnuta kandidatura vnuků Albrechta z Wittelsbachu, Wilhelma a Ludwiga. Dalším krokem k nové orientaci bylo začlenění Českého království do Habsburské monarchie. Původní, výrazná orientace Lucemburků na jihozápad zanikala. Ale ekonomické a kulturní vztahy mezi Bavorskem a Českými zeměmi přetrvávaly i v dalších staletích. Ve vzájemných kontaktech obou zemí se prolínaly všechny roviny každodenního života, protože navzdory všem nesrovnalostem, konfliktům a válkám vytvořily lidské vztahy, obchod i kulturní vlivy trvalejší hodnoty.

Literatur
Atlas der Länder der Böhmischen Krone [Atlas zemí Koruny české], 2004; Schmid/Weigand 2001; Kupčík 1995; AK Europas Mitte [Katalog výstavy: Střed Evropy] 2000/01; Geschichte Bayerns [Dějiny Bavorska] 1983; Velké dějiny zemí Koruny české 1999-2003; Zatschek 1939; Jánský 2000–2006; Rall 1986; Handbuch der Historische Stätten Deutschlands [Příručka historických míst Německa] 1965; Handbuch der Historische Stätten Böhmen und Mähren [Příručka historických míst Čech a Moravy] 1998; Bayerisch-böhmische Nachbarschaft [Bavorsko-české sousedství] 1992; AK Kaiser Karl IV. [Katalog výstavy: Císař Karel IV.] 1978; AK Die Parler [Katalog výstavy: Parléřové] 1978; Seibt 2002; Schlesinger 1974; Grossman/Häffner 2006; Karel IV. císař z Boží milosti 2006; Smahel 2002

Vít Vlnas

Der „böhmische Barock" und sein Bild in der historischen Tradition

„Blut und Tränen sind unter den Mörtel gemischt, der in den kühnen Gewölben der Jesuitenkirchen und Adelspaläste die Steine bindet; die Karyatiden, deren schön sich beugende Schultern die Last der Portale tragen, den Schwung der Balkone, bezeugen unwillkürlich den Schmerz des leibeigenen Volks, dessen Fron und Gehorsam die Kosten des herrschaftlichen Glanzes zu ersetzen hatten, ja, ich würde zu behaupten wagen, dass in die Fundamente des herrlichen barocken Prag das Schicksal einer ganzen unterdrückten Nation eingemauert ist: begreifen wir nun, warum der barocke genius loci mit tragischer Maske auf uns blickt?"

Die Worte des Literaturhistorikers Arne Novák lassen nicht unbedingt erkennen, dass sein Essay „Das barocke Prag" (Praha barokní, 1915), dem dieses Zitat entstammt, in seiner Zeit bahnbrechend war und neue Perspektiven auf das Phänomen des böhmischen Barock eröffnete. Obgleich sich die literarische Moderne über den ideologischen Trödel und den verflachten Historismus der Wiedergeburt nur allzu gern belustigte, wusste auch sie sich den künstlerischen Werken der Vergangenheit nicht anders zu nähern als unter dem Gesichtspunkt eines (vermeintlich) moralischen Gehalts, und dies tat sie in einer Neuerzählung der Dinge. Besonders deutlich zeigen das die wortreichen Interpretationen barocker Architektur, die frühere Generationen wegen ihrer „Hässlichkeit" ignoriert oder bagatellisiert hatten. Die nun antretenden Modernisten aber sind für deren Reize empfänglich und haben einen Sinn für die essenzielle Verbindung der barocken Bauwerke mit dem Panorama der böhmischen Landschaft und dem inneren Organismus der Städte. Und der Triumph der „gegenreformatorischen" Kunst provoziert umso mehr, als er sich Auge in Auge mit dem gleichzeitigen „Verfall" der Nation ereignet. Um dieses Phänomen zu deuten, greifen die Modernisten – genau wie ihre Vorgänger – auf ausgesprochen literarische Kategorien zurück. Der folgende Abschnitt aus den Betrachtungen des Schweizers William Ritter (1895) kann, was die barocke Architektur Prags betrifft, geradezu als beispielhaft gelten: „Mir scheint, dass die gewaltigen triumphalen katholischen Kirchen der Reaktion unter Ferdinand II. in der Entfaltung ihres goldenen Pomps und im Überschwang ihrer barocken Fülle etwas Gezwungenes an sich haben, etwas Deklamatorisches, was ich anderswo nicht finden kann, auch in Italien nicht, an religiösen Bauwerken derselben Zeit. Hier ging es darum zu überzeugen um jeden Preis; und auch materielle Mittel fielen ins Gewicht. Man musste blenden, betören, erstaunen, damit dieses Volk, das manchmal, wie ich zugebe, aber nicht immer, ein Märtyrer seiner eigenen Fehler ist, sich von dem mitternächtlichen Alp der blutigen Unterdrückung befreien könne und die vom Gemetzel auf dem Altstädter Ring verwüsteten Augen reinwaschen. Auch die Klöster hier haben etwas Verzweifeltes, Grimmiges, Kerkerhaftes, wirken fast angriffslustig in ihrer lauernden Verteidigung, ein Anblick, der überrascht und die Kehle abschnürt."

Bereits ein halbes Jahrhundert zuvor hatte der aus Norddeutschland stammende Autor Friedrich Gustav Kühne hinter der barocken Fassade Prags einen „hussitischen" Kern entdeckt: „Die hundert Thürme, die hier in die Höhe ragen, wissen im Gewirr der Architektur der Stadt kaum noch wes Geistes Kinder sie sind: die Kirchen mit den hussitischen Keilspitzen und schlachtgerüsteten Sturmhauben senden römische Gebete gen Himmel."

Und der Romantiker Friedrich Heinse wiederum meint 1834, der hl. Adalbert auf der Karlsbrücke, der „Missionaer der Preußen", wende sich „mit fast drohender Gebärde nach Wittenberg".

Nováks „Barockes Prag" markiert nicht deshalb einen Wendepunkt, weil es in ahistorischer Weise moralische Bedeutungen unterstellt, sondern weil es einen neuen Blick auf den Barock erschließt. Ältere Interpreten hingegen sahen in der „jesuitischen" Kunst weiterhin einen Auslandsimport, einen Beweis für das Unverständnis gegenüber eigenen künstlerischen Traditionen, eine Perversion der Formen und schließlich ein Symbol des nationalen Niedergangs.

„Was Kriegsstürme und Feuersbrünste über so viele Jahrhunderte verschont hatten, zerstörte schließlich der nach Böhmen zugewanderte Ausländer, und er ließ sich diese Zerstörung reichlich entlohnen. Gerufen und ungerufen kamen die Welschen zu uns, in der Zeit der größten Unterdrückung des tschechischen Volkes, und entstellten einen Großteil der tschechischen Denkmäler und vortrefflichen Kirchen aus dem 12., 13. und 14. Jahrhundert bis zur Unkenntlichkeit. Die in strengem Stil gebauten Kirchen bauten sie um, schmückten sie aus nach ihrem Geschmack und verunstalteten sie für immer ... Das war in der Zeit einer allgemeinen verbreiteten Perversion der Renaissance, in der Zeit des Zopf- und Perückenstils."

Dermaßen drastisch äußerst sich noch im Jahr 1905 P. Ferdinand Lehner über das barocke Schaffen in Böhmen. Hervorzuheben ist dabei, dass er, ein katholischer Geistlicher, die Epoche der katholischen Erneuerung nach der Schlacht am Weißen Berg ganz selbstverständlich als „Zeit der größten Unterdrückung des tschechischen Volkes" bezeichnet – ein Paradox, durch das wir uns scheinbar zurückversetzt sehen in die Anfänge der nationalen Erneuerung, als patriotisch gesinnte tschechische Pfarrer über ihrem Schreibtisch neben der Jungfrau Maria ein Porträt Jan Žižkas hängen hatten. Doch die Wirklichkeit ist komplizierter und verlangt einen gründlicheren Blick auf die Stereotypen, die sich auf dem Gebiet der Kunst im Lauf des 19. Jahrhunderts um den „Zopf- und Perückenstil" angelagert haben. Die Vertreter der nationalen Erneuerung hielten ihr ganzes Bemühen programmatisch auf die Sprache und die Literatur gerichtet; nichts schreckte sie am Barock so sehr wie die vermeintlich systematische Vernichtung tschechischer Bücher und der damit angeblich einhergehende Verfall der tschechischen Sprache während des 17. und 18. Jahrhunderts.

„Da der Grundsatz galt, dass kein tschechisches Werk, das zwischen 1414–1635 verfasst worden war, rechtgläubig sein könne, nimmt es nicht Wunder, wenn ein Missionar, der bei der Menge der tschechischen Bücher nicht allzu sehr unterschied, sie sämtlich auf einen Streich ins Feuer warf", charakterisiert der Historiker und Politiker František Palacký lapidar – und freilich irrig – dieses am wenigsten akzeptable Gesicht der Gegenreformation. Der Linguozentrismus der nationalen Erneuerung behalf sich lange Zeit mit derartigen Schreckensszenarien, um daraus die Legitimation seiner philologischen Bemühungen abzuleiten und eine Welt nach eigenen Vorstellungen und Sehnsüchten zu entwerfen.

Es ist bezeichnend, dass diese tschechischsprachige Mikrowelt zunächst kein Bedürfnis fühlte, sich die bildende Kunst ihrer kulturellen Vergangenheit interpretierend anzueignen. Und auch später wird an die Geschichte jeglichen Schaffens noch lange ein rein literarisches und philologisches Maß angelegt. Aufstieg und Fall der bildenden Kunst in Böhmen entsprachen somit auch den traditionellen Epochen der Blüte und des Niedergangs in Sprache und Literatur. Das Barock konnte nach dieser Schablone kaum darauf hoffen, vor den Augen national voreingenommener Autoren zu bestehen. In dieser neuen Erzählung von den Widrigkeiten, die sich der tschechischen Kunst entgegenstellten, verloren freilich die Deutschen ihre traditionelle Rolle als Erbfeind an die Italiener. Zu den gängigen pejorativen Bezeichnungen wie Zopf-, Perücken- oder Jesuitenstil gesellte sich bald die ausgesprochen negative Charakterisierung des Barock als „italienischer Stil" – eine offenkundige und für lange Zeit auch völlig singuläre Abweichung der patriotisch orientierten kunstgeschichtlichen Forschung von dem ansonst dominanten philologischen Konzept: In Josef Jungmanns Erneuerungsdenken nämlich genießt das Italienische als kulturelles Erbe der Antike einen durchaus sehr hohen Stellenwert.

In der ersten umfassenden Ideenskizze zur Geschichte der bildenden Kunst in Böhmen aus der Feder von Karl Vladislav Zap (1862; frühere Versuche begannen und endeten mit dem Mittelalter) ist zu lesen, dass die Schlacht am Weißen Berg auch der Selbstständigkeit der tschechischen Kunst ein Ende setzte: „Das Volk wurde zum bloßen Handlanger der Italiener." Hatten die „Welschen" aus Lehners Sicht in erster Linie die romanischen und gotischen Nationaldenkmäler verschandelt, so treten sie bei Zap vor allem als Zerstörer der einheimischen Renaissance auf den Plan. Der edle Stil des 16. Jahrhunderts „verdarb und verdorrte", Perücken und

Zöpfe aber zeigen sich buchstäblich an jeder Ecke. Zaps Ansichten, in denen ein vermeintlich authentischer Nationalstil gegen die „zugewanderten" Ausländer verteidigt wird, lassen verstehen, warum Lehner die barocke Architektur als ein italienisches Lehrstück in „pervertierter Renaissance" verstand. Wenigstens haben diese ihr entsetzliches Werk nicht aus „Böswilligkeit, sondern aus Unwissenheit" vollbracht. Zaps Abhandlung wurde bereits früh ins Deutsche übersetzt und hat so den Blick auf den böhmischen Barock auch außerhalb des tschechischen Sprachraums beeinflusst.

Mochten sich in Böhmen – in Mähren verhielt es sich anders – die nationalen Erneuerer aus den Reihen des römischen Klerus in ihrer Beurteilung des Hussitismus auch immer weiter vom Mainstream der patriotischen Gesellschaft entfernen, so teilten sie doch die äußerst positive Bewertung des gotischen Mittelalters und insbesondere der Regierungszeit Karls IV. In der kirchlichen Praxis tendierte die Geistlichkeit ganz eindeutig zur Gotik. Wie die katholischen Kreise in der zweiten Hälfte des 19. Jahrhunderts über die barocke Sakralarchitektur dachten, zeigt František Ekert mit seinem Artikel über die Kathedrale St. Peter und Paul auf dem Vyšehrad. Der Autor, ein fleißiger Topograf in kirchlichen Diensten, schildert zunächst die Frühgeschichte des Heiligtums, um sodann missbilligend auszuführen, wie Kapiteldekan Johann Wenzel Dietrich von Lilienthal „den heruntergekommenen Bau zwischen 1723–1729 im Zopfstil erneuern ließ, insbesondere entstand die heutige Frontfassade, und die Fenster in den Seitenkapellen erfuhren eine nicht stilgerechte Restaurierung ..." Ekert zählt mit Verbitterung die durch den barocken Umbau verursachten historischen Schäden auf wie die Vernichtung von Grabmälern und verleiht seiner Verwunderung über Lilienthals Eitelkeit Ausdruck, der sich auf einer Gedenktafel als zweiter Gründer der Kirche feiern lässt. „Mit größerem Recht wird der jetzige Probst Václav Štulc als dritter Gründer gelten. Von dem Verlangen getragen, den Vyšehrad zu verherrlichen, hat er beschlossen, St. Peter und Paul mit Unterstützung des Kapitels ganz im gotischen Stil umzubauen, damit diese Kathedrale ein würdiger Zeuge ihrer großartigen Geschichte sei und eine Zierde Prags."

Aus all dem wird sichtbar, worin die eigentliche Bedeutung von Nováks Abhandlung lag. Der Autor sieht Blut und Schweiß des versklavten Volks als lebendigen Nährboden, der eine Kunst aufkeimen ließ, die ihre Wurzeln schließlich tief in den heimischen Boden schlug. Und nicht nur das: die historischen Opfer erlauben der modernen tschechischen Nation, jedwede barocke Schönheit mit dem Recht des moralischen Siegers für sich zu beanspruchen. „So wurde man der machtvollkommenen, unerbittlichen barocken Seele schließlich Herr. Und Paradox der Paradoxe: Der geistige Ausdruck und die materielle Schöpfung der Italiener, Spanier und Deutschen wurden einer höheren Wirklichkeit untergeordnet: der historischen Einheit der Stadt Prag – und die gehört uns Tschechen."

Zwei Jahre nach Nováks „Barockem Barock" publizierte der Schriftsteller Miloš Marten seinen berühmten philosophischen Dialog „Über der Stadt" (Nad městem, 1917), der die in seiner Zeit aktuelle Diskussion um den „Sinn der tschechischen Geschichte" stark beeinflusste. Michal, ein Tscheche, und der Franzose Allan führen ein Streitgespräch über das geschichtliche Los, das sich einem jeden von ihnen aus unterschiedlicher Perspektive zeigt. Natürlich, auch Marten geht dabei noch immer von höchst literarischen Kategorien aus. „Ich sagte Ihnen wohl einmal, dass ich erst hier Bossuet ganz verstanden habe, auf Ihrer Terrasse: die erneuerte Gotik der Gegenreformation", sagt Allan. Er sieht „das ganze Drama des lateinischen Geistes gebannt in der Schönheit, die sich von dem heiteren Beet der drei Kirchen vor der Karlsbrücke über deren Skulpturenallee bis hin zu der gewaltigen grünen Rose von St. Nikolaus spannt". Michal wendet ein, dass auch dieser höchste ästhetische Reiz nicht verschleiern könne, wieviel Lebensenergie der Triumph des gegenreformatorischen Katholizismus seinem Volk entzogen habe, noch mache er sie wett. „Ich hörte, man nennt euch ein Volk von Historikern", entgegnet der Franzose. „Merkwürdig: kam keinem davon jemals in den Sinn – und wäre es nur als Experiment –, in diesem Lichte zu durchdenken, was euch als Katastrophe gilt?" Der Dialog endet offen – einigen können sich die beiden nur über das, was kommen soll – und gipfelt schließlich in einem symbolischen Bild: Der barocke Erzengel von der Ecke des Toskanischen Palais auf dem Hradschin-Platz hoch über Prag stürzt wie ein Blitz aus der Höhe „ins weiße Meer des Sommermorgens". Er steht hier von altersher „den Teufeln zur Drohung" und als „Versprechen und Hoffnung für die gefangene Seele". Doch das Bewusstsein, dass mit der verfluchten und verworfenen Zeit des „temno", des „Dunkels" auch eine große Kunst und Kultur nach Böhmen kam, deren Bedeutung weit über die Landesgrenzen hinwegreicht, hat sich seitdem nie mehr ganz aus dem tschechischen Geschichtsdenken verloren.

Auf das geflügelte Wort von Martens französischem Helden: „Was gilt euch als Katastrophe?" hatten die Tschechen über viele Generationen eine eindeutige Antwort parat. Katastrophe war ihnen bereits der Prolog der Barockepoche, die Geschehnisse im Zusammenhang mit der Ständeerhebung 1618–1620, die ihren Höhepunkt und Abschluss in der Schicksalsschlacht am Weißen Berg bei Prag fanden. Der evangelische Autor Pavel Stránský, der in seinen im Exil entstandenen Werken immer wieder nostalgisch in die ruhmreiche Zeit des böhmischen Königreichs vor dem Weißen Berg zurückkehrt, bezeichnet jenen unseligen Prolog zum Dreißigjährigen Krieg als „Tor und Grund all unsrer Not". Der Liberalismus der tschechischen Politiker im 19. Jahrhundert war derselben Meinung. Der Mythos vom Weißen Berg gehört bis heute zu den konstitutiven Elementen des kollektiven historischen Bewusstseins: als Symbol der Unterjochung und des dreihundertjährigen Elends der tschechischen Nation. Wohl keine Unbill der tschechischen Geschichte, die nicht von dieser schicksalhaften Schlacht abgeleitet würde: der Weiße Berg gilt als „Ende der böhmischen Selbstständigkeit" und als „Grab der Nation", aber auch als Beginn des moralischen Verfalls der Tschechen

und ihrer nationalen wie sprachlichen Unterdrückung. Der Mythos vom Weißen Berg bewegte seit der Romantik auch manch empfindsamen Nichttschechen. So erinnert sich 1822 Madame de la Motte-Fouqué an ihre abendliche Ankunft in Prag, die auf der Landstraße von Dresden her erfolgte, mit diesen Worten: „Das hier, riefen wir einander zu, ist sicher der *weiße Berg!* Hier sind die unglücklichen Protestanten gefallen! Dies ist die Stätte, auf der es entschieden ward, daß Böhmen katholisch bleiben sollte! Die Schlachtstätte! – Niemand denkt das ohne Schauer!"

Worum ging es wirklich? Sehr kurz gesagt: Mit dem Aufstand der (vorwiegend) nichtkatholischen Stände gegen die habsburgische Herrschaft erreichte der langjährige Gegensatz, der sich aus dem dualen Herrschaftsentwurf der böhmischen Ständevertreter (imperium mixtum) und den zentralistischen Bemühungen der habsburgischen Dynastie ergeben hatte, seinen Höhepunkt. Es handelte sich hierbei keineswegs um einen singulären Prozess: Ähnliche Streitigkeiten wurde zur selben Zeit in verschiedener Form in etlichen europäischen Ländern ausgefochten. Angesichts der explosiven internationalen Situation wirkte der böhmische Aufstand wie eine Lunte am Pulverfass: Der Konflikt zwischen dem prohabsburgischen katholischen Lager und dem evangelischen Block schlug rasch in eine nicht enden wollende Abfolge militärischer Auseinandersetzungen um, die als Dreißigjähriger Krieg in die Geschichte eingingen. Die Schlacht am Weißen Berg am 8. November 1620 gehörte weder zu den bedeutendsten noch zu den blutigsten Ereignissen dieses Krieges. Für die tschechische Geschichte jedoch wurde dieser bewaffnete Zusammenstoß zwischen dem Heer der böhmischen Stände, unterstützt von den Abteilungen der protestantischen Union, auf der einen Seite mit der Armee Kaiser Ferdinands II. und dessen Verbündeten von der katholischen Liga – insbesondere dem bayerischen Herzog Maximilan I. – auf der anderen Seite zum Schicksalsemblem. Es war dies die Vorankündigung der Übergabe Prags in habsburgische Hand und der Auftakt zur Exekutierung der 27 Anführer der Erhebung im Juni 1621. Der Besitz der Schuldigen wurde in großem Umfang konfisziert und Tausende Nichtkatholiken sahen sich zur Auswanderung gezwungen. Die neue Landesverfassung, die so genannte Verneuerte Landesordnung von 1627 (für Mähren 1628), stärkte die Machtbefugnisse der habsburgischen Zentralregierung ganz erheblich zu Ungunsten der ständischen Einrichtungen. Die Stände waren künftig ihres wichtigsten politischen Druckmittels auf die Dynastie beraubt, denn die böhmische Thronfolge war nun erblich an das Haus Habsburg gebunden.

Nüchtern betrachtet, bedeuteten die Ereignisse nach 1618 weder das Ende des Ständesystems noch war die Sonderstellung der böhmischen Kronländer im Rahmen der Donaumonarchie aufgehoben – beides brachten erst die Reformen des aufgeklärten Absolutismus im 18. Jahrhundert mit sich. Kultur und Gesellschaft in Böhmen, wie sie aus den Umwälzungen des Dreißigjährigen Kriegs hervorgingen, waren weder besser noch schlechter als die

Kultur und Gesellschaft vor der Schlacht am Weißen Berg: In Hinblick auf die meisten vergleichbaren Kriterien waren sie einfach nur anders. Die bedachteren Zeitgenossen urteilten schon damals reservierter und schrieben das Scheitern der Ständerebellion weniger der politischen Genialität des Hauses Habsburg zu als vielmehr dem improvisatorischen Charakter der böhmischen Politik sowie der mangelhaften Unterstützung durch die ausländischen Verbündeten. Der berühmteste böhmische Emigrant jener Tage, der Philosoph und Pädagoge Jan Amos Komenský (Comenius), sah den Grund der Katastrophe in der schicksalsträchtigen Politisierung eines großen Ringens, das ursprünglich allein um die göttliche Wahrheit geführt werden sollte.

Die Gesellschaft, die in Böhmen 1648 das Ende des Kriegs begrüßte, war nicht die gleiche, die dreißig Jahre zuvor die Ständerebellion hatte ausbrechen sehen. Die Zahl der Einwohner im Land war ungefähr um ein Drittel gesunken. Drei Konfiskationswellen hatten die bestehenden ökonomischen und innenpolitischen Verhältnisse zerrüttet. Die Emigration der Nichtkatholiken führte zu einem teilweisen Verlust der gesellschaftlichen Elite, denn unter den Auswanderern befanden sich zahlreiche Angehörige des städtischen Patriziats und des Kleinadels, die das Rückgrat der humanistischen Bildung dargestellt hatten. Mit den sozialen und politischen Veränderungen, die sich aus der Niederschlagung des Aufstands und im Zuge des Dreißigjährigen Kriegs ergaben, erhöhten sich Zahl und Bedeutung der neu hinzugekommenen Mitglieder im Kreis der Landstände, das heißt der „Fremden", denen das böhmische Umfeld traditionell eher misstrauisch gegenüberstand. Die Aristokraten aus Italien, Spanien oder Irland brachten ihren eigenen Lebensstil mit und ihre spezifische Kultur. Eine grundlegende Veränderung bedeutete die konsequente religiöse „Erneuerung". Das Königreich, dessen Einwohner zu drei Vierteln eine der evangelischen Konfessionen angenommen hatten, verwandelte sich, wenigstens nach außen hin, innerhalb von zwei Generationen in ein katholisches Musterland. Und bis tief ins 19. Jahrhundert hinein bewahrte Böhmen sich – trotz aller „hussitischen Reminiszensen" – das Odium einer ultrakatholischen barocken Enklave, wie vor allem die Eindrücke protestantischer Reisender bezeugen. „Prag ist, wie mir scheint, die bigotteste Stadt der gesamten europäischen Christenheit. Hier habe ich zum ersten Mal gesehen, was Katholizismus heißt, denn hier gibt es Mönche und Kirchen", berichtet der Schwede Carl August Hagberg 1830 lakonisch. Ähnlich erinnert sich der norwegische Historiker Andreas Munch, der Prag im Sommer 1844 besuchte: „Obgleich kaum ein Land auch nur annähernd so viele Ketzer und Abspalter hervorgebracht hat wie Böhmen, beobachten wir dennoch auf der Reise von der sächsischen Grenze nach Prag, dass das Land nun, zumindest nach außen hin, ein erzkatholisches Gepräge hat. Kaum überschreiten wir bei Hřensko die Grenze, streckt in ungeheuerlicher Größe der hl. Vojtěch (Adalbert) seine Hand segnend von einem Fels über die Elbe, und von da an drängen sich die Marienbilder, Heiligenstatuen und Kreuze in beunruhigender Vielzahl

am Wegesrand bis nahe Prag, wo der hl. Nepomuk, oft in den schrillsten Farben bemalt, von jedem Giebel, jeder Brücksäule, aus jeder Ecke und Straße auf uns blickt und uns geradezu überwältigt." Zu jener Zeit aber galt unter den Böhmen als das katholischste Land Mitteleuropas bereits das benachbarte Bayern.

Einige geschichtliche Phänomene, die mit dem barocken „Dunkel" verbunden werden, lassen sich im Grunde bereits seit dem 16. Jahrhundert kontinuierlich nachweisen; zudem handelt es sich hierbei nicht um spezifisch „böhmische" Phänomene, wie der sich an Zahl verringernde Kleinadel und der Zusammenschluss von Grundbesitz zu größeren Dominien. Auch der „konfessionelle Absolutismus", wie er unter der Flagge des dem Katholizismus stets treuen Hauses Habsburg praktiziert wurde, war keineswegs nur ein böhmisches Spezifikum. In seiner Konsequenz ging es hier eher um ein politisches denn um ein religiöses Unterfangen. Die katholische Kirche konnte weder ihre bereits in den Hussitenkriegen zerrüttete organisatorische Struktur noch ihren politischen Einfluss anders erneuern als mithilfe des Staates. Der Tribut für diese zweckorientierte Verbindung von „Thron und Altar", die ihren Höhepunkt in dem stupiden Klerikalismus des 19. Jahrhunderts erreichte, wird noch immer gezollt. Laut Statistik sind die Tschechen heute, kirchlich gesehen, die lauesten Christen Europas.

Das Jahrhundert des Barock zwischen dem Dreißigjährigen Krieg und den beginnenden Reformen der Aufklärung war objektiv betrachtet für Böhmen eine günstige Epoche. Für mehr als neun Jahrzehnte setzte kein feindlicher Soldat seinen Fuß auf böhmischen Boden. Um die Mitte des 17. Jahrhunderts begann die Bevölkerung kontinuierlich zu wachsen, woran auch vereinzelte Pestepidemien (die letzte 1713–1715) nichts ändern konnten. Grausame Hungersnöte und soziale Unruhen, wie sie zum Beispiel Frankreich im letzten Jahrzehnt des 17. Jahrhunderts heimsuchten, blieben Böhmen erspart. Die stürmische Entwicklung des Manufakturwesens, insbesondere die Textil- und Glasproduktion, förderte die Entwicklung der agrarischen Gebiete, welche die protoindustriellen Zentren entlang der Grenze mit Lebensmitteln versorgten. Kehrseite dieses wirtschaftlichen Erfolgs war vielerorts die sich verschlechternde Lage der Leibeigenen. Der adlige Großgrundbesitz versuchte die Arbeitskräfte nach Möglichkeit auszunützen, sie an den Boden gebunden zu halten und die Fron zu erhöhen. Die Obrigkeit hatte das Monopol und diktierte dem Markt ihre Preise. Übertriebene Gerüchte von schamlos vermögendem Adel und einer ungewöhnlich verelendeten Bauernschaft durchziehen die Reiseberichte aus Böhmen im 17. und 18. Jahrhundert wie ein roter Faden. Der sächsische Autor J. B. Küchelbecker fasste seine Eindrücke folgendermaßen zusammen: „Es ist dahero der Adel sehr reich, die Städte aber, wenn man Prag und wenige andere ausnimmt, sind in keinem sonderlichem Zustande. Am allerschlimmsten aber sind die Bauern und Unthertanen des Adels dran, welche nicht nur in der härtesten Leibeigenschaft leben, sondern auch in ihrer äußersten Armuth gemeiniglich auf das strengste tractiret werden. (Was Wunder, wenn dahero der unangenehme Ehren-Titel: Gestrenger Herr, in Böhmen so sehr gebräuchlich ist?)" Der französische Gelehrte und Benediktiner Casimir Freschot vermutet sogar, dass die harte Fron von den östlichen Völkern, konkret den „Moskowitern", Polen und Ungarn, nach Böhmen hineingetragen worden sei. Allzu große Härte gegenüber den Leibeigenen erscheint ihm jedoch überflüssig, sei doch die einheimische Bevölkerung Böhmens, genau wie die „übrigen Deutschen", schon lange zivilisiert.

Mögen die hier zitierten Autoren ihre Kenntnisse hauptsächlich der Lektüre oder aber flüchtigen Blicken aus dem Kutschfenster verdanken, ein Körnchen Wahrheit ist in ihren Betrachtungen enthalten. Die bedrückende Stellung der Bauern führte sporadisch zu gewalttätiger Gegenwehr, wodurch sich der kaiserliche Hof veranlasst sah in die „privaten" Beziehungen zwischen Obrigkeit und Hörigen einzugreifen. Dass sich das „patriotische" Missfallen der böhmischen Aristokratie am Wiener Merkantilismus aus eben jenen Quellen speiste, bedarf keiner besonderen Erwähnung. Die Pracht des barocken Prag, in dem herrliche Kirchen und pompöse Paläste wie eine Herausforderung an das kaiserliche Wien in den Himmel wuchsen, hat ihren Ursprung unter anderem hier. Der Reichtum des böhmischen Adels erschien vielen Zeitgenossen ebenso uferlos wie sein Selbstvertrauen. Noch zu Beginn der Aufklärung galt das Königreich Böhmen als „Paradies der Aristokratie", wie Baron von Pöllnitz es formulierte, und in der europäischen Oberschicht kursierten Gerüchte über die enormen Summen, welche die Černín, Lobkowitz und Schwarzenberg ohne mit der Wimper zu zucken ihrem stets bedürftigen Kaiser vorstreckten. Der zeitgenössische Aphorismus von den reichen Adligen und ihrem armen Herrscher war hier völlig zutreffend. Und auch wenn viele Magnaten behaupteten, dass an Böhmen als politischer Nation noch immer der Fluch der „abscheulichen Rebellion" hafte, hinderte sie nichts daran sich der höchsten politischen Ämter zu bemächtigen. Böhmische Aristokraten wie Reichsgraf Johann Hartwig von Nostitz oder Franz Ulrich Graf Kinský beteiligten sich unter Leopold I. aktiv daran, „den Ungarn böhmische Hosen anzuziehen"; Johann Graf Wratislaw von Mitrowitz wiederum, der bedeutendste Diplomat böhmischer Herkunft seiner Zeit und ein treuer Verbündeter Prinz Eugens von Savoyen, führte nach der Schlacht bei Höchstädt 1704 im besetzten Bayern die habsburgische Okkupationsverwaltung ein. Spekulationen darüber, dass die angeblich immer unzufriedenen Böhmen ihr Land der französisch-bayerischen Armee sicher gerne geöffnet hätten, um ihr so die Vereinigung mit Rákoczys „Malkontenten", Unzufriedenen, in Ungarn zu ermöglichen, blieben im Reich der frommen Wünsche. „Mit nicht geringerer Verwunderung konnte man sehen", so zu jener Zeit in einem französischen Bericht zu lesen, „wie derselbe Kurfürst [Max Emanuel von Bayern] nach seinem ersten Schlag gegen General Schlick und insbesondere nach der Eroberung Passaus die Eroberung des Reiches verabsäumte, wo ihn die

unzufriedenen Nationen höchstwahrscheinlich mit offenen Armen empfangen hätten, und wo er eine entscheidende Spaltung hätte bewirken, den unzufriedenen Ungarn die Hand reichen und so den Kaiser in höchsten Maße bedrohen können". Nun, die Überlegungen des anonymen Autors bewegen sich außerhalb jeglicher Realität.

Eine weitere Quelle, aus der sich der katholische Barock-Patriotismus in Böhmen speiste, war gerade die militärische Tapferkeit, mit der sich die Böhmen den Feinden des habsburgischen Hauses entgegenstellten. Zweimal in der Epoche des Barock sahen sich die böhmischen Länder durch die osmanische Expansion unmittelbar bedroht. Zunächst in den Jahren 1663 und 1664, als die Türken nach der Eroberung der strategischen Festung Neuhäusel in Mähren einfielen, und dann im Schicksalsjahr 1683, als die Armeen des Großwesirs Stellung vor Wien bezogen. Der Aufruf zu einem gemeinsamen Kampf der Christenheit gegen die Osmanen war Teil des kulturellen Erbes, das die „neue" Intelligenz des Barock von ihren protestantischen Vorgängern übernommen hatte. Hinzugekommen waren freilich die marianische Frömmigkeit, die Verehrung der Landespatrone und sonstige Elemente gegenreformatorischer Religiosität. In seinem Ucalegon (1663) weist der Barockpatriot Tomáš Pešina z Čechorodu seine Zeitgenossen auf die islamische Bedrohung hin, die unmittelbar vor den Toren Europas stehe. Als dann eine vereinte christliche Armee Wien zwanzig Jahre später befreit, feiert Tobias Johannes Becker, Kanoniker bei St. Veit, diesen Sieg mit einem emblematischen Lob Böhmens als einem vorgeschobenem Bollwerk der Christenheit: „Ungarn war hin, Oesterreich zerschleiffet; Steyermarck gefangen: Wälschland war offen; Mähren hatte den Feind: Schlesien war gesperret: Böhmen war das Gräntz-Hauß..." Über den anderen „Erbfeind", den französischen König, äußerte sich die prohabsburgische Publizistik zwar höflicher als über den „heidnischen Hund", doch war der Tenor derselbe. Im Jahr 1689 wurde ganz Böhmen geradezu von einer Welle antifranzösischer Hysterie erfasst. Damals, in den Zeiten des Pfälzischen Kriegs, zogen die Agenten des Kriegsministers Louvoise durchs Land und legten in den Städten verheerende Brände. Kein Wunder, wenn die allgemeine Vorstellung von Frankreich und seinen Bewohnern im barocken Böhmen nicht gerade günstig war. Am Wiener Hof übrigens war bis zum Tod Leopolds I. (1705) Französisch als Verhandlungssprache nicht zugelassen.

Schon Zdeněk Kalista, der große Vorreiter in der Forschung zum böhmischen Barock, zeigte sich erstaunt über das mangelnde Interesse der Historiker für die Verflechtung der eigenen Landesgeschichte mit der „großen" gesamteuropäischen Geschichte, „als wären Ereignisse, wie die Türkenkriege, die Kriege mit Ludwig XIV. und ähnliches für die böhmische Nation ohne Bedeutung gewesen, als hätte ein Einwohner Böhmens im 17. bzw. zu Beginn des 18. Jahrhunderts daran kein Interesse gehabt, zumindest kein anderes als ein in Ketten liegender Galeerensklave, dessen Schiff von einem Gewittersturm erfasst wird." Offen gesagt, wissen wir über das politische Denken der böhmischen Gesellschaft im Barock noch immer sehr wenig. Zwar sind sowohl „gelehrte" wie publizistische Stellungnahmen zu dem Thema bekannt und auch die reichhaltige ikonografische Überlieferung lässt sich deuten, doch fehlen ausreichende Kenntnisse darüber, wie die oft enthusiastischen Proklamationen, die begeisterten Landespatriotismus mit ebenso eiferndem dynastischen Fühlen und flammendem Katholizismus verbanden, konkret auf die Gesellschaft gewirkt und welche Folgen sie gezeitigt haben. Zudem stammen alle greifbaren Quellen aus dem Umfeld der gesellschaftlichen Eliten, der Aristokratie und dem höherem Klerus; die gebildetere bürgerliche Schicht ist hier nur hin und wieder vertreten. Man kann also nur vermuten, dass der breit gefasste Entwurf von einer „engeren" und einer „weiteren" Heimat, über die himmlische Beschützer des Landes und der Dynastie in zahlreicher Schar ihre Hand halten, den Angehörigen der „niedrigeren" Schichten in erster Linie von der Kanzel aus eingeimpft wurde.

Die Rolle des katholischen Klerus in der Entwicklung der Barockkultur in Böhmen erweist sich als unersetzlich. Gleichzeitig jedoch sorgte gerade diese Gesellschaftsgruppe für eine gewisse Eintönigkeit des Ausdrucks, wie insbesondere eine Analyse der zeitgenössischen geistlichen Textproduktion verdeutlicht. Die „neue" katholische Intelligenz füllte zu einem erheblichen Maß jene Lücke in der Gesellschaft, die im Zuge der Auswanderung weiter Teile der „alten" protestantischen Elite nach der Schlacht am Weißen Berg entstanden war. Einige stereotype Denkmuster, so die allgemein verbreiteten Ansichten zu Heimat und Sprache, wurden von den Katholiken unverändert übernommen. Neu war der Entwurf eines eigenen historischen Konzepts, das auf der Vorstellung von der „Ursprünglichkeit" des katholischen Glaubens in Böhmen basierte. Dennoch

hatten über zwei Jahrunderte hin Feinde aus dem Ausland die hussitischen, brüdergemeindlichen und lutherischen Reformen nach Böhmen hineingetragen und den Samen gesät, aus dem die „abscheuliche Rebellion" von 1618 hervorgegangen war. Doch der Sieg Habsburgs auf dem Weißen Berg – den man der wundertätigen Assistenz der göttlichen Jungfrau zuschrieb – ebnete den Weg für eine „Korrektur der Verhältnisse". Ihr bis ins kleinste Detail ausgearbeitetes Konzept untermauerten die katholischen Bildungspatrioten des 17. Jahrhunderts mit einer Fülle hagio- und historiografischer Argumente. Für die gesamte böhmische Kultur des Barock ist das Selbstverständnis aus der historischen Tradition charakteristisch. Dieser Historismus erklärt auch ein scheinbares Paradox: Der fremde, ja feindliche Stil, auf den Lanzen der siegreichen Armee als Zeichen des Triumphes ins Land hineingetragen, wandelt sich innerhalb eines Jahrhunderts zu einem Attribut der Heimat. Bestimmende Koordinaten des böhmischen Lebens sind bis heute die sich in der Landschaft erhebenden Silhouetten der barocken Kirchen, die Mariensäulen auf den Stadtplätzen und die Statuen des verschwiegenen Landespatrons Johannes von Nepomuk auf den Brücken.

Von dieser Warte aus können wir eine Antwort auf Allans Frage in Miloš Martens philosophischem Dialog wagen: weder Katastrophe noch katholisches Paradies auf Erden. Der Barock ist normaler Bestandteil der böhmischen Vergangenheit und umso wichtiger, als wir begreifen, dass sich von ihm aus eine Pforte zur eigenen Gegenwart öffnet.

Literatur
Čornějová 1993; Hojda 2004; Hojda/Vlnas 2001; Petráň 1993, S. 141–162; Vlnas 2001; Rak 1994; Seibt 1978; Zand/Holý 1999; Válka 1978; Vlnas 2002

Vít Vlnas

„České baroko" a jeho obraz v historické tradici

„Krev a slzy namíchány jsou do malty, která spájí kameny v smělých klenbách jesuitských chrámů a šlechtických paláců, karyatidy nesoucí na krásně ohnutých plecích tíhu portálů a vzlet balkonů, mají mimoděk vepsánu v rysích bolest poddaného lidu, jehož práce a poslušnost hradí výlohy panského lesku, ano, odvážil bych se říci, že do základů velkolepé barokní Prahy zazděn byl osud celého pokořeného národa: chápeme již, proč se na nás barokový genius loci dívá maskou tragickou?"

Na slovech literárního historika Arne Nováka není dvakrát patrné, že esej Praha barokní (1915), z něhož citát pochází, byl svého času průkopnickým dílem, které pomáhalo otevírat nové pohledy na fenomén českého baroka. Přestože se literární moderna s gustem vysmívala ideologické veteši a zplanělému historismu obrození, nedokázala ani ona uchopit umělecká díla minulosti jinak než skrze jejich (domnělý) morální náboj, prostřednictvím nově utvářených příběhů. U košatých interpretací barokní architektury se tato skutečnost obrazila zvláště zřetelně. Starší generace ji buď ignorovaly nebo bagatelizovaly pro její „ohyzdnost". Nastupující modernisté jsou naopak vnímaví k jejím půvabům a rozumějí i bytostnému sepětí barokních staveb s panoramatem české krajiny a s vnitřním organismem českých měst. O to více je však provokuje triumf „protireformačního" umění tváří v tvář souběžnému „úpadku" národa. Aby vyložili smysl tohoto jevu, uchylují se – opět po vzoru svých předků – ke kategoriím povýtce literárním. Zůstaneme-li u tématu pražského architektonického baroka, pak následující úryvek z úvah Švýcara Williama Rittera (1895) můžeme chápat přímo jako modelový: „Zdá se mi, že ohromné triumfální chrámy katolické reakce za Ferdinanda II. mají v rozprostřenosti své zlacené pompy a v překypění svého barokního přepychu cosi nuceného, cosi deklamačního, co nenalézám jinde, ani v Itálii, na náboženských budovách z téže doby. Šlo zde o to přesvědčit za každou cenu; i hmotné prostředky zde padaly na váhu. Bylo třeba oslepit, omámit, překvapit, aby se tento lid, někdy mučedník svých vlastních omylů, jak doznávám, ale ne vždy svých omylů, vymanil z půlnočního útlaku krvavého útisku a aby si omyl oči zpustošené řeží na Staroměstském náměstí. I kláštery mají zde vzhled zoufalý, sveřepý, věznitelský, skoro útočný samým defenzivním střehem, vzhled, jenž překvapí a úží dech." Již půlstoletí před Ritterem nacházel „husitské" jádro pod barokními fasádami Prahy severoněmecký autor F. G. Kühne: „Těch sto věží, jež zde strmí do výše, sotva ještě ví, ve změti městské architektury, jakého ducha dětmi jsou: kostely s husitskými klíny špicí a zbrojnými přilbami vysílají římské modlitby k nebesům." A romantik Friedrich Heinse se zase už roku 1834 domníval, že socha sv. Vojtěcha, misionáře Prusů, na pražském Karlově mostě, „obrací se posunkem skoro hrozebným k Wittembergu."

Přelomový charakter Novákovy Prahy barokní ovšem netkvěl v ahistorickém podsouvání morálních významů, nýbrž v nové interpretaci baroka pro spisovatelovu současnost. Starší interpreti dále hleděli na „jezuitské" umění jako na cizí import, doklad nepochopení domácích uměleckých tradic, výtvarnou perverzi a vposledku i symbol národního úpadku. „Co ušetřily válečné bouře a požáry po tolik věků, cizozemec do Čech přistěhovalý posléze zkazil, a za tu zkázu dal si hojně platiti. Vlaši zvaní a nezvaní přicházeli k nám v době největší poroby národa Českého a pokazili k nepoznání značnou část českých památníků a znamenitých kostelů z XII., XIII. a XIV. věku. Přestavovali a dle svého vkusu ozdobovali přesným slohem vystavěné kostely a znetvořili je navždy. (...) Bylo to v době obecně panující převrhlé renaissance, slohu parukového a copařského." Takto expresivně popisoval dílo baroka v Čechách ještě roku 1905 P. Ferdinand Lehner. Za povšimnutí zde stojí mimo jiné fakt, že tento katolický duchovní zcela samozřejmě označuje období katolické obnovy po Bílé hoře za „dobu největší poroby národa Českého". Paradox, jenž nás zdánlivě vrací nazpět kamsi do časů raného národního obrození, kdy si čeští vlastenečtí faráři nad psací stůl věšeli obrázek Jana Žižky hned vedle Panny Marie. Skutečnost je ovšem složitější a vyžaduje si hlubší exkurs do nánosu stereotypů, jež se kolem „copařského a parukového" umění nashromáždily během 19. století. Obrozence, kteří osou svého národního snažení zcela programově učinili jazyk a literaturu, na barokní době nejvíce děsilo údajně programové ničení (českých) knih a s ním spojovaný domnělý úpadek češtiny v 17. a 18. století. „Poněvadž byla přijata zásada, že všechna česká díla, složená mezi léty 1414–1635, mohla by být nepravověrná, není divu, když misionář, který příliš nerozlišoval takové množství knih, házel do ohně šmahem všechny české knihy", charakterizoval historik a politik František Palacký lapidárně (a ovšem mylně) tuto nejméně přijatelnou tvář protireformace. Lingvocentrismus národního obrození si nadlouho vystačil s těmito hrůznými představami, od nichž přirozeně odvozoval legitimitu svých vlastních filologických snah a jež mu pomáhaly konstruovat svébytný svět vlastních představ a tužeb.

Charakteristické je, že tento jazykově český mikrosvět dlouho nepociťoval potřebu interpretačně si přivlastnit výtvarnou minulost země. I poté se ale dějiny veškeré tvorby ještě dlouho poměřovaly výhradně literárním a filologickým metrem. Tradiční momenty vrcholů a úpadků řeči a písemnictví se tak kryly s epochami vzestupů a pádů domácího výtvarného umění. Baroko mohlo podle této šablony v očích národnostně zaujatých autorů stěží doznat uznání. Jen tradiční roli Němců jakožto dědičných národních nepřátel přejali v tomto příběhu o těžkých protivenstvích českého umění Italové. K tradičním pejorativním adjektivům „copařského", „parukového" a „jezuitského" slohu záhy přibyla vysloveně negativní charakteristika baroka jakožto „italského stylu". Jde o evidentní (ovšem nadlouho také o jedinou) odchylku vlasteneckého dějezpytu umění od vševládného filologického konceptu: v jungmannovském obrozeneckém myšlení totiž byla italština naopak vysoce hodnocena jakožto kulturní dědictví antiky.

V prvním uceleném ideovém nástinu dějin výtvarného umění v Čechách z pera Karla Vladislava Zapa (1862; předchozí pokusy začaly a také skončily středověkem) se tudíž dočteme, že Bílá hora znamenala konec samostatnosti české i na poli výtvarného umění: „národ se stal pouhým přidavačem Italiánů". Jestliže pro Lehnera znamenali Vlaši především prznitele národních památek románských a gotických, pak u Zapa vystupují především v úloze ničitelů domácí renesance. Ušlechtilý sloh 16. věku se postupně „kazil a jalověl", paruky a copy se pak objevují doslova na každém kroku. Zapovy názory, psané z pozic obhajoby domněle autentického národního slohu proti „přivandrovalým" cizincům, dovolují pochopit Lehnerovu představu o architektonickém baroku jakožto italské lekci „převrhlé renaissance". Ještě že Vlachové nekonali své děsivé dílo „ze zlomyslnosti, nýbrž z nevědomosti". Zap přitom díky ranému německému překladu své statě ovlivnil pohled na české baroko i mimo jazykově české prostředí.

I když se národní pracovníci z řad římského kléru po roce 1848 v Čechách (na Moravě byla situace odlišná) stále více rozcházeli s většinovým proudem vlastenecké společnosti pokud šlo o hodnocení husitství, sdíleli s ním i nadále vysoké mínění o gotickém středověku, zvláště pak o epoše vlády Karla IV. Ve sféře církevní praxe pak duchovenstvo tíhlo ke gotice naprosto jednoznačně. Pohled katolických kruhů druhé poloviny 19. století na kvality barokní sakrální architektury lze ilustrovat například statí pilného církevního topografa Františka Eckerta věnovanou chrámu sv. Petra a Pavla na pražském Vyšehradě. Poté co vylíčil starší dějiny svatyně, líčí autor s nevolí, kterak kapitulní děkan Jan Václav Ditrich z Lilienthalu „dal sešlou stavbu v letech 1723 až 1729 přestavěti copovými tvary, zejména zděláno nynější průčelí a okna v bočních kaplích dostala neslohovou úpravu (...)". Ekert pak hořce vyčísluje historické škody, k nimž došlo při barokní přestavbě (zničení náhrobníků) a podivuje se marnivosti, s níž se dal děkan Ditrich oslavit pamětním nápisem jakožto druhý zakladatel chrámu. „Větším právem bude moci slouti třetím zakladatelem nynější probošt Václav Štulc. Zanícen jsa touhou po zvelebení Vyšehradu, rozhodl se chrám ss. Petra a Pavla s přispěním kapitoly úplně přestavěti slohem gothickým, aby chrám ten byl důstojným představitelem velkolepé minulosti své i ozdobou Prahy." Z tohoto exkursu je snad dostatečně patrné, v čem spočívá

hlavní přínos Prahy barokní. Arne Novák chápe krev a pot zotročeného lidu jako živnou půdu, z níž vyklíčilo umění, které posléze hluboko vrostlo do domácí půdy. Ba co více, historické oběti podle něj opravňují novodobý český národ, aby si přisvojil veškerou barokní krásu právem morálního vítěze. „Tak posléze svrchovaná a tvrdá duše barokní byla ovládnuta. A paradox všech paradoxů: duchový výraz i materiální výtvor Vlachů, Španělů a Němců podřízen byl vyšší skutečnosti, jakou jest historická jednota města Prahy, – a ta patří nám Čechům."

Dva roky po Praze barokní (1917) vydal spisovatel Miloš Marten slavný filosofický dialog Nad městem, jenž svého času významně ovlivnil dobové diskuse o „smyslu českých dějin". Čech Michal a Francouz Allan tu rozmlouvají o dějinném údělu, který každý z nich nahlíží pod jiným zorným úhlem. Samozřejmě, že také Marten vychází stále z kategorií povýtce literárních. „Řekl jsem vám tuším kteréhosi dne, že jsem pochopil teprve zcela Bossueta zde, na vaší terase: obnovenou gotiku protireformace," říká jeho Allan, jenž spatřuje „celé drama latinského ducha zaklété v kráse, která od smavého záhonu tří kostelů před Karlovým mostem alejí jeho soch se pne k obrovské zelené růži Svatého Mikuláše". Michal namítá, že ani tento svrchovaný půvab nemůže zastřít a nahradit životní energii, kterou jeho národu podťal triumfující protireformační katolicismus. „Slyšel jsem vás nazývati národem historiků," odpovídá Francouz. „Divno: nevstoupilo na mysl nikomu z nich - ani jako experiment -, aby promyslil v tomto světle, co je vám katastrofou?" Spor zůstává nerozhodnut, shodu naleznou oba diskutující pouze v názorech na to, co má přijít. Dialog vrcholí symbolickým obrazem: barokní archanděl z nároží Toskánského paláce na hradčanském návrší vysoko nad Prahou se jako blesk řítí z výše do „bílého moře letního jitra". Stojí tady od věků jako „hrozba ďáblům" i jako „slib a naděje uvězněné duše". Avšak povědomí o tom, že proklínaná a zavrhovaná doba „temna" současně přinesla do Čech velké umění a kulturu, svým významem daleko přesahující hranice země, už z českého historického uvažování nevymizelo nikdy.

Na okřídlenou otázku Martenova francouzského hrdiny „co je vám katastrofou?" měli Čechové po mnoho generací pohotovou a jednoznačnou odpověď. Katastrofou pro ně byl již samotný prolog barokní éry, události stavovského povstání let 1618-1620, završené osudnou bitvou na Bílé hoře poblíž Prahy. Evangelický spisovatel Pavel Stránský, jenž se svými v exilu psanými díly nostalgicky vracel k „předbělohorské" slávě Českého království, označil onen neblahý prolog třicetileté války za „bránu a příčinu všech našich běd". Liberalismus českých politiků 19. století mu dal za pravdu. Mýtus Bílé hory, symbolu poroby a „třistaletého úpění" českého národa, patří dodnes ke konstitutivním prvkům kolektivního historického povědomí. Není snad dějinného příkoří, které by nebylo odvozováno od osudné bitvy: Bílá hora je považována nejen za „konec české samostatnosti" a za „hrob národa", ale též za počátek mravního úpadku Čechů a nacionálního, jakož i jazykového útlaku. Mýtus Bílé hory vzrušoval od časů romantismu i mnohé senzitivní cizince. Takto Caroline de la Motte-Fouqué vzpomínala na večerní příjezd do Prahy po drážďanské silnici (1822): „To zde, volali jsme na sebe z obou vozů, je dojista Bílá hora! Zde padli neblazí protestanti! Zde je to místo, na němž se rozhodlo, že Čechy mají zůstat katolické! Bojiště! – Nikdo na to nepomyslí bez hrůzy!"

O co ve skutečnosti šlo? Vzpourou (převážně) nekatolických stavů proti habsburské vládě, velmi stručně řečeno, vyvrcholily dlouholeté rozpory mezi českou stavovskou reprezentací s jejím pojetím dualitní moci (imperium mixtum) na jedné, a centralizačními snahami vládnoucí habsburské dynastie na druhé straně. Nešlo o proces nijak ojedinělý: podobný spor se v různých formách vedl souběžně v řadě evropských zemí. Vzhledem k výbušné mezinárodní situaci zapůsobilo české povstání jako pochodeň přiložená k sudu se střelným prachem: konflikt prohabsburského - katolického tábora s evangelickým blokem přerostl velmi záhy ve vleklou sérii vojenských střetnutí, která měla vstoupit do dějin jako třicetiletá válka. Bitva na Bílé hoře (8. listopadu 1620) nepatřila k nejvýznamnějším ani nejkrvavějším střetnutím této války. Pro české dějiny se však tato ozbrojená srážka mezi českým stavovským vojskem spojeným s oddíly protestantské Unie na jedné a armádou císaře Ferdinanda II. a jeho spojenců z katolické Ligy (na prvním místě bavorského vévody Maxmiliána) na druhé straně stala osudovým emblémem. Předznamenala vydání Prahy do rukou Habsburků a byla předehrou exemplární popravy sedmadvaceti vůdců českého povstání, k níž došlo v červnu 1621. Následovaly rozsáhlé konfiskace majetku provinilců a nucený odchod tisíců nekatolíků do ciziny. Nová zemská ústava, Obnovené zřízení zemské z roku 1627 (pro Moravu 1628), posílila významně pravomoci ústřední habsburské vlády v neprospěch stavovských institucí. Stavy byly napříště zbaveny svého nejdůležitějšího nástroje politického nátlaku na dynastii, neboť nástupnictví na českém trůně se stávalo v habsburském rodě dědičným.

Střízlivě vzato, neznamenaly události po roce 1618 ani konec stavovského systému, ani zánik svébytného postavení zemí Koruny české v rámci dunajské monarchie - obojí přinesly teprve reformy osvícenského absolutismu v 18. století. Kultura a společnost, které vzešly v Čechách z převratů třicetileté války, nebyly ani lepší ani horší nežli kultura a společnost před Bílou horou: byly prostě ve většině srovnatelných kritérií jiné. Už střízlivější současníci dospěli k rezervovanému konstatování, že důvodem porážky stavovské rebelie nebyla ani tak politická genialita domu rakouského, jako spíše improvizovanost české politiky a nedostatečná podpora ze strany jejích zahraničních spojenců. Nejslavnější z českých pobělohorských emigrantů, myslitel a pedagog Jan Amos Komenský (Comenius), viděl příčinu katastrofy v osudném zpolitizování velkého zápasu, který se původně měl vést čistě o Boží pravdu.

Konec války přivítala roku 1648 v Čechách už z velké části „jiná" společnost, než byla ta, která se o třicet let dříve stala svědkem výbuchu stavovské rebelie. Počet obyvatel země se snížil zhruba o třetinu. Tři vlny majetkových kon-

fiskací otřásly dosavadními ekonomickými a vnitropolitickými poměry. Emigrace nekatolíků znamenala částečnou ztrátu společenské elity, neboť mezi vystěhovalci byli mnozí příslušníci městského patriciátu a drobné šlechty, tvořící páteř humanistické vzdělanosti. Sociální a politické proměny, k nimž došlo v důsledku porážky povstání a během třicetileté války, zvýšily množství i význam nově příchozích členů zemské stavovské obce, tedy „cizinců", vůči nimž bylo české prostředí tradičně spíše nedůvěřivé. Aristokraté z Itálie, Německa, Španělska či Irska si s sebou přinášeli osobitý životní styl a specifickou kulturu. Zásadní změnu znamenala důsledná náboženská „obnova". Království, jehož obyvatelé se původně ze tří čtvrtin hlásili k evangelickým konfesím, se stalo během dvou generací alespoň navenek příkladně katolickou zemí. Ódium ultrakatolické barokní enklávy si Čechy uchovávaly (navzdory všem „husitským" reminiscencím) hluboko do 19. století, jak patrno především z relací protestantských cestovatelů. „Praha je, zdá se, nejmodlářštější město v celém katolickém křesťanstvu. Tady jsem poprvé spatřil, co znamená katolicismus, neboť tady jsou mniši a kostely," referoval lakonicky okolo roku 1830 Švéd Carl August Hagberg. Takto pak vzpomínal na svou pražskou cestu podniknutou v létě roku 1844 norský historik Andreas Munch: „Ačkoli sotvakterá země byla poměrně tak úrodná kacíři a rozkolníky jako Čechy, pozorujeme přec na pouti od saských hranic do Prahy, že země nyní, alespoň navenek, má ráz arcikatolický. Sotva přejdeme přes hranice u Hřenska, už svatý Vojtěch v obrovské velikosti vztahuje ze skály nad Labe žehnající ruku, a odtud počínajíc kupí se mariánské obrazy, sošky svatých a kříže podél cesty znepokojivou měrou, až blízko Prahy a v ní jsme téměř udoláni svatým Nepomukem, který na nás zírá, často namalován nejkřiklavějšími barvami, z každého štítu, z každého mostního sloupu, z každého kouta a ulice." Tou dobou už ale mezi Čechy platilo za nejkatoličtější zemi střední Evropy – sousední Bavorsko.

Některé historické jevy spojované s barokním „temnem" můžeme ve skutečnosti kontinuálně sledovat už od 16. století, navíc nejde ani o aspekty specificky „české". Patří sem kupříkladu trvalé snižování počtu příslušníků nižší šlechty a scelování pozemkových držav do rozsáhlejších rodových dominií. Ani „konfesijní absolutismus", uskutečňovaný pod praporem vždy věrně katolického domu habsburského, nebyl pouze českým specifikem. Ve svém důsledku šlo o akt více politický nežli náboženský. Katolická církev nemohla obnovit svou organizační strukturu (rozvrácenou již za husitských válek) ani svůj politický vliv jinak než s pomocí státu. Daň za toto účelové spojení „trůnu a oltáře", jež vyvrcholilo ve stupidním klerikalismu 19. století, se splácí ještě dnes. Češi jsou v současnosti podle statistik nábožensky nejvlažnějšími křesťany v Evropě.

„Barokní" století mezi třicetiletou válkou a nástupem osvícenských reforem bylo pro Čechy objektivně vzato epochou příznivou. Po více než devět desetiletí nevstoupila na české území noha nepřátelského vojáka. V polovině 17. století začal proces trvalého populačního růstu, který nezastavily ani řídké morové epidemie (poslední v letech 1713–1715). Děsivé hladomory a sociální nepokoje, které zasáhly například v posledním desetiletí 17. století Francii, se Čechám vesměs vyhýbaly. Prudký rozvoj manufakturní výroby, zejména textilní a sklářské, zpětně působil na rozvoj agrárních oblastí, jež zásobovaly potravinami pohraniční „protoindustriální" centra. Rubem této podnikatelské prosperity bylo na mnoha místech zhoršující se postavení poddaných. Šlechtický velkostatek využíval nedostatku pracovních sil, snažil se připoutávat poddané k půdě a zvyšovat jejich robotní povinnosti. Následně pak vrchnost diktovala trhu vlastní monopolní ceny. Zveličené pověsti o nestydatě majetné šlechtě a mimořádně zbídačeném rolnictvu v Čechách procházejí jako červená nit cestopisnou literaturou 17. a 18. věku. Saský autor J. B. Küchelbecker shrnul své dojmy následovně: „Šlechta je zde velmi bohatá. Města, s výjimkou Prahy a několika dalších, se však nenacházejí v nijak vynikajícím stavu. Nejhůře ze všech na tom jsou ale sedláci a poddaní zdejší šlechty. Nejen že žijí v nejtvrdším člověčenství, ale též jejich vnějšková bída se obecně považuje za nejhlubší." Učený francouzský benediktin Casimir Freschot se dokonce domníval, že tuhé nevolnictví zanesly do Čech východní národy, konkrétně „Moskvané", Poláci a Uhři. Přehnaná tvrdost vůči poddaným je však podle něj zbytečná, neboť domorodci v Čechách jsou prý už dávno civilizovaní stejně jako „ostatní Němci".

Přestože citovaní autoři získávali své znalosti povětšině četbou a letmými pohledy z okna dostavníku, střípek pravdy na jejich úvahách byl. Tíživé postavení sedláků ústilo ve sporadické výbuchy odporu a násilí, jež nutily císařský dvůr postupně intervenovat do „soukromých" vztahů mezi vrchnostmi a poddanými. Že se z těchto zdrojů napájela „vlastenecká" nelibost českých aristokratů vůči vídeňským merkantilistům, není třeba dodávat. Barokní nádhera Prahy, v níž vyrůstaly nádherné chrámy a okázalé paláce jako výzva imperiální Vídni, má svůj počátek mimo jiné právě tady. Bohatství zdejší šlechty se mnohým současníkům jevilo stejně bezbřehé jako její sebevědomí. Ještě na počátku osvícenské éry platilo Království české za „ráj aristokracie" (výraz barona von Pöllnitz) a mezi evropskou smetánkou kolovaly zvěsti o úžasných částkách, jež Černínové, Lobkovicové a Schwarzenbergové bez mrknutí oka půjčovali svému věčně potřebnému císaři. Dobový aforismus o bohatých šlechticích a jejich chudém panovníkovi zde nijak nelhal. I když mnozí velmoži tvrdili, že na českém politickém národě stále lpí prokletí „ohavné rebelie", nijak jim to nebránilo v pronikání do nejvyšších politických funkcí. Čeští aristokraté (Jan Hartvík z Nostitz, František Oldřich Kinský) aktivně pomáhali za vlády Leopolda I. „oblékat Uhry do českých kalhot". Nejvýznamnější z „barokních" diplomatů českého původu a věrný spojenec prince Eugena Savojského, hrabě Jan Václav Wratislaw z Mitrovic, pro změnu zaváděl habsburskou okupační administrativu v obsazeném Bavorsku po bitvě u Höchstädtu roku 1704. Spekulace o tom, že by údajně věčně nespokojení Čechové otevřeli svou zemi francouzsko-bavorské armádě a umožnili jí spojit se

s Rákoczyho malkontenty v Uhrách, zůstaly jen v rovině zbožných přání. „S nemenším údivem se pak vidělo," čteme v jisté dobové francouzské relaci, „jak týž kurfiřt [Max Emanuel Bavorský] po své první ráně proti generálu Schlickovi a zejména po dobytí Pasova opominul dobýti říše, kde by jej nespokojení národové byli podle všeho přijali s otevřenou náručí a kde by byl mohl způsobit rozhodující rozkol a podat ruku nespokojencům v Uhrách a tak nejvyšší měrou ohroziti císaře." Nuže, anonymní autor této zprávy byl ve svých úvahách zcela mimo realitu.

Dalším zřídlem, z něhož se napájelo katolicky české barokní vlastenectví, byla právě vojenská zdatnost Čechů tváří v tvář nepřátelům domu habsburského. Dvakrát se české země v období baroka ocitly v bezprostředním ohrožení osmanskou expanzí. Poprvé v letech 1663 a 1664, kdy Turci dobyli strategickou pevnost Nové Zámky a vpadli na Moravu, znovu pak osudného léta 1683, když vojska velkého vezíra stanula před Vídní. Výzva ke společnému boji křesťanstva proti Osmanům byla součástí myšlenkového dědictví, které „nová" barokní katolická inteligence převzala od svých protestantských předchůdců. Nově sem ovšem zařadila motivy mariánské zbožnosti, úcty k zemským patronům a další prvky protireformační religiozity. V časovém spise Ucalegon (1663) upozorňuje barokní patriot Tomáš Pešina z Čechorodu své současníky na islámské nebezpečí, jež stojí přímo v branách Evropy. Když pak spojená křesťanská armáda o dvacet let později osvobodila Vídeň, oslavil svatovítský kanovník Tobias Johannes Becker toto vítězství emblematickou chválou Čech jako předsunutého valu křesťanství: „Uhry byly tytam, Rakousy rozervány, Štýrsko v okovech, Vlachy otevřené, Morava měla nepřítele před sebou, Slezsko bylo uzavřeno a Čechy tu stály jako dům na hranici…". O dalším „dědičném nepříteli", to jest francouzském králi, se prohabsburská publicistika vyjadřovala sice zdvořileji než o „pohanském psu", nicméně dikce byla táž. Skutečná vlna protifrancouzské hysterie otřásla Čechami v roce 1689. Tehdy, v čase falcké války procházeli zemí agenti ministra války Louvoise a zakládali ničivé požáry ve městech. Není divu, že obecná představa o Francii a jejích obyvatelích nebyla v barokních Čechách zrovna lichotivá. U vídeňského dvora nebyla ostatně až do smrti císaře Leopolda I. (1705) francouzština připuštěna jako jednací řeč.

Již Zdeněk Kalista, velký průkopník historického bádání o českém baroku, se podivoval nad nezájmem badatelů o vzájemné vztahy vnitřních dějin země a „velkých" dějin celoevropských: „jako by takové věci, jako byly války turecké, války s Ludvíkem XIV. a podobně, byly pro český národ bez významu, jako by neměl český člověk XVII., případně počínajícího XVIII. věku na nich žádného zájmu, nebo aspoň ne většího, než jaký má galejník na bouři, kymácející lodí, kde je přikován". Popravdě řečeno, o politickém myšlení české společnosti barokní doby víme stále dosti málo. Známe sice jak „učené", tak publicistické projevy na toto téma a dovedeme analyzovat bohatý ikonografický materiál, nicméně jsme stále nedostatečně informováni o konkrétním působení a společenském dopadu často zanícených proklamací, spojujících vřelé zemské vlastenectví s neméně horoucím dynastickým cítěním a plamenným katolicismem. Navíc všechny dostupné prameny pocházejí z prostředí společenských elit, aristokracie a vysokého kléru, k nimž se jen zřídka přidružuje vzdělanější měšťanstvo. Lze tedy pouze předpokládat, že široce koncipovaný obraz „užší" a „širší" vlasti, zastřešený početnými sbory nebeských ochránců země a dynastie, byl příslušníkům „nižších" vrstev vštěpován v prvé řadě prostřednictvím kazatelny.

Úloha katolického kléru pro rozvoj barokní kultury v Čechách se jeví jako nezastupitelná. Současně však právě tato společenská skupina zapříčinila jistou jednostrunnost výrazu, patrnou zvláště z funkčních rozborů dobové literární „kněžské" produkce. „Nová" katolická inteligence do značné míry vyplnila cézuru, která se ve společnosti otevřela odchodem podstatné části „staré" protestantské intelektuální elity do pobělohorského exilu. Některé myšlenkové stereotypy, například obecněji sdílené představy o vlasti a jazyku, převzali katolíci takřka beze změny. Nově si vytvořili vlastní historickou koncepci, postavenou na představě „původnosti" katolické víry v zemi. Po dvě století vnášeli nepřátelští cizinci do Čech husitské, bratrské a lutherské náboženské reformy a zaseli tak sémě zkázy, ze kterého povstala „ohavná rebelie" roku 1618. Vítězství Habsburků na Bílé hoře (přisuzované zázračné asistenci Panny Marie) pak otevřelo cestu k „nápravě" poměrů. Tuto představu, dovedenou do nejsubtilnějších detailů, zaštítili vlastenečtí katoličtí vzdělanci 17. století množstvím hagiografických i historiografických argumentů. Bytostný historismus je rysem charakteristickým pro celou českou barokní kulturu. Právě jeho prostřednictvím lze také vysvětlit zdánlivý paradox: cizí, ba nepřátelský sloh, vnesený do země jako výraz triumfu na kopích vítězné armády, se stal během jednoho staletí atributem domova. Souřadnice života v české zemi dodnes vytyčují siluety barokních chrámů v krajině, mariánské sloupy na náměstích měst a sochy mlčenlivého patrona Jana Nepomuckého na mostech.

Pod tímto zorným úhlem snad můžeme učinit i pokus o zodpovězení Allanovy otázky z Martenova filosofického dialogu: ani katastrofa, ale ani katolický ráj na zemi. Baroko bylo normální součástí české minulosti. Součástí o to důležitější, že ji chápeme jako cosi, co nutně otevírá bránu k naší vlastní současnosti.

Výběr z literatury
Čornejová 1993; Hojda 2004; Hojda/Vlnas 2001; Petráň 1993, S. 141–162; Vlnas 2001; Rak 1994; Seibt 1978; Zand/Holý 1999; Válka 1978; Vlnas 2002

Detlef Brandes

Deutsche und Tschechen, Bayern und Böhmen im 20. Jahrhundert

Drei Jahre nach der „samtenen Revolution" von 1989 schloss Deutschland mit der Tschechischen und Slowakischen Föderativen Republik einen Vertrag über „gute Nachbarschaft und freundschaftliche Zusammenarbeit", in dem auch die Vergangenheit e rwähnt wird. Dort ist sowohl von den „jahrhundertelangen fruchtbaren Traditionen gemeinsamer Geschichte" die Rede als auch von den „zahlreichen Opfer[n], die Gewaltherrschaft, Krieg und Vertreibung gefordert haben" und von „dem schweren Leid, das vielen unschuldigen Menschen zugefügt wurde".

Deutschland und die Tschechoslowakei bis 1937

Tschechen und Deutsche haben in den böhmischen Ländern auf dem Land und in Kleinstädten lange friedlich miteinander und nebeneinander gelebt. Erst in der Revolution von 1848 entwickelten sie gegensätzliche nationale Programme. Die tschechischen Politiker strebten nach der Föderalisierung der Habsburgermonarchie, in der die böhmischen Länder, das heißt Böhmen, Mähren und Österreichisch-Schlesien, eine Einheit bilden sollten. Die deutschböhmischen Politiker forderten dagegen eine Abgrenzung des deutschen vom tschechischen Siedlungsgebiet zumindest durch die Einrichtung deutscher Kreise. Beide Seiten gründeten nationale Verbände und Parteien, die alle Angehörigen der eigenen Sprachgruppe zu erfassen und durch den Auf- und Ausbau eines nationalen Bildungssystems vor „Entnationalisierung" zu schützen suchten. Um die deutsche bzw. tschechische Amtssprache wurde ein erbitterter Kleinkrieg geführt. Während in Böhmen alle Versuche zu einer umfassenden Einigung scheiterten, gelang es in Mähren 1905 einen Ausgleich auf der Basis der Personalautonomie zu vereinbaren.

Mit den Mitteln der Diplomatie und Propaganda sowie durch den Einsatz militärischer Freiwilligeneinheiten auf Seiten Frankreichs, Italiens und Russlands gelang es den tschechischen Exilpolitikern um Tomáš G. Masaryk und Edvard Beneš im Ersten Weltkrieg, die Entente-Mächte von der Zweckmäßigkeit der Gründung eines tschechoslowakischen Staates zu überzeugen, allerdings erst nach dem Ausscheiden Russlands aus der Entente und nach dem Scheitern separater Friedensverhandlungen mit Österreich-Ungarn. Ihre Hauptaufgabe sah die neue Staatsführung in den ersten Monaten darin, die Anerkennung der historischen Grenzen zwischen den böhmischen Ländern und den Nachbarstaaten zu erreichen. Die deutschen Abgeordneten aus den böhmischen Ländern proklamierten am 29.

und 30. Oktober 1918 in Wien die Bildung der Provinzen Deutsch-Böhmen in West- und Nordböhmen und Sudetenland, bestehend aus Schlesien und Nordmähren, sowie deren Anschluss an Österreich. Der österreichische Nationalausschuss akzeptierte den Anschluss am folgenden Tag und gab am 12. November seinerseits bekannt, dass Deutsch-Österreich Teil der deutschen Republik werden wolle. Inzwischen drangen tschechische Truppen in die deutsch-böhmischen Gebiete ein.

Auf der Pariser Friedenskonferenz 1919 entschieden sich die Großmächte dafür, an der alten Grenze der böhmischen Länder festzuhalten und damit auch die mehrheitlich deutsch besiedelten Gebiete der neuen Republik anzugliedern. Bündnisse der Tschechoslowakei mit Frankreich, Rumänien und Jugoslawien sollten die Grenzen gegenüber den Nachbarn sichern. Als sich Frankreich 1925 im Vertrag von Locarno seine Westgrenze von Deutschland garantieren ließ, aber hinnahm, dass seine östlichen Verbündeten Tschechoslowakei und Polen mit Schiedsverträgen abgespeist wurden, war das Vertrauen der Tschechoslowakei in ihre Schutzmacht erschüttert. Die tschechoslowakische Regierung verfolgte die außenpolitischen Schritte des deutschen Nachbarn mit Misstrauen, doch blieb Deutschland trotz einer Halbierung seines Anteils von 32 Prozent (1924) auf 16 Prozent (1937) der wichtigste Handelspartner der Tschechoslowakei.[1]

Nachdem Hitler 1933 die Macht übernommen und 1934 einen Nichtangriffspakt mit Polen abgeschlossen hatte, versuchte Frankreich ein „Ost-Locarno" zustande zu bringen, musste sich aber mit einem bescheidenen Ergebnis begnügen, nämlich mit je einem Beistandspakt Frankreichs und der Tschechoslowakei mit der Sowjetunion. Während Deutschland und Polen im November 1937 einen Minderheitenvertrag schlossen, erläuterte Hitler den Generälen und seinem Außenminister seine nächsten Ziele: den Anschluss Österreichs und die Zerschlagung der Tschechoslowakei. Zwei Wochen später bot ihm der Parteiführer Konrad Henlein die Sudetendeutsche Partei als fünfte Kolonne an.

Die deutsche Minderheit in der Tschechoslowakei bis 1933

Die Deutschen der böhmischen Länder, für die sich allmählich der Begriff „Sudetendeutsche" durchsetzte, gerieten durch die Pariser Grenzziehung in die Lage einer Minderheit, die über drei Millionen Personen umfasste. Wie die anderen Staaten Ostmittel- und Südosteuropas hatte sich die Tschechoslowakei zum Schutz ihrer Minderheiten verpflichten müssen. Einerseits formierte sich nun, was Roger Brubaker als typisch für viele Nationalitätenkonflikte bezeichnet, nämlich das Dreieck aus den „nationalen Minderheiten", „den nationalisierenden Staaten" und dem „nationalen Heimatstaat".[2] Auf der anderen Seite blieben viele Deutsche und Tschechen immun gegen die nationalistische Agitation: Sie pendelten zur Arbeit jenseits der Sprach- oder auch Staatsgrenze und verwendeten beide Sprachen je nach ihrem Gesprächspartner. Tschechische und deutsche Familien schickten ihre Kinder zum Schüleraustausch[3] und gemischtnationale Ehen wurden geschlossen.

Präsident Masaryk und alle tschechischen Parteien vertraten eine zentralistische Staatskonzeption. Die „Revolutionäre Nationalversammlung" verabschiedete im Februar 1920 eine Verfassung, die jedem Individuum gleiche Rechte, unabhängig von seiner Sprache, Rasse und Religion, versprach. Die deutschen Parteien kritisierten, dass sie nicht an der Ausarbeitung beteiligt worden waren. Wie in der Habsburgermonarchie forderten sie die Abgrenzung der mehrheitlich deutschsprachigen Randgebiete in so genannten Gauen. Im Parlament, in der Presse und in Eingaben an den Völkerbund beklagten sie sich über eine Benachteiligung bei der Bodenreform und der Bedienung der österreichischen Staatsanleihen, mangelnde Förderung der sudetendeutschen Konsumgüterindustrie, Entlassungen aus dem Staatsdienst nach nicht bestandenen Tschechisch-Prüfungen und wandten sich gegen den Aufbau tschechischer Minderheitenschulen in den deutschen Gebieten. Neuere Forschungen[4] haben gezeigt, dass die Beschwerden zwar zum Teil berechtigt waren, aber das Ausmaß der Benachteiligung der deutschen Minderheit weit übertrieben worden ist.

Die Sudetendeutschen verfügten über ein breites Spektrum von Verbänden und politischen Parteien. Wegen des Fehlens einer stabilen Wählerschaft und überzeugender ideologischer Klammern wetteiferten die bürgerlichen Parteien vor allem in der nationalen Programmatik. Nationale Vereine wie der Deutsche Kulturverband sowie die Bünde der Deutschen und die Turnvereine expandierten. Infolge des Verhältniswahlrechts waren die Deutschen seit 1920 in der Nationalversammlung entsprechend ihrem Anteil an der Bevölkerung vertreten. Zwei deutsche Parteien standen dem Staat auf Dauer negativ gegenüber, und zwar die Deutsche Nationalpartei (DNP) und die Deutsche Nationalsozialistische Arbeiterpartei (DNSAP). Die drei anderen größeren Parteien, nämlich die Deutsche Sozialdemokratische Arbeiterpartei (DSAP), die Deutsche Christlich-Soziale Volkspartei (DCSVP) und der Bund der Landwirte (BdL), begannen schon 1919, sich der neuen Lage anzupassen. Bei den Wahlen von 1925 – und auch 1929 – erhielten die drei zur Zusammenarbeit bereiten, „aktivistischen" Parteien rund drei Viertel der deutschen Stimmen. Seit 1926 beteiligten sich die Christlich-Sozialen und der Bund der Landwirte, seit 1929 auch die Deutschen Sozialdemokraten an der Regierung. Ihre Hoffnung, dadurch nationalpolitische Erfolge zu erzielen, wurde allerdings enttäuscht.

Der NS-Staat und die deutsche Minderheit 1933–1938

Nach der nationalsozialistischen Machtergreifung flohen politisch und rassisch Verfolgte aus Deutschland in die Tschechoslowakei, unter ihnen Politiker und Schriftsteller wie der Münchner Oskar Maria Graf.[5] Die Exilführung der SPD errichtete so genannte Grenzsekretariate auch an der Grenze zu Bayern, die für den Austausch von Informationen und Propagandaschriften mit den Genossen in der Heimat sowie für den Schmuggel von in der Tschechoslowakei hergestellter sozialdemokratischer Presse und Literatur sorgen sollten.[6] Dagegen weckte der Sieg Hitlers bei vielen Sudetendeutschen Hoffnungen auf den Anschluss an Deutschland. Als das Verbot der staatsfeindlichen DNP und der DNSAP bevorstand, gründete Konrad Henlein, Führer des Deutschen Turnverbands, die Sudetendeutsche Heimatfront, die sich 1935 in Sudetendeutsche Partei (SdP) umbenennen musste. Während der Weltwirtschaftskrise, die in der Tschechoslowakei später einsetzte als in Deutschland, war die Arbeitslosigkeit in den deutschen Grenzbezirken der Tschechoslowakei etwa doppelt so hoch wie im tschechischen Gebiet. Diese durch die Wirtschaftskrise und die veraltete Struktur der sudetendeutschen Industrie bedingte Arbeitslosigkeit interpretierte die SdP als bewusste nationale Benachteiligung durch die Regierung. Als das Deutsche Reich infolge der Aufrüstung einen wirtschaftlichen Aufschwung erlebte und Arbeitskräfte suchte, pendelten Zehntausende Sudetendeutsche zur Arbeit nach Bayern und Sachsen, mussten allerdings vor der Arbeitsaufnahme den Mitgliedsausweis der SdP vorweisen. In Hof drohte die Polizei sogar zwei jungen Sudetendeutschen mit der Ausweisung, wenn ihr Vater seine Kandidatur für die DSAP nicht zurückziehe.[7]

Die Wahlen von 1935 brachten der SdP 62 bis 63 Prozent der deutschen Stimmen. Innerhalb der SdP konkurrierten zwei antidemokratische Strömungen um die Macht: Der Kameradschaftsbund war nationalistisch, antiliberal und antidemokratisch, sein Ziel der Aufbau eines sudetendeutschen „Stammeskörpers". Ehemalige Funktionäre der verbotenen DNSAP fühlten sich gegenüber dem Kameradschaftsbund innerhalb der SdP zurückgesetzt und fanden im so genannten Aufbruchkreis zusammen. Sie rückten aber schon 1936 von der Ebene der Kreisleiter in die Hauptleitung der Partei auf. In seinem berüchtigten Brief vom November 1937 passte sich der SdP-Führer an die neuen Machtverhältnisse in der SdP und in Mitteleuropa an. Henlein schrieb, die SdP sei zu der Erkenntnis gekommen, dass „eine Verständigung zwischen Deutschen und Tschechen in der Tschechoslowakei praktisch unmöglich" sei und die Lösung nur vom „Reich" herbeigeführt werden könne.[8]

Nach dem Anschluss Österreichs im März 1938 radikalisierte sich die Stimmung der Sudetendeutschen. Im April 1938 verkündete Henlein das „Karlsbader Programm", in dem er die „Freiheit des Bekenntnisses zur deutschen Weltanschauung" forderte. Trotz dieses Bekenntnisses der

SdP zum Nationalsozialismus lösten sich die beiden letzten bürgerlichen Parteien, nämlich der BdL und die DCSVP, auf und schlossen sich ebenso wie die großen nationalen Verbände der SdP an. Nur die Sozialdemokraten und die Kommunisten blieben außerhalb der nationalsozialistisch geführten Einheitsfront und plädierten für die Verteidigung der demokratischen Republik gegen „Hitler und Henlein". Der SdP waren im Juli 1938 schon 1 350 000 Sudetendeutsche – das heißt 44 Prozent aller Sudetendeutschen – beigetreten. Bei Kommunalwahlen im Mai 1938 votierten denn auch knapp 90 Prozent der Sudetendeutschen für Kandidaten dieser Partei. Unter dem Druck der Westmächte stimmte die tschechoslowakische Regierung Ende August der Bildung von drei deutschen Gauen und schließlich Anfang September sogar eines deutschen Bundeslandes zu. Henlein, der Hitler versprochen hatte, unerfüllbare Forderungen zu stellen, blieb daraufhin nichts mehr übrig, als die Verhandlungen am 7. September unter einem Vorwand abzubrechen. Die SdP gab die Parole „Heim ins Reich" aus und stellte ein „Sudetendeutsches Freikorps" auf, dessen Hauptquartier in Selb errichtet wurde und das auch von Bayern aus Überfälle auf tschechische Zollstationen unternahm, tschechische Beamte gefangen nahm und nach Bayern verschleppte. Unter massivem Druck der britischen Regierung, der sich auch der Bündnispartner Frankreich anschloss, willigte die tschechoslowakische Regierung am 21. September schließlich in die Abtretung der Grenzgebiete mit mehr als 50 Prozent deutschsprachiger Bevölkerung ein. Nachdem Hitler seine Forderungen noch einmal erhöht und ein kurzfristiges Ultimatum zur Abtretung der Sudetengebiete gestellt hatte, schien es für wenige Tage so, als ob die Tschechoslowakei bei einem deutschen Angriff doch noch mit der militärischen Unterstützung der Westmächte rechnen könnte. Bei der Münchner Konferenz vereinbarten die Vertreter Deutschlands, Italiens, Großbritanniens und Frankreichs am 29. September 1938 jedoch einen Zeitplan für die Annexion der Grenzgebiete. Alle Quellen berichten übereinstimmend von einem Freudentaumel der sudetendeutschen Bevölkerung beim Einmarsch der Wehrmacht in den ersten Tagen des Oktober 1938. Die Deutschen hofften auf eine Verbesserung ihrer wirtschaftlichen und sozialen Lage, vor allem aber beruhte die nationale Hochstimmung auf der Vereinigung mit den Deutschen des Reichs und Österreichs. Hitler wurde als „Befreier" verehrt.[9]

NS-Politik in den böhmischen Ländern

Sofort nach der Annexion begannen Kommandos aus Mitgliedern der SdP und des Sudetendeutschen Freikorps Terror gegen Tschechen, Juden, Sozialdemokraten und Kommunisten auszuüben. Etwa 50 000 Staatsangestellte sowie weitere 150 000 Tschechen flohen bis Juli 1939 aus den abgetrennten Grenzgebieten, die zum größten Teil in einem „Reichsgau Sudetenland" vereinigt wurden. Das Gebiet zwischen der Further Senke und Prachatitz mit knapp 88 000 Einwohnern wurde dagegen an die bayerischen

Regierungsbezirke Niederbayern und Oberpfalz sowie an den NSDAP-Gau Bayerische Ostmark (Bayreuth) angeschlossen. Durch den Anschluss verlor dieses industriearme „Sudetenbayern" für zwei Jahre lang, bis die Zollgrenze zum „Protektorat" aufgehoben wurde, die Verbindung zum böhmischen Binnenland, während viele der bisherigen und neuen Arbeitslosen nach Deutschland abwanderten. Sudetendeutsche wunderten sich, dass Reichsdeutsche, unter ihnen auch bayerische Beamte, ihre naive Begeisterung für den Führer nicht teilten und sie mit „Grüß Gott" ansprachen.[10]

Am 14. März 1939 erklärte der slowakische Landtag auf deutschen Druck hin die Unabhängigkeit der Slowakei. Noch am selben Tag fuhr der Präsident der Tschecho-Slowakischen Republik Emil Hácha nach Berlin, um über die Folgen der slowakischen Separation und eine eventuelle noch engere Anlehnung an Deutschland zu verhandeln. Als Hermann Göring mit der Bombardierung Prags drohte, legte Hácha „das Schicksal des tschechischen Volkes und Landes vertrauensvoll in die Hände des Führers des Deutschen Reiches", während Hitler dem tschechischen Volk „eine autonome Entwicklung seines völkischen Lebens" versprach. Am nächsten Tag marschierten deutsche Truppen in Prag und Brünn ein. Hitler vereinigte das restliche Böhmen und Mähren in einem so genannten Protektorat. Die Besatzungspolitik war während des ganzen Krieges gemäßigter als die nationalsozialistische Politik gegenüber Russen, Serben und Polen, vor allem aufgrund der kriegswirtschaftlichen Bedeutung des Protektorats. Hácha blieb als Staatspräsident im Amt, es gab eine, wenngleich machtlose, tschechische Protektoratsregierung und der deutsche Reichsprotektor Konstantin von Neurath konnte seiner Behörde eine begrenzte Autonomie gegenüber den Berliner Zentralbehörden sichern. Im Herbst 1939 nutzte jedoch Karl Hermann Frank, der sudetendeutsche Stellvertreter Neuraths, Demonstrationen gegen die deutsche Besatzungspolitik, um den Kurs zu verschärfen: Die tschechischen Hochschulen wurden geschlossen, 1200 Studenten in ein Konzentrationslager gebracht und neun Studentenführer erschossen.

Nach dem deutschen Angriff auf die Sowjetunion verstärkte sich der tschechische Widerstand, getragen von je einer landesweiten Organisation von Offizieren, linksliberalen Intellektuellen, Sozialisten und Kommunisten. Die Protektoratsregierung erwog im Fall neuer „unerträglicher Lasten" zurückzutreten. Hitler schickte deshalb Ende September 1941 Reinhard Heydrich, den Chef des Reichssicherheitshauptamts, als „stellvertretenden Reichsprotektor" nach Prag. An Mitgliedern der Widerstandsbewegung ließ Heydrich in kurzer Zeit über 400 Todesurteile vollstrecken und eine Zahl von 4 000 bis 5 000 Personen verhaften. Der Vorsitzende der Protektoratsregierung, der Geheimverbindungen zum Widerstand und zu der in London residierenden tschechoslowakischen Exilregierung unterhalten hatte, wurde zum Tode verurteilt, die restliche Regierung durch Umbesetzungen und Ernennung eines Deutschen zum Wirtschaftsminister endgültig gleichgeschaltet. Anfang

Oktober 1941 erklärte Heydrich vor deutschen Beamten, Parteifunktionären und Offizieren in Prag, dass Deutschland während des Krieges die tschechischen Rüstungsarbeiter und deshalb „Ruhe im Raume" brauche. Zur Vorbereitung der „Endaufgabe", nämlich der „deutschen Besiedlung", fuhr er fort, müsse er eine „rassisch-völkische Bestandsaufnahme" machen: Die „gutrassigen" Tschechen seien einzudeutschen, so weit sie gut gesinnt seien, bzw. an die Wand zu stellen, soweit sie schlecht gesinnt seien. Die „schlechtrassigen" und zugleich „schlechtgesinnten" Tschechen werde man in den Osten abschieben, was deren Ermordung bedeutete; die „schlechtrassig Gutgesinnten" sollten ebenfalls aus Böhmen und Mähren entfernt werden, wobei man dafür sorgen müsse, dass sie keine Kinder bekämen. Nach den militärischen Rückschlägen der Wehrmacht in Russland und Afrika und dem Kriegseintritt der USA erklärte Heydrich Anfang Februar 1942 seinen Mitarbeitern, dass er dennoch so tue, als ob er alle Tschechen eindeutschen wolle, um keine Revolten zu riskieren. Deshalb beschränkte sich die „Volkstumspolitik" im Protektorat im Wesentlichen auf konventionelle Methoden wie die Förderung deutscher und die Schließung tschechischer Schulen, die Bevorzugung der deutschen Sprache, die finanzielle Unterstützung von „Volksdeutschen" und die Eindeutschung der Verwaltung und Wirtschaft. Nur knapp 9 000 Volksdeutsche, die meisten aus der Dobrudscha, wurden im Protektorat untergebracht. Allerdings wurden dort neue große Truppenübungsplätze angelegt und die tschechischen Bewohner der betroffenen Gemeinden ausgesiedelt. Nach dem Krieg sollten diese Übungsgelände mit Deutschen besiedelt werden und die Basis je einer „deutschen Siedlungsbrücke" über Prag und entlang der böhmisch-mährischen Grenze bilden.

Nach dem von zwei Agenten der tschechischen Exilarmee und mit Unterstützung des tschechischen Widerstands ausgeführten Attentat auf Heydrich am 27. Mai 1942, dem dieser eine Woche später erlag, wurden fast 1 600 Tschechen zum Tode verurteilt, 500 allein „wegen Gutheißung des Attentats". Unter ihnen befanden sich alle männlichen Einwohner und fast alle Kinder des Dorfes Lidice sowie die Einwohner des Weilers Ležáky. Nach dem Tod Heydrichs konnte Frank seine Machtposition schrittweise ausbauen. Er wurde 1943 als Staatsminister für Böhmen und Mähren zur bestimmenden Figur. Frank verzichtete auf die bisher erfolglose „Erziehung zum Reichsgedanken" und forderte nur noch die realistische Anpassung der Tschechen an die gegebenen Machtverhältnisse. In einer Geheimrede sagte er: Für die Dauer des Krieges „sind wir nüchterne, reale Interessenpolitiker geworden". Das hinderte ihn allerdings nicht, Familienangehörige führender Exilpolitiker als Geiseln in Haft nehmen zu lassen und mit „Sühnemaßnahmen", das heißt Geiselerschießungen, gegen die tschechische Widerstandsbewegung vorzugehen.[11]

Der nationalsozialistischen Rassenpolitik in der Tschechoslowakei fielen 260 000 Juden und 6 000 Roma zum Opfer, weitere rund 78 000 tschechoslowakische Staatsbürger wurden zum Tode verurteilt, bei „Sühnemaßnahmen"

erschossen, starben in Konzentrationslagern, fielen an der Front auf Seiten der Alliierten und kamen bei Luftangriffen um. Der Prager Aufstand, der am 5. Mai 1945 ausbrach und vier Tage darauf mit einem Abkommen über den Abzug der deutschen Truppen aus der Stadt endete, kostete unter der tschechischen Bevölkerung etwa 1 700 Todesopfer. Auch etwa 900 Deutsche starben.

Transferpläne und Vertreibung

Aufgrund der Erfahrungen in den Jahren 1933 bis 1938 und der deutschen Besatzungspolitik strebten die tschechoslowakische Exilregierung und die tschechische Widerstandsbewegung nach einem „Nationalstaat der Tschechen und Slowaken" möglichst ohne Minderheiten. Als Antwort auf die „Heim-ins-Reich"-Losung der SdP hatte Präsident Beneš noch Mitte September 1938 eine Kompromisslösung entwickelt: Durch Abtretung strategisch nicht unbedingt erforderlicher Grenzgebiete und durch Teilaussiedlung sollte die Zahl der Sudetendeutschen so weit reduziert werden, dass die Restminderheit ungefährlich bzw. assimilierbar würde. Die Ermordung eines Teils der deutschen Bevölkerung gehörte nicht zu seinem Programm, das sich dadurch von den nationalsozialistischen Plänen unterschied. Im Grundsatz hielt er an dieser Konzeption bis kurz vor Kriegsende fest. Unter dem Druck der Stimmung in der Exilarmee und in der tschechischen Bevölkerung, über die die Widerstandsgruppen berichteten, verringerte er jedoch schrittweise die Größe der abzutretenden Gebiete und die Zahl derjenigen Deutschen, die in der Nachkriegsrepublik bleiben durften. Dagegen hoffte die Exilgruppe um Wenzel Jaksch, den Vorsitzenden der sudetendeutschen Sozialdemokraten, dass der Schock über die Ergebnisse der Politik der SdP und des nationalsozialistischen Deutschland zu einer radikalen Umkehr unter den Sudetendeutschen führen würde. Von der Dauerhaftigkeit einer solchen Wandlung konnte Jaksch jedoch kaum jemanden überzeugen.

Auf die Tagesordnung der alliierten Großmächte geriet die Frage der Zwangsaussiedlung von Deutschen aus Ostmitteleuropa erstmals in den Verhandlungen, die der britische Außenminister Antony Eden im Dezember 1941 mit Stalin führte. Nötig sei die Zwangsaussiedlung der Deutschen aus jenen Gebieten, sagte Stalin, mit denen Polen für seine erwarteten Gebietsverluste an die Sowjetunion entschädigt werden sollte. Auf Stalins Initiative sowie auf die Vorstellungen der polnischen und tschechoslowakischen Exilregierungen reagierte das britische Kabinett – kurz nach dem erwähnten Terrorakt gegen die Bewohner von Lidice – im Juli 1942 mit einem Doppelbeschluss: erstens mit der Annullierung des Münchener Abkommens und zweitens mit der Zustimmung zum „allgemeinen Prinzip, nach dem Krieg deutsche Minderheiten in Mittel- und Südosteuropa nach Deutschland zu transferieren, wo dies notwendig und wünschenswert erscheint". In der Begründung seines Antrags an das Kabinett hatte Eden geschrieben, dass Beneš die Zahl der Deutschen durch Transfer sowie

Abtretung von Grenzgebieten auf 600 000 bis eine Million reduzieren wolle. Seit März 1943 erklärten auch Beamte des amerikanischen State Department und Präsident Roosevelt mehrfach ihre Zustimmung zum „Transfer". Das endgültige Einverständnis Stalins erhielt Beneš im Dezember 1943 in Moskau. Auf der Potsdamer Konferenz war zwar das Ausmaß der polnischen Annexionen und damit der Umfang der Vertreibung der Ostdeutschen umstritten, nicht jedoch die Zwangsaussiedlung der Sudetendeutschen.[12]

In der tschechischen Propaganda wurde die Vertreibung mit der Beteiligung von Sudetendeutschen an der Unterdrückung im Protektorat und Sudetenland begründet, vor allem aber mit der Unterstützung, die schließlich neun Zehntel der Deutschen der SdP, nämlich bei den Kommunalwahlen vom Mai 1938, gewährt hatten. Die Dekrete des Präsidenten des Jahres 1945 handelten von den „Deutschen, Magyaren, Verrätern und Kollaboranten" bzw. „anderen Staatsfeinden". Durch diese Dekrete verloren die Deutschen (und Magyaren) der Tschechoslowakei die Staatsbürgerschaft und ihr Eigentum. Ihr Status wurde bewusst dem der Juden unter der NS-Herrschaft angeglichen – eine Welle von Selbstmorden war die Folge. Möglichst schnell sollten möglichst viele Deutsche vertrieben werden, um noch vor der Potsdamer Konferenz Fakten zu schaffen. Besonders in dieser Phase der so genannten „wilden Vertreibung" waren viele Todesopfer zu beklagen, deren Zahl zwischen 15 000 und 30 000 liegen dürfte.[13] Sie starben an Unterernährung und Epidemien in den Lagern sowie an brutalen Vergeltungs- und Lynchaktionen. Zurück blieben weniger die „Antifaschisten", da diese es vorzogen, in die Westzonen (Sozialdemokraten) bzw. die Sowjetische Besatzungszone (Kommunisten) auszuwandern, als vielmehr Spezialisten, auf die die Tschechoslowakei nicht verzichten wollte. Ihnen wurde 1953 die Staatsbürgerschaft verliehen bzw. aufgezwungen. In den ehemaligen Sudetengebieten hatten sich inzwischen zu etwa 90 Prozent Tschechen aus dem Binnenland angesiedelt, während das restliche Zehntel aus Slowaken und „Reemigranten" aus dem sowjetisch gewordenen Wolhynien und verschiedenen Staaten Europas bestand. Die Zahl der Deutschen, die nach 1945 in der Tschechoslowakei blieben, ging von 200 000 auf 86 000 im Jahr 1970 und 50 000 im Jahr 1990 zurück.[14]

Aufnahme und Integration der Sudetendeutschen in Bayern

Schon vor Kriegsende hatten Sudetendeutsche in Bayern Zuflucht gesucht. Bis zum Beginn der ‚geregelten' Zwangsaussiedlung wurden etwa 200 000 von ihnen dorthin vertrieben. Am 20. November 1945 einigte sich der Kontrollrat für Deutschland über die Verteilung der Zwangsaussiedler aus der Tschechoslowakei, Polen und Ungarn auf die vier Besatzungszonen: In die US-Zone sollten 1 750 000 Deutsche aus der Tschechoslowakei gebracht werden. Die Leitung der „Abschiebung" übertrug die Prager Regierung dem kommunistisch geführten Innenministerium, das die

Aus- und Ansiedlung über seine „Regionalen Besiedlungsämter" in Zusammenarbeit mit den „Nationalausschüssen", der Polizei und Armee organisieren sollte. Die Vertriebenen durften 30 bis 50 kg Gepäck mitnehmen. Die Amerikaner bestanden darauf, dass nur komplette Familien abgeschoben würden, und verlangten, dass die Deutschen vor der Ausweisung ärztlich untersucht und die Transporte von deutschen Ärzten und Krankenschwestern begleitet würden. Jeder Transport sollte aus 40 Waggons mit etwa 1 200 Menschen bestehen. Den Deutschen wurde der Termin der Aussiedlung ein bis zwei Tage vorher mitgeteilt. Dann brachte man sie in Sammellager, wo sie bis zu drei Wochen auf den Abtransport warten mussten. Bessere Bedingungen wurden den mehr als 73 000 sudeten-deutschen Sozialdemokraten geboten, die im Mai 1946 als „Antifaschisten" in die amerikanische Besatzungszone ausreisen durften und von denen etwa die Hälfte in Bayern blieb.[15]

In Bayern wurde noch vor dem Eintreffen der Masse der Sudetendeutschen ein „Staatskommissariat für das Flüchtlingswesen" mit regionalen und lokalen Filialen geschaffen. Traurig über den Verlust von Heimat, Hab und Gut, aber erleichtert, der Verfolgung entronnen zu sein, kamen bis Ende 1949 mehr als eine Million Sudetendeutsche in Bayern an. Wegen der Zerstörungen, die die Bombenangriffe besonders in den Groß- und Industriestädten angerichtet hatten, musste das Staatskommissariat die Flüchtlinge vorwiegend in ländliche Gebiete und Kleinstädte schicken, wobei die Sudetendeutschen vor allem nach Oberbayern, Schwaben und Mittelfranken kamen. Sie wurden zeitweise in Barackenlagern untergebracht und danach in private Wohnungen eingewiesen, etwa zur Hälfte in Bauernhöfe. Konflikte mit den Einheimischen blieben nicht aus, die Versorgung mit Lebensmitteln, vor allem aber mit Kleidung und Schuhen war ungenügend. Jugendliche hatten es schwer, eine Ausbildung zu erhalten, die Erwachsenen, die im Vergleich zu den Einheimischen durchschnittlich eine bessere schulische Ausbildung genossen bzw. umfassendere handwerklich-industrielle Kenntnisse erworben hatten, fanden kaum Arbeit. Hunderttausende wanderten weiter in Industriegebiete und Großstädte, wenn sie Wohnung und Arbeitsplatz gesichert hatten.[16] Der Staat förderte durch Kreditbürgschaften den Bau von Wohnungen und allein bis Ende 1947 die Ansiedlung von fast 2 000 Industriebetrieben der Flüchtlinge, über das ganze Land verteilt, aber auch in einzelnen Gemeinden konzentriert wie in Neugablonz, Waldkraiburg, Traunreut und Geretsried. Viele dieser Betriebe orientierten sich allerdings an den veralteten Produktionsstrukturen der früheren Heimat und überlebten die Kapitalknappheit nach der Währungsreform 1948 nicht.[17]

Die US-Regierung setzte auf ein „organisches Aufgehen [der Vertriebenen] in der einheimischen Bevölkerung" und verbot zunächst die Bildung landsmannschaftlicher Organisationen – von dieser restriktiven Politik nahm sie aber bald Abstand. Das Staatskommissariat und seine regionalen Organe wurden 1948 in das Innen- und 1955 zusammen mit den Lastenausgleichsämtern in das Arbeitsministerium eingegliedert. Zum Ausgleich der unterschiedlichen Belastung von Vertriebenen und Einheimischen durch den Krieg und seine Folgen war im August 1949 ein Soforthilfe-Gesetz verabschiedet worden, das 1952 durch das Lastenausgleichsgesetz abgelöst wurde und die Wirkung einer Sondersteuer auf das Vermögen der Einheimischen hatte. Aus diesen Mitteln erhielten die Vertriebenen Entschädigungszahlungen für ihre Verluste an Hab und Gut. Trotz der Darlehen für den Aufbau von Betrieben, der Schaffung von Arbeitsplätzen und dem Bau von Wohnungen erlitten die Vertriebenen meist einen Statusverlust, während die nachwachsende Generation mit den Einheimischen gleichziehen konnte. Nur ein Drittel der vertriebenen Selbstständigen hatte es bis 1953 geschafft, sich erneut selbstständig zu machen.[18]

In Erinnerung blieb vielen Neubürgern, dass sie bei den Einheimischen anfangs auf Ablehnung gestoßen waren, zumal sie schon durch ihre Mundart als Fremde zu erkennen waren.[19] Die Kluft wurde zuerst durch die Kinder und die Mütter überwunden, die miteinander spielten und sich gegenseitig halfen.[20] Zur Integration trug bei, dass der Prozentsatz der „Mischehen" mit Einheimischen zunahm und für die Vertriebenen, die zwischen 1940 und 1956 geboren waren, schon bei über zwei Dritteln lag. Ausdruck der gelungenen Integration war die von Umfrage zu Umfrage sinkende hypothetische Rückkehrbereitschaft in die alte Heimat[21], was sich auch auf den Block der Heimatvertriebenen und Entrechteten auswirkte, der nur von 1950 bis 1962 im Landtag vertreten war.

Schrittweise bildeten sich so genannte „Gesinnungsgemeinschaften", und zwar je eine christlich-soziale (Ackermann-Gemeinde), eine sozialdemokratische (Seliger-Gemeinde) und eine nationalkonservative (Witiko-Bund). 1950 trat Rudolf Lodgman von Auen als Sprecher an die Spitze der Sudetendeutsche Landsmannschaft, die weniger auf das „Lebensrecht im Westen" als auf das „Heimatrecht im Osten" ausgerichtet war. Die bayerische Staatsregierung übernahm 1954 das „Protektorat" und 1968 die „Schirmherrschaft" über die sudetendeutsche Volksgruppe und erkannte als Vertreterin des „vierten Stammes" der Sudetendeutschen neben Altbayern, Schwaben und Franken die „Landsmannschaft und deren Einrichtungen" an, der sich die drei Gesinnungsgemeinschaften trotz andauernder Meinungsverschiedenheiten eingliederten.

Unter kommunistischer Herrschaft

Seit 1945 wurde die Tschechoslowakei von einer „Regierung der Nationalen Front" aus Kommunisten, Sozialdemokraten, Nationalen Sozialisten und Christlich-Sozialen regiert. Im Februar 1948 nutzten die Kommunisten einen Machtkampf innerhalb der Nationalen Front und den demonstrativen Rücktritt mehrerer Minister, um die anderen Parteien auszubooten und die Macht an sich zu reißen. Bis zum 1. August 1948 flohen gleichzeitig mit einer großen Zahl von Sudetendeutschen, die sich vor allem vor der beginnenden Deportation ins Landesinnere in Sicherheit brach-

ten, etwa 5 600 Tschechen und Slowaken nach Bayern, unter ihnen auch einige prominente Politiker. Dort waren sie mit der Feindseligkeit der vertriebenen Sudetendeutschen konfrontiert.[22] Mit der Machtdurchsetzung der Kommunisten ging der Eiserne Vorhang auch an der böhmisch-bayerischen Grenze nieder. Einparteienherrschaft, Verstaatlichung von Industrie und Handwerk, Prozesse gegen politische Gegner und vermeintliche Abweichler sowie der Beginn der Kollektivierung der Landwirtschaft kennzeichneten das stalinistische System in der Tschechoslowakei. Seit Anfang der 1960er Jahre setzte aber eine vorsichtige Liberalisierung besonders in Wissenschaft und Kultur ein, die im Januar 1968 in den „Prager Frühling" mündete. Schon am 21. August 1968 machten jedoch Truppen des Warschauer Pakts dem reformkommunistischen Experiment ein Ende. Tausende Tschechen passierten wiederum die Grenzübergänge nach Bayern, die allerdings für sie zwischen dem 26. und 28. August geschlossen wurden.

Die Mehrheit der Tschechen und Slowaken beobachtete die Entwicklung in der Bundesrepublik Deutschland mit Misstrauen. Die Prager Führung stellte die Politik der Bundesrepublik Deutschland als revisionistisch und revanchistisch dar. Sie verwies auf den Alleinvertretungsanspruch Bonns, die Nicht-Anerkennung der territorialen Verluste, das Desinteresse Bonns an diplomatischen Beziehungen zu den europäischen Satelliten Moskaus, das Verharren der Vertriebenenverbände auf dem Heimat- und Rückkehrrecht sowie auf entsprechende Sonntagsreden von Politikern. Nach einer zeitweiligen Entspannung des deutsch-tschechischen Verhältnisses im Jahr 1968 wurde die Kampagne gegen die BRD und die Sudetendeutsche Landsmannschaft wieder aufgenommen und mit deren angeblichen revanchistischen Zielen die Stationierung sowjetischer Truppen im Land begründet. Von 1968 bis 1970 verließen eine halbe Million Mitglieder die Kommunistische Partei (bzw. wurden ausgeschlossen), 150 000 Menschen verloren ihre ursprüngliche Arbeit, rund 140 000 emigrierten. Als Folge der sowjetischen Intervention verbesserte sich die Einstellung der Mehrheit der Bevölkerung zum Westen und namentlich zur BRD. Im Rahmen ihrer Ostpolitik schloss die Bundesregierung zuletzt (1973) auch mit der Tschechoslowakei ein Abkommen, das vor allem „das Münchener Abkommen nach Maßgabe dieses Vertrages" für nichtig erklärte.

Anfang der 1970er-Jahre konzentrierten sich Prag und Bonn auf die pragmatische Entwicklung des bilateralen Handels: 1970 wurde ein langfristiges Abkommen über Warenverkehr und Kooperation unterschrieben, an das 1975 ein Abkommen über die weitere Entwicklung der wirtschaftlichen, industriellen und technischen Zusammenarbeit anknüpfte. Im Jahr 1971 erreichte der gegenseitige Handel einen Umfang von 2 Milliarden DM – das Zweifache im Vergleich zu 1968. Inzwischen ist Deutschland der wichtigste Außenhandelspartner Tschechiens, das im Jahr 2004 Waren im Wert von 17 Milliarden Euro aus Deutschland importierte und im Wert von 19,3 Milliarden Euro in das Nachbarland exportierte.

Der eingangs erwähnte Nachbarschaftsvertrag von 1992 wurde fünf Jahre später durch eine gemeinsame Erklärung ergänzt. In dieser bedauert die deutsche Seite die NS-Politik gegenüber und in der besetzten Tschechoslowakei. Die tschechische Seite beklagt das Leid und Unrecht, das vielen unschuldigen Menschen durch die Vertreibung und zwangsweise Aussiedlung zugefügt wurde. Schließlich erklären beide Seiten, „dass sie ihre Beziehungen nicht mit aus der Vergangenheit herrührenden politischen und rechtlichen Fragen belasten werden". Das Schwergewicht des Vertrags und der Erklärung liegt aber nicht auf dem Urteil über die Vergangenheit, sondern auf der vielseitigen Zusammenarbeit in der Zukunft.

Anmerkungen

1 Teichová 1988, S. 54
2 Brubaker 1996
3 Illmann 2002
4 Boyer 1999; Kučera 1999
5 Drehscheibe Prag 1992
6 Bachstein 1992
7 Protokoll der Staatspolizei-Nebenstelle Ronsperg vom 6. Juni, Information [der DSAP] vom 10. Juni 1938, Nationalarchiv Prag, 225–1302-4, S. 156 und 163
8 Akten zur Deutschen Auswärtigen Politik, Serie D, Bd. 2, Baden-Baden 1950, Nr. 1
9 Zimmermann 1999, S. 71–74
10 Ziegler 1974
11 Vgl. allgemein zur Protektoratspolitik Brandes 1969 und 1975
12 Vgl. allgemein zur Vertreibung und Zwangsaussiedlung Brandes 2005
13 Vgl. zu diesem umstrittenen Thema: Staněk 2002. Wesentlich höher liegt die Zahl der ungeklärten Schicksale.
14 Allgemein zu diesem Thema: Staněk 1993
15 Werner 1995, bes. S. 297
16 Grosser 1998
17 Schreyer 1969, S. 236–250
18 Ebenda
19 Volbrachtová 1996
20 Vaskovics 2002, S. 187–196
21 Ebenda
22 Hoffmann 1995

Detlef Brandes

Němci a Češi, Bavorsko a Čechy ve 20. století

Tři roky po „sametové revoluci" uzavřelo Německo s Českou a Slovenskou Federativní Republikou smlouvu o „dobrém sousedství a přátelské spolupráci", která zmiňuje také minulost. Mluví se v ní jak o „staletých plodných tradicích společných dějin" tak i o „četných obětech, které si vyžádalo panování násilí, válka a vyhnání", a těžkém utrpení, které bylo způsobeno mnoha nevinným lidem".

Německo a Československo do roku 1937

Češi a Němci žili v českých zemích na venkově a v malých městech dlouhou dobu pokojně spolu a vedle sebe. Teprve revoluce roku 1848 dala vzniknout protikladným národnostním programům. Čeští politikové usilovali o federalizaci habsburské monarchie, ve které by české země – tedy Čechy, Morava a Rakouské Slezsko – tvořily jeden celek. Českoněmečtí politikové oproti tomu požadovali vymezení německého sídelního území alespoň zřízením německých krajů. Obě strany zakládaly národní spolky a politické strany, které se snažily zahrnout všechny příslušníky vlastní jazykové skupiny a budováním a rozšiřováním národního vzdělávacího systému zabránit „odnárodnění". O německý, resp. český úřední jazyk se vedl úporný boj. Zatímco v Čechách všechny pokusy o rozsáhlejší sjednocení ztroskotaly, podařilo se na Moravě v roce 1905 dosáhnout vyrovnání na základě personální autonomie.

Za pomoci diplomacie, propagandy i prostřednictvím dobrovolnických vojenských jednotek na straně Francie, Itálie a Ruska se českým exilovým politikům kolem Tomáše G. Masaryka a Edvarda Beneše podařilo v průběhu první světové války přesvědčit mocnosti Dohody o účelnosti založení československého státu, ovšem teprve poté, co Rusko vystoupilo z Dohody a ztroskotala separátní mírová jednání s Rakouskem-Uherskem. V prvních měsících považovalo nové vedení státu za svůj hlavní úkol dosáhnout uznání historických hranic mezi českými zeměmi a sousedními státy. Němečtí poslanci z Čech vyhlásili 29. a 30. října 1918 ve Vídni vytvoření samostatných provincií Deutsch-Böhmen v západních a severních Čechách a Sudetenland sestávající ze Slezska a severní Moravy, a jejich připojení k Rakousku. Připojení akceptoval příštího dne rakouský národní výbor. 12. listopadu pak oznámil, že Německé Rakousko usiluje o přičlenění k německé republice. Pohraničí mezitím obsadily české vojenské jednotky.

Na Pařížské mírové konferenci v roce 1919 velmoci rozhodly, že staré hranice českých zemí zůstanou zachovány a většinově německy osídlené oblasti tedy budou přičleněny k nově vzniklé republice. Spojenectví Československa s Francií, Rumunskem a Jugoslávií mělo zajistit hranice vůči sousedům. Důvěrou Československa v ochrannou moc Francie však otřásla Locarnská smlouva z roku 1925: Francie si sice nechala Německem garantovat svou západní hranici, ale dále neprotestovala, když byli její východní spojenci Československo a Polsko odbyti arbitrážními smlouvami. Československá vláda sledovala zahraniční politiku svého německého souseda s nedůvěrou, Německo však zůstalo – vzdor poklesu podílu na polovinu (ze 32 % v roce 1924 na 16% v roce 1937) – nejdůležitějším obchodním partnerem Československa.[1]

Po Hitlerově uchopení moci 1933 a uzavření paktu o neútočení s Polskem (1934) se Francie pokusila o jakési „východní Locarno", výsledek však byl skromný: pakt o vzájemné pomoci mezi Francií a Sovětským svazem a mezi Československem a Sovětským svazem. Zatímco Německo uzavřelo s Polskem v listopadu 1937 dohodu o ochraně menšin, předestřel Hitler svým generálům a ministru zahraničí své příští cíle: připojení Rakouska a rozbití Československa. O dva týdny později mu Konrád Henlein nabídl Sudetoněmeckou stranu, v jejímž čele stál, jako pátou kolonu.

Německá menšina v Československu do roku 1933

Čeští Němci, pro něž se postupně vžilo označení „sudetští Němci", se změnou hranic stanovenou na pařížské konferenci ocitli v pozici menšiny, čítající přes tři miliony osob. Podobně jako další státy střední a jihovýchodní Evropy se Československo muselo zavázat k ochraně svých menšin. Na jedné straně zde lze hovořit o trojúhelníku „národnostní menšiny" – „nacionalizující státy" – „národní domovský stát"[2], který je podle Rogera Brubakera typický pro většinu národnostních konfliktů. Na druhé straně zůstalo mnoho Němců i Čechů imunními vůči nacionalistické agitaci: při dojíždění za prací míjeli jazykovou nebo i státní hranici a užívali oba jazyky podle toho, s kým právě hovořili. České a německé rodiny posílaly své děti na výměnné pobyty a uzavírala se národnostně smíšená manželství.[3]

Prezident Masaryk a všechny české politické strany zastávali centralistickou koncepci státu. „Revoluční národní shromáždění" schválilo v únoru 1920 ústavu, jež zaručovala všem jednotlivcům stejná práva, nezávisle na jejich jazyku, rase a náboženství. Německé strany kritizovaly, že nebyly přizvány k jejímu vypracování. Jako v habsburské monarchii požadovaly vymezení většinově německojazyčných pohraničních území v tzv. „župách". V parlamentu, tisku a prostřednictvím petic podávaných u Společnosti národů si stěžovaly na znevýhodňování při provádění pozemkové reformy a při nakládání s rakouskými státními dluhopisy, na nedostatečnou podporu sudetoněmeckého spotřebního průmyslu a propouštění ze státních služeb v případě neúspěšného složení zkoušek z českého jazyka a protestovaly proti budování českých menšinových škol v německých oblastech. Nová bádání ukázala, že se tyto stížnosti sice částečně zakládaly na pravdě, výrazně však přeháněly míru diskriminace německé menšiny.[4]

Sudetští Němci měli k dispozici široké spektrum spolků a politických stran. Chyběla však stabilní voličská základna a přesvědčivé ideologické pojítko, a tak měšťanské strany soupeřily především na poli národnostní programatiky. Národovecké spolky jako Německý kulturní svaz nebo Svazy Němců a tělocvičné spolky zažívaly mohutný rozkvět. Na základě poměrného volebního práva byli Němci od roku 1920 zastoupeni v Národním shromáždění podle svého podílu na počtu obyvatelstva. Dvě německé strany zaujímaly vůči státu dlouhodobě negativní postoj: Německá nacionální strana (Deutsche Nationalpartei, DNP) a Německá nacionálně socialistická dělnická strana (Deutsche Nationalsozialistische Arbeiterpartei, DNSAP). Tři ostatní větší strany, totiž Německá sociálně demokratická strana dělnická (Deutsche Sozialdemokratische Arbeiterpartei, DSAP), Německá křesťanskosociální strana lidová (Deutsche Christlich-Soziale Volkspartei, DCSVP) a Svaz zemědělců (Bund der Landwirte, BdL) se začaly již roku 1919 nové situaci přizpůsobovat. Ve volbách v letech 1925 i 1929 obdržely tyto tři „aktivistické" strany ochotné ke spolupráci kolem třičtvrtin německých hlasů. Na vládě se podíleli od roku 1926 křesťanští sociálové a Svaz zemědělců, od roku 1929 také sociální demokraté. Jejich naděje, že tím docílí národně-politických úspěchů, se ovšem nenaplnila.

Nacistický stát a německá menšina 1933–1938

Po uchvácení moci nacionálními socialisty uprchli politicky a rasově pronásledovaní z Německa do Československa, mezi nimi politici a spisovatelé jako Oskar Maria Graf.[5] Exilové vedení německé sociálnědemokratické strany (SPD) zřídilo i na hranici s Bavorskem takzvané „hraniční sekretariáty", které se staraly o výměnu informací a propagačních spisů se soudruhy ve vlasti a pašovaly sociálnědemokratické tiskoviny a literaturu, vyrobené v Československu.[6] Naproti tomu vzbudilo Hitlerovo vítězství u mnoha sudetských Němců naděje na připojení k Německu. Když hrozil zákaz státu nepřátelských DNP a DNSAP, založil vůdce Německého tělocvičného spolku Konrad Henlein Sudetoněmeckou vlasteneckou frontu (Sudetendeutsche Heimatfront), která se roku 1935 musela přejmenovat na Sudetoněmeckou stranu (Sudetendeutsche Partei, SdP).[7]

V průběhu světové hospodářské krize, která se v Československu projevila později než v Německu, byla nezaměstnanost v německých hraničních okresech v Československu cca dvakrát vyšší než na ostatním českém území. Nezaměstnanost podmíněnou hospodářskou krizí a zastaralou strukturou sudetoněmeckého průmyslu interpretovala Sudetoněmecká strana jako záměrnou národnostní diskriminaci ze strany vlády. Když pak německá Říše zažívala v důsledku zbrojení hospodářský rozkvět a hledala pracovní síly, dojížděly desetitisíce sudetských Němců za prací do Bavorska a Saska; před započetím práce se ovšem museli prokázat členským průkazem Sudetoněmecké strany. V Hofu dokonce policie hrozila dvěma mladým sudetským Němcům vykázáním, pokud jejich otec nestáhne svou kandidaturu za DSAP.[7]

Volby roku 1935 přinesly Sudetoněmecké straně 62 až 63% německých hlasů. Uvnitř strany soupeřily o moc dva antidemokratické proudy: Kameradschaftsbund byl nacionalistický, antiliberální a antidemokratický, jeho cílem bylo vybudování sudetoněmeckého „kmene". Bývalí funkcionáři zakázané DNSAP měli pocit, že oproti Kameradschaftsbundu ztrácí ve straně vliv, a sdružili se v tzv. Aufbruchkreis. Již v roce 1936 však postoupili z úrovně krajských velitelů (Kreisleiter) do hlavního vedení strany. Ve svém nechvalně známém dopise z listopadu 1937 se vůdce Sudetoněmecké strany přizpůsobil novým mocenským poměrům ve straně a ve střední Evropě. Henlein zde píše, že Sudetoněmecká strana došla k poznání, že je „porozumění mezi Němci a Čechy v Československu prakticky nemožné" a řešení může přijit jen ze strany „Říše".[8]

Po připojení Rakouska v březnu roku 1938 se nálada mezi sudetskými Němci radikalizovala. V dubnu 1938 vyhlásil Henlein „Karlovarský program", ve kterém požadoval „svobodu vyznání německého světového názoru". I přesto, že se Sudetoněmecká strana takto otevřeně přihlásila k nacismu, se obě dvě poslední měšťanské strany, totiž Svaz zemědělců a Německá křesťanskosociální strana lidová, rozpadly a stejně jako velké národnostní spolky se staly její součástí. Jen sociální demokraté a komunisté stáli mimo nacionálně socialisticky vedenou jednotnou frontu a zastupovali stanovisko obrany demokratické republiky proti „Hitlerovi a Henleinovi". Sudetoněmecká strana čítala v červenci 1938 již 1 350 000 členů – to znamená 44 procent všech sudetských Němců.

V komunálních volbách v květnu 1938 pak také hlasovalo téměř 90 procent sudetských Němců pro kandidáty této strany. Pod nátlakem západních mocností souhlasila československá vláda koncem srpna s vytvořením tří německých žup a počátkem září pak dokonce jedné německé spolkové země. Henlein, jenž Hitlerovi slíbil, že bude klást nesplnitelné požadavky, byl nakonec nucen najít nějakou záminku a 7. září jednání ukončil. Sudetoněmecká strana vydala proklamaci „Domů do Říše" („Heim ins Reich") a vybudovala organizaci s názvem „Sudetoněmecký dobrovolnický sbor" („Sudetendeutsches Freikorps") se základnou v Selbu. Freikorps přepádával české celní stanice, zajatí celní úředníci byli zavlečeni do Bavorska. Pod masivním nátlakem britské vlády, ke kterému se přidala i spojenecká Francie, nakonec československá vláda 21. září souhlasila s odstoupením pohraničních oblastí s více než padesátiprocentrím podílem německy mluvícího obyvatelstva. Poté co Hitler ještě jednou vystupňoval své požadavky a dal krátkodobé ultimátum na odstoupení Sudet, se po několik dní zdálo, že Československo může v případě německého útoku počítat s vojenskou podporou západních mocností. Na mnichovské konferenci se však zástupci Německa, Itálie, Velké Británie a Francie 29. září 1938 dohodli na časovém plánu anexe pohraničních oblastí. Všechny prameny shodně líčí radostné opojení sudetoněmeckého obyvatelstva při příchodu wehrmachtu v prvních říjnových dnech 1938. Němci doufali ve zlepšení hospodářské a sociální situace, jejich nacionální euforie však pramenila především ze sjednocení s říšskými a rakouskými Němci. Hitler byl oslavován jako „osvoboditel".[9]

Nacistická okupační politika v českých zemích

Okamžitě po anexi začala komanda složená ze členů Sudetoněmecké strany a Sudetoněmeckého freikorpsu terorizovat Čechy, Židy, sociální demokraty a komunisty. Do července 1939 uprchlo cca. 50 000 státních zaměstnanců a dalších 150 000 Čechů z odtržených pohraničních oblastí, které byly z největší části sjednoceny v „Říšské župě Sudety" (Reichsgau Sudetenland). Území mezi Všerubským průsmykem a Prachaticemi s téměř 88 000 obyvateli bylo připojeno k bavorským vládním okreskům Dolní Bavorsko a Horní Falc a k NSDAP-Gau Bayerische Ostmark (Bayreuth). Průmyslově chudé „sudetské Bavorsko" tak bylo po dva roky, až do zrušení celní hranice mezi „protektorátem" a Říší, odříznuto od českého vnitrozemí; mnoho dosavadních a čerstvých nezaměstnaných odešlo do Německa. Sudetští Němci však s údivem zjistili, že říšští Němci, mezi nimi i bavorští úředníci, jejich naivní nadšení pro Vůdce nesdílí a zdraví je „Grüß Gott".[10]

14. března 1939 vyhlásil slovenský zemský sněm na nátlak Německa slovenskou samostatnost. Ještě tentýž den odjel prezident Česko-Slovenské republiky Emil Hácha do Berlína jednat o důsledcích slovenské separace a o eventuálním ještě těsnějším přimknutí k Německu. Když Hermann Göring hrozil bombardováním Prahy, vložil Hácha „osud českého národa a české země s důvěrou do rukou vůdce Německé říše", zatímco Hitler přislíbil českému národu „autonomní vývoj národního života". Příštího dne vpochodovaly německé jednotky do Prahy a do Brna. Hitler sjednotil zbývající část Čech a Moravy do takzvaného protektorátu.

Okupační politika byla v průběhu celé války – především vzhledem k významu protektorátu pro válečné hospodářství – umírněnější než nacionálně socialistická politika uplatňovaná vůči Rusům, Srbům a Polákům. Hácha zastával nadále úřad prezidenta, existovala česká protektorátní vláda a německý říšský protektor Konstantin von Neurath mohl zajistit svému úřadu vůči berlínským centrálním úřadům jistou autonomii. Na podzim roku 1939 však Karl Hermann Frank, Neurathův sudetoněmecký zástupce, využil demonstrací proti německé okupační politice k zostření kursu: byly zavřeny české vysoké školy, 1200 studentů bylo zavlečeno do koncentračního tábora a devět studentských předáků zastřeleno.

Po napadení Sovětského svazu nacistickým Německem zesílily aktivity českého odboje neseného celonárodními organizacemi důstojníků, levicových intelektuálů, socialistů a komunistů. Protektorátní vláda zvažovala v případě nových „neúnosných závazků" svou abdikaci. Koncem září 1941 proto Hitler poslal do Prahy jako „zastupujícího říšského protektora" Reinharda Heydricha, šéfa Hlavního úřadu říšské bezpečnosti. Nad členy odboje nechal Heydrich během krátké doby vynést přes čtyři sta rozsudků smrti a čtyři až pět tisíc osob bylo zatčeno. Předseda protektorátní vlády, který tajně udržoval kontakty s odbojem a s československou exilovou vládou v Londýně, byl odsouzen k smrti, zbylá vláda byla dosazením nových ministrů a zejména jmenováním říšského Němce ministrem hospodářství definitivně zglajchšaltována. Počátkem října 1941 v Praze se dal Heydrich v proslovu před německými úředníky, stranickými funkcionáři a důstojníky slyšet, že pro německý zbrojní průmysl je důležitá česká pracovní síla, a proto potřebuje „v tomto prostoru klid". V rámci přípravy „konečného úkolu", totiž definitivního „německého osídlení" tohoto prostoru, pokračoval, musí být provedena „rasová evidence": Češi „dobré rasy" budou poněmčeni, jsou-li současně „dobře smýšlející"; ty „špatně smýšlející" je třeba postavit ke zdi. Češi „špatné rasy a špatně smýšlející" budou odsunuti na východ, což fakticky znamená jejich vyvraždění; „dobře smýšlející" příslušníci „špatné rasy" musí být z tohoto prostoru rovněž odstraněni, přičemž je třeba se postarat o to, aby se jim nerodily děti. Po vojenských porážkách wehrmachtu na frontách v Rusku a v Africe a poté, co vstoupily do války Spojené státy americké, vysvětlil Heydrich začátkem února 1942 svým spolupracovníkům, že předstírá plánované poněmčení všech Čechů, aby neriskoval revoltu. Proto se „národnostní politika" v protektorátu v zásadě omezovala na konvenční metody jako podporu německých a rušení českých škol, upřednostňování německého jazyka, finanční podporu sudetským Němcům a poněmčování správy a hospodářství. Do protektorátu bylo přestěhováno jen asi 9 000 neříšských Němců, převážně z Dobrudže. Byly zde ovšem zřízeny nové velké vojenské výcvikové prostory a obyvatelé českých obcí, které se zde nacházely, byli vysídleni. Po válce měly být výcvikové prostory osídleny Němci a vytvořit základnu pro tzv. „německé zemské mosty" přes Prahu a podél česko-moravské hranice.

27. května 1942 byl dvěma agenty československé exilové armády za podpory domácího odboje na Heydricha spáchán atentát, jehož následkům o týden později podlehl. Poté bylo téměř 1 600 Čechů odsouzeno k smrti, 500 z nich „kvůli schvalování atentátu". Mezi nimi byli i všichni muži a skoro všechny děti z Lidic a obyvatelé malé osady Ležáky. Po Heydrichově smrti se Frankovi dařilo krok po kroku dále budovat svou mocenskou pozici. Jako státní ministr pro Čechy a Moravu se stal roku 1943 určující postavou. Opustil dosud bezúspěšnou „výchovu k říšské myšlence" a požadoval už jen, aby se Češi realisticky přizpůsobili daným

mocenským poměrům. V tajném projevu shrnul: po dobu trvání války „se z nás stali střízliví, reální politici, sledující určité zájmy". To se však zjevně nijak nevylučovalo s rozhodným postupem vůči českému odboji, spočívajícím v zatýkání rodinných příslušníků vedoucích exilových politiků a zastřelením rukojmích v rámci „odvetných opatření".[11]

Nacistické rasové politice v Československu padlo za oběť 260 000 Židů a 6 000 Romů, dalších asi 78 000 československých občanů bylo odsouzeno k smrti, zastřeleno při tzv. „odvetných opatřeních", zemřelo v koncentračních táborech, padlo na frontě na straně Spojenců a přišlo o život při náletech. Pražské povstání, které vypuklo 5. května 1945 a skončilo o čtyři dny později dohodou o odchodu německých jednotek z města, si na české straně vyžádalo asi 1 700 obětí. O život přišlo také asi 900 Němců.

Plány „transferu" a odsun/vyhnání

Na základě zkušeností s německou okupační politikou z let 1933 až 1938 usilovala československá exilová vláda a členové odboje o „národní stát Čechů a Slováků" pokud možno bez menšin. V odpověď na proklamaci Sudetoněmecké strany „Heim-ins-Reich" vyvinul prezident Beneš ještě v půli září 1938 kompromisní řešení: odstoupením pohraničních oblastí, jež ze strategického hlediska nejsou tak bezpodmínečně potřebné, a částečným vysídlením měl být počet sudetských Němců natolik redukován, že by zbylá menšina představovala menší nebezpečí, resp. rychle by se asimilovala. Vyvraždění části německého národa nebylo součástí programu, který se tímto lišil od plánů nacistických.

V podstatě na této koncepci trval až téměř do konce války. Pod tlakem nálad v exilové armádě a mezi českým obyvatelstvem, o kterých byl informován prostřednictvím odbojových skupin, se však postupně zmenšovala velikost oblastí, na které byl ochoten rezignovat, i počet Němců, kteří smí zůstat v poválečné republice. Exilová skupina sdružená kolem Wenzela Jaksche, předsedy sudetoněmeckých sociálních demokratů, doufala, že šok z výsledků politiky Sudetoněmecké strany a nacistického Německa povede k radikálnímu obratu mezi sudetskými Němci. O trvalém charakteru takové proměny však Jaksch nebyl schopen přesvědčit téměř nikoho.

Na program jednání spojeneckých velmocí se dostala otázka nuceného vysídlení Němců ze středovýchodní Evropy poprvé při vyjednávání mezi britským ministrem zahraničí Antonym Edenem a Stalinem v prosinci 1941. Němci musí být v každém případě vystěhováni z těch oblastí, vyjádřil se Stalin, kterými budou Polsku nahrazeny územní ztráty ve prospěch Sovětského svazu. Na Stalinovu iniciativu a na představy polské a československé exilové vlády reagoval britský kabinet – krátce po zmíněném aktu teroru vůči obyvatelům Lidic – v červenci 1942 dvojím rozhodnutím: prohlásil mnichovskou dohodu za neplatnou a tajně dal svůj souhlas s „obecným principem poválečného transferu německých menšin ve střední a jihovýchodní Evropě do Německa v těch případech, kdy se to ukáže být nutným a

prospěšným". Ve zdůvodnění návrhu, který byl předložen kabinetu, Eden píše, že Benešovým záměrem je redukovat počet Němců transferem a odstoupením pohraničních oblastí na 600 000 až jeden milion. Od března 1943 vyslovili také úředníci amerického State Department i prezident Roosevelt několikrát souhlas s „transferem". Definitivního Stalinova souhlasu dosáhl Beneš v prosinci 1943 v Moskvě. Na Postupimské konferenci byl sice sporným bodem rozsah polských anexí, a tím i počet Němců odsunutých z Východu, ne však nucené vysídlení sudetských Němců. [12]

Česká propaganda zdůvodňovala odsun podílem sudetských Němců na útisku v protektorátu a v Sudetách, především ale jejich podporou Sudetoněmecké strany vyjádřenou v komunálních volbách v květnu 1938. Prezidentovy dekrety z roku 1945 hovoří o „Němcích, Maďarech, zrádcích a kolaborantech", resp. „jiných nepřátelích státu". Na základě těchto dekretů ztratili českoslovenští Němci (a Maďaři) státní občanství a majetek. Jejich postavení bylo úmyslně připodobněno postavení Židů za nacistického režimu – důsledkem byla vlna sebevražd. Co nejrychleji mělo být odsunuto co nejvíc Němců, aby tak velmoci ještě před zahájením Postupimské konference byly postaveny před hotovou věc. Zejména tato fáze tzv. „divokého odsunu" si vyžádala mnoho obětí na životech, jejichž počet se pravděpodobně nachází někde mezi 15 000 a 30 000.[13] Zemřeli na následky podvýživy a epidemií v táborech a během brutálních odvetných akcí a lynčování. Němci, kteří zůstali v zemi, nebyli z velké části „antifašisté", neboť ti se raši vystěhovali do západních zón (sociální demokraté), resp. do sovětské okupační zóny (komunisté), nýbrž odborníci, o které Československo nechtělo přijít. V roce 1953 jim bylo uděleno, či spíše vnuceno státní občanství. Území bývalých Sudet bylo mezitím asi z devadesáti procent osídleno českým obyvatelstvem z vnitrozemí, zbývající desetinu tvořili Slováci a „reemigranti" z Volyně, která připadla Sovětskému svazu, a z různých evropských států. Počet Němců, kteří po roce 1945 zůstali v Československu, klesl z 200 000 na 86 000 v roce 1970 a posléze na 50 000 v roce 1990.[14]

Přijetí a integrace sudetských Němců v Bavorsku

Již před koncem války hledali sudetští Němci útočiště v Bavorsku. Do roku 1946 pak přijalo Bavorsko kolem 200 000 vyhnanců. 20. listopadu 1945 rozhodla spojenecká Kontrolní rada pro Německo o rozdělení nuceně vysídlených z Československa, Polska a Maďarska do čtyř okupačních zón: do americké mělo být přiděleno 1 750 000 Němců z Československa. Provedením „odsunu" pověřila pražská vláda komunisty vedené ministerstvo vnitra, které mělo organizovat vysídlení a znovuosídlení prostřednictvím svých „regionálních osidlovacích úřadů" ve spolupráci s „národními výbory", policií a vojskem. Vyhnanci si směli vzít s sebou zavazadlo o váze 30 až 50 kg. Američané trvali na tom, že smí být vysidlovány pouze kompletní rodiny, a požadovali, aby Němci před vyhoštěním absolvovali lékařskou prohlídku a aby transporty doprovázeli němečtí lékaři a zdravotní sestry. Každý transport měl sestávat ze 40 vagónů a cca 1 200 osob. Němcům byl termín vysídlení oznámen jeden až dva dny předem. Byli pak převezeni do sběrných táborů, kde museli někdy až tři týdny čekat na odsun. Lepší podmínky byly vytvořeny pro více než 73 000 sudetoněmeckých sociálních demokratů, kteří mohli jako „antifašisté" v květnu 1946 vycestovat do americké okupační zóny a z nichž asi polovina zůstala v Bavorsku.[15]

V Bavorsku bylo ještě před příchodem masy sudetských Němců zřízeno „Státní komisařství pro uprchlíky" s regionálními a lokálními pobočkami. Do konce roku 1949 sem dorazil více než milion sudetských Němců. Cítili bolest ze ztráty domova a veškerého majetku, zároveň však také ulehčení, že unikli pronásledování. Vzhledem ke škodám, které způsobilo bombardování především ve velkých a průmyslových městech, bylo Státní komisařství nuceno posílat uprchlíky převážně na venkov a do malých měst; sudetští Němci přišli hlavně do Horního Bavorska, Švábska a Středních Frank. Na přechodnou dobu byli ubytováni v barákových táborech a později přiděleni do soukromých bytů, cca polovina z nich do selských usedlostí. Nevyhnutelně docházelo ke konfliktům se starousedlíky, zásobování potravinami a především šatstvem a obuví bylo nedostatečné. Mladiství měli ztížený přístup ke vzdělání, dospělí, kteří měli ve srovnání s místními v průměru lepší školní vzdělání, resp. obsáhlejší odborné kvalifikace, málokdy našli práci. Statisíce jich putovaly dál do průmyslových oblastí a velkoměst, jakmile měly zajištěno bydlení a pracovní místo.[16] Stát podporoval prostřednictvím úvěrového ručení výstavbu bytů a zakládání průmyslových podniků, jen do konce roku 1947 jich byly téměř dva tisíce – byly rozmístěny po celé zemi, ale i soustředěny v jednotlivých obcích, jako např. Neugablonz, Waldkraiburg, Traunreut a Geretsried. Mnohé z těchto firem ovšem převzaly zastaralou strukturu výroby své dřívější vlasti a nepřežily nedostatek kapitálu po měnové reformě roku 1948.[17]

Vláda Spojených států nejprve vsadila na „organické splynutí [vyhnanců] s místním obyvatelstvem" a zakázala vytvoření krajanských organizací – tuto restriktivní politiku však brzy zase opustila. Státní komisařství bylo i se svými regionálními orgány roku 1948 včleněno do ministerstva vnitra a roku 1955 spolu s tzv. Úřady pro vyrovnání břemen do ministerstva práce. Pro rovnoměrnější rozdělení zatížení vyhnanců a místního obyvatelstva válkou a jejími následky byl v srpnu 1949 přijat zákon o okamžité pomoci, který byl roku 1952 nahrazen tzv. zákonem o vyrovnání břemen (Lastenausgleichsgesetz), který stanovoval zvláštní zdanění majetku místního obyvatelstva. Z těchto prostředků bylo vyhnancům vypláceno odškodnění za ztrátu veškerého majetku. Ani půjčky poskytované na vybudování podniků, ani nově vytvořená pracovní místa, ani výstavba nových bytů však nezabránila určitému sociálnímu sestupu; další generace „vysídlených" již ovšem byla schopna se starousedlíky srovnat krok. Do roku 1953 dokázala jen třetina odsunutých živnostníků zase začít podnikat.[18]

Mnoha novým občanům se vryl do paměti počáteční odmítavý postoj místního obyvatelstva, které je na základě nářečí lehce identifikovalo jako cizince.[19] Propast byly schopny překlenout nejdříve děti, které si společně hrály, a matky, které si navzájem pomáhaly.[20] K integraci přispívalo i zvyšující se procento „smíšených manželství" mezi starousedlíky a přistěhovalci: u ročníků 1940-1956 se již jednalo o víc než dvě třetiny. Výrazem úspěšně postupující integrace byla rovněž v průzkumech zjišťovaná neustále klesající hypotetická vůle k návratu do staré vlasti[21], což se odrazilo i na politickém významu Spolku vyhnaných z vlasti a zbavených práv (Bund der Heimatvertriebenen und Entrechteten), který byl v Zemském sněmu zastoupen pouze v letech 1950 až 1962. Pozvolna se utvářela tzv. „názorová společenství": křesťansko-sociální (Ackermann-Gemeinde), sociálně demokratické (Seliger-Gemeinde) a národně konzervativní (Witiko-Bund). Roku 1950 se Rudolf Lodgman von Auen dostal do čela Sudetoněmeckého krajanského sdružení (Sudetendeutsche Landsmannschaft), které spíše než na „právo na život na Západě" kladlo důraz na „právo na vlast na Východě". Bavorská vláda převzala roku 1954 „opatrovnictví" a roku 1968 „patronát" nad sudetoněmeckou národnostní skupinou a jako zástupce tohoto „čtvrtého bavorského kmene" (vedle Starobavorů, Švábů a Franků) uznala „Krajanské sdružení a jeho instituce", jehož součástí se i přes neustálé postojové rozdíly stala i zmíněná tři názorová společenství.

Pod komunistickou nadvládou

V roce 1945 byla v Československu utvořena „vláda Národní fronty" složená z komunistů, sociálních demokratů, národních socialistů a lidovců. V únoru 1948 komunisté využili mocenského boje uvnitř Národní fronty a demonstrativní demise několika ministrů k vyřazení ostatních politických stran a uchopení moci. Do 1. srpna 1948 uprchlo do Bavorska současně s velkým počtem sudetských Němců, utíkajícími sem před deportacemi do vnitrozemí, asi 5 600 Čechů a Slováků, mezi nimi i někteří prominentní politici. Tady narazili na otevřené nepřátelství odsunutých sudetských Němců.[22] Uchvácení moci komunisty znamenalo spuštění železné opony i na bavorsko-české hranici. Vláda jedné strany, zestátňování průmyslu a řemesla, procesy proti politickým odpůrcům a domnělým „odpadlíkům" a začínající kolektivizace v zemědělství – to jsou chrakteristické rysy stalini-stického systému v Československu. Počátkem šedesátých let je patrná postupná liberalizace, především v oblasti hospodářství a kultury, která v lednu 1968 vyústila v tzv. „pražské jaro". Již 21. srpna 1968 však vojska Varšavského paktu tomuto reformně komunistickému experimentu učinila rázný konec. A opět přecházely tisíce Čechů hranice do Bavorska, které se pro ně ovšem mezi 26. a 28. srpnem uzavřely.

Většina Čechů a Slováků pozorovala vývoj v Německé spolkové republice s nedůvěrou. Komunistická propaganda líčila politiku Spolkové republiky jako revizionistickou a revanšistickou. Poukazovala na její nárok na výhradní zastupování všeho německého národa (tedy odmítání právní existence NDR), neuznání územních ztrát, nezájem Bonnu o diplomatické vztahy s evropskými satelity SSSR, trvání svazů vyhnanců na právo na vlast a na návrat, citovala příslušné „nedělní projevy" politiků. Po dočasném uvolnění česko-německých vztahů v roce 1968 opět odstartovala kampaň proti NSR a sudetoněmeckému landsmanšaftu a jejich údajné revanšistické cíle posloužily jako záminka pro rozmístění sovětských jednotek na československém území. V letech 1968 až 1970 vystoupilo (resp. bylo vyloučeno) z komunistické strany půl milionu členů, 150 000 osob muselo opustit svou původní profesi, kolem 140 000 emigrovalo. Sovětská intervence měla za následek zlepšení postoje většiny obyvatelstva k západním zemím, jmenovitě k NSR. V rámci nové „východní politiky" byla mezi spolkovou vládou a Československem roku 1973 uzavřena tzv. Pražská smlouva, jejímž nejdůležitějším bodem bylo prohlášení mnichovské dohody za neplatnou.

Počátkem sedmdesátých let se vlády v Praze a Bonnu soustředily na pragmatické rozvíjení bilaterálního obchodního styku: v roce 1970 byla podepsána dlouhodobá dohoda o pohybu zboží a kooperaci, na kterou navázala o pět let později dohoda o dalším rozvoji hospodářské, průmyslové a technické spolupráce. V roce 1971 dosáhl vzájemný obchod objemu 2 miliard DM – dvojnásobek v porovnání s rokem 1968. Německo se mezitím stalo nejdůležitějším obchodním partnerem České republiky, která v roce 2004 importovala z Německa zboží v hodnotě 17 miliard euro a exportovala zboží v hodnotě 19,3 miliard euro.

V úvodu zmíněná Smlouva o dobrém sousedství z roku 1992 byla o pět let později doplněna Česko-německou deklarací o vzájemných vztazích a jejich budoucím rozvoji. Německá strana zde „lituje utrpení a křivd, které Němci způsobili českému lidu nacionálněsocialistickými zločiny", česká strana „lituje, že poválečným vyháněním, jakož i nuceným vysídlením sudetských Němců z tehdejšího Československa, vyvlastňováním a odnímáním občanství bylo způsobeno mnoho utrpení a křivd nevinným lidem". Konečně pak obě strany prohlašují, „že nebudou zatěžovat své vztahy politickými a právními otázkami pocházejícími z minulosti." Těžiště smlouvy a deklarace však netkví v posouzení minulosti, nýbrž v mnohostranné budoucí spolupráci.

Poznámky
1 Teichová 1988, str. 54
2 Brubaker 1996
3 Illmann 2002
4 Boyer 1999; Kučera 1999
5 Drehscheibe Prag 1992
6 Bachstein 1992
7 Protokol pobočky gestapa v Poběžovicích (Ronsperg) ze 6. června, informace [stran DSAP] z 10. června 1938, Národní archiv Praha, 225–1302-4, str. 156 a 163.
8 Akten zur Deutschen Auswärtigen Politik, Serie D, Bd. 2, Baden-Baden 1950, Nr. 1
9 Zimmermann 1999, str. 71–74 (česky: Prostor 2001)
10 Ziegler 1974
11 Srv. k protektorátní politice obecně: Brandes 1969 a 1975 (česky: Prostor 1999)
12 Srv. k odsunu a nucenému vysídlení: Brandes 2005 (česky: Prostor 2002)
13 Srv. k této sporné otázce: Staněk 2002 (česky: Institut pro středoevropskou kulturu a politiku, Praha 1996). Podstatně vyšší je počet nevyjasněných osudů.
14 K tomuto tématu obecně: Staněk 1993
15 Werner 1995, zvláště str. 297
16 Grosser 1998
17 Schreyer 1969, str. 236–250
18 tamtéž
19 Volbrachtová 1996
20 Vaskovics 2002, str. 187–196
21 tamtéž
22 Hoffmann 1995

Jetzt, da es dazu kömmt, das Bürgerliche Bräuanwesen meines Vaters Wolfgang Kammermeier in Zwiesel zu übernehmen, fällt mir erst ein, daß ich selbst nicht weiß, ob ich ein Baier, oder ein Böhme sey!

Joseph Kammermeier, Zwiesel 1832

Teď, když mám převzít měšťanský pivovar svého otce Wolfganga Kammermeiera ve Zwieselu, mě teprve napadá, že sám nevím, jestli jsem Bavor nebo Čech!

Joseph Kammermeier, Zwiesel 1832

Mit der halben Million Tschechen der Stadt [Prag] pflog der Deutsche keinen außergeschäftlichen Verkehr. Niemals zündete er sich mit einem Streichholz des Tschechischen Schulengründungs-Vereins eine Zigarre an, ebenso wenig ein Tscheche die seinige mit einem Streichholz aus einem Schächtelchen des Deutschen Schulvereins. Kein Deutscher erschien jemals im tschechischen Bürgerklub, kein Tscheche im Deutschen Casino. Selbst die Instrumentalkonzerte waren einsprachig, einsprachig die Schwimmanstalten, die Parks, die Spielplätze, die meisten Restaurants, Kaffeehäuser und Geschäfte. Korso der Tschechen war die Ferdinandstraße, Korso der Deutschen der ‚Graben‘ ...

Egon Erwin Kisch, 1914

S půlmilionem Čechů, žijících ve městě, nepojily Němce mimo obchodních žádné jiné vztahy. Němec si nikdy nezapálil doutník zápalkou Českého školského spolku, stejně tak jako Čech nikdy nepoužil zápalku z krabičky Německého školského spolku. Žádný Němec se nikdy neobjevil v české měšťanské besedě, žádný Čech v německém kasinu. Dokonce i instrumentální koncerty byly jednojazyčné, stejně jako plavecké bazény, parky, hřiště, většina restaurací, kaváren a obchodů. Češi korzovali po Ferdinandově třídě, Němci po „Příkopech“ ...

Egon Erwin Kisch, 1914

Wenngleich es noch so unglaublich erscheinen mag, so hatte ich – und ich glaube sogar meine ganze Generation – anfangs keinerlei Ahnung von der Existenz der Deutschen in Böhmen ... wir wussten nicht, dass in Böhmen einst irgendwelche Deutschen lebten. Heute staune ich darüber, dass es gelungen ist, diese so gut zu verstecken – als ob sie hier gar nicht gewesen wären.

Milan Augustin: Mein Weg zu unseren Deutschen, unveröffentlichtes Manuskript, 2006

Ačkoli to vypadá neuvěřitelně, neměl jsem – a myslím, že celá moje generace neměla – zpočátku ani zdání o existenci Němců v Čechách ... nevěděli jsme, že v Čechách kdysi žili nějací Němci. Dnes žasnu nad tím, jak se mohlo podařit tak dobře je schovat – jako kdyby tu bývali vůbec nebyli.

Milan Augustin, Mein Weg zu unseren Deutschen (nezveřejněný rukopis, 2006)

1 Länder – Leute – Grenzen

Im geografischen Zentrum des Kontinents liegen zwei der am längsten bestehenden Staatsgebilde Europas benachbart: Bayern und Böhmen. Der heutige Freistaat Bayern ist mit etwa 70 600 Quadratkilometern das flächengrößte Land der Bundesrepublik Deutschland. Das Land Böhmen mit einer Fläche von etwa 53 000 Quadratkilometern bildet gemeinsam mit dem südöstlich anschließenden Mähren die Tschechische Republik. In Bayern leben heute etwa 12,3 Millionen Menschen, in Tschechien etwa 10,3 Millionen.

Bayern und Böhmen sind geologisch über das Grundgebirge der Böhmischen Masse verbunden: Fichtelgebirge, Frankenwald, Erzgebirge und Kaiserwald (Slavkovský les südwestlich von Karlsbad) gehören zum „Saxothuringicum". Der südlich anschließende Teil trägt die Bezeichnungen der beiden wichtigsten Flussläufe Moldau und Donau in seinem Namen: „Moldanubikum". Zu ihm gehören der Oberpfälzer Wald und der Bayerische Wald auf deutscher, der „Böhmische Wald" (Český les) und der Böhmerwald (Šumava) auf tschechischer Seite. Diese geografisch klar zugeordneten Bezeichnungen der bewaldeten Grenzregion sind relativ moderne Festlegungen. Lange Zeit sprach man ganz allgemein, wie etwa bei der Erstnennung in der Raffelstettener Zollurkunde im Jahr 905, von „silva Boemica", dem „Beheimer Wald".

Die historischen Regionen Altbayern, Franken und Schwaben bilden das heutige Bayern; seine natürlichen Großlandschaften sind die Bayerischen Alpen, das Alpenvorland, das Schwäbisch-Fränkische Schichtstufenland und die Ostbayerischen Mittelgebirge. Böhmen ist von Mittelgebirgen umgeben, vom Böhmerwald, dem Fichtel- und Erzgebirge, den Sudeten und der Hochebene der Böhmisch-Mährischen Höhe. Die Grenzen Böhmens wirken zumeist auch als Wasserscheiden, von denen Bäche und Flüsse ins Landesinnere fließen und sich in den Hauptströmen Moldau und Elbe vereinigen. Prag bildet das verkehrsgeografische Zentrum und ist neben Rom und Paris eine der ältesten Landeshauptstädte Europas. Spätestens seit der Festigung der Přemyslidenherrschaft im 10. Jahrhundert stellt Böhmen eine Konstante auf der politischen Landkarte dar. Von hier aus wurden weitere Länder unter der böhmischen Krone vereinigt, zunächst Mähren und Schlesien, dann die Ober- und Niederlausitz und zeitweilig Gebiete der Oberpfalz, das so genannte Neuböhmen.

Die Länder der Böhmischen Krone (Böhmen, Mähren, Schlesien, die Ober- und Niederlausitz) waren Teil des Heiligen Römischen Reichs, besaßen aber eine Sonderstellung. Der König von Böhmen zählte als Kurfürst zu den sieben zur Wahl des römischen Königs und späteren Kaisers berechtigten Fürsten. Doch das böhmische Territorium war niemals Teil eines der zehn Reichskreise geworden, die die Selbstverwaltungs- und Exekutivorgane des Reichs bildeten. Viele Verpflichtungen, die andere Länder dem Reich gegenüber zu erfüllen hatten, galten nicht für Böhmen: Weder mussten Steuern entrichtet noch militärische Hilfe geleistet werden, noch waren seine Bewohner an die Beschlüsse des Reichstags gebunden. Allerdings gehörte die Krone Böhmens selbst seit dem Jahr 1526 und bis zur Gründung der Tschechoslowakei 1918 zum habsburgischen Machtblock und bildete, vereint mit den Ländern Österreichs und Ungarns, die größte Landmasse Mittel- und Südosteuropas.

Im Unterschied zu Böhmen gehörten die Gebiete des heutigen Bayern zum Kernbestand des Reichs und spielten auch in dessen Verfassungsleben eine zentrale Rolle. Das galt insbesondere für die politisch sehr stark zergliederten Herrschaften des Schwäbischen und Fränkischen Reichskreises: von den Fürstbischöfen in Bamberg und Würzburg über große Reichsstädte wie Augsburg und Nürnberg bis hin zu größeren und kleineren Adelsterritorien. Das Herzog-, seit 1623 Kurfürstentum Bayern war der politisch dominierende Stand im Bayerischen Reichskreis. Seit 1663 tagte auf dem Kreisterritorium in Regensburg auch der Immerwährende Reichstag und damit eines der wichtigsten Verfassungsorgane des Reichs. Nach dessen Ende im Jahr 1806, nach Säkularisation, Mediatisierung und der Aufrichtung des Königreichs Bayern begannen diese Territorien unterschiedlichen Rechts und unterschiedlicher Herrschaftsformen im modernen Bayern allmählich zusammenzuwachsen. Dazu trugen die zentralisierenden Verwaltungsreformen des Grafen Montgelas und der Erlass der Verfassung von 1818 wesentlich bei. Die historischen Unterschiede zwischen Franken, Schwaben und Altbayern gehören aber bis heute zum regionalen Sonderbewusstsein, das durch die auch als „Vierter Stamm Bayerns" bezeichneten Sudetendeutschen seit 1945 noch erweitert wurde.

Die Grenze zwischen dem heutigen Bayern und Böhmen zählt zu den ältesten relativ stabilen Grenzen Europas. Das liegt vor allem an der naturräumlichen Gegebenheit des bayerisch-böhmischen Waldgebirges, das einen Großteil der Grenzsituation prägt. Bis ins 18. Jahrhundert hinein muss man eher von einem diffusen Grenzsaum sprechen. Die Herrschaftsbildung erfolgte von beiden Seiten in das Waldland hinein. Noch 1735 heißt es im Bericht eines Passauer Hofkammerrats: „... dan wan man fragt, welcher Orth im Waldt die Cronn Bömen dan aufhöret, so ist es zuweilen eben so zweifolhafftig, ahn wo Passau anfahrt." (zit. nach Blessing 2002, S. 61 f.) Erst allmählich, vorangetrieben durch juristische Kommissionen, Vermessungstätigkeiten und Markierungsarbeiten in der zweiten Hälfte des 18. Jahrhunderts stabilisierte sich eine klar definierte Grenzlinie, allerdings vorwiegend auf der Ebene der Landesherrschaft. Unterhalb davon lebten rechtliche Gemengelagen fort, wie etwa im Egerland, das als Pfand zur böhmischen Krone gekommen war und stets eine kulturelle und wirtschaftliche Drehscheibenfunktion zwischen Sachsen, Franken, Bayern und Böhmen erfüllte. Bis zur Auflösung des Heiligen Römischen Reichs im Jahr 1806 besaßen die jeweiligen Grenzen nicht die Qualität von Nationalstaatsgrenzen. Zudem fiel mit den politischen Grenzen – bis auf wenige Ausnahmen etwa im Chodenland bei Taus/Domažlice – keine ethnische Grenze zusammen. Die Sprach„grenze" – auch diese war nicht linear gezogen – zwischen Deutsch und Tschechisch begann erst im böhmischen Hinterland. Tatsächlich abgrenzenden Charakter gewann der Gegensatz der Sprachen erst mit dem national aufgeladenen Denken des 19. Jahrhunderts.

Trotz des wachsenden wirtschaftlichen und kulturellen Austauschs verstärkte sich andererseits die Abgrenzung im 19. Jahrhundert. Während Bayern seit 1834 dem deutschen Zollverein angehörte, blieb die österreichische Monarchie mit dem Königreich Böhmen davon ausgeschlossen. Und spätestens seit dem Ende des Deutschen Bundes 1866 und der Gründung des Deutschen Reichs 1871 waren Bayern und Böhmen füreinander endgültig zum Ausland geworden. Im Jahr 1918 sah die alte Grenze zwei staatlich neu verfasste Nachbarn: Bayern war zum Freistaat, zur Republik geworden. Böhmen gehörte zur neu proklamierten Tschechoslowakischen Republik, die aus der Erbmasse der zerschlagenen Habsburgermonarchie entstanden war. Das Münchner Abkommen von 1938 zog massive Veränderungen an der Grenze nach sich: Die deutsch besiedelten Randgebiete im Norden wurden als „Reichsgau Sudetenland" dem Deutschen Reich zugeschlagen; ein westböhmischer Gebietsstreifen von Prachatitz bis zur Further Senke wurde sogar Bestandteil des Landes Bayern. 1939 folgten die Zerschlagung der Tschechoslowakei und die Unterstellung Böhmens und Mährens als „Protektorat" unter deutsche Oberhoheit.

Nach der deutschen Niederlage 1945 wurden diese Veränderungen wieder rückgängig gemacht. Die Vertreibung des größten Teils der deutschsprachigen Bevölkerung aus der Tschechoslowakei vertiefte auch die bayerisch-böhmische Abgrenzung weiter. Schließlich ließ der Eiserne Vorhang, der nun Europa zerschnitt und die zwei Staaten scharf voneinander trennte, einstige Regionen bayerisch-böhmischen Austausches tatsächlich zum „Grenzland" werden.

Erst seit 1989 können Menschen auf beiden Seiten der Grenze wieder erleben, was der Historiker Ferdinand Seibt über die Nachbarländer formulierte: „Fährt man von Bayern nach Böhmen ..., so begegnen einem ... hier wie dort die gleichen Landstädtchen – und nicht nur im ehemaligen deutschen Sprachgebiet. Volkskundler fanden heraus, dass die städtischen Grundrisse und die Häuserfassaden der räumlichen Nachbarschaft enger verbunden sind als der nationalen Zugehörigkeit; dass auch die Sagen und Märchen in ihren Motiven denselben Nachbarschaftsbezug besser erkennen lassen als sprachnationale Grenzen. Auch die böhmische Speisekarte zeigt ähnliche Gemeinsamkeiten. Fernab der hohen Politik – der Bindungen und Frontlinien, die sie befahl – war manche Sympathie auf ihre Weise in vielen Begegnungen wirksam, war die Bevölkerung wirklicher und auch dauerhafter als das Volk, herrschte der Alltag mit seinen tausenderlei Begegnungen, Handgriffen, Grußformeln, Fertigkeiten und Gewohnheiten und verband die Nachbarn mitunter in einer tieferen, oft kaum beobachteten Daseinsschicht." (S. 11) *Peter Wolf*

Lit.: Bahlcke/Eberhard/Polívka 1998; Blessing 2002; Dotzauer 1989; Koschmal/Nekula/Rogall 2003; Seibt 1997

1 Země – lidé – hranice

V geografickém centru kontinentu spolu sousedí dva z nejdéle existujících státních útvarů v Evropě: Bavorsko a Čechy. Dnešní Svobodný stát Bavorsko je se svými 70 600 čtverečními kilometry územně největší zemí Spolkové republiky Německo. Čechy mají rozlohu cca 53 000 km² a tvoří spolu s Moravou, přiléhající k nim z jihovýchodu, Českou republiku. V Bavorsku dnes žije cca 12,3 milionů obyvatel, v Česku asi 10,3 milionů.

Geologicky Bavorsko a Čechy spojuje krystalinikum Českého masivu: Smrčiny (Fichtelgebirge), Francký les (Frankenwald), Krušné hory a Slavkovský les jihozápadně od Karlových Varů patří k „saxothuringiku"; na jihu navazuje „moldanubikum", pojmenované podle obou nejvýznamnějších řek Vltavy (Moldau) a Dunaje (Danubius), které zahrnuje Hornofalcký les (Oberpfälzer Wald) a Bavorský les (Bayerischer Wald) na německé, Český les a Šumavu na české straně. Tyto geograficky jasně definované názvy pro zalesněné pohraničí jsou relativně nedávného data. Dlouhou dobu se užívaly obecné pojmy jako „silva

Boemica" či „Beheimer Wald", poprvé se objevující v Raffelstettenské celní listině z roku 905.

Dnešní Bavorsko je tvořeno historickými kraji Staré Bavorsko, Franky a Švábsko, člení se na přírodní oblasti Bavorské Alpy, Alpské předhůří, Švábsko-francké souvrství a Východobavorské středohoří. Území Čech lemují středohoří: Šumava, Smrčiny, Krušné hory, Sudety a náhorní rovina Českomoravské vysočiny. Hranice Čech jsou většinou také rozvodími, z nichž stékají potoky a řeky do vnitrozemí a spojují se do hlavních toků Vltavy a Labe. Dopravně-geografické centrum Praha je vedle Říma a Paříže jednou z nejstarších zemských metropolí Evropy. Nejpozději se stabilizací vlády Přemyslovců v 10. století se Čechy stávají konstantou na politické mapě. Byly výchozím bodem pro sjednocování dalších území pod českou korunou, nejdříve Moravy a Slezska, pak Horní a Dolní Lužice a dočasně také oblastí Horní Falce, tzv. Nových Čech.

Země Koruny české (Čechy, Morava, Slezsko, Horní a Dolní Lužice) byly součástí Svaté říše římské, měly však zvláštní postavení. Český král patřil k sedmi knížatům-kurfiřtům, oprávněným volit římského krále a císaře. Území Čech však nikdy nespadalo do žádného z deseti říšských krajů, tvořících samosprávné a exekutivní orgány říše. Mnohé závazky, které měly vůči říši ostatní země, pro Čechy neplatily: nemusely odvádět daně ani poskytovat vojenskou pomoc, jejich obyvatelstvo nebylo vázáno usneseními říšského sněmu. Od roku 1526 až do založení Československa 1918 patřila ovšem Koruna česká k habsburskému mocenskému bloku a tvořila spolu s Rakouskem a Uherskem nejrozsáhlejší souvislé území ve střední a jihovýchodní Evropě.

Na rozdíl od Čech patřily oblasti dnešního Bavorska k jádru říše a hrály ústřední roli v jejím ústavním zřízení. Platilo to zejména pro politicky velmi rozdrobená panství Švábského a Franckého říšského kraje: od knížecích biskupů v Bamberku a Würzburku přes velká říšská města jako Augšpurk a Norimberk až po větší či menší šlechtická teritoria. Vévodství (od roku 1623 kurfiřtství) bavorské bylo politicky nejsilnějším stavem v Bavorském říšském kraji. Od roku 1663 zasedal na krajském teritoriu v Řezně permanentní říšský sněm, tedy jeden z nejdůležitějších ústavních orgánů říše. Po rozpadu Svaté říše římské v roce 1806, po sekularizaci, mediatizaci a povýšení Bavorska na království začala tato heterogenní území s odlišnými právními systémy a formami vlády postupně srůstat. Podstatně k tomu přispěly centralistické správní reformy hraběte Montgelase a vydání ústavy v roce 1818. Historické rozdíly mezi Franky, Švábskem a Starým Bavorskem však dodnes patří k dějinně utvářenému regionálnímu povědomí, jež se po roce 1945 rozrostlo o „čtvrtý bavorský kmen", totiž sudetské Němce.

Hranice mezi dnešním Bavorskem a Čechami patří k nejstarším relativně stabilním hranicím v Evropě. To souvisí především s přírodní daností bavorsko-českého lesního pohoří, které z velké části určuje hraniční situaci. Až do 18. století je třeba hovořit spíše o difúzním hraničním pásu. Utvářející se panství zasahovala do lesní krajiny z obou stran. Ještě v roce 1735 se píše ve zprávě pasovského dvorního komorního rady: „Začne-li se člověk ptát, na kterém místě v lese končí území Koruny české, je pak občas na pochybách i o tom, kde začíná Pasov." (cit. Blessing, str. 61n.) Teprve pozvolna vedla činnost právních komisí, vyměřování a značení ve 2. pol. 18. století ke stabilizaci jasně definované hraniční linie, převážně ovšem v rovině zemského panství. Na nižší úrovni přežívaly různé „smíšené" situace a právní propletence, jako například na Chebsku, které České koruně připadlo jako zástava a plnilo funkci jakési kulturní a hospodářské „točny" mezi Saskem, Franky, Bavorskem a Čechami. Až do zániku Svaté říše římské v roce 1806 neměly jednotlivé hranice charakter ohraničení národního státu.

Kromě toho se politické hranice nekryly s žádnou etnickou hranicí – až na několik málo výjimek, např. část Chodska v okolí Domažlic. Tato jazyková „hranice" – která také neměla lineární průběh – mezi němčinou a češtinou začínala teprve v českém vnitrozemí. Skutečně vymezující charakter dostal tento jazykový protiklad teprve v nacionálně orientovaném myšlení devatenáctého století.

I přes rozvíjející se hospodářskou a kulturní výměnu sílí v 19. století vymezování. Zatímco Bavorsko patřilo od roku 1834 k Německému celnímu spolku, rakouská monarchie (a tedy ani Království české) se jeho členem nestala. A nejpozději s rozpuštěním Německého spolku v roce 1866 a založením Německé říše r. 1871 se Bavorsko a Čechy staly sobě navzájem „cizinou". V roce 1918 se na staré hranici setkaly dva nově ustavené státy: Bavorsko se stalo „svobodným státem". Čechy byly součástí nově vyhlášeného Československa, jednoho z nástupnických států habsburské monarchie. Mnichovská dohoda z roku 1938 měla za následek masivní proměnu hranic: německy osídlené okrajové oblasti připadly jako „Říšská župa Sudety" Německé říši; západočeský územní pruh od Prachatic až po Všerubský průsmyk se stal dokonce součástí bavorského území. V roce 1939 následovalo rozbití Československa a podřízení Čech a Moravy v tzv. protektorátu německé nadvládě. Po porážce Německa roku 1945 byly tyto změny anulovány. Vyhnání většiny německy mluvícího obyvatelstva z Československa dále prohloubilo bavorsko-české odcizení. A konečně železná opona, která ostře rozdělila Evropu i tyto dva státy, učinila z bývalých regionů bavorsko-české výměny skutečné „pohraničí".

Teprve po roce 1989 se lidem na obou stranách hranice zase otevřela zkušenost, o které píše historik Ferdinand Seibt: „Na cestě z Bavorska do Čech ... člověk míjí ... tady i tam stejná městečka – a nejen v bývalé německé jazykové oblasti. Etnografové zjistili, že půdorysy měst a fasády domů jsou v mnohém větší míře ovlivněny prostorovým sousedstvím než národní příslušností; že i motivy pověstí a pohádek zrcadlí spíše tento sousedský vztah než jazykově národní hranice. I český jídelní lístek vykazuje podobné shody. Tam, kde vysoká politika nerozhodovala o tom, kdo má být spojenec a kdo nepřítel, působila spíše sympatie pociťovaná při vzájemných setkáních, žili „lidé", kteří byli skutečnější a trvalejší než „lid", vláda každodennost života: setkávání, podání ruky, pozdravy, rutina a zvyk – a spojovala oba sousedy v jakési hlubší, často sotva postřehnutelné vrstvě bytí." (str. 11)

Peter Wolf

Lit.: Bahlcke/Eberhard/Polívka 1998; Blessing 2002; Dotzauer 1989; Koschmal/Nekula/Rogall 2003; Seibt 1997

1.1 Das Kreuz ist benannt nach seinem Stifter König Přemysl Ottokar II. von Böhmen und zählt zu den bedeutendsten Goldschmiedearbeiten. Im 14. Jahrhundert gelangte das Ottokar-Kreuz als Pfand nach Bayern und kam schließlich in den Besitz des Bischofs von Regensburg.

Ottokar-Kreuz mit Kreuzreliquie

Prag(?), 1261–1278, Kreuzfuß Regensburg, nach 1313; Gold, Perlen, Edelsteine, Glasfluss, Niello, Silber, teilvergoldet u. a., Gesamthöhe 84,5, Kreuz 36,7 x 30,8, Br. Fuß 28,5; Domschatzmuseum Regensburg (D 1974/69)

Lit.: Boehmer 1839, S. 182, Nr. 18; Chytil/Friedl 1931; Hubel 1976, S. 170–175, Kat.-Nr. 68, Abb. 107–116, Tafel X–XI; Homolka 1982, S. 137–141; Fritz 1982, S. 194, Nr. 72

Das Kreuz ist mit folgenden gravierten Inschriften bezeichnet: „REX. OTAKARVS. ME. FECIT / DE LIGRO. SCTE. CRVCIS" („König Ottokar hat mich geschaffen / vom Holz des heiligen Kreuzes"), auf den Spruchbändern: „AVE MARIA GRA-IOHANNES. EWA". Die Materialien sind: Gold, schwarzblaues Niello, Holz; geschnittener und geschliffener Bergkristall. Bei den Edelsteinen handelt es sich um Gruppen großer Steine auf den Kreuzbalken (nach gemmologischer Expertise von Jaroslav Hyršl; Bezeichnung von links A–D, mittlerer Teil des Kreuzes E): A1 – sattblauer Saphir, A3 – blassblauer Saphir, A4 – blauer Saphir, dreikantiger Kieselstein mit Bohrung für Amulett; A2 – Granat; B1, 3 – Smaragd; B2, 4 – Granat; C1, 3 Smaragd; C2, 4 – blauer Saphir; D1 – amethystvioletter Saphir; D2 – Granat; D3 – Smaragd; D4 – Edelopal (kleiner als übriger Besatz, sekundär ergänzt); E – Almandin-Granate in Form von Rauten mit perfektem Facettenschliff, im Inneren starke schwarze Inklusionen, insbesondere Rutilgitter; der Größe (bis zu 25 mm) nach zu urteilen, stammen sie wahrscheinlich eher aus Indien als aus dem österreichischen Zillertal. Die Edelsteine wurden sämtlich im Jahr 1695 montiert, ursprünglich befanden sich an ihrer Stelle größere Steine; bei keinem handelt es sich um einen böhmischen Pyrop-Granat. Der wertvollste Edelstein ist der Saphir D1 mit einer Größe von 15 x 12 mm, die violette Einfärbung erinnert an einen Amethyst, das Innere ist rein, mit feinem Rutilgitter. Sämtliche Saphire stammen mit ziemlicher Sicherheit aus Sri Lanka (Ceylon). Von den fünf Smaragden fallen B3 und C1 durch ihre sattgrüne Färbung mit Katzenaugeneffekt auf, der durch parallele, nur mit der Lupe sichtbare

Kříž byl nazván podle donátora, českého krále Přemysla Otakara II., a je jednou z nejvýznamnějších zlatnických prací. Ve 14. století se kříž dostal zástavou do Bavorska a nakonec do majetku řezenského biskupa.

Kříž krále Přemysla Otakara II. se Dřevem sv. Kříže

Praha (?), 1261–1278, noha: Řezno po 1313; zlato, perly, drahokamy, řezaný a broušený křišťál, niello, stříbro částečně zlaceno, aj., celková v. 84,5, kříž 36,7 x 30,8, š. nohy 28,5

1.1

1.1

Kanälchen bewirkt wird. Die übrigen Smaragde sind blass – man hielt sie bisher irrtümlich für Jadeite –, sie alle stammen wahrscheinlich aus Ägypten. Der hellrote Spinell mit den Maßen 22 x 20 mm auf dem oberen Balken des Doppelbalkenkreuzes, unter dem Stein A3, weist eine ungerade Querbohrung und zahlreiche abgeschliffene Oberflächenunreinheiten auf. Er stammt aus Sri Lanka oder Afghanistan und ähnelt hinsichtlich Farbe, Größe und Bohrung dem Spinell in der böhmischen Wenzelskrone. Die ebenfalls mit einer Bohrung versehenen Naturperlen mit einem Durchmesser bis zu 9 mm haben, bis auf zwei beschädigte Exemplare – die zum Teil abgelöste linke obere Perle auf C und die gesprungene, glanzlose rechts unten auf B –, einen schönen Glanz. Jede Perle ist von sechs kleinen, schwer bestimmbaren Steinen gesäumt, wahrscheinlich handelt es sich um Smaragde, blaue Saphire und rote Granate.

Der Fuß besteht aus vergoldetem Silber, die Gravierungen waren ursprünglich wohl von durchsichtigem, jetzt abgelöstem Emaille bedeckt. In den Vierpässen sind die Heiligen Katharina, Margarethe und zwei Heilige mit Palmzweigen dargestellt; in den Medaillons am Fuß finden sich die Symbole der vier Evangelisten mit Spruchbändern: „S. LVKAS/ S. YOHANNES/ S. MATHEVS/ S. MARCVS".

Das Holz in Form eines Doppelbalkenkreuzes sowie die Vierpässe an der Kreuzung gehen auf byzantinische und römische Staurotheken zurück. Sie könnten daher auf eine Kriegsbeute aus Přemysls Kreuzzug nach Preußen in den Jahren 1254–55 verweisen. Die Kreuzform mit Vierpässen an den Balkenenden lässt sich bis Mitte des 13. Jahrhunderts in Frankreich und Porýn zurückverfolgen. Als Altarkreuz war das Kreuz am unteren Ende ursprünglich mit einem Dorn versehen, der zum Aufstecken auf den Untersatz oder auf die Stange beim Krönungszug und bei Prozessionen diente. Einheimische Analogien zu der von einem Engelspaar beweihräucherten, mit den vier schreibenden Evangelisten umgebenen Kreuzigungsgruppe finden sich – neben Vorbildern in der Buchmalerei – nicht nur im Goldschmiedehandwerk, sondern auch auf den Siegeln von Klöstern, so in Strahov, und auch von Angehörigen des Hofs Přemysl Ottokars. Eine noch ausstehende Röntgenfluoreszensanalyse des Goldes sowie die Bestimmung des prozentualen Anteils legierter Metalle könnte Aufschluss über die Herkunft des Golderzes geben und einen böhmischen Ursprung bestätigen oder ausschließen bzw. Beziehungen zu anderen aus dem Přemyslidenschatz erhaltenen Kleinodien ermitteln. Die gemmologische Analyse hat als neues Ergebnis erbracht, dass die Edelsteine aus mittelalterlichen Sammlungen stammen und im Jahr 1695 nicht so umfassend ausgewechselt wurden wie bisher angenommen. Die vertikale Achse des Kreuzes weist mit dem Saphir A4, dem wertvollen roten Spinell darunter (am oberen Ende des Doppelbalkenkreuzes) und dem violetten Saphir D1 (unten) den originalen Besatz auf. Ebenso original sind die Kränze aus Edelsteinen und Perlen in den Vierpässen, die Analogien zum Edelsteindekor des Přemyslidenschatzes aufweisen, so zum Fingerreliquiar des hl. Nikolaus, der Armreliquie des hl. Georg und der mit Onyx besetzten Fibel aus Schaffhausen. Man kann sie als Vorstufe zu den Juwelierarbeiten am Hof von Přemysls Sohn, König Wenzel II., sehen und auch zur böhmischen Königskrone von Přemysls Urenkel, Kaiser Karl IV., stehen sie in Beziehung. Die Konzeption des Granatschmucks folgt älteren Vorbildern, so entspricht die Umrahmung des Behältnisses für das Holz des Doppelbalkenkreuzes der Staurothek aus Marienstern/Oberlausitz.

Das Ottokar-Kreuz zählt zu den bedeutendsten Goldschmiedearbeiten des Mittelalters und birgt eine wertvolle Reliquie: Holz vom Kreuz Christi. Geschaffen wurde es im Auftrag des böhmischen Königs Přemysl Ottokars II. zwischen 1261 und 1278. Wie es nach dem Tod König Ottokars auf dem Marchfeld im Jahr 1278 in die Hände des mächtigen Prager Patriziers und Finanziers Nicolaus de Turri und später in den Besitz von Regensburger Juden gelangte, ist ungeklärt. Der Mainzer Erzbischof Peter von Aspelt, Vormund des minderjährigen Königs Johann von Luxemburg, mahnte diesen vergeblich, das Kreuz aus der Verpfändung auszulösen. Dies gelang erst 1313 einem weiteren königlichen Ratgeber, dem Regensburger Bischof Nikolaus von Ybbs (1313–1340), der es „zur Abwendung fernerer Schmach" auslöste und für das Kreuz auch einen neuen Fuß anfertigen ließ. Im Jahr 1695 ließ der Weihbischof Albert Ernst Graf von Waldstein-Wartenberg (1688–1715) das Kreuz restaurieren und stiftete dafür 144 facettierte Granate.

D. S.

I.2 Die Wittelsbacherin Sophie von Bayern heiratete 1389 den böhmischen König Wenzel IV. Ehen zwischen böhmischen und bayerischen bzw. fränkischen Adelsgeschlechtern waren nicht selten.

Lampe der Königin Sophie

Deutschordensland (?) (Baltikum oder Pommern?), um 1400; Walrosszahn, Silber, gegossen, graviert, vergoldet, Bernstein (Statuette), Holz (neuzeitliche Hängevorrichtung und Holzsockel), H. (gesamt) 28,5 (mit Ketten 44, L. 45, Br. 21); Statuette: H. 12,5, Br. 7, T. 5,5; Múzeum mesta Bratislavy, Slovensko (F-355)
Lit.: Toranová 1983, S. 212, Kat.-Nr. 243; Žáry u. a. 1990, S. 132–134; Vítovský 1991; Glatz 1999, Kat.-Nr. 160, S. 11, 107–109; Buran 2003, Kat.-Nr. 7.4., S. 806 f.; AK Prague 2005, Kat.-Nr. 143; AK Sigismundus Rex 2006, Kat.-Nr. 4.88

Der Leuchter befand sich ursprünglich in Prag, im Besitz der böhmischen Königin Sophie von Bayern (1376–1428), der zweiten Frau von Wenzel IV. Er war entweder als diplomatisches Geschenk – etwa durch Konrad von Jungingen, dem Hochmeister des Deutschen Ordens – dorthin gelangt oder bei einem aus Preußen zugewanderten Goldschmied in Auftrag gegeben worden. Als älteste Erwäh-

Žofie Bavorská z rodu Wittelsbachů se v roce 1389 stala manželkou českého krále Václava IV. Sňatky uzavírané mezi českými a bavorskými resp. franckými šlechtickými rody nebyly žádnou zvláštností.

Lustr královny Žofie Bavorské

Území Řádu německých rytířů (?) (Pobaltí nebo Pomořansko?), kolem 1400; mroží zuby, stříbro lité, gravírované, pozlacené, jantar (soška), dřevo (novodobý závěs a podstavec), v. (celková) 28,5 (s řetízky 44, d. 45, š.21); soška: v. 12,5, š. 7, h. 5,5; restaurováno 2004/05 (Ľubor Krchňavý)

nung dieser Lampe kann das Nachlassinventar von 1429 angeführt werden (Bayerisches Hauptstaatsarchiv, München). Die letzten Jahre ihres Lebens verbrachte Sophie im Pressburger Exil unter dem Schutz ihres Schwagers Sigismund von Luxemburg. Hier wird der Leuchter zum ersten Mal im nicht datierten Inventarverzeichnis der Schätze der Kapelle Corporis Christi im Stadtbuch aus den Jahren 1364–1538 erwähnt: „Item ain leichter aus ein Helfant tzand mit einem Silbrein vgulten tabernakl darin ain agstainens pild und an ainer vgulten chettn zu ainem stab." Später gelangte das Stück in das Eigentum des Pressburger Kapitels, im 17. und 18. Jahrhundert ist es in den Inventaren des Martinsdoms nachweisbar: „Dentes duo Elephantis per modum Lampadis cum imagino Sanctae Catharinae". Walross wurde anfangs irrtümlich als Elfenbein bezeichnet. Seit den 80er-Jahren des 19. Jahrhunderts befindet sich der Leuchter im Sammlungsbestand des Pressburger Stadtmuseums.

Den unteren Teil des Leuchters bilden zwei Hauzähne und Kiefer eines Walrosses. Darauf ist ein vergoldeter, auf vier dünnen Säulen ruhender Baldachin montiert. Obwohl sich die gotische Inschrift (Minuskel) am Sockelrand auf die hl. Katharina bezieht („s[an]cta kathe[r] lina ora p[ro]nobis"), kann die Bernsteinfigur als thronende Jungfrau Maria (ursprünglich mit Kind) identifiziert werden, was auf eine spätere, sekundäre Zusammenstellung des Objekts hinweist. Das verwendete Material deutet eine nordeuropäische Herkunft an. Unter Berücksichtigung dieses Aspekts und aus stilistischen Gründen kann man den Leuchter als ein Unikat der Gotik auf dem Gebiet Böhmens sowie Oberungarns sehen. Zur Bernsteinstatuette existiert eine Parallele: die Madonna im Michaelskloster in Lüneburg (Kestnermuseum, Hannover). Der reich dekorierte Baldachin erinnert an den 1388 entstandenen Flügelaltar mit Thiele von Lorichs Reliquien aus der Kapelle der Deutschordensburg in Elblag (Muzeum Wojska Polskiego, Warschau).

Als Brennstoff wurden für den Leuchter entweder Kerzen oder Öl benutzt. Da das Stück aber nur unvollständig und nicht in seiner ursprünglichen Form erhalten geblieben ist – aus den vier Manschetten erwachsen kleine Röhrchen mit beschädigten schnabelförmigen Öffnungen –, konnte seine Funktionsweise bisher nicht endgültig geklärt werden. *Z. F.*

I.3 Kaiserin Elisabeth von Österreich, berühmt als „Sissi", war die letzte bayerische Prinzessin, die auch den Titel „Königin von Böhmen" trug. Auf Tschechisch wird sie entsprechend ihrer Herkunft als „Bayerische Elisabeth", als „Alžběta Bavorská" bezeichnet.

a) Armband und Medaillon mit Fotografie der österreichischen Kaiserin Elisabeth
1860–1890; Kupfer, vergoldet, L. Kette 22,3, 250 g; Medaillon: Gold, aus Glas gedrehte Halbperlen, Glas, Fotografie, 3,5 x 2,6; Národní muzeum, Praha (H2-65489)

b) Reitgerte der österreichischen Kaiserin Elisabeth
Wien (?), nach 1850; Knauf: geschliffener Heliotrop, hellroter Rubin-Cabochon, sechs kleine Diamantenrauten, Kupfer, vergoldet und Silber, Ring aus Gold (ungepunzt), geflochtenes Rosshaar, Leder, Stahlsaite, Garn, L. 85; im Etui Plättchen mit eingravierter Aufschrift; Národní muzeum, Praha (H2-65490)

Kaiserin Elisabeth wurde am 10. September 1898 in Genf ermordet. Ihre Töchter Gisela und Marie Valerie waren mit der Ordnung des Nachlasses betraut. Diesem entnahmen sie, dem Hofprotokoll gemäß, Andenken für Freunde, Hofdamen sowie für die höchsten Beamten der Hofkanzlei. Die Souvenirs wurden der Generaldirektion des k. u. k. Privat- und Familienfonds übergeben, dieser ließ sie in Etuis verpacken und mit Widmungen versehen, die entweder direkt auf das Etui oder auf ein beigelegtes Metallplättchen graviert waren. Offenbar überstieg die Zahl der zu beschenkenden Hofleute die der vorhandenen Souvenirs, sodass ad hoc weitere passende Objekte gefunden werden mussten. Jedes Geschenk wurde mit einem persönlichen, seine Herkunft bezeugenden Schreiben, einer Widmung sowie der Unterschrift des Generaldirektors bedacht und in einem mit dem Siegel der Generaldirektion versehenen Trauerumschlag dem Kurier übergeben.

Das Etui mit den drei Erinnerungsstücken wurde nebst Begleitbrief vom 30. November 1898 – wahrscheinlich von einem kaiserlichen Kurier, denn der Umschlag trägt keinen Poststempel – der kaiserlichen Hofdame Gräfin Wilhelmine

Rakouská císařovna Alžběta, známá jako „Sissi", byla poslední bavorskou princeznou, která nosila titul „královna česká". V Čechách je nazývána podle svého původu: „Alžběta Bavorská".

a) Náramek a medailon s fotografií rakouské císařovny Alžběty

1860–1890; měď, zlacená, d. řetízku 22,3, 250 g; medailon: zlato, vinuté půlperly, sklo, fotografie, 3,5 x 2,6

b) Jezdecký bičík rakouské císařovny Alžběty

Vídeň (?), po r. 1850; rukojeť: broušený heliotrop, jasně červený rubín s výbrusem cabochon, šest malých diamantových kosočtverců, zlacená měď a stříbro, kroužek ze zlata (nepuncovaný), spletené koňské žíně, kůže, ocelová struna, nit, 85; v pouzdře destička s vyrytým nápisem

1.3

von Auersperg (1826–1898), geborene Fürstin von Colloredo-Mansfeld, verwitwete Vinzenz Karl von Auersperg, sowie ihrem Sohn, dem kaiserlichen Kammerherrn Franz Josef Fürst von Auersperg auf Schloss Žleby in Ostböhmen überbracht. Die Hofdame lag zu diesem Zeitpunkt selbst im Sterben.

Bei der sechsreihigen Kette aus vergoldetem Kupferdraht handelt es sich um eine grobe Gürtlerarbeit, die kaum der Kaiserin gehört haben kann. Wahrscheinlich wurde sie aufgrund ihrer Dimension – eher ein Mädchencollier als ein Armband – und ihrer ursprünglich strahlenden Vergoldung ausgewählt, um dem angehängten Medaillon als repräsentativer Rahmen zu dienen. Das goldene Medaillon ist mit aus Glas gedrehten Halbperlen besetzt. Die Perlen sind nicht gefasst, sondern nur leicht angeklebt, offenbar wurde nicht damit gerechnet, dass der Schmuck getragen würde. Auf der Vorderseite des Medaillons findet sich die Widmung: „Diese Ihrer Majestät der Kaiserin Elisabeth wurde nach ihrem Tode September 1898 von I. K. Hoheit der Erzherzogin Valerie dem Fürsten von Auersperg als Andenken an die Kaiserin gegeben."

Die kleine Reitgerte ist eine qualitätvolle Juwelierarbeit aus der Zeit des Historismus. In den Knauf aus geschnittenem und poliertem Heliotrop ist ein geschliffener Rubin eingesetzt, der Ring aus Goldblech weist ein getriebenes Palmettendekor auf. Der Stab ist mit geflochtenem Rosshaar und Leder überzogen und am Ende durch eine Stahlsaite mit Quaste verstärkt. Das Ende der Gerte ist ziemlich abgenutzt, unter dem Ring ist sie gebrochen und zweifach mit Leim geklebt. Das Kernmaterial liegt nicht frei und lässt sich daher nicht genau identifizieren. Im Nationalmuseum Prag sind drei analoge Stücke aus derselben Zeit erhalten, die der Sammlung der toskanischen Erzherzöge aus der Habsburger Sekundogenitur auf Schloss Brandeis an der Elbe/Brandýs nad Labem entstammen. Sie bestehen aus Horn, Walfischknochen oder Leder. Der Griff ist in der Regel mit den Initialen des Besitzers markiert. Bei der hier gezeigten Gerte handelt es sich wahrscheinlich um ein authentisches Besitzstück der Kaiserin, die für ihre Reitleidenschaft berühmt war. Im Etui gibt eine Gravur auf einem Schildchen den Hinweis: „Geschenk Ihrer Majestät der Kaiserin Elisabeth an Wilhelmine Fürstin Auersperg geb. Gfin Colloredo Mannsfeld."   D. S.

Ve východním Bavorsku a západních Čechách byly dudy jedním z nejoblíbenějších hudebních nástrojů. „České dudy" se nafukují ústy, na „německé" se hraje pomocí měchu – příklady obou typů se objevují na obou stranách hranice.

a) „Kozel" – německé dudy
počátek 20. století; dřevo, kov, psí srst, 67 x 65 x 20

b) České dudy
firma V. Steffek, Újezd u Domažlic, 1913; dřevo, plátno, 65 x 55 x 12

I.4 In Ostbayern und Westböhmen war der Dudelsack eines der populärsten Musikinstrumente. „Böhmische" Dudelsäcke werden geblasen, „deutsche" mit einer Art Blasebalg gespielt – und beide Typen waren auf beiden Seiten der Grenze zu finden.

a) Bockpfeife – Dudelsack nach deutscher Art
Anfang 20. Jahrhundert; Holz, Metall, Hundefell, 67 x 65 x 20; Museum Chodska v Domažlicích

b) Dudelsack nach böhmischer Art
Firma V. Steffek, Újezd bei Domažlice/Ujezd bei Taus, 1913; Holz, Leinen, 65 x 55 x 12; Museum Chodska v Domažlicích
Lit.: Freundliche Hinweise des Trhanover Pfarrers und Dudelsackspielers Arnošt Kolář

Nicht nur das Chodenland, sondern der gesamte böhmisch-bayerische Grenzraum zeichnet sich durch ein ungewöhnlich hohes Vorkommen von Dudelsäcken, Dudelsackbläsern und Dudelsackmusik aus. Kaum ein Musikant ist sich jedoch der überaus reichen Geschichte dieses Instruments bewusst. Eine Reihe von älteren chodischen Dudelsackspielern behauptet hartnäckig, wenngleich ohne geringsten Beweis, dass der Dudelsack ein originär tschechisches Instrument sei, das erst von Böhmen aus in das benachbarte Deutschland gelangte. Diese Ansicht ist höchstwahrscheinlich unter dem Einfluss patriotischer Stimmungen in der zweiten Hälfte des 19. Jahrhunderts entstanden. Die deutschen Dudelsackspieler aus der Gegend von Eger/Cheb, Karlsbad/Karlovy Vary und dem Böhmerwaldvorland behaupteten – aus ähnlichen Gründen wie ihre tschechischen Kollegen – das Gegenteil. Sie schreiben dem Dudelsack ein hohes Alter zu – unter Berufung auf ihre Vorfahren, die meist ebenfalls Dudelsackbläser waren. Mitunter

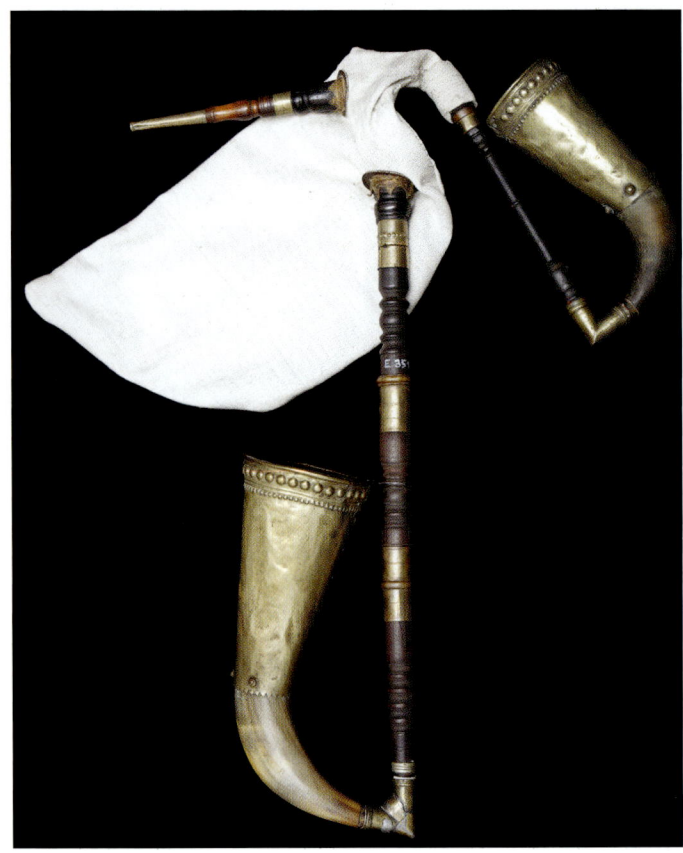

begegnet man auch der Ansicht, die chodischen Dudelsäcke seien ein Über-
bleibsel der keltischen Besiedlung.

Wann und wo der Dudelsack genau entstanden ist, wird wohl immer verborgen
bleiben. Seine Erfindung wird den Chaldäern zugeschrieben, einem Hirtenvolk,
das im 12. Jahrhundert v. Chr. auf dem Gebiet Babyloniens lebte. Als Vorstufe des
Dudelsacks gilt eine Hirtenpfeife, an der ein lederner Balg befestigt war. Dieser
ermöglicht zum einen den so genannten Dauerton, zum anderen konnten, wenn
sie mit dem Balg verbunden waren, mehrere Pfeifen gleichzeitig spielen. In dieser Form war das Instrument auch den Hebräern bekannt. Sie beschrieben es als
einen Sack, in den eine Pfeife gesteckt war und verwendeten dafür neben ihrer eigenen Bezeichnung auch das chaldäische Wort „ugabh" – was für die chaldäische
Herkunft spräche.

In hebräischen Texten finden sich jedoch auch die Bezeichnungen „sum-
phoneia" bzw. „samponia", die eher auf griechische Wurzeln verweisen. Tatsächlich verlegen einige Forscher den Ursprung des Instruments in das antike
Griechenland, wobei sie sich auf die Mythologie berufen und die Erfindung
des Dudelsacks dem lydischen Pan zuschreiben, während eine andere Version auf den Phrygier Marsyas verweist. Musikinstrumente von ähnlichem
Bau sind auch aus Indien bekannt. Zur massenhaften Verbreitung des Dudelsacks kam es aller Wahrscheinlichkeit nach in der Zeit der Völkerwanderung. In Böhmen ist er, Studien des Ethnografen Č. Zíbrt zufolge, erstmals im
13. Jahrhundert belegt, und zwar unter der Bezeichnung „kor" oder „korec". In
der Zbraslaver Chronik, auch bekannt als Chronik von Königsaal, findet sich im
Zusammenhang mit der Krönung Wenzels II. im Jahr 1297 die kurze Bemerkung
„... kory znějí" – „Dudelsäcke erklingen". Seinen heutigen tschechischen Namen
„dudy" trägt das Instrument ca. seit dem 15. Jahrhundert.

Während der langen Zeit seiner Existenz erfuhr der Dudelsack kaum konstruktive Veränderungen. Nur im 16. Jahrhundert wurde er – in Frankreich oder
in Deutschland – mit einem zweiten, kleineren Balg ausgestattet, der neue Luft in

den großen Balg pumpt, sodass der Musikant beim Spielen zugleich singen kann. Auch im Chodenland gibt es heute Dudelsäcke dieser Form. Noch zu Beginn des 20. Jahrhunderts wurde für diesen Typ die Bezeichnung „deutscher Dudelsack" verwendet, während jene Modelle, die man mit dem Mund aufblies, als „tschechische Dudelsäcke" bezeichnet wurden.

Wenngleich seine Möglichkeiten begrenzt sind, war der Dudelsack dank seiner einfachen Konstruktion über die Jahrhunderte hinweg eines der beliebtesten Musikinstrumente. Erst in der zweiten Hälfte des 19. Jahrhunderts begann er der rasanteren Blechblasmusik zu weichen. Neuerdings findet dieses simple, aber sehr interessante Musikinstrument wieder mehr Anhänger. *J. N.*

1.5 Dieses Porträt eines Bockpfeifers zeigt wahrscheinlich einen professionellen Wandermusikanten. Ende des 18. Jahrhunderts spielten viele böhmische Dudelsackpfeifer auch auf bayerischen Tanzböden auf und verbanden so beide Volksmusiktraditionen.

Bockpfeifer
Hans Kranzberger (1804–1850); Regensburg, 1830; Öl/Leinwand, 29,7 x 39,5; Museen der Stadt Regensburg (K 1939/45)
Lit.: Baier 2005; Hartinger 1980; Munack 2005, Kat.-Nr. 7.2/25, S. 329; Schmidt 1996; Špurný 2005; Trapp 1995; CD-Aufnahme historischer tschechischer Dudelsackmusik 2001

Frontal sieht der Musikant den Betrachter an, den Bierkrug neben sich. Die Windkammer ist unter den linken Arm geklemmt, die Finger scheinen bereits spielbereit zu zucken, um gleich den „Bock" ertönen zu lassen: Mit Detailfreude und Sympathie hat der Regensburger Maler Hans Kranzberger diesen Bockpfeifer dargestellt (vgl. Kat.-Nr. 1.4). Wahrscheinlich handelte es sich bei dem Modell für jene Genreszene um einen der Wandermusikanten, die so typisch waren für die professionellen und halbprofessionellen Musiker, wie sie im 18. und frühen 19. Jahrhundert in der Oberpfalz fassbar sind. Etwa die Hälfte von ihnen stammte aus dem bayerisch-fränkischen Raum, die andere aus Böhmen, wo die Musikkultur hoch entwickelt war, nicht zuletzt dank der vielen kleinen Adelsorchester. Diese professionellen Wandermusikanten aus dem „Konservatorium Europas" vermittelten neue Ideen, Spieltechniken und Tanzweisen. Ihre meist verwendeten Instrumente im ausgehenden 18. Jahrhundert waren Geige, Bassgeige und Dudelsack.

Der Dudelsack, um 1800 das wichtigste Blasinstrument in der Volksmusik der bayerisch-böhmischen Grenzregion, trat in zwei Modifikationen auf: der böhmische Typ, bei dem die Luft mit dem Mund über ein Rohr direkt in die Windkammer geblasen wurde, und der deutsche Typ, bei welchem die Windkammer durch einen Blasebalg gefüllt wurde. Der Vorteil dieser gerade in Westböhmen sehr verbreiteten Bauart war, dass man das Spielen zugleich durch Gesang begleiten konnte. Gerade solche Instrumente wurden oft mit einem Bockskopf verziert – so wie auch die Bockpfeife auf Kranzbergers Gemälde. Ob es sich freilich um einen in Bayern oder Böhmen gefertigten „Bock" handelte, lässt sich bei der weiten Verbreitung dieses Dudelsacktyps nicht mehr feststellen. *P. W.*

1.5

1.6 Bis heute verbindet sich die Tradition des Marionettentheaters mit Böhmen. Wandernde tschechische Puppenspieler und ihre mobilen Bühnen waren auch im Grenzgebiet von Bayern beliebt.

Marionetten und Bühnenaufbau für eine Szene aus der Hölle

Holzmarionetten in Bühnenaufbau; Bühne: Fa. Münzberg, Prag; Bühne: 1915, Figuren 20. Jahrhundert; Privatsammlung Anita und Hartmut Naefe, Viechtach
Lit.: Großes Theater auf kleiner Bühne o. J.; Goethe 1998, bes. S. 23; Kindermann 1964, Bd. 6, S. 304; Lexikon České Literatury 1993, Bd. 2, S. 846f.; Kočí 1989, Nr. 877, S. 227; Malík 1948; Netzle 1938; Schindler 1999

Wandernde Puppenspieler gehören zur europäischen Theatertradition, die zunächst durch englische, italienische und auch deutsche Truppen geprägt wurde. Auf Jahrmärkten und Volksfesten wurden die Haupt- und Staatsaktionen der großen Barocktheater durch Umformungen, teilweises Neuschaffen und mündliche Präsentation für ein breiteres Publikum aufbereitet. Auch die für das Marionettentheater typische perspektivische Guckkastenbühne – wie im hier gezeigten Beispiel mit einer Höllenszene – schreibt sich von den Bühnenarchitekturen der Barockzeit her. Dieselben Dekorationen und Figuren fanden mit leichten Umgruppierungen in immer neuen Stücken Verwendung, wie es eindrucksvoll in den ersten Kapiteln von Johann Wolfgang Goethes Roman „Wilhelm Meisters Lehrjahre" beschrieben wird.

Erste verlässliche Informationen über Marionetten in Böhmen stammen aus der Mitte des 17. Jahrhunderts. Damals dominierten ausländische Truppen. Zu Beginn des 19. Jahrhunderts legte dann der berühmte Komödiant Matěj Kopecký (1775–1847) die Fundamente für die tschechische Puppenspielkunst. Selbst aus einer Familie wandernder Schauspieler stammend, wandte er sich 1811 der „mechanischen Kunst mit Marionetten" zu, wie es in einer behördlichen Geneh-

Dodnes je tradice marionetového divadla spojována s Čechami. Čeští potulní loutkáři se svými pojízdnými jevišti byli oblíbení i v bavorsko-českém pohraničí.

Marionety a vystavěná scéna „Peklo"
Dřevěné marionety ve vystavěné scéně; scéna: Fa. Münzberg, Praha; scéna: 1915, figury 20. století

1.6

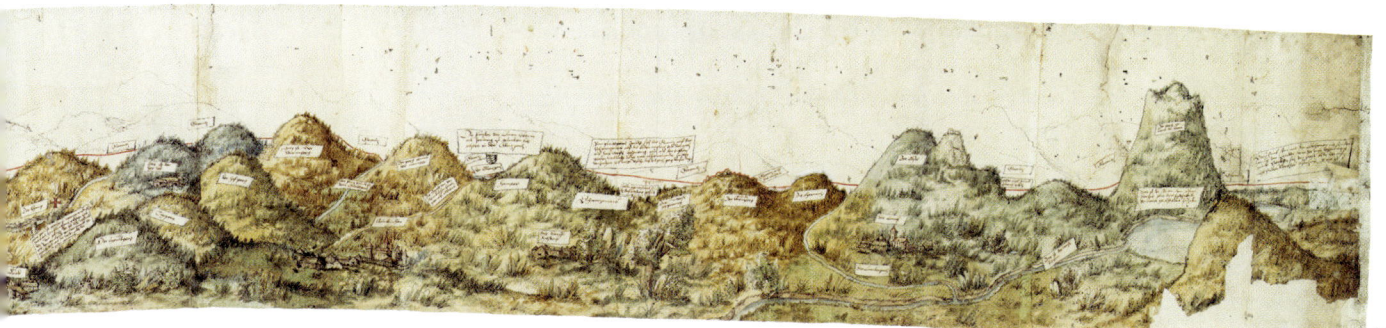

migung heißt. Er übte diese Kunst in ganz Böhmen aus und gab die Konzession an seine Söhne weiter. Der große Erfolg erklärte sich nicht zuletzt daraus, dass Kopecký in tschechischer Sprache spielte und die europäische Theatertradition auf dem Land verbreitete. Sein Repertoire umfasste über 60 Stücke. Die Vorlagen nahm er aus unterschiedlichen Bereichen: dem Erbe englischer Theatertruppen, Stücken aus der Tradition der italienischen Commedia dell'arte, aus deutschen und tschechischen Theaterstücken und aus Opernlibretti. Dagegen wurden reine Märchenstoffe verhältnismäßig lange Zeit geradezu verschmäht – vielleicht auch deshalb, weil Puppenspieler gerne auf Dramen oder dramatisierte Texte zurückgriffen, nicht auf die in Prosaform vorliegenden Märchen. Um 1900 vermehrte sich das Interesse von Dichtern und auch Literaturhistorikern am Puppenspiel, wozu 1911 eine sensationell erfolgreiche Puppenausstellung im Prager ethnografischen Museum beitrug. Ab 1912 erschienen neue, technisch raffinierte Marionetten der Prager Werkstätte Anton Münzberg. Ein weiteres Zentrum der tschechischen Puppenspielkunst wurde Pilsen mit einem eigenen festen Puppentheater.

Die Bühnenaufbauten, Marionetten und Requisiten aus der famosen Sammlung Naefe zeigen die Vielgestaltigkeit und den Ideenreichtum des tschechischen Marionettenspiels vor allem im ersten Drittel des 20. Jahrhunderts. Dabei reicht das klassische Repertoire der Figuren von König und Prinzessin, Großmutter, Teufel und Zauberer bis hin zu den im 20. Jahrhundert populären Gestalten von Spejbl und Hurvínek. Die Bühnenprospekte und einzelne Figuren stammen zum Teil von der Firma Münzberg, deren Kataloge die Vielfalt der Möglichkeiten des Marionettentheaters widerspiegeln: „Peklo", die hier gezeigte Hölle, steht neben einer „Kapelle im Wald", einem „Rittersaal" oder „Fausts Studierstube".   *P. W.*

Hraniční mapa z roku 1514 je prvním kartografickým znázorněním průběhu bavorsko-české hranice a pravděpodobně také prvním kartografickým vyobrazením části bavorského území.

Bavorsko-české pohraničí od Furthu až k Javoru, 1514

Reprodukce podle originálu; pero/papír na plátně, kolorováno, 46,5 x 425

1.7 Die Grenzkarte von 1514 stellt die erste kartografische Wiedergabe des bayerisch-böhmischen Grenzverlaufs dar und gilt auch als erste kartografische Darstellung eines bayerischen Teilgebiets.

Bayerisch-böhmisches Grenzgebiet von Furth bis zum Arber, 1514
Reproduktion nach dem Original; Feder/Papier auf Leinwand, koloriert, 46,5 x 425; Bayerisches Hauptstaatsarchiv, München (Plansammlung 1427)
Lit.: Schrötter 1927; AK Aus 1200 Jahren 1979, Kat.-Nr. 77

Die Grenzkarte ist das Produkt einer juristischen Auseinandersetzung um den Grenzverlauf zwischen dem Königreich Böhmen und dem Herzogtum Bayern. Im Juni 1514 hatten die bayerischen Herzöge Wilhelm und Ludwig den Hauptmann vorm Wald, Sigmund Seyboldsdorfer, beauftragt die „Marck und Lanndgranitzen" gegen Böhmen verzeichnen zu lassen. Das so genannte „Grenzvisier" wurde von einem Straubinger Maler gefertigt. Es stellt die erste kartografische Wiedergabe des bayerisch-böhmischen Grenzgebiets dar und darf darüber hinaus als die erste kartografische Darstellung eines bayerischen Teilgebiets überhaupt gelten. Beachtenswert ist die künstlerische Qualität der Karte, die Anklänge an die zeitgenössische Donauschule (Albrecht Altdorfer) zeigt.

Der Künstler hat die zwischen dem Schafberg und dem Arber verlaufende Grenze mit einem durchgehenden roten Farbstrich gekennzeichnet. Hervorgehoben (durch Wappen) sind Grenzzeichen, wie etwa Bäume. Besonders ausführlich gezeichnet und beschriftet ist die Situation auf der bayerischen Seite. Neben Ortschaften, Bergen, Fluren oder Straßen sind auch die Rechte vermerkt (Geleit), die dem bayerischen Herzog zustehen.   *R. H.*

I.8 Der eng mit Böhmen verbundene bayerische Heimatdichter Maximilian Schmidt, der 1898 von Prinzregent Luitpold den Namenszusatz „genannt Waldschmidt" erhielt, machte das Böhmerwaldlied bekannt.

Maximilian Schmidt genannt Waldschmidt (1832–1919)
M. Dietrich, München, 1902; Fotografie, Dr. Rolf Schmidt genannt Waldschmidt, München

Der 1832 in Eschlkam, Landkreis Cham, geborene Maximilian Schmidt veröffentlichte bereits als junger Offizier Volkserzählungen aus seiner Heimat. Später bezog er auch das bayerische Oberland in seine Schilderungen ein, und zwar mit solchem Erfolg, dass Ludwig II. auf ihn aufmerksam wurde. Auf Anregung des Königs wählte Maximilian Schmidt den Starnberger See als Schauplatz für die 1884 erschienene Erzählung „Fischerrosl von Sankt Heinrich". Das Buch gefiel dem Monarchen so gut, dass er den Autor zum Hofrat ernannte.

1890 gründete Schmidt den Bayerischen Fremdenverkehrsverband. 1895 initiierte er als Organisator einer Volkstrachtenveranstaltung den bis heute berühmten Trachtenzug zum Oktoberfest. Als literarischer Pionier des Bayerischen Waldes erhielt Schmidt 1898 von Prinzregent Luitpold den erblichen Namenszusatz „genannt Waldschmidt". 1906 wurde er für den Nobelpreis vorgeschlagen. Sein Leipziger Verlag gab 1918 die „Gesammelten Werke in 34 Bänden" heraus. Nicht enthalten in dieser Ausgabe sind 40 Volksstücke sowie Veröffentlichungen in Stenografie und Blindenschrift. Am 8. Dezember 1919 starb Maximilian Schmidt genannt Waldschmidt, fast erblindet, in München.

Mit Böhmen war der Heimatdichter von Kind auf vertraut, zumal sein Vater dem bayerischen Grenzzollamt in Eschlkam vorstand. Schon früh suchte Schmidt Kontakte zu Böhmerwalddichtern. Die Monacensia in München verwahrt seinen Briefwechsel mit böhmischen Freunden. Für „Hančička das Chodenmädchen" (1893), von Jan Osten bald ins Tschechische übersetzt, stand ihm der böhmische Historiker P. Hippolyt Randa zur Seite. Die kulturgeschichtliche Erzählung „Die Künischen Freibauern" (1895) widmete er dem Böhmerwalddichter Joseph Rank. Für dieses Werk wurde Schmidt anlässlich seines 70. Geburtstags von Hammern und Seewiesen, den Hauptschauplätzen des Romans, die Ehrenbürgerwürde verliehen. Auch Furth im Wald, Eschlkam und Lam hatten ihm diese Auszeichnung zuerkannt.

Unzertrennlich verbunden mit dem Böhmerwald ist Waldschmidt durch das „Böhmerwaldlied", das als Beilage seiner 1894 erschienenen Erzählung „Am Goldenen Steig" erstmals veröffentlicht wurde (Vorabdruck in der „Schlesischen Zeitung"). Schmidt hatte es im Raum Freyung von zwei Mädchen singen gehört. 1931 wies der böhmische Volkskundler Rudolf Kubitschek den Glasmacher Andreas Hartauer aus Burgstein in Nordböhmen als Schöpfer des Lieds nach. In den 70er-Jahren des 19. Jahrhunderts entstanden, gelangten die durch Maximilian Schmidt nun berühmt gewordenen Zeilen „Tief drin im Böhmerwald" in unzähligen Einzelblättern in alle Welt.

Waldschmidt wird als Künder des Böhmerwaldlieds auch auf dem Denkmal gefeiert, das die Freyunger Waldverein-Sektion 1956 aufstellen ließ. Bereits 1909 war ein Denkmal auf dem Riedelstein und 1932 ein zweites von der Waldverein-Sektion Furth im Wald errichtet worden.   *R. S. g. W.*

„Píseň o Šumavě" se proslavila díky bavorskému „básníku domova" Maximilianu Schmidtovi, který měl k Čechám úzký vztah a kterému byl roku 1898 princem regentem Luitpoldem propůjčen čestný dědičný predikát ke jménu: „zvaný Waldschmidt".

Maximilian Schmidt zvaný Waldschmidt
M. Dietrich, Mnichov, 1902; fotografie

I.8

1.9

V oblasti pohraničí byla Šumava až do konce 19. století neproniknutelnou divočinou.

Šumavský prales ve slunci
Julius Mařák (1832–1899); 1892–1897; olej/plátno, 176 x 220

1.9 Im Grenzgebiet war der Böhmerwald bis ins ausgehende 19. Jahrhundert eine undurchdringliche Wildnis.

Urwald im Böhmerwald (Šumava) bei Sonnenschein
Julius Mařák (1832–1899); 1892–1897; Öl/Leinwand, 176 x 220; Česká spořitelna a. s. Centrála v Praze, odbor sprava majetku
Lit.: AK Julius Mařák a jeho žáci 1999, S. 222, Kat.-Nr. 114, S. 45; Rothe/Raisch 1993, S. 9–13; Klostermann 2005 (in tschechischer Fassung erstmals 1893), bes. Nachwort von Gerold Dvorak, S. 303–310

Die Kraft der Naturgewalten erregte im gesamten 19. Jahrhundert immer wieder das Interesse von Gelehrten und Künstlern. So erteilte in Böhmen 1891 das Ministerium für Bildung und Unterricht dem Landschaftsmaler Julius Mařák den Auftrag, zwei großformatige Bilder mit dem Thema „Urwald" anzufertigen. Der Künstler wählte für seine Studien die gebirgige Waldlandschaft des Böhmerwalds. Aufgrund ihrer natürlichen Beschaffenheit war die Gegend nur dünn besiedelt. Gleichzeitig stellte sie als schwer zu durchdringendes natürliches Hindernis die „grüne" Grenze Böhmens zum Nachbarland Bayern dar.

Mařák verbrachte 1891 und 1892 mehrere Monate im Böhmerwald. Sein Gemälde spiegelt die Eindrücke dieser Aufenthalte wider. Wie für die Maler seiner Generation üblich, zeigte er die Landschaft möglichst realitätsnahe. In seiner Korrespondenz beklagte sich Mařák über die Unbillen der Natur, die ihm die Arbeit erschwerten. Er kreierte daher keine idyllische Waldszene. Seine Darstellung des Böhmerwalds ist vielmehr durch kahle Bäume und im Vordergrund durch geborstene Stämme gekennzeichnet. Mařák spielt damit wohl auf die Schäden an, die der Sturm von 1870 und der darauf folgende Befall durch den Borkenkäfer im Böhmerwald angerichtet hatte. Die Folge der so genannten „Käferlkrise", die der Schriftsteller Karl/Karel Klostermann vielfach literarisch verarbeitet hat (vgl. Kat.-Nr. 5.68) war ein grundlegender Wandel der Landschaft, die sich zudem im Zuge der Industrialisierung von einem rein forstwirtschaftlich genutzten Gebiet nun für Wirtschaft und Gewerbe öffnete. Diese Veränderung ist in Mařáks Bild geradezu symbolhaft dargestellt. *C. S.*

I.10

I.10 Diese frühe Karte des Königreichs Böhmen zeigt den natürlichen Grenzverlauf auf dem Waldgebirge zwischen Böhmen, der Oberpfalz und Bayern besonders markant.

„Regni Bohemiae Descriptio"
Karte Böhmens aus Abraham Ortelius: Theatrum orbis terrarum; Abraham Ortelius nach Johannes Criginger; Antwerpen, 1570; Kupferstich, koloriert, 40 x 56; Bayerische Staatsbibliothek, München (2° Mapp 133b–31 und 2° Mapp 134m)
Lit.: AK Das Fürstentum der Oberen Pfalz 2004, S. 40; AK Böhmen – Landkarten 1979; Broecke 1996; Koči/Vondruška und Kollektiv 1989, Kat.-Nr. 521, S. 149; Kupčík 1992

Die erste Karte Böhmens stammte von Nicolaus Claudianus, einem Arzt und Buchdrucker aus Jungbunzlau/Mladá Boleslav. Sie wurde im Jahr 1518 als kolorierter Holzschnitt herausgegeben und zeigte teilweise recht willkürlich die geografischen Gegebenheiten des Landes. Im Jahr 1568 erschien eine genauere Karte von Johann C. Criginger (1521–1571) aus dem erzgebirgischen Bergbauzentrum St. Joachimsthal/Jáchymov. Zwar hat sich kein Original erhalten, doch erlangte die Karte bis ins 17. Jahrhundert hinein große Popularität. Denn sie wurde in einer Neufassung Bestandteil des ersten Atlanten überhaupt: des berühmten „Theatrum Orbis Terrarum" (erstmals Mai 1570). Jene gebundene Sammlung eigens für diesen Zweck gestochener Kartendarstellungen mit erläuternden Texten gab der Antwerpener Kolorist und Kartenhändler Abraham Ortelius (1527–1568) heraus. Im Verzeichnis der Kartografen wird auch Criginger als eigentlicher Urheber der Karte genannt (Ioannes Crigingerus Prag 1568). Der Atlas – zu seiner Zeit das kostspieligste jemals erschienene Buch – wurde sofort zum großen Verkaufserfolg und erlebte viele Auflagen und Überarbeitungen.

Insbesondere in der kolorierten Gestalt hebt das Kartenbild deutlich sichtbar südlich des Egerlandes den Grenzwald zwischen der Oberpfalz, Bayern und Böh-

Na jedné z nejstarších map Království českého lze zvláště výrazně sledovat přirozený průběh hranic, které jsou tvořeny lesním pohořím mezi Čechami, Horní Falcí a Bavorskem.

„Regni Bohemiae Descriptio". Mapa Čech z: Abraham Ortelius: Theatrum orbis terrarum

Abraham Ortelius podle Johanna Crigingera; Antverpy, 1570; měditryt, kolorováno, 40 x 56

men hervor. Diese Waldgrenze war bereits im 16. Jahrhundert recht stabil und veränderte sich im 18. Jahrhundert nur noch geringfügig – in dieser Zeit eher die Ausnahme als die Regel. Dass einige der Ortsnamen im Königreich Böhmen völlig verstümmelt wiedergegeben sind – z.B. „Prabalitz" für Prachatitz/Prachatice oder „Schlettenhofen" für Schüttenhofen/Sušice –, ist wohl der mangelnden Ortskenntnis des niederländischen Kupferstechers zuzuschreiben. *P. W.*

Právo svrchovanosti nad tzv. „krajinou Frais" mezi Chebem a Waldsassenem přecházelo každoročně z Horní Falce resp. Bavorska na Čechy a zase zpátky. Teprve smlouvy z roku 1846 a 1862 stanovily lineární průběh státní hranice mezi oběma zeměmi.

Mapa Chebského kraje s krajinou Frais
Petrus Schenk (1698–1775); Amsterdam, 1757; papír/měditryt, hranice kolorovány, 54,1 x 62,8

I.11 Im so genannten „Fraischbezirk" zwischen Eger und Waldsassen wechselten jährlich die landeshoheitlichen Rechte zwischen der Oberpfalz bzw. Bayern und Böhmen. Erst in Verträgen von 1846 und 1862 wurde eine lineare Staatsgrenze zwischen beiden Ländern gezogen.

Karte des Egerer Kreises mit Fraischgebiet
Petrus Schenk (1698–1775); Amsterdam, 1757; Papier/Kupferstich, grenzkoloriert, 54,1 x 62,8;
Staatliche Bibliothek Regensburg (Mapp. 18)
Lit.: AK Das Fürstentum der Oberen Pfalz, S. 40, 61–64; Ambronn 1991; Sturm 1991, bes. S. 131–137; Sturm 1970, S. 133–161; Weiß 2004

Im hohen Mittelalter bestand zwischen dem Gebiet der Reichsstadt Eger und dem Reichsstift Waldsassen keine territoriale Unterscheidung. Erst als das Stiftland des Klosters ein Territorium eigener Landeshoheit wurde und das Gebiet Eger als Pfand an die Krone Böhmens kam, entstand im Grenzbereich eine komplizierte Gemengelage hoheitlicher Rechte. Im späteren Mittelalter standen sich die Ansprüche zweier Reichsfürsten gegenüber: des Königs von Böhmen als Pfandherr Egers und des Pfalzgrafen bei Rhein als Schutzherr des Stifts Waldsassen. Provisorisch einigte man sich auf eine gemeinsame Oberhoheit im Grenzland. Ein Rechtsstreit führte im Jahr 1591 zur vertraglichen Regelung, wonach beim Gebiet um Neualbenreuth die fraisliche Gerichtsbarkeit, also die Blutgerichtsbarkeit, im jährlichen Turnus zwischen der Oberpfalz und Böhmen wechseln sollte. Da die hohe Gerichtsbarkeit seit dem 13. Jahrhundert immer mehr mit der Landeshoheit verknüpft wurde, sah man diesen Wechsel auch als Wechsel der Landeshoheit an. In geraden Jahren wurde sie von der Stadt Eger, in ungeraden vom Stift Waldsassen wahrgenommen, wobei der „Fraischrezess" jährlich öffentlich auf dem Marktplatz von Neualbenreuth verkündet wurde. Dieser Zustand überdauerte diverse Herrschaftswechsel.

Die „Accurate geographische Delineation" aus dem Jahr 1757 zeigt den Distrikt Eger sowie das Fraischgebiet. Es wird von den „Grenzgängen" genannten Grenzlinien, die farbig hervorgehoben sind, eingefasst. Im Westen erscheinen die „Bayrische Grenze", im Osten das „Königreich Böhmen" davon abgehoben. Das Gebiet zwischen den Grenzgängen (eigentlich größer als die vertraglich vereinbarte „Wechselfrais") bildete eine Art Freihandelszone, „weiln die commercia gegeneinander offen und frey" (zit. nach Sturm 1991, S. 136). Diese de facto bestehende Zollfreiheit brachte der Bevölkerung des Gebiets deutliche wirtschaftliche Vorteile.

Erst im 19. Jahrhundert verlangte die moderne Staatsräson in den Königreichen Böhmen und Bayern nach einer endgültigen Klärung der staatsrechtlichen und Grenzverhältnisse. Nach jahrelangen Verhandlungen schlug man im Vertrag von 1846 einige Ortschaften zu Böhmen, die Mehrzahl, darunter Neualbenreuth, zu Bayern. Noch immer aber gehörte die Pfarrei Neualbenreuth zum Dekanat Eger. Erst 1857 und 1860 wurden die Diözesangrenzen den Staatsgrenzen angeglichen. Der hoheitlich Bayern zugeschlagene Egerer Hochwald wurde seit 1946 kommissarisch von Bayern und seit 1949 von der Bundesrepublik Deutschland verwaltet – ein eigentumsrechtliches Kuriosum und zugleich ferner Nachklang mittelalterlicher Besitzteilungen. *P. W.*

I.11

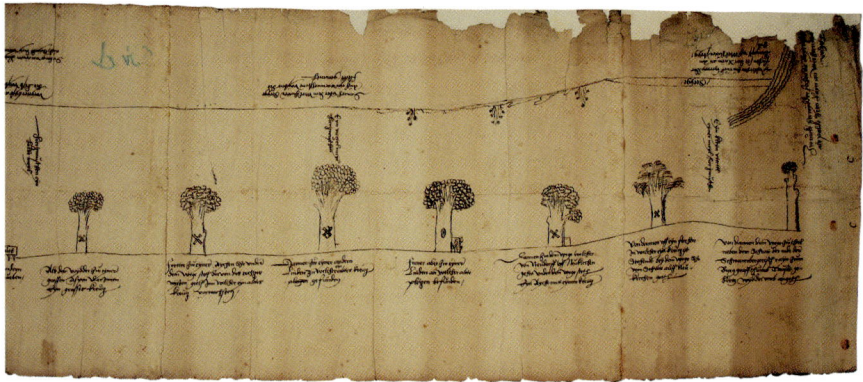

I.12

I.12 Bis zum 16. Jahrhundert waren in Bäume eingeritzte Kreuze oder Einkerbungen, so genannte „Pletzen", gängige Grenzmarkierungen.

Die bayerisch-böhmische Grenze im Bereich der Herrschaft Riesenberg

Handgezeichnete Karte: 1553; Original, Federzeichnung in Sepia/Papier, aus vier Blättern zusammengeklebt, 33 x 142,5; Staatsarchiv Amberg (Plansammlung 193)
Lit.: Weißthanner 1939, bes. S. 237–250; Krausen 1973, Nr. 32–34

Die Karte trägt die Beschriftung „Abriß der vortzaichnus der Rißenbergerischen Raynunge, szo sich alspald anfecht nach dem Schwannbergerischen rayn, vnd fecht sich des rayns der Rißenbergerischen Raynung an Bey der Brucken, die an der Strassen, so vom Teym gen Eschelkam geheth. Gepessert vnd auff eyn Neues emendiert 1553". Sie ist eines von drei nebeneinander zu legenden Blättern, die zusammen auf einer Länge von rund 420 cm das bayerisch-böhmische Grenzgebiet zwischen Furth im Wald und Neukirchen b. Hl. Blut darstellen. Entstanden ist sie offenbar im Zusammenhang mit Grenzstreitigkeiten zwischen Bayern und Böhmen, die sich im 16. Jahrhundert an der Wiederbesiedlung und dem Ausbau des bayerischen Grenzgebiets sowie an wechselseitigen Übergriffen von Amtsleuten und Untertanen entzündeten. Von böhmischer Seite traten als Betroffene und Beschwerdeführer insbesondere die Herren von Schwanberg, die Herren von Guttenstein auf Riesenberg sowie die Stadt Taus/Domažlice auf.

Seit 1551 wurden zwischen den herzoglichen Räten und den Vertretern der böhmischen Krone langwierige Verhandlungen geführt und wiederholt Grenzbegehungen unternommen. Es scheint die böhmische Seite gewesen zu sein, die ihre Version des Grenzverlaufs in dieser sehr schematisch ausgeführten Landschaftsskizze festgehalten bzw. nach einer älteren Vorlage auf den aktuellen Stand ihrer Forderungen gebracht hat. Darauf weist nicht nur die Formulierung einzelner Beschriftungen (z. B.: „Zwrucke herwydder fachen die Bayerischen alspaldt iren Rayn an"; „neben dem Bach Stolowitzny, den die Deutzschen Hopffenpach nennen"), sondern auch die Tatsache, dass als Grenzmarken neben dem Hopfenbach, der Chamb, der Straße von „Thein" (Neugedein = Kdyně?) nach Eschlkam und dem Weidegebiet von Warzenried vorrangig mit Kreuzen oder einfachen Einkerbungen („Pletzen") gekennzeichnete Grenzbäume wiedergegeben sind. Die bayerischen Räte warfen in den Verhandlungen den böhmischen Vertretern vor, sich zur Untermauerung des von ihnen beanspruchten Grenzverlaufs auf vergängliche Grenzmarken, nämlich Kreuze und „Plötzungen" an Bäumen, zu berufen; diese rührten davon her, dass die Böhmen vor 40 und noch mehr Jahren eigenmächtig zu Hunderten mit wehrhafter Hand durch den Wald gezogen seien und diese Markierungen vorgenommen hätten. Demgegenüber sei die bayerische Grenzführung durch besser geeignete, weil eindeutig sichtbare und beständige Markierungen wie Bäche, Gräben, Berge und Täler abgesichert. *M. R. S.*

*Hraniční kameny a mezníky se začaly
používat v 16. století. Také město Furth
nechalo osadit hraniční kameny s rou-
tovým znakem bavorského vévodství,
vymezující výsostné území města. Hranice
města byla na severu současně zemskou
hranicí s Čechami.*

Hraniční kámen města Furth
*1660; granit, otesaný, částečně polychromovaný,
80 x 30 x 20*

I.13

I.13 Grenz- und Marksteine kamen im 16. Jahrhundert in Gebrauch. Zur
Kennzeichnung des Burgfrieds setzte auch die Stadt Furth Grenzsteine,
versehen mit dem herzoglich-bayerischen Rautenwappen. Die Stadtgrenze
bildete im Norden zugleich die Landesgrenze gegen Böhmen.

Grenzstein der Stadt Furth

1660; Granit, behauen, teils gefasst, 80 x 30 x 20; Landestormuseum Furth im Wald
Lit.: Furth im Wald 1982

Zehn Jahre nach dem Ende des Dreißigjährigen Kriegs stellte die Further Bürgerschaft an die Regierung das „underthenigste Anlangen", ob sie wie andere Städte
und Märkte im Lande auch „einen gewissen Burgfriedt auszaigen und einraumen
lassen" könne. Die Further wollten über die Zugehörigkeit der Gründe, die im
gemeindlichen Grenzbereich lagen, Gewissheit erlangen. Die Regierung kam
dem Verlangen nach, ein „Augenschein und Beschreibung über die burgerlichen
Gründt" wurde am 17. Juni 1658 vorgenommen und in einer Niederschrift dokumentiert. Unter den Teilnehmern waren der kurfürstliche Rat und Rentmeister
Wolf Jakob Freymann von und zu Hohen Randeck (bei Kelheim), der Pfleger von
Kötzting, Johann Wilhelm von Leib zu Klaiding auf Miltach, und der Further
Hauptmann Hans Wolf Yettinger, sodann weitere Beamte, Further Bürger und
Bauern aus dem Umland. Auch musste die Stadt auf eigene Kosten einen Maler
beiziehen, der über die so festgestellten Gemeindegrenzen eine Zeichnung fertigen
sollte. Der Burgfried, der zugleich die Landesgrenze im Norden gegen Böhmen
und im Westen gegen die Pfalz bildete, wurde mit 21 nummerierten Grenzsteinen versehen, die auf der Vorderseite das bayerische Wappen zeigen. Erst im Zuge
der ersten modernen Grenzvermessung, die zwischen dem Kurfürstentum Bayern
und dem Habsburgerreich in der zweiten Hälfte des 18. Jahrhunderts vorgenommen wurde, ließ man durchgängig Grenzsteine setzen. Noch heute sind entlang
der bayerisch-böhmischen Grenze Steine aus dieser Zeit erhalten; sie zeigen zur
bayerischen Seite den pfälzischen Löwen oder die bayerischen Rauten und zur
böhmischen Seite „KB" für Königreich Böhmen und den doppelschwänzigen
böhmischen Löwen.   *W. P.*

*Od roku 1837 byly vztyčovány hraniční
tabule s novým znakem, zavedeným v
roce 1835; některé z nich setrvaly na svém
místě po celé století.*

*Hraniční tabule se znakem a nápisem
„KOENIGREICH BAYERN"*
Litina, původně pomalovaná, průměr 50

I.14

I.14 Die Aufstellung der Grenzschilder mit dem 1835 neu eingeführten
Wappen erfolgte ab 1837, manche standen hundert Jahre lang.

Grenztafel mit Wappen und Umschrift „KOENIGREICH BAYERN"

Gusseisen, ursprünglich bemalt, Ø 50; Landestormuseum Furth im Wald
Lit.: AK Wappen in Bayern 1974; Volkert 1980

Der Wappenschild ist mit einer Königskrone bedeckt und wird von zwei Löwen
gehalten. Das ursprünglich bemalte Wappen ist in dieser Form durch Verordnung
König Ludwigs I. vom 18. Oktober 1835 eingeführt worden und ersetzte das
Wappen von 1806, das 42 Rauten mit einem Herzschild (darin Königskrone über
gekreuztem Schwert und Zepter) zeigte. Das neue Wappen enthält im Herzschild
die bayerischen Rauten, im ersten Schild in schwarzem Feld einen rot gekrönten
und rot bewehrten goldenen Löwen, im zweiten Feld in Rot drei silberne Spitzen
(Würzburger „Rechen" für Franken), im dritten Feld fünfmal von Silber und Rot
schräglinks geteilt, überdeckt von einem goldenen Pfahl (Wappen der Markgrafschaft Burgau für Schwaben) und im vierten Feld in Silber einen golden gekrönten blauen Löwen (Pfalz-Veldenz als Hinweis auf die pfälzische Abkunft des
Königshauses). Die Aufstellung der neuen Hoheitszeichen an den Landesgrenzen
erfolgte aufgrund einer Verordnung vom 27. Juli 1837. Die Form entsprach der
mit der Verordnung vom 18. Oktober 1835 vorgeschriebenen Zeichnung für die
Siegel der unteren Behörden und Ämter. Den Grenzzollbehörden waren wegen
der Grenzzolltafeln bereits vorher identische Weisungen zugegangen. Bei den
Grenzsteinen und Grenzmarkierungszeichen sollten die neuen Wappen nur im
Einverständnis mit dem Nachbarstaat und nur allmählich im Zusammenhang
mit fälligen Grenzrevisionen angebracht werden.   *R. H.*

1.15 Die bayerische Zollverwaltung blieb unverändert zuständig, als mit der Reichsgründung die Zolleinnahmen an das Reich übergingen.

Schild des Kgl. Nebenzollamts I. Klasse Waldmünchen
um 1900; Eisenblech, Email, 80 x 60; Stadt Waldmünchen
Lit.: Volkert 1983, S. 158f.; Hof- und Staatshandbuch 1914

Mit Wirkung vom 1. Januar 1808 wurden im Königreich Bayern die Zoll- und Mautgrenzen im Inneren aufgehoben. Eine abschließende Regelung der Zollbehörden brachte das Zollgesetz von 1819, das die Zollbehörden an den Grenzen in Oberzollämter (an den „Hauptkommerzialstraßen"), Beizollämter (an den „Nebenkommerzialstraßen") und in Zollstationen (Grenzzolleinnehmer an den „Kommunikationswegen") einteilte.

Entscheidende Umgestaltungen erfuhren die Zollverwaltungen durch die Gründung des Zollvereins 1834. Seit 1836 wurden aus den Oberzollämtern Hauptzollämter, aus den Beizollämtern die Nebenzollämter (1. und 2. Klasse), aus den Grenzzolleinnehmern (an den Grenzstationen) Grenzoberkontrolleure. Auch als nach der Reichsgründung die Zollerträge an das Reich übergingen, blieb die Organisation der bayerischen Zollverwaltung weitgehend unverändert. Erst 1919 gingen sämtliche bayerischen Zollbehörden in der Reichsverwaltung auf.

Die Zollverhältnisse mit Österreich wurden im 19. Jahrhundert in mehreren Verträgen geregelt (19. Februar 1853 und 23. Mai 1881). Schon 1853 wurde vereinbart, dass man die österreichischen und bayerischen Zollämter nach Möglichkeit zur besseren Zollabfertigung zusammenlegen sollte. So gab es etwa im böhmischen Asch am Bahnhof ein bayerisches Nebenzollamt 1. Klasse.

Das Nebenzollamt Waldmünchen 1. Klasse unterstand dem Hauptzollamt Furth im Wald. Es wurde von einem Zolloberkontrolleur (mit Titel und Rang eines Zollinspektors) geleitet und hieß früher Nebenzollamt Höll, nach dem Grenzübergang zwischen Bayern und Böhmen bei Waldmünchen. In Waldmünchen amtierte außerdem ein Grenzoberkontrolleur. Zuständig für den Bereich der böhmisch-bayerischen Grenze waren 1914 die Hauptzollämter Furth im Wald, Hof, Passau, Waldsassen und Zwiesel.

Die Behördentafel zeigt die mit Verordnung von 1837 vorgeschriebene Form des bayerischen Staatswappens (vgl. Kat.-Nr. 1.14).   *R. H.*

1.16 Die neuen Staaten Tschechoslowakei und Österreich brachten ihre neuen Grenzschilder am nunmehrigen Dreiländereck an, auf bayerischer Seite standen die Grenzschilder des Königreichs Bayern noch bis in die 1930er-Jahre.
Grenzzeichen am Dreiländereck am Plöckenstein
Fotografie, um 1930; Sammlung Stefan Fendt, Aichach
Ein durch drei verschiedene Grenzzeichen markiertes Dreiländereck in der Nähe des 1379 m hohen Plöckensteins – bekannt durch die Erzählungen Adalbert Stifters – gibt es erst seit der Auflösung der österreichischen Monarchie Ende 1918. Mit der Ausrufung der Tschechoslowakei am 28. Oktober 1918 in Prag endete die Staatsexistenz des seit 1867 zum österreichischen Reichsteil der k.u.k. Monarchie gehörenden Königreichs Böhmen. Zwischen der Tschechoslowakei und Österreich entstand nun eine neue Landes- und Zollgrenze. Da im November 1918 in Bayern und in Österreich ebenso wie schon in der Tschechoslowakei Republiken (Volksstaaten, Freistaaten) proklamiert worden waren, ersetzte man an den Grenzen nach und nach die alten (monarchischen) Staatssymbole und Grenzzeichen durch neue. Die massiveren Grenzsteine blieben im Wesentlichen am Ort, in vielen Fällen wurden jedoch die monarchischen Hoheitssymbole oder Landesbezeichnungen getilgt. An den Grenzübergängen oder markanten Punkten wurden Grenzschilder montiert, die entweder das Wappen mit der Landesbezeichnung oder nur eine entsprechende Aufschrift trugen. Wie das Bild von 1930 zeigt, hat die Tschechoslowakei ihre Grenze zu

Bavorská celní správa zůstala kompetentním úřadem beze změny i poté, co po založení Německé říše přešly výnosy cel na říši.

Tabule Královského vedlejšího celního úřadu I. třídy
Waldmünchen, kol.r. 1900 (Stadt Waldmünchen); železný plech, smalt, 80 x 60

1.15

Nově založené státy Československo a Rakousko umístily nové hraniční tabule v místě nynějšího Trojmezí; na bavorské straně stály hraniční tabule Bavorského království až do třicátých let 20. století.

Hraniční znaky na Trojmezí na Plechém/ Plöckenstein
Fotografie, kolem 1930

1.16

Bayern und Österreich mit vergleichsweise aufwändigen Stelen mit dem neuen Staatswappen gekennzeichnet. Bei den einfacheren Grenzzeichen der tschechoslowakischen Republik nach 1918 sind die Pfähle in den („slawischen") Farben der neuen Staatsflagge Weiß, Blau und Rot gehalten. Die Pfähle der bayerischen und österreichischen Grenzzeichen nach 1918 sind in der Regel ebenfalls in den Landesfarben Weiß-Blau bzw. Rot-Weiß-Rot bemalt. Die nach 1918 aufgestellten Grenzzeichen am Dreiländereck wurden wie die meisten anderen österreichischen und tschechoslowakischen Grenzzeichen 1938 nach dem Anschluss Österreichs bzw. nach dem Münchner Vertrag entfernt. *R. H.*

Z bavorské strany byl průběh hranice od 50. let 20. století značen výstražnými tabulemi s nápisem „Landesgrenze" („Státní hranice") a na některých místech navíc vysvětlujícími tabulkami, které upozorňovaly, že je hraniční čára vymezována hraničními kameny.

a) Bílo-modrý hraniční kůl s tabulí „Landesgrenze" („Státní hranice")

kov, dřevo, 49 x 66, v. kůlu 180

b) Vysvětlující tabulka se zakreslením a přesným udáním skutečného průběhu hranice

papír, plastiková fólie, 40 x 25

I.17 Von bayerischer Seite war der Verlauf der Grenze seit den 1950er-Jahren mit Warnschildern „Landesgrenze" markiert und an einigen Stellen zusätzlich mit Erläuterungstafeln. Sie wiesen darauf hin, dass die Grenzsteine die Grenzlinie markierten.

a) Weiß-blauer Grenzpfahl mit Schild „Landesgrenze"
Metall, Holz, 49 x 66, Pfahl H. 180; Bundespolizeiamt Schwandorf

b) Erläuterungstafel mit Zeichnung und genauer Angabe des tatsächlichen Grenzverlaufs
Papier, Kunststofffolie, 40 x 25; Bundespolizeiamt Schwandorf
Lit.: Hofmann 1996

Die „trockene" Grenze Bayerns zur Tschechoslowakei ist 250,71 km lang, die „nasse" Grenze misst 105,67 km. Die rund 356 km lange Grenze ist historisch gewachsen. Der häufige Verlauf der Grenze entlang natürlicher Orientierungsmöglichkeiten wie Höhenzügen und Gewässerläufen macht dies deutlich.

Der Grenzverlauf ist heute durch einen Grenzvertrag und ein Grenzurkundenwerk zwischen Deutschland und der Tschechischen Republik völkerrechtlich verbindlich geregelt. Die Grenze ist in zwölf Grenzabschnitte (GA I – GA XII), von Norden nach Süden verlaufend, unterteilt. In jedem dieser Grenzabschnitte kennzeichnen Hauptsteine, Zwischensteine und Ergänzungssteine den genauen Grenzverlauf. Daneben gibt es historische Grenzsteine, Abmarkungssteine sowie Grenzzeichen an Felsen, Gebäuden, auf Fahrbahnen.

1.17 a, b

Die auf der Grenzlinie stehenden Grenzzeichen tragen das Hoheitszeichen „DB" (Deutschland – Bayern) bzw. „C" auf der dem jeweiligen Staat zugewandten Seite. Auf dem Kopf des Steins sind Richtungszeichen angebracht. Die Grenze verläuft hier in gerader Linie von einem Grenzzeichen zum anderen. Daneben gibt es einige Grenzwege, die doppelseitig vermarkt sind. Hier verläuft die Grenzlinie in der Wegemitte. Bei fließenden Gewässern ist die Grenze meist beweglich in der Mitte des Wasserlaufs. Am Anfang und am Ende des die Grenze bildenden Wasserlaufs stehen die Grenzsteine einander gegenüber. Im weiteren Verlauf sind, in der Regel abwechselnd, weitere Grenzzeichen gesetzt.

Die entlang des Grenzverlaufs weithin sichtbaren weiß-blauen Kunststoffpfähle sind Grenzhinweiszeichen. An einigen waren zusätzliche Informationen angebracht. Die Grenzhinweiszeichen kennzeichnen nicht den exakten Grenzverlauf, sondern sollten den Besucher auf die dahinter verlaufende Grenze hinweisen und damit ungewollte Grenzübertritte verhindern. *R. B.*

1.18 Um 1900 waren die Verhältnisse an der bayerisch-böhmischen Grenze noch entspannt. 50 Jahre später trennte Bayern und Böhmen ein scharf bewachter und undurchdringlicher „Eiserner Vorhang".

a) Zollbeamte der Donaumonarchie Österreich-Ungarn und königlich bayerische Zollbeamte feiern gemeinsam an der Grenze
Fotografie auf Karton aufgezogen, 1902; F. Kraus, Silberbach/Selb

b) Eiserner Vorhang mit Wachturm und elektrisch geladenem Zaun in der Gegend von Höll bei Waldmünchen
Fotografie, 1950er-Jahre; Foto Beer, Waldmünchen
Lit.: Eisch 1996

Die 1902 aufgenommene Fotografie zeigt eine inszenierte Idylle: die Zöllner beider Grenzstaaten beim gemütlichen Treffen an der Grenze. Aufnahmen von gemeinsamen Feiern bayerischer und östereichisch-ungarischer Zöllner aus der Zeit vor dem Ersten Weltkrieg gibt es häufiger. Auch von der Grenze Schafberg-Vollmau/Folmava bei Furth im Wald sind solche Bilder überliefert. Und es gibt sie wieder seit der Grenzöffnung Ende 1989.

Auf der Fotografie von 1902, die an der Straße von Selb/Wildenau nach Asch/Aš aufgenommen wurde, sind alle Symbole und Aspekte der Grenze vereint: Der Grenzstein in der Mitte mit der Böhmen zugewandten Seite markiert den Grenz-

Kolem roku 1900 panovaly na bavorsko-české hranici ještě uvolněné poměry. O padesát let později dělila Bavorsko a Čechy ostře sledovaná a neproniknutelná „železná opona".

a) Celní úředníci dunajské monarchie Rakousko-Uhersko a celní úředníci Bavorského království společně slaví na hranici
Fotografie na kartónu, 1902

b) Železná opona se strážní věží a plotem nabitým elektrickým proudem v okolí Höllu u Waldmünchenu
Fotografie, 50. léta 20. století

1.18 a

verlauf. Die Grenzpfähle links und rechts mit dem jeweiligen Staatswappen zeigen an, in welchem Land man sich befindet. Die Zöllner kontrollieren den Grenzübertritt und überwachen die Grenze. Nicht zu sehen sind die eigentlichen Grenzkontrollstellen, die Zollhäuser, die jeweils etwa hundert oder mehr Meter von der eigentlichen Grenze entfernt standen.

Die entspannt wirkende Atmosphäre ist kennzeichnend für die Zeit vor dem Ersten Weltkrieg. Die Grenzbeamten waren hauptsächlich mit Zollangelegenheiten und der Bekämpfung des Schmuggels beschäftigt. Die Staatsgrenze zwischen dem Deutschen Reich und Österreich-Ungarn war eine Grenze zwischen verbündeten Staaten. Beiderseits wurde deutsch gesprochen, über die Grenze bestanden vielfach enge verwandtschaftliche Beziehungen.

In den 1950er-Jahren hingegen prägten Absperrung und Feindschaft die Grenze. Die Grenze war auf tschechoslowakischer Seite durch einen elektrisch geladenen Zaun und Minenstreifen hermetisch abgeriegelt und wurde von Grenzpatrouillen kontrolliert. Bei Versuchen, die Grenze illegal zu überschreiten, wurde von der Schusswaffe Gebrauch gemacht, zumindest drohten Haftstrafen. Für die wenigen erlaubten Grenzübertritte standen einige stark gesicherte Eisenbahn- und Straßenübergänge zur Verfügung. 1953 passierten 35 000 Personen die deutsch-tschechische Grenze in Bayern; zum Vergleich: nach Österreich und in die Schweiz waren es 31 Millionen.

Trotz zunehmender Lockerungen im Reiseverkehr – Ende der 1960er-/Anfang der 1970er-Jahre passierte jährlich etwa 1 Million Menschen die Grenze, nach Österreich und in die Schweiz waren es knapp 200 Millionen – blieb der Eiserne Vorhang bis zum Herbst 1989 weitgehend unüberwindbar. Erst nach der Öffnung der tschechoslowakischen Grenzen 1989/90 normalisierten sich die Verhältnisse. Am 1. Januar 2008 werden mit dem Beitritt der Tschechischen Republik zum Schengen-Abkommen die Grenzkontrollen aufgehoben und die Grenzstationen aufgelöst.

L. E.

.18 b

Kašpar hrabě ze Šternberka pocházel z jednoho z nejstarších českých šlechtických rodů. Od roku 1785 působil jako dómský kanovník a diplomat v Řezně, kde sídlil „permanentní říšský sněm" („Immerwährender Reichstag"). Zde, stejně jako po svém návratu do Čech v roce 1808, se věnoval přírodním vědám. Významnou měrou se také podílel na založení českého národního muzea.

a) Kašpar M. hrabě ze Šternberka v romantické krajině jako botanik
Johann Franz Freiherr von Goetz (1754–1815); Řezno, 1808; kvaš, 41,5 x 32,6

b) Aktovka Kašpara Marii hraběte ze Šternberka
Francie, po r. 1810; kůže, červeně a zeleně lakovaná, se stříbrným kováním, 41 x 32

1.19 Kaspar Graf Sternberg stammte aus einem der ältesten böhmischen Adelsgeschlechter. Seit 1785 lebte er als Domkapitular und Diplomat in Regensburg, in der Stadt des Immerwährenden Reichstags. Hier widmete er sich ebenso wie nach seiner Rückkehr nach Böhmen 1808 den Naturwissenschaften und der Gründung eines böhmischen Nationalmuseums.

a) Kaspar Maria Graf von Sternberg in romantischer Landschaft als Botaniker
Johann Franz Freiherr von Goez (1754–1815); Regensburg, 1808; Gouache, 41,5 x 32,6; Privatbesitz, Burg Český Šternberk

b) Portefeuille von Kaspar Maria Graf von Sternberg
Frankreich, nach 1810; Leder, rot und grün lackiert, mit silbernen Belägen, 41 x 32; Privatbesitz, Burg Český Šternberk
Lit.: AK Kaspar M. Graf von Sternberg 1998

Infolge der europäischen Aufklärung erfuhren Wissenschaft und Wirtschaft auch in Böhmen vermehrte Förderung, zahlreiche Vereine und Institutionen zur Pflege und Verbreitung böhmischen Kulturguts wurden gegründet. Die böhmische Gesellschaft sollte damit an Eigenständigkeit innerhalb des kulturellen Gefüges in Europa gewinnen. Dass mit dieser Entwicklung auch enge Kontakte ins Ausland – unter anderem nach Bayern – verbunden waren, lässt sich beispielhaft an Leben und Werk Kaspar Maria Graf von Sternbergs (1761–1838) nachvollziehen.

Nach dem Theologiestudium an der Prager Karlsuniversität wählte Kaspar Graf von Sternberg Regensburg als Wohnsitz. Hier wirkte er ab 1785 als Mitglied des Domkapitels. Sein Interesse für Botanik und sein daraus resultierendes Engagement für die Wissenschaften brachten ihn mit dem Ideengut der Aufklärung in Berührung. Zurückgekehrt in seine Heimat, verlegte er sich – vielfach an seine Tätigkeit in Regensburg anknüpfend – auf die Förderung der Naturwissenschaften in Böhmen, die 1822 durch die Gründung des so genannten vaterländischen Museums eine institutionelle Anbindung bekamen.

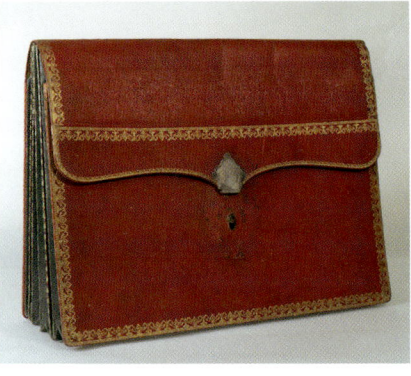

1.19 b

1.19 a

An Sternbergs Tätigkeit erinnern seine persönliche Aktentasche sowie das Porträt des Grafen. Das in Regensburg angefertigte Bild zeigt Sternberg ohne klassische Herrschaftsattribute mit den Utensilien des Botanikers in einer Landschaft dargestellt. So sah er sich weniger als politische Persönlichkeit und Mitglied des herrschenden Adels denn vielmehr als Wissenschaftler und Förderer grenzüberschreitender Wissenschaftsdiskurse.   *C. S.*

1.20 Etwa ab dem 16. Jahrhundert wurden Glasprodukte aus Böhmen und dem Bayerischen Wald mit Fuhrwerken in die Handelszentren transportiert. Verpackt wurden die empfindlichen Butzenscheiben, Ziergläser oder Apothekerfläschchen in Stroh.

a) Modell eines Glasfuhrwerks aus dem Bayerischen Wald
um 1800; Holz, Stroh, Textil, 41 x 116 x 13; Museen der Stadt Regensburg (K 1970/19)

b) Butzenscheiben, in Stroh verpackt
Buchenau, 19. Jahrhundert; Glas, Stroh, 6 x 7,5 x 14; Waldmuseum Zwiesel, Wald – Heimat – Glas (429)
Lit.: Haller 1972; Seyfert 1977; Wagner 1985

Glas ist seit dem 13. Jahrhundert ein wichtiger Wirtschaftsfaktor im Bayerischen Wald und im Böhmerwald. Nicht weniger als 164 Glashütten entstanden bis ins 19. Jahrhundert auf beiden Seiten der Grenze, fand man hier doch aufgrund der

Asi od 16. století se sklářské výrobky z Čech a Bavorského lesa dopravovaly do středisek obchodu na povozech. Křehké okenní terčíky, dekorativní sklo či lékárenské lahvičky byly zabaleny do slámy.

a) Model povozu k transportu skla, Bavorský les
kolem 1800; dřevo, sláma, textilie, 41 x 116 x 13

b) Okenní terčíky zabalené ve slámě
Buchenau, 19. století; sklo, sláma, 6 x 7,5 x 14

1.20 a

1.20

reichen Holz- und Quarzvorkommen ideale Standortbedingungen. Die Produktionsstätten lagen aber fern der Absatzmärkte und so musste das Glas zu den Abnehmern oder Zwischenhändlern gebracht werden. Diese Aufgabe übernahmen bis zum Bau der Eisenbahn am Ende des 19. Jahrhunderts die Glasträger, Fuhrmänner und Glashändler.

Anfangs erfolgten die Glastransporte durch die Glasträger, die das zerbrechliche Gut in Kraxen auf dem Rücken trugen. Erst im 16. Jahrhundert wurden die Wege, die das Donaugebiet mit Böhmen verbanden, zumindest teilweise so weit ausgebaut, dass sie mit Fuhrwerken befahren werden konnten. Ab Ende des 17. Jahrhunderts wurde der Glasvertrieb allein mit Fuhrwerken abgewickelt.

Grundsätzlich muss man zwischen Glashändler und Glasfuhrmann unterscheiden, die oft synonym gebraucht werden. Die Fuhrleute waren gewissermaßen Lohnarbeiter der Glashüttenbesitzer. Sie wurden nach Fracht und Wegstrecke bezahlt. Die Glashändler hingegen waren selbstständige Unternehmer, die die Glaswaren ab Hütte kauften und die Abfuhr in Eigenregie tätigten.

Die Glasfuhrwerke waren zwei- bis vierspännige zweiachsige Planwagen, auf denen die sorgfältig in Stroh verpackten Glaswaren – Flachglasscheiben, Apothekerfläschchen, Trink- und Ziergläser – in Truhen transportiert wurden. Ziel der Fuhrwerke waren Frankfurt, Nürnberg, Augsburg, Stuttgart, Prag und andere Orte. Franz Poschinger (1637–1701) vom Glashüttengut Frauenau berichtet in seinen Aufzeichnungen von Kunden in Böhmisch Kamnitz/Česká Kamenice, Seewiesen/Javorna na Senmavě, Erfurt, Regensburg, München, Innsbruck, Bregenz und Lindau. Im 18. Jahrhundert ging soviel Glas aus dem Böhmer- und Bayerwald nach Passau, dass man die Wege auch als „Glaserstraß" bezeichnete.

S. B.

Pašování přes hranice vzkvétalo až do třicátých let 20. století. Po obou stranách hranice patřilo ke každodennímu životu a pašeráci byli „pendlery" zvláštního druhu.

Střelecký terč s pašeráckou scénou
Dvacátá léta 20. století; dřevo, polychromie, průměr 48

I.21 Der Schmuggel über die Grenze von Bayern nach Böhmen blühte bis in die 1930er-Jahre. Für die Menschen beiderseits der Grenze gehörte er zum Alltag. Die Schmuggler waren Grenzgänger der besonderen Art.

Schützenscheibe mit Schmugglerszene
1920er-Jahre; Holz, farbig gefasst, Ø 48; Stadt Furth im Wald/Stiftung Voithenberg

Ebenso alt wie das Zollwesen ist auch der Schmuggel. Im Dialekt sagt man „schwärzen" bzw. „schwirzn", wenn Waren illegal am Zoll vorbei von einem Land ins andere gebracht werden – ein Ausdruck, der sich wohl darauf bezieht, dass sich die Schmuggler, auch „Pascher" genannt, mit Ofenruß das Gesicht unkenntlich machten. Seit der Einrichtung von Zollstationen wurde immer auch versucht, diese örtlich zu umgehen um so den Zoll einzusparen. Im bayerisch-böhmischen Grenzgebiet blühte vor dem Zweiten Weltkrieg der Schmuggel hauptsächlich mit Rindern, Pferden, Schweinen und Gänsen, mit Salz, Zucker, Mehl, Käse, hochwertigen Lederwaren und Tabak. In der Inflationszeit war die böhmische Krone sehr begehrt als starke, stabile Währung gegenüber der schwachen Mark.

Nach Auskunft alter Gewährsleute blühte der Schmuggel in beide Richtungen. Man hat alles „geschwirzt", was sich aufgrund von Preisunterschieden rentierte. Die Konjunktur und die Waren wechselten je nach Wirtschaftslage. Salz beispielsweise wurde in den 1920er-Jahren sackweise über die Grenze in das an Salzlagern arme Böhmen getragen. Für das zu drei Mark pro Zentner in Bayern erworbene Salz konnte man zu dieser Zeit in der Tschechoslowakei fünf Mark erhalten. Die jungen Burschen im Grenzland gingen in einer Nacht oft bis zu dreimal über die Grenze und erzielten dabei einen Wochenlohn. Einzelne Tiere und ganze Rinderherden gingen in den 1930er-Jahren bei Nacht über die Grenze. Wenn nötig, wurde eine alte Kuh an einer Stelle lautstark über die Grenze getrieben, um so die Zöllner vom Haupttrieb – oft an die 30 Tiere und mehr – abzulenken, der einige 100 Meter entfernt gerade die Grenzlinie passierte.

Beiderseits der Grenze war das „Schwirzn" bestens organisiert, sodass die Beamten oft einen harten Stand hatten. Es kam auch zu Schießereien. Bei der Grenzlandbevölkerung galt der Grundsatz: „S'schwirzn is koa Verbrechn". Wurden Schmuggler ertappt, so verfiel die Ware dem Fiskus und die Täter erhielten in der Regel empfindliche Geld- oder Gefängnisstrafen.

Der Schmuggel ging 1938 mit dem Anschluss des Sudetenlandes und ein Jahr später mit der Annektion der Tschechoslowakei zurück. Nach 1945, als der alte Grenzverlauf wieder hergestellt war, begann er bis zur Errichtung des Eisernen Vorhangs nochmals aufzublühen. Mit dem Fall des Eisernen Vorhangs 1989 wurde die Grenze für den globalen Schmuggel von Menschen und Drogen interessant – das Schmugglerlied aus der Zeit vor dem Zweiten Weltkrieg „Mia sama de Schwiaza vom Landl und schwirz'n an der bömischen Grenz" gilt deshalb so heute nicht mehr. *W. P.*

I.21

I.22 Viele Menschen pendelten täglich über die Grenze. So arbeitete die Hälfte der Einwohner aus dem böhmischen Paulusbrunn um 1920 in den Knopffabriken im bayerischen Bärnau.

a) Belegschaft der Knopffabrik Fichtner in Bärnau
Fotografie, 1920–1922; Knopffabrik Seitz, Bärnau

b) Stanzmaschine für Knopflöcher
Fa. Sylbe & Pondorf AG, Schmölln, Thüringen; Metall, Holz, 87 x 75 x 42; Deutsches Knopfmuseum, Bärnau (1945/12)
Lit.: Paulusbrunn 1984, S. 60–63; Zwicknagl 1993

Der Ursprung der Bärnauer Knopfindustrie liegt im Egerland. Tachau war das Zentrum dieses Wirtschaftszweigs. Ende des 18. Jahrhunderts hatte man dort mit dem Drehen von Holzknöpfen begonnen; der eigentliche Aufschwung kam in der zweiten Hälfte des 19. Jahrhunderts mit der industriellen Kleiderfertigung, die Knöpfe in großen Mengen benötigte. In den 1870er-Jahren verlagerte die Wiener Regierung Perlmuttbetriebe in die immer noch strukturschwache Tachauer Region. Perlmuttknöpfe wurden so zum typischen Produkt der Egerländer Knopfproduktion. Bald nahm die Fertigung industrielle Ausmaße an, allein in Tachau existierten 13 große Knopffabriken.

Die Gründung der Bärnauer Knopfindustrie Ende des 19. Jahrhunderts ist eng mit dem aus Mähren stammenden Drechslermeister Johann Müller (geb. 1862) verbunden. Da die Nachfrage aus dem Deutschen Reich rasch zunahm, wollte er eine Produktion in Deutschland aufbauen, um die Zollschranken zu umgehen. Nach Anfängen im Vogtland ließ sich Müller schließlich mit seinem Betrieb in Bärnau nieder, also in unmittelbarer Nähe zur böhmischen Knopfindustrie. Auch Tachauer Firmen gründeten in Bärnau Filialbetriebe, in denen vor allem Knöpfe aus Perlmutt und Holz hergestellt wurden. Die Knopffabrik Fichtner war seit 1907 hier ansässig. 1909 waren schon ca. 300 Personen mit der Knopfherstellung beschäftigt, davon rund 160 in Heimarbeit und 140 in Fabrikarbeit. Etwa die Hälfte der Fabrikarbeiter waren Deutschböhmen aus Paulusbrunn und den umliegenden Dörfern. Im Lauf der Jahre wurden weitere Betriebe in Bärnau gegründet. Für die Bevölkerung dieser armen Region bot der blühende Bärnauer Industriezweig eine willkommene Verdienstmöglichkeit. Um zu ihrer Arbeitsstelle zu kommen, mussten die böhmischen Arbeiter morgens und abends einen Fußmarsch von mindestens vier Kilometern über die Grenze und hügeliges Gelände in Kauf nehmen. Nach dem Zweiten Weltkrieg ließen sich aufgrund der engen Beziehungen, die sich im Grenzgebiet herausgebildet hatten, viele vertriebene Sudetendeutsche aus Paulusbrunn in Bärnau nieder. Sie gründeten hier neue Firmen oder arbeiteten weiter in den schon bestehenden Betrieben. *S. B.*

Mnoho lidí přecházelo denně přes hranice. Polovina obyvatel české obce Pavlův Studenec například pracovala kolem r. 1920 v továrnách na knoflíky v bavorském městě Bärnau.

a) Zaměstnanci továrny na knoflíky Fichtner v Bärnau
Fotografie, 1920–1922

b) Dírkovačka k perforování knoflíkových dírek
Výrobce: Fa. Sylbe & Pondorf AG, Schmölln, Thüringen; kov, dřevo, 87 x 75 x 42

I.22

Das Volk in Böhmen ist ein grober Menschenschlag und liebt es, viel und stark gewürzte Speisen zu genießen ... Sie kleiden sich in einfaches grobes Tuch, anstatt der Schuhe oder Stiefel umwickeln sie gewöhnlich Fuß und Schienbein mit Tierfellen, welche sie unter dem Knie mit einer Strohbinde befestigen. Zur Winterzeit pflegen sie Pelze als Leibröcke und weite, über die Schultern bis zum Gürtel herabwallende Gewänder mit großen Kapuzen als Mäntel zu tragen ... Auf die Pflege des Haupthaares verwenden sie große Sorgfalt; oftmals habe ich Männer gesehen, denen das künstlich gepflegte Haar kraus bis zum Gürtel, und Frauen, denen es glatt gestrichen bis zu den Waden oder den Knöcheln reichte ... Wie man sieht, haben sie an allen Lebensbedürfnissen im eigenen Land Überfluß, das Salz ausgenommen, welches sie sich durch Tauschhandel gegen ihre eigenen Produkte verschaffen.

Johannes Butzbach aus Miltenberg, Wanderbüchlein (Hodoporicon), 1506

Lid v Čechách je hrubého zrna a má zálibu v hojných a silně kořeněných jídlech. ... Odívají se do jednoduchého hrubého sukna, místo bot si omotávají nohy a holeně kožešinami, upevněnými pod kolenem slaměnou tkanicí. V zimě nosí vespod kožešiny a přes ně široký, z ramen k pasu splývající plášť s velkou kapucí. ... Velkou péči věnují vlasům; často jsem viděl muže, kterým pečlivě upravené kadeře sahaly až po pás, a ženy, které měly hladce sčesané vlasy až po lýtka či kotníky. ... Jak je vidět, mají všeho, co je k životu potřeba, ve vlastní zemi hojnost, kromě soli, kterou si opatřují výměnou za vlastní výrobky.

Johannes Butzbach aus Miltenberg, Wanderbüchlein, 1506

Der gemain man, so auf dem gä und land sitzt, gibt sich auf den ackerpau und das viech, ligt demselbigen allain ob, darf sich nichts on geschaft der öbrigkait understen, wird auch in kainen rat genomen oder landschaft ervodert; doch ist er sunst frei, mag auch frei ledig aigen guet haben, dient seinem herren, der sunst kain gwalt über ihn hat, jerliche güld zins und schwarwerk, tuet sunst was er wil, sitzt tag und nacht bei dem wein, schreit singt tanzt kart spilt, mag wer tragen, schweinspieß und lange messer.

Johannes Turmair (Aventinus), Bayerische Chronik, 1533

Obyčejný lid žijící v rovinách se věnuje výlučně rolnictví a chovu dobytka, nesmí nic učinit bez příkazu vrchnosti, nemůže zasedat v radě ani se účastnit zemského sněmu; jinak je však svobodný, může vlastnit majetek, odvádí svému pánu, který nad ním jinak nemá žádnou moc, jednou ročně peníze a naturálie a je mu povinnen robotou, jinak si dělá co chce, sedí dnem i nocí u vína, povykuje, zpívá, tancuje, hraje v karty a nosí zbraně, oštěpy a dlouhé nože.

Johannes Turmair (Aventinus), Bayerische Chronik, 1533

2 Begegnungen im Mittelalter

Die Beziehungen zwischen Bayern und Böhmen im Mittelalter – also vom 5./6. Jahrhundert bis zum frühen 16. Jahrhundert waren vielschichtig. Grabbeigaben belegen gemeinsame Siedlungs- und Kulturräume von Baiern, Franken und Slawen schon vom 5./6. bis zum 10. Jahrhundert. Eine weitere Verbindung könnte im Namen der im 6. Jahrhundert auftretenden Baiern bestehen. Der Stammesname „Baiovarii" wird von einem Herkunftsland „Baia" abgeleitet, das häufig mit Böhmen gleichgesetzt wird. „Baio-varii" könnte „Männer aus dem Lande Baia" bedeuten. Der Geschichtsschreiber Aventinus glaubte im 16. Jahrhundert sogar an eine direkte Abstammung der Baiern von den im böhmischen Kessel siedelnden Boiern. Heute wird eine regelrechte Einwanderung der Baiern aus Böhmen kaum mehr diskutiert. Man geht vielmehr von einer im 5./6. Jahrhundert erst in Bayern stattgefundenen Stammesbildung aus. Dabei könnte ein böhmisches Element namensprägend gewesen sein. Daneben gab und gibt es viele andere Theorien zu Namen und Herkunft der Baiern – eine endgültige Lösung dieser Frage steht nach wie vor aus.

Die Bischöfe von Regensburg und bayerische Klöster spielten eine wichtige Rolle bei der Christianisierung Böhmens, die im 8. Jahrhundert einsetzte und bis zum 10. Jahrhundert vor allem vom Bistum Regensburg und seinem Domkloster St. Emmeram befördert wurde. Ein Eckdatum ist das Jahr 845, als sich laut den Fuldaer Annalen 14 böhmische Fürsten in Regensburg taufen ließen, was auch politisch von Bedeutung war. Etwa fünfzig Jahre später dürfte Böhmen bereits ein Teil des Bistums Regensburg gewesen sein. Elemente der lateinisch-christlichen Kultur wurden durch diese missionarische Strahlkraft Regensburgs verstärkt in Böhmen sichtbar. Gleichzeitig ist auf die Rolle des hl. Method zu verweisen, der hauptsächlich in Mähren missionarisch wirkte und die slawische Liturgie verbreitete. Method wurde 870 vermutlich im bayerischen Regensburg, vielleicht im Zusammenhang mit einer böhmisch-mährisch-bayerischen Missionskonkurrenz, zu Klosterhaft verurteilt.

Auch der Heiligenhimmel verklammert Bayern mit Böhmen. So ist der Herrschaftsantritt Herzog Wenzels, des späteren Heiligen, mit dem militärischen Eingreifen Herzog Arnulfs von Bayern im Jahr 922 verknüpft. Der Landespatron Böhmens wird nicht nur dort verehrt, auch im bayerischen, fränkischen und im Oberpfälzer Raum finden sich im 10./11. Jahrhundert Belege für einen Wenzelskult, der später durch Kaiser Karl IV. gefördert wurde und dann in der Barockzeit neue Impulse erhielt. Bischof Wolfgang von Regensburg wiederum ist ganz unmittelbar mit der kirchengeschichtlichen Entwicklung Böhmens verknüpft. Der Überlieferung nach stimmte er 973 der Gründung eines selbstständigen Bistums Prag zu, was eine Loslösung aus dem bayerischen Einflussbereich und vom Bistum Regensburg bedeutete.

Vielfältig waren auch die Beziehungen zwischen bayerischen und böhmischen Klöstern, zum Beispiel zwischen Zisterziensern und Benediktinern. So wurde das um 1142/44 gegründete Sedletz bei Kuttenberg als erstes Zisterzienserkloster in Böhmen durch Mönche aus Waldsassen in der Oberpfalz besetzt und der erste Abt des um das Jahr 1000 gegründeten bedeutenden Klosters Ostrov bei Prag stammte aus dem niederbayerischen Benediktinerkloster Niederaltaich.

Eng waren auch die herrschaftlichen Beziehungen zwischen den benachbarten Territorien. Schon bei der fränkischen Reichsordnung von 817 fiel neben Bayern unter anderem Böhmen an Ludwig den Deutschen. In der Ordinatio Imperii heißt es: „Ebenso wollen wir, daß Ludwig Bayern erhält, die Karantanen, Böhmen, Avaren und Slaven, die im Osten Bayerns wohnen …" (Reindel, S. 259). Im Jahr 903 wird der bayerische Markgraf Luitpold als „Dux Boemannorum" bezeichnet. Außerdem gab es zahlreiche Eheverbindungen zwischen bayerischen, fränkischen und böhmischen Adelsgeschlechtern, die bis in die herzogliche und königliche Familie reichten. Dynastische Verbindungen waren politische Instrumentarien, die der Machtstabilisierung dienten und eine Vergrößerung der territorialen Besitzungen mit sich bringen konnten. 1204 heiratete der bayerische Herzog Ludwig der Kelheimer Ludmilla, eine Nichte des böhmischen Königs Ottokar I. Als verwitwete Gräfin von Bogen brachte Ludmilla 1242 den Besitz der Grafen von Bogen, der sich bis nach Böhmen erstreckte, an das Haus Wittelsbach. Sogar das bayerische Rautenwappen könnte in dieser Ehe eine seiner Wurzeln haben. Im 14. Jahrhundert betrieb der in Prag residierende böhmische Herrscher Kaiser Karl IV. eine ausgreifende Territorialpolitik, die Böhmen und Bayern vor allem in der Oberpfalz eng vernetzte. 1349 erhielt Karl IV. durch die Heirat mit Anna, der Tochter des Pfalzgrafen Rudolf, als Morgengabe Gebiete in der heutigen Oberpfalz. In der Folgezeit gelangte er in den Besitz fast der ganzen nördlichen Oberpfalz mit Sulzbach als Hauptort. Dieses territoriale Stützpunkt-Gebilde, das sich von Böhmen bis an die Grenzen Nürnbergs erstreckte, bezeichnete man seinerzeit als „Bavaria trans silvam boemicalem". 1355 verleibte Karl „Neuböhmen" – wie es erstmals im 18. Jahrhundert genannt wurde – dem Königreich Böhmen ein. Doch bereits zwischen 1373 und 1401 fiel Neuböhmen an die Wittelsbacher und die Pfalzgrafen zurück. Etwa vier Jahrzehnte später stand der bayerische Herzog Albrecht III. sogar kurz davor böhmischer König zu werden, als ihm die böhmischen Stände 1440 die Krone anboten. Doch mit Rücksicht auf das Haus Habsburg lehnte der Wittelsbacher schließlich ab.

Zwischen den Nachbarn gab es aber auch Konflikte, wo sie sich sowohl als Gegner wie als Verbündete trafen. So nahm der Würzburger Bischof Arn 871/72 an einem

Feldzug König Ludwigs des Deutschen gegen die Mähren, Böhmen und Wenden teil, in dessen Verlauf er die Tochter des Herzogs von Böhmen gefangen nahm. Nach der Mitte des 13. Jahrhunderts wiederum drang der böhmische König Ottokar II. (1253–1278) nach Niederbayern vor. Miteinander kämpften Bayern und Böhmen in der Schlacht bei Mühldorf im Jahr 1322, als König Johann von Böhmen im Krieg gegen Friedrich den Schönen auf Seiten des siegreichen Ludwigs des Bayern stand.

Die unmittelbare Nachbarschaft spiegelt sich aber nicht nur im herrschaftlichen Bereich wider. Ortsnamen belegen, dass slawische Siedler am Landausbau im Nordosten des heutigen Bayern beteiligt waren. Dabei ist vom 6. bis zum 10./11. Jahrhundert von einer wellenartigen slawischen Zuwanderung auszugehen. Im 11./12. Jahrhundert setzte dann eine gesamteuropäische Bewegung von West nach Ost ein, in deren Verlauf es auch in Böhmen zu intensiven Kolonisationen, zu Erweiterungen bereits bestehender ländlicher und städtischer Siedlungen sowie zu Neugründungen kam. Dieser kombinierte, oft planmäßig organisierte Land- und Städteausbau dauerte etwa bis zum 14. Jahrhundert. Vor allem der böhmische König Ottokar II. förderte intensiv das Städtewesen. Im ländlichen Bereich wurden Waldflächen gerodet und Nutzflächen erschlossen, wobei sich neue Anbauformen und eine verbesserte Agrartechnik durchsetzten. Neben einheimischen Slawen waren an diesem mittelalterlichen Land- und Städteausbau, der das böhmische Becken und besonders die waldreichen Randgebiete Böhmens erfasste, vor allem deutschstämmige Siedler beteiligt, die häufig aus den direkt benachbarten Regionen kamen – unter anderem aus Franken, Niederbayern und der Oberpfalz. So genannte Lokatoren, die im Auftrag des böhmischen Königs oder des Adels handelten, holten diese Neusiedler, die sich dort bessere Lebenschancen erhofften, nach Böhmen. Auch bayerische Klöster und Adelsgeschlechter spielten bei diesem Landausbau eine Rolle. Diese Binnenkolonisation beeinflusste die Lage der gesamten Bevölkerung in Böhmen durch eine Veränderung der Besitzrechte und die Erlangung städtischer Privilegien. Damals setzten auch die Zweivölkergeschichte und die Zweisprachigkeit in Böhmen ein.

Entscheidend für die wirtschaftlichen Kontakte zwischen Bayern und Böhmen waren die Handelswege, die natürliche Grenzen zu überwinden hatten. Den wichtigsten geografischen Bezugsrahmen bot hierbei zunächst die europäische Ost-West-Fernhandelsroute der Donau. So benannte im Jahr 809 ein Capitulare die am nördlichsten Punkt der Donau gelegene, damalige bayerische Herzogsstadt Regensburg als Grenzplatz zum Osten. Von hier aus führten alte Handelswege über den Regen und die Cham-Further Senke ins Böhmische. Die Fortführung dieser Wege in Richtung Italien wurde wesentlich erleichtert, als in den Jahren von 1135 bis 1146 mit der Steinernen Brücke in Regensburg ein zuverlässiger Donauübergang errichtet wurde. Jene Brücke wurde auch zum Vorbild für die steinerne Moldaubrücke in Prag, die so genannte Judithbrücke als Vorgängerin der heutigen Karlsbrücke. Weiter südöstlich ist bereits zu Anfang

des 11. Jahrhunderts der älteste Weg des „Goldenen Steigs" belegt, der von Passau nach Prachatitz/Prachatice führte. Bis zum 16. Jahrhundert entwickelte sich ein ausdifferenziertes Netz von Saumpfaden, die von Passau ausgehend den südlichen Böhmerwald überwanden und Böhmen mit einem der wichtigsten Rohstoffe versorgten: dem Salz.

Die Anbindung Böhmens an den internationalen Fernhandel erfolgte wesentlich über die großen oberdeutschen Reichsstädte. Die Hauptrolle spielten dabei reiche Kaufherrenfamilien wie die Nürnberger Handelsdynastie der Stromeier/Stromer und nicht zuletzt die prosperierenden jüdischen Gemeinden, die in engem Kontakt mit der Prager jüdischen Gemeinde standen. Ab dem 14. Jahrhundert intensivierten das aufstrebende Nürnberg und bald auch das Finanzzentrum Augsburg die Handelsbeziehungen nach Prag, Pilsen oder Eger, während Regensburg nun weitgehend vom Fernhandel abgekoppelt war. Wichtig wurde in dieser Zeit das System der „Goldenen Straße", das unter Kaiser Karl IV. ausgebaut wurde und eine besonders enge Verbindung seiner Hauptstadt Prag über die neuböhmischen Besitzungen in die Reichsstadt Nürnberg sicherte. Begehrtes Ausfuhrgut aus Böhmen waren dessen Edelmetalle, insbesondere die Münzmetalle Silber und – in geringerem Maße – auch Gold. Im Zentrum des Böhmenhandels stand Prag als eine der größten mitteleuropäischen Städte und Residenzen. Hier war die Nachfrage nach Orient- und Südwaren, aber auch nach Gewerbeerzeugnissen wie etwa Nürnberger Plattnerarbeiten und Waffen besonders hoch.

„Internationale Gotik", „Internationaler", „Schöner" oder „Weicher Stil" sind die Bezeichnungen für eine Stilprägung, die von etwa 1390 bis 1430 in der Skulptur wie in der Malerei zu beobachten ist. Sie findet sich von Oberitalien bis Frankreich und Spanien, in den Niederlanden und England ebenso wie in den deutschen Ländern, besonders ausgeprägt aber in Böhmen. Das hatte mit der damaligen Stellung Böhmens zu tun. Der Sohn des böhmischen Königs Johann, Karl IV. (1316–1378), war 1346 zum römischen König gewählt, 1347 zum König von Böhmen und 1355 zum Kaiser gekrönt worden. Er stammte mütterlicherseits aus der böhmischen Herrscherfamilie der Přzemysliden, väterlicherseits aber aus dem Geschlecht der Luxemburger, das enge Beziehungen zu Frankreich hatte. Karl IV. war von 1323 bis 1330 in Paris erzogen worden und hatte Blanche von Valois geheiratet. Die hoch entwickelte Repräsentationskultur des französischen Hofs und die dortigen Bauwerke waren Vorbilder für den Ausbau seiner Residenzstadt Prag. 1344, wahrscheinlich anlässlich seines Aufenthalts bei Papst Clemens IV. in Avignon, verpflichtete er von dort Matthias von Arras als Baumeister des Veitsdoms, dem 1352 Peter Parler (um 1330–1399) folgen sollte.

Karl IV. machte Prag zu einem Zentrum der Künste, das durch den Parler-Stil und den aus diesem entwickelten „Weichen" oder „Internationalen" Stil über ein halbes Jahrhundert prägend für die deutsche Skulptur und Malerei wurde. Die Frauenkirche und der Schöne Brunnen in Nürnberg sind Monumente, mit denen diese Stadt in der

Zeit Karls IV. ausgezeichnet wurde. Die Ausstrahlung der Prager Maler- und Bildhauerwerkstätten kam vor allem zur Wirkung in der Zeit von Karls Sohn Wenzel, der 1378 die Nachfolge seines Vaters antrat. Nürnberg und Salzburg waren die Zentren des böhmisch geprägten „Weichen Stils", von denen aus auch andere Regionen Bayerns beeinflusst wurden. Diese Bezeichnung bezieht sich insbesondere auf die „Schönen Madonnen", die durch die namengebende weiche Linienführung der Gewandfalten, die liebliche Mariendarstellung und die Auffassung eines von Zuneigung geprägten Mutter-Kind-Verhältnisses gekennzeichnet sind. Am Ausklang dieses Stilkreises stehen in Südbayern die Werke des Meisters von Seeon.

Rainhard Riepertinger/Peter Wolf/Claus Grimm

Lit.: Bosl 1976; Boldt/Hilf 1992; Higounet 1986; Fried 1988; Fischer 1995; Graus 1960; Prinz 1984; Reindel 1981; Schenk 1969

2 Vzájemné styky ve středověku

Sousedské vztahy Bavorska a Čech byly v období středověku – tedy od 5./6. až po rané 16. století – velice komplexní a mnohovrstevnaté. Pohřební dary dokládají společná sídliště a společný kulturní prostor Bavorů, Franků a Slovanů již od 5./6. až do 10. století. Dalším styčným bodem by mohlo být pojmenování Bavorů, vstupujících na historickou scénu v 6. století. Kmenové jméno „Baiovarii" je odvozeno ze země původu „Baia", která bývá ztotožňována s Čechami. „Baio-varii" by pak mohlo značit „muži ze země Baia". Historiograf Aventinus dokonce zastupoval tezi o přímém původu Bavorů z Bójů sídlících v české kotlině. Dnes se o příchodu Bavorů z Čech již neuvažuje. Vychází se naopak z utváření kmenové struktury teprve v 5./6. století na území Bavorska, přičemž se připouští možný český podíl na vzniku pojmenování. Vedle toho však existovalo a existuje mnoho jiných teorií o jméně a původu Bavorů – tato otázka však pravděpodobně nikdy nebude zodpovězena definitivně.

Významnou úlohu při christianizaci Čech hráli řezenští biskupové a bavorské kláštery. Proces šíření křesťanství probíhal v Čechách od 8. století, a až do 10. století ho podporovalo především řezenské biskupství a biskupský klášter sv. Jimrama (St. Emmeram). Důležitým mezníkem je zde rok 845, kdy bylo podle Fuldských análů v Řezně pokřtěno čtrnáct českých knížat, což mělo jistě i určitý politický význam. Asi o padesát let později už byly Čechy pravděpodobně součástí řezenského biskupství. V Čechách také díky misionářskému působení Řezna nyní vystupují zřetelněji do popředí prvky latinsko-křesťanské kultury. Současně je třeba připomenout úspěšnou misionářskou činnost sv. Metoděje především na území Moravy a jeho zásluhy o rozšíření slovanské liturgie. V roce 870 byl Metoděj pravděpodobně v souvislosti s česko-moravsko-bavorskou konkurencí misií uvězněn v klášterním žaláři v Řezně.

Bavorsko a Čechy spojuje také řada světců. Počátek vlády vévody Václava, který se později stal světcem, je nejspíše spojen s vojenským zásahem vévody Arnulfa Bavorského v roce 922. Český zemský patron byl uctíván nejen v Čechách – také v Bavorsku, Francích a Horní Falci je již v 10./11. století doložen svatováclavský kult, který byl dále rozvíjen především Karlem IV. a intenzivně obohacován v době baroka. Řezenský biskup a pozdější svatý Wolfgang je úzce spjat s církevním vývojem v Čechách. Podle tradice souhlasil Wolfgang v roce 973 se založením samostatného biskupství v Praze, což znamenalo jisté odpoutání a ztrátu vlivu Bavorska a řezenského episkopátu.

Mnohotvárné a intenzivní byly rovněž vztahy mezi bavorskými a českými kláštery, například mezi řády cisterciáků a benediktinů. Například první cisterciácký klášter v Čechách, Sedlec u Kutné Hory (založen v letech 1142/44), byl osazen mnichy z Waldsassenu z Horní Falce a první opat významného kláštera Ostrov u Prahy, založeného okolo roku 1000, pocházel z dolnobavorského benediktinského kláštera Niederaltaich.

Také mezi vrchností obou zemí existovaly úzké vztahy. Při dělení franské říše („říšský řád" z roku 817) obdržel Ludvík Němec kromě Bavorska i Čechy. V tzv. Ordinatio imperii se píše: „Taktéž chceme, aby Ludvík obdržel Bavorsko, Karantánce, Čechy, Avary a Slovany, sídlící na východě Bavorska ..." (Reindel, str. 259). Roku 903 je markrabě Luitpold, vládnoucí v Bavorsku, označován jako „Dux Boemannorum". Kromě toho docházelo mezi bavorskými, franckými a českými šlechtickými rody k uzavírání sňatků, tato praxe se týkala dokonce i vévodských a královských rodin. Dynastická spojení byla politickým nástrojem sloužícím k upevnění moci a znamenala často také rozšíření državy. Roku 1204 si vzal bavorský vévoda Ludvík Kelheimský za manželku Ludmilu, neteř českého krále Přemysla Otakara I. Jako ovdovělá hraběnka z Bogenu přinesla Ludmila roku 1242 Wittelsbachům bogenské državy, rozprostírající se až do Čech. V tomto svazku má také dost možná své kořeny bavorský znak s routami. 14. století bylo ve znamení rozsáhlé územní politiky Karla IV., která propojovala Čechy a Bavorsko zejména na území Horní Falce. Karel IV. získal sňatkem s dcerou falckraběte Rudolfa II. Annou r. 1349 jako jitřní dar některé oblasti dnešní Horní Falce. Následně nabyl dalších území a jeho državou se tak stala téměř celá severní Horní Falc s centrem v Sulzbachu. Tento teritoriální útvar se sítí opěrných bodů, rozprostírající se od Čech až po okraj Norimberka, byl ve své době označován jako „Bavaria trans silvam boemicalem". Roku 1355 začlenil Karel „Nové Čechy" – tento název se začal užívat počátkem 20. století – do Království českého. Již v letech 1373 až 1401 se však území vrátilo Wittelsbachům a falckrabatům. Asi o čtyři desetiletí později byl bavorský vévoda Albrecht III. jen krůček od toho stát se českým králem, když mu čeští stavové v roce 1440 nabídli korunu. S ohledem na habsburskou dynastii ji však nakonec odmítl.

Ozbrojené střety, kterých se Bavoři a Češi účastnili jako spojenci či jako protivníci, však dokládají také konfliktní potenciál tohoto sousedského vztahu. Würzburský biskup Arn se roku 871/72 účastnil válečného tažení krále Ludvíka Němce proti Moravanům, Čechům a Venduům, v jehož průběhu byla zajata dcera českého vévody. V 2. polovině 13. století pronikl český král Přemysl Otakar II. (1253–1278) na území Dolního Bavorska. Bok po boku bojovaly Čechy a Bavorsko v bitvě u Mühldorfu v roce 1322 proti Fridrichu Sličnému: král Jan Lucemburský stál na straně vítězného Ludvíka Bavorského.

Bezprostřední sousedství se však zrcadlí nejen v rovině vazeb mezi vrchností. Místní jména dokládají podíl slovanských osadníků na kolonizaci v severovýchodní části dnešního Bavorska, které Slované v průběhu 7.–10./11. století pravděpodobně osídlovali v několika vlnách. V rámci celoevropského procesu osidlování směrem ze západu na východ docházelo v 11./12. století také v Čechách k intenzivní kolonizaci, rozšiřování stávajících venkovských a městských sídlišť a zakládání nových. Tato kombinovaná a často promyšleně organizovaná „výstavba" venkova a měst probíhala až do 14. století. Zejména český král Přemysl Otakar II. intenzivně podporoval rozvoj měst. Na venkově docházelo k mýcení zalesněných ploch a kultivaci dosud nevyužité půdy, částečně za využití nových forem agrotechniky. Na této středověké vnitřní kolonizaci, která probíhala v české kotlině a především lesnatých pomezních oblastech Čech, se podíleli vedle usedlých Slovanů především osadníci německého původu, přicházející z velké části z bezprostředního sousedství – mj. z Frank, Dolního Bavorska a Horní Falce. Takzvaní lokátoři, jednající z pověření krále nebo šlechty, přiváděli do Čech kolonisty, kteří doufali v lepší životní podmínky. Rovněž bavorské kláštery a šlechtické rody hrály v tomto procesu významnou roli. Tzv. východní kolonizace ovlivnila změnami v majetkovém právu a získáním městských privilegií situaci veškerého obyvatelstva Čech. Do této doby tedy spadá počátek „dvoudomých" a dvojjazyčných Čech.

Rozhodujícím faktorem v rozvoji česko-bavorských hospodářských styků byly obchodní komunikace, překonávající přirozené hranice. Nejdůležitější geografický referenční rámec tvořil nejprve Dunaj, dálková obchodní cesta spojující východní a západní Evropu. V roce 809 hovoří kapitulář o tehdejším bavorském vévodském městě Řezně, ležícím v nejsevernějším místě Dunaje, jako o „hraničním místě směrem na východ". Odsud vedly staré obchodní cesty přes Regen a Všerubskou vrchovinu (Cham-Further Senke) do Čech. Významným ulehčením pro budování dalších úseků těchto cest směrem do Itálie byl nový spolehlivý přechod přes Dunaj: Kamenný most v Řezně, postavený v letech 1135 až 1146, který byl vzorem pro pražský Juditin most přes Vltavu, předchůdce dnešního Karlova mostu. Dále na jihovýchodě je již počátkem 11. století doložena nejstarší trasa „Zlaté stezky" z Pasova do Prachatic. V průběhu doby až do 16. století vznikala rozvětvená síť soumarských stezek s výchozím bodem v Pasově, které vedly přes jižní Šumavu a zásobovaly Čechy jednou z nejdůležitějších surovin: solí.

Napojení Čech na mezinárodní dálkový obchod se uskutečnilo především prostřednictvím velkých hornoněmeckých říšských měst. Hlavní roli přitom hrály bohaté obchodnické rody jako dynastie Stromeierů/Stromerů z Norimberka a v neposlední řadě také prosperující židovské obce, které udržovaly úzké styky s pražskou židovskou obcí. Od 14. století se intenzivně rozvíjely obchodní styky mezi vzmáhajícím se Norimberkem a brzy také významným finančním centrem Augšpurkem a Prahou, Plzní či Chebem, zatímco Řezno rychle ztrácelo pro dálkový obchod na významu. Důležitou roli hrál v této době systém „zlatých cest", intenzivně budovaný císařem Karlem IV., který zajišťoval těsné spojení mezi jeho hlavním městem Prahou a říšským městem Norimberkem. Nejžádanějším vývozním zbožím z Čech byly drahé kovy, zejména mincovní kovy stříbro a v menší míře také zlato. Centrem obchodu s Čechami byla Praha, tedy jedno z největších středoevropských měst a rezidencí. Zvláště velká poptávka zde byla po zboží z Orientu a z jihu, ale také po řemeslných výrobcích, například norimberských platnéřských pracích a zbraních.

V době vlády Lucemburků se vliv skvostného královského dvora v Praze rozšířil po celé Evropě. Karel IV. povolal do Prahy Petra Parléře (1330–1399), který pocházel ze slavného stavitelského rodu ze Švábského Gmündu a v Praze realizoval řadu nových konstrukčních prvků a principů. Pražská parléřovská huť byla směrodatná v architektuře i umění; její vliv lze vysledovat mj. v Norimberku (Krásná kašna), Řezně (průčelí katedrály) nebo Landshutu (kostel sv. Martina). Uměleckým směrem šířícím se z Čech, resp. z tohoto pražského uměleckého prostředí, byl takzvaný „měkký" sloh, který se v jihoněmeckém prostoru stal ve 14./15. století převládajícím stylem. Typickým příkladem této umělecké formy jsou „krásné madony", pro něž je charakteristické měkké splývání záhybů roucha, líbezný výraz v obličeji a něžná náklonnost ve vztahu matky a dětátka. V jižním Bavorsku tento styl dozníva v dílech mistra ze Seeonu.

Rainhard Riepertinger/Peter Wolf/Claus Grimm

Střep s nápisem „BOIOS" z keltského oppida u Manchingu dlouho sloužil jako doklad teze o původu Bavorů z keltských Bójů, sídlících mimo jiné na území Čech. Dnes se předpokládá, že tento pravděpodobně nejstarší písemný doklad z území Bavorska označuje osobní jméno. Nelze z toho tedy vyvozovat imigraci Bavorů z Čech nebo jejich keltský původ. Kmenová struktura Bavorů se začala utvářet v 5./6. století teprve na území Bavorska.

Keramický střep s vyrytým nápisem „BOIOS"

Manching, 1. století př. Kr.

2.1 Die Scherbe mit dem Schriftzug „BOIOS" aus dem keltischen Oppidum bei Manching wurde lange Zeit als Beleg für eine Herkunft der Baiern von den unter anderem in Böhmen ansässigen keltischen Boiern herangezogen. Heute nimmt man an, dass dieses vielleicht älteste Schriftzeugnis aus Bayern einen Personennamen wiedergibt. Daraus eine Einwanderung der Baiern aus Böhmen oder eine keltische Abstammung der Baiuwaren abzuleiten, ist nicht haltbar. Die Stammesbildung der Baiern hat sich im 5./6. Jahrhundert erst in Bayern vollzogen.

Keramikscherbe mit Einritzung „BOIOS"
Manching, 1. Jahrhundert v. Chr.; Archäologische Staatssammlung München – Museum für Vor- und Frühgeschichte (1974, 1124)
Lit.: Krämer 1982; Krämer 1993; Kruta 2000, S. 475 ff.; Agostinetti 2004, S. 80 ff., 114 ff.

Von den zwei bislang in Manching gefundenen Graffiti mit Schriftzeichen trägt eine den Namenszug „BOIOS". Dessen Veröffentlichung führte zu zahlreichen Spekulationen bis hin zu der von Karl Bosl einst wieder hervorgeholten „Boier-These", die die keltische Abstammung der Bajuwaren propagierte. Der langjährige Ausgräber von Manching, Werner Krämer, trat dieser These vehement entgegen, indem er darauf hinwies, dass die Scherbe nicht einmal einen Anhaltspunkt für eine boische Einwanderung in keltischer Zeit liefern könnte. Wenngleich heute ein beträchtlicher Einfluss und eine Kommunikation mit dem keltisch-böhmischen Gebiet nachgewiesen ist, muss dem keltischen Süddeutschland eine ganz individuelle Eigenprägung zugewiesen werden, die man bereits in historischer Zeit mit dem keltischen Volksstamm der Vindeliker in Zusammenhang brachte. Da die bajuwarische Landnahme überhaupt keinen Bezug mehr zur keltischen Zeit aufweisen kann, muss nach wie vor gelten, was 1839 der bayerische Historiker Johann Nepomuk Sepp (1819–1909) vertrat: „Baiuvarii non sunt Boii", die Baiern sind keine Boier.

Die Boier werden als Stammesname in verschiedenen Siedlungsgebieten, unter anderem Böhmen (Boiohaemum = Heim der Boier), erwähnt. Die ältesten und ausführlichsten Nachrichten über die Boier finden sich bei Polybius und Livius. Vom späten 5. bis zum frühen 2. vorchristlichen Jahrhundert waren die in

2.1

Teilen der heutigen Emilia-Romagna siedelnden Boier einer der bedeutendsten keltischen Stämme Italiens. Ihr Hauptort war das vormals etruskische Felsina/ Bologna. Im 3. vorchristlichen Jahrhundert standen sie, zuweilen in Allianz mit den Etruskern, mehrmals im Krieg gegen die Römer. 191 v. Chr. wurden sie nach erneuten, fast zehnjährigen Kämpfen endgültig Opfer der römischen Expansion. Nach Strabo zogen die Überlebenden der Niederlage in die Donauregion, wo sie als Nachbarn der Taurisker Krieg gegen die Daker führten. Um 114 v. Chr. leisteten Boier – der Name kann sich auch auf mehrere gleichnamige Stämme beziehen – im Bereich der herzynischen Wälder erfolgreich Widerstand gegen die Kimbern und Teutonen. Um 60 v. Chr. belagerten Boier Noreia. In Pannonien wurden sie von den Dakern unter Burebista unterworfen, während nach Tacitus Markomannen und Quaden sie aus ihren Wohnsitzen nördlich der Donau vertrieben. Von den Helvetiern aufgenommen, beteiligten sich Boier an deren Zug nach Gallien. Nach der Niederlage bei Bibracte wurden sie von Caesar mit der Hauptstadt Gorgobina im Gebiet der Häduer angesiedelt. 52 v. Chr. standen 2 000 Boier im gallischen Entsatzheer vor Alesia. *W. D./R. G.*

2.2 Nahezu identische Keramik der elbgermanischen Gräberfelder von Friedenhain und Přešťovice verweist auf engsten kulturellen Austausch zwischen Böhmen und dem bayerischen Donauraum über die Cham-Further-Senke und Teilhabe elbgermanischer Gruppen an der Entstehung des Stammes der Bajuwaren.

a) Tongefäß aus Friedenhain bei Straubing
2. Viertel 5. Jahrhundert; Typ Friedenhain-Přešťovice mit schrägen Kanneluren am Umbruch, in einer Nische rechts vom Kopf; Körpergrab 84, nord-süd orientiert, Frau, 20–60 Jahre alt, Beisetzung um 425–450; Keramik, H. 8,3, Ø 17,6; Gäubodenmuseum Straubing (1984/73a)

b) Tongefäß (Urne) aus Přešťovice im Kreis Strakonice
4. Jahrhundert bis 1. Viertel 5. Jahrhundert; Typ Friedenhain-Přešťovice mit Ovalfacetten am Umbruch; Brandgrab 309, Beisetzung um 425–450; Keramik mit Gips ergänzt, H. 7,4, Ø 15,1; Národní Muzeum, Praha (H1 50538)
Lit.: AK Die Bajuwaren 1988; Dubský 1937, S. 84, Tab. X; Dubský 1949, S. 425–491; Fischer 1993; Fischer 1995; Friesinger/Daim 1990; Geisler 1998, S. 21 f., Taf. 19, [84] 1–12, Taf. 367, [84], Taf. 371, [84]; Keller 1988; Losert 2003, Gräberfeld; Svoboda 1963; Svoboda 1965, S. 51–66; Werner 1962; freundlicher Hinweis von Jiří Košta

Über die Gebiete nördlich der bayerischen Donau bot sich in der Spätantike bis zur offiziellen Auflösung des römischen Grenzheeres im Jahr 476 germanischen Gruppen die Möglichkeit, in Kontakt mit romanischer Kultur zu treten. So sind seit dem späten 4. Jahrhundert am rätischen Donaulimes Germanen fassbar, die als Angehörige römischer Truppen an der Reichsverteidigung teilhatten und deren archäologische Hinterlassenschaften deutliche Entsprechungen im elbgermanisch-böhmischen Bereich besitzen. Kennzeichnend ist vor allem die dem elbgermanischen Kulturkreis zuzurechnende Keramik vom Typ Friedenhain-Přešťovice, benannt nach Brandgräberfeldern in Südwestböhmen und nördlich von Straubing. Leitformen sind gewülstete, sorgfältig geglättete bzw. polierte Schalen aus fein gemagertem, grauem bis schwarzgrauem Ton mit Kanneluren oder spitzovalen Facetten am Umbruch. Ein typischer Vertreter dieses Typs diente im Kindergrab 309 von Přešťovice als Urne. Die Schale mit deutlich abgesetztem Hals ist auf der Schulter mit einer Einstichreihe zwischen Horizontalrillen und am Umbruch mit von drei Einstichreihen begleiteten spitzovalen Facetten verziert.

Während der zweiten Hälfte des 5. Jahrhunderts wurde von den Germanen in Süddeutschland, aber auch Böhmen, nicht zuletzt auf Anregung durch spätantik-romanisches Christentum, die Totenverbrennung zugunsten der Körperbestattung aufgegeben. In der ältesten Phase des großen, vom zweiten Viertel des 5. bis zum mittleren Drittel des 7. Jahrhunderts genutzten Körpergräberfeldes

Téměř identická keramika z pohřebišť polabských Germánů ve Friedenhainu a Přešťovicích poukazuje na intenzivní kulturní výměnu mezi Čechami a bavorským Podunajím přes Všerubský průsmyk a podíl polabských germánských skupin na vzniku kmene Bavorů (Bajuwaren).

a) Hliněná nádoba z Friedenhainu u Straubingu

2. čtvrtina 5. století; typ Friedenhain-Přešťovice s šikmým žlábkováním na výduti, ve výklenku vpravo u hlavy; kostrový hrob 84, orientace ve směru sever-jih, žena, 20–60 let, pohřeb kolem 425–450; keramika, v. 8,3, průměr 17,6

b) Hliněná nádoba (popelnice) z Přešťovic (okres Strakonice)

4. století až 1. čtvrtina 5. století; typ Friedenhain-Přešťovice s oválnými fazetami na výduti; žárový hrob 309, pohřeb kolem 425–450; keramika, doplněno sádrou, v. 7,4, průměr 15,1

2.2 a

2.2 b

von Straubing-Bajuwarenstraße wurden Gefäße des oben genannten Typs im Männergrab 73 sowie im Frauengrab 84 beigegeben.

Für die Herkunft der die Gruppe Friedenhain-Přešťovice prägenden Personen wird traditionell Böhmen angenommen und mit dem Ende elbgermanischer Brandgräberfelder sowie entsprechenden Keramikfunden von den Einwanderungsrouten über die Cham-Further-Senke sowie aus dem nördlichen Limesvorfeld begründet. Vor allem war es aber die Namensähnlichkeit der ältesten Nennung der Bajuwaren als *Báioras/Baioarios* mit der historischen Bezeichnung für Böhmen *Beo-/Boemani* oder *Baiaheim* bzw. *Boiohaemum* und die daraus folgende Erklärung der *Baiovarii* als Männer aus dem Land *Baia,* die als Beleg für Einwanderung von Germanen aus Böhmen galt. Mittlerweile ist unbestritten, dass die Anwesenheit elbgermanischer Eliten eine, aber eben nur eine der Grundlagen der von verschiedenen Ethnika getragenen Bildung des bayerischen Stammes im bayerischen Donautal und den Gunstlandschaften Rätiens war. Die Fragen nach dem konkreten Anteil böhmischer Gruppen an der regional unterschiedlich verlaufenden Ethnogenese der Bajuwaren und den komplexen Beziehungen zwischen den Gebieten beidseits des Bayerischen und Böhmerwalds kann nur eine noch ausstehende systematische Aufarbeitung des einschlägigen Fundmaterials aus Nordbayern und Böhmen sowie benachbarten Regionen beantworten.   *H. Lo.*

V germánských hrobech v Lochenicích a Altenerdingu byly nalezeny spony se stejným vzorem. Dokládají úzké kulturní vazby mezi Čechami a Bavorskem v době kolem r. 500.

Spona ze zlaceného stříbra zdobená inkrustací (niello, almandiny)
hrob 343, žena, 20–40 let, Altenerding, okres Erding, Bavorsko; pohřeb kolem 500-525; 5,9 x 2,75, poloha: na pánvi u levého kyčle

2.3 Germanische Gräber von Lochenice und Altenerding mit mustergleichen Fibeln bezeugen engste kulturelle Beziehungen zwischen Böhmen und Bayern in der Zeit um 500.

Silbervergoldete Bügelfibel mit Niello- und Almandineinlagen
Grab 343, Frau, 20–40 Jahre alt, Altenerding, Lkr. Erding, Bayern; Beisetzung um 500–525; 5,9 x 2,75, Lage innen am rechten Hüftgelenk und mitten auf dem Becken; Archäologische Staatssammlung – Museum für Vor- und Frühgeschichte, München (1979, 251a)
Lit.: Losert 2003, Gräberfeld; Sage 1984, S. 99 f., Taf. 42, S. 16 f., Taf. 186, S. 1 f.; Schmidt 1961; Schmidt 1970 und 1976; Zeman 1990, S. 92 f., Abb. 32, Abb. 37, S. 23, Taf. XXVIII, S. 7

Die Unterschiede zwischen den Körpergräberfeldern von Lochenice bei Königgrätz/Hradec Králové in Nordostböhmen und Altenerding in Oberbayern könnten auf den ersten Blick größer nicht sein. Das bajuwarische Gräberfeld von Altenerding mit ursprünglich 2 200 bis 2 300 Bestattungen wurde von der Mitte des 5. bis ins letzte Drittel des 7. Jahrhunderts benutzt. Zur kleinen, wohl nur eine Generation lang um 500 genutzten Nekropole von Lochenice gehören lediglich zwei Gruppen aus sieben und 15 Bestattungen sowie ein Einzelgrab.

Grab 7 von Lochenice enthielt: 14 Perlen aus Glas und aus Bernstein, eine Meerschaumperle, eine eiserne Gürtelschnalle, einen Eisenring, einen Bronzering, ein Eisenmesser und eine Bronzezwinge. In Grab 343 von Altenerding fand man ein silbervergoldetes S-Fibelpaar, zwei Glasperlen, eine silberne Amulettkapsel, eine Bernstein- und Meerschaumperle, eine Eisenschnalle, ein Eisenmesser, einen einzeiligen Dreilagenkamm aus Bein mit flach gewölbter Griffplatte, zwei silbervergoldete Riemenzungen einer Wadenbindengarnitur und einen Glaspokal. Außerdem enthielten beide Gräber mustergleiche Bügelfibeln mit querovaler durchbrochener Kopfplatte, flach gewölbtem Bügel und quergeripptem Fuß mit Tierkopfende. Auf der Kopfplatte flankieren zwei in tiefem Kerbschnitt ausgeführte, einander zugewandte Raubvogelköpfe eine extrem stilisierte Menschengestalt in Form eines sanduhrförmigen Gebildes. Derartiger Schmuck der Zeit um 500 bis 525 gilt mit Recht als typisch thüringisches Erzeugnis, fand jedoch auch in anderen Regionen Absatz.

Mit sechs Paaren und zwei Einzelstücken in den Altenerdinger Gräbern 201, 343, 454, 532, 1083, 1108 und 1237 sowie Lesefund 15.2 sind Fibeln vom thüringischen Typ im letzten Viertel des 5. und ersten Drittel des 6. Jahrhunderts verhältnismäßig zahlreich. Sie unterstreichen die auch anhand anderer Trachtbestandteile und Beigaben belegbaren engen kulturellen und wohl auch verwandtschaftlichen Beziehungen der hier bestatteten Eliten mit Böhmen und dem thüringischen Kernland, ohne dass dieser Schmuck allein ausreicht um zu klären, ob Handelsgut, der Nachweis zugezogener Gruppen oder von Wanderhandwerkern vorliegt. Ebenso schwierig wie kontrovers sind die Deutungen derartiger Trachtbestandteile in den stets vergleichsweise kleinen ältermerowingerzeitlichen Nekropolen Böhmens. Sie gelten teils als Beleg für eine Zugehörigkeit zum bis 531 bestehenden thüringischen Königreich, teils aber auch als Nachweis für Langobarden, die sich hier auf ihrem Weg nach Pannonien für kurze Zeit niederließen. Beide Deutungsmodelle schließen einander nicht aus, doch wird man in Zukunft auch die alteingesessene germanische bzw. autochtone Bevölkerung berücksichtigen müssen. *H. Lo.*

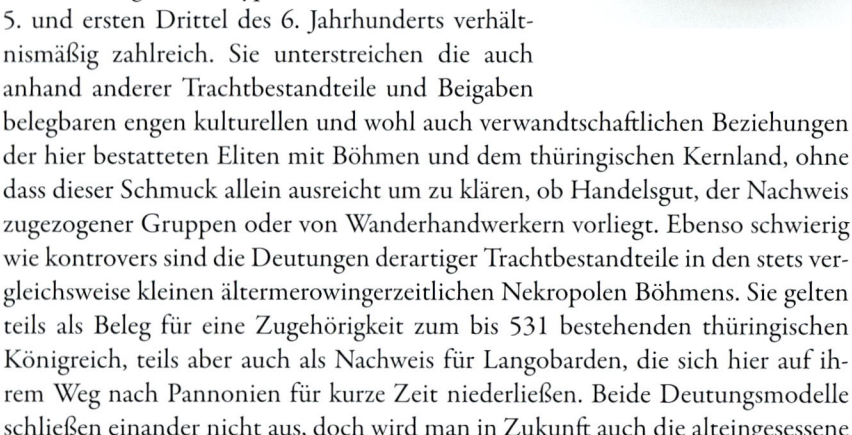

2.3

2.4 Die beiden gleichartigen Tongefäße verweisen darauf, dass die frühesten Slawen in Böhmen und Nordbayern gemeinsame Bezüge zum mittleren Donaugebiet hatten.

Hliněné nádoby stejného druhu poukazují na společné vazby prvních Slovanů v Čechách a v severním Bavorsku ke střednímu Podunají.

a) Gewülstetes Tongefäß
um 575–600; Brandgrab 9, mehrere Individuen, Regensburg-Großprüfening, Bayern; H. 18,6, Ø (Boden) 10,25, größter Ø 20,3, Derivat des Prager Typs; Museen der Stadt Regensburg

b) Gewülstetes Tongefäß
2. Hälfte 6. Jahrhundert; Haus 1038 der frühslawischen Siedlung von Roztoky, Bez. Praha-západ (Prag-West), Böhmen; H. 24, größter Ø 24,5, Derivat des Prager Typs mit zwei Durchbohrungen auf der Schulter und fein gekerbtem Rand; Archeologický ústav AV ČR, Praha v. v. i.
Lit.: Brather 2001; Eichinger/Losert 2004; Kuna/Provantová 2005

Von 2003 bis 2005 wurde in Regensburg-Großprüfening direkt gegenüber der Naabmündung in die Donau das bislang einzige frühslawische Brandgräberfeld in Süddeutschland untersucht. Die 22 Brandbestattungen, neun davon mit Urnen, mit insgesamt etwa 50 Individuen lagen entlang der etwa südwest-nordost verlaufenden Terrassenkante zur Donau und orientierten sich an 20 Kreisgräben, teils mit einem Pfosten am Nordscheitel. Die Bestattungen enthielten, verglichen

a) Vydutá nádoba
kolem 575–600; žárový hrob 9, více osob, Řezno-Großprüfening, Bavorsko; v. 18,6, průměr (základny) 10,25, největší průměr 20,3, derivát pražského typu

b) Vydutá nádoba
2. polovina 6. století; dům 1038 z raně slovanského sídliště Roztoky (Praha-západ), Čechy; v. 24, největší průměr 24,5, derivát pražského typu se dvěma otvory na rameni a jemně vroubkovaným okrajem

2.4 a

2.4 b

mit frühslawischen Brandgräbern in Mitteldeutschland, Böhmen oder Pannonien, verhältnismäßig zahlreiche Funde, darunter zeittypisches Gürtelzubehör sowie Bestandteile von Kolliers, wie Glasperlen, bronzene Brillenspiralen oder trapezförmige und brakteatenartige Anhänger aus Silberblech, die eine recht genaue Datierung ins letzte Drittel des 6. und erste Drittel des 7. Jahrhunderts erlauben. Der Bronzeniet eines Schilds im Leichenbrand von Grab 8 zeigt, dass hier ein Krieger verbrannt wurde. Wenigstens drei Tote waren auf einem Bärenfell aufgebahrt, nahezu in allen Fällen gehörten zu den Verbrennungsresten Tierknochen vom Schwein oder Schaf, die von Speisebeigaben stammen.

Neben einem kleinen, sehr grob gemagerten Töpfchen mit Schrägkerben auf dem Rand besitzen schwere bauchige Urnen mit kaum ausladendem Rand und dickem Boden wie in Grab 9 als Derivate des frühslawischen Prager Typs sehr gute Analogien im mittleren Donaugebiet, Westungarn bzw. Pannonien, der Slowakei und Mähren, im Mittelelbe-Saale Gebiet, aber eben auch in Böhmen. Dies gilt insbesondere für die in jüngerer Zeit ausgegrabene frühslawische Siedlung von Roztoky bei Prag, die größte und fundreichste ihrer Art bislang in Böhmen.

Die genannten Regionen waren seit den 560er-Jahren nachhaltigen Veränderungen ausgesetzt. Das Ringen um Pannonien zwischen Awaren, Gepiden, Langobarden und Ostrom wurde 568 durch einen awarisch-langobardischen Staatsvertrag zugunsten der Awaren entschieden. Spätestens zu diesem Zeitpunkt endete hier und im Raum von der mittleren Elbe bis nach Mähren die germanische Vormachtstellung. Die Ausweitung und Festigung des awarischen Machtbereichs führte aber auch zu Veränderungen innerhalb slawischer Siedlungsgebiete, in deren Verlauf sich diese von awarischer Oberhoheit zu lösen versuchten.

Die in germanischen Nekropolen Süddeutschlands unüblichen Bestattungssitten, die Keramik sowie Trachtbestandteile sprechen für Herkunft der hier Verbrannten aus dem mittleren Donaugebiet. Am ehesten bestatteten hier Angehörige einer frühen slawischen Elite, die vor der Ausweitung awarischer Macht nach Westen auswichen. Die Lage in unmittelbarer Nähe zu Regensburg schließt aus, dass dieser Bestattungsplatz ohne ausdrückliche Erlaubnis jener Personen gewählt wurde, die das alte Kastell als ihren Besitz betrachteten. Möglicherweise handelte es sich daher um Verbündete des Bayernherzogs mit föderatenartigem Status, deren Nachkommen als Naab-, aber vielleicht auch Main- und Regnitzwenden seit dem 7. Jahrhundert die mittlere und nördliche Oberpfalz bzw. Nordbayern besiedelten.

H. Lo.

Nálezy pochází z raně slovanského sídliště nábských Vendů. Osada ležela u Dietstättu v Horní Falci a byla opuštěna v 10. století.

Sídlištní nálezy

7.–9. století

a) Raně slovanské nádobové střepy, keramika hrubě ostřená, drsného povrchu s příměsí slídy; přeslen

b) dva zlomky dvou žulových žernovů, společný průměr max. kolem 45

c) železná radlice, 12 x 7, doplněno

d) dva železné nože, 10,8 x 2 a 11,8 x 2

e) bronzové šicí jehly zdobené kružítkem, 7,9

2.5 Die Funde stammen aus einer frühslawischen ländlichen Siedlung der Naabwenden. Das Dorf bei Dietstätt in der mittleren Oberpfalz wurde im 10. Jahrhundert aufgegeben.

Siedlungsfunde
7.–9. Jahrhundert

a) Frühslawische Gefäßscherben, grob gemagerte und rauwandige Ware mit Glimmeranteilen sowie Spinnwirtel

b) zwei Bruchstücke von zwei Mahlsteinen aus Granit, gemeinsamer Ø max. um 45

c) Eiserne Pflugschar, 12 x 7, ergänzt

d) zwei Eisenmesser, 10,8 x 2 und 11,8 x 2

e) Bronzene Nähnadel mit Kreisaugendekor, L. 7,9

Heimatmuseum Schwarzenfeld/Ortsheimatpfleger Heinrich Schwarz, Altfalter
Lit.: Kuna/Provantová 2005; Losert 1993; Losert 2003, Wüstung; Losert 2007; Losert/Szameit 2003; Pleinerová 2000

Seit 2002 finden in einer frühmittelalterlichen Wüstung unbekannten Namens bei Dietstätt im Landkreis Schwandorf östlich der Naab nahe der Einmündung der Schwarzach Ausgrabungen statt. Es konnten zwar zahlreiche Pfostengruben dokumentiert werden, eine Rekonstruktion von Hausgrundrissen war bislang aber nicht möglich. Auch wenn mit Blockbauten zu rechnen ist, die im Boden kaum Spuren hinterließen, schließen die über eine weite Fläche streuenden Funde und Befunde dichte Bebauung aus. Quadratische Grubenhütten bzw. wegen der geringen Größe eher Kellergruben sind, gemessen an der freigelegten Fläche, mit zwei Belegen selten. An einer Stelle konnte ein Zaungräbchen mit Eingang festgestellt werden. Zahlreiche verziegelte Lehmstücke weisen eine ovale Steinpackung über einer Grube als Backofen oder Getreide- bzw. Flachsdarre aus.

Das Keramikspektrum spricht für die Entstehung der Siedlung vielleicht schon um 600. Neben zahlreichen Scherben unverzierter, dem Prager Typ nahestehender Gefäße handelt es sich um teils im Randbereich nachgedrehte, grob gemagerte und rauwandige sowie Goldglimmerware, oft mit Zickzack- oder girlandenartigen Verzierungen, Schraffuren oder den typologisch etwas jüngeren Wellenbändern. Die Böden, gelegentlich mit Achsabdrücken, sind oft sehr dickwandig. Mehrere Spinnwirtel belegen Textilverarbeitung. Metallobjekte sind, abgesehen von Messern, selten, Schlackenfunde sowie zwei Ofensäue weisen aber auf Eisenverarbeitung und Nutzung des am Ort anstehenden Rasenerzes; bemerkenswert ist eine kreisaugenverzierte Nähnadel wohl des 7. Jahrhunderts. Eine eiserne Pflugschar sowie zahlreiche Bruchstücke runder Handmahlsteine mit konischer Durchbohrung in der Mitte sind typische Zeugnisse einer agrarisch geprägten Bevölkerung. Die Funde haben gute Analogien in frühslawischen Siedlungen Böhmens, etwa in Roztoky bei Prag (Nr. 445) oder Brežno bei Laun/Louny an der Eger in Nordböhmen.

2005 wurde ein Brunnen mit quadratischer Fassung aus vier inneren Eckpfosten und sorgfältig bearbeiteten Wandbrettern, jeweils aus sehr gut erhaltenem Eichenholz entdeckt. Zumindest die Eckpfosten von quadratischem Querschnitt sind wiederverwendete Teile von Holzbauten, die belegen, dass zu dem Dorf sorgfältig gefügte Häuser gehörten, die frühen Slawen hier also nicht nur bescheidene Grubenhütten nutzten. Es handelt sich um den einzigen bislang bekannten Brunnen einer slawischen Siedlung in Nordbayern.

Die Ausgrabungen belegen, dass sich die urkundlich erst spät überlieferten Naabwenden, erschlossen aus einer 863 erfolgten Schenkung der villa Nabawinida an das Kloster Niederaltaich durch den ostfränkischen König Ludwig den Deutschen, bereits während der jüngeren Merowingerzeit in den siedlungsgünstigen Tallandschaften der mittleren Oberpfalz niederließen. Die Gründe für die Aufgabe des Dorfes spätestens im 10. Jahrhundert sind unbekannt. *H. Lo.*

2.5 a

2.5 c

2.6 Die Ähnlichkeiten einiger Schmuckstücke aus den reich ausgestatteten slawischen Gräbern von Matzhausen in Nordbayern und Stará Kouřim in Mittelböhmen belegen enge Kontakte zwischen der slawischen Bevölkerung in Nordbayern und Böhmen in spätkarolingischer Zeit.

Beigaben aus dem Frauengrab 2/3 in Matzhausen, Landkreis Neumarkt/Oberpfalz, Beisetzung 850–900

a) Silberbeschläg in Pferdeform, 3,6 x 1,9 x 1,9

b) Zwei silberne Kugelanhänger, Ø 3,1, H. 4,0

c) Zwei silberne Kopfschmuckringe mit eingehängten Ringchen und Pendilien, Ø (Reif) 2,1, L. 8,7 und 9,0

d) Drei Paare silberner Kopfschmuckringe, Ø 4,8 und 5,0, 5,4, 6,0

e) Eine Bernsteinperle, L. 1,45, Ø 0,9
Museen der Stadt Regensburg (1938/273)
Lit.: Pöllath 2002, Bd. 3, S. 53–61; Schwarz 1977; Stroh 1954; AK Europas Mitte 2000; Žemlička 2000

Seit der Zeit um 700 entstanden in Nordbayern östlich und nordöstlich der alamannischen, bajuwarischen und ostfränkischen Altsiedellandschaften zahlreiche neue Körpergräberfelder, eine Entwicklung, die in wenig jüngerer Zeit ähnlich

Podobnost několika šperků z bohatě vybavených slovanských hrobů z Matzhausenu v severním Bavorsku a ze Staré Kouřimi ve středních Čechách jsou dokladem úzkých vazeb mezi slovanským obyvatelstvem v severovýchodním Bavorsku a v Čechách v pozdně karolinské době.

Milodary ze ženského hrobu 2/3 v Matzhausenu, okres Neumarkt/Horní Falc, pohřeb 850–900

a) stříbrné kování ve tvaru koně, 3,6 x 1,9 x 1,9

b) dva stříbrné kulovité závěsky, průměr 3,1, v. 4,0

c) dvě stříbrné ozdoby hlavy (kruhy) se zavěšenými kroužky a pendiliemi, průměr kruhu 2,1, d. 8,7 a 9,0

d) tři páry stříbrných ozdob hlavy (kruhy), průměr 4,8 a 5,0, 5,4, 6,0

e) jantarová perla, d. 1,45, průměr 0,9

2.6 a, c

auch in Böhmen festzustellen ist. Die wie bei merowingerzeitlichen Germanen meist west-ost orientierten Bestattungen enthalten ebenfalls Trachtzubehör und Beigaben, wenn auch durchschnittlich in geringerem Maße. Diese Nekropolen des 8. bis 10. Jahrhunderts konzentrieren sich entsprechend slawischen Keramikfunden oder Ortsnamen in den Tallandschaften von Obermain, Regnitz, Vils und Naab.

Die ethnische Deutung – germanisch oder slawisch – ist teils kontrovers, was in einer breiten Zone mit Durchdringung slawischer und germanischer Kultur, wie dies in Nordostbayern der Fall ist, nicht verwundert und die Prüfung jedes einzelnen Falls notwendig macht, andererseits aber auch forschungsgeschichtliche Ursachen hat. In Gebieten mit überwiegend slawischen Ortsnamen wurden derartige Gräberfelder aber mit einiger Sicherheit von den Main-, Regnitz- und Naabwenden angelegt, die diese Sitte im Sinne eines kulturellen Ausgleichs bzw. aufgrund zunehmender Kontakte mit dem Christentum von Germanen übernahmen.

Die reichsten Funde dieser Zeitstellung in Nordbayern stammen aus Matzhausen nördlich der Einmündung der Vils in die Naab. Die schon 1929 entdeckte Nekropole mit 44 Bestattungen wurde bis 1938 nur unvollständig untersucht. Wahrscheinlich gehörten das außergewöhnliche Beschläg in Form eines Pferdes, zwei Kugelanhänger und zwei Ohrringe mit Pendilien zum einen und drei Sätze einfacher Kopfschmuckringe zum anderen Grab der Doppelbestattung.

Die naheliegendsten Vergleichsbeispiele für den filigranverzierten und granulierten Schmuck stammen aus Grab 33 unter dem Niedermünster zu Regensburg, jenem zentralen Ort des frühen Mittelalters, der in den Beziehungen zwischen dem Frankenreich bzw. Bayern und Böhmen sowie Mähren eine ganz außerordentliche Rolle spielte. Die Taufe von 14 böhmischen „duces" 845, vielleicht im Niedermünster, oder die Anwesenheit aller böhmischen Fürsten im Jahr 895 betonen diese lebendigen, freilich nicht immer friedlichen Kontakte.

Deutlich bessere Analogien enthielt das noch reicher ausgestattete Grab 106b des fürstlichen Gräberfelds des Burgwalls Stará Kouřim im Grenzgebiet zwischen Mittel- und Ostböhmen. Eines von drei Paaren reich verzierter Ohrgehänge mit Pendilien ist ebenfalls jeweils mit einem Pferd geschmückt. Dazu kommen unter anderem eine Kaptorge mit einem Pferdegespann sowie mehrere Gombíky. *H. Lo.*

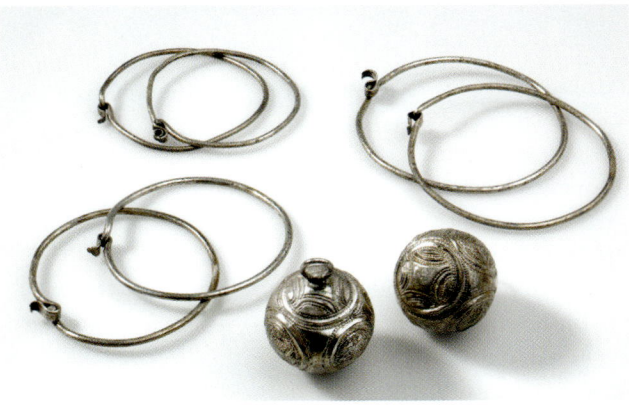

b, d

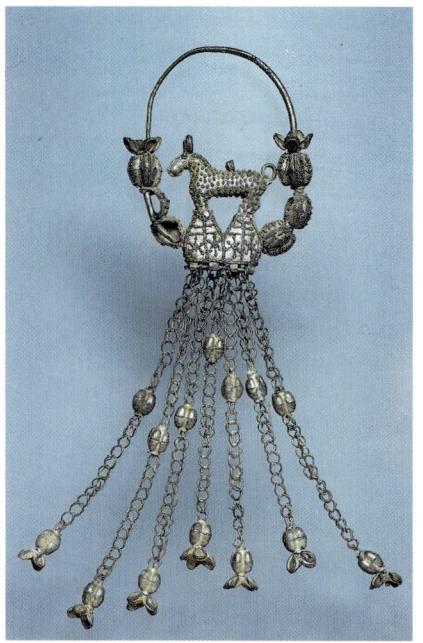

2.7 a   2.7 b   2.7 c

2.7 Der Schmuck aus dem frühen 10. Jahrhundert stammt aus dem Grab einer Vertreterin der höchsten gesellschaftlichen Elite Böhmens.

Beigaben aus einem Frauengrab in der Burgstätte Stará Kouřim, Kouřim (Bezirk Kolín)

Böhmen, 1. Hälfte 10. Jahrhundert

a) ein Paar Kopfschmuckringe mit Tierplastik
Silber, 14 x 5 und 15 x 4,6,

b) ein Paar Kopfschmuckringe mit Mitramotiv
Silber, 18 x 4 und 17,7 x 4,4

c) ein Paar Kopfschmuckringe mit Halbmondform
vergoldete Bronze, Silber (Kettchen), 13,7 x 3 und 14 x 3,2

d) vier Zierknöpfe
Silber, 3,2 x 2,8 und 4,2 x 4

e) Kaptorga mit Verzierung aus Filigranimitat
Silber, 7,5 x 5,3 (mit angehängter Kette 15,5)

f) zwei Kaptorgen mit Darstellung eines Pferdedreigespanns
Silber, je 3 x 2,3

g) eine Nadel
vergoldetes Silber, 5 x 0,9

h) vier Perlen
Silber, 3 x 2,1, 3,2 x 2,2, 1,9 x 1,2 und 2,0 x 1,2
Národní muzeum, Praha (H1-96696–96711 96717, 96718)
Lit.: Šolle 1966, S. 266 f., Abb. 40b; Profantová 2000; AK Die Macht des Silbers 2005, S. 86 f., 170–172

Die südöstlich der Stadt Kouřim gelegene frühmittelalterliche Anlage war eine der bedeutendsten slawischen Burgstätten in Böhmen. Ihr über eine Fläche von 44 Hektar ausgedehntes Areal gehörte von der ersten Hälfte des 9. bis zur Mitte des 10. Jahrhunderts einem mächtigen, nicht přemyslidischen Fürstengeschlecht. Die Angehörigen der Starokouřimer Elite – einschließlich mehrerer Generationen der regionalen Herrscher – wählten sich als letzte Ruhestätte einen im Burgareal gelegenen Platz, der offenbar Zentrum eines vorchristlichen Kultes war. Das jüngste der Fürstengräber, das 1957 freigelegte Frauengrab 106b, enthielt eine Kollektion prunkvollen, reich verzierten Schmucks, bei dem es sich um die ältesten bekannten Schmuckgegenstände tschechischen Ursprungs handelt, die

Převážně stříbrné šperky z raného 1. století pocházejí z hrobu příslušnice nejvyšší společenské vrstvy v Čechách.

Kolekce šperků ze ženského hrobu ze Staré Kouřimi (okres Kolín)

Čechy, 1. polovina 10. století

a) pár náušnic s plastikou zvířete (H1-96696, H1-96698); stříbro, 14 x 5 a 15 x 4,6

b) pár náušnic s mitrovitým motivem (H1-96699, H1-96700); stříbro, 18 x 4 a 17,7 x 4,4

c) pár lunicovitých náušnic (H1-96701, H1-96702); zlacený bronz, stříbro (řetízky), 13,7 x 3 a 14 x 3,2

d) čtyři gombíky (H1-96703, H1-96704, H1-96705, H1-96706); stříbro, 3,2 x 2,8 a 4,2 x 4

e) kaptorga (schránka na amulet) s výzdobou imitující filigrán (H1-96710); stříbro, 7,5 x 5,3 (se závěskem 15,5)

f) dvě kaptorgy s plastikou koňského trojspřeží (H1-96707, H1-96708); stříbro, každá 3 x 2,3

g) jehl (H1-96709)ice; zlacené stříbro, 5 x 0,9

h) čtyři perly (H1-96711, H1-96713, H1-96717, H1-96718); stříbro, 3 x 2,1, 3,2 x 2,2, 1,9 x 1,2 a 2 x 1,2

2.7 e

2.7 f

sich von der Schmucktradition des Großmährischen Reichs unterscheiden. Da die Objekte (mit Ausnahme der gombíky) deutliche Übereinstimmungen in der Konzeption des verwendeten Dekors aufweisen und einen einheitlichen ästhetischen Rahmen bilden, ist anzunehmen, dass es sich um eine auf Bestellung in ein und derselben Werkstatt gefertigte Kollektion handelt.

Als markanteste Bestandteile können drei Paar große Kopfschmuckringe mit Anhänger gelten. Der Schmuck wurde an einem Stirnband oder an den Schläfenteilen der Kopfbedeckung befestigt. Das erste Paar ist im unteren Teil des Rings durch die plastische Darstellung eines Tieres (eines Lammes oder Pferdes) mit geometrischen Mustern aus feiner Granulierung verziert, das auf zwei mitraförmigen Gebilden steht. Auf die Bögen seitlich des zentralen Motivs sind sechs plastisch gegliederte Trommelperlen aufgesetzt, deren oberste mit einer Blüte geschmückt ist. An der Unterseite der Mitren sind kleine Kettchen mit jeweils zwei längs unterteilten Perlen befestigt.

Das zweite Paar Kopfschmuckringe wird von einer durch ein Blütenmotiv gekrönten Mitraform geziert, die sich im unteren Teil des Rings zwischen fünf längs unterteilten Trommelperlen befindet, deren oberste ebenfalls mit Blütenschmuck versehen sind. An der Basis des zentralen Motivs sind aus Draht gearbeitete Kettchen befestigt, die mit Trommelperlen geschmückt sind. An den unteren Perlen sind Kleeblätter aus Blech angebracht. Die plastischen Komponenten des Schmucks sind mit geometrischen Ornamenten aus feiner Granulierung bedeckt.

Das dritte Paar Kopfschmuckringe wird von einer massiven, aus vergoldetem Bronzedraht gefertigten Halbmondform mit zentralem Mittelstück beherrscht. Die Spitzen des Halbmonds sind mit blütengekrönten Körbchenperlen versehen. An der Unterseite des Mondes ist eine ovale, aus aneinander anschließenden Ringen gebildete Säulenform angebracht, die durch einen Mäander abgeschlossen wird, an dem silberne Kettchen hängen, deren Enden jeweils eine Körbchenperle mit Blüte schmücken. Die verwendeten Bronzedrähte sind quer kanneliert und erwecken dadurch optisch den Eindruck einer Filigranarbeit.

Kaptorgen dienten den frühmittelalterlichen Slawen als Behälter für Apotropäa – als magisch angesehene Objekte oder Stoffe, die das Böse abwehren sollten. Die große rechteckige Kaptorga aus gebogenem Blech beinhaltete ein Textilfragment und war an der Unterseite ursprünglich durch drei Drähte verschließbar. Die Oberfläche des Kästchens ist mit einem sich wiederholenden herzförmigen Motiv mit dreiblättriger Palmette aus kannellierten Drähten (Filigranimitat) geschmückt. Am unteren Rand der Kaptorga sind Ösen angebracht, durch die eine Nadel aus Silberdraht geschoben wurde. An der Nadel waren zwei miteinander verbundene Kettchen mit Perlen und Eichenblättern aus Blech befestigt. Die zwei anderen kleineren Kaptorgen haben einen tropfenförmigem Querschnitt und sind auf der Oberseite mit der plastischen Darstellung eines Pferdedreigespanns sowie mit rhombisch angeordneten Filigranbändern dekoriert. Solche silbernen Kästchen mit Pferdegespann wurden auch an anderen Orten in Böhmen gefunden.

Die vier Zierknöpfe weisen als Ornamente Säulenmotive, Arkadenfelder und tropfenförmige Blätter auf. Solche Zierknöpfe (gombíky) sind ein typisches Beispiel für die aus dem Großmährischen Reich übernommenen Schmuckstücke und wurden von Angehörigen höherer gesellschaftlicher Schichten als Kleiderschmuck verwendet. In den Gräbern sind sie vor allem im Bereich des Halses und der Schultern zu finden. Die Haarnadel, die zu den im böhmischen und großmährischen Kontext seltenen Schmuckstücken zählt, hat einen schwach vergoldeten Kopf aus achtförmig gelegten Metallbändern mit aufgesetztem Kügelchen. Außerdem befanden sich im Grab zwei ovale Buckelperlen mit Filigrandrähten sowie zwei Perlen mit geometrischen Granulierungen. *J. K.*

2.8 Im Jahr 845 ließen sich 14 böhmische Fürsten in Regensburg taufen. Der Kelch könnte ein Taufgeschenk an einen dieser Fürsten gewesen sein.

Kelch aus einem Fürstengrab in Kolín

a) Kolín (Kreis Kolín), 1. Hälfte 9. Jahrhundert, erneuert 2. Hälfte 19. Jahrhundert; Silber vergoldet, 22 x 10,5

b) Rekonstruktion des Kelches in seiner ursprünglichen Form, 15 x 10,5
Národní muzeum, Praha (H1-55086 und H1-K1738a)
Lit.: Lutovský, S. 10–20, 37–76, Tab. I–VIII; Profantová 2000; AK Die Macht des Silbers 2005, S. 86 f., 170–172; AK Europas Mitte um 1000 2000/01

Der silberne, teilweise vergoldete Kelch stammt aus einem fürstlichen Doppelgrab, das 1864 in der Ziegelei Souček in Kolín an der Elbe aufgefunden wurde. In der großen Grabkammer mit Resten von Holzverkleidung waren in der zweiten Hälfte des 9. Jahrhunderts ein Mann und eine Frau bestattet worden; beide Gräber waren mit reichen Beigaben versehen wie Kelch, Schwert mit prunkvoller Garnitur aus Silberfiligran, Bartaxt, zahlreichen Schmuckstücken, Glasgefäßen, Amuletten. Die Gegenstände waren teils westlicher Provenienz, teils handelte es sich um großmährische Importe bzw. heimische Erzeugnisse. Es ist möglich, dass der Kelch in Zusammenhang steht mit der Taufe von 14 böhmischen Fürsten, die 845 in Regensburg stattfand.

Bei der Öffnung des Grabes wurde der Kelch erheblich beschädigt. Die Reparatur übernahm der Prager Goldschmied K. Grohmann. Er längte den gerippten Schaft, fügte einen gehöhten Fuß mit Randfries sowie einen unteren Nodus hinzu, um so die Form eines „idealen" liturgischen Gefässes zu erzielen. Vom ursprünglichen Kelch hat sich die Kuppa mit dem vergoldeten Fries erhalten. Der

V roce 845 se v Řezně nechalo pokřtít 14 českých knížat. Tento kalich byl možná křestním darem jednoho z nich.

Kalich z kolínského knížecího hrobu

a) Kolín (okr. Kolín), první polovina
9. století, upraven ve 2. pol. 19. století; zlacené stříbro, 22 x 10,5

b) Rekonstrukce původního vzhledu kalichu, 15 x 10,5

2.8 a

2.8 b

2.9

gerundete untere Teil der Kuppa zeigt länglich gekehlte, leicht gedrehte Blätter. Die Kuppa sitzt auf drei plastischen Blättern, an welche der obere durchbrochene Nodus anschließt, der aus massiven Spiralen geformt ist. Vom Fuß des Kelchs hat sich in ursprünglicher Gestalt nur der umlaufende Fries erhalten, der heute zwischen Fuß und Basis erscheint. Die Qualität der Arbeit und der typische Pflanzendekor verweisen auf einen Bezug zur Aachener Hofwerkstatt. Das ursprüngliche Aussehen des Kelches zeigt eine Rekonstruktion aus der Abteilung für Vor- und Protogeschichte des Nationalmuseums in Prag. *J. K.*

Věrozvěst Metoděj, který šířením křesťanství na Moravě konkuroval bavorské církvi, byl roku 870 pravděpodobně v bavorském Řezně odsouzen ke třem letům klášterního žaláře.

Collectio Canonum Dionysiana (Codex Dionysio-Hadriana)

Řím, asi kol. r. 870; rukopis (možná z majetku Metoděje)/pergamen, 44,5 x 32,5 (list), 259 listů

2.9 Der Missionar Method, der in Konkurrenz zur bayerischen Kirche in Mähren missionierte, wurde 870 vermutlich in Regensburg zu einer dreijährigen Klosterhaft verurteilt.

Collectio Canonum Dionysiana Adaucta (Codex Dionysio-Hadriana)
Rom, wohl um 870; Handschrift (womöglich aus dem Besitz des Method)/Pergament, 44,5 x 32,5 (Blatt), 259 Blätter; Bayerische Staatsbibliothek, München (Clm 14008)
Lit.: Gamber 1979; AK Die Welt von Byzanz 2004, Kat.-Nr. 952; Wunderle 1995

Im letzten Drittel des 9. Jahrhunderts kam neben Mähren auch Böhmen in den Strahlungsbereich der byzantinisch-ostkirchlichen Mission. Der mährische Fürst Rastislav (846–870) wollte sich aus dem bayerischen Einflussbereich lösen und eine Landeskirche aufbauen. Er bat in Rom und Byzanz um Entsendung von

Missionaren. 863/64 trafen die Brüder Konstantin (Kyrill) und Michael (Method) in Mähren ein. Sie bedienten sich nicht der lateinischen, sondern der slawischen Sprache und übersetzten liturgische Texte ins Slawische. Dabei orientierten sie sich durchaus auch am römischen Ritus und verbanden westliches mit östlichem Gedankengut. Die slawische Liturgie gewann an Bedeutung, unter anderem weil Method neben der byzantinischen bald auch die römisch-päpstliche Unterstützung genoss. So erhielt Method 869 von Papst Hadrian II. (867–872) einen offiziellen Missionsauftrag für Mähren und wurde für dieses Gebiet zum päpstlichen Legaten ernannt.

Die Mission Methods stieß auf den Widerstand der bayerischen Bischöfe und Kleriker. So dürften vor allem die Bischöfe von Passau und Salzburg eine Gefahr gesehen haben, da sie Mähren als ihr Missionsgebiet betrachteten. Methods Missionstätigkeit schien die bayerische Position zu bedrohen und hätte auch im böhmischen Gebiet zur Konkurrenz werden können. Man ließ Method festnehmen und machte ihm 870 den Prozess, in dessen Verlauf es sogar zu Gewalttätigkeiten gekommen sein soll. Unter anderem warf man ihm den Gebrauch der slawischen Sprache im Gottesdienst und die Missionierung in den Einflussbereichen anderer Bischöfe vor. Die wohl in Regensburg 870 abgehaltene Reichsversammlung setzte Method ab und verurteilte ihn zur Verbannung in ein Kloster, die bis 873 andauerte. Schließlich kam er nach päpstlicher Intervention frei und nahm seine Missionstätigkeit in Mähren wieder auf. Method starb im Jahr 885.

Der so genannte Codex Dionysio-Hadriana entstand in einem päpstlichen Skriptorium in Rom und könnte vom Papst selbst an Method übergeben worden sein. Möglicherweise hatte Method diese Handschrift zu den Verhandlungen des Jahres 870 nach Regensburg mitgeführt. Dort hatte man ihm diese Kirchenrechtssammlung vermutlich abgenommen. Jedenfalls gelangte der Codex später in die Bibliothek des Regensburger Domklosters St. Emmeram. Die Handschrift ist auch wegen ihrer altslawischen Glossen wertvoll, die möglicherweise sogar von der eigenen Hand Methods stammen und heute allerdings kaum noch erkennbar sind. Diese Einritzungen zählen zu den ältesten slawischen Sprachdenkmälern überhaupt. Sie gehen letztlich auf das von Kyrill entwickelte glagolitische Alphabet zurück, aus dem sich die kyrillische Schrift entwickelte. *R. R.*

2.10 Das um 1000 in Süddeutschland entstandene Kruzifix aus der Prager Burg ist ein Beleg für west-östliche Kontakte.

Anhänger in Form eines Kruzifixes

Süddeutschland (?), um 1000; Bronze, H. 5,2, Br. 4,9, Ø 1,1; The Prague Castle Collections (HS 22787, alte Inv.-Nr. PH 13136 – ursprünglich Sammlungen des Archäologischen Instituts der ČSAV, PHA 99 nach Übergabe an die Sammlungen der Prager Burg)
Lit.: Frolík 2000/01; Frolík 2003; Kubková 1997

Das Kreuz wurde in den 1950er-Jahren bei Ausgrabungsarbeiten in der ältesten Kirche der Prager Burg, der von dem Přemyslidenfürsten Bořivoj I. zwischen 882 und 884 gegründeten Kirche der Hl. Jungfrau Maria, aufgefunden. Kirche und zugehörige Begräbnisstätte bestanden bis ins 13. Jahrhundert. Das Kreuz befand sich in einem der aufgebrochenen Gräber östlich der Apsis.

Die kleine Kreuzigungsplastik zeigt einen bartlosen, jungen Christus mit senkrecht gehaltenem Haupt, geöffneten Augen und langem, gescheitelten Haar. Der Körper ist mit einer Dalmatika bekleidet (Tunicella?), die Füße mit deutlich sichtbaren Stigmata ruhen nebeneinander.

In der frühchristlichen Kunst sind zwei Darstellungsvarianten des Gekreuzigten bekannt: Italienischen Ursprungs ist der nackte Körper mit Lendenschurz, während die Beispiele aus den östlichen Provinzen des römischen Reichs Christus in eine Tunika gehüllt zeigen. Dieser bekleidete Christus am Kreuz fand dann über Süddeutschland und die Klöster im Rheinischen Eingang in die karolingische und ottonische Kunst. Für das bartlose Gesicht gibt es Vorlagen in illumi-

2.10

nierten Handschriften aus Süddeutschland und dem Rheingebiet, so im Codex Egberti, im Evangeliar des hl. Bernward oder im Evangeliar Heinrichs II. Aus dem süddeutschen Raum stammt vermutlich auch diese Kreuzigung. Dass bisher kein vergleichbares Stück in der Kleinplastik bekannt ist – die ähnlich konzipierten Christusfiguren der Reliefs auf Elfenbeinplättchen sind einem anderen Kunsttypus zuzurechnen –, spricht nicht gegen eine solche Herkunft. Vielmehr ist anzunehmen, dass sich keine weiteren Beispiele erhalten haben. *M. B.*

Tento byzantský relikviářový kříž byl nalezen roku 1991 u Altfalteru v Horní Falci. Dokládá vazby mezi východem a západem v období vrcholného středověku.

Přední strana dvoudílného relikviářového kříže kijevského typu

11./12. století; mosaz resp. bronz s vysokým podílem zinku, lito a dodatečně opracováno rydlem a vrtákem, 8,8 x 6,9 x 0,5

2.11 Das byzantinische Reliquienkreuz wurde 1991 bei Altfalter in der Oberpfalz gefunden – ein Zeugnis für weitreichende Ost-West-Beziehungen in der Zeit des Hochmittelalters.

Vorderseite eines zweiteiligen Reliquienkreuzes vom Kiewer Typ

11./12. Jahrhundert; Messing bzw. stark zinkhaltige Bronze, gegossen und mit Stichel und Bohrer nachgearbeitet, 8,8 x 6,9 x 0,5; Museen der Stadt Regensburg
Lit.: Lindahl 1980; Losert 1992; Lovag 1971; Lovag 1982, S. 159–165; Nechvátal 1979

Dass die mittlere Oberpfalz auch im hohen Mittelalter über Verbindungen weit nach Osten verfügte, belegt ein byzantinisches Reliquienkreuz, das in Sichtweite der naabwendischen Wüstung bei Dietstätt aufgelesen wurde. Ursprünglich enthielt das Brustkreuz Reliquien. Es bestand aus zwei Teilen gleichen Umrisses, die durch eine Scharnierkonstruktion am unteren Ende verbunden und oben mit einem Stift verschlossen werden konnten.

Auf dem rechten und linken Kreuzarm wird der Gekreuzigte von den Brustbildern zweier Gestalten mit Nimbus flankiert. Durch griechische Inschriften sind diese als Muttergottes (MPΘY) auf der linken und als Apostel Johannes

(HONΣ) auf der rechten Seite zu identifizieren. Eine weitere Inschrift (ICXC) mit den Initialen des Gekreuzigten befindet sich auf der Tafel über seinem Haupt. Im Medaillon darüber ist eine geflügelte Gestalt mit Nimbus, wohl ein Erzengel, dargestellt.

Derartige Formen waren, auch wenn Funde weiter aus dem Westen nicht bekannt sind, sehr weit verbreitet und konnten wie das Goldkreuz aus dem Grab der dänischen Königin Dagmar (um 1186–1213, Tochter des böhmischen Königs Ottokar I. Přemysl und Adelheids von Meißen, 1205 Hochzeit mit König Waldemar II.) in der St.-Bendts-Kirche zu Ringsted auf Seeland auch reich emailliert sein. Auf Beziehungen nach Böhmen weisen auch die nächstliegenden Analogien, die allesamt als Erzeugnisse des 11./12. Jahrhunderts aus dem Kiewer Reich gelten: ein etwas kleineres Enkolpion aus Václavice bei Benešov vom Burgwall Dřevíč bei Louny und das Maternuskreuz im Veitsdom zu Prag.   *H. Lo.*

2.11

2.12 Der Beginn der Herrschaft von Herzog Wenzel (um 903–929), dem späteren Nationalheiligen Böhmens, ist mit einem Kriegszug Herzog Arnulfs von Bayern verknüpft.

Paveseschild mit Darstellung des hl. Wenzel und Motiven aus dem Stadtwappen von Kuttenberg
Ostböhmen, 1470–1480; Leder, Tempera, Leinwand, Holz, 135 x 71; Národní muzeum, Praha (H2-482)
Lit.: Denkstein 1962

Počátek vlády vévody Václava (kolem 903–929), který se později stal českým národním světcem, je spojen s vojenským tažením vévody Arnulfa Bavorského.

Pavéza se sv. Václavem a s motivy kutnohorského znaku
Východní Čechy, 1470-1480; kůže, tempera, plátno, dřevo, 135 x 71

Der aus Ostböhmen stammende Schild war ein Geschenk an die Hauptmannschaft von Kuttenberg/Kutná Hora. Auf der Vorderseite befinden sich in Tempera auf Kreidegrund ausgeführte figurale und ornamentale Verzierungen, am Rand verläuft die in gotischen Minuskeln geschriebene tschechische Aufschrift: „swaty. waczlawe. wevodo. české. .zemye. kneze. nass. pros. za. ny .boha. svateho. ducha. kryste. leyzon. pane. boze. day .swobodu. ttiem. Ktoz. tie. my mylugi. at. wiznawagi.“ („Heiliger Wenzel, Heerführer Böhmens, unser Fürst, bitte für uns Gott, den Heiligen Geist! Christe eleison. Herr, gib Freiheit denen, die dich lieben und sich zu dir bekennen.“) In der Mitte des Schildes ist der hl. Wenzel abgebildet, der in der rechten Hand einen Wimpel mit dem schwarzen Adler, dem Wappentier von Kuttenberg, in der linken ein Wappen – ebenfalls mit dem schwarzen Adler – hält. Der Buchstabe W in den oberen Ecken ist das Monogramm des Königs Vladislav Jagiello. In der Mitte der beiden vertikalen Ränder befindet sich jeweils ein Medaillon. Das rechte Medaillon zeigt zwei an einer Seilwinde arbeitende Bergleute mit silbrigen Kappen und Röcken, auf dem linken tragen zwei Bergleute einen Schild mit gekreuzten Hämmern, dem Hauptmotiv des Stadtwappens von Kuttenberg. Zwischen dem Wimpel und dem Kopf des hl. Wenzel ist ein großer Kelch zu sehen, das übrige Dekor bilden Pflanzenornamente. Auf der Rückseite des Schildes befindet sich ein lederner Griff.

Der Schild gehört zu den Pavesen böhmischen Typs, die in Europa vom 13. Jahrhundert bis zu den Hussitenkriegen Verbreitung fanden. Diese mittelalterlichen Pavesen, längliche, auf der Vorderseite bemalte und mit einem Erker versehene Schilde für die Fußtruppen, werden oft mit dem hussitischen Kriegswesen assoziiert. Ihre Entwicklung geht jedoch auf ältere Traditionen zurück. Es haben sich ca. 60 Exemplare dieses Typs erhalten, die Hälfte davon ist nachweislich böhmischen Ursprungs. Die Mehrzahl der böhmischen Pavesen ist von länglicher, nach unten hin zusammenlaufender Form, mit abgerundeten Ecken und geschwungenem Grundriss. Durch die Mitte verläuft ein senkrechter Erker, der sich

2.12

nach oben hin zu einem schnabelförmigen Vorsprung verjüngt. Meist bestehen die Schilde aus drei miteinander verklammerten oder verleimten Birken- oder Lindenholzplatten. Ihre Festigkeit wird durch einen beidseitigen Lederbezug verstärkt, wobei für die Vorderseite mitunter auch Leinen verwendet wurde. Auf der Rückseite des Schildes befinden sich Spangen oder Haken für die Tragriemen sowie ein geflochtener, in der Mitte befestigter Ledergriff. Die Pavesensammlung des Nationalmuseums Prag gehört zu den größten und bedeutendsten der Welt.

E. Š.

Bavorská kurfiřtka Maria Anna si roku 1658 vyprosila od pražského arcibiskupa relikvii sv. Václava. Zub byl v slavnostním procesí přenesen do Oberlauterbachu, jediného poutního místa sv. Václava v Bavorsku.

Monstrance se zubem sv. Václava
Augšpurk, kol.r. 1658/59; stříbro částečně zlacené, tepané, části lité

2.13

2.13 Die bayerische Kurfürstin Maria Anna erbat sich 1658 vom Prager Erzbischof eine Reliquie des hl. Wenzel. Der Zahn wurde in feierlicher Prozession nach Oberlauterbach gebracht, dem einzigen Wallfahrtsort des hl. Wenzel in Bayern.

Monstranz mit Zahn des hl. Wenzel
Augsburg, um 1658/59; Silber, teilvergoldet, getrieben, Teile gegossen, 54 x 21 x 14; Katholische Pfarrkirchenstiftung St. Wenzeslaus, Oberlauterbach
Lit.: Steichele 1864, S. 255–258; Podlaha 1924; Lunga/Petrbok 2003

Der einzige dem hl. Wenzel gewidmete Wallfahrtsort auf bayerischem Gebiet befindet sich in dem Dorf Oberlauterbach bei Schrobenhausen in Oberbayern. Unklar ist freilich, wann und warum gerade der hl. Wenzel aus Böhmen Patron der dortigen Kirche wurde. In dem 1658 in Ingoldstadt erschienenen „Heyl- und Gnadenbrunn sancti Wenceslai" aus der Feder des Oberlauterbacher Pfarrers und Münchner Kanonikus Paul Kriger (oder Krieger; geboren um 1620–1624) lesen wir, dass die Wenzelsquelle seit sechzig oder mehr Jahren von Pilgern besucht werde. Krigers Schrift enthält auch ein an den bayerischen Kurfürsten Ferdinand Maria gerichtetes Vorwort, einen kurzen Auszug aus dem Leben des hl. Wenzel sowie Berichte über Wunderheilungen, die sich seit 1656 an der Quelle in Oberlauterbach zugetragen haben sollen. Bereits ein Jahr nach seinem Erscheinen lag das Werk auch in tschechischer Übersetzung vor („Studně zdravohojitedlná svatého Václava"); diese hatte der böhmische Jesuit, Dichter, Übersetzer und Adaptor geistlicher Literatur Fridrich Bridel besorgt. Im Dreißigjährigen Krieg waren Brunnen und Kirche untergegangen, doch 1656 soll die Quelle wieder zu sprudeln begonnen haben und man errichtete über ihr eine Kapelle, die ab März 1657 regelmäßig von Pilgern besucht wurde. Für den 28. September 1657, dem Tag des hl. Wenzel, findet sich hier eine Bruderschaft des hl. Märtyrers Wenzel bestätigt.

Maria Anna, die Witwe von Kurfürst Maximilian I., dem bayerischen Sieger vom Weißen Berg, ersuchte – offensichtlich auf Veranlassung von Pfarrer Kriger – am 11. Mai 1658 den Prager Erzbischof Ernst Adalbert Harrach um eine Reliquie des hl. Wenzel. Harrach entsprach der Bitte und schickte ihr einen Zahn des hl. Wenzel, der dann in feierlicher Prozession von München nach Oberlauterbach gebracht und in ein Reliquiar eingesetzt wurde. 1662 wurde Oberlauterbach zur Pfarrei erhoben. Fromme Schenkungen und Opfergaben ermöglichten in den folgenden Jahren den Umbau der Kirche. Über die weitere Entwicklung des Wallfahrtsorts liegen keine genaueren Nachrichten vor, doch ist die Bruderschaft des hl. Wenzel hier noch zu Beginn des 20. Jahrhunderts belegt. Die „Wunder" der Oberlauterbacher Quelle haben wohl – wenn auch lokal begrenzt – für eine gewisse Belebung des Wenzelkultes in Bayern gesorgt, wie entsprechende Jesuitendramen in Eichstätt und Neuburg an der Donau belegen. Vom Prestige des Wallfahrtsorts zeugt auch, dass ihn die zeitgenössische historische, homiletische und religionspädagogische Literatur in Böhmen (J. F. Beckovský, Ch. A. Pfaltz von Ostritz, J. Tanner), Ingolstadt (C. Manzius) und Wien (Abraham a Santa Clara) erwähnt.

V. P.

2.14 Im Jahr 973 stimmte der Regensburger Bischof Wolfgang zu, das bisher zum Regensburger Bistum gehörige Böhmen in eine eigenständige Diözese umzuwandeln.

Hl. Wolfgang
Niederbayern, um 1460; Ton, farbig gefasst, 77,5 x 25 x 16,5; Kreis- und Heimatmuseum auf dem Bogenberg, Landkreis Straubing-Bogen (673)
Lit.: Hausberger 1989; Schwaiger 1972; Staber 1972; Třeštík 2000

Die im Mittelalter entstandenen Fuldaer Annalen berichten, dass sich im Jahr 895 in Regensburg die slawischen Fürsten dem ostfränkischen König und späteren Kaiser Arnulf von Kärnten (um 850–899) unterstellt hätten. Dieses Datum 895 dürfte auch den Beginn der Zugehörigkeit Böhmens zum Bistum Regensburg markieren. Eine derartige kirchenrechtliche Abhängigkeit wird ebenfalls in der Ende des 10. Jahrhunderts in Bayern entstandenen Wenzelslegende „Crescente fide" bezeugt.

Im Jahr 973 war der um 924 in Schwaben geborene Wolfgang zum Bischof von Regensburg geweiht worden. Im selben Jahr stimmte Bischof Wolfgang zu, dass Böhmen als eigenständiges Bistum von der Diözese Regensburg abgetrennt wurde. Dabei musste sich der reformfreundliche Wolfgang gegen den Willen des Regensburger Domkapitels durchsetzen, das auch wegen des damit verbundenen Machtverlusts große Bedenken hatte. Ausgegangen war die Maßnahme vom böhmischen Herzog Boleslav II. (967–999) und vom ottonisch-sächsischen Kaiserhaus, die Böhmen aus dem bayerischen Einflussbereich lösen wollten. Wolfgang begründete seine Zustimmung laut dem Bericht des St. Emmeramer Mönchs Otloh (um 1010–1070) mit folgenden Worten: „Wir sehen im Boden jenes Landes [Böhmen] eine kostbare Perle verborgen, die wir nicht, ohne unsere Schätze zu opfern, gewinnen können. Deshalb höret: Gern opfere ich mich selbst und das Meinige auf, damit dort die Kirche erstarke ..." Allerdings erhielt Bischof Wolfgang für den Verlust der aus Böhmen herrührenden Einkünfte Entschädigungen zugesprochen. Die Verbindungen der bayerischen Kirche und insbesondere Regensburgs nach Böhmen wurden durch die Schaffung des Bistums Prag 973 und das damit verknüpfte Ende der kirchlichen Zugehörigkeit zum Bistum Regensburg zwar schwächer, dennoch blieben sie weiterhin bestehen.

Im Jahr 1052 wurde der 994 verstorbene Bischof Wolfgang heilig gesprochen. Wolfgang, der einige Jahre im Salzburger Land gewirkt hatte und meist mit den Attributen Bischofsstab, Kirchenmodell und Beil abgebildet ist, wird seit dem Spätmittelalter in Bayern verstärkt verehrt. In Böhmen blühte der Wolfgangskult vor allem seit dem 17. Jahrhundert auf.

Die Tonskulptur des hl. Wolfgang ist aus einer Form gegossen und stammt aus der Produktion niederbayerischer Hafnerwerkstätten des 15. Jahrhunderts. Von besonderem Reiz ist die noch vorhandene ursprüngliche Fassung mit verschiedenfarbigen Blütenornamenten. Der Bischofstab fehlt. *R. R.*

V roce 973 souhlasil řezenský biskup Wolfgang s vyčleněním Čech z řezenského biskupství a jeho přeměnou v samostatnou diecézi.

Sv. Wolfgang
Dolní Bavorsko, kol.r. 1460; pálená hlína, polychromie, 77,5 x 25 x 16,5

2.14

2.15

Podle legendy procestoval sv. Wolfgang i Čechy. Okovaný roh možná sloužil jako zakončení jeho biskupské hole.

Takzvaná Wolfgangova berla

jižní Německo, zakřivení 10. století (?), berla 13. století, kování kolem 1430; černý buvolí roh, slonovina, kost, stříbro a mosaz, zlacené, tepané a lité, cizelované a puncované, barevné kameny, sklo; berla horní část v. 44,7, zakřivení 19,6 x 13

2.15 Der hl. Wolfgang soll der Legende nach auch Böhmen bereist haben. Das beschlagene Horn könnte die Bekrönung seines Bischofsstabs gebildet haben.

So genannter Wolfgangsstab

süddeutsch, Krümme 10. Jahrhundert (?), Stab 13. Jahrhundert, Fassung um 1430; schwarzes Büffelhorn, Elfenbein, Bein, Silber und Messing vergoldet, getrieben und gegossen, ziseliert und punziert, farbige Steine, Glas; Stab Oberteil H. 44,7, Krümme 19,6 x 13; Diözesanmuseum Regensburg. Leihgabe der Kath. Pfarrkirchenstiftung St. Emmeram, Regensburg (1982/1)
Lit.: AK Kostbarkeiten 1979, S. 67, Kat.-Nr. 107; AK Kaiser Heinrich II. 2002, S. 329, Kat.-Nr. 162; AK Liturgie zur Zeit des hl. Wolfgang 1994, S 95f.

Die Krümme des Stabs aus schwarzem Büffelhorn ist über einem gitterartigen Band, dem Verbindungsglied zwischen Stab und Horn, von vier Metallbändern aus vergoldetem Silber umschlossen. Das äußere Band ist am Beginn der Hornkrümmung verlängert, mit Kriechblumen besetzt und endet in einem gebogenen Arm aus vergoldetem Silber, dessen Hand eine Kapsel trägt. Auf der Vorderseite der Kapsel ist in Form eines Rundmedaillons die getriebene Figur des thronenden hl. Wolfgang dargestellt, der in seiner Rechten das Kirchenmodell, in seiner Linken den Stab hält. Die gläserne Rückseite der Kapsel dient der Aufnahme von Reliquien. Der Stab besteht aus Elfenbein und Beinteilen, die von Ringen aus vergoldetem Silber bzw. Messing zusammengehalten werden. Unter der Krümme und einem profilierten runden Beinstück ist ein ovaler Knauf aus Elfenbein eingesetzt. Die einzelnen Teile des Stabs sind durch metallene Schraubgewinde verbunden. Ursprünglich waren sie durch in Beinringe eingeschnittene Gewinde verschraubbar.

Das prächtig beschlagene Horn eines Bocks aus dem 10. Jahrhundert wird seit Jahrhunderten als Bestandteil des Hirtenstabs des hl. Wolfgang verehrt, der es als Bekrönung seines Stabs benutzt haben könnte. Wolfgang, von 972 bis 994 Bischof von Regensburg, ließ den böhmischen Teil seiner Diözese gegen den Widerstand des eigenen Domkapitels 973 aus dem Bistumsverband ausgliedern und das Bistum Prag errichten. Dadurch war es ihm gelungen eine eigenständige böhmische Kirchenorganisation zu begründen. Mit dem zweiten Bischof, dem hl. Adalbert, erhielt das Bistum Prag sogleich eine segensreich wirkende Persönlichkeit.

Der historisch bedeutsame Stab wurde 1945 von amerikanischen Besatzungssoldaten schwer beschädigt. Alle Steine wurden aus den Fassungen gebrochen, darunter zwei kostbare antike Gemmen aus Karneol. Die Kapsel mit dem Rundmedaillon aus der Zeit um 1430 wurde ebenfalls entwendet. 1965 wurden die fehlenden Teile, bis auf die Gemmen, durch Kopien ersetzt. Unter den zeitgleichen Bischofsstäben besitzt der so genannte Wolfgangsstab als große Besonderheit das eingearbeitete Büffelhorn aus organischem Material. Damit gehört der Stab zu den bedeutendsten Berührungsreliquien, die sich vom Hauptpatron des Bistums Regensburg erhalten haben.   *H. R.*

Relikviář s ostatky sv. Wolfganga daroval řezenský biskup Senestrey chrámu sv. Víta k 900. výročí založení pražského biskupství.

Relikviář sv. Wolfganga ze svatovítského chrámu

1873; zlacený kov, 23 x 8,2 x 11

2.16 Das Reliquiar mit Überresten des hl. Wolfgang war ein Geschenk des Regensburger Bischofs Senestrey an den Prager Veitsdom zum 900-jährigen Bestehen des Bistums Prag.

Reliquiar des hl. Wolfgang aus dem Prager Veitsdom

1873; vergoldetes Metall, 23 x 8,2 x 11; Metropolitní kapitula u sv. Víta, Praha (52)
Lit.: Schindler 1895; Podlaha/Šittler 1903, S. 222; Royt 1994

Das von einem Münchner Goldschmied hergestellte Reliquiar hat die Form einer gotischen Tumba mit durchbrochenen und verglasten Seiten. Auf dem Dach sind in Gravurzeichnung Dachziegel nachgebildet. Den Dachfirst schmücken eine

Reihe geschmiedeter Lilien sowie zwei Mohnköpfe aus Malachit. Im Inneren des Kästchens befinden sich, in Stoff gehüllt, die Reliquien.

Die Verehrung des hl. Wolfgang in Böhmen geht auf den aktiven Anteil zurück, der ihm an der Gründung des Prager Bistums und an dessen Ausgliederung aus dem Machtbereich der Erzdiözese Regensburg zugeschrieben wurde. Die Legendenliteratur berichtet auch von einem Besuch Wolfgangs in Böhmen. Als „Indizien" hierfür werden z. B. die Spuren des Heiligen im Stein von Rovná bei Kájova sowie der Abdruck seines Körpers auf der Bolfánek-Höhe bei Chudenitz/Chudenice genannt. In Böhmen erhaltene Reliquien und bildliche Darstellungen des hl. Wolfgang gibt es bereits aus dem 14. Jahrhundert. Die offenbar älteste in den böhmischen Ländern erhaltene Abbildung ist ein Tafelbild Meister Theodoriks (vor 1367) in der Heiligkreuzkapelle auf Karlstein/Karlštejn, das Wolfgang in Bischofskleidung und mit dem üblichen Attribut – dem Modell einer Kirche – in den Händen zeigt. In einem auf dem Bild angebrachten Kristallkästchen befand sich eine Reliquie des Heiligen, die offenbar während der Hussitenkriege entfernt wurde. Erwähnung findet sie im Karlsteiner Reliquienverzeichnis, das 1515 auf Geheiß des Königs Vladislav Jagiello vom Karlsteiner Dekan Jan Stradoměřský angelegt und 1541 von Václav Hájek z Libočan am Ende seiner „Böhmischen Chronik" („Kronika Česká") publiziert wurde.

Im Jahr 1645 wurden die Karlsteiner Reliquien nach Prag überführt und dem Domschatz von St. Veit beigegeben. Als Bestandteil desselben sind sie in einem von Jan Tomáš Vojtěch Berghauer in den Jahren 1711–1713 verfassten Reliquienkatalog („Cathalogus ss. Reliquiarium") bezeugt. Eine weitere Reliquie befindet sich in der Kirche des Hl. Johannes des Täufers in Chudenice. Sie wird in einem Reliquiar aufbewahrt, das der Goldschmied Jan Pakény 1737 auf Bestellung Isabella Maria Gräfin von Czernins, verwitwete Marquise von Westerloo, angefertigt hat. Diese hatte die Reliquie durch Vermittlung des Fürsten Josef Wilhelm Ernst von Fürstenberg vom Abt Anselm des Regensburger Klosters St. Emmeram erhalten. *J. R.*

2.17 Viele böhmische Klöster hatten bayerische Mutterklöster. Sedletz, das erste Zisterzienserkloster in Böhmen, wurde 1142/44 mit Mönchen aus dem in der Oberpfalz gelegenen Mutterkloster Waldsassen besetzt.

Gründung von Sedletz durch den Adligen Miroslav und Mönche aus Waldsassen
1685; Öl/Leinwand, 370 x 224 (R, Detail); Rimská-katolická farnost Kutná Hora-Sedlec
Lit.: Ackermann 1984; Machilek 2004

Mnohé české kláštery měly mateřské kláštery v Bavorsku. Sedlec, první cisterciácký klášter v Čechách, byl v letech 1142/44 osazen mnichy z mateřského kláštera Waldsassen v Horní Falci.

Založení kláštera v Sedlci velmožem Miroslavem a waldsasenští mniši
1685; olej/plátno, 370 x 224 (R, detail)

Die Zisterzienserklöster in Böhmen, die neben den Prämonstratensern eine bedeutende Rolle beim Landausbau spielten, hatten häufig fränkische oder oberpfälzische Mutterklöster, wogegen die böhmischen Benediktinerklöster eher mit altbayerischen Klöstern verknüpft sind. Das 1133 von Markgraf Diepold III. von Vohburg-Cham gegründete Zisterzienserkloster Waldsassen war Mutterkloster für die böhmischen Zisterzen Sedletz/Sedlec und Ossegg/Osek. Waldsassen wurde von den Přemysliden besonders gefördert und entwickelte sich zu einer der wichtigsten Grundherrschaften in Nordwestböhmen. Außerdem war das Kloster eine der bedeutendsten Territorialherrschaften in der Oberpfalz.

Das etwa 60 Kilometer östlich von Prag gelegene Sedletz war das erste Zisterzienserkloster in Böhmen, gegründet 1142/44 von dem Adligen Miroslav, der es mit zwölf Mönchen aus dem Mutterkloster Waldsassen besetzen ließ. Sedletz galt nicht zuletzt wegen des nahen Silberbergwerks in Kuttenberg/Kutná Hora bald als eines der reichsten Klöster in Böhmen. Auch andere böhmische Zisterzienserklöster sind mit bayerischen Mutterklöstern verbunden. Neben Waldsassen spielten dabei vor allem Ebrach (gegründet 1127) und Langheim (gegründet 1132) für die zisterziensische Kultur in Böhmen eine große Rolle. Auf diese beiden fränkischen Klöster lassen sich die böhmischen Klöster Nepomuk/Pomuk

2.17

(gegründet 1145) und Plaß/Plasy (gegründet 1144) zurückführen. Die im 12. Jahrhundert einsetzende Gründungsphase von Zisterzienserklöstern in Böhmen dauerte das ganze 13. Jahrhundert an und ließ dauerhafte Verbindungen zu den bayerischen Mutterklöstern entstehen.

Das Gemälde eines unbekannten Künstlers des 17. Jahrhunderts zeigt Mönche aus Waldsassen in ihrem charakteristischen weißen Habit. Ein Mönch weist auf ein Klostermodell zu seinen Füßen. Am rechten Bildrand ist der oben erwähnte Gründer von Sedletz zu sehen, der gerade mit einem Ordensbruder einen Plan austauscht, der wohl die Anlage des Klosters festhält. Die Bildunterschrift des schlecht erhaltenen Gemäldes ist nur mehr in Teilen erkennbar. *R. R.*

Benediktinský klášter Ostrov u Prahy, založený kolem roku 1000, byl osazen mnichy z bavorského mateřského kláštera Niederaltaich v čele s opatem Lantbertem.

Reliéfní deska s hlavou mnicha

Ostrov u Davle, po r. 1137, před r. 1225; vápenec, 37,5 x 33,5 x 8,5

2.18 Das um das Jahr 1000 gegründete Benediktinerkloster Ostrov bei Prag wurde mit Mönchen aus dem bayerischen Mutterkloster Niederaltaich besetzt mit Abt Lantbert an der Spitze.

Reliefplatte mit Kopf eines Mönchs

Ostrov u Davle, nach 1137, vor 1225; Kalkstein, 37,5 x 33,5 x 8,5; Národní muzeum, Praha (H2-13089)
Lit.: Denkstein/Drobná/Kybalová 1958, S. 32–34, 109, Kat.-Nr. 6 (mit Bibliografie); Merhautová 2003; Fajt/Sršen 1993, S. 34, Kat.-Nr. 26

Das dritte Benediktinerkloster Böhmens wurde auf Wunsch des böhmischen Fürsten Boleslav II. (gest. 7. Februar 999) südlich von Prag auf einer kleinen, über dem Zusammenfluss von Moldau und Sázava gelegenen Insel gegründet. Bald darauf wurden dort Mönche aus dem niederbayerischen Kloster Niederaltaich mit Abt Lantbert an der Spitze angesiedelt. Mit den Brüdern aus den bayerischen Klöstern Niederaltaich und Oberaltaich unterhielt das Kloster bis zu den Hussitenkriegen rege Beziehungen. In den Jahren 1420/22 wurden die Gebäude teilweise zerstört. Nach dem Begräbnis des Abtes Franz/František (gest. 1440) stürzte das Gewölbe des Kirchenschiffs ein. Nach 1517, unter Abt Johannes/Jan V., übersiedelten die Mönche endgültig in die bisherige Propstei in Svatý Jan Pod Skalou (Kreis Beroun), wo sie bis zu deren Auflösung 1792 wirkten.

Die Klosteranlage mit der dreischiffigen Basilika wurde in der Zeit vom 11. bis zum frühen 13. Jahrhundert aus Sandstein (Säulen und Pfeiler) und Backstein erbaut. Nach einem Brand im Jahr 1137 wurden das Innere der Apsis sowie der Lettner mit Reliefplatten verkleidet, auf denen vorwiegend axial- und zentralsymmetrische Pflanzenornamente zu sehen waren. Im ersten Viertel des 13. Jahrhunderts wurde der romanische Bau der Basilika durch eine zweitürmige Fassade mit axial angelegtem Portal vollendet. Dieses war mit einem plastischen Schachbrettmuster verziert, die Umrahmung bildeten mit Säulen, Köpfen und Figürchen geschmückte Reliefplatten, zu denen auch das hier gezeigte Exponat gehört. Anders als die übrigen Skulpturen, ist der Mönchskopf in eine eigene Rundnische hineingemeißelt. Die Literatur verweist in diesem Zusammenhang auf römisch-antike und frühmittelalterliche Grabporträts. Bei dem Mönchskopf fehlen jedoch porträtistische Züge. Das Schema des Knabengesichts ähnelt in seiner Stilisierung vielmehr den Köpfen der Ostrover Äbte auf deren gotischen Grabsteinen. Bei den

2.18

Ostrover Handwerkern erfreuten sich figurale Kreiskompositionen schon früher großer Beliebtheit. Dies beweisen die mit Löwen, Sphingen, Greifen, dem Kaiser Nero und anderen Motiven versehenen Bodenfliesen, die vom Ende des 11. bis in das dritte Viertel des 13. Jahrhunderts sowohl im Kloster als auch in der Klostersiedlung Sekanka aus einheimischem Ton für den Verkauf hergestellt wurden. Die Armierung der Platte mit einer Dreiviertelsäule steht in Analogie zu einer Platte mit Vogelfigur (Inv.-Nr. H2-13090), die offenbar aus demselben Portal stammt.

Die ältesten an Fassaden böhmischer Kirchen erhaltenen Beispiele von Figurenschmuck stammen aus der Zeit nach 1150, die am besten erhaltenen finden sich in Mittelböhmen (St. Jakob bei Kuttenberg/Kutná Hora, Rovná bei Silberskalitz/Stříbrná Skalice, Zaboří nad Labem). Betrachtet man das Dekor anderer Fragmente aus dem Westportal, dann kann die Ostrover Platte einer größeren, unter dem Einfluss bayerischer und obersächsischer Architektur stehenden Gruppe zugerechnet werden. Anders als z. B. bei der Regensburger Jakobskirche, war aber die Außenverzierung der Ostrover Kirche wahrscheinlich bescheidener als die Innenausstattung. *D. S.*

2.19 Die Heirat des bayerischen Herzogs Ludwig mit der böhmischen Herzogstochter Ludmilla im Jahr 1204 führte zu einer Vergrößerung der wittelsbachischen Herrschaftsgebiete. Auch das bayerische Rautenmuster könnte mit dieser Verbindung zusammenhängen.

Ludwig der Kelheimer (1174–1231) und Ludmilla von Bogen/Böhmen (1170–1240)
um 1330/40; Fichtenholz, gefasst, Lindenholz, 50 x 14,5 x 5 und 49,5 x 12,5 x 4,5; Zisterzienserinnenabtei Seligenthal in Landshut/Niederbayern
Lit.: Anfänge 1999; Buchenrieder 1980; Piendl 1953–1955; Spitzlberger 1980

Seit 1094 gab es enge verwandtschaftliche Beziehungen zwischen den Přemysliden, also dem böhmischen Herzogs- und Königshaus, und den niederbayerischen Grafen von Bogen. Die wichtigste Familienverbindung wurde 1184 geschlossen

Sňatkem bavorského vévody Ludvíka s českou vévodskou dcerou Ludmilou, uzavřeným roku 1204, došlo k rozšíření wittelsbašského panství. Rovněž dnes světoznámý bavorský znak s routami pravděpodobně souvisí s tímto svazkem.

Ludvík I. Kelheimský (1174–1231) a Ludmila z Bogenu/z Čech (1170–1240)
kolem 1330/40; smrkové dřevo, polychromie, lipové dřevo, 50 x 14,5 x 5 a 49,5 x 12,5 x 4,5

2.19

mit der Hochzeit Graf Alberts III. von Bogen mit Ludmilla, der Tochter Herzog Friedrichs von Böhmen und Nichte des böhmischen Königs Ottokar I. Nach dem Tod Alberts heiratete Ludmilla 1204 den bayerischen Herzog Ludwig I. Kelheimer. Nach dem Aussterben des Bogener Geschlechts 1242 fiel deren auch nach Böhmen reichendes Herrschaftsgebiet an den bayerischen Herzog Otto II., dem Sohn Ludmillas aus zweiter Ehe und Stiefbruder des letzten Grafen von Bogen. Ludmilla war bereits 1240 im Zisterzienserinnenkloster Seligenthal bei Landshut gestorben, das sie 1232 gestiftet hatte. Die Bogener Gebiete bildeten einen bedeutenden Baustein beim Ausbau des wittelsbachischen Herrschaftsbereichs. Sie führten aber auch zu kriegerischen Verwicklungen mit dem König von Böhmen, der Anspruch auf das Erbe der Grafen von Bogen erhob.

Diese böhmisch-bayerischen Eheverbindungen scheinen auch das Wappen der Wittelsbacher beeinflusst zu haben. Neben dem Löwen als Wappentier, der um 1230 auf den wittelsbachischen Siegeln auftaucht, trat um die Mitte des 13. Jahrhunderts ein silberblau schräg gerautetes Muster, das später zum bayerischen Wappen werden sollte. Das Rautenmuster geht möglicherweise auf die Grafen von Bogen zurück, die seit dem frühen 13. Jahrhundert ein ähnliches

2.20

Symbol verwendet hatten. Dabei griffen die Söhne Ludmillas aus erster Ehe ein Gittermuster ihrer böhmischen Vorfahren mütterlicherseits auf. Bei den Wittelsbachern tauchen die Rauten erstmals 1247 auf.

Die beiden Holzreliefs entstammen einem aus 32 Figuren bestehenden Zyklus, der zur Ausstattung der im 13. Jahrhundert erbauten Afra-Kapelle der Zisterzienserinnenabtei Seligenthal gehört und unter anderem die Wittelsbacher der Landshuter Linie darstellt. Dreißig Figuren aus diesem Zyklus sind von der Hand eines Meisters gefertigt. Bei den beiden hier gezeigten Skulpturen sind drei verschiedene Fassungen nachgewiesen: die Erstfassung um 1330/1340 und zwei Überfassungen aus dem frühen 17. Jahrhundert und den 1870er-Jahren. Die Identifizierung der beiden Kleinfiguren als Ludwig und Ludmilla ist umstritten, da das Kirchenmodell eine Zutat des 19. Jahrhunderts und der Rauten-Wappenschild neu bemalt ist. *R. R.*

2.20 Im Jahr 1440 wurde der bayerische Herzog Albrecht III. zum böhmischen König gewählt. Der Wittelsbacher lehnte die Krone jedoch ab.

Herzog Albrecht weist die böhmische Königskrone zurück
Hans Werl (gest. 1608); Öl/Leinwand (R); Bayer. Staatsgemäldesammlungen, München (3748)
Lit.: von Riezler 1889, Bd. 3

Nach dem Tod König Sigismunds von Böhmen 1437 und dem nur zwei Jahre später erfolgten Ableben seines Erben, des deutschen Königs und Herzogs von Österreich, Albrecht II. (V.), wählten die böhmischen Stände im Jahr 1440 in Prag den bayerischen Herzog Albrecht III. den Frommen (1401–1460) mit großer Mehrheit zum König von Böhmen. Der tschechisch sprechende und mit den böhmischen Verhältnissen gut vertraute Wittelsbacher hatte einen Teil seiner Jugend in Prag verbracht. Seine Tante war die 1425 verstorbene Sophie, die Frau des böhmischen Königs Wenzel IV. Die Wahl Albrechts war mit Bedingungen verknüpft. So verlangten die Ständevertreter unter anderem die Anerkennung des religiösen Status quo in Böhmen sowie eine Vereinigung Böhmens mit Bayern,

V roce 1440 byl bavorský vévoda Albrecht III. z rodu Wittelsbachů zvolen českým králem – korunu však odmítl.

Vévoda Albrecht odmítá českou královskou korunu
Hans Werl (zem. 1608); olej/plátno (R)

was aus lehensrechtlichen Gründen problematisch war. Albrecht hatte zwar im Vorfeld seine Zustimmung zur Annahme der Krone zu erkennen gegeben, nach erfolgter Wahl erbat er sich jedoch Bedenkzeit. Nach Verhandlungen mit böhmischen Vertretern in Cham und aufgrund des einsetzenden habsburgischen Drucks verzichtete er auf den böhmischen Thron. Für diese Entscheidung dürften sowohl seine konfessionelle Überzeugung als auch die Sorge um möglicherweise langwierige Thronstreitigkeiten eine Rolle gespielt haben.

Das großformatige Historiengemälde gehört zu einem Bilderzyklus, den der Münchner Hofmaler Hans Werl Anfang des 17. Jahrhunderts für die Residenz in München anfertigte. In zehn Gemälden sind die Taten der Vorfahren Herzog Maximilians I. dargestellt, so auch die Ablehnung der böhmischen Krone durch Albrecht III. Ein Wandbild in den Münchner Hofarkaden sowie ein Wandteppich in der Residenz zeigen ebenfalls dieses Ereignis des Jahres 1440. In dem 143 Wandbilder umfassenden Gemäldezyklus, der im 19. Jahrhundert zur Ausstattung des Bayerischen Nationalmuseums geschaffen wurde, ist die Ablehnung der böhmischen Königskrone hingegen nicht enthalten. *R. R.*

Roku 1322 bojovali Ludvík Bavor a Jan Lucemburský úspěšně jako spojenci proti Habsburkovi Fridrichu Sličnému.

Bitva u Mühldorfu v roce 1322
Bavorsko, 1. pol. 17. století; olej/plátno, 80 x 144

2.21 Im Jahr 1322 kämpften Ludwig der Bayer und Johann von Böhmen als Verbündete erfolgreich gegen den Habsburger Friedrich den Schönen.

Die Schlacht bei Mühldorf 1322

Bayern, 1. Hälfte 17. Jahrhundert; Öl/Leinwand, 80 x 144; Kath. Kirchenstiftung Heldenstein, vertreten durch das Erzbischöfliche Ordinariat München, Kunstreferat (63c)
Lit.: Die Schlacht bei Mühldorf 1993; Weber/Rambold 1922; Kupferschmied 2001

Das aufgrund stilistischer und kostümgeschichtlicher Kriterien in das frühe 17. Jahrhundert zu datierende Schlachtengemälde stammt aus dem Vorgängerbau der „Schweppermann-Kapelle" in Wimpasing, möglicherweise ist es 1622 zum 300. Jahrestag der Schlacht entstanden. Erst im 19. Jahrhundert kam es in den Pfarrhof nach Heldenstein. Dargestellt ist ein dichtes Schlachtengetümmel von Reitern, beschirmt von den Vierzehn Nothelfern und Christus. Dieser obere Bildteil wurde bei der Renovierung 1722 hinzugefügt, auf die auch die Beischrift hinweist: „Die grosse Schlacht zwischen Bayrn und OesterReich umb Das Reich bey ämpfing auf der Vechenwisen an St. Michaels Abend im Jahr 1322. Renoviert 1722." Rechts im Vordergrund ist ein orientalisch gekleideter Reiter mit osmanischem Krummsäbel zu sehen. Er dürfte zu den 5000 Ungarn gehören, die als Hilfstruppen König Friedrich den Schönen (1289–1330) unterstützten. Deutlich zu erkennen sind in der Bildmitte die Standarten von Ludwig dem Bayern (1283–1347) und Friedrich dem Schönen. Ludwig hat als Feldzeichen die weiß-blauen Rauten, während Friedrich die rot-weiß-roten Familienfarben der Habsburger führt. Am linken Rand ist die Fahne von König Johann von Böhmen (1296–1346) zu erken-

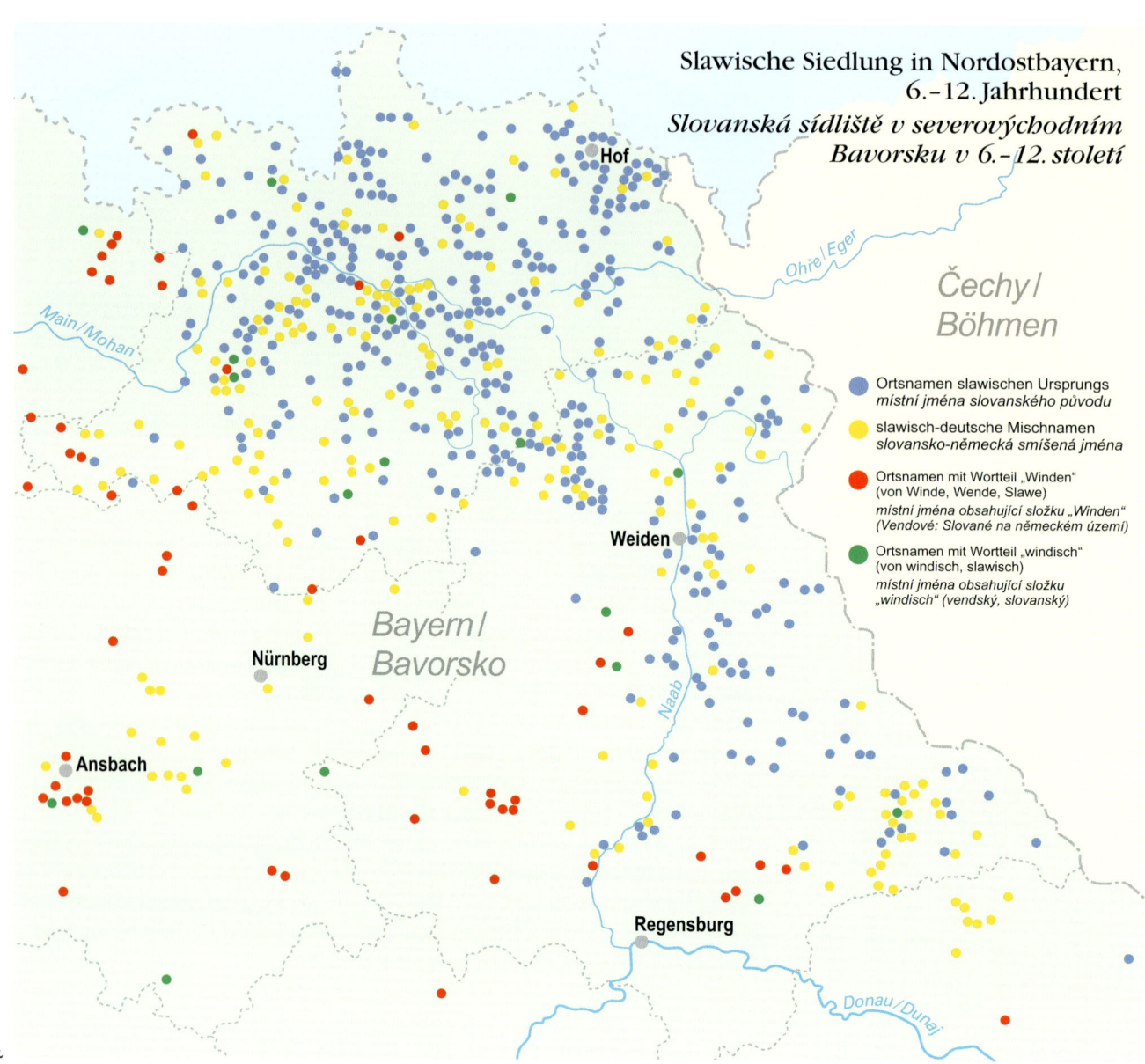

Slawische Siedlung in Nordostbayern,
6.–12. Jahrhundert
Slovanská sídliště v severovýchodním Bavorsku v 6.–12. století

Čechy/
Böhmen

● Ortsnamen slawischen Ursprungs
  místní jména slovanského původu

● slawisch-deutsche Mischnamen
  slovansko-německá smíšená jména

● Ortsnamen mit Wortteil „Winden"
  (von Winde, Wende, Slawe)
  místní jména obsahující složku „Winden"
  (Vendové: Slované na německém území)

● Ortsnamen mit Wortteil „windisch"
  (von windisch, slawisch)
  místní jména obsahující složku
  „windisch" (vendský, slovanský)

Bayern/
Bavorsko

2.22

nen, der mit Kaiser Ludwig dem Bayern verbündet war. Johann führt in seinem Wappen den doppelschwänzigen Löwen. Mit der Belehnung der Markgrafschaft Brandenburg 1323 an seinen Sohn Ludwig zerbrach die 1314 geschlossene Allianz zwischen Ludwig dem Bayern und Johann von Böhmen. *E. Ham.*

2.22 Ortsnamen, die von Slawen geprägt worden sind, slawisches Sprachmaterial enthalten oder durch deutsches Sprachmaterial auf slawische Siedlung hinweisen, belegen die Ausdehnung der mittelalterlichen slawischen bzw. deutsch-slawischen Siedlungstätigkeit.

Slawische Siedlung in Nordostbayern 6.–12. Jahrhundert
Karte nach Ernst Schwarz: Sprache und Siedlung in Nordostbayern, Nürnberg 1960, Grundkarte in Verbindung mit Deckblatt 13; Bearbeitung: Wolfgang Janka, Regensburg/Heinz Muggenthaler, Regen; Haus der Bayerischen Geschichte, Augsburg
Lit.: Eichler u. a 2001–2006; von Reitzenstein 1991/92; Schwarz 1960

Auf der Karte sind vier verschiedene Ortsnamentypen eingezeichnet:
(1) Namen, die zur Gänze aus slawischem Sprachmaterial bestehen („Namen slawischen Ursprungs"). Sie begegnen vor allem in Oberfranken sowie im Norden und Osten der Oberpfalz. Die im Obermaingebiet, im Frankenwald und am

Místní jména, u nichž je patrný slovanský vliv, která obsahují slovanský jazykový materiál nebo skrze německý jazykový materiál poukazují na slovanská sídliště, jsou dokladem rozsahu slovanské resp. německo-slovanské osidlovací činnosti ve středověku.

Slovanská sídliště v severovýchodním Bavorsku, 6.–12. století

Mapa podle Ernst Schwarz: Sprache und Siedlung in Nordostbayern, Norimberk 1960, základní mapa ve spojení s titulní stranou 13; zpracování: Wolfgang Janka, Regensburg/Heinz Muggenthaler, Regen

Oberlauf der Saale vorkommenden Slavica weisen sprachliche Parallelen zum Altsorbischen auf, während bei den slawischen Namen in den Flussgebieten der Naab und des Regens Gemeinsamkeiten mit dem Alttschechischen festzustellen sind. Rein slawische Ortsnamen sind z. B. die Siedlungsnamen *Premeischl* (Lkr. Cham), 1261 *Premævssel,* slawische Ausgangsform **Premyšlь* ‚Siedlung eines **Premyslъ*', und *Döllnitz* (mehrfach in Bayern), um 1135 (Kopie um 1170) *Tolince* (zu Döllnitz im Lkr. Neustadt a. d. Waldnaab) < slaw. **Dolьnica* ‚im Tal gelegene Siedlung', zu slaw. **dolъ* ‚Tal'. Sie dürften überwiegend aus der selbstständigen Siedlungstätigkeit der slawischen Bevölkerung hervorgegangen sein.

(2) Slawisch-deutsche Mischnamen bestehen aus einem eingedeutschten slawischen Personennamen und einem deutschen Namenelement. Bei diesem handelt es sich überwiegend um ein Grundwort wie *-dorf* oder *-berg,* so z. B. im Mischnamen *Rammersberg* (Lkr. Straubing-Bogen), um 1080–1090 (Kopie um 1100) *Raduanasberga,* zum slawischen Personennamen **Radovanъ.* Im oberpfälzischen Landkreis Cham findet sich eine Reihe von Beispielen für die Verbindung eines Personennamens slawischer Herkunft mit dem deutschen Suffix *-ing-,* so etwa *Zenching,* 1178–1185 *Cemtichinge,* zum slawischen PN **Sěmitěchъ,* ‚Siedlung der Leute eines **Sěmitěchъ*'. Als Areale mit häufigem Vorkommen von Mischnamen heben sich besonders der Raum Cham mit der daran anschließenden nördlichen Peripherie Niederbayerns, der Raum Ansbach in Mittelfranken und der westliche Teil Oberfrankens ab. Falls nicht eine deutsche Umgestaltung eines ursprünglich rein slawischen Siedlungsnamens vorliegt, kann man davon ausgehen, dass die Mischnamen im Rahmen der von Deutschen geleiteten Siedlungstätigkeit entstanden sind, wobei eine Person mit einem Namen slawischer Herkunft eine zentrale Rolle spielte.

(3) Eine besondere Gruppe bilden Siedlungsnamen, die auf den Volksnamen althochdeutsch *Winid,* mittelhochdeutsch *Wint,* ‚Winde, Wende, Slawe' zurückgehen oder diesen als Bestandteil aufweisen. Hierher gehört vor allem eine Vielzahl von Namen mit *-winden* (zum Teil weiterentwickelt zu *-wind, -winn* oder *-wing*) als Grundwort. Früh belegte Beispiele hierfür sind Siedlungsnamen wie *Appertszwing* (Lkr. Regensburg), 1031 (Kopie 12. Jahrhundert) *Abbatisuuinidun,* ‚Windensiedlung eines Abtes', und *Nabin* (Lkr. Deggendorf), 863 *Nabauuinida,* ‚Siedlung von Naabwinden, d. h. von Slawen, die aus dem Flussgebiet der Naab stammen'. Die *-winden*-Namen kommen im Gebiet mit rein slawischen Namen so gut wie nicht vor. Sie sind im Rahmen des deutschen Landesausbaus entstanden, zu dem auch Slawen hinzugezogen wurden.

(4) Bei einigen Siedlungsnamen erscheint das von dem unter (3) genannten Volksnamen abgeleitete Adjektiv mittelhochdeutsch *windisch* ‚windisch, slawisch'. Es bezeichnet die (ehemalige) Volkszugehörigkeit von Bewohnern des jeweiligen Ortes oder auch der näheren Umgebung. *Windisch(en)-* kann als Bestimmungswort fungieren wie etwa im Fall von *Wünschendorf* (Lkr. Bayreuth), 1255 *Windischendorf,* ‚beim windischen Dorf'. Wesentlich häufiger begegnet jedoch der unterscheidende Zusatz *Windisch(en)-,* so bei *Windischbergerdorf,* 1146–1147 (Kopie um 1170) *Pergerdorf,* 1553 *windischen Pergerdorff,* das von *Großbergerdorf* (beide Lkr. Cham) differenziert wird. *Windisch*-Namen treten im Gegensatz zu *-winden*-Namen sowohl innerhalb als auch außerhalb des Gebiets mit rein slawischen Namen auf.

Durch Erwähnungen in historischen Quellen und die Übernahme slawischer Ortsnamen ins Deutsche ist die Anwesenheit slawischer Bevölkerung in Bayern vom 8. bis zum 11. Jahrhundert sicher nachgewiesen. Da entsprechende Hinweise aus späterer Zeit fehlen, kann man davon ausgehen, dass sich die Slawen bis zum 12./13. Jahrhundert an die bairische bzw. fränkische Bevölkerungsmehrheit sprachlich assimiliert haben. Die Frage, wann die ersten slawischen Siedler nordostbayerisches Gebiet erreicht haben, kann nach derzeitigem Stand der archäologischen Forschung nicht abschließend beantwortet werden. In Betracht kommt der Zeitraum vom späten 6. bis zum frühen 8. Jahrhundert. Grundsätzlich ist mit

Landausbau und Städte in Böhmen, 12.–14. Jahrhundert

Kolonizace a zakládání měst v Čechách, 12.–14. století

Rumburg/Rumburk
Friedland/Frýdlant
Tetschen/Děčín
Böhmisch Kamnitz/Česká Kamenice
Bensen/Benešov n. Plouč.
Braunau/Broumov
Aussig/Ústí nad Labem
Böhmisch Leipa/Česká Lípa
Trautenau/Trutnov
Dux/Duchcov
Turnov/Turnau
Königinhof/Dvůr Králové
Komotau/Chomutov
Brüx/Most
Jaroměř
Kaaden/Kadaň
Mladá Bolesav/Jung-Bunzlau
Schlackenwerth/Ostrov
Hradec Králové/Königgrätz
Elbogen/Loket
Čechy/
Praha/Prag
Český Brod/Böhmisch Brod
Eger/Cheb
Böhmen
Hohenmauth/Vysoké Mýto
Petschau/Bečov
Kuttenberg/Kutná Hora
Kolín
Königswart/Kynžvart
Chrudim
Landskron/Lanškroun
Caslau/Čáslav
Úterý/Neumarkt
Benešov/Beneschau
Tachau/Tachov
Plzeň/Pilsen
Deutsch Brod/Havlíčkův Brod
Trhový Stěpánov
Stráž/Neustadtl
Stod/Staab
Křivsoudov
Příbram
Rožmitál/Rosental
Stárkov/Starkstadt
Nový Rychnov/Neureichenau
Chýnov/Chejnow
Iglau/Jihlava
Horšovský Týn/Bischofteinitz
Strakonice/Strakonitz
Naab
Schüttenhofen/Sušice
Netolitz/Netolice
Neubistritz/Nové Bystřice
Bayern/
Bergreichenstein/Kašperské Hory
Böhmisch Budweis/České Budějovice
Regensburg
Zwiesel
Schweinitz/Trhové Sviny
Böhmisch Krumau/Český Krumlov
Gratzen/Nové Hrady
Bavorsko
Kaplitz/Kaplice
Passau

2.23

● überwiegend deutsch besiedelte Gebiete
oblasti osídlené převážně německým obyvatelstvem

● Städte mit überwiegend deutscher Bevölkerung
města s převážně německým obyvatelstvem

● Städte mit überwiegend tschechischer Bevölkerung
města s převážně českým obyvatelstvem

regionalen Unterschieden und mit der Möglichkeit mehrerer Zuwanderungs-
wellen zu rechnen. *W. J.*

2.23 Der Landausbau vom 12. bis zum 14. Jahrhundert führte zur Erweiterung landwirtschaftlicher Nutzflächen und förderte das Städtewesen. Seit
dieser Zeit lebten in Böhmen Deutsche und Tschechen mit- und nebeneinander.

Überwiegend deutsch besiedelte Gebiete in Böhmen und Bevölkerungs-
strukturen der Städte im 14. und frühen 15. Jahrhundert
Karte nach: Hoffmann, František: České město středověku, Praha 1992, S. 230f.; Schwarz, Ernst:
Die deutschen Siedelgebiete in Böhmen und Mähren-Schlesien in vorhussitischer Zeit, in: Meynen,
Emil (Hg.): Sudetendeutscher Atlas, München 1955, Blatt 7; Grafik: Heinz Muggenthaler, Regen
Lit.: Graus 1975; Higounet 1986; Hoensch 1989; Schwarz 1965; Žemlička 2000

Die Zweivölker-Geschichte und die Zweisprachigkeit in Böhmen nahmen ihren
Anfang mit dem mittelalterlichen Landausbau, der im Wesentlichen vom 12. bis
zum 14. Jahrhundert dauerte. Durch Rodung und Erweiterung der Anbauflächen
sollte die Wirtschaftskraft des Landes gefördert werden. Deutsche waren wesent-

*Důsledkem středověké kolonizace ve
12.–14. století bylo rozšiřování
zemědělských užitných ploch a vznik měst.
Od této doby žili v Čechách spolu a vedle
sebe Němci a Češi.*

*Většinově německy osídlené oblasti v
Čechách a struktura obyvatelstva ve
městech ve 14. a raném 15. století*
*Mapy podle: Hoffmann, František: České město
středověku, Praha 1992, str. 230n.; Schwarz,
Ernst: Die deutschen Siedelgebiete in Böhmen
und Mähren-Schlesien in vorhussitischer Zeit, in:
Meynen, Emil (Hg.): Sudetendeutscher Atlas,
München 1955, Blatt 7*

liche Träger dieser Entwicklung, wobei die intensiv davon betroffenen waldreichen Randgebiete Böhmens vor allem von Menschen besiedelt wurden, die aus den unmittelbaren Nachbarregionen stammten wie Niederbayern, Oberpfalz oder dem fränkischen Obermaingebiet. Aber auch ansässige slawische Siedler beteiligten sich am Landausbau, vornehmlich im Landesinneren. Neben bayerischen Klöstern – insbesondere die Zisterzienser, Benediktiner und Prämonstratenser – und Adelsgeschlechtern förderten westböhmische Klöster und die Přemysliden die planmäßig betriebene Ausdehnung der Siedlungsflächen. Man bediente sich dabei häufig so genannter Lokatoren, also Beauftragte oder Mittler, die gegen Gewährung von Vorrechten und ökonomischen Vorteilen neue Siedler anwarben, Dörfer gründeten und die Besiedlung organisierten. Den Neusiedlern wurden zeitlich befristete Abgabenfreiheit und günstige Rechte zugesichert. Dieses Siedlerrecht wurde allmählich für nahezu die gesamte Landbevölkerung Böhmens relevant. Der Landausbau trieb außerdem den Einsatz ausgereifter Agrartechnik wie den Radpflug mit Streichbrett, bessere Anspannsysteme, die Dreifelderwirtschaft und anderes mehr voran. Insgesamt nahm im 14. Jahrhundert das vornehmlich deutsch geprägte Sprachgebiet etwa zehn Prozent des böhmischen Altsiedellandes ein. Eine Sonderrolle kam dem zunächst slawisch besiedelten und später staufischen Egerland zu, dessen nordbayerisch-ostfränkische Kolonisation im frühen 12. Jahrhundert die Diepoldinger und das Kloster Waldsassen betrieben. 1322 wurden Teile des Egerlands dauerhaft an Böhmen verpfändet.

Verknüpft mit dem Landausbau in Böhmen ist die intensive Förderung von Städten. Dabei griff man auf bereits bestehende städtische und stadtähnliche präurbane Strukturen zurück oder es kam zur Verlegung bisheriger Zentralorte bzw. zu Neugründungen, insbesondere durch den Landesherrn. Die neuen Städte wurden zu wirtschaftlichen Zentren und gleichzeitig zu Rechtsmittelpunkten der umgebenden Gebiete. Die ethnische Zusammensetzung und die Dominanz des deutschsprachigen Patriziats in vielen böhmischen Städten führten im 14. Jahrhundert vereinzelt zu Spannungen, die sich zum Beispiel in den deutschenkritischen Äußerungen der Reimchronik des Dalimil aus dem 14. Jahrhundert widerspiegeln.

Während die ältere deutsche Forschung die so genannte Ostkolonisation als Großtat des deutschen Volkes feierte, sprach die ältere tschechische Forschung von einer Bedrohung der slawischen Hochkultur. Heute wird betont, dass es sich beim mittelalterlichen Landausbau um ein seit dem 11. Jahrhundert aufgetretenes gesamteuropäisches, langfristiges Phänomen gehandelt hat, das nicht isoliert zu betrachten ist.   R. R.

Sňatek s Annou Falckou v roce 1349 umožnil Karlu IV. vybudování „Nových Čech", které měly tvořit zemský most mezi Prahou, Norimberkem a Frankfurtem.

Císař Karel IV. s erby říše, českého království a svých čtyř manželek
Urbář norimberského kostela Panny Marie, 1442; krycí barvy/pergamen (R)

2.24 Die Heirat mit Anna von der Pfalz im Jahr 1349 ermöglichte Karl IV. den Aufbau „Neuböhmens", das eine Landbrücke zwischen Prag, Nürnberg und Frankfurt bilden sollte.

Kaiser Karl IV. mit den Wappen des Reichs, des Königreichs Böhmen und seiner vier Gemahlinnen
Salbuch der Nürnberger Frauenkirche, 1442; Deckfarben/Pergament (R); Staatsarchiv Nürnberg (Reichsstadt Nürnberg, Salbücher 5)
Lit.: Kaiser Karl IV. 1978, Ausstellungsführer, S. 74, Nr. 68, S. 151, Nr. 171; Sturm 1978; Veldtrup 1988; Sagstetter 1999; Bobková 2004

Karl IV. war viermal verheiratet. Alle vier Eheverbindungen waren von politischem Kalkül bestimmt. Sie sollten zur Festigung und Erweiterung der luxemburgischen Hausmacht und zur Gewinnung von Bündnispartnern für die territorial- und reichspolitischen Ambitionen der Dynastie beitragen. Bei Karls Expansionsplänen, die auf die unmittelbar an das böhmische Königreich anschließenden Länder zielten, erwies sich seine Annäherung an die pfälzischen Wittelsbacher als besonders Gewinn bringend. Sie brachte ihm ausgedehnten Herrschaftsbesitz auf

2.24

dem ehemaligen bayerischen Nordgau, im Raum der später so genannten „Oberen Pfalz", und später die Mark Brandenburg mit einer zweiten Kurstimme ein.

1349, ein Jahr nach dem Tod seiner ersten Gemahlin Blanche de Valois, heiratete Karl Anna von der Pfalz, die einzige Tochter Pfalzgraf Rudolfs II. Der ursprüngliche Plan, sich über Anna Ansprüche auf Rudolfs Erbe zu sichern, schlug fehl, da diese noch vor ihrem Vater starb. Dafür aber wusste sich Karl die Finanznot der pfalzgräflichen Familie zunutze zu machen, die bei ihm hoch verschuldet war. Für seine Forderungen verkauften ihm Ruprecht I. und sein Neffe Ruprecht II. im Jahr 1353 folgende auf dem Nordgau gelegenen Städte, Märkte und Burgen: Neustadt, Störnstein, Hirschau, Lichtenstein, Sulzbach, Rosenberg, Hartenstein, Neidstein, Thurndorf, Hiltpoltstein, Hohenstein, Lichtenegg, Frankenberg, Lauf, Eschenbach, Hersbruck, Auerbach, Velden, Pegnitz und Plech. Ebenso gelang es Karl, die bislang verpfändeten Burgen Floß und Parkstein sowie die Feste Rothenberg als unmittelbares Eigentum an Böhmen zu ziehen.

Am Tag seiner Kaiserkrönung in Rom 1355 erklärte Karl alle bis dahin an ihn gelangten Güter westlich des Böhmerwaldes zum festen, unveräußerlichen Bestandteil der Krone Böhmen. Die darüber ausgefertigte Inkorporierungsurkunde deutet die Motive an: Aus den einzelnen Orten, Burgen und Herrschaften sollte ein luxemburgisches Territorium entstehen, das eine Landbrücke zu den Hausmachtgütern im Westen des Reichs schlug und es dem böhmischen König als dem ranghöchsten der vier weltlichen Kurfürsten ermöglichte, sicher und unbehelligt zur Wahl des römischen Königs nach Frankfurt und zu den Reichstagen nach Nürnberg zu reisen. Zugleich sollte es der Befriedung der Fernverkehrswege und der Förderung des böhmischen Ost-West-Handels dienen.

Die gezeigte Miniatur bietet – vermutlich nach einer älteren Vorlage, auf der auch andere ähnlich gestaltete Darstellungen beruhen – ein Idealbildnis des thronenden Kaisers mit Krone, Zepter und Reichsapfel, flankiert von zwei Wappenschilden mit dem Reichsadler – dargestellt als doppelköpfiger Adler, wie er erst seit 1433 gebräuchlich war – und dem doppelschwänzigen böhmischen Löwen, die Karls Kaiserwürde sowie seine Königsherrschaft symbolisieren. Zu seinen Füßen sind – ohne Beachtung der chronologischen Reihenfolge – die Wappen seiner vier Gemahlinnen abgebildet: Von heraldisch rechts nach links sind dies Blanche de Valois [1.], Elisabeth von Pommern [4.], Anna von Schweidnitz [3.] und Anna von der Pfalz [2.].   *M. R. S.*

„Nové Čechy" byly západním předpolím Království českého, jejich centrem byl Sulzbach (1355–1373), později Auerbach (1373–1400/01). Jako první provizorní rezidence sloužil hostinec „U Koruny" v Sulzbachu.

a) Karlova „Země v Bavorsku"

podle Schnelbögl, Fritz (ed.): Das „Böhmische Salbüchlein" Kaiser Karls IV, über die nördliche Oberpfalz 1366/68, München-Wien 1973 (Veröffentlichungen des Collegium Carolinum 27); mapa: Heinz Muggenthaler, Regen

b) Erbovní kámen na bývalém hostinci „U Koruny" s českým lvem

14. století; fotografie

c) Fenik z mincovny Auerbach

kolem 1390; A mezi dvěma růžemi, nahoře a dole kroužek; stříbro, 0,66 g, průměr 12 mm

2.25 „Neuböhmen" war ein westliches Vorland des Königreichs Böhmen mit den Hauptorten Sulzbach (1355–1373) und Auerbach (1373–1400/01). Bei seinen Aufenthalten in Sulzbach nahm Karl IV. Quartier im ehemaligen Gasthaus „Zur Krone".

a) Karls IV. „Land in Baiern"
nach Schnelbögl, Fritz (Hg.): Das „Böhmische Salbüchlein" Kaiser Karls IV. über die nördliche Oberpfalz 1366/68, München-Wien 1973 (Veröffentlichungen des Collegium Carolinum 27); Karte: Heinz Muggenthaler, Regen; Haus der Bayerischen Geschichte, Augsburg

b) Wappenstein am ehemaligen Gasthaus „Zur Krone" mit dem böhmischen Löwen
14. Jahrhundert; Fotografie, Wolfgang Steinbacher, Amberg 2006

c) Pfennig der Münzstätte Auerbach
um 1390; A zwischen zwei Rosen, oben und unten ein Ring; Silber, 0,66 g, Ø 12 mm; Staatliche Münzsammlung, München (acc. 88569)
Lit.: Sagstetter 1999; List 2007 [im Druck]

Für das Territorium, das unter Karl IV. vorübergehend ein auf dem bayerischen Nordgau gelegenes westliches Vorland des Königreichs Böhmen bildete, hat sich in der Literatur der erstmals im 18. Jahrhundert verwendete Begriff „Neuböhmen" eingebürgert. In den zeitgenössischen Quellen erscheint dieses Gebiet als „des Kaisers Land (oder Herrschaft) zu Bayern", „Land zu Sulzbach" oder – aus Prager Perspektive – „Bavaria trans silvam Boemicalem". Zur Zeit seiner größten Ausdehnung erstreckte es sich vom Böhmerwald (Tachau/Tachov, Bärnau) bis kurz vor die Tore der Reichsstadt Nürnberg (Erlenstegen) und trieb damit einen empfindlichen Keil in den Herrschafts- und Einflussbereich der wittelsbachischen Pfalzgrafen.

Von seiner Entstehung und Struktur her muss man sich dieses neuböhmische Territorium als ein Konglomerat von Einzelstützpunkten und unterschiedlich großen Herrschaftsbezirken vorstellen, die Karl IV. nach und nach auf friedlichem Weg durch Pfandschaft und Kauf von den Pfalzgrafen bei Rhein und dem landsässigen Adel erwerben oder durch Lehensauftragungen und Öffnungsverträge in seine Verfügungsgewalt bringen konnte. Auf diese Weise bildete sich ein Netzwerk aus Burgen, Städten, Märkten und Herrschaften, das er so lange zu erweitern und abzurunden suchte, bis sich seine hausmachtpolitischen Ambitionen auf neue Schwerpunkte konzentrierten.

Dem „neuböhmischen" Territorium war kein langer Bestand beschieden. Als sich die Zielrichtung der luxemburgischen Hausmachtpolitik auf die Mark Brandenburg und die damit verbundene Kurstimme verlagerte, konnten die Wittelsbacher einen erheblichen Teil der an Böhmen verlorenen oberpfälzischen Gebiete zurückerwerben: Im Vertrag von Fürstenwalde 1373 trat Markgraf Otto V. die

„Neuböhmen", 2. Hälfte 15. Jahrhundert

„Nové Čechy", 2.pol. 15. století

Frankenberg

Bärnau   Tachau

Hollenberg   Thurndorf   Tagmanns   Eschenbach   Neustadt   Störnstein   Schellenberg
Beheimstein   Pegnitz   Burggrub   Parkstein   Floß
Altenstadt
Auerbach   Weiden
Wilden-fels   Plech   Čechy/ Böhmen
Hiltpoltstein   König-   Kürmreuth   Vohenstrauß
Strahlenfels   Eibental   stein   Breitenstein   Kohlberg
Spies   Velden   Harten-   Luhe
Erlangen   Hohenstein   stein   Holnstein
Schnaittach   Hauseck   Gebenbach   Hirschau
Rothenberg   Werdenstein   Sulzbach
Reichenschwand   Hohenstadt   Neidstein
Lichtenstein   Rosenberg
Lauf   Hersbruck   Lichten-   Illschwang
Erlenstegen   Reicheneck   egg
Puchberg
Nürnberg   Gronatshof

Rasch

Bayern/Bavorsko

Naab

2.25 a

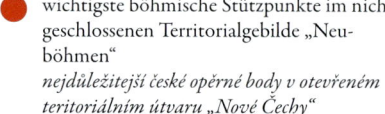 wichtigste böhmische Stützpunkte im nicht geschlossenen Territorialgebilde „Neu-böhmen"
nejdůležitejší české opěrné body v otevřeném teritoriálním útvaru „Nové Čechy"

Kurmark an Karl ab und erhielt im Gegenzug eine größere Geldentschädigung, wofür ihm der südliche Teil Neuböhmens mit dem Hauptort Sulzbach verpfändet wurde. Der nördliche Teil blieb vorerst bei Böhmen. Der Verwaltungssitz wurde von Sulzbach nach Auerbach verlegt, wo um 1390 eine Münzstätte eingerichtet wurde, die neben der seit 1373/74 bestehenden Münzstätte Erlangen Geld prägte. 1400/01 konnte Kurfürst Ruprecht III. als neuer König den Rest der ehemals böhmischen Besitzungen – von wenigen Ausnahmen wie etwa den Herrschaften Neustadt und Störnstein abgesehen – für die Pfalz zurückgewinnen. Als Relikt der böhmischen Episode in der Oberpfalz blieben bei zahlreichen Gütern, Orten und Sitzen die unter Karl IV. begründeten lehenherrlichen Rechte der Krone Böhmen bestehen; bis zum Preßburger Frieden von 1805 sollte die Frage der Landeshoheit über die so genannten „böhmischen Lehen" in der Oberpfalz wiederholt Gegenstand von Differenzen zwischen der Kurpfalz bzw. Kurbayern und der Krone Böhmen sein.

Die Karte veranschaulicht Umfang und Reichweite von Neuböhmen nach den Angaben im „Böhmischen Salbüchlein", das Karl IV. von 1366 bis 1368 als Grundlage für die Verwaltung und zur Sicherung seiner Rechte hatte aufzeichnen lassen. Das Urbar bietet wertvolle Informationen über den Güterbestand des Territoriums und daraus fließende Einkünfte, die Einteilung in Amtsbezirke, das Verwaltungspersonal, militärische Vorkehrungen zur Landesverteidigung und zum Schutz des Handelsverkehrs sowie über Warengüter, die auf ihrem Weg von Böhmen nach Nürnberg die Zoll- und Geleitstätten passierten. Die Karte zeigt, dass sich Karl IV. bei seiner Erwerbspolitik an der alten Handelsstraße von Prag und Pilsen über Tachau, Bärnau, Neustadt, Weiden, Hirschau, Sulzbach, Hersbruck und Lauf nach Nürnberg orientierte. Zur Wahrnehmung des Geleitschutzes wurde die Gesamtstrecke in fünf Abschnitte untergliedert, in denen jeweils ein anderer Pfleger für die Sicherheit der Kaufleute und sonstigen Reisenden vor räuberischen Überfällen zuständig sein sollte. Von Karl IV. zur Reichsstraße bestimmt, entwickelte sich die Route im System der „Goldenen Straße" zu einer der wichtigsten Ost-West-Verbindungen des Mittelalters.   *M. R. S.*

2.25

*Pečeť zemského soudu v Sulzbachu doklá-
dá jeho příslušnost ke Koruně české. Je zde
vyobrazen král, držící štít s dvouocasým
českým lvem.*

*Soudní listina zemského soudu v Sulz-
bachu*

vystavena zemským sudím Hermannem Erlbe-
ckem, 22. listopadu 1368, Lauf; originál, pergamen, 22 x 28; kulatá vosková pečeť (průměr 5,8),
dvojbarevná (miska žlutá, otisk zelený),
přivěšená, restaurovaná

2.26

*Postava sv. Václava s českým lvem na štítu
připomíná slavnou minulost Sulzbachu
jako centra „Nových Čech".*

Sv. Václav

Sulzbach-Rosenberg, 1490/1500; dřevo, většinou
barokní polychromie, r. 1963 přepracováno a
nově zlaceno, nové kopí, v. 96

2.26 Das Siegel des Landgerichts Sulzbach belegt dessen Zugehörigkeit zur
Krone Böhmens. Es zeigt den König, der den Schild mit dem doppelschwänzigen böhmischen Löwen hält.

Gerichtsbrief des Landgerichts Sulzbach

ausgestellt durch Landrichter Hermann Erlbeck, 22. November 1368, Lauf; Original, Pergament,
22 x 28; rundes Wachssiegel (Ø 5,8), zweifarbig (Siegelschüssel gelb, Abdruck grün), anhängend,
restauriert; Staatsarchiv Amberg (Kloster Kastl Urk. 183)
Druck: Monumenta Boica, Bd. 24, München 1821, S. 442 f.
Lit.: Schnelbögl 1973, bes. S. 28–35, 43 f. ; AK Kaiser Karl IV. 1978, S. 71 f., Nr. 64, 12 (m. Abb.);
Sagstetter 1999, bes. S. 67, 70–74

Karl IV. stattete sein Land zu Bayern mit einem eigenen territorialen Verwal-
tungs- und Gerichtssystem aus, das weitgehend an vorhandene Strukturen
anknüpfte. An der Spitze der Beamten, die sich seit 1355, dem Jahr der Inkor-
porierung, im Dienst der böhmischen Krone in der Oberpfalz nachweisen lassen, stand der Hauptmann. Ihm oblagen Befehlsgewalt und Oberaufsicht über
sämtliche westlich des Waldes gelegenen böhmischen Sitze und Ämter, die durch
Burggrafen und Pfleger verwaltet wurden. Dem Hauptmann zur Seite gestellt
waren ein Landrichter für die Rechtsprechung sowie ein Landschreiber für die
Finanzverwaltung. Die Kandidaten für das Amt des Hauptmanns wählte Karl
aus dem vornehmsten böhmischen Adel, während die übrigen Beamten und die
auf den Burgen stationierten Burgmannen zumeist aus einheimischen Familien
stammten.

Hauptort und Verwaltungszentrale des neuböhmischen Territoriums war die
Stadt Sulzbach, der Karl IV. eine intensive und vielfältige Förderung zuteil werden
ließ. Hier hatte auch das Landgericht Sulzbach seinen Sitz, dessen Zuständigkeit
sich auf sämtliche böhmischen Besitzungen westlich des Waldes erstreckte. Außer
in Sulzbach tagte das Gericht auch in Lauf und in Auerbach. Das Landgerichts-
siegel zeigt den König als obersten Richter des Landgerichts, im Herrscherornat
mit böhmischer Königskrone (Wenzelskrone) unter einem gotischen Baldachin
auf dem Richterstuhl sitzend; in der rechten Hand hält er das Gerichtsschwert,
in der linken den Schild mit dem böhmischen Löwen. Als Umschrift ist zu lesen:
+ S[IGILLUM] · IVDICII · PROVINCIALIS · TRANS · SILVAM · REGNI ·
BOHEMIE. Ein Abdruck des Siegels hat sich beispielsweise an einem Gerichts-
brief erhalten, den der Landrichter Hermann Erlbeck („Herman Irelbeck") 1368
für das Kloster Kastl ausfertigen ließ. Er beurkundete damit das Urteil des Landgerichts, mit dem das Kloster auf seine Klage hin „in nutz vnd gewer" (Besitz und
Nutzungsrecht) am Zehnten aus der Öde „Ernsperch" eingesetzt wurde. Auch
nach der Verlegung des Landgerichtssitzes von Sulzbach nach Auerbach – infolge
des Vertrags von Fürstenwalde 1373 – war das Siegel dort noch bis 1400 im Gebrauch.   *M. R. S.*

2.27 Die Wenzel-Figur mit dem böhmischen Löwen auf dem Schild erinnert
an die große Zeit Sulzbachs als Hauptort Neuböhmens.

Hl. Wenzel

Sulzbach-Rosenberg, 1490/1500; Holz mit größtenteils barocker Farbfassung, um 1963 über-
arbeitet und neu vergoldet, der Speer neu, H. 96; Stadt Sulzbach-Rosenberg
Lit.: Kunstdenkmäler 1910, Bd. XIX, S. 98, 103; Hartmann 1999; Sagstetter 1999; Fuchs 1999;
Laschinger 1999; Vogl 2006

Die qualitätvolle Skulptur wurde fälschlich als hl. Georg interpretiert, denn sie
entspricht einem verbreiteten spätgotischen Typus, der den gewappneten Ritter-
heiligen ohne Helm als tänzerisch grazile Gestalt vorführt. Entscheidend für die
Deutung als hl. Wenzel ist jedoch das Wappentier auf dem Schild, ein steigender
Löwe mit Krone und gedrehtem Doppelschweif. Der historische Hintergrund
des „böhmischen Löwen", der auch im heutigen Staatswappen Tschechiens enthalten ist, liegt im Dunkeln. Angeblich soll der zweite Löwenschwanz von Kaiser

Otto IV. im frühen 13. Jahrhundert dem Königreich Böhmen verliehen worden sein. In der Zeit Kaiser Karls IV. tritt der böhmische Löwe im Verbund mit dem Reichsadler auf.

Die Sulzbacher Wenzel-Figur erklärt sich aus der besonders privilegierten Stellung dieser Stadt im Machtgefüge Karls IV. Im Jahr 1355 wurde Sulzbach Hauptstadt „Neuböhmens", das eine Landbrücke an der „Goldenen Straße" zwischen Prag und Nürnberg bildete. 1366 folgte die kaiserliche Neustiftung eines Armenspitals in Sulzbach unter dem Patronat des hl. Wenzel. Karl IV., der nach dem böhmischen National-heiligen ursprünglich Wenzel hieß, hatte eigenhändig eine Wenzel-Legende verfasst und auch seinen Erstge-borenen so genannt. Auf Betreiben des Kaisers übten von 1365 an die Prager Erzbischöfe ein päpstliches Le-gationsrecht über das Bistum Regensburg und somit auch über Neuböhmen aus. 1381 führte eine Prager Synode die Wenzel-Verehrung für die ganze Oberpfalz verbindlich ein. An der Sulzbacher Stadtkirche kam um 1390 am Außenchor eine Statue von König Wen-zel, dem Amtsnachfolger des Kaisers, zur Aufstellung.

Aus der Wenzel-Statue in der Spitalkirche spricht ein deutlicher Nachhall dieser großen Zeit Sulzbachs. Der gewundene Perlbandhaarreif gehörte vorzugswei-se zum modischen Kopfputz hochgestellter Frauen. Dies fügt sich zu der alles andere als herrischen Ge-samterscheinung dieses Ritters, dessen verträumter, zart-sentimentaler Gesichtstypus an die Kunst Til-man Riemenschneiders erinnert. Eine bezeugte große Renovierung mit Neuweihe der Spitalkirche im Jahr 1490 könnte den Anstoß für die Schaffung dieses ein-drucksvollen spätgotischen Bildwerks gegeben haben.

F. F.

2.27

*V roce 1354 věnoval český král Karel IV.
neustadtským měšťanům les. Na znamení
převedení vlastnictví jim předal svou
rukavici.*

Levá rukavice

asi polovina 14. století; kůže (kozí?), 27 x 17,5,
vystavená za sklem v dřevěné skříňce, 37,5 x 27,5,
s popisem (tisk, 19. století)

2.28 Im Jahr 1354 schenkte der böhmische König Karl IV. den Bürgern von Neustadt einen Wald. Als Zeichen dieser Übereignung übergab er seinen Handschuh.

Linker Fingerhandschuh

Wohl Mitte 14. Jahrhundert; Leder (Ziege?), 27 x 17,5, eingerichtet hinter Glas in einen Holzkasten, 37,5 x 27,5, mit Beschriftung (Druck, 19. Jahrhundert); Stadtmuseum Neustadt a. d. Waldnaab

Lit.: Schwineköper 1981, bes. S. 72–87; Volkert 1959; AK Kaiser Karl IV. 1978, S. 153, 156; Ascherl 1979, bes. S. 68 f.; Ascherl 1982, bes. S. 27, 463, 765–769

Im Jahr 1354 überließ Karl IV. als König von Böhmen („von vnsern kuniglichen gnaden") den Bürgern der Stadt Neustadt, die er ein Jahr zuvor durch Kauf von Kurfürst Ruprecht I. von der Pfalz erworben hatte, zehn Huben Holz von seinen Wäldern, davon fünf bei Floß und weitere fünf bei Parkstein, wobei er ihnen erlaubte, die betreffenden Waldstücke selbst auszusuchen. Die Schenkung sollte dem besonderen Nutzen und der Förderung der Stadt dienen. Die fünf Huben bei Floß bildeten den Grundstock für den städtischen Wald am Bibersberg (nahe Silberhütte und Altglashütte), den die Stadt 1828 gegen näher gelegene Waldflächen tauschte, die fünf Huben bei Parkstein für den „Neustädter Bürgerwald". Letzterer existiert noch heute als Korporationswald, aus dem einer Reihe von Bürgern Nutzungsrechte zustehen und den sie gemeinsam verwalten und pflegen.

Zugleich erteilte der königliche Stadtherr den Bürgern zur Sicherung ihres Handwerks vor auswärtiger Konkurrenz das Privileg, dass im Umkreis von einer Meile um Neustadt niemand malzen, brauen, schenken, Lederwerk wirken, backen oder schmieden durfte, und bestätigte ihnen allgemein ihre hergebrachten Rechte und Freiheiten. Zur Bekräftigung des Schenkungs- und Privilegierungsaktes ließ Karl den Bürgern am Freitag nach dem St. Jakobstag (1. August) zu Sulzbach eine Urkunde ausfertigen, die sich im Original erhalten hat und im Stadtarchiv Neustadt verwahrt wird (Urkunde 4). Außerdem soll er der lokalen Überlieferung zufolge den Bürgern seinen Handschuh zurückgelassen haben. Noch heute wird im Stadtmuseum Neustadt ein Lederhandschuh aufbewahrt, den die Beschriftung als Relikt des Kaisers ausweist: „Handschuh Karl IV., deutschen Kaisers, römischen Königs und Königs von Böhmen, der Stadt Neustadt a. d. W. N. als Unterpfand gegeben 1354 bei Verleihung der Bürgerwaldungen". Von einer Handschuhreichung ist in der Urkunde zwar keine Rede, sie kann jedoch als nicht unwahrscheinlich gelten: Tatsächlich sind aus dem Spätmittelalter Fälle von Liegenschaftsübereignungen bekannt, bei denen der Handschuh als Rechtszeichen Verwendung fand, das die menschliche Hand vertrat und damit die Gewalt über das zu tradierende Objekt versinnbildlichte. Mit dem symbolischen Akt der Handschuhübergabe sollte die Auflassung oder der Verzicht des bisherigen Eigentümers zum Ausdruck gebracht werden.

Anders als bei den meisten neuböhmischen Besitzungen, die die Wittelsbacher bis zu Beginn des 15. Jahrhunderts zurückgewinnen konnten – wenn auch vielfach unter Anerkennung der böhmischen Lehenshoheit –, blieben die Herrschaften Störnstein und Neustadt als Krongut zunächst weiterhin unter unmittelbarer böhmischer Herrschaft. Seit 1396 jedoch wurden sie an verschiedene Adelsfamilien verpfändet, zuletzt 1562 an die Herren von Lobkowitz, die beide Komplexe schließlich 1575 käuflich erwarben und miteinander vereinigten. 1641 wurde die Herrschaft Neustadt-Störnstein zur gefürsteten Grafschaft mit reichsunmittelbarem Status erhoben und damit der den Lobkowitz bereits 1624 verliehene Reichsfürstentitel mit dem wirklichen Reichsfürstenstand verbunden. Neustadt erlangte den Rang einer Residenzstadt: Die Lobkowitz nahmen ihren Wohnsitz zunächst im Alten Schloss, errichteten dann aber 1698 bis 1715 das Neue Schloss.

M. R. S.

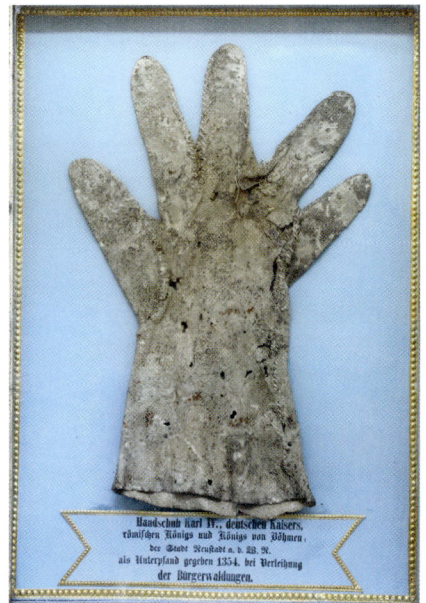

2.28

2.29 Kaiser Karl IV. regelte mit der Goldenen Bulle die Wahl des deutschen Königs. Zugleich wurde unter anderem bestimmt, dass der erste Reichstag in Nürnberg stattzufinden habe und die Nachkommen der Kurfürsten tschechisch lernen sollten.

Die Goldene Bulle

Nürnberg, 10. Januar 1356, und Metz, 25. Dezember 1356; lat. Pergamentlibell, 26 Bll., 23,5 x 17,6, in rotem Kopert mit zwei Lederschnüren, Bl. 2–27 unten am Bund durchlöchert, Bl. 22 Rest einer ca. 5 cm langen gelb-schwarzen Siegelschnur, Majestätssiegel, Ø 10,2, mit rotem Rücksiegel, 4,5, beiliegend; Staatsarchiv Nürnberg (Reichsstadt Nürnberg, Urkunden, Nr. 938)
Druck: Fritz, Wolfgang D. (Bearb.): Die Goldene Bulle Kaiser Karls IV. vom Jahre 1356, Weimar 1972 (Monumenta Germaniae Historica, Fontes iuris Germanici antiqui in usum scholarum XI)
Lit.: AK Norenberc 2000, S. 58f.; Hergemöller 1983; Liermann 1956

Die Goldene Bulle ist die wohl bedeutendste Verfassungsurkunde der deutschen Geschichte. Namengebend (und erstmals für 1400 bezeugt) ist die Art der Besiegelung, zwei dünne Goldbleche über einem Wachskern. Der Kaiser selbst, der Pfalzgraf bei Rhein und die drei Erzbischöfe ließen sich Exemplare mit einer repräsentativen goldenen Besiegelung ausstellen. Für Frankfurt wurde 1366 ein mit einer goldenen Bulle versehenes Exemplar gefertigt, Aachen verzichtete auf ein solches. Nürnberg erhielt 1366–1378 eine Ausfertigung, doch beließ man es bei der preiswerteren Ausführung mit Wachssiegel.

Die Bulla aurea, die in 31 Kapiteln die Wahl des deutschen Königs regelte, galt bis zum Ende des Reichs mit der Niederlegung der Krone durch Franz II. im August 1806, also für 450 Jahre. Sie wurde auf einem Reichstag in Nürnberg (25. November 1355 bis 10. Januar 1356) und auf einem Reichstag in Metz (17. November bis 25. Dezember 1356) von Karl mit den persönlich anwesenden Kurfürsten verhandelt und von ihm erlassen. In dem in Metz hinzugefügten Kapitel XXIX ist jener Passus zu finden, nach dem die Wahl des Königs in Frankfurt, die Krönung in Aachen und der erste Reichstag in Nürnberg (et in „opido Nurenberg prima sua regalis curia haberetur") abgehalten werden sollten – jedenfalls so lange kein „impedimentum legitimum", kein von Rechts wegen zu beachtendes Hindernis, entgegensteht. Pflegte Karl, wie nicht zuletzt die Stiftung der Frauenkirche zeigt, besondere Beziehungen zu Nürnberg, das als zweite Residenz neben Prag gelten kann, so haben sich seine Nachfolger keineswegs immer nach dieser Bestimmung gerichtet. Infolge der Hinwendung der Stadt zur Reformation 1525 fanden die letzten Reichstage hier dann 1542 und 1543 statt.

Karl erreichte mit der Goldenen Bulle aber keinen Ausbau der städtischen Gerechtsame gegenüber den Fürsten, um sich ihrer im Rahmen seiner Herrschaftsausübung fest zu versichern. Nicht nur für die Reichsstädte, auch für den Herrscher wird heute das Ergebnis der Goldenen Bulle eher negativ beurteilt, denn eine Stärkung der Zentralverwaltung sowie die Sicherung seines Herrschaftssystems waren nicht gelungen. Vielmehr wurden in den folgenden Jahrhunderten die Kurfürsten, als deren vornehmster der König von Böhmen galt, zu den eigentlichen Trägern der Reichsidee, bis diese dann in den Stürmen der napoleonischen Zeit unterging.

G. R.

Zlatá bula císaře Karla IV. stanovila nové regule pro volbu německého krále. Určovala mimo jiné, že se první říšský sněm bude konat v Norimberku a že se potomci kurfiřtů mají učit česky.

Zlatá bula Karla IV.

Norimberk, 10. ledna 1356, a Mety, 25. prosince 1356; lat. pergamenový libellus, 26 listů, 23,5 x 17,6, v červené vazbě se dvěma koženými šňůrkami, listy 2-27 dole perforovány, list 22 zbytek cca pěticentimetrové žlutočerné pečetní šňůrky, majestátní pečeť, průměr 10,2, červené kontrasigillum, 4,5, přiloženo

2.29

Dveře s erby dokládají úzké vazby Norimberka ke Koruně české ve 14./15. století.

Dveřní křídlo s routovou armaturou, s německým královským orlem, českým lvem a norimberským městským znakem
Norimberk, kol. r. 1400; jedlové dřevo, železný plech, 157 x 116 x 25

2.30 Die Tür mit Wappendarstellungen bekundet die engen Beziehungen Nürnbergs zur böhmischen Krone im 14./15. Jahrhundert.

Türblatt mit Rautenarmatur mit deutschem Königsadler, böhmischem Löwen und Nürnberger Stadtwappen

Nürnberg, um 1400; Tannenholz, Eisenblech, 157 x 116 x 25; Germanisches Nationalmuseum, Nürnberg (A 150)
Lit.: Essenwein 1868, S. 12; Kammel 1998; AK Ornament and Figure 2000, Kat.-Nr. 14; Kammel 2006

Das aus Tannenholzbohlen gefügte, segmentbogenförmige Türblatt trägt eine Armatur aus rautenförmigen Metallapplikationen, die von diagonal gekreuzten und mittels Rosettenkopfnägeln befestigten Eisenbändern gehalten werden. Die reliefierten Rhomben bilden den deutschen Königsadler, den böhmischen Löwen und das Kleine Nürnberger Stadtwappen, den so genannten „Adler am Spalt", ab. Art und Form der metallischen Zier sind, wiewohl nicht allein in Nürnberg anzutreffen, typisch für die im Mittelalter hinsichtlich Leistungskraft, Innovationsfreude und Präzision ihrer Metall verarbeitenden Gewerke unübertroffene deutsche Stadt. Zugleich sind sie Zeugnis der meisterlichen Beherrschung einer aus der Goldschmiedekunst entlehnten Technologie, die als Gesenktreiben bekannt ist.

Ursprünglicher Installationsort der Tür war vermutlich ein öffentliches Gebäude in Nürnberg. Ähnliche, aber auch andere Wappenzusammenstellungen aufweisende Objekte sind noch heute in dortigen Kirchen anzutreffen bzw. für Rathaus und Burg verbürgt. Offenbar bestand die Funktion der Armatur in der Markierung hoheitlicher Zonen und im repräsentativen Verschluss der Aufbewahrung kostbarer Güter dienender sowie politischen und juristischen Verwaltungsaufgaben vorbehaltener Räume. Eine Anzahl weiterer Exemplare in verschiedenen europäischen Museen gibt eine Ahnung vom Umfang der entsprechenden Produktion im späten 14. und gesamten 15. Jahrhundert. Noch in situ befindliche Stücke, etwa in der Pfarrkirche St. Veit zu Iphofen bei Würzburg, der Stadtpfarrkirche von Steyr an der Donau oder der ehemaligen Stiftskirche Maria Saal bei Klagenfurt, mit analoger Wappenkonstellation verweisen darauf, dass sie auch als diplomatische Geschenke Nürnbergs an politische Verbündete und wirtschaftliche Partner dienten. Mit der Kombination der heraldischen Zeichen stellte sich die Stadtrepublik nicht nur ausdrücklich als freie, allein dem Kaiser verpflichtete Reichsstadt dar, sondern bekundete auch ihre enge Beziehung zur böhmischen Krone, die unter Karl IV. zur Mehrung von Privilegien sowie enormem ökonomischen Machzuwachs geführt und die ihr aufgrund der von Sigismund für ewige Zeiten verfügten Übertragung der Reichskleinodien eine herausragende politische Stellung im Reich eingetragen hatte.   *F. M. K.*

2.30

2.31 Die Prager Parler-Werkstatt dürfte den Schöpfer des Schönen Brunnens in Nürnberg wesentlich geprägt haben. Geleitet wurden die Arbeiten vom „Parlier" Heinrich Behaim.

a) Der Kurfürst von Trier
So genannter Heldenmeister, Nürnberg, 1385–1392; Regensburger Schilfsandstein, zahlreiche Beschädigungen, große Teile der Mantelschürze abgewittert, ursprünglich polychromiert, 122 x 36 x 25; Germanisches Nationalmuseum, Nürnberg (Pl.O. 259/Depositum der Stadt Nürnberg)

b) Der Schöne Brunnen auf dem Hauptmarkt in Nürnberg
Andreas Herneysen (1568–1610), 1587; Pinselzeichnung/Papier (R); Germanisches Nationalmuseum, Nürnberg (S. P. 8817)
Lit.: Bergau 1871; Stafski 1965, Kat.-Nr. 63; Herkomer 1976; Bräutigam 1982; AK Die Parler und der Schöne Stil 1978, Bd. 1, S. 367–369

Die Figur vom Schönen Brunnen an der Nordwestecke des Nürnberger Hauptmarkts stellt den Fürstbischof von Trier dar, einen der sieben Kurfürsten des Deutschen Reichs. Der Schöne Brunnen, jenes symbolträchtige Monument, das heute durch eine in den Jahren 1897 bis 1902 errichtete Kopie ersetzt ist, entstand zwischen 1385 und 1392. Es gehört zu den ältesten Architektur und Skulptur verbindenden Platzdenkmälern Europas und repräsentiert eine Meisterleistung süddeutscher Skulptur des 14. Jahrhunderts. Die auf achteckigem Grundriss errichtete Anlage besteht aus einem hohen Wasserkasten und einer auf acht Pfeilern daraus emporwachsenden überschlanken Pyramide, die vierfach gestuft ist. Ursprünglich war das filigrane Maßwerkgebilde in drei Rängen von vierzig auf figürlichen Konsolen platzierten Skulpturen unterschiedlicher Größe geziert. Über der Allianz aus heidnischen Philosophen, die gleichzeitig die sieben Freien Künste personifizierten, Kirchenvätern und Evangelisten erhoben sich die Propheten des Alten Testaments. Im obersten und Hauptgeschoss fand man die neun guten Helden im Verein mit den sieben Kurfürsten.

Der in eine Rüstung aus geschnürtem Lendner sowie eisernen Arm- und Beinschienen gekleidete Kurfürst von Trier gibt sich allein an der Mitra als Geistlicher zu erkennen. Ein langer, von einem Fürspan zusammengehaltener Mantel ist schürzenartig vor den Unterleib gezogen und betont somit die meisterliche Höhlung des Steinblocks sowie die haptische Herausarbeitung von Brustpartie und Beinen. Der Kopf der Gestalt besticht hinsichtlich Plastizität und Wirklichkeitsnähe der Modellierung und stammt vom führenden Bildhauer des hier tätigen Ateliers. Nachweislich wurden die Arbeiten von einem „Parlier" Heinrich Behaim geleitet und koordiniert, der zwischen 1363 und 1403 in Nürnberg belegbar ist. Vermutlich war er ein architektonisch geschulter Fachmann. Unter den zahlreichen Steinmetzen und Bildhauern, die er dirigierte, treten zwei stilistische Handschriften deutlich hervor. Mangels überlieferter Künstlerdaten wurden sie, ausgehend von den beiden bedeutendsten Figurengruppen, auf die Notnamen „Prophetenmeister" und „Heldenmeister" getauft. Während ersterer der stilgeschichtlich ältere ist, erweist sich der zweite als Kenner damals hochmoderner Auffassungen plastischen Gestaltens. Neben Raum schaffender Durchbildung des Figurenblocks sind Psychologisierung der Gesichter sowie Stilisierung von Frisuren und Körpern typische artifizielle Errungenschaften jener Zeit. Wiewohl seine Handschrift Eigenständigkeit und keine direkte Abhängigkeit von der Prager Parler-Plastik aufweist, ist zu vermuten, dass dieser Bildhauer die in ihrer Zeit höchst innovative Skulptur am Prager Veitsdom kannte und dass sie seinen Erfahrungsschatz wesentlich prägte.

Die gotische Turmpyramide, deren Bezeichnung „schön" im Sinne der Entstehungszeit soviel wie herrlich oder prächtig meint, muss auf die Zeitgenossen wie eine riesige Goldschmiedearbeit gewirkt haben.

Pražská parléřovská huť výrazně ovlivnila tvůrce Krásné kašny. Stavební práce v Norimberku vedl polír Heinrich Behaim.

a) Trevírský kurfiřt
z Krásné kašny na norimberském Hlavním náměstí (Hauptmarkt); tzv. Heldenmeister, Norimberk, 1385-1392; řezenský pískovec, četná poškození, velké části pláště poškozeny erozí, původně polychromováno, 122 x 36 x 25

b) Krásná kašna na Hlavním náměstí v Norimberku 1587
Andreas Herneysen (1568–1610); kresba štětcem na papír (R)

2.31

2.31 a

Die farbige Pinselzeichnung, die der Nürnberger Maler Andreas Herneysen (1538–1610) im Jahr 1587 anfertigte, gibt eine Ahnung von der ursprünglichen farblichen Erscheinung des Monuments und seiner Figuren. Das Blatt war im Zuge einer Renovierung entstanden und enthält daher exakte Angaben zur Neufassung der figürlichen und architektonischen Teile der Anlage. Daraus ist zu ersehen, dass das Bildwerk des Trierer Erzbischofs eine silberne Rüstung unter einem vergoldeten Mantel aufwies.

Neben dem Trierer hatten die Erzbischöfe von Köln und von Mainz, der König von Böhmen, der Pfalzgraf bei Rhein, der Herzog von Sachsen und der Markgraf von Brandenburg das Recht der deutschen Königswahl inne. Sie galten daher als Autoritäten der Macht und Garanten für den Bestand des Heiligen Römischen Reichs. Gemeinsam mit den neun aus dem heidnischen, jüdischen und christlichen Altertum kommenden Helden – Hektor, Alexander und Julius Cäsar, Josua, David und Judas Makkabäus, Artus, Karl der Große und Gottfried von Bouillon – manifestierten ihre Bilder Weisheit und Gerechtigkeit der gottbegnadeten Herrschaft. So bildet das über dem Achteck, dem Sinnbild der Ewigkeit, und den weisen Autoren aller Zeitalter emporsteigende markante Gebilde ein Denkmal des guten Regiments. Es ist eine grandiose in Stein gehauene Huldigung an Kaiser Karl IV., den die Stadt Nürnberg als großen Gönner verehrte.

F. M. K.

Tato socha jihoněmecké provenience se řadí k typu „krásné madony" z Plzně, která byla vytvořena kolem roku 1395.

Krásná madona
Horní Švábsko nebo Allgäu, kol.r. 1420/30?; lipové dřevo, polychromie, 123 x 47 x 31

2.32

2.32 Die aus Süddeutschland stammende Skulptur folgt dem Typus der „Schönen Madonna" von Pilsen, die um 1395 geschaffen wurde.

Schöne Madonna
Oberschwaben oder Allgäu, um 1420/30? Lindenholz, gefasst, 123 x 47 x 31, Landesmuseum Württemberg, Stuttgart (1976–237)
Lit.: AK Die Parler 1978, S. 337; Hawel 1984; Schmidt 2006, S. 541

Um 1400 ist in der europäischen Kunst eine Vereinheitlichung des Kunststils zu erkennen. Diese Entwicklung war Ergebnis des vielseitigen künstlerischen Austauschs, der in dieser Zeit im europäischen Raum stattfand. Als Hauptstadt des deutschen Kaiserreichs spielte Prag in der Ausbildung des „internationalen Stils" eine wichtige Rolle. Charakteristisch für die Kunstproduktion dieser Zeit war eine neue Anmut der Kunstwerke, die sich in der figürlichen Kunst besonders durch runde, weich fließende Faltenwürfe äußerte.

Eine der großen Werkgruppen der „internationalen Gotik" sind die „Schönen Madonnen". Der Begriff bezeichnet in dieser Zeit auftretende Figuren der Madonna mit dem nackten Jesuskind. Die Muttergottes kann dabei in stehender oder sitzender Position verharren, während sie das Jesuskind auf ihrem linken Arm hält. Kennzeichnend für diesen Madonnentypus ist der in sich gekehrte Gesichtsausdruck von Mutter und Sohn. Ein weiteres Merkmal ist der ausladende Mantel, der in breiten Falten zu Boden fällt und den tektonischen Aufbau der Figur gänzlich verdeckt. Dieser zwischen 1380 und 1420 entstehende Madonnentypus findet sich in Böhmen, Österreich, am Mittelrhein und im gesamten süddeutschen Raum.

Interessanterweise können beim stilistischen Vergleich oftmals böhmische Vorbilder nachgewiesen werden. Die Gruppe der so genannten „böhmischen" Madonnen ist vor allem gekennzeichnet durch die Krone mit Kopfschleier sowie das Apfelmotiv. Auffallend ist außerdem, dass die Beziehung zwischen Mutter und Kind nicht durch Blickkontakt bestimmt ist. Die in diesem Zusammenhang erfolgende Ausstrahlung Böhmens in den süddeutschen – also auch bayerischen –

Raum lässt sich exemplarisch am Beispiel der hier gezeigten Madonnenstatue nachvollziehen. Die aus dem Allgäuer oder oberschwäbischen Raum stammende Figur folgt – trotz regionaler Prägung in Details – dem böhmischen Madonnentyp, wobei die um 1395 geschaffene Muttergottesfigur von Pilsen als Vorbild gedient haben dürfte.   *C. S.*

2.33 Die unter dem Einfluss des „weichen Stils" stehenden Miniaturen dieser Handschrift aus dem Kloster Metten zählen zu den schönsten Beispielen für Kunstwerke dieser Art aus dem Bayern des frühen 14. Jahrhunderts. Der Maler kam vermutlich aus Böhmen.

Handschrift mit Ordensregel und Vita des hl. Benedikt
Kloster Metten, 1414; Pinsel- und Federzeichnung sowie Deckfarben/Pergament, 33 x 25; Bayerische Staatsbibliothek München (clm 8201d)
Lit.: Suckale 1982; Koreny 2005

„Bayerns schönste Miniaturen dieser Zeit" (Robert Suckale) finden sich in zwei Handschriften, die aus dem Kloster Metten in die Bayerische Staatsbibliothek gelangt sind. Es handelt sich zum einen um einen großformatigen Band, der unter anderem einen Text des Hrabanus Maurus und eine Armenbibel mit kleinformatigen gezeichneten Ereignisdarstellungen enthält, zum anderen um den hier gezeigten kleineren Band, in dem die Ordensregel und das Leben des hl. Benedikt in Text und Bild vorgestellt werden. Nach dem Widmungsgedicht am Ende der Handschrift ist diese 1414, in der Zeit des von 1389 bis 1429 regierenden Abts Peter, geschaffen worden. Auf dem Widmungsblatt ist der Abt – in der Mitte, gekennzeichnet durch den Abtstab – mit allen namentlich bezeichneten Mönchen seines kleinen Konvents unterhalb der Figur des sitzenden Ordensgründers Benedikt dargestellt. In der oberen Bildhälfte ist Papst Gregor der Große unter einer Arkade zu sehen, der die Vita des hl. Benedikt schreibt. Vor ihm kniet Petrus Diakonus, sein Gesprächspartner, dahinter stehen vier Äbte als Gewährsmänner seines Berichts.

Die beiden Handschriften wurden mit einer Reihe von gezeichneten und farbig ausgeführten Miniaturen ausgestaltet. Diese erscheinen als Schöpfungen einer einheitlichen Stilistik, die sich nach Feinheitsgraden unterscheiden lässt als die Arbeit eines Meisters und seines Gehilfen. Dieser Maler war offensichtlich zur Herstellung der beiden grundlegenden Prachthandschriften von auswärts nach Metten geholt worden. Nach den Stilmerkmalen kamen sie aus Böhmen oder einer böhmisch geschulten Werkstatt, wie es diese auch in Salzburg oder Nürnberg gegeben haben kann. Die thematisch wichtigsten Bilder und die jeweils am Beginn eines neuen Abschnitts stehenden sind von der gewandteren Hand, der des vermutlichen Meisters, geschaffen. Das teure Farbmaterial wie Gold und Lapislazuli ist beschränkt auf die vorderen Miniaturen; danach sind billigere Ersatzstoffe wie Gelb und der Blauton Smalte verwendet bzw. sind die Bildszenen nicht mehr farbig ausgeführt. Auch die Wahl des Pergaments zeigt in den ersten

Miniatury rukopisu z kláštera Metten, v nichž je patrný vliv „měkkého stylu", patří k nejkrásnějším příkladům uměleckých děl tohoto druhu z Bavorska raného 14. století. Jejich tvůrce pravděpodobně pocházel z Čech.

Rukopis s řádovými pravidly a životem sv. Benedikta
Kláster Metten, 1414; kresba štětcem a perem a krycí barvy/pergamen, 33 x 25

2.33

Handelswege im späten Mittelalter zwischen Bayern und Böhmen
Obchodní cesty v pozdním středověku mezi Bavorskem a Čechami

Üstí nad Labem/ Aussig

Cheby/Eger

Čechy/Böhmen

Praha/Prag

Marktredwitz
Waldsassen
Tirschenreuth
Planá/Plan
Bamberg
Erbendorf
Štribro/Mies
Plzeň/Pilsen
Pressath
Tachov/Tauchau
Rokycany/Rokitzan
Forchheim
Auerbach
Welden i.d. OPf.
Přimda/Pfraumberg
Kladruby/Kladrau
Starý Plzenec/ Altplisenetz
Příbram
Waidhaus
Běla nad Radbuzou/ Weißensulz
Nürnberg
Hirschau
Schnaittenbach
Vohenstrauß
Stankov/Stankau
Blatná/ Blatna
Lauf
Wernberg-Köblitz
Schönsee
Horšovský Týn/ Bischofteinitz
Sulzbach
Pfreimd
Tiefenbach
Klatovy/Klattau
Písek/ Pisek
Hersbruck
Amberg
Nabburg
Domažlice/Taus
Strakonice/ Strakonitz
Schwarzenfeld
Waldmünchen
Nýrsko/Neuern
Vodňany/ Wodnan
Neunburg vorm Wald
Furth i. Wald
Hartmanice/ Hartmanitz
Sušice/ Schüttenhofen
Bayern/Bavorsko
Bruck i.d. OPf.
Cham
Kašperské Hory/ Bergreichenstein
Roding
Kötzting
Vimperk/ Winterberg
České Budějovice/ Budweis
Viechtach
Zwiesel
Volary/ Wallern
Regensburg
Regen
St. Oswald
Bogen
Schönberg
Grafenau
Freyung
Straubing
Deggendorf
Hengersberg
Waldkirchen
Landau a.d. Isar
Vilshofen
Passau

Donau / Dunaj
Isar
Inn

2.34

Lagen sehr gute, in den letzten Lagen grobe Qualität. Es wirkt so, als ob nach dem ersten Teil der Arbeit Farbvorrat und Geld erschöpft gewesen wären.

Nicht nur die Prägung durch den „schönen" oder „weichen Stil" der schwingenden Umrisslinien steht unter böhmischem Einfluss, sondern es finden sich gerade auch bei den neutestamentlichen Bildszenen des ersten Bandes viele aus Böhmen stammende Kompositionselemente. Robert Suckale sah auch in der Farbgebung und Ornamentierung der Miniaturen wie in der Ausführung der Initialen und in der Gestaltung des Rahmenwerks Anleihen bei böhmischen Vorbildern.

C. G.

Na rozdíl od dnešních přímých dopravních spojnic tvořily obchodní trasy ve středověku rozvětvené systémy cest. Franky, Bavorsko a Čechy tak byly propojeny celou sítí obchodních komunikací. Města ležící na těchto trasách zažívala dobu rozkvětu.

Soustavy tras Zlaté cesty, Řezenské cesty a Zlaté stezky

Mapa; nápad a koncepce: Ulrich List, Mnichov; grafika: Heinz Muggenthaler, Regenů

2.34 Anders als die linearen Verkehrsverbindungen heute bestanden die Handelsrouten des Mittelalters aus vielfältigen Wegesystemen. So waren Franken, Bayern und Böhmen mit einem ganzen Netz von Handelsstraßen verbunden. Am Weg liegende Ortschaften blühten auf.

Wegesysteme der Goldenen Straße, der Regensburger Straße und des Goldenen Steigs

Karte; Konzeption: Ulrich List, München; Grafik: Heinz Muggenthaler, Regen
Lit.: Kubů/Zavřel 2001; Květ/Manske 2005, S. 139–147; List 2006

Bereits seit frühgeschichtlicher Zeit bestanden bedeutende Kommunikations- und Tauschhandelswege zwischen dem Donauraum und dem böhmischen Becken. Dabei wurden zu Beginn der Verkehrsentwicklung vor allem die Flüsse als Verkehrswege genutzt, die bereits im Neolithikum als Handelswege für Feuersteine nachweisbar sind. In der frühen Neuzeit verlagerte sich der Verkehr immer stärker auf Wege und Steige, die zunächst noch oft an den bäuerlich geprägten Ortschaften vorbei verliefen. Erst der rege Handelsverkehr des späten Mittelalters machte es nötig, die Fernstraßen durch Orte hindurch zu leiten, um die Last- und

Zugtiere sowie auch die Fuhrleute versorgen zu können. Viele Ortschaften blühten durch diesen Fernhandel auf, wobei nicht nur die Handwerker und Gastwirte profitierten, sondern auch die Orte selbst durch das Recht auf die Erhebung eines Pflasterzolls oder ein Marktrecht Einnahmen erzielen konnten.

Obgleich die Mittelgebirgsschwelle des Oberpfälzer und Bayerischen Waldes sowie des Böhmischen Walds/Český les und des Bömerwalds/Šumava ein Hindernis für den Verkehr darstellte, wurde dieses Gebirge von einem differenzierten System sich verzweigender Routen überquert, die sich untereinander berührten und große Bedeutung erlangten.

Bei einer starken Generalisierung der nachweisbaren Trassen lassen sich dennoch drei Hauptstränge des Verkehrs herausarbeiten:

– Durch die herausragende Bedeutung des Handelszentrums Regensburg wurde noch bis ins frühe 12. Jahrhundert der aufkommende Verkehr zwischen Böhmen und dem Rhein-Main-Gebiet sowie dem süddeutschen und auch dem italienischen Raum über die Stadt an der Donau und dann hauptsächlich über die Cham-Further Senke und eventuell über das Gebiet um Waldmünchen nach Böhmen und dort vor allem nach Prag geleitet.

– Mit dem schnellen Aufstieg der erst um 1040 gegründeten Stadt Nürnberg verlagerte sich ein Großteil des Verkehrs auf die weiter nördlich verlaufenden Trassen der heute als „Goldene Straße" bekannten Verbindung durch die nördliche Oberpfalz. Diese Straßen, auf denen vor allem Waffen, Tuche und Gebrauchsgüter in das weltliche und geistige Zentrum Prag transportiert wurden, erlangten ihre Blütezeit in der Regierungszeit Karls IV.

– In der Regierungszeit dieses böhmischen Königs und deutschen Kaisers wurde auch das bereits seit dem 11. Jahrhundert urkundlich erwähnte System der so genannten „Goldenen Steige" ausgebaut. Auf diesen, durch das Gelände bedingt, oft steilen Trassen, die im Gegensatz zu den Routen der „Goldenen Straße" nur als Saumtierwege ausgebaut waren, wurde vor allem Salz von Passau aus ins böhmische Becken transportiert.   *U. L.*

2.35 Die Steinerne Brücke von Regensburg wurde im 12. Jahrhundert errichtet und galt als bautechnisches Wunderwerk. An diesem Donau-Übergang bündelten sich viele Wege aus Böhmen, der Oberpfalz und Franken nach Süden.

Die Steinerne Brücke als Verbindung zwischen Böhmen und Italien
Holzschnitt „Elsula alpina" aus Conrad Celtis: Quatuor libri Amorum; Meister der Celtis-Illustrationen; Nürnberg, 1502 (R); Bayerische Staatsbibliothek, München (Rar. 446)
Quelle: Konrad Celtis: Quatuor libri Amorum secundum quatuor latera Germania, Norimberga 1502; Andreas Raselius: Regensburg. Ein Stadtrundgang im Jahre 1599, hg. von Peter Wolf, Regensburg 1999
Lit.: AK Amor als Topograph 2002; Dünninger 1996; Micus 2006

Nach der Überlieferung wurde die Steinerne Brücke von Regensburg in den Jahren von 1135 bis 1146 erbaut. In dieser Zeit befand sich die wirtschaftliche Macht der Donaustadt auf ihrem Höhepunkt; Regensburg galt als führende Handelsstadt Mitteleuropas. Zugleich erlangte die Bürgerschaft immer größere politische Freiheitsrechte, die schließlich zum Status als Freistadt führten. Der Bau der Donaubrücke bündelte viele von Norden kommende Verkehrswege und führte sie direkt in die Stadt. Damit verstärkte sich deren Funktion als Handelsdrehscheibe: Waren und Güter aus Böhmen und dem Norden gelangten nach Regensburg, um von hiesigen Kaufleuten weiter in Richtung Italien verhandelt zu werden. Zugleich gehörte der Wasserweg der Donau zu den wichtigsten europäischen Handelsrouten in West-Ost-Richtung.

Das gewaltige Brückenbauwerk galt als wichtigstes Gebäude der Stadt und wurde noch von späteren Generationen als „wunderwerck teusches landes" bezeichnet (so der Regensburger Stadtchronist Andreas Raselius im Jahr 1599). Ihre Stabilität und Zuverlässigkeit machte sie in ganz Mitteleuropa berühmt.

Kamenný most v Řezně byl postaven ve 12. století a byl pokládán za architektonický zázrak. Na tomto místě přechodu přes Dunaj se spojovaly mnohé cesty vedoucí z Čech, Horní Falce a Frank na jih.

Kamenný most jako spojnice mezi Čechami a Itálií

Dřevořez „Elsula alpina" z Conrad Celtis: Quatuor libri Amorum; Meister der Celtis-Illustrationen; Norimberk, 1502 (R)

ⵕELSVLA ALPINA
Nota nouenarium nouem
Musis Dedicatum

Germaniæ Latus
Meridionale
ᴦRatispona

2.35

Auch Conrad Celtis (1459–1508), Humanist und vielleicht der bedeutendste neulateinische Dichter in Deutschland, nahm das Bauwerk als Abbildung in sein Hauptwerk auf, die „Quattuor libri amorum". Diese Bücher enthalten nicht nur in klassischem Latein gehaltene Liebeselegien, sondern auch geografische Beschreibungen deutscher Regionen und Städte. Im Zentrum des Holzschnitts zum südlichen Teil Deutschlands erkennt man die Metropole Regensburg am Strom der Donau („Danubius"). Dominiert wird die Stadt von der Steinernen Brücke mit ihren charakteristischen drei Türmen. Über die Brücke laufen die Wege von Böhmen (Bohemiae Pars) über Land und über den Fluss Regen (Regus) und führen weiter in die Alpen, vorbei an Trient in Richtung Italien. Direkt über der Stadtvedute ist der Dichter selbst abgebildet, und zwar als Lautinist mit der angebeteten „Elsula" in einem Garten, der das südliche, jugendliche Deutschland symbolisiert. Im unteren Teil des Blatts erkennt man das Fichtelgebirge (Pinifer mons), von dem die Flüsse Eger (Egra), Saale (Sala), Main (Menus) und Naab (Nabus) ausgehen.
P. W.

Lev z řezenského Kamenného mostu byl odznakem moci štaufských králů a císařů. Nacházel se na vnitřní straně hrazení, takže ho mohli spatřit všichni kolemjdoucí, kteří prošli severní městskou branou.

Skulptura lva z Kamenného mostu v Řezně
Řezno, 2. pol. 12. století; pískovec, 50 x 80 x 65

2.36 Der Löwe von der Regensburger Steinernen Brücke war ein Herrschaftszeichen der staufischen Könige und Kaiser. Er befand sich an der inneren Brüstung. So konnten ihn alle Passanten sehen, die das nördliche Stadttor durchschritten.

Löwenskulptur von der Steinernen Brücke in Regensburg
Regensburg, 2. Hälfte 12. Jahrhundert; Sandstein, 50 x 80 x 65; Museen der Stadt Regensburg
(K 1956/97)
Lit.: Angerer 1995, Nr. 6.5, S. 59f.; Paulus 1987; Paulus 1996

Als Meisterwerk der mittelalterlichen Ingenieurskunst war die Regensburger Steinerne Brücke das Vorbild für die Prager Judithbrücke, die unmittelbare Vorgängerin der heutigen Karlsbrücke. Aber anders als bei der Karlsbrücke mit ihren barocken Heiligenfiguren ist die mittelalterliche skulpturale Ausstattung der Regensburger Brücke heute zu großen Teilen verloren. Ursprünglich existierten auch hier viele Bildwerke. Sie dienten jedoch weniger der Zierde als der Dokumentation von Rechten und Privilegien der Reichsstadt Regensburg. Zu diesen Skulpturen zählt auch der Brückenlöwe, der aus stilistischen Gründen wohl in die staufische Zeit zu datieren ist und damit kurz nach der Erbauung der Brücke entstanden sein dürfte. Man bringt ihn mit Kaiser Konrad III. in Verbindung, der die Vollendung der Brücke 1142 bis 1145 unterstützte.

Der Löwe befand sich ursprünglich an der Innenseite der westlichen Brüstung der Brücke, unmittelbar südlich des (heute nicht mehr vorhandenen) Mittelturms beim zwölften Pfeiler. Somit war er dem vorüberziehenden Volk gleich nach Durchschreiten des Brücktores, dem wichtigsten Stadttor von Regensburg, zugewandt. In nachmittelalterlicher Zeit wurde er durch ein Zollhäuschen verdeckt. 1826 setzte man ihn an die Außenseite des Bogens.

2.36

Als SS-Sondereinheiten am 23. April 1945 den Brückenbogen sprengten, um den Donauübergang der amerikanischen Truppen zu erschweren, stürzte der Brückenlöwe in den Fluss. Erst bei einer Ausbaggerung in der Nachkriegszeit wurde er wieder aufgefunden.   *P. W.*

2.37 Die bedeutendste Salzstraße nach Böhmen war der „Goldene Steig". Dieser Sammelname umfasst verschiedene Saumwege, die von Passau aus nach Prachatitz, Winterberg und Bergreichenstein führten.

Votivbild mit Darstellung eines Säumerzugs

Bayerischer Wald/St. Oswald, 1685; Holz, Öl/Leinwand, 26 x 30; Stadtmuseum Ingolstadt
(1434 alt / 2276 neu)
Lit.: AK Salz Macht Geschichte 1995, Kat.-Nr. RO 33, S. 239 f.; Brix 1988, S. 641 f.; Wörterbuch von Jacob und Wilhelm Grimm 1984, Sp. 1908f.; Lexikon der christlichen Ikonographie 1976; Kubů/Zavřel 2001; Loibl 1995; Praxl 1995; Praxl 1983

Nejvýznamnější solnou cestou vedoucí do Čech byla „Zlatá stezka". Pod tímto názvem se skrývá celý systém soumarských stezek, které vedly z Pasova do Prachatic, do Vimperka a do Kašperských Hor.

Votivní obraz s vyobrazením průvodu soumarů

Bayerischer Wald/St. Oswald, 1685; dřevo, olej/ plátno, 26 x 30

Das Votivbild stammt wohl aus der Kirche von St. Oswald (Landkreis Grafenau), einem ehemals bedeutenderen Wallfahrtsort. Im Jahr 1396 hatte Landgraf Johann d. Ä. von Leuchtenberg auf dem Weg von Hals an der Donau über Tittling und Grafenau das Kloster St. Oswald begründet. Diese Strecke sollte dem passauischen Salzhandel über den Goldenen Steig Konkurrenz machen. Ab 1581 war St. Oswald der Benediktinerabtei Niederaltaich inkorporiert, die auch die Wallfahrt weiter betreute. Der im 14. Jahrhundert in ganz Süddeutschland und Österreich populäre Heilige St. Oswald – bisweilen auch zu den Vierzehn Nothelfern gezählt – war vor allem Schnitter-, Vieh- und Wetterpatron und daher auch ein wichtiger Heiliger für den Saumtransport.

Ob die Route nun über die Pfade des Goldenen Steigs (vgl. Kat.-Nr. 2.34) oder über Konkurrenzpfade führten: sicher war, dass schwieriges Gelände gequert werden musste. Die engen Wege über den Grenzwald konnten, zumindest in den höheren Waldlagen, nicht mit Fahrzeugen befahren werden. So war man auf den Warentransport mit Kraxenträgern oder Tragtieren angewiesen, den Saumtransport. Der Begriff „Saum" leitet sich nach dem Deutschen Wörterbuch der Brüder Grimm wohl vom griechischen Wort für „Packsattel" ab. Die Grundbedeutung des deutschen Wortes ist „Last, Ladung eines Saumtiers", diente aber auch als Maßangabe: eben soviel ein Saumtier tragen kann. Das war bei einem Saumross ungefähr das Gewicht von 3 Zentnern.

Die Säumer, die aus Sicherheitsgründen meist „Säumerzüge" bildeten, führten ihre Rosse auf den engen Steigen des Hochwalds hintereinander. Üblicherweise war die Ladung mit Stricken auf hölzernen Traggestellen befestigt. Auf diesem Votivbild, einer der seltenen Darstellungen des Saumtransports im Bayerischen Wald, sind die Tiere mit Säcken bepackt. Die Tagesetappen betrugen – je nach Gelände und Jahreszeit – zwischen 25 und 30 Kilometern.

2.37

Aus dem Geflecht von Saumpfaden und Nebenwegen kann man drei Hauptrouten isolieren: Der Untere Goldene Steig, zugleich die älteste Verbindung, seit Anfang des 11. Jahrhunderts belegt, führte von Passau über Wallern/Volary nach Prachatitz/Prachatice. Der Mittlere Goldene Steig bildete die Verbindung nach Winterberg/Vimperk und der Obere diejenige zum Goldbergbauzentrum Bergreichenstein/Kašperské Hory (vgl. Kat.-Nr. 2.45) und von dort weiter in Richtung Schüttenhofen/Sušice. In Bayern hat Paul Praxl wichtige Forschungen zum Goldenen Steig durchgeführt, während seit den 1990er-Jahren die Geländespuren der Steige auf tschechischer Seite vom Archäologenteam Petr Zavřel und František Kubů systematisch erforscht werden. *P. W.*

V přenosném archivu diplomata ve službách Kurfiřtství falckého Johanna Marii Warschütze se našel i latinsko-německo-český slovníček. Pomůcky tohoto druhu usnadňovaly obchodování a politiku překračující jazykové hranice.

a) Mobilní registratura pro kurýrní cesty diplomata Johanna Marii Warschütze
16. století; plátěné vaky na dopisy, impregnované řepkovým olejem, cca 41 x 38

b) Slovníček s latinskými, německými a českými seznamy slov
Plzeň: Jan Pekk, 1. polovina 16. století; cca 14 x 10

2.38 Im transportierbaren Archiv des in kurpfälzischen Diensten stehenden Diplomaten Johann Maria Warschütz fand sich auch ein lateinisch-deutsch-tschechisches Wörterbüchlein. Solche Hilfsmittel erleichterten Handel und Politik über die Sprachgrenzen hinweg.

a) Mobile Registratur für Botenreisen des Diplomaten Johann Maria Warschütz
16. Jahrhundert; Leinenbriefsäcke, mit Rapsöl getränkt, ca. 41 x 38

b) Wörterbüchlein mit lateinischen, deutschen und tschechischen Wörterlisten
Pilsen: Jan Pekk, 1. Hälfte 16. Jahrhundert; ca. 14 x 10; St. Katharinenspitalstiftung Regensburg (24, 25)
Lit.: Bohatcová 1994

So unscheinbar das Wörterbüchlein auf den ersten Blick erscheinen mag, so sehr entpuppt es sich bei näherer Betrachtung als Kleinod innerhalb der Glossarforschung. Glossare (gr. γλωσσα = Zunge, Sprache, fremdartiges Wort) waren eine Art Vokabelhefte des Mittelalters und leisteten ihren Besitzern, aus dem Bürgertum wie auch aus Herrscherhäusern, wertvolle Dienste beim Fernhandel oder auf Reisen. Im vorliegenden Fall trug es Johann Maria Warschütz, der Geheimsekretär des Pfalzgrafen und späteren Kurfürsten Friedrich II. von der Pfalz, auf seinen zahlreichen diplomatischen Reisen durch ganz Europa mit sich. Nach seinem Tod 1533 im St. Katharinenspital in Regensburg fand sein Nachlass dort Aufbewahrung: sechs handgewebte und mit Rapsöl getränkte Leinenbriefsäcke

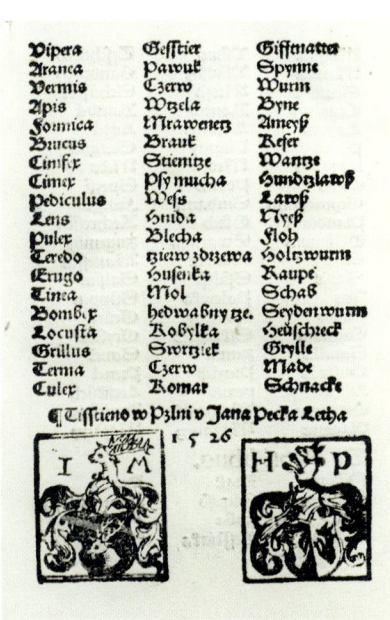

2.38 b

2.38

mitsamt seiner tragbaren Registratur und den wichtigsten Dokumenten darin, darunter auch ein kleines Konversationslexikon und dieses Wörterbüchlein, die beide der Werkstatt des Pilsener Druckers Jan Pekk entstammen. Das Wörterbuch zeigt auf der Vorderseite eine Darstellung des hl. Wenzel und führt unter dem Titel „velmi užitečná knížka mladen" („Kleines Nutzbüchlein für die Jugend") lateinisch-tschechisch-deutsche Begriffsgruppen auf wie beispielsweise ventus – vitr – windt. Gegliedert sind diese durch Überschriften wie „De aere" („Über die Luft") oder „De terra, metallis et lapidibus" („Über die Erde, Metalle und Steine"). Lange blieb ihre wahre Aussagekraft unentdeckt, doch aus kultur- und sprachhistorischer Sicht können aus solch vermeintlich einfachen Wörterlisten aufschlussreiche Details gewonnen werden. Das Warschütz-Glossar reiht sich ein in eine lange Tradition von Trilingualen, also dreisprachigen Wörterbüchern, und gewährt Einblick in die Mehrsprachigkeit im damaligen Europa.   *I. K.*

2.39 Reisende Händler konnten die Sprachbarriere zwischen Deutsch und Tschechisch mithilfe von Wörterbüchern überwinden. Beispielsätze halfen bei der Bewältigung alltäglicher Situationen.

Reise-Polyglott deutsch-tschechisch für Handelsherren – Textzitate aus einer Flugschrift
Pilsen: Jan Pekk, 1627; Original: Regensburg, St. Katharinenspitalstiftung, Regensburg

Der Titel einer typischen Flugschrift zur Sprachlehre lautet „Kratke a gruntowní nauczeni obogi řeči mluwiti Cžesky y niemecky", also etwa: „Kurze und gründliche Unterweisung beider Sprachen, um tschechisch und deutsch sprechen zu können". Darin sind unter anderem folgende Redewendungen enthalten:

Begrüßung, Neuigkeiten und Abschied

Buoh day wassi milosti dobre gitro   Gott gebe ewer liebe eyn guten morgen

Yake slyssiš nowiny   Was hort man newe zeytung

Ja slyssim že Cyésarz gest w Norberce   Ich hore das der Keyser ist zu Nurmbergk

Orloy gijz deset udeřil/gdeme odsud   Der zeyger hat zehene geschlagen, gehen wir von dannen

Obchodní cestující překonávali jazykovou bariéru mezi němčinou a češtinou za pomoci slovníků. Příkladové věty jim pomáhaly zvládat každodenní situace.

Cestovní německo-český slovník pro obchodníky – citáty z textu letáku
Plzeň: Jan Pekk, 1627; originál: Řezno, St. Katharinenspitalstiftung

Geschäftliches

Ya tobie nepuogčim	Ich leyh dir nicht
Jak mnoho máte poslawouw/sukna černeho	wie viel habt ihr tucher schwartz gewandt
Koliko palikuow dáte/mi za sto zlateych	Wie viel ballen gebt ihr mir umb hundert gulden
Kde se peniez nedostáwa/tu milost konetz miewa	Wo der phenig wendt/do hat die lieb ein end

In Küche und Gaststube

Mila kuchařko warz rychle	Liebe kochyn kocht rysch
Račte piti mily pane Jene	Gerucht zu trincken lieber herr Hans
Pawle day koniom giesti	Pawl gib den pferden tzessen
Ya puogdu na piwo a Barbora na wino	Ich wil gehen zum byr und barbara zum weyn
Ya sem stratil swuoy klobuk a kuchařka jeho střewi	Ich habe verloren mein hut und die kochin ire schwe

P. W.

Cínař a podnikatel Zikmund Wann z Wunsiedelu přesídlil roku 1446 do říšského města Chebu. Zde využíval práva svobodného obchodu říšského města a jeho výhodnou polohu na křižovatce obchodních komunikací.

Zikmund Wann, donátor chrámu sv. Mikuláše v Chebu a zakladatel špitálu ve Wunsiedelu
Cheb, přelom 15. a 16. století; olej a tempera/dřevo

..40

2.40 Der Blechverzinner und Handelsherr Siegmund Wann aus Wunsiedel zog 1446 in die Reichsstadt Eger. Hier nutzte er die Freihandelsprivilegien der Reichsstadt und deren gute Verkehrsanbindungen für seine Geschäfte.

Siegmund Wann, Donator der Kirche St. Nikolaus in Eger und Begründer des Spitals in Wunsiedel
Eger, 15./16. Jahrhundert; Öl und Tempera/Holz; Krajské muzeum Cheb (O 476)
Lit.: Laschinger 2001; Plitek 1998; Schmidtchen 1997, bes. S. 366f.

Das Verzinnen von Eisenblechen ist zu den wichtigen technischen Innovationen des späten Mittelalters zu rechnen. Als ein Zentrum der Blechschmiedekunst jener Zeit galt die Oberpfalz, wo Eisenbleche von großer Reinheit erzeugt wurden. Um die rasche Korrosion zu verhindern, wurde im oberdeutschen Raum ein Verfahren entwickelt, die Bleche mit einer dünnen Schicht von Zinn zu überziehen. Dieses Weißblech gehörte zu den besonders begehrten Produkten jener Zeit. Beckenschläger, Helm- und Haubenschmiede, Plattner und nicht zuletzt Hersteller von Tür- und Dachbeschlägen benötigen dieses witterungsbeständige Halbprodukt.

Das notwendige Zinn wurde im späten Mittelalter vor allem in den Bergbaurevieren des sächsischen und böhmischen Erzgebirges, des Kaiserwalds (bei Karlsbad/Karlovy Vary) und des Fichtelgebirges gewonnen. So stammten die ersten bekannten Weißblecherzeugnisse auch aus Wunsiedel und Weißenburg im Fichtelgebirge. Bald entstanden aber auch Zinnpfannen in Nürnberg und in Amberg. Da die Rohstoffkomponenten Eisenerz und Zinn zusammengeführt werden mussten, kam es zu frühen „Joint-Ventures" von Nürnberger Kapital, Oberpfälzer Eisenerzherstellern und böhmischen Zinnerzgruben.

Einer der innovativsten Köpfe in dieser Branche war der Blechverzinner und Handelsherr Siegmund Wann. Geboren zwischen 1392 und 1395 in Wunsiedel, übernahm der Sohn eines Blechverzinners um 1430 den väterlichen Betrieb. Im Jahr 1446 verlegte er seinen Wohn- und Geschäftssitz nach Eger/Cheb. Dabei spielten vermutlich die Freihandelsprivilegien der Reichsstadt Eger ebenso eine Rolle wie ihre verkehrsgünstige Lage und die Nähe der Zinnerzgruben des Kaiserwalds. 1469 starb Wann in Eger.

Wohlhabende Handelsherren des Spätmittelalters sorgten für ihr Seelenheil häufig durch reiche Stiftungen. Auch Siegmund Wann stiftete vier Messpfründen und spendete Geldbeträge an Kirchen in Eger, Nürnberg, Waldsassen und Wunsiedel. 1451 legte er in Eger 8000 Gulden als ewiges Stiftungskapital zur Finanzierung eines Bruderhauses und einer Kapelle in Wunsiedel an. Das heutige Fichtelgebirgsmuseum in Wunsiedel befindet sich in den Räumen des früheren Siegmund-Wann-Spitals und auch in Eger erinnerten reiche Stiftungen an ihn. Das Porträt zeigt den im Gebet zum Gekreuzigten aufblickenden Stifter vor dem Marienaltar der Spitalkirche. Das Gemälde befand sich über seinem Grab in der St.-Niklas-Kirche in Eger. *P. W.*

2.41 Die wirtschaftliche Verbindung der Reichsstadt Nürnberg mit Böhmen wurde besonders durch die Unternehmerfamilie der Stromer gefördert. Peter Stromer entwickelte in den „böhmischen" Wäldern bei Nürnberg erstmals die Technik der Nadelwaldsaat und sicherte damit die Versorgung mit nachwachsenden Rohstoffen.

Peter Stromer (gest. 1388)
Anonym, Nürnberg um 1500; Öl/Holz, 35 x 22; Stromer'sche Kulturgut-, Denkmal- und Naturstiftung, Grünsberg bei Nürnberg (17/13)
Lit.: AK Heiliges Römisches Reich Deutscher Nation 2006, Kat.-Nr. V.72, S. 473f.; Küster 1998, S. 129–131; Schenk 1969; von Stromer 1990, Püchel; von Stromer 1990, Handelshaus; von Stromer 1978

Hospodářské spojení mezi říšským městem Norimberkem a Čechami podporoval zejména podnikatelský rod Stromerů. Peter Stromer vyvinul v „českých lesích" v okolí Norimberka techniku zalesňování jehličnany ze semene a zajistil tak zásobování dorůstajícími surovinami.

Peter Stromer (zem. 1388)
anonym, Norimberk kol. r. 1500; olej/dřevo, 35 x 22

Die Nürnberger Kaufherren-, Unternehmer- und Patrizierfamilie der Stromer oder Stromeier brachte viele ideenreiche und für die Geschichte des Handels sowie der Technik entscheidende Persönlichkeiten hervor. Untrennbar verbunden mit dem Namen Stromer ist die Einrichtung der ersten deutschen Papiermühle in Nürnberg im Jahr 1390 durch Ulman Stromer. Dessen „Püchel von mein geslecht und von abentewr" ist zugleich eines der wenigen erhaltenen schriftlichen Selbstzeugnisse eines Unternehmers in jenem Zeitalter. Die Stromer kombinierten mit kaufmännischem Handeln immer auch politische Einflussnahme. Schließlich war Nürnberg in der zweiten Hälfte des 14. Jahrhunderts das unbestrittene oberdeutsche Handelszentrum mit guten Verbindungen nach Böhmen und damit auch zu Kaiser Karl IV. Ohne engste Kontakte mit Kaiser und Reich hätten die Stromer ihre Nürnberger Familienfirma niemals zum europäischen Handelshaus ausbauen können. Umgekehrt ergriff Karl IV. mehrere handelspolitische Initiativen, die die Wirtschaft Böhmens gezielt stärken sollten. Für ihre Unterstützung erhielten auch die Stromer wertvolle Privilegien. Außerdem waren sie durch ihr Engagement im Oberpfälzer Montanrevier, besonders im Bereich von Sulzbach, unmittelbar mit dem „neuböhmischen" Herrschaftsbereich Karls IV. verbunden.

Enge Beziehungen zur Kanzlei der Luxemburger unterhielt auch Peter Stromer. Er gehörte als Obersthauptmann Nürnbergs zur politischen Spitze der Stadt. Nicht viel weniger wirkungsmächtig als die Papiermühle seines Bruders Ulman war Peters Entwicklung der Nadelwaldsaat (1368). Damit gelang es ihm, die bis heute für das Nürnberger Umland so typischen Kiefernwälder gezielt aufzuforsten – angesichts der zentralen Rolle des Rohstoffs Holz in vorindustriellen Zeiten eine geradezu revolutionäre Erneuerung. Die Versuche dazu fanden in Wäldern statt, die Karl IV. einem seiner Parteigänger übertragen hatte, mithin also in „böhmischen" Wäldern vor den Toren Nürnbergs.

Peter Stromer erscheint auf diesem postumen Porträt in kostbarer Kleidung, geschmückt mit den Insignien mehrerer Ritterorden. Man erkennt eine Halskette in Form eines Weidenflechtzauns (Orden zur Hecke). Eine Hand trägt eine Kugel, auf der St. Georg mit dem Drachen abgebildet ist. Außerdem sieht man das Taukreuz eines Antoniusordens. *P. W.*

2.41

Mezi pražskou a řezenskou židovskou obcí existovaly bohaté vazby. Tato listina potvrzuje přijetí pražského Žida za člena řezenské obce.

Listina Židovské obce v Řezně s voskovou pečetí obce

Řezno, 8. června 1356; originál: pergamen, vosková pečeť (R)

2.42 Die jüdischen Gemeinden von Prag und Regensburg waren vielfältig miteinander verbunden. Diese Urkunde bestätigt die Aufnahme eines Prager Juden in die Regensburger Gemeinde.

Urkunde der Regensburger Judengemeinde mit Wachssiegel der Gemeinde
Regensburg, 8. Juni 1356; Original, Pergament, Wachssiegel (R); Bayerisches Hauptstaatsarchiv München (Reichsstadt Regensburg Urkunden U 1078)
Lit.: AK Gelehrtes Regensburg 1995, Kat.-Nr. 3.9, S. 112; Angerer 1995, Kat.-Nr. 15.3, S. 131; Codreanu-Windauer/Wanderwitz 2000; Schmid 1980; Schott 1995

Die Regensburger Judengemeinde gehörte bis zu ihrer gewaltsamen Vernichtung im Jahr 1519 zu den ältesten und bedeutendsten jüdischen Ansiedlungen Mitteleuropas. Sie entwickelte sich parallel zum wirtschaftlichen Aufstieg des Handelszentrums Regensburg zu großer Blüte. Stand sie zunächst unter dem Schutz von König und Herzog, übernahm bald die Stadt selbst diese Aufgabe. Der Rat legte großen Wert auf die Ungestörtheit dieser auch wirtschaftlich wichtigen Bevölkerungsgruppe, sodass die im 14. Jahrhundert andernorts häufigen Judenverfolgungen hier nicht stattfanden. Die Juden besaßen in Regensburg sogar das so genannte „mindere Bürgerrecht". In der jüdischen Siedlung mit ihren 500 bis 600 Einwohnern gab es eine Synagoge, eine berühmte Talmudschule und ein Hospital. Immer wieder finden sich Hinweise auf die enge Verbindung der Regensburger jüdischen Gemeinde mit Prag. Die früheste Nachricht über eine Finanztransaktion berichtet etwa von einem Darlehen in der ungewöhnlichen Höhe von 500 Mark Silber. Es ging von der Regensburger jüdischen Gemeinde im Jahr 1107 an den Bischof von Prag, damit dieser wiederum Herzog Svatopluk von Böhmen bei Kaiser Heinrich IV. auslösen konnte. Auch das berühmte Ottokarkreuz (vgl. Kat.-Nr. 76alt) kam über den Kontakt der beiden jüdischen Gemeinden von Prag nach Regensburg. Der Grundrissplan der bis heute erhaltenen Prager „Altneu-Synagoge" ist mit dem Vorbild der 1519 zerstörten Regensburger gotischen Synagoge verbunden.

Die gezeigte Urkunde berichtet von einem ganz konkreten persönlichen Wechsel zwischen beiden Städten. Sie bestätigt dem Juden Aaron aus Prag die Aufnahme in die Regensburger Gemeinde auf die Dauer zweier Jahre. Die entscheidende Passage lautet: „Allen den[en] die disen brief an sehent oder hörent lesen [tun wir kund]: Daz wir mit caimem [geheimen] Rat und mit gutem willen, und mit unser heren, der Purger willen … [vereinbart] haben mit Araon [!] den Juden von Prag mit seiner Hausfrawen Racheln und mit allen ihren Erben … Daz si bey uns hie schullen [sollen] wonen." Das anhängende Wachssiegel der jüdischen Gemeinde zeigt einen Halbmond und einen fünfzackigen Stern. Die Umschrift in hebräischer und lateinischer Sprache bedeutet „Siegel der Gemeinde Regensburg".

P. W.

2.43 Der Münzschatz wurde in politisch gefährlichen Zeiten im Keller eines jüdischen Wohnhauses in Regensburg vergraben. Er unterstreicht den Anteil jüdischer Kaufleute am Handel zwischen Donauraum und Südosteuropa – und auch die stete Gefährdung gerade jüdischen Besitzes.

Goldmünzen aus einem im späten Mittelalter vergrabenen Münzschatz
Münzen: 14. Jahrhundert (vor 1388), aus Ungarn und Böhmen; Fundort: Regensburg, 1996; Museen der Stadt Regensburg
Lit: AK Bavaria, Germania, Europa 2000, Kat.-Nr. 12.13, S. 231; Codreanu-Windauer/Wanderwitz 2000; AK Goldschatz vom Neupfarrplatz 1997; Schott 1995

Bei Ausgrabungen im ehemaligen Regensburger Judenviertel stieß man im Jahr 1996 auf einen Hortfund von 624 Goldgulden in drei Gefäßen. Zeitlich wird dieser Fund dem Krisenjahr 1388 zugerechnet, als im Städtekrieg Regensburg belagert wurde. Möglicherweise hat man den Münzschatz auch versteckt, um eine in jenen Jahren festzustellende enorme Besteuerung gerade der Juden zu vermeiden. Die Münzen waren in einem teilweise aus dem 11./frühen 12. Jahrhundert stammenden, schwer zugänglichen Kellerraum vergraben.

Der Großteil der Münzen entfällt auf ungarische Goldgulden, zahlenmäßig folgen venezianische und auch 26 böhmische Goldmünzen aus der Zeit König Wenzels IV. mit dem Münzbild des hl. Wenzel. Die Zusammensetzung des Schatzes lässt Rückschlüsse auf den Geldumlauf in einer der wichtigsten oberdeutschen Handelsstädte der Zeit zu. Die Prägung von Goldmünzen war damals die Antwort auf die hohe Nachfrage nach Bargeld, denn nur mit Silbermünzen, auch den seit 1300 zur Verfügung stehenden Prager Groschen, konnte der Bedarf des Großhandels an hochwertigen Münznominalen nicht befriedigt werden. Zur Zeit des Münzfundes scheinen die ungarischen Goldgulden für den Handel des Donauraums mit Südosteuropa marktbeherrschend gewesen zu sein, während die Prägungen aus den westlichen Teilen des Reichs hier noch keine so große Rolle spielten.

Der Münzfund stellte einen für die damalige Zeit enormen Wert dar, wie er nur beim Fernhandel verdient werden konnte. Als Vergleichsgröße lässt sich der Reingewinn der Niederlassung der Regensburger Großhandelskaufleute Runtinger (vgl. Kat.-Nr. 2.44) in Prag in den Jahren 1383/84 heranziehen, der etwa 2000 Goldgulden betrug. Im Jahr 1390 kostete ein Haus im Regensburger Geschäftszentrum (Untere Bachgasse) umgerech-

Tento mincovní poklad byl v politicky vypjaté a nebezpečné době zakopán ve sklepě židovského obytného domu v Řezně. Zdůrazňuje podíl židovských kupců na obchodu mezi dunajským prostorem a jihovýchodní Evropou – a zároveň také neustálé ohrožení, v němž byl právě židovský majetek.

Zlaté mince z pozdně středověkého mincovního pokladu
Mince: 14. století (před r. 1388), z Uher a Čech; naleziště: Řezno, 1996

2.4?

net 277 Gulden. Die erhebliche Summe von 624 Goldgulden zeigt, dass die jüdische Gemeinschaft an der Donau nicht nur geistig mit ihrer Talmudschule, sondern auch ökonomisch in Blüte stand. Gerd Stumpf vermutet, dass der Besitzer wohl ein Geldverleiher war – in der zweiten Hälfte des 14. Jahrhunderts hatte man die Juden weitgehend aus dem aktiven Handel verdrängt, war aber auf ihre Kreditmittel, gegen Zins oder Pfand, angewiesen. Sollte dieser Geldverleiher am wirtschaftlichen Leben maßgeblich beteiligt gewesen sein – wofür allein das Vorhandensein von Goldgulden spricht –, so muss er noch deutlich größere Kapitalien besessen haben. Andererseits demonstriert dieser Hortfund auch die immer existente Gefährdung des jüdischen Besitzes – denn sonst wäre der Münzschatz wohl nicht im Keller des Anwesens verblieben.   *P. W.*

Nejvýznamnějšími středověkými centry obchodu mezi Bavorskem a Čechami byla města Praha, Plzeň, Norimberk a Řezno. Z Čech se vyvážely především kovy, také v podobě zlatých a stříbrných mincí, přírodní produkty; dovážela se sůl, luxusní zboží a látky.

Zboží středověké obchodní výměny mezi Bavorskem a Čechami

Inscenace

2.44 Die wichtigsten Zentren für den Handel zwischen Bayern und Böhmen waren im Mittelalter Prag, Pilsen, Nürnberg und Regensburg. Böhmen exportierte vor allem Metalle, auch in Form von Gold- und Silbermünzen, sowie Naturprodukte und erhielt Salz, Luxuswaren und Stoffe.

Waren des mittelalterlichen Handelsaustauschs zwischen Bayern und Böhmen
Inszenierung; Haus der Bayerischen Geschichte, Augsburg
Lit.: AK Kulturregion Goldener Steig/Kulturní oblast Zlatá stezka 1995; Eikenberg 1976; Fischer 1990; Fischer 1995; Graus1960; Schenk 1969; von Stromer 1978; Timann 1996; Wolf 1996

Mit dem allgemeinen Handelsaufschwung des 13. Jahrhunderts und der systematischen Vermarktung der böhmischen Edelmetalle ab etwa 1300 werden die Nachrichten über Güter, die zwischen Prag, Pilsen, Regensburg und Nürnberg verhandelt wurden, dichter. So erfährt man aus dem Regensburger Handelsregister von 1340/41, dass Prager Kaufleute Wachs, Kupfer und Felle verkauften. Umgekehrt lieferte die Donaustadt Tuche und Seidenstoffe, Baumwolle sowie Gewürze wie Pfeffer, Safran, Ingwer, Nelken. Dank des überlieferten Handelsbuches der Regensburger Kaufherrenfamilie der Runtinger wissen wir viel über die verhandelten Waren und den Ablauf der Transporte. So führten die Runtinger Ende des 14. Jahrhunderts vor allem Edelmetalle aus Böhmen nach Regensburg ein, hielten hier Bank und Kontor und verhandelten das böhmische Silber und Gold in Venedig gegen Süd- und Orientwaren und in Nordwesteuropa gegen Tuche.

Spätestens ab etwa 1350 überholten die Nürnberger Händler ihre Konkurrenten aus Regensburg. Nürnberger Kaufleute wurden damals in Böhmen einheimischen Kaufleuten gleichgestellt. Der Handel erfolgte für alle Fremden in Prag im abgegrenzten Bezirk des Teinhofs, im Herzen der Altstadt, zwischen Altstädter Ring und Judenstadt. Hier mussten die Waren gestapelt werden. Prag als Hauptstadt der Krone Böhmens und Residenz der Luxemburger Könige hatte einen ungeheuren Bedarf an Luxuswaren aus dem Orient und Italien. Aus einer (undatierten) Ordnung des Teinhofs gehen die wichtigsten Warengruppen jener Zeit hervor: an Orientwaren Gewürze (Pfeffer, Ingwer, Muskat, Nelken, Safran) und Medikamente (Lakritze, Weinstein), an Südwaren (aus Italien) Mandeln, Reis, Feigen, Öl, Zucker, Rosinen. Aus Böhmen kamen Metalle wie Kupfer, Zinn, Blei, Messing, außerdem einfache Produkte wie Fette (Schmer, Unschlitt) und weitere tierische Erzeugnisse wie Wachs, Leder, Wolle. Nürnberg lieferte Fertigprodukte wie Kramwaren und die typischen Nürnberger Plattnerarbeiten (Rüstungen) – und wohl auch Frankenwein nach Böhmen. Besonders eng waren die Beziehungen zwischen Nürnberg und Pilsen, wo sich die westlichen Wege nach Prag bündelten. Auch über das System der „Goldenen Steige" wurden Luxuswaren nach Böhmen eingeführt – und nicht zuletzt das Salz, einer der wichtigsten Rohstoffe, der in Böhmen kaum in der Natur vorkommt.   *P. W.*

2.45

2.45 Böhmens Bergwerke versorgten den europäischen Handel mit Edelmetallen. Wichtige Bergstädte waren Kuttenberg, Příbram, Bergreichenstein, Eule und St. Joachimsthal. Die Ausmünzung von Silber und Gold sicherte der böhmischen Krone reiche Einkünfte.

a) Gediegen Silber
Fundort: Příbram; ca. 6 x 6 x 4

b) Silberglanz (Argentinit, Silbersulfit)
Fundort: St. Joachimsthal/Jáchymov; ca. 10 x 10 x 4

c) Gediegen Gold auf bräunlichem Quarz
Fundort: Eule/Jílové; ca. 6,5 x 4,5 x 3; Mineralogische Staatssammlung. Museum Reich der Kristalle, München (18224, 310, 2768)
Lit.: Horpeniak 2000; Graus1960; Majer 1991; Majer 2004; Wolf 1996; Velfl 2003, S. 27–33

České doly zásobovaly evropský obchod drahými kovy. Mezi nejdůležitější horní města patřila Kutná Hora, Příbram, Kašperské Hory, Jílové u Prahy a Jáchymov. Ražení stříbrných a zlatých mincí zajišťovalo českým králům bohaté příjmy.

a) Ryzí stříbro
Naleziště: Příbram; cca 6 x 6 x 4

b) Akanthit (argentit, siřičitan stříbrný)
Naleziště: Jáchymov; cca 10 x 10 x 4

c) Ryzí zlato v nahnědlém křemeni
Naleziště: Jílové; cca 6,5 x 4,5 x 3

Im hohen und späten Mittelalter lagen die wichtigsten europäischen Produktionsstätten für Rohsilber und Rohgold in Böhmen und Ungarn. Seit dem späten 12. und im 13. Jahrhundert hatte sich, auch im Zuge der deutschen Ostsiedlung, der böhmische Erzbergbau stark entwickelt. Den Auftakt bildete die Erschließung der Silbererzvorkommen von Iglau/Jihlava etwa seit 1240, doch die eigentliche quantitative Ausdehnung erfolgte mit der Entdeckung besonders reicher Silbererze in Kuttenberg/Kutná Hora. Bereits um 1300 stammten 90 Prozent allen böhmischen Silbers von hier, damals etwa 40 Prozent der gesamteuropäischen Produktion. Im Jahr produzierte man etwa 20 000 kg Silber.

Die böhmischen Könige sorgten durch Privilegien dafür, dass die wertvollen Edelmetalle nicht von fremden Mächten ausgebeutet wurden. Das „ius regale montanorum" aus dem Jahr 1300 bestimmte die Regalhoheit des Königs über alle Erzvorkommen im Land. In einer Münzreform wurden hochwertige Groschenmünzen in Umlauf gesetzt. Die königliche Münze zentralisierte man in Kuttenberg und sicherte den hohen Produktionsstandard durch italienische Spezialisten. In einem Privileg König Wenzels II. von Böhmen für Regensburger Kaufleute im Jahr 1305 wurde bestimmt, dass Gold und Silber nur in gemünzter, also versteuerter, Form ausgeführt werden dürften.

Im Jahr 1325 begann unter König Johann von Luxemburg die Prägung eigener böhmischer Goldgulden. Besonders intensiv förderte dann Kaiser Karl IV. den Bergbau auf Silber und Gold. So privilegierte er den Ort Bergreichenstein/Kašperské Hory in der Šumava, wo ein Zentrum der bergbaulichen und oberflächennahen Gewinnung von Golderzen lag, und sicherte zugleich den Handelsweg nach Passau mit der Burg Karlsberg/Kašperk. Weitere Zentren der Goldgewinnung waren Písek und Eule/Jílové. Im 13. und 14. Jahrhundert förderte man in Böhmen jährlich rund 160 kg Gold.

Der Reichtum an Edelmetallen und der Übergang zur Geldwirtschaft brachten Böhmen im 14. Jahrhundert einen beachtlichen wirtschaftlichen Aufstieg: Noch nicht besiedeltes Land konnte kolonisiert werden, das Netz der Städte, Märkte und Handelsstraßen wurde dichter. Böhmen gehörte damals zu den am stärksten besiedelten Gebieten Europas. Aber die Metallproduktion geriet durch Raubbau an den Ressourcen in eine Krise. Zu Beginn des 16. Jahrhunderts erlebte der Bergbau dank technischer Innovationen einen neuen Höhepunkt. Viele Städte, von denen aus man Bergbau betrieb, wurden zu königlichen Bergstädten mit besonderen Privilegien erklärt. Im mittelböhmischen Příbram entstand eines der neuen Bergbauzentren. Ein „Silberrausch" setzte ab 1516 dank der Silbergruben in St. Joachimsthal ein. Das Bergstädtchen wuchs binnen kurzem zu einer der größten böhmischen Siedlungen. Die hier geprägten „Taler" wurden 1529 die offizielle Münze des Königreichs Böhmen, setzten sich bald in ganz Europa durch und geben bis heute – in der tschechischen Namensform „tolar" – dem „Dollar" seinen Namen.

P. W.

Na počátku německé ražby grošů stojí tzv. pražský groš, který se začal razit roku 1300 ze stříbra z českých dolů. Když v 15. století došlo k poklesu kvality mincí, začala německá města označovat kvalitní groše tzv. kontramarkami.

a) Pražský groš Václava II. (1278–1305)
Mincovna Kutná Hora, od r. 1300; stříbro, 3,63 g, průměr 29 mm; líc: koruna, + WENCEZLAVS ° SECVNDVS - + DEI:GRATIA:REX: BOEMIE (Václav II., z Boží milosti král český); rub: + * GROSSI PRAGENSES * (pražský groš), stojící dvouocasý český lev s korunou vlevo

b) Pražský groš Václava IV. (1363–1419) [?]
Mincovna Kutná Hora, kontramarka říšského města Augšpurk 1429; stříbro, 2,29 g, průměr 28 mm; líc: zbytky opisu a koruny, kontramarka Pyr města Augšpurk, rub: zbytky opisu a lva

2.46 Die deutsche Groschenprägung begann um 1300 mit den Prager Groschen, deren Rohsilber aus böhmischen Bergwerken stammte. Als im 15. Jahrhundert die Qualität der Münzen vermindert wurde, bestätigte man anderenorts die Güte des Geldstücks mit Gegenstempeln.

a) Prager Groschen, Wenzel II. (1278–1305)
Münzstätte Kuttenberg, ab 1300; Silber, 3,63 g, Ø 29 mm
Vs.: + WENCEZLAVS°SECVNDVS – + DEI:GRATIA:REX:BOEMIE (Wenzel II., von Gottes Gnaden König von Böhmen); Rs.: + * GROSSI PRAGENSES * (Prager Groschen); Krone: doppelgeschwänzter aufgerichteter böhmischer Löwe mit Krone nach links; Staatliche Münzsammlung München (o. Nr.)

b) Prager Groschen, Wenzel IV. (1363–1419) [?]
Münzstätte Kuttenberg, Gegenstempel der Reichsstadt Augsburg 1429; Silber, 2,29 g, Ø 28 mm;
Vs.: Reste der Umschrift und der Krone, Gegenstempel Pyr der Stadt Augsburg; Rs.: Reste der Umschrift und des Löwen; Staatliche Münzsammlung München (o. Nr.)
Lit.: Donebauer 1888, Nr. 807, 864; Castelin 1973, S. 31–34; Lexikon des Mittelalters 1995, Bd. 7, Sp. 165 (Peter Berghaus); Krusy 1974, S. 25, 49, A 6,4

Seit karolingischer Zeit basierte das mittelalterliche Münzwesen auf dem silbernen Pfennig – lateinisch denarius –, der bis in das 13. Jahrhundert im Römischen Reich fast ausschließlich geprägten Münze, deren Gewicht zwischen anfänglich fast 2 g bis teilweise sogar nur 0,3 g um 1300 schwankte. Mit dem Pfennig konnte jedoch ab dem 13. Jahrhundert der mit dem Handel, dem Wachstum der Städte und dem Erstarken des Handwerks einhergehende erhöhte Bedarf an Geld nicht mehr befriedigt werden. Abhilfe schaffte die größere und schwerere Groschenmünze, die im Jahr 1266 in Frankreich von König Ludwig IX. eingeführt wurde. Die deutsche Groschenprägung begann um 1300 mit dem hier vorgelegten Prager Groschen. Das Gewicht des Prager Groschens betrug ursprünglich 3,975 g, aus der Prager Gewichtsmark von 253,14 g wurden demnach 64 Groschen geschlagen; vier Groschen entsprachen einem Lot Silber. Bereits unter König Johann (1311–1346) fiel das Gewicht merklich, dann auch unter Wenzel IV. (1363–1419) und besonders in der Zeit der Hussiten. Die Prägung der Prager Groschen endete im Jahr 1547.

2.46 a VS   2.46 a RS   2.46 b VS   2.46 b RS

Gegen Ende des 13. Jahrhunderts wurden bei Kuttenberg auf dem Gebiet des Klosters Sedletz bedeutende Silbererzfunde gemacht. In der Folge plante Wenzel II. im Jahr 1300 mithilfe von italienischen Fachleuten eine böhmische Münzreform mit der Einführung einer großen Silbermünze, des Prager Groschens, im Wert von 12 kleinen Denaren. Mit dieser Reform wurde der Umlauf von (ungeprägtem) Barrensilber verboten und der Zwangsumtausch von Rohmetall gegen geprägte Münzen festgesetzt – der König hatte damit das Silbermonopol. Das Umlaufgebiet des Prager Groschens umfasste im 14. und 15. Jahrhundert neben Böhmen die Ukraine, Polen und Deutschland bis zum Rheinland.

Eine sichere Zuweisung der zweiten Münze an Wenzel IV. ist nicht möglich. Wenn sie unter Wenzel geprägt wurde, ist sie in die Anfangszeit seiner Regierung zu datieren, da die Münze stark abgegriffen ist und somit lange umgelaufen sein muss. Denkbar ist aber auch, dass sie noch aus der Zeit Karls I. (1346–1378) stammt.

Es ist bekannt, dass 1429 in Augsburg die guten Prager Groschen mit einem Gegenstempel versehen wurden. Mit diesem Stempel wurde von der Stadt Augsburg die Güte der Münze, das heißt der Feingehalt des Silbers, bestätigt. Nachdem die Hussiten 1423 die Kuttenberger Münzstätte übernommen hatten, sank die Qualität der Prager Groschen. In Bayern, Schwaben, Baden, Württemberg, Franken, dem Maingebiet und Westfalen reagierten die Städte mit Gegenstempelungen der Münzen: Die Groschen wurden auf ihre Güte überprüft, die guten wurden mit einem Stempel versehen. Dies nutzte den Geldbesitzern, aber auch der Stadt, die für die Prüfung natürlich Gebühren erhob. Grundsätzlich waren die Städte daran interessiert, dass in ihrem Gebiet nur gute Münzen umliefen.

G. S.

2.47 In Böhmen prägte man etwa seit 1325 Goldmünzen, um die hohe Nachfrage an Bargeld zu befriedigen. Seit der Zeit Kaiser Karls IV. wurden auf den böhmischen Dukaten der König und der doppelgeschwänzte böhmische Löwe abgebildet.

Dukat, Wenzel IV. (1363–1419)

Münzstätte Auerbach; Gold, 3,51 g, Ø 20 mm; Vs.: WENCEZLAVS – D:GRACIA (Wenzel, von Gottes Gnaden) zwischen zwei Perlkreisen; Brustbild des hl. Wenzel mit Heiligenschein von vorne, Rechte auf Fahne mit Adler gestützt, Linke auf einem Adlerschild, im Feld rechts Beizeichen A (für Auerbach); Rs.: + ROMANORVM:ET:BOEMIE:REX (Römischer und Böhmischer König) zwischen zwei Perlkreisen; doppelgeschwänzter aufgerichteter böhmischer Löwe mit Krone nach links; Staatliche Münzsammlung München (o. Nr.)
Lit.: Donebauer 1888, Nr. 849 var.; Sejbal 2000; Stumpf 1997, S. 15–19

Seit der Einführung der Silberwährung unter Pippin und Karl dem Großen waren Goldmünzen in Europa praktisch nicht mehr anzutreffen. Die Wiederaufnahme der Goldprägung leitete im Jahr 1231 Kaiser Friedrich II. mit den in Brindisi und Messina geprägten so genannten Augustales ein; der Umlauf dieser Münzen war allerdings auf das Königreich Sizilien begrenzt. Im Jahr 1252 prägte die Stadt Florenz dann die 3,54 g schweren Florene, auch Goldgulden oder fiorino d'oro genannt. Der lateinische Name florenus ist abgeleitet von dem Florentiner Stadtsymbol, der Lilie (flos), die auf der Vorderseite der Münzen neben der Umschrift als sprechendes Wappen die Herkunft der Prägungen verdeutlicht; auf der Rückseite ist Johannes der Täufer dargestellt. Diese Gulden wurden bald in anderen Münzstätten in Italien, Frankreich, den Niederlanden, Deutschland, Ungarn und Böhmen nachgeprägt. Mit diesen Goldmünzen stand im Wirtschaftsleben das seit langem benötigte größere Münznominal zur Verfügung.

König Johann von Luxemburg (1310–1346) prägte in Böhmen die ersten Goldmünzen nach Florentiner Typ und Standard. Unter seinem Nachfolger Karl IV. (1346–1378) änderte sich das Münzbild: Statt der Lilie auf der Vorderseite ist nun der König dargestellt, auf der Rückseite der von den Silbermünzen

V Čechách se kolem roku 1325 začaly razit zlaté mince, aby se uspokojila velká poptávka po peněžních prostředcích. Od doby císaře Karla IV. byl na českých dukátech – zlatých mincích benátského typu – vyobrazen král a dvouocasý český lev.

Dukát Václava IV. (1363–1419)

Mincovna Auerbach; zlato, 3,51 g, průměr 20 mm; líc: WENCEZLAVS – D:GRACIA (Václav, z Boží milosti) mezi dvěma perlovci; poprsí sv. Václava se svatozáří zepředu, pravice spočívá na korouhvi s orlicí, levice na štítu s orlicí, v pravém poli značka A (Auerbach); rub: + ROMANORVM:ET:BOEMIE:REX (římský a český král) mezi dvěma perlovci; stojící dvouocasý český lev s korunou vlevo

2.47 VS   2.47 RS

her bekannte doppelgeschwänzte Löwe. Mit der Abkehr von der Florentiner Typologie folgte Böhmen den Venezianern, die auf ihren Zechinen – abgeleitet von Zecca (Münzstätte) – genannten Goldmünzen den hl. Markus mit dem Dogen sowie Christus in Aureole darstellten. Nach dem letzten Wort in der Rückseitenumschrift dieser Münzen, ducatus, werden sie auch als Dukat bezeichnet.

Die Goldmünzung Wenzels IV. war nicht sehr umfangreich. Die Münzen kursierten auch außerhalb Böhmens, wie unter anderem der gegen Ende der 80er-Jahre des 14. Jahrhunderts vergrabene Goldschatz vom Neupfarrplatz in Regensburg zeigt.   *G. S.*

Krušnohorský Jáchymov zachvátila počátkem 16. století skutečná stříbrná horečka. Stříbrné mince, ražené ze zdejší rudy a rozšířené po celé Evropě, dostaly jméno „tolar". V pozměněné podobě („dolar") žije toto označení dodnes.

Jáchymovský tolar hrabat Šliků, Štěpán Šlik a bratři

Mincovna Jáchymov, mincmistr Hanns Weizelmann, bez vročení (1520–1525); stříbro, 28,62 g, průměr 41 mm; líc: AR:DOMI:SLI: ST – E ET:FRA:COM:D:B (Erb pánů Šliků, Štěpána a jeho bratří, hrabat z Bassana); sv. Jáchym s poutnickou holí, před ním rodový erb Šliků/Weißenkirchen se srdečním štítkem Bassano, v levém poli S(anctus), v pravém poli I(oachimus); rub: LVDOWICVS:PRIM:D: GRACIA:REX:BOE [šesticípá hvězda mincmistra Hanse Weizelmanna] (Ludvík I., z Boží milosti král český), stojící dvouocasý český lev otočený doleva

2.48 St. Joachimsthal im böhmischen Erzgebirge wurde Anfang des 16. Jahrhunderts Zentrum eines regelrechten Silberrauschs. Die europaweit verbreiteten Silbermünzen aus dem hier gewonnenen Erz erhielten den Kurznamen „Taler", wie er sich bis heute etwa im Dollar erhalten hat.

Joachimsthaler Guldengroschen, Grafen von Schlick, Grafen Stephan und Brüder

Münzstätte Joachimsthal, Münzmeister Hanns Weizelmann, o. J. (1520–1525); Silber, 28,62 g, Ø 41 mm; Vs.: AR:DOMI:SLI:ST – E ET:FRA:COM:D:B (Wappen der Herren Schlick, Stephans und seiner Brüder, Grafen von Passau); der hl. Joachim mit Pilgerstab, vor ihm das Wappen Schlick/Weißenkirchen mit Herzschild Passaun, im Feld links S(anctus), im Feld rechts I(oachimus); Rs.: LVDOWICVS·PRIM:D:GRACIA·REX·BOE [sechsstrahliger Stern für Münzmeister Hans Weizelmann] (Ludwig I., von Gottes Gnaden König von Böhmen); doppelgeschwänzter, aufgerichteter böhmischer Löwe nach links; Staatliche Münzsammlung München (o. Nr.)

Lit.: Donebauer 1888, Nr. 3754 var.; von Schrötter 1930, S. 676 f.; Heß/Klose 1986, S. 29 f.

Seit der zweiten Hälfte des 15. Jahrhunderts hatte sich nicht nur der Handel bedeutend entwickelt, sondern auch die Silbergewinnung in Europa erheblich zugenommen. Der Handel suchte seit langem nach einem geeigneten Zahlungsmittel, da die Goldvorräte nicht ausreichten, um alle großen Zahlungen in Goldmünzen zu leisten. 1471/72 begann Venedig damit als größere Münze die Lira im Gewicht von ca. 6,5 g zu prägen, Mailand wenig später den Testone mit ca. 9,8 g. Italienische und später auch französische Münzherren folgten diesen Beispielen, in Deutschland gab es als schwerste Silbermünze nur den Groschen von ca. 3 g. Nach den italienischen Vorbildern versuchte Erzherzog Sigismund von Tirol eine Münzreform und prägte 1482 in Hall den Pfundner nach dem Vorbild der italienischen Lira. 1484 prägte man dann den Halbguldiner im Wert von 30 Kreuzern; das Stück hat ein Gewicht von knapp 16 g. 1486 wurde die erste Talermünze mit einem Gewicht von knapp 32 g geprägt. Die Münze entsprach mit ihrem hohen Gewicht dem Goldgulden, weshalb sie auch Guldiner genannt wurde.

Entscheidend für die Entwicklung des Talers war die Entdeckung neuer Silbervorkommen im Erzgebirge gegen 1500. In Sachsen prägte man Groschen im

2.48 VS   2.48 RS

Wert des Guldens, die man Guldengroschen nannte. Innerhalb weniger Jahre
setzte sich dieser als Zahlungsmittel und neue Grundlage für eine Silberwährung
durch. Um 1512 wurden Silbervorkommen in der Flur der Wüstung Konrads-
grün entdeckt, die zur Herrschaft Schlackenwerth/Ostrov im Pfandbesitz der
Grafen Schlick gehörte. 1517 benannten diese den Ort in St. Joachimsthal um
und erließen 1518 eine Bergordnung. 1520 ließ Graf Stephan von Schlick für
sich und seine Brüder das Münzrecht in Form eines Landtagsbeschlusses von der
böhmischen Landschaft verbriefen. Mit Einverständnis der Wettiner wurden die
schlickschen Münzen nach sächsischem Münzfuß ausgebracht, weshalb sie auch
in den wettinischen Landen galten. Nach der Schlacht bei Mühlberg verloren
1547 die Schlick ihre Rechte an Joachimsthal, zu dieser Zeit war das Bergrevier
im Wesentlichen aber schon erschöpft.

Die Münzen der Schlick zeigen auf der einen Seite den hl. Joachim mit dem
Wappen der Schlick oder dieses alleine. Die andere Seite mit dem böhmischen
Löwen ist dem König vorbehalten. Die schlickschen Prägungen fielen wegen
ihrer hohen Auflage in den folgenden Jahren im Handel auf. Man nannte sie
„Joachimsthaler große Groschen", kürzer dann „Thaler Groschen" und schließlich
nur noch „Taler". In Deutschland hielt sich die Bezeichnung bis zur Reichsgrün-
dung 1871. Aus Taler wurden in anderen Sprachen die Benennungen Daalder,
Dollar, Tallero, Jocondale und Jefimok abgeleitet.   *G. S.*

Und sobald ich Böhmen verlassen hatte, bevor ich zunächst in die Stadt Bärnau kam, erwartete mich der Pfarrer mit den Vikaren, und beim Betreten der Stube reichte er mir sogleich eine große Kanne Wein hin und nahm mit seinen Amtsbrüdern die ganze Lehre sehr freundlich auf, und er sagte, er sei immer mein Freund gewesen. Darauf in Neustadt sahen mich alle Deutschen sehr freundlich an. Wir zogen durch Weiden, und eine große Volksmenge bestaunte uns … Und dann kamen wir nach Nürnberg, wo Kaufleute … unsere Ankunft verbreitet hatten. Deshalb stand das Volk in den Gassen und schaute und fragte, wer Magister Hus sei.

Brief des Jan Hus vom 20. Oktober 1414

A jakmile jsem opustil Čechy, přijel jsem nejprve do města Bärnau, kde mě očekával farář s vikáři, a když jsem vstoupil do světnice, podal mi hned velkou konev vína a on i ostatní hodnostáři přijali celé učení velmi laskavě, a řekl, že byl vždy mým přítelem. Poté v Neustadtu na mě všichni Němci pohlíželi velmi přívětivě. Projížděli jsme Weidenem, a velký zástup na nás hleděl s údivem … A pak jsme dojeli do Norimberka, kde obchodníci, kteří jeli před námi, rozhlásili zprávu o našem příjezdu. Proto lid vyšel do ulic a díval se a ptal, kdo je Mistr Hus.

Dopis Jana Husa ze 20. října 1414

Einmal geschah es, daß der Detektiv Kohout in der Zeit der Novemberversammlungen nach Břevnov geschickt wurde, um dort nach der Versammlung im Bürgersaal bei einem Bier (seine zwei Kronen Spesen reichten gerade dafür) jemanden wegen des Weißen Berges ins Unglück zu stürzen. Er kehrte unverrichteter Dinge zurück und gab im Rapport an, der Gast, der ihm verdächtig erschien und den er im Wirtshaus gefragt habe, was er zum Weißen Berg meine, habe ihm geantwortet, bis zum Weißen Berg seien es von Břevnov drei viertel Stunden zu Fuß, aber von Motol sei es etwas näher.

Jaroslav Hašek: Die Schule für die Staatspolizei, 1917

Jednou se stalo, že detektiv Kohout byl vyslán do Břevnova v době listopadové schůze, aby tam po schůzi v Občanské besedě za dvě koruny diet na pivo přivedli někoho do neštěstí kvůli Bílé hoře. Vrátil se s nepořízenou a v udal v raportu, že když se ptal tam v hostinci hosta, který se mu zdál podezřelým, co soudí o Bílé hoře, ten prý mu odpověděl, že je tam z Břevnova tři čtvrtě hodiny cesty a z Motola že je na Bílou horu o něco blíž.

Jaroslav Hašek: Škola pro státní policii, 1917

3 Konfession und Krise

Die ersten Jahrzehnte des 15. Jahrhunderts brachten für Bayern und Böhmen konfliktbehaftete Zeiten. Als zunächst konfessionelle Krise und Teil der verbreiteten Kirchenkritik des späten Mittelalters kann die hussitische Reformbewegung in Böhmen im ersten Drittel des 15. Jahrhunderts bezeichnet werden. Von konkurrierenden Richtungen geprägt, war sie weit über Böhmen hinaus wirksam und zog auch für bayerische Territorien Folgen nach sich.

Die Lehren des böhmischen Kirchenreformers Jan Hus (um 1370–1415) basierten auf den Ideen des Engländers John Wyclif (um 1330–1384). Hus geriet um 1411/12 in einen offenen Konflikt mit der Amtskirche. In seinen Predigten in Prag, die auch von der aus Bayern stammenden böhmischen Königin Sophie gehört wurden, wandte er sich gegen das Ablasswesen und den Kirchenbesitz. Hus wurde schließlich vor das Konstanzer Konzil (1414–1418) geladen, um sich zu verteidigen. Sein Weg nach Konstanz führte ihn durch oberpfälzische und fränkische Orte, wo er meist überaus freundliche Aufnahme fand. In Konstanz wurde er als Ketzer angeklagt und 1415 auf dem Scheiterhaufen verbrannt. Der Stadtschreiber Ulrich von Richental erlebte dies als Augenzeuge: „Da ergriff ihn der Henker und band ihn in seinem Gewand an einen Pfahl. Er stellte ihn auf einen Schemel, legte Holz und Stroh um ihn herum, schüttete etwas Pech hinein und brannte es an. Da begann er gewaltig zu schreien und war bald verbrannt." (Richental, fol. 57r). Der Feuertod von Jan Hus mündete in Böhmen in eine religiöse und sozialrevolutionäre Protestbewegung, die man von außen mit militärischen Mitteln niederzuringen versuchte. Zum Symbol der Bewegung wurde der Kelch, in Anspielung auf die Forderung nach dem Laienkelch. Zwischen 1420 und 1431 kam es zu meist von Nürnberg aus organisierten Kreuzzügen nach Böhmen, an denen auch Heeresteile aus verschiedenen bayerischen Territorien beteiligt waren. Sie endeten allesamt mit Niederlagen der Reichsheere. Umgekehrt fielen die hussitischen Heere in Niederbayern, Franken und in die Oberpfalz ein. Zahlreiche Ortschaften wurden geplündert und zerstört. Die Hussiteneinfälle dauerten bis etwa 1434 an und lösten Panik unter der Bevölkerung aus, die bis in die westlichen Randgebiete Bayerns spürbar wurde. Friedensgespräche führten schließlich zu den Iglauer Kompaktaten von 1436, die für Böhmen unter anderem den Laienkelch erlaubten. An den Ausgleichsverhandlungen hatten auch die bayerischen Herzöge und Pfalzgraf Johann von Neumarkt mitgewirkt.

Die hussitischen Heere unter den Feldherren Žižka und Prokop dem Kahlen waren in ihrer Zeit gefürchtet und erzielten zahlreiche beeindruckende militärische Siege. Daher hob man die Schlacht bei Hiltersried in der Oberpfalz auf bayerischer Seite besonders hervor, da dort 1433 die Hussiten in offener Feldschlacht bezwungen wurden. Die Waffentechnik der Hussiten war gekennzeichnet durch den Einsatz gut organisierter Fußkämpfer mit mannshohen Schilden – den so genannten Pavesen, die Verwendung von Handfeuerwaffen und Geschützen und die weithin gerühmten Wagenburgen, die als eine Art beweglicher Festung fungierten. Die fast legendäre Kampfkraft der hussitischen Heere begründete auch die Bedeutung böhmischer Söldner für den „Kriegsmarkt" in Europa im 15. und frühen 16. Jahrhundert. So kamen böhmische Söldner unter anderem im Landshuter Erbfolgekrieg 1504 zum Einsatz. Noch 1525 war der bayerische Rat Leonhard von Eck (1480–1550) der Überzeugung, dass der Bauernkrieg am besten mit böhmischen Söldnern zu bekämpfen wäre.

Anhänger des Jan Hus traten im Lauf des 15. Jahrhunderts auch in Bayern in Erscheinung. Die Obrigkeit griff vereinzelt sogar zu Todesurteilen, um der hussitischen Lehre entgegenzutreten. Vor allem Franken scheint seit den 1540er-Jahren in dieser Hinsicht ein Zentrum gewesen zu sein. Ein umfassender Anschluss an die hussitischen Ideen blieb jedoch aus. Verbindungslinien gibt es auch zwischen Jan Hus und dem Reformator Martin Luther, der die Lehren des böhmischen Reformers im Wesentlichen positiv beurteilte. 1520 schrieb Luther: „Wir sind alle Hussiten, ohne es zu wissen" (Obermann, S. 336). Insgesamt betrachtet, sind mit der Hussitenzeit in Böhmen und Bayern unterschiedliche Erinnerungen und Einschätzungen verknüpft. Während in Böhmen Jan Hus als Symbolfigur der tschechischen Geschichte gilt, sind in Bayern eher die Schrecken der Hussitenkriege präsent.

Die hussitische Bewegung machte die Länder der böhmischen Krone zu einem europäischen Sonderfall. Denn zum einen etablierte sich damit in Böhmen die erste dauerhafte Konfessionsspaltung in einem europäischen Land, zum anderen gewannen die Stände einen erheblichen Anteil an der Machtausübung innerhalb der Monarchie, in der im weiteren Verlauf des 15. Jahrhunderts unterschiedliche Dynastien wechselten. Nach dem Tod von König Ludwig, dem Sohn Wladislaws II., in der Türkenschlacht von Mohács trat der habsburgische Erbfall ein: Der österreichische Erzherzog Ferdinand wurde 1526 zu König Ferdinand I. von Böhmen. Damit war die böhmische Krone endgültig in die habsburgische Machtkonzeption eingebunden – eine Stärkung auch der Position der katholischen Kirche, wie sie in der Berufung der Jesuiten nach Prag im Jahr 1556 zum Ausdruck kam. Im Zuge der innerdynastischen Auseinandersetzungen zwischen Kaiser Rudolf II. und seinem Bruder Matthias gelang es den böhmischen Ständen erhebliche Zugeständnisse zu erlangen: Im „Majestätsbrief" von 1609 sicherte Kaiser Rudolf die freie Religionsausübung zu. Als Matthias 1611 selbst König von Böhmen wurde, verschärfte er die Politik gegen die Stände, die ihrerseits ein Vorbild in den Generalstaaten der Niederlande sahen. Proteste gegen angebliche Verletzungen der im Majestätsbrief garantierten konfessionellen Freiheit führten zum berühmten „Prager Fenstersturz" vom 23. Mai 1618, als die kaiserlichen Statthalter einer kühl kalkulierten radikalen Demonstration bömischer Eigenständigkeit zum Opfer fielen – und dies erstaunlicherweise überlebten. Eine schnell einberufene Regierung von dreißig Direktoren stellte sich gegen den habsburgischen Herrscher, der Prager Generallandtag vom Juli 1619 etablierte ein revolutionäres ständisches Verfassungsmodell und dem Fürsten des westlichen Nachbarlandes, der Oberen Pfalz, wurde im August 1619 die böhmische Krone angetragen: Es war Kurfürst Friedrich V. von der Pfalz, kalvinistischer Wittelsbacher und Führer der protestantischen Union im Reich. Unter heftiger Kritik seines katholischen Vetters, des bayerischen Herzogs Maximilian I., nahm der Pfälzer die Krone an und ließ sich Anfang November 1619 im Veitsdom zu Prag krönen. Die bisherige politische und militärische Architektur Mitteleuropas war damit in Frage gestellt und der Kontinent sollte bis zum Ende des Dreißigjährigen Kriegs 1648 nicht mehr zur Ruhe kommen. Bayern und Böhmen gehörten bald zu den am stärksten von Kriegszerstörungen und Bevölkerungsverlusten betroffenen Ländern.

Während die aufständischen Böhmen auf Hilfe aus den reichen protestantischen Staaten Westeuropas hofften, verbündeten sich Kaiser Ferdinand II. und der Bayernherzog Maximilian, der zugleich Führer der katholischen Liga war. Deren Heere fielen im Sommer 1620 in Böhmen ein und gelangten schließlich bis vor Prag. Die entscheidende Schlacht am Weißen Berg am 8. November 1620 brachte den Sieg der katholischen Seite, deren Schlachtruf „Maria" lautete. Friedrich von der Pfalz musste überstürzt aus Prag fliehen und die Gegenpropaganda verlieh dem bald Geächteten den Spottnamen, unter dem er bis heute bekannt ist: Winterkönig. Herzog Maximilian von Bayern erhielt in der Folge als Pfand die Obere Pfalz und schließlich auch die dem

Pfälzer entzogene Kurwürde (offiziell 1623). Damit war ein langjähriges Ziel bayerischer Politik erreicht worden. In Böhmen kam es zum Strafgericht auf dem Prager Altstädter Ring, bei dem 27 führende Vertreter des Ständestaates im Juni 1621 hingerichtet wurden. Dieser nationalen Demütigung folgten eine Enteignungswelle und die entschlossen vorangetriebene Gegenreformation. Mit dem Erlass der „Verneuerten Landesordnung" von 1627 wurde aus dem Wahl- ein Erbkönigtum. Böhmen sollte in der Folge immer stärker zur Provinz des Hauses Österreich werden; auch die Regierung des Landes wurde von Prag nach Wien verlegt.

Symbol für die neue Dominanz katholischer Herrschaft im Zentrum Europas war die Marienverehrung. Kurfürst Maximilian hatte die Gottesmutter zur Patronin Bayerns ernannt und dies auch an der Fassade der Münchner Residenz festgehalten: Bayern steht unter dem Schutz der Jungfrau Maria. Wallfahrten, Reliquienfrömmigkeit, Marienverehrung, Entstehung einer Sakrallandschaft – all das prägte nicht nur Altbayern, sondern in immer deutlicher merkbarem Ausmaß auch das Nachbarland Böhmen. Hier, auf dem Prager Altstädter Ring, unmittelbar vor der einst hussitisch dominierten Teinkirche, ließ Kaiser Ferdinand III. nach dem Vorbild Münchens und dann Wiens im Jahr 1650 eine Mariensäule errichten. Bewusst wurde diesem Symbol der Gegenreformation ein Abbild des „Böhmischen Palladium" beigegeben, also des Marienbildes von Altbunzlau, in dem sich die Anfänge der Staatlichkeit und Christlichkeit Böhmens symbolisch verdichteten.

Rainhard Riepertinger/Peter Wolf

Lit.: AK Der Winterkönig. Friedrich V. 2003; Bahlcke 1994; Flacke 1998; Obermann 1997; Richental 1984; Šmahel 2002

3 Konfese a krize

První desetiletí 15. století byla pro Bavorsko i Čechy dobou plnou konfliktů. Husitské reformní hnutí v Čechách v první třetině 15. století se zrodilo jako konfesijní krize a jeden z proudů sílící kritiky církve v pozdním středověku. Bylo tvořeno různými navzájem si konkurujícími směry, jeho vliv sahal daleko za hranice Čech a měl značné následky i pro bavorská území.

Učení českého reformátora Jana Husa (kolem 1370–1415) vycházelo z myšlenek anglického teologa Johna Wyclifa (Jana Viklefa) (kolem 1330–1384). Na přelomu let 1411/12 se Hus dostal do otevřeného sporu s oficiální církví. Ve svých pražských kázáních, kterých se účastnila i česká královna Žofie z bavorského rodu Wittelsbachů, napadal obchod s odpustky a církevní majetek. Nakonec byl Jan Hus předvolán před kostnický koncil (1414–1418), aby obhájil své učení. Cesta do Kostnice ho vedla přes Horní Falc a Franky, kde se mu většinou dostalo laskavého přijetí.

V Kostnici byl obžalován z kacířství a v roce 1415 upálen na hranici. Městský písař Ulrich von Richental byl očitým svědkem těchto událostí: „Kat ho popadl a v šatech přivázal ke kůlu. Postavil ho na podnožku, položil kolem něj dřevo a slámu, polil to smolou a zapálil. Vtom začal hrozivě řvát a brzy byl upálen." (Richental, fol. 57r). Husova smrt vyvolala v Čechách vlnu nábožensky a sociálně motivovaných protestů, které měly být zvenčí potlačeny vojenskou silou. Symbolem hnutí se stal kalich, narážka na požadavek přijímání pod obojí způsobou. V letech 1420–1431 docházelo opakovaně ke křížovým výpravám do Čech, které byly většinou organizovány z Norimberka a na nichž se podílely i oddíly z bavorských území. Všechny výpravy skončily porážkou říšských vojsk. Odpovědí byla ozbrojená tažení husitských vojsk do Dolního Bavorska, Frank a Horní Falce, drancování a plenění měst. Husitské nájezdy trvající do roku 1434 vyvolávaly mezi obyvatelstvem paniku, která se šířila až do nejzápadnějších koutů země. Mírová jednání nakonec vyústila v přijetí tzv. Jihlavských kompaktát v roce 1436, která mj. přiznávala českým husitům nárok na přijímání z kalicha. Vyjednávání se jako zprostředkovatelé účastnili rovněž bavorští vévodové a falckrabě Johann von Neumarkt.

Husitská vojska pod vedením Jana Žižky a Prokopa Holého byla ve své době velice obávaná a dosáhla mnoha významných vítězství. I proto má v německé historiografii své čestné místo bitva u Hiltersriedu v Horní Falci v roce 1433, první významná porážka husitů v otevřené bitvě. Vojenské umění husitů bylo charakterizováno nasazením dobře organizovaných pěšáků s tzv. pavézami – velkými koženými štíty zakrývajícími celou postavu, použitím ručních palných zbraní a děl a proslulými vozovými hradbami, sloužícími jako jakási pojízdná pevnost. Legendární bojová síla husitských vojsk také zvyšovala cenu českých žoldnéřů na „válečném trhu" v Evropě 15. a raného 16. století; bojovali mj. ve válce o dědictví landshutské roku 1504. Ještě v roce 1525 byl bavorský rada Leonhard von Eck (1480–1550) přesvědčen o tom, že selské povstání bude nejúspěšněji potlačeno právě za pomoci českých žoldnéřů.

V průběhu 15. století se i v Bavorsku objevili Husovi stoupenci. V jednotlivých případech byly vyneseny dokonce i rozsudky smrti, aby se zabránilo šíření husitského učení. Od čtyřicátých let 16. století se v tomto ohledu stávají centrem hlavně Franky. O nějakém rozsáhlejším přihlášení se k husitským myšlenkám tu však nelze hovořit. Zřejmá souvislost je však mezi Janem Husem a reformátorem Martinem Lutherem, který Husovo učení posuzoval ve velké míře kladně. V roce 1520 Luther napsal: „Všichni jsme husité, jen o tom nevíme." (Obermann, str. 336). Obecně lze říct, že pohled na dobu husitskou a její hodnocení se v Bavorsku a v Čechách velmi liší. Zatímco v Čechách se Hus stal symbolickou postavou českých dějin, v Bavorsku jeho jméno evokovalo spíše hrůzy husitských válek.

Husitské hnutí učinilo ze zemí Koruny české evropskou zvláštnost: za prvé byly Čechy první evropskou zemí, kde se etablovalo trvalé rozdělení konfesí, za druhé získaly stavy nezanedbatelný podíl na výkonu moci v monarchii, ve které se v dalším průběhu 15. století střídaly různé dynastie. Po smrti krále Ludvíka, syna Vladislava II., který padl u Moháče v bitvě s Turky, nastoupil na trůn rakouský arcivévoda Ferdinand I. Habsburský. Tím byla česká koruna definitivně integrována do habsburské mocenské koncepce; současně posílila pozice katolické církve, manifestující se v povolání jezuitů do Prahy v roce 1556. V důsledku vnitřních rozporů v dynastii mezi císařem Rudolfem II. a jeho bratrem Matyášem se českým stavům podařilo dosáhnout značných ústupků: svým „Majestátem" z roku 1609 zaručil Rudolf náboženskou svobodu. Roku 1611 se stal českým králem Matyáš, který vůči stavům, jejichž vzorem byly nizozemské generální stavy, vystupoval mnohem ostřeji. Protesty proti údajnému porušování náboženských svobod zakot-

vených v Majestátu vedly k proslulé „pražské defenestraci" 23. května 1618, když císařští místodržící padli za oběť chladně vypočítavé radikální demonstraci české svébytnosti – a kupodivu to přežili. Narychlo svolaná vláda třiceti direktorů se postavila proti habsburskému panovníkovi, stavovský generální zemský sněm schválil v červenci 1619 v Praze revoluční ústavní model výrazně stavovského charakteru, a česká koruna byla v srpnu 1619 nabídnuta knížeti ze sousední Horní Falce: kurfiřtu Fridrichu V. Falckému, Wittelsbachovi kalvínského vyznání a vůdci říšské protestantské Unie. Přes ostrou kritiku ze strany svého katolického bratrance, bavorského vévody Maximiliána I., Fridrich Falcký korunu přijal a počátkem listopadu 1619 se nechal ve Svatovítském chrámu korunovat. Dosavadní politická a vojenská architektura střední Evropy tím byla otřesena a kontinent nenašel klid až do konce třicetileté války v roce 1648. Bavorsko a Čechy se brzy zařadily mezi země nejvíc zasažené válečnými škodami a ztrátou obyvatelstva.

Zatímco čeští rebelové doufali v pomoc bohatých protestantských států západní Evropy, uzavřel císař Ferdinand II. spojenectví s bavorským vévodou Maximiliánem, vůdcem katolické Ligy. Jejich vojska vpadla v létě 1620 do Čech a postoupila až k Praze. Z rozhodující bitvy na Bílé Hoře 8. listopadu 1620 vyšla vítězně katolická strana, jejíž bojový pokřik zněl „Maria". Fridrich Falcký musel kvapně uprchnout ze země a byla na něj uvalena říšská klatba. Propaganda druhé strany pro něj vymyslela přízvisko, pod nímž je známý dodnes: zimní král. Vévoda Maximilián Bavorský dostal do zástavy Horní Falc a nakonec i kurfiřtskou hodnost, odňatou Fridrichovi (oficiálně 1623). Tím bylo dosaženo dlouholetého cíle bavorské politiky. V Praze bylo na Staroměstském náměstí v roce 1621 popraveno 27 vůdců stavovského povstání. Po této národní potupě následovala vlna konfiskací a horlivá protireformace. „Obnoveným zřízením zemským" z roku 1627 se volené království změnilo na dědičné. Z Čech se postupem doby stále více stávala provincie habsburské monarchie; také zemská vláda se přesunula z Prahy do Vídně.

Symbolem nového dominantního postavení katolické vlády v centru Evropy bylo uctívání Panny Marie. Kurfiřt Maximilián prohlásil Matku Boží patronkou Bavorska a dal ji zvěčnit na fasádě mnichovské rezidence: Bavorsko stojí pod ochranou Panny Marie. Poutě, uctívání ostatků, mariánská úcta, vznikající sakrální krajina – to vše charakterizovalo nejen Staré Bavorsko, nýbrž stále zřetelněji utvářelo podobu i sousedních Čech. Zde, na pražském Staroměstském náměstí, přímo před kdysi „husitským" Týnským chrámem, nechal císař Ferdinand III. po vzoru Mnichova a Vídně v roce 1650 vztyčit mariánský sloup. Vědomě byl tento symbol protireformace doplněn o vyobrazení „Palladia země české", milostný obraz Matky Boží ze Staré Boleslavi, ve kterém se symbolicky splétají počátky české státnosti a českého křesťanství.

Rainhard Riepertinger/Peter Wolf

3.1 Jan Hus geriet mit seinen kirchenkritischen Predigten in den Verdacht der Ketzerei. Er wurde zunächst von der aus Bayern stammenden böhmischen Königin Sophie geschützt. Das Konzil zu Konstanz übergab Jan Hus 1415 dem Scheiterhaufen.

Codex Jenensis
a) Jan Hus predigt in Prag (in der Bethlehemskapelle)
Werkstatt des Jeník Zmilelý, um 1500; Handschrift, Zeichnung, koloriert, fol. 37ᵛ (R); Národní muzeum, Praha (IV B 24)
b) Chronik des Ulrich von Richental (um 1365–1437)
Das Concilium So zu Constantz gehalten ist worden...; Augsburg: Heinrich Steyner, 1536; Buch, Holzschnitte, 29,2 x 19,7; Bayerische Staatsbibliothek, München (Res/2 J. pract. 169)
c) Verbrennung des Jan Hus in Konstanz 1415
Conciliumbuch geschehen zu Costentz; Ulrich von Richental (um 1365–1437); Augsburg: Anton Sorg, 1483; Holzschnitt, koloriert, fol. 34ʳ (R); Bayerische Staatsbibliothek, München (Rar 335)
Lit.: Boockmann/Dormeier 2005; Richental 1984; Seibt 1991; Šmahel 2002

Jan Hus (1370–1415) wirkte seit 1402 an der Bethlehemskapelle in Prag mit Predigten in tschechischer Sprache und an der örtlichen Universität. Zu seinen Anhängern zählten sowohl Tschechen als auch Deutschböhmen, wobei bald deutsch-tschechische Gegensätze die kirchliche Reformbewegung tangierten.

Das Reformanliegen von Jan Hus, der sich unter anderem gegen das Ablasswesen und den Kirchenbesitz wandte, mündete 1411/12 in einen offenen Konflikt mit der Amtskirche, der eine innerböhmische Reformbewegung in Gang setzte. Rückhalt fand Hus unter anderem bei der böhmischen Königin Sophie, die aus dem Haus Wittelsbach stammte und zeitweise auch seine Predigten in der Bethlehemskapelle verfolgt hatte. Auf dem Konzil von Konstanz (1414 bis 1418) sollte Hus seine Auffassungen verteidigen. Der Weg dorthin führte Hus auch durch die Oberpfalz, wo er meist sehr freundlich empfangen wurde. Die Konzilsväter in Konstanz sahen in Hus einen Ketzer und verurteilten ihn 1415 zum Tod auf dem Scheiterhaufen. Die Verbrennung löste in Böhmen einen starken Widerhall aus, der die hussitische Bewegung in eine neue Phase treten ließ. Hus wurde zum Märtyrer und zur Symbolfigur gleichermaßen.

Die Spannungen zwischen Katholiken und Hussiten in Böhmen entluden sich 1419 im so genannten ersten Prager Fenstersturz und mündeten in der hussitischen Revolution, die auch sozialrevolutionäre Züge trug und sich auf weite Teile Europas auswirkte. Nach ersten militärischen Auseinandersetzungen formulierten die Hussiten 1420 ein gemeinsames Programm, die so genannten Prager Artikel, in denen unter anderem das Abendmahl in beiderlei Gestalt für Priester und Laien, die freie Predigt und die Säkularisierung des Kirchenguts gefordert wurden. Diese Grundsätze sollten auch außerhalb Böhmens verbreitet werden. Dieses Vorhaben wurde jedoch durch die Aufsplitterung der Hussiten in einen radikalen (Taboriten) und einen gemäßigten (Utraquisten) Flügel sowie durch die Hussitenkriege erschwert. Die hussitische Revolution gilt in gewisser Hinsicht als Vorläufer der lutherischen Reformation.

Ein Augenzeuge des Konzilgeschehens in Konstanz war der Stadtschreiber Ulrich von Richental, dessen reich illustrierte deutschsprachige Chronik als ein Höhepunkt der städtisch geprägten Geschichtsschreibung des Spätmittelalters gilt. Die um 1420/30 verfasste Chronik ist in sieben bebilderten Abschriften erhalten, das Original Richentals ist nicht überliefert. Die Handschriften sowie vor allem die drei Druckausgaben von 1483, 1536 und 1575 haben das Bild vom Konzil entscheidend geprägt. Die Ereignisse des Konzils von Konstanz mit der Festnahme und Verbrennung des böhmischen Kirchenreformers werden im Concilienbuch ausführlich geschildert. Der kolorierte Holzschnitt von 1483 zeigt Jan Hus auf dem Scheiterhaufen. Auf dem Kopf trägt er eine Bischofsmütze, die mit dem Wort „heresearcha" beschrieben ist, was soviel wie Erzketzer bedeutet. Laut Richentals Schilderung sollen auch zwei schwarze Teufel auf die Bischofsmütze gemalt gewesen sein. Der Holzschnitt der Druckausgabe von 1536 zeigt

Jan Hus byl za svou kritiku církve obviněn z kacířství. Nejprve ho vzala pod svou ochranu česká královna Žofie, která pocházela z Bavorska, roku 1415 byl však Hus na kostnickém koncilu odsouzen na hranici.

Jenský kodex
a) Kázání Jana Husa v Betlémské kapli
dílna Janíčka Zmileého z Písku, kol.r. 1500; rukopis, kolorovaná kresba, fol. 37ᵛ (R)

b) Kronika Ulricha z Richentala (kol. 1365–1437)
Das Concilium So zu Constantz gehalten ist worden...; Augšpurk: Heinrich Steyner, 1536; kniha, dřevořezy, 29,2 x 19,7

c) Upálení Jana Husa v Kostnici roku 1415
Conciliumbuch geschehen zu Constentz; Ulrich von Richental (kol. 1365–1437); Augšpurk: Anton Sorg, 1483; dřevořez, kolorováno, fol. 34ʳ, rozměr listu (R)

3.1 a

3.1 c

hingegen eine Bischofsmütze ohne Schrift- oder Bildzeichen. Der Wittelsbacher Kurfürst Ludwig von der Pfalz (1378–1436), dessen mit Rauten und Löwen versehene Fahne am rechten Bildrand zu erkennen ist, überwachte die Exekution. Die Asche von Jan Hus streute man in den Rhein.   R. R.

Kalich se stal nejdůležitějším symbolem husitského hnutí. Odkazuje na husitský požadavek přijímání pod obojí způsobou.

Kalich z Křesína

rané 15. století; stříbro, částečně zlacené, rytý nápis: IHESVS; v. 21,1, průměr nohy 14,7, průměr otvoru 11,4

3.2

3.2 Der Kelch wurde zum wichtigsten Symbol der hussitischen Bewegung. Dies geht zurück auf die Forderung der Hussiten nach der Kelchkommunion für Laien.

Kelch aus Křesín

frühes 15. Jahrhundert; Silber, teilvergoldet, gravierte Inschrift: IHESVS; H. 21,1, Ø (Fuß) 14,7, Ø (Öffnung) 11,4; Národní muzeum, Praha (H2-7202)

Durch seinen kreisförmigen Fuß ähnelt der Kelch frühgotischen Exemplaren wie beispielsweise den Stücken aus Mühlhausen/Milevsko oder Karlstein/Karlštejn aus der Zeit vor 1350. Er ist jedoch größer als diese. Den massiven Nodus ziert eine Aufschrift in Minuskeln, wie sie für die Zeit Wenzels IV. nach 1400 typisch sind. Die hohe Kuppa weist gegenüber älteren Kelchen eine geschlossenere Form und ein größeres Volumen, ein Viertelliter, auf.

Der Kelch galt als Ausdruck der reformierten Liturgie, bei der auch Laien das Abendmahl in beiderlei Gestalt empfingen, also nicht nur Brot, sondern auch Wein, der oft aus einem gemeinsamen Kelch getrunken wurde. Als Emblem der Hussiten schmückte er deren Fahnen, Siegel und Kriegsschilde. Manche Darstellungen zeigen den Kelch von einem Heiligenschein umgeben, mit der erhobenen Hostie oder im Moment der Transsubstantiation, also der Wandlung, so auf den Siegeln der hussitischen Städte Tábor oder Chotzen/Choceň. Im Lauf des 16. Jahrhunderts wurden in den utraquistischen Kirchen zunehmend größere Kelche eingeführt, einige hatten einen seitlichen Henkel und fassten bis zu einem Liter Flüssigkeit. Vor allem bei den Literatenbruderschaften erfreuten sich diese Kelche großer Beliebtheit. Ein Exemplar aus gewöhnlichem Metall ist im Heimatkundemuseum Litoměřice/Leitmeritz erhalten. Der hier gezeigte Kelch stammt aus derselben Diözese, und zwar aus der gotischen Wenzelskirche in Křesín im Kreis Leitmeritz. Leitmeritz, das bereits 1421 zum Hussitismus übergetreten war, galt als dessen wichtigstes Bollwerk. Noch heute ist in Leitmeritz ein von einem Kelch bekröntes Hausdach erhalten.   D. S.

3.3 Zwischen 1420 und 1431 fanden fünf Kreuzzüge nach Böhmen gegen die Hussiten statt, die alle mit Niederlagen der Kreuzfahrer endeten. Aufmarschgebiet war unter anderem der Raum um Nürnberg. Hussitische Heere wiederum suchten zwischen 1420 und 1434 Franken, Niederbayern und die Oberpfalz heim.

a) Codex Jenensis: Hussitenschlacht mit Kreuzrittern
Werkstatt des Jeník Zmilelý, um 1500; Zeichnung, koloriert, fol. 56r (R); Original: Národní muzeum, Praha (IV B 24)

b) Liber de arte bellica: hussitische Schlachtenszene
Johannes Hartlieb (um 1400 – um 1471); Süddeutschland, 1437/1450; Federzeichnung, koloriert, fol. 147v (R); Original: Österreichische Nationalbibliothek, Wien (Cod. 3062)

c) Die Schlacht von Hiltersried zwischen Hussiten und einem Ritterheer
Meister des Todes Mariä; Regensburg, um 1433; Kupferstich (R); Original: Louvre, Paris, Collection Rothschild (78LR)
Lit.: Dorfner 1998; Schlesinger 1974; Schmidt 1992; Šmahel 2002; Tresp 2004

Das christliche Europa sah in den Hussiten ungläubige Ketzer, die mit militärischen Mitteln niedergeworfen werden sollten. Zudem ging es um die gefährdete Herrschaft des böhmischen Königs. Eine päpstliche Bulle verkündete 1420 den Kreuzzug. Insgesamt fanden zwischen 1420 und 1431 fünf Kreuzzüge gegen das hussitische Böhmen statt. Beteiligt waren fallweise auch die bayerischen Herzöge, der Burggraf von Nürnberg, die Bischöfe von Würzburg, Bamberg und Augsburg sowie Städte wie Regensburg und Nürnberg. Die Heere sammelten sich unter anderem in Weiden und vor allem in Nürnberg, das zum Teil auch als Organisationsbasis diente. Trotz der beträchtlichen zahlenmäßigen Stärke der Kreuzfahrerheere endeten die Kriegszüge allesamt in – zum Teil verheerenden – Niederlagen. Die Kampftaktik der hussitischen Heere mit ihren speziell gerüsteten Kampfwagen, die sowohl offensiv als auch defensiv eingesetzt werden konnten, der damit in Verbindung stehende Einsatz moderner Artillerie und nicht zuletzt die religiöse Motivation waren Gründe für die spektakulären militärischen Siege der Hussiten. Ein Bild von der hussitischen Kampfweise vermittelt eine zeitnahe Federzeichnung aus dem Kriegsbuch des Johannes Hartlieb. Auffällig ist die Darstellung der aus dem Kelch trinkenden Gans auf dem übergroßen Setzschild hinter dem sich die Kämpfer verschanzt haben. Neben dem Kelch war die Gans das bekannteste Symbol der Hussiten. Dementsprechend weist der Kelch auf dem Banner in der um 1500 entstandenen Zeichnung aus dem Codex Jenensis die linke Kampftruppe als Hussiten aus, während die Fahne mit dem roten Kreuz die rechts dargestellten Berittenen als Kreuzfahrer erkennen lässt.

Durch ihre militärischen Erfolge kamen die hussitischen Heere in den Ruf der Unbesiegbarkeit, was ihre offensive Militärtaktik gegenüber den Nachbarterritorien mit begründete. Die schlechte wirtschaftliche Lage in Böhmen hatte bereits ab 1420 zu Einfällen und Kriegszügen der Hussiten in die Nachbarländer geführt. Weitere Ursachen dieser Heerfahrten waren die Absicht der Verbreitung der hussitischen Ideen, die Störung der Aufmarschgebiete der Reichsheere sowie Vergeltung für die Kreuzzüge. Im Wesentlichen ging es den Hussiten jedoch um die Versorgung der eigenen Feldheere mit Lebensmitteln. Im Gebiet des heutigen Bayern waren vor allem die Oberpfalz, Teile Frankens und Niederbayerns betroffen. Aus Furcht vor den Hussiten baute man selbst in weiter entfernten Städten Wehranlagen und Stadtmauern aus. Anfänglich sind nur kleinere kriegerische Überfälle der Hussiten auf Ortschaften in der Oberpfalz nachgewiesen, ab 1426 fanden zunehmend größer angelegte Heerfahrten statt. 1427/28 wurde Waldmünchen, das schon früher von den Hussiten belagert worden war, zerstört; das Kloster Schönthal wurde niedergebrannt und geplündert. Viele andere Ortschaften waren ebenfalls von den Hussitenzügen in unterschiedlicher Weise betroffen. Der weitreichendste Einfall nach Franken und in die nördliche Oberpfalz führte die Hussiten 1430 bis in die Nähe von Nürnberg. Im Zuge dieser auch als „holden" oder „herrlichen" Heerfahrten bezeichneten Kriegszüge belagerten

V letech 1420 až 1431 se uskutečnilo pět křížových výprav do Čech proti husitům; všechny skončily porážkou křižáků. Výchozím bodem těchto tažení byl především Norimberk. Na druhé straně se v letech 1420 až 1434 stalo území Frank, Dolního Bavorska a Horní Falce cílem nájezdů husitských vojsk.

a) Jenský kodex: Bitva husitů s křižáky
Dílna Janíčka Zmilelého z Písku, kol. 1500; kolorovaná kresba, fol. 56ʳ (R)

b) Liber de arte bellica: Výjev z husitské bitvy
Johannes Hartlieb (kol. 1400–kol. 1471); jižní Německo, 1437/1450; kolorovaná perokresba, fol. 147ᵛ (R)

c) Bitva u Hiltersriedu mezi husity a rytířským vojskem
Mistr Smrti Panny Marie; Řezno, kol. 1433; mědiryt (R)

3.3 c

die Hussiten die Plassenburg, zerstörten Hof und Kulmbach und brandschatzten Bayreuth. Bamberg schloss einen Vertrag mit den Hussiten, der gegen eine Geldzahlung der Stadt Verschonung zusicherte.

Einer der wenigen Siege über hussitische Heere gelang 1433 bei Hiltersried westlich von Waldmünchen. Der frühe Kupferstich vermittelt eindringlich die Brutalität dieser Schlacht, die – wie hier zu sehen ist – hauptsächlich mit Lanze, Armbrust, Schwert oder Dussack stattfand. Die für die Hussiten als typisch angesehene Kampftaktik der Wagenburg taucht hingegen auf diesem Bild nicht auf. Die Fahne einer Reitertruppe zeigt als Bildmotiv eine Gans und ist damit den Hussiten zuzuordnen, da tschechisch „husa" auf deutsch Gans bedeutet. Die Niederlage der Hussiten wird durch den Fall der hussitischen Fahne symbolisiert, die in der Bildmitte bei einem Feldgeschütz auf dem Boden liegt. Den Befehl über das gegnerische Ritterheer führte Hintzig Pflug zu der Schwarzenburg. Desweiteren tritt auf dem Kupferstich als Gebietsherr in der Oberpfalz Pfalzgraf Johann von Neumarkt auf, der allerdings nicht direkt an der Schlacht beteiligt war. Das Banner einer weiteren Reitergruppe zeigt jedenfalls das pfalzgräfliche Wappentier, den Löwen.

Dem oberpfälzischen Ritterherr war der erste bedeutende Sieg über ein hussitisches Heer gelungen, der jedoch nur ein Einzelfall blieb und die Hussitenzüge nicht zu beenden vermochte. Die Niederlagen der Kreuzfahrer – so war das Reichsheer 1431 bei Taus/Domažlice beim Herannahen der Hussiten geflohen – hatten auf katholischer Seite die Kompromissbereitschaft gesteigert. In Verhandlungen konnte unter anderem erreicht werden, dass in Böhmen das Abendmahl in beiderlei Gestalt gereicht werden durfte. Auch die Wittelsbacher Herzöge beteiligten sich an den Ausgleichsverhandlungen, die letztlich zum Frieden führten, nachdem die gemäßigten hussitischen Kräfte aus der Schlacht von Lipany 1434 als Sieger hervorgegangen waren. Gleichzeitig bedeutete der Ausgleich das Ende der hussitischen Einfälle in die Oberpfalz, nach Bayern und Franken.   *R. R.*

3.3 b

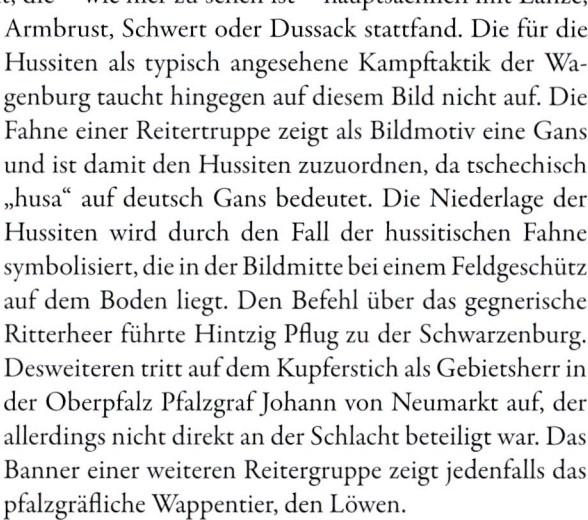

3.4 Ein typisches Element der hussitischen Kampftaktik waren Wagenburgen, die aus speziell ausgerüsteten Kampfwagen mit etwa 20 Mann Besatzung gebildet wurden.

Modell eines Hussitenkampfwagens mit Zubehör (Fahne mit rotem Kelch, Eimer, Sperre)

Saaz, 1. Viertel 15. Jahrhundert; Stanislav Horych, Maßstab 1:10; Holz, Eisen, Leinwand, Seil, max. H. 23,5, max. L. 86, max. Br. 24; Muzeum města Ústí nad Labem (V 655)
Lit.: Durdík 1953; Frankenberger 1960; Klučina 2004; Kudrnáč 1973; Seibt 1965; Toman 1898

Wenn auch die Wagenburg seit jeher zum Schutz des Rückens der Militärformationen diente, veranlassten erst die militärischen Erfolge der Hussiten eine Nutzung dieser Taktik im 15. und 16. Jahrhundert. Der Überlieferung nach wurde eine Wagenburg zum ersten Mal am 25. April 1420 von Žižkas Kämpfern bei Sudoměř errichtet, als sie am Weg zwischen Pilsen und Tábor von den Reitern des katholischen Heeres eingeholt worden waren. Die Hussiten bauten ihre improvisierte Wagenburg an einer günstigen Stelle auf dem Deich zwischen zwei Teichen auf und besiegten die schwer bewaffneten Gegner.

Am Anfang benutzten die Hussiten übliche Bauernwagen, später wurden größere und festere Wagen eingesetzt, die man seitlich mit Bohlen verstärkte. Von unten waren die Kämpfer durch ein starkes Brett, das zwischen den Rädern eingehängt wurde, vor Angriffen geschützt. Die Wagenburg diente sowohl dem Angriff als auch der Verteidigung. Im Fall eines Sturms bewegte sich die Wagenburg mit der Geschwindigkeit der Zugpferde gegen den Feind, im Fall der Verteidigung wurden die Pferde ausgespannt und die Wagen mit Ketten zusammengekuppelt. Dabei wurde das rechte Hinterrad des vorderen Wagens mit dem linken Vorderrad des folgenden Wagens verbunden. Zu jedem Fuhrwerk gehörten etwa 18 bis 21 Männer: zwei Männer mit Feuerwaffen, sechs Männer mit Armbrüsten, vier Männer mit Streitkolben, vier Männer mit Piken sowie zwei Fahrknechte und Schildträger. Im Wagen mussten eine Kette, eine Sperre, eine Krippe für Pferdefutter, ein Vorrat an Pulver, Kugeln und Pfeilspitzen sowie Werkzeug wie Schaufeln, Spaten und Haken mitgeführt werden, die zum Bau von Wegen oder zum Ausheben eines Schutzgrabens benötigt wurden. Nach den erhaltenen hussitischen Militärordnungen hatte jeder einzelne Wagen einen Befehlshaber und auch jede Seite der Wagenburg, jeweils fünf bis zehn Wagen, unterstand einem einheitlichen Kommando. Die auf strategisch günstigen Stellen errichteten Wagenburgen wurden mithilfe der schweren Artillerie geschützt und von der Reiterei unterstützt. Wenn es den Feinden gelang, die Wagenburg zu durchbrechen, wartete auf sie oft eine unangenehme Überraschung – eine weitere innere Wagenburg. Trat der Feind den Rückzug an, so verließ die Hussitenreiterei die Wagenburg und nahm die Verfolgung auf.

Typickým prvkem husitské bojové techniky byla vozová hradba, tvořená speciálně vyzbrojenými bojovými vozy s posádkou asi dvaceti mužů.

Model husitského bojového vozu s vybavením (korouhev s červeným kalichem, vědro, taras)

Žatec, 1. čtvrtina 15. století; Stanislav Horych, měřítko 1:10; dřevo, železo, plátno, lano, max. v. 23,5, max.d. 86, max. š. 24

3·4

Die Hussitenwagenburg bot nicht nur Schutz für die hinteren Stellungen des Heeres; sie ermöglichte vielmehr allen Heeresteilen und insbesondere der Artillerie eine günstige Position einzunehmen. Die gerüsteten Ritter mit Schwertern und Lanzen waren auf diese Weise gezwungen, eine Festung zu attackieren, die aus einem ganzen System von Wagen und Geschützen bestand. Ein Infanterist auf dem Wagen war im übrigen genauso groß wie ein Ritter auf dem Pferd. Er hatte aber beide Hände frei, damit mehr Raum für die Bewegung und er konnte sich besser in Deckung bringen. Ein Hussitenheer bestand durchschnittlich aus etwa 300 Wagen und 7500 Personen, unter denen etwa 700 Reiter waren. Am großen Hussitenzug nach Meißen und nach Bayern nahmen 2500 Wagen teil. Die Strategie der Wagenburg versuchten zuerst die Kämpfer des vierten Kreuzzugs gegen Böhmen nachzuahmen, die 1427 nach Tachau/Tachov auch Kampfwagen mitbrachten. Sie wurden ebenso besiegt wie die Teilnehmer des fünften Kreuzzugs in der Schlacht bei Taus/Domažlice (1431).   *J. H.*

Dřevěné štíty husitů, tzv. pavézy, byly často bohatě zdobeny. Oblíbeným motivem byl symbol husitského hnutí: kalich.

Pavéza
Replika 1906; malba: Karel Javůrek (1815–1909); dřevo, olej/plátno, 119 x 62 x 8,5

3.5 Die Holzschilde der Hussiten, die so genannten Pavesen, waren häufig reich verziert. Ein beliebtes Motiv war das Symbol der hussitischen Bewegung: der Kelch.

Pavese (Setzschild)
Nachbildung 1906; Malerei: Karel Javůrek (1815–1909); Holz, Öl/Leinwand, 119 x 62 x 8,5; Husitské muzeum v Táboře, sbírka historických zbraní, výstroje, výzbroje (ZVV 456)
Lit.: Tresp 2004

Die Kampftaktik hussitischer Heere hatte die Herausbildung einer wirkungsvollen Art von Infanterie befördert. Die böhmischen Fußkämpfer operierten im Schutz großer Pavesen mit Stangenwaffen, Armbrüsten und Handfeuerwaffen. Diese bisweilen sogar mannshohen Setzschilde wurden später durch die böhmischen Söldner – die so genannten Trabanten – weiter verbreitet und zählten im

3.5

15. Jahrhundert zum charakteristischen Bestandteil des böhmischen Kriegswesens. Der Schild verfügte über eine Spitze, die eine freie Aufstellung gestattete und das beidhändige Hantieren des Fußknechts ermöglichte. Zeitnahe Bildquellen lassen die Undurchdringlichkeit erkennen, die von einer aus Pavesen gebildeten Schutzwand offenbar ausging. Der Einsatz von Pavesen im Kampf galt lange Zeit als hussitische Erfindung, obwohl ihr Ursprung außerhalb Böhmens zu suchen ist. Das Wort „Pavese" leitet sich ab vom lateinischen „pavisorius" als Bezeichnung für einen Schild. Andere Worterklärungen verweisen auf das altfranzösische „pavois" (= Deckung). Wie kennzeichnend die Pavese für die hussitischen Fußknechte war, belegt die Anwerbung von aus dem Bayerischen Wald stammenden so genannten Waldknechten, die auch als „Pavesner" bezeichnet wurden.   *R. R.*

3.6 Gefürchtete Waffen des hussitischen Fußvolks waren Kriegsflegel und Morgenstern.

a) Kriegsflegel (mit neueren Ergänzungen)
Mitteleuropa, 15. Jahrhundert; Holz, Eisen, L. (Schlagkörper) 45,2, L. (Griff) 165; Národní muzeum, Praha (H2 20)

b) Morgenstern
Pilsener Städtisches Zeughaus, Pilsen, Anfang 15. Jahrhundert; Holz, Eisen, Gesamtlänge 180, H. (Kopf) 20, L. (Dorne) 10; Západočeské muzeum v Plzni (MZZ 567)
Lit.: Durdík 1989

Der Kriegsflegel verfügt über eine hölzerne Keule mit sechs ineinander gedrehten eisernen Stäben und drei Querbändern mit Nägeln. Dieser Schlagkörper ist über zwei Kettenglieder mit der eisernen Umfassung des Griffs verbunden. Der Kriegsflegel war eine typische Waffe des bäuerlichen Fußvolks. Belege für die Verwendung liegen aus dem 13. und 14. Jahrhundert vor, aber schon im Hochmittelalter wurde das einfache Volk, das den Rittern auf ihre ersten Kreuzzüge folgte, mit Kriegsflegeln ausgerüstet. Das ursprünglich landwirtschaftliche Gerät zum Dreschen des Getreides konnte relativ leicht zu einer Waffe umgewandelt werden. Nach den Hussitenkriegen fand der Kriegsflegel in ganz Europa Verbreitung und kam noch in den Bauernaufständen im 17. und 18. Jahrhundert zum Einsatz.

Der Morgenstern, eine mit Nägeln gespickte Holzkeule, gehörte im Hochmittelalter ebenfalls zu den Waffen der Fußsoldaten. Im städtischen Umfeld wurden Morgensterne bei der Verteidigung der Befestigungsanlagen gegen Angreifer eingesetzt. Seine Herstellung war einfach und seine Handhabung verlangte keine besondere Übung. Im Städtischen Zeughaus von Pilsen/Plzeň haben sich bis zum Ende des 19. Jahrhunderts 18 Morgensterne erhalten. Die Inventarliste des Zeughauses aus dem Jahr 1774, die in Matěj Tanners Pilsener Stadtchronik überliefert ist, führt unter der Bezeichnung „Žižka-Keule" noch 27 Exemplare auf. Der hier gezeigte Morgenstern besitzt einen glatten Griffstab, an dessen Ende ein länglich gerundeter hölzerner Kopf sitzt, der besetzt ist mit einer Spitze oben und sechs weiteren rundum. Der Kopf ist am oberen und unteren Ende mit einer geschmiedeten Umfassung verstärkt. *E. Š./F. Fr.*

Obávanými zbraněmi husitské pěchoty byly bojový cep a řemdich.

a) Cep bojový (s novějšími doplňky)
střední Evropa, 15. století; dřevo, železo, d. tlouku 45,2, d. násady 165

b) Řemdich – palice
Plzeňská městská zbrojnice, Plzeň, počátek 15. století; dřevo, železo, celková délka 180, v. hlavy 20, d. trnů 10

3.6 a

3.7 Ein Grund für die militärischen Erfolge der Hussiten liegt im frühen Einsatz von Handfeuerwaffen und kleinen Geschützen auch in der Feldschlacht.

a) Handbüchse mit Haken
Pilsener Städtisches Zeughaus, Pilsen, Ende 14./Anfang 15. Jahrhundert; Eisen, Holz, L. (Lauf) 29, Gesamtlänge mit Kolben 130,2, Kaliber 26 mm; Západočeské muzeum v Plzni (MZZ 2)

b) Handbüchse mit Haken
Pilsener Städtisches Zeughaus, Pilsen, Anfang 15. Jahrhundert; Eisen, Holz, L. (Lauf) 41,5, Gesamtlänge mit Kolben 134,1, Kaliber 29 mm; Západočeské muzeum v Plzni (MZZ 3)
Lit.: Frýda 1988; Koula 1898; Sixl 1897/99

Die Handbüchsen mit Haken (Hakenbüchsen) stammen aus dem Pilsener Städtischen Zeughaus, das Feuerwaffen und Rüstzeug aus der Zeit vom Ende des 14. bis zur Mitte des 17. Jahrhunderts beherbergt. Das Pilsener Zeughaus wurde unter Kaiser Karl IV. gegründet. 1363 übernahm die Stadt vom Kaiser 380 Stück Rüstzeug zur Verwahrung und verpflichtete sich, dieses auf eigene Kosten um Ausrüstung für 400 Mann zu ergänzen sowie diesen Bestand zu erhalten und zu erweitern. Das Zeughaus befand sich mit seinem gesamten Inventar bis 1878 in städtischer Obhut, als es an die Sammlungen des Pilsener Museums übergeben wurde. Die Feuerwaffen vom Beginn des 15. Jahrhunderts stellen den bedeutendsten Teil der Sammlung dar.

Die hier gezeigte Feuerbüchse mit Haken (Sign. MZZ 2) gehört zu den ältesten erhaltenen Feuerwaffen in Europa. Dieser Büchsentyp mit kurzem Lauf war in ganz Europa verbreitet. Ein analoges Stück befindet sich im Historischen

Jednou z příčin vojenských úspěchů husitů bylo časné nasazení ručních palných zbraní a malých děl i v polní bitvě.

a) Ruční puška
Plzeňská městská zbrojnice, Plzeň, konec 14./ počátek 15. století; železo, dřevo, délka hlavně: 29, celková délka s pažbou 130,2, ráže 26 mm

b) Ruční puška
Plzeňská městská zbrojnice, Plzeň, počátek 15. století; železo, dřevo, délka hlavně: 41,5, celková délka s pažbou 134,1, ráže 29 mm

3.7 a

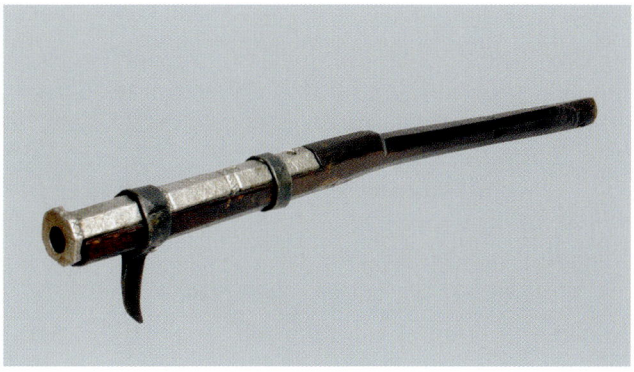

3.7 b

Museum in Bern. Die Reichweite solcher Waffen betrug ca. 100 m. Dass in Pilsen seit dem beginnenden 15. Jahrhundert Feuerwaffen gefertigt wurden, belegen entsprechende Bürgersnamen aus dieser Zeit. Die erhaltenen Waffen zeichnen sich durch eine sehr gute Verarbeitung aus. Oft tragen die ältesten Waffen die Signatur mit dem Kamelmotiv oder sind verziert. Beispiel einer solchen Waffe ist die Handbüchse aus dem Städtischen Zeughaus in Pilsen (Sign. MZZ 3).

Die Handbüchse mit der Signatur MZZ 2 hat einen achteckigen geschmiedeten Lauf. Die Mündung ist abgesetzt und verbreitert, der Haken ist ausgeschmiedet aus dem flachen Metallband über der Kammer. Im unteren Teil des Hakens befindet sich eine rechteckige Öffnung für den Sicherungskeil. Auf der Außenseite des Laufbodens ist ein Prägezeichen zu erkennen, das einen Kreis mit Pfeil zeigt. Das Zündloch befindet sich auf der Oberseite hinten am Lauf.

Die Handbüchse mit Haken und der Signatur MZZ 3 hat einen achteckigen Lauf mit Mündungsring, der mit liegenden Kreuzen verziert ist. Auf der Oberseite des Mündungsrings befindet sich eine Zielkerbe. Der Lauf wird durch zwei eingetriebene Ringe in drei Teile geteilt; die Ringe sind ebenfalls mit liegenden Kreuzen verziert. Auf der Oberseite des Mittelteils ist ein gleicharmiges Kreuz eingetrieben. Im hinteren Teil findet sich ein Prägezeichen in Form eines gotischen Schildes mit Adler. Beim Zündloch ist ein gleicharmiges Kreuz zu sehen, dazwischen ist der Buchstabe W zu erkennen. Hinter dem Zündloch am Boden des Laufs finden sich Spuren ehemals eingeschmiedeter Bodenzapfen. *F. Fr.*

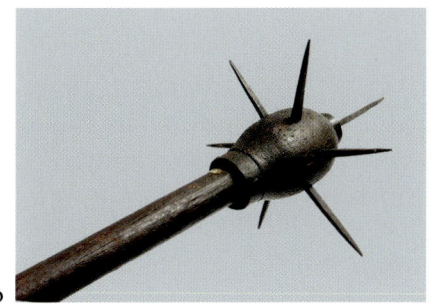

3.6 b

Vedle kuše byly běžnými zbraněmi husitů dvousečné meče, zvláštní typ halapartny a šavlovité tesáky.

a) Meč
14./15. století; d. 135

b) Hrot halapartny (sudlice)
15. století; d. 65

c) Tesák
kolem 1500; d. 61,9

3.8 Übliche Waffen der Hussiten waren neben der Armbrust zweischneidige Schwerter, besondere Arten von Helmbarten sowie der säbelähnliche Dussack.

a) Schwert
14./15. Jahrhundert; L. 135

b) Spitze einer Helmbarte (Sudlice)
15. Jahrhundert; L. 65

c) Dussack (Tesák)
um 1500, L. 61,9
Vojenský historický ústav Praha – Armádní muzeum, Praha (I-2869, I-2005, I 2959)
Lit.: Tresp 2004

Bei den hussitischen Kämpfern fanden einfache Schlagwaffen, aber auch verschiedene Formen von Blank- und Stangenwaffen Verwendung. Neben dem zweischneidigen Schwert ist der einschneidige säbelähnliche Dussack hervorzuheben, der auch auf zeitgenössischen Bilddarstellungen immer wieder zu sehen ist. Ursprünglich dürfte es sich dabei um eine Bauernwaffe gehandelt haben, die durch die Hussiten weiter verbreitet wurde. Auf die ländliche Herkunft weist die einfache Konstruktion hin, denn beim Dussack wurde die Metallklinge einfach unten verlängert und umgebogen, wodurch ein Griff mit wirksamem Handschutz entstand. Das handwerklich aufwändige Zusammenfügen von Einzelteilen aus unterschiedlichen Materialien entfiel damit. Eine Erwähnung verdienen auch die

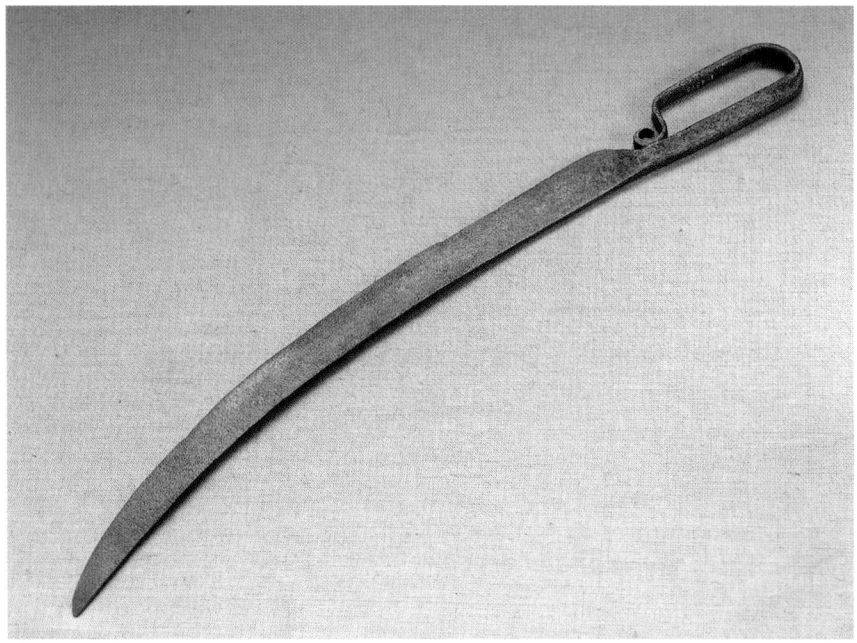

3.8 c

spießähnlichen böhmisch-hussitischen Helmbarten (Sudlice), die sich von Stangenwaffen aus anderen Regionen unterschieden.   *R. R.*

3.9 Während der Belagerung durch die Hussiten erbeutete das katholische Pilsen 1433 ein Kamel, das es der Stadt Nürnberg schenkte als Dank für deren Hilfe mit Geld und Waffen.

Tarasbüchse mit den Wappen von Pilsen (mit Darstellung eines Kamels) und Nürnberg

Pilsener Städtisches Zeughaus, wohl Nürnberg, 1507; Bronze, Eisen, Holz; L. (Lauf) 69, Gesamt-länge mit Lafette 165, Kaliber 30,5 mm; Západočeské muzeum v Plzni (MZZ 571)
Lit.: Frýda/Hus 1986

Die Tarasbüchse aus dem Jahr 1507 mit den Wappen der Städte Pilsen und Nürnberg gehört zu den wenigen Geschützen aus Pilsen, die sich bis heute erhalten haben. Zwischen Pilsen und Nürnberg bestanden im 15. und 16. Jahrhundert rege Handelsbeziehungen. Nürnberg unterstützte Pilsen insbesondere 1433/34 während der Belagerung durch die Hussiten, und zwar nicht nur diplomatisch, sondern auch mit Waren. Bei einem ihrer Ausfälle in das Hussitenlager erbeuteten die Pilsener ein Kamel, das die hussitische Feldarmee von ihrem Feldzug nach Polen mitgebracht hatte. Das Kamel, eine Besonderheit, schenkten die Pilsener Bürger als Dank für die freundschaftliche Unterstützung der vergangenen Jahre der Stadt Nürnberg. Kaiser Sigismund würdigte die Bedeutung Pilsens am 19. September 1434 durch eine Urkunde und befreite die Stadt für das gesamte Reichsgebiet von Zoll, Maut und sonstigen Abgaben. Damit verschaffte er ihr das Monopol auf den bedeutenden Handel der böhmischen Städte mit Nürnberg.

Die Stadt Pilsen verfügte von Anfang an nicht nur über Handfeuerwaffen, sondern auch über eine städtische Artillerie. Im Städtischen Zeughaus von Pilsen haben sich fünf Tarasbüchsen aus dem frühen 15. Jahrhundert erhalten. Tarasbüchsen waren leichte Geschütze, die ursprünglich auf offenen Festungswällen aufgestellt wurden. Schriftliche Quellen erwähnen die Pilsener Geschütze bereits um das Jahr 1530, als die Stadt alte Kanonen und Rohmaterial nach Prag schickte, um daraus neue fertigen zu lassen. Im selben Jahr gab der Pilsener Rat sechs gegossene Kanonen zu je vier Zentner Gewicht in Auftrag. Die Mehrzahl der Pilsener Kanonen hat sich nicht erhalten; der Staat requirierte sie in späteren Jahren zur Herstellung neuen militärischen Geräts. Nach dem Dreißigjährigen Krieg verlor

Roku 1433, během obléhání města husity, se katolické Plzni podařilo ukořistit velblouda, kterého pak věnovala městu Norimberk jako výraz díků za finanční pomoc a zbraně.

Tarasnice se znaky města Plzně (s velbloudem) a Norimberka

Plzeňská městská zbrojnice, asi Norimberk, 1507; bronz, železo, dřevo; délka hlavně 69, celková délka s lafetou 165, ráže 30,5 mm

Pilsen seine Bedeutung als Festungsstadt, die verbliebenen Geschütze wurden abgeliefert. Die kleine Tarasbüchse von 1507 erinnert heute an die ruhmreiche Vergangenheit der Stadt. Verzierung und Verarbeitung lassen vermuten, dass sie in einer Nürnberger Werkstatt für Pilsen gegossen wurde. Die Tarasbüchse hat ein gegossenes, zwölfeckiges Bronzerohr, das im unteren Teil in ein unregelmäßiges Achteck übergeht. Der untere Teil des Rohrs weist die Zielvorrichtungen auf. Die Mündung ist durch einen gekerbten Ring verstärkt, den Halbbögen ergänzen. Ein ähnlicher Ring befindet sich im Mittelteil. Im mittleren Ring ist das Zwölfeck des Rohrs um 15 Grad gedreht. Im unteren Teil befinden sich

3.9

nebeneinander die beiden halbreliefartigen Wappen der Städte Nürnberg und Pilsen. Darüber ist ein rechteckiges Feld mit der Jahreszahl 1507 zu sehen. Das Rohr wurde zu Beginn des 17. Jahrhunderts in eine Radlafette gesetzt.   *F. Fr.*

I v Bavorsku si Husovo učení našlo své stoupence. Johann Reichel z Münchbergu u Hofu byl nucen přiznat, že roku 1427 rozmlouval v Čechách s husity.

Smírčí listina Johanna Reichela z Münchbergu

Bamberg, 3. dubna 1427; papír/pero, 17,5 x 30,5

3.10 Auch in Bayern gab es Anhänger des hussitischen Gedankenguts. So musste Johann Reichel aus Münchberg bei Hof zugeben, 1427 Gespräche mit den Hussiten in Böhmen geführt zu haben.

Urfehdebrief des Johann Reichel aus Münchberg
Bamberg, 3. April 1427; Pergament, 17,5 x 30,5; Staatsarchiv Bamberg (Brandenburger Urkunden A 160, L 579, Nr. 2487)
Lit.: Machilek 1997

Die religiösen Ideen der Hussiten stießen auch bei Teilen der Bevölkerung westlich der böhmischen Grenze auf Zustimmung. Schon die Reise des Jan Hus im Jahr 1414 von Prag durch die Oberpfalz und Franken nach Konstanz hatte dies angedeutet. Seit 1420 verbreitete sich in den Nachbarterritorien Böhmens die Furcht vor den Auswirkungen der hussitischen Bewegung. Es kam zu Verdächtigungen von vermeintlichen oder tatsächlichen Anhängern der Hussiten und vereinzelt sogar zu Todesurteilen. In Regensburg wurde 1421 der Kaplan Ulrich Grünsleder aus Vohenstrauß zum Tode verurteilt, weil er Schriften von Hus übersetzt und verbreitet hatte. Selbst der Abt von Waldsassen geriet in Verdacht mit den Hussiten zu sympathisieren. Waldensische Gemeinden, die in mancherlei Hinsicht mit den hussitischen Überzeugungen verbunden waren, dürften für eine positive Aufnahme hussitischen Ideenguts auch nach dem Ende der Hussitenkriege mit verantwortlich sein. In Würzburg schritt man 1446 gegen 197 Personen ein, die in Windsheim, Neustadt an der Aisch, Rothenburg und Ansbach der hussitisch-waldensischen Ketzerei verdächtigt worden waren. 1458 wurde in Straßburg der aus der Nähe von Donauwörth stammende Friedrich Reiser verbrannt, einer der wichtigsten Vertreter hussitisch-waldensischer Lehren. Und noch 1460 ist in Eichstätt ein Verfahren gegen eine waldensisch-hussitische Gemeinde belegt. Ein groß angelegter Anschluss an die Hussiten erfolgte in Bayern jedoch nicht.

Der Urfehdebrief aus dem Jahr 1427 belegt den Gedankenaustausch von Einzelpersonen mit den Hussiten sowie die Verbreitung hussitischer Vorstellungen. Johann Reichel von Münchberg, einer Ortschaft zwischen Hof und Bayreuth, gab gegenüber Markgraf Friedrich I. von Brandenburg und Burggrafen von Nürnberg zu, Gespräche „… im Lande zu Beheim mit den unglaubigen ketzern …" geführt zu haben. Mit dem Urfehdebrief versprach er, in Zukunft keinerlei Kontakt mehr nach Böhmen aufzunehmen und den Unglauben nicht weiter zu verbreiten.

R. R.

3.11 Die Darstellung Luthers mit einem Schwan bezieht sich auf Jan Hus, der in Anspielung auf seinen Namen auf dem Scheiterhaufen ausgerufen haben soll: „Heute bratet ihr eine magere Gans, aber über hundert Jahren werdet ihr einen Schwan hören singen, den sollt ihr ungebraten lassen."

Luther mit dem Schwan
Kaufbeuren, um 1740–1788; Glas, bemalt, 31,2 x 21,5; Stadtmuseum Kaufbeuren (5837)
Lit.: AK Luther mit dem Schwan 1996; Flacke 1998

Das Hinterglasbild zeigt Martin Luther mit einem Schwan als Attribut. Es entstand in der zweiten Hälfte des 18. Jahrhunderts in der gemischtkonfessionellen Freien Reichsstadt Kaufbeuren, dem einzigen Herstellungszentrum protestantischer Hinterglasmalerei im süddeutschen Raum. Die Motivwahl war keine singuläre Idee des Kaufbeurer Kunsthandwerkers. Das Attribut des Schwans zählt vielmehr zu den dominanten Motiven in den Lutherdarstellungen des 17. und 18. Jahrhunderts.

Der Schwan verweist auf das Verhältnis Martin Luthers (1483–1546) zum böhmischen Reformator Jan Hus (um 1370–1415), den Luther erstmals 1519 als seinen Vorläufer bezeichnete. Hus, dessen Name im Tschechischen „Gans" (husa) bedeutet, soll einer erst in der zweiten Hälfte des 16. Jahrhunderts einsetzenden Überlieferung zufolge auf dem Scheiterhaufen 1415 prophezeit haben: „Heute bratet ihr eine magere Gans, aber über hundert Jahren werdet ihr einen Schwan hören singen, den sollt ihr ungebraten lassen" (zitiert nach Flacke, 1998, Anm. 41). Zwar gilt die Aussage zumindest in Teilen als authentisch von Hus stammend, die zeitliche Zuordnung der Prophezeiung unmittelbar vor seinem Tod taucht aber wohl erstmals 1558 auf, also 143 Jahre nach Hus und zwölf Jahre nach Luthers Ableben. Der böhmische Reformator wies vielmehr in seinem zweiten Brief aus dem Gefängnis in Konstanz an die Prager an zwei Stellen auf künftige Nachfolger hin. Darin bezeichnet er sich als zahme Gans, die zu größeren Leistungen nicht fähig sei, während andere Vögel mit höherem Fluge die Fallstricke der Feinde zerreißen werden. Statt einer schwachen Gans sollen scharfsichtige Falken und Adler das von Hus begonnene Werk beenden. Die Zeitangabe von hundert Jahren wurde Hus später in den Mund gelegt und stammt wohl von seinem Begleiter, Hieronymus von Prag, den ein Jahr nach Hus' Tod das gleiche Schicksal ereilte. Nach dem Bericht eines Zeitgenossen hat Hieronymus seinen Richtern vor seinem Märtyrertod zugerufen, dass sie ihm nach hundert Jahren vor Gottes Stuhl Rechenschaft zu geben hätten.

Luther kann durch mündliche Überlieferung oder in brieflicher Form von den Prophezeiungen des Jan Hus und des Hieronymus erfahren haben. Seit er Hus auf der Leipziger Disputation 1519 als seinen Vorgänger bezeichnet hatte, stand er in brieflichem Kontakt mit Vertretern der Böhmischen Brüder und der böhmischen

Vyobrazení Luthera s labutí má souvislost s Janem Husem, který na hranici údajně zvolal: „Dnes pečete hubenou husu, ale po sto letech uslyšíte labuť hlasitě zpívat, a tu už si neupečete."

Luther s labutí
Kaufbeuren, kolem 1740-1788; podmalba na skle, 31,2 x 21,5

3.11

Utraquisten, die beide ihre Wurzeln in Hus' Lehren hatten. Schriftlich hat Martin Luther sich mehrmals (1531, 1533 und 1541) auf die schon vor ihm gänzlich Hus zugeschriebene Weissagung bezogen. So schrieb der Reformator 1541, dass Hus gesagt habe: „Über hundert Jahre sollt ihr Gott und mir antworten. Auch, sie werden eine Gans braten … Es wird ein Schwan nach mir kommen, den werden sie nicht braten. Und ist also geschehen. Er ist verbrannt, Anno 1416 [!]. So ging dieser jetzige Hader an mit dem Ablaß, Anno 1517." (zitiert nach AK Luther, S. 9) Wie die bildliche Umdeutung der noch bei Hus als Falken und Adler bezeichneten Nachfolger in einen singenden Schwan vonstatten ging, ist nicht geklärt. Die bislang erste bekannte bildliche Darstellung, die auf die Legende von Hus und Luther anspielt, findet sich auf zwei 1601 geprägten Medaillen aus Wittenberg. Gans und Schwan zieren die Vorderseite der Medaille. Das älteste Gemälde, das Luther mit dem Schwan zeigt, datiert ins Jahr 1603. Es wurde von Jacob Jacobsen für die Kirche St. Petri in Hamburg geschaffen. *A. P.*

Husitské nepokoje měly za následek převoz říšského pokladu z Čech do Uher v roce 1422. O dva roky později byly říšské klenoty v přísném utajení, ukryté pod nákladem ryb, přepraveny do Norimberka, kde měly zůstat uchovány na věčné časy.

Převoz říšských klenotů do Norimberka r. 1424

Inscenace s fotografiemi:

a) Říšská koruna
západoněm., 2. pol. 10. století; zlato, smalt, drahokamy a perly

b) Říšské jablko
Kolín n.R., kolem 1200; zlato, drahokamy a perly

c) Svaté kopí
8. stol.; ocel, železo, mosaz, stříbro, zlato, kůže

3.12 Wegen der Hussitenunruhen wurde der Reichsschatz 1422 von Böhmen nach Ungarn gebracht. Von dort gelangte er 1424, versteckt unter einer Fischladung, nach Nürnberg, wo er auf ewig verwahrt bleiben sollte.

Transport der Reichskleinodien nach Nürnberg 1424
Inszenierung mit Fotografien von:

a) Reichskrone
westdeutsch, 2. Hälfte 10. Jahrhundert; Gold, Email, Edelsteine und Perlen

b) Reichsapfel
Köln, um 1200; Gold, Edelsteine und Perlen

c) Heilige Lanze
8. Jahrhundert; Stahl, Eisen, Messing, Silber, Gold, Leder
Originale: Kunsthistorisches Museum Wien, Kunstkammer (SK XIII/1, SK XIII/2, SK XIII/19)
Lit.: Kirchweger 2006, Bd. 2; Weltliche und Geistliche Schatzkammer 1987; AK Nürnberg – Kaiser und Reich 1986

Die Reichskleinodien bestanden aus den Insignien, also den herrschaftlichen Hoheitszeichen wie Reichskrone, Reichsapfel und Zepter, den Krönungsgewändern und den Reliquien. Sie symbolisierten den imperial-sakralen Charakter des römisch-deutschen König- und Kaisertums. Ihr Besitz markierte auch die Übertragung und die Rechtmäßigkeit der Herrschaft. Gleichzeitig wurden sie bis ins frühe 16. Jahrhundert verehrt und als Heiltümer öffentlich gezeigt.

Die zu den Reichsinsignien zählende Reichskrone wurde vermutlich 962/967 anlässlich der Krönung Ottos I. oder seines Sohnes Ottos II. geschaffen. Den Körper der Plattenkrone bilden acht durch Scharniere verbundene Bogenplatten, die teils beschriftet und mit Edelsteinen und Perlen besetzt sind. Die Emaildarstellungen weisen byzantinische Einflüsse auf und zeigen die Könige David und Salomon sowie Isaias und Christus als Weltenherrscher. Das Kronenkreuz ist eine Ergänzung des frühen 11. Jahrhunderts, das den göttlichen Auftrag des Herrscheramts verdeutlicht.

Bei der Heiligen Lanze handelt es sich um eine aufwändig gearbeitete karolingische Flügellanzenspitze, in deren Mitte ein Eisenstift sitzt, der als Nagel vom Kreuz Christi galt. Nach anderen Berichten waren Nagelspäne vom Kreuz Christi in die Lanze eingearbeitet worden. Der Lanze wurden siegbringende Eigenschaften zugeschrieben. Sie bildete einen zentralen Bestandteil des königlichen Reliquienschatzes und stellte gleichzeitig ein wichtiges Herrschaftssymbol dar.

Der Reichsapfel besteht aus einer mit Harz gefüllten Kugel aus Goldblech mit juwelenbesetzten Bändern. Auf der als Weltkugel (Sphaira) zu interpretierenden Kugel sitzt ein Kreuz, das den christlichen und weltlichen Herrschaftsanspruch augenfällig miteinander verbindet.

Seit 1350 waren die Reichskleinodien im Besitz der Dynastie der Luxemburger. Karl IV. hatte sie damals vom Sohn Kaiser Ludwigs des Bayern erhalten und nach Prag in die Wenzelskapelle bringen lassen. Seit 1365 wurden sie in der nahe Prag gelegenen Burg Karlstein verwahrt. 1422 war der Kronschatz wegen der zunehmenden Unruhen in Böhmen nach Ungarn gebracht worden, da er nicht in die Hände der Hussiten fallen sollte. Im März 1424 gelangten die Reichskleinodien – versteckt unter einer Fischfuhre und bei strengster Geheimhaltung – nach Nürnberg. Selbst der Fuhrmann hatte erst kurz vor den Toren der fränkischen Reichsstadt von seiner wertvollen Fracht erfahren. König Sigismund von Böhmen hatte 1423 bestimmt, dass die Reichskleinodien auf ewige Zeiten in Nürnberg bleiben sollten. Damit sollte nicht nur eine sichere Verwahrung garantiert, sondern auch die Stellung der Reichsstadt sowie ihre Verbundenheit zum Haus Luxemburg unterstrichen werden. Einmal jährlich wurde der Reliquienschatz auf einem eigenen Schaugerüst auf dem Hauptmarkt den Gläubigen gezeigt, die dadurch einen Ablass erlangen konnten. Mit der Einführung der Reformation in Nürnberg stellte man 1524 diese Heiltumsweisungen ein. Als Symbole des Heiligen Römischen Reichs blieben die Reichskleinodien aber weiterhin von Bedeutung. *R. R.*

3.13 Die Kriegskunst der Hussiten war ein Grund, dass böhmische Söldner bis zum frühen 16. Jahrhundert auch in Bayern überaus geschätzt waren.

Schlacht bei Wenzenbach 1504
aus: „Fuggerscher Ehrenspiegel" des Hauses Habsburg von Clemens Jäger, Bd. 2, Augsburg 1559; Papier/Handschrift, Federzeichnungen, koloriert, 53,5 x 39,5; Bayerische Staatsbibliothek München (Cgm 896)
Lit.: Ebneth/Schmid 2004; Tresp 2004; Sladkovská 2007; Friedhuber 1973

Husitské válečné umění bylo jedním z důvodů, proč byli čeští žoldnéři až do raného 16. století i v Bavorsku velmi cenĕni.

Bitva u Wenzenbachu r. 1504
z: „Fuggerscher Ehrenspiegel" des Hauses Habsburg von Clemens Jäger, Bd. 2, Augsburg 1559; papír/rukopis, kolorované perokresby, 53,5 x 39,5

Die Hussitenkriege in Böhmen im ersten Drittel des 15. Jahrhunderts brachten wichtige Veränderungen im Kriegswesen mit sich. So entwickelte sich eine frühe Form von Infanterie: die böhmischen Trabanten. In kleinen Rotten straff organisiert und ausgerüstet mit großen Setzschilden (Pavesen) und Schusswaffen, erwiesen sie sich für die spätmittelalterliche Kriegsführung als besonders geeignet und wurden zu einem gefragten „Exportschlager" Böhmens. Zugleich hatte sich das Interesse des böhmischen Adels am Kriegsgeschäft nachhaltig belebt, denn die Beteiligung am internationalen Söldnerhandel versprach gute Gewinnchancen. Böhmen entwickelte sich zeitweilig zum wichtigsten Söldnermarkt für das mittlere und östliche Europa – nicht zuletzt auch für Bayern: Intensive Beziehungen und heftige Adelsfehden im bayerisch-böhmischen Grenzgebiet sorgten hier für häufige Präsenz böhmischer Söldner. Besonderen Anteil hatten sie am Markgrafenkrieg Herzog Ludwigs des Reichen von Bayern-Landshut 1459 bis 1462 und am Landshuter Erbfolgekrieg 1504, der mit der „Böhmenschlacht" am 12. September 1504 seinen militärischen Höhepunkt fand. Unweit des Dorfes Wenzenbach bei Regensburg gelang es dem überlegenen Heer König Maximilians I. und Herzog Albrechts IV. von Bayern einen marodierenden Haufen böhmischer Söldner der Pfälzer Partei vollständig zu besiegen. Dabei kam etwa die Hälfte der 3 000 Böhmen ums Leben, ca. 700 gerieten in Gefangenschaft.

Die Zeichnung entstand über 50 Jahre später, stützt sich jedoch auf eine unmittelbar nach der Schlacht entstandene Vorlage von Hans Burgkmair. Dargestellt ist der entscheidende Angriff des verbündeten Heeres auf die hinter einer Wand aus Pavesen verschanzten böhmischen Trabanten. Im Vordergrund rechts ist anhand des Reichswappens König Maximilian mit seinen Begleitern zu erkennen, am linken Rand ist das Nürnberger Aufgebot zu sehen. Hervorzuheben sind die im böhmischen Heer sichtbaren Fahnen, die sich in keiner anderen Darstellung der Schlacht finden. Sie lassen sich als Fahnen der böhmisch-mährischen Adelsfamilien Šternberk, Jestřibský von Rýzmburk, Boskovice, Mezeříce, Lomnice und der schlesischen Familie von Zedlitz (von links) deuten. *U. T.*

3.13

3.14

3.14 Die Wallfahrt Neukirchen b. Hl. Blut in der Oberpfalz geht der Legende nach auf eine Begebenheit mit einem Hussiten zurück, der die Marienfigur mit seinem Säbel zerschlagen wollte.

Darstellung des Gnadenbildes von Neukirchen b. Hl. Blut und des Hussiten mit gezücktem Säbel
1661; Öl/Leinwand, 107 x 97; Familie Josef Neumeyer/Wallfahrtsmuseum Neukirchen b. Hl. Blut
Lit.: Hueber 1671; Hartinger 1971

Das Gemälde zeigt eine Szene aus der Entstehungslegende der Neukirchener Wallfahrt. Laut Aufschrift wurde das Bild durch „Anna Magdalena Frau v. Khinitz geborne Oderstein von Gudenitz auf Moßau, Geibitz ec. ec. Anno 1661" gestiftet und 1888 restauriert.

Die Marienwallfahrt Neukirchen stand von Beginn an in besonderer Beziehung zum benachbarten Böhmen. Nach der Legende rettete um 1410 eine fromme Bauersfrau das damals im böhmischen Loučim/Lautschim befindliche Gnadenbild vor den Hussiten nach Neukirchen b. Hl. Blut, wo es schließlich in einer kleinen Kapelle aufgestellt wurde. Die Entstehungslegende der Neukirchener Wallfahrt wird in die erste Hälfte des 15. Jahrhunderts datiert: Ein Hussit entdeckt die geschnitzte Marienfigur, will sie zerstören und wirft sie in den nahe gelegenen Brunnen. Die Figur kehrt jedoch wieder an ihren Platz zurück. Dieser Vorgang wiederholt sich dreimal. Der Hussit versucht dann die Marienfigur mit dem Säbel zu zerschlagen. Er spaltet das Haupt, aus der Wunde fließt Blut. Als der Hussit fliehen will, bewegt sich das Pferd nicht von der Stelle. Der Hussit wird bekehrt.

Die Legende ist erstmals 1590 schriftlich fassbar. Sie wurde danach immer weiter ausgestaltet. Erst seit der Version von Roman Sigl (1640) wird übernommen, dass der Frevler ein Hussit gewesen sei; zuvor war von einem „Böhmen" die Rede. Ab der zweiten Hälfte des 18. Jahrhunderts wird zudem berichtet, dass das Gnadenbild aus dem böhmischen Loučim stamme.

1656 wurde das Franziskanerkloster in unmittelbarer Nachbarschaft zur Wallfahrtskirche gegründet. Eine der Bedingungen war die Besetzung auch mit tschechischsprachigen Patres zur Betreuung der vielen böhmischen Wallfahrer. Die Neukirchener Wallfahrt erreichte in dem Jahrhundert nach der Klostergründung ihre Blütezeit. Im Mirakelbuch von 1671 sind 70 Ortschaften genannt, davon etwa ein Drittel böhmische, die in Gemeinschaftsprozessionen nach Neukirchen kamen. Der Wallfahrtsbetrieb ließ im 19. Jahrhundert deutlich nach. Zudem wurde der Grenzübertritt erschwert; die Gemeinschaftsprozessionen aus Böhmen wurden weniger. Mit der Schließung der Grenze 1945 und der Errichtung des Eisernen Vorhangs blieben die Wallfahrer aus dem Nachbarland ganz aus. Am 9. Mai 1990 kam erstmals nach der Grenzöffnung wieder eine große Pilgergruppe aus Böhmen.   *G. B.*

3.15 Jan Žižka war eine der bedeutendsten Persönlichkeiten der Hussitenbewegung. Zahlreiche Denkmäler erinnern an ihn. Meist wird er als Einäuiger dargestellt, da er ein Auge im Kampf verloren hatte.

a) Kopf Jan Žižkas aus dem Rahmengewände des Stadtwappens von Tabor
Wendel Rosskopf (um 1480–1549); Tabor, um 1515; Pläuerkalkstein, Reste von farbiger Bemalung, H. 6,5; Národní muzeum, Praha (H2-3639)

b) Jan Žižka an der Spitze eines hussitischen Heeres
aus: Codex Jenensis; Handschrift/Inkunabel, Werkstatt des Jeník Zmilelý, um 1500; Zeichnung, koloriert fol. 76r (R); Národní muzeum (IV B 24)
Lit.: Archeologické sbírky 1863, Nr. 191; AK Památky národní minulosti 1989, Kat.-Nr. 271 (L. Sršen); Brátka 2001, S. 495–504; AK Bohemica sancta 2004, Kat.-Nr. 53 (M. Bartlová)

Der aus niederem Adel stammende, im südböhmischen Tratzenau/Trocnov geborene Jan Žižka wurde zu einer der wichtigsten Figuren der sozial wie religiös motivierten, in Revolution und Krieg mündenden Hussitenbewegung. 1420 stellte er

sich an die Spitze des aufständischen Volks. Er war Mitbegründer der Stadt Tabor und bis zu seinem Tod 1424 führte er erfolgreich das hussitische Heer. Žižka ist meist als einäugiger Held dargestellt, denn er hatte ein Auge im Kampf verloren, bevor er später ganz erblindete.

Den kleinen Kopf erwarb das Nationalmuseum Prag 1850 aus der Sammlung des Prager Ingenieurs Josef Pachla (1800–1853), in dessen Besitz das Exponat bei Bauarbeiten im Táborer Rathaus 1846/48 gelangt war. Der Kopf war in den 40er-Jahren des 19. Jahrhunderts von einer Figur abgebrochen, die Žižka als stehenden Hauptmann zeigte. Die mit Mantel und Umhang bekleidete Skulptur, gegürtet mit einem Dolch und den Streitkolben in der erhobenen Rechten, stammte aus dem Rahmengewände des in Stein gemeißelten Táborer Stadtwappens, das außerdem die Märtyrer Jan Hus und Hieronymus von Prag in den Flammen des Konstanzer Scheiterhaufens zeigte sowie zwei Kämpfer der radikalen Adamiten und zwei weitere bewaffnete Männer. Wo sich dieses aufwändig gestaltete Wappen ursprünglich befunden hat, ist nicht bekannt. Nach Abschluss der Bauarbeiten fand es seinen Platz im Ratssaal im ersten Stock des Rathauses. Zweifellos gehörte das Wappenrelief, wie auch mehrere Figurenkonsolen, zum originalen Skulpturenschmuck aus der Werkstatt des Görlitzer Meisters Wendel Rosskopf: Auf dem unteren Teil des Wappenrahmens findet sich dessen Signatur mit den Initialen WtR. Dieser herausragende Bildhauer und Architekt war in den Jahren von 1513 bis 1517 in Böhmen tätig, wo er an prestigeträchtigen Aufträgen für den Rat der Königsstädte Prag und Kuttenberg/Kutná Hora sowie für den Kanzler Ladislav von Sternberg auf Schloss Bechin/Bechyně arbeitete.

Den eingemeißelten Jahreszahlen 1515 und 1516 nach zu urteilen, hatten die Taborer Ratsherren das Wappen zum hundertsten Jubiläum der Hinrichtung der hussitischen Märtyrer in Auftrag gegeben. Tabor war damals schon Königsstadt, bekannte sich aber weiterhin zum Utraquismus.   *D. S.*

Wittelsbašský falckrabě Johann von Neumarkt patřil k nejenergičtějším odpůrcům husitů, což mu vyneslo přídomek „bič na husity" nebo také „kladivo na husity".

Pohár s víčkem s reliéfními medailony: falckrabě Johann von Neumarkt v boji s husity

1. pol. 19. století; zimostrázové dřevo s prolamovanou řezbou, 42,7 x 15,6

.16

3.16 Der Wittelsbacher Pfalzgraf Johann von Neumarkt war einer der energischsten Kämpfer gegen die Hussiten, was ihm den Beinamen „Hussitengeißel" oder auch „Hussitenhammer" einbrachte.

Deckelpokal mit Relief-Medaillon: Pfalzgraf Johann von Neumarkt im Kampf mit Hussiten
1. Hälfte 19. Jahrhundert; Buchsbaumholz mit durchbrochenem Schnitzwerk, 42,7 x 15,6; Wittelsbacher Ausgleichsfonds, München (E II 3)
Lit.: AK Fürstentum der Oberen Pfalz 2004

Das Territorium von Pfalzgraf Johann von Neumarkt (1383–1443) aus dem Haus Pfalz-Wittelsbach lag in der heutigen Oberpfalz. Hauptorte seiner Besitzungen waren Neumarkt und Neunburg vorm Wald. Schon früh wandte er sich gegen Jan Hus und seine Anhänger. So nahm er 1415 Hieronymus von Prag, den wichtigsten Gefolgsmann von Jan Hus, in Hirschau fest und ließ ihn in Ketten nach Konstanz bringen, wo er wie Hus auf dem Scheiterhaufen endete. Später zog Johann von Neumarkt mehrmals in den Kampf gegen die Hussiten. 1426 eroberte er eine hussitische Wagenburg bei Klattau/Klatovy. Beim Kreuzzug von 1431 trug er das Banner König Sigismunds. 1434 war er an den Aktionen gegen den hussitischen Belagerungsring um Pilsen beteiligt. Johann von Neumarkt brachte man auch mit dem Sieg gegen die Hussiten in der Schlacht bei Hiltersried in der Oberpfalz im Jahr 1433 in Verbindung. Angesichts der zahlreichen Niederlagen gegen hussitische Heere wurde dieser militärische Erfolg entsprechend gefeiert (vgl. Kat.-Nr. 3.3). Der legendäre Sieg bei Hiltersried ist jedoch eher der 1428 gegründeten „Gesellschaft vom Einhorn" zuzuschreiben, in der sich der Adel Niederbayerns und der Oberpfalz „... wider die Ketzer und Ungläubigen, die man nennt die Hussen," (Fürstentum, S. 159) zusammengeschlossen hatte. Johann von Neumarkt selbst war an der Schlacht nicht direkt beteiligt.

Der Pokal aus Buchsbaumholz diente der historischen Erinnerung an die Wittelsbacher. Eines der vier geschnitzten Relief-Medaillons zeigt Pfalzgraf Johann im Kampf mit den Hussiten vor dem Zisterzienserkloster Walderbach, das im Jahr 1428 geplündert wurde. Die Darstellung gleicht einem Holzstich aus der 1853 im Münchner Verlag Braun & Schneider erschienenen Mappe „Bayerische Fürstenbilder". Die Bilderläuterung berichtet: „Als die Nachricht erscholl, die Hussiten seien schon bis Walderbach vorgedrungen und vertilgten Alles mit Feuer und Schwert, bot er eiligst den Adel und das Landvolk umher auf und zog den Feinden entgegen, und als er sie erblickte, ergriff er das Panier, kniete nieder und flehte zu Gott um den Sieg: ‚Hilf mir zu dem Streit, alle Waffen sind Dir geweiht!' und stürzte mit den Seinen in den Feind, der sich nach trotzigem Widerstande zur Flucht wendete." Der Pokal mit diesem Bildmotiv unterstreicht den Stellenwert, den man im 19. Jahrhundert Johann von Neumarkt und seiner Rolle im Kampf gegen die Hussiten zuschrieb.

Die übrigen drei Medaillons sind folgenden Themen gewidmet: Ekkehard Graf von Scheyern, Herzog Christoph auf der Landshuter Hochzeit 1475 und Einzug des Kurfürsten Max IV. Joseph in München.   *R. R.*

3.17 Während in Bayern die Hussiten meist als plündernde, mordende Horden betrachtet wurden, gilt in Tschechien die hussitische Epoche als glanzvoller Höhepunkt der böhmischen Geschichte.

a) „Jan Hus auf dem Konzil zu Konstanz"
Postkarte nach dem 1883 geschaffenen Gemälde von Václav Brožík (1851–1907), 20. Jahrhundert (R); Schwarzachtaler Heimatmuseum Neunburg vorm Wald (6363/16)

b) „Wer seid Ihr Gotteskrieger?"
Postkarte nach dem Gemälde von Josef Kočí (1880 – vor 1956), 20. Jahrhundert (R); Schwarzachtaler Heimatmuseum Neunburg vorm Wald (66)

c) Belagerung von Deggendorf im Jahre 1430 durch die Hussiten
Postkarte, Deggendorf, Verlag Eduard Schabmayr, 1934; Druck nach Vorlage von A. Reich, 1911(?) (R); Stadtarchiv Deggendorf
Lit.: AK Mythen der Nationen 1998; Grundler/Dorfner 2005; Molitor 1999; Schlesinger 1974; Seibt 1991; Thunig-Nittner 1970
Für wertvolle Hinweise wird Herrn PhDr. Ladislav Čepička, Vojenský historický ústav, gedankt.

Spätestens seit dem 19. Jahrhundert und dem von dem Historiker František Palacký (1798–1876) verfassten Werk „Geschichte von Böhmen" gilt in Böhmen die Hussitenzeit als ein Höhepunkt der böhmischen Geschichte. In Jan Hus sah man einen Vorkämpfer der Idee von der Gewissensfreiheit, dessen Märtyrertum auch unter nationalen und sozialen Gesichtspunkten interpretiert wurde. Seitens des Militärs wurde auf herausragende hussitische Heerführer wie Jan Žižka verwiesen, der die Siege hussitischer Heere verkörperte. Jan Hus wurde zum nationalen Mythos, der von Künstlern wie Mikoláš Aleš oder Václav Brožík in Historiengemälden verherrlicht wurde. Auch die zahlreichen Hus-Denkmäler sowie die Standbilder Žižkas in tschechischen Städten betonen die herausragende Rolle der Hussitenzeit im Bewusstsein der Tschechen. Der Todestag von Jan Hus, der 6. Juli, ist in der Tschechischen Republik Nationalfeiertag. Dementsprechend war die Hussitenzeit in Böhmen ein häufig gewähltes Bildmotiv nicht nur in der Kunst, sondern unter anderem auch auf Postkarten. Vor allem die Verbrennung des Jan Hus oder seine Verteidigung auf dem Konzil zu Konstanz wählte man gerne als Thema. Das 1883 geschaffene überaus populäre Ölgemälde von Václav Brožík „Jan Hus auf dem Konzil zu Konstanz" avancierte so zur beliebten Postkarte. Bilddarstellungen, die Jan Žižka mit dem für ihn typischen Streitkolben zeigen, verbanden die Hussitenkriege mit dem Ersten Weltkrieg und den tschechischen Legionen, die in dieser Zeit aus Freiwilligen gebildet wurden. Die tschechischen Legionen kamen unter anderem gegen die Mittelmächte zum Einsatz und stellten einen wichtigen Faktor im Kampf um die tschechoslowakische Selbstständigkeit dar. Regimenter wurden nach Hus oder Žižka benannt und auf Fahnen führte

Zatímco v Bavorsku byli husité většinou synonymem pro loupeživé vraždící hordy, považují Češi dobu husitskou za velkolepý vrchol svých dějin.

a) „Jan Hus na kostnickém koncilu"
Pohlednice podle obrazu Václava Brožíka (1851–1907) z roku 1883, 20. století (R)

b) „Kdož jste Boží bojovníci?"
Pohlednice podle obrazu Josefa Kočí (1880–před r.1956), 20. století (R)

c) Husitské obležení Deggendorfu v roce 1430
Pohlednice, Deggendorf, Verlag Eduard Schabmayr, 1934; tisk podle předlohy A. Reicha, 1911 (?) (R)

3.17

3.17 a

Belagerung von Deggendorf im Jahre 1430 durch die Hussiten

3.17 c

man hussitische Embleme. In der Heimat erhielten die Legionäre den hussitischen Beinamen „Gottesstreiter". Dementsprechend zeigt die Postkarte neben Žižka im Vordergrund einen Angehörigen der tschechischen Legion in Russland mit hussitischer Flagge. Im Hintergrund sind Angehörige der tschechischen Legion in Frankreich zu sehen in blauen Uniformen und mit der tschechoslowakischen Fahne.

Die positive Einschätzung der Hussiten auf tschechischer Seite findet in Bayern keine Entsprechung. Zwar war noch im frühen 19. Jahrhundert Jan Hus von manchen Deutschen als deutscher(!) Freiheitsheld vereinnahmt worden, die Hussitenzeit selbst war aber negativ besetzt. Man sprach herabsetzend von Hussitenstürmen und in manchen Gebieten der Oberpfalz wird ein unguter Mensch noch heute als „Husse" bezeichnet. In Bayern galten die Hussiten als blindwütige, plündernde und mordende Horden, um die sich viele Legenden rankten. Ein Autor um 1920 schildert sie so: „Ihr Anblick war erschreckend und eckelhaft (sic). Schwarze Menschen, ausgedörrt von der Sonne und abgehärtet im Regensturm und Wind, hängende Haare, halbnackt ..." (zitiert nach G. Schlesinger, S. 11). Legendenhafte Züge belegt die Postkarte zur Deggendorfer Knödelsage. Im Begleittext heißt es, dass die Hussiten unter König Přemysl(!) im Jahr 1430 Deggendorf belagert und beim Ausspähen die großen Deggendorfer Knödel mit Kanonenkugeln verwechselt hätten. Erschrocken angesichts dieses „Waffenarsenals" traten sie den Rückzug an. Diese Legende belegt zum einen den unkritischen Umgang mit der Geschichte, da die Přemysliden im 15. Jahrhundert längst ausgestorben waren und eine hussitische Belagerung Deggendorfs nicht nachgewiesen ist, zum anderen zeigt sie, wie tief sich die Hussitenkriege in Ostbayern ins Gedächtnis eingegraben haben.   *R. R.*

Označení „Země Koruny české" zahrnovalo kolem roku 1600 Čechy, Moravu, Slezsko, Horní a Dolní Lužici. Od roku 1526 patřily k habsburskému mocenskému bloku. Vévodství Bavorské i ostatní starobavorská, francká a švábská území byla spíše malými a heterogenními útvary.

Země Koruny české, Vévodství bavorské, Horní Falc a Franky ve Svaté říši římské kolem roku 1600

Mapa: Heinz Muggenthaler, Regen

3.18 Die Länder der Krone Böhmens umfassten um 1600 Böhmen, Mähren, Schlesien, die Ober- und die Niederlausitz. Seit 1526 gehörten sie zum Machtblock des Hauses Österreich. Dagegen erscheinen das Herzogtum Bayern und die anderen altbayerischen, fränkischen und schwäbischen Territorien eher klein und vielgestaltig.

Die Länder der böhmischen Krone, das Herzogtum Bayern, die Oberpfalz und Franken im Heiligen Römischen Reich um 1600
Karte: Heinz Muggenthaler, Regen; Haus der Bayerischen Geschichte, Augsburg
Lit.: AK Der Winterkönig 2003, Kat.-Nr. 1.10, 6.1; AK Bavaria, Germania, Europa 2000, Kat.-Nr. 17.10, 17.16, S. 262–265; Albrecht 1988; Endres 2003; Neuhaus 1997; Evans 1986; Pánek 1989; Putzger – Atlas und Chronik 2002; Schmidt 1999

Das Heilige Römische Reich bestimmte in seiner gewaltigen Ausdehnung von der Nord- und Ostseeküste bis nach Oberitalien, von den Niederlanden und Savoyen bis nach Brandenburg, Böhmen und Mähren und mit seinen über dreihundert Reichsständen das Zentrum Europas. In dieser übergeordneten Struktur konkurrierten Rechte, Würden, Ansprüche und spätestens seit der Reformation des 16. Jahrhunderts auch unterschiedliche Konfessionen. Der Schwerpunkt des Reichs lag in Oberdeutschland mit seiner charakteristischen Vielfalt, besonders deutlich in den Gebieten des schwäbischen und des fränkischen Reichskreises mit ihrer großen Zahl mittlerer bis kleinster Herrschaftseinheiten. Darunter befanden sich geistliche Fürstentümer wie die Hochstifte Würzburg oder Bamberg neben mittelgroßen weltlichen Herrschaften wie der Markgrafschaft Ansbach-Bayreuth und Reichsstädte unterschiedlicher Größenordnung. Der herrscherlichen und territorialen Vielfalt entsprachen die konfessionelle Mischung und eine gewerblich sehr ungleich entwickelte Struktur: von internationalen Handels- und Gewerbezentren wie der Reichsstadt Nürnberg bis hin zu rein agrarisch geprägten Regionen.

Zur Krone Böhmens gehörten um 1600 die Länder Böhmen, Mähren, Schlesien, die Ober- und die Niederlausitz. Allerdings waren die gemeinsamen Interessen in diesem vergleichsweise großen zusammenhängenden Territorium nur schwach verankert und die böhmischen Stände sahen sich als den anderen Kronländern lehensmäßig überlegen an. Grundsätzlich bestand ein Dualismus zwischen den die einzelnen Länder repräsentierenden Ständen und dem König, den seit 1526 das Haus Österreich stellte. So war die Krone Böhmens und damit auch die böhmische Kurwürde an die spanisch-deutschen Habsburger gebunden. Nach der Niederschlagung des Ständeaufstands 1618/20 wurden der Ausbau der absolutistischen Monarchie und die Eingliederung der Krone Böhmens in ein habsburgisches Mitteleuropa beschleunigt vorangetrieben. Die böhmischen Länder verfügten bei etwa 4 Millionen Einwohnern über eine relativ hohe Bevölkerungsdichte bei einer verhältnismäßig großen Zahl von städtischen Ansiedlungen. Entsprechend ausgeprägt waren die wirtschaftliche Leistungsfähigkeit und die gewerbliche Ausdifferenzierung. Mithilfe fremder Kapitalien – häufig von den großen Handelsfirmen aus Nürnberg und Augsburg aufgebracht – konnte auch der naturgegebene Rohstoffreichtum mit neuen Techniken erschlossen werden, wodurch gerade auch die Grenzregionen zu Bayern und Sachsen aufblühten und viele deutschsprachige Bergbauspezialisten ins Land zogen. Hier war auch das Luthertum weit verbreitet. Ansonsten bildeten bis 1620 die Katholiken in Böhmen zahlenmäßig eine Minderheit; die Mehrheit der Stände und Bürger rechnete sich den aus hussitischen Traditionen lebenden Alt-Utraquisten oder den dem reformatorischen Gedankengut nahe stehenden Neu-Utraquisten zu.

Der neben dem Inhaber der böhmischen Königskrone vornehmste weltliche Kurfürst, der Pfalzgraf bei Rhein, herrschte nur über zwei vergleichsweise kleine Territorien: die Kurpfalz am Rhein um die Residenz Heidelberg und die Obere Pfalz auf dem alten bayerischen Nordgau. Die Obere Pfalz mit ihrer Hauptstadt Amberg besaß um das Jahr 1600 etwa 80 000 Einwohner und befand sich auf dem letzten Höhepunkt ihrer erheblichen wirtschaftlichen Bedeutung als Eisen erzeugende Region, deren Produkte sowohl für den Handel entlang der Donau als auch vor allem für das Nürnberger Eisen verarbeitende Gewerbe wichtig waren. Bis zur Gegenreformation nach der Niederlage Friedrichs V., des „Winterkönigs", war die Oberpfalz offiziell kalvinistisch, in vielen Teilen aber noch traditionell lutherisch geprägt.

Das größere und territorial recht geschlossene Herzogtum Bayern konnte sich zwar seit Beginn des 17. Jahrhunderts neben den Habsburgern als katholische Vormacht etablieren, gehörte aber nur zum großen Kreis der Reichsfürstentümer. Der Wunsch der Aufwertung vom Herzog- zum Kurfürstentum war eine der wesentlichen Triebfedern bayerischer Politik. Im Gegensatz etwa zu Böhmen war Bayern relativ städtearm; 80 Prozent der Bevölkerung lebten auf dem Land. Nur drei Städte, nämlich München, Landshut und Straubing, zählten um 1550 mehr als 4000 Einwohner. Unter der Regierung von Herzog Maximilian wurde die Verwaltungsstruktur vereinheitlicht und die altgläubige konfessionelle Geschlossenheit noch verstärkt.

Politisch befand sich das Heilige Römische Reich um 1600 in einem sehr labilen Zustand. Der Papst in Rom besaß Einfluss durch die Reichskirche, aber auch durch die weltlichen katholischen Reichsfürsten wie Maximilian I. von Bayern. Das katholische Kaiserhaus war dynastisch mit Spanien verbunden. Angesichts dieses dominierenden katholischen Machtblocks sahen sich viele protestantische Fürsten in der Defensive. Seit dem gescheiterten Reichstag von 1608 entstanden im Reich zwei gegeneinander gerichtete Konfessionsbündnisse: die protestantische Union unter kurpfälzischer Leitung (1608) und die katholische Liga unter Führung Herzog Maximilians von Bayern (1609). Als besonders gefährlich für

3.19

den Bestand des Reichs erwies es sich, dass die Institutionen zur Wahrung von Frieden und Recht den auseinanderstrebenden Kräften nicht gewachsen waren, denn die konfessionellen Streitigkeiten hatten seit Ende des 16. Jahrhunderts fast alle wichtigen Reichsinstitutionen, so das Reichskammergericht und seit 1608 den Reichstag, faktisch blockiert. Angesichts des in weiten Teilen Europas aufgestauten hohen Konfliktpotenzials sollte sich dies als verhängnisvoll erweisen. Auslöser der Krise, die dann in den Dreißigjährigen Krieg mündete, wurde der böhmische Ständeaufstand, der mit dem Paukenschlag des Prager Fenstersturzes am 23. Mai 1618 einsetzte. *P. W.*

Před oltářem v presbytáři katedrály sv. Víta sedí na trůně právě korunovaný král. Je obklopen zástupci českých stavů a protestantské Unie. Korunovačními obrazy tohoto typu měla být zdůrazněna oprávněnost vlády.

Korunovace Fridricha Falckého českým králem ve svatovítském chrámu
neznámý umělec; poč. 17. století; olej/plátno, 118,8 x 198,2 (ozdobný rám: 135,2 x 212,5)

3.19 Vor dem Altar im Chor der Veitskathedrale thront der soeben gekrönte König, umgeben von Vertretern der böhmischen Stände und der protestantischen Union. Mit solchen Krönungsbildern sollte die Rechtmäßigkeit der Herrschaft unterstrichen werden.

Krönung Friedrichs von der Pfalz zum König von Böhmen im Prager Veitsdom
Unbekannter Künstler; Anfang 17. Jahrhundert; Öl/Leinwand, 118,8 x 198,2 (Zierrahmen: 135,2 x 212,5); Evangelisch-Lutherische Kirchengemeinde „Zu den Barfüßern", Augsburg
Lit.: unveröff.; AK Der Winterkönig 2003, S. 297; Berning 2003; Assmann 2002; Hubková 2002

Bei den böhmischen Ständen stieß das Ansinnen des kinderlosen Königs Matthias, seinen Vetter Ferdinand, den Sohn Erzherzog Karls II. von Innerösterreich, zum Nachfolger vorzuschlagen, auf Ablehnung, war doch seine kompromisslose Unterdrückung der Protestanten längst bekannt geworden. Die böhmischen Länder bestritten die Erbrechte der Habsburger und verwiesen dabei auf das Wahlkönigtum Böhmens. Schließlich erteilten sie mit dem Prager Fenstersturz vom 23. Mai 1618 der Habsburger Herrschaft ihre endgültige Absage.

Der junge Kurfürst Friedrich V. von der Pfalz, Führer der protestantischen Union, hatte durch das Ehebündnis mit Elizabeth Stuart, der Tochter des englischen Königs Jakob, ein deutliches Zeichen für die Allianz der reformatorischen Kräfte in Europa gesetzt. Nachdem man sich auf ihn als zukünftigen böhmischen König geeinigt hatte, fand die Krönung am 4. November 1619 im Prager Veitsdom statt.

Da der zukünftige König erst vier Tage vor seiner Krönung in Prag eintraf, blieb kaum Zeit, die Krönungsordnung an die Erfordernisse für einen protestantischen Herrscher anzupassen. Auch konnte keine besondere Ausgestaltung des Doms vorgenommen werden.

Die zentrale Szene des Gemäldes zeigt den thronenden König Friedrich V. mit Wenzelskrone, Reichsapfel und Zepter im Chor des Prager Veitsdoms kurz nach der eigentlichen Krönungshandlung. Er ist von Vertretern der böhmischen Stände umgeben. Zu seiner Linken stehen die Repräsentanten der protestantischen Union. Vor dem Altar kann man den Administrator des Prager Erzbistums und den Senior des böhmischen evangelischen Konsistoriums erkennen, welche die Krönung anstelle des Prager Erzbischofs vollzogen hatten. Auf der Empore in einer Loge wohnte Friedrichs Ehefrau Elizabeth mit dem Thronerben Friedrich Heinrich und den Hofdamen der feierlichen Handlung bei. Im Kirchenraum wurden Tribünen errichtet, wobei auf der rechten Seite die Stände, auf der linken die Vertreter des Adels sitzen. Eine Kartusche in der rechten unteren Bildecke wird vom böhmischen und vom kurpfälzischen Löwen gehalten, trägt aber keine Inschrift.

Dieses Gemälde zeigt eine in Gestalt und Größe nahezu identische Ausführung derselben Darstellung der Krönung König Friedrichs V., die sich im Muzeum hlavního města Prahy, Prag (000236) befindet. Das Prager Bild weist, abgesehen von wenigen geringfügigen Unterschieden, auch eine Inschrift in der Kartusche auf: „Friderich des 5. Churfi. in der Pfaltz Königl.: Crönung wurde gehalten zu Prag in der Schloss kirchen in S. Veitens Capelle den 5. Novembers. Anno 1619." Die Datumsangabe ist hier nicht zutreffend, denn die Krönung hatte einen Tag zuvor stattgefunden. Die Ähnlichkeit beider Gemälde, die auch in der Ausführung bis hin zur Wahl der Farbe der Gewänder der beteiligten Personen übereinstimmen, erlaubt die Vermutung, dass die beiden Werke in engstem Zusammenhang entstanden sind. Es ist wahrscheinlich, dass der beauftragte Künstler dem Geschehen beiwohnte und sich während der Krönungshandlung eine getreue Skizze anfertigte, die dem Bildwerk zugrunde liegt.

Die Krönung war nur einem begrenzten Personenkreis zugänglich. Man kann vermuten, dass diese beiden Gemälde, vielleicht auch weitere, für bedeutende Städte des Reichs – in diesem Fall für die Reichsstadt Augsburg – geschaffen worden sind, wo sie an prominenter Stelle der Bevölkerung präsentiert wurden. Dabei fällt auf, dass im Gegensatz zu den Flugblättern, auf denen die eigentliche Krönungshandlung im Mittelpunkt steht, bei den Gemälden der bereits gekrönte Herrscher dargestellt ist. Auf diese Weise sollte seine Macht und die Rechtmäßigkeit seiner Thronbesteigung zum Ausdruck gebracht werden. Mit dem Gemäldetransfer konnte dieser Anspruch im ganzen Reich verbreitet und deutlich gemacht werden.   *M. G.*

3.20 Das Gemälde zeigt das Ende des Kampfgeschehens in der Schlacht am Weißen Berg. Die ungarische Kavallerie, die auf Seite der böhmischen Stände und ihres neu gewählten Königs Friedrich von der Pfalz focht, hat bereits die Flucht angetreten.

Schlacht am Weißen Berge bei Prag am 8. November 1620
Öl/Leinwand, 41 x 68; Bayerisches Armeemuseum Ingolstadt (A 10756)

Es war dem Drängen Herzog Maximilians von Bayern zuzuschreiben, dass die ligistischen und kaiserlichen Truppen nicht umständlich manövrierten, sondern rasch auf Prag vorgestoßen waren, um eine schnelle Entscheidung in der ersten großen Schlacht des Dreißigjährigen Kriegs herbeizuführen. Nun zeigte sich der hohe Ausbildungsstand der bayerischen Armee: Tilly stand nach einem Nachtmarsch am Morgen des 8. November 1620 am Weißen Berg bei Prag bereit, musste aber das zögerliche Herankommen der kaiserlichen Armee unter Bucquoy

Malba zachycuje konečnou fázi bitvy na Bílé Hoře. Uherská jízda, která bojovala na straně českých stavů a krále Fridricha Falckého, se dala na útěk.

Bitva na Bílé Hoře u Prahy 8. listopadu 1620
olej/plátno, 41 x 68

abwarten, welche dann den rechten Flügel einnahm. Die durch Feldbefestigungen verstärkte Stellung der böhmischen Armee unter dem Fürsten zu Anhalt war sehr gut gewählt, sie stand auf dem Plateau des Weißen Bergs und die Flanken waren gut geschützt, während Ligisten und Kaiserliche nur frontal den Abhang des Bergs hinaufstürmen konnten. Trotz des ungünstigen Geländes wurde der Angriff gewagt und mit dem Feldgeschrei „Santa Maria" gestürmt. Obwohl es zu einer Krise kam, konnte die Schlacht durch die Standhaftigkeit kaiserlicher Infanterieregimenter und die Attacke bayerischer Kavallerieregimenter in relativ kurzer Zeit entschieden werden. Damit stand der Wiederaufrichtung der habsburgischen Herrschaft in Böhmen nichts mehr im Weg, Friedrich von der Pfalz wurde zum „Winterkönig". Nichts kennzeichnet seine Haltung besser, als die Tatsache, dass er sich während dieser Entscheidung nicht auf dem Schlachtfeld aufhielt sondern sich in angenehmer Gesellschaft in Prag befand.

Sind auf dem Gemälde auch Einzelheiten teilweise durch Pulverdampf verdeckt, so scheint die Entscheidung schon gefallen zu sein, denn rechts im Hintergrund flieht die ungarische Kavallerie bereits in Richtung Prag und leitet damit die allgemeine Flucht der böhmischen Armee ein. *E. A.*

Maximilián Bavorský v Praze ukořistil drahocenné látky z majetku „Zimního krále". Věnoval je benediktinskému opatství Niederaltaich, kde byl z brokátových látek zhotoven ornát.

Kasule, štóla a manipul z ornátu „zimní král"

Brokát, 17. století, ornát zhotoven kol. r. 1670; hedvábí, samet a brokát, kasule 105 x 64, manipul 45 x 6, štóla 104 x 19

3.21 Maximilian von Bayern erbeutete in Prag kostbare Stoffe aus dem Besitz des „Winterkönigs". Der Bayernherzog schenkte sie der Benediktinerabtei Niederaltaich. Dort wurde aus den Brokatstoffen ein Ornat gefertigt.

Kasel, Stola und Manipel aus dem Ornat „Der Winterkönig"
Brokatstoff, 17. Jahrhundert, Ornat um 1670 gefertigt; Seide, Samt und Brokat, Kasel 105 x 64, Manipel 45 x 6, Stola 104 x 19; Abtei Niederaltaich
Quelle: Pavel Skále ze Zhoře: Historie Česká od Defenestrace k Bíle Hoře, hg. von Josef Janáček, Praha 1984, S. 304–335, Kommentar S. 418–421
Lit.: AK Der Winterkönig 2003, Kat.-Nr. 7.38, 7.40; AK Wittelsbach und Bayern 1980, Bd. 2/1, Kat.-Nr. 512; Čechura 2004; Wolf 2004

Die Nachricht von der verlorenen Schlacht am Weißen Berg löste am Hof König Friedrichs Panik aus. In aller Eile belud man die Bagagewagen und floh von der

Burg in die Prager Altstadt. Diese Flucht wurde in ganz Europa zum Gegenstand von Hohn und Spott – bis hin zur monumentalen Darstellung in einem Holzrelief von Caspar Bechteler im Prager Veitsdom, das den Zug des Hofstaats über die Karlsbrücke zeigt. Wichtiges wurde auf der Prager Burg zurückgelassen, so etwa das Archiv, das Herzog Maximilian I. sogleich zur Propaganda gegen Friedrich nutzte. Aber die plündernden bayerischen und die Ligatruppen fanden auch materiell Wertvolles: Berichtet wird von einem langen Zug an Lastkutschen, die von Prag in Richtung München abgingen. Unter dieser Ladung müssen sich auch prächtige Brokatstoffe befunden haben, die wohl als kostbare Schabracken und Pferdeüberwürfe gedient hatten. Möglicherweise hatten sie sogar bei der feierlichen Krönung des „Winterkönigs" Verwendung gefunden. Herzog Maximilian schenkte diese golddurchwirkten Brokatstoffe der niederbayerischen Abtei Niederaltaich. Hier wurden sie um 1670 zu einem fast vollständigen Ornat aus Kasel mit Manipel und Stola, zwei Dalmatiken und Diakonstola umgearbeitet. So überdauerten die Stoffe aus dem Besitz des Kalvinisten Friedrich V. von der Pfalz in der Paramentenkammer einer bayerischen Benediktinerabtei. *P. W.*

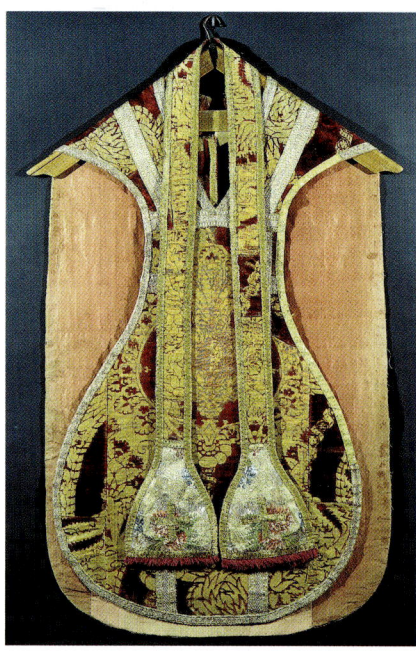

3.21

3.22 Die Landkarte Böhmens erscheint hier in Form einer Rose – Sinnbild eines in Blüte stehenden Landes. Aber die böhmische Rose ist nicht selbstständig, sondern wächst aus Österreich und Wien heraus.

Christoph Vetter/Wolfgang Kilian: Darstellung Böhmens als Rose, die von Wien aus wächst, „Districtus Bohemie Rosa", in: B. Balbín: Epitome Rerum Bohemicarum, Augsburg/Prag 1677

undatiert, Kupferstich, grafischer Maßstab ca. 1: 1 270 000 (R); Staatliche Bibliothek Regensburg (aus 2 Hist. pol. 540)
Lit.: Honl 1929, S. 100–104, bes. S. 101; Semotanová 2001, S. 143

Das allegorische „kartographische Kuriosum" wurde von Wolfgang Kilian (1581–1662) in Augsburg nach einer Zeichnung des schlesischen Kartografen Christoph Vetter (1575–1650) in Kupfer gestochen. Es ist Teil der Epitome historica Rerum Bohemicarum seu Historia Boleslaviensis (druckfertig 1669, genehmigt 1677), eines historischen und heimatkundlichen Werks, dessen Verfasser der als Historiker, Hagiograf, Dichter, Dramenautor und Pädagoge bekannte böhmische Jesuit Bohuslav Balbín (1620–1688) ist. Das die Karte krönende Motto ist der Wahlspruch Leopolds I.: „Iustitia et pietate". In der rechten unteren Ecke erkennt man das Symbol des Königreichs – ein Löwe in Waffen. Der Stengel der Rose wächst hervor aus dem unteren Bildteil, der das nördliche Niederösterreich und Wien, die Metropole der Monarchie, zeigt. Hier hat die Rose ihre Wurzeln. Die Darstellung der im Glanz der Sonne und der Königskrone blühenden Rose ist ein Sinnbild für das in Blüte stehende Land. Die einzelnen Rosenblätter symbolisieren die benachbarten Regionen des böhmischen Königreichs – Mähren, Schlesien, Meißen, Bayern und Österreich. Die damals existierenden 18 Verwaltungseinheiten des Königreichs sind zu beiden Seiten des unteren Kartenteils genannt: der Moldauer Kreis, die Kreise Podbrd, Prachin, Pilsen, Saatz, Rakonitz, Kaurschim, Königgrätz, Chrudim, Tschaslau, Schlan, Leitmeritz, Bunzlau und Bechiner; sodann die Gebiete mit Sonderstatus, nämlich die Stadt Prag, die Kreise Ellbogen und Eger sowie die Grafschaft Glatz, die sich als einzelne Blütenblätter um das Zentrum Prag als der Hauptstadt des Königreichs gruppieren.

Eine Interpretation der Karte als Ausdruck der Sehnsucht nach Frieden, aber auch eines versteckten – wenngleich nur sanften – satirischen Seitenhiebs auf die nach der Schlacht am Weißen Berg im böhmischen Königreich herrschenden Verhältnisse wird gestützt durch die beiden Texte im unteren Bildteil. Links die drei lateinischen elegischen Distichen: „Crevit in Hercynio Rosa formossissima

Mapa Čech je zde stylizována do podoby růže – symbolizuje rozkvět země. Ale česká růže není samostatná, vyrůstá z Rakouska a Vídně.

Christoph Vetter/Wolfgang Kilian: Vyobrazení Čech jako růže, která vyrůstá z Vídně, „Districtus Bohemiae Rosa", in: Bohuslav Balbín: Epitome Rerum Bohemicarum, Augsburk/Praha 1677
mědiryt, nedatováno, grafické měřítko cca 1: 1 270 000 (R)

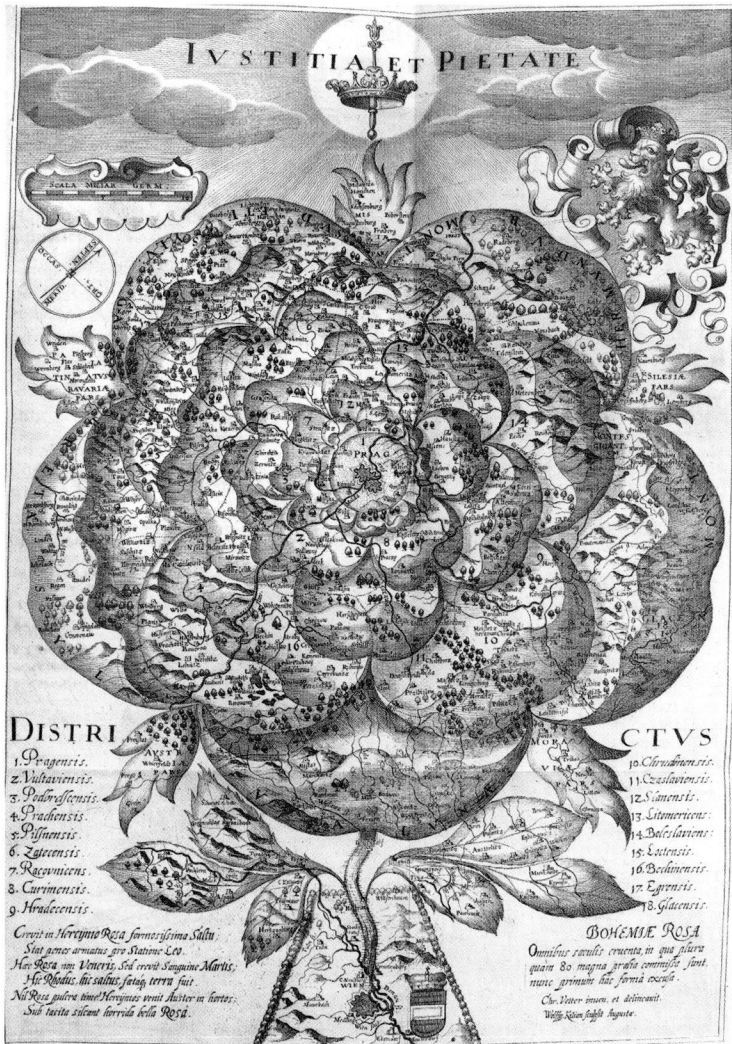

Saltu./ Stat penes armatus pro Statione Leo. // Hæc Rosa non Veneris, sed crevit Sanguine Martis. / Hic Rhodus, hic saltus, factaque terra fuit. // Nil Rosa pulchra time! Hercynos venit Auster in hortos. / Sub tacita sileant horrida tella Rosa." („In den hercynischen Wäldern wuchs eine herrliche Rose. / Gerüstet steht nahbei ein Löwe auf Wacht. // Nicht aus dem Blut der Venus, aus dem des Mars ist diese Rose erwachsen [also nicht aus dem Blut der Liebe, das heißt nicht durch Heiratspolitik]. / Hier Rhodos, da ein Sprung/Wald [saltus heißt sowohl Sprung als auch Wald(gebirge) – eine Bezugnahme auf die bekannte antike Entgegnung: Hic Rhodos, hic salta, hier ist Rhodos, hier spring], und schon ist ein Land geschaffen. // Fürchte nichts, schöne Rose / In Hercyniens Gärten kam Auster [ein südöstlicher, aus Österreich kommender Wind] / Mögen die rauen Waffen unter der Rose Verschwiegenheit schweigen.") Rechts ist vermerkt: „Bohemiæ Rosa. Omnibus sæculis cruenta, in qua plura / quam 80 magna proelia commissa sunt / nunc primum hac forma excusa." („Rose Böhmens. Blutend durch all die Jahrhunderte, mehr als 80 große Schlachten wurden in ihr geschlagen, nun erstmals in dieser Form ausgeführt.") *V. P.*

Velkým vítězem bitvy na Bílé Hoře byl vévoda Maximilián I. Bavorský. Zde je vyobrazen v brnění se šerpou. Pod portrétem je zachycena závěrečná fáze bitvy.

Vévoda Maximilián Bavorský v brnění v alegorickém orámování

Wolfgang Kilian (1581–1662), orámování podle Matthiase Kagera (1575–1634); Augsburg, mezi r. 1620 a 1623; mědiryt, 32 x 24

3.23 Der große Sieger der Schlacht am Weißen Berg war Herzog Maximilian I. von Bayern. Er erscheint hier im Harnisch mit Feldbinde. Unterhalb seines Porträts ist die Schlussphase der Schlacht dargestellt.

Herzog Maximilian von Bayern im Harnisch in allegorischer Umrahmung
Wolfgang Kilian (1581–1662), Rahmung nach Matthias Kager (1575–1634); Augsburg, zwischen 1620 und 1623; Kupferstich, 32 x 24; Staats- und Stadtbibliothek Augsburg (42/Bayern/42)
Lit.: AK Der Winterkönig 2003, passim; Albrecht 1998; Erichsen 1980; Kaiser 2004

Die Herrschaft des Herzogs und späteren Kurfürsten Maximilian I. von Bayern war in vielfacher Hinsicht mit dem Schicksal des Königreichs Böhmen verknüpft. Den Ausgangspunkt bildete dabei der bayerisch-pfälzische Gegensatz zwischen der altbayerisch-katholischen Linie der Wittelsbacher und den kalvinistischen Pfälzer Vettern. Zu Beginn des Dreißigjährigen Krieges standen sich beide Linien in unmittelbarer Konfrontation auch innerhalb des Heiligen Römischen Reichs gegenüber. Während die Pfälzer die protestantische Union anführte, hatte Maximilian die Führungsposition der katholischen Liga inne und stand an der Seite des Kaisers. Er hatte Friedrich V. von der Pfalz nachdrücklich vor der Annahme der böhmischen Königskrone gewarnt – vergeblich. Als Anführer der Ligatruppen war Maximilian dann im Jahr 1620 militärisch in Böhmen eingefallen und hatte gegen die Bedenken des kaiserlichen Generals Buquoy auf die Schlacht am Weißen Berg (8. November 1620) gedrungen, die die pfälzische Herrschaft in Böhmen beenden sollte. Der Sieg brachte Bayern doppelten Erfolg: Die Obere Pfalz kam zunächst als Pfandschaft, später als Fürstentum de facto zu Bayern, womit ein Großteil Altbayerns wieder in der Hand der Münchner Wittelsbacher

3.23

 QVI VENIT, VIDIT, VICIT, TIBI *Maxmiliane*;   *Impar.qvi solo nomine vincis, eret*

lag. Zum anderen führte die Unterstützung des Kaisers zur Erhebung Maximilians in den Rang eines Kurfürsten. Dieser Rang konnte später auch seinen Nachkommen gesichert werden. Maximilian ließ sich bevorzugt im kriegerischen schwarzen Feldharnisch darstellen – so auch auf dem gezeigten Blatt. Über dem Harnisch liegt die Feldbinde. In die allegorische Umrahmung mit Personifikationen von Herrschertugenden ist eine Darstellung der Schlussphase der Schlacht am Weißen Berg eingeschoben. Oberhalb des noch herzoglichen Wappens (ohne die Attribute der Kurwürde) trägt eine Figur der Fama den Ruhm des Bayernherzogs in die Welt. Das Blatt stammt von dem bevorzugten Ikonografen und Kupferstecher des Münchner Hofs, Wolfgang Kilian aus Augsburg.   *P. W.*

3.24 Die Muttergottes von Altbunzlau wird als „Palladium Bohemiae", als „Schutzschild Böhmens", bezeichnet. Sie war ein Symbol für das frühe Christentum in Böhmen zur Zeit des hl. Wenzel. Der Jesuitenorden förderte ihre Verehrung.

a) Votivbild der Rhetoren der Prager Jesuitenakademie mit Darstellung des „Böhmischen Palladiums" in Altbunzlau, der böhmischen Landespatrone und einer Allegorie Böhmens
Prag, 1652; Öl/Leinwand 147,5 x 108; Kolegiátní kapitula sv. Kosmy a Damiána ve Staré Boleslavi, Brandýs nad Labem

b) Hausaltar für das „Böhmische Palladium"
Stiftung von Kaiserin Anna (1585–1618), Gemahlin von Kaiser Matthias; um 1610; Holz, geschnitzt, gefasst, H. ca. 80; Kolegiátní kapitula sv. Kosmy a Damiána ve Staré Boleslavi, Brandýs nad Labem
Lit.: AK Sláva barokní Čechie 2001, Nr. I, 1.72, S. 43; Kallert 2003; Royt 1995, Verehrung; Royt 1995, Wallfahrtsorte

Das so gennante „Palladium" von Altbunzlau/Stará Boleslav ist ein spätgotisches Relief, auf dem die Jungfrau Maria mit dem Jesuskind dargestellt ist. Dieses viel verehrte Marienbild verband sich dank geistlicher Gelehrter und Schriftsteller der Barockzeit mit der Frühgeschichte des christlichen Bekenntnisses in den Ländern der böhmischen Krone. Dazu trug insbesondere die von dem Jesuitengelehrten Bohuslav Balbín herausgegebene „Epitome rerum Bohemicarum" bei (vgl. Kat.-Nr. 3.22) bei. Nach der Legende hatte die hl. Ludmilla das Gnadenbild von den Slawenaposteln Konstantin/Kyrill und Method erhalten und ihrerseits an ihren Enkel Herzog Wenzel vererbt. Als dieser 929 (935) in Altbunzlau ermordet wurde, trug er angeblich das Gnadenbild bei sich. Während in Bayern und Österreich im 15. und 16. Jahrhundert die Marienverehrung intensiv gepflegt wurde, trat sie im nachhussitischen Böhmen in den Hintergrund. Erst die Ankunft des Jesuitenordens 1556 brachte eine Änderung. Bereits vor dem böhmischen Ständeaufstand und der Schlacht am Weißen Berg hatten die Jesuiten die Wallfahrt von Prag nach Altbunzlau wieder aufgenommen, wobei sie an die Kontinuität einheimischer Glaubenstraditionen anknüpften. Nach 1620 wurde dieser „Heilige Weg" weiter ausgebaut und mit 44 Stationen versehen, die die Wenzel-Legende und böhmische Marienwallfahrtsorte abbildeten.

Milostný obraz Matky Boží ze Staré Boleslavi je označován jako „Palladium Bohemiae", tedy „Záštita země české". Byl symbolem počátků křesťanství v Čechách v době sv. Václava. Jezuitský řád podporoval jeho uctívání.

a) Votivní obraz rétorů pražské jezuitské akademie s vyobrazením „Palladia země české" ze Staré Boleslavi, českých zemských patronů a alegorií Čechie
Praha, 1652; olej/plátno 147,5 x 108

b) Domácí oltář pro „Palladium země české"
Donace císařovny Anny (1585–1618), manželky císaře Matyáše; kolem 1610; vyřezávané dřevo, polychromie, v. cca 80

3.24 a

4 b

Das gezeigte Votivbild ist eine Stiftung der Rhetoren der Altstädter Jesuitenakademie des Klementinums aus dem Jahr 1652 – also etwa aus jener Zeit, in welcher auch die Mariensäule mit der Figur der Maria Immaculata auf dem Altstädter Ring errichtet wurde. Während diese aber in mehrfacher Hinsicht ikonografisch mit Bayern und Österreich verbunden war (vgl. Kat.-Nr. 3.25 ff.), betont das Votivbild den spezifisch böhmischen Heiligenhimmel. Das Gnadenbild ist umgeben von Medaillons mit Darstellungen der böhmischen Landespatrone und des hl. Clemens sowie der hl. Katharina (Patronin der Philosophischen Fakultät) und Johannes des Täufers (Patron der Prediger). Das Palladium befindet sich in der Krone eines Olivenbaums, der nach der Cosmas-Chronik die Heiligen Wenzel und Vojtěch/Adalbert symbolisiert. Unterhalb des Baums sitzt eine Allegorie der Bohemia mit dem zweigeschwänzten Löwen; im Hintergrund erkennt man links die Kirche von Altbunzlau, rechts die Veitskathedrale auf dem Prager Hradschin.

Den kleinen Altar für das böhmische Palladium stiftete Kaiserin Anna, die Gemahlin von Kaiser Matthias, dem Altbunzlauer Kapitel. Die qualitätvolle Kistlerarbeit umschließt ein drehbares Wechselgemälde, das Szenen aus dem Marienleben zeigt.

P. W.

3.25 Ab 1637/38 ließ Kurfürst Maximilian die Mariensäule auf dem Münchner Schrannenplatz errichten. Sie war zugleich Zeichen des Danks für die Verschonung vor Zerstörungen im Dreißigjährigen Krieg und Symbol einer siegreichen katholischen Kirche.

Der Schrannenplatz in München mit Mariensäule

Gustav Kraus (1804–1852); München, 1838; Aquarell, 13,7 x 19; Münchner Stadtmuseum (30/2119)
Lit.: AK München wie geplant 2004, S. 30; AK Wittelsbach und Bayern 1980, S. 457–459; Kalina 2004; Pressler 1977; Steiner 1980; Ziegler 1989

Der Münchner Schrannenplatz (heute Marienplatz) war der wohl größte Getreidemarktplatz Bayerns. Entsprechend ergänzen auf diesem Aquarell einige Dutzend Getreidesäcke, die an die Balustrade der Mariensäule gelehnt sind, die biedermeierliche Staffage im Vordergrund. Der von Bürgerhäusern umrahmte belebte Platz wird von der Mariensäule sowie im Hintergrund von den Türmen der Frauenkirche beherrscht. Schöpfer dieser Vedute ist der in Passau gebürtige Gustav Kraus, der insbesondere die Entwicklung Münchens in der ersten Hälfte des 19. Jahrhunderts als Bildchronist begleitete und in vielen topografisch genauen Abbildungen die Stadt des Vormärz festhielt.

Die Errichtung der Mariensäule in München geht auf ein Gelübde von Kurfürst Maximilian I. zurück, der für die Abwendung der Zerstörung Münchens und Landshuts durch schwedische Besatzung 1632 ein gottgefälliges Werk geplant hatte. Schon 1614 hatte Papst Paul V. vor S. Maria Maggiore in Rom eine barocke „Siegesstele der kämpfenden Kirche" mit bekrönender Muttergottes aufstellen lassen. Der bayerische Kurfürst schloss sich dieser Idee an und ließ 1637/38 eine Votivsäule der bayerischen Landespatronin errichten. Das eigentlich für den Hochaltar der Frauenkirche vorgesehene bronzene Marienbild hatte Hubert Gerhard bereits 1593 geschaffen.

Die charakteristische Balustrade mit den „Heldenputti" wurde erst in den Folgejahren gegossen und aufgestellt. Die Figuren kämpfen Tiere nieder, die die Plagen der Menschheit symbolisieren, etwa im Fall der Schlange die Häresie und den Unglauben. Hier zeigt sich die Mariensäule als Ausdruck des Kampfes gegen das Übel und zugleich als wirkungsmächtiges Symbol der katholischen Reform in Bayern – und der kämpferischen Gegenreformation im Reich. Sie fügt sich ein in die von marianischer Frömmigkeit geprägte religiöse Durchdringung des bayerischen Staatswesens, die unter Maximilian gezielt vorangetrieben wurde und anderen katholisch geprägten Staaten zum Vorbild diente. Bis heute ist die Münch-

V roce 1637/38 dal kurfiřt Maximilián na mnichovském Obilném trhu (Schrannenplatz) vztyčit mariánský sloup. Byl výrazem díků za ochranu před zničením ve třicetileté válce a zároveň symbolem vítězné katolické církve.

Obilný trh (Schrannenplatz) v Mnichově s mariánským sloupem

Gustav Kraus (1804–1852); Mnichov, 1838; akvarel, 13,7 x 19

3.25

ner Mariensäule ähnlich der Wallfahrt von Altötting ein Symbol des bayerischen Katholizismus.   *P. W.*

Postava Madony na mnichovském mariánském sloupu byla původně vytvořena pro kostel Panny Marie (Frauenkirche). Tento typus byl rozšířen v mnoha devočních obrazech až do 18. století – to je případ i této sochy z kaple mnichovského rezidenčního dvora.

Madona na půlměsíci

pravděpodobně Augšpurk, 2. čtvrtina 17. století; podstavec se zeměkoulí ovinutou hadem, koruna, svatozáře s hvězdami a mandorla Ignác Franzowitz, Mnichov, 1780; stříbro, tepané, lité, cizelované, částečně zlacené, měď zlacená, v. 119,5 x 35 x 35

.26

3.26 Die Madonnenfigur auf der Münchner Mariensäule war ursprünglich für die Frauenkirche geschaffen worden. Ihr Typus fand bis ins 18. Jahrhundert für viele Andachtsbilder Verwendung – so auch hier bei der Figur aus der Münchner Residenzhofkapelle.

Madonna auf der Mondsichel

wohl Augsburg, 2. Viertel 17. Jahrhundert; Sockel mit Erdkugel und Schlange, Krone, Sternenreif und Mandorla von Ignaz Franzowitz, München, 1780; Silber, getrieben, gegossen, ziseliert, teilweise vergoldet, Kupfer vergoldet, H. 119,5 x 35 x 35; Bayerische Verwaltung der staatlichen Schlösser, Gärten und Seen, Residenz München (Res. Mü. AHK S. 85, Nr. 117)
Lit.: AK Als Frieden möglich war 2005, Kat.-Nr. VI.1, S. 457f. (genaue Beschreibung mit ausführlicher Literaturangabe); AK Wittelsbach und Bayern 1980, Bd. 2/2, Kat.-Nr. 922, S. 566; Röhmel, Winfried: Die Patrona Bavariae – Beschützerin des bayerischen Volkes, in: L´Osservatore Romano, Wochenausgabe in deutscher Sprache, 8. 9. 2006, S. 13; Steiner 1980

Die Verehrung der Muttergottes als Patronin Bayerns geht auf den Beginn des 17. Jahrhunderts zurück, als Herzog Maximilian I. eine von Hans Krumper modellierte Marienstatue mit Kind an der Münchner Residenz aufstellen ließ. Die am Sockel angebrachte Bezeichnung als „Patrona Boiariae" (so auch im Sammelwerk der „Bavaria Sancta" des Jesuiten Mattäus Rader) bezieht nicht nur den unmittelbaren Herrschaftsbereich Maximilians, sondern ideell das gesamte bayerische Land ein. Auch die ab 1637/38 errichtete Mariensäule am zentralen Schrannenplatz (vgl. Kat.-Nr. 3.25) trägt auf ihrem Kapitell die Darstellung einer Muttesgottes mit Kind. Die überlebensgroße, vergoldete Figur hält in der Rechten ein Zepter und wendet sich dem Jesusknaben zu, der die Weltkugel hält und zugleich die Rechte zum Segensgruß erhoben hat. Hubert Gerhard hatte die Figur im Jahr 1593 ursprünglich für das Stiftergrab Herzog Wilhelms V. in der Frauenkirche geschaffen. Hier wurde die Marienstatue später provisorisch auf den Hauptaltar transferiert, bevor sie schließlich auf der Säule erhöht wurde. Während der Barockzeit diente der so als geistlicher Mittelpunkt gekennzeichnete Schrannenplatz wichtigen Staatsakten, etwa als Kurfürst Max Emanuel von hier aus zum Kampf gegen das Osmanische Reich auszog. Im Jahr 1854 gab die Säule auch dem Platz seinen heutigen Namen: Marienplatz. Aber erst 1916 erhob Papst Benedikt XV. auf Bitten des bayerischen Königs Ludwig III. die Muttergottes offiziell zur Patronin des Königreichs Bayern.

Der Madonnentypus nach Gerhard wurde in der Folge häufig übernommen, so auch in dem hier gezeigten Exemplar der Münchner Residenzhofkapelle, das vermutlich von Silberschmieden in Augsburg geschaffen wurde. Eindeutig nachweisbar ist es in der Residenz erst ab 1757. Ergänzt wurde die Plastik im Jahr 1780 durch den Münchner Goldschmied Ignaz Franzowitz, der neben der Bügelkrone auch den Strahlenkranz und den Sockel hinzufügte.   *P. W.*

3.27

3.27 Kaiser Ferdinand III. ließ 1650 auf dem Prager Altstädter Ring eine Mariensäule errichten. Sie folgte dem Vorbild der kurz zuvor entstandenen Säulen in München und Wien.

Ansicht des Altstädter Rings in Prag mit Mariensäule
Ludwig Kohl (1746–1821); um 1810; Öl/Holz, 113 x 153; Kunstforum Ostdeutsche Galerie, Regensburg (Dauerleihgabe der Bundesrepublik Deutschland, 325)
Lit.: AK Der Winterkönig 2003, Kat.-Nr. 8.30–8.38; Allgemeines Lexikon der Bildenden Künstler, Bd. 3 (Thieme-Becker) 1909, S. 303 f., Bd. 21 1927, S. 203 f.; Kalina 2004; Kropáček 1995, bes. S. 40–48, S. 65; Šorm 1939

Císař Ferdinand III. nechal roku 1650 na pražském Staroměstském náměstí vztyčit mariánský sloup. Vzorem byly nedávno vytvořené mariánské sloupy v Mnichově a Vídni.

Pohled na Staroměstské náměstí s mariánským sloupem
Ludwig Kohl (1746–1821); kol.r. 1810; olej/dřevo, 113 x 153

Die Niederlage König Friedrichs und der Ständetruppen in der Schlacht am Weißen Berg mündete in ein Strafgericht im Namen des Habsburgerkaisers Ferdinand II. Am 21. Juni 1621 wurden auf dem Altstädter Ring vor dem Prager Rathaus 27 führende Persönlichkeiten der Ständezeit hingerichtet. Im Anschluss belegte die kaiserliche Kommission viele Personen und Kommunen mit drastischen Vermögensverlusten. Der Altstädter Ring wurde damit – für manche bis heute – zum Ort größter Schmach für die böhmische (und dezidiert tschechische) Eigenständigkeit. Auf diesem zentralen Platz ließ Kaiser Ferdinand III. nach einer Verfügung vom April 1650 eine Säule zu Ehren der Maria Immaculata errichten, deren Form er selbst bestimmte. Anlass war ähnlich wie bei der Münchner Mariensäule (vgl. Kat.-Nr. 3.25) der Dank dafür, dass die Prager Altstadt die Belagerung durch die Schweden 1648 (anders als die Kleinseite) relativ unbeschadet überstanden hatte. 1652 weihte man die Säule und gab ihr im Sockel eine Kopie des Gnadenbildes der Muttergottes von Altbunzlau bei – man stellte sie also in die Tradition des Schutzschildes, des „Palladiums Böhmens", und knüpfte so bewusst an die vorhussitische Zeit an. Trotzdem ist die Prager Mariensäule unmittelbar von ihren Vorbildern in München und Wien abhängig. Ähnlich wie in München und auch auf der 1647 geweihten Säule am Alten Hof in Wien kämpften in der Sockelzone Figuren im Sinn der „ecclesia militans" gegen die Häresie, nur dass in Prag statt der Münchner „Heldenputti" fast lebensgroße Engelsfiguren diese Aufgabe übernahmen. Schöpfer der Prager Säule war der Hofbildhauer Johann Georg Bendl (1630–1680), zu dessen bekanntestem Werk diese Arbeit werden sollte. Im Zeitraum von 1650 bis 1780 ist allein in Böhmen und Mähren der Bau von weiteren 162 Mariensäulen und 35 Dreifaltigkeitssäulen nachgewiesen.

Die Einbindung der Mariensäule in das lebendige Treiben auf dem Altstädter Ring zu Beginn des 19. Jahrhunderts hat der in Prag gebürtige Maler Ludwig Kohl festgehalten. Dieser vielseitige Künstler schuf neben Altarbildern viele böhmische Architekturansichten, teilweise auch Idealansichten im Sinn einer romantischen Gotik-Begeisterung. In der hier gezeigten Ansicht steht der Betrachter etwa an der Einmündung der Zeltnergasse/Celetná auf den Ringplatz. Dominierend schiebt sich der Turm des Altstädter Rathauses ins Bild, an seiner linken Seite die berühmte astronomische Uhr. Rechts hinten erkennt man die Türme der Nikolauskirche (Kilian Ignaz Dientzenhofer, 1727–1735), damals noch durch ein barockes Palais verdeckt. Ganz rechts außen am Bildrand ist die Mariensäule zu sehen.

Diese topografische Situation änderte sich grundlegend am 3. November 1918. An diesem Tag wurde die Säule umgestürzt und ihre Teile wurden beseitigt. Nach der Revolution und der Erklärung der tschechoslowakischen Selbstständigkeit erkannte man in der Mariensäule ein Symbol der oktroyierten Herrschaft durch das katholische Haus Österreich. Aber bis heute ist der Standort der Säule auf den Steinplatten des Altstädter Rings markiert. *P. W.*

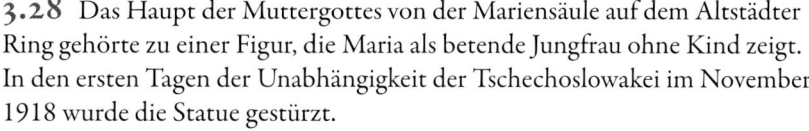

Hlava Matky Boží z mariánského sloupu na Staroměstském náměstí patřila typu sochy modlící se Panny Marie bez dítěte. V prvních dnech nezávislosti Československa v listopadu 1918 byla socha stržena.

Hlava Panny Marie Immaculaty
Jan Jiří Bendl (1620–1680); Praha, 1650; pískovec, v. 50, měděná tyč, nový podstavec 20 x 20 x 20, původně datováno chronogramem na podstavci

3.28 Das Haupt der Muttergottes von der Mariensäule auf dem Altstädter Ring gehörte zu einer Figur, die Maria als betende Jungfrau ohne Kind zeigt. In den ersten Tagen der Unabhängigkeit der Tschechoslowakei im November 1918 wurde die Statue gestürzt.

Kopf der Jungfrau Maria Immaculata
Johann Georg Bendl (1620–1680); Prag, 1650; Sandstein, H. 50, Kupferstange, neuer Sockel 20 x 20 x 20, ursprünglich mit einem Chronogramm auf dem Sockel datiert; Národní muzeum, Praha (H2-38147)
Lit.: Denkstein/Drobná/Kybalová 1958, S. 80 f., 140 f. (mit Bibliografie); Fajt/Sršen 1993, S. 78, Kat.-Nr. 286; Sršen 1999

Kopf und Rumpf der Unbefleckten Jungfrau Maria, der Säulentorso, die vier Engelspaare im Kampf mit den personifizierten Mächten des Bösen sowie die Kegelbalustrade entstammen der ältesten Mariensäule Böhmens. Diese wurde 1650 auf Initiative Kaiser Ferdinand III. auf dem Altstädter Ring in Prag aufgestellt, zum Dank für die Bewahrung der Stadt vor dem schwedischen Heer im Jahr 1648. Während der Feiern zur tschechoslowakischen Unabhängigkeit am 3. November 1918 wurde die Statue von tschechischen Anarchisten gestürzt. Danach verbreiteten sich in den Kirchen zahlreiche Gipsabgüsse des abgebrochenen Kopfes der Jungfrau Maria. Das Original blieb jedoch fast ein halbes Jahrhundert in einer Privatsammlung, bis es 1957 vom Nationalmuseum erworben wurde. Die nach der Wende gegründete Gesellschaft zur Erneuerung der Mariensäule – mit den Bildhauern Jiří Bradna und Petr Váňa an der Spitze – ließ 1990 eine freie Nachbildung der gesamten Skulptur anfertigen, von der bereits ein wesentlicher Teil, inklusive der Marienfigur, im Hof der Kirche Panna Marie před Týnem (Hl. Maria am Tein), unweit ihres ursprünglichen Platzes, aufgestellt wurde.

Die dogmatische These von der Unbefleckten Empfängnis Marias findet ihren Ausdruck im ikonografischen Typ der „Purissima", der betenden Jungfrau ohne Kind. Der Schöpfer der Figur, Johann Georg Bendl, knüpfte damit auf kaiserlichen Wunsch an den Typ der Wiener Marienstatue aus dem Jahre 1647 (jetzt in Wernstein am Inn), vor allem aber an die 1638 ausgeführte Münchner Statue der bayerischen Schutzpatronin Maria an. Auf diese verweisen sowohl die vier Eckskulpturen als auch die schlanke, vielgliedrige Silhouette des Ganzen, welche die zum Altstädter Ring führenden Straßen schon von weitem überragte. Der kartografisch und astronomisch bestimmte Platz auf einem Meridian ließ die Säule zu einem Gnomon, einem zentralen Ort, werden. Bis in das 20. Jahrhundert hinein wurde sie als geografischer und geistiger Mittelpunkt Europas betrachtet.

Die Modellierung von Marias Gesicht besticht durch die überzeitliche antikisierende und realistische Auffassung bei gleichzeitig durchgeistigtem Ausdruck. Johann Georg Bendl hatte das Bildhauerhandwerk zunächst bei seinem Vater

3.28

Georg Bendl erlernt, der in den 90er-Jahren des 16. Jahrhunderts aus Süddeutschland nach Prag gekommen war. Danach widmete er sich dem Studium der italienischen Skulptur, insbesondere des römischen Manierismus zu. Zu einer führenden Figur auf dem Gebiet der frühen Barockskulptur wurde er in Prag gerade mit der Mariensäule, der ersten in einer Reihe von monumentalen Steinskulpturen für öffentliche Plätze und Holzskulpturen, die insbesondere für Prager Kirchen geschaffen wurden. *D. S.*

3.29 Die Mariensäule auf dem Prager Altstädter Ring erscheint hier als geistlicher und weltlicher Mittelpunkt Europas – sie stand tatsächlich auf einem Meridian. Zu Füßen der Madonna kniet der König von Böhmen und Kaiser im Kreis der Kurfürsten des Reichs.

Die Prager Mariensäule als geistliches Zentrum Europas. Thesenblatt für Friedrich Graf Waldstein
Entwurf: Karel Škréta (1610–1674), Ausführung: Melchior Küssel (1626–1683); Augsburg, 1661; Kupferstich, 91 x 126,5; Národní knihovna České republiky, Praha (Th 463)
Lit.: Blažíček 1952; Fechtnerová 1984 (Th. 463); Royt 1999, S. 218–221; Richterová /Čornejová 2006, Nr. 73

Ausgeführt hat das Thesenblatt der Prager Universität, auf dem Johann Friedrich Reichsgraf von Waldstein (1644–1694), der spätere Prager Erzbischof, Kunstmäzen und Förderer der patriotisch orientierten literarischen und wissenschaftlichen Bemühungen der böhmischen Jesuiten, seine Magisterverteidigung ankündigt, der Augsburger Kupferstecher Melchior Küssel. Dem Blatt liegt ein Entwurf von Karel Škréta zugrunde, dem führenden Maler des böhmischen Frühbarock. Das Thesenblatt wendet sich in einer Apostrophe direkt an Kaiser Leopold I., Waldsteins Protektor. Es wird traditionell als Ausdruck des böhmischen Barockpatriotismus interpretiert, der sich durch eine ostentativen Loyalität gegenüber der habsburgischen Dynastie auszeichnet, jedoch auch versucht Prag als geistliches und geografisches Zentrum Europas zu präsentieren. Der Kupferstich hält sich an die zeitgenössischen topografischen Vorstellungen von Böhmen als der Mitte Europas; im Mittelpunkt Böhmens wiederum – und das entspricht der politischen und gesellschaftlichen Bedeutung der Stadt – liegt Prag (und der Altstädter Ring). Doch Prag, das darf keinesfalls übersehen werden, ist, wie die hier dargestellte inbrünstige Marienverehrung zeigen will, auch geistliches Zentrum: „in ipso christianitatis centro, id est Pragensi foro, iam olim sanguine martyrum purpureo"; „im Zentrum der Christenheit selbst, das heißt auf dem Prager Ring, den schon früher das Blut der Märtyrer rot färbte", wobei mit den Märtyrern die während der Hussitenkriege dort hingerichteten Ordensleute gemeint sind, vielleicht auch – bildlich – das Bunzlauer Palladium. Es ist auch nicht auszuschließen, dass die Exekution der böhmischen Aufständischen im Prager Fenstersturz damit assoziiert werden sollte.

Die Darstellung erhebt sowohl in weltlicher wie in geistlicher Hinsicht einen universellen Anspruch. Die Immaculata wird verehrt von den Würdenträgern Europas sowie von den Vertretern einzelner Nationen, die bei der Ausübung der für ihr Land typischen Tätigkeiten abgebildet sind; im Himmel sind die Landespatrone aller Nationen versammelt, darunter auch der hl. Wenzel als Patron Böhmens – worin sich nicht zuletzt das Bedürfnis nach geschichtlicher Kontinuität widerspiegelt. Direkt bei der Mariensäule kniet der Kaiser mit den Kurfürsten.

Dem Konzept des Stichs entspricht das Programm der Mariensäule mit seiner Ikonografie der drei Sphären. Die Jungfrau Maria, bekränzt von zwölf Sternen und mit den Füßen einen Drachen zermalmend, steht für die erste, himmlische Sphäre, ein Tafelbild der Jungfrau Maria vom Ring (um 1415) symbolisiert die zweite, patriotische Sphäre; die dritte, irdische Sphäre wird von vier Engeln repräsentiert, welche die Sünden bekämpfen, die Pest, Krieg und Häresie zur Folge

Mariánský sloup na pražském Staroměstském náměstí je zde prezentován jako duchovní a světský střed Evropy – nacházel se skutečně na poledníku. U nohou Madony klečí český král a císař v kruhu říšských kurfiřtů.

Pražský mariánský sloup jako duchovní střed Evropy. Univerzitní teze hraběte Jana Bedřicha z Valdštejna
Návrh: Karel Škréta (1610–1674), provedení: Melchior Küssel (1626–1683); Augšpurk, 1661; mědiryt, 91 x 126,5

3.29

haben. Die Ikonografie der Prager Mariensäule, die zugleich das damals noch nicht offizielle Dogma der Unbefleckten Empfängnis (Beatae Mariae Virginis Immaculatae) propagierte, wurde angeregt durch die Wiener Mariensäule. Beide Säulen hatte Kaiser Ferdinand III. errichten lassen – aus ähnlichem Anlass. Die Prager Mariensäule sollte an die erfolgreiche Verteidigung des Altstädter Rings gegen die schwedischen Truppen 1648 erinnern, die Wiener Mariensäule an die Befreiung der Stadt von der schwedischen Belagerung 1647. Bei der Wiener Säule handelte es sich wiederum um eine Variante der Münchner Mariensäule von 1638, die auf Kurfürst Maximilian I. zurückgeht. Auch sie war ein Zeichen des Dankes für die Bewahrung der Stadt vor der Zerstörung durch die Schweden. Die Mariensäulen in München und Wien sind eher als ideelle denn als künstlerische Vorlage für die Prager Säule zu sehen. *V. P.*

Symbolem prodchnutí každodenního života katolickým vyznáním byla modlitba růžence, jak to stanovovaly náboženské mandáty. Na výrobu „pateříků" (z „Pater noster" - „Otče náš") na růžence se specializovaly české a bavorské sklářské hutě.

a) Pašijový růženec
Čechy, 18. století; stříbro, lité, stříbrný filigrán, skleněné perly, dřevo, perly, průměr 44

b) Růženec a skleněné perly
Šumava, 17.–19. století

3.30 Ein Zeichen für die Durchsetzung der katholischen Konfession im Alltag war das Gebet des Rosenkranzes, wie es in Religionsmandaten befohlen wurde. Die Herstellung von „Paterl" (von „Pater noster" – „Vater unser") für Rosenkränze wurde zur Spezialität bayerischer und böhmischer Glashütten.

a) Passionsrosenkranz
Böhmen, 18. Jahrhundert; Silber, gegossen, Silberfiligran, Glasperlen, Holz, Perlen, Ø 44;
Uměleckoprůmyslové muzeum v Praze (99-759)

b) Rosenkranz und Glasperlen
Böhmerwald, 17.–19. Jahrhundert; Muzeum Šumavy Sušice
Lit.: AK Sláva barokní Čechie 2001, Kat.-Nr. I/1.71, S. 42; AK Wittelsbach und Bayern 1980, Bd. 2/2, Kat.-Nr. 930, S. 5761f.; Lexikon der christlichen Ikonographie. Allgemeine Ikonographie, Bd. 3, Sp. 568–572; Steiner 1980; freundliche Mitteilungen aus dem Muzeum Šumavy von Jitka Lněničková

Gebetsschnüre als Andachtshilfen waren bereits im 12. Jahrhundert eng mit der Marienverehrung verbunden. Nach der Legende hat Maria dem hl. Dominikus die Gebetsschnur verliehen; jedenfalls verbreiteten die Dominikaner diese Gebetstechnik. Bezeichnet wurden die Gebetsschnüre oft als „Rosarium" und ikonografisch als Kränze von Rosen dargestellt. Große Rosenkränze tragen bis zu 150 kleine Perlen für 150 Ave-Maria-Gebete. Nach jeder zehnten Perle kommt eine größere, bei der man ein Vaterunser zu beten hat. Diese ursprünglich monastische Gebetsform verbreitete sich Ende des 15. Jahrhunderts auch unter dem städtischen Bürgertum und beim Adel.

3.30 a

Die konfessionell bestimmte religiöse Durchdringung des Alltags zu Beginn der frühen Neuzeit führte in katholischen Gebieten zur verstärkten Nutzung des Rosenkranzgebets. Allein in Oberbayern entstanden in der Regierungszeit Herzog/Kurfürst Maximilians 31 Rosenkranzbruderschaften. Im Jahr 1640 erließ Kurfürst Maximilian ein Mandat, wonach alle Landesangehörigen, Erwachsene wie Kinder, Rosenkränze zu besitzen und fleißig zu gebrauchen hätten. Bei Zuwiderhandeln waren Strafen angedroht. Dieser staatliche Zwang zur nach außen sichtbaren Religionsausübung auch im bäuerlichen Bereich führte zu einer verstärkten Nachfrage nach Rosenkränzen aus unterschiedlichen Materialien wie Holz oder Koralle, deren Rot als Symbol für die Rose stand. Glashütten im südlichen Böhmerwald, aber auch in Bayern fertigten bereits seit etwa der zweiten Hälfte des 14. Jahrhunderts Perlen für Rosenkränze, so genannte „Paterl" – eine Kurzform für „Pater noster" („Vater unser"). Hier arbeiteten bis ins 19. Jahrhundert darauf spezialisierte „Paterlhütten". Die Technik war einfach und ermöglichte eine frühe Massenproduktion: Man wickelte Glasfäden um eiserne Drähte. Der Handel mit den Paterln wurde anscheinend stark durch Nürnberger Kaufleute kontrolliert, denn die Glasperlen waren zugleich ein wertvolles Handelsgut, das sogar als Währung in Übersee Verwendung fand.

Die relativ preiswerten Glasperlen konnten zu einfachen Rosenkränzen aufgefädelt werden oder in Kombination mit kostbaren Materialien wie Silber auch Rosenkränze für höhere Ansprüche schmücken. Das aus Schloss Sichrow/Sychrov im Bezirk Reichenberg/Liberec stammende Exemplar trägt Symbole des Leidens Christi, bezieht sich also auf den „Schmerzensreichen Rosenkranz".

P. W.

Zwei verschiedene Volksstämme, Deutsche und Cechen, und mitunter in Anbetracht der unterschiedlichen Staatszugehörigkeit Böhmen und Bayern, bewohnen den Böhmerwald und zwar, Gott sei Lob und Dank, bis jetzt in ganz guter Eintracht trotz den zahlreichen in vielen gezahlten Zeitschriften geflissentlich genährten Hetzereien, trotz den böswilligen Bemühungen einzelner, unter dieser ruhig und friedlich neben einander lebenden gemischten Böhmerwaldsbevölkerung unheilbringende Zwietracht zu säen ...

Hippolyt Randa aus Taus, 1873

Dva různé kmeny, Němci a Čechové, nebo také, s ohledem na různou státní příslušnost, Češi a Bavoři, obývají Šumavu a žijí tu, chválabohu, docela ve svornosti navzdory horlivému poštvávání ze strany tisku, navzdory zlovolnému úsilí jednotlivců zasít sémě sváru mezi klidně a pokojně vedle sebe žijící smíšené obyvatelstvo Šumavy a rozdmýchat nepřátelství na život a na smrt ...

Hippolyt Randa, 1873

„O MARIA, Mater Pia!
Jasny blesk dem Vatterland!
Deine Gnaden reich beladen
Wssemu Swetu seynd bekandt.

Wsseczken lid dich ruffet billich /
Liebt vnd lobt all Nation:
Alle Zungen Alt vnd Jungen
Tebe czty in gleichem Thon."

Fortunatus Hueber, Zeitiger Granat-apfel...,
München 1671

4 Gemeinsamer Kulturraum

Die Ausstrahlung des Prager Hofs Kaiser Rudolfs II.

Der Habsburger Rudolf II. (1552–1612) erhielt 1575 die böhmische Krone und wurde 1576 Kaiser. Er verlegte 1583 seine Residenz von Wien nach Prag, das er zu einem Zentrum der Wissenschaften – mit Größen wie Giordano Bruno, Tycho Brahe oder Johannes Kepler – und der Künste machte. Der kunstsinnige, wenngleich politisch wenig erfolgreiche Rudolf war einer der größten und vielseitigsten Sammler überhaupt. Das von dem Augsburger Maler Daniel Fröschl von 1607 bis 1611 angelegte Inventar seiner enzyklopädischen „Kunstkammer" zeigt diese als mikrokosmische Repräsentation des Universums, das die edelsten Gaben der Natur und die bewundernswertesten Hervorbringungen von Menschen als Ausdruck der Majestät des Kaisers versammelte. Es war gegliedert in „Naturalia" (mineralogische, paläontologische, zoologische und botanische Objekte und Abbildungen aller Naturwesen in Miniaturmalereien und Stichen), „Artificialia" (künstlerische, kunstgewerbliche und ethnografische Artefakte, Handzeichnungen, Kupferplatten) und „Scientifica" (wissenschaftliche Instrumente, technische Gerätschaften, Uhren, Automaten, Globen, Himmelsgloben). Daneben ließ Rudolf II. Gärten für exotische Pflanzen und Tiere sowie eine Menagerie, eine Bibliothek und Sammlungen von Prunkwaffen, Tapisserien und Gemälden anlegen und vergab Aufträge an Maler, Stecher, Bildhauer und Kunsthandwerker. Viele Aufträge gingen auch an die Instrumentenmacher und Kunsthandwerker in den süddeutschen Reichsstädten, vor allem in Augsburg und Nürnberg. Eine besondere Attraktion der kaiserlichen Sammlung waren die Gemäldetafeln Albrecht Dürers sowie seine fast 400 Handzeichnungen, die in Prag von vielen Künstlern bewundert, mehrfach kopiert, imitiert und in Stichen reproduziert wurden. Der Ruhm des Nürnberger Meisters verbreitete sich maßgeblich durch die rudolfinische „Dürer-Renaissance".

Die Werke der Augsburger und Nürnberger Meister fanden auch Eingang in Sammlungen des böhmischen Adels. Geschnittene Gläser aus böhmischen Hütten wiederum waren in ganz Europa begehrt, ebenso wie die Egerer Holzintarsienarbeiten, die vor allem als repräsentative Gastgeschenke Verwendung fanden. Auch liturgische Geräte und andere Erzeugnisse des Goldschmiedehandwerks für den kirchlichen Gebrauch zeigen grenzüberschreitende Verbindungen. Der wohl in Prag geborene Amos Neuwald, der als Goldschmied in Augsburg wirkte, schuf ein Lavabo mit zugehöriger Kanne, das von der kaiserlichen Familie an das Kapitel in Altbunzlau geschenkt wurde. Die engen Beziehungen der jüdischen Gemeinden in Böhmen zu jüdischen Gemeinden in Bayern und zu Kunsthandwerkern in den großen oberdeutschen Reichsstädten spiegeln sich in kostbaren Ritualgegenständen wider, die man von dort importierte.

Barocke Architektur, Skulptur, Hofmusik – und Bayerns Kurfürst als böhmischer König

Die Schlacht am Weißen Berg von 1620 bedeutet einen tiefen Einschnitt, in der Geschichte sowohl Bayerns wie Böhmens. Beide, das um die Oberpfalz erweiterte Kurbayern und das Königreich Böhmen, waren nun eingebunden in die vom habsburgischen Kaiserhof dominierte katholische Welt. Gegenreformation und Rekatholisierung fanden ihren Ausdruck in den aufwändigen Bauten und reichen bildlichen Ausstattungen, die wir mit dem Begriff „Barock" verbinden. Der bayerische „Barock" wurde seit dem späten 19. Jahrhundert als kulturelle Blütezeit entdeckt und zunehmend auch international gewürdigt. Das „heitere" Bild einer durch Zwiebeltürme, Kirchenkuppeln, Wallfahrten, religiöses Brauchtum und Festkultur geprägten barocken Sakrallandschaft gehört heute zu den unverzichtbaren Bayern-Klischees. Dagegen schufen auf böhmischer Seite die nationaltschechische Geschichtsschreibung des 19. Jahrhunderts und die überaus populären historischen Romane eines Alois Jirásek (1851–1930) den Mythos vom kulturellen und nationalen Verfall im Zeitalter des „Temno", der fremdbestimmten „Finsternis" für die tschechische Nationalkultur. Erst bei einigen katholischen tschechischen Schriftstellern und Gelehrten zu Beginn des 20. Jahrhunderts und dann verstärkt in den letzten Jahrzehnten setzte sich eine konkurrierende Sichtweise durch, die programmatisch den „Ruhm des barocken Böhmen" heraushob, so der Titel einer großen Ausstellung in Prag 2001. Beide Sichtweisen – die „dunkle" nationaltschechische und die „heitere" patriotisch-bayerische – beziehen sich auf dasselbe historische Phänomen: die nach dem vorausgegangenen „Zeitalter der Konfessionskriege" umfassende Durchdringung der Lebenswirklichkeit durch kirchliche Ausdrucksformen.

Auffällig ist, dass die zahlreichen Neubauten und Renovierungen nach den Zerstörungen des Dreißigjährigen Kriegs von Künstler- und Handwerkerdynastien geprägt wurden, die grenzüberschreitend arbeiteten: zuerst in Böhmen, Mähren und Schlesien, dann auch in Altbayern und Franken, wo die wirtschaftliche Erholung langsamer vonstatten ging. Eines der bekanntesten Beispiele ist die aus einem oberbayerischen Einödhof bei Brannenburg stammende Baumeisterfamilie der Dientzenhofer, die seit den 70er-Jahren des 17. Jahrhunderts in Prag nachweisbar ist. Um 1700 entwickelte Christoph Dientzenhofer eine spezifische Architektursprache, die bis über die Mitte des 18. Jahrhunderts von hier aus – auch durch andere Architekten wie Balthasar Neumann – nach Bayern und Franken zurückwirkte: die auf virtuosen geometrischen Grundformen aufbauende so genannte kurvierte Architektur. Hier bildet die Raumhülle mit dem Architektursystem eine Einheit, wodurch sich neuartig geschichtete Raumformen ergeben. So entstanden nicht nur Großbauten wie die Jesuitenkirche von St. Niklas auf der Kleinseite in Prag, sondern auch unverkennbar „kurvierte" Dorfkirchen wurden in dieser Zeit errichtet. Teilweise verwendete man in Böhmen und Bayern sogar gleiche Baupläne. Im Zusammenspiel mit der auf komplizierten mathematischen Grundstrukturen beruhenden Architektur erweiterte die illusionistische Freskenmalerei des Barock den Raumeindruck dieser Bauten. Ein beeindruckendes Beispiel dafür ist das Deckengemälde im Bibliothekssaal des Prager Clementinums, das der aus Ottobeuren stammende Jan Hiebel geschaffen hat. Ein weiteres Exempel für die bayerisch-böhmische Wechselbeziehung in der Kunst liefern die Brüder Asam, die das Erscheinungsbild vieler Kirchen- und Klosterbauten des bayerisch-böhmischen Kulturraums prägten.

Heitere Bewegung kennzeichnet auch die Werke des aus Nordböhmen stammenden Ferdinand Tietz (1708–1777). Seine Skulpturen sind Beispiele für die theatrale Kunst des Rokoko, wie sie insbesondere in den höfischen Gartenanlagen der Zeit Verwendung fanden. Die Gärten von Schloss Seehof bei Bamberg, von Veitshöchheim oder auch der Rosengarten der Bamberger Residenz sind wesentlich von der skulpturalen Ausstattung durch Ferdinand Tietz und seine Mitarbeiter gekennzeichnet.

Eine Symbolfigur des bayerischen Rokoko ist der Wittelsbacher Kurfürst Karl Albrecht (1697–1745), der unter anderem die Amalienburg im Nymphenburger Park und die Cuvilliés-Räume der Münchner Residenz errichten ließ. Weitaus weniger bekannt ist, dass Karl Albrecht auch die böhmische Königskrone erstrebte und erhielt. Im österreichischen Erbfolgekrieg hatte er Prag erobert und ließ sich im Dezember 1741 im Veitsdom krönen. Nicht unerhebliche Teile des böhmischen Adels huldigten ihm und nicht seiner Konkurrentin, der Habsburgerin Maria Theresia. Allerdings gelang es Karl Albrecht nur für kurze Zeit, die böhmische Krone gegen die habsburgischen Machtansprüche zu verteidigen; Prag ging den verbündeten bayerischen und französischen Truppen Ende des Jahres 1742 auch militärisch verloren. Als Karl Albrecht, seit 1742 Kaiser Karl VII., im Januar 1745 in München starb, erlosch der Anspruch eines bayerischen Fürsten auf die böhmische Königskrone.

Böhmische Einflüsse zeigten sich auf dem Gebiet des heutigen Bayern auch im höfischen Musikleben der vielen größeren und kleineren Residenzen. In der zweiten Hälfte des 18. Jahrhunderts dominierten unter den Instrumentalisten der Hoforchester, vor allem unter den Bläsern, böhmische Musiker. Das gilt für die Mannheimer Hofkapelle – die Keimzelle des späteren Münchner Hoforchesters – ebenso wie beispielsweise für den Hof von Kraft Ernst Thaddäus Notger von Oettingen-Wallerstein (1758–1802). Zu dessen Hofkapelle, im Grunde ein europäisches Elite-

Ensemble, gehörten bemerkenswert viele aus Böhmen stammende Musiker, darunter Franz Anton Rösler/Antonio Rosetti (1750–1792), einer der bekanntesten Komponisten seiner Zeit. Auch Franz Xaver Pokorny (1729–1794) wurde in Böhmen geboren, wirkte als Violinist in der Oettingen-Wallerstein'schen Hofkapelle, bildete sich in Mannheim weiter und ging schließlich an den Regensburger Hof des Prinzipalkommissars von Thurn und Taxis, wo er als „Hochfürstlich Taxis'scher Kammermusikus" angestellt war. Seinen Grabstein kann man noch heute in der Vorhalle der ehemaligen Abteikirche von St. Emmeram sehen. Angesichts dieser hier nur an zwei Beispielen gezeigten Dominanz böhmischer Musiker erstaunt es nicht, dass man von Böhmen im 18. Jahrhundert oft als dem „Konservatorium Europas" sprach.

Gemeinsame Heilige – gemeinsame Wallfahrten

Neben dem Kreuz und der Darstellung Mariens gibt es keine Gestalt, die in der Kulturlandschaft der katholischen Gebiete Süddeutschlands, Österreichs, Böhmens und Mährens häufiger zu sehen ist als diejenige des hl. Johannes von Nepomuk. Seine nach der Legende standhafte Bewahrung des Beichtgeheimnisses – zugunsten der aus Bayern stammenden Königin Sophie – und sein Tod in der Moldau ließen ihn zum Patron des Beichtgeheimnisses, der Sterbenden, der Schiffer, Flößer und gegen Wassergefahren werden – also ein Anknüpfungspunkt für sehr viele Lebenssituationen. In Böhmen wurde Johannes von Nepomuk schon um 1600 unter die Landespatrone gezählt. Sein Grab verehrt man bis heute im Veitsdom, ebenso die bereits 1683 auf der Karlsbrücke errichtete Bronzefigur. Dabei verweist selbst diese bekannteste Darstellung des Heiligen im Herzen Prags auf das westliche Nachbarland, wurden doch die Statue und die begleitenden Reliefs von dem Nürnberger Stück- und Glockengießer Hieronymus Herold gegossen. Fast unmittelbar nach seiner Heiligsprechung im Jahr 1729 feierte man Johannes von Nepomuk im Münchner Liebfrauendom mit einer Festoktav und erklärte ihn neben der Gottesmutter (seit 1616) und dem hl. Benno (seit 1580) zum bayerischen Landespatron. Der Erlass hierzu kam direkt von Kurfürst Karl Albrecht, der damit einen engen Bezug nach Böhmen schuf. Vielleicht hatte er damals bereits seine eigenen dynastischen Ansprüche auf die böhmische Königskrone im Sinn.

Für die Zeitgenossen fast ununterscheidbar erscheint die Sakrallandschaft in Bayern und Böhmen, wie sie seit dem 17. Jahrhundert entstanden war: Wallfahrtskirchen, Kalvarienberge, Wegkapellen und Kreuzwege als Ausdruck einer tief verwurzelten Volksfrömmigkeit. Insbesondere im Zeichen der Wallfahrt wurde die bayerisch-böhmische Grenze immer wieder überschritten. Böhmische Pilger zogen nach Neukirchen beim Heiligen Blut, bayerische zur Muttergottes vom Heiligen Berg in Příbram – um nur die bekanntesten Wallfahrtsorte zu nennen. Das Andachtsbuch des

Fortunatus Hueber versammelt die marianischen Gnaden-orte aus Bayern und Böhmen und bietet auch Gebetstexte auf Lateininisch, Tschechisch und Deutsch: „O Maria, ma-ter pia, jasný blesk dem vatterland."

Ein besonderes bayerisch-böhmisches Denkmal ist die Wallfahrtsanlage auf dem Weißen Berg bei Prag. Es waren vorwiegend aus Bayern stammende Künstler, die hier eine Symbiose aus typisch böhmischer Ambitenanlage, kurvierter Architektur und Freskenfolgen schufen, die den katho-lischen Sieg in der Schlacht am Weißen Berg feierten. Der in Stadtamhof bei Regensburg geborene Maler Johann Adam Schöpf (1702–1772), der in Prag Meisterstatus erlangte, malte die Umgänge der Wallfahrtsanlage mit einer Folge von Ansichten böhmischer und bayerischer Wallfahrtsorte aus. Das in Böhmen meist verbreitete Gnadenbild war das Passauer Maria-Hilf-Madonnenbild, gemalt von dem Fran-ken Lucas Cranach.

Wallfahrten und Heilige gaben auch der Volkskunst vielfältige Anregungen. Eher regionale Bekanntheit in der Grenzregion zwischen Niederaltaich, Rinchnach und Gut-wasser/Dobrá Voda genoss der hl. Gunther, der in Kloster Břevnov begraben liegt. Ältere Gläubige und Wallfahrer erinnern sich noch an eine große Votivtafel aus dem Wall-fahrtsort Gutwasser mit deutscher und tschechischer In-schrift. Sie befand sich ursprünglich im Brunnenhaus neben der Wallfahrtskirche und hat die Zerstörungen der Nach-kriegszeit in den Sammlungen des Muzeum Šumavy glück-lich überstanden. Bei der anlässlich der Landesausstellung 2007 erfolgten Restaurierung stellte sich heraus, dass die aus dem 19. Jahrhundert stammende Tafel auf der Rückseite ein vermutlich noch 100 Jahre älteres Andachtsbild trägt.

Claus Grimm/Peter Wolf

Lit.: AK Cosmas Damian Asam 1986; AK In Europa zu Hause 2005; AK Johannes von Nepomuk 1993; AK Quasi Centrum Europae 2002; AK Sláva barokní Čechie 2001; AK Wallfahrt kennt keine Grenzen 1984; AK Rudolf II. and Prague 1997; Bahlcke 2003; Evans 1980; Fučíkova 1997; Grünsteudel 2000, Wallerstein; Hartmann 1985; Steiner 1980; Válka 1998; Židovksé tradice a zvyky 1995

4 Společný kulturní prostor

Vliv pražského dvora císaře Rudolfa II.

Rudolf II. Habsburský (1552–1612) získal v roce 1575 českou korunu a roku 1576 se stal císařem. Svou rezidenci přesunul v roce 1583 z Vídně do Prahy, která se stala cen-trem věd – působili zde takové veličiny jako Giordano Bru-no, Tycho Brahe nebo Johannes Kepler – a umění. Rudolf byl jedním z nejvášnivějších a nejvšestrannějších sběratelů. Inventář jeho encyklopedické „kunstkomory", pořízený augšpurským malířem Danielem Fröschlem v letech 1607–1611, dokumentuje její podobu mikrokosmické repre-zentace univerza, shromažďující ty nejdrahocennější dary přírody a nejobdivuhodnější výtvory člověka jako výraz císařského majestátu. Byla rozčleněna do tří částí: „Natura-lia" (mineralogické, paleontologické, zoologické a botanické exempláře a vyobrazení zvířat v miniaturách a rytinách), „Artificialia" (umělecké, uměleckořemeslné a etnografické artefakty, kresby, měděné desky) a „Scientifica" (vědecké přístroje, technické náčiní, hodiny, automaty, glóby, glóby hvězdné oblohy). Rudolf také založil zahrady pro exotické rostliny a zvířata, menažérii, knihovnu a sbírky skvostných zbraní, tapiserií a maleb a zadával zakázky malířům, rytcům, sochařům a uměleckým řemeslníkům. Četné zakázky pu-tovaly také k nástrojařům a uměleckým řemeslníkům do jihoněmeckých říšských měst, zejména Augšpurku a Norim-berka. Zvláštní atrakcí císařských sbírek byly malby a téměř čtyři stovky kreseb Albrechta Dürera, které v Praze umělci obdivovali, opakovaně kopírovali, imitovali a reprodukovali v rytinách. K šíření slávy norimberského mistra nezanedba-telnou měrou přispěla právě rudolfínská „dürerovská rene-sance".

Díla augšpurských a norimberských mistrů byla zastou-pena i ve sbírkách českých šlechticů. Řezané sklo z českých hutí bylo žádané po celé Evropě, stejně jako chebské intar-zie, které sloužily především jako reprezentativní dary. Také liturgické předměty a jiné výrobky zlatnického řemesla církevního charakteru jsou dokladem přeshraničních vztahů. Amos Neuwald, pravděpodobně původem z Prahy a působící jako zlatník v Augšpurku, vytvořil lavabo s konvičkou, které věnovala císařská rodina kapitule ve Staré Boleslavi. Skvostné rituální předměty, dovážené do Čech, odráží úzké kontakty českých židovských obcí k židovským obcím v Bavorsku a k uměleckým řemeslníkům ve velkých hornoněmeckých říšských městech.

Barokní architektura, sochařství, dvorní hudba – a bavorský kurfiřt českým králem

Bitva na Bílé Hoře roku 1620 je epochálním mezníkem ve společných bavorsko-českých dějinách. Především česká národní historiografie 19. století a nesmírně populární his-torické romány Aloise Jiráska (1851–1930) ukotvily mýtus kulturního a národního úpadku v době „Temna", onoho násilného „zatemnění" české národní kultury. Teprve mezi několika katolickými českými spisovateli a učenci počátkem 20. století se začal formovat konkurenční pohled na toto ob-dobí, který se pak výrazněji prosadil v posledních desetiletích a který programaticky vyzdvihuje „Slávu barokní Čechie", jak zněl název velké výstavy konané v Praze v roce 2001. Na druhé straně patří přívětivý obrázek barokní sakrální kra-jiny s typickými cibulovými věžičkami a kupolemi kostelů, poutní a pohostinská tradice k obzvlášť oblíbeným klišé o

Bavorsku, jeho zbožnosti a zakořeněnosti. Obě perspektivy – „temná" nacionálně česká a „jasná" vlastenecky bavorská – odkazují k témuž historickému fenoménu: rozsáhlému prorůstání životní reality katolickými výrazovými formami, přesahujícími horizont vlastního „období konfesionalizace" a zahrnujícími všechny oblasti: umění a umělecké řemeslo, všední den i svátek.

Nápadná je skutečnost, že „stavební boom", který následoval po období zmatků a pohrom třicetileté války, byl především záležitostí umělců a uměleckých dynastií pracujících „přeshraničně": ve Starém Bavorsku, Frankách a Čechách, ale i ve Slezsku, na Moravě a v rakouských dědičných zemích. Jedním z nejznámějších příkladů je stavitelský rod Dientzenhoferů z Horního Bavorska, jehož působení v Praze je doloženo od 70. let 17. století. Kryštof Dientzenhofer rozvinul kolem roku 1700 specifickou variantu českého baroka, která až do poloviny 18. století – i prostřednictvím jiných architektů jako Balthasara Neumanna – zpětně působila i na Bavorsko a Franky: rozvlněnou architekturu známou jako dynamické baroko. „Obal prostoru" zde tvoří s architektonickým systémem jednotu, která navozuje dojem beztížného pohybu v prostoru. V této době vznikaly nejen slavné církevní stavby jako například kostel sv. Mikuláše v Praze na Malé Straně, ale i nepřehlédnutelně „zvlněné" vesnické kostelíky. V mnoha případech se v Čechách i Bavorsku dokonce používaly stejné stavební plány. Dojem otevřeného vnitřního prostoru vzniká souhrou složitých půdorysných struktur a iluzivní freskové malby. Působivým příkladem je nástropní malba v knihovním sále Klementina od Jana Hiebela, malíře z Ottobeurenu, vyučeného ve Wangenu a Mnichově. Bavorsko-českou součinnost v oblasti freskové malby reprezentuje především rod Asamů, který ovlivnil podobu nespočetných církevních a klášterních staveb v bavorsko-českém kulturním prostoru.

Dynamika a rozevlátost charakterizují také dílo Ferdinanda Tietze (1708–1777). Jeho sochy byly ve své době důležitou složkou dvorního zahradního umění. Podoba rozsáhlých zahrad zámku Seehof u Bamberku, ve Veitshöchheimu nebo rozária bamberské rezidence byla z velké části utvářena právě skulpturální výzdobou Ferdinanda Tietze. Tietz pocházel ze severních Čech; jeho otec možná patřil ke dvoru knížete Lobkovice. Zadavateli jeho děl byli ve většině případů knížecí biskupové würzburský a bamberský.

Téměř symbolickou postavou bavorského rokoka je kurfiřt Karel Albrecht (1697–1745), který nechal postavit mj. zámeček Amalienburg v Nymphenburském parku a tzv. „Skvostné pokoje" (Reiche Zimmer) v mnichovské rezidenci. Méně známá je však skutečnost, že Karel Albrecht usiloval o českou korunu a také ji získal. Ve válce o dědictví rakouské dobyl Prahu a v prosinci roku 1741 se nechal ve svatovítském chrámu korunovat. Velká část české šlechty vzdala hold jemu a ne jeho konkurentce, Marii Terezii z rodu Habsburků. Českou korunu se Karlu Albrechtovi však vůči mocenským nárokům Habsburků podařilo obhájit jen na krátkou dobu; koncem roku 1742 se rakouským vojskům podařilo Prahu obsazenou bavorsko-francouzským vojskem

osvobodit. Po smrti Karla Albrechta, od roku 1742 císaře Karla VII., v lednu 1745 v Mnichově zanikl nárok bavorských knížat na českou královskou korunu.

Český vliv na území dnešního Bavorska byl patrný také v hudebním životě větších či menších šlechtických rezidencí. Ve druhé polovině 18. století bylo mezi instrumentalisty dvorních orchestrů, především hráči na dechové nástroje, mnoho Čechů. To platí pro mannheimskou dvorní kapelu – jádro pozdějšího mnichovského dvorního orchestru – i například pro dvůr Krafta Ernsta Thaddäa Notgera von Oettingen-Wallerstein (1758–1802). Pozoruhodně velký počet členů jeho dvorního orchestru, který byl skutečným elitním souborem, pocházel z Čech, mj. Franz Anton Rössler/Antonio Rosetti (1750–1792), jeden z nejznámějších skladatelů své doby. Také František Xaver Pokorný (1729–1794) se narodil v Čechách, působil jako violinista v oettingen-wallersteinské dvorní kapele, další vzdělání získal v Mannheimu a nakonec odešel k řezenskému dvoru knížete Thurn-Taxise, kde získal místo jako „Hochfürstlich Taxischer Kammermusikus". Jeho náhrobek lze dodnes vidět v předsíni bývalého opatského kostela Sv. Jimrama. Vzhledem k dominanci českých hudebníků, kterou zde ilustrují jen dva příklady, nepřekvapí, že byly Čechy v 18. století označovány jako „konzervatoř Evropy".

Společní světci – společné poutě

Vedle kříže a zobrazení Panny Marie charakterizuje katolickou kulturní krajinu jižního Německa, Rakouska, Čech a Moravy hlavně všudypřítomná postava sv. Jana Nepomuckého. Jeho statečnost a mlčenlivost, kterou líčí legenda o zpovědníkovi královny Žofie, a jeho smrt ve Vltavě z něj učinily patrona zpovědního tajemství, umírajících, lodníků a vorařů a ochránce proti vodě – tedy přímluvce v nesčetných životních situacích. V Čechách se Jan Nepomucký zařadil mezi zemské patrony již kolem roku 1600. Dodnes je v chrámu sv. Víta uctíván jeho hrob, stejně jako bronzová socha vztyčená roku 1683 na Karlově mostě. Dokonce i tato nejznámější světcova socha v srdci Prahy odkazuje k západnímu sousedovi: socha i reliéfy na podstavci jsou dílem norimberského zvonaře Jeronýma (Hieronyma) Herolda. Téměř bezprostředně po kanonizaci Jana Nepomuckého v roce 1729 se v mnichovském kostele Naší milé Paní (Liebfrauendom) konala k jeho poctě slavnostní mše a byl vedle Matky Boží (od r. 1616) a sv. Benna (od r. 1580) prohlášen za bavorského zemského patrona. Podnět k tomu dal kurfiřt Karel Albrecht a upevnil tak vazbu na Čechy. Možná ho tomu již tenkrát vedly vlastní dynastické nároky na českou královskou korunu.

Téměř nerozlišitelná byla pro současníky bavorská a česká sakrální krajina, utvářená od 17. století: poutní kostely, „hory Kalvárie", kapličky a křížové cesty. Poutníci překračovali hranici oběma směry: Češi putovali do Neukirchen beim Heiligen Blut, Bavoři na Svatou Horu u Příbrami – a to jsou jen ta dvě nejznámější poutní místa. Kniha modliteb Fortunata Huebera shromažďuje bavorská a česká mariánská milostná místa a najdou se tu trojjazyčné (latinsko-česko-německé) modlitby: „O Maria, mater pia, jasný blesk dem vatterland". Bavorsko-česká spolupráce má svůj památník zvláštního druhu v poutním areálu na Bílé Hoře u Prahy. Převážně bavorští umělci zde vytvořili symbiózu typicky českého ambitového ochozu, dynamicky rozvlněné architektury a cyklů fresek, oslavující bavorské vítězství v bitvě na Bílé Hoře. Jan Adam Schöpf (1702–1772), malíř původem ze Stadtamhofu u Řezna, který v Praze dosáhl hodnosti mistra, vyzdobil ochoz freskami bavorských a českých poutních míst. Nejrozšířenějším milostným obrazem v Čechách byl obraz pasovské Panny Marie Pomocné. I lidová tvorba čerpala ze života světců a poutní tradice mnohé podněty.

Spíše „regionálním světcem" pohraniční oblasti mezi Niederaltaichem, Rinchnachem a Gutwasser/Dobrou Vodou byl sv. Vintíř (Gunther), který je pohřben v břevnovském klášteře. Věřící a poutníci starší generace si ještě vzpomínají na velkou votivní desku z poutního místa Gutwasser/Dobrá Voda s německým a českým nápisem. Nacházela se původně v přístřešku studny vedle poutního kostela a vandalismus poválečné doby a komunistického režimu šťastně přečkala ve sbírkách Muzea Šumavy. Při restauraci této desky z 19. století u příležitosti Zemské výstavy 2007 byl na zadní straně odkryt ještě jeden devoční obraz, asi o sto let starší – symbol bavorsko-české kontinuity.   *Claus Grimm/Peter Wolf*

Štambuch augsburského uměleckého agenta Philippa Hainhofera patří k nejbohatěji zdobeným, umělecky hodnotným exemplářům „památníků přátelství".

Philipp Hainhofer: Velký štambuch (Album amicorum)

Německo, Čechy, Itálie, 1596–1633; rukopis/ papír, pergamen, kvaš, akvarel, zlaté zdobení, perokresba, velikost listů cca 20,8 x 16, cca 114 listů; přední a zadní předsádka po deseti listech papíru, z toho po šesti listech orientálních barevných resp. mramorovaných papírů; vazba: dřevěné desky potažené červeným sametem, červené safiánové pouzdro otevřená dvoustrana: poprsí císaře Rudolfa II.; trůnící Rudolf II. s vlastnoručním podpisem; Daniel Fröschl

4.1 Das Stammbuch des Augsburger Kunstagenten Philipp Hainhofer ist ein Dokument der Beziehungen des Prager Hofes Rudolfs II. zu den Sammlern, Künstlern und Kunsthandwerkern jener Zeit.

Philipp Hainhofer: Das Große Stammbuch (Album amicorum)

Deutschland, Böhmen, Italien, 1596–1633; Handschrift/Papier, Pergament, Gouache, Aquarell, Höhung in Gold, Federzeichnung, Blattgröße ca. 20,8 x 16, ca. 114 Blätter; Vorspann und Schluss je zehn Blätter Papier, davon jeweils sechs orientalische Buntpapiere bzw. Türkischpapier; Einband: roter Samtbezug über Holztafeln, rote Maroquin-Schachtel; Privatbesitz
Aufgeschlagen: Brustbild von Kaiser Rudolf II.; Rudolf II. thronend, mit eigener Unterschrift; Daniel Fröschl
Lit.: The History of the Book: The Cornelius J. Hauck Collection of the Cincinnati Museum Center, Auktion Christie's New York am 27. Juni 2006, Kat.-Nr. 263; Bernard Quaritch Ltd., Katalog, London 1931, lot 99 und derselbe, Katalog, London 1941, lot 2; Doering 1894; Doering 1901; AK Welt im Umbruch 1980, Bd. 1, S. 372–376, Kat.-Nr. 379–381, Bd. 2, S. 259, Kat.-Nr. 642; Amelung 1979; Gebiet 1984, S. 20 f., Nr. 5, Anm. 4–Nr. 6, S. 927 f.

Philipp Hainhofer (1578–1647) entstammte dem Patriziat der Reichsstadt Augsburg. Nach dem Studium der Rechte in Padua und Siena führten ihn Reisen nach Rom und Neapel. Neben Lateinisch und Italienisch sprach er fließend Holländisch und Französisch. Zurück in Augsburg, widmete er sich dem Tuchhandel und anderen Handelsgeschäften der Familie. Er erweiterte diese auf den Handel mit Luxusgütern und war vielseitig als Kaufmann, Bankier und seit etwa 1600 auch als Kunsthändler tätig. Freundschaft verband ihn nicht nur mit führenden Künstlern seiner Zeit, sondern auch mit zahlreichen europäischen Fürsten. In Augsburg bekleidete er eine Reihe öffentlicher Ämter. Von seiner Heimatstadt wurde er ebenso wie von auswärtigen Fürsten mit diplomatischen Missionen betraut. Als Kunstagent spezialisierte sich Hainhofer auf die kostbarsten Objekte der Kunst und des Kunsthandwerks, um deren Besitz die europäischen Herrscher für ihre Kunst- und Wunderkammern miteinander wetteiferten. Auch sammelte er selbst, seine eigene Kunstkammer galt als Sehenswürdigkeit. Nach eigenen Entwürfen ließ Hainhofer serienmäßig die kostbaren Augsburger Kabinettschränke herstellen, wie den so genannten Pommer'schen Kunstschrank, die in der Vielfalt der verwendeten Materialien wie Edelmetall, Elfenbein und Halbedelstein einzigartige Schöpfungen waren, deren Export in alle Welt er organisierte. An ihrer Fertigung beteiligte Hainhofer die hervorragendsten Künstler und Kunsthandwerker aus den süddeutschen Reichs- und Residenzstädten.

Um 1600 und noch in der Zeit des Dreißigjährigen Kriegs erlebten Augsburg und Nürnberg, München und das Zentrum des Heiligen Römischen Reichs, Prag, eine Blütezeit der Kunst und des Kunstgewerbes. Hainhofer, der 1632 in konfessionelle Auseinandersetzungen hineingezogen wurde, spielte für den Kunsttransfer zwischen den bedeutendsten Fürsten Norditaliens und den deutschen Höfen, überhaupt für die Vermittlung kostbarster Kunstgegenstände in die Kunst- und Wunderkammern der europäischen Höfe eine Schlüsselrolle. Über Hainhofers Leben geben Briefe, Reisebeschreibungen und sechs Stammbücher Auskunft. Seine bedeutende Rolle im künstlerischen, gesellschaftlichen und politischen Leben Europas dokumentiert sein „Großes Stammbuch", das fürstlichen Persönlichkeiten vorbehalten blieb und in das sich Kaiser Rudolf II. und Cosimo de Medici eingetragen haben.

Der Brauch, Stammbücher als Denkmäler der Freundschaft – album amicorum – anzulegen, entwickelte sich in den protestantischen Studentenzirkeln der Universität Wittenberg um die Mitte des 16. Jahrhunderts. Die Stammbuch-Mode blieb bis in das frühe 19. Jahrhundert mehr oder weniger auf das deutsche Sprachgebiet und die unmittelbar angrenzenden Gebiete im Nordwesten, Norden und Osten beschränkt. Durch ihre weite Verbreitung in fast allen Gesellschaftsschichten und ihren vielfältigen Schmuck sind Stammbücher kulturgeschichtliche Quellen ersten Ranges, nicht zuletzt wegen seltener Autografen sowie präziser Angaben zu Eintragungsort und Datum. So liefern sie Daten zu den Lebensläufen bedeutender Persönlichkeiten, geben Auskunft über den Bekannten- und Freundeskreis sowie Reiserouten oder Studienaufenthalte ihrer Besitzer. Stammbücher mit reichem Bildschmuck oder die seltenen Künstlerstammbücher sind auch wichtige Quellen für die Kunstgeschichte. Bilder und Wappen wurden in der Regel nicht vom Eintragenden selbst ausgeführt. Man gab sie vielmehr bei Künstlern in Auftrag, die auch auf Miniaturmalerei spezialisiert waren. Stammbuchbilder zu bestimmten Themenkreisen, etwa das menschliche Schicksal betreffend, wurden auch auf Vorrat gefertigt und einzeln verkauft, um bei Gelegenheit in ein Stammbuch eingeklebt oder eingefügt zu werden. Da die Bilder im allgemeinen nicht signiert wurden, ist der künstlerische Urheber oft nur schwer festzustellen.

In Augsburg gab es in der Zeit um 1600 eine Vielzahl von Künstlern, die sich auf Wappen- und Miniaturmalerei spezialisiert hatten, einige der berühmtesten sind im „Großen Stammbuch" Hainhofers vertreten, das in den vergangenen Jahrzehnten als verschollen galt und noch seiner kunstwissenschaftlichen Untersuchung harrt. Die Eintragungen erfolgten in lateinischer, deutscher, italienischer und französischer Sprache. Unter den überlieferten Stammbüchern zählt es zu den am reichsten mit qualitätvollem Bildschmuck ausgestatteten Exemplaren. Nachweislich durch ihre Signaturen und durch die Beschreibungen Hainhofers haben Künstler wie Lucas Kilian, Anton Mozart, Johann Matthias Kager, Joseph Heintz, Daniel Fröschl und Jacopo Ligozzi darin mitgewirkt, höchstwahrscheinlich auch Joris Hoefnagel und Matthäus Gundelach. Man kann dieses einzigartige Stammbuch als Zeugnis von Augsburgs künstlerischer Blüte im europäischen Kontext, als Mikrokosmos der rudolfinischen Kunst in Prag, als Kunst- und Wunderkammer in nuce sehen, das selbst ein Kunstkammerobjekt allerhöchsten Ranges darstellt.

Die hier aufgeschlagenen Seiten 16 und 17 sind die Hälften eines in der Mitte gefalteten und eingebundenen Pergamentblatts, das einheitlich in zartem Purpur grundiert ist. Auf beiden Seiten sind hochrechteckige Bildfelder ausgespart, die nach außen mit einer breiten schwarzen Randleiste und nach innen mit einer dünnen hellen Leiste (links in Gold) gerahmt sind. Auf Seite 16 ist das in einen hochovalen Rahmen komponierte Brustbild Kaiser Rudolfs II. (1552–1612) eingeklebt, das von Daniel Fröschl auf weißer Seide gemalt wurde. Das Bildnis des Kaisers geht zurück auf ein Porträt von Hans von Aachen (1551/52–1615), einem der wichtigsten Künstler am kaiserlichen Hof in Prag. Es wurde um

1606/08 nach dem Leben gemalt und zeigt Rudolf II. ohne die äußeren Kennzeichen der Kaiserwürde – gleichsam als Privatmann – in spanischer Hoftracht, mit federgeschmücktem Hut. Gleichwohl gilt es als Prototyp des offiziellen, repräsentativen Brustbilds des Kaisers, das häufig kopiert wurde und das unsere Vorstellung von seinem Aussehen maßgeblich bestimmt (Kunsthistorisches Museum, Gemäldegalerie, Wien, Inv.-Nr. 6438). Fröschl verstand es, die Vorlage, die sich schon durch mangelnde Stilisierung und Idealisierung auszeichnete, durch leichtes Zurücklehnen von Kopf und Schulterpartie des Kaisers in der Bildnis-Miniatur noch zu verlebendigen. Indem er die einzelnen Motive im Detail leicht veränderte und präzisierte, auch den Augen und Lippen einen lebhafteren Ausdruck verlieh, schuf er ein durchaus eigenständiges intimes Bild des Kaisers von menschlicher Nähe im Miniatur-Format. Daniel Fröschl ist auch die zugehörige gegenüberliegende Darstellung auf Seite 17 zuzuschreiben. Das obere Drittel des Bildfeldes wird eingenommen von einer gegen den blauen Himmel gestellten Kartusche, die das durch filigrane rötliche Federstrichelung marmorierte Pergament zur Beschriftung freilässt. Hier hat der Kaiser schwungvoll mit der Feder in brauner Tinte eigenhändig unterschrieben. Unterhalb befindet sich ein mit Festons und Fruchtgebinden dekorativ verziertes und gerahmtes Hochoval, das, am unteren Rand in eine weite Landschaft gebettet, sich nach oben hin gegen den blauen Himmel abhebt. Darin blicken wir in eine nach hinten durch Säulen offene Palastarchitektur. In der Mitte ist der Kaiser sitzend dargestellt in vollem Ornat mit den Insignien seiner Macht, Zepter und Reichsapfel, auf einem frontal symmetrisch angeordneten Baldachin-Thron unter einer Mitra-Krone und dem schwarzen Doppeladler. Zu seinen Füßen sitzen rahmend sechs Kurfürsten, wahrscheinlich links die drei geistlichen (Mainz, Trier, Köln) und rechts drei weltliche Kurfürsten (Pfalzgraf bei Rhein, Herzog von Sachsen und Markgraf von Brandenburg). Vermutlich ist der fehlende vierte weltliche Kurfürst mit dem Kaiser identisch, der auch König von Böhmen war. Die sechs Kurfürsten tragen einheitlich rote Gewänder mit breiten hermelinbesetzten Kragen und entsprechenden Hüten. Zu Seiten des Kaisers stehen zwei allegorische Gestalten: Zur Rechten ist frontal eine nackte weibliche Gestalt zu sehen, die mit ihrer Linken dem Kaiser einen Lorbeerkranz über das Haupt hält, während sie mit ihrer Rechten die rechte Hand des Kaisers berührt, wo sie das Reichszepter hält; zur Linken des Kaisers ist eine dunkelhäutige männliche Rückenfigur zu erkennen, die den Kopf zum Betrachter zurückwendet, mit Panzerhemd, Helm mit Federbusch und dem mit der Rechten erhobenen Schwert, während die Linke den Reichsapfel als Zeichen weltlicher Herrschermacht berührt – Sinnbilder vielleicht von Venus und Mars,

4.2 a   4.2 b

von Frieden und Krieg oder Ruhm und Macht. Zu Füßen des Throns in der Mitte des unteren Bildrands liegt rücklings ein nackter Jüngling mit auf dem Rücken gefesselten Armen auf einer Vielzahl von Trophäen – Allegorie des Sieges über die Feinde und ihrer Unterwerfung.   *H. S.*

4.2 Der Antiquarius der kaiserlichen Kunstkammer und Miniaturmaler Daniel Fröschl schuf das Madonnenbild nach dem Vorbild einer Dürer-Zeichnung. Das eingefügte Medaillon folgt einem Selbstbildnis des dreizehnjährigen Dürer.

a) Madonna mit Christuskind nach Albrecht Dürer
Daniel Fröschl (1563–1613), nach 1604; Aquarell/Pergament, auf Holz aufkaschiert, 43 x 32; Kunsthistorisches Museum, Gemäldegalerie, Wien (1932)

b) „Maria das Kind nährend in Halbfigur"
Albrecht Dürer (1471–1528), 1512; Kohle/Papier (R); Graphische Sammlung Albertina, Wien (4848)

c) Selbstbildnis als Knabe
Albrecht Dürer, 1484; Silberstift/Papier (R); Graphische Sammlung Albertina, Wien (4839)
Lit.: Bauer/Haupt 1976; Trnek 2001

Daniel Fröschl, geboren am 7. Mai 1563 in Augsburg als Sohn des Juristen Hieronymus Fröschl, war seit Anfang 1594 als Illustrator für den Botanischen Garten in Pisa tätig, wo er in Kontakt zu Naturforschern kam. Von 1597 bis 1599 arbeitete er als Miniaturist in Florenz für Großherzog Ferdinand I. von Toskana. Neben botanischen und zoologischen Darstellungen schuf er Miniaturkopien nach berühmten Meistern. Auf Vermittlung von Hans von Aachen wurde er 1601 von Kaiser Rudolf II. empfangen, in dessen Dienst er 1604 als „Miniator Mahler" trat. Am 1. Mai 1607 wurde er in der Nachfolge von Ottavio Strada zum „Antiquarius" der kaiserlichen Kunstkammer in Prag ernannt. Fröschl war der Verfasser

Antikvář císařské kunstkomory a miniaturista Daniel Fröschl vytvořil obraz Panny Marie podle Dürerovy kresby. Vložený medailon se inspiruje autoportrétem Dürera jako třináctiletého chlapce.

a) Madona s Ježíškem podle Albrechta Dürera
Daniel Fröschl (1563–1613), po r. 1604; akvarel/pergamen, kašírováno na dřevě, 43 x 32

b) „Polopostava Panny Marie kojící"
Albrecht Dürer (1471–1528), 1512; kresba uhlem/papír (R)

c) Autoportrét jako chlapec
Albrecht Dürer, 1484; stříbrná tužka/papír (R)

ALBERTVS · DVRER · ALMANVS · FECIT · ANNO · M · D · VI
EGIDIVS · SADELER · SCALPSIT · ANNO ·
· M · D · XCVIII

4.3 a

4.3 b

4.2 c

des 1946/47 wiederentdeckten Inventars der Kunstkammer (heute Sammlung des Fürsten von Liechtenstein, Vaduz). Nach dem Tod Rudolfs II. wurde Fröschl wegen angeblicher Veruntreuung von Gegenständen der Kunstkammer zusammen mit dem Antiquar Heyden in Untersuchungshaft genommen. Er starb am 15. Oktober 1613 in Prag.

Daniel Fröschls naturgetreue Miniaturmalerei war von seinen Auftraggebern und Kollegen sehr geschätzt; er hatte viele Aufträge und wohl auch eine hohe Meinung von seinen eigenen Fähigkeiten. So klebte er eigene Studienblätter von drei Vögeln in ein „zaichnusbuch", einen Sammelband von Dürer-Zeichnungen, ein. Seine Tätigkeit als Antiquar hatte mit der Ordnung und Beschriftung der Kunstkammerobjekte zu tun, vor allem aber mit dem „stetigen Aufwarten" für den Kaiser, was die Präsentation der Sammlungsstücke betraf. Es ist nicht geklärt, wie weit Fröschl für die wissenschaftliche Kategorisierung des von ihm verwalteten Bestands verantwortlich war: ob er eher Kompilator oder mehr eigenständiger Forscher und Berater war. Seine Tätigkeit als Maler trat hinter seine Betreuungspflichten wohl zunehmend zurück. Um 1610 war er an den Illustrationen des so genannten „Museums" Rudolfs II. beteiligt, zwei Folianten mit 179 Darstellungen von Säugetieren, Reptilien, Fischen, Vögeln, Korallen und Insekten.

Ein Schlaglicht auf Fröschls sowohl verwaltende und reproduzierende als auch neu gestaltende Tätigkeit wirft die hier gezeigte Mariendarstellung, die eine farbig ausgestaltete Kopie nach einer besonders großformatigen Dürer-Zeichnung aus dem Bestand der rudolfinischen Klebebände ist. Der Vorbildcharakter der meisterlichen Zeichnungen Dürers geht aus dieser Komposition in mehrfacher Weise hervor. Die farbige Kopie von Daniel Fröschl stimmt im Format weitgehend mit ihr überein. In die rechte untere Ecke ist ein Medaillon mit dem Brustbild eines Malers eingefügt, das nach dem gezeichneten Selbstporträt des dreizehnjährigen Dürer ausgeführt ist. Das Blatt kam aus Dürers Nachlass an die Sammlung des Willibald Imhoff in Nürnberg. Nach dessen Tod 1580 wurde es zusammen mit den übrigen Zeichnungen Dürers für Rudolf II. erworben.

·ALBERTVS·DVRER·ALMANVS·FECÍT·ANNO·M·D·VIII·
ÉGIDÍVS·SADELER·SCALPSÍT·ANNO·
·M·D·XCVII·

4.3 c

4.3 d

Der Anlass für Fröschls Ausführung ist nicht bekannt, es kann sich jedoch um einen Auftrag des Kaisers gehandelt haben, da das Gemälde in den habsburgischen Sammlungen verblieb. Auch andere Maler haben farbige Ausführungen nach Dürers Prager Zeichnungen gefertigt, so Jan Brueghel d. Ä. ein Gemälde der „Kreuztragung Christi" (Florenz) und der „Madonna mit den vielen Tieren" (Galleria Doria Pamphilj, Rom).   *C. G.*

4.3 Wohl auf Veranlassung Kaiser Rudolfs II. kopierte der Hofkupferstecher Ägidius Sadeler mehrere Dürer-Zeichnungen.

a) Kopf des zwölfjährigen Jesus nach Albrecht Dürer
Ägidius Sadeler (um 1568/70–1628); Kupferstich, 36,1 x 23; Staatliche Graphische Sammlung München (14406 D)

b) Kopf des zwölfjährigen Jesus
Albrecht Dürer (1471–1528), 1506, Studie für das Gemälde „Der zwölfjährige Jesus unter den Schriftgelehrten" (Museo Thyssen-Bornemisza, Madrid); Pinselzeichnung/blaues venezianisches Papier, weiß gehöht (R); Graphische Sammlung Albertina, Wien

c) Kopf eines Apostels nach Albrecht Dürer
Ägidius Sadeler, 1597; Kupferstich, 36,9 x 23,8; Staatliche Graphische Sammlung München (14402 D)

d) Kopf eines Apostels
Studie zum Mittelbild des Altars für Jakob Heller; Albrecht Dürer, 1508; Pinselzeichnung/grün grundiertes Papier, weiß gehöht (R); Graphische Sammlung Albertina, Wien
Lit.: Limouze 1990; AK Prag um 1600 1988; AK Rudolf II. und Prag 1997

Der bedeutendste Grafiker am Hof Rudolfs II. war der um 1568/70 in Antwerpen geborene Aegidius Sadeler. Er stammte aus einer Familie von Kupferstechern, Verlegern und Kunsthändlern. Sadeler wandte sich zuerst nach Frankfurt und

Pravděpodobně na popud císaře Rudolfa II. kopíroval dvorní mědirytec Aegidius Sadeler řadu Dürerových kreseb.

a) Hlava dvanáctiletého Ježíše podle Albrechta Dürera

Aegidius Sadeler (kolem 1568/70–1628); mědiryt

b) Hlava dvanáctiletého Ježíše

Albrecht Dürer (1471–1528), 1506, studie k malbě „Dvanáctiletý Ježíš mezi učenci" (Museo Thyssen-Bornemisza, Madrid), kresba štětcem/ modrý benátský papír, vysvětlováno bělobou (R)

c) Hlava apoštola podle Albrechta Dürera

Aegidius Sadeler, 1597; mědiryt

d) Hlava apoštola

Studie k centrálnímu obrazu oltáře pro Jakoba Hellera; Albrecht Dürer, 1508; kresba štětcem/ zelený papír, vysvětlováno bělobou (R)

wirkte von Ende 1587 bis 1595 am Hof Herzog Wilhelms V. in München. Begleitet von seinen Vettern Jan und Raphael Sadeler, unternahm er 1592/93 eine erste und 1595 eine weitere Italienreise. 1597 trat er in Prag als Hofkupferstecher in den Dienst Kaiser Rudolfs II. Er blieb in dieser Position auch unter Rudolfs Nachfolgern Matthias und Ferdinand II. Sadeler führte seine Werkstatt mit mehreren Mitarbeitern nahe der Prager Burg auf der Kleinseite.

Sein druckgrafisches Werk bestand aus Reproduktionsstichen nach herausragenden Werken älterer Meister sowie solchen der am Hof wirkenden Maler Hans von Aachen, Bartholomäus Spranger, Joseph Heintz und Joris Hoefnagel, außerdem aus Porträtstichen mit allegorischen und emblematischen Hinzufügungen, Landschaftsdarstellungen nach Vorlagen der in Prag tätigen oder vorübergehend dort beschäftigten Maler wie Roelandt Savery, Peter Stevens und Jan Brueghel, topografischen Darstellungen und Buchillustrationen.

Wahrscheinlich auf Veranlassung des Kaisers kopierte Sadeler vier Zeichnungen Dürers. Der früheste Auftrag bezog sich auf die Studie des Apostelkopfes zum Heller-Altar, die Rudolf II. zusammen mit anderen Blättern dieser Werkgruppe aus der Sammlung des Kardinals Granvella 1598 erworben hatte. Die Studien für das Gemälde der Aufnahme Mariens in den Himmel und der Marienkrönung, das Dürer ganz eigenhändig für den Frankfurter Großkaufmann Jakob Heller ausgeführt hatte und das im 18. Jahrhundert bei einem Brand der Münchner Residenz unterging, gehören zu den Höhepunkten seines Schaffens. Von der linearen Charakteristik der Ausführung her kommen Dürers Studien dem Duktus des Kupferstichs entgegen. Sadelers Stich folgt seiner Vorlage in jedem Detail; er fügte lediglich die bei Dürer fehlende Brustpartie hinzu. Sadeler arbeitete in feinst gestochenen Linien und gab durch Aussparung auch die modellierende Weißhöhung des Originals wieder.

Zwei weitere, in der Motivgröße und Linienführung ähnliche Stiche Sadelers zeigen den Kopf eines Engels und die Kopfstudie des zwölfjährigen Jesus, die ursprünglich auf einem Blatt vereint waren und erst später auseinandergeschnitten wurden. Erst seit seinem zweiten Italien-Aufenthalt fertigte Dürer derart ausgefeilte Detailstudien. Der Vergleich mit den Einzelheiten des ausgeführten Gemäldes zeigt die Überlegenheit der eigenhändigen Meisterzeichnungen. Mit Sadelers Meisterblättern wird erstmals die Einschätzung von Zeichnungen als eigenständigen Kunstwerken dokumentiert, wobei der damalige Begriff der „Kunst" das Ästhetische und Virtuose nicht isoliert anspricht, sondern als Charactere eines höheren Verstehens des Sichtbaren. Sadelers Blätter nahmen eine Art Idealkonkurrenz mit Dürers Zeichnungen und Kupferstichen auf.   *C. G.*

Již v 16. století byl Norimberk pokládán za nejvýznamnější místo výroby hodin a vědeckých přístrojů v Německu. Patřily sem i kapesní sluneční hodinky ze slonoviny.

Sluneční diptychové hodiny
Hans Rieger; Norimberk, 1631; slonovina, rytá a barvená, mosaz, 14,3 x 9,5 x 1,6

4.4 Schon im 16. Jahrhundert galt Nürnberg als der wohl bedeutendste deutsche Herstellungsort von Uhren und wissenschaftlichen Instrumenten. Dazu gehörten auch Taschensonnenuhren aus Elfenbein.

Astronomische Sonnenuhr
Hans Rieger; Nürnberg, 1631; Elfenbein mit Farbgravur, Messing, 14,3 x 9,5 x 1,6; Západočeské muzeum v Plzni (UMPRUM, 656)
Lit.: Braunová 2003; Hauschke 2002; AK Hodiny ze sbírek Chebského muzea 1989, Kat.-Nr. 3

Die zwei rechteckigen Elfenbeinplatten sind an den kürzeren Seiten mit Metallscharnieren verbunden. Auf den Flächen beider Platten eingraviert sind Stundenlinien, Datumslinien und Planetenstand in den Farben Blau, Rot, Braun, Grün und Schwarz. In den Segmenten befinden sich Granatäpfel, verschiedene Früchte und Blüten, in der Mitte ein Messingring mit Rosette. Die Innenseite des Deckels gliedert sich in drei Felder – im oberen Feld die Stundenlinien mit Nadelgnomon sowie die Höhenkurven der Sonne in der Ekliptik, im mittleren Feld Darstellungen einer Landschaft mit um eine Kirche gruppierten Häusern, rechts ein ruhender Akt, auf einen Schädel gestützt, in der Mitte eine Allegorie der Zeit. Im oberen Feld der Deckelinnenseite die Signatur: „Hans Rieger MDCXXXI"

4·4

sowie die Inschrift „die nürnbergisch oder grosse uhr". Im unteren Feld gibt eine Tafel an, welcher Planet die einzelnen Tag- und Nachtstunden beherrscht. Der Zeiger fehlt. Die Grundplatte zeigt ein Ziffernblatt mit horizontalen Stunden, mittig eine Bussole mit zwei Meisterzeichen (Hand mit Schwert); in den schüsselartigen Vertiefungen Sonnenekliptik, europäische und babylonische Stunden mit Nadelgnomon, auf der Unterseite der Grundplatte die Mondstunden.

D. Br.

4·5 Diese Sonderform einer Sonnenuhr entstand Ende des 16. Jahrhunderts in München. Ein noch früheres Beispiel wurde für die Sternwarte des ehemaligen Prager Jesuitenkollegs im Clementinum geschaffen.

Halbkugelige Sonnenuhr

Marcus Purmann, München, 1596; Messing, vergoldet, H. 9,3, Ø (Grundplatte) 6,2; Signatur im unteren Teil der Halbkugel, graviert: M.P. 1596; Národní muzeum Praha (H2 – 1924)
Lit.: Horský 1998; Horský 1966; Horský/Škopová 1968, S. 108 f.; Zinner 1956, S. 98, 107 f., 124, 131, 415, 473–475, 523, 623

Das Instrument hat die Form eines Pilzes. In der Mitte des flachen Sockels ist eine walzenförmige Säule befestigt, die eine Halbkugel trägt. Die Halbkugel der Uhr bildet die Lage der Erdkugel für eine Polhöhe von ca. 48 Grad ab. Auf dieser Halbkugel sind Himmelsrichtungen, Breitenkreise, Wendekreise sowie die Tierkreiszeichen und Längenkreise verzeichnet. Die Längenkreise (Meridiane) erfüllen zugleich die Funktion eines Ziffernblatts für die Stunden zwischen vier Uhr morgens und acht Uhr abends. Als Zeiger dient der Schatten eines am Nordpol befestigten Segments. Dieses muss so gedreht werden, dass der Schatten möglichst klein ausfällt. Die korrekte Einstellung der Uhr erfolgte mithilfe einer Bussole, deren Pfeil und Glasdeckel nicht erhalten sind. Auf dem Sockel befindet sich eine Skala für die Länge der Tage und den Stand der Sonne im Tierkreis nach gregorianischem Kalender. Die Notierungen auf der Skala sind deutsch, die übrigen Beischriften und Abkürzungen lateinisch. Der Schatten wird bei dieser Uhr auf eine konvexe, nicht auf eine konkave Kugelfläche projiziert. Die Uhr ist nur an einem bestimmten geografischen Breitengrad brauchbar.

Marcus Purman war Ende des 16./Anfang des 17. Jahrhunderts in München tätig. Er suchte nach neuen Prinzipien in der Konstruktion von Sonnenuhren, wobei er dem Schatten gegenüber der Rotationsfläche Vorrang einräumte. Aus seiner späteren Schaffenszeit sind Bechersonnenuhren bekannt, die mit zweierlei Skalen versehen waren, so dass sie leer und mit Wasser gefüllt verwendbar waren. Sonnenuhren dieser Art befinden sich in den Sammlungen des Deutschen

Tento zvláštní typ slunečních hodin byl vyvinut koncem 16. století v Mnichově. Exemplář ještě staršího data než tento vystavený kus byl zhotoven pro hvězdárnu bývalé pražské jezuitské koleje v Klementinu.

Hodiny sluneční na polokouli

Marcus Purmann, Mnichov, 1596; zlacená mosaz s rytými značkami, v. 9,3, průměr základny 6,2; značeno v dolní části polokoule: ryto M.P. 1596

4·5

Museums in München und im Germanischen Nationalmuseum in Nürnberg. Der Konstrukteur projizierte den Schatten auf eine konkave Kegelfläche und berücksichtigte dabei auch die Brechung der Lichtstrahlen im Wasser. Bekannt sind die Sonnenuhren aus den Prager Sammlungen. Die älteste datierte Arbeit ist eine Uhr von 1588. Sie stammt aus der Sternwarte des Clementinums und ist heute Teil der astronomischen Sammlungen des Technischen Nationalmuseums in Prag.

E.Š.

V Augsburku se jako hodinář usadil již děd Nicolause Rugendase, augsburského měšťana a hodináře. Z této rodiny vzešlo v 18. a 19. století několik významných malířů a grafiků.

Rovníkové sluneční hodiny
Nicolaus Rugendas (1585–1658); Augsburk 1648; zlacená a stříbřená mosaz, sklo, 7,6 x 7,2

4.6 Schon der Großvater des Augsburger Bürgers und Kleinuhrmachers Nicolaus Rugendas hatte sich hier als Uhrmacher angesiedelt. Aus der Familie gingen im 18. und 19. Jahrhundert bedeutende Maler und Grafiker hervor.

Äquatoriale Sonnenuhr
Nicolaus Rugendas (1585–1658); Augsburg 1648; Messing, vergoldet, versilbert, Glas, 7,6 x 7,2;
Západočeské muzeum v Plzni (UMPRUM, 6509)
Lit.: Braunová 2003; AK Rugendas 1998

Die achteckige Grundplatte mit reichem Gravurdekor sitzt auf drei profilierten Füßchen. Verglaster Kompass mit Teil der Azimutskala und lateinischen Bezeichnungen der Himmelsrichtungen, kleine Windrose auf teilweise drehbarer runder Platte. Kleine ringförmige Stundenskala mit arabischen Ziffern im Innenbogen, drehbarer Nadelpolos. Neigung der Skala verstellbar über eine Nocke an der Unterseite der Grundplatte. Geografische Breitengrade ablesbar aus der Skala auf dem silbernen asymmetrischen Plattenring mit der Signatur NICOLAVS RVGENDAS IN AVGSP 48. Senkellot in durchbrochenem Senkelhalter. Die gesamte Fläche der Grundplatte verziert mit gravierten Akanthusranken. Auf der Unterseite Federmechanismus zum Einklappen von Ziffernring und Senkellot.

D. Br.

4.6

4.7 Das Herstellungsverfahren von Goldrubinglas gehörte zu den best-gehüteten Geheimnissen der Glasbläser. Das leuchtende Rot entsteht durch Einlagerung mikroskopisch kleiner Goldkristalle in der Glasmasse.

Deckelpokal

Böhmen, um 1690; Goldrubinglas, geschliffen, H. 30,5; Uměleckoprůmyslové muzeum v Praze
(78 001)
Lit.: AK Sláva barokní Čechie 2001, Kat.-Nr. II/3.105

Postup výroby zlatého rubínového skla patřil k nejpřísněji střeženým tajemstvím foukačů skla. Zářivá červeň vzniká příměsí mikroskopicky malých krystalek zlata do skloviny.

Pohár s víkem
Čechy, kolem 1690; zlaté rubínové sklo, broušené, v. 30,5

Wer sich auf die Herstellung von Goldrubinglas verstand, galt in der Barockzeit als wahrer Meister. In Böhmen waren daher vielerorts Glasbläser an der Erzeugung dieser Kostbarkeit interessiert. Mit dem entsprechenden Verfahren hatten sie sich in Johann Kunckels 1676 veröffentlichter Schrift „Ars vitraria experimentalis oder Vollkommene Glasmacherkunst" vertraut machen können. Als einer der führenden Handwerker auf diesem Gebiet ist Michael Müller aus der auf Gut Eggenberg im Böhmerwald gelegenen Glashütte Helmbach zu nennen. Rubinglas wurde jedoch auch auf dem Gut Julius von Sachsen-Lauenburgs in Nordböhmen hergestellt. In Verbindung mit diesem findet ein gewisser Friedrich aus Bayern Erwähnung – wahrscheinlich derselbe, der im Zusammenhang mit Experimenten am Hof des Kurfürsten Ferdinand Maria in München überliefert ist. Der hier gezeigte Deckelpokal befand sich bis 1945 im Besitz der Familie Nostiz.   *H. B.*

4.7

4.8 Die Ursprünge der Nürnberger Glas- und Steinschneidertradition sind auch mit Prager Werkstätten der Zeit Kaiser Rudolfs II. verbunden.

Deckelkästchen

Wilhelm Mäuerl, Nürnberg, um 1715–1720; geschliffenes, geschnittenes Spiegelglas, Holz,
7 x 24 x 8; Uměleckoprůmyslové muzeum v Praze (6700)
Lit.: Pazaurek 1935; Drahotová 1989, Kat.-Nr. 7

Anton Wilhelm Mäuerl, führender Glasschneider in der Zeit des Hochbarock, kam aus der Nürnberger Glas- und Steinschneidertradition, deren Ursprünge jedoch auch in den Prager Werkstätten Kaiser Rudolfs II. zu suchen sind.   *H. B.*

Počátky norimberské tradice řezby skla a drahých kamenů jsou spjaty i s pražskými dílnami z doby císaře Rudolfa II.

Kazetka s víkem
Wilhelm Mäuerl, Norimberk, kolem 1715–1720; zrcadlové sklo, broušené, řezané, dřevo, 7 x 24 x 8

4.8

Při výrobě dvojstěnného skla se použily dvě přesně do sebe zapadající číšky. Na vnější stěnu vnitřní číše se nalepila a vyzdobila zlatá fólie. Tato specialita českých hutí byla vybraným dárkovým zbožím.

Číška se znakem
Čechy, kolem 1750; dvojstěnné sklo se zlatou folií, broušené, v. 8

4.9

4.9 Für Zwischengoldgläser wurden zwei exakt ineinanderpassende Becher miteinander verbunden. An der Außenwand des inneren Glases brachte man Goldfolie auf und verzierte sie. Diese Spezialität böhmischer Glashütten war ein erlesener Geschenkartikel.

Becher mit Wappen
Böhmen, um 1750; Zwischengoldglas, geschliffen, H. 8; Uměleckoprůmyslové muzeum v Praze (29893)
Lit.: Brožková/Hejdová 1989, Kat.-Nr. 257

Böhmisches Zwischengoldglas mit radiertem Blattgold galt aufgrund seines komplizierten Herstellungsverfahrens als luxuriöser Geschenkartikel und wurde in viele europäische Länder exportiert. Wenngleich sich auch Exemplare mit Aufschriften in Holländisch oder Lausitzer Sorbisch erhalten haben, ist die Mehrzahl dieser Gläser mit Böhmen verbunden. Auf vielen von ihnen finden sich Wappen von Adligen und Prälaten, Abbildungen von böhmischen Schutzheiligen oder Szenen mit Bezug zu konkreten Orten im Land. Die Herstellung der Gläser fällt vor allem in die erste Hälfte des 18. Jahrhunderts, nach 1750 ebbte sie ab und kam nur noch vereinzelt vor. Der aus Privatbesitz erworbene Becher mit dem Wappen des Bischofs von Prag und Leitmeritz, Ernst Graf Waldstein, stammt aus einem größeren, möglicherweise für Reisen bestimmten Service. In der Sammlung des Prager Kunstgewerbemuseums befindet sich ein weiterer Becher mit demselben Dekor. *H. B.*

Jemné reliéfní intarzie z Chebu byly obzvlášť vyhledávanými kousky do sbírek. Na tomto domácím oltáříku je zobrazen pohled na klášter, pravděpodobně cisterciácké opatství Waldsassen.

Domácí oltářík
připisováno Adamu Eckovi; Cheb, kolem 1665; korpus hruškové dřevo černěné, reliéfní intarzie javor, zimostráz a různá ovocná dřeva; 31,1 x 27,5 x 5,3, reliéfní intarzie několikanásobně puncované a ryté, se zbytky zeleného moření

4.10 Feine Reliefintarsien aus Eger waren begehrte Kunstkammerstücke. Dieses Hausaltärchen mit Blick auf eine Klosteranlage stellt wahrscheinlich die Zisterzienserabtei Waldsassen dar.

Hausaltärchen
Adam Eck zugeschrieben; Eger, um 1665; Korpus Birnbaumholz geschwärzt, Reliefintarsien Ahorn, Buchs und verschiedene Obsthölzer; 31,1 x 27,5 x 5,3, Reliefintarsien vielfach punziert und graviert mit Resten grüner Beizung; Bayerisches Nationalmuseum München (R 2861)

Das Altärchen zeigt als zentrales Motiv die Muttergottes mit Kind vor einer Klosteranlage mit Basilika und barockem Garten. Wahrscheinlich handelt es sich um die Zisterzienserinnenabtei Kloster Waldsassen, an deren Wiederaufbau 1661 nach der Rekatholisierung auch Egerer Meister mitwirkten. Um das Mittelbild gruppieren sich weitere Mariensymbole, wie sie auch in der Sockelzone der Altarflügel mit Porta Clausa und Hortus Conclusus dargestellt sind. Über der Gottesmutter findet sich die alttestamentarische Szene des Besuchs der Königin Makeba von Saba bei König Salomon auf dem Löwenthron. Die großen Motive der Seitenflügel sind Jesus Christus als Guter Hirte und der hl. Georg im Kampf mit dem Drachen. Aufgrund der dargestellten Marienmotive und dem wahrscheinlichen Bezug auf Kloster Waldsassen könnte es sich bei diesem Altärchen um ein Objekt aus dem Besitz einer Nonne der Zisterzienserinnenabtei handeln.

Das auf den Innenseiten mit feinsten Egerer Reliefintarsien versehene Hausaltärchen stellt innerhalb der Werkgruppen der Egerer Bildschneider einen seltenen Typus dar: Meist waren es Fronten von Kabinettschränken, die Deckplatten von Spielbrettkästen oder Schatullen, die mit den typischen Egerer Arbeiten geschmückt wurden. Dies entsprach den Wünschen der Auftraggeber und Käufer der Egerer Reliefintarsien, bei denen es sich seit dem Beginn des 17. Jahrhunderts oft um einquartierte Militärs handelte, die sich während des Dreißigjährigen Kriegs in der Stadt Eger/Cheb aufhielten, oder um andere Adlige. Auch bestand eine gewisse Nachfrage für politische Geschenke, die nicht zuletzt die Stadt selbst bis an den Kaiserhof nach Wien schickte. Dementsprechend dominierten antike Stoffe wie Schlachten aus der römischen Geschichte, Szenen aus den „Metamorphosen" des Ovid oder Allegorien von Erdteilen und Jahreszeiten sowie Personifikationen von Tugenden, Lastern und Sinnen. Die Kunsthandwerker verwendeten für die

4.10

Reliefintarsien ausschließlich niederländische und deutsche Vorlagenstiche, meist aus dem 16. Jahrhundert. Neben Hendricus Goltzius, Jacob de Gheyn II., Abraham Bosse und anderen wurden auch grafische Werke von Albrecht Dürer oder Matthäus Merian rezipiert.

Wenige Familien in Eger, wie die der Fischer, Eck und Haberstumpf, hatten als Kunsthandwerker – zunftrechtlich zwischen den Schreinern und den Bildschnitzern stehend – seit dem Beginn des 17. Jahrhunderts die Technik der Reliefintarsien entwickelt, deren künstlerischer Reiz vor allem in der Oberflächenbearbeitung der kunstreich zusammengesetzten Holzmosaike auf einem Furniergrund liegt. Aufwändige Gravuren und differenzierte Punzierungen schufen das unverwechselbare Erscheinungsbild der Egerer Arbeiten und machten diese zu gesuchten Sammlerobjekten, bis sich Anfang des 18. Jahrhunderts die Mode wandelte.   *S. S.*

4.11 Die Monstranz gilt als Hauptwerk des Egerer Goldschmiedes Johann Michael Frank. Er schuf sie 1721 für das Zisterzienserstift Waldsassen.

Prunkmonstranz

Johann Michael Frank und Johann Andreas Frank, Eger, 1721; vergoldetes Silber, zwölf Medaillons in auf Silber gemaltem Emaille, 20 Schmuckbehänge (gemmologische Analyse der Edelsteine Jaroslav Hyršl): ein facettierter hellblauer Saphir mit Maßtäfelchen 1,5 x 1,4 mit starkem Asterismus (Sterneneffekt) und Einschlüssen, aus Sri Lanka (Ceylon); zwei Olivine mit starkem Doppelbruch, 3, 4, 8, 9, 10, 14, 15 rote bis rosa Granat-Almandine, der größte 1,9 x 1,35, alle mit starken Einschlüssen, der große Stein unten (9) enthält gelbe, scharfkantige Kristalle; 7, 11 Amethyste mit schwarzen Nadeln, wahrscheinlich Hämatite; 5, 6, 12, 13 unten: blau oder gelb gefärbte Kristalle, kleine Amethyste (violett) und Granate (rot); H. 100, Fuß: 32 x 19, B. (Nimbus) 41,5; Katholische Kirchenstiftung St. Johannes Ev. Waldsassen
Lit.: Eucharistia 1960; Hamperl 1992; Stehlíková 2003, S. 135; Gläsel/Treml 2005, S. 62 f., Kat.-Nr. 13 (mit Bibliografie)

Als Standort der Gold- und Silberschmiedekunst konnte die Reichsstadt Eger/Cheb zwar nicht mit internationalen Zentren wie Augsburg oder Nürnberg wetteifern, besaß aber seit dem späten Mittelalter doch überregionale Bedeutung. An der Wende vom 17. zum 18. Jahrhundert galt Johann Michael Frank (genannt 1693–1724) als dominierender Meister seiner Zunft. Aus der dokumentierten Zahl seiner Arbeiten kann man schließen, dass er eine relativ große Werkstatt betrieb. Frank führte in Eger die Verwendung von Emaillebildchen auf kirchlichen Kultgeräten ein und schuf so ein reiches Betätigungsfeld für Miniatur- und Freihandmaler in der Stadt.

Tato monstrance je pokládána za vrcholné dílo chebského zlatníka Johanna Michaela Franka. Zhotovil ji roku 1721 pro cisterciácký klášter Waldsassen.

Skvostná monstrance

Johann Michael Frank a Johann Andreas Frank, Cheb, 1721; zlacené stříbro, dvanáct medailonů: malba emaily na stříbře, 20 ověsků ze šperků (gemologická analýza drahokamů Jaroslav Hyršl): fazetovaný světle morý safír s tabulkou o rozměrech 1,5 x 1,4 se silným asterismem (efekt hvězdy) a inkluzemi, ze Srí Lanky (Ceylonu); dva olivíny se silným dvojlomem, 3, 4, 8, 9, 10, 14, 15 červené až růžové granáty almandiny, největší 1,9 x 1,35, všechny silně inkludované, velký kámen dole (9) obsahuje velké žluté ostrohranné krystaly; 7, 11 ametysty s černými jehličkami, zřejmě hematitu; 5, 6, 12, 13 dole: modře nebo žlutě uměle barvené křišťály, malé ametysty (fialové) a granáty (červené); výška 100, patka: 32 x 19, nimbus š. 41,5

Die Zunft der Egerer Goldschmiede konnte auf eine seit dem Mittelalter andauernde Tradition zurückblicken. Nach dem Dreißigjährigen Krieg setzten sich ihre Arbeiten aufgrund der effektvollen barocken Techniken der Silberfiligranherstellung und Emaillemalerei (polychrom oder purpur auf weißem Grund) schnell auf dem Markt durch. Die Meister des Domsilbers dominierten mit ihren preiswerten Produkten die Aufträge im Gebiet von Eger/Cheb, Karlsbad/Karlovy Vary und der Oberen Pfalz. Oft verwendeten sie Edelsteinimitate aus Glas. Vorgefertigte Accessoires, z. B. getriebene Engelsfigürchen, kauften sie in Nürnberg ein. Ihre Arbeiten waren billiger als die aus Nürnberger oder Augsburger Werkstätten und stilistisch konservativ.

Hauptabnehmer waren die großen Stifte in Waldsassen und Tepl/Teplá, aber auch Pfarrkirchen in Westböhmen und der nordöstlichen Oberpfalz. Überall dort bestand auch noch zum Ende des 17. Jahrhunderts „Nachholbedarf" bei liturgischen Geräten – die Rekatholisierung Böhmens und der Oberpfalz und der wirtschaftliche Aufschwung nach den katastrophalen Kriegszeiten bis 1648 hatten eine erhebliche Nachfrage geschaffen. Im Jahr 1698 scheint Frank erstmals für Waldsassen gearbeitet zu haben – offenbar sehr erfolgreich, da seither nicht mehr von Ankäufen in Augsburg berichtet wurde. Es waren jene Jahre, in denen das Stift (vergeblich) versuchte, die Reichsunmittelbarkeit zu erlangen und hierfür auch erhebliche Repräsentationsausgaben tätigte.

Ein Rechnungseintrag vom 15. April 1721 über 450 Gulden und 56 Kreuzer für eine Monstranz ist das letzte bekannte Datum, das Auskunft über Leben und Werk Johann Michael Franks gibt. Von vier aus seiner Werkstatt erhaltenen Monstranzen verfügt diese über das größte und reichste Dekor. Die anderen Exemplare stammen aus Petschau/Bečov nad Teplou, Untersandau/Dolní Žandov und Elborgen/Loket; stilistische Parallelen bestehen außerdem zu einem undatierten, ursprünglich aus Engelsberg/Andělské hory stammenden, mit sechs Emaillemedaillons und der Markierung IMF versehenen Ziborium aus Theusing/Žlutice sowie zu einer mit IAF markierten Monstranz aus Schlaggenwald/Horní Slavkov, die durch emaillierte Medaillons mit christologischen Motiven verziert ist.

Die Medaillons der überaus prächtigen Waldsassener Monstranz verraten die Handschrift dreier Emailleure. Die Darstellungen zeigen oben und unten die Verehrung des Blutes Christi und die Fußwaschung, an den Seiten des Nimbus die Passion (Ölberg, Ecce homo, Das letzte Abendmahl, Geißelung, Kreuzweg, Kreuzigung), am Fuß sind Marienmotive zu sehen (Verkündigung, Geburt, Anbetung der Heiligen Drei Könige).

Das herzförmige Schaugehäuse ist von einem breiten Edelsteinkranz umgeben. Darüber befindet sich eine Krone und von ihr aufsteigend die Taube des Heiligen Geistes, oberhalb Gottvater als Weltenrichter. Der Strahlenkranz trägt abwechselnd Emaillebilder und von Edelsteinarrangements gebildete Blüten. Die Schmuckbehänge mit den Edelsteinen stammen höchstwahrscheinlich aus einem weltlichen Votivgeschenk. Bekrönt ist das Werk mit der Abbildung eines Pelikans. Der Pelikan, der sich die Brust aufreißt, um seinen Jungen vom eigenen Blut zu trinken zu geben, ist bereits seit dem Frühchristentum ein Symbol des Erlösungsopfers Jesu.

Bis heute wird die Monstranz bei hohen Kirchenfesten, etwa bei der Fronleichnamsprozession, in Waldsassen verwendet. Da bei der kleinsten Bewegung die an Stahlfedern angebrachten Blütenrosetten schaukeln und klingen, erinnert die Monstranz an einen belebten Gnadenbaum. Ihre Entstehung fällt in eine Blütezeit des Klosters Waldsassen: Der Wiederbesiedlung durch Zisterziensermönche im Jahr 1661 folgte eine bis in die 30er-Jahre des 18. Jahrhunderts andauernde Bautätigkeit. An der Ausstattung und Dekoration beteiligten sich neben dem Prager Malermeister Johann Jakob Steinfels und dem Schnitzer Elias Dollhopf auch Egerer Silberschmiede. Von Georg Göhringer aus Eger stammen ein 1710/15 gefertigtes Kanzelrelief und drei Antependien aus versilbertem Kupfer. Bis heute werden auf den Altären Kopien böhmischer Ikonen verehrt, so die

4.12 a   4.12 b

Statuette des Prager Jesuleins und die ursprünglich im Besitz der Augustiner befindliche Schwarze Madonna des hl. Thomas in Brünn/Brno.   *D. S./P. W.*

Zlatník Amos Neuwald, pravděpodobně
původem z Prahy, vytvořil v Augsburku
tyto skvostné nádoby, které darovala
císařská rodina mariánskému kostelu ve
Staré Boleslavi.

Lavabo a konvice
Amos I. Neuwald/Neywald (1573–1624); Augs-
burk, 1620–1625; stříbro tepané, zlacené; lava-
bo: 52 x 41,5, konvice: v. 23, signováno na okraji
misky: mistrovská značka AN ve dvojlistu, kon-
trolní značka města Augsburk pro roky 1620–
1625 (Seling 3, kat.č. 24; III Suplementum,
č. 43)

4.12 Ein wohl aus Prag stammender Goldschmied schuf in Augsburg dieses Prunkgeschirr, das die kaiserliche Familie an die Marienkirche in Altbunzlau schenkte.

Lavabo und Kanne
Amos I. Neuwald/Neywald (1573–1624); Augsburg, 1620–1625; Silber, getrieben, vergoldet; Lavabo: 52 x 41,5, Kanne: H. 23, signiert am Rand der Schüssel: Meisterzeichen AN in einem Doppelblatt, Kontrollzeichen der Stadt Augsburg für die Jahre 1620–25 (Seling 3, Kat.-Nr. 24; III Supplementum, Nr. 43); Kolegiatní kapitula sv. Kosmy a Damiána ve Staré Boleslavi, Brandýs nad Labem-Stara
Quellen: SOA Prag- Ost, Kapitelfond Stará Boleslav, Inv.-Nr. 436, Schenkungen und Legate der Kirche aus den Jahren 1617–1782, Karton 37
Lit.: Seling 1980, Bd. 3, Nr. 1132, Nr. 1358; Band III Supplementum 1994, Nr. 43; AK Sláva barokní Čechie 2001, Kat.-Nr. I/3.10, S. 119; AK Bohemia Sancta 2004, Kat.-Nr. 71, S. 92 f. (mit Bibliografie)

Die repräsentative Garnitur konnte sowohl bei weltlichen Tafelgesellschaften als auch für liturgische Zwecke dienen. Typ und Form dieses Geschirrs wurden bereits um ca. 1600 nach Mitteleuropa eingeführt. Während zeitgleiche Augsburger Exemplare durchgehende Reliefmodellierungen aufweisen, reiht Neuwald einzelne Motive getrennt voneinander auf und ziseliert sie wie ein Medailleur mit scharfen Linien. Sein Repertoire an Dekorationen ist noch weitgehend dem Manierismus verhaftet, wie der Torso einer Karyatide und ein Maskaron mit dem grinsenden Maul eines Monsters am Ausguss zeigen. Nur bei dem Ohrmuschelornament beginnt sich die barocke „Schlittschuhsilhouette" durchzusetzen.

Die Dekoration des Lavabos erinnert an die Allegorien auf den Rückseiten von Habsburger Medaillen, so an die Krönungsmedaille Rudolfs II. mit der Initiale R zwischen zwei Figuren von Antonio Abondio, vor allem aber an zwei von Christian Maler und Alessandro Abondio gefertigte Medaillen Kaiser Matthias' I. Das Relief zeigt eine Apotheose des guten Lebens und des Sterbens in Schönheit: Ein Schwan neigt seinen Kopf über einen Brunnen und breitet die Flügel aus bei seinem letzten Lied, links über ihm die Personifikation des Ruhms mit einem Lorbeerkranz und dem aufgeschlagenen Buch des Lebens in den Händen, rechts die Gerechtigkeit mit Waage und Schwert. Unklar ist, ob es sich hierbei um allgemeine Symbolik oder um die Anspielung auf einen konkreten Todesfall handelt. Die Garnitur ist durch ein gepunztes Kontrollzeichen datiert, das auf die fertige Arbeit aufgebracht wurde. Sie entstand frühestens 1619, spätestens 1625. In den Kapitelarchivalien ist die Garnitur als Votivgabe der Habsburger Kaiserfamilie an die Kirche der hl. Maria in Altbunzlau/Stará Boleslav belegt, allerdings ohne genaue Datierung. In Frage käme in dieser Zeit nur Kaiser Matthias, der am 20. März 1619 starb.

Amos I. Neuwald war ein bedeutender süddeutscher Goldschmied mit Prager Wurzeln. Wahrscheinlich war er der Sohn des von ca. 1573 bis nach 1608 in Prag tätigen Goldschmieds und Münzgraveurs Adam Neuwald. Seine Ausbildung erhielt Amos wohl in der väterlichen Werkstatt, 1597 ging er nach Augsburg, wo er sich 1598 um das Meisterrecht bewarb. Im Jahr 1600 heiratete er und von 1626 bis 1630 wird er als Mitglied des Zunftrats und Punzmeister aufgeführt. Von seinen Arbeiten konnte außer dem Altbunzlauer Silbergeschirr nur eine Monstranz mit der Jahreszahl 1627 identifiziert werden, die sich früher in der Schatzkammer des Deutschritterordens in Wien befand. Ein anderer Goldschmied, Amos II. Neywald/Reiwald (1624–1672), Sohn des vor 1590 in St. Johann unter dem Felsen/Svatý Jan pod skalou geborenen Goldschmieds Anton Neuwald und wahrscheinlich der Neffe von Amos I., reiste in umgekehrter Richtung wie sein Onkel: 1653 siedelte er von Augsburg nach Prag über. *D. S.*

4.13 Aus den Zentren der Gold- und Silberschmiede in Nürnberg und Augsburg bezogen auch jüdische Gemeinden in Böhmen rituelle Gegenstände. Thoraschild und Thorazeiger gehörten zum wichtigsten Inventar einer Synagoge.

a) Thoraschild
Meister WS, wahrscheinlich Wolfgang Schubert; Nürnberg, 1774–1803; Silber, 23,7 x 20,5; Židovské muzeum v Praze (2.183)
b) Thorazeiger
Meister ICW, wahrscheinlich Johann Conrad Weiss, Nürnberg, 1. Hälfte 18. Jahrhundert; Silber, teilvergoldet, Koralle, L. (ohne Kettchen) 14,9, Ø 1,1; Židovské muzeum v Praze (1.968)
Lit.: Crownig 1996

Gegenstände, die im Judentum für rituelle Zwecke benötigt werden, sollen zeigen, dass ihr Besitzer oder Spender sich der Wichtigkeit der mit ihnen durchgeführten religiösen Handlungen bewusst ist. Daher ist es nicht verwunderlich, dass diese Objekte – sofern nicht religiöse Vorschriften dagegenstehen – aus wertvollem Material, meist aus Silber, hergestellt und reich dekoriert sind. Der größte Teil der in Böhmen und Mähren erhaltenen Objekte stammt aus einheimischen Werkstätten, ein geringerer Teil ist importiert. Neben einzelnen Stücken aus anderen deutschen Städten beinhaltet die Sammlung des Jüdischen Museums Prag auch mehrere Dutzend Silbergegenstände aus den Zentren des Gold- und Silberschmiedehandwerks, Augsburg und Nürnberg, was auf intensive Kontakte der jüdischen Gemeinden Böhmens und Mährens mit den beiden Reichsstädten schließen lässt. Die erhaltenen Gegenstände stammen aus einem relativ weit gespannten Zeitraum vom Ende des 16. bis zum Anfang des 19. Jahrhunderts, später wurde der Bedarf der jüdischen Gemeinden durch einheimische oder Wiener Werkstätten gedeckt. Als Judaica lassen sich – unter gewissem Vorbehalt – auch einige Becher bestimmen, deren Hersteller dafür bekannt sind, dass sie viel für jüdische Kunden arbeiteten, so der Augsburger Meister Hieronymus Mittnacht (gest. 1769). Zu den Judaica im eigentlichen Sinn gehören die Thoraschilde, -aufsätze und -zeiger, die auf Bestellung jüdischer Abnehmer gefertigt wurden.

Ve střediscích zlatnické a stříbrnické výroby Norimberku a Augsburku si nechávaly zhotovovat své rituální předměty i české židovské obce. Štít a ukazovátko na Tóru patřily k nejdůležitějším kusům z inventáře synagogy.

a) Štít na Tóru
Mistr WS, pravděpodobně Wolfgang Schubert; Norimberk, 1774–1803; stříbro, 23,7 x 20,5

b) Ukazovátko na Tóru
Mistr ICW, pravděpodobně Johann Conrad Weiss, Norimberk, 1. pol. 18. století; stříbro, částečně zlacené, korál, d. (bez řetízku) 14,9, průměr 1,1

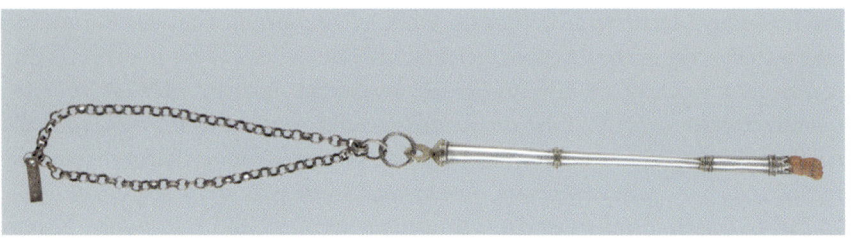

4.13 b

4.13 a

Der Thoraschild dient als Schmuck der im Thoraschrein aufbewahrten Thorarolle. Entstanden im 16. Jahrhundert, ist er der historisch jüngste Teil des Thoraschmucks. Sein Vorläufer war ein an der Thorarolle aufgehängtes einfaches Schildchen zur Markierung der Textpassage, die unmittelbar nach dem Entrollen erscheinen sollte. Diese ursprünglich praktische Funktion wurde bald verdrängt und in den Vordergrund trat das dekorative Element.

Der hier gezeigte Schild ist aller Wahrscheinlichkeit nach ein Erzeugnis des Silberschmieds Wolfgang Schubert, der von 1774 bis ca. 1803 in Nürnberg tätig war. Von seinen Arbeiten ist eine relativ große Zahl an Judaica erhalten geblieben und in den Sammlungen jüdischer Museen werden noch einige weitere, in der Form fast identische Schilde bewahrt. Die hebräische Widmungsinschrift auf dem kreisförmigen Medaillon, den Dekalogtafeln und den Sockeln der Säulen nennt den Stifter, einen Herrn Lejb aus Jungbunzlau/(Mladá) Boleslav, und seine Frau Cemach, und ist mit dem Jahr 574 (1814 christlicher Zeitrechnung) datiert.

Der Thorazeiger dient zum Verfolgen des Textes beim Lesen der Thorarolle. Sein Zweck ist vor allem ein praktischer – auf diese Weise wird die Beschmutzung oder Beschädigung der kostbaren Rolle vermieden und gleichzeitig dem talmudischen Verbot, diese mit der bloßen Hand zu berühren, Genüge getan. Ursprünglich wurde diese Forderung durch die in einen Gebetsschal oder eine andere Textilie gehüllte Hand erfüllt, seit dem 15. Jahrhundert verbreitete sich jedoch die Verwendung des Thorazeigers und bereits zu Beginn des 17. Jahrhunderts gehörte er zum üblichen Synagogeninventar. Bei dem ausgestellten Exemplar handelt es sich wahrscheinlich um eine Arbeit des Nürnberger Meisters Johann Conrad Weiss aus der ersten Hälfte des 18. Jahrhunderts. Ein interessantes Detail, das an galizische Einflüsse denken lässt, bilden die in die Zeigerspitze eingearbeitete Koralle sowie die Manschette mit graviertem Blättermotiv. Da an dem Zeiger keinerlei Aufschriften oder nachträglich angebrachte Steuermarken zu sehen sind, ist nicht zu bestimmen, wann er nach Böhmen gelangt ist. *J. Ku.*

Mnohé zlatnické práce se teprve dodatečně proměnily v židovské rituální předměty. Pohár byl určen pro kiduš – požehnání, pronášené o šabatu nad vínem. V misce byl uchováván etrog, vzácný citrusový plod dovážený z Palestiny.

a) Kidušový pohár
Johann Friedrich Ehe; Norimberk, 1797–1800; stříbro, v. 10,1, průměr 5,9

b) Miska na etrog
Balthasar Haydt; Augsburk, 1670–1673; 2,5 x 11,5 x 12

4.14 Manche Goldschmiedearbeiten wurden erst nachträglich für den Gebrauch als jüdischer Ritualgegenstand verändert. Der Becher diente dem Kidduschsegen, der am Sabbat über den Wein gesprochen wird. In dem Schälchen wurde der wertvolle, aus Palästina importierte Etrog, eine Zitrusfrucht, aufbewahrt.

a) Kidduschbecher
Johann Friedrich Ehe; Nürnberg, 1797–1800; Silber, H. 10,1, Ø 5,9; Židovské muzeum v Praze (37.835)

b) Schüsselchen für Etrog
Balthasar Haydt; Augsburg, 1670–1673; 2,5 x 11,5 x 12; Židovské muzeum v Praze (32.437)
Lit.: Crownig 1996

Ein Teil der Goldschmiedearbeiten aus dem jüdischen Bereich wurde ursprünglich für den allgemeinen Markt hergestellt und erst später durch Hinzufügung einer hebräischen Aufschrift für den Gebrauch in jüdischen Familien adaptiert, mitunter aber auch ohne jegliche Veränderung verwendet. So überdauerte eine Vielzahl von Objekten, die ansonsten, weil sie nicht mehr dem Zeitgeschmack entsprachen, wohl eingeschmolzen oder gänzlich umgearbeitet worden wären. Für den Verwendungszweck als jüdischer Ritualgegenstand jedoch war die qualitätvolle handwerkliche und bildkünstlerische Durcharbeitung, die die Erzeugnisse aus den Silberschmiedezentren Augsburg und Nürnberg auszeichneten, von größerer Wichtigkeit.

Für Kidduschbecher (Kiddusch = ritueller Trinkspruch) existieren weder bezüglich der Form noch bezüglich des Materials genaue Vorschriften. Meist wurden gewöhnliche Silbererzeugnisse verwendet, die manchmal mit einer später hinzugefügten Aufschrift versehen waren. Das Dekor auf der Außenwand des Bechers steht nur selten im Zusammenhang mit dessen Zweck. Der hier gezeigte

4.14 a

4.14

Becher stammt aus der Werkstatt des Nürnberger Meisters Johann Friedrich Ehe und wurde in den Jahren zwischen 1797 und 1800 gefertigt. Nach der später aufgebrachten Prager Steuermarke zu urteilen, gelangte er spätestens im Zeitraum von 1810 bis 1824 nach Prag, möglicherweise diente er jedoch schon von Anfang an als Kidduschbecher, da der genannte Meister eine ausgesprochen große Zahl an Judaica herstellte. Mit Sicherheit lässt sich dies jedoch nicht behaupten, denn die auf der Außenseite angebrachte Widmung, die besagt, dass Abraham, Sohn des Chajim Jafe, diesen Becher der Kauder-Synagoge geschenkt hat, ist erst mit dem Jahr 634 (1874 christlicher Zeitrechnung) datiert.

Die Etrogschüssel dient zur Aufbewahrung des Etrog, einer zitronenähnlichen Frucht, die wichtiger Bestandteil des am Feiertag Sukot zelebrierten Rituals ist. Der Etrog wurde aus Palästina eingeführt. Da seine Beschaffung eine kostspielige Angelegenheit war, wurde auf seine Aufbewahrung besondere Sorgfalt verwendet. Meist wurden auch dafür Schüsseln und Behälter benutzt, die ursprünglich für andere Zwecke bestimmt waren. So verhält es sich auch bei diesem Exemplar, das zwischen 1670 und 1673 von dem Augsburger Meister Balthasar Haydt ursprünglich als Konfektschale angefertigt und ohne jegliche Veränderung für den neuen Zweck übernommen wurde. Der Prager Steuermarke nach zu urteilen, gelangte die Schüssel spätestens zwischen 1810 und 1824 nach Böhmen, wahrscheinlich jedoch schon weitaus früher. Da die Widmungsaufschriften auf ähnlichen Schüsseln meist aus dem Beginn des 19. Jahrhunderts stammen, ist anzunehmen, dass die Übernahme in den rituellen Gebrauch auch in diesem Fall ähnlich zu datieren ist.

J. Ku.

Stavitelský rod Dientzenhoferů vytvořil v Bavorsku a v Čechách řadu sakrálních staveb, jež vynikají lehkostí a elegancí. Charakteristickým rysem je zvlnění v dynamických křivkách.

a) Praha-Břevnov, benediktinský klášterní kostel sv. Markéty

Kryštof Dientzenhofer, 1708–1721; exteriér, pohled od severu

b) Praha, Sv. Jan Nepomucký Na Skalce

Kilián Ignác Dientzenhofer, 1730–1738; interiér, dynamické křivky kladí

c) Cheb, kostel sv. Kláry, bývalý klášterní kostel klarisek

Kryštof Dientzenhofer, 1707–1711; interiér, rozvlněné a rytmicky odstupňované kladí

d) Kappel u Waldsassen, poutní kostel Nejsvětější trojice na Glasbergu

novostavba Georg Dientzenhofer, 1685nn.; exteriér, celkový pohled

e) Banz, kostel sv. Petra a Dionýsia, bývalý benediktinský klášterní kostel

Johann Dientzenhofer, novostavba 1710–1715; interiér, postranní stěnové travé

f) Praha, kostel sv. Mikuláše na Malé Straně, bývalý kostel při jezuitském profesním domě

Kryštof Dientzenhofer: podélná loď s průčelím 1702–1711; Kilián Ignác Dientzenhofer: kněžiště a kupolovitá věž 1737-1751; interiér, celkový pohled do kněžiště

4.15 Die Baumeisterfamilie der Dientzenhofer hat in Bayern und Böhmen viele Kirchenbauten geschaffen, die durch ihre Leichtigkeit und Eleganz überzeugen. „Kurvierte Architektur" ist das Charakteristikum ihrer weithin berühmten Bauten.

a) Prag-Břevnov, Benediktinerklosterkirche St. Margarete
Christoph Dientzenhofer, 1708–1721; Außenbau von Norden

b) Prag, St.-Johann-Nepomuk auf dem Felsen
Kilian Ignaz Dientzenhofer, 1730–1738; Innenraum, kurviert schwingende Gebälkzone

c) Eger, St. Klara, ehemalige Klosterkirche der Klarissinnen
Christoph Dientzenhofer, 1707–1711; Innenraum, kurviert schwingende und rhythmisch gestaffelte Gebälkzone

d) Kappel bei Waldsassen, Wallfahrtskirche der Hl. Dreifaltigkeit auf dem Glasberg
Neubau Georg Dientzenhofer, 1685 ff.; Außenbau, Gesamtansicht

e) Banz, St. Peter und Dionysius, ehemalige Benediktinerklosterkirche
Johann Dientzenhofer, Neubau 1710–1715; Innenraum, seitliche Wandtravée

f) Prag, St.-Niklas auf der Kleinseite, ehemalige Kirche des jesuitischen Professhauses
Christoph Dientzenhofer: Langhaus mit Fassade 1702–1711; Kilian Ignaz Dientzenhofer: Chorraum und Kuppelturm 1737–1751; Innenraum, Gesamtansicht zum Presbyterium
Fotografien: Philipp Mansmann, München/Haus der Bayerischen Geschichte, Augsburg
Lit.: Franz 1985; Horyna/Uher 2005; Kotrba 1973; Schmerber 1903; Stalla 2007; Vilímková/Brucker 1989; AK Die Dientzenhofer 1991

Die Baumeisterfamilie der Dientzenhofer stammt aus einem oberbayerischen Einödhof oberhalb von St. Margarethen bei Brannenburg. Ihr Weg führte sie über Passau nach Prag, wo die Familie seit den 70er-Jahren des 17. Jahrhunderts urkundlich nachweisbar ist. Wie viele andere Bauhandwerker ließen sich die Dientzenhofer vermutlich auf der Kleinseite nieder. Da nach dem Ende des Dreißigjährigen Kriegs die Bautätigkeit von Adel und Kirche in Böhmen enorm zugenommen hatte, gab es eine entsprechend große Nachfrage nach Bauhandwerkern und Baumeistern. Als die Dientzenhofer nach Prag kamen, waren in Böhmen und Mähren bereits mehrere italienische Baumeister tätig.

Wand, Pfeiler und Wölbung, also die einzelnen Elemente des Raums in ein besonderes Verhältnis zu bringen, ist die Kunst, mit der man die Aufgabe eines Architekten charakterisieren könnte. In der barocken Baukunst treten zu diesen bauprägenden Architekturelementen Dekorationssysteme aus Malerei, Stuck und Skulptur hinzu, welche zusammen mehr oder weniger verschmelzen und eine Einheit bilden. Dieses spezifische Verhältnis von Architektur und Dekoration tritt an den Bauwerken der Dientzenhofer in unterschiedlichen Graden in Erscheinung.

4.15 c

4.15 ♦

4.15 e

4.15

So ist heute in der ehemaligen Klosterkirche der Klarissinnen St. Klara in Cheb/Eger der Kircheninnenraum in reinem Weiß gehalten. Die Architekturelemente – Pfeiler, Pilaster und Gebälkstücke – sind klar erkennbar und bilden ein kurviertes Gerüst, das den Raumabschluss, die Wölbung, vorbereitet. Nischen und Wandpfeiler, die sich rhythmisch abwechseln, verleihen diesem „Wandpfeilersaal" Eleganz und Schwerelosigkeit, wobei in diesem Rhythmus die äußere Wand nicht isoliert erscheint, sondern zusammen mit dem Architektursystem eine geschlossene Einheit bildet.

Ähnlich wie in Eger ist in der Benediktinerklosterkirche St. Margarete in Prag-Břevnov ein rhythmisiertes Wandpfeilergerüst raumbildend. Auch wenn hier das Dekorationssystem reicher gehalten ist und eine Longitudinaltendenz des Raums vorherrscht, bleibt das Architektursystem deutlich erkennbar, betont durch eine feine Zeichnung und Profilierung der konkav und konvex ausschwingenden Gebälkzonen.

Den Höhepunkt dieser kurvierten Architektur stellt die Prager Jesuitenkirche St. Niklas auf der Kleinseite dar. Bereits die Fassade beeindruckt durch weich fließende, konkav und konvex schwingende Gebälke und Säulenstellungen. Plastisch werden diese im Wechselspiel des Lichts eins mit einem fest in sich ruhenden Baukörper. Im Inneren setzt sich diese Bewegung bis hin zum Hochaltar fort. Im Gegensatz zu Eger und Prag-Břevnov herrscht hier ein reiches Dekorationssystem vor. Farbe und Material, Malerei und Bauglieder, Stuck und Gold heben die Grenzen zwischen Illusion und Wirklichkeit auf. *C. H.*

Návrhové kresby kostela sv. Alžběty v Mnichově dokládají vliv českého dynamického baroka v jižním Německu.

a) Kostel sv. Alžběty v Mnichově, hlavní průčelí s portálem

návrhová kresba, jižní Německo nebo Čechy, kolem 1757; perokresba/papír, kolorováno, 35 x 51

b) Kostel sv. Alžběty v Mnichově, příčný řez

návrhová kresba, kolem 1757; perokresba/papír, kolorováno, 51 x 35

4.16 Die Entwurfszeichnungen für St. Elisabeth in München zeigen den Einfluss kurvierter böhmischer Architektur in Süddeutschland.

a) St. Elisabeth in München, Hauptfassade mit Portal

Entwurfszeichnung, Süddeutschland oder Böhmen, vor 1757; Federzeichnung/Papier, koloriert, 35 x 51; Münchner Stadtmuseum (Slg. Zettler, Nr. 911b)

b) St. Elisabeth in München, Querschnitt

Entwurfszeichnung, Süddeutschland oder Böhmen, vor 1757; Federzeichnung/Papier, koloriert, 51 x 35; Münchner Stadtmuseum (Slg. Zettler, Nr. 911)
Lit.: Dinkelacker 1987, S. 29 ff.; Stalla 2007

Die beiden nicht ausgeführten Entwürfe für St. Elisabeth in München zeigen Architekturzeichnungen von bestechender Qualität. Die Darstellung kurvierter Architektur verlangt dem Planzeichner höchstes Können ab. Dies ist darauf zurückzuführen, dass die geschwungenen Grundrisse im Raumabschluss, den Wölbungen, sphärisch verschnittene Räume zur Folge haben. Diese Raumschalen geometrisch korrekt darzustellen ist dem Zeichner aufs Beste gelungen. Deutlich wird dies besonders an den Scheidbögen der Hängekuppel im mittleren Zentralraum.

Während sowohl Datierung als auch Urheberschaft der Pläne nicht gesichert sind, werden die Einflüsse böhmischer Barockarchitektur, insbesondere die Kilian Ignaz Dientzenhofers, offensichtlich: im motivischen Detail durch die Verwendung von Geigenkastenfenstern, im Ganzen durch die Gesamtstruktur des Raums, die an St. Johann Nepomuk auf dem Felsen in Prag erinnert.   *C. H.*

4.16 b

16 a

4.17 Die Fresken im Bibliothekssaal des Prager Clementinums sind das Hauptwerk des aus Ottobeuren stammenden Malers Johann Hiebel. Seine Illusionsmalerei erhöhte das niedrige Gewölbe der Bibliothek für die Betrachter.

a) Gewölbemodelletto mit Fresko für den Bibliothekssaal des Prager Jesuiten-kollegs Clementinum: Allegorie der natürlichen und offenbarten Erkenntnis
Johann Hiebel (1681–1755), Prag, 1727; hölzernes Raummodell mit Ölmalerei, 199 x 47; Národní muzeum, Praha (H2-3924)

b) Der Bibliothekssaal im Clementinum, Prag
Fotografie; Narodní knihovna Česke republiky, Praha
Lit.: Preiss 1977; Preiss 1979; Sršen 2001; Sršen 2002

Der Hersteller des Modellettos, Johann Hiebel, wurde 1681 in Ottobeuren ge-boren. Seine Ausbildung als Maler erhielt er bei Johann Siegelbein in Wangen, Johann Kaspar Sing in München und ab 1706 bei dem berühmten Jesuiten und Maler Andrea Pozzo in Wien. Pozzo unterwies ihn in der Malerei illusionistischer architektonischer Fresken, in der er selbst ein Meister war. 1707 siedelte Hiebel nach Prag über, wo er sich dauerhaft niederließ. Er heiratete die Tochter des Prager Malers Karel Kulík und trat in eine Malerzunft der Prager Altstadt ein. Im Jahr 1710 wurde er Meister und von 1730 bis 1749 übte er die Funktion des Zunftältesten aus. Mit 74 Jahren starb Hiebel am 15. Juni 1755. Er wurde in der Kirche Hl. Maria vor dem Tein in der Prager Altstadt beigesetzt. Auch sein 1710 geborener Sohn Anton Johann, der als Sechzehnjähriger dem Jesuitenorden bei-trat, war künstlerisch talentiert, wie drei erhaltene Zeichnungen bezeugen.

Johann Hiebel malte Altarbilder, gelegentlich auch Porträts und andere Sujets, seine besondere Hinwendung galt jedoch der Freskenmalerei. Meist arbeitete er für die Jesuiten, manchmal auch für andere kirchliche Orden. Sein Verdienst ist die Einführung und Verbreitung des Pozzo'schen Stils in Prag und Böhmen – eine Stilrichtung, die hier über die erste Hälfte des 18. Jahrhunderts hinaus beliebt blieb. Den Höhepunkt seines Schaffens bilden jedoch die 1727 ausgeführten Fresken im Bibliothekssaal des Prager Clementinums.

Das von Hiebel gefertigte Modell, das bis Ende des 19. Jahrhunderts im Cle-mentinum aufbewahrt und 1899 vom Bildungsministerium an das Nationalmu-seum übergeben wurde, ist innerhalb Böhmens von großem Seltenheitswert. Zum einen ist es eine vorbereitende Skizze, mittels derer sich der Maler die Realisier-barkeit seiner Vorstellungen vor Augen führte, zum anderen eine Arbeitsprobe, die die jesuitischen Auftraggeber von seinen Fähigkeiten überzeugen sollte. Das

Fresky v knihovním sále pražského Klementina jsou stěžejním dílem malíře Jana Hiebela, pocházejícího z Otto-beurenu. Jeho iluzionistická malba opticky zvýšila nízkou klenbu knihovny.

a) Modeletto klenby s freskou pro knihov-ní sál pražské jezuitské koleje Klementi-num: Alegorie přirozeného a zjeveného poznání

Jan Hiebel (1681–1755), Praha, 1727; prosto-rový model ze dřeva, s malbou olejovými barva-mi, 199 x 47

b) Knihovní sál Klementina
Fotografie

4.17 b

4.17 a

Modell enthält nahezu alle Motive der späteren großzügigen Freskenkomposition, einschließlich der wichtigsten Inschriften. Nur die Zahl der Medaillons mit Porträts bedeutender Prager Jesuiten, die im Bibliothekssaal acht Fensterwölbungen ausfüllen, ist im Modell auf zwei reduziert, da dies für Anschauungszwecke genügte. Das verhältnismäßig niedrige Tonnengewölbe der Bibliothek sollte durch die gemalte Illusion eines zusätzlichen, zum Himmel geöffneten Stockwerks optisch erhöht werden. Da es sich um ein ausgesprochen langgestrecktes, nicht auf einen Blick zu erfassendes Gewölbe handelt, platzierte Hiebel in der Mitte einen illusionistischen Tambour mit einer hohen Kuppel, der die Wandfläche in zwei Hälften unterteilt. Die mit reichhaltiger Symbolik versehene figurale Ausgestaltung ist eine Allegorie der natürlichen und offenbarten Erkenntnis, wie sie gelehrte Jesuiten konzipiert hatten. Das Fresko lässt sich als Verherrlichung der Wissenschaft, die die Weisheit antiker Philosophen und alttestamentarischer Propheten mit der christlichen Lehre verbindet, charakterisieren.   *L. S.*

Kosmas Damián Asam byl jako malíř fresek v kostelích a klášterech jedním z nejžádanějších umělců své doby. Pracoval často společně se svým bratrem, sochařem a štukatérem Egidem Quirinem Asamem, v jižním Německu, Švýcarsku, Čechách a Slezsku.

Kosmas Damián Asam
Bavorsko, 1746; olej/plátno, 69,5 x 55,5

4.18 Cosmas Damian Asam war als Freskenmaler in Kirchen und Klöstern einer der gefragtesten Künstler seiner Zeit. Er arbeitete häufig gemeinsam mit seinem Bruder, dem Bildhauer und Stuckateur Egid Quirin Asam, in Süddeutschland, der Schweiz, Böhmen und Schlesien.

Cosmas Damian Asam
Bayern, 1746; Öl/Leinwand, 69,5 x 55,5; Národní galerie v Praze (O 12082)
Quelle: Verzeichnis der Bilder und Inventargegenstände aus Schloss Konopischt für die Staatsgallerie (vorgenommen am 9. November 1942), S. 4, Nr. 18347 (Fond NG 1945–1958, Kart. 16, Fasz. 255)

Das aus habsburgischem Besitz auf Schloss Konopiště stammende Bild zeigt den Maler Cosmas Damian Asam (1686–1739) mit dem Pinsel in der Hand. Aus der Datierung (1746) auf der Rückseite des Gemäldes geht hervor, dass das Porträt sieben Jahre nach Asams Tod entstanden ist. Die Abschrift von der originalen Leinwand lautet: „Cosmas Damian Asam / senior Pictor et architector / aetatis suae 52 / mortus est 1739 / Anno 1746 Pictum". Die Medaille Clemens' XI., die der Maler auf der Brust trägt, bezieht sich wahrscheinlich auf eine Begebenheit

aus dem Jahr 1713: Asam, der an der römischen Accademia di San Luca bei Carlo Maratta studierte, hatte dort in besagtem Jahr mit der Zeichnung „Das Wunder des Heiligen Pius" den ersten Preis gewonnen, der ihm in Gegenwart des Papstes verliehen werden sollte.

Die Gestaltung von Asams Gesicht, die markante Durchbildung von Nase und Kinn, die gerunzelte Stirn – all das entspricht der Physiognomie seiner bekannten Selbstporträts, wie sie etwa das Porträt im Diözesanmuseum Freising zeigt. Formal ist das Bild jedoch im Sinne eines repräsentativen Porträts stilisiert, das den Maler mit kostbarer Kleidung und Perücke als Künstler von exklusiver Stellung charakterisiert. In der Qualität der Ausführung weist das Gemälde einige Probleme auf: So steht die konsequente Modellierung des Kopfes im Kontrast zu der unsicher gesetzten linken Hand, die – wie auch die an der Kette hängende Medaille – nicht zur Drehung des Oberkörpers passt, wobei dies von der Anlehnung an eine unbekannte Vorlage herrühren könnte.

Asams Aufträge in Böhmen und Schlessien betrafen die Ausmalung der Klosterkirche Kladrau/Kladruby 1726/27, des Mittelschiffs der Wallfahrtskirche Weißer Berg bei Prag um 1727, des Festsaals von Kloster Břevnov um 1727/28 und der Klosterkirche von Wahlstatt/Legníckíe Pole 1733.

M. S. J.

4.18

4.19 Ab 1725 schuf Cosmas Damian Asam die Wandfresken für den Neubau der Klosterkirche in Kladrau. Hierzu haben sich Vorzeichnungen erhalten, die in wenigen Strichen Figurenordnung und Tiefenwirkung des Freskos vermitteln.

Verehrung der Kirche durch die vier Erdteile
Entwurf für das dritte südliche Hochwandfresko im Chor der Abteikirche in Kladrau; um 1726; Feder in Rotbraun, rotbraun laviert, stellenweise weiß gehöht, 28,2 x 37,5; Kunstsammlungen und Museen der Stadt Augsburg (G 5174-77)
Lit.: Bahlcke/Eberhard/Polívka 1998, S. 262; Bushart 1986; Preiss 1986

Das Benediktinerkloster Kladrau/Kladruby nahe Mies/Stříbro, einem Zentrum des Silberbergbaus in Westböhmen, gehörte nicht zuletzt dank seiner günstigen Lage am Handelsweg von Pilsen/Plzeň nach Nürnberg früh zu den bedeutendsten Klöstern in Böhmen. Nach schweren Zerstörungen in der Hussitenzeit und im Dreißigjährigen Krieg nahm Abt Maurus Fintzgut 1712 einen Neubau in Angriff, dessen Fertigstellung bis 1770 dauern sollte. Die ursprünglich romanische Klosterkirche wurde von 1712 bis 1728 nach Plänen des Architekten Giovanni Santini-Aichel neu erbaut – in der für ihn typischen Form einer barocken Gotik. Für den Kirchenbau waren Fresken in der Kuppel und eine Bildfolge an gerahmten Wandmalereien vorgesehen. Den Auftrag hierfür erhielt Cosmas Damian Asam. Die Langhausfresken zeigen Leben und dogmatische Bedeutung der Gottesmutter, während die Chorfresken dem hymnischen Gotteslob gelten. Im dritten südlichen Hochwandfresko des Chors wird die Verehrung der „ecclesia" durch die Personifikation der vier Erdteile vorgestellt. Hierzu hat sich eine Vorzeichnung erhalten, in der es Asam gelingt, mit wenigen Strichen und Deckweißhöhungen Figurenanordnung und räumliche Situation lebendig zu erfassen.
Vorzeichnungen von Fresken waren sowohl für die Auftraggeber als auch für die ausführenden Künstler wichtig. So konnte man während der unübersichtlichen Arbeitsphase auf dunklen Gerüsten und in stetigem Zeitdruck, bedingt durch das rasche Austrocknen der Feinputzschicht, leichter den Überblick über das Gesamtwerk behalten. Die Zahl der überlieferten Zeichnungen ist nicht hoch, da sie früheren Zeiten nicht unbedingt als sammelwürdig erschienen. Die meisten von Asam erhaltenen Zeichnungen beziehen sich auf Gruppen von gerahmten Wandfresken, wie sie in Kladrau, aber auch im Dom von Freising oder in St. Emmeram in Regensburg begegnen. Als ein erzählender Fries von Galeriebildern überziehen diese Fresken den Kircheninnenraum. Hier musste der Künstler nicht, wie etwa

Roku 1725 začal Kosmas Damián Asam s freskovou výzdobou novostavby klášterního kostela v Kladrubech. K tomu se dochovaly přípravné kresby, které v několika málo liniích zprostředkovávají kompozici postav a dojem hloubky.

Uctívání církve čtyřmi světadíly
Návrh třetí fresky na jižní stěně presbytáře opatského kostela v Kladrubech; kolem 1726; perokresba, červenohnědá, červenohnědě lavírovaná, místy vysvětlována bělobou, 28,2 x 37,5

224   4 Gemeinsamer Kulturraum

4.20

bei Deckenfresken, auf illusionistische Verkürzungen oder übergreifende architektonische Dekorationselemente Rücksicht nehmen, sondern konnte sich am ehesten als eigenständiger Maler beweisen.   *P. W.*

4.20 Der in Stadtamhof bei Regensburg geborene Maler und Freskant Johann Adam Schöpf ließ sich 1726 in Prag nieder. Die von ihm geschaffenen Wandfresken für St. Jakob in Straubing und für die Wallfahrtskirche auf dem Weißen Berg in Prag haben das gleiche Thema zum Inhalt.

Verkündigung an Maria
Johann Adam Schöpf (1702–1772); um 1730; Rötel/Bütten, 18,6 x 15,4; Dr. Christine Riedl-Valder, Beratzhausen
Lit.: unveröffentlicht; zu Johann Adam Schöpf vgl. Riedl 1992

Das qualitätvolle Blatt zeigt die unter der Strahlenwolke der Heilig-Geist-Taube kniende Maria auf einem Podest. Ein Putto hält ihr das aufgeschlagene Gebetbuch entgegen. Marias linke Hand ruht am Herzen; die rechte ist abwehrend erhoben. Ihr Gesicht ist nach rechts gewandt. Dort kniet ein Engel und legt ihr die Lilie, Zeichen der Jungfräulichkeit, zu Füßen.

Die Zeichnung stammt aus einem Skizzenbuch des Malers und Freskanten Johann Adam Schöpf (1702–1772) und diente als Kompositionsnotiz zu einem unbekannten Altarblatt. Das gleiche Thema hat der Künstler auch mehrfach als Wandfresko realisiert, so in der Basilika St. Jakob in Straubing (1738) und im Südflügel der Marienwallfahrt auf dem Weißen Berg bei Prag (zwischen 1735–1740). Schöpf verbrachte seine Lehrzeit und die Gesellenjahre unter anderem in Ostbayern, Oberösterreich und Böhmen. 1726 ließ er sich in Prag nieder und über-nahm in der Folgezeit Aufträge in ganz Böhmen und Ostbayern. Ein jähes Ende nahm seine bürgerliche Karriere, als er 1743 wegen seiner Parteinahme für den bayerischen Regenten inhaftiert und dann des Landes verwiesen wurde. Als Hof-maler von Kurfürst Clemens August war Schöpf später an den anspruchsvollen Bauprojekten in Kurköln beteiligt und erhielt dafür die Nobilitierung und den Rang eines Truchsess. Die letzten Arbeiten entstanden in enger Zusammenarbeit mit seinem ältesten Sohn Johann Nepomuk Schöpf (1733–1798). Das erwähnte Skizzenbuch befand sich in dessen Besitz. Die einzelnen Blätter gerieten dann in verschiedene Sammlungen.

Der Grafik kommt Seltenheitswert zu, denn der Bestand an Zeichnungen, die für Johann Adam Schöpf in Anspruch genommen werden dürfen, ist sehr gering. Abgesehen von dem erhaltenen Entwurf für das 1729/30 gemalte Deckenbild im Rathaus von Budweis und fünf weiteren, zum Teil signierten Fresko-Entwürfen und Figurenstudien in tschechischen Sammlungen, deren Realisierungen jedoch nicht bekannt sind, werden ihm nur vier weitere Zeichnungen aus deutschen Sammlungen zugeschrieben.   *C. R.-V.*

4.21 Der aus Nordböhmen stammende Bildhauer Ferdinand Tietz stand mehrfach in Diensten der Fürstbischöfe von Würzburg und Bamberg. Sein Werk prägte die süddeutsche Gartenplastik des Rokoko.

Sängerin mit Notenheft und Fächer aus einem Zyklus „Gartenkonzert"
Schule des Ferdinand Tietz (1708—1777), um 1760/70; Sandstein, H. 72; Germanisches
Nationalmuseum, Nürnberg (Pl.O. 2542)
Lit.: Lutze 1935; Röthel 1943, S. 15; Lindenmann 1989, S. 306 f., 381; Maué 1997, Kat.-Nr. 58

Die Halbfigur zeigt eine jugendliche Sängerin, die ihren zierlichen Ober-körper melodisch in den Hüften zu wiegen scheint. Lässig präsentiert sie im linken Arm ein aufgeschlagenes Notenheft, mit der Rechten hält sie einen halb geöffneten Fächer graziös vor die Hüfte. Ein Sommerhut mit breiter Krempe und Blütenagraffe trägt ebenso zum koketten Ausdruck der reizvollen Dame bei wie das tief dekolletierte Kleid und die um den Hals gelegte Spitzenkrause, die den üppig aus dem engen Mie-der quellenden Busen betonen. Die Herme gehört zu einem Zyklus aus sieben, ursprünglich aber mindestens neun Skulp-turen, die bis 1930 im Garten des Darmstädter Anwesens von Ludwig Freiherrn Heyl von Herrnsheim standen. Gemeinsam mit einer weiteren Sängerin, mehreren Musikanten und einem Dirigenten stellt sie ein Gartenkonzertensemble dar. Das Thema ist typisch für die Gartenplastik des Rokoko und bezeugt zudem das Formenrepertoire eines der bedeutendsten in Franken tätigen Bildhauer des 18. Jahrhunderts, der unser Bild von der süddeut-schen Parkskulptur jener Zeit entscheidend geprägt hat: der aus dem Dorf Holtschitz, bei Kommotau/Chomutov, stammende Adam Ferdinand Tietz. Vermutlich absolvierte der Künstler we-sentliche Teile seiner Ausbildung bei Matthias Bernhard Braun in Prag. Von dort ging er 1736 über Wien nach Würzburg und arbeitete fortan vornehmlich für die Fürstenhöfe Rheinfran-kens. 1747 wurde er Hofbildhauer des Bamberger Fürstbischofs Philipp Anton von Franckenstein. Das bedeutendste, mit einem umfangreichen Mitarbeiterkreis geschaffene Werk jener Periode ist die Gartenausstattung von Schloss Seehof, dem Sommersitz des geistlichen Landesherrn. Sieben Jahre später folgte Tietz dem Ruf von Kurfürst Franz Georg von Schönborn nach Trier, kehrte aber 1760 nach Bamberg zurück, wo er Fürstbischof Adam Friedrich von Seinsheim diente. Hauptwerke jener Zeit sind die

Sochař Ferdinand Tietz, pocházející ze severních Čech, byl činný ve službách würzburského a bamberského knížecího biskupa. Jeho dílo bylo určující pro vývoj rokokové zahradní plastiky v jižním Německu.

Zpěvačka s notovým sešitem a vějířem z cyklu „Zahradní koncert"
Škola Ferdinanda Tietze (1708–1777), kolem 1760/70; pískovec, v. 72

4.21

üppigen Figurenzyklen für den Garten von Veitshöchheim bei Würzburg. Ein hochbegabter anonymer Schüler des Meisters, der vermutlich aus dessen Werkstatt hervorging oder darin relativ eigenständig zu wirken vermochte, schuf das Darmstädter Ensemble. Beispielhaft reflektiert seine Sängerin den übermütigen, fantasievollen Charakter Tietz'scher Figurenfindungen, dessen spielerische wie temperamentvoll bewegte Kompositionen und nicht zuletzt die handwerkliche Raffinesse des überragenden Künstlers in der Behandlung der Steinoberflächen seiner Skulpturen.

F. M. K.

I díky hudebníkům českého původu patřila dvorní kapela knížete Krafta Ernsta zu Oettingen-Wallerstein k nejvýznamnějším jihoněmeckým orchestrům. V létě se koncerty konaly v knížecím letním sídle Hohenaltheim.

Zámek Hohenaltheim

2. pol. 18. století; měditryt, kolorováno (R)

4.22 Auch dank vieler Musiker böhmischer Herkunft zählte die Hofkapelle des Fürsten Kraft Ernst zu Oettingen-Wallerstein zu den führenden süddeutschen Orchestern. Im Sommer fanden die Konzerte in der fürstlichen Sommerresidenz Hohenaltheim statt.

Schloss Hohenaltheim
2. Hälfte 18. Jahrhundert; Kupferstich, koloriert (R); Stadtarchiv Nördlingen
Lit.: Schiedermair 1907/08; Piersol 1972; Grünsteudel 2000 Wallerstein; Grünsteudel 2000 Schwäbisches Mannheim; zahlreiche Artikel zu den Mitgliedern der Wallersteiner Hofkapelle in: Rosetti-Forum 1–8 (2000–2007)

Das Territorium der Grafschaft Oettingen deckt sich in etwa mit der Fläche des Nördlinger Rieses. Im 18. Jahrhundert war die Grafschaft im Besitz der vier Linien des Hauses Oettingen mit jeweils eigenen Residenzen. Während sich an den Höfen der Fürsten zu Oettingen-Oettingen, der Grafen zu Oettingen-Baldern und der Grafen (später Fürsten) zu Oettingen-Spielberg nur ein eher bescheidenes Musikleben entwickelte, zählte – auch nach dem Urteil von Zeitgenossen – die Hofkapelle des Fürsten Kraft Ernst zu Oettingen-Wallerstein (1748–1802, reg. seit 1773) zu den führenden Orchestern in Süddeutschland. In hohem Maße mitverantwortlich für dieses herausragende Niveau waren sicherlich die zahlreichen Musiker böhmischer Herkunft – und hier vor allem die Bläser –, die der Fürst in seine Kapelle aufnahm. Der Publizist und Dichter-Komponist Christian Friedrich Daniel Schubart gerät in seinen „Ideen zu einer Ästhetik der Tonkunst" geradezu ins Schwärmen, wenn er dem kleinen Wallersteiner Hof attestiert, dass die Musik „daselbst in einem vorzüglichen Grade" blühe, er rühmt dem „dort herrschenden Ton ... ganz was Originelles, ein gewisses Etwas" nach, „das aus welschem und deutschem Geschmack, mit Caprisen durchwürzt, zusammen gesetzt ist," und er schwärmt von der Farbigkeit des Orchesterklangs, da „hier

4.22

das musikalische Colorit viel genauer bestimmt worden sei, als in irgend einem andern Orchester". Das vielleicht gewichtigste Lob aber stammt, auch wenn es quasi nur aus zweiter Hand überliefert ist, von niemand Geringerem als Joseph Haydn, der während seines Besuchs im Dezember 1790 in Wallerstein geäußert haben soll, „dass kein ihm bekanntes Orchester seine Sinfonien mit so viel Präcision ausführe, als eben diese Kapelle". Angeregt durch Vorbilder in Wien und im Böhmischen, rief Fürst Kraft Ernst um 1780 auch ein Harmoniemusik-Ensemble ins Leben, das aus den besten Bläsern der Kapelle bestand. Antonio Rosetti und andere Hofkomponisten schrieben ihnen zahlreiche Werke „auf den Leib" (Kat.-Nr 4.23 f.).

Vom Frühjahr bis zum Spätherbst residierte der Fürst auf Schloss Hohenaltheim, das, Anfang des 18. Jahrhunderts von Fürst Albrecht Ernst II. zu Oettingen-Oettingen erbaut, nach dessen Tod und dem Aussterben der Linie Oettingen-Oettingen dem Haus Oettingen-Wallerstein als Sommerresidenz diente. Die Hofkonzerte von Kraft Ernsts Kapelle fanden sehr wahrscheinlich in dem schon im 19. Jahrhundert abgetragenen lang gestreckten, einstöckigen Walmdachbau statt, der links im Bildhintergrund zu sehen ist. *G. G.*

4.23 Der Komponist Antonio Rosetti wurde Ende des 18. Jahrhunderts in einem Atemzug mit Mozart oder Haydn genannt. Rosetti stammte aus Nordböhmen und wirkte viele Jahre am Hof von Oettingen-Wallerstein.

a) Antonio Rosetti, Partita F-Dur, Murray B18 („pour la chasse")
autografe Partitur, 1785; Universitätsbibliothek Augsburg (Oettingen-Wallersteinsche Bibliothek, 02/III. 4 1/2. 4° .284)

b) Hörstation: Antonio Rosetti, Partita F-Dur, Murray B18, für zwei Flöten, zwei Oboen, zwei Klarinetten, drei Hörner, zwei Fagotte und Kontrabass
Grave – Allegro molto – Andante scherzante – Menuet fresco ma allegretto – Finale: Allegro à la Chasse; Schweizer Bläserensemble
Lit.: Kaul 1912, S. IX–XXXV, rev. Nachdruck 1968; Murray 1996; Grünsteudel 2000 Wallerstein, bes. S. 38–48; Grünsteudel 2005; zahlreiche Artikel zu Rosetti in: Rosetti-Forum 1–7 (2000–2006)

Der im nordböhmischen Leitmeritz/Litoměřice geborene Antonio Rosetti (1750 bis 1792) sollte ursprünglich Geistlicher werden. Seine musikalische Ausbildung erhielt er sehr wahrscheinlich bei den Jesuiten. Nachdem er sich entschlossen hatte, dem geistlichen Stand zu entsagen, stand er Anfang der 1770er-Jahre in russischen Diensten als „Musicus des Grafen von Orlow". Im Herbst 1773 fand Rosetti eine Anstellung als Diener und Kontrabassist am Hof des Grafen (seit 1774 Fürsten) Kraft Ernst zu Oettingen-Wallerstein im Nördlinger Ries. Schon bald entstanden erste Kompositionen für die Hofkapelle. Ende 1781 ermöglichte ihm der Fürst eine mehrmonatige Kunstreise nach Paris. Rosetti nutzte jede Gelegenheit, um das reiche Musikleben der französischen Metropole zu studieren, Kontakte zu Musikverlagen zu knüpfen und Aufführungen eigener Werke zu arrangieren. Etwa zehn Jahre lang blieb seine Musik fester Bestandteil des renommierten Pariser „Concert spirituel". Seit Mitte der 1780er-Jahre bereicherten Rosettis Sinfonien auch regelmäßig die Programme der großen Londoner Konzertreihen. Viele der insgesamt über 400 Werke erschienen zu Lebzeiten des Komponisten, den der englische Musikschriftsteller Charles Burney 1789 zu den wichtigsten seiner Zeit zählte, im Druck. 1790 ließ sich ein Kommentator in der „Musikalischen Real-Zeitung" sogar zu der Bemerkung hinreißen, „ausser Rosetti, der immer gefallen wird," seien „jetzt auch die Kompositionen von Mozart, von Pleyel, von Hofmeister, von Haydn etc. gangbar".

1785 übertrug Fürst Kraft Ernst ihm die Leitung der Wallersteiner Hofkapelle. Im Juli 1789 verließ der stets von Geldsorgen geplagte Rosetti Wallerstein, um in gleicher Position, jedoch ungleich besser besoldet, an den Hof des Herzogs von Mecklenburg-Schwerin in Ludwigslust zu wechseln. Hier waren dem zeitlebens

Jméno hudebního skladatele Antonia Rosettiho se koncem 18. století vyslovovalo jedním dechem se jmény Mozart či Haydn. Rosetti pocházel ze severních Čech a působil dlouhá léta u dvora knížat z Oettingen-Wallerstein.

a) Antonio Rosetti, Partita F-dur, Murray B18 („pour la chasse")
autografní partitura, 1785

b) Audiostanice: Antonio Rosetti, Partita F-dur, Murray B18, pro dvě flétny, dva hoboje, dva klarinety, tři lesní rohy, dva fagoty a kontrabas

Grave – Allegro molto – Andante scherzante – Menuet fresco ma allegretto – Finále: allegro à la Chasse; Schweizer Bläserensemble

4.23

unter einer labilen Gesundheit leidenden Komponisten aber nur noch wenige Jahre vergönnt. In diese letzte Zeit, die von einer chronischen Lungenerkrankung verdüstert wurde, fällt eine Reihe ehrenvoller Aufträge hochgestellter Musikliebhaber. Am 14. Dezember 1791 wurde bei den Prager Trauerfeierlichkeiten für den wenige Tage zuvor verstorbenen Mozart ein Requiem von Rosetti aufgeführt. Am 30. Juni 1792 starb Rosetti in Ludwigslust, nachdem er noch wenige Monate zuvor, am 2. März, auf Wunsch König Friedrich Wilhelms II. in Berlin mit der königlichen Kapelle und ersten Kräften der Hofoper sein Oratorium „Jesus in Gethsemane" und die „Halleluja"-Kantate aufgeführt hatte.

Antonio Rosetti hat neben 43 Sinfonien, mehr als fünf Dutzend Solokonzerten, Klavier- und Kammermusik sowie geistlicher und weltlicher Vokalmusik auch über zwanzig reine Bläsermusiken, so genannte Harmoniemusiken, hinterlassen, darunter die im September 1785 vollendete Partita in F-Dur, Murray B18, für je zwei Flöten, Oboen, Klarinetten und Fagotte sowie drei Hörner und Kontrabass. Sie zählt zu den schönsten und persönlichsten Schöpfungen des Komponisten, dessen farbigen, harmonisch reichen und kontrapunktisch dichten Bläsersatz schon die Zeitgenossen bewunderten. „Es ist auch nicht zu leugnen," schreibt Ernst Ludwig Gerber 1792, „daß in seinen Werken ein eigener angenehm schmeichelnder und süß-tändelnder Ton herrscht und besonders fallen seine Sätze für Blase-Instrumente öfters himmlisch schön aus, die er überhaupt beym Orchester meisterhaft zu benutzen weiß." Antonio Rosettis Partita in F-Dur erscheint als groß angelegte Bläsersinfonie, deren Beiname „La Chasse" auf die mit Hörnerklang eingeleitete Jagdszenerie des letzten Satzes Bezug nimmt. Im Mittelpunkt des Werks steht der von den Hörnern dominierte, groß angelegte Finalsatz, in dem mit tonmalerischen Mitteln der Verlauf einer höfischen Jagd geschildert wird. Harmoniemusiken waren im ausgehenden 18. und frühen 19. Jahrhundert überaus populär. Der Wallersteiner Hof zählte zu zu den wichtigsten Pflegestätten dieser Musikgattung in Süddeutschland.

G. G.

František Xaver Pokorný, narozený roku 1727 v Králově Městci (Königstadtl, střední Čechy), patřil k nejplodnějším skladatelům 18. století pocházejícím z Čech.

Audiostanice: František Xaver Pokorný, Concerto F-Dur pro dva lesní rohy, smyčce a dvě flétny

Allegro – Larghetto poco andante – Finale: Presto assai; lesní roh: Hermann Baumann, Christoph Kohler; Concerto Amsterdam; pod vedením Jaapa Schrödera

4.24 Der 1727 in Königsstadl (Mittelböhmen) geborene Franz Xaver Pokorny zählt zu den produktivsten Persönlichkeiten aus der Reihe der böhmischstämmigen Komponisten des 18. Jahrhunderts.

Hörstation: Franz Xaver Pokorny, Concerto F-Dur für zwei Hörner, Streicher und zwei Flöten

Allegro – Larghetto poco andante – Finale: Presto assai; Horn: Hermann Baumann, Christoph Kohler; Concerto Amsterdam, Leitung: Jaap Schröder

Aus der Feder von Franz Xaver Pokorny haben sich nicht weniger als 145 Sinfonien, fast 60 Konzerte für Cembalo, Flöte, Oboe oder Horn und zahlreiche Kammermusikwerke, die stilistisch meist der Vorklassik zuzuordnen sind, erhalten. Nach der Ausbildung bei dem Regensburger Hofkapellmeister Josef Riepel und den berühmten drei „Mannheimern" Ignaz Holzbauer, Johann Stamitz und Franz Xaver Richter war Pokorny zunächst am Hof von Oettingen-Wallerstein, ab 1766 als Violinist in der Thurn und Taxis'schen Hofkapelle in Regensburg tätig.

Mit seinem Konzert für zwei Hörner trug Pokorny zu einem europaweit geschätzten Musikrepertoire bei, das sich auch an kleineren Fürstenhöfen wie in Oettingen-Wallerstein oder Regensburg dank der dort engagierten Virtuosen großer Beliebtheit erfreute. Im Lauf des 18. Jahrhunderts hatten immer raffiniertere Spieltechniken – so die Entwicklung der Stopftechnik um 1753 durch

Anton Hampel in Dresden – und Weiterentwicklungen im Instrumentenbau dazu geführt, dass das Horn, ein ursprünglich durch die Naturtonreihe stark eingeschränktes Blasinstrument, auch als Solo-Instrument an Bedeutung gewann. Folglich stieg die Zahl entsprechend virtuos gestalteter Kompositionen, die zunächst direkt im persönlichen Umfeld der Hornisten entstanden. Zunehmend schufen aber auch namhafte Komponisten wie Wolfgang Amadeus Mozart oder Joseph Haydn bis heute gültige Beiträge.

Viele der durch Europa reisenden, meist böhmischstämmigen Virtuosen erfreuten sich eines lang anhaltenden Publikumszuspruchs. Auch die aus Regensburg/Stadtamhof stammenden Brüder Ignaz und Anton Böck, die – ausgebildet vom Thurn und Taxis'schen Hornisten Joseph Vogel – nach vielen erfolgreichen Reisen durch Deutschland, Frankreich, Italien, Polen und Russland an die kurfürstliche Hofkapelle nach München verpflichtet wurden, sind bis heute ob ihrer Spielfertigkeit bekannt geblieben – eine Spielfertigkeit, die insbesondere durch ihren wirkungsvollen Echo-Effekt mittels eines Dämpfers angeblich sogar Ludwig van Beethoven bei der Gestaltung der Hornpartien in seiner Symphonie Nr. 6 „Pastorale" beeinflusst haben soll.   C. M.

4.25 Wolfgang Amadeus Mozart schrieb am 3. Dezember 1778 an den Vater: „... ach, wenn wir nur auch clarinetti hätten! – sie glauben nicht, was eine sinfonie mit flauten, oboen und clarinetten einen herrlichen Effect macht."

Klarinette in C

Franz Schöllnast; Pressburg, nach 1800; Buchsbaum, Messing, Gesamtlänge mit Mundstück 56,5, Ø Bohrung 13,1, Ø Schallstück (Austrittsöffnung) 6,1; Narodní muzeum, České muzeum hudby, Praha (E 1614)
Lit.: Hrabussay 1961, S. 197–238; Finscher 1992

Die Klarinette ist ein Holzblasinstrument mit einfachem Rohrblatt. Ihre Vorläuferin ist die Schalmei, die sich bis zur Mitte des 18. Jahrhunderts großer Beliebtheit erfreute. Um 1700 erfand der Nürnberger Instrumentenbauer Johann Christoph Denner die Klarinette als eine weiterentwickelte Version der Schalmei mit einfachem Blatt. Er legte die Position der Grifflöcher genau fest und versah das Instrument zusätzlich mit einem Daumenloch (Überblasloch). Sein Sohn Jacob Denner korrigierte das Überblasloch, verengte die Bohrung des Rohrs, erweiterte so die Tonskala der Klarinette im hohen Bereich und versah das Instrument mit einer kleinen Stütze. Weitere Verbesserungen erfolgten in der zweiten Hälfte des 18. Jahrhunderts, so die Erweiterung um sechs Klappen. Eine grundsätzliche Veränderung erfuhr die Klarinette 1809 durch Ivan Müller. Er führte 13, später 15 Klappen ein und übertrug 1839 das von Theobald Böhm ursprünglich für die Querflöte geschaffene System, das so genannte Böhm-System, auf die Klarinette. Klarinetten wurden in verschiedener Stimmung gebaut; am gebräuchlichsten sind Klarinetten in A und B (selten in C), Altklarinetten begegnen in F und Es, gelegentlich auch in G. In der musikalischen Praxis taucht die Klarinette erst relativ spät auf, in den Orchestern kommt sie Mitte des 18. Jahrhunderts auf. Heute findet sie solistisch wie kammermusikalisch breite Verwendung, sie gehört zur Standardbesetzung jedes Kammer- oder Sinfonieorchesters und spielt eine wichtige Rolle in unterschiedlichsten musikalischen Genres wie Klassik, Jazz, Blasmusik, Folk.

Die hier gezeigte Klarinette besteht wie üblich aus Mundstück, Birne (auch Fass), Oberstück, Mittelstück, Unterstück und Schallstück (auch Trichter oder Becher). Es handelt sich um ein Instrument in C, also in einer Stimmung, die eher für den Klang einer Dorfkapelle typisch ist und in einem sinfonischen Orchester nur für bestimmte Effekte eingesetzt wird. Das hier gezeigte Stück hat acht Grifflöcher und fünf Klappen, das heißt Grifflöcher, die mechanisch abgedeckt werden. (Vier dieser Tonlöcher sind abgedeckt, eines ist offen.) Auf Birne, Ober-, Unter- und Schallstück befindet sich die Aufschrift „F. Schöllnast/Presburg".

Wolfgang Amadeus Mozart psal 3. prosince 1778 otci: „... ach, kdybychom tak měli klarinety! - nevěřil byste, jaký má symfonie s flétnami, hoboji a klarinety překrásný efekt..."

Klarinet in C

Franz Schöllnast; Pressburg, po r. 1800; zimostráz (buxus), mosaz, celková délka s hubičkou 56,5, průměr vrtání 13,1, průměr výstupního otvoru ozvučníku 6,1

4.25

Das Instrument stammt aus der Zeit zwischen 1800 und 1844. Gebaut wurde es von Franz Schöllnast (1775–1844). Dieser Blasinstrumentenbauer gründete zu Beginn des 19. Jahrhunderts in Pressburg, dem heutigen Bratislava, eine Musikinstrumentenfirma, die europäischen Rang erreichte. Schöllnast hatte eine große Werkstatt und machte sich auch durch eigene Erfindungen einen Namen. So gehen die Bassflöte und das Tritonikon auf ihn zurück. Mit seinen Erzeugnissen belieferte er Orchester, vor allem aber Militärkapellen. Nicht zuletzt hat Schöllnast sich um die Ausbildung einer ganzen Reihe bedeutender Instrumentenbauer verdient gemacht. *D. U./F. I.*

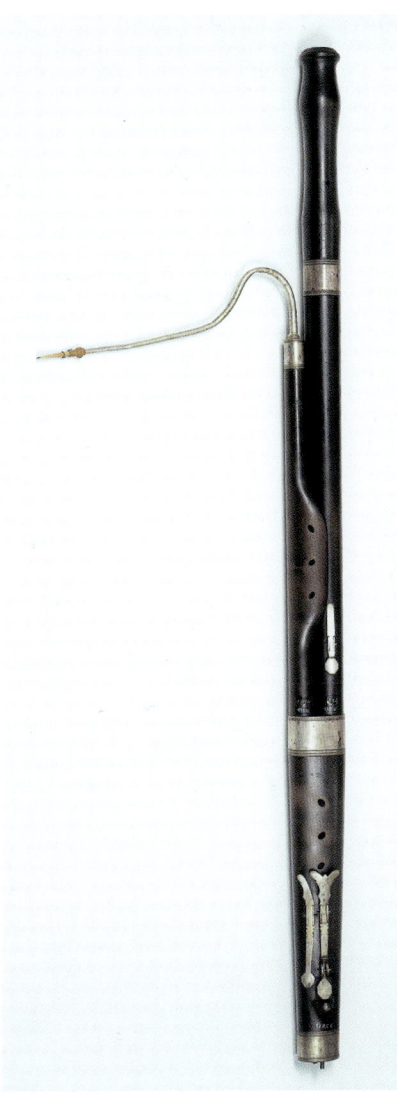

4.26

4.26 Virtuose Streicher und ein stark besetztes Bläserensemble prägten die süddeutschen Hoforchester des späteren 18. Jahrhunderts. Insbesondere viele Hornisten und Holzbläser kamen aus Böhmen.

Fagott
Friedrich Gabriel August Kirst; Potsdam, vermutlich zwischen 1772–1804; Ahorn, Messing, Gesamtlänge der Innenröhren ohne S-Bogen 216, Gesamthöhe 124,7, Ø Eintrittsöffnung 1,39; Ø Austrittsöffnung Schallstück 2,25; Narodní muzeum, České muzeum hudby, Praha (E 1785)
Lit.: Zimmermann 1940; Young 1982

Das Fagott ist ein Holzblasinstrument mit Mundstück aus einem Doppelrohrblatt. Einige Wissenschaftler führen es auf den Pommer zurück. Unmittelbarer Vorläufer des Fagotts in der ersten Hälfte des 17. Jahrhunderts ist der Dulzian. Seit Mitte des 17. Jahrhunderts hat das Fagott einen festen Platz in Orchestern und Bläserensembles. Eine Weiterentwicklung erfuhr das ursprünglich nur mit drei Klappen versehene Instrument durch französische Instrumentenbauer. Um 1800 weist das Fagott bereits sieben Klappen auf und 40 Jahre später sogar 17 Klappen. Im Jahr 1855 wurde es in Paris mit dem Böhm-System (vgl. Kat.-Nr. 4.25) ausgestattet. Trotz ständiger Verbesserungen gelang es bis ins 19. Jahrhundert nicht den Missklang einiger Töne, der so genannten kranken Töne, zu beseitigen. Dass dieser Mangel behoben wurde, ist vor allem ein Verdienst des deutschen Instrumentenbauers Johann Adam Heckel, der die Bohrung der Löcher erweiterte, die Zahl der offenen Klappen vermehrte, den Flügel verlängerte, das Unterstück (Stiefel) verkürzte, die Verbindung zwischen den Bassklappen gängiger machte und nicht zuletzt die Elastizität der Polster erhöhte, so wie er überhaupt die Klappenmechanik verbesserte.

Das Fagott gehört zu den in C gestimmten Instrumenten. Das hier gezeigte Stück besteht, wie üblich, aus fünf Teilen: Flügel (45,5), Stiefel (42,4), Bassröhre (51,4), Haube (= Stürze, Glocke, Schallstück, 33), S-Bogen mit Mundstück (36,5, nicht original). Das Fagott hat acht Grifflöcher und sechs Klappen, also mechanisch abgedeckte Tonlöcher. Auf allen hölzernen Teilen des Instruments finden sich Aufschrift und Signet des Herstellers. Gefertigt hat es Friedrich Gabriel August Kirst (1750–1806), ein deutscher Holzblasinstrumentenbauer. Seine Fagotte sind im frühen Stil seiner Lehrzeit gebaut, die er bei Carl August Grenser (1720–1807) in Dresden verbrachte. Nach der Lehre wechselte er nach Potsdam in die Werkstatt des Holzblasinstrumentenbauers Christian Friedrich Freyer. Über Freyer konnte Kirst gute Kontakte zum preußischen Hof knüpfen und erfreute sich insbesondere der Gunst des Königs. Nach Brauch der Zunft heiratete er nach dem Tod seines Meisters dessen Witwe. Kirst machte sich bald auch über die Grenzen der Potsdamer Residenz hinaus einen guten Namen. Man lobte seinen außerordentlichen Fleiß und bereits 1772 erhielt er das „Privilegium privatum", das ihn damit betraute, die gesamte preußische Armee mit Instrumenten zu beliefern. Beachtung verdienen seine Flöten, die sich in etlichen bedeutenden Musikaliensammlungen erhalten haben. Auch für seine Oboen, Klarinetten und Bassetthörner war Kirst berühmt. Seine Erzeugnisse sicherten ihm ein Leben in Wohlstand. Als er im Alter von 56 Jahren starb, wurde die Werkstatt von seinem nicht leiblichen Sohn Johann Gottlieb Freyer übernommen. *D. U./F. I.*

4.27 a

4.27 b

4.27 Böhmische Musiker waren auch in der Thurn- und Taxis'schen Hofkapelle in Regensburg vielfach vertreten. Aus deren Instrumentenbestand stammen diese beiden Hörner.

a) Naturhorn mit Mundstück
Adam Ferber, Wien 1748; Metall, 46 x 60, Ø Schalltrichter 24,5

b) Inventionshorn
Philipp Schöller, München 1782; Metall, 46 x 60, Ø Schalltrichter 28,5
Fürst Thurn und Taxis Kunstsammlungen, Regensburg (HM3 und HM5)
Lit.: Lipowsky 1811; Grünsteudel 2004; Meixner 2006, Musik und Theater; Meixner 2006, Harmoniemusik

Vor der Erfindung des Ventilhorns moderner Prägung waren die frühen Naturhörner meist nur in bestimmten Tonarten einsetzbar, da wegen der dafür notwendigen Zusatzrohre, die erst umständlich aufgesteckt werden mussten, rasch wechselnde harmonische Verläufe nur sehr bedingt realisiert werden konnten. Erst mit der Entwicklung der so genannten Inventionshörner, die eine einfachere Veränderung der Rohrlänge ermöglichte, war ein schnellerer Wechsel der Grundtonart durchführbar.

Die hier erstmals gezeigten Hörner stammen aus dem einst reichen Bestand der Thurn und Taxis'schen Hofkapelle in Regensburg. Wie bei anderen berühmten Hofkapellen des 18. Jahrhunderts kamen viele ihrer Mitglieder aus dem böhmischen Raum; dies gilt besonders für die Hornisten Johannes Türrschmidt, Joseph Fritsch, Wenzeslaus Kniezek und Anton Rudolf, die zusammen mit ihren bayerischen Kollegen Franz Xaver Zeh und Joseph Vogel (letzterer Lehrer des europaweit berühmten Brüderpaars Ignaz und Anton Böck aus Stadtamhof), zu den besten Vertretern ihres Fachs gezählt wurden. Die hohe Qualität dieser Musiker lässt sich indirekt an den vielen für sie geschriebenen Partien in Solokonzerten und Kammermusik-Werken ablesen, die wegen ihrer extremen Lagen ein Höchstmaß an spieltechnischen Fähigkeiten voraussetzen.

Mit Blick auf die vielen anderen hochrangigen Musiker und Opernsänger am Thurn und Taxis'schen Hof – wie etwa den Violinisten Franz Xaver Pokorny (Böhmen) und Joseph Touchemoulin (Burgund), den Oboenvirtuosen Giovanni Palestrini (Mailand), den Flötenvirtuosen Fiorante Agustinelli, den Cellisten Konrad Gretsch, dem Musiktheoretiker und Kapellmeister Joseph Riepel sowie den Sopranistinnen Maddalena Allegranti, Clementina Baglioni-Poggi und dem Ehepaar Ignaz Ludwig Fischer (Mozarts erster Osmin) und Barbara Strasser – wird verständlich, warum die Regensburger Hofkapelle zu den besten Ensembles der Zeit, neben den Orchestern etwa in Mannheim, Stuttgart oder Oettingen-Wallerstein, gezählt wurde. So berichtete der schwedische Hofkapellmeister Josef Martin Kraus von seinem Aufenthalt im März 1783 aus Regensburg an seine Eltern: „Was alle meine Erwartungen übertraf war, daß alle Tage meinetwegen bei Hofe Konzert angestellt ward, wo ich über die Vollkommenheit des Orchesters

I mezi členy dvorní kapely knížete Thurn-Taxise v Řezně byla řada českých hudebníků. Ze souboru jejich hudebních nástrojů pochází tyto dva lesní rohy.

a) Lesní roh s nátrubkem
Adam Ferber, Vídeň 1748; kov, 46 x 60, průměr ozvučníku 24,5

b) Invenční lesní roh
Philipp Schöller, Mnichov 1782; kov, 46 x 60, průměr ozvučníku 28,5

mich nicht genug verwundern konnte" (zitiert nach Meixner, Musik und Theater, S. 158).

Der Aufgabenbereich der Hofkapelle umfasste ein breites Spektrum, das vom Musizieren im höfischen Kreis, über Mitgestaltung von Gottesdiensten, regelmäßig stattfindenden Konzert-Akademien bis hin zur Umrahmung offizieller Anlässe im Kontext der Reichstagsgeschäfte des Fürsten als kaiserlicher Prinzipalkommissar reichte. Insbesondere durch den vom Fürsten auf höchstem Niveau unterhaltenen Opern- und Theaterbetrieb war die Stadt nicht nur an die aktuellen Entwicklungen des „internationalen" Opernlebens angeschlossen, sie war für einige Zeit auch ein wichtiger Knotenpunkt im europäischen Netzwerk der italienischen Oper. Somit entsprach die Hofhaltung in Regensburg exakt jenem Idealtypus, wie er sich mit französischer Hofsprache, italienischer Musik und böhmischen Musikern seit der Mitte des 18. Jahrhunderts in Deutschland etabliert hatte. Aus dieser Zeit hat sich in der fürstlichen Hofbibliothek die komplette Musikaliensammlung erhalten, die mit ihrem historischen Aufführungsmaterial zu zahllosen Sinfonien, Opern, Kammermusiken und Gelegenheitswerken zu den weltweit bedeutendsten Sammlungen von Musik des 18. Jahrhunderts zählt.

C. M.

V únoru roku 1742 byl kurfiřt Karel Albrecht korunován ve Frankfurtu nad Mohanem římským císařem (jako Karel VII.). Císařská koruna, zde vyobrazená, mu byla souzena na pouhé tři roky: již v lednu roku 1745 v Mnichově zemřel.

Návrh slavnostní dekorace – alegorická oslava císaře Karla VII.

Nikolaus Gottfried Stuber (1688–1749); asi Mnichov, 1742; kresba perem v hnědém tónu, šedě lavírovaná (R)

4.28 Im Februar 1742 wurde Kurfürst Karl Albrecht in Frankfurt am Main als Kaiser Karl VII. gekrönt. Er konnte die Kaiserkrone aber nur drei Jahre lang tragen: Bereits im Januar 1745 starb er in München.

Entwurf für eine Festdekoration – allegorische Verherrlichung Kaiser Karls VII.
Nikolaus Gottfried Stuber (1688–1749); wohl München, 1742; Zeichnung, braune Feder, grau laviert (R); Staatliche Graphische Sammlung München (30322)
Lit.: AK Die Kaisermacher 2006; AK Maria Theresia und ihre Zeit 1980; AK Wahl und Krönung 1986, Bd. 2, Nr. IV.22, S. 71; Kraus 1986, Bd. 1; Hartmann 1985; Press 1986, Bd. 1; Schmid 1990

Der bayerische Kurfürst Karl Albrecht wurde am 12. Februar 1742 in einer prächtigen Zeremonie in Frankfurt am Main zum Römischen Kaiser gekrönt. Damit hatte er den Jahrhunderte andauernden Konkurrenzkampf zwischen den Herrscherfamilien der Wittelsbacher und Habsburger scheinbar für sich entschieden. Ausgangspunkt war im Jahr 1740 der Tod des letzten Kaisers aus dem Haus Österreich, Karl VI., der ohne männliche Erben gestorben war. Er hatte als Nachfolgerin seine Tochter Maria Theresia vorgesehen und dies durch die von vielen europäischen Mächten akzeptierte so genannte „Pragmatische Sanktion" auch vertraglich bekräftigt. Doch der bayerische Wittelsbacher meldete nun, gestützt auf Eheverträge aus früheren Generationen (Vermählung Herzog Albrechts V. mit Anna, der ältesten Tochter Kaiser Ferdinands I., im Jahr 1546), seine Ansprüche auf das Erbe in Böhmen und den österreichischen Erblanden an. Zugleich betrieb er im Kurfürstenkolleg auch seine Wahl zum Kaiser.

Die Entscheidung musste militärisch fallen. Zunächst schien der Erfolg Karl Albrechts kaum aufzuhalten: Die Eroberung Oberösterreichs und Böhmens gelang vor allem dank französischer Subsidiengelder. Ende 1741 wurde Karl Albrecht provisorisch zum König von Böhmen gekrönt (vgl. Kat.-Nr. 430 ff.). Aber bereits der prunkvollen Kaiserkrönung im Februar 1742 folgte rasch der Gegenschlag: Schon zwei Tage später besetzten österreichische Truppen München. Karl Albrecht wurde zum Kaiser ohne Land. Bis 1745 zog sich das diplomatische und militärische Tauziehen zwischen Frankreich, Preußen und Österreich hin. Karl Albrecht starb am 20. Januar 1745 in München. Mit ihm endeten die Großmachtträume des Hauses Wittelsbach. In der Zukunft sollte der Dualismus zwischen Preußen und Österreich endgültig das politische Kräfteverhältnis im Reich bestimmen. *P. W.*

4.28

4.29 Diese Figur des bayerischen Kurfürsten wurde zur Werbung von Söldnern verwendet. Nur militärisch konnten die bayerischen Ansprüche auf das habsburgische Erbe und auf die Krone Böhmens durchgesetzt werden.

Werbefigur in Gestalt Kurfürst Karl Albrechts

um 1720–1740; Öl/Holz, 202 x 96; Bayerisches Armeemuseum Ingolstadt (A 2189)
Lit.: AK Wahl und Krönung 1986, Bd. 2, Kat.-Nr. II.30, S. 33; Hartmann 1985; Hlavačka 1997; Press 1986, Bd. 1; Rill 2006, S. 574–586; Tupetz 1879; Waldmünchen, S. 56–60

Kurfürst Karl Albrecht musste die Auseinandersetzung mit Maria Theresia im habsburgischen Erbfolgekrieg militärisch suchen. Dabei waren die Voraussetzungen gerade in den Entscheidungsjahren 1740/41 denkbar schlecht. Wegen hoher Staatsschulden war der Personalstand des Heeres drastisch reduziert worden. Bayern blieb auf finanzielle Unterstützung aus Frankreich angewiesen, um überhaupt genügend Truppen aufstellen zu können. Erst als der zweite große Konkurrent Maria Theresias, der junge preußische König Friedrich II., seinerseits handelte und seine Truppen in Schlesien einfielen, gab Frankreich die Finanzhilfe an Bayern frei. Neue Soldaten konnten geworben werden.

Am 11. September 1741 überschritten bayerische Truppen die Grenze nach Oberösterreich. Doch der von Karl Albrecht gewünschte direkte Marsch auf Wien wurde durch den Einspruch Frankreichs aufgehalten. Die französische Politik war nicht daran interessiert, die Macht Habsburgs vollständig zu brechen und sie durch einen allzu mächtigen Wittelsbacher zu ersetzen. So rückten französisch-bayerische Formationen ab Oktober stattdessen in Böhmen ein. In der Nacht vom 25. auf den 26. November gelang durch eine Kriegslist die handstreichartige Eroberung Prags. Um sieben Uhr morgens hörte Kurfürst Karl Albrecht bereits die Messe auf dem Weißen Berg – in Erinnerung an seinen Vorfahren Maximilian, der hier den bayerischen Sieg gegen den „Winterkönig" gefeiert hatte (vgl. Kat.-Nr. 4.42). Am selben Tag zog Karl Albrecht auf der Prager Burg ein.

Doch die anfänglichen militärischen Erfolge hielten nicht an. Nur Prag selbst blieb bis Dezember 1742 in französisch-bayerischer Hand. Österreichische Truppen aber besetzten das Kurfürstentum Bayern. Sie führten ein hartes Besatzungsregiment. Besonders die brutale Kriegführung durch österreichische Hilfstruppen wie die Panduren – noch heute eine schreckliche Erinnerung in Ost- und Südbayern – ließ die bayerische Bevölkerung die Großmachtträume ihres Kurfürsten entgelten. Das Kriegsglück blieb unbeständig. Im Herbst 1744 konnte der inzwischen als Karl VII. zum Kaiser gekrönte Wittelsbacher sogar wieder in München einziehen, wo er aber bereits am 20. Januar 1745 starb. Sein Sohn und Nachfolger Max III. Joseph schloss noch im selben Jahr den Frieden von Füssen und verzichtete auf Ansprüche in Österreich. So konnte er wenigstens das Kurfürstentum Bayern zurückerhalten. Die bayerische Herrschaft in Böhmen aber blieb Episode.

P. W.

Tato figura s rysy bavorského kurfiřta sloužila k verbování žoldnéřů. Bavorské nároky na habsburské dědictví a českou korunu mohly být prosazeny jen vojenskou silou.

Kurfiřt Karel Albrecht jako verbíř
kol. r. 1720–1740; olej/dřevo, 202 x 96

4.29

4.30 Ende Dezember 1741 lud Kurfürst Karl Albrecht die böhmischen Stände zur Huldigung auf die Prager Burg. Knapp die Hälfte von ihnen erkannte ihn als „Czeský Král" oder „König zu Böheim" an. Damit bestätigten sie den Königstitel, den das Haus Wittelsbach seit Jahrhunderten angestrebt hatte.

Zweisprachiges Einladungspatent für die Erbhuldigung Karl Albrechts als böhmischer König. Mit eigenhändiger Unterschrift

Prag, 8. Dezember 1741; Papier/Druck, Feder, 44,5 x 58,4; Bayerisches Hauptstaatsarchiv, München (Kasten schwarz 16360/2)
Lit.: Běhna/Kaše/Kučera 2001, bes. S. 20–25; Bosl 1974, Bd. 2, S. 415–426; Hassenpflug-Elzholz 1982; Hlavačka 1997; Šťavíková 2005; Tupetz 1879

„Z Božj Milosti My Karel Albrecht Czeský Král ..."/„Von Gottes Gnaden Wir Carl Albrecht König zu Böheim ..." – so lautete der neue Königstitel, dessen sich Karl Albrecht in dieser zweisprachigen Proklamation vom 8. Dezember 1741

Koncem prosince 1741 sezval kurfiřt Karel Albrecht české stavy na Pražský hrad, aby mu složily hold. Asi polovina z nich ho uznala „Czeským Králem" či „König zu Böheim". Tím potvrdili královský titul, o který rod Wittelsbachů po staletí usiloval.

Dvojjazyčný zvací patent ke složení holdu Karlu Albrechtovi jako českému králi. S vlastnoručním podpisem
Praha, 8. prosince 1741; papír/tisk, pero, 44,5 x 58,4

bediente. Er lud die böhmischen Ständevertreter für den 19. Dezember auf die Prager Burg zur Erbhuldigung. An jenem Tag begaben sich die Vertreter des Prälaten-, des Herren-, des Ritter- und des Bürgerstands zum Veitsdom. Der neue König erschien in einem reich „mit goldt gestückten Kleyd, an einem blauen band der Orden des Heil. Georgij mit denen schönsten Edelgesteinen" und einem „mit weissen Feedern gezierten Huth". Im Dom wurde ein feierliches Hochamt zelebriert, in das eine provisorische Krönung von „Karl III." (von Böhmen) integriert war – provisorisch deshalb, weil sich die meisten Krönungsinsignien, vor allem die Wenzelskrone, in Wien befanden. Nach der Messe fand im Wladislaw-Trakt der Prager Burg, genauer in der „Land Stuben", die eigentliche Huldigung statt. Die Eidesformel der Stände wurde erst in tschechischer, dann in deutscher Sprache geleistet. Dann wurden alle, vom Erzbischof bis zum Bürger, zum Handkuss zugelassen. Vom geistlichen Stand huldigten fast alle Prälaten. Entscheidend aber war der Adel. Die nur mit Böhmen verbundenen oder die speziell mit einem böhmischen Landesamt versehenen Adligen stellten sich überwiegend auf die Seite Karl Albrechts – ganz im Gegensatz zu denjenigen Adelsvertretern, die dem Haus Österreich stärker verpflichtet waren. Insgesamt erhielt Karl Albrecht an diesem und an zwei weiteren Terminen knapp die Hälfte der möglichen Huldigungen seitens des böhmischen Adels.

Auf dem Land, vor allem in Westböhmen, hatten viele Bauern gehofft, dass die neue Regierung die lastenden Frondienste aufheben würde – sie betrugen drei Tage Arbeit in der Woche für die Herrschaft, in der Erntezeit sogar sechs Tage. Die Hoffnung auf Karl Albrecht trog freilich – die von ihm eingesetzte böhmische Hofdeputation versuchte die Aufstände niederzuschlagen. Er selbst vermied eine eindeutige Äußerung. Trotzdem wurde damals eine tschechische „Bayernhymne" populär, die auch die Aufhebung der Robotdienste erwähnt und den Refrain trägt:

Praha má, Praha má	„Prag hat, Prag hat,
pana krále Bavora	einen bayerischen König und Herrn.
radujte se, všichni Češi,	Freut Euch, all ihr Böhmen/Tschechen,
Karel Sedmý vás potěší.	Karl VII. wird Euch erfreuen.
Praha má, Praha má	Prag hat, Prag hat,
pana krále Bavora.	einen bayerischen König und Herrn."

P. W.

4.31 VS

4.31 RS

4.31 Die Büste Kaiser Karls VII. steht hier vor der Ansicht der böhmischen Krönungsstadt. Gut erkennbar sind links die Prager Burg mit dem Veitsdom und rechts unten die Karlsbrücke über die Moldau.

Medaille auf die Kaiserwahl 1742 mit Blick auf Prag

Georg Wilhelm oder Alexander Vestner, Silber, 28,60 g, Ø 40 mm; Vs.: CAROLVS VII · D · G · ROM · IMP · SEMP · AVG · (Karl VII., von Gottes Gnaden Römischer Kaiser, allzeit Mehrer des Reiches); geharnischtes Brustbild mit der Vliesskette nach rechts, am Armabschnitt Signatur VESTNER · F(ecit) · ; Rs.: PROVIDENTIA NVMINIS (durch göttliche Vorsehung) oben, im Abschnitt unten ELECTVS ROM · IMP · / XXIV.IAN.MDCCXLII. (zum Römischen Kaiser gewählt am 24. Januar 1742); Büste des Kaisers auf einem mit dem Reichsadler verzierten Postament, darüber aus einer Wolke eine Hand mit Kaiserkrone, rechts Fama mit Posaune nach links, an der Posaune Fahne mit VIVAT / CAROL / VII (Hoch Karl VII.); neben dem Postament links gekrönter Schild mit fünffeldigem Wappen von Böhmen, Schlesien, Mähren und Lausitz sowie dem österreichischen Mittelschildchen, rechts Wappenschild mit Kurhut und dem vierfeldigen bayerischen Wappen mit Reichsapfel im Mittelschild, im Hintergrund Ansicht von Prag; Staatliche Münzsammlung München (o. Nr.)
Lit.: Beierlein 1901, Nr. 1879; Bernheimer 1984, S. II 197, Nr. 328 (dort fälschlich als Medaille auf die Krönung Karls VI. bezeichnet)

Die Medaille im Talergewicht – Medaillen waren keine Zahlungsmittel – bezieht sich auf die Wahl Karl Albrechts von Bayern zum römisch-deutschen Kaiser. Zugleich zeigt sie den Herrscher als König von Böhmen, zu dem er im Veitsdom der Prager Burg gekrönt worden war (Kat.-Nr. 4.30). Als Medaillenkünstler signiert der Nürnberger Vestner, wobei offen bleiben muss, ob Georg Wilhelm Vestner oder sein Sohn Andreas die Medaille geschaffen hat. G. S.

4.32 Medaillen haben zwei Seiten: Zunächst beraubt Kurfürst Karl Albrecht die Königin von Ungarn, Maria Theresia, ihrer Kleider, doch dann gewinnt die Kaiserin seine „bayerische Hose". Kaiser Karl VII. hat Bayern und Böhmen verloren.

Spottmedaille auf den anfangs glücklichen Erfolg der Waffen Karls VII. gegen Maria Theresia und den bald erfolgten Glückswechsel

1742; Silber, 18,23 g, Ø 39 mm; Vs.: ** DIE ENT BLOSTE KONIGIN VON UNGARN **; Maria Theresia steht nackt zwischen dem Kardinal Fleury links und Kaiser Karl VII. rechts, der ihr Gewand davonträgt. Am Kopf des Kaisers ein Band mit der Aufschrift J'AI GAGNE (Ich habe gewonnen), im Abschnitt Jahreszahl MDCCXLII; Rs.: DIE : KONIGIN : VON : UNGERN : ZIEHT : EIN : BEIJERSCHE : HOSE : AN; Maria Theresia mit Krone zieht eine Hose an, hinter ihr eine Kammerzofe, links Kaiser Karl VII. ohne Beinkleider, dem die Krone vom Kopf fällt, über der Kaiserin und der Zofe ein Band mit der Aufschrift VOVS AVEZ PERDV (Ihr habt verloren), im Abschnitt Jahreszahl MDCCXLII; Staatliche Münzsammlung München (o. Nr.)
Lit.: Beierlein 1901, Nr. 1905; von Schrötter 1930, S. 650f. (Kurt Regling)

Spottmedaillen gibt es erstmals im Jahr 1543. Es waren dies Medaillen, die sich auf die religiösen Kämpfe bezogen, mit dem Doppelkopf von Papst und Teufel auf der Vorderseite und Kardinal und Narr auf der Rückseite. Häufig werden diese Medaillen um die Wende des 17./18. Jahrhunderts: Themen waren der Streit um Pietismus, Antisemitismus, die Goldmacher und Hofjuden und etwa der Kampf Friedrichs II. mit Maria Theresia. Spottmedaillen begegnen auch in der Folge bis in heutige Zeit.

Pozadí busty císaře Karla VII. tvoří pohled na české korunovační město. Dobře rozpoznatelný je vlevo Pražský hrad se svatovítským chrámem a vpravo dole Karlův most přes Vltavu.

Medaile ke korunovaci císaře 1742 s pohledem na Prahu

Georg Wilhelm nebo Alexander Vestner; stříbro, 28,60 g, průměr 40 mm; líc: CAROLVS VII · D · G · ROM · IMP · SEMP · AVG · (Karel VII., z Boží milosti římský císař, vždy rozmnožitel říše); poprsí v brnění s řetězem Zlatého rouna zprava, na paži signatura VESTNER · F(ecit) · ; rub: PROVIDENTIA NVMINIS (skrze Boží prozřetelnost) nahoře, ve spodní části ELECTVS ROM · IMP · / XXIV·IAN·MDCCXLII· (římským císařem zvolen 24. ledna 1742); císařova busta na podstavci zdobeném říšským orlem, nad ním z oblaku ruka s císařskou korunou, vpravo Fáma s pozounem doleva, na pozounu prapor s nápisem VIVAT / CAROL / VII (Sláva Karlu VII.); vlevo vedle podstavce korunovaný štít, dělený do pěti polí se znaky Čech, Slezska, Moravy a obou Lužic a s rakouským středním štítkem, vpravo znakový štít s kurfiřtským kloboukem a čtvrceným bavorským znakem s říšským jablkem ve středním štítku, v pozadí pohled na Prahu

Každá mince (či medaile) má dvě strany: nejdříve oloupí kurfiřt Karel Albrecht o šaty uherskou královnu Marii Terezii, potom se však zmocní císařovna jeho „bavorských kalhot". Císař Karel VII. ztratil Bavorsko i Čechy.

Posměšná medaile na počáteční vojenský úspěch Karla VII. proti Marii Terezii a obrat štěstí, který brzy následoval

*1742; stříbro, 18,23 g, průměr 39 mm; líc: ** DIE ENT BLOSTE KONIGIN VON UNGARN ** [Obnažená uherská královna]; Marie Terezie stojí nahá mezi kardinálem Fleury vlevo a císařem Karlem VII. vpravo, který odnáší její šaty. Na císařově hlavě páska s nápisem J'AI GAGNE (Vyhrál jsem), letopočet MDCCXLII; rub: DIE : KONIGIN : VON : UNGERN : ZIEHT : EIN : BEIJERSCHE : HOSE : AN [Uherská královna si obléká bavorské kalhoty]; Marie Terezie s korunou si obléká kalhoty, za ní komorná, vlevo císař Karel VII. bez kalhot, z hlavy mu padá koruna, nad císařovnou a komornou páska s nápisem VOVS AVEZ PERDV (Prohráli jste), letopočet MDCCXLII*

4.32 VS

4.32 RS

Das hier gezeigte Exemplar bezieht sich auf die Auseinandersetzung zwischen Kurfürst Karl Albrecht mit der „Großherzogin von Toscana", wie das Königspatent Karl Albrechts die habsburgische Konkurrentin bezeichnete. Auf der Vorderseite erkennt man die nackt ausgezogene Herrscherin, ein Opfer der Franzosen (Kardinal Fleury, Leiter der französischen Politik) und des bayerischen Herrschers. Aber Medaillen haben zwei Seiten: Die Rückseite zeigt den Wechsel des Glücks. Kaiser Karl Albrecht fällt die mühsam errungene Krone vom Haupt; seine Beinkleider sind ihm bereits verloren gegangen, sodass man sein langes Untergewand erkennt. Genau in diese Hose wird nun Maria Theresia von ihrer Zofe gekleidet. Und wer dies nicht erkennt, dem macht die deutsche Inschrift schnell die Zusammenhänge klar: Es ist eine bayerische Hose, die hier der Bedeckung der Österreicherin dient.

G. S./P. W.

Expresívní socha zpodobňuje sv. Jana Nepomuckého klečícího v modlitební lavici. Pravděpodobně byla vytvořena pro jeden z kostelů na pražském Starém městě.

Sv. Jan Nepomucký

Praha, 2. čtvrtina 18. století; lipové dřevo s obnovenou původní polychromií, v. 125

4.33 Die ausdrucksstarke Figur zeigt den hl. Johannes von Nepomuk, in einer Betbank kniend. Vermutlich wurde sie für eine der Kirchen in der Prager Altstadt geschaffen.

Hl. Johannes von Nepomuk

Prag, zweites Viertel 18. Jahrhundert; Lindenholz, farbig gefasst, H. 125; Národní galerie v Praze (P 7443)

Lit.: Vokolková 1988; Kořán 1999, S. 88; AK Sláva barokní Čechie 2001, S. 48 f., Kat.-Nr. I/1.85 (Tomáš Hladík); AK Lumière et ténèbres 2002, S. 70, Kat.-Nr. 27 (Tomáš Hladík).

Die Statue stammt aus der Nischenkapelle des Hauses Kataster-Nr. 249 in der Liliengasse der Prager Altstadt, wohin sie frühestens um die Mitte des 19. Jahrhunderts gelangt war. Daher vermutete man ihre Herkunft in einer der nahe gelegenen Altstädter Kirchen. Die einst mehrteilige Komposition gehört offenbar zu einem in Böhmen weniger verbreiteten ikonografischen Darstellungstypus des jüngsten Landespatrons – dem so

4.33

genannten „Johannes von Nepomuk im Gebet". Dieser Typus zeigt den Heiligen meist barhäuptig in einem Pult bzw. einer Betbank kniend, mit der Heiligen Schrift, das Kruzifix adorierend und von zwei Engeln begleitet. Die Assistenzfiguren wurden bei dem hier gezeigten Beispiel in früheren Jahren abgesägt, das Kruzifix fiel einem Diebstahl zum Opfer.

Die engste kompositorische Parallele zu dem hier gezeigten Johannes von Nepomuk in seiner heutigen Form, bei der es sich höchstwahrscheinlich nur um einen Torso handelt, bietet die polychrome geschnitzte Statue des Psalmisten David aus dem berühmten Zyklus der Büßer, den Matthias Braun um 1720 für die Beichtstühle von St. Klemens in Prag geschaffen hat. Mit dieser so ausdrucksstarken Figur stimmt der Heilige des Beichtgeheimnisses nicht nur der Größe nach überein, sondern auch in dem expressiven, die Umrisslinien öffnenden Gestus. Ein Unterschied zeigt sich jedoch bereits in der sorgfältigen Bearbeitung des Oberflächenreliefs. Auffällig anders ist das weich modellierte Rochett, das eng am Körper anliegt und durch den stärkeren Faltenwurf an Lebendigkeit gewinnt. Auch der kleine Kopf auf schmalen Schultern gehört einem anderen Kanon an und unterscheidet sich deutlich von dem körperlichen Typus des Büßers in St. Klemens. Die ganz eigene Zartheit der physischen Erscheinung und die Eleganz der Bewegung verleihen der Gesamtkomposition des hl. Johannes einen verfeinerten Ausdruck. Gerade die dekorative Konzeption der Figur legt nahe, dass sie nicht direkt aus einer der zahlreichen Werkstätten im Umfeld Brauns stammt, wie Vokolková vermutet (1988), sondern im zweiten Viertel des 18. Jahrhunderts als ein Werk des Frührokoko aus einer der Prager Werkstätten hervorging, die freilich in ihren Arbeiten noch immer relativ stark von der führenden Künstlerpersönlichkeit der barocken Skulptur in Böhmen beeinflusst waren.   *T. H.*

4.34 Bereits Jahrzehnte vor der Heiligsprechung wurde auf der Prager Karlsbrücke eine Bronzestatue Johannes von Nepomuks aufgestellt. Die Reliefs am Sockel berichten von seinem Martyrium. Gegossen wurden Statue und Reliefs in Nürnberg.

Der Brückensturz des hl. Johannes von Nepomuk
Relief für den Sockel der Nepomuk-Statue auf der Prager Karlsbrücke; Modell: Johann Brokoff (1651–1718) (?), Guss: Hieronymus Herold, Nürnberg, 1683; Bronze, gegossen, 65,1 x 54,1;
Galerie hlavního města Prahy
Lit.: AK Johannes von Nepomuk 1993, S. 29, 188 f.; Volk 1993

Als private Stiftung des Barons Matthias von Wunschwitz (1632–1695) wurde am 31. August 1683 die Statue des zum damaligen Zeitpunkt weder heilig- noch seliggesprochenen Johannes von Nepomuk aufgestellt. Die Figur sollte zum Ausgangspunkt für das barocke Figurenensemble auf der Brücke werden. Das Tonmodell hierfür stammte vom kaiserlichen Bildhauer Matthias Rauchmiller aus Wien. Nach diesem Muster schnitzte Johann Brokoff eine Holzfigur als Gussmodell. Der Guss selbst erfolgte in Nürnberg durch den Stück- und Glockengießer Hieronymus Herold. Neben der Figur entstanden auch zwei Reliefs für den Sockel der Statue. Sie zeigen in Anspielung auf die Nepomuk-Legende die Beichte der Königin Sophie und den Sturz des gefolterten Kanonikers von der Brücke.

Beide Darstellungen drängen jeweils das eigentliche Thema in den Mittelgrund. So erkennt man auf der Brücke eine große Gruppe königlicher Gewappneter mit Spießen, aus deren Mitte Johannes von Nepomuk gerade kopfüber über die Brüstung geworfen wird. Dahinter erheben sich der Burgberg und die Häuser der Kleinseite. Im Vordergrund ist eine Frau in Rückenansicht zu sehen, die sich ihrem Kind zuwendet, das von einem Geharnischten mit dem Schwert bedroht wird. Möglicherweise spielt diese Szene auf den bethlehemitischen Kindermord an – in Analogie zur Grausamkeit König Wenzels, der damit als Herodes gekennzeichnet wird.   *P. W.*

Již několik desítek let před svatořečením byla na pražském Karlově mostě vztyčena bronzová socha Jana Nepomuckého. Reliéfy na podstavci zachycují jeho mučednickou smrt. Socha i reliéfy byly odlity v Norimberku.

Svržení sv. Jana Nepomuckého z mostu
Reliéf na podstavci sochy Jana Nepomuckého na Karlově mostě; model: Jan Brokoff (1651–1718) (?), odlitek: Hieronymus Herold, Norimberk, 1683; litá bronz, 65,1 x 54,1

Würzburský knížecí biskup Christoph Franz von Hutten nechal na Starém mostě přes Mohan postavit cyklus kamenných figur. Patří mezi ně rovněž socha sv. Jana Nepomuckého – a tvoří tak paralelu k pražskému Karlovu mostu.

Bozzetto sochy sv. Jana Nepomuckého na Starém mohanském mostě ve Würzburku

Johann Sebastian Becker (1694-1745) nebo Volkmar Becker; lipové dřevo, polychromie, v. 25

4.35

4.35 Der Würzburger Fürstbischof Christoph Franz von Hutten ließ auf der Alten Mainbrücke einen Zyklus von Steinfiguren errichten. Zu ihnen gehört auch eine Statue des hl. Johannes von Nepomuk – eine Parallele zur Karlsbrücke in Prag.

Bozzetto für die Nepomuk-Statue auf der Alten Mainbrücke in Würzburg

Johann Sebastian Becker (1694–1745) oder Volkmar Becker; Lindenholz, gefasst, H. 25; Mainfränkisches Museum Würzburg (H. 14359)
Lit.: AK Johannes von Nepomuk 1993, Kat.-Nr. 131, S. 207 f.; AK Johannes von Nepomuk 1971, Kat.-Nr. 2a, S. 139; Layer 1975; Volk 1993

Das Bild des „Brückenheiligen" wurde wesentlich von der Bronzestatue der Prager Karlsbrücke aus dem Jahr 1683 bestimmt. Es zeigt einen kurzbärtigen Kanoniker in Soutane, das Birett auf dem Haupt, das Kruzifix in der Hand. Während aber der Nepomuk auf der Karlsbrücke in sich gekehrt wirkt, erscheint die Figur, die auf der Würzburger Alten Mainbrücke realisiert wurde, wesentlich bewegter, eher missionarisch und dem Betrachter zugewandt. Dem Kreuz in der erhobenen rechten Hand – es ist bei dem hier gezeigten Bozzetto verloren – korrespondiert das von der Linken gegen die Hüfte gestützte, geöffnete Buch, das den Heiligen als Prediger und Lehrer ausweist. Die ausführenden Gebrüder Becker aus Haßfurt verwendeten hierfür einen Entwurf des Würzburger Hofmalers Anton Clemens Lünenschloß (1678–1763).

Der Würzburger Fürstbischof Christoph Franz von Hutten (1724–1729) gehörte früh zu den Förderern des Kults um Johannes von Nepomuk. Allerdings wurde die Figur des Brückenheiligen erst nach dem Tod des Fürstbischofs aufgestellt. Am 19. Oktober 1729 fand diese Zeremonie bereits unter dem Nachfolger Fürstbischof Friedrich Karl von Schönborn (1729–1746) statt. Dieser änderte zwar insgesamt das Bildprogramm seines Vorgängers, beließ aber die Figur Johannes von Nepomuks.

Die noch im Jahr der Heiligsprechung 1729 erfolgte Aufstellung in Würzburg zeigt, dass die Nepomuk-Verehrung nicht nur im Kurfürstentum Bayern, sondern auch in den benachbarten Bistümern sehr früh einsetzte. Neben Würzburg ist besonders das Bistum Augsburg zu nennen. Hier war bereits 1725 die Neuausgabe der „Vita B. Joannis Nepomuceni Martyris" des böhmischen Jesuiten Bohuslav Balbín im Auftrag des Verlegers und kaiserlichen Hofkupferstechers Johann Andreas Pfeffel mit 33 Kupferstichen gedruckt erschienen. Fürstbischof Alexander Sigismund von Pfalz-Neuburg, ein Wittelsbacher, ließ im August 1729 die Augsburger Kathedralkirche mit Abbildungen des Heiligen ausschmücken und eine Fest- und Jubelwoche abhalten. In einer Festpredigt wurde auf des Heiligen nassen Tod in der Moldau und seine Wegweisung in den Himmel Bezug genommen: „... JOANNES zweymahl in dem Wasser getaufft / Da er in der Moldau ersaufft / Den graden Weeg in d'Himmel laufft."　　　　　　*P. W.*

Při otevření hrobu Jana Nepomuckého byl údajně nalezen jeho neporušený jazyk. Tento zázrak byl jedním z důvodů ke svatořečení a v celé Evropě vedl k uctívání kopií této relikvie.

Pacifikál s jazykem a relikvií sv. Jana Nepomuckého

Praha (?), 1739; stříbro, mosaz zlacená, měď tepaná, puncovaná, rytá; jazyk z vosku, perly, polodrahokamy; nápis na zadní straně jazyka: S. IONNIS NEPOMECEN DE CERA ET SACRA TERA FORMATA LI[N]GVA

4.36 Bei der Öffnung des Grabes des Johannes von Nepomuk glaubte man seine unverweste Zunge gefunden zu haben. Dieses für die Heiligsprechung wichtige Wunder führte in ganz Europa zur Verehrung von Nachbildungen dieser Reliquie.

Pax-Tafel mit Nepomuk-Zunge und Nepomuk-Reliquie

Prag (?), 1739; Silber, Messing vergoldet, Kupfer getrieben, punziert und graviert; Nepomuk-Zunge aus Wachs, Perlen, Halbedelsteine; beschriftet auf der Rückseite der Wachszunge: S. IOANNIS NEPOMECEN DE CERA ET SACRA TERA FORMATA LI[N]GVA; Domschatzmuseum Regensburg (D 1974/84)
Lit.: Hubel 1976, Nr. 84, X. 197 f.; Kallert 2003; Layer 1975; Polc 1993; Vašica 1995 (1938), S. 227–231; Vlček 1995, S. 260–297; Waldstein-Wartenberg 1993

Johannes von Nepomuk wurde im Jahr 1721 seliggesprochen. Für die Heiligsprechung war der Nachweis von Wundern kanonisch notwendig, wozu auch das „Zungenwunder" zählte. Bei der Öffnung des Grabes und der Exhumierung des Leichnams im Jahr 1719 hatte man, wie man glaubte, die unverweste Zunge im Leichnam des Heiligen gefunden. Als die zuständige Kommission später die Reliquie nochmals entnahm, schwoll sie binnen kurzem an und erreichte die Form einer relativ frisch erhaltenen menschlichen Zunge. Dieses Wunder deutete man als Zeichen für die Wahrung des Beichtgeheimnisses durch Johannes von Nepomuk. Bald nach der Kanonisierung wurden überall wächserne Nachbildungen der Zunge angeboten. Die Zungenverehrung lässt sich auch in mehreren Orten Bayerns nachweisen. Sie sollte unter anderem gegen das verbreitete Fluchen, aber auch gegen die Maul- und Klauenseuche des Viehs helfen.

Die hier gezeigte Pax-Tafel, die bereits zehn Jahre nach der Kanonisierung Nepomuks in Prag entstand, enthält hinter Glas eine in Wachs gegossene, naturalistisch gefärbte Nepomuk-Zunge. Darüber erkennt man, in einem Strahlenkranz eingefasst und ebenfalls hinter Glas, ein kleines Stück Knochen, das eine tatsächliche Nepomuk-Reliquie enthält. Eine im Regensburger Bischöflichen Zentralarchiv erhaltene Authentik des damaligen Prager Generalvikars bestätigt die Echtheit der Reliquie.

Für tschechische Gläubige besaß die Verehrung der Nepomuk-Zunge noch eine wichtige Nebenbedeutung: Zunge heißt auf tschechisch „jazyk", was zugleich „Sprache" bedeutet. Schon die barocke Predigtliteratur vollzog diese Übertragung. So verband 1729 der Geistliche Ondřej František de Waldt das Zungenwunder und die Verehrung des Heiligen mit einem Lobpreis des Tschechischen als von Gott besonders bevorzugter Sprache. Deren Unterdrückung verstoße gegen göttlichen Willen. Damit verstand man Johannes von Nepomuk nicht nur als Bewahrer des Beichtgeheimnisses, sondern auch als Bewahrer des Tschechischen. Viel später, im Jahr 1972, bei einer Neuuntersuchung der Reliquie in kommunistischer Zeit, stellte man fest, dass es sich bei dem im Schädel gefunden Fleischstück keineswegs um eine Zunge, sondern um zusammengeschrumpfte Hirnsubstanz handelte. Aber auch das wurde mit einigem Witz im Sinn eines der Staatsgewalt Widerstand leistenden Heiligen gedeutet: Hätte man in früheren Zeiten die tschechische Zunge und Sprache bewahren müssen, so ginge es nun, zu Zeiten der „Normalisierung" nach 1968, eben darum, nicht den Verstand zu verlieren. Und der damalige Prager Erzbischof František Kardinal Tomašek meinte dazu, dass schließlich das Hirn die Zunge steuere und daher die Reliquie in ihrem Wert noch erhöht werde. *P. W.*

4.36

4.37 In der Münchner Frauenkirche wurde 1729 Johannes von Nepomuk zum Patron des Landes Bayern erklärt – auf ausdrücklichen Wunsch von Kurfürst Karl Albrecht. Der Kelch zeigt die bayerischen Landespatrone.

Kelch mit Darstellung der Muttergottes sowie der Heiligen Benno und Johannes von Nepomuk

Franz Xaver Leismiller (1735–1810); München, 1775; Silber, vergoldet, Gold, Almandine, Amethyste, Granaten, Topase, Perlen, H. 30; Metropolitankirchenstiftung zu Unserer Lieben Frau, München

Lit.: AK Johannes von Nepomuk 1993, Kat.-Nr. 152, S. 228 f.; AK Johannes von Nepomuk 1971, Kat.-Nr. 119, S. 178; Pörnbacher 1993

Bei diesem reich ornamentierten und mit Edelsteinen und Perlen besetzten Kelch handelt es sich um eine Stiftung des Karl Anton Ignaz Alois Edlen von Vacchiery auf Castelnuovo, der seit 1730 dem Kollegiatstift Unserer Lieben Frau angehörte. Auf dem Fuß sind drei Bildfelder angebracht, die Reliefs des hl. Johannes von Nepomuk (mit Sternenkranz), des hl. Benno als Patron der Haupt- und Residenzstadt München sowie des hl. Karl Borromäus zeigen. Auf der Kuppa erkennt

V mnichovském kostele Panny Marie (Frauenkirche) byl Jan Nepomucký roku 1729 prohlášen patronem Bavorska – na výslovné přání kurfiřta Karla Albrechta. Kalich nese vyobrazení bavorských zemských patronů.

Kalich s vyobrazením Matky Boží a světců Benna a Jana Nepomuckého

Franz Xaver Leismiller (1735–1810); Mnichov, 1775; zlacené stříbro, zlato, almandiny, ametysty, granáty, topazy, perly, v. 30

man ganzfigurige Darstellungen des Schutzengels, des hl. Michael und der Muttergottes. Das Wappen des Stifters schmückt den Nodus des Schafts. Der Kelch gehörte zum Altar der Frauenkirche, dem ersten Schwerpunkt der Verehrung des Johannes von Nepomuk in Bayern.

Unmittelbar nach den Feierlichkeiten zur Heiligsprechung in Prag am 19. März 1729 wurde Johannes von Nepomuk während einer Festwoche im Juni im Münchner Liebfrauendom neben der Gottesmutter (seit 1616) und dem hl. Benno (seit 1580) zum bayerischen Landespatron proklamiert. Dies geschah auf unmittelbaren Wunsch des Kurfürsten Karl Albrecht, in dessen Erlass vom 27. Mai 1729 es heißt: „Carl Albrecht etc. Demnach Wür ... gnädigst resolviert, das der ... Martürer- und Bluethzeige ... Johannes Nepomuc ... auch in Specie für Unnseren LandtsPatron ercläret: unnd veneriert werde."

4·37

Es gab gute Argumente, die für eine solche Adaptation sprachen. So existierte bereits seit dem Jahr der Seligsprechung 1721 eine Johann-Nepomuk-Bruderschaft in München. In der Würdigungsschrift zur Festoktav wird auf die wittelsbachische Herkunft der böhmischen Königin und damit des Beichtkindes des Heiligen hingewiesen. Allerdings sah man damals noch Johanna von Straubing-Holland als Verbindungsglied an. Sie starb 1386; danach heiratete Wenzel IV. die bayerische Prinzessin Sophie. Dieser Bezug allein erscheint aber etwas weit hergeholt – wenn man nicht noch an weitere bayerisch-böhmische Aspirationen denkt. Nicht unwahrscheinlich ist es, dass Kurfürst Karl Albrecht ganz konkrete politische Ziele bei der so stark geförderten Einführung des Nepomuk-Kults im Auge hatte. Schließlich wusste er auch schon im Jahr 1729, dass der Weg zu höheren Würden im Reich über die böhmische Königskrone führen könnte – sollte er das habsburgische Erbe des söhnelosen Kaisers Karl VI. antreten (vgl. Kat.-Nr. 4.28 ff.). Und ein gemeinsamer Landespatron konnte durchaus Sympathien für den Wittelsbacher in Böhmen gewinnen. Zudem wurden als Begründung für seine Ansprüche auf die böhmische Krone nach dem Jahr 1740 (allerdings spätere) Eheverbindungen zwischen den Herrscherfamilien angegeben.

So erwuchs in München ein Zentrum der Nepomuk-Verehrung, nicht nur am Nepomuk-Altar der Frauenkirche. Die Brüder Asam errichteten in der bayerischen Residenzstadt die Nepomuk-Kirche und vor dem Jesuitenkolleg entstand der Nepomuk-Brunnen (vgl. Kat.-Nr. 4.38). Auch auf dem Land verbreitete sich die Verehrung rasch. Dominikus Zimmermann war Mitglied der Johann-Nepomuk-Bruderschaft in Landsberg und nahm den böhmischen Heiligen in das Votivbild der Wieskirche auf. Überhaupt verehrten viele bayerische Künstler den Heiligen und benannten ihre Kinder nach ihm. Zahlreiche Darstellungen Nepomuks hat etwa Ignaz Günther geschaffen. Daneben entstanden unzählige Werke der Volkskunst, die dem bald auch in Bayern überaus populären Heiligen gewidmet waren. Und im Landshuter Jesuitengymnasium wurde im September 1729 ein Stück aufgeführt, das Nepomuk als getreuen „Beschützer deß Bayerischen Namens und Unschuld" feiert.

P. W.

4.38 Johann Baptist Straub schuf 1751 vor dem Münchner Jesuitenkolleg einen Nepomuk-Brunnen. Ein böhmischer Bildhauer, vielleicht unterwegs auf der Walz, schnitzte die Figurengruppe als Kleinplastik nach.

Hl. Johannes von Nepomuk, getragen von der Moldau

I. Berger, München (?), 1758; Laubholz, monochrom, H. 20; Národní galerie v Praze (P 4504)
Lit.: Volk 1986; AK Johannes von Nepomuk 1993, S. 212 f., Kat.-Nr. 137 (Peter Volk)

Johann Baptist Straub vytvořil roku 1751 před mnichovskou jezuitskou kolejí kašnu sv. Jana Nepomuckého se sochami z dubového dřeva. Český sochař, možná tou dobou na tovaryšském vandru, vyřezal tuto skupinu postav jako drobnou plastiku.

Sv. Jan Nepomucký nesený alegorií Vltavy
Mnichov (?), 1758; listnaté dřevo, monochromie, v. 20

4.38

Die unten an der Plinthe mit „I. Berger (Zien)" 1758 signierte, datierte Figurengruppe, erstmals publiziert von Peter Volk (1993), ist eine Arbeit des sonst unbekannten Bildhauers I. Berger, der laut Signatur an einem Ort namens „Zien" tätig war. Das Werk entspricht in allem der bekannten Figurengruppe von Johann Baptist Straub, die 1751 den einst vor dem Jesuitenkolleg in München befindlichen Brunnen zierte. Die hier gezeigte Schnitzarbeit entstand vermutlich zu Studienzwecken, möglicherweise auf der Walz bei einem Aufenthalt in München (P. Volk). Die Arbeit ist entweder eine Kopie nach dem Brunnen selbst oder nach einem Modell von Straub. Gegenüber einer nicht ausgeführten Variante, die in einem hölzernen Miniaturbozzetto überliefert ist (Städtische Kunstsammlungen Augsburg), kommt es hier in der Gesamtkomposition zu einer auffälligen Veränderung, die dem Zweck des bildhauerischen Werks, nämlich eine Dominante für den Platz zu bilden,

besser gerecht wird. Genau wie in der realisierten Ausführung wachsen die beiden Figuren aus einer kleineren Grundfläche empor und ragen steiler auf. Dargestellt ist der jüngste der bayerischen Landespatrone mit geöffneten, aufblickenden Augen, also nicht als verstorbener Märtyrer, dessen klar herausgearbeitete Gestalt, vom Flussgott der Moldau in die Höhe getragen, den Gesamteindruck nun ganz dominiert.

T. H.

4.39 Der Brückensturz des hl. Johannes von Nepomuk und der Verweis auf seine Verschwiegenheit beim Beichtgeheimnis gehörten zu den besonders populären Bildthemen des 18. Jahrhunderts.

Bruderschaftsschild mit Bildnis des Johannes von Nepomuk

1768 (?), Öl/Eisen, Messing, 70 x 41; Königlich privilegierte Feuerschützengesellschaft Markt Schwaben
Lit.: Hlaváček 1993; Waldstein-Wartenberg 1993

Der um 1350 im westböhmischen Pomuk/Nepomuk geborene spätere Märtyrer Johannes wurde nach dem Studium der Rechte 1389 zum Generalvikar der Erz-

Svržení sv. Jana Nepomuckého z mostu a odkaz na mlčenlivost zpovědníka: to byla dvě obzvlášť populární obrazová témata osmnáctého století.

Štít bratrstva s podobiznou sv. Jana Nepomuckého
1768 (?); olej/železo, mosaz, 70 x 41

4.39 VS   4.39 RS

diözese Prag ernannt. In dieser Position geriet er in politische Auseinanderset-
zungen zwischen seinem Erzbischof Johannes von Jenstein und König Wenzel IV.
Während der König des Erzbischofs nicht habhaft werden konnte, ließ er dessen
Generalvikar verhaften und am 20. März 1393 foltern. Dabei ist unbekannt, was
eigentlich durch die Folter erpresst werden sollte. Jedenfalls waren die Verletzungen des Johannes von Nepomuk tödlich. So wurde der Körper des Toten oder
Sterbenden am Abend dieses Tages bei der Karlsbrücke in die Moldau geworfen.
Ob es tatsächlich Verbindungen zu Königin Sophie, Wenzels zweiter Gemahlin,
gab, ist unklar. In dem Beschwerdebrief des Prager Erzbischofs Johannes von Jenstein an den Papst wird zwar das elende Ende des Johannes dargestellt, aber noch
nichts in Sachen „Beichtgeheimnis" mitgeteilt. Dessen Bewahrung auf der Folter
gehörte aber schon im 15. Jahrhundert als wesentlicher Bestandteil zur Legende.
    Die Popularität des hl. Johannes von Nepomuk und die weite Verbreitung
seiner Ikonografie zeigt auch die Darstellung auf dem Bruderschaftsschild der
„Lobliche[n] Schitzen Compagni" von Markt Schwaben aus dem Jahr 1768. In
rokokohaft bewegter Form sind klassische Darstellungen des Heiligen aufgenommen. Auf der Vorderseite erscheint der jugendlich wirkende Märtyrer als Wahrer
des Beichtgeheimnisses. Er trägt in zeigender Geste das Abbild der Zunge in der
Rechten (vgl. Kat.-Nr. 4.36), ein Putto weist mit seinem Zeigefinger auf den geschlossenen Mund und ein anderer trägt den Lorbeerkranz über dem Haupt des
Heiligen. Die Rückseite des Schildes zeigt recht statuarisch die Szene des Brü-
ckensturzes. Gewappnete stehen auf einem steinernen Brückenbauwerk, während
der Heilige bereits in der Moldau auf dem Rücken treibt. Seine Hände sind gefal-
tet und das Haupt umspielen die charakteristischen fünf Sterne. Dass Johannes
von Nepomuk als einzige Heiligenfigur (neben der Muttergottes) mit einem Sternenkranz statt des Heiligenscheins dargestellt wird, hat mehrere Erklärungen gefunden. Zum einen war es die relativ späte Kanonisierung 1729, als die Verehrung
gerade des Brückenpatrons schon viele Jahrzehnte währte – so hatte man einen
gleichsam nicht offiziellen Ersatz für den Heiligenschein gewählt. Zum anderen
griff man damit das poetische Bild der Sterne auf, die sich in der Moldau spiegel-
ten und so in den Wellen das Haupt des Ertränkten umspielten.   *P. W.*

4.40 Nach der Legende war Johannes von Nepomuk Beichtvater der aus Bayern stammenden Gemahlin des böhmischen Königs Wenzel IV. In dieser Klosterarbeit der Rokokozeit erhält die entscheidende Beichtszene eine eher heitere, fast galante Note.

Die Beichte der Königin

1760–1780; Schaukasten, bemalt, farbig bemalte Wachsfiguren, 27,5 x 35 x 17,5; Benediktinerinnenabtei St. Walburg, Eichstätt

Lit.: AK Johannes von Nepomuk 1971, Kat.-Nr. 190, S. 191; Lexikon der christlichen Ikonographie 1974, Bd. 7, S. 153–157 (Johanna von Herzogenberg); Waldstein-Wartenberg 1993; Schiedermeier 1998; Volk 1993

Neben dem Brückensturz zählt die Beichte der Königin zu den frühesten ikonografischen Traditionen im Umfeld des hl. Johannes von Nepomuk. Schon die erste erhaltene plastische Darstellung auf einem Türflügel der Prager Veitskathedrale zeigt den Beichtiger. Dabei erscheint eine eigentümliche Verbindung zweier für die böhmische Geschichte wesentlicher Figuren zu bestehen: Im Jahr 1520 behauptete der bayerische Geschichtsschreiber Johannes Turmair (Aventin), dass nicht nur Johannes von Nepomuk, sondern auch Jan Hus Beichtvater der aus Bayern stammenden Königin Sophie gewesen sein soll. Allerdings glaubte man im 18. Jahrhundert wegen einer Verwechslung von Jahreszahlen, dass nicht Königin Sophie, sondern ihre Vorgängerin Johanna von Straubing-Holland bei Johannes gebeichtet habe. Historisch gesichert ist, dass Hus und Johannes von Nepomuk teilweise als Zeitgenossen in Prag lebten – und damit zugleich die späteren Symbolfiguren der böhmischen utraquistischen Reformation und der Gegenreformation an einem Ort waren.

Während die früheren Darstellungen Johannes von Nepomuk als gereiften und in sich gekehrten Kanoniker zeigten, näherte im bayerischen Raum der Bildhauer Ignaz Günther den Heiligen als ideal-schönen jungen Mann an Christusdarstellungen an. Eine vergleichbare Sichtweise wird auch in der wohl zwischen 1760 und 1780 zu datierenden Beichtszene in einem Schaukasten aufgegriffen, der sich in der Benediktinerinnenabtei St. Walburg in Eichstätt erhalten hat. Dem Bühnenraum des Schaukastens fehlt wohl die ursprüngliche Rahmung; auch die Verglasung ist neueren Datums. Die hohe künstlerische Qualität der Figuren könnte auf ein hochrangiges Geschenk deuten. Vermutlich handelt es sich um eine – sehr avancierte – Klosterarbeit, also einen liebevoll gestalteten Gegenstand vorwiegend heiterer Andacht. Nicht ohne Grund wurden derartige Stücke im 18. Jahrhundert als „Schöne Arbeiten" bezeichnet.

Diese Charakterisierung trifft hier sicher zu: Die durch eine Krone gekennzeichnete Königin beichtet mit gefalteten Händen an einem offenen Beichtstuhl sitzend, wobei das Sprechgitter zwischen dem Beichtiger und der Königin so weit zurücksteht, dass beide sich direkt ansehen können. Johannes von Nepomuk, der sein Birett in Händen trägt, biegt sich scheu etwas zurück; sein fließendes Gewand und sein jugendliches Gesicht verraten aber seine Bewegung. Die aufeinander bezogenen Figuren, besonders der kokett vorgestreckte rote Schuh der Königin und die gegenläufig-unentschiedenen Bewegungen des Beichtigers lassen fast eher an eine rokokohafte Schäferszene als an ein Beichtgespräch denken. Angesichts der Rolle, die der Heilige als „Patron des guten Rufs" spielen sollte, entbehrt diese Darstellung nicht einer gewissen heiteren Pikanterie. *P. W.*

Podle legendy byl Jan Nepomucký zpovědníkem manželky českého krále Václava IV., která pocházela z Bavorska. V této klášterní práci z období rokoka dostává rozhodující scéna zpovědi radostný, téměř galantní nádech.

Královnina zpověď

1760–1780; skříňka s barevně pomalovanými voskovými figurkami, 27,5 x 35 x 17,5

4.40

4.41

Tato barokní kniha modliteb podává zprávu o poutních místech v Bavorsku a v Čechách. Je věnována Matce Boží Marii jako patronce obou zemí, opěvované v trojjazyčné latinsko-německo-české mariánské písni.

„Zeittiger Granat-apfel / Der allscheinbaristen Wunderzierden / In denen / Wunderthätigen Bildsaulen Unser L. Frawen / der allerheiligisten Jundfrawlichen Mutter Gottes / MARIA / Bey zweyen hoch-ansehentlichen Völckern der Bayrn und Böhamen..."

Fortunatus Hueber; Mnichov: Lukas Straub, 1671; papír/tisk, mědiryty, 16,3 x 10,5

4.41 Ein barockes Andachtsbuch berichtet von Wallfahrtsorten in Bayern und Böhmen. Es ist der Gottesmutter Maria als Schutzherrin beider Länder gewidmet. Sie wird auch in einem latein-deutsch-tschechischen Marienlied besungen.

„Zeittiger Granat-apfel/Der allscheinbaristen Wunderzierden / In denen / Wunderthätigen Bildsaulen Unser L. Frawen / der allerheiligisten Jundfrawlichen Mutter Gottes / MARIA / Bey zweyen hoch-ansehentlichen Völckern der Bayrn und Böhamen ..."
Fortunatus Hueber; München: Lukas Straub, 1671; Papier/Druck, Kupferstiche, 16,3 x 10,5; Staatliche Bibliothek Regensburg (Bav. 1178)
Lit.: AK Wallfahrt kennt keine Grenzen 1984, Nr. 253; Utz 1989

Im Jahr 1657 hatten die Franziskaner die Wallfahrtsseelsorge in Neukirchen beim Heiligen Blut übernommen. Einige Jahre später brachte der Franziskanerpater Fortunatus Hueber sein Werk über bayerische und böhmische marianische Gnadenorte heraus, in welchem Neukirchen beim Hl. Blut im Zentrum steht. Der Buchtitel des dem Bischof von Regensburg und Freising, Albert Sigmund, gewidmeten Werks ist eine typisch barocke Allegorie: Der reife („zeittige") Granatapfel als „Frucht der Göttlichen Süssigkeit ... inwendig aber voll deß safftigisten Kerns/der schönen Wunder / deß tugentreichisten Inhalts" (fol. III[r/v]). Auf dem Titelkupfer bringen der bayerische und der böhmischen Löwe ihre jeweiligen Länder der Gottesmutter dar.

Mit Beifall bedenkt der Autor die Gegenreformation in Böhmen: „Wahr ist es / daß in dem Königreich Böham biß auff dreyhundert Jahr das unzerstörrliche Nest / aller abtrinnigen / ungehorsamben / unruhigen Rebellanten unnd auffrührischen Ertzketzer sich habe verwicklet unnd eingeflochten ... Aber nach dem auß disem Reich die höllische Finsternussen verjagt oder außgetilget / und den unruhigen auffrührischen Häuptern das Knick ist gebrochen worden / hat sich die gantze Nation in die Mütterliche Schoß der Catholischen Kirchen versamblet ..." (S. 24).

Die Zielgruppe des Buchs sind anscheinend deutsche und tschechische Wallfahrer. Schließlich enthält das größtenteils deutschsprachige Werk auch tschechische Passagen, etwa in einem dreisprachigen Marienlied (lateinisch, deutsch, tschechisch):

(1) O MARIA, Mater pia!	(16) Pod krzydla twa se schowawa
Jasny blesk dem Vatterland!	Boja & Bohemia:
Deine Gnaden reich beladen	Sie verwalte und erhalte
Wssemu Swetu seynd bekandt...	Utriusque Domina.

In Randglossen sind die tschechischen Worte ins Deutsche gebracht. Hier eine komplett deutsche Version mit Einfügung der deutschen Randglossen:

(1) O Maria, fromme Mutter,	(16) Under deinen Schutz sich leinen [lehnen]
Heilsames Licht dem Vaterland!	Bayern und Böhmen
Deine Gnaden reich beladen	Sie verwalte und erhalte
Allem Weltvolck seynd bekandt!...	Aller beider Herrin.

Eine modernisierte tschechische Version, eigens für die Bayerische Landesausstellung 2007 übersetzt von Jan Mareš, lautet:

(1) Ó Maria, máti zbožná,	*(16) Pod křídla Tvá se schovává*
jasný blesk jsi otčiny!	*bavorská i česká zem.*
V přehojnosti své milosti	*Obě vždy znova kéž zachová*
všemu světu smyj viny!	*vláda Tvá pro dobro všem.*

P. W.

4.42 Die Errichtung der Gnadenstätte zur Schlacht am Weißen Berg war ein Gemeinschaftswerk von Künstlern, die sich Bayern eng verbunden fühlten. Wie in einer Prozession kann man hier europäische Marienwallfahrtsorte abschreiten – davon viele aus Böhmen und Bayern.

Die Wallfahrtsanlage auf dem Weißen Berg in Prag (1704–1729)

Medienstation; Fotografien: Philipp Mansmann, München; Konzeption: Christine Riedl-Valder, Beratzhausen
Lit.: von Herzogenberg 1971; Preiss 1986; Hamacher 1986; Riedl 1991, bes. S. 136 f., 162,167 ff., 254, 264 ff.; Royt 1996

Die Ortsbezeichnung „Weißer Berg" verweist auf das Gestein dieser vor den Toren Prags gelegenen Bergkuppe. Hier befindet sich die Gnadenstätte „Unsere Liebe Frau Maria vom Siege auf dem Weißen Berg" („Kostel Panny Marie na Bílé Hoře"). Die repräsentative Anlage verdankt ihre Entstehung der für das politische Schicksal Böhmens entscheidenden Schlacht am 8. November 1620 am Weißen Berg. Sie stellt ein Gemeinschaftswerk von adligen und bürgerlichen Stiftern, Künstlern und Handwerkern dar, die das Andenken an den Sieg der Katholiken über die Protestanten wach halten wollten. Ihr Bildprogramm präsentiert den Gläubigen die Länder der Wenzelskrone als „terra catholica" und vermittelt als einzige böhmische Wallfahrt eine internationale „marianische Geografie" anhand von zahlreichen Darstellungen ausländischer Marienwallfahrtsstätten.

Der Legende nach verdankte das katholisch-kaiserliche Heer seinen Sieg über die protestantischen Stände von Böhmen und Mähren dem Beistand der Gottesmutter Maria. So soll der spanische Karmelitergeneral Dominicus á Jesu Maria, Beichtvater des Kurfürsten Maximilian von Bayern, das siegreiche katholische Heer mit einem Bildnis der Geburt Christi gesegnet haben. Danach erhielt das Gemälde den Namen „Maria de Victoria". Auf dem Weißen Berg wurde eine kleine Gedächtniskapelle erbaut, zu der man ab 1624 am Jahrestag der Schlacht vom St. Veitsdom aus eine Prozession veranstaltete.

Der endgültige Ausbau der Gnadenstätte auf dem Weißen Berg kam erst ab Anfang des 18. Jahrhunderts zustande. Der Maurer Michael Hagen aus Tegernsee renovierte die Marienkapelle (Weihe 1704). In der Folgezeit wurde dieser rechteckige, tonnengewölbte Raum zum Langhaus umfunktioniert und mit einem achteckigen Presbyterium sowie ebenfalls achteckigen, überkuppelten Seitenkapellen zur Kreuzform ausgebaut. Abt Veit Seipl von Kloster Strahov weihte die Kirche 1706 unter dem Namen „Muttergottes vom Siege". Für den Hochaltar ließ Paul Hager 1708 eine Kopie des Strakonitzer Gnadenbildes anfertigen, die in einen prunkvollen Altaraufbau mit einer vergoldeten Nachbildung der Habsburger Kaiserkrone integriert wurde, wofür das Kaiserhaus und viele Prager Bürger Geld spendeten.

Am weiteren Ausbau der Wallfahrtsanlage leistete der Prager Maler Christian Luna (gest. 1729) zusammen mit dem Baumeister Heinrich Klingenleitner einen wesentlichen Anteil. Dank großzügiger Spenden einiger Adelsfamilien und zahlreicher Handwerker, Bürger und Künstler, darunter P. Brandl, Chr. Dientzenhofer, J. Steinfels, G. P. Alliprandi, J.G. Aichbauer, F. Leberhertz, Th. Soldati, B. Scotti und T. Hafenecker, wurde bis 1729 eine repräsentative Wallfahrtsanlage errichtet. Der Entwurf des Umgangs, der Eckkapellen und der dominanten Hauptkuppel mit dem hohen Tambour wird Giovanni Santini-Aichel (1677–1723) zugeschrieben.

Der Baukomplex auf dem Weißen Berg entspricht dem verbreiteten Typus böhmischer Gnadenstätten mit einer Wallfahrtskirche im Zentrum eines frei stehenden, von außen geschlossenen Arkadengangs, dessen Ecken mit Kapellen besetzt sind. Ähnliche Anlagen befinden sich auf dem Heiligen Berg bei Příbram oder in den Loreto-Heiligtümern in Prag und Rimau/Řimov.

Die malerische Ausstattung gab Othmar Zinke, der Abt des Benediktinerklosters Břevnov (reg. 1700–1737), in Auftrag. Das Kuppelfresko in der südlichen Felician-Kapelle malte Wenzel Lorenz Reiner (1689–1743) im Jahr 1718. Es

Milostné místo na Bílé Hoře, které je oslavou vítězství katolické víry, vzniklo jako společné dílo umělců těsně spjatých s Bavorskem. Jako v procesí se tu prochází kolem evropských mariánských poutních míst – mezi nimi jsou také mnohá bavorská a česká.

Poutní areál na Bílé Hoře u Prahy (1704–1729)

mediální stanice; fotografie: Philipp Mansmann, Mnichov; koncepce: Christine Riedl-Valder, Beratzhausen

zeigt das wartende Heer der katholischen Liga vor der Schlacht und den Karmelitermönch Dominicus á Jesu Maria, der vor dem Gnadenbild den Sieg erfleht. Erst
zehn Jahre später entstand durch die Hand von Johann Adam Schöpf (1702 bis
1772) das Fresko der Nordkuppel in der Hilarius-Kapelle mit einer Darstellung
der Schlacht am Weißen Berg. Zu sehen ist das von Engeln begleitete, angreifende
Heer unter der kaiserlichen und bayerischen Flagge; inmitten der Soldaten reitet der Karmelitermönch mit dem Kruzifix in der Hand. Im Hintergrund flieht
das Heer der Protestanten in die Ebene um das Renaissanceschlösschen Stern/
Hvezda, vor dessen Mauern die katholische Liga den Sieg errungen hatte. Für
die Ausmalung der großen mittleren Tambourkuppel im Hauptschiff wurde der
damals schon berühmte bayerische Maler Cosmas Damian Asam (1686–1739)
herangezogen. Er schuf einen Triumphzug der katholischen Kirche – unter besonderer Berücksichtigung des Anteils Bayerns am siegreichen Kampf gegen die
Protestanten: Die blau gekleidete Frau an der Spitze des Zuges trägt ein Banner
mit Maria als Apokalyptischem Weib in weiß-blau rautiertem Rahmen.

Asam, Schöpf und vermutlich auch Reiner, dessen familiäre Wurzeln ebenfalls
in Bayern liegen, verzichteten bei diesem Auftrag auf ein Honorar. Sie stifteten
ihre Arbeit dem Andenken an den Sieg, der auf dem Weißen Berg für die Katholiken errungen wurde. Johann Adam Schöpf, der ab 1726 als Maler in Prag Karriere machte, sollte sein bayerischer Patriotismus zum Verhängnis werden. Nach
Machtübernahme der Truppen Kaiserin Maria Theresias Ende 1742 wurde er wegen seiner Parteinahme für den bayerischen Kurfürsten Karl Albrecht inhaftiert
und 1743 per Dekret aus Prag und allen österreichischen Erblanden verwiesen.

Die Ausmalung der Ambiten und der Eckkapellen nahm Johann Adam Schöpf
zusammen mit seinem Gesellen Karel Kowarz (1709–1749) zwischen 1735 und
1740 vor. In die Wandfelder der südlichen und nördlichen Umfassungsmauern
wurden Szenen aus der Heilsgeschichte gemalt. Die Kuppelbilder der Eckkapellen im Umgang zeigen den Patrozinien gemäß Darstellungen aus den Legenden
der drei böhmischen Landespatrone Adalbert, Wenzel und Johann von Nepomuk
sowie ein Bild der Hl. Dreifaltigkeit. In den böhmischen Kappen des Umgangs
befinden sich Darstellungen von 47 marianischen Gnadenstätten. Die Bildanla-
ge ist stets gleich: rund um den ovalen Bildrand ist ein Bodenstreifen mit Landschaft, Bäumen und einer Ansicht des Wallfahrtsortes gemalt. Im Himmelsraum
darüber präsentieren Engel das jeweilige Gnadenbild. Die Umschriften in tschechischer und deutscher Sprache bezeugen die Bedeutung des Weißen Berges als
gemeinsame bayerisch-böhmische Gedenkstätte (im 19. Jahrhundert wurden die
deutschen Texte übermalt) und unterscheiden sich nur durch die wechselnden

4.43 a

4.43

Ortsnamen: „Zázracny a milostný obraz Panny Marie v... – „Das gnadenreiche Muttergottesbild in ..." Dargestellt sind sechs Wallfahrtsorte in Prag, neun im übrigen Böhmen, vier in Mähren, zwei in Schlesien, acht in Bayern, vier in Italien und je eine in Österreich, Polen, Spanien und der Schweiz. Vorlagen für die Gnadenbilder fanden die Maler in dem weitverbreiteten „Atlas Marianus" des Jesuiten G. Wilhelm Gumppenberg, der ab 1655 in mehreren Auflagen erschien, sowie in den zahlreichen Andachtsbildern der Wallfahrtsorte, die damals in Umlauf waren. Diese internationale „marianische Geografie" ermöglicht dem gläubigen Besucher die gleichzeitige Anrufung von Gnadenbildern aus dem In- und Ausland und somit die Hoffnung auf vielfache wundertätige Marienhilfe.   *C. R.-V.*

4.43 Auf dieser Votivtafel aus Bayern sind bayerische und böhmische Marienwallfahrtsorte abgebildet. Im Zentrum steht der Heilige Berg in Příbram. Von hier aus nahmen bayerische Wallfahrer einfache Kopien des Gnadenbilds mit nach Hause: die „böhmischen" oder „Holzscheitelmadonnen".

a) Der Heilige Berg (Svatá Hora) Příbram mit Wallfahrts-Stiege, der Madonna von Neukirchen beim Heiligen Blut, der Madonna vom Heiligen Berg und der Altöttinger Madonna
Mitte 19. Jahrhundert; Öl/Holz, 39 x 60,5; Wallfahrtsmuseum Neukirchen b. Hl. Blut (33)

b) „Holzscheitelmadonna": Devotionalkopie der Příbramer Madonna
Mitte 19. Jahrhundert; Holz, geschnitzt und polychrom gefasst, 33 x 10 x 6; Wallfahrtsmuseum Neukirchen b. Hl. Blut (625)
Lit.: Haller 1974; Haller 1984; Haller 1995

„Wallfahrt kennt keine Grenzen" lautete der Titel einer Ausstellung des Bayerischen Nationalmuseums und des Adalbert Stifter Vereins, die 1984 in München gezeigt wurde. So war auch die Grenze zwischen Bayern und Böhmen für Wallfahrer kein Hindernis, bis der „Eiserne Vorhang" errichtet wurde. Zuvor und heute wieder sind Gnadenorte beiderseits der Grenze Ziele auch von Wallfahrern aus dem jeweils anderen Land. Zahlreiche böhmische Gläubige, auch als „Kreuzleute" bezeichnet, kamen zur Madonna im bayerischen Neukirchen beim Heiligen Blut. Das Neukirchener Gnadenbild stammt der Legende nach aus Böhmen, aus Loučim/Lautschim, wo es vor Hussiten gerettet wurde. Seit 1990 pilgert wieder Jahr für Jahr eine Wallfahrergruppe aus Böhmen mit mehreren hundert Teilnehmern nach Neukirchen. Umgekehrt waren viele Gnadenorte in Böhmen beliebte Ziele für bayerische Wallfahrer, etwa die Kirche Mariä Geburt in Klatovy/Klattau, die Schutzengelkirche in Sušice/Schüttenhofen, die Kirche Mariä Geburt in Strašin/Straschin, wo es eine Marienerscheinung gab, die Gutwasser-(Dobrá Voda-)Kapelle bei Hartmanice/Hartmanitz oder der Tannaberg

Na této votivní desce bavorské provenience jsou vyobrazena bavorská a česká mariánská poutní místa, z nichž nejvýznamnějším byla Svatá Hora u Příbrami. Odsud si bavorští poutníci odnášeli jako upomínku jednoduché kopie milostné sošky, pro které se vžilo označení „české" či „polínkové madony", zvané tak podle svého trojhranného tvaru.

a) Svatá Hora u Příbrami se svatohorskými schody, s Neukirchenskou, Svatohorskou a Altöttinskou Madonou
pol. 19. století; olej/dřevo, 39 x 60,5

b) Tzv. „polínková madona": devocionální kopie Příbramské madony
pol. 19. století; dřevo řezané, polychromované, 33 x 10 x 6

bei Všeruby/Neumark. Den größten Zulauf aus Bayern genoss der Heilige Berg Příbram, die bedeutendste Gnadenstätte Böhmens. Von dort gelangten zahlreiche Wallfahrtsandenken wie Andachtsbildchen, Medaillen oder Devotionalkopien des Gnadenbildes auch nach Bayern. Diese Gnadenbild-Nachbildungen werden hier „böhmische Madonnen" genannt, wegen ihrer dreieckigen Form auch „Holzscheitelmadonnen", die an den beinahe kugelrunden „böhmischen" Kronen mit zwei Einkerbungen und an den typischen kräftigen Gewandfarben (Außenmantel blau, innen rot, Saum gelb, Sockel grün) gut zu erkennen sind. Während die Holzscheitelmadonnen früher in Příbram selbst geschnitzt wurden, entwickelten sich im 19. Jahrhunderten Pomuk/Nepomuk und Zalány/Neudorf zu Schnitzzentren.

Die hier gezeigte Votivtafel stammt ursprünglich aus einer Bauernhofkapelle bei Warzenried, nur wenige Kilometer von der Landesgrenze entfernt. Sie vereint drei Gnadenbilder: Die Muttergottes vom Heiligen Berg Příbram wird eingerahmt von den Marienbildern von Neukirchen beim Heiligen Blut und Altötting, für den bayerisch-böhmischen Grenzraum die wichtigsten Wallfahrtsziele. Die Verehrung galt wohl in erster Linie dem Příbramer Gnadenbild, denn in der unteren Bildhälfte ist die Heiligenberger Anlage dargestellt. *G. B.*

4.44 Auch das 1634 gestiftete Gnadenbild der Amberger Bergkirche folgt dem Passauer Madonnenbild Lucas Cranachs d. Ä., das sich heute in St. Jakob in Innsbruck befindet.

Maria mit Kind. Plastische Nachbildung des Gnadenbildes Maria-Hilf der Amberger Bergkirche

Ende 18./Anfang 19. Jahrhundert; Holz, geschnitzt, farbig gefasst, 68 x 53 x 17; Stadtmuseum Amberg

Lit.: AK Unter deinem Schutz 2005/06; AK Maria-Hilf 1994; Soffner 1997; Wabnitz 1998

Die Figurengruppe ist, wie die Inschrift am Sockel belegt, eine plastische Nachbildung des Maria-Hilf-Gnadenbildes in der Amberger Bergkirche. Das Gnadenbild wurde 1634 von dem Jesuitenpater Caspar Hell anlässlich der schweren Pestepidemie in Amberg gestiftet. Auf wessen Veranlassung es hergestellt wurde, ist ungeklärt. Das Gnadenbild ist eine Nachahmung des 1537 entstandenen Madonnenbildnisses von Lucas Cranach d. Ä., das zu Beginn des 17. Jahrhunderts als Geschenk nach Passau gelangt war. Von Passau aus verbreitete sich der Maria-Hilf-Kult durch Gemäldekopien und Stiche im gesamten katholischen Europa. Amberg war seit 1634 die wichtigste und eine der frühesten Verehrungsstätten in Nordbayern. Ebenso häufig wie in Bayern begegnet das Madonnenbild Cranachs in Böhmen, z. B. auf einem Seitenaltar von St. Niklas auf der Kleinseite oder in der Maria-Hilf-Kapelle der Klosterkirche Strahov.

Das originale Maria-Hilf-Bild stellt die Muttergottes dar, die mit beiden Händen den Jesusknaben umfasst, dessen Körper ihr zugewandt ist. Das Kind steht mit dem linken Bein auf dem Knie der Mutter, das rechte hat es angehoben. Den linken Arm hat es um den Hals der Mutter gelegt und den rechten zu ihrem Kinn gestreckt. Beide Figuren haben die Köpfe einander zugeneigt, das Kind schaut zur Mutter. Der Blick Mariens geht jedoch zum Betrachter und schließt diesen damit in das Bildgeschehen ein. Maria trägt ein grünes Kleid, ein Untergewand mit goldfarbenen Ärmeln, einen goldenen, rot gefütterten Mantel und einen goldenen Schleier. Das Kind ist unbekleidet. Mutter und Kind tragen jeweils die große habsburgische Mitrenkrone. Darin unter-

4·44

scheiden sie sich vom Amberger Gnadenbild, bei dem Maria und Kind jeweils mit einer Krone, die mit Spitzenborten belegt ist, geschmückt sind.

Als skulpturale Umsetzung eines Gemäldes stellt das Amberger Gnadenbild eine kunstgeschichtliche Besonderheit dar. Es handelt sich nicht um eine rundum ansichtige Vollskulptur, sondern es ist eher einem Relief ähnlich, wenngleich ein Reliefgrund nicht vorhanden ist. So war die Madonnenskulptur ursprünglich wohl auf einen anderen, neutralen Hintergrund – etwa einen Schrein oder Gebetswinkel – bezogen. Von der stilistischen Ausführung her weicht die Skulptur vom Cranach'schen Vorbild durch systematisch, nicht nur an den Unterarmen und Ärmeln angelegte bogenförmige Parallelfalten ab und erscheint dadurch von niederbayerisch/österreichischer Skulptur beeinflusst. Das Werk dürfte aber wohl erst im ausgehenden 18. oder frühen 19. Jahrhundert entstanden sein. Das plastische Vorbild für diese Skulptur befindet sich am Auszug des Orgelprospekts der Amberger Bergkirche. Es ist ein Werk der beiden Schreiner Wolfgang Bacher und Franz Xaver Schlott aus dem Jahr 1733.   *J. v. R.*

4.45 Das Motiv der Passauer Mariahilf-Madonna war und ist in bayerischen und böhmischen Wallfahrtskirchen, auf unzähligen Votivbildern und auf Hinterglasbildern in bäuerlichen Herrgottswinkeln zu finden.

Passauer Mariahilf-Madonna
Böhmisch (?), 1780; Hinterglasmalerei; Muzeum Chodská
v Domažlicích – Muzeum Jindřicha, Jindřicha (E 1721)

Auf Glas gemalte Bilder erfreuen sich bei Liebhabern der Volkskunst großen Interesses. Einen Höhepunkt erreichte die volkstümliche Glasmalerei im 18. und 19. Jahrhundert, als Glasarbeiter mit dem Verkauf von selbst hergestellten Bildern ihren Lohn aufzubessern suchten. Sie verwendeten dafür Abfälle aus den Glashütten, die im Oberpfälzer und im Vorland des Böhmerwaldes vor allem auf die Herstellung von Tafel- und Spiegelglas ausgerichtet waren. Binnen Kurzem nahm die Beliebtheit der Bilder in solchem Maß zu, dass sich bereits zu Beginn des 19. Jahrhunderts einige Werkstätten auf die Fertigung von Hinterglasbildern spezialisierten, die in handwerklicher, halbindustrieller Weise produziert wurden. Vor allem in den grenznahen Gebieten, im Bayerischen Wald und im Böhmerwald, entstanden Zentren, wo die Herstellung der Bilder in größerem Maßstab betrieben wurde. Aber auch in der Gegend um Taus/Domažlice, Tachau/Tachov und Eger/Cheb, bis in das Gebiet hinter Gablonz/Jablonec, war sie verbreitet.

Die Bezeichnung „Hinterglasmalerei" umreißt das bei der Herstellung der Bilder angewandte Verfahren: Zuerst werden nach einer Vorlage Konturen und Details auf das Glas gemalt, bevor in einem weiteren Schritt der Hintergrund aufgetragen wird. Die Arbeit wird spiegelverkehrt ausgeführt, der Maler muss dabei immer bedenken, dass der Betrachter das Bild von der anderen Seite sieht. In der Glasmalerei sind zwei Stilebenen zu unterscheiden: Zum einen finden sich hier ausgesprochen talentierte Individualisten, denen es

Motiv pasovské Panny Marie Pomocné najdeme dnes stejně jako dřív v bavorských i českých poutních kostelech, na nesčetných votivních obrazech a podmalbách na skle v selských „svatých koutech".

Pasovská Panna Maria Pomocná
Čechy (?), 1780; podmalba na skle

4.45

gelungen ist zeitgenössische künstlerische Trends auf die volkstümliche Technik zu übertragen. Vor allem in künstlerisch interessierten Kreisen wusste man die Arbeiten dieser Maler zu schätzen. Zum anderen werden Hinterglasbilder bis heute auf handwerklicher Basis geschaffen und sind weniger durch Kreativität als vielmehr durch ein routiniertes Wiederholen von Motiven geprägt.

Neben ihrer Dekorativität hatten und haben Hinterglasbilder außerästhetische, vor allem magische Funktionen. So sollen die dargestellten Heiligen, wie der hl. Florian, das Haus vor Unheil schützen. Besondere Verbreitung fanden daher christliche Motive wie Jesus, Maria oder die Heilige Familie. In den Häusern erhielten diese Bilder einen ehrenvollen Platz, oft hingen sie zusammen mit dem Kruzifix im Herrgottswinkel. *J. N.*

Dodnes je sv. Vintíř uctíván na místech svého působení: v Niederaltaichu, Rinchnachu, Dobré Vodě a v břevnovském klášteře v Praze, kde je pohřben. Na zadní straně tohoto votivního obrazu se nachází jeho starší verze, pravděpodobně z 18. století.

Votivní obraz sv. Vintíře z poutní kaple v Dobré Vodě

18. a 19. století; olej/plech, oboustranná malba, 123,5 x 69,4

4.46 Bis heute wird der hl. Gunther an den Orten seines Lebens verehrt: So in Niederaltaich, Rinchnach, Gutwasser und im Kloster Břevnov in Prag, seinem Begräbnisort. Das Votivbild zeigt auf der Rückseite eine ältere Version, vermutlich des 18. Jahrhunderts.

Votivbild des hl. Gunther aus der Brunnenkapelle der Guntherwallfahrt in Gutwasser

18. und 19. Jahrhundert; Öl/Blech, beidseitig bemalt, 123,5 x 69,4; Museum Šumavy Sušice (U 634)

Der um 955 geborene Gunther stammte aus dem Geschlecht der Reichsgrafen von Schwarzburg. Er war ein Vetter Kaiser Heinrichs II. Für die geistliche Laufbahn entschied er sich erst 1005 in ziemlich vorgerücktem Alter. Er unternahm eine Pilgerfahrt nach Rom und trat dann in das Benediktinerkloster Niederaltaich ein. 1007 legte Gunther die Ordensgelübde ab und 1008 ließ er sich auf dem Ranzingerberg bei Lalling nieder, um dort in völliger Einsamkeit Gott zu dienen. Später richtete er sich eine Einsiedelei in Rinchnach ein. Die Lebensbedingungen zu jener Zeit waren so hart, dass Gunther im Winter 1011/12 fast verhungert wäre. Im Frühjahr 1012 schlossen sich ihm weitere Ordensbrüder aus Niederaltaich an und mit der Zeit entstand in Rinchnach ein neues Benediktinerkloster. 1017 wurde Gunther mit einer Missionsreise zu den heidnischen Liutizen betraut, die im Mündungsgebiet von Oder und Havel ansässig waren. Aufgrund seiner Herkunft und seiner verwandtschaftlichen Beziehungen trat Gunther oft als politischer Vermittler auf. Er war Berater Konrads II., pflegte gute Beziehungen zu dem böhmischen Fürsten Oldřich/Ulrich und unterstützte später auch seinen Sohn Břetislav, dessen Pate er war. 1040 zog sich Gunther erneut in die Einsamkeit zurück, vermutlich an einen Ort in der Umgebung von Gutwasser/Dobrá Voda bei Hartmanitz/Hartmanice auf der böhmischen Seite der Šumava. Der Legende nach war es gerade Fürst Břetislav, der auf der Jagd in den tiefen Wäldern um die Burg Parchen/Prácheň den sterbenden Gunther fand. Gunther fand am 9. Oktober 1045 den Tod. Seine sterblichen Überreste wurden später nach Prag überführt und in der Klosterkirche St. Margaretha in Břevnov beigesetzt.

Bald nach seinem Tod gab es erste Bemühungen um eine Kanonisierung. Allen voran wandte sich in dieser Angelegenheit König Přemysl Ottokar I. an Papst Innozenz IV. und Abt Hermann von Niederaltaich schloss sich ihm an. Berichte über Gunther zugeschriebene Wunder liegen bereits ab dem Ende des 14. Jahrhundert vor und das Fest des Heiligen feierte man im Mittelalter an dessen Todestag. Einen außergewöhnlichen Beweis der Gunther-Verehrung bietet die Bulle Papst Urbans VIII., mit der die Verehrung des Heiligen im Kloster Břevnov gestattet wird. Auch die Inschrift auf einer der Glocken von Břevnov gibt Zeugnis von seinem Ansehen, denn sie nennt ihn zusammen mit dem hl. Adalbert und dem hl. Benedikt als Patron des Klosters. Ihren Höhepunkt erreichte die Gunther-Verehrung im 17. und 18. Jahrhundert. In den Schriften der barocken Historiografen findet sich der Heilige vielfach erwähnt. Obwohl Gunther nie offiziell heilig gesprochen wurde, gelten die Kirche in Gutwasser, die heilkräftige Quelle und die

Heiliger Gunther

nahe gelegene Kapelle unter dem Felsen als Wallfahrtsorte. Zum Mittelpunkt der Gunther-Verehrung in Böhmen wurde das Benediktinerkloster in Břevnov. Die böhmischen Darstellungen des Heiligen verbinden ihn jedoch auch mit anderen Orten – mit den Benediktinerklöstern in Raigern/Rajhrad und Braunau/Broumov und weiteren Stätten, wo er sich der Legende nach aufgehalten haben soll. Auch in Bayern wird verschiedenenorts an den Heiligen erinnert, insbesondere in Rinchnach und Niederaltaich, auch in St. Hermann in Bischofsmais. In der Wallfahrtskapelle des hl. Gunther in Frauenbründl bewahrt ein Stein, auf dem der Heilige genächtigt haben soll, den Abdruck seines Körpers.

Der hl. Gunther wird meist als Bendediktinermönch mit Stab dargestellt. Im Lauf der Zeit kamen weitere Attribute hinzu – die Lilie als Symbol der Reinheit, eine Weltkugel mit Krone als Symbol der von dem Heiligen verachteten irdischen Macht, ein Rosenkranz und manchmal auch ein Pfau in Anspielung auf den gebratenen Pfau, den er bei einem Festmahl zum Leben erweckt haben soll. Das auf Blech gemalte Bild des Einsiedlers stammt aus der Kapelle unterhalb des Guntherfelsens in Gutwasser und zeigt die legendäre Begegnung Gunthers mit Fürst Břetislav. Bei der anlässlich der Landesausstellung vorgenommenen Restaurierung stellte sich heraus, dass sich auf der Rückseite des Votivbilds ein älteres Gnadenbild befindet, das nun erstmals wieder zu sehen ist. *V. H.*

Die böhmische Nation – und das, meine Herren, wollen und dürfen wir uns nicht verheimlichen – ist schon seit langem eine zweisprachige Nation.

František Palacký, Juni 1868

Ihr Slawen habt die Deutschen gehasst als Feinde Eurer Freiheit, weil Eure despotische Regierung eine deutsche war. Weh Euch Böhmen slawischen Stammes, die Ihr die frei gewordenen Deutschen hassen wolltet! Weh Euch Böhmen deutschen Stammes, die Ihr die volle Berechtigung Eurer Brüder slawischen Stammes zur vollen Gleichheit mit Euch in allem ... für Übergriffe anseht ... Weh Euch Lieblosen allen! ... Frei gewordene Völker können einander nicht hassen.

Augustin Smetana, 1848

Die deutsche und die tschechische Universität, die tschechische und die deutsche Technische Hochschule waren einander so fern, als wäre die eine am Nordpol, die andere am Südpol. Jeder von den hundert Lehrstühlen hatte sein Pendant auf der anderssprachigen Seite, aber es gab kein gemeinsames Gebäude, keine gemeinsame Klinik, kein gemeinsames Laboratorium, keine gemeinsame Sternwarte (die eine hatte die astronomischen Instrumente Tycho de Brahes, die andere die des Johannes Kepler geerbt), keine gemeinsame Fachbibliothek und keine gemeinsame Leichenkammer. Für den botanischen Garten der einen Universität wurde vom Südsee-Archipel eine Pflanze bestellt, die man im botanischen Garten der anderen Universität hätte blühen sehen können, wenn dies nicht eine Mauer verhindert hätte.

Egon Erwin Kisch: Deutsche und Tschechen, 1942

Wir [Juden] repräsentierten eine Kulturschicht, aber ohne jede politische Grundlage. In Prag wurde zwischen Tschechen und Deutschen gekämpft – aber die Deutschen waren zum Teil unsere schlimmsten Feinde, nämlich die sudetendeutschen Nationalisten, antisemitische Studenten aus dem Egerland. Die Tschechen sahen uns scheel an, nicht ohne Grund, als Österreicher und Deutsche, denn wir sprachen deutsch und gingen in deutsche Schulen, und unsere Väter waren österreichische Patrioten. Wir waren historisch wahrhaft schlecht gerüstet für die Zukunft. In jeder Beziehung standen wir vis-à-vis de rien, wenn die österreichisch-ungarische Monarchie Franz Josephs I. einmal wankte. Und daß auch diese nicht sehr fest stand, wußten wir in Prag besonders gut.

Willy Haas: Vor hunderttausend Jahren, 1961

Český národ – a to si, pánové, nemůžeme a nesmíme zastírat – je již dlouho národem dvojjazyčným.

František Palacký, červen 1868

Vy Slované jste Němce nenáviděli jako nepřátele své svobody, protože vaše despotická vláda byla německá. Běda vám, Čechům kmene slovanského, kteří byste chtěli nenávidět svobodné Němce! Běda vám, Čechům kmene německého, kteří pokládáte za přehmaty plnou oprávněnost svých slovanských bratří požívat úplné rovnosti s vámi ve všem. ... Běda vám všem bezcitným! ... Svobodné národy se nemohou vzájemně nenávidět.

Augustin Smetana, 1848

Německá a česká univerzita, česká a německá technika si byly tak vzdálené, jako by se jedna nacházela na severním pólu a druhá na jižním. Každá ze stovky kateder měla svůj protějšek na druhé jazykové straně, ale neexistovala jediná společná budova, jediná společná klinika, společná laboratoř, společná hvězdárna (jedna zdědila astronomické přístroje Tychona de Brahe, druhá Jana Keplera), neexistovala společná odborná knihovna ani společná pitevna. Botanická zahrada jedné univerzity si nechala dovézt rostlinu z jihomořských ostrovů, kterou by bývala mohla vidět kvést v botanické zahradě druhé univerzity, kdyby tomu nebyla zabraňovala zeď.

Egon Erwin Kisch: Deutsche und Tschechen, 1942

My [Židé] reprezentujeme kulturní vrstvu, ale bez jakékoli politické základny. V Praze se sváděly boje mezi Čechy a Němci – ale našimi nejhoršími nepřáteli byli často Němci, totiž sudetoněmečtí nacionalisté, antisemitští studenti z Chebska. Češi se na nás dívali nevraživě a měli k tomu své důvody, vždyť jsme mluvili německy a chodili do německých škol, naši otcové byli rakouští patrioti. Byli jsme historicky vskutku špatně vyzbrojeni pro budoucnost. V každém ohledu jsme zůstali vis-à-vis de rien pokaždé, když rakousko-uherská monarchie Františka Josefa I. zavrávorala. A že neměla pevnou půdu pod nohama, to jsme my v Praze věděli až moc dobře.

Willy Haas: Vor hunderttausend Jahren, 1961

5.1 Nationale Identitäten – Sprache, Geschichte, Kunst

Wenn man heute das Zusammenleben der Völker innerhalb und außerhalb Europas zu verstehen und zu beschreiben versucht, so geschieht das häufig mit den Begriffen der Gesellschaft, des Sozialen, nicht selten unter dem Eindruck der Globalisierung. Das ist eine relativ neue Entwicklung. Spätestens seit Beginn des 19. bis mindestens zur Mitte des 20. Jahrhunderts hatte das Nationale die Hauptrolle gespielt und ältere Ordnungsprinzipien, etwa nach Konfessionen oder nach Ständen, in den Hintergrund gedrängt. Politik wurde immer mehr zur Nationalpolitik. Historiker sahen in der nationalen Auseinandersetzung den wichtigsten Schlüssel zur geschichtlichen Interpretation. Aber auch Kunst und Kultur bezogen ihre Inspiration oft genug aus der „nationalen Vergangenheit". Sie wurde zum großen Thema des 19. Jahrhunderts. In Bayern wie in Böhmen war eine verstärkte Rückbesinnung auf die eigene Geschichte zu beobachten.

Sprache

Mit dem Jahr 1806 schwand die verbindende Klammer der gemeinsamen Zugehörigkeit zum Heiligen Römischen Reich – einem vielsprachigen Reich. Böhmen war nun als Bestandteil des Kaiserreichs Österreich im Deutschen Bund vertreten, dem Bayern als selbstständiges Königreich angehörte. Die seit 1806 königlich bayerische Regierung trieb eine radikale Modernisierung voran, die Landesteile ganz unterschiedlicher historischer Herkunft unter das Dach des zentral verwalteten Königreichs brachte. Das Ende regionaler Traditionen war ein oft schmerzlicher Prozess, dessen Spuren man bis heute in den damals von Mediatisierung und Säkularisierung betroffenen Städten, Klöstern und Gebietseinheiten ablesen kann. Ein Bereich immerhin verursachte keine Probleme: Trotz mancher Unterschiede im Dialekt von Altbayern, Franken und Schwaben stellte die deutsche Sprache eine selbstverständliche Gemeinsamkeit dar. Genau diese Selbstverständlichkeit fehlte im Nachbarland Böhmen. Hier wurde seit Beginn des 19. Jahrhunderts die Sprache zu einem bestimmenden Faktor nationaler Abgrenzung.

Seit Jahrhunderten sprach man in den Ländern der böhmischen Krone mit unterschiedlicher regionaler Verteilung tschechisch und deutsch. Dabei hatte man vor allem seitens der böhmischen Stände immer wieder darauf beharrt, dass die Amtssprache offiziell tschechisch sei, bis hin zum Entwurf eines Sprachgesetzes im Jahr 1615, in dem die Beherrschung des Tschechischen bindend vorgeschrieben werden sollte. Das Ende des Ständestaats in der Schlacht am Weißen Berg 1620 änderte die Grundvoraussetzungen. Mit dem Erlass der „Verneuerten Landesordnung" von 1627 wurde neben dem Tschechischen auch das Deutsche offiziell Verwaltungs- und Gerichtssprache und drang in

den folgenden Jahrzehnten immer weiter vor. Einen gewissen Schlusspunkt setzten die Reformen unter Kaiser Joseph II., für den die einheitliche deutsche Staatssprache ein Mittel zur Rationalisierung der Verwaltung war. Aber auch im 17. und 18. Jahrhundert gab es, etwa in Person des Jesuiten Bohuslav Balbín (1621–1688), ausdrückliche Verteidiger des Tschechischen. Dies griffen gegen Ende des 18. Jahrhunderts einige Gelehrte, wie Josef Dobrovský (1753–1829), der Begründer der Slawistik, auf und versuchten das Tschechische gezielt als Literatursprache neu zu etablieren. Es ist der Beginn dessen, was im historischen Bewusstsein Tschechiens bis heute als „národní obrození", als „nationale Wiedergeburt", bezeichnet wird. Dabei fehlte zunächst die Nachfrage nach tschechischer Literatur. Denn auch die meisten Leser mit tschechischer Muttersprache konnten dank der deutschsprachigen höheren Schulen in Böhmen deutsche (und französische) Texte problemlos lesen.

Die wohl entscheidende Figur für die Synthese von Sprache und Nation der Tschechen war der Sprach- und Literaturwissenschaftler Josef Jungmann (1773–1847). Beeinflusst von der Konzeption der Mannigfaltigkeit der Kulturen und der dezidiert positiven Darstellung des „Slawischen" durch Johann Gottfried Herder, ging es Jungmann zunächst um den Nachweis, dass das Tschechische alle Funktionen einer modernen Schriftsprache erfüllen könne. Dazu diente insbesondere das von ihm zwischen 1835 und 1839 herausgegebene erste moderne tschechisch-deutsche Wörterbuch. Sein Ziel war aber noch weiter gesteckt: Geprägt von der Vorstellung, wonach alle Slawen eine sprachliche Einheit bildeten, sollte allmählich eine gemeinsame allslawische Schriftsprache entstehen. So enthält Jungmanns Wörterbuch, das bis heute die Grundlage für das moderne Tschechisch bildet, eine Reihe von Wörtern anderer slawischer Sprachen, während aus dem Deutschen stammende Begriffe, die besonders in der gesprochenen Sprache verbreitet waren, in den Hintergrund traten. Diese Betonung sprachlicher Eigenständigkeit besaß zunächst keineswegs antideutschen Charakter, vielmehr sollte die Gleichwertigkeit der „germanischen" und „slawischen" Sprachfamilie herausgestellt werden. Dabei sah Jungmann in der Sprache das entscheidende Kriterium der Nationszugehörigkeit, anders als etwa Bernard Bolzano (1781–1848), in dessen Reden „Über das Verhältnis der beiden Volksstämme in Böhmen" von 1816 eine böhmischen Nation entworfen wird, in der zwei Volksstämme ein Königreich bewohnen. Diese als „Bohemismus" bezeichnete Position vertrat auch der böhmische Adlige Matthias Graf von Thun, der in seiner Schrift „Der Slawismus in Böhmen" betonte, „daß ich weder ein Čeche noch ein Deutscher, sondern nur ein Böhme bin, von inniger Vaterlandsliebe durchglüht ..."

Geschichte

Eng verbunden mit der Betonung der slawischen National-sprache war die Propagierung der national-slawischen Geschichte, wobei insbesondere die sagenhafte Frühzeit und die Hussitenzeit hervorgehoben wurden. Hierfür stand vor allem der Historiker und Politiker Franz/František Palacký (1798–1876), dessen patriotischer Eifer von den Schriften Jungmanns entzündet worden war. Für seine epochale „Geschichte von Böhmen", erschienen ab 1836 auf Deutsch und 1848 auf Tschechisch, hatte Palacký auch in Münchner Archiven geforscht. Er sandte Widmungsexemplare seines Werks an König Ludwig I. von Bayern. Dieser formulierte in einem Dankbrief, dass das Königreich Böhmen „unserm deutschen Vaterlande benachbart" sei – eine Palacký willkommene Unterstützung der Idee, dass Böhmen keineswegs als Bestandteil einer deutschen Nation anzusehen sei. Mindestens bis zum Revolutionsjahr 1848 sah Palacký den Platz Böhmens und Mährens innerhalb der habsburgischen Monarchie. Dabei vertrat er ein Geschichtsbild, das den Gegensatz zwischen Slawen und Germanen, zwischen Tschechen und Deutschen betonte.

Während es den tschechischen Gelehrten in Böhmen darum ging eine selbstständige slawisch-nationale Vergangenheit gegenüber der politischen Realität in der österreichisch-ungarischen Doppelmonarchie zu behaupten, war es im Nachbarland Bayern König Ludwig I. selbst, der den neubayerischen Staatspatriotismus gezielt im Rahmen deutschen Nationalstolzes beförderte. Bereits als Kronprinz hatte Ludwig das Projekt eines Pantheons der Deutschen unterstützt: die Walhalla. Eine Versammlung von Büsten großer Deutscher sollte den Ruhm der Nation deutlich machen. Der Plan wurde durch den Architekten Leo von Klenze in Donaustauf bei Regensburg ab 1830 in Form einer dorischen Tempelanlage verwirklicht – finanziert aus Privatmitteln des Königs. Diese nationale Aneignung der eigenen Geschichte stieß auch in Böhmen auf großes Interesse. Auf Initiative des Mäzens Anton Veith (1793–1853) entstand das analoge Projekt des „Slavín" – ein Name, in welchem sich das tschechische Wort für Ruhm – „sláva" – und die Slawen verbinden. Der Baustil des bei Liboch/Liběchov (Mittelböhmen, bei Mělník) errichteten Gebäudes sollte maurisch sein – eine persönliche Vorliebe Veiths. Die Architektur entwarf der Münchner Wilhelm Gail (1804–1890). Das Projekt entstand nach einem Kontakt mit dem an der Walhalla beteiligten bayerischen Bildhauer und Schöpfer der „Bavaria" in München, Ludwig von Schwanthaler (1802–1848), der selbst Modelle für acht Statuen des Slavín anfertigte. Die Auswahl für die ursprünglich geplanten 21 Statuen hatte František Palacký während eines Besuchs bei Schwanthaler in München getroffen. Diese Identifikationsfiguren aus tschechischen Ursprungssagen und böhmischer Geschichte wurden nach dem frühen Tod Schwanthalers von Ferdinand von Miller in München gegossen. Da das Projekt nicht vollendet werden konnte, wurden die Figuren nach dem Tod von Anton Veith dem Vaterländischen Museum (später Nationalmuseum) vermacht. Name und Idee des Slavín gingen auf den nationalen Ehrenfriedhof auf dem Prager Vyšehrad über. Die Statuen stellte man 1891 im Pantheon des neuen Museumsgebäudes am Wenzelsplatz auf. Heute sind sie im Vestibül zum Haupttreppenhaus zu besichtigen.

Kunst

Die Beteiligung bayerischer Künstler am Projekt der „böhmischen Walhalla" war nicht ungewöhnlich, denn die Kunstbeziehungen zwischen München und Prag besaßen einen wesentlichen Anteil am Aufbau eines bildkräftigen tschechisch-nationalen Geschichtsmythos. Für viele aus Böhmen stammende Maler, vorwiegend der zweiten Hälfte des 19. Jahrhunderts, dienten München und seine Kunstakademie als Vorbild. Eine der zentralen Vermittlungsfiguren war Christian Ruben (1805–1875), ein Schüler von Peter Cornelius. Ruben, der an den Kartons zu den neuen Glasfenstern des Regensburger Doms und an der Ausschmückung von Schloss Hohenschwangau mitgewirkt hatte, wurde 1841 zum Direktor der Prager Kunstakademie berufen. Er reformierte diese auf der Basis seiner Münchner Erfahrungen und gab wesentliche Anstöße für die Entwicklungen der Historienmalerei in Böhmen. Diesen Vermittlungsweg suchte auch der Konrektor der Prager Akademie, Antonín Lhota (1812–1905), dessen Gemälde „Herzog Břetislav auf der Ruine Velehrads" den Ruhm der vaterländischen Geschichte am Beispiel einer glorifizierten Einzelperson zeigt.

Die Landschaftsmalerei des Bayern Max Haushofer (1811–1866) beeinflusste viele seiner tschechischen Schüler. Ihre Darstellungen bayerischer Gebirgsansichten führten auch zu einer neuen Wertschätzung böhmischer Landschaften. Bald setzte ein „München-Boom" bei tschechischen Kunststudenten ein: Josef Mánes (1820–1871), Václav Brožík (1851–1901) oder Alfons Mucha (1860 bis 1939) sind die bekanntesten Namen. Die tschechischen Studenten an der Münchner Akademie gründeten in den 1880er-Jahren eine eigene Vereinigung „Škréta" – benannt nach dem böhmischen Barockmaler Karel Škréta – und entwickelten ein reges Vereinsleben. Mitglied konnte werden, wer Slawe, Künstler und Angehöriger der Akademie war. Die Gründe für die Beliebtheit Münchens sind dabei nicht nur im Einfluss von Schlüsselpersönlichkeiten wie dem Doyen der Historienmalerei, Karl von Piloty (1826–1886), zu suchen. München war für viele tschechische Künstler eine erste Etappe auf dem Weg in den Westen und Süden Europas und bot nicht zuletzt durch die Pinakotheken gute Möglichkeiten zum Studium der älteren Malerei. Außerdem galt die Stadt als politisch liberaler als etwa Wien. Gegen Ende der 1880er-Jahre aber schwand die Anziehungskraft Münchens allmählich; die meisten Mitglieder des Vereins Škréta zogen nach Paris weiter.

Peter Wolf

Lit.: Blažíková-Horová 1996; Demetz 2006; Hojda 1992; Koschmal/Nekula/Rogall 2003; Neku

5.2 Bayerisch-böhmische Wirtschaftsbeziehungen

Böhmen wurde im Lauf des 19. Jahrhunderts zum industriell am weitesten entwickelten Land der Habsburgermonarchie. Die bayerisch-böhmischen Wirtschaftsbeziehungen blieben trotz zollpolitisch bedingter partieller Einschränkungen auch im 19. und frühen 20. Jahrhundert eng, ja intensivierten sich im Zuge der Schaffung grenzüberschreitender Eisenbahnverbindungen. Besondere Bedeutung erlangten die Glas- und Porzellanerzeugung sowie das Brauereiwesen.

Großen Einfluss auf die böhmische und bayerische Glasindustrie nahmen die gebürtigen Prager Franz jun. (1789–1861) und Wilhelm Steigerwald (1804–1869), deren Namen eng mit den Glashütten Theresienthal und Schachtenbach verbunden sind, in denen vor allem in der Anfangszeit viele Fachkräfte aus Böhmen arbeiteten. In München hatte der Glashändler Franz Steigerwald, der Gläser des berühmten böhmischen Glasgraveurs Dominik Biemann (1800–1857) vertrieb, eigene Veredelungswerkstätten, in denen böhmische Glaskünstler, so auch Franz de Paula Zach (1810–1881), tätig waren. Auch andere Hütten wie die Buchenauer Spiegelhütte, die Regenhütte oder die Hütte in Oberzwieselau waren von böhmischen Einflüssen geprägt. Die nach böhmischem Vorbild 1904 gegründete Glasfachschule Zwiesel bildet bis heute Fachkräfte für die bayerische Glasindustrie aus. Der erste Präsident der Bayerischen Akademie der Wissenschaften, Sigmund von Haimhausen (1708–1793), der großen Grundbesitz und Güter in Böhmen geerbt hatte, wurde zum Wegbereiter des Ruhms, den die Porzellanmanufaktur Nymphenburg bis heute genießt. Er sorgte dafür, dass der böhmische Bildhauer Dominikus Auliczek (1734–1804) als Modellmeister 1763 nach Nymphenburg kam. Ein weiteres Beispiel für grenzüberschreitende Beziehungen im Bereich des Porzellans ist die Firma Bareuther in Waldsassen, die maßgeblich von Böhmen aufgebaut wurde. Für die Manufaktur in Klösterle an der Eger/Klášterec nad Ohří, die zweitälteste in Böhmen, arbeitete zeitweilig der gebürtige Coburger Bildhauer Ernst Popp (1819–1883). Auch das weltberühmte Pilsener Bier entstand aus einer böhmisch-bayerischen Koproduktion. Pilsener Bürger engagierten 1842 Josef Groll (1813 bis 1887) aus Vilshofen als Brauer. Mit dem ersten Ausschank am 11. November 1842 begann der Siegeszug des weltberühmten Pilsner Bieres.

Als Motor der Industrialisierung kam der Eisenbahn im 19. Jahrhundert eine wichtige Rolle zu. Die erste länderübergreifende Verbindung führte ab Oktober 1861 über Furth im Wald nach Taus/Domažlice und Pilsen/Plzeň. Beim Eisenbahnknotenpunkt Pilsen liefen auch die Verbindungen über Eger/Cheb und Asch/Aš nach Mitterteich (1865) bzw. Hof (1865) bzw. Marktredwitz (1879) und über Eisenstein/Železna Ruda nach Plattling und Deggendorf (1877) zusammen. Mit der Eisenbahn konnten große Mengen Braun- und Steinkohle von Böhmen günstig nach Bayern importiert werden, was wegen des enormen Energiebedarfs der nordostbayerischen Glas-, Porzellan- und Erz verarbeitenden Industrie von grundlegender Bedeutung für die Wirtschaftsentwicklung in Bayern war.

Nationale Ausdifferenzierung in Böhmen im 19. und frühen 20. Jahrhundert

Im Zeitalter des Nationalismus gestaltete sich das Zusammenleben der deutschen und tschechischen Bewohner des habsburgischen Kronlandes Böhmen zunehmend schwieriger. Es entwickelten sich zwei Parallelgesellschaften, man kämpfte um nationale Gleichberechtigung und um den Anteil an der Macht im Staat. Die deutsch-tschechische „Konfliktgemeinschaft" (J. Křen) entstand.

Die Revolution von 1848 markiert einen Einschnitt in der Entwicklung des Verhältnisses der „deutschen" und „tschechischen" Nation in Böhmen. Zwar gab es gemeinsame revolutionäre Ziele und Aktionen von Deutschen und Tschechen, doch entzündete sich der Antagonismus nun vor allem an der Haltung zur deutschen Frage: Fast alle deutschen Liberalen und Demokraten im Deutschen Bund betrachteten die habsburgischen Gebiete des Deutschen Bundes, also auch Böhmen, ganz selbstverständlich als zugehörig zu einem bundesstaatlich zu einenden Deutschland. Schon vor 1848 hatten hingegen tschechische Intellektuelle die Zugehörigkeit Böhmens zu Deutschland bestritten. Epochemachend wurde František Palackýs Ablehnung der Einladung zur deutschen Nationalversammlung in Frankfurt in seinem Brief vom 11. April 1848, der die deutsche politische Öffentlichkeit mit dem tschechischen Wunsch nach Eigenständigkeit konfrontierte. Palacký schuf hier mit dem Verweis auf die ungebrochene Kontinuität des Staatsrechts der böhmischen Krone als Teil der Habsburgermonarchie auch die programmatische Grundlage, an der sich – als kleinstem gemeinsamen Nenner und ohne Konsens bei der konkreten Ausgestaltung – alle nationalen tschechischen Parteien bis zur Gründung der Tschechoslowakei orientierten. Verlauf und Schärfe der Auseinandersetzungen in Böhmen wurden maßgeblich davon beeinflusst, dass Böhmen trotz intensiver Bemühungen ein untergeordneter Teil des Habsburger Vielvölkerstaates blieb, in dem der deutsche Einfluss traditionell dominant war. Während Ungarn die Gleichberechtigung im staatsrechtlichen Verhältnis zu Österreich erreichte, blieb diese Böhmen bzw. den Tschechen versagt.

Die nationale Ausdifferenzierung in Böhmen, die nach dem „Stillstand" der Reaktionsära zwischen 1849 und 1859 ab 1860 verstärkt einsetzte und sich ab 1889 weiter verschärfte, umfasste nahezu sämtliche Lebensbereiche. Die Auseinanderentwicklung der beiden Sprachgruppen wird nicht zuletzt an den verschiedenen Vereinsbildungen deutlich. Nach dem Vorbild der Jahn'schen Turnerschaft wurde 1862 der Sportlerbund „Sokol" gegründet, der sich die Stärkung des Nationalbewusstseins auf seine Fahnen schrieb und sich in kurzer Zeit zur größten nationalen Organisation entwickelte. Als wichtige Träger der nationalen Bewegung der Deutschen fungierten parallel dazu die deutschen Turnvereine in Böhmen. Wie bei vielen anderen „verspäteten" Nationen spielte in der tschechischen Nationalbewegung die Etablierung als Kulturnation eine entscheidende Rolle. In der Musik sind hier vor allem Bedřich Smetana (1824 bis 1884) und der in London triumphale Erfolge feiernde Antonín Dvořák (1841–1904) zu nennen. Aufgrund der überragenden Bedeutung, die dem Bau des tschechischen Nationaltheaters zukam, wird von einer „Generation des Nationaltheaters" gesprochen. Diese schuf bis Ende der 1880er-Jahre ein dreistufiges tschechischsprachiges Bildungswesen. In der Wirtschaftspolitik wurde das Genossenschafts- und Kleinkreditwesen gefördert und bis zur Jahrhundertwende hatte sich die tschechische Industriegesellschaft entwickelt. Der Prager Jubiläums-Landesausstellung 1891 kam für das nationale Selbstbewusstsein des tschechischen Bürgertums große Bedeutung zu.

Artikel 19 der für Cisleithanien, dem österreichischen Reichsteil mit Böhmen, geltenden Dezemberverfassung von 1867 garantierte – geschützt vom Verwaltungsgerichtshof und Reichsgericht in Wien – die Gleichberechtigung der Volksstämme und aller landesüblichen Sprachen in Schule, Amt und öffentlichem Leben. Bei der konkreten Ausgestaltung dieses Verfassungsgrundsatzes in der Verwaltungs-, Gerichts- und Schulpraxis konnte man jedoch keine von beiden Seiten anerkannte Regelung finden, sodass es immer wieder zu Auseinandersetzungen kam. Besonders heftig tobten die nationalen Kämpfe um eine Regelung der Sprachenfrage während der Badeni-Krise in den Jahren zwischen 1897 und 1899. Die Deutschen wehrten sich vehement gegen die Einführung der zweisprachigen Amts

führung (äußere und innere Amtssprache) in allen Gebieten Böhmens, vor allem auch weil dies die deutschen Beamten, die in der Regel die tschechische Sprache nicht ausreichend beherrschten, im Vergleich zu den zumeist zweisprachigen tschechischen Beamten benachteiligt hätte.

Während es in Mähren 1905 zu einem Ausgleich kam, scheiterte ein solcher in Böhmen an der fehlenden Kompromissbereitschaft beider Seiten. Bei den Auseinandersetzungen spielten verzerrte Wahrnehmungen der jeweils anderen Seite eine große Rolle, wie sie in den Stereotypen des tschechischen Wenzel in den deutschsprachigen und des deutschen Michel in den tschechischen Karikaturen zum Ausdruck kamen. Gleichwohl gab es viele, die der Verschärfung des Gegensatzes zwischen den Nationen entgegenwirkten. Von den auf Ausgleich bedachten politischen Kräften sei die „Sozialdemokratische Gesamtpartei Österreichs" genannt, die sich für den nationalen Ausgleich einsetzte und lange Zeit Deutsche wie Tschechen in ihren Reihen vereinte. Auch zahlreiche Intellektuelle und Schriftsteller wie Karl (Karel) Klostermann und Adalbert Stifter traten für die Versöhnung zwischen den Nationen ein. Viele lehnten ein nationales Bekenntnis überhaupt ab, insbesondere diejenigen, deren Eltern, Großeltern oder Ehepartner aus unterschiedlichen Kultur- und Sprachwelten kamen, die diesen gleichermaßen verbunden blieben und ein friedliches Miteinander pflegten.

Stephan Lippold

Lit.: Kořalka 2001; Křen 2000; Luft 1994; Mauritz 2002; Poche 1956; Preißer 1997; Prinz 1993; Schilling 1991; Seibt 1997; Spiegel 1988; Storck 2001; Stourzh 1980; Strunz 2005; Wildfeuer 2004; Zehentmeier 2001

5.1 Národní identity – jazyk, historie, umění

Pokoušíme-li se dnes porozumět a popsat soužití národů v Evropě i mimo ni, používáme často pojmy „společnost" a „sociální", nezřídka z pohledu globalizace. To je relativně nový vývojový trend. Nejpozději od počátku 19. století přinejmenším do poloviny 20. století hrála hlavní roli kategorie „národa", která zatlačila do pozadí starší klasifikační principy, např. na základě vyznání či stavu. Politika se stále více stávala národní politikou. Historikové považovali střetávání národů za nejdůležitější klíč k interpretaci dějin. Ale i umění a kultura nezřídka čerpaly inspiraci z „národní minulosti", která se stala velkým tématem devatenáctého století. V obou zemích je patrné sílící historické vědomí národa. Jakkoli se koncepce jazyka a národa výrazně odlišovaly, lze mezi nimi nalézt i shody.

Jazyk

S událostmi roku 1806 zanikl svorník společné příslušnosti ke Svaté říši římské – říši mnoha jazyků. V Německém spolku byly české země zastoupeny jen prostřednictvím Rakouského císařství, zatímco Bavorsko bylo jeho členem jako samostatné království. Bavorská – od roku 1806 královská – vláda poháněla kupředu radikální modernizaci, která sjednocovala části země zcela odlišného historického původu pod střechou centrálně spravovaného království. Zánik regionálních tradic byl často bolestný proces, jenž zanechal dodnes viditelné stopy ve tváři měst, klášterů a územních jednotek, postižených sekularizací a mediatizací. Alespoň v jednom ohledu však s sebou tento proces nenesl žádné problémy: navzdory rozdílům v jednotlivých dialektech Starobavorů, Franků a Švábů existovalo samozřejmé pouto v podobě společného německého jazyka. Byla to právě tato samozřejmost, která v sousedních Čechách chyběla. Zde se počátkem 19. století stal jazyk určujícím faktorem národnostní příslušnosti.

Po staletí se v zemích Koruny české – s regionálně odlišným podílem – mluvilo česky i německy. Současně se především stavové opakovaně snažili dosáhnout ustanovení češtiny jako oficiálního úředního jazyka – vrcholem tohoto úsilí byl návrh jazykového zákona v roce 1615, který nařizoval všeobecné ovládnutí českého jazyka. Se zánikem českého stavovského státu v bitvě na Bílé Hoře roku 1620 se změnily základní předpoklady. Na základě „Obnoveného zřízení zemského", vydaného roku 1627, se vedle češtiny stala i němčina oficiálním jazykem státní správy a soudnictví; v následujících desetiletích získávala stále dominantnější postavení. Určitou závěrečnou tečkou byly v tomto kontextu reformy císaře Josefa II., pro kterého byla němčina jako jednotný státní jazyk prostředkem k racionalizaci státní správy. Ale i v 17. a 18. století se našli důrazní obránci českého jazyka, například jezuita Bohuslav Balbín (1621–1688). Na ně navázalo v závěru 18. století několik učenců, mj. zakladatel slavistiky Josef Dobrovský (1753–1829), kteří usilovali o uznání češtiny jako literárního jazyka. To jsou počátky fenoménu, který má v českém historickém vědomí své místo jako „národní obrození", znovuzrození českého národa. Přitom zpočátku po české literatuře nebyla poptávka. Většina čtenářů, jejichž mateřským jazykem byla čeština, mohla totiž díky německojazyčným vyšším školám v Čechách bez problémů číst německé (a francouzské) texty.

Asi nejvýznamnější postavou v procesu syntézy českého jazyka a národa byl lingvista a literární vědec Josef Jungmann (1773–1847). Pod vlivem koncepce rozmanitosti kultur a výrazně pozitivního vykreslení „slovanství" u Johanna Gottfrieda Herdera (1744–1803) šlo Jungmannovi nejprve o to, dokázat, že je český jazyk schopen plnit všechny funkce moderního spisovného jazyka. To měl demonstrovat zejména jím v letech 1835 až 1839 vydávaný, první moderní česko-německý slovník. Vlastní cíl byl však mnohem obecnější: vycházeje z představy slovanské jazykové jednoty měl být postupně vytvořen společný všeslovanský spisovný jazyk. Jungmannův slovník, který položil základy moderní češtiny, proto zahrnuje řadu slov z jiných slovanských jazyků, zatímco slova německého původu, zejména v mluvené řeči velmi rozšířená, ustoupila do pozadí. Toto zdůraznění jazykové svébytnosti zpočátku vůbec nemělo protiněmecký charakter, mnohem spíše měla být vyzdvižena rovnoprávnost „germánské" a „slovanské" jazykové rodiny. Jungmann přitom považoval jazyk za rozhodující kritérium národnostní příslušnosti, jinak než třeba Bernard Bolzano (1781–1848), který se ve svých přednáškách „O poměru obou národností v Čechách" („Über das Verhältnis der beiden Volksstämme in Böhmen") z roku 1816 pokouší o definici českého národa, sestávajícího ze dvou kmenů obývajících jedno království. Toto pojetí zemského vlastenectví, nazývaného „bohemismus", sdílel i český šlechtic Matyáš hrabě Thun. Hlavní myšlenka jeho spisu „Slovanství v Čechách" (Der Slawismus in Böhmen) zní: „že nejsem ani Čech ani Němec, nýbrž obyvatel Čech (ein Böhme), prodchnutý vřelou láskou k vlasti..."

Historie

Úzce spjata s kladením důrazu na slovanský národní jazyk byla propagace národně-slovanské historie, vyzdvihující především bájné období a dobu husitskou. Vůdčí postavou byl historik a politik František Palacký (1798–1876), jehož vlastenecká horlivost se inspirovala Jungmannovými spisy. Při přípravě svého epochálního díla „Geschichte von Böhmen", které vycházelo od roku 1836 nejprve jako německý, od roku 1848 jako český originál („Dějiny národu českého v Čechách a v Moravě"), bádal Palacký i v mnichovských archivech. Bavorskému králi Ludvíku I. zaslal exempláře díla s věnováním. Ludvík odpověděl děkovným dopisem, ve kterém označil Království české za „souseda naší německé vlasti" – pro Palackého to bylo vítaným potvrzením myšlenky, že Čechy v žádném případě nelze považovat za součást německého národa. Přinejmenším do revolučního roku 1848 byl Palacký přesvědčen, že Čechy a Morava mají své místo uvnitř habsburské monarchie. Současně ve své koncepci dějin zdůrazňoval protiklad mezi Slovany a Germány, Čechy a Němci.

Zatímco českým učencům v Čechách šlo o to, uhájit svébytnost slovanské národní minulosti vůči politické realitě rakousko-uherské dualistické monarchie, v sousedním Bavorsku sám král Ludvík I. formoval nový bavorský státní patriotismus cíleně v rámci německé národní hrdosti. Již jako korunní princ podporoval Ludvík projekt německého panteonu: Walhally. Sbírka bust německých velikánů měla demonstrovat slávu národa. Tento projekt realizoval architekt Leo von Klenze v Donaustaufu u Řezna v roce 1830 v podobě chrámu v dórském slohu; financován byl ze soukromých prostředků krále. Toto „přivlastnění" dějin nazíraných národní optikou vzbudilo i v Čechách velký zájem. Z iniciativy mecenáše Antonína Veitha (1793–1853) vznikl analogický projekt „Slavína", jehož název ve šťastné symbióze spojuje „slávu" se „Slovany". Zámeček u Liběchova (ve středních Čechách, u Mělníka) měl být vybudován v maurském slohu – odraz osobního vkusu Veitha, který nechtěl kopírovat dórskou Walhallu. Návrh architektury pochází od Wilhelma Gaila z Mnichova (1804–1890). Projekt vznikl na základě kontaktů s bavorským sochařem Ludwigem von Schwanthalerem (1802-1848), který se podílel na Walhalle a byl tvůrcem mnichovské „Bavarie". Sám také vytvořil modely pro osm soch Slavína. Výběr původně plánovaných 21 soch sestavil František Palacký při své návštěvě u Schwanthalera v Mnichově. Tyto identifikační figury z nejstarších českých pověstí a českých dějin odlil po předčasné Schwanthalerově smrti v Mnichově Ferdinand von Miller. Protože projekt Slavína zůstal nedokončen, přešly po smrti Antonína Veitha sochy do majetku Vlasteneckého (později

Národního) muzea. Název a ideu Slavína převzalo národní čestné pohřebiště na Vyšehradě. Sochy byly v roce 1891 vystaveny v Pantheonu nové muzejní budovy na Václavském náměstí. Dnes jsou umístěny ve vestibulu u hlavního schodiště.

Umění

Účast bavorských umělců na projektu „české Walhally" nebyla ničím mimořádným – umělecké vazby mezi Mnichovem a Prahou hrály zásadní roli při budování působivého, obrazově bohatého mýtu českého národa a jeho dějin. Vzorem mnoha českých malířů byl v druhé polovině 19. století právě Mnichov a tamější umělecká akademie.

Jedním z hlavních prostředníků je v tomto kontextu Christian Ruben (1805–1875), žák Petera Cornelia. Ruben, který byl spolutvůrcem kartonů pro nové vitráže řezenského dómu a podílel se na výzdobě zámku Hohenschwangau, byl roku 1841 povolán do Prahy jako ředitel Akademie umění. Na základě svých mnichovských zkušeností ji reformoval a významně ovlivnil rozvoj historické malby v Čechách. Zprostředkovatelskou úlohu sehrál rovněž konrektor pražské akademie, Antonín Lhota (1812–1905), jehož obraz „Vévoda Břetislav na zříceninách Velehradu" ukazuje slavné dějiny vlasti na příkladu glorifikovaného jednotlivce.

Také bavorský krajinář Max Haushofer (1811–1866) ovlivnil tvorbu celé řady svých žáků, kteří malovali pohledy na bavorskou horskou krajinu a učili se vidět krásu české krajiny. Brzy lze mezi českými studenty umění pozorovat jakýsi „mnichovský boom": Josef Mánes (1802–1871), Václav Brožík (1851–1901) či Alfons Mucha (1860–1939), to jsou jen ta nejznámější jména. Čeští studenti mnichovské Akademie založili v osmdesátých letech také vlastní spolek „Škréta" – nazvaný podle českého barokního malíře – a vedli čilý spolkový život. Členem se mohl stát každý, kdo byl Slovan, umělec či příslušník Akademie. Oblíbenost bavorské metropole nelze připisovat jen vlivu klíčových osobností jako doyena historické malby Karla von Pilotyho (1826–1886); pro mnohé české umělce představoval Mnichov první etapu cesty na západ a na jih Evropy a jeho pinakotéky byly příhodným místem ke studiu starých mistrů. Také zdejší atmosféra byla politicky liberálnější než například ve Vídni. Koncem osmdesátých let 19. století atraktivita Mnichova pozvolna klesala a většina členů spolku Škréta odešla do Paříže.

Peter Wolf

5.2 Bavorsko-české hospodářské vazby

Zatímco se v Čechách formovaly paralelní, vzájemně si stále více konkurující národní hospodářské systémy, zůstaly bavorsko-české hospodářské vazby těsné i navzdory celní politice a z ní plynoucím částečným omezením v 19. a raném 20. století; v důsledku vybudování přeshraničních železni-

čních linií pak ještě získaly na intenzitě. Zvláštní hospodářský význam měla výroba skla a porcelánu a pivovarnictví.

Výraznými postavami v oblasti českého a bavorského sklářského průmyslu byli bratři Franz ml.(1789–1861) a Wilhelm (1804–1869) Steigerwaldovi, původem z Prahy. Jejich jména jsou úzce spjata se sklářskými hutěmi Theresienthal a Schachtenbach, ve kterých především v počátcích pracovalo mnoho odborníků z Čech. V Mnichově měl obchodník se sklem Franz Steigerwald, který prodával také výrobky z dílny proslulého českého rytce skla Dominika Biemanna (1800–1857), vlastní zušlechťovací dílny, ve kterých zaměstnával řadu českých sklářských umělců, např. Franze de Paula Zacha (1810–1881). I u jiných hutí jako Buchenau-Spiegelhütte, Regenhütte nebo Oberzwieselau je patrný český vliv. Odborná sklářská škola ve Zwieselu, založená roku 1904 podle českého vzoru, vzdělává dodnes odborníky pro bavorský sklářský průmysl.

První prezident Bavorské akademie věd Sigmund von Haimhausen (1708–1793), který v Čechách zdědil rozsáhlé pozemky a statky, byl důležitou postavou v historii proslulé porcelánové manufaktury v Nymphenburgu. Na jeho popud se zde v roce 1763 stal novým modelérem porcelánu český sochař Dominik Aulíček (1734–1804). Dalším příkladem přeshraničních kontaktů v oblasti výroby porcelánu je firma Bareuther ve Waldsassenu, vybudovaná z velké části Čechy. Pro třetí nejstarší českou porcelánku v Klášterci nad Ohří/ Klösterle an der Eger pracoval nějakou dobu sochař Ernst Popp, rodák z Coburgu (1819–1883). Rovněž světoznámé plzeňské pivo vděčí za svůj vznik bavorsko-české koprodukci. Plzeňští měšťané, nespokojení s kvalitou místního piva, povolali roku 1842 do města nového sládka, Josefa Grolla (1813–1887) z Vilshofenu. 11. listopadu 1842 byla naražena první várka, která sklidila velký úspěch – tak započalo triumfální tažení tohoto piva, v celém světě známého díky své jedinečné chuti.

Významným motorem industrializace se stala v 19. století železnice. První přeshraniční dráha vedla od října 1861 přes Furth im Wald do Domažlic a Plzně. V železničním uzlu Plzeň se sbíhaly také trasy vedoucí přes Cheb a Aš do Mitterteichu (1865) resp. Hofu (1865) resp. Marktredwitz (1879) a přes Eisenstein/Železnou Rudu do Plattlingu a Deggendorfu (1877). Díky železnici bylo možno levně vyvážet velké množství hnědého a černého uhlí z Čech do Bavorska, což mělo vzhledem k enormní spotřebě energie ve sklářském, porcelánovém a hutním průmyslu severovýchodního Bavorska zásadní význam pro jeho hospodářský vývoj.

Národnostní diferenciace v Čechách v 19. a raném 20. století

V éře nacionalismu se soužití německých a českých obyvatel korunní země Čechy, která byla součástí habsburské monarchie, začalo komplikovat. Vyvinuly se dvě paralelní národní společnosti, vedly se boje za zrovnoprávnění a o podíl na státní moci. Utvářelo se ono „česko-německé konfliktní společenství" (Jan Křen).

Revoluční rok 1848 představuje mezník ve vývoji vztahů „německého" a „českého" národa v Čechách. Existovaly sice i společné revoluční cíle a akce Němců a Čechů, vzájemný antagonismus se však nyní projevil především v postoji k německé otázce: téměř všichni němečtí liberálové a demokraté v Německém spolku považovali habsburská území Německého spolku, tedy i Čechy, zcela samozřejmě za součást budoucího Velkoněmecka. Oproti tomu čeští intelektuálové již před rokem 1848 příslušnost Čech k Německu odmítali. Epochální význam má Palackého „Psaní do Frankfurtu" z 11. dubna 1848, kterým odmítl pozvání na německé Národní shromáždění a které konfrontovalo německou politickou veřejnost s českým požadavkem samostatnosti. Palackého odkaz na nepřerušenou státoprávní kontinuitu Koruny české jako součásti Habsburské monarchie se stal programatickým základem, ke kterému se vztahovaly – jako k nejmenšímu společnému jmenovateli, avšak bez konsenzu při konkrétní realizaci – všechny národní české politické strany až do doby založení Československa.

Národnostní rozpory mezi Čechy a Němci a jejich vyhrocenost byly zásadně ovlivněny skutečností, že navzdory intenzivnímu úsilí o zrovnoprávnění zůstaly Čechy podřazenou součástí habsburského mnohonárodnostního státu, ve kterém byl německý prvek tradičně dominantní. Zatímco Uhry dosáhly v rámci monarchie státoprávního vyrovnání, zůstal český požadavek rovnoprávnosti neúspěšný.

Proces národnostní diferenciace v Čechách, který po dočasném utlumení v „období reakce" (bachovského absolutismu) v letech 1849–1859 pak od roku 1860 opět sílil a po roce 1889 se dále vyhrocoval, zasáhl téměř všechny oblasti života. Vznik dvou paralelních národních společností se zřetelně projevoval mimo jiné v zakládání nejrůznějších spolků. Podle vzoru Jahnova tělocvičného („turnerského") spolku byl roku 1862 založen sportovní svaz „Sokol", jehož proklamovaným cílem bylo posílení národního vědomí a který se během krátké doby vyvinul v největší národní organizaci. Jako důležitý nositel národního hnutí Němců paralelně fungovaly německé tělocvičné spolky v Čechách. Podobně jako u mnoha jiných „opožděných" národů hrálo v českém národním obrození významnou roli ustavení národa jako kulturní entity. V oblasti hudby je třeba zmínit především jména Bedřicha Smetany (1824–1884) a Antonína Dvořáka (1841–1904), který slavil v Londýně triumfální úspěchy. Základy k tomu položila tzv. „generace Národního divadla" vytvořením třístupňového českojazyčného vzdělávacího systému a zejména stavbou českého Národního divadla v Praze. Hospodářská politika podporovala především družstevnictví a drobné úvěry a do přelomu století se vyvinula česká průmyslová společnost. Velký význam měla pro národní sebevědomí českého měšťanstva pražská Zemská jubilejní výstava v roce 1891, která byla veřejnou demonstrací tohoto vývoje.

Článek 19 Prosincové ústavy z roku 1867 pro Předlitavsko, tedy část rakouské říše, která zahrnovala i Čechy, garantoval – pod ochranou Správního soudního dvora a Říšského soudu ve Vídni – rovnoprávnost národů a všech v zemi užívaných jazyků ve školství, úřadech a ve veřejném životě. Při konkrétním vytváření této ústavní zásady ve správní, soudní a školní praxi se však jen velice obtížně hledala úprava, kterou by akceptovaly obě strany, takže opakovaně docházelo ke střetům. Obzvlášť bouřlivě probíhal národnostní boj o jazykovou otázku během Badeniho krize v letech 1897–1899. Němci se vehementně bránili zavedení dvojjazyčného úředního styku (vnějšího a vnitřního úředního jazyka) ve všech oblastech Čech, mimo jiné také proto, že by taková praxe znevýhodňovala německé úředníky, kteří český jazyk zpravidla neovládali dostatečně; čeští úředníci byli většinou dvojjazyční. Na Moravě se roku 1905 podařilo dosáhnout vyrovnání, v Čechách chyběla na obou stranách ochota ke kompromisu. Při vzájemné výměně názorů hrálo roli zkreslené vnímání a obrazy druhého, manifestující se ve stereotypech českého Vaška v německojazyčných a německého Michla v českojazyčných karikaturách. Současně je však třeba zmínit i snahy o sblížení, otupení hrotů národnostního protikladu. V politické sféře to byla Sociálnědemokratická strana Rakouska, která se zasazovala o národnostní vyrovnání a dlouhou dobu sdružovala ve svých řadách Němce i Čechy. Také mnozí intelektuálové a spisovatelé jako Karl (Karel) Klostermann a Adalbert Stifter se zasazovali o smíření mezi národy. A byla i řada těch, kdo přihlášení se k jedné národnosti úplně odmítali: ti, jejichž rodiče, prarodiče či partneři pocházeli z odlišných kulturních a jazykových okruhů, s nimiž zůstali zcela samozřejmě spjati; jejich každodenní život byl důkazem, že pokojné soužití je možné. *Stephan Lippold*

Lit.: Kořalka 2001; Křen 2000; Luft 1994; Mauritz 2002; Poche 1956; Preißer 1997; Prinz 1993; Schilling 1991; Seibt 1997; Spiegel 1988; Storck 2001; Stourzh 1980; Strunz 2005; Wildfeuer 2004; Zehentmeier 2001

5.1 Josef Jungmann" sah in der Sprache das entscheidende Kritierium für die Zugehörigkeit zu einer Nation. Das Porträt zeigt den Gelehrten mit dem ersten Band seines deutsch-tschechischen Wörterbuchs und seiner tschechischen Literatursammlung.

a) Josef Jungmann (1773–1847)
Karel Javůrek (1815–1909), Prag, 1873; Öl/Leinwand, 102 x 81, 112,7 x 91,2; Národní muzeum, Praha (H2-11 803)
Lit.: Novák 1962, S. 161; Klaban 1974; Sršeň/Hellich/Machka 1989; Stehlíková 1994, S. 136

b) Tschechisch-Deutsches Wörterbuch
Josef Jungmann; Prag 1935; Buch, Typendruck, 28 x 23, Národní knihovna České republiky, Praha (70 b 32)

Pro Josefa Jungmanna byl jazyk rozhodujícím kritériem příslušnosti k určitému národu. Portrét ho ukazuje jako učence s prvním dílem svého německo-českého slovníku a čítankou české literatury.

a) Josef Jungmann (1773–1847)
Karel Javůrek (1815–1909), Praha, 1873; olej/plátno, 102 x 81, 112,7 x 91,2

b) Česko-německý slovník
Josef Jungmann; Praha 1935; kniha, typotisk, 28 x 23

Der tschechische Sprachwissenschaftler, Literaturhistoriker, Übersetzer und Dichter Josef Jungmann war die herausragende Persönlichkeit am Anfang der tschechischen nationalen Erneuerung. Bereits im ersten Jahrzehnt des 19. Jahrhunderts nahm Jungmann den Kampf um den Erhalt und die Erneuerung der in ihrer Existenz bedrohten tschechischen Sprache auf. In Böhmen, das im 16. Jahrhundert Teil der Habsburger Monarchie geworden war, versuchte man seit Maria Theresia und Josef II. das Deutsche aus pragmatischen Gründen als einzige Amtssprache durchzusetzen. Die übrigen Nationalsprachen in der Monarchie, darunter auch das Tschechische, sahen sich an den Rand gedrängt und so gerieten auch die nicht deutschsprachigen, das heißt vor allem die slawischen Bewohner des habsburgischen Staatengebildes, in den Hintergrund. Um sich in anspruchsvolleren Berufen mit ihren deutschsprachigen Mitbürgern messen zu können, mussten sie zunächst das Deutsche gut beherrschen. Jungmanns Bemühungen, die nicht gleichberechtigte Stellung der Tschechen zu korrigieren, waren wenig öffentlichkeitswirksam und erschienen eher als wissenschaftliches Privatinteresse an einer sterbenden Sprache, hatte doch selbst Josef Dobrovský die allmähliche Germanisierung Böhmens für unausweichlich gehalten. Jungmann jedoch wechselte Schritt für Schritt aus der Defensive zu einem ernsthaft gemeinten Kampf um die Emanzipation des Tschechischen. Dabei berief er sich auf das hohe Niveau der tschechischen Literatursprache in der Zeit vor der Schlacht am Weißen Berg und versuchte zu zeigen, dass das Tschechische aufs Neue zu einer Sprache der Schönen Künste und der Wissenschaften werden könne. Jungmann belegte den Reichtum des tschechischen Wortschatzes durch seine Übersetzungen klassischer Schriftsteller, wie Goethe, Schiller, Milton und Chateaubriand. Seine Chrestomatie „Slovesnost" („Literatur", 1820) ist das erste tschechische Lehrbuch der Literaturtheorie und Poetik. Um den Tschechen wie auch deren nationalen Gegnern die Vielfalt der tschechischen Literatur vor Augen zu führen, erstellte er ein umfangreiches kommentiertes Verzeichnis der erhaltenen Werke, das er 1825 in seiner „Historie české literatury" („Geschichte der böhmischen Literatur") veröffentlichte. Die theoretischen Kenntnisse der Autors flossen auch in die eigenen Dichtungen ein, die häufig aus der tschechischen Mythologie und der alten Geschichte schöpfen.

Jungmanns Lebenswerk jedoch, in dreißig Jahren geduldigster Arbeit enstanden, ist sein „Slovník česko-německý" („Tschechisch-deutsches Wörterbuch"), das von 1835 bis 1839 „mit Hilfe

5.1

des Böhmischen Museums" in fünf Bänden erschien. Auf 5 696 Seiten versammelt es ungefähr 120 000 Einträge und führt den Beweis, dass der Wortschatz des Tschechischen dem des Deutschen in jeder Hinsicht ebenbürtig ist. Vor allem aber legte Jungmann mit diesem monumentalen Werk den Grundstein für die weitere Entwicklung der modernen tschechischen Sprache. Diese Leistung brachte ihm die allseitige Anerkennung des tschechischen Volkes, zahlreiche Ehrungen wurden ihm zuteil und die führenden wissenschaftlichen Gesellschaften Europas ernannten ihn zu ihrem Mitglied. Auch vom österreichischen Kaiser wurde Jungmann ausgezeichnet: Ihm wurde – als erstem Tschechen – 1839 der Titel eines Ritters vom Leopoldsorden verliehen. Trotz allen Ruhms blieb Jungmann ein bescheidener, stiller Mensch. Davon zeugt nicht zuletzt, dass er sich erst in seinen Sechzigern porträtieren ließ. Damals, 1833, schuf Antonín Machek (1775–1844), der beste Porträtmaler des böhmischen Biedermeier, zwei Varianten in Öl. Das Originalporträt befindet sich bis heute im Besitz von Jungmanns Nachfahren. Die kleinere Replik schuf Karel Javůrek 1873 auf Bestellung der Nationalgalerie in Prag. Anlass gab die Hundertjahrfeier von Jungmanns Geburtstag. Javůrek kopierte zunächst das Original, erweiterte das Brustbild jedoch zur Halbfigur und stellte den Porträtierten in ein stilisiertes Interieur. In symbolischer Funktion finden sich hier Jungmanns „Slovesnost", der erste Band seines Wörterbuchs sowie die Schreibgarnitur des Wissenschaftlers, die ebenfalls im Besitz seiner Nachkommen bewahrt wird. *L. S.*

Korunní princ Ludvík zde vystupuje v podobě římského vojevůdce. Portrét vznikl během Ludvíkova pobytu v Římě v roce 1818, kde se podstatně formovaly jeho představy o umění jako médiu zprostředkovávání historie.

Korunní princ Ludvík Bavorský, pozdější král Ludvík I.

Bertel Thorvaldsen (1770–1844); 1821; mramor, v. 72,5 (odlitek)

5.2 Kronprinz Ludwig erscheint hier in Gestalt eines römischen Feldherrn. Das Bildnis entstand bei seinem Romaufenthalt 1818, als Ludwigs Vorstellungen von Kunst als Medium der Geschichtsvermittlung entscheidend geprägt wurden.

Kronprinz Ludwig von Bayern, der spätere König Ludwig I.

Bertel Thorvaldsen (1770–1844); 1821; Marmor, H. 72,5 (Abguss); Staatliche Antikensammlung und Glyptothek, München
Lit.: AK Glyptothek München 1980, Kat.-Nr. 1, S. 405; AK „Vorwärts, vorwärts sollst du schauen ..." 1986, Kat.-Nr. 3, S. 25 f.; AK Wittelsbach und Bayern 1980, Bd. 3/2, Kat.-Nr. 1113, S. 585 f.

Das Modell für seine Büste des Kronprinzen Ludwig fertigte der dänische Bildhauer Bertel Thorvaldsen 1818 in Rom. Für die Darstellung des damals etwas über dreißigjährigen Kronprinzen wählte er den Typus eines römischen Feldherrnbildnisses. Im Widerspruch zur antikisierenden Kleidung stehen die zeitgenössische Haar- und Barttracht. Ludwigs Romaufenthalt 1818 sollte sich entscheidend auf seine spätere Haltung zur Rolle von Kunst und Geschichte in der Gesellschaft auswirken. Im Kontakt mit den „nazarenischen" Künstlern in Rom entwickelte Ludwig seine Vorstellungen von der Bedeutung von Kunst für die Öffentlichkeit und die Vermittlung vaterländischer Geschichte.

Im Jahr 1821 erfolgte die Ausführung der Skulptur in Marmor, auf dem Brustband beschriftet mit „Ludwig Kronprinz von Baiern/Rom den XXIX April MDCCCXXI". Die Büste wurde Vorbild für viele spätere Ausformungen und Modifikationen. *P. W.*

Celonárodní popularitu historika a politika Františka Palackého dokládá i skutečnost, že se jeho busta vyráběla sériově a patřila k inventáři mnoha českých škol.

František Palacký (1798–1876)

Jindřich Wielgus (1910–1996); Praha, kolem 1950; sádra, v. 26,5

5.3 Die Popularität des Historikers und Politikers František Palacký wird auch daran deutlich, dass seine Büste in Serienproduktion hergestellt wurde und zum Inventar vieler tschechischen Schulen gehörte.

František Palacký (1798–1876)

Jindřich Wielgus (1910–1996); Prag, um 1950; Gips, H. 26,5; Národní muzeum, Praha (H2-194242)

Die zeitgenössische Büste zeigt den bedeutendsten tschechischen Historiker František Palacký als würdevollen Wissenschaftler und Denker, im Stil offizieller Porträtplastiken aus seinen späteren Lebensjahren. Sie knüpft zum einen an eine anonyme Büste aus der Wohnung (heute Palacký-Museum), zum anderen an

eine Bronzeplastik von Josef Václav Myslbek (1885) an, die sich über dem Eingangsportal zu dieser Wohnung im Mac-Neven-Palast (heute Palacký-Straße 7) in der Prager Neustadt befindet. Die skizzenhafte Auffassung der Gesichtszüge erinnert an das von Stanislav Suchard in den Jahren 1905 bis 1907 geschaffene Denkmal für den Historiker auf dem Prager Palacký-Platz. Die in drei verschiedenen Größen ausgeführte Büste war für die Serienproduktion bestimmt und gehörte zum Inventar vieler tschechischer Schulen. *D. S.*

5·3

5·4

5.4 Dieser Reisepass ermöglichte dem Historiker František Palacký eine Archivreise nach München. Die Route im Postwagen führte über Waldmünchen und Regensburg nach München.

Reisepass für František Palacký
Prag, 13. Mai 1831; Papier, 41,5 x 25; Národní muzeum, Praha (H3–persönlicher Fond František Palacký, Inv.-Nr. 14)

Der Reisepass für „Franz Palacký" „Redacteur der Zeitschriften des Museums in Böhmen" wurde von der k. k. Stadthauptmannschaft Prag für den Grenzübertritt in Waldmünchen ausgestellt. Die Personenbeschreibung Palackýs, der den Pass auch eigenhändig unterschrieben hat, lautet:
Alter: 33 Jahre; Größe: mittel; Haare: leicht blond; Augen: blau; Nase: spitzig; Mund: mittel; Gesichtsfarbe: blass. *M. Bě./P. W.*

Tento cestovní pas umožnil historiku Františkovi Palackému cestu do mnichovského archivu. Trasa cesty, kterou absolvoval v poštovním voze, vedla přes Waldmünchen a Řezno.

Cestovní pas Františka Palackého
Praha, 13. května 1831; papír, 41,5 x 25

5.5 Palackýs grundlegende Geschichte von Böhmen, die ab 1836 zunächst auf Deutsch und 1848 auf Tschechisch erschien, stellt die Sprachnation in den Mittelpunkt. Die böhmische Geschichte wird vom Gegensatz des tschechischen und deutschen Elements bestimmt.

Franz Palacký: Geschichte von Böhmen, Bd. 1
Prag, 1836; Buchdruck, 22 x 14; Bayerische Staatsbibliothek, München (Bibl. Mont. 2857)
Quelle: Palacký, Franz: Geschichte von Böhmen. Größtentheils nach Urkunden und Handschriften. Erster Band. Die Urgeschichte und die Zeit der Herzoge in Böhmen bis zum Jahre 1197. Neudruck der Ausgabe 1844–1867, Osnabrück 1968
Lit.: Kočí/Vondruška et al. 1989, Nr. 936, S. 237; Lexikon České Literatury 2000, Bd. 3, S. 741–753; Měšťan 1984, S. 81; Otáhal 1996; Prinz 1992; Seibt 1997, passim und S. 394

Die böhmischen Stände betrauten den Historiker František Palacký mit der Aufgabe, eine mehrteilige Geschichte Böhmens zu verfassen. Im Jahr 1836 konnte er den ersten Band seines Werks in deutscher Sprache vorlegen. Die tschechische Version sollte dann im Revolutionsjahr 1848 unter dem Titel „Dějiný národu českého v Čechách a na Moravě" erscheinen. Die Darstellung beginnt mit der berühmten Landesbeschreibung der böhmischen Topografie, die den – nicht ganz zutreffenden – Eindruck eines in sich geschlossenen Ganzen weckt: „In der

Centrální myšlenkou stěžejního díla Františka Palackého „Geschichte von Böhmen", které vycházelo od roku 1836 nejprve jako německý, od roku 1848 pak jako český originál, bylo jazykové pojetí národa. Dějiny Čech jsou určovány protikladem českého a německého elementu.

František Palacký: Geschichte von Böhmen, I. díl
Praha, 1836; knihtisk, 22 x 14

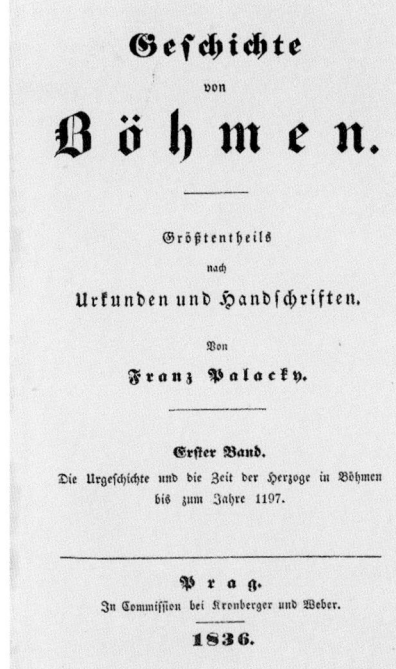

Gefchichte
von
Böhmen.

Größtentheils
nach
Urkunden und Handschriften.

Von
Franz Palacky.

Erster Band.
Die Urgeschichte und die Zeit der Herzoge in Böhmen
bis zum Jahre 1197.

Prag.
In Commission bei Kronberger und Weber.
1836.

5.5

Mitte des Festlandes von Europa erhebt sich, kaum tausend Quadratmeilen groß, der Schauplatz unserer Volksgeschichte, das Königreich Böhmen. Die äußeren Umrisse desselben zeichnen die Gestalt eines unregelmäßigen Viereckes, welches seine Winkel nach den vier Weltgegenden richtet. Es ist rings von Gebirgen eingeschlossen, welche auf drei Seiten zugleich die höchste Wasserscheide von Centraleuropa bilden, und erhält dadurch seine natürliche bestimmte Begränzung." (S. 4).

Mit diesem monumentalen und bis heute faszinierenden Geschichtswerk waren wesentliche Weichenstellungen für das weitere historische Denken verbunden. Palacký sah sich nicht nur als Historiker, sondern auch als Vertreter der „nationalen Erneuerung". Zielpunkt war die Nation, die er unter dem Einfluss von Johann Gottfried Herder vorwiegend als „Sprachnation" begriff. Palacký stellte an sich die Anforderung, der entstehenden tschechischen Nation die „Dimension der Vergangenheit" zu vermitteln. Seine geschichtsphilosophische Grundlage ist dabei eine dualistische Betrachtung aller Erscheinungen. Das galt insbesondere auch für die tschechisch-deutschen Beziehungen. Während in der deutschen Version noch eine Symbiose von Slawen und Deutschen in Böhmen gesehen wird, erscheint in der tschechischen von 1848 das Gegensatzpaar stärker herausgearbeitet. Die böhmische Geschichte wird als permanenter Kampf von Tschechen und Deutschen verstanden. Ebenso nachhaltig wie diese Auffassung wirkte Palackýs herausgehobene Darstellung der hussitischen Epoche als protestantisch-nationale Heldenzeit. Vergleichbares gilt für den Gegensatz zwischen „demokratischem" Slawentum und „feudalem" Einfluss aus dem Westen. Ungeachtet mancher historiografisch überholter oder unterdessen korrigierter Aussagen schuf Palacký das grundlegende Werk zur böhmischen Geschichte, dessen Folgen für das tschechische Geschichtsbewusstsein bis heute gar nicht überschätzt werden können.

P. W.

Král Ludvík I. Bavorský poděkoval Františku Palackému za zaslání jeho díla „Geschichte von Böhmen" („Dějiny národu českého v Čechách a v Moravě"). Při té příležitosti král potvrdil, že Čechy považuje za svébytný národ, „s naší německou vlastí sousedící".

a) Dopis krále Ludvíka I. Františku Palackému, 1. března 1837, s vlastnoručním podpisem
Mnichov, 1. března 1837; rukopis/papír, 21,7 x 16,9

b) Dopis krále Ludvíka I. Františku Palackému, 9. prosince 1839, s vlastnoručním podpisem
Mnichov, 9. prosince 1839; rukopis/papír, 22,6 x 18,7

5.6 König Ludwig I. von Bayern dankte František Palacký für die Übersendung von dessen „Geschichte von Böhmen". Dabei bestätigte der König, dass er Böhmen für eine eigene Nation, „unserm deutschen Vaterlande benachbart", halte.

a) Brief König Ludwigs I. an František Palacký vom 1. März 1837 mit eigenhändiger Unterschrift
München, 1. März 1837; Handschrift/Papier, 21,7 x 16,9

b) Brief König Ludwigs I. an František Palacký vom 9. Dezember 1839 mit eigenhändiger Unterschrift
München, 9. Dezember 1839; Handschrift/Papier, 22,6 x 18,7; Památník národního písemnictví, Praha (František Palacký korespondence bavorský král Ludvík I. Palackému)
Quelle: Palacký, Franz: Geschichte von Böhmen. Größtentheils nach Urkunden und Handschriften. Erster Band. Die Urgeschichte und die Zeit der Herzoge in Böhmen bis zum Jahre 1197. Neudruck der Ausgabe 1844–1867, Osnabrück 1968, S. IV
Lit.: Kořalka 1982; Kořalka 2007; Kořalka 1996; Otáhal 1996

František Palacký besaß dank der deutschen Ausgabe seiner Geschichte von Böhmen um die Jahrhundertmitte einen wissenschaftlichen Ruf, der den der meisten anderen Tschechen überstrahlte. Sein Hauptwerk stieß wissenschaftlich ebenso wie literarisch auf größtes Interesse. Die Voraussetzung für diese positive Rezeption seines Werks waren umfangreiche Studienreisen gewesen, wie der Autor selbst in seinem Vorwort schrieb: „Um mir vor Allem reichhaltigere und verläßliche Quellen zu verschaffen, mußte ich mich erst der mühsamen Sammlung eines allgemeinen böhmischen Diplomatars der ältesten Zeit, bis zum Erlöschen des Hauses der Přemysliden, unterziehen. Ich besuchte selbst jedes böhmische Archiv und jede Bibliothek, wo nur immer ein schriftliches Denkmal aus jener Zeit zu hoffen war; aus Mähren erhielt ich werthvolle Beiträge zum Tausche; selbst das Ausland wurde und wird diesfalls noch, durch großmüthige Unterstützung der Herren Stände, in Anspruch genommen."

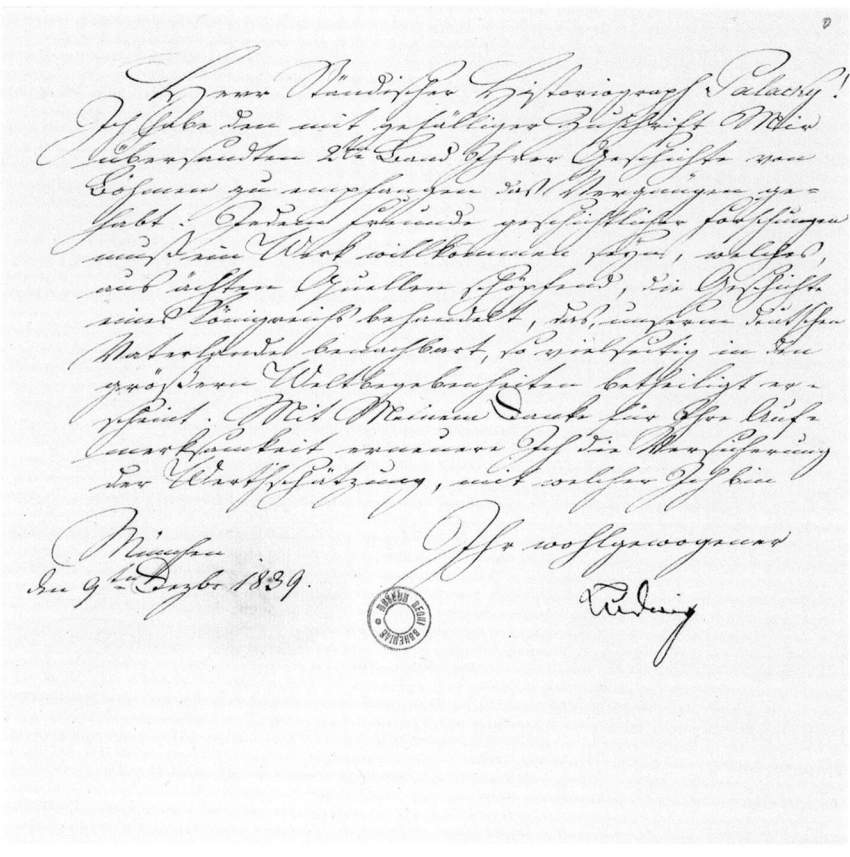

5.6

Palacký besuchte für Archivstudien auch München (vgl. Kat.-Nr. 5.4). Aus Dankbarkeit hierfür und sicher auch zum Zweck der Werbung für sein Werk übersandte er den ersten Band seines Werks im November 1836 als Geschenk an den bayerischen König Ludwig I. Drei Monate später reagierte dieser mit einem Dankbrief, in welchem er den „vielseitigen Zusammenhang" der bayerischen und böhmischen Geschichte hervorhob – eine Verbindung, die bereits Palacký in seinem Brief angesprochen hatte. Im Dankbrief für die Übersendung des zweiten Bandes vom Dezember 1839 formulierte der bayerische Monarch eine zentrale Aussage: Er dankte für das Werk, welches „die Geschichte eines Königreichs behandelt, das, unserm deutschen Vaterlande benachbart, so vielseitig in den größern Weltbegebenheiten beteiligt erscheint". Damit konnte der Historiker Palacký in seinen Überzeugungen bestätigt sein, wonach Böhmen kein Bestandteil Deutschlands, sondern vielmehr sein Nachbar sei. Diese Auffassung vertrat später auch der Absagebrief Palackýs an die deutsche Nationalversammlung 1848 (vgl. Kat.-Nr. 5.55). *P. W.*

5.7 Nach dem Willen König Ludwigs I. sollte die Walhalla der Kräftigung des Nationalsinns dienen. Diese Schützenscheibe hält den Augenblick fest, als der König auf dem Weg zur Grundsteinlegung der Walhalla die Regensburger Stadtgrenze erreichte.

Ratisbona überreicht König Ludwig I. die Stadtschlüssel – König Ludwig trägt das Modell der Walhalla
Hans Kranzberger (1804–1850); Regensburg, 1830; Öl/Holz, 144 x 72; Museen der Stadt Regensburg (K 1939/45)
Lit.: AK „Vorwärts, vorwärts sollst du schauen ..." 1986, Kat.-Nr. 205, S. 145 f.; AK 1803 2003, Kat.-Nr. 353, S. 607; Gollwitzer 1987, bes. S. 749–753; Henker 1986; Munack 2005, Kat.-Nr. 10/37, S. 380 f.; Traeger 1987; Trapp 1995; Schmid 1986

König Ludwig I. von Bayern war überzeugt, dass Kunst auch die nationalpädagogische Aufgabe der Festigung von Geschichtsbewusstsein und Nationalsinn habe

Walhalla měla podle krále Ludvíka I. přispět k posílení národního uvědomění. Tento střelecký terč zachycuje okamžik, kdy král na cestě k položení základního kamene Walhally dospěl k hranici Řezna.

Ratisbona předává králi Ludvíku I. klíče od města – král Ludvík nese model Walhally
Hans Kranzberger (1804-1850); Řezno, 1830; olej/dřevo, 144 x 72

5·7

– nicht zuletzt mit der Absicht einer staatlichen Integration des „neuen Bayern" über historische Vorbilder. Diesem Ziel dienten die Bauten von Walhalla, Ruhmeshalle und Befreiungshalle. Insbesondere die Walhalla in ihrer spektakulären Lage am Donaurandbruch, in Sichtweite der gotischen – und auf Veranlassung Ludwigs I. regotisierten – Kathedrale von Regensburg, sollte dem nationalen Wiedererstarken Deutschlands dienen. Die Grundsteinlegung fand am 18. Oktober 1830, also am 17. Jahrestag der Völkerschlacht bei Leipzig, statt. Zwei Tage zuvor traf das Königspaar an der Stadtgrenze von Regensburg ein, wo eine „altdeutsch" gekleidete Personifikation der Ratisbona die Stadtschlüssel überreichte. Der Regensburger Maler Hans Kranzberger hielt dies auf einem Gemälde fest, das er in eine neugotische Bogenarchitektur einfügte. Im Zentrum sieht man die Schlüsselübergabe an einem Weihestein, auf dem die königliche Devise „Gerecht und beharrlich" geschrieben steht. König Ludwig I. mit Krone und Krönungsmantel präsentiert wie eine mittelalterliche Stifterfigur als Attribut ein Modell der Walhalla. Im Hintergrund erkennt man auch den künftigen Bauplatz.

Es ist bezeichnend, dass der Maler, der selbst weitgehend in einer „altdeutschen" Bilderwelt lebte, das Gemälde im Sinn eines idealisierten Mittelalters erscheinen ließ. Freilich besaß es auch einen konkreten Zweck, denn es diente als festliche Schützenscheibe, die am nachfolgenden Tag in einem historisierenden Festzug durch die Stadt mitgetragen wurde. Auf dieses „Freischießen" nimmt auch die Inschrift in der Rahmung Bezug. An den Stadtausgängen wurden Ehrenpforten errichtet, deren Themenstellungen die Reichsgeschichte, die Regensburger Stadtgeschichte und die Geschichte des Wittelsbacher Herrscherhauses miteinander verschmolzen. *P. W.*

Český „Slavín" měl být síní slávy národních hrdinů. Mnichovský divadelní malíř Wilhelm Gail k tomuto účelu vybudoval citadelu v maurském stylu.

Model Slavína
Wilhelm Gail (1804–1890); sádra, patina okrové barvy, v. 58, š. (podstavce) 78, h. 35

5.8 Der böhmische Slavín sollte eine Ruhmeshalle nationaler Helden werden. Der Münchner Theatermaler Wilhelm Gail schuf dafür eine Zitadelle im maurischen Stil.

Modell des Slavín
Wilhelm Gail (1804–1890); Gips, ockerfarbene Patina, H. 58, B. (Sockel) 78, T. 35; Národní muzeum, Praha (H2-5944)
Lit.: Světozor 1908, S. 783; Prahl 2005

Nach seiner Rückkehr von einer Spanienreise 1837 erwarb der Gutsbesitzer und Kunstmäzen Anton Veith (1793–1853) einen unweit seines Schlosses Liboch/Liběchov gelegenen imposanten Felsvorsprung über der Eger, um dort einen Gedenkort tschechischer Mythen und Geschichte zu errichten. Im Verlauf von acht Jahren kristallisierte sich seine romantische Vision einer Kathedrale und

Ruhmeshalle mit Standbildern nationaler Helden heraus, die sich am Vorbild der Regensburger Walhalla, des Münchner und Pariser Pantheon, vor allem aber an tschechischen Konzepten eines patriotischen Museums orientierte, wie sie die Historiker František Palacký und Jan Erazim Wocel sowie Veiths Freund, der Dichter Matěj Klácel, entworfen hatten. In Bewunderung für die maurische Architektur der Alhambra beauftragte Veith den Münchner Theatermaler und Spanienkenner Wilhelm Gail mit den Plänen und Modellen zu seinem Projekt. Gemeinsam mit Ludwig von Schwanthaler, der mit der Schaffung der Statuen betraut war, kam Gail 1844 zu einem Arbeitsbesuch nach Liběchov. Die Lieferung des Modells bestätigt Veith in einem Brief an Klácel vom 4. September 1845. Nach Veiths Tod gelangte der Slavín in den Besitz des Unternehmers Jan Szalantay von Nagy, dessen Sohn Benjamin das schon beschädigte Modell an das Nationalmuseum verkaufte.

Der Bau des Slavín wurde von dem Prager Baumeister Jan Ripota (1799–1879) geleitet. Ein Entwurf blieb in den Sammlungen des Nationalmuseums erhalten, während der Grundriss mit der Lagebeschreibung der Statuen verschollen ist. Von der eleganten spanischen Architektur unterscheidet sich der Bau durch seine gedrungene, an eine Zitadelle erinnernde Grundform. An die drei zentralen Gebäude mit ihren verhältnismäßig niedrigen Kuppeln schließt sich der mächtige, als Aussichtsplattform gedachte Eingangsturm an. Weitere geplante Türme wurden nicht realisiert. Abgesehen von der maurischen Fensterform und der gitterartigen Wandverkleidung erinnern die dekorativen Elemente mit ihren Türmchen und Eckpfeilern auch an die englische Tudor-Gotik, wie man sie etwa auf Schloss Frauenberg/Hluboká findet. Das außerhalb des Areals erbaute Lustschlösschen fehlt im Modell.

Alle Bemühungen, den Slavín fertigzustellen, erlahmten im Jahr 1848, als mit der Niederschlagung der Revolution auch die Pläne zur nationalen Eigenständigkeit der Tschechen scheiterten. Zudem war Ludwig von Schwanthaler vor Fertigstellung der Statuen gestorben und der Mäzen Veith schwer erkrankt. Von den ursprünglich geplanten 21 überlebensgroßen Plastiken waren in den Jahren von 1846 bis 1848 sämtliche Modelle fertig gestellt worden. Nur acht Plastiken wurden in Bronze gegossen, jedoch nicht auf dem Slavín aufgestellt. Sie kamen 1854 auf Betreiben Palackýs in das damals Am Graben (Na příkopech) gelegene Gebäude des Prager Nationalmuseums. In das Pantheon des 1891 neu erbauten Museums passten sie nicht mehr, da dieses zeitgenössischen Persönlichkeiten aus

5.8

Politik, Wissenschaft und Kunst vorbehalten war. So stehen die Figuren bis heute auf der Galerie des Foyers: Přemysl der Pflüger/Přemysl Oráč, Libussa/Libuše, Ernst von Pardubiz/Arnošt z Pardubic, Georg Hasenstein von Lobkowitz/Jiří Hasištejnský z Lobkovic, Georg von Podiebrad/Jiří z Poděbrad, hl. Wenzel/ sv. Václav. Auf dem Podest des Hauptaufgangs zum Museum sind platziert: Elisabeth Přemyslidin/Eliška Přemyslovna sowie Ottokar II./Přemysl Otakar II. *D. S.*

Bronzová figura bájné zakladatelky Prahy byla odlita podle návrhu Ludwiga von Schwanthalera v královské slévárně v Mnichově pod vedením Ferdinanda von Millera.

Hliněný model sochy Libuše od Ludwiga von Schwanthalera

Anton Löcherer, Mnichov, 1848; kalotypie/ karton, 46 x 31,9

5.9 Die von Ludwig von Schwanthaler entworfene Bronzefigur der legendären Gründerin der Stadt Prag wurde in der königlichen Erzgießerei in München unter Leitung Ferdinand von Millers gegossen.

Gussmodell der Libussa-Plastik vor der Kgl. Erzgießerei in München
Anton Löcherer, München, 1848; Kalotypie/Karton, 46 x 31,9; Národní muzeum, Praha (H2-187848)
Lit.: Petrasová/Lorenzová 2001, S. 294

Das Arbeitsfoto hält das Tonmodell der Libussa-Plastik vor dem Bronzeguss fest. Aufgenommen wurde es vor dem Eingang zur Königlichen Erzgießerei in München, wo der Abguss unter der Leitung Ferdinand von Millers von dem Gießer Stinglmair durchgeführt wurde. Für den Ablauf des Gusses interessierte sich, den Erinnerungen Alois Jiráseks zufolge, auch König Ludwig I.

5.9

Die Fotografie ermöglicht einen Vergleich der Tonversion mit dem Gipsmodell aus dem Besitz František Palackýs sowie mit der Bronzefigur im Foyer des Nationalmuseums Prag. Als aufeinanderfolgende Arbeitsstadien geben die drei Plastiken Aufschluss über die allmähliche Veränderung der Proportionen sowie über Details in der Modellierung des Faltenwurfs. Bei der Tonplastik kommen Gesicht und Rumpf der Libussa besser zur Wirkung als im Gipsmodell oder in der Bronzeausführung. Durch die matte und körnige Oberfläche des Tons werden Plastizität und Monumentalität akzentuiert. Der Glanz der Bronze bewirkt hingegen eine optische Verengung der Gewandfalten, die dadurch einen Kontrast zu dem massigen Körper bilden. *D. S.*

Tvůrce mnichovské „Bavarie" navrhl pro český Slavín mimo jiné model mýtické postavy českých dějin, Libuše. Podle pověsti byla pramatkou panovnického rodu Přemyslovců a zakladatelkou Prahy.

Sádrový model k plastice kněžny Libuše

Ludwig Michael von Schwanthaler (1802– 1848); sádra, patinováno šelakem a olejovou barvou, v. 56, podstavec 18 x 20

5.10 Der Schöpfer der Münchner Bavaria entwarf für den böhmischen Slavín auch die Figur der Libussa. Nach der Legende war sie die Urmutter des Herrschergeschlechts der Přemysliden und Gründerin Prags.

Gipsmodell der Libussa-Plastik
Ludwig von Schwanthaler (1802–1848); Gips, mit Schellack und Ölfarbe patiniert, H. 56, Sockel 18 x 20; Národní muzeum, Praha (H2-143934)
Lit.: Petrasová/Lorenzová 2001

Das Modell zeigt Libussa als stattliche Heldin mit frei herabfallendem, welligem Haar, in monumentaler Unbewegtheit, als Prophetin, die direkt in die Zukunft zu sehen scheint. In der rechten Hand hält sie ein entrolltes Pergament, auf das in der

Bronzeausführung der Statue der Idealgrundriss des Vyšehrad sowie der Anfang der lateinischen Cosmas-Chronik – Libussas Vision von Prag als einer großen Stadt, deren Ruhm bis zu den Sternen reicht – eingraviert sind. Unter den Plastiken Schwanthalers kommt Libussa wohl den allegorischen Figuren am nächsten. Mit der ersten Skizze der Bavaria aus dem Jahr 1837 (Bayerisches Nationalmuseum, München) hat sie das flüchtig hingeworfene, nicht zu Ende ausgeführte Gesicht mit den verschwommen wirkenden Augen gemeinsam. Der vage Schnitt und die Schmucklosigkeit des Kleides stimmen nicht mit archäologischen Funden aus dem Mittelalter überein und auch die abgeschrägten Spitzen der modischen Bastschuhe sind eher an deutschen Theaterkostümen aus der zweiten Hälfte des 19. Jahrhunderts orientiert, wie sie zum Beispiel in den Lithografien Karl August Hennigs festgehalten sind.

5.10

Von den acht für den Slavín (vgl. Kat.-Nr. 5.8) realisierten Figuren gehört Libussa zu den weniger gelungenen. Verglichen mit der jungen, anmutigen Elisabeth Přemysl sowie mit ihrem Gegenstück Přemysl dem Pflüger wirkt Libussa schwerfällig. Auch vom Tonmodell aus der Münchner Gießerei Ferdinand von Millers sowie von der Bronzeausführung unterscheidet sich die Gipsstatuette durch einen stärkeren Rumpf, eine einfachere Modellierung und einen größeren, kantigen Sockel. Ähnlich wie die schmächtige, dekorativ verniedlichte Libussa von Josef Max aus dem Sockelrelief des Přemysl-Oráč-Denkmals in Staditz/Stadice (1837) wurde auch diese Libussa in Böhmen nicht heimisch, sondern bald durch den ikonografischen Typus der anmutigen slawischen Priesterin in Nationaltracht verdrängt. Muster der zeitgenössischen Nationaltracht, mit zum Zopf gewundenen Haaren, hatte Josef Mánes 1848 für die Zeitschrift „Lípa Slovanská" („Slawische Linde") skizziert. Von Mánes stammen auch Studien zu historischen Kostümen sowie zu Realien des tschechischen und slawischen Mittelalters, die er ab 1857 in den Illustrationen zur Königinhofer und Grünberger Handschrift weiterentwickelte. Anders als Libussa wurde Schwanthalers Přemysl der Pflüger zum Vorbild für eine ländliche Typisierung des Fürsten mit Zopffrisur, Bastschuhen, Pflugschar und der blühenden Haselrute in den Händen. Vermutlich spielt hier der Einfluss des tschechischen Bildhauers Václav Levý eine Rolle, der eine Zeitlang bei Schwanthaler assistierte.

Bei der 2006/07 von Jitka Malovaná durchgeführten Restaurierung der Plastik wurden drei Schichten späterer, in verschiedenen Farben ausgeführter Anstriche entfernt. Unter diesen kam eine feine, skizzenhafte, den ursprünglichen Entwurf des Autors charakterisierende Modellierung von Details zum Vorschein. Außerdem wies die Statue über den Fußknöcheln zwei waagrechte Brüche auf. Den Riss, aus dem zum Teil Gipsstücke herausgebröckelt waren, bedeckte eine provisorische Ausbesserung.

Das Modell überdauerte im Besitz eines der ideellen Autoren des Slavín, des Historikers František Palacký (vgl. Kat.-Nr. 5.3 ff.). Das intakt erhaltene Interieur seiner Wohnung wurde pietätvoll gepflegt. Die bis 1930 bewohnten Räume wurden dann in ein Museum umgewandelt. Kann man der von Palackýs Enkelin Libuše Bráfová 1931 überprüften Anordnung der Museumsgegenstände glauben, dann stand das Modell der Libussa da, wo es auch heute steht: im Regal direkt über Palackýs Schreibtisch. Neben Libussa blieben an die zwanzig weitere Figuren aus Palackýs Sammlung, allerdings beschädigt, erhalten. Als Erklärung für den Zustand der Figuren mögen die Aufzeichnungen des Historiografen Václav Vladivoj Tomek dienen, der in seiner Jugend als Hauslehrer für Palackýs Kinder tätig war. In seinem Buch „Paměti" („Erinnerungen") schildert er Palackýs Sohn Jan als einen jähzornigen Jungen, der mit den Statuetten um sich zu werfen pflegte.

D. S.

Josef Max vytvořil řadu soch a sošek českých panovníků; předlohou mu byly i Schwanthalerovy figury. Postava krále Přemysla Otakara I. zde drží v rukou Zlatou bulu sicilskou z roku 1212, která zaručovala dědičnost českého královského titulu.

Král Přemysl Otakar I.

Josef Max (1804–1855); sádra, polychromováno zelenou a černou olejovou barvou, patina z bronzu a barevných pigmentů; v. 47,8, v. podstavce 2,8

5.11 Josef Max schuf mehrfach Statuen und Statuetten böhmischer Herrscher und orientierte sich dabei auch an Figuren Schwanthalers. Die Gestalt König Ottokars I. hält hier die Sizilianische Goldbulle von 1212 in Händen, mit der die Erblichkeit der böhmischen Krone garantiert wurde.

König Ottokar I.
Josef Max (1804–1855); Gips, mit grüner und schwarzer Ölfarbe polychromiert, Patina aus Bronze und Farbpigmenten; H. 47,8, H. Sockel 2,8; Národní muzeum, Praha (H2-29994)

Die von Josef Max stammende Plastik zeigt Přemysl Ottokar I. als Ritter, König und Staatsmann, der die Sizilianische Goldene Bulle präsentiert. Mit dieser Urkunde bestätigte der römische und sizilianische König Friedrich II. am 25. September 1212 die Erblichkeit des böhmischen Throns – und damit die Souveränität des böhmischen Königreichs.

Die robuste Figur des in eine Plattenrüstung gekleideten, mit einem Schwert gegürteten Königs mit der Krone auf dem Helm steht in der Tradition böhmischer barocker Denkmäler und Buchillustrationen. Hier sind Kupferstiche Antonín Birckhardts in Bohuslav Balbíns Buch „Historia ac ducibus et regibus Bohemiae" (Prag 1735) zu nennen. Weitere Inspiration boten die bronzenen Renaissance-Plastiken Peter Vischers d. Ä. aus dem Mausoleum Kaiser Maximilians I. in Innsbruck, aber auch die Figuren aus Schwanthalers Wittelsbacher-Mausoleum in München. Bei den Bildhauern des 19. Jahrhunderts, zumindest im historischen Genre, erfreute sich der Typus des bewaffneten und gepanzerten Ritters großer Beliebtheit und wurde authentischeren Denkmälern aus dem Mittelalter vorgezogen, wie sie etwa die in den 60er-Jahren des 14. Jahrhunderts in der Werkstatt der Parler entstandene Figur Ottokars I. für dessen Grab im Chor des Prager Doms darstellt. Nur das Pektoralkreuz auf der Brust des Königs hat Josef Max nach mittelalterlichem Vorbild geformt.

Stilistisch ähnelt die Statue vier ebenfalls von Josef Max stammenden Steinskulpturen böhmischer Herrscher, die der Bildhauer für die Fassade des 1846/48 von Paul Sprenger konzipierten Ostflügels des Altstädter Rathauses geschaffen hatte. Auf diese Ähnlichkeit wurde in der Literatur bereits früher verwiesen (so von Prahl). Die Identität des Autors bestätigte sich jedoch erst während der 2006/07 von Jitka Malovaná vorgenommenen Restaurierung der hier gezeigten Statue, bei der die Signatur auf der Unterseite des Sockels entdeckt wurde: die mit einer Pressmarke angebrachten Initialen JM. Unter den Figuren am Rathaus, die bei einem Brand des Gebäudes am 8. Mai 1945 vernichtet wurden, war die Statue Ottokars I. jedoch ebensowenig vertreten gewesen wie in anderen Zusammenstellungen böhmischer Herrscher.

Mit ihren perfekt ausgeführten Details ist die Gipsstatuette mehr als nur eine Skizze oder ein Modell: Sie ist ein eigenständiges Miniaturdenkmal. Wahrscheinlich stammt sie aus einer größeren Serie von Plastiken nationaler Helden. In die Bestände des Nationalmuseums gelangte sie 1952 als Geschenk Nicolaj Moscals zusammen mit einer Statue Wladislaws I., dargestellt in einer mittelalterlichen Kettenrüstung. Josef Max schuf die Plastik zu einem Zeitpunkt, als er der führende Steinbildhauer Prags war. Wenig später setzte eine Cholera-Epidemie seinem Leben ein Ende. *D. S.*

5.12 Seit 1844 lehrte der aus Bayern stammende Max Haushofer Landschaftsmalerei an der Prager Kunstakademie. Die für ihn typischen weiten Panoramen prägten auch die böhmische Landschaftsmalerei des 19. Jahrhunderts.

Blick auf Prag
Max Haushofer (1811–1866); Prag, 1856; Öl/Leinwand, 23,5 x 31; Kunstforum Ostdeutsche Galerie, Regensburg (4014)
Lit.: Obermayer 1978, S. 118, Kat.-Nr. 237; Leistner 1997, S. 15; Bierhaus-Rödiger 1979

Der bayerische Landschaftsmaler Max Haushofer war 1844 als Professor für Landschaftsmalerei an die Prager Kunstakademie berufen worden. Die für Haushofers Vorstellung von Landschaftsmalerei typischen weiten, panorama-artigen Ansichten spiegeln sich auch in seiner Darstellung Prags wider. Dabei vermischte er detailgetreu gearbeitete Partien mit romantisierenden Ausblicken, die durch eine starke Inszenierung des Lichts geprägt sind. Eine weitläufige Flusslandschaft läuft in dem hier vorgestellten Gemälde auf das im Hintergrund liegende Panorama Prags zu. Himmel wie Landschaft sind vom rötlichen Licht der im Westen untergehenden Sonne angestrahlt. Besondere Aufmerksamkeit widmete Haushofer den detailgenau gemalten Felsformationen. Als Motive des Vordergrunds bilden sie nach Haushofers üblichem Kompositionsschema die konkrete Gegenwart ab, während der zurückversetzte Prager Burgberg im allgemeinen zeitlichen Raum angesiedelt wird und daher nur schemenhaft angedeutet ist.

Diese Art der Bildkonzeption hatte Haushofer in den 1830er-Jahren in München entwickelt. Als Mitbegründer und aktives Mitglied der Malerkolonie auf der Insel Frauenwörth im Chiemsee knüpfte Haushofer wichtige Kontakte, die ihn in seiner Karriere unterstützten. Besonders seine Freundschaft zu Carl Rottmann (1797–1850) sowie eine Vorliebe für Bilder von Eduard Schleich d. Ä. (1812 bis 1874) und Christian Morgenstern (1805–1867) sind in diesem Zusammenhang zu nennen.

Seine auf Frauenwörth exemplarisch entwickelte Auffassung von Landschaftsmalerei gab Haushofer im Rahmen seiner Lehrtätigkeit, die er bis 1865 ausübte, an zahlreiche Schüler weiter, unter ihnen Bedřich Havránek/Friedrich Hawranek (1821–1899) oder Alois Bubák (1824–1870). Charakteristisch für die so genannte „Schule Max Haushofers" war es, dass die Werke der Schüler in Komposition und Stil sehr stark an die Malweise ihres Lehrers angelehnt waren. So störte sich bereits die zeitgenössische Kritik an der Gleichförmigkeit dieser

Od roku 1844 vyučoval Max Haushofer, pocházející z Bavorska, krajinomalbu na pražské Akademii výtvarných umění. Široká panoramata, typická pro jeho tvorbu, ovlivňovala i způsob zobrazování české krajiny v 19. století.

Pohled na Prahu
Max Haushofer (1811–1866); Praha, kolem 1850; olej/plátno, 23,5 x 31

5.13

Malerei (vgl. Kat.-Nr. 5.13). Doch wurde der Einfluss des Münchner Landschafts-malers Max Haushofer prägend für die Geschichte der Landschaftsmalerei im Böhmen des 19. Jahrhunderts.   *C. S.*

Čeští krajináři 19. století, které výrazně ovlivnil jejich učitel Max Haushofer, pocházející z Bavorska, často zachycovali ve svých dílech bavorskou krajinu. Od šedesátých let 19. století však narazili na odmítavý postoj národnostně oriento-vaných českých uměleckých kritiků.

Večerní nálada na jezeře Chiemsee
Friedrich Hawranek / Bedřich Havránek (1821–1899); 1844; olej/plátno, 69,5 x 103

5.13 Beeinflusst von ihrem aus Bayern stammenden Lehrer Max Haushofer, schufen tschechische Landschaftsmaler des 19. Jahrhunderts zahlreiche baye-rische Landschaftsansichten. Dies stieß zunehmend auf Kritik durch national orientierte tschechische Kunstkritiker.

Abendstimmung am Chiemsee

Friedrich Hawranek/Bedřich Havránek (1821–1899); 1844; Öl/Leinwand, 69,5 x 103, Národní galerie v Praze (O 5167 [M 1221])
Lit.: AK Bedřich Havránek 1985, S. 28, Kat.-Nr. 15; Blažíčková-Horová 1994, S. 16–28; Neruda 1962, bes. S. 28

Die bayerische Landschaft mit ihren Bergen und Seen war bei den böhmischen Landschaftsmalern besonders um die Mitte des 19. Jahrhunderts sehr beliebt. Als Schüler der Prager Kunstakademie lernten vor allem die Landschaftsmaler Bayern gut kennen. Der aus Bayern stammende, von 1844 bis 1865 als Professor für Landschaftsmalerei an der Prager Kunstakademie tätige Max Haushofer or-ganisierte für seine Schüler Studienaufenthalte am Chiemsee. Sie gingen hier in den Sommermonaten dem Studium der Natur nach, während ihr Lehrer seiner Heimat einen Besuch abstattete. Zeugnis dieser engen Kontakte zwischen Bayern und Böhmen sind zahlreiche Ansichten des Chiemsees von der Hand böhmischer Maler. Auch Friedrich Hawranek (später Bedřich Havránek) arbeitete von 1844 bis 1847 im Haushofer'schen Atelier. Es ist daher nicht verwunderlich, dass sich in seinem Werk mehrere Ansichten des Chiemsees finden.

Die Darstellungen bayerischer Landschaften wurden so zu einem der Haupt-merkmale der so genannten „Schule Max Haushofers". Dies weckte spätestens ab den 1860er-Jahren den Protest der national orientierten tschechischen Kunstkri-tik, der zufolge die böhmische Öffentlichkeit „die bayerischen Landschaften, den Chiemsee, die Almen ... satt" habe (Neruda 1861). Die Themenwahl der Land-schaftsschule Haushofers, die sich aufgrund der Herkunft des Lehrers in starkem Maß nach Bayern orientiert hatte, stieß nun zunehmend auf Desinteresse. Statt-dessen forderte man, dass die Maler ihre Motive im reichen Motivschatz der böh-mischen bzw. slawischen Länder suchen sollten.   *C. S.*

5.14

5.14 Die Ansicht zeigt den Platz vor der Südfassade des Prager Veitsdoms vor dem Umbau im neugotischen Stil ab 1873. Das Gemälde wurde von König Ludwig I. für die Neue Pinakothek in München angekauft.

Blick auf den Veitsdom
Michael Neher (1798–1876); 1866; Öl/Leinwand, 60 x 67; Privatbesitz
Lit.: Grimme 1985; Rott 2003, S. 259–264; Zahradník 1999

In der großformatigen Ansicht des Prager Veitsdoms verbinden sich topografische Detailtreue und künstlerische Durchformung. Dargestellt ist ein Blick auf die Südfassade mit den angrenzenden Bauten des königlichen Palastes sowie des Domkapitels. Rechts zu erkennen sind der im Auftrag Karls IV. ab 1344 errichtete gotische Bau mit dem Chor und die den Haupteingang der Kathedrale bildende, das Zentrum des Bildes markierende Krönungspforte. An diesen ältesten Teil der Kirche schließt sich der unter Ferdinand I. bis 1563 errichtete Hauptturm an.

Der Münchner Architekturmaler Michael Neher spezialisierte sich nach seiner Ausbildung an der Münchner Akademie der Künste (1819–1825) auf die Darstellung mittelalterlicher Architektur. Mit seinen Bildern, die er, wie auch hier, mit Staffagefiguren belebte, fand er beim Publikum, und insbesondere bei Hof, großen Gefallen. König Ludwig I. kaufte insgesamt elf von Nehers Stadtansichten für die Neue Pinakothek in München, darunter auch das hier gezeigte Gemälde. Neben gängigen italienischen und deutschen Themen stechen unter seinen Ankäufen zwei böhmische Motive hervor: die Ansicht der Prager Tein-Kirche und eben der Blick auf die Prager Kathedrale.

Nehers „Blick auf den Veitsdom" stellt neben dem Wert als Kunstwerk auch ein historisches Dokument dar. Er rückt den gotischen Bau des Veitsdoms in eine Reihe mit den großen gotischen Kathedralen wie dem Aachener Münster oder dem Magdeburger Dom, die er ebenfalls malte. Neher zeigt hier das Aussehen des

Zachycen je pohled na nádvoří před jižním průčelím chrámu sv. Víta v Praze před přestavbou v novogotickém slohu, započatou v roce 1873. Obraz koupil král Ludvík I. pro Novou Pinakotéku v Mnichově.

Pohled na chrám sv. Víta
Michael Neher (1798–1876); 1866; olej/plátno, 60 x 67

5.15

Prager Doms vor 1873. In diesem Jahr wurde mit der „Fertigstellung" des Dombaus begonnen. Wie beispielsweise in Köln sollte auch in Böhmen der bedeutende Kirchenbau im Sinne der nationalen Identitätsfindung vollendet werden.   C. S.

Český vévoda, stojící na zříceninách velkolepé minulosti Velkomoravské říše, hledí do zářivé budoucnosti: malířská škola Christiana Rubena, ředitele pražské Akademie umění pocházejícího z Mnichova, se věnovala především motivům z dějin vlasti.

Vévoda Břetislav na zříceninách Velehradu

Antonín Lhota (1812–1905); 1861; olej/plátno, 108 x 128

5.15 Der böhmische Herzog blickt auf den Ruinen der großen Vergangenheit des Großmährischen Reichs in eine glänzende Zukunft: Die Malschule des aus München stammenden Direktors der Prager Kunstakademie, Christian Ruben, widmete sich bevorzugt Themen aus der vaterländischen Geschichte.

Herzog Břetislav auf der Ruine Velehrads
Anton Lhota (1812–1905); 1861; Öl/Leinwand, 108 x 128; Národní galerie v Praze (O 14945)
Lit.: AK Dějiny v obrazech 1996, S. 47, Kat.-Nr. 23; Theinhardtová 2001; Springer 1982

Antonín Lhotas Historienbild „Břetislav auf der Ruine Velehrads" erzählt die Geschichte des böhmischen Herzogs Břetislav (gest. 1055), der in der ersten Hälfte des 11. Jahrhunderts das Herzogtum Böhmen durch Eroberung großer Teile Mährens und Polens wieder an Größe und Einfluss gewinnen ließ. Einer literarischen Vorlage folgend, zeigt der böhmische Historienmaler den Helden mit seinem Gefolge in den Ruinen von Velehrad. Dargestellt ist der Moment der Erinnerung an die großen Zeiten des 9. Jahrhunderts, in denen dieser Ort als Zentrum des ersten westslawischen Staates, des Großmährischen Reichs, und der von hier ausgehenden Christianisierung gedient hatte (vgl. Kat.-Nr. 5.19). Der in die

Ferne gerichtete Blick des Helden lässt an die große Zukunft denken, die er für sein Land erhoffte.

Lhota behandelt hier ein Thema aus der vaterländischen Geschichte, das vor dem Hintergrund der nationalen Identitätsfindung um die Mitte des 19. Jahrhunderts in der böhmischen Historienmalerei sehr beliebt war. Die Beschäftigung insbesondere mit der vaterländischen Geschichte hatte der 1842 aus München berufene Maler Christian Ruben (1805–1875) in Böhmen etabliert. Als Direktor der Prager Kunstakademie förderte Ruben die Darstellung von Stoffen und Motiven aus der böhmischen Geschichte. Lhota hatte ab 1847 als Konrektor mit Ruben bis zu dessen Weggang an die Wiener Akademie im Jahr 1852 eng zusammengearbeitet. Sein Werk steht daher exemplarisch für den Einfluss des aus München berufenen Ruben in der böhmischen Kunst des 19. Jahrhunderts. Ruben brachte Methoden, die in München bereits etabliert waren, nach Prag. So stellte der Historiker und Kunsthistoriker Anton Springer (1825–1891) 1856 fest: „Die Münchner Kunst hat in Prag ... eine neue Pflanzstätte gefunden."   *C. S.*

5.16 Joseph Mánes nutzte seinen Aufenthalt in München zum Studium der Alten Meister in der Alten Pinakothek. Das in München vollendete Gemälde „Das Treffen Petrarcas mit Laura" wurde mit großem Erfolg im dortigen Kunstverein ausgestellt.

a) Das Treffen Petrarcas mit Laura in Avignon 1327
Joseph Mánes (1820–1871); München 1846; Öl/Leinwand (R); Národní galerie v Praze

b) Mädchenkopf. Studie für das Gemälde „Das Treffen Petrarcas mit Laura"
Joseph Mánes, Öl/Papier, 20 x 16,5; Národní galerie v Praze (O 4684)

c) Kopf Petrarkas. Studie für das Gemälde „Das Treffen Petrarcas mit Laura"
Joseph Mánes; 1843–1846; Öl/Papier, 21 x 17,5; Národní galerie v Praze (O 18027)
Lit.: AK Malířská rodina Mánesů 2002, S. 119–269; České Malířství 19. století 1998, S. 93, Kat.-Nr. 64; Prahl 2001, S. 311 f.; AK Josef Mánes 1971, S. 21f., Kat.-Nr. 30 f.

München war im 19. Jahrhundert neben Dresden und Düsseldorf eines der wichtigsten Zentren der Kunst in Deutschland. Die Kunstsammlungen, die Museumsbauten, die Kunstschule sowie der 1823 gegründete Kunstverein boten den Künstlern hervorragende Studien- und Erwerbsmöglichkeiten. Deshalb folgten besonders in der zweiten Hälfte des 19. Jahrhunderts viele böhmische Künstler dem Ruf der Kunststadt München. Mit einem Studienaufenthalt in der bayerischen Hauptstadt hofften sie, ihre meist in Prag begonnene Ausbildung zu vervollständigen.

Einer der ersten Künstler, der nach München kam, war 1844 Joseph Mánes. Mánes, der in der Karlstraße ein Atelier mietete, blieb bis 1846. Er studierte nicht an der Kunstakademie, sondern konzentrierte sich auf das Studium der in der Alten Pinakothek ausgestellten Werke der Alten Meister. Von großer Bedeutung für seine Entwicklung war wohl auch der Austausch mit den zahlreichen in München lebenden Künstlerkollegen. Sein Hauptwerk aus der Münchner Zeit, das Historienbild „Treffen Petrarcas mit Laura in Avignon 1327", hatte Mánes bereits in der Heimat begonnen. Von diesem Werkprozess zeugen auch die Studien der Köpfe. Das 1846 vollendete Gemälde war mit großem Erfolg im Münchner Kunstverein ausgestellt.

Mánes wählte für sein Werk die auf einer literarischen Vorlage beruhende Szene, in der Francesco Petrarca (1304–1374) in der Kirche der hl. Klara in Avignon mit seiner Geliebten Laura zusammentrifft. Es ging ihm dabei weniger um die Darstellung einer historischen Begebenheit als vielmehr um den sinnlichen Moment, in dem sich Petrarca zu der betenden Laura hinwendet und sich in sie verliebt. Mit der inhaltlichen Ausrichtung der Szene verarbeitete Mánes Einflüsse seines künstlerischen Umfelds, insbesondere der nazarenischen Historienmalerei, die nicht die wahrheitsgetreue Darstellung des historischen Details anstrebte, sondern sittliche Inhalte bildlich umzusetzen versuchte, die den nationalen und

Josef Mánes využil svého pobytu v Mnichově ke studiu starých mistrů ve Staré pinakotéce. Malba "Setkání Petrarky s Laurou", v Mnichově dokončená, byla s velkým úspěchem vystavena v tamějším uměleckém spolku.

a) Setkání Petrarky s Laurou v Avignonu 1327
Josef Mánes (1820–1871); Mnichov 1846; olej/plátno (R)

b) Hlava dívky. Studie k malbě „Setkání Petrarky s Laurou"
Josef Mánes; olej/papír, 20 x 16,5

c) Hlava Petrarky. Studie k malbě „Setkání Petrarky s Laurou"
Josef Mánes; 1843–1846; olej/papír, 21 x 17,5

christlichen Geist der Öffentlichkeit stärken sollten. Dieses in München erworbene Geschichtsbewusstsein wurde zur Grundlage der von Mánes in den nachfolgenden Jahren entwickelten „national-klassischen" Kunstauffassung.   *C. S.*

Jednou z nejvýznamnějších osobností české historické malby byl Václav Brožík, jehož ovlivnila dramaticky inscenovaná díla Karla von Pilotyho.

Jan Ámos Komenský se loučí s Karlem Starším ze Žerotína

Václav Brožík (1851–1901); 1873; olej/plátno, 187 x 155

5.17 Einer der wichtigsten Vertreter der böhmischen Historienmalerei, Václav Brožík, ließ sich in München von den dramatisch inszenierten Werken Karl von Pilotys beeinflussen.

Johann Amos Comenius verabschiedet sich von Karl dem Älteren Žerotín
Václav Brožík (1851–1901); 1873; Öl/Leinwand, 187 x 155; Galerie výtvarného umění v Ostravě (O 379)
Lit.: AK Großer Auftritt 2003; AK Václav Brožík 2003, S. 21, 224, Kat.-Nr. 18

Mit der Berufung Karl von Pilotys (1826–1888) an die Münchner Akademie der bildenden Künste erlebte nicht nur das Renommee der Schule sondern auch der Ruf Münchens als Kunststadt einen neuen Höhepunkt. 1856 als Professor für Historienmalerei berufen, stand Piloty der Akademie von 1874 bis 1886 als Direktor vor. In hohem Maße beeinflusst von der modernen belgisch-französischen Malerei, brachte Piloty – auch aufgrund seiner außergewöhnlichen pädagogischen Fähigkeiten – seinen Schülern näher, mit den Mitteln von Farbe und Komposition Szenen der nationalen Geschichte dramatisch zu inszenieren. Dies weckte das Interesse zahlreicher Künstler, die aus dem In- und Ausland nach München kamen, um bei Piloty zu studieren. Unter ihnen war 1873 auch Václav Brožík, der einer der erfolgreichsten böhmischen Historienmaler der zweiten Hälfte des 19. Jahrhunderts werden sollte. Brožíks Vorsprechen bei dem berühmten Lehrer war zwar vergebens gewesen, wenngleich Piloty versprach, den jungen Künstler auf die Warteliste zu setzen. Als er an der Akademie nicht aufgenommen wurde, konzentrierte sich Brožík auf das Studium der in der Alten und Neuen Pinakothek ausgestellten Werke sowie der Gemälde der „Schule Pilotys".

Ein wesentliches Merkmal der Schule Pilotys war die Beschäftigung mit historischen Themen. Besonders die ausländischen Schüler Pilotys erhielten so das Handwerkszeug, eine ihrer Herkunft entsprechende nationale Historienmalerei entwickeln zu können. So wählte auch Brožík für sein Gemälde einen Aspekt

5.17

der böhmischen Geschichte. Beide Protagonisten – Karl der Ältere von Žerotín (1564–1636) und Johann Amos Comenius (1592–1670) – waren Förderer des Ständestaats der Länder der böhmischen Krone. Mit der Niederlage der Stände 1620 in der Schlacht am Weißen Berg bei Prag verlor Böhmen seine Eigenständigkeit innerhalb des habsburgischen Herrschaftsbereichs. Auch die von Brožík Dargestellten büßten damit Position und Einfluss in der Heimat ein und mussten Zuflucht im Exil suchen.

Die sich in der zweiten Hälfte des 19. Jahrhunderts formierende tschechisch-nationale Bewegung berief sich in Opposition zum Herrschaftsgefüge des habsburgischen Kaiserreichs auf die frühere Unabhängigkeit des böhmischen Ständestaats. Mit der Wahl dieses Themas verarbeitete Brožík in seinem Gemälde also aktuelles politisches Ideengut der tschechischen Nationalbewegung im historischen Gewand.   C. S.

5.18 Auch die seit den 1860er-Jahren beliebte Münchner Genremalerei fand ihren Widerhall bei den in München studierenden Malern aus Böhmen.

Spielleute
Vojtěch Bartoněk (1859–1908); 1880er-Jahre; Öl/Leinwand, 49,5 x 39; Národní galerie v Praze (O 5787)
Lit.: Archiv der Hauptstadt Prag, fond S.V.U. Mánes sign. 2.1.2, Präsenzbuch des Vereins Škréta in München (16.5.1885–13.1.1888); Immel 1967, S. 156; Toman 1947, Bd. 1, S. 39

Der in den 1880er-Jahren bei böhmischen Kunststudenten sehr beliebte Studienaufenthalt in München ist in vielen Fällen in Vergessenheit geraten, so auch im

Mnichovská žánrová malba, která se od šedesátých let 19. století těšila velké oblibě, ovlivnila díla českých malířů, studujících v Mnichově.

Šumaři

Vojtěch Bartoněk (1859–1908); 80. léta 19. století; olej/plátno, 49,5 x 39

5.18

Fall Vojtěch Bartoněks, der 1886 als Mitglied des Vereins tschechischer Kunststudenten „Škréta" in München auftaucht. Wie viele seiner Künstlerkollegen setzte Bartoněk seine Studien im Anschluss an seine Münchner Zeit in Paris fort.

Kennzeichnend für zahlreiche Werke böhmischer Künstler aus dieser Zeit sind Darstellungen des alltäglichen Lebens. Die offizielle Lehre der Münchner Kunstakademie hatte sich mit Karl von Piloty als Professor für Historienmalerei seit den 1860er-Jahren von den rein historischen Themen für Motive aus dem Volksleben geöffnet. So waren im Kreis der Nachfolgegeneration zahlreiche Genremaler wie Franz von Defregger (1834–1921) oder Wilhelm von Diez (1839–1907) vertreten. Diese Tendenz wirkte sich natürlich auch auf die in dieser Zeit in München arbeitenden böhmischen Maler aus, die nun neben historischen Kompositionen die beim Publikum beliebteren kleinformatigen Genrebilder anfertigten. In Paris setzten viele junge böhmische Maler die in München eingeschlagene Richtung fort. Dies gilt auch für Vojtěch Bartoněk. Obwohl er selbst nicht an der Münchner Kunstakademie eingeschrieben war, spiegelt das in den 1880er-Jahren entstandene Gemälde „Šumaři/ Spielleute" die Beschäftigung mit dem volkstümlichen Genre wider. Dargestellt ist der Blick in eine bäuerliche Stube, in der zwei vielleicht aus dem Böhmerwald stammende Musiker an einem Tisch Platz genommen haben. Auch in seinem späteren Werk lag das Hauptinteresse des Malers der Darstellung volkstümlicher Szenen. Der Aufenthalt in der bayerischen Kunstmetropole dürfte dafür – nicht weniger als seine Pariser Zeit – richtungsweisend gewesen sein.

C. S.

Oltářní obraz s oběma slovanskými věrozvěsty vznikl jako závěrečná práce Muchova studia na mnichovské Akademii umění. Byl vytvořen pro kostel českých emigrantů v Písku v Severní Dakotě (USA).

Studie k oltářnímu obrazu „Svatí Cyril a Metoděj"
Alfons Mucha (1860–1939); Mnichov, 1886; olej/plátno, 85 x 45

5.19 Das Altarbild, das die beiden „Slawenapostel" zeigt, entstand als Abschlussarbeit von Alfons Muchas Studium an der Münchner Kunstakademie. Der Maler schuf es für eine Kirche tschechischer Emigranten in Písek in North Dakota (USA).

Studie zum Altarbild „Die Heiligen Kyrill und Methodius"
Alfons Mucha (1860–1939); München, 1886; Öl/Leinwand, 85 x 45; Privatbesitz/Soukroma Osoba
Lit.: AK Alphonse Mucha 1998, S. 16, 284, Kat.-Nr. 107; AK Alfons Mucha 1998, S. 17, 41; Mucha 1986, S. 59–72

Auch die Anfänge des für seine grafischen Werke, insbesondere seine Plakatkunst, bekannten Malers Alfons Mucha liegen in München. Aus dem Königreich Böhmen und Mähren stammend, hatte er sich 1877 vergeblich um die Aufnahme an der Prager Kunstakademie beworben. Nachdem er sich in Wien als Dekorationsmaler durchgeschlagen hatte, fand Mucha einen privaten Förderer und konnte sich nun eine solide Ausbildung zum Künstler leisten. Als Studienort wählte Mucha die renommierte Münchner Kunstakademie, an der er sich 1885 immatrikulierte. Die Abschlussarbeit seines zweijährigen Studiums bildete das Historiengemälde „Die Heiligen Kyrill und Method". Mit diesem Bild brillierte der junge Künstler 1887 in den an der Akademie gelernten Techniken der Malerei, wofür er mit einem Preis der Akademie ausgezeichnet wurde.

5.19

Die hier gezeigte Studie hat er wohl etwas früher angefertigt. Mucha wählte für sein Gemälde eine klassische Dreieckskomposition. Durch die gekonnt inszenierte Lichtführung erzielt er eine wirkungsvolle Präsentation seiner beiden Hauptfiguren, der griechischen Mönche Konstantin (Kyrill) und Method, die im 9. Jahrhundert als Missionare nach Mähren gekommen waren, um den slawischen Völkern das Christentum näher zu bringen. Mit ihrer Mission legten die „Slawenapostel" das Fundament slawischer Kulturbildung. Ausgehend von der Idee der Vorbildhaftigkeit der Geschichte, waren sie auch im 19. Jahrhundert im Rahmen der tschechischen Nationsbildung in den Ländern der böhmischen Krone von großer Bedeutung. Die Wahl des religiösen Themas wird vor dem Hintergrund des Auftrags deutlich. Mucha hatte das Werk für Emigranten aus seinem Heimatdorf Ivančice in Mähren als Altarbild für ihre Kirche in Písek in North Dakota (USA) angefertigt. Der nationale Erinnerungswert der Szene war für die fern der Heimat lebenden Emigranten wohl gleichermaßen hoch wie für den zu dieser Zeit in München lebenden jungen Maler.　　　　*C. S.*

5.20　Im Jahr 1885 gründeten tschechische Kunststudenten in München einen eigenen Verein, den sie nach dem Barockmaler Karel Škréta benannten. Auf dem Umschlag der Vereinszeitschrift sind ihre rund um die Kunstakademie gelegenen Wohnorte festgehalten.

a) Die tschechische Kolonie der Škréta-Mitglieder in München
München, 1887; Feder und Aquarell/Papier, rote Beschriftung, 30 x 22, Passepartout 39 x 25; Národní galerie v Praze (AA 765)

b) Slawische Kunststudenten in München
1886; Fotografie; Mucha Foundation, London
Lit.: Prahl/Bydžovská 1993, S. 11; Prahl 2006; Ševčíková-Korbelová 1985

In den 1880er-Jahren kamen besonders viele Studenten aus Böhmen zum Kunststudium nach München. 1885 gründeten die böhmischen Kunststudenten in München ihren eigenen Verein. Um die aktuellen Entwicklungen der Kunst bestmöglich verfolgen zu können, siedelten sich die böhmischen Künstler und Mitglieder des Vereins „Škréta" in der Nähe der Kunstakademie an. Viele von ihnen waren ja ohnehin an der Kunsthochschule eingeschrieben. Davon zeugt die gezeichnete Karte, aus der die Wohnorte der böhmischen Kunststudenten ersichtlich sind. Der Verein pflegte aber auch die Kontakte mit der Heimat und

V roce 1885 založili čeští studenti umění v Mnichově vlastní spolek, pojmenovaný podle barokního malíře Karla Škréty. Na obálce spolkového časopisu jsou zaznamenána jejich bydliště, která se vesměs nacházela v blízkém okruhu Akademie umění.

a) Kolonie škrétovců v Mnichově
Mnichov, 1887; kresba perem, akvarel/papír, červený nápis, 30 x 22, pasparta 39 x 25

b) Slovanští studenti umění v Mnichově
1886; fotografie

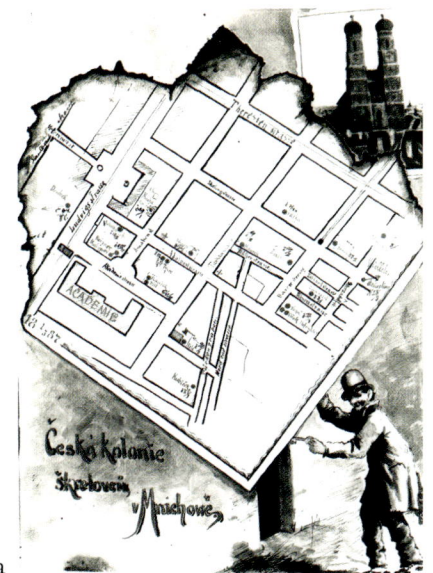

5.20 b

gab eine eigene Zeitschrift heraus. Aufgeteilt in ein Bildalbum mit Namen „Pale-ta" (Palette) und einen Textteil „Špachtle" (Spachtel), kursierten die Werke der Mitglieder innerhalb des Vereins. Zur Mitwirkung wurden neben tschechisch-sprachigen Mitgliedern auch andere in München lebende slawische Künstler ein-geladen. Diese Ausrichtung zeigt die wohl 1886 aufgenommene Fotografie. Teils böhmischer teils anderer slawischer Herkunft war zumindest der überwiegende Teil der Abgebildeten dem Verein beigetreten, der zwischen 1885 bis 1887 etwa zwanzig Mitglieder hatte. Es ist schwer, die Bedeutung Einzelner im Kreis der tschechischen Kunststudenten in München zu bewerten. Bekanntheit in ihrer Künstlerlaufbahn erlangten beispielsweise Luděk Márold (1865–1898), Karel Vítězslav Mašek (1865–1927) oder Alfons Mucha (1860–1939).

Zu Beginn des Jahres 1888 begann sich der Münchner Verein tschechischer Künstler aufzulösen. Ein großer Teil der Mitglieder setzte das Studium in Paris fort, andere kehrten nach Prag zurück, um an der dortigen Akademie ihre Aus-bildung abzuschließen. Einige der Rückkehrer riefen – auf der Grundlage der Münchner Erfahrungen – 1887 in Prag erneut einen Verein ins Leben, der nach dem böhmischen Maler Josef Mánes (1820–1871) benannt war. Die Gründung des Künstlervereins „Mánes" stand in engem Zusammenhang mit dem Aufkom-men der Moderne in der böhmischen Kunst – eine Entwicklung, die ohne das Münchner Vorbild undenkbar gewesen wäre. *C. S.*

Mnichovská soukromá umělecká škola Slovince Antona Ažbeho byla v 90. letech 19. století zprostředkovatelkou francouz-ského a německého impresionismu. K jejímu mezinárodnímu okruhu žáků patřili mezi jinými Čech Ludvík Kuba či Rusové Alexej Jawlensky a Wassily Kandinsky.

Malířská škola Antona Ažbeho. Pohled do ateliéru
Ludvík Kuba (1863–1856); Mnichov, 1900; olej/plátno, 46 x 40

5.21 Die Münchner private Kunstschule des Slowenen Anton Ažbe ver-mittelte in den 1890er-Jahren die Entwicklungen des französischen und deutschen Impressionismus. Zum internationalen Schülerkreis gehörten der Tscheche Ludvík Kuba ebenso wie die Russen Alexej Jawlensky und Wassily Kandinsky.

Malschule bei Anton Ažbe. Blick in das Atelier
Ludvík Kuba (1863–1856); München, 1900; Öl/Leinwand, 46 x 40; Galerie moderního uměni v Hradci Králové
Lit.: AK Wege zur Moderne 1988, S. 122; Mai 1985

Nachdem sich in der Münchner Künstlerschaft in der zweiten Hälfte der 1880er-Jahre zunehmend Widerstand gegen die ausländischen Konkurrenten gebildet hatte, entstanden im Zuge der Gründung des „Vereins bildender Künstler Mün-chens" 1892 neue Foren des internationalen Kunstdiskurses. Private Kunstschulen gewannen nun an Bedeutung. Besonders erfolgreich war die Schule des Slowenen

5.21

Anton Ažbe (1862–1905), in der sich ein internationaler Schülerkreis mit den neuen Entwicklungen der Kunst auseinandersetzte.

Einen Blick in diese Kunstschule gewährt das Bild des aus Böhmen stammenden Künstlers Ludvík Kuba, der von 1895 bis 1904 in München lebte und die Kunstschule von Ažbe besuchte. Dem Betrachter wird ein ausschnitthafter Blick in Ažbes Atelier präsentiert, in dem die Schüler beim Studium eines weiblichen Aktmodells zu sehen sind. Durch das große Atelierfenster fällt Licht in den dunklen Raum. Die Farbe ist mit breiten Pinselstrichen aufgetragen. Dies erzeugt den Eindruck von flimmerndem Sonnenlicht, das ins Atelier strömt. Ažbes Lehrprinzipien, die auf den Entwicklungen des deutschen und französischen Impressionismus beruhen, werden in Kubas Gemälde exemplarisch deutlich. Das „Kugelprinzip", das auf der Reduktion alles Gegenständlichen, insbesondere der menschlichen Körper auf geometrische Formen basiert, zeigt sich deutlich in den schemenhaft angedeuteten Figuren. Um eine „Kristallisation" der Farben umzusetzen, ließ er seine Schüler die Farben unvermischt nebeneinander auf die Leinwand auftragen. Diese Art des Farbauftrags betont auch bei Kuba die Momenthaftigkeit der Komposition.

Neben den reinen Lerninhalten der Schule Ažbes waren sicherlich auch die Diskussionen mit den Mitschülern, hier besonders den Russen Alexej Jawlensky (1864–1941) und Wassily Kandinsky (1866–1944), für den jungen Künstler von großem Interesse. Schließlich waren diese Maler nur wenige Jahre später maßgeblich an der Entwicklung des Expressionismus beteiligt. In diesem künstlerischen Umfeld der Stadt München entwickelte Kuba sein Gefühl für Farbwerte, das seine späteren Werke in hohem Maße prägte.   *C. S.*

5.22   5.23   5.24

Vítací číše z roku 1627 nese vyobrazení dvouhlavého říšského orla s erby kurfiřtů a říšských stavů: tento v pozdním 16. a raném 17. století velmi populární motiv dosáhl nové obliby v období historismu.

Vítací číše (vilkum)

Čechy, 1627; sklovina čirá, mírně nazelenalá, pestré emaily, řezaný nápis; v. 31

5.22 Der Willkomm von 1627 zeigt das im späten 16. und frühen 17. Jahrhundert überaus beliebte Motiv des doppelköpfigen Reichsadlers mit den Wappen der Kurfürsten und Reichsstände, das in der Zeit des Historismus wieder aufgegriffen wurde.

Willkomm
Böhmen, 1627; farbloses Glas, leicht grünlich, bunt emailliert, geschnittene Inschrift; H. 31; Západočeské muzeum v Plzni (444)
Lit.: Braunová 1980, S. 35, Nr. 14, Abb. Nr. 12; Braunová 2003

Um den walzenförmigen Becher mit eingezogenem Boden zieht sich ein massiver runder Faden. Die Wandung ziert ein in bunten Emaillefarben ausgeführter doppelköpfiger Reichsadler, der auf seinen ausgebreiteten Schwingen die Wappen der Kurfürsten und Stände trägt (vgl. Kat.-Nr. 5.23). Auf der Brust des Adlers ist der Reichsapfel zu sehen, zwischen den Schwingen die Jahreszahl 1627, im oberen Teil die Beischrift: „DAS HEILIGE RÖMISCH REICH MIT SAMPT SEINEN GLIEDERN". Dicht unter dem Rand des Glases findet sich die geschnittene Widmung: „Johann Boch, derzeit Vormeister bey der Löbl. Armbrust Schützengesellschafft verehrt dieses Glass zum andencken: 1723."   *D. Br.*

Císař a sedm kurfiřtů – tato alegorie na Svatou říši římskou symbolicky znázorňuje pozdně středověký/raně novověký mocenský systém a byla častým ústředním motivem na skvostných sklech.

Vítací číše (vilkum)

Čechy, 1588; sklovina čirá, mírně nazelenalá, pestré emaily, v. 29

5.23 Der Kaiser und die sieben Kurfürsten – diese Allegorie auf das Heilige Römische Reich versinnbildlicht das spätmittelalterlich-frühneuzeitliche Herrschaftssystem und wurde als zentrales Bildmotiv auch auf kostbaren Gläsern dargestellt.

Willkomm
Böhmen, 1588; farbloses Glas, leicht grünlich, bunte Emaillemalerei, H. 29; Západočeské museum v Plzni (428)
Lit.: Braunová 1980, S. 27, Nr. 3, Abb. Nr. 3; Braunová/Frýda/Mergl 1984; Braunová 2003; AK Reichsstädte in Franken, Kat.-Nr. 291 (Klaus Pechstein)

Der walzenförmige Humpen hat einen eingestochenen Boden mit aufgeschmolzenem massivem, rundem Glasfaden anstelle eines Fußes. Zentrales Motiv des Emailledekors ist der thronende König, der, umgeben von den sieben Kurfürsten samt ihren Attributen, Wappen und jeweiligen Beischriften, die Einheit des Heiligen Römischen Reichs verkörpert. Im oberen Teil des Throns trägt ein gelbes

Schriftband die Jahreszahl 1588. Über der Darstellung ist zu lesen: „Die Römische kayserliche Mayestat/ Sampt den Sieben Kurfürsten, In Ihrer Klaydung ampt und sitz/" sowie die Namen der einzelnen Kurfürsten. Unterhalb des Glasrands befindet sich ein ursprünglich vergoldetes Band mit bunten Emaillepunkten.

Das Motiv gibt anschaulich die Herrschaftsstruktur des Heiligen Römischen Reichs wieder: der Kaiser an der Spitze, unterstützt – und abhängig – von den Kurfürsten: Die Erzbischöfe von Köln, Mainz und Trier bekleideten die Ämter des Kanzlers in Deutschland, Italien und Burgund, während die weltlichen Kurfürsten die Erzämter des Marschalls, Kämmerers, Truchsessen und Schenken innehatten.   *D. Br.*

5.24 Das Motiv des von den sieben Kurfürsten umgebenen Kaisers symbolisierte die Einheit des Heiligen Römischen Reichs. Es war in der Renaissance überaus beliebt und wurde im Historismus wieder aufgegriffen.

Humpen mit sieben Kurfürsten
Glashütte in Steinschönau (?), um 1890; farbloses, klares Glas, Emaillemalerei, H. 25; Sklářské muzeum Kamenický Šenov (1472)
Lit.: Braunová 1980; AK České sklo I. 1989, Kat.-Nr. 56a, 65; Spiegl 1980, S. S. 214–258; Brožová 1995; Kuthan 2001; Mundt 1981; Sršeň 1997; Vybíral 1999; Żelasko 2005, S. 105–110; AK Reichsstädte in Franken, Kat.-Nr. 291 (Klaus Pechstein)

Humpen mit dem Motiv des Kaisers und der sieben Kurfürsten existieren in mehreren Varianten, meist wird der Kaiser auf dem Thron sitzend mit den an seiner Seite stehenden Kurfürsten dargestellt. Eine jüngere Variante, die erst um 1600 auftaucht – das früheste datierte Exemplar im Kölner Stadtmuseum stammt von 1601 –, zeigt die Kurfürsten auf Pferden reitend in zwei Reihen übereinander, wobei im oberen Band der Kaiser und die drei geistlichen, im unteren Band die vier weltlichen Kurfürsten zu sehen sind. Die Platzierung der Dargestellten in Arkaden mit Inschriften, wie sie auch auf diesem Glas gewählt ist, war in der Renaissance charakteristisch für die Glasmaler aus Nordböhmen und Brandenburg. In der Zeit des Historismus wurde dieses Motiv wieder aufgegriffen. Der in opaker Glasmalerei ausgeführte Humpen ahmt seine Vorbilder bis in die Inschriften nach. Über dem Haupt des Kaisers findet sich die Jahreszahl 1676. Der Kaiser ist bezeichnet als „Kö.Kay 1676 Mäyestaat", daneben die drei geistlichen Kurfürsten mit „Chur Trier // Chur Cöln // Chur Mäntz", während der böhmische König und die anderen weltlichen Kurfürsten als „König Beham // Chur Pfaltz // Chur Sachsen // Chur Brandenburg" apostrophiert werden.   *J. L.*

5.25 Die Symbolik des Heiligen Römischen Reichs, hier der doppelköpfige Reichsadler, war ein häufiges Motiv der Gläser im altdeutschen Stil.

Humpen mit Adler und Wappen des Heiligen Römischen Reichs
Glasmalerei wahrscheinlich von Johann (Wilhelm) Schürer, Winterberg, um 1890; grünliches klares Glas, Emaille- und Goldmalerei; H. 30, Ø 12,5; Muzeum při správě Národního parku a chráněné krajinné oblasti Šumava ve Vimperku (522/58 V 92)
Lit.: AK České sklo I. 1989, Kat.-Nr. 41; Lněničková 2003; Lněničková 1997; Solar 1974; AK Reichsstädte in Franken, Kat.-Nr. 292 (Rainer A. Müller)

Der vermutlich in der Werkstatt von Johann Schürer gefertigte Humpen zeigt den doppelköpfigen Reichsadler mit dem Gekreuzigten auf der Brust, auf seinen ausgebreiteten Schwingen trägt er die Wappen der Länder und die abgekürzten Namen der Städte des Heiligen Römischen Reichs. Die Inschrift unter der Bordüre lautet: „DAS . HEILIG . ROMISCHE REICH . MIT . SAMPT . SEINEN GLIDERN – 1584".

Das Motiv des doppelköpfigen, bekrönten Adlers, dessen Schwingen die Wappen der Kurfürsten, Reichsfürsten und Reichsstände tragen, erscheint seit dem 16. Jahrhundert in vielerlei Varianten als Ausdruck der Einheit des Heiligen

Motiv císaře obklopeného sedmi kurfiřty symbolizoval jednotu Svaté říše římské. Byl oblíben především v období renesance a znovu pak v období historismu.

Humpen se sedmi kurfiřty
Sklářská huť v Kamenickém Šenově a okolí (?), kolem 1890; bezbarvá čirá sklovina, malba emaily, v. 25

Symboly Svaté říše římské, v tomto případě dvouhlavý orel, byly oblíbeným motivem na sklech ve staroněmeckém stylu.

Humpen s orlem a znakem Svaté říše římské
malba na skle pravděpodobně Johann (Wilhelm) Schürer, Vimperk; kolem 1890; nazelenalá čirá sklovina, malba emaily a zlatem; v. 30, průměr 12,5

5.25

Römischen Reichs. Der erste bekannte Humpen dieser Art stammt von 1571 (British Museum). Die zunächst vor allem in Böhmen gefertigten Humpen wurden bald – unter der schlichten Bezeichnung „Reich" – auch in allen größeren deutschen Glasbetrieben hergestellt. Das Motiv geht auf einen Holzschnitt Hans Burgkmairs von 1510 zurück und bezieht sich auf die geheimnisumwitterte Quaternionenlehre aus dem frühen 15. Jahrhundert, wonach – im Sinne der als heilig geltenden Zahl Vier – die soziale Ordnung des Reichs auf vier Säulen ruht, die von jeweils vier Standesvertretern repräsentiert werden. Ob man den Rückgriff des Historismus auf die Reichssymbolik (vgl. auch Kat.-Nr. 5.22 ff.) auch als nostalgische Sehnsucht nach der früheren Bedeutung der Habsburger zu sehen hat, sei dahingestellt.

Die Werkstatt von Johann Schürer (1823–nach 1890) in Winterberg/Vimperk widmete sich in verhältnismäßig großem Umfang der Glasmalerei im altdeutschen Stil. Als Halbfabrikat verwendete man Gläser aus der nahen Glashütte Johann Meyr´s Neffe aus Adolf bei Winterberg/Adolfov u Vimperka, die für höchste Qualität bürgte. Seit 1877 arbeitete hier auch der talentierte Glasmaler Heinrich Bergmann (1847–nach 1916), der später Johann Schürers Tochter Ottilie heiratete und um 1890 die Werksleitung übernahm. *J. L./E. B.*

Výzdoba pohárů typickými ornamentálními prvky a scénami prozrazuje zálibu historismu v pozdním středověku a renesanci.

a) Pohár s víčkem s vyobrazením lancknechta
severní Čechy, pravděpodobně harrachovská sklárna v Novém Světě; 80. léta 19. století; zelenožlutá sklovina, malba emaily, v. 58

b) Pohár s loveckým výjevem
severní Čechy, pravděpodobně harrachovská sklárna v Novém Světě; 80. léta 19. století; žlutozelená sklovina, skleněný dekor, malba emaily, v. 77

5.26 Entsprechend der Vorliebe des Historismus für Themen und Motive aus Spätmittelalter und Renaissance sind die Pokale mit für diese Zeit typischen Ornamenten und Szenen verziert.

a) **Deckelpokal mit Darstellung eines Landsknechts**
Nordböhmen, wahrscheinlich Harrach'sche Glashütte in Neuwelt; 80er-Jahre 19. Jahrhundert; grüngelbes Glas, Emaillemalerei, H. 58; Museum hlavního města Prahy (MMP 28478/3a,b)

b) **Pokal mit Darstellung einer Jagdszene**
Nordböhmen, wahrscheinlich Harrach'sche Glashütte in Neuwelt; 80er-Jahre 19. Jahrhundert; grüngelbes Glas, Glasauflage, Emaillemalerei, H. 77; Museum hlavního města Prahy (MMP 28478/4a,b)
Lit.: Brok / Brožová / Lukáš 1970; AK Historismus 1975/76, Kat.-Nr. 78, 231; Lněničková 2002, S. 125

Die Glaspokale stammen höchstwahrscheinlich aus der Glashütte in Neuwelt/

26 a

5.26 b

5.27

Nový Svět, aus deren Rechnungen hervorgeht, dass sie verhältnismäßig häufig ins benachbarte Deutschland lieferte.

Die thematische Mannigfaltigkeit der im altdeutschen Stil gehaltenen Glasmalereien ist kaum zu überblicken. Vor allem Wappen, heraldisch korrekte ebenso wie Fantasiewappen, erfreuten sich großer Beliebtheit. Ferner finden sich Darstellungen geschichtlicher Ereignisse, etwa aus dem Dreißigjährigen Krieg. Auf Bestellung wurden Gläser mit mittelalterlichen Motiven wie Ritterfiguren, den Symbolen des Römischen Reichs (vgl. Kat.-Nr. 5.22 ff.) oder auch religiöse Motive wie Heiligenfiguren, Allegorien christlicher Tugenden und Ähnliches gefertigt. Eine große Gruppe bilden die Gläser mit Jagdmotiven; sehr gefragt waren Darstellungen, die mit dem Genuss von Wein und Bier verbunden sind: Reben und Hopfenranken in vielerlei Gestalt, Allegorien auf den Wein, der Weingott Bacchus, Trinkszenen. *B. S./J. L.*

5.27 Während die Form dieser für Wein bestimmten Flötenpokale von den hohen gotischen Kelchen böhmischen Typs inspiriert ist, zeigt das plastische Dekor den Einfluss der gotischen Schnitzerei.

Becherpaar mit Weinmotiv
Fa. Josef Riedel, Polaun/Polubný (heute Desná III); Entwurf vermutlich Karl Seidel, 1893; grünes, klares Glas, Emaille- und Goldmalerei, H. 37,5; Muzeum skla a bižuterie v Jablonec nad Nisou (SR 195 a, b)
Lit.: Cogan 1986; AK Eine Symphonie aus Glas 1994, S. 45; Lněničková 1986

Die luxuriösen Flötenpokale, die als Weingläser oder dekorative Gegenstände verwendet wurden, erscheinen verhältnismäßig häufig in der Produktion der 1756 in Polaun/Polubný gegründeten Firma Riedel (vgl. Kat.-Nr. 5.30) und gehören zu deren elegantesten Stücken. Sowohl in Form wie in Dekor greifen sie auf Elemente der Gotik zurück und ergeben so Objekte, die sich durch ihren einheitlichen, synkretistischen Stil auszeichnen. *J. L.*

Tvar těchto pohárů-fléten na víno se inspiruje vysokými gotickými kalichy českého typu, plastický dekor prozrazuje vliv gotického řezbářství.

Dvojice pohárů s motivem vinné révy
firma Josef Riedel, Polubný (dnes Desná III); návrh pravděpodobně Karl Seidel, 1893; zelená čirá sklovina, malba emaily a zlatem, v. 37,5

5.28

5.28 Die Reiterszene auf dem Deckelpokal bezieht sich auf das „Prager Karussell", das am 5. Juni 1854 in der Waldstein-Reitschule in Prag anlässlich des Besuches des jungvermählten österreichischen Kaiserpaars veranstaltet wurde.

Deckelpokal mit Reiterszene
Nordböhmen, wahrscheinlich Harrach'sche Glashütte in Neuwelt; 80er-Jahre 19. Jahrhundert; grüngelbes Glas, Emaillemalerei, H. 59; Muzeum hlavního města Prahy (MMP 28478/3a,b)
Lit.: Lněničková 2002, S. 125; Pospíšilová 1983

Eine direkte Vorlage für die auf dem Deckelpokal dargestellte Reiterszene waren die 1854 erschienenen Lithografien von Gianlorenzo Franceschini mit dem „Prager Karussell" (Muzeum hlavního města Prahy, MMP 30658). Das Fest mit dem erwähnten „Karussell" wurde am 5. Juni 1854 in der Waldstein-Reitschule in Prag auf Veranlassung der Erzherzöge Leopold und Joseph veranstaltet, als Kaiser Franz Joseph I. und Kaiserin Elisabeth als Jungvermählte Prag einen Besuch abstatteten. *B. S.*

Jezdecká scéna na poháru je narážkou na přehlídku, která se konala 5. června 1854 ve Valdštejnské jízdárně v Praze u příležitosti návštěvy čerstvě sezdaného rakouského císařského páru.

Pohár s víčkem s jezdeckou scénou
severní Čechy, pravděpodobně harrachovská sklárna v Novém Světě; 80. léta 19. století; zelenožlutá sklovina, malba emaily, v. 59

Sklovina a dekor džbánu a k němu patřící
číše jsou typické pro staroněmecký styl
– motiv hracích karet se však na sklech
tohoto období objevuje jen zřídka.

Džbán a číše s motivem hracích karet

firma Wilhelm Kralik Sohn z Lenory nebo firma
Johann Meyr´s Neffe, Adolfov u Vimperka;
80. léta 19. století; zelená čirá sklovina s hutními
nálepy, malba emaily, v. 27 a 13

5.29

5.29 Glasmasse und Verzierungen des Kruges mit zugehörigem Becher sind typisch für den altdeutschen Stil, nicht jedoch das Spielkartenmotiv, das sich auf Gläsern dieser Zeit nur selten findet.

Krug und Becher mit Spielkartenmotiv

Fa. Wilhelm Kralik Sohn, Eleonorenhain oder Fa. Johann Meyr's Neffe, Adolf bei Winterberg;
80er-Jahre 19. Jahrhundert; grünes klares Glas mit Hüttenauflagen, Emaillemalerei, H. 27
und 13; Museum Šumavy, Sušice (S 1881 und S 1882)
Lit.: Lněničková 2003; Lněničková 1997; Solar 1974

Der durch die italienische Renaissance inspirierte Krug mit breitem Hals und gekröpftem Henkel hat eine Zwiebelform, das ornamentale Rankendekor besteht aus Akanthusblättern. Auf dem Hals sind drei Spielkarten zu sehen. Der Becher weist auf der Kuppa ein ornamentales Dekor analog zum Krug und ebenfalls zwei Spielkarten auf. Spielkartenmotive sind auf Gläsern altdeutschen Stils nicht allzu häufig. Krug und Becher waren zweifellos Bestandteil einer größeren Garnitur, die für eine Spielergemeinschaft von drei bis vier Personen bestimmt war. Der Form nach entspricht der Becher Gläsern des 19. Jahrhunderts, während der Krug eine sehr freie Anlehnung an Renaissancekrüge ist. Der altdeutsche Stil betrifft hier vor allem die Glasmasse und das gemalte Dekor.

Die Firmen Johann Meyr's Neffe und Wilhelm Kralik Sohn waren 1881 entstanden, als vier Söhne von Wilhelm Kralik (1806–1877) die aus einem Komplex von mehreren Glashütten und Raffinerien bestehende Familienfirma unter sich aufteilten. Beide Firmen verfügten hernach über etwa gleich große Kapazitäten und ihre Produktion war in vielerlei Hinsicht ähnlich. Beide stellten auch Glas in altdeutschem Stil her, das entweder in eigenen Malerwerkstätten bemalt oder außerhalb in Auftrag gegeben wurde. Insbesondere für die Firma Johann Meyr's Neffe arbeitete häufig die Glasmalerei von Johann Schürer in Winterberg/Vimperk (vgl. Kat.-Nr. 5.25). Für das in Eleonorenhain/Lenora hergestellte Glas im altdeutschen Stil ist die Abweichung von originären Renaissanceformen und -dekoren typisch, ebenso ein freierer Umgang mit den historischen Vorbildern. Dies spricht bei der hier gezeigten Biergarnitur für eine Herkunft aus Eleonorenhain. *J. L.*

Kolem znaků Předlitavska a Zalitavska,
obou částí habsburské monarchie po roce
1867, jsou sdruženy země, ze kterých
sestávají. Jejich vzájemná propojenost
ve větvoví a devíza císaře „Viribus
unitis" („Spojenými silami") zdůrazňuje
sounáležitost monarchie.

Pohár s devízou císaře Františka Josefa I.

firma Josef Riedel, Dolní Polubný (dnes Desná
III/Jablonec nad Nisou); návrh pravděpodobně
Karl Siedel, 1894; bezbarvá sklovina, malba
emaily a zlatem; v. 47,5

5.30 Um die Wappen Cisleithaniens und Transleithaniens, die beiden Reichshälften der Habsburgermonarchie nach 1867, gruppieren sich die zugehörigen Länder. Deren Verflechtung im Astwerk und der Wahlspruch des Kaisers „Viribus unitis" („Mit vereinten Kräften") betonen die Zusammengehörigkeit der Monarchie.

Pokal mit dem Wahlspruch Kaiser Franz Josephs I.

Firma Josef Riedel, Polaun/Polubný (heute Desná III); Entwurf vermutlich Karl Seidel, 1894;
farbloses Glas, Emaille- und Goldmalerei; H. 47,5; Museum skla a bižuterie v Jablonec nad Nisou
(SR 342)
Lit.: Cogan 1986; AK Eine Symphonie aus Glas 1994, S. 45; Lněničková 1986; VIRIBUS UNITIS
1898

Der Pokal mit hoher schlanker Kuppa zeigt im oberen Teil das Wappen von Habsburg-Lothringen mit dem Doppeladler und der österreichischen Kaiserkrone, darunter das Wappen des Königreichs Ungarn mit der ungarischen Königskrone, umgeben von Astwerk, in dem die Wappen der Länder der österreich-ungarischen Monarchie mit Namensbändern bezeichnet sind. Auf dem Fuß ist der Wahlspruch „VIRIBUS UNITIS" graviert, den Kaiser Franz Joseph I. bei seinem Regierungsantritt 1848 als Devise wählte. Der Pokal stellt gleichsam die Struktur der Habsburgermonarchie nach dem Jahr 1867 dar, als es zum Ausgleich zwischen dem österreichischen Kaiser und den Vertretern des Königreichs Ungarn gekommen war und das dualistische Österreich-Ungarn entstand. Die Länder Cisleithaniens und Transleithaniens sind getrennt im Astwerk um die Wappen beider Reichsteile angeordnet, während ihre Verflechtung in der Mitte die

5.30

Einheit beider Teile ausdrückt. Diesen Einheitsgedanken unterstreicht der kaiserliche Wahlspruch, der auch als Anspielung auf die Verbundenheit der Länder der Habsburgermonarchie gelesen werden kann. Es ist nicht bekannt, zu welcher Gelegenheit der Pokal angefertigt wurde; denkbar ist ein offizieller Anlass wie die Bestallung eines höheren Staatsbeamten, die Verleihung einer staatlichen Auszeichnung oder Ähnliches.

Die Firma Josef Riedel begann mit der Produktion von Gläsern im Stil des Historismus Anfang der 1880er-Jahre, als in der Glashütte Polaun/Polubný eine Malerwerkstatt eingerichtet wurde. In den heute im Stadtarchiv Litoměřice aufbewahrten Zeichenbüchern finden sich bis zum Ende des 19. Jahrhunderts zahlreiche Entwürfe für Becher, Römer, „Krautstrunken" und Flötenpokale, die ein breites Spektrum thematischer Motive aufweisen. *J. L.*

5.31 Aufwändig gearbeitete Gläser im altdeutschen Stil wurden gerne als festliches Geschenk überreicht. Im Vereinsleben waren sie beliebt als anspielungsreiche Erinnerungsstücke.

Deckelpokal
Fa. Wilhelm Kralik Sohn, Eleonorenhain, 1893; klares grünes Glas mit Hüttenauflagen, Emaille- und Goldmalerei, H. 82; Prachtické muzeum Prachatice (S 252)
Lit.: Lněničková 1997

5.31

Der Pokal mit Deckel und Fuß zeigt ein Dekor aus regelmäßig angeordneten Blüten. In der Mitte ist in einer Kartusche das Wappen der Feuerwehr von Eleonorenhain/Lenora zu sehen, umgeben von Eichenlaub und der Umschrift „Löschet Kehlen wie das Feuer // Denn die Ehre bleibt dann Euer". Auf der entgegensetzten Seite lautet die Inschrift: „Gewidmet der // freiwilligen Feuerwehr // Prachatitz // von der // freiwilligen Feuerwehr // Eleonorenhain". Der Pokal war also ein Geschenk der Freiwilligen Feuerwehr in Eleonorenhain an die Freiwillige Feuerwehr von Prachatitz/Prachatice, vermutlich anlässlich eines Treffens oder einer gemeinsamen Übung. Die Inschrift spielt feinsinnig darauf an, dass ein wohl nicht unwesentlicher Teil der gemeinsamen Veranstaltung eine große Feier war.

Die Firma Wilhelm Kralik Sohn stellte bis zum Ersten Weltkrieg Glas im altdeutschen Stil her. Charakteristisch für ihre Produktion ist, dass sie die historischen Vorlagen sehr frei variierte und die Motive

Nákladně pracovaná skla ve staroněmeckém stylu byla s oblibou předávána jako slavnostní dary. Ve spolkovém životě plnila funkci upomínkových předmětů s narážkami na konkrétní události.

Pohár s víčkem
firma Wilhelm Kralik Sohn, Lenora, 1893; čirá zelená sklovina s hutními nálepy, malba emaily a zlatem, v. 82

an die Wünsche der Kunden anpasste. In ihrer Produktion im altdeutschen Stil findet sich mehr als bei anderen Firmen die Verwendung von Weißemaillemalerei, insbesondere bei reich ornamentierten Dekoren und Inschriften.   *J. L.*

Ludwig Schmitzberger z Grafenau vytvořil tuto mistrovskou rytinu na přejímaném skle pravděpodobně v roce 1855/56. Stejně jako otec a pět bratrů, kteří byli rovněž činní jako řezáči skla, rozvinul Ludwig Schmitzberger svůj řemeslnický um především na tovaryšském vandru v Čechách.

Car Alexandr II.
Ludwig Schmitzberger (nar. 1828); přípis. Grafenau nebo Petrohrad (?), po r. 1855/56; bezbarvé sklo přejímané modrým kobaltovým sklem, ryté, 34,3 x 32,5, s rámem cca 62 x 45

5.32 Ludwig Schmitzberger aus Grafenau schuf diese meisterhafte Überfanggravur wohl 1855/56. Wie sein Vater und fünf seiner ebenfalls als Glasschneider tätigen Onkel hatte Ludwig Schmitzberger seine Kunstfertigkeit vor allem auf seiner Wanderschaft in Böhmen entwickelt.

Zar Alexander II.
Ludwig Schmitzberger (geb. 1828) zugeschrieben; Grafenau oder St. Petersburg (?), nach 1855/56; farbloses Glas mit kobaltblauem Überfang, graviert, 34,3 x 32,5, mit Rahmen ca. 62 x 45; Glasmuseum Passau (Hö 55 617)
Lit.: Seyfert 1987; Höltl 1995, Nr. III.227

Über den 1828 geborenen Ludwig Schmitzberger aus Grafenau, dem das Zarenporträt sowie das zugehörige Gegenstück mit der Zarin Maria Alexandrowna zugeschrieben werden, ist wenig bekannt. Er war der einzige Sohn Michael Schmitzbergers (1790–1851) in Grafenau und von den in vier Generationen nachweisbaren Mitgliedern der Familie das jüngste. Nach dem Tod des Vaters führte er dessen 1828 gegründete Werkstatt weiter. Sein einziges bisher bekanntes signiertes Werk ist das Porträt eines jungen Mannes in griechisch-türkischer Tracht auf einer blauen Überfangtafel mit der Bezeichnung „Ludwig Schmitzberger in Grafenau 1852" (Kunstgewerbemuseum Berlin). 1854 war er auf der Allgemeinen Deutschen Industrieausstellung in München unter anderem mit „Transparentbildern von Glas, Glaslichtschirmen und Glasbildern" vertreten und wurde wegen des „besonders tiefen und deshalb schwierigen Schnitts seiner ausgestellten Gegenstände" belobigt.

Ludwigs Urgroßvater Anton stammte aus Wassersuppen/Nemanice in Südböhmen und hatte sich um die Mitte des 18. Jahrhunderts in Haidhausen bei München als Glasträger und Hausierer niedergelassen. Hier wurde 1766 sein Sohn Joseph geboren, der in Böhmen das Glasschneiden erlernte. 1822 erhielt er für Gläser mit den „erhabenen Namens-Chifren des Königspaares" eine Silbermedaille und den Titel eines Hofglasschneiders. Joseph hatte 22 Kinder aus drei Ehen, von denen sechs ebenfalls Glasgraveure wurden. Vermutlich haben sie beim Vater gelernt und sind dann auf Wanderschaft nach Böhmen gegangen, um sich in ihrem Beruf weiterzubilden. Sohn Michael aus erster Ehe zog 1828 nach Grafenau, errichtete eine eigene Schleiferei und arbeitete unter anderem für die Hütte Schachtenbach. Sein Bruder Maximilian (1806–1889) folgte ihm dorthin, Ludwig d. Ä. (1800–nach 1852) ging 1826 in die von Joseph von Utzschneider gegründete Glashütte in Benediktbeuern, Wenzelslaus, Joseph d. J. und Eduard blieben in München, wo sie sich erfolgreich an Ausstellungen beteiligten und die Erlaubnis erhielten, Gläser zu verkaufen.

Großfürst Alexander II. Nikolajewitsch (1818–1881), ältester Sohn des Zaren Nikolaus I., heiratete im April 1841 die Tochter des Großherzogs Ludwig II. von Hessen-Darmstadt, Maximiliane Wilhelmine Auguste Sophie Maria, die sich als Zarin Maria Alexandrowna nannte. 1855 folgte Alexander seinem Vater auf dem Zarenthron. Eine Entstehung der Porträts anlässlich der Eheschließung 1841 scheidet aus, weil die dargestellten Personen älter wirken als 21 bzw. 17 Jahre. Weitaus wahrscheinlicher ist die Zeit kurz nach Regierungsantritt Alexanders II. im Jahr 1855 oder nach der Krönung im September 1856.

Ludwig Schmitzbergers Werkstatt in Grafenau wurde 1857 verkauft, über sein weiteres Leben ist nichts bekannt. Daraus könnte man schließen, dass er ins Ausland gegangen ist, möglicherweise nach St. Petersburg. Hier hatte Leo von Klenze, der Oberbaurat König Ludwigs I. von Bayern, zwischen 1839 und 1852 den Bau der kaiserlichen Eremitage durchgeführt. Auf die daraus entstandenen Beziehungen könnte Ludwig Schmitzberger zurückgegriffen haben. Es ist wohl

5.32

5.33 a

5.33 b

auch kein Zufall, dass Ludwigs Onkel Joseph (1819–1890) in München 1860 den Titel eines Kaiserlich Russischen Hofgraveurs in Stein und Edelstein erhielt.

W. Sp.

5.33 Wilhelm Steigerwald, Bruder des Gründers von Theresienthal und bis 1842 Direktor dieser Hütte, pachtete 1844 die Glashütte Schachtenbach, an die er auch viele böhmische Glasfacharbeiter holte. Eine besondere Spezialität Schachtenbachs war das so genannte Beinglas.

a) Dose mit Deckel
Schachtenbachhütte, um 1850; Beinglas, mit blauer Schlangenauflage, H. 15,5; Waldmuseum Zwiesel (1768)

b) Vase in Keulenform
Schachtenbachhütte, um 1860; Beinglas rosa, mit weißer Schlangenauflage, H. 20,7; Waldmuseum Zwiesel (1751)
Lit.: Seyfert 1998; Seyfert 1981

Die Schachtenbachhütte, anfangs Höllhütte genannt, wurde 1822 von Wolfgang von Kiesling am Schachtenbach in den Wäldern zwischen Rabenstein und Regenhütte erbaut. Die Kieslings waren zu dieser Zeit die Besitzer des Glashüttengutes Rabenstein und so wurde die neue Hütte ein Teil des Gutes. Entstanden war sie gewissermaßen als Neubau der im Jahr 1820 abgebrannten Glashütte in Althütte. 1829 pachteten Josef Schmid und sein Sohn gleichen Namens aus Goldbrunn in Böhmen die Schachtenbacher Hütte. Gleichzeitig betrieben sie eine Glashütte in ihrer Heimat. Als 1831 auf Wunsch von König Ludwig I. ein Staatspreis für Kristallgläser ausgeschrieben wurde, die den ausländischen Produkten in Qualität und Preis gleichkommen sollten, reichte Schmid Schachtenbacher Gläser ein. Nach dem Vergleich mit Glasobjekten aus böhmischer Produktion beschloss das Preisrichtergremium, Josef Schmid den Preis in Höhe von 3 000 Gulden zuzuerkennen. Damit hatte der böhmische Glasmeister den Preis mit Gläsern aus einer bayerischen Hütte, gefertigt aus bayerischen Grundstoffen gewonnen. Nach Schmids Tod im Jahr 1835 erfüllte der Sohn den für 15 Jahre abgeschlossenen Pachtvertrag und ging 1844 zurück nach Goldbrunn.

Die Pachtnachfolge trat Wilhelm Steigerwald an, der bis Ende 1842 Direktor der Glashütte Theresienthal war. Auf Drängen des neuen Eigentümers, der Staatsforstverwaltung, musste Steigerwald 1866 den Betrieb nach Regenhütte verlegen und dort eine neue Hütte bauen. Steigerwald war nicht nur erfolgreicher

Wilhelm Steigerwald, bratr zakladatele sklářské hutě Theresienthal a do roku 1842 její ředitel, najal v roce 1844 sklárnu Schachtenbach a přivedl sem řadu kvalifikovaných sklářských dělníků z Čech. Zvláštností sklárny Schachtenbach bylo tzv. kostní sklo.

a) Dóza s víčkem
Sklárna Schachtenbach, kol.r. 1850; kostní sklo, s modrým spirálovým dekorem, v. 15,5

b) Kuželovitá váza
Sklárna Schachtenbach, kol.r. 1860; růžové kostní sklo, s bílým spirálovým dekorem, v. 20,7

Unternehmer, der in Schachtenbach eine rege Bautätigkeit entwickelte, sondern auch ein begabter Glaskünstler und Glasfachmann, denn einen Teil der Entwürfe fertigte er selbst. Vorfahren von Wilhelm Steigerwald waren 1690 aus Birkenfeld, Raum Marktheidenfeld, nach Prag ausgewandert, wo sie sich als Glaser niedergelassen hatten. Über Generationen hinweg blieben sie dem Glas verbunden. So betrieb auch Wilhelm Steigerwald in Haida ein Glasexportgeschäft, ehe er 1838 in Theresienthal einstieg. In Nordböhmen suchte er dann auch Glasfacharbeiter für die Hütte Schachtenbach. Und so folgten mehrere böhmische Glasarbeiter seinem Ruf nach Bayern.

Eine Spezialität der Hütte Schachtenbach war das so genannte Beinglas, hergestellt unter Zusatz von Knochenasche, in den Haupttönen weiß, hellblau und rosa. Auch die Kristallgläser mit aufwändiger Veredelung sind von besonderer Schönheit. Weitere Spezialitäten der Schachtenbacher Produktion sind das Aventuringlas und das Goldrubinglas, das durch sein gesättigtes Rot beeindruckt.

F. B.

Námětem malby je práce ve sklářské huti Schachtenbach nedaleko Zwieselu kolem poloviny 19. století.

Sklárna Schachtenbach u Zwieselu

Leopold Baumann; polovina 19. století; olej/ dřevo, 51,5 x 75,5

5.34 Das Gemälde zeigt die Arbeit in der Glashütte Schachtenbach um die Mitte des 19. Jahrhunderts.

Glashütte Schachtenbach bei Zwiesel
Leopold Baumann; Mitte 19. Jahrhundert; Öl/Holz, 51,5 x 75,5; Gangkofner KG, Zwiesel
Lit.: Gehringer 2000, S. 205–208; Reiner/Steger/Schopf 2004

Das Gemälde zeigt die Arbeit in der Glashütte Schachtenbach (vgl. Kat.-Nr. 5.33) um die Mitte des 19. Jahrhunderts. Im Zentrum steht der Glasofen auf der Arbeitsbühne, auf der Glasmacher die verschiedensten Arbeitsschritte ausführen. Die in dieser Zeit gebräuchlichen, aus Ton gebauten Öfen wurden kontinuierlich mit Holz befeuert. Sie hielten der Beanspruchung in der Regel nicht länger als zwölf Monate, mitunter noch kürzer stand.

Der von unten beheizte Ofen hat mehrere Öffnungen, durch die die feuerfesten „Häfen" mit dem so genannten Gemenge eingebracht werden bzw. die Glasmacher die geschmolzene Glasmasse mithilfe der 130 bis 150 cm langen Glasmacherpfeifen entnehmen, um sie dann in die gewünschte Form zu bringen. Diese historische Technik wird heute noch in verschiedenen Hütten in Bayern und Tschechien angewendet bzw. für Besucher demonstriert.

Das je nach – streng geheim gehaltenem – Rezept leicht unterschiedlich zusammengesetzte Gemenge, das nach knapp 24 Stunden im Ofen zur verarbeitbaren

Glasmasse verschmolzen ist, weist bis heute als Hauptbestandteile den Grundstoff Quarz, den Glasbildner Kalk und das Flussmittel auf, das den Schmelzpunkt der Glasmasse von ca. 1700 auf ca. 1400 Grad herabsetzt. Im 19. Jahrhundert dienten als Flussmittel Pottasche, für deren Gewinnung große Mengen Holz erforderlich waren, oder auch Soda. Die hohe Qualität des Schachtenbacher Glases resultierte wohl auch aus der Verwendung von hochwertigem Quarz, den man aus dem nahe gelegenen Rabensteiner Bruch bezog.

Neben der schweißtreibenden – links im Bild sieht man eine Frau, die Bier bringt – und sehr anstrengenden Arbeit der Glasmacher und ihrer „Lehrlinge" wie der „Einträger" – an einem Holzpfosten lehnt ein eingeschlafener Lehrling – ist auf dem Bild auch zu sehen, wie die fertigen Gläser für den Transport in Stroh verpackt werden. *S. L.*

5.35 Der gebürtige Prager Glasschneider Franz de Paula Zach arbeitete überwiegend im Auftrag von Franz Steigerwald in dessen „Glas-Bazar" in München.

Pokal mit der „Quellnymphe" von Ludwig von Schwanthaler
Franz de Paula Zach (1820–1881); München, nach 1847; sign. „Z" rechts unten neben der Figur; farbloses Glas mit kobaltblauem Überfang, geschliffen, graviert, H. 22,5; Glasmuseum Passau (Hö 62 695)
Lit.: Seyfert 1992; Höltl 1995, Nr. III.231

Franz de Paula Zach ist einer der ganz wenigen böhmischen Glasgraveure, die im Ausland arbeiteten und nicht mehr in die Heimat zurückkehrten. Er hatte in Prag das Glasschneiden erlernt und war dort offensichtlich mit Franz Steigerwald zusammengetroffen, der sich 1839 geschäftlich in Prag aufhielt und immer auf der Suche war nach talentierten Graveuren für seine Niederlassungen in Bayern. Ab Juni 1840 war Zach in der von Franz Steigerwald gegründeten und von seinem Bruder Wilhelm geleiteten Hütte Theresienthal tätig, wo er knapp drei Jahre blieb und dann auf dem Umweg über die Steigerwald-Niederlassung in Bad Kissingen im Oktober 1843 nach München ging. Hier betrieb Franz Steigerwald in der Galeriestraße 2 seinen „Glas-Bazar". Steigerwald setzte seinen Graveur dort ein, wo er jeweils gebraucht wurde, unter anderem in der von seinem Bruder ab 1844 gepachteten Hütte Schachtenbach. Möglicherweise hat er ihn auch zweimal (1846 und 1849) nach Nordböhmen geschickt, um vorübergehend für Wilhelms Raffinerie in Haida zu arbeiten. Fraglich ist, ob der viermonatige Wien-Aufenthalt 1850 ebenfalls auf Veranlassung Steigerwalds erfolgte. Nach seiner Rückkehr im November blieb Zach in München, wo er kurz nach Weihnachten 1881 starb.

Franz de Paula Zach war ein Meister der so genannten Überfanggravur, die in den 1840er-Jahren, zusammen mit farbigen Gläsern, in Mode kam und ihren Höhepunkt um 1860 erreichte. Diese Technik unterscheidet sich vom üblichen Tiefschnitt dadurch, dass das Bild – wie hier Ludwig von Schwanthalers „Quellnymphe" – hauptsächlich in der dünnen Farbschicht modelliert wird und nur die für die plastische Wirkung erforderlichen Lichtpartien mit zarten Verläufen bis auf das farblose Grundglas freigelegt werden. Das Hervorbringen dieser malerischen Wirkung auf dem spröden Werkstoff Glas erfordert großes Feingefühl seitens des Graveurs und ein Höchstmaß an handwerklichem Geschick. Zachs Arbeiten in diesem Genre wurden weit über die Grenzen Böhmens und Bayerns hinaus geschätzt und waren beispielsweise in England konkurrenzlos. So hat er unter anderem für englische Kunden Steigerwalds mehrere Repliken der berühmten Portlandvase aus kobaltblauem Überfangglas graviert. Auch die „Quellnymphe" könnte auf einen Auftrag aus England zurückgehen, denn Schwanthaler hatte die lebensgroße Figur, die zu seinen Hauptwerken zählt, 1847 für einen englischen Lord angefertigt. Seit 1997 befindet sie sich als Dauerleihgabe im Bayerischen Nationalmuseum München. *W. Sp.*

Řezáč skla Franz de Paula Zach, rodák z Prahy, pracoval převážně na zakázkách Franze Steigerwalda v jeho mnichovském obchodě se sklem.

Pohár s „Nymfou pramenů" od Ludwiga von Schwanthalera
Franz de Paula Zach (1820–1881); Mnichov, po r. 1847; sign. „Z" vpravo dole vedle postavy; bezbarvé sklo přejímané modrým kobaltovým sklem, broušené, ryté, v. 22,5

5.35

Dominik Biemann, nejvýznamnější český řezáč skla, se proslavil svým nedostižným uměním portrétní rytiny.

Dominik Biemann u pracovní lavice
Reprodukce podle kresby C. Hodenia, 1833

5.36 Dominik Biemann, der wohl bedeutendste böhmische Glasschneider, wurde durch seine unerreichte Kunst der Porträtgravur berühmt.

Dominik Biemann an der Werkbank
Reproduktion einer Zeichnung von C. Hodenius, 1833
Lit.: Pazaurek 1923, S. 104 f.; Pittrof 1993

Die nicht mehr auffindbare Zeichnung, die Prinz Aribert von Anhalt Anfang des 20. Jahrhunderts in einem Familienalbum entdeckt hatte, war mit größter Wahrscheinlichkeit in Biemanns kleiner Graveurwerkstatt in Franzensbad entstanden. Sie zeigt den Meister bei der Arbeit am Porträt der Herzogin Friederike von Anhalt, einer preußischen Prinzessin, die seit 1818 mit Leopold Friedrich von Anhalt verheiratet war. Es ist die gleiche Ständerplakette mit dem Brustbild der Herzogin, die sich Anfang der 1920er-Jahre im Schloss von Dessau befand (Pazaurek, Abb. 96) und heute ebenfalls als verschollen gilt. Die Zeichnung ist bezeichnet mit „C. Hodenius 1833". Carl von Hodenius, Erster Gesandtschaftssekretär am kgl. sächsischen Hof in Dresden, war 1833 Kurgast in Franzensbad. Möglicherweise hat er die Zeichnung zusammen mit der Ständerplakette auf der Rückreise nach Dessau gebracht.

Biemanns Ruf als Porträtist auf Glas war um diese Zeit über die Grenzen Böhmens bis an mehrere deutsche Fürstenhöfe gedrungen. Im Winter 1830/31 hatte er in Gotha den regierenden Herzog Ernst I. von Sachsen-Coburg-Gotha mehrmals porträtiert und vermutlich bei gleicher Gelegenheit auch Großherzog Karl Friedrich von Sachsen-Weimar-Eisenach. Dieser Kontakt scheint auch das später entstandene ganzfigurige Bildnis König Wilhelms II. der Niederlande nach einem Gemälde von 1831 auf einem prunkvollen Kronendeckelpokal ermöglicht zu haben. 1834/35 hielt sich Biemann mehrere Monate in Berlin auf, um, wie es im Ansuchen um einen Reisepass heißt, „für den kgl. preuß. Hof und andere Parteien ... mehrere Glasschneiderkunstarbeiten zu verrichten". Über die in Berlin entstandenen Arbeiten wissen wir nichts und auch über eine Tätigkeit Biemanns in Wien 1839/40 ist nur bekannt, dass er für Erzherzog Johann, „einen nicht genannten Engländer und für die Gräfin Clam-Martinitz" gearbeitet haben soll. Finanziell war der Wien-Aufenthalt ein Misserfolg. Nach eigenen Worten habe er dort nur 200 Gulden verdient, aber 500 Gulden ausgegeben. *W. Sp.*

5.36

Nejdůležitějším zákazníkem Dominika Biemanna byl pražský obchodník se sklem Franz Steigerwald, který se se svými pobočkami mj. v Mnichově a ve Würzburgu stal nejvýznamnějším obchodníkem s českým sklem v německé jazykové oblasti.

Pohár s vyobrazením sedící Madony s dětátkem

Dominik Biemann (1800–1857); Františkovy Lázně, sign. D.B. vpravo dole pod medailonem. Na zadní straně nápis jinou rukou: B.MORREN/FRANCFORT s/m le 5. août 1839; bezbarvé sklo, broušené, ryté, v. 13,5

5.37 Dominik Biemanns wichtigster Kunde war der Prager Glashändler Franz Steigerwald, der mit seinen Niederlassungen unter anderem in München und Würzburg der bedeutendste Händler mit böhmischem Glas im deutschsprachigen Raum war.

Knollenfußbecher mit dem Bild der sitzenden Madonna und dem Kind
Dominik Biemann (1800–1857); Franzensbad, sign. D.B. rechts unter dem Medaillon. Auf der Rückseite von anderer Hand bezeichnet: B. MORREN/FRANCFORT s/m le 5. août 1839; farbloses Glas, geschliffen, graviert, H. 13,5; Glasmuseum Passau (Hö 61 734)
Lit.: Biemann 1968; Klesse/von Saldern 1978, Nr. 220; Höltl 1995, Nr. II.143

Glasform und Schliffdekor kennzeichnen diesen Becher als ein Erzeugnis der gräflich Harrach'schen Hütte in Neuwelt/Nový Svet im Riesengebirge, aus dem Dominik Biemann die Gläser bezog, die er in seiner Werkstatt in Franzensbad für Kurgäste und andere Abnehmer gravierte. Langjähriger und wohl auch wichtigster Kunde Biemanns war der in Prag gebürtige Franz Steigerwald, der sich in Würzburg etabliert hatte und von dort aus seine Saisongeschäfte in Baden-Baden, Bad Ems, Bad Kissingen und Wiesbaden sowie die Niederlassung in Frankfurt am Main mit böhmischen Gläsern belieferte. Es müssen viele Gläser gewesen sein, die Steigerwald von Biemann jährlich in Kommission nahm und nach Verkauf abrechnete; aber abgesehen von Ansichten aus den genannten Bädern, die sich aufgrund ihrer außergewöhnlichen Schnittqualität versuchsweise mit Biemann in Verbindung bringen lassen, ist der Becher mit Madonna und Jesusknabe das einzige signierte Beispiel, das die Geschäftsbeziehungen zwischen Steigerwald

5.37

und Biemann eindeutig dokumentiert. Jahr für Jahr kamen Gäste aus vielen europäischen Ländern in die Stadt am Main, nicht nur zu den Messen an Ostern und im September, darunter auch der hier verzeichnete „B. Morren", der oder die den Madonnenbecher bei Steigerwald kaufte und zur Erinnerung an den Besuch mit der gravierten Inschrift „Francfort s/m le 5. août 1839" versehen ließ.

Das Datum auf dem Glas verrät nur, wann es verkauft wurde. Wann Biemann es graviert hat, geht daraus nicht hervor. Es könnte schon einige Zeit bei Steigerwald im Regal gestanden und auf einen Käufer gewartet haben, nicht zuletzt wegen des vermutlich hohen Preises: Die sorgfältige Gestaltung der fünf Figuren (Maria, Jesusknabe und drei kniende Kinder, die den Korb mit Rosenblüten tragen) lässt jede einzelne als Meisterwerk der Glasschneidekunst erscheinen.   *W. Sp.*

5.38 Der Prager Glashändler Franz Steigerwald gründete 1836 die Glashütte Theresienthal.

Deckelpokal
Theresienthal, nach 1880; Glas, H. (mit Deckel) 52,5, (ohne Deckel) 43,2; Gangkofner KG, Zwiesel
Lit.: Troppenburg 1988; Schäfke 1979

Das wesentliche Moment des Historismus im späten 19. Jahrhundert bestand darin, sich mit „unserer Väter Werke" auseinanderzusetzen, wie es exemplarisch 1876 in der 1. Deutsch-nationalen Kunst- und Kunstgewerbe-Ausstellung in

Pražský obchodník se sklem Franz Steigerwald založil v roce 1836 sklářskou huť Theresienthal.

Pohár s víčkem

po r. 1880; Theresienthal, sklo, v. (s víčkem) 52,5, (bez víčka) 43,2

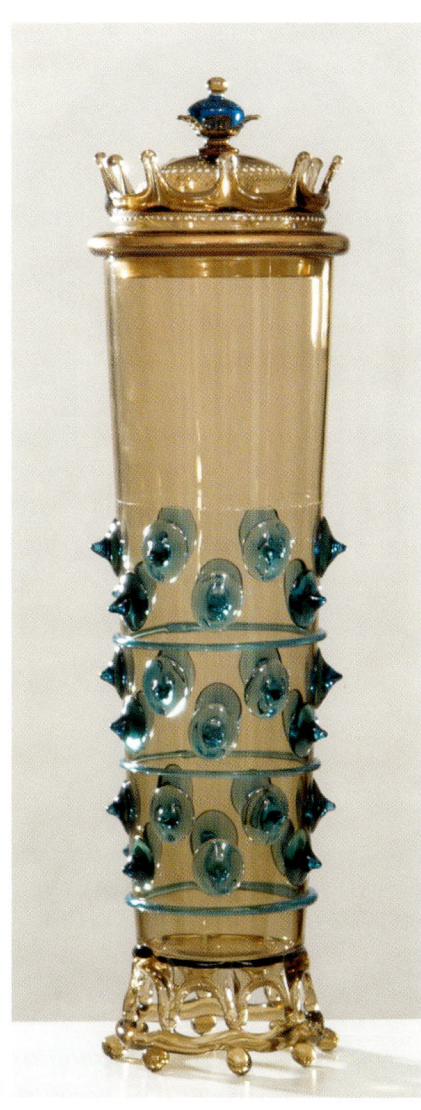

5.38

München geschah. Es ging letztlich um die partizipierende Identifikation mit der so genannten guten alten Zeit des deutschen Mittelalters und der Renaissance: Man wollte sich eingebettet wissen in die Tradition. Mitunter aber sah man sich auch als deren Endpunkt und zugleich als ihre Überwindung, wie dies besonders in der Rheinischen Glashütten AG in Köln-Ehrenfeld zu beobachten ist: Sie war darum bemüht, in der Produktion ihrer Gläser nicht nur „eine ganze Reihe von alten Techniken wieder aufzunehmen", wie der Preisliste von 1881 zu entnehmen ist, sondern sie demonstrierte auch eine bis zu diesem Zeitpunkt nicht gekannte handwerkliche Perfektion. Die wesentliche Voraussetzung aber blieb immer das Studium der traditionellen Hinterlassenschaften. Dies geschah nicht allein in den vorbildlich ausgestatteten und in ihrem Anspruch vorbildhaften Kunstgewerbemuseen, die seit der Londoner Weltausstellung von 1851 in vielen Städten errichtet wurden, sondern auch und vor allem in zahlreichen Kunst- und Kunstgewerbe-Ausstellungen.

Ein gutes Beispiel liefert eine Zeichnung, die wahrscheinlich von Henriette von Poschinger-Steigerwald, der Nichte Franz Steigerwalds, die den neuen Besitzer Theresienthals ab 1860, Michael von Poschinger, geheiratet hatte, 1880 auf der Gewerbe-Ausstellung in Düsseldorf angefertigt wurde. Sie zeigt einen so genannten Willkomm, also einen Humpen, aus dem Besitz des ehemaligen Kölner Bürgermeisters Thewald. Die Zeichnung ist mit erklärenden Anmerkungen versehen. Das darauf abgebildete Glas mit einer Höhe von „ca. 40 cent." wurde dann in der Theresienthaler Crystallglasfabrik kopiert, wobei es aber zu einer ästhetisch schwerwiegenden Abänderung kam: Der ursprüngliche Humpen bekam nun einen Deckel und wurde somit zu einem Pokal. Ob und inwieweit das Glas in die Serienproduktion ging oder ein Einzelstück, vielleicht zu Demonstrationszwecken, blieb, ist heute nicht mehr zu sagen. In der bei Gropplero 1988 abgedruckten Preisliste Theresienthal (1888) oder einer anderen Preisliste ist es nicht nachzuweisen. Bemerkenswert und zeittypisch aber ist die Tatsache, dass der in Düsseldorf ausgestellte Thewald-Humpen auch von der Köln-Ehrenfelder Glasfabrik nachgeahmt und, wie bei Schäfke 1979 zu sehen, sowohl in der Preisliste von 1881 unter Nr. 61 als auch noch in der Preisliste von 1886 unter Nr. 110 als „Heribert-Humpen" mit der gegenüber dem Original geringeren Höhe von 28 cm angeboten wurde.   K. W. W.

V mnichovském obchodě se sklem zvaném „Glas-Bazar" se v 19. století prodávalo sklo z Theresienthalu a Schachtenbachu. V přidružených dílnách pracovali pro Franze Steigerwalda, zakladatele sklárny Theresienthal, tak vynikající umělci jako Franz de Paula Zach.

Obchod se sklem zvaný „Glasbazar" v Mnichově

in: Illustrierte Zeitung Nr. 528, 13. srpna 1853 (R)

5.39 Im „Glas-Bazar" in München wurden im 19. Jahrhundert Gläser aus Theresienthal und Schachtenbach verkauft. In den angeschlossenen Werkstätten arbeiteten für Franz Steigerwald, den Gründer Theresienthals, so bedeutende Künstler wie Franz de Paula Zach.

Der Glasbazar in München
in: Illustrierte Zeitung Nr. 528, 13. August 1853 (R); Bayerische Staatsbibliothek, München
Lit.: Seyfert 1983; Warthorst 1996

Die „königlich bayerisch privilegierte Krystallglas-Fabrik in Theresienthal", deren „Erzeugniße weithin berühmt sind durch die Kunst, Eleganz und vollendete Schönheit der Formen", war 1836 von dem böhmischen „Crystallglas-Fabrikanten" und Glasverleger Franz Steigerwald errichtet worden. Bereits 1837 bewog ihn der „hohe Aufschwung", den die Glasfabrik inzwischen genommen hatte, „eine Actien-Gesellschaft zum Behufe des umfassenderen Betriebs zu begründen". Gleichzeitig trat sein Bruder Wilhelm Steigerwald als „technischer Werkführer" in Theresienthal ein. Entsprechend seinem Antrag wurde Franz Steigerwald 1838 „zur Erleichterung und zur Vermittlung eines unmittelbaren Absatzes" von der Regierung von Oberbayern „für die Erzeugniße jenes Etablissements einer Crystallglaswaarenfabrik zu Theresienthal die Errichtung einer Niederlage in München gestattet", die drei Jahre später eröffnet wurde. Der so genannte „Glas-Bazar" zählte „zu den Zierden unserer Hauptstadt". Kurz nach 1841 geriet die Theresienthal

AG allerdings finanziell in Schwierigkeiten, für die Franz Steigerwald den von ihm als inkompetent angesehenen Aufsichtsrat verantwortlich machte. Er zog sich aus Theresienthal zurück, um mit seinem Bruder Wilhelm gemeinschaftlich die Glasfabrik Schachtenbach zu pachten. Das Privileg der Münchner Niederlage aber behielt er bei, wenn auch nicht unwidersprochen, wie ein Schriftwechsel mit verschiedenen Regierungsstellen von 1847 deutlich macht. Franz Steigerwald leitete auch dann noch den Münchner Betrieb, als es 1850 seinem Bruder gelang, die ehemalige Theresienthaler Niederlage auf die Glasfabrik Schachtenbach zu übertragen und sie „ausnahmsweise entweder selbst zu besorgen oder durch einen von ihm beliebig aufzustellenden Commissionär besorgen zu lassen". Der Niederlage waren Werkstätten angeschlossen, in denen das wahrscheinlich aus Schachtenbach und später aus der Glasfabrik Regenhütte bezogene Rohglas zu hochwertigen Glaserzeugnissen veredelt wurde. In diesen Werkstätten arbeiteten so bedeutende Künstler wie Franz de Paula Zach. Als Franz Steigerwald 1861 starb, trat sein Neffe Wilhelm Emanuel Steigerwald an seine Stelle. Er firmierte spätestens ab 1869 als „Franz Steigerwald's Neffe", nicht zu verwechseln mit dem erst seit dem späten 19. Jahrhundert nachweisbaren „Münchener Verkaufsmagazin Theresienthaler Krystallglas-Fabrikniederlage (Inhaber Eduard Rau), Kaufingerstr. 9".

K.W.W.

5.39

5.40 Aus den im böhmischen Jugendstil in allen denkbaren Varianten weiterentwickelten traditionellen Glasmacher-Techniken des freien Umspinnens und Aufsetzens entwickelte Georg Carl von Reichenbach um die Jahrhundertwende in Oberzwieselau neuartige Ausdrucksmöglichkeiten der Glasverzierung.

Vase

Kristallglasfabrik Benedikt von Poschinger; Entwurf: Georg Carl von Reichenbach; Oberzwieselau, 1904–1910; H. 14,8; Glasmuseum Passau (Hö 9254)
Lit.: Höltl 1995, Bd. 5, S. 40 ff., Abb. V.46; Sellner 1992, S. 50 f., 82–90

Während um 1900 der florale Jugendstil triumphierte, ging die Glashütte Benedikt von Poschinger in Oberzwieselau völlig neue gestalterische Wege. Bereits vor der Jahrhundertwende begann eine fruchtbare Zusammenarbeit mit jungen Universal-Entwerfern der neuen Sezessionsbewegung. Somit wurde die Glashütte B. v. Poschingers zum Pionier des modernen Glasdesigns. Peter Behrens, Mitbegründer der Vereinigten Werkstätten München, bestimmte mit seinen revolutionären asketischen Formentwürfen für Oberzwieselau ab 1900 die Entwicklung des modernen Trinkglases.

Georg Carl von Reichenbach aus Tegernsee hielt sich oft auf dem Hüttengut Oberzwieselau auf. Ihn faszinierten die von den Glasmachern auch für ihre eigene „Schinderarbeit" praktizierten alten Techniken: das freie Umspinnen und Aufsetzen, im Zuge des Historismus wiederbelebt und im böhmischen Jugendstil in allen denkbaren Varianten weiterentwickelt. Reichenbach indes verhalf dieser Glasverzierung zu völlig neuer Gestaltung: Sparsam angewendet, klar und hauchzart wie die feinen Linien einer freien Federzeichnung, werden die Glasfäden zum umlaufenden Fries gebündelt und von massiven kräftigen Farbpunkten zusammengehalten, die einer symmetrischen Anordnung folgen. Der oft farblich stark kontrastierende Hintergrund erzeugt eine neuartige Spannung, ganz entgegengesetzt den organischen Farbverläufen der Jahrhundertwende, unterstützt von einer klaren Formensprache, die sich zunehmend geometrischer Elemente bedient.

Gläser dieser Art müssen auf die Zeitgenossen revolutionär gewirkt haben. Aus heutiger Sicht ist die Jahrhundertwende die Zeit des gestalterischen Umsturzes. Die provokantesten Entwürfe entstanden in Wien und strahlten von dort auf Böhmen und Bayern aus. Die hier gezeigte Vase verleugnet nicht diesen stilistischen Einfluss. Dennoch entwickelte Reichenbach in seinen Oberzwieselauer

V tradičních technikách zdobení skla obtáčenou skleněnou nití a nálepy, které v české secesi dosáhly nevídaného množství variant, objevil na přelomu století v Oberzwieselau Georg Carl von Reichenbach zcela nové výrazové možnosti dekorace skla.

Váza

Kristallglasfabrik Benedikt von Poschinger; návrh: Georg Carl von Reichenbach; Oberzwieselau, 1904–1910; v. 14,8

Vasen einen eigenen charakteristischen Stil, der sich als Synthese aus traditionellem Glasmacherhandwerk und den Formen der sich ankündigenden Moderne beschreiben lässt.   *Ch. S.*

Všestranně zaměřená huť v Buchenau proslula svými výtvarně hodnotnými secesními skly.

Talíř

sklářské hutě Buchenau, Ferdinand von Poschinger; forma a dekor: návrh Carl Schmoll von Eisenwerth; kol. r. 1905; sklo, průměr 22,8

5.41 Die vielseitig orientierte Buchenauer Spiegelhütte war berühmt für ihre gestalterisch hochwertigen Jugendstil-Gläser.

Teller

Glashüttenwerke Buchenau, Ferdinand von Poschinger; Form und Dekor: Entwurf Carl Schmoll von Eisenwerth; um 1905; Glas, Ø 22,8; Glasmuseum Passau (Hö 65332)
Lit.: Höltl 1995, Bd. 5, S. 18–36 und Abb. V.28.; Pazaurek 1901, Moderne Gläser, S. 35–45, 75–79; Pazaurek 1901, Metallreflexe; Schack von Wittenau 1995, S.170–198, 224–231; Sellner 1992, Abb. 1–8, S. 52–71, Abb. 34–64

Bereits auf der Weltausstellung in Chicago 1893 präsentierte der Hüttenherr Ferdinand von Poschinger irisierendes Glas, das zwei Jahrzehnte zuvor in Österreich-Ungarn, unter anderem bei Zahn in Zlatno, entwickelt worden war. Poschinger führte das Glashüttengut Buchenau mit Weitblick auf den Weg in die moderne Stilrichtung des Jugendstils. Während im Ort Buchenau farbiges Flachglas erzeugt wurde, spezialisierte sich die benachbarte Spiegelhütte auf die Produktion von Hohlglas. Für die Entwürfe beauftragte Poschinger frei schaffende Künstler.

Bei der Pariser Weltausstellung 1900 erregte die Buchenauer Spiegelhütte Aufmerksamkeit mit ihren geätzten und geschnittenen Überfanggläsern im lothringischen Stil sowie mit farbig schillernden Vasen neben zwei internationalen Konkurrenten – der böhmischen Glashütte Lötz Wwe. Klostermühle und der amerikanischen Firma L.C. Tiffany – und gewann eine Silbermedaille. Obwohl Stilanleihen bei jenen größeren Glashütten, die im Stil des Art Noveau arbeiteten,

5.41

offensichtlich sind, bewies Buchenau Eigenständigkeit. Die Arbeiten der Hütte bestechen durch vollendete Gestaltung und Ausführung.

Der bedeutendste Entwerfer der Buchenauer Jugendstilgefäße war zwischen 1898 und 1906 der gebürtige Wiener Kunstmaler Carl Schmoll von Eisenwerth, der dann einem Ruf an die Architektur-Fakultät der Technischen Hochschule Stuttgart folgte. Seine Glasformen sind der Natur entlehnt und vermitteln oft etwas Knospendes. Kennzeichnend ist die harmonische Verbindung von Gefäß und Dekor. Neben floralen und Tier-Motiven, teils auch emaillebemalt, erscheinen Pfauenfederdekore als eigenständige Gruppe. Dieses Sujet des damaligen Zeitgeschmacks wurde mittels der wiederentdeckten altägyptischen Kammzugtechnik umgesetzt, gesteigert wurde die Wirkung durch intensive Irisierung der Oberfläche mittels aufgedampfter Metallsalze.

Der hier gezeigte frei aufgeschleuderte Teller ist eines von wenigen bekannten Schalen-Exemplaren. Der durch punktuelles senkrechtes Eindrücken gewellte Rand kann als Charakteristikum für die Buchenauer Produktion gelten. Die starke Verzerrung des Pfauenfedermotivs deutet auf eine Fertigung nach 1900 hin.

Ch. S.

5.42 Die 1904 nach böhmischem Vorbild gegründete Glasfachschule Zwiesel beeinflusst die bayerische Glasindustrie durch die Ausbildung des Nachwuchses und durch technische wie künstlerische Impulse bis heute maßgeblich.

Kelchvase

Bayerische Kristallglasfabriken, vorm. Steigerwald A.G.; Ausführung Kristallglasfabrik Regenhütte; Form und Dekor: Bruno Mauder, Prod. Nr. 122, 1914/15; Zwiesel, um 1920; H. 32,1; Glasmuseum Passau (Hö 51 186)
Lit.: Höltl 1995, Bd. 5, S. 48, Abb. V.58; Schöne-Chotjewitz 1997, Bd. 2, S. 114, 136; Sellner 1992, S. 172 ff., 258 (Abb.)

Der Zeichner und Maler Bruno Mauder wurde 1910 als Direktor an die Zwieseler Glasfachschule berufen, die er mit zwei kurzen Unterbrechungen 38 Jahre lang leitete. Diese erste Glasfachschule auf deutschem Boden war 1904 nach dem Vorbild nordböhmischer Einrichtungen gegründet worden. Noch in seiner Münchner Zeit offenbarte Bruno Mauder seine Nähe zum Wiener Jugendstil, als Fachschul-Direktor in Zwiesel unterhielt er Kontakte zu den Zentren des böhmischen Glasdesigns.

Odborná sklářská škola ve Zwieselu, založená roku 1904 podle českého vzoru, se od počátku soustředila na vzdělávání mladých sklářů a byla vždy bohatým zdrojem technických a uměleckých podnětů – v bavorském sklářském průmyslu je dodnes směrodatná.

Váza-pohár

Bayerische Kristallglasfabriken, dříve Steigerwald A.G.; provedení Kristallglasfabrik Regenhütte; forma a dekor: Bruno Mauder, Prod. Nr. 122, 1914/15; Zwiesel, kol. r. 1920; v. 32,1

Bruno Mauder hat über Jahrzehnte mit seiner dominierenden Persönlichkeit die Glasfachschule in Zwiesel und die Glashütten des Bayerischen Waldes geprägt und immer den Schulterschluss zwischen Glasfachschule und Glasindustrie gesucht. Zahlreiche eigene Entwürfe ließ er durch seine Schüler ausführen. Da die Glasfachschule keinen eigenen Schmelzofen besaß, wurden die Rohgläser in den umliegenden Glashütten hergestellt.

Bis in die 1920er-Jahre haben seine Gefäßformen die geometrische Gliederung des Gefäßkörpers zur Grundlage. Bei den Dekoren geht Mauder von den dekorativen Entwürfen der Wiener Sezession und der Wiener Werkstätte aus, einem gleichsam geometrisch stilisierten Jugendstil, der bei Mauder übergangslos in einen expressiven Art-Deco-Stil mündet.

Die hier gezeigte Vase ist als Muster-Nr. 122 für die Glashütte Wilhelm Steigerwald in Regenhütte belegt, für deren Produktion Mauder zahlreiche Gefäße gezeichnet hat. Die Vase stammt aus der Übergangsphase um 1920 zwischen bogenreichen, floral abgeleiteten Dekoren und dem zackig-expressiven Stil der Zwanziger Jahre. Formentwürfe in diesem

5.42

Stil sind in die Jahre zwischen 1912 und 1915 zu datieren und wurden von der Steigerwaldhütte vorwiegend in dünnwandigem kobaltblauen Glas ausgeführt, während die Veredelung, meist in kontrastierender Gold- oder Emaille-Bemalung in Art einer Federzeichnung, oft erst zu einem späteren Zeitpunkt in der Glasfachschule erfolgte. *Ch. S.*

Poté, co zdědil měděné doly, které jeho rodina vlastnila v Čechách, vystudoval Sigmund von Haimhausen hornictví. Byl povolán jako ředitel nově založeného ministerstva mincovnictví a hornictví v Mnichově a do doby jeho působení spadá rozkvět porcelánové manufaktury v Nymphenburgu, která patřila pod jeho ministerstvo.

Sigmund von Haimhausen

podle modelu Franze Antona Bustelliho, 1760/61, asi Theodor Kärner, květen 1910; provedení Porcelánová manufaktura Nymphenburg, 1997; tvrdý porcelán, bez malby, v. 45; zelená značka manufaktury: routový štít s opisem „Nymphenburg" a „A"

5.43 Weil er die böhmischen Kupferzechen seiner Familie geerbt hatte, studierte Sigmund Graf von Haimhausen Bergwerkskunde. Zum Direktor des neu errichteten Münz- und Bergwerkskollegiums in München berufen, leitete er die Blütezeit der ihm unterstellten Porzellanmanufaktur Nymphenburg ein.

Sigmund von Haimhausen
nach einem Modell von Franz Anton Bustelli, 1760/61, nachmodelliert wohl von Theodor Kärner, Mai 1910; Ausformung Porzellan Manufaktur Nymphenburg, 1997; Hartporzellan, unbemalt, H. 45; Marke: Grüner Manufakturstempel: Rautenschild mit Umschrift „Nymphenburg" und „A"; Porzellan Manufaktur Nymphenburg, München
Lit.: Hofmann 1909; Roth 1989; Lehrberger 1993; Hantschmann 2004

Die Nymphenburger Porzellanbüste zeigt ein einfühlsames Porträt von Sigmund Graf von Haimhausen (1708–1793), der ein großer Förderer der Wirtschaft und Industrie in Bayern und erster Präsident der Bayerischen Akademie der Wissenschaften war. Da der junge Graf nach einem Rechtsstudium und ausgedehnten Reisen 1730 die im Familienbesitz befindlichen böhmischen Kupferzechen übernahm, studierte er auch noch Bergwerkskunde. Aufgrund seines Sachverstands wurde der gebürtige Münchner 1751 von Kurfürst Max III. Joseph von Bayern zum Direktor des neu errichteten Münz- und Bergwerkskollegiums nach München berufen. In dieser Funktion hatte er wesentlichen Anteil am Aufschwung dieses bedeutenden Wirtschaftszweigs. Auch für die später nach Nymphenburg verlegte kurbayerische Porzellanmanufaktur war Haimhausens Wirken von existenzieller Bedeutung. Aus seinem Privatvermögen investierte Haimhausen ab 1751 knapp 10 000 Gulden und ermöglichte so die seit 1754 endlich erfolgreiche Porzellanproduktion und die anschließende Blütezeit der Manufaktur, die auf sein Betreiben hin der von ihm geleiteten Behörde unterstellt wurde.

Die ihm verliehene Verdienstmedaille mit Merkurstab ziert auch das Porzellanporträt des Grafen. Aufgrund der feinen Durchbildung der Gesichtszüge und der sensiblen Oberflächenbehandlung ist die fast lebensgroße Büste zweifellos als ein Meisterwerk von Franz Anton Bustelli anzusehen. Durch die aufrechte Haltung, die entschiedene Kopfdrehung und den konzentrierten Blick gelang es dem Modelleur, seinen obersten Dienstherrn als energische, zielstrebige, aber gleichzeitig auch sensible Persönlichkeit zu charakterisieren. Das Original der Büste wurde 1908 aus dem Sitzungssaal der Berg-, Hütten- und Salinen-Administration an das Bayerische Nationalmuseum überwiesen. Als Ersatz ließ man in Nymphenburg eine Kopie anfertigen, aus deren Negativform 1997 anlässlich des 250. Jubiläums der Manufaktur das hier gezeigte Exemplar ausgeformt wurde. *K. H.*

5.43

5.44 Der als Modelleur in der Nymphenburger Porzellanmanufaktur tätige böhmische Bildhauer Dominikus Auliczek schuf mit dem zwölfeckigen Perl- bzw. Königsservice einen völlig neuen Formtypus, der einen Höhepunkt des Nymphenburger Porzellans darstellt.

Terrine aus dem Perlservice
Entwurf Dominikus Auliczek (1734–1804), 1792–1795; Porzellan, bemalt mit Aufglasurfarben Blau, Grau und Gold, 27 x 37 x 29; Bayerische Verwaltung der staatlichen Schlösser, Gärten und Seen, Residenz München (Res.Mü.K.II. 5 Ny.)
Lit.: Hofmann 1923, Bd. 2, S. 609; Ziffer 2006

Am 12. Juni 1763 wurde der aus Böhmen stammende Bildhauer Dominikus Auliczek (1734–1804) als Modelleur in der Nymphenburger Porzellanmanufaktur angestellt. Er war weit in Europa herumgekommen: Nach seiner Gesellenzeit in Wien arbeitete er in Paris, London und Rom. Der damalige Direktor der Nymphenburger Manufaktur, Graf Sigmund von Haimhausen, erkannte Auliczeks Qualitäten. Vor allem als Entwerfer von Figuren – auch für den Nymphenburger

Český sochař Dominik Aulíček (Auliczek), činný jako modelér v porcelánové manufaktuře v Nymphenburgu, vytvořil mj. dvanáctihranný „Perlový servis" (zvaný také „Královský"), jenž představoval zcela nový tvarový typ porcelánového nádobí a vrchol nymphenburské produkce.

Terina z Perlového servisu
Návrh Dominik Aulíček (Auliczek) (1734–1804), 1792–1795; porcelán, malováno na glazuře modrou, šedou a zlatou barvou, 27 x 37 x 29

5.44

Schlosspark – machte sich Auliczek bald einen Namen in München. 1773 wurde ihm die Leitung der Porzellanmanufaktur übertragen.

Mit dem „Service mit Perlen" für den bayerischen Kurfürsten Karl Theodor (reg. 1777–1799) gelang Auliczek ein neuer Formtypus, der einen Höhepunkt des Nymphenburger Porzellans darstellt. Bis heute wird das Perlservice in der Manufaktur auf Bestellung gefertigt. Ende des 18. Jahrhunderts sollte das Service wahrscheinlich das alte Hofservice im Rokoko-Stil ersetzen, das man als nicht mehr zeitgemäß empfand. Statt der üblichen runden und ovalen Geschirrformen entschied sich Auliczek für ein Zwölfeck, das mit einer umlaufenden Kette aus aufgelegten halben Perlen eingefasst ist, die dem Service seinen Namen gaben. Große Stücke wie die Terrinen sind zusätzlich mit plastischen Akanthusblättern und einem Wellenmäander verziert. Die zurückhaltende und elegante Bemalung in Blau, Grau und Gold ist typisch für den Frühklassizismus. In Grau- oder Sepiabraun-Camaieu (Ton-in-Ton-Malerei) sind die kleinen runden oder ovalen Reserven gehalten. Sie zeigen Landschaften, die wohl nach zeitgenössischen Radierungen entstanden sind.

Das Perlservice war über hundert Jahre lang dem bayerischen Herrscherhaus vorbehalten. Erst 1900 gab Prinzregent Luitpold anlässlich der Weltausstellung in Paris – auf der sich die Nymphenburger Manufaktur mit ihren Spitzenprodukten präsentierte – die Erlaubnis, das Perlservice auch an Privatkunden zu verkaufen. Deshalb ist das historische Service von 1792/95 fast ausschließlich in München erhalten. Es besteht aus 350 Teilen, die sich in der Porzellansammlung der Münchner Residenz befinden, sowie einigen weiteren Stücken, die im Bayerischen Nationalmuseum und in der Porzellansammlung Bäuml in Schloss Nymphenburg ausgestellt sind.   *F. U.*

Oba nejstarší dochované kusy českého porcelánu, koflík s miskou s nápisem „Vivat Böhmen", pocházejí z Klášterce, po Horním Slavkově druhé nejstarší porcelánové manufaktury v Čechách. Zmiňovány jsou také v souvislosti se Třetí všeobecnou průmyslovou výstavou ve Vídni roku 1845.

„Vivat Böhmen" – koflík s miskou
Klášterec, 1794; porcelán, nesignovaný, v. koflíku 5,6, průměr misky 13,4

5.45   Die beiden ältesten erhaltenen Stücke böhmischen Porzellans stammen aus Klösterle, der nach Schlaggenwald zweitältesten Porzellanmanufaktur in Böhmen. Sie fanden auch bei der Dritten Allgemeinen Industrieausstellung in Wien 1845 Erwähnung.

„Vivat Böhmen" – Tasse mit Untertasse
Klösterle, 1794; Porzellan, nicht signiert, Tasse H. 5,6, Untertasse Ø 13,4; Uměleckoprůmyslové muzeum v Praze (73.857/1970)
Lit.: Meyer 1927, S. 117; Hejdová 1973

5.46 Der Coburger Bildhauer Ernst A. Popp schuf für die Porzellanmanufakturen in Klösterle und Prag-Smichov bedeutende Porzellanfiguren.

Albaner
nach einem Modell von Ernst A. Popp (1819–1883); Klösterle, 1856; Biskuitporzellan, bemalt, Sign.-Nr. 36, Pressmarke 856, H. 38,2; Uměleckoprůmyslové muzeum v Praze (60.758/1963)
Lit.: Hejdová 1994, Kat.-Nr. 189; Poche 1956, S. 55 f.; Thieme-Becker 1933, Bd. 27, S. 263 f.

Der Coburger Bildhauer Ernst (Arnošt) Popp arbeitete seit den 1840er-Jahren als Modelleur für die Porzellanmanufakturen in Klášterec/Klösterle und vor allem Prag-Smichov. 1857 wurde er Lehrer im Polytechnikum in Prag, wo ihm nach seinem Tod sein Sohn Anton (Antonín) Popp (1850–1915) als Lehrer nachfolgte, der als Bildhauer unter anderem an der Ausgestaltung des Rathauses in Prag-Smichov und des Nationalmuseums beteiligt war.

Ernst A. Popp schuf insbesondere eine hundert Stück umfassende Serie von Büsten hervorragender Persönlichkeiten seiner Zeit, von Genreszenen aus dem Prager Straßenleben und figurale Karikaturen. Von ihm stammen auch die für Klösterle geschaffenen Figuren des Albaners und der Albanerin, die aus Sicht E. Poches „an edler künstlerischen Sicherheit alles übertreffen, was in der böhmischen Porzellanplastik jemals geschaffen wurde". *S. L.*

Koburský sochař Ernst (Arnošt) Popp vytvořil pro porcelánky v Klášterci a v Praze na Smíchově pozoruhodné porcelánové figurky.

Albánec
podle modelu Ernsta A. Poppa (1819-1883); Klášterec, 1856; biskvit, pestře malováno, sign.Nr. 36, tlačená značka 856, v. 38,2

5.47 Die Waldsassener Porzellanfabrik Bareuther & Co., die maßgeblich von Böhmen aufgebaut und geprägt wurde, war für ihre ausgezeichnete Gebrauchs- und Stapelware bekannt.

a) Porzellanfabrik Bareuther
Grafik; Porzellanwelt Selb – Die Museen

b) Kaffeekanne und Zuckerdose aus dem Kaffeeservice „Form 17 A"
Porzellanfabrik Bareuther & Co., Ausformung vor 1891; Hartporzellan, glasiert; Dekor: brauner Stahldruck, polychrom handbemalt, reliefweiß gehöht, Goldbemalung und -staffagen, Lüstermalerei und Glanzgoldbemalung an den Henkeln; Kaffeekanne: 26 x 23,5, Ø 9–10; Zuckerdose: 14 x 14,2; Ø9–8,5; Deutsches Porzellanmuseum Hohenberg an der Eger (5221/91)

c) Personal der Firma Bareuther
F. Weigand, Eger; Fotografie, 1893; Porzellanwelt Selb – Die Museen
Lit.: Fischer 1994; Mey 2002; Münzer-Glas 2002; Schilling 1991; Treml 1991; Wallner 1991; Zehentmeier 2001

Dass 1866 in Waldsassen eine Porzellanfabrik gegründet wurde, verdankt sich nicht zuletzt der Eröffnung der Eisenbahnlinie Eger/Cheb–Weiden im Jahr 1865, weil dadurch der Bezug von Kohle und Kaolin aus Böhmen erleichtert wurde (vgl. Kat.-Nr. 5.49 ff.). Allerdings waren der Unternehmung zunächst keine großen Erfolge beschieden, sodass die insolvente Fabrik 1885 an die aus Asch/Aš stammenden Unternehmer Ernst Ploß und Oskar Bareuther verkauft wurde. Richard Schmerler, der 1902 als Gesellschafter beitrat, war vorher wie Ploß und Bareuther in der Textilbranche tätig gewesen und stammte ebenfalls aus der Region Eger/Cheb. Eine zentrale Rolle in der Firmengeschichte spielte schließlich ein vierter, ebenfalls aus Asch stammender Böhme, der Kaiserliche Rat Johann Schmidt, der ab 1906 als Vorstand und Direktor 22 Jahre lang die Geschicke der Firma prägte.

Nach einer nicht ganz leichten Anlaufphase – vor allem musste ausreichend Kapital besorgt werden – entwickelte sich „Bareuther und Co." rasch. Die Porzellanfabrik wurde bald für ihre ausgezeichnete Gebrauchs- und Stapelware bekannt und u. a. 1892 in Eger und 1896 in Nürnberg mit einer silbernen Medaille ausgezeichnet. Die erfolgreiche Verbindung von Industrie und Kunsthandwerk in der Produktion des Waldsassener Porzellans zeigt sich insbesondere beim Dekor der Gefäßkörper, die, ausgehend von den durch den Stahldruck vorgegebenen Konturen, in aufwändiger Handmalerei kunstvoll gestaltet wurden.

Waldsassenská porcelánka „Bareuther & Co.", vybudovaná z velké části Čechy, proslula především kvalitním užitkovým a stohovatelným zbožím.

a) Porcelánka Bareuther
Grafika

b) Kávová konvice a cukřenka z kávového servisu „Form 17 A"
Porcelánka Bareuther & Co., před r. 1891; tvrdý porcelán, glazura; dekor: hnědý ocelotisk, ručně malovaný, reliéfní běloba, zlaté linky, listrová malba a zlacení na ouškách; konvice: 26 x 23,5, průměr 9–10; cukřenka: 14 x 14,2, průměr 9–8,5

c) Zaměstnanci firmy Bareuther
F. Weigand, Cheb; fotografie, 1893

5.47 b

Schon 1890/91 war die Fabrik mit ca. 150 Beschäftigten der mit Abstand größte Arbeitergeber in Waldsassen. Neben einheimischen stellte man Arbeitskräfte aus den traditionellen Porzellanerzeugungsgebieten in Thüringen, Oberfranken und vor allem auch Böhmen ein. Aber nicht nur für die Entwicklung der Firma Bareuther, sondern für die der gesamten nordostbayerischen Porzellanindustrie spielten böhmische Einflüsse, Unternehmer, Arbeiter und Rohstoffe eine zentrale Rolle. So wurde etwa die spätere Mitterteich AG ab den späten 1880er-Jahren von ihren langjährigen, aus Böhmen stammenden Direktoren, dem Porzellanmodelleuer Wenzeslaus Mannl (1848–1914) und dem Porzellanmaler Alois Rödl (geb. 1858 in Schönfeld/Krásno nad Teplou), zum Erfolg geführt. Mannl gründete 1897 die „Porzellanfabrik und -malerei Wenzl Mannl", die Wilhelm Seltmann 1939 als Zweigwerk der Porzellanfabriken „Christian Seltmann Weiden" 1939 erwarb. Der Rehauer Hefefabrikant und Mühlenbesitzer Johann Nicol Adam Zeh hatte sich häufig im nahe gelegenen Karlsbad/Karlovy Vary aufgehalten und war dort mit böhmischen Porzellanfabrikanten zusammengetroffen, was ihn dazu anregte, 1880 zusammen mit anderen in Rehau die Porzellanfabrik „Zeh, Scherzer & Co. AG" zu gründen. Beispielhaft für die vielfältigen indirekten Einflüsse sei auch auf den aus Sachsen stammenden Christian Wilhelm Seltmann verwiesen, der wesentliche Anregungen an der „K.K. Fachschule für Keramik und

47 a

5.47 c

verwandte Kunstgewerbe" im böhmischen Teplitz-Schönau/Teplice empfangen hatte und mit der Firma Seltmann in Weiden schließlich eine der bedeutendsten Porzellanfabriken Nordostbayerns gründete.

Auch der Zuzug zahlreicher Arbeitskräfte aus Böhmen – um 1910 stammten beispielsweise über 36 Prozent der Beschäftigen der Firma Lorenz Hutschenreuther in Selb aus Böhmen – trug entscheidend zum Erfolg der nordostbayerischen Porzellanproduktion bei. Und nicht zuletzt spielte der Bezug von Braun- bzw. Steinkohle aus Nordwestböhmen – 1918 kam etwa die Hälfte der Steinkohle für diesen Industriezweig in Nordostbayern aus Böhmen – sowie Kaolin aus dem Karlsbader Becken bei Zettlitz eine große Rolle für die Erfolgsgeschichte der Porzellanherstellung in Nordostbayern, das neben Sachsen, Thüringen und Böhmen zu einem Zentrum der europäischen Porzellanindustrie aufstieg.   *S. L.*

5.48 Bayerisch-böhmische Koproduktion bzw. der Unternehmergeist Pilsener Bürger, beste böhmische Zutaten, ein niederbayerischer Braumeister – glückliche Zufälle hoben 1842 mit dem Pils ein Bier aus der Taufe, das heute das am häufigsten getrunkene Bier der Welt ist. Das Pilsner Original ist seit 1898 als „Pilsner Urquell" markenrechtlich geschützt.

a) Josef Groll
Eugen Schoch (1884–1968), Vilshofen an der Donau, vor 1968; Öl/Leinwand, nach einer verlorenen Fotografie aus den 1870er-Jahren, 78 x 65; Rosa Huber, Wolferstetter Bräu, Vilshofen

b) Die Bürgerliche Brauerei in Pilsen im Jahr ihrer Gründung (1842)
1892; Radierung (R); Plzensky Prazdroj a.s. Pivovarske muzeum

c) Prunkalbum der Pilsener Brauhausgesellschaft, Buch Nr. 2
Buch, 33 x 39,4 x 10; Plzensky Prazdroj a.s. Pivovarske muzeum (14102)

d) Zwei Bierkrüge
um 1880–1910; Humpen mit Zinndeckel, H. 24,3, Ø 9,7 sowie 24,8, Ø 10,4; Plzensky Prazdroj a.s. Pivovarske muzeum (7675 und 13678)

e) Transportfass für Pilsener Urquell
1938; Holz, H. 37, Ø 33; Plzensky Prazdroj a.s. Pivovarske muzeum (607/97, 1938)

f) Brenneisen zur Kennzeichnung der Fässer für Pilsner Urquell
um 1898–1940; Eisen, 9 x 12,8 x 4; Plzensky Prazdroj a.s. Pivovarske muzeum (10/2002)

g) Kalender der Bürgerlichen Brauerei in Pilsen aus dem Jahr 1898
Druck/Papier, 89,5 x 65; Plzensky Prazdroj a.s. Pivovarske muzeum (4900F, 1898)
Lit.: Basařová / Hlaváček 1999; Cironisová 2000; Cironisová, Měšťanský pivovar v Plzni 1942–1992, Manuskript; Cironisová 2003; Cironisová 1997; Hlaváček 1969; Jalowetz 1999; 100 zajímavostí ze staré Plzně 2003; Dějiny Plzně v datech 2004; Historie a současnost podnikání na Plzeňsku 2002; Lábek 1926; Reklamebroschüre 1923; Přikryl 1995; Suchý 1892; Zeman/Lhotka/Laštovka 1959.

Die Geschichte des Bierbrauens reicht in Pilsen/Plzeň ebenso weit zurück wie die Geschichte der Stadt selbst. Bei der Gründung von Neu-Pilsen im Jahr 1295 verlieh König Wenzel II. allen Bürgerhäusern das Braurecht. Eine erste schriftliche Erwähnung des Bierbrauens stammt aus dem Jahr 1307. Lange Zeit konnte jedoch das als bitter bekannte obergärige Bier aus Pilsen nicht mit dem böhmischen Bier aus Saatz/Žatec, Taus/Domažlice oder Rakonitz/Rakovník konkurrieren, das im 16. Jahrhundert nach Nürnberg an den Hof Kaiser Ferdinands I. und anderswohin geliefert wurde.

Gebraut und ausgeschenkt wurde in Pilsen von den dazu berechtigten Bürgern nach einer vom Rat der Stadt festgelegten Folge. Ein Hopfen- oder Ährenkranz über dem Portal des Hauses, später auch ein schmiedeeiserner Kranz, zeigte an, wo ausgeschenkt wurde. Gebraut wurde bis 1842 obergäriges weißes Bier, also Weizen, und rotes Bier aus Gerstenmalz. Zu Beginn des Jahres 1838 erreichte die Bierqualität einen solchen Tiefpunkt, dass auf amtlichen Beschluss hin 36 Fässer Bier, das man „für ungenießbar und gesundheitsschädlich erkannte", auf dem Pilsener Marktplatz ausgegossen wurden. Dies bewog eine Gruppe brauberech-

Bavorsko-česká koprodukce, resp. podnikavý duch plzeňských měšťanů, nejlepší české suroviny, dolnobavorský sládek – několik šťastných náhod dalo roku 1842 vzniknout pivu, kterého se dodnes po celém světě vypije nejvíc. Originální plzeňské pivo je od roku 1898 chráněno ochrannou známkou „Plzeňský Prazdroj".

a) Josef Groll
Eugen Schoch (1884–1968), Vilshofen an der Donau, před r. 1968; olej/plátno, podle ztracené fotografie ze 70. let 19. století, 78 x 65

b) Měšťanský pivovar Plzeň v roce svého založení (1842)
1892; lept (R)

c) Slavnostní fotoalbum Plzeňské pivovarské společnosti, kniha č. 2
kniha, 33 x 39,4 x 10

d) Dva pivní džbány
kolem 1880–1910; humpeny s cínovým víčkem, v. 24,3, průměr 9,7 a v. 24,8, průměr 10,4

e) Transportní sud pro Plzeňský Prazdroj
1938; dřevo, v. 37, průměr 33

f) Vypalovací značka na sudy Plzeňského Prazdroje
kolem 1898–1940; železo, 9 x 12,8 x 4

g) Kalendář Měšťanského pivovaru Plzeň na rok 1898
tisk/papír, 89,5 x 65

5.48

48 a

tigter Bürger um den Besitzer des Hotels „Zum goldenen Adler", Václav Mirvald, zu einem historischen Schritt: Sie beschlossen die Errichtung eines modernen Brauhauses mit Mälzerei und verfassten am 2. Januar 1839 eine „Aufforderung der pilsner bräuberechtigten Bürger zur Erbauung eines eigenen Malz- und Bräuhauses". Im April 1839 wurde in der Pilsener Vorstadt Bubeneč am Fluss Radbuza ein Grundstück angekauft, mit dem Bau wurde der Pilsener Baumeister Martin Stelzer betraut. Da die neue Brauerei nach dem so genannten bayerischen Verfahren brauen sollte, also untergärig, hatte Stelzer zuvor auf einer Studienreise Erfahrungen in bayerischen Brauereien gesammelt.

Im Herbst 1840 waren die Brauereigebäude fertiggestellt. Als erster Braumeister kam im Frühjahr 1842 Josef Groll aus dem bayerischen Vilshofen in die neue Pilsener Brauerei, zusammen mit seinem Unterbrauer Johann Eisner. Am 5. Oktober 1842 konnte der erste Biersud gebraut werden und einige Wochen später präsentierte Braumeister Groll sein Erzeugnis den Wirten, die es Mitte November auf dem Martinimarkt in Pilsen erstmals zum Verkauf anboten.

Josef Groll folgte nach drei Jahren Sebastian Baumgärtner aus St. Salvator in Bayern als Braumeister, der sein Amt bis 1850 versah, als man den bewährten Unterbrauer Jakub Blöchl zum neuen Braumeister berief. Der aus Kreuzberg in Bayern stammende Blöchl ist, so kann man wohl sagen, der eigentliche Schöpfer des Pilsner Bieres. Er heiratete in Pilsen und wurde dort ansässig. 1855 zum Oberbrauer ernannt, blieb er in dieser Funktion bis zu seinem Ruhestand 1879.

Die außergewöhnliche Qualität des Pilsner Bieres und die enorme Nachfrage hatten zur Folge, dass andere Brauereien das Pilsner Lager zu kopieren versuchten. Das Städtchen Starý Plzenec stellte sogar einen Antrag auf Abänderung seines Namens in Stará Plzeň, doch wurde dem nicht stattgegeben. Nach Inkrafttreten des Markenschutzgesetzes in Österreich ließ die Bürgerliche Brauerei bei der Pilsener Industrie- und Handelskammer die geschützte Marke „Plzeňské pivo/Pilsner Bier" eintragen. Mit der Aufhebung der Propination, also der dem Adel und Bürgertum vorbehaltenen Braugerechtigkeit, durch Gesetz vom 30. April 1869 entstanden neue Brauereien in Pilsen und Umgebung. Das erste Unternehmen dieser Art war die noch 1869 gegründete První Plzeňský akciový pivovar/Erste Pilsner Actien-Brauerei. 1894 folgte die Plzeňský společenský pivovar/Pilsner Gemeinschaftsbrauerei und 1910 schließlich die Český plzeňský pivovar, a.s./Pilsner tschechische Brauerei A.G. In der Folge führte die Bürgerliche Brauerei Pilsen in der Schweiz einen Rechtsstreit um den Schutz ihrer Marke. Gemäß einem Präzedenzurteil war die Bezeichnung „Pilsner Bier" keine Herkunfts-, sondern eine

48 c

5.48 b

Sortenbezeichnung. Als kurz darauf, am 5. Oktober 1896, die Pilsner Gemeinschaftsbrauerei die geschützte Marke „Pravé plzeňské pivo/Original Pilsner Bier" registrieren ließ, kreierte die Bürgerliche Brauerei zusammen mit ihren Vertretern für Schlesien und Deutschland, den Brüdern Camphausen, die neue Marke „Plzeňský Prazdroj/Pilsner Urquell", die am 27. Oktober 1898 registriert wurde und noch heute in Gebrauch ist.

Im Lauf der Jahre erweiterte und modernisierte die Bürgerliche Brauerei ihre Produktionsverfahren. Sie kann daher auch als Vorreiter des technischen Fortschritts in Pilsen gelten. 1857 ließ sie beispielsweise den ersten Dampfkessel installieren, 1887 begann sie mit der Abfüllung des Bieres in Flaschen, wofür angesichts der steigenden Nachfrage 1899 eine Abfüllanlage gebaut wurde. Die Eröffnung der Eisenbahnlinien von Prag nach Bayern (1861/62) sowie von Pilsen nach Wien (1870) erlaubte einen schnelleren Transport über größere Entfernungen, für die zügige Abfertigung der Bierkontingente sorgten ab 1880 ein Anschlussgleis ins Betriebsgelände sowie spezielle Bierwaggons. 1913 gesellte sich zu Waggons und Fuhrwerken das erste Automobil.

Über die Qualität des Pilsner Lagerbiers wachte seit 1897 der ebenfalls aus dem bayerischen Kreuzberg stammende Josef Binder als vierter Braumeister der Bürgerlichen Brauerei. Bis zum Ende des 19. Jahrhunderts nahm die Bürgerliche Brauerei an zahlreichen Ausstellungen im In- und Ausland teil, so auch an den Weltausstellungen in Wien 1873 und in Paris 1900. Sie erhielt für ihr Produkt zahlreiche Auszeichnungen, Goldmedaillen und Ehrendiplome.

5.47

Die Bürgerliche Brauerei fand auch das Interesse bedeutender Persönlichkeiten aus Kunst, Wissenschaft und Politik. Besonders stolz war man auf den Besuch des Kaisers Franz Josephs I., der bei einem Aufenthalt im Pilsner Bahnhof im September 1874 hervorhob, dass es bisher keiner Brauerei gelungen sei, den „eigenthümlich lieblichen Geschmacke des Pilsner Bieres nachzumachen".

Im Jahr 1913 überstieg die Jahresgesamtauslieferung erstmals seit Bestehen der Brauerei eine Million Hektoliter. Im Ersten Weltkrieg sank die Produktion aufgrund des Mangels an Rohstoffen und Arbeitskräften ungefähr auf die Hälfte des Vorkriegsstandes, die Grenze von einer Million Hektoliter wurde erst wieder in den 1960er-Jahren überschritten. Die wirtschaftliche Krise der Kriegs- und Nachkriegszeit wirkte sich auch auf die übrigen Pilsener Brauereien negativ aus. Die wirtschaftlich schwächeren Unternehmen wie die Pilsner Gemeinschaftsbrauerei (ab 1919 offiziell Prior) und die Erste Pilsner Actien-Brauerei (seit 1919 bekannter als Pilsner Gambrinus) gingen zwischen 1925 und 1928 im Konzern der wirtschaftlich stärkeren Bürgerlichen Brauerei auf. Das letzte der drei Konkurrenzunternehmen konnte die Bürgerliche Brauerei 1932/33 im Rahmen einer Fusion der Český plzeňský pivovar a.s./Pilsner tschechische Bierbrauerei A.G. bzw. Světovar mit der Ersten Pilsner Actien-Brauerei unter ihre Kontrolle bringen. Das so entstandene Unternehmen nannte sich nun Pilsner Actien-Brauereien.

Nach Josef Binder war am 31. März 1900 dessen Schwager Adolf Bayer aus Dobřany bei Pilsen zum Oberbrauer berufen worden, der bis zu seinem Tod 1929 in dieser Position tätig war. Der letzte Braumeister der Bürgerlichen Brauerei in den Zwischenkriegsjahren war Jan Šebelík aus Schüttenhofen/Sušice. Der Betrieb war zu einem der größten Bierproduzenten im Zwischenkriegs-Europa geworden. 1925 verfügte die Brauerei über 25 Tennen mit einer Gesamtfläche von 16 000 m² sowie über 16 englische Zweihordendarren, die während der achtmonatigen „Malzsaison" 250 000 Hektoliter Malz produzierten. Gebraut wurde in vier Sudhäusern mit 18 Sudwerken aus Messing, die über eine Füllmenge von je 100 Hektolitern verfügten. Die Würzekühlung erfolgte in 28 eisernen Kühlstöcken. Die Gärkeller erstreckten sich über 18 600 m². Hier gärte die Würze in 2 100 eichenen Gärbottichen, die jeweils 25 Hektoliter fassten. Die Bierkeller zogen sich insgesamt neun Kilometer weit durch den Sandsteinfels, in 96 Abteilen waren 6 500 Lagerbierfässer von je 50–80 Hektoliter untergebracht.

Das ungewöhnlich helle Lagerbier der Bürgerlichen Brauerei in Pilsen hatte sich zu einer der beliebtesten Biersorten weltweit entwickelt. Es war der Prototyp eines Bieres, das erstmals auch aus einem Glas und nicht aus einem Krug getrunken werden wollte, um seine funkelnde goldgelbe Farbe und die dichte, schneeweiße Krone zur Geltung zu bringen. *J. Há.*

V letech 1861 až 1877 byly – částečně značným nákladem – vybudovány tři nejvýznamnější železniční linie mezi Bavorskem a Čechami. Doprava zboží a počet cestujících rapidně rostl.

a) Železniční trasy mezi Bavorskem a Čechami kolem roku 1900
mapa a diagram

b) Doprava zboží mezi Bavorskem a Čechami 1906
diagram

c) Vývoz českého hnědého uhlí do Bavorska 1850–1910
diagram

d) Práce na skalním zářezu Sauhöhe
Ignac Kranzfelder, 1875; fotografie

e) Stavba viaduktu u Dešenice
Ignac Kranzfelder, 1875; fotografie

f) Vlak u železničního tunelu Špičák
Josef Seidel, kolem 1900; fotografie

g) Řetězový bagr v povrchovém dole Elly
Bohmann-Verlag Wien, kolem 1910; fotografie

h) Přípitek bavorského a českého lva
karikatura z: Wiener Figaro z 19.10.1861

5.49 Zwischen 1861 und 1877 wurden die drei wichtigsten Eisenbahnverbindungen zwischen Bayern und Böhmen mit zum Teil erheblichem Aufwand geschaffen. Der Güterverkehr und die Zahl der Reisenden stiegen sprunghaft an.

a) Bahnverbindungen zwischen Bayern-Böhmen um 1900
Karte und Diagramm: Heinz Muggenthaler, Regen; Haus der Bayerischen Geschichte, Augsburg
b) Güterverkehr zwischen Bayern und Böhmen 1906
Diagramm: Haus der Bayerischen Geschichte, Augsburg
c) Export böhmischer Braunkohle nach Bayern 1850–1910
Diagramm: Haus der Bayerischen Geschichte, Augsburg
d) Arbeiten am Felseneinschnitt Sauhöhe
Ignac Kranzfelder, 1875; Fotografie; Národní technické muzeum v Praze
e) Bau eines Viadukts bei Deschenitz
Ignac Kranzfelder, 1875; Fotografie; Národní technické muzeum v Praze
f) Zug am Spitzbergtunnel
Josef Seidel, um 1900; Fotografie; Böhmerwaldmuseum Passau
g) Kettenbagger in der Tagbaugrube Elly
Bohmann-Verlag Wien, um 1910; Fotografie
h) Bayerischer und böhmischer Löwe prosten sich zu
Karikatur aus: Wiener Figaro vom 19.10.1861; Adalbert Stifter Verein, München
Lit.: Bräunlein 2000; Bachinger 1973; Heinersdorff 1975; Horn/Kubinszky 1992; Ksoll-Marcon 2002; Mages 1984; Wittl 1968

Braunkohle gab es in Nordböhmen reichlich und in Bayern benötigte man sie für den rasant steigenden Energiebedarf dringend. Die böhmische Braunkohle – hier ein Bild von der Tagebaugrube Elly in Holtzschitz-Seestadtl/Ervěnice zwischen Brüx/Most und Komotau/Chomutov an der Bahnstrecke von Aussig/Ústí nad Labem nach Teplitz/Teplice – wurde zum „Motor der bayerischen Eisenbahnpolitik" (Emma Mages).

Angesichts leerer Kassen und befürchteter niedriger Renditen überließen Österreich und Bayern den Bau vieler Strecken staatlich konzessionierten privaten Bahngesellschaften wie der Bayerischen Ostbahn- (1856–1875) und der Böhmischen Westbahngesellschaft (1859/61–1894), die eng zusammenarbeiteten. Unterschiedlichste wirtschaftliche, technische, aber auch kommunalpolitische Interessen führten in Bayern wie in Böhmen wiederholt zu heftigen Auseinandersetzungen und Verzögerungen.

Der Bau der Strecken erforderte erheblichen planerischen und logistischen Aufwand. Auch bautechnisch waren einige Schwierigkeiten zu überwinden; die

5.49 d

Bahnbauten wurden oft noch mit einfachsten Werkzeugen durchgeführt. Einen Eindruck vom Bahnbau in dieser Zeit vermitteln die von Ignac Kranzfelder 1875 beim Bau der Strecke zwischen Pilsen/Plzeň und Böhmisch Eisenstein/ Železná Ruda angefertigten Fotografien. Wiederholt waren Dämme anzulegen, Bergrücken zu durchschneiden, Tunnel und Brücken bzw. Viadukte zu bauen.

Vor allem unter dem Einfluss des Hauptaktionärs der Ostbahnen, Fürst Maximilian von Thurn und Taxis, der – selbst reich begütert in Böhmen – Aktien der Böhmischen Westbahngesellschaft hielt, einigte man sich auf den Anschlusspunkt Furth im Wald für die (erste) bayerisch-böhmische Eisenbahnverbindung. Bereits am 15. Oktober 1861 wurde die Teilstrecke nach Pilsen/Plzeň eröffnet und nur ein Jahr später konnte die gesamte Strecke zwischen Prag und München befahren werden.

Die anlässlich der Eröffnung dieser Strecke im Wiener „Figaro" veröffentlichte Karikatur verweist mit den mit dem beidseitigen „Nationalgetränk" Bier anstoßenden Löwen, den Wappentieren beider Länder, auf die durch den Eisenbahnbau vertieften Verbindungen zwischen Bayern und Böhmen. Möglicherweise spielt sie aber auch an auf die deutsch-tschechische Konfliktlage in Böhmen, die sich bei der Eröffnung dieser Eisenbahnverbindung erneut gezeigt hatte, denn die Tschechen hatten sich provoziert gefühlt, weil die Bahnverwaltung in Böhmen angeblich rein deutsch besetzt werden sollte und die Eröffnungslokomotive den Namen „Pilsen" nur in deutscher Schreibweise trug.

Mit den Strecken Hof–Asch/Aš–Eger/Cheb und (Schwandorf –) Weiden– Eger (1864/65) sowie Eger–Pilsen/Plzeň (1872) wurde gut ein Jahrzehnt später eine zweite für die Kohleversorgung Bayerns, aber auch für den Tourismus in die berühmten böhmischen Bäder wichtige Eisenbahnstrecke fertig gestellt.

Als dritte – und landschaftlich besonders reizvolle – Strecke entstand bis 1877 die Verbindung von Deggendorf über Zwiesel und (Bayerisch bzw. Böhmisch) Eisenstein nach Pilsen, die die Erschließung des Böhmerwalds für den Fremdenverkehr beförderte. Die Aufnahme, die einen Personenzug vor dem Spitzbergtunnel (Špičák) bei Böhmisch Eisenstein an dieser Strecke zeigt, ist aufgrund ihrer massenhaften Verbreitung auf zeitgenössischen Postkarten eines der bekanntesten Bilder Josef Seidels (1859–1935), dieses mit der Archivierung seines Ateliers in Krummau/Český Krumlov nun neu zu entdeckenden „Fotografen des Böhmerwalds".

Hatte schon der Bau der Strecken der lokalen Wirtschaft diesseits und jenseits der Grenze starke Impulse verliehen, so dynamisierte ihr Betrieb die Wirtschaftsbeziehungen Bayerns und Böhmens grundlegend. Dass diese Verbindungen jedoch einer ständigen Weiterentwicklung bedürfen, wird in einem Kommentar des Schriftstellers Gustav Meyrinks deutlich, der 1910 hinsichtlich der Möglichkeiten nach Prag zu kommen, süffisant anmerkte: „Von Süden, Osten und Norden ist es leicht zu erreichen, im Westen wird dies jedoch durch die böhmische Westbahn erfolgreich gehindert. Wer sich aber darauf kapriziert, kann ganz gut von Furth i. W. aus zu Fuß gehen. – Ach Gott, die Wege sind ja gar nicht so schlecht."

S. L.

Věrný model představuje lokomotivu „Mnichov" bavorské východní dráhy, která byla z bavorské strany prvním železničním spojením do Čech.

Model lokomotivy „Mnichov" bavorské východní dráhy
1893; měřítko 1 : 10

5.50 Das originalgetreue Modell zeigt die 1857 gebaute Lokomotive „München" der „Königlich privilegierten Aktiengesellschaft der bayerischen Ostbahnen", die auf bayerischer Seite die ersten Bahnverbindungen nach Böhmen schuf.

Modell der Lokomotive „München" der kgl. priv. Aktiengesellschaft der bay. Ostbahnen
1893; Maßstab 1:10; Deutsche Bahn AG – DB Museum Nürnberg
Lit.: Ein Jahrhundert unter Dampf 2005; AK Weichenstellungen 2001; Lutz 1883

Der Startschuss für das Dampfeisenbahnzeitalter in Deutschland fiel 1835. Am 7. Dezember verkehrte erstmals ein Zug der privaten Ludwigs-Eisenbahn-Gesellschaft zwischen den seit 1806 zu Bayern gehörenden Städten Nürnberg und Fürth. In den nächsten zwanzig Jahren erschlossen weitere Eisenbahnstrecken große Teile des Königreichs. Nur im Osten, in den an Böhmen und Österreich grenzenden Gebieten der Oberpfalz und Niederbayerns, wurden keine Schienen verlegt. Dieser „Eisenbahnwüste" drohe die „völlige Verödung", wenn nicht bald ein Bahnanschluss erfolge, warnte ein Landtagsabgeordneter in der Mitte des

5.50

Jahrhunderts. Dabei existierten erste Eisenbahnpläne für den östlichen Landesteil bereits in der Zeit vor 1835. Und immer wieder gab es Initiativen, Vorschläge und Eingaben von Gemeinden, Landtagen, Abgeordneten oder Privatleuten zum Bau von Eisenbahnen. Vor allem Regensburg, Amberg und auch das fränkische Nürnberg engagierten sich. Von dem neuen Verkehrsmittel versprach man sich einen wirtschaftlichen Aufschwung – besonders in der Oberpfalz hatte sich während des Vormärz die seit langem angespannte soziale Situation verschärft – sowie die Wiederbelebung alter grenzüberschreitender Handelsverbindungen.

Das Haupthindernis für den Eisenbahnbau jedoch bestand in einem anderen, von König Ludwig I. stets bevorzugten Großverkehrsprojekt der 1830er-Jahre, dem Ludwig-Donau-Main-Kanal. Aus Rücksicht auf diesen erst 1846 vollendeten Wasserweg war beispielsweise 1830 die Projektierung einer Eisenbahnverbindung zwischen Nürnberg und Regensburg gescheitert. Der dauernde Geldmangel der staatlichen Kassen und die teilweise schlechte Ertragslage der bereits in Betrieb befindlichen staatlichen Eisenbahnen taten ein Übriges.

Erst um 1850 erfolgte die Wende. Der Ludwig-Donau-Main-Kanal hatte die Erwartungen nicht erfüllt und durch die Verdichtung des Eisenbahnnetzes jenseits der bayerischen Grenzen verlagerten sich dorthin auch die alten Verkehrsströme von und nach Böhmen und Österreich. So führten letztlich nicht nur das ständige Drängen der betroffenen Regionen – in der Oberpfalz hatte die Regierung 1845/46 immerhin bautechnische Voruntersuchungen genehmigt – sondern auch der politische Kurswechsel der Regierung und Verhandlungen mit Österreich dazu, dass 1851 die staatliche Eisenbahnbaukommission die Weisung zur Aufnahme von Projektierungsarbeiten für Eisenbahnen im Osten Bayerns erhielt. 1856 begannen an mehreren Orten die Bauarbeiten, rund ein Vierteljahrhundert später überzog die vormalige Eisenbahnwüste ein dichtes Streckennetz mit mehreren Anschlüssen über die Grenze zum Habsburgerreich. *St. E.*

5.51 Der Bau der Eisenbahnstrecken erfolgte in Böhmen wie auch in Bayern lange Zeit vorwiegend durch private Eisenbahngesellschaften wie die bayerische Ostbahngesellschaft und die „k. k. priv. Böhmische Westbahn".

a) Modell des Personenwagens III. Klasse der bayerischen Ostbahngesellschaft
1895; Maßstab 1:10; Deutsche Bahn AG – DB Museum Nürnberg

b) Modell des Dienstwagens der bayerischen Ostbahngesellschaft
1898; Maßstab 1:10; Deutsche Bahn AG – DB Museum Nürnberg
Lit.: Zeitler 1985; Witt 1968; Lechner 1920

Výstavbu železničních tratí prováděly v Čechách i Bavorsku dlouhou dobu převážně soukromé železniční společnosti jako bavorská Ostbahngesellschaft nebo „C. k. privilegovaná česká západní dráha".

a) Model osobního vagonu 3. třídy společnosti „Bayerische Ostbahngesellschaft"
1895; měřítko 1:10

b) Model služebního vagonu společnosti „Bayerische Ostbahngesellschaft"
1898; měřítko 1:10

Auch der Osten Bayerns verdankte seine Bahnen privatem Unternehmertum, hier war es die 1856 gegründete „Königlich privilegierte Actiengesellschaft der bayerischen Ostbahnen". Die Übertragung einer umfangreichen Eisenbahnkonzession an eine Aktiengesellschaft bedeutete eine Abkehr von der seit Anfang der 1840er-Jahre von Bayern betriebenen Staatseisenbahnpolitik. Noch 1845 hatte Innenminister Karl von Abel erklärt, dass die Regierung „nie und unter keiner Bedingung" die Eisenbahnen „in ihren Hauptrichtungen in Privathand" geben würde. Bayern hatte viel Geld in den Eisenbahnbau gesteckt, ohne jedoch die gewünschten Renditen zu erzielen. Zudem mussten aufgrund der angespannten Haushaltslage die Arbeiten an bereits begonnenen Strecken unterbrochen werden. Der Druck, auch Privatunternehmen den Bahnbau zu gestatten, wuchs so stark, dass die Regierung schließlich einlenkte und 1855 mit dem Erlass der „Bestimmungen, die Erbauung von Eisenbahnen betreffend" die Rechtsgrundlage für den privaten Eisenbahnbau schuf.

Die mit einer staatlichen Zinsgarantie von 4,5 Prozent abgesicherte Ostbahn AG entwickelte sich bald zur bedeutendsten bayerischen Privateisenbahn. 1859 eröffnete sie ihre erste Strecke und bereits 1861 rollten bei Furth im Wald Züge nach Böhmen – weitere Grenzverkehre folgten. Damit war die Ostbahn in den

internationalen Verkehr eingebunden und hatte am lukrativen Transitgeschäft teil. Zudem versprach sich die Ostbahn AG von den „Böhmer-Linien" mehr Transporte aus den Revieren Nituna und Merklin und eine erhebliche Verminderung ihrer Betriebskosten durch den vereinfachten Bezug der dort abgebauten hochwertigen Kohle. Die Brennstoffbeschaffung für die Lokomotiven stellte in den ersten Jahrzehnten des Eisenbahnzeitalters stets eine äußerst kostspielige und aufwändige Angelegenheit dar.

Obwohl die Ostbahn eine Privatgesellschaft war, unterlag sie staatlicher Reglementierung und Aufsicht. Insbesondere die Auflage, ihre Tarife an diejenigen ihrer größten Mitbewerberin, der bayerischen Staatsbahn, anzubinden, verdeutlicht die Grenzen ihrer unternehmerischen Freiheit, die 1875 ihr Ende nehmen sollte.

1874 hatte die bayerische Regierung der Ostbahn AG ein Kaufangebot unterbreitet. Die seit 1871 drohende Übernahme der Ostbahn AG durch das Deutsche Reich hatte zusätzlich für Unruhe im auf Eigenständigkeit bedachten Bayern gesorgt. Angesichts sinkender Renditen und des sich verschärfenden Wettbewerbs stimmte die Ostbahn einem Verkauf zu. Der im März 1875 geschlossene Vertrag sah die zum 1. Januar rückwirkende Eingliederung des Unternehmens in den Staatsbahnbetrieb bis Anfang 1876 vor.

Den wirtschaftlichen Erfolg der Privatbahn belegt ihre Durchschnittsrendite von 6,3 Prozent. Und ein Blick auf einige statistische Angaben der Staatsbahn für 1876 vermittelt eine Vorstellung von der Bedeutung der ehemaligen Ostbahn AG: 903 Kilometer des 3 649 Kilometer umfassenden Streckennetzes stammten von der Ostbahn, ebenso 187 von 911 Lokomotiven und 5162 von 17 722 Eisenbahnwagen. *St. E.*

Mapy ukazují vývoj mezistátních vztahů ve střední Evropě se zřetelem k Bavorsku a Čechám mezi lety 1848 a 1866/71.

a) Střední Evropa 1848

mapa

b) Střední Evropa 1866/71

5.52 Die Karten zeigen die Entwicklung der staatlichen Verhältnisse in Mitteleuropa im Hinblick auf Bayern und Böhmen zwischen 1848 und 1866/71.

a) Mitteleuropa 1848

Karte: Heinz Muggenthaler, Regen; Haus der Bayerischen Geschichte, Augsburg

b) Mitteleuropa 1866/71

Karte: Heinz Muggenthaler, Regen; Haus der Bayerischen Geschichte, Augsburg

Dem 1815 als lockerem Staatenbund gegründeten Deutschen Bund gehörte Österreich mit denjenigen Gebieten an, die schon zuvor Teil des Heiligen Römischen Reichs Deutscher Nation gewesen waren, also auch Böhmen. Der Sieg Preußens in der Schlacht bei Königgrätz/Hradec Králové 1866 und die Gründung des Norddeutschen Bundes 1866/67 bedeuteten das Ende des Deutschen Bundes. Zur inneren Stabilisierung der nunmehr aus Deutschland ausgeschlossenen „Österreichisch-ungarischen Monarchie" wurde 1867 der österreichisch-ungarische Ausgleich geschaffen. Dieser bedeutete eine Enttäuschung für die tschechische Nationalbewegung, weil ein ähnlicher Ausgleich mit den Ländern der böhmischen Krone unterblieb. *S. L.*

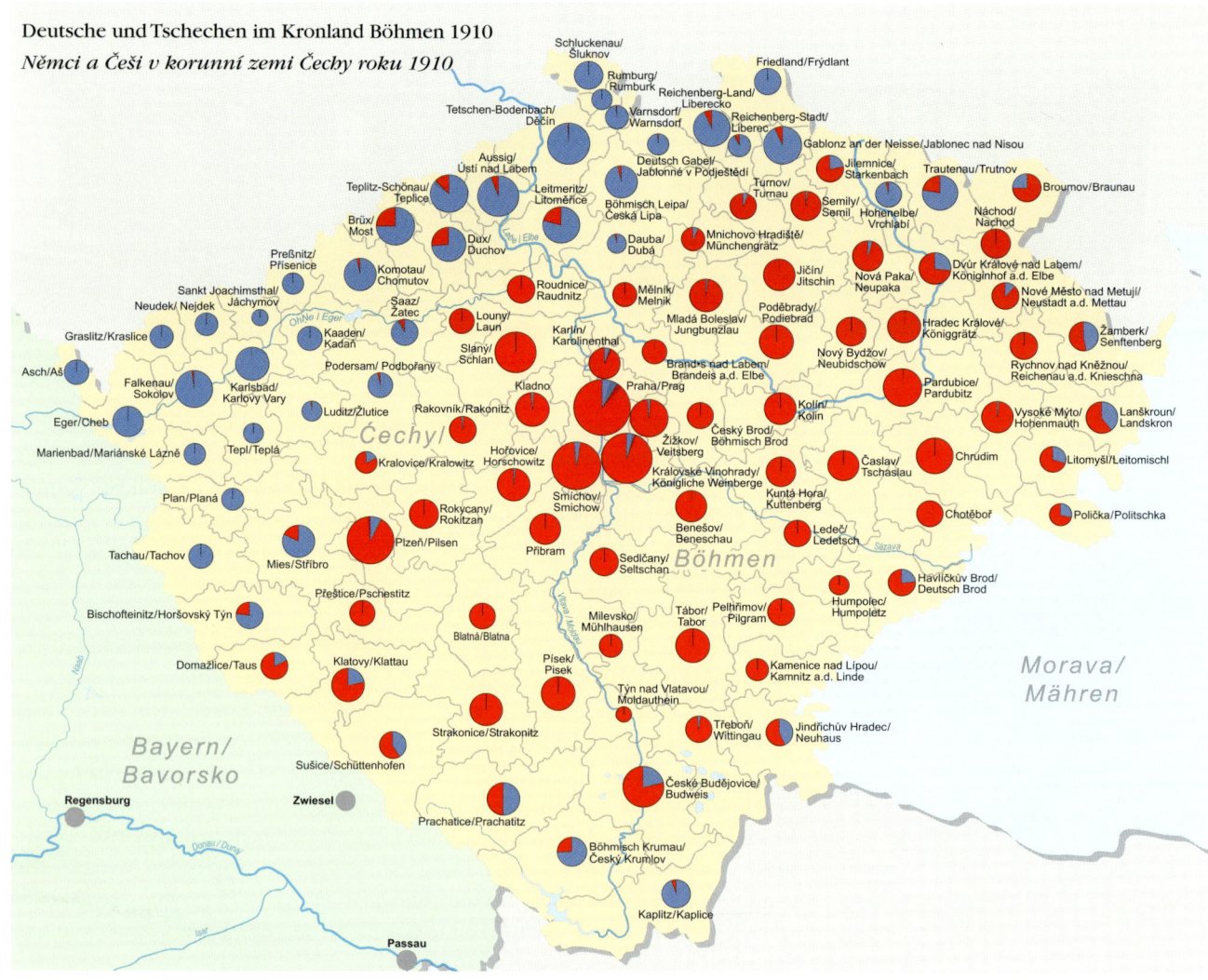

Deutsche und Tschechen im Kronland Böhmen 1910
Němci a Češi v korunní zemi Čechy roku 1910

5·53

Die Größe der einzelnen Diagramme ist abhängig von der Einwohnerzahl der Bezirke
Velikost jednotlivých diagramů závisí na počtu obyvatel jednotlivých okresů

🔴 Juden, die sich bei der Spracherhebung zur tschechischen Nationalität bekannten
Židé, kteří se při sčítání lidu a zjišťování mateřského jazyka přihlásili k české národnosti

🔵 Juden, die sich bei der Spracherhebung zur deutschen Nationalität bekannten
Židé, kteří se při sčítání lidu a zjišťování mateřského jazyka přihlásili k německé národnosti

🔴 Tschechen / *Češi*

🔵 Deutsche / *Němci*

◔ Sonstige 0–1% / *Ostatní 0–1%*

5.53 Karte und Diagramm vermitteln ein ungefähres Bild der Nationalitäten-verhältnisse in Böhmen zwischen 1850 und 1910.

a) Verteilung der Nationalitäten in Österreich-Ungarn
Umzeichnung der Nationalitätenkarte von Peter Urbanitsch 1980; Heinz Muggenthaler, Regen; Haus der Bayerischen Geschichte, Augsburg

b) Entwicklung der Nationalitäten in Böhmen zwischen 1850 und 1910
Diagramm; Haus der Bayerischen Geschichte, Augsburg
Lit.: Urbanitsch 1980, Überblick; Urbanitsch 1980, Erläuterungen

Karte und Diagramm basieren auf Daten von Volkszählungen, die in der Habs-burgermonarchie zwischen 1846 und 1910 auf allerdings zum Teil recht unter-schiedlichen und nur eingeschränkt aussagekräftigen Grundlagen durchgeführt wurden. So hatte man in den Zählungen in Cisleithanien nach 1880 nicht mehr nach der Nationalität, sondern nur mehr nach der Sprache gefragt, „deren sich die Person im gewöhnlichen Umgange bediente". Dabei konnte man nur eine der „landesüblichen" Sprachen angeben, darunter auch „deutsch" sowie „böhmisch-mährisch-slowakisch". „Jiddisch" war als Kategorie nicht vorhanden, sodass Juden andere Sprachen als ihre Umgangs- bzw. Muttersprache angaben. Da es zudem zu

Mapa a diagram zprostředkovávají přibližný obraz národnostních poměrů v Čechách mezi lety 1850 a 1910.

a) Rozložení národností v Rakousko-Uhersku

Kopie národnostní mapy Petera Urbanitsche 1980

b) Vývoj národností v Čechách mezi 1850 a 1910

diagram

Manipulationen seitens der an der Erhebung Mitwirkenden kam, können die so gewonnenen Statistiken nur ein ungefähres Bild der tatsächlichen Nationalitätenverhältnisse liefern.

Der Anteil der Deutschen in Böhmen an der Gesamtbevölkerung, der im Zeitraum zwischen 1846 und 1910 deutlich über ein Drittel betrug, ging zwischen 1851 und 1910 leicht zurück von 38,62 auf 36,76 Prozent, während der Anteil der Tschechen entsprechend stieg. Die Deutschen lebten vor allem – aber keineswegs ausschließlich – in den Grenzgebieten Böhmens. Die Karte zeigt auch, dass es in vielen Gebieten größere nationale Minderheiten gab, wobei sie nicht sichtbar machen kann, dass es im Zuge insbesondere der Industrialisierung zu Wanderungsbewegungen kam, die die nationalen Verhältnisse vor Ort oft stark veränderten. *S. L.*

Revolucionáři roku 1848 chtěli v návaznosti na Německý spolek sjednotit německá jazyková území a vytvořit "Velkoněmecko".

Alegorie Germánie
1848; olej/dřevo, průměr 72

5.54 Die 48er-Revolutionäre wollten in Nachfolge des Deutschen Bundes Deutschland als „Großdeutschland" einigen.
Allegorie der Germania
1848; Öl/Holz, Ø 72; Königlich Privilegierte Schützengesellschaft Mainbernheim
Lit: Gall 1998; Kořalka 1996

Die zentralen Bildmotive der Schützenscheibe, der Doppeladler links im Vordergrund, die im Vormärz verbotene schwarz-rot-goldene Fahne und die Allegorie der Germania, sind die in der Revolution 1848/49 vielfach abgebildeten Symbole der deutschen Einheit. Die Anhänger der deutschen Einheit sahen den in der Tradition des Wappentiers des Heiligen Römischen Reichs stehenden, noch im März 1848 zum Wappen des Deutschen Bundes erklärten Doppeladler in selbstverständlicher Weise als Symbol Deutschlands. Es sollte ein „Großdeutschland" in der Nachfolge des Deutschen Bundes geschaffen werden, nun allerdings nicht mehr als loser Staatenbund, sondern als Bundesstaat.

Das in der Allegorie der Germania verkörperte Deutschland erscheint auf der hier gezeigten Schützenscheibe als Garant für die Wohlfahrt der Bürger. Auf dem Kopf trägt Germania den Lorbeerkranz als Siegessymbol, in der rechten Hand hält sie die deutsche Fahne und in der linken das gesenkte Schwert als Zeichen der Rechtshoheit. Die steinerne Gesetzestafel links steht für die von der Versammlung in der Paulskirche zu schaffende Verfassung. Den friedlichen Charakter der nationalen Einigung unterstreicht auch der auf dem Postament rechts liegende Palmzweig als Friedenszeichen. Und gewissermaßen als Botschaft dieser Allegorie fasst das Spruchwappen an der Trompete des über der Szene schwebenden Engels zusammen: „Wo [Fried] und Recht regiert, da blüht der Bürgerstand. Da [nutzt] Gewerb und Kunst dem ganzen Vaterland."

Diese Sicht, dass ein zu einendes Deutschland in Mitteleuropa bzw. große (Einheits-)Staaten eine wichtige Voraussetzung für die Entwicklung der Industrie, ja kultureller, politischer wie zivilsatorischer Blüte überhaupt darstellten, war im Europa des 19. Jahrhunderts vor allem bei den fortschrittlicheren Kräften verbreitet. Aus dieser Perspektive heraus hielt es die Mehrheit der Revolutionäre für selbstverständlich, dass auch sprachverschiedene Völker wie die Tschechen, die in einem Mitgliedsstaat des Deutschen Bundes lebten, zu einem solchen deutschen Reich gehören sollten. *S. L.*

5.54

5.55 František Palacký lehnte als führender politischer Repräsentant der Tschechen in Böhmen die Mitarbeit bei der Frankfurter Nationalversammlung mit der Begründung ab, dass er „kein Deutscher", sondern ein „Böhme slawischen Stammes" sei.

Brief von František Palackýs vom 11. April 1848
Handschrift/Papier (R); Haus der Bayerischen Geschichte, Augsburg
Lit.: Kořalka 2001; Morava 1990, S.120–140; Palacký 1874, S. 149–155; Seibt 1996

„Ich kann Ihrem Rufe, meine Herren! ... [nicht] Folge leisten." – Diese Absage František Palackýs, den man gebeten hatte, in Frankfurt die Vorbereitungen zur Wahl der Frankfurter Nationalversammlung zu unterstützen, kam für viele Mitglieder des so genannten Fünfziger Ausschusses überraschend. Böhmen gehörte schließlich – zumindest aus der Sicht der meisten deutschen Liberalen und Demokraten dieser Zeit – als Teil des Deutschen Bundes zu Deutschland. Vereinzelte nationale tschechische Stimmen, die schon vor 1848 die Zugehörigkeit Böhmens zu Deutschland bestritten hatten, waren in der deutschen Öffentlichkeit schlichtweg ignoriert worden. So konfrontierte erst dieser postwendend verfasste Absagebrief Palackýs die deutsche politische Öffentlichkeit schlagartig mit den Vorstellungen einer tschechischen Eigenständigkeit.

Palacký bekennt in seinem Brief, dass er „kein Deutscher", sondern „ein Böhme slawischen Stammes" sei, wobei er den Begriff „Böhme" statt „Czeche" bzw. „Tscheche" ganz bewusst verwendet, um die Tradition der historischen böhmischen ständisch-politischen Nation bzw. des Königreichs Böhmen zu betonen. Die historisch-staatsrechtliche Argumentation in Bezug auf die Zugehörigkeit Böhmens zum Heiligen Römischen Reich bzw. zu Deutschland weist er entschieden zurück: Zwar hätten die Herrscher des Volkes der Böhmen „seit Jahrhunderten am deutschen Fürstenbunde Theil genommen, es selbst hat sich aber niemals zu diesem Volke gezählt". Das böhmische Volk sei „nun zwar ein kleines, aber von jeher eigenthümliches und für sich bestehendes".

Die wahre Heimat der Slawen Österreichs sah Palacký zu diesem Zeitpunkt allerdings noch nicht in einem eigenen tschechischen Nationalstaat, sondern in einer von Deutschland unabhängigen, föderalistischen Habsburgermonarchie, die – existierte sie nicht schon – insbesondere auch zum Schutz der kleinen Völker gegen die expansive „russische Universalmonarchie" geschaffen werden müsse. Allerdings müsse Habsburg „den Grundsatz der vollständigen Gleichberechtigung und Gleichbeachtung aller unter seinem Scepter vereinigten Nationalitäten" anerkennen.

Der Haltung Palackys folgend, erklärte sich der Nationalausschuss in einer Denkschrift an den Kaiser vom 24. April 1848 als nicht kompetent für Verhandlungen über eine Verbindung Böhmens mit Deutschland und wegen des tschechischen Widerstands gegen die Wahlen zum Frankfurter Parlament wurde nur in 19 von 68 Wahlkreisen in Böhmen gewählt. *S. L.*

5.56 Auf dem Prager Slawenkongress, einer Art Gegenveranstaltung zur deutschen Nationalversammlung in Frankfurt, wurden uneingeschränkte Freiheit und Eigenständigkeit der Völker im Rahmen einer föderativ organisierten Habsburger Monarchie gefordert.

Slawische Messe auf dem Rossmarkt
Antonín Ziegler nach einer anonymen Zeichnung; Prag, 1849; Lithografie, Blatt: 29,4 x 22,5, Platte: 22,4 x 15; Národní muzeum, Praha (H2-27279)
Lit.: AK Památky národní minulosti 1989, S. 248, Kat.-Nr. 989 (Eva Šamánková)

Die Vedute zeigt eine auf dem Prager Wenzelsplatz unter freiem Himmel abgehaltene Messe, mit Blick zu dem vom Architekten Peter von Nobile 1831 in antikisierendem Stil erbauten Rosstor (Koňská brána), das sich in der Neustädter Stadtmauer befindet. Hier versammelten sich unter anderem Teilnehmer des Slawenkongresses, der uneingeschränkte Freiheit und Eigenständigkeit der Völker

František Palacký jako přední politický reprezentant Čechů odmítl účast na frankfurtském Národním shromáždění s odůvodněním, že „není Němec", nýbrž „Čech rodu slovanského".

Dopis Františka Palackého z 11. dubna 1848
rukopis/papír (R)

Na Slovanském kongresu, konaném v Praze jako „protiakce" k německému Národnímu shromáždění ve Frankfurtu, byly vzneseny požadavky neomezené svobody a národní svébytnosti v rámci federativně uspořádané habsburské monarchie.

Slovanská mše na Koňském trhu
Antonín Ziegler podle anonymní kresby; Praha, 1849; litografie, list: 29,4 x 22,5, deska: 22,4 x 15

5.56

im Rahmen einer föderativ organisierten Habsburgermonarchie forderte. Die rund 3 000 Teilnehmer zählende demonstrative Versammlung fand am 12. Juni 1848, einem Pfingstmontag, bei einer feierlichen Messe vor der Statue des hl. Wenzel statt. Der provisorische Altar vor dem barocken Wenzel-Standbild verdeckt einen von Josef Kranner 1827 gemeißelten Brunnen. Unter den Dargestellten sind auch Angehörige der bewaffneten und uniformierten Nationalgarde sowie der Akademischen Studentenlegion zu sehen. Im Vordergrund steht ein mit einem Schwert gegürteter Student mit seiner Gefährtin, die sogar einen Säbel trägt. Ihnen zugewandt ist ein Gardist in volkstümlicher Tracht, bestehend aus der Čamara, einem mit Schnüren besetzten Mantel, und einem Hut mit Fasanenfeder. Nicht abgebildet ist die Fahne mit der aufgestickten Devise „Vlast a boha Krále" („Heimat und Gott als König"), wie sie sich – neben Uniformen und Waffen der Nationalgarde – in den Sammlungen des Nationalmuseums erhalten hat.

Die Messe war der Prolog zu einem fünftägigen Drama, das unter der Bezeichnung „Pfingstaufstand" („Svatodušní bouře") in die Geschichte einging. Auf dem Rückweg vom Gottesdienst kam es in der Zeltnergasse (Celetná ulice) zu einem Zusammenstoß der revolutionär gestimmten Massen mit den Truppen des Generals zu Windischgrätz. Auf eine blutige Schießerei folgten der Bau von Barrikaden, der Beschuss Prags und Brände in der Stadt. Der Platz für den Gottesdienst war nicht zufällig gewählt: Bis heute ist der Wenzelsplatz Hauptforum für politische und kulturelle Veranstaltungen und insofern neuralgischer Punkt des Landes.

Die Lithografie stammt aus einem illustrierten Zyklus mit Prager Begebenheiten des Revolutionsjahres 1848, die auch nach der Niederschlagung des Aufstands ein beliebter Verkaufsartikel blieben. Diese Alben wurden vorwiegend von Prager Verlagen herausgegeben, nach den viersprachigen Bildunterschriften – die hier gezeigte Lithografie ist in Tschechisch, Deutsch, Ungarisch und Italienisch beschriftet – zu urteilen auch für den Export. *D. S.*

Slovanský sjezd v roce 1848 vyústil ve svatodušní pražské bouře, které byly rakouským vojskem krvavě potlačeny, zčásti za pochvalného potlesku českých Němců.

Hájení Staroměstské mostecké věže v Praze během bouří v červnu 1848
Čechy (Praha?), 1848/49; olej/plátno, 25 x 24,8

5.57 Der sich aus dem Slawenkongress entwickelnde Prager Pfingstaufstand 1848 wurde von österreichischen Truppen blutig niedergeschlagen, zum Teil unter dem Beifall der Deutschen in Böhmen.

Die Verteidigung des Altstädter Brückenturms in Prag während der Unruhen im Juni 1848
Prag (?), 1848/49; Öl/Leinwand, 25 x 24,8; Národní muzeum, Praha (H2-181 040)
Lit.: Sršeň 1989

Die Prager Aufstände in der Pfingstwoche vom 12.–17. Juni 1848 sind einem breiteren Kontext revolutionärer Spannungen zuzurechnen, die sich im Lauf dieses Jahres auch in vielen anderen europäischen Städten, vor allem in Frankreich und Spanien, Italien, Sizilien, Belgien, der Habsburgermonarchie sowie in den deutschen Staaten Baden, Bayern, Sachsen und Preußen entluden. Das von Radikalen und Liberalen geführte Bürgertum strebte teils nach Reformen, teils nach vollständiger Abschaffung der monarchischen Regime, die einer freieren politischen, wirtschaftlichen und kulturellen Entwicklung in der sich neu formierenden Gesellschaft im Wege standen. In Prag radikalisierte sich die Bevölkerung schon ab Anfang März 1848, vor allem unter dem Einfluss der Unruhen in Wien, der Hauptstadt der Monarchie.

Zum offenen Aufstand kam es am 12. Juni 1848, als Prager Bürger auf dem Rückweg von einer auf dem Wenzelsplatz unter freiem Himmel abgehaltenen Messe unweit des Altstädter Rings mit der Militärbesatzung der Zeltnergasse

(Celetná ulice) zusammenstießen. Den rund 10 000 Soldaten unter Befehl des Unterfeldmarschalls Fürst Alfred zu Windisch-grätz standen etwa 3 000 bewaffnete Aufständische gegenüber, vorwiegend Studenten und radikale Handwerker. In den Straßen der Stadt wurden viele Barrikaden errichtet. Die für die Revolutionäre strategisch wichtigsten Orte waren das Altstädter Clementinum, ein weiträumiger ehemaliger Jesuitenkonvent am rechten Moldau-Ufer, sowie der Kleine Kreuzherrenplatz (Křižovnické náměstí), der sich zwischen dem Clementinum und dem vom gotischen Altstädter Brückenturm geschützten Aufgang zur Karlsbrücke befindet. Auf der Barrikade, die das Tor des Brückenturms versperrte, soll zwischen den Männern auch die legendäre Färberin Anna gekämpft haben. Viele zeitgenössische Grafiken zeigen sie mit der schwarz-weißen böhmischen Fahne in den Händen. Der Aufstand endete am 16. Juni mit der Kapitulation der Aufrührer, nachdem Windischgrätz die Stadt rücksichtslos von den umgebenden Anhöhen aus unter Beschuss genommen hatte. Neben vielen Häusern der Prager Altstadt brannten auch die Altstädter Mühlen sowie der in unmittelbarer Nachbarschaft der Karlsbrücke gelegene Wasserturm aus. Während der Unruhen starben 43 Personen, 63 wurden verwundet. Nach der Kapitulation rief man in Prag den Belagerungszustand aus, es kam zu Verhaftungen und Verfolgungen und letztlich zur Restauration des alten Regimes. In den auf die Niederlage folgenden Monaten entstanden zahlreiche schriftliche Aufzeichnungen sowie auch bildkünstlerische Zeugnisse des Erlebten. Nach dem Jahr 1849 wurden jedoch alle Erinnerungsgegenstände an die Revolution zerstört, ihre Schöpfer verfolgt. Das kleine Bild, das das Nationalmuseum Prag 1976 aus einer privaten Prager Sammlung erwarb, war offenbar kurz nach den dargestellten Ereignissen entstanden. Der unbekannte, nicht sehr talentiert wirkende Maler ließ sich wahrscheinlich von einer grafischen Vorlage inspirieren.   *L. S.*

5.57

5.58 Mit seinem als Großereignis gestalteten 6. Turnfest in Prag im Jahr 1912 demonstrierte der tschechische Turnverband „Sokol" („Der Falke") das gewachsene nationale Selbstbewusstsein.

a) Allslawisches Sokol-Turnfest in Prag 1912
Fotografie; Jitka Scholz, München

b) Plakat zum Sokol-Turnfest 1912
Alfons Mucha (1860–1959); Grafik/Papier (R); Uměleckoprůmyslove muzeum v Praze (H7B212)
Lit.: Očenášek 1919; Novotný 1990; Blecking 1991; Waic 1997; Nolte 2002

Die tschechische Gesellschaft hatte sich in den 60 Jahren seit der Gründung des tschechischen Turnverbands „Česká obec sokolská" („Tschechische Sokolgemeinde"), kurz „Sokol" („Der Falke") genannt, ökonomisch, sozial und politisch zu einer etablierten eigenständigen „Nation ohne Staat" entwickelt und versuchte auch international Beachtung zu finden. Im Bereich des Sports gehörte beispielsweise 1894 der Tscheche Jiří Guth-Jarkovský (1861–1943) zu den Gründungsmitgliedern des Internationalen Olympischen Komitees. Die tschechische Politik des „Neoslawismus" zielte seit 1906 darauf ab, den Tschechen in der österreichisch-ungarischen Monarchie und darüber hinaus vor allem unter den slawischen Nationen Südosteuropas eine Führungsposition zu verschaffen. In diesem Kontext gehörte auch die Gründung des „Slawischen Sokol-Verbandes" 1908, in dem Turnorganisationen von Tschechen, Slowaken, Polen, Slowenen, Ukrainern, Kroaten, Serben, Bulgaren und Auslandstschechen zusammenarbeiteten. Schon an früheren Sokol-Treffen hatten Turnorganisationen anderer slawischer Völker und aus Westeuropa teilgenommen. Das 6. Sokol-Turnfest war aber das erste, das offiziell als „Slawisches Sokol-Turnfest" bezeichnet wurde. Es fand nahezu zeit-

Svým 6. sletem, který se stal v Praze roku 1912 velkou událostí, demonstroval český tělocvičný spolek „Sokol" vzrostlé národní sebevědomí.

a) Všeslovanský sokolský slet v Praze 1912
fotografie

b) Plakát k sokolskému sletu 1912
Alfons Mucha (1860–1959); grafika/papír (R)

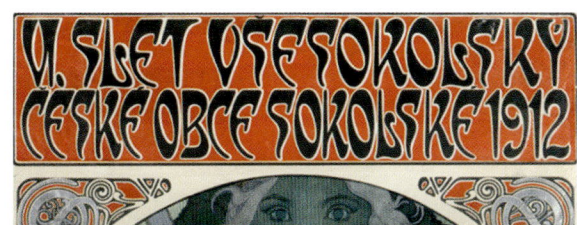

gleich zu den V. Olympischen Spielen in Stockholm statt und konkurrierte vom Anspruch her auch mit diesen.

Alfons Mucha, der 1885/87 an der Münchner Kunstakademie studiert und dem dortigen slawischen Künstlerverein Škréta (vgl. Kat.-Nr. 5.20) vorgestanden hatte, zog sich 1909 in seine Heimat zurück, um an seinem großformatigen Zyklus „Slawischer Epos" zu arbeiten. Bei seinem Plakatentwurf für das Sokol-Turnfest griff er Motive der slawischen Mythologie auf. Im Mittelpunkt thront eine in slawischer Volkstracht gekleidete, gekrönte Slavia als Siegesgöttin mit Lorbeer- bzw. Lindenkränzen und einem Herrscherstab mit dem Prager Stadtwappen. Darüber erhebt sich schemenhaft eine übergroße weibliche Figur (die legendäre Seherin Libussa?), die einen Dornen- bzw. Sonnenkranz als Symbol von Einheit und Zukunft hält. Betextet ist das Plakat mit „VI. slet všesokolský České obce sokolské 1912. 1. slet Svazu slovanského sokolstva 28.VI.–1.VII 1912 Praha" („VI. Turnfest der Tschechischen Sokolgemeinde 1912. 1. Turnfest des Verbandes der slawischen Sokolschaft 28.VI.–1.VII 1912 Prag").

Die knapp 1100 tschechischen Sokolvereine (darunter auch einer in München), die damals zusammen 119 183 Mitglieder zählten, waren eine der größten Turn-Organisationen Europas. 1912 traten sie fünf Wochen lang in dem eigens dafür auf der Letna in Prag gebauten Holzstadion auf, das dorische Elemente mit Wehrbauten der Hussitenzeit kombinierte. Der Höhepunkt des „slet" war das viertägige Slawische Sokol-Fest mit internationaler Beteiligung, an dem mehr als 30 000 Sokolturner und -turnerinnen teilnahmen. Neben dem Festzug durch Prag beeindruckte eine szenische Darstellung der Schlacht bei Marathon mit 1 200 Personen. Im Mittelpunkt standen jedoch spektakuläre Massenübungen, bei denen unter anderem 11 000 Sportler im Stadion synchron turnten, was den beabsichtigten Eindruck einer militärisch gut organisierten Einheit vermittelte. Im Rahmen der tschechoslowakischen Staatsgründung Ende 1918 sollte der Sokol dann auch – angesichts des Fehlens einer Armee – sicherheitspolizeiliche und militärische Aufgaben übernehmen. Die Sokol-Treffen der Zwischenkriegszeit steigerten die Teilnehmerzahlen ein weiteres Mal. Unter nationalsozialistischer und kommunistischer Herrschaft verboten, wurde der Sokol 1990 wiedergegründet. Seit 1994 organisiert er auch wieder Turnfeste. *R. L.*

5.59 Die Statue wurde im Auftrag des Prager Sokol-Vorsitzenden Jindřich Fügner angefertigt und diente bei den Prager Sokol-Bällen im Jahr 1865 als Saaldekoration.

Mann in Sokol-Tracht
Jindřich Votoček (1828–1882); Prag, 1863; Holz, H. 97; Národní muzeum, Praha (H7H-1327)

5.59

Der Sokol, die erste tschechische Sportorganisation im Vielvölkerstaat Österreich-Ungarn, entstand während einer Phase politischer Entspannung, in den 60er-Jahren des 19. Jahrhunderts auf Initiative von Jindřich Fügner und Miroslav Tyrš (vgl. Kat.-Nr. 5.60). Der am 16. Februar 1862 gegründete Prager Sportverein, 1864 in Prager Sokol umbenannt, war von Anfang an eine patriotische Organisation mit einem vielseitigen Programm, das außer sportlicher Betätigung auch Ausflüge, Vergnügungsfahrten, Vorträge, Gesprächsabende und Theatervorstellungen sowie die Publikation unterschiedlichster Schriften umfasste. Im Lauf der Zeit entwickelte sich der Prager Sokol zu einer in mehreren Ländern der Welt tätigen Organisation. Seine größte Popularität erreichte er in der ersten Hälfte des 20. Jahrhunderts.

Die vom Sokol jeweils unter einem bestimmten Thema – „Wallfahrt", „Zirkus", „Von Märchen zu Märchen" – veranstalteten Maskenbälle wurden „šibřinky" genannt. Diese archaische, vom alttschechischen Verb „šibřit" („Scherze machen") abgeleitete Bezeichnung hatten Jindřich Fügner und Miroslav Tyrš eingeführt. Die hier gezeigte Holzfigur gab Fügner bei dem Holzschnitzer und Bildhauer Jindřich Votoček in Auftrag, der unter anderem bei Josef Max in Prag (vgl. Kat.-Nr. 5.11) studiert hatte. *H. H.*

5.60 Das Turnen im Verein war in Böhmen sowohl Maßstab als auch Träger der gesellschaftlichen und nationalpolitischen Entwicklungen im 19. und 20. Jahrhundert.

a) Sportfest der deutschen Turner in Friedland
Fotografie, 1931; Sudetendeutsches Archiv, München

b) Abzeichen zum IX. Gauturnfest des Jeschken-Isergaues
Tschechoslowakei, 1886; Medaille mit Öse und schwarz-rot-goldener Seidenschleife, Vorderseite: reliefierte Darstellung Turnvater Jahn mit Umschrift; Rückseite: „IX. Gauturnfest d. Jeschken-Isergaues Juli 1886" und Wappen, Ø 2,7; Sudetendeutsches Archiv, München (649/752)

c) Abzeichen des Deutschen Turnvereins Losdorf
Tschechoslowakei, 1920/30; schwarz-rot-goldenes Seidenband mit zwei Sicherheitsnadeln, schwarzer Aufdruck: „Deutscher Turnverband Nordböhmischer Turngau Deutsch. Turnv. Losdorf", 4 x 10,5; Sudetendeutsches Archiv, München (649/758)

d) Abzeichen „Vorturner"
Tschechoslowakei, 1880/1930; Metallabzeichen mit Anstecknadel, Schriftband „Vorturner", dahinter Eichenlaub, 2,6 x 4,8; Sudetendeutsches Archiv, München (649/760)

e) Abzeichen zum VII. Kreisturnfest Reichenberg 1897
München, Abzeichenfabrik Gustav Deschler, 1897; Metallabzeichen mit Anstecknadel, reliefierte Darstellung mit Inschrift „VII. Kreisturnfest Reichenberg 25. Juli 1897", rückseitig Plakette mit

Socha byla zhotovena na zakázku předsedy pražského Sokola Jindřicha Fügnera a sloužila jako sálová dekorace pražských Sokolských plesů v roce 1865.

Muž v sokolském kroji
Jindřich Votoček (1828–1882); Praha, 1863; dřevo, v. 97

Tělocvičné spolky byly v Čechách měřítkem i nositelem společenského a národněpolitického vývoje v 19. a 20. století.

a) Sportovní slavnost německých turnerů ve Frýdlantu
fotografie, 1931

b) Odznak k IX. župní tělocvičné slavnosti župy ještědsko-jizerské
Československo, 1886; medaile s očkem a černo-červeno-zlatou hedvábnou stuhou; líc: reliéfní podobizna „otce turnerů" Jahna s opisem; rub: „IX. Gauturnfest d. Jeschken-Isergaues Juli 1886" a znak, průměr 2,7

c) Odznak Německé tělocvičné jednoty Ludvíkovice

Československo, 1920/30; černo-červeno-zlatá hedvábná stuha se dvěma spínacími špendlíky, černý nátisk: „Deutscher Turnverband Nordböhmischer Turngau Deutsch. Turnv. Losdorf", 4 x 10,5

d) Odznak „Cvičitel"

Československo, 1880/1930; kovový odznak s jehlicí, nápis „Vorturner", v pozadí dubové listí, 2,6 x 4,8

e) Odznak k VII. krajské tělocvičné slavnosti Liberec 1897

Mnichov, továrna na odznaky Gustav Deschler, 1897; kovový odznak s jehlicí, reliéfní vyobrazení s nápisem „VII. Kreisturnfest Reichenberg 25. Juli 1897", na rubu plaketa s údaji o výrobci, černo-červeno-zlatá vlněná podložka, 5,2 x 5

f) Odznak ke 3. setkání župních cvičenek ve Smržovce

Československo, 1921; kovový odznak s jehlicí, reliéfní vyobrazení s nápisem „7. VIII. 1921. 3 Gauturnerinnen-Zusammenkunft in Morchenstern", 4,5 x 3

g) Odznak ke 34. župní tělocvičné slavnosti 1923 v Kadani

Československo, 1923; kovový odznak, našitý na černo-červeno-zlaté stuze, na koncích přezky, reliéfní vyobrazení s nápisem „34. Gauturnfest 60. Gründ.Fest 1. Heuerts 1923 Kaaden", 9,5 x 3,2

h) Odznak k 18. okresní tělocvičné slavnosti 1935 v Radvanicích

Československo, 1935; kovový odznak s jehlicí, reliéfní vyobrazení s nápisem „20.–21.Juli 1935 18.Bezirkturnfest u. 25. jähr. Gründungsfest Radowenz", 4 x 2,6

i) Odznak cyklistického spolku „R[adfahrer].V[erein]. Wanderlust Turn 1897"

výrobce ABDELADA, Vídeň, 1897; kovový odznak s jehlicí, barevně smaltované vyobrazení s nápisem „R.V. Wanderlust Turn 1897", na rubu údaje o výrobci, 5 x 3,7

j) Odznak ke 21. župní tělocvičné slavnosti Severozápadočeské tělocvičné župy

Československo, 1909; kovový odznak s otvory pro upevnění, reliéfní vyobrazení s nápisem „Aussig 10.–12. Juli 1909 GUT HEIL 21. Gauturnfest des Nordwestböhm. Turngaues"

k) Odznak k 18. župní tělocvičné slavnosti Frýdlant 1907

Československo, 1907; kovový odznak s jehlicí, reliéfní vyobrazení s nápisem „18. Gauturnfest Friedland i.B. 20.–22. 7. 1907"

Herstellerangaben, schwarz-rot-goldene Wollunterlage, 5,2 x 5; Sudetendeutsches Archiv, München (649/887)

f) Abzeichen zur 3. Gauturnerinnen-Zusammenkunft in Morchenstern
Tschechoslowakei, 1921; Metallabzeichen mit Anstecknadel, reliefierte Darstellung mit Inschrift „7. VIII. 1921. 3 Gauturnerinnen-Zusammenkunft in Morchenstern", 4,5 x 3; Sudetendeutsches Archiv, München (649/918)

g) Abzeichen zum 34. Gauturnfest 1923 in Kaaden
Tschechoslowakei, 1923; Metallabzeichen, auf schwarz-rot-goldenes Band aufgenäht, an den Enden je eine Spange, reliefierte Darstellung mit Inschrift „34. Gauturnfest 60. Gründ.Fest 1. Heuerts 1923 Kaaden", 9,5 x 3,2; Sudetendeutsches Archiv, München (649/964)

h) Abzeichen zum 18. Bezirksturnfest 1935 in Radowenz
Tschechoslowakei, 1935; Metallabzeichen mit Anstecknadel, reliefierte Darstellung mit Inschrift „20.–21.Juli 1935 18. Bezirksturnfest u. 25. jähr. Gründungsfest Radowenz", 4 x 2,6; Sudetendeutsches Archiv, München (649/967)

i) Abzeichen des „R[adfahrer].V[erein]. Wanderlust Turn 1897"
Hersteller ABDELADA, Wien, 1897; Metallabzeichen mit Anstecknadel, polychrom emaillierte Darstellung mit Inschrift „R.V. Wanderlust Turn 1897", rückseitig Herstellerangaben, 5 x 3,7; Sudetendeutsches Archiv, München (649/973)

j) Abzeichen zum 21. Gauturnfest des Nordwestböhmischen Turngaus
Tschechoslowakei, 1909; Metallabzeichen mit Befestigungslöchern, reliefierte Darstellung mit Inschrift „Aussig 10.–12. Juli 1909 GUT HEIL 21. Gauturnfest des Nordwestböhm. Turngaues"; Sudetendeutsches Archiv, München (649/1006)

k) Abzeichen zum 18. Gauturnfest Friedland 1907
Tschechoslowakei, 1907; Metallabzeichen mit Anstecknadel, reliefierte Darstellung mit Inschrift „18. Gauturnfest Friedland i.B. 20.–22.7.1907"; Sudetendeutsches Archiv, München (649/1010)
Lit.: Luh 2006; Waic 2004; Pokorný 2006

Die Turnvereine trugen auch in Böhmen maßgeblich zur Nationalisierung von Alltag und Gesellschaft bei. Im Turnverein bezog man – mehr noch als im Gesangsverein oder in der Partei – nationalpolitisch und weltanschaulich Position. Nach dem Vorbild der von Friedrich Ludwig Jahn begründeten Turnbewegung in Deutschland fand das Turnen als Gemeinschafts- und Volksbildungsaufgabe in Böhmen bei Deutschen wie Tschechen nach 1860 rasche Verbreitung. Satzungen und Vereinsnamen der deutschen Vereine in Böhmen machten deutlich, dass nur Männer „deutscher Nationalität" Mitglied werden konnten. Alle Leibesübungen hatten zum Ziel, das „Volk" kräftig und wehrhaft zu machen und sollten mit geistiger und sittlicher Bildung verknüpft sein. Daher gehörten zu Turnhallen in der Regel auch Bibliotheken und der Besuch von Vorträgen war Teil des Turneralltags. Die „Vorturner" bildeten die Vereinselite, die zusammen mit dem „Dietwart" auch für nationale und moralische Erziehung verantwortlich waren (vgl. d). Beim Turnen mit Geräten und an Geräten bzw. in Gruppen ging es um

5.60 a

die Demonstration von Ordnung und Disziplin, von Geschlossenheit und Stärke. Neben Leichtathletik, Wandern, Marschieren, Fechten und Schwimmen gab es Gruppenspiele wie Schlagball. Fußball wurde von den Turnern als ausländischer Sport abgelehnt. Regelmäßig veranstaltete man auf Gau- und Kreisebene große Turnfeste, bei denen nicht nur Wettkämpfe und Massenübungen, sondern stets auch ein Festzug, Festabende und Vortragsveranstaltungen stattfanden. Das Frauenturnen war ursprünglich nicht vorgesehen, wurde aber nach 1900 in getrennten Abteilungen langsam aufgebaut (vgl. f).

Ihre nationale Orientierung brachten die Turner von Beginn an auch symbolisch zum Ausdruck. Für die deutsch-böhmischen Vereine standen dabei neben dem „deutschen" Eichenlaub und dem Porträt des Turnvaters Jahn die Farben Schwarz-Rot-Gold im Mittelpunkt, die seit 1848 großdeutsch konnotiert waren und deren Gebrauch nach 1918 von tschechoslowakischen Behörden häufig verboten wurde. Auch der öffentliche Gebrauch des alten Turnergrußes „Gut Heil" (vgl. j) wurde zum Teil geahndet. Dem völkischen Verständnis folgend, wurden Fremdwörter durch altdeutsche Formen ersetzt (z. B. Heuert für Juli, vgl. g). Das traditionelle Emblem, das den Turnerwahlspruch „Frisch, Fromm, Froh, Frei" in Kreuzform wiedergab (vgl. e, f, j, k), wurde 1920 vom „Deutschen Turnverband" (DTV) durch vier zu einem runden Hakenkreuz gebogene F ersetzt (vgl. c).

Bis 1918 gehörten die meisten deutsch-böhmischen Turnvereine Dachverbänden in Deutschland an. Zwischen 1888 und 1901 schloss die Mehrzahl der deutsch-böhmischen Vereine Juden aus und der Streit um den „Arierparagrafen" führte dazu, dass die Mehrheit der böhmischen Vereine aus der Deutschen Turnerschaft austrat und sich selbst organisierte. Daraus entstand 1919 in der Tschechoslowakei der „Deutsche Turnverband". Daneben bildeten sich parallel zu den parteipolitischen Aufspaltungen im tschechischen Turnwesen nach 1890 deutsche sozialdemokratische Arbeiterturnvereine. Um 1900 folgten christlich-deutsche Turnvereine.

Abgesehen von Deutschland und der Schweiz, waren in keinem anderen Land so viele Menschen in Turn- und Sportvereinen organisiert wie in Böhmen. Dies galt für Deutsche wie für Tschechen. Der DTV wuchs von 729 Vereinen mit 116 806 Mitgliedern (1920) auf 1234 Vereine mit 213 060 Mitgliedern (1938) an. Der deutsche sozialdemokratische „Arbeiter-Turn- und Sportverband in der Tschechoslowakischen Republik" (ATUS) zählte 1937 ca. 100 000 Mitglieder. Der organisatorische Mittelpunkt des deutschen Sports befand sich in Aussig/ Ústí nad Labem, wo seit 1920 der zentrale sudetendeutsche Sportverband, der Deutsche Hauptausschuss für Leibesübungen (DHA), und seit 1909 der ATUS ihren Sitz hatten. Der Gegensatz zwischen den national orientierten Turnern bzw. den Sokol-Mitgliedern und modernen Sportorganisationen, die auf Spiel, Wettbewerb und Leistung ausgerichtet waren, blieb bis 1938/39 bestehen, auch wenn sich zum Beispiel der DTV dem Wintersport oder dem Radfahren öffnete (vgl. i). Beim 13. Deutschen Turnfest 1923 in München stellten der liberale Deutsche Turnkreis sowie die 15 Turngaue und die Turnerinnen des DTV mit 4000 Aktiven das größte ausländische Kontingent. Ebenso war der ATUS Gast beim Arbeiter-Turn- und Sportfest 1929 in Nürnberg.

Nach 1919 entwickelte sich der DTV zum Träger des antistaatlichen und antitschechischen „Negativismus" unter den Deutschen der Tschechoslowakei. Aus dem DTV gingen Konrad Henlein und die Sudetendeutsche Heimatfront bzw. die Sudetendeutsche Partei hervor (vgl. Kat.-Nr. 6.21 ff.). Henlein, der die Turnarbeit seit 1928 politisiert und militarisiert hatte, führte im DTV anstelle demokratischer Strukturen die Prinzipen von Führertum und Gefolgschaft und neben der Persönlichkeitserziehung der Jugendlichen auch die Mannschaftserziehung ein. Auf Turnfesten wurden Mannschaftsübungen nach Vorbild des Sokol in den Mittelpunkt gestellt (vgl. a). Mit der Besetzung der Tschechoslowakei 1938/39 wurden alle Turnorganisationen aufgelöst oder in NS-Organisationen überführt. *R. L.*

5.60

5.60

Národní divadlo v Praze, jehož vybudování bylo financováno převážně ze sbírek a darů, bylo otevřeno v roce 1881 resp. 1883 a brzy si získalo renomé i v zahraničí. Stalo se důležitým symbolem a hnací silou české kulturní emancipace.

Pokladnička

1850–1883; železný plech, se zbytky pozinkování (letováno cínem), v. 12,8, průměr 8,3

5.61

Živý obraz, uvedený v Národním divadle 18. června 1898 u příležitosti stého výročí narození Františka Palackého, alegoricky předpovídá vítězství českého národního obrození.

Živý obraz na počest stoletých narozenin Františka Palackého, sestavil: František Adolf Šubert, hudba: Bedřich Smetana, dirigent: Adolf Čech. Národní divadlo Praha, 18. 6. 1898

Jan Mulač (?) (1845–1905); fotografie, skleněný negativ, 16 x 21

5.61 Das weitgehend aus Spenden finanzierte, 1881 bzw. 1883 eröffnete und bald international renommierte Prager Nationaltheater war ein wichtiges Symbol und Motor der kulturellen Emanzipation der Tschechen.

Sparbüchse
1850–1883; Eisenblech, mit Resten von Zinküberzug (mit Zinn gelötet), H. 12,8, Ø: 8,3; Narodní muzeum, Praha (H2 – 147.675)

Der walzenförmige Behälter mit Deckel, Schließkette und ovalem Henkel trägt an beiden Seiten des Gehäuses Messingschilder mit den Aufschriften: „Sbírka na Národní divadlo" und (auf der anderen Seite): „Sammlungskassa für Nationaltheater". In der Mitte des Deckels befindet sich ein Schlitz zum Geldeinwurf. Das Schloss fehlt.

Im Jahr 1850 war eine Kommission für den Bau des Prager Nationaltheaters berufen worden, deren erster Vorsitzender František Palacký (vgl. Kat.-Nr. 5.3 ff.) war. Die Grundsteinlegung des großteils aus Spenden finanzierten Baus fand 1868 statt. 1881 wurde das Theater eröffnet, brannte jedoch noch im selben Jahr aus. Die Wiedereröffnung konnte zwei Jahre später gefeiert werden. An der Ausgestaltung des im Stil der Neorenaissance nach Entwürfen von J. Zítek und J. Schulz erbauten Theaters waren unter anderem die Maler Aleš, Brožík, Hynais (Vorhang), Liebscher, Mařák, Tulka, Ženíšek sowie die Bildhauer Myslbek, Schnirch und Wagner beteiligt. *E. Š.*

5.62 Das aus Anlass von František Palackýs 100. Geburtstag am 18. Juni 1898 im Prager Nationaltheater aufgeführte Lebende Bild verheißt allegorisch den Sieg der tschechischen Nationalbewegung.

Lebendes Bild zu Ehren des 100. Geburtstags von František Palacký, zusammengestellt von Frantisek Šubert, Musik: Friedrich Smetana, Dirigent: Adolf Čech,
Jan Mulač (?) (1845–1905); Fotografie, Glasnegativ, 16 x 21; Národní muzeum, Praha (divadelní oddělení, HM 6 E – 22.426)
Lit.: Konečná 1983, 1. Teil, S. 171; Ther 2006, bes. S. 259–341

Im Zentrum des zum 100. Geburtstag des „Vaters der böhmischen Geschichte" und Mitglieds des Gründungskomitees des Nationaltheaters, František Palacký (vgl. Kat.-Nr. 5.3 ff.), dort am 18. Juni 1898 inszenierten Bildes steht die Wenzelskrone – Symbol der böhmischen Eigenstaatlichkeit wie das Nationaltheater selbst und damit ein zentrales Symbol der tschechischen Nationalbewegung. Schon bei der feierlichen Grundsteinlegung des Theaters im Mai 1868 hatte der Hauptredner Karel Sladkovský von Kaiser Franz Joseph I. die Annahme der Wenzelskrone als Zeichen der Gleichberechtigung Böhmens mit Ungarn gefordert, dessen Anerkennung als gleichberechtigte Staatsnation im österreich-ungarischen Ausgleich nur ein Jahr zuvor durch die feierliche Krönung Franz Josephs mit der Stephanskrone besiegelt worden war.

Die Grundsteinlegung geriet zu einer eindrucksvollen Demonstration der tschechischen Nationalbewegung. Die zwanzig (!) Grundsteine wurden in feierlichen Zügen von verschiedensten Stätten, die eine Bedeutung für die tschechische Sagenwelt und Geschichte haben, nach Prag gebracht, so vom Berg Říp/Georgsberg, wo der Sage nach Urvater Čech die Nation gegründet hatte, vom Berg Blaník, wo gemäß der Überlieferung der hl. Wenzel schlief, um eines Tages mit seinen Rittern zur Rettung des Volkes aufzubrechen, oder aus dem südböhmischen Trocnov, dem Geburtsort des Hussitenführers Žižka. Palacky selbst unternahm die Segnung des künftigen Baus in einem religiös angehauchten Akt.

Das weitgehend aus Spenden finanzierte Nationaltheater wurde am 25. Mai 1881 eröffnet, brannte jedoch bereits am 12. August aufgrund von Fahrlässigkeiten bei Schweißarbeiten auf dem Dach innerhalb weniger Stunden aus. Schon am 18. November 1883, dem Wenzelstag, konnte jedoch das wiederaufgebaute Nationaltheater mit der Uraufführung der Oper „Libuše" von Friedrich/Bedřich

5.62

Smetana, die als „Festoper" des tschechischen Volkes jährlich am 8. Mai, dem
Nationalfeiertag, dargeboten wird, erneut eröffnet werden. Smetana, der im Pub-
likum saß, wurde bei der Aufführung seiner Oper über die sagenhafte Gründerin
Prags frenetisch bejubelt.

Maßgeblich geprägt wurde das Nationaltheater in den folgenden Jahren von
dem Schriftsteller František Adolf Šubert, der das Nationaltheater zwischen 1883
und 1900 17 Jahre lang leitete. Durch sein Geschick und seine innovativen Ideen
wie die Initiierung von „Theaterzügen" als komplett arrangierte Theaterreisen
nach Prag, „Volksvorstellungen" am Nachmittag mit verbilligtem Eintritt – erfolgreich eingesetzt bei der Prager Jubiläumsausstellung 1891 (vgl. Kat.-Nr. 5.63) –,
die Förderung tschechischer Autoren, aber auch die Aufführung bedeutender
„ausländischer", auch deutscher Werke oder den Triumph des Gastspiels bei der
ersten „Internationalen Ausstellung für Musik und Theaterwesen" 1892 in Wien
verschuf er dem Nationaltheater internationales Renommee, machte es zu einem
Motor der kulturellen Entwicklung und schuf zugleich ein „Theater für alle". Dass
sein Schaffen – mitunter auch etwas engstirnig – nationalpolitisch motiviert war,
zeigt nicht zuletzt das von ihm zusammengestellte Bild zur „Verehrung Palackýs":
Mit der Wenzelskrone, der Fürstin Libussa in prophetischer Haltung mit Přemysl
dem Pflüger an ihrer Seite, natürlich Palacký selbst, sowie Karl IV., Jan Hus oder
Jan Žižka werden zentrale Symbole der tschechischen Nationalbewegung zu
einem triumphalen Bild zusammengeführt.   *S. L.*

„Všeobecná zemská výstava", která se konala v Praze roku 1891, demonstrativně prezentovala hospodářskou a kulturní emancipaci Čechů. Němci Zemskou výstavu bojkotovali.

Plakát Všeobecná zemská výstava v Praze 1891

Vojtěch Hynais (1854–1925), 1890; chromolitografie, 109 x 73, tisk: Willner & Pick, Teplice

5.63 Die 1891 in Prag veranstaltete „Allgemeine Landesausstellung" wurde zu einer Manifestation der wirtschaftlichen und kulturellen Emanzipation der Tschechen. Die Deutschen boykottierten die Landesausstellung.

Plakat zur Allgemeinen Landesausstellung in Prag 1891
Vojtěch Hynais (1854–1925), 1890; Farblithografie, 109 x 73, Druck: Willner & Pick, Teplice/ Teplitz; Uměleckoprůmyslové muzeum v Praze (GP 9240)
Lit.: Zlatá Praha VII 1890, S. 252, 276, 360, 396, 420, 600, 605; Světozor XXIV 1890, S. 604 f., 610; Sto let práce 1893, S. 50, 262; Jubilejní výstava zemská 1894, S. 59, 62, 594, 652, 767; Kroutvor 1985, S. 19, 95; Mžyková 1989, S. 73–76, 97, 102, 105; Hlaváčka 1991; Štembera 1997

Die zweite Hälfte des 19. Jahrhunderts kann auch die Zeit der großen (Welt-) Ausstellungen genannt werden. Neben den berühmten Vorbildern, etwa in London und Paris, die den gewaltigen Fortschritt dokumentieren sollten, fanden auch zahlreiche kleinere Messen auf nationaler und lokaler Ebene statt. Böhmen wollte in dieser Hinsicht nicht zurückstehen. Seit Beginn der 1880er-Jahre dachte man über die Organisation einer Ausstellung nach, die an Umfang und Vielseitigkeit großen ausländischen Pendants gleichkommen sollte. Realisiert wurde das Projekt jedoch erst im Jahr 1891. Ursprünglich als Dokumentation des Fortschritts beider in den böhmischen Ländern lebender Nationen, der Tschechen und der Deutschen, gedacht, wurde die „Allgemeine Landesausstellung" – vor allem aus politischen und nationalen Gründen – zu einer Manifestation des wachsenden tschechischen Selbstbewusstseins. Sie wurde als Meilenstein in einem seit Ende des 18. Jahrhunderts währenden Emanzipationsprozess aufgefasst und zeigte, dass auch die Tschechen eigene Industrielle und Unternehmer, eine eigene Kunst und Kultur hatten. Da die Landesausstellung zum 100. Jahrestag der Prager Gewerbeausstellung von 1791 ausgerichtet wurde, lautete ihre inoffizielle Bezeichnung auch „Jubiläumsausstellung".

Das Werbeplakat für die Ausstellung hat eine interessante Geschichte. Ein am 25. April 1890 ausgeschriebener Wettbewerb brachte keine Ergebnisse, sodass das Komitee sich entschloss, direkt an einzelne Künstler heranzutreten. Der in Paris lebende, sehr erfolgreiche Maler Vojtěch Hynais – er gewann 1889 die Goldmedaille der dortigen Weltausstellung – war offenbar der Erste, an den sich das Komitee wandte. Schon am 18. Juli 1890 berichtete die Zeitschrift „Zlatá Praha", dass Hynais einen Plakatentwurf anfertigen wollte. Wann genau sein Entwurf (Öl, 195 x 125, ohne Schrift) fertig gestellt wurde, ist nicht bekannt. Sicher ist, dass Ende Oktober/Anfang November die Zeitschriften „Zlatá Praha" und „Světozor" das Plakat vorstellten. Vom 26. März bis in den April des Jahres 1891 war Hynais' Gemälde in Pilsen/Plzeň zu sehen. Das dortige Museum erwarb es für seine Sammlungen und stellte es dann dem Kunstpavillon der Jubiläumsausstellung als Leihgabe zur Verfügung. Hynais' Plakat, eine Apotheose der sich über Prag und den Hradschin erhebenden Slavia, Bohemia oder „Heimat" (Vlast), mit dem böhmischen Löwen, dem Landeswappen und dem architektonischen Ambiente sagte der Mehrzahl der tschechischen Kritiker zu, während die Prager und Wiener Deutschen sich an dem eindeutigen Nationalismus stießen. Mit dem Druck des Plakats wurde die Teplitzer Firma Willner & Pick beauftragt, was von einigen Publizisten als antitschechisches Manöver, ja als Provokation, aufgefasst wurde – unverständlicher- und zudem ungerechterweise, denn zum einen wurde der Auftrag noch vor dem deutsch-tschechischen Schisma in Sachen Ausstellungsbeteiligung vergeben, zum anderen war dem Komitee gerade daran gelegen, die ortsansässigen Deutschen einzubinden. Außerdem war die Teplitzer Druckerei eine der erfahrensten auf dem Gebiet der Farblithografie. Konkurrieren konnten mit ihr nur die renommierten Prager Firmen A. Haase und A. L. Koppe, deren Inhaber ebenfalls Deutsche waren. Das Plakat erschien mit unterschiedlichen Textversionen: Die ursprüngliche war tschechisch-deutsch, eine andere nur tschechisch, eine weitere Version wurde – in den entsprechenden Sprachen polnisch, serbokroatisch, russisch, französisch, englisch – zu Hunderten in verschiedene europäische, vor allem slawische Bruderländer verschickt.   *P. S.*

5.63

5.64 Herabsetzende Stereotypen wie der tschechische Wenzel und der deutsche Michel spielten im 19. Jahrhundert eine zunehmende Rolle. Die ironisch-distanzierende Infragestellung solcher Zerrbilder stellt eine seltene Ausnahme dar.

Deutscher Michel und tschechischer Wenzel

Wiener Figaro vom 9. 2. 1889, Nr. 6, S. 23 (R); Adalbert Stifter Verein, München

Lit.: Džambo 1997; Floh-Wagnes 1952; Lenk 1997; Rak 1997

Nationale Zerrbilder wie der tschechische Wenzel und der deutsche Michel bildeten sich im Prozess der nationalen Ausdifferenzierung im 19. Jahrhundert immer stärker heraus. Die Figur des Wenzel wurde in deutschen bzw. deutsch-österreichischen Karikaturen oft als affenartiges Wesen mit einem halbkugelförmigen Bauernhut mit schmaler Krempe dargestellt. In diesem stereotypen Zerrbild des tschechischen Volkes gewissermaßen als Vorstufe des Menschen – 1859 erschien Darwins Evolutionstheorie – spiegelt sich die deutsch-österreichische Vorstellung von der eigenen Kulturüberlegenheit bzw. die Angst, eine solche zu verlieren, wider. Auf tschechischer Seite wurde der verschlafene, Zipfelmütze tragende deutsche Michel zunehmend mit dem aggressiven, gefräßigen, sinnlos wütenden und mitunter auch statt der Zipfelmütze eine Pickelhaube tragenden Deutschen zu einem gängigen Zerrbild verquickt.

Allerdings gab es auf beiden Seiten auch Menschen, die der Verwendung solcher Zerrbilder, die den Nationalitätenkampf verschärfen mussten, kritisch gegenüberstanden. Zu ihnen zählte auch der hier wohl angesprochene Fürst Edmund von Clary und Aldringen (1813–1894), der Vater des wesentlich bekannteren Manfred von Clary und Aldringen (1852–1928), der als österreichischer Ministerpräsident 1899 die Sprachverordnungen Badenis aufgehoben hatte (vgl. Kat.-Nr. 5.65). Edmund von Clary und Aldringen gehörte als erbliches Mitglied des österreichischen Reichsrats der Verfassungspartei an. In einem offenen Brief hatte er 1889 die Deutschen und Tschechen Böhmens zu gegenseitigen Zugeständnissen im Interesse des inneren Friedens aufgerufen. Die Karikatur des humoristischen deutsch-österreichischen Wochenblatts „Figaro" (1857–1919), in dem wiederholt die affenartige Figur des Wenzel auftaucht, könnte eine Reaktion auf den Brief Clary-Aldringens in dieser Frage darstellen. So ist diese Karikatur, bei der „an Off [dem] ander gleich(schaut)", ein seltenes Beispiel der ironischen Infragestellung dieser nationalen Zerrbilder. *S. L.*

Ponižující národní stereotypy jako „český Vašek" a „německý Michl" hrály v 19. století stále významnější roli. Ironický nadhled a zpochybňování takových zkreslených představ bylo vzácnou výjimkou.

Německý Michl a český Vašek

Figaro z 9. 2. 1889, č. 6, str. 23 (R)

Michl: Ty, Vašku, naštve tě pořádně, když tě – jak míní kníže pán Clary – vtipálkovské listy líčí jako opici?

Václav: Ježíšku! Tebe taky právě nevykreslují jako výlupek krásy. Jeden vyvedený opičák jako druhý!

Michel: Du, Wenzel, beleidingt's Dich wirklich, daß Dich — wie der Fürscht Clary meint — d' Witzblattln wie ein' Affen aufmal'n? Wenzel: O Jesus! Dich stell'n s' ja a nit als Lineal vun Schönheit auf! Da schaute an Off ondern gleich!

5.64

5.65 Mit der Verordnung des Ministerpräsidenten Badeni zur Amtssprache in Böhmen 1897 kam der Nationalitätenkonflikt offen zum Ausbruch.

a) Der 24. November im Wiener Parlament: „Rettet euch, Leute, der Michel ist verrückt geworden" / 24. listopadu ve vídeňském parlamentě: „Utíkejte, lidičy, Michl se pominul!"

Karikatur, in: Šipy vom 27.11.1897 (R); Adalbert Stifter Verein, München

b) „So leb' denn wohl, du stilles Haus. Deutscher Gruss aus Leitmeritz"

Obstruktionskarte, 1897/98 (R); Oblastni muzeum v Litoměřicích

Lit.: Krzoska 2005; Malý 2006; Sutter 1980, bes. S. 222–240

Tintenfässer schleudernde, rauflustige und die geregelte parlamentarische Ordnung behindernde deutsch-böhmische Abgeordnete im Wiener Reichstag bildeten eine Steilvorlage für die tschechischen Karikaturisten des Šípy: In der Karikatur vom 27. 11. 1897 zeichnen sie in Umkehrung des Selbstbildes vieler Deutscher in Böhmen im 19. Jahrhundert von der eigenen Kulturüberlegenheit sarkastisch-lustvoll das Zerrbild des randalierenden, brutalen und verrückt gewordenen deutschen „Michel" bzw. des „Furor teutonicus".

Es war eine gesetzliche Verordnung zur Amtssprache vom 5. April 1897 des Ministerpräsidenten Graf Badeni, durch die der schon lange schwelende Nationalitätenkonflikt in Böhmen offen zum Ausbruch kam. Nach dieser Verordnung sollten amtliche Eingaben in allen Gebieten Böhmens (und Mährens) auf

Poté, co ministerský předseda Badeni vydal jazyková nařízení, upravující užívání úředního jazyka v Čechách, propukl národnostní konflikt v Čechách naplno.

a) 24. listopadu ve vídeňském parlamentě: „Utíkejte, lidičky, Michl se pominul!"

Karikatura, in: Šípy, 27.11.1897 (R)

b) „So leb' denn wohl, du stilles Haus. Deutscher Gruss aus Leitmeritz"/ „Sbohem, tichý domove. Německý pozdrav z Litoměřic"

Obstrukční pohlednice, 1897/98 (R)

Deutsch oder auf Tschechisch gemacht und auch jeweils in der Sprache der Eingabe behandelt werden. Spätestens bis zum 1. Juli 1901 sollten die Beamten, also etwa auch Landbriefträger oder Jäger, in einem Sprachtest die Kenntnis beider Sprachen nachweisen. Da die deutschen Beamten in den überwiegend deutschsprachigen Gebieten zumeist nur Deutsch konnten und darüber hinaus eine solche Regelung als grundlegender Angriff auf die Stellung der eigenen Nation im Staat gewertet wurde, erhob sich ein Proteststurm. Deutsche Parlamentarier aus Böhmen betrieben – auch unter dem Druck alldeutscher Stimmungsmache in der Öffentlichkeit – im Wiener Reichsrat „Obstruktionspolitik", legten also unter Ausnutzung der Geschäftsordnung – etwa durch bis zu zwölfstündige Reden – das Parlament lahm, ja randalierten und beschmissen den Ministerpräsidenten mit Tintenfässern. Graf Badeni duellierte sich mit dem deutschböhmischen Abgeordneten Karl Hermann Wolf und in verschiedenen Orten kam es zu gewalttätigen Demonstrationen.

Schon seit Beginn des Streits hatten so genannte „Obstruktionskarten" in zustimmender Weise die deutsche Obstruktionspolitik begleitet. Die Versendung dieser Postkarten war zwar verboten, aber ein solches Verbot ließ sich mit dem Einstecken der Karte in einen Briefumschlag umgehen. Die hier gezeigte Karte „feiert" die Entlassung Graf Badenis am 28. November 1897. Der Graf, geboren in Polen und früher Statthalter des seit 1772 zu Österreich-Ungarn gehörenden Galizien, wird als lächerliche Figur verspottet: Tränen vergießend muss er rückwärts auf einem Esel reitend das Land Richtung Galizien verlassen; mit Bedauern verabschiedet ihn ein Sokol-Anhänger – kenntlich an der Mütze mit der aufgesteckten Feder –, der durch den Stock in seiner Hand zugleich als gewaltbereit charakterisiert wird.

Aber auch die Entlassung Badenis brachte keine Ruhe, ebenso wenig die Modifikation der Verordnungen – die den Deutschböhmen nicht reichte – und ihre völlige Zurücknahme durch den neuen Ministerpräsidenten Manfred von Clary und Aldringen am 14. Oktober 1899, die wiederum die Tschechen auf keinen Fall akzeptieren wollten, sodass sich die Ereignisse der Jahre zwischen 1897 und 1899 nun unter umgekehrten Vorzeichen wiederholten. Angesichts der komplexen Problemlage und der Bedeutung des Nationalen in dieser Zeit konnten sich bis zum Ende der habsburgischen Herrschaft in Böhmen beide Seiten nicht auf eine Regelung der Amtssprache einigen. Im Gegensatz dazu war es 1905 in Mähren zu einem Ausgleich gekommen, der die Trennung von Schulen, Wahlkreisen, Kurien im Landtag und einen deutsch-tschechischen Proporz in der Verwaltung vorsah. Doch die Autonomie der Sprachgruppen wurde nicht als Lösung für die gesamte Monarchie akzeptiert. *S. L.*

Die deutsch-tschechische Verständigung.

ES WIRD ERSUCHT DIE GEGENSTÄNDE NICHT ZU BERÜHREN.

Neueste Erwerbung des Raritätenkabinetts Austria.

5.66

5.66 Die Karikatur von 1910 zeigt die „Konfliktgemeinschaft" zwischen Deutschen und Tschechen in Böhmen als Teil des „Raritätenkabinetts" des Habsburger Vielvölkerstaates.

Die deutsch-tschechische Verständigung oder Das Glasgefäß. „Es wird ersucht die Gegenstände nicht zu berühren". Neueste Erwerbung des Raritätenkabinetts Austria
in: Die Muskete, X, Beiblatt 261 vom 29. 9. 1910 und Beiblatt 269 vom 24. 11. 1910 (R); Adalbert Stifter Verein, München
Lit.: Hall 1983; Křen 2000

Kaum noch jemand hatte es angesichts der sich seit Jahrzehnten hinziehenden Konflikte und vergeblichen Bemühungen für möglich gehalten, aber im September 1910 verkündete der k. k. Statthalter in Böhmen, Karl Graf Coudenhove (1855–1913), dass innerhalb eines Monats der Ausgleich zwischen den Deutschen und Tschechen in Böhmen erreicht werden könne. Unter dem Druck der Verhältnisse – die Beschlussunfähigkeit des böhmischen Landtags aufgrund des Nationalitätenstreits verursachte eine tiefe Finanzkrise – und auf Vermittlung des österreichischen Thronfolgers war es zu einer Annäherung der Fraktionen des Großgrundbesitzes gekommen, sodass ein deutsch-tschechischer Ausgleichsausschuss gebildet werden konnte. An diesem beteiligten sich sogar die Radikalen beider Nationalitäten und die Verhandlungen kamen rasch voran. Allerdings blieb eine gewisse Skepsis und der Zeichner des Wiener humoristischen Wochenblatts „für den lesenden Offizier", „Muskete" (1905–1941), schuf hierfür ein eindrucksvolles Bild: Die Umarmung zwischen Wenzel und Michel (vgl. Kat.-Nr. 5.64) lässt er auf einer kaum genug Platz bietenden Bank stattfinden, überwölbt von einer Glaskugel, die man tunlichst nicht berühren solle.

In der Tat scheiterte wenige Wochen später auch dieser Verständigungsversuch, insbesondere an der Sprachenfrage sowie an Fragen der steuerlichen Belastungen bzw. finanziellen Begünstigungen für die einzelnen Nationen: Das gleiche Glasgefäß – knapp zwei Monate später am 24. 11. 1910 erneut als Motiv in der „Muskete" aufgegriffen – droht nun zu zerspringen, weil Wenzel und Michel wieder wie wild aufeinander einprügeln. *S. L.*

Karikatura z roku 1910 prezentuje „konfliktní společenství" Čechů a Němců v Čechách jako součást „kabinetu rarit" habsburské mnohonárodnostní monarchie.

Německo-české porozumění čili skleněná nádoba. „Je zakázáno dotýkat se předmětů". Nejnovější přírůstek do kabinetu rarit Austrie
in: Die Muskete, X: příloha 261 ze dne 29. 9. 1910 a příloha 269 ze dne 24. 11. 1910 (R)

5.67 Adalbert Stifter, einer der bedeutendsten Erzähler deutscher Sprache, trat nachdrücklich für den Ausgleich zwischen den Menschen und den Nationen ein. Insbesondere mit seinem Roman „Witiko" setzte er dem Nationalitätenkonflikt einen poetischen Traum vom deutsch-tschechischen Miteinander entgegen.

Adalbert Stifter (1805–1868)
Josef Grandauer (1822–1894), 1862; Öl/Leinwand, 30 x 20; Narodní knihovna České republiky, Praha (16 121 1 b)
Lit.: Seibt 1971; Irmscher 1981; Becher 2005

Als Sohn eines Leinenwebers und -händlers kam Adalbert Stifter am 23. Oktober 1805 im südböhmischen Oberplan/Horní Planá zur Welt. Sein literarisches

Adalbert Stifter, jeden z nejvýznamnějších vypravěčů německého jazyka, se důrazně zasazoval o smír mezi lidmi – a národy. Zejména svým románem „Vítek" postavil proti národnostnímu konfliktu poetický sen o německo-českém soužití.

Adalbert Stifter (1805–1868)
Josef Grandauer (1822–1894), 1862; olej/plátno, 30 x 20

5.67

Schaffen, das 1840 mit eruptiver Kraft einsetzt, spiegelt die tiefe Verbundenheit mit der Landschaft seiner Kindheit wider. Zeitlebens blieb er dem Zauber des Wald- und Berglandes an der Grenze zwischen Böhmen und Bayern, zwischen Böhmen und Österreich verbunden. In „jenem Waldfleck" suchte er Erholung vom oft unbefriedigenden Alltag als Schulrat und -inspektor in Linz und 1865 bekannte er seinem Freund Franz Xaver Rosenberger in einem Brief: „Meine ganze Seele hängt an dieser Gegend. Wenn ich irgendwo völlig genese, so ist es dort ..." Am 28. Januar 1868 starb Adalbert Stifter nach wochenlangem Krankenlager in Linz.

Nicht allein die tiefe „Sehnsucht nach Harmonie" (P. Becher), erwachsen aus der humanistischen Bildung am Stiftsgymnasium der Benediktiner zu Kremsmünster, bestimmte Stifters poetischen Denkhorizont. Vielmehr ließen ihn auch die Wahrnehmung des Böhmerwaldes als einer völkerverbindenden Natur- und Kulturlandschaft sowie freundschaftliche Begegnungen hüben und drüben zu einer Persönlichkeit reifen, die in ihrem Werk für einen Ausgleich zwischen den Menschen und den Nationen eintrat. Insbesondere der große Altersroman „Witiko" (1865–1867 in drei Bänden erschienen), der seinen Stoff der böhmischen Frühgeschichte entnimmt, gerät zu einem literarischen Dokument der Versöhnung und Völkerverständigung. In „treuer Liebe" widmete Stifter die Dichtung seinen „Landsleuten", woraufhin ihm der Rat der Stadt Prag in einem persönlichen Schreiben für dieses Zeichen patriotischer Gesinnung dankte. Im Sinne ihres Schöpfers ist die Romanfigur ein Bekenntnis zur übernationalen Gemeinsamkeit. Von Passau aus reitet der junge Witiko in das Land seiner Vorfahren. Im Gefolge des böhmischen Herzogs Wladislaw, der seinen Herrschaftsanspruch erfolgreich durchsetzt, vermag er sein Glück zu machen – immer bestrebt durch alle Erbstreitigkeiten hindurch das „Rechte", das „Gute" zu tun. Mit Besitz im Böhmerwald belohnt, zeigt er in späteren Jahren ein verstärktes Interesse für die internationale Politik und nimmt gemeinsam mit Herzog Wladislaw an zwei Italienfeldzügen des römisch-deutschen Kaisers Friedrich Barbarossa teil. Mit seiner historischen Utopie des edlen „Witiko" setzte Stifter dem sich verschärfenden Nationalitätenkonflikt, der die politische Realität seiner Gegenwart prägte, einen poetischen Traum vom deutsch-tschechischen Miteinander entgegen. In diesem Sinne lieferte er auch einen Gegenentwurf zur „Geschichte von Böhmen" des tschechischen Historikers František Palacký (vgl. Kat.-Nr. 5.3 ff.), dessen Geschichtskonzeption von einer ständigen Auseinandersetzung zwischen „Germanentum" und „Slawentum" ausging. Für Stifter hingegen spielten nationale Gegensätze keine Rolle, vielmehr richtete er im „Witiko" den Blick auf die – gemeinsame – Verteidigung bzw. Wiederherstellung der legitimen Ordnung, verbunden mit der – insbesondere an seine Zeit gerichteten – Mahnung zur Versöhnung der streitenden Parteien.

M. K.

Spisovatel Karel Klostermann se důsledně zasazoval o smírné soužití národů – tento postoj mu vynesl přízvisko „skutečný apoštol vyrovnání mezi Čechy a Němci" (A. Heyduck, 1914).

Karl/Karel Klostermann

sádrová kopie, 70 x 46 x 38, podle originálu Ottokara Waltera (1853–1904), 2002

5.68 Sein konsequentes Eintreten für die Versöhnung zwischen den Völkern ließ den Schriftsteller Karel Klostermann zu einem „wahren Apostel des Ausgleichs zwischen Tschechen und Deutschen" (A. Heyduck, 1914) werden.

Karl/Karel Klostermann
Kopie aus Gips, 70 x 46 x 38, nach einem Original von Ottokar Walter (1853–1904), 2002; Museum Šumavy, Sušice (20176)
Lit.: Dresler 1914; Regal 1926; Ahrndt 1995; Dvorak 1998; Nikl 2000

Als „Dichter des Böhmerwalds", als „Básník Šumavy" (V. Dresler), zählt Karel Klostermann zu den unbestrittenen Klassikern der tschechischen Literatur, dessen Texte bis heute verpflichtende Schullektüre sind. Einem deutschsprachigen Milieu entstammend, erwarb er auf seinem Lebens- und Bildungsweg ausgezeichnete Fertigkeiten in der tschechischen Sprache. In vielen persönlichen Begegnungen wuchs sein Interesse an den kulturellen Errungenschaften der Tschechen, prägenden Einfluss auf ihn gewann insbesondere der Lyriker Adolf Heyduk (1835–1923), mit dem Klostermann eine lebenslange Freundschaft verband.

Als Sohn eines Landarztes am 13. Februar 1848 im oberösterreichischen Haag geboren, verbrachte Karl Klostermann seine Kindheit im Böhmerwald, für dessen Landschaft und Menschen er zeitlebens eine tiefe Liebe empfand. Noch als Lehrer am deutschen Realgymnasium in Pilsen/Plzeň, wo er von 1873 bis 1908 Französisch und Deutsch unterrichtete, verbrachte er nahezu alle Ferien in der Gegend um Bergreichenstein/Kašperské Hory und Rehberg/Srní, welche die Tschechen heute „Klostermannová Šumava" nennen. Das Leben in diesem „zentralen Böhmerwald" machte Klostermann zu seinem literarischen Hauptthema. In der deutschsprachigen Prager Zeitung „Politik" veröffentlichte er ab 1885 in 33 Folgen Feuilletons, Reiseskizzen und Erzählungen. Eine Auswahl mit dem Titel „Böhmerwaldskizzen" erschien 1890 als sein erstes Buch, das er seinem „ganzen böhmischen Land und allen seinen Bewohnern, ohne Unterschied der Nationalität und des Glaubens, allen denen, die ein Herz haben für unsern Wald und sein Volk," widmete. Auf Anraten eines befreundeten Verlegers gab er seinem schriftstellerischen Weg im selben Jahr eine entscheidende Wendung. Mit der Erzählung „Rychtářův syn" („Der Sohn des Richters") debütierte er 1890 in tschechischer Sprache und bereits sein erster Roman „Ze světa lesních zamot" (1892; „Aus der Welt der Waldeinsamkeiten") wurde mit dem Literaturpreis der Tschechischen Akademie ausgezeichnet. Es folgten über ein Dutzend weitere Romane und zehn Sammelbände mit Erzählungen in tschechischer Sprache, die eine große Leserschaft fanden. In realistischer Manier zeichneten die Texte, fern jeder heimatseligen Verklärung, ein Bild der sozialen Wirklichkeit mit all ihren Spannungen und Konflikten. Klostermanns Sorge galt insbesondere dem wachsenden Nationalismus, der eskalierenden Konfrontation zwischen Deutschen und Tschechen, denen er sich gleichermaßen zugehörig fühlte: „Ich vermag es ganz wohl, die Liebe zu beiden Stämmen, die mein böhmisches Vaterland bewohnen, in meinem Herzen zu vereinigen", schrieb er 1908 in einem „Offenen Brief". Bereits in den „Böhmerwaldskizzen" hatte er den Äußerungen nationaler Unverträglichkeit zu dieser Zeit die eigenen, glücklichen Kindheitserinnerungen gegenübergestellt: „Da lebten wir früher so ruhig beisammen und niemanden fiel es ein, nach der Nationalität des anderen zu fragen; es wurde kein Mensch cechisiert noch germanisiert."

Selbst die Schmähungen deutschnationaler Kräfte konnten Klostermann nicht von seinem konsequenten Eintreten für ein friedliches Zusammenleben beider Volksgruppen abbringen; sein Freund Adolf Heyduk rühmte ihn 1914 als einen „wahren Apostel des Ausgleichs zwischen Tschechen und Deutschen" – ein Zitat, das heute einen Gedenkstein in St. Oswald am Goldenen Steig ziert. Am 16. Juli 1923 starb Karel Klostermann auf Schloss Štěkeň, wo ihm Fürst Alfred III. von Windischgrätz ein Wohnrecht auf Lebenszeit eingeräumt hatte; die Stadt Pilsen richtete ihm ein Ehrenbegräbnis aus. Mit der Gründung eines tschechisch-deutschen Klostermann-Vereins im Jahr 1998 ist das Vermächtnis des Schriftstellers mit neuem Leben erfüllt worden. *M. K.*

5.69 Die Sozialdemokraten der Habsburgermonarchie entwarfen in Brünn 1899 ein Nationalitätenprogramm, das den vorherrschenden Nationalismus scharf kritisierte und sich an der Vorstellung eines friedlichen Ausgleichs zwischen den Völkern orientierte.

Gesamtparteitag der Sozialdemokratie Österreichs in Brünn, 1899
Fotografie; Friedrich-Ebert-Stiftung, Bonn– Archiv der sozialen Demokratie
Lit.: Berchtold 1967, S. 144 f.; Galandauer 1993; Löw 1984, S. 37–45; Luft 1994; Mommsen 1993; Sewering-Wollanek 1994, S.179–185

„Proletarier aller Länder, vereinigt euch!" – in den verschiedensten Sprachen prangte diese Parole aus dem „Kommunistischen Manifest" von 1848/49 an den

Sociální demokraté habsburské monarchie vypracovali na svém sjezdu v Brně roku 1899 národnostní program, který ostře kritizoval nacionalismus a jehož cílovou představou bylo smírné vyrovnání mezi národy.

Sjezd rakouských sociálních demokratů v Brně, 1899
Fotografie

5.69

Wänden des Saales, in dem sich die „Sozialdemokratische Gesamtpartei Österreichs" zu ihrem Parteitag vom 24. bis 29. September 1899 versammelt hatte – vor allem groß in Deutsch und Tschechisch über dem Podium für das Präsidium, denn schließlich bildeten Deutsche und Tschechen das Rückgrat der Partei.

Eine Parole zur friedlichen Vereinigung der Völker des Habsburger Vielvölkerstaates? Oder war es nicht vielmehr so, wie der aus Prag stammende sozialdemokratische Parteiführer Viktor Adler (1852–1918) an den ebenfalls aus Prag stammenden Theoretiker der Sozialdemokratie, Karl Kautsky (1854–1938), in einem während der Badeni-Krise (vgl. Kat.-Nr. 5.65) verfassten Brief vom 21. Juli 1897 schrieb: „Aber die Tatsache lässt sich nicht verbergen, dass wir für den nationalen Streit zwar famose Schlagworte und Beschwörungsformeln für den Hausgebrauch, aber kein positives Programm haben"?

In der Tat waren die nach 1870 entstehenden Arbeiterorganisationen stark von einem proletarischen Internationalismus bzw. „naiven Kosmopolitismus" (O. Bauer, 1907) geprägt, der sie lange Zeit die Sprengkraft nationaler Ideen unterschätzen ließ. Tatsächlich geriet die Sozialdemokratie in der Habsburgermonarchie zunehmend in das Spannungsfeld der nationalen Kräfte und spaltete sich nach einem längeren Prozess 1911 endgültig in nationale Gruppierungen.

Gleichwohl beschlossen die Sozialdemokraten auf ihrem Parteitag 1899 ein Nationalitätenprogramm, das sich scharf vom Nationalismus der meisten anderen Parteien abgrenzte und sich an der Vorstellung orientierte, Bedingungen für das friedliche Zusammenleben gleichberechtigter Völker herzustellen. Der Vielvölkerstaat sollte nicht zerstört, sondern reformiert werden. In dem zu schaffenden „demokratischen Nationalitäten-Bundesstaat" sollten unter anderem die Kronländer abgeschafft und durch (ethnisch-)national abgegrenzte (territoriale) Selbstverwaltungskörper ersetzt werden; das Recht der nationalen Minderheiten sollte durch ein eigenes, vom Reichsparlament zu beschließendes Gesetz gewährleistet werden. Da man kein „nationales Vorrecht" anerkennen wollte, lehnte man die Forderung nach einer „Staatssprache" ab; allerdings sollte das Reichsparlament klären, inwiefern eine Vermittlungssprache nötig sei.

Zu Recht wurden einige Aspekte des Brünner Nationalitätenprogramms kritisch beleuchtet, so die Vernachlässigung wichtiger politischer und wirtschaftlicher Aspekte, ungenaue Formulierungen oder das Aussparen schwer lösbarer Konfliktfelder, doch trug das Programm als von allen nationalen Gruppen in der Partei getragene Kompromisslösung Vorstellungen weiter, die weit über das formale Ende der Einheit der sozialdemokratischen Partei hinweg Impulse zur Verständigung zwischen Deutschen und Tschechen lieferten und liefern.   *S. L.*

5.70 Deutsch-tschechische Eheverbindungen waren in Böhmen im 19. und frühen 20. Jahrhundert so üblich wie in den früheren Jahrhunderten.

Emil Rimpler und Maria Stoklövová als Hochzeitspaar
Fotografie, 1938; Rimpler, Zwiesel
Lit.: Luft 1994; Wildfeuer 2004

Německo-české sňatky nebyly v Čechách v 19. a 20. století ničím výjimečným.

Svatební fotografie Emila Rimplera a Marie Stoklövové

Fotografie, 1938

Die Gemeinschaft der Deutschen und Tschechen in Böhmen war auch im 19. Jahrhundert nicht nur eine „Konfliktgemeinschaft", sondern ebenso eine lebendige Gesellschaft mit den vielfältigsten Verbindungen untereinander, sei es im wirtschaftlichen, politischen oder im gesellschaftlichen Bereich. Neben der Praxis, Kinder eine Zeitlang „auf Wechsel" in einen anderssprachigen Haushalt zu geben, damit sie dessen Sprache erlernten, sind hierfür die durchaus häufigen deutsch-tschechischen und tschechisch-deutschen Eheverbindungen in Böhmen bzw. in der Tschechoslowakischen Republik im 19. und frühen 20. Jahrhundert Beispiele.

So ließen sich beispielsweise der 1911 in Morgenthau/Rousinov geborene Deutschböhme Emil Rimpler und die 1916 in Zwickau/Cvikov (Nordböhmen) geborene Tschechin Maria Josefa Anna Stoklövová (1916–2004) am 30. Mai 1938 – also nur wenige Monate vor dem verhängnisvollen Münchner Abkommen – in der Kirche St. Elisabeth in Zwickau/Cvikov (Nordböhmen) trauen. Und so ist es nicht zuletzt der Blick auf das Individuum und das individuelle Schicksal, der einen Ansatzpunkt bilden kann, um nationalstereotype Betrachtungsweisen und Verzerrungen zu überwinden. Denn für die Partner und Angehörigen solcher Mischehen gilt, was Hasso Hesse, Glaskugler aus Pracheň/Parchen, in einem Interview 2003 mit Blick auf die Ereignisse zwischen 1938 und 1945/46 äußerte: „Die Oma oder der Opa war ja Tscheche, der ander' war deutsch, also die haben irgendwo mit jedem mitgelitten." (B. Wildfeuer, S. 40).   *S. L.*

5.70

Im Rücken der trauernden Menge sah ich einen deutschen Soldaten vorbeigehen, der stehenblieb und salutierte. Er blickte in die vom Weinen geröteten Augen, auf die Tränen und den zugeschneiten Berg Schneeglöckchen. Er sah: das Volk weinte, weil *er* da war. Und salutierte. Er verstand offenbar, warum wir trauerten. Ich blickte ihm nach und dachte an die *Große Illusion*: werden wir wirklich einmal nebeneinander leben – Deutsche, Tschechen, Franzosen, Russen, Engländer –, ohne uns gegenseitig Leid anzutun, ohne uns hassen zu müssen, ohne uns Unrecht zu tun? Werden sich wirklich eines Tages die Staaten so verstehen, wie wir als einzelne uns verstehen können? Werden je die Grenzen zwischen den Ländern fallen, so wie zwischen uns, wenn wir uns näherkommen? Wie schön wäre es, das zu erleben!

Milená Jesenská: Prag, am Morgen des 15. März 1939

Za zády smutečního zástupu jsem viděla procházet německého vojáka, který zůstal stát a salutoval. Hleděl do očí zarudlých od pláče, na slzy a na zasněženou horu sněženek. Viděl: lidé plakali, protože tu byl on. A salutoval. Zjevně chápal, proč truchlíme. Hleděla jsem za ním a myslela na Velkou iluzi: budeme opravdu jednou žít vedle sebe – Němci, Češi, Francouzi, Rusové, Angličané -, aniž bychom si ubližovali, aniž bychom se museli nenávidět, aniž bychom si křivdili? Budou si jednoho dne rozumět státy tak, jak si můžeme rozumět my jako jednotlivci? Padnou hranice mezi státy, jako padají mezi námi, když se sblížíme? Jak by bylo krásné to zažít!

Milena Jesenská: Praha, ráno 15. března 1939

Das Zusammenleben mit den Deutschböhmen und Deutschmährern ist ein bedeutender Bestandteil der tschechischen Geschichte. Ohne diesen Teil ist das Verständnis unserer eigenen Geschichte unvollständig und letztlich unmöglich.

Oldřich Tůma, Prag 2006

Soužití s českými a moravskými Němci je důležitou kapitolou českých dějin. Bez této části je pochopení našich vlastních dějin neúplné a nakonec i nemožné.

Oldřich Tůma, Praha 2006

Wer weiß, ob der Katalog von Quelle nicht letztendlich einen größeren Einfluß auf die breiteste Menschenschicht in der Tschechoslowakei hatte, als die Kommentare der Radiostationen Freies Europa und Stimme Amerikas.

Milan Augustin: Mein Weg zu unseren Deutschen, 2006

Kdo ví, jestli neměl na nejširší vrstvy v Československu nakonec větší vliv katalog Quelle než komentáře Rádia Svobodná Evropa a Hlas Ameriky.

Milan Augustin, Mein Weg zu unseren Deutschen, nezveřejněný rukopis, 2006

Brief eines tschechischen Briefträgers an seinen ehemaligen Mitbürger Karl Hesse in dessen neuer Heimat Bayern: „Wenne bekomen Sie Brief von mir bitte schreiben Sie mir was ist Neues bei Ihnen und wie leben Sie. Ich andenke auf gute deutsche Leute, welcher war in Oberpolitz sehr gern. Grüsst Ihnen Karl Vodička, Briefträger, Oberpolitz 148."

Frankfurter Allgemeine Sonntagszeitung vom 13. 8. 2006, Nr. 32

Dopis českého listonoše bývalému spoluobčanovi Karlu Hessemu do jeho nové vlasti Bavorska: „Když dostanete tento dopis napište mi prosím, co je u Vás nového a jak žijete. Vzpomínám na dobré německé lidi v Horní Polici. Zdraví Vás Karl Vodička, listonoš, Horní Police/Oberpolitz 148."

Frankfurter Allgemeine Sonntagszeitung ze dne 13. srpna 2006, č. 32

6 Zwanzigstes Jahrhundert

Die Grenze zwischen Bayern und Böhmen war jahrhundertelang eine Markierung zwischen oft verbündeten Ländern gewesen. Ähnlich wie die Grenze nach Tirol oder Oberösterreich war sie überwiegend keine Sprach-, sondern zu den nahen deutsch-böhmischen Gebieten nur eine Dialektgrenze. Mit dem 28. Oktober 1918 wurde diese, von Bayern aus gesehen, die Grenze zu einem ausländischen Staat. In diesem bildeten die Tschechen zusammen mit den Slowaken die Staatsnation, und Tschechisch war nun die Amtssprache.

Der Untergang der Donaumonarchie nach dem Ende des Ersten Weltkriegs führte 1918/19 zur Gründung neuer Staaten. So entstand aus den ehemaligen Ländern des Königreichs Böhmen – Böhmen, Mähren und Österreichisch-Schlesien – sowie der Slowakei und der Karpato-Ukraine die Tschechoslowakische Republik/Československá republika (ČSR). Der internationalen Anerkennung folgte die Festlegung der Grenzen in den Verträgen von Versailles, St. Germain und Trianon 1919/20. In dem neuen, 140 394 km² umfassenden Staatsgebiet mit 13,6 Millionen Einwohnern lebten damit auch etwa 3,2 Millionen Deutsche, vor allem in den Grenzgebieten zum Deutschen Reich und zu Österreich sowie in einigen deutschen Sprachinseln (z. B. Iglau/Jihlava). Die Deutsch-Böhmen, in dem neuen Staat eine Minderheit, strebten den Anschluss an das neu entstandene „Deutsch-Österreich" bzw. mit diesem an das Deutsche Reich an. Die deutschen Mitglieder im Wiener Reichsrat proklamierten am 21. Oktober 1918 einen deutsch-österreichischen Staat unter Einschluss der Sudetenländer. In diesen Gebieten Böhmens wurden Landesversammlungen und Landesregierungen konstituiert. Die tschechische Regierung besetzte die deutsch-böhmischen Gebiete jedoch mit Militär. Sie ging mit Waffengewalt gegen Demonstrationen vor, die anlässlich des Zusammentritts der österreichischen Nationalversammlung am 4. März 1919 stattfanden und den Anschluss an das Deutsche Reich forderten. Es gab Tote und Verletzte. Vor allem aber lehnten die Siegermächte, die Deutschland und Österreich-Ungarn als Alleinschuldige am Krieg betrachteten, die Bildung eines „Großdeutschland" ab.

Bayern und das Deutsche Reich wurden durch die Novemberrevolution zur Republik. Bayern büßte seine Reservatrechte weitgehend ein. Die blutige Niederschlagung der Räteherrschaft im Mai 1919 erfolgte mit Unterstützung von Reichstruppen. In politischer Hinsicht war damit aus dem bayerisch-böhmischen Verhältnis ein deutsch-tschechisches geworden. Unter den von der Bayerischen Volkspartei geführten Regierungen der 1920er-Jahre dominierten im Verhältnis zur Tschechoslowakei Distanz und Ablehnung. Das Reich und Bayern versuchten über Verbände wie dem „Verein für das Volkstum im Ausland" Einfluss auf die deutsch-böhmischen Vereine und Verbände zu nehmen, um die nationalen Gemeinsamkeiten zu bewahren.

Die deutsche Minderheit fühlte sich im tschechisch geführten Nationalstaat benachteiligt und war dies auch in vielen Bereichen. Das galt besonders für die Bodenreform und die Sprachenregelungen mit der vorgeschriebenen tschechischen Sprachprüfung für Beamte. Die zum Teil erbittert geführten Auseinandersetzungen um Grund und Boden, Sprachgesetze, Minderheitenschulen oder Subventionen belasteten die Beziehungen zwischen den beiden Sprachgruppen. Bemühungen um grundlegende Verbesserungen des Status der Deutsch-Böhmen blieben erfolglos.

Als die Hoffnungen auf einen Anschluss an Deutschland verflogen waren und die Tschechoslowakei einen enormen wirtschaftlichen Aufschwung erlebte, beruhigte sich die Lage. Vertreter so genannter „aktivistischer" deutscher Parteien traten ab 1926 (Bund der Landwirte, Deutsche Christlich-Soziale Volkspartei) bzw. 1929 (Deutsche Sozialdemokratische Arbeiterpartei der ČSR, DSAP) als Minister in die Prager Regierungen ein. Drei Viertel der Deutschen in der Tschechoslowakei wählten 1925 und 1929 diese als „aktivistisch" bezeichneten Parteien, die für eine Mitwirkung im tschechoslowakischen Staatswesen eintraten. Das Alltagsleben in diesen Gebieten, wo in den meisten Orten 80 bis 90 Prozent der Bevölkerung deutschsprachig waren, blieb unverändert deutsch geprägt.

Mit dem Machtantritt Adolf Hitlers 1933 veränderten sich die Rahmenbedingungen für die deutsch-tschechoslowakischen und die sudetendeutsch-tschechischen Beziehungen grundlegend. Schon in seiner Antrittsrede vor den Spitzen der Reichswehr kündigte Hitler die Revision des Vertrags von Versailles an und stellte damit auch die Existenz der Tschechoslowakei in Frage. Eine Loslösung der sudetendeutschen Siedlungsgebiete rückte nun wieder in den Bereich des Möglichen. Zunächst aber wurde die Tschechoslowakische Republik zum Zufluchtsort für viele Menschen, die aus Deutschland vor dem NS-Terror fliehen mussten: politische Gegner, kritische Intellektuelle, Juden und andere den Nationalsozialisten missliebige Personen.

Das NS-Regime versuchte durch propagandistische Beeinflussung und direkte Einmischung, durch massive Finanzhilfen und organisatorische Unterstützung deutschnational bis nationalsozialistisch eingestellte sudetendeutsche Organisationen zu fördern. Am meisten profitierte die Sudetendeutsche Heimatfront (SHF), die 1933, nach dem Verbot der nationalsozialistischen und der deutschnationalen Partei von Konrad Henlein, dem Führer des sudetendeutschen Turnerbundes, als nationalistische Sammlungsbewegung gegründet worden war. Die SHF – 1935 umbenannt in Sudetendeutsche Partei (SdP) – war in ihrem Aufbau nach dem Führerprinzip organisiert und in ihrem öffentlichem Auftreten und ihren Propagandamethoden zunehmend an der NSDAP orientiert. Sie erklärte sich zur Repräsentantin aller sudetendeutschen Organisationen und Verbände und trotz oder gerade wegen ihres unklaren Programms erfuhr sie einen rapiden Aufstieg. Bei den Parlamentswahlen 1935 erhielt sie zwei Drittel der deutschen Stimmen. Begünstigt hatte dies die schwere wirtschaftliche Krise, die besonders die Deutschen in Nordböhmen traf. Noch im Januar 1936 waren dort 300 000 Sudetendeutsche arbeitslos, während jenseits der Grenze im Deutschen Reich die Aufrüstungsmaßnahmen zu Vollbeschäftigung geführt hatten. Die nationalsozialistische Beeinflussung der SdP nahm weiter zu. Ab Ende 1937 ordnete sie sich dem Führungsanspruch Hitlers unter, der sie zu seinem Werkzeug für die Zerstörung der Tschechoslowakischen Republik machte. Die sudetendeutschen Sozialdemokraten, die loyal zur Republik standen, warnten vergeblich vor dieser Entwicklung. Bei den Kommunalwahlen im Frühjahr 1938 erhielt die SdP zwischen 80 und 90 Prozent der deutschen Stimmen.

Hitlers Pläne beschränkten sich nicht auf den Anschluss der sudetendeutschen Gebiete, er wollte vielmehr die Zerschlagung der Tschechoslowakei insgesamt. Als er mit Krieg drohte, nötigten Großbritannien und Frankreich im September 1938 die Tschechoslowakei, der Abtretung zuzustimmen. Das Münchner Abkommen über die Abtretung der mehrheitlich von Sudetendeutschen bewohnten Grenzgebiete an das Deutsche Reich feierten Frankreich und Großbritannien als Rettung des Friedens. In Deutschland und in den Sudetengebieten begrüßte der größte Teil der Bevölkerung den Anschluss mit Jubel. Die Sudetendeutschen sahen in ihrer Mehrheit im Anschluss die Erfüllung ihres Selbstbestimmungsrechts.

Nun mussten auch Bewohner der Sudetengebiete vor dem einsetzenden NS-Terror fliehen, deutsche und österreichische Emigranten, sudetendeutsche Sozialdemokraten, Gewerkschafter, Kommunisten und andere NS-Gegner, Juden, vor allem aber Tschechen. Die Gesamtzahl der Flüchtlinge wird auf bis zu 200 000 Menschen geschätzt. Von den zurückgebliebenen Regimegegnern wurden viele verhaftet, allein in das Konzentrationslager Dachau wurden ab Oktober 1938 etwa 2 000 Funktionäre und Mitglieder der Arbeiterbewegung gebracht. Nach dem Pogrom am 9. November 1938 deportierte die Gestapo auch mehrere Hundert Juden dorthin. Die sudetendeutschen Gebiete wurden aufgeteilt und ein Reichsgau „Sudetenland" mit den Regierungsbezirken Eger, Aussig und Troppau unter dem Reichsstatthalter und NSDAP-Gauleiter Konrad Henlein gebildet. Andere Gebietsteile wurden deutschen und österreichischen Gauen zugeschlagen. So kamen die westlichen Böhmerwaldkreise zu Bayern. Die traditionelle Integrität des böhmischen Staats wurde so zerstört.

Nach dem „Anschluss" besserten sich die wirtschaftlichen Verhältnisse. Die deutsche Rüstungsindustrie suchte dringend Arbeitskräfte und vergab Aufträge. Zugleich hielten die deutschen Herrschaftsstrukturen in den Sudetengebieten Einzug, Vereine und Verbände wurden gleichgeschaltet bzw. in NS-Organisationen überführt. Der Apparat aus NS-Organisationen, Polizei, Justiz verfolgte Protest, Verweigerung und Widerstand mit gleicher Schärfe wie im Reich.

Am 15. März 1939 zerschlug Hitler die Tschechoslowakische Republik endgültig. Die Wehrmacht marschierte in das tschechische Gebiet und in Prag ein; die dem tschechischen Zentralismus distanziert gegenüber stehenden Slowaken hatten sich auf deutschen Druck hin als selbstständig erklärt. Das tschechische Gebiet stellte Hitler als „Protektorat Böhmen und Mähren" unter deutsche Oberhoheit. Formal gab es zwar weiter eine tschechische Regierung für die Organisation der Verwaltungtätigkeiten, aber die Entscheidungen fielen in Berlin. Die leistungsfähige tschechische Industrie war ein wichtiger Lieferant für die deutsche Rüstung. Im September 1941 sandte Hitler den Chef des Reichssicherheitshauptamts Reinhard Heydrich nach Prag, um den zunehmenden Widerstand zu unterdrücken. Heydrich versuchte, den sich formierenden Widerstand durch eine Welle von Terror, Verhaftungen, Hinrichtungen und Einweisungen in Konzentrationslager zu bekämpfen. Das Attentat auf Heydrich am 27. Mai 1942, geplant und vorbereitet von der tschechoslowakischen Exilregierung in London, ausgeführt mit Unterstützung des Widerstands im Land, führte zu einer erneuten Terrorwelle. 1 500 Menschen wurden hingerichtet, unter ihnen die Männer von Lidice. Nach Heydrichs Tod 1942 übte der schon zuvor im Hintergrund agierende Karl Hermann Frank die eigentliche Macht aus. Frank, Mitglied der Führung der sudetendeutschen Nationalsozialisten und dann der SHF/SdP, war dem Reichsführer der SS, Heinrich Himmler, treu ergeben.

In Bayern und im Sudetenland stand die große Masse der Bevölkerung hinter dem Regime oder erfüllte zumindest die von ihm geforderten Leistungen. Auch im Protektorat passte sich der Großteil der Bevölkerung an. Dafür sorgten auch die Strafandrohungen und das Regime von Gestapo, NS-Justiz und SS. Aber dennoch, hier wie dort formierte sich Widerstand.

In Bayern entwickelte der Widerstand gegen das NS-Regime meist nur kleine, begrenzte Zusammenschlüsse von Regimegegnern wie der „Weißen Rose" um die Geschwister Scholl, kirchliche Kreise oder der „Antinazistischen Deutschen Volksfront". In den sudetendeutschen Gebieten schlossen sich ab 1941 und vor allem ab 1943/44 starke Organisationen aus früheren Mitgliedern der Arbeiterbewegung gegen das Regime zusammen. Der tschechische Widerstand gegen die deutsche Besatzung war dagegen breit verankert im Militär, in den Parteien, die Staatspräsident Beneš gestützt hatten, bei den Intellektuellen und den Kommunisten. Ab 1942 war der Widerstand zentral organisiert und nutzte alle Handlungsmöglichkeiten bis hin zur Partisanentätigkeit. Viele Widerstandsorganisationen wurden aufgedeckt, ihre führenden Mitglieder hingerichtet, andere zu langjährigen Haftstrafen verurteilt oder in Konzentrationslager verschleppt. Geistliche aus Bayern, den Sudetengebieten und dem Protektorat, die sich dem Regime widersetzt hatten, wies die Gestapo in das Konzentrationslager Dachau ein.

Die von Heydrich eingeleitete Deportation der böhmischen und mährischen Juden in das Ghetto Theresienstadt hatte nur die erste Etappe des Vernichtungsprozesses gebildet. Auch Juden aus Bayern wurden nach Theresienstadt deportiert. Von den 140 000 Menschen, die in das Ghetto gebracht wurden, starben dort 34 000. Nach Auschwitz und an andere Orte der Vernichtung wurden 87 000 Ghetto-Insassen transportiert, nur wenige Tausend von ihnen überlebten. Die Gesamtzahl der tschechoslowakischen Opfer von Besatzungsherrschaft, Krieg und Völkermord wird auf etwa 340 000 Menschen geschätzt.

Die Befreiung des tschechischen Gebiets erfolgte von Osten durch die Rote Armee und von Westen durch amerikanische Truppen, die bis zur Höhe von Pilsen vorrückten. Als sich die sowjetischen Truppen Anfang Mai 1945 Prag näherten, löste die Widerstandsorganisation den Aufstand gegen die dortigen Wehrmachts- und SS-Einheiten aus. Der Befreiung folgten brutale Racheakte und Zwangsmaßnahmen gegen die deutsche Bevölkerung. Viele Deutsche wurden in Lager interniert. Als Konsequenz von „München" hatte Edvard Beneš bereits vor Kriegsbeginn Überlegungen zur teilweisen Aussiedlung der deutschen Bevölkerung aus der Tschechoslowakei angestellt. Als Präsident der tschechischen Exilregierung in London entwickelte er die Vertreibungspläne weiter und gewann Churchill und Stalin für seine Vorstellungen. Nach Kriegsende begann die tschechoslowakische Regierung mit Maßnahmen zur Erfassung der deutschen Bevölkerung, ihrer Kennzeichnung und Unterbringung in Internierungslagern. Die an NS-Herrschaft und Besatzungsregime Beteiligten wurden inhaftiert und abgeurteilt. Staatspräsident Beneš unterzeichnete Dekrete, die den Deutschen die tschechoslowakische Staatsbürgerschaft aberkannten, sie enteigneten und zu Zwangsarbeit verpflichteten. Die unmittelbar nach Kriegsende entfesselte „wilde Vertreibung" war begleitet von Gewaltakten gegen die deutsche Bevölkerung, willkürlichen Verhaftungen, Misshandlungen und Morden bis hin zu gesteuerten Terroraktionen wie in Aussig. Bis zum Sommer 1945 wurden fast 800 000 Menschen über die Grenze vertrieben. Auch Antifaschisten, die im Widerstand gekämpft hatten und eigentlich von Straf- und Vertreibungsmaßnahmen ausgenommen waren, wurden von diesen Aktionen erfasst. 1946 wurden Straftaten gegen Deutsche und Ungarn, die seit 1938 zur „Wiedererlangung der Freiheit" oder zur „gerechten Vergeltung" begangen worden waren, außer Verfolgung gestellt.

Nachdem die Alliierten im Potsdamer Abkommen im August 1945 den „Transfer" der deutschen Bevölkerung genehmigt und festgelegt hatten, dass die Ausweisungen „in ordnungsgemäßer und humaner Weise" erfolgen sollten, liefen die Vorbereitungen für den Abtransport nahezu der gesamten deutschsprachigen Bevölkerung an. Diese fand 1946 mit über 1 000 Eisenbahnzügen statt. Jeweils etwa 1 200 Menschen wurden in die Viehwaggons verfrachtet. Insgesamt wurden 2,7 bis 3 Millionen Deutsche aus der Tschechoslowakei vertrieben, nur etwa 200 000 blieben zurück. Die Zahl der Opfer der Vertreibung wird nach neueren Berechnungen mit bis zu 30 000 angegeben. Die Zahl der ungeklärten Schicksale wird auf fast 240 000 geschätzt.

In Bayern blieb etwa eine Million Sudetendeutsche, die über das Land verteilt wurden und zum Teil in neu gegründeten Orten wie Traunreut, Waldkraiburg, Neutraubling, Geretsried oder Neugablonz (Kaufbeuren) eine neue Heimat fanden. Ihre beruflichen Fähigkeiten und ihre Tatkraft trugen wesentlich zum wirtschaftlichen Aufstieg Bayerns seit den 1950er-Jahren bei. In der Zeit nach dem Zweiten Weltkrieg bekam Bayern in vieler Hinsicht eine neue Qualität. Mit der Kapitulation vom 8. Mai 1945 endete das Deutsche Reich. Bayern wurde Teil der amerikanischen Besatzungszone. Im September 1945 erklärte die amerikanische Militärregierung Bayern wieder zum Staat und setzte eine vorläufige Regierung ein. Sie beauftragte den kommissarischen Ministerpräsidenten Wilhelm Hoegner mit der Vorbereitung einer bayerischen Verfassung. Durch eine Verfassunggebende Landesversammlung und durch Volksentscheid wurde dieser Entwurf am 1. Dezember 1946 Gesetz. Der politische Wiederaufbau begann somit in den unter westlicher Besatzungsherrschaft stehenden Ländern. Diese wurden mit dem Grundgesetz von 1949 Teil eines demokratischen Bundesstaats, der Bundesrepublik Deutschland. Innerhalb dieses neuen Staats war Bayern das größte Bundesland. Die föderale Struktur gab den Bundesländern mehr Rechte als die stärker zentralistische Weimarer Republik bis 1933. Bayern nahm fast zwei Millionen Flüchtlinge und Vertriebene auf und entwickelte sich seit den 1950er-Jahren zu einem modernen Industriestaat.

Völlig anders verlief die Entwicklung nach dem Krieg in der Tschechoslowakei. Dort hatten die Kommunisten in der Regierung der Nationalen Front wichtige Positionen eingenommen. In den ersten Wahlen 1946 wurden sie mit 40 Prozent der Stimmen stärkste Partei. Als im Februar 1948 eine Reihe von Ministern aus Protest gegen kommunistische Eigenmächtigkeiten ihren Rücktritt erklärte, nutzten die Kommunisten dies, um eine neue kommunistisch geführte Regierung zu installieren. Es folgte die Errichtung einer kommunistischen Diktatur, die Verfolgung von Oppositionellen und die Integration der Tschechoslowakei in das sowjetische Lager.

Mit dem Bau des „Eisernen Vorhangs" ab 1948, einer Grenzsperre aus elektrisch geladenem Stacheldrahtzaun, Minenstreifen, Wachtürmen und Grenzpatrouillen, riegelte das Regime die Grenzen nach Westen ab. Nur noch einige Grenzübergänge blieben in Betrieb. Auch wenn Starkstromzaun und Minenfeld in den 1960er-Jahren beseitigt und durch andere Überwachungssysteme ersetzt wurden, blieb der Eiserne Vorhang bis 1989 unverändert wirksam. An dieser Staats-, Militär- und Systemgrenze beobachteten einander tschechoslowakische Grenzeinheiten von der einen Seite und bayerische Grenzpolizei, Zolldienst, Bundesgrenzschutz sowie Beobachter der US-Army von der bayerischen Seite misstrauisch. Nur wenigen Menschen gelang die Flucht aus der Tschechoslowakei, viele kamen bei einem Fluchtversuch ums Leben.

Die Sudetendeutschen in der Bundesrepublik, die zunächst in den Gesinnungsgemeinschaften Ackermann-Gemeinde, Seliger-Gemeinde und Witiko-Bund organisiert waren, gründeten die Sudetendeutsche Landsmannschaft. Sie ist heute nach Heimat- und Gebietsgliederungen aufgebaut. Viele Sudetendeutsche hegten die Hoffnung, dass mit dem – bald erwarteten – Zusammenbruch des kommunistischen Regimes eine Rückkehr möglich sein würde. Die bayerische Staatsregierung unter Ministerpräsident Hans Ehard übernahm 1954 die Patenschaft über die Sudetendeutschen, die neben den Altbayern, Franken und Schwaben als „vierter Stamm" Bayerns bezeichnet wurden. Die Pflege ihrer Heimatkultur und regelmäßige Treffen hielten die Erinnerung an die alten Traditionen, aber auch an die Vertreibung wach. Seit 1989 haben sich viele Sudetendeutsche in Projekten in der alten Heimat engagiert.

Aber Bayern wurde auch zur Zuflucht von Tschechen. Die kommunistische Machtübernahme 1948 hatte eine erste Fluchtbewegung tschechischer Bürger über die Grenze nach Bayern ausgelöst, dem Ende des Prager Frühlings 1968 folgte eine noch stärkere. Viele Emigranten fanden im „Valka"-Lager in Nürnberg eine Unterkunft, bis sie weiterreisen konnten oder im Bundesgebiet Arbeit und Wohnung fanden. Manche Emigranten arbeiteten bei dem US-Sender Radio Free Europe, der 1951 seinen Sitz in München genommen hatte. Hier wurden Rundfunksendungen in tschechischer Sprache gesendet, um das kommunistische Informationsmonopol zu durchbrechen. In Scheinfeld in Mittelfranken entstand ein „Dokumentationszentrum zur Förderung der unabhängigen Literatur", das sich um die Bewahrung und Verbreitung der Werke unterdrückter tschechoslowakischer Autoren verdient machte.

Das Jahr 1989 brachte das Ende der kommunistischen Staaten in Europa und damit auch das Ende des Eisernen Vorhangs. Für Deutschland war der Herbst 1989 Ausgangspunkt für die Wiedervereinigung im Jahr 1990. Die 4 000 DDR-Flüchtlinge, die in der bundesdeutschen Botschaft in Prag Zuflucht gesucht hatten, um ihre Ausreise zu erzwingen, waren ein Vorzeichen dieser Wende. Für die Tschechoslowakei begann Ende 1989 die Rückkehr zur Demokratie. Die damit eingeleitete Normalisierung in den zwischenstaatlichen und gesellschaftlichen Beziehungen zwischen Deutschland bzw. Bayern und der Tschecho-Slowakei bzw. der Tschechischen Republik ist heute weit fortgeschritten. Über die Grenze hinweg entstanden vielfältige Kooperationen. Die Aufnahme der Tschechischen Republik in die Europäische Union führte Bayern und Böhmen wieder unter einem gemeinsamen Dach zusammen.

Ludwig Eiber

6 Dvacáté století

Hranice mezi Bavorskem a Čechami byla po staletí značící čárou mezi zeměmi, které opakovaně uzavíraly spojenectví. Podobně jako v případě Tyrol či Horních Rakous nebyla z velké části jazykovou, nýbrž vzhledem k přilehlým německým oblastem Čech jen dialektovou hranicí. 28. října 1918 se – viděno z bavorské perspektivy – změnila v hranici s cizím státem. V něm byli za státní národ prohlášeni „Čechoslováci", úředním jazykem byla nyní čeština.

Rozpad habsburské monarchie po skončení 1. světové války 1918/19 vedl ke vzniku nových států. Z bývalých zemí Království českého – Čech, Moravy a Rakouského Slezska – a území Slovenska a Podkarpatské Rusi byla vytvořena Československá republika (ČSR). Poté, co bylo dosaženo jejího mezinárodního uznání, následovalo vymezení hranic ve smlouvách z Versailles, St. Germain a Trianonu v letech 1919/20. Na území nového státu o rozloze 140 394 km² s 13,6 miliony obyvatel žily také asi 3,2 miliony Němců, především v pohraničních oblastech sousedících s Německou říší a Rakouskem, ale také v německých jazykových ostrovech (např. Iglau/Jihlava). Čeští Němci (Deutsch-Böhmen: tedy obyvatelé Čech německého jazyka), kteří se v novém státě stali menšinou, usilovali o připojení k nově vzniklému „Německému Rakousku", resp. v jeho rámci k Německé říši.

Němečtí poslanci vídeňské říšské rady vyhlásili 21. října 1918 vznik německo-rakouského státu, který zahrnoval také území Sudet. V těchto oblastech byly ustaveny zemské sněmy a zemské vlády. Česká vláda však dala příkaz k obsazení pohraničí vojskem. Násilně zakročila proti demonstracím, ke kterým došlo u příležitosti schůze rakouského Národního shromáždění 4. března 1919 a na nichž byl vznesen požadavek připojení k Německé říši. Tento zásah si vyžádal i mrtvé a zraněné. Nejpodstatnější však byla skutečnost, že vítězné mocnosti prohlásily Německo a Rakousko-Uhersko za výlučné viníky rozpoutání války a odmítly vytvoření „Velkoněmecka". Bavorsko a Německá říše se v důsledku listopadové revoluce staly republikou. Bavorsko pozbylo z velké části svou samostatnost. Socialistická republika rad, vyhlášená v Mnichově, mohla být v květnu 1919 svržena jen za pomoci říšské armády. Z politického hlediska se vztahy mezi Bavorskem a Čechami od této doby definují spíše jako vztahy mezi Německem a Československem. Vlády dvacátých let vedené Bavorskou lidovou stranou zaujímaly vůči Československu zdrženlivý a odmítavý postoj. Říše a Bavorsko usilovaly prostřednictvím národopisných spolků jako „Verein für das Volkstum im Ausland" získat vliv na německé spolky a svazy v Čechách, aby byla zachována národní pospolitost.

Německá menšina se v národním státě Čechů a Slováků cítila znevýhodňována a v mnoha oblastech tomu tak objektivně i bylo. Platilo to především pro pozemkovou reformu a jazyková nařízení, která pro státní úředníky stanovovala jako jednací jazyk češtinu. Rozmíšky a rozhořčené spory o pozemky, jazykové zákony, menšinové školy či subvence zatěžovaly vzájemné vztahy obou jazykových společenství. Snahy o zásadní zlepšení postavení českých Němců zůstaly bez úspěchu.

Poté, co se rozplynuly naděje na připojení k Německu a Československo zažívalo nebývalý ekonomický rozmach, se situace uklidnila. Zástupci takzvaných „aktivistických" německých stran vstoupili roku 1926 (Svaz zemědělců a Německá křesťanskosociální strana lidová) resp. 1929 (Německá sociálně demokratická strana dělnická) do vlády. Tyto strany, které pro svou politiku aktivní spolupráce s československým státem bývají označovány jako „aktivistické", získaly ve volbách v letech 1925 a 1929 více než tři čtvrtiny německých hlasů. Každodenní život v oblastech, kde byl ve většině obcí 80-90 procentní podíl německy mluvícího obyvatelstva, měl i nadále německý charakter.

Po Hitlerově uchopení moci v roce 1933 se zásadně změnily rámcové podmínky německo-československých a sudetoněmecko-českých vztahů. Již ve svém nástupním projevu před špičkami Reichswehru oznámil Hitler plánovanou revizi Versailleské smlouvy a zpochybnil tak i existenci Československa. Odtržení sudetoněmeckých sídelních oblastí se opět začalo jevit jako reálná možnost. Nejprve se však Československá republika stala útočištěm pro ty, které nacistický teror přinutil k útěku z Německa: politické odpůrce, kritické intelektuály, Židy a jiné nacistům nepohodlné osoby.

Nacionálněsocialistický režim měl zájem na rozvoji německo-nacionálně až nacionálněsocialisticky orientovaných sudetoněmeckých organizací – projevoval se propagandistickým ovlivňováním i přímým vměšováním, poskytnutím masívní finanční pomoci a organizační podpory. Nejvíce z toho těžila Sudetoněmecká vlastenecká fronta (Sudetendeutsche Heimatfront) – nacionalistické uskupení, založené vůdcem sudetoněmeckého tělocvičného (turnerského) spolku Konradem Henleinem roku 1933 poté, co byly zakázány nacionálněsocialistická a německo-nacionální strana. Sudetoněmecká vlastenecká fronta – která se roku 1935 musela přejmenovat na Sudetoněmeckou stranu (Sudetendeutsche Partei) – byla organizována na základě vůdcovského principu a její veřejný projev a propagandistické metody prozrazovaly rostoucí orientaci na NSDAP. Prohlásila se za reprezentantku všech sudetoněmeckých organizací a svazů a navzdory nebo právě díky svému vágnímu programu zaznamenala rapidní vzestup. V parlamentních volbách roku 1935 obdržela dvě třetiny německých hlasů. Významným faktorem v tomto vývoji byla těžká hospodářská krize, která postihla především německé obyvatelstvo v severních Čechách. Ještě v roce 1936 tam bylo půl milionu sudetských Němců nezaměstnaných, zatímco na druhé straně hranice v Německé říši bylo v důsledku zbrojení

dosaženo plné zaměstnanosti. Nacionálněsocialistický vliv na Sudetoněmeckou stranu dále sílil. Koncem roku 1937 se podřídila Hitlerovým vůdcovským nárokům a stala se jeho nástrojem k rozbití Československé republiky. Sudetoněmečtí sociální demokraté, kteří zastávali vůči republice loajální postoj, před tímto vývojem marně varovali. V komunálních volbách na jaře 1938 obdržela Sudetoněmecká strana 80 až 90 procent německých hlasů.

Hitlerovy plány se neomezovaly na připojení sudetoněmeckých území – jeho záměrem bylo rozbití celého Československa. Když začal vyhrožovat válkou, přinutila Velká Británie a Francie v září 1938 Československo k souhlasu s odstoupením pohraničí. Mnichovskou dohodu o odstoupení většinově německy osídlených pohraničních oblastí Německé říši oslavovala Francie a Velká Británie jako záchranu míru. V Německu a sudetoněmeckých oblastech přivítala velká část obyvatelstva připojení s jásotem. Většina sudetských Němců považovala anexi za naplnění svého práva na sebeurčení.

Před nastupujícím terorem teď prchali i obyvatelé sudetských území: němečtí a rakouští emigranti, sudetoněmečtí sociální demokraté, odboráři, komunisté a jiní odpůrci nacistického režimu, Židé, především však Češi. Celkový počet uprchlíků se odhaduje až na 200 000 osob. Odpůrci režimu, kteří zůstali, byli zatčeni; jen do koncentračního tábora Dachau byly od října 1938 převezeny asi dva tisíce funkcionářů a členů dělnického hnutí. Po pogromu 9. listopadu 1938 tam gestapo deportovalo také několik set Židů.

Sudetoněmecká území byla rozdělena a byla vytvořena Říšská župa Sudety s vládními obvody Cheb, Ústí nad Labem a Opava pod vedením říšského místodržícího a župního vedoucího (gauleitera) Konrada Henleina. Ostatní části území připadly německým a rakouským župám. Západní šumavské okresy byly připojeny k Bavorsku. Tím byla rozbita integrita českého státu.

Po připojení se hospodářské poměry v pohraničí zlepšily. Německý zbrojní průmysl naléhavě hledal pracovní síly a zadával zakázky. Současně se v sudetoněmeckých oblastech prosadily německé mocenské struktury, spolky a svazy byly „zglajchšaltovány" resp. včleněny do nacistických organizací. Represivní aparát složený z nacistických organizací, policie a justice pronásledoval protesty, odpor a odboj stejně tvrdě jako v Říši.

15. března 1939 Hitler rozbil Československou republiku definitivně. Na české území a do Prahy vpochodovaly jednotky wehrmachtu, Slováci, zaujímající vůči českému centralismu distancovaný postoj, vyhlásili na německý nátlak samostatnost. České území bylo jako „Protektorat Böhmen und Mähren" podřízeno svrchovanosti Německé říše. Formálně sice nadále existovala česká vláda, do jejíž pravomoci spadala organizace správní činnosti, ale rozhodnutí padala v Berlíně. Výkonný český průmysl byl důležitým dodavatelem německého zbrojení. V září 1941 poslal Hitler do Prahy šéfa Hlavního úřadu říšské bezpečnosti Reinharda Heydricha, aby potlačil sílící protinacistický odboj. Heydrich se pokusil zlikvidovat rostoucí odpor terorem,

zatýkáním, popravami a deportacemi do koncentračních táborů. Po atentátu na Heydricha 27. května 1942, který za podpory domácího odboje naplánovala a připravila československá exilová vláda v Londýně, se zvedla další vlna teroru. 1 500 osob bylo popraveno, mezi nimi všichni muži z Lidic. Po Heydrichově smrti v roce 1942 převzal moc v protektorátě Karl Hermann Frank, který byl dosud spíše vlivným mužem v zákulisí. Frank byl členem vedení sudetoněmeckých nacistů a později Sudetoněmecké vlastenecké fronty/Sudetoněmecké strany a byl věrně oddán říšskému vůdci SS, Heinrichu Himmlerovi.

Většina obyvatelstva v Bavorsku a Sudetách nacistický režim podporovala nebo přinejmenším naplňovala jeho požadavky. Také v protektorátě se velká část obyvatelstva přizpůsobila. Postaraly se o to především pohrůžky trestů a režim gestapa, nacistické justice a jednotek SS. Přesto se však tady i tam zformovalo odbojové hnutí.

V Bavorsku byl protinacistický odboj tvořen většinou jen malými skupinami odpůrců režimu – například „Bílá růže" kolem sourozenců Schollových, církevní kruhy nebo „Antinacistická německá lidová fronta". V sudetoněmeckých oblastech se od roku 1941 a zejména pak po roce 1943/44 semkly proti režimu silné organizace složené z dřívějších členů dělnického hnutí. Český odboj proti nacistické okupaci měl oproti tomu širokou základnu z vojska, politických stran, které podporovaly prezidenta Beneše, intelektuálů a komunistů. Od roku 1942 byl odboj organizován centrálně a využíval všech možností k akci až po partyzánskou činnost. Řada odbojových organizací byla odhalena, jejich vedení popraveno, ostatní členové odsouzeni k mnohaletým trestům či zavlečeni do koncentračních táborů. Duchovní z Bavorska, sudetských území a protektorátu, kteří se vzepřeli režimu, posílalo gestapo do koncentračního tábora Dachau.

Deportace českých a moravských Židů do terezínského ghetta, které inicioval Heydrich, tvořily jen první fázi vyhlazovacího procesu. Do Terezína byli deportováni i Židé z Bavorska. Ze 140 000 obyvatel ghetta zemřelo 34 000. Do Osvětimi a jiných vyhlazovacích míst bylo transportováno 87 000 vězňů z ghetta, přežilo jen několik tisíc. Celkový počet československých obětí okupačního režimu, války a genocidy se odhaduje na 340 000 osob.

České území bylo osvobozeno směrem od východu Rudou armádou a od západu americkými jednotkami, které pronikly až k Plzni. Když se počátkem května 1945 blížila sovětská vojska Praze, vyvolala odbojová organizace povstání proti jednotkám wehrmachtu a SS. Po osvobození následovaly brutální akty pomsty a donucovací opatření proti německému obyvatelstvu. Řada Němců byla internována v táborech.

Edvard Beneš začal již před vypuknutím války jako důsledek „Mnichova" rozvíjet své představy o částečném vysídlení německého obyvatelstva z Československa. Jako prezident české exilové vlády v Londýně plány odsunu dále precizoval a podařilo se mu získat Churchilla a Stalina na svou stranu. Po skončení války začala československá vláda provádět opatření k evidenci německého obyvatelstva,

jeho identifikaci a umístění v internačních táborech. Ti, kteří se aktivně podíleli na nacistické vládě a okupačním režimu, byli zatčeni a odsouzeni. Prezident Beneš podepsal dekrety, kterými byli Němci zbaveni československého občanství a majetku a kterými jim byla nařízena pracovní povinnost. Tzv. „divoký odsun" či spíše „vyhánění" v době bezprostředně po skončení války doprovázely násilnosti na německém obyvatelstvu, svévolné zatýkání, týrání a vraždy až po organizovaný teror jako v Ústí nad Labem. Do léta 1945 bylo za hranice vyhnáno až 800 000 osob. Tyto akce zasáhly i antifašisty, kteří byli aktivními účastníky odboje a teoreticky se na ně trestná opatření a odsun nevztahoval. Zákonem z roku 1946 byla stanovena beztrestnost jednání vůči Němcům a Maďarům, k němuž došlo od roku 1938 a jehož účelem bylo „znovunabytí svobody" nebo „spravedlivá odplata".

Poté, co vítězné mocnosti na Postupimské konferenci v srpnu 1945 schválily „transfer" německého obyvatelstva a stanovily, že vystěhování musí být prováděno „spořádaným a humánním způsobem", začaly přípravy k odsunu téměř všech německy mluvících obyvatel. V roce 1946 bylo vypraveno více než 1 000 vlakových transportů v dobytčích vagónech po cca 1 200 osobách. Celkem byly z Československa odsunuty 2,7 až 3 miliony Němců, v zemi jich zůstalo jen asi 200 000. Počet obětí vyhnání je podle nových odhadů udáván až na 30 000. Počet nevyjasněných osudů se odhaduje na téměř 240 000.

V Bavorsku zůstal asi milion sudetských Němců, rozptýlených po celé zemi – část z nich našla nový domov v nově založených obcích Traunreut, Waldkraiburg, Neutraubling, Geretsried nebo Neugablonz (Kaufbeuren). Jejich profesní schopnosti a činorodost významně přispěly k hospodářskému rozmachu Bavorska od padesátých let.

V době po 2. světové válce se podoba Bavorska v mnoha ohledech změnila. Kapitulace 8. května 1945 znamenala konec Německé říše. Bavorsko se stalo součástí americké okupační zóny. V září roku 1945 prohlásila americká vojenská vláda Bavorsko opět autonomní zemí a dosadila prozatímní vládu. Jejího předsedu dr. Hoegnera pověřila sestavením přípravného výboru k projednání nové ústavy. Ústavodárné Zemské shromáždění a referendum tento návrh k 1. prosinci 1946 uzákonily. Politická obnova byla tedy zahájena v zemích západní okupační zóny, které se vyhlášením tzv. Základního zákona (Grundgesetz) v roce 1949 staly součástí demokratického spolkového státu, Spolkové republiky Německo. V rámci tohoto nového státu bylo Bavorsko největší spolkovou zemí. Federalistická struktura přiznávala jednotlivým spolkovým zemím více práv než centralistická Výmarská republika do roku 1933.

Bavorsko přijalo téměř dva miliony uprchlíků a vyhnanců a od padesátých let se vyvinulo v moderní průmyslový stát.

Zcela jinak probíhal poválečný vývoj v Československu. Komunisté zde obsadili klíčové pozice ve vládě Národní fronty. V prvních volbách v roce 1946 získali 40 procent hlasů a stali se nejsilnější stranou. Když v únoru 1948 několik ministrů na protest proti komunistické svévoli podalo demisi, využili komunisté této situace k převratu a ustavení nové vlády pod svým vedením. Následovalo zřízení komunistické diktatury, perzekuce oponentů a začlenění Československa do sovětského bloku.

V roce 1948 byla spuštěna „železná opona", tvořená plotem z ostnatého drátu nabitým elektrickým proudem, minovými pásy, strážními věžemi a pohraničními hlídkami, která neprodyšně uzavřela bavorsko-českou hranici. V provozu zůstalo jen několik málo hraničních přechodů. Ačkoli byl plot s vysokým napětím i minové pole v šedesátých letech odstraněny a nahrazeny jinými systémy ostrahy hranice, zůstala železná opona až do roku 1989 účinnou „ochranou". Na této státní, vojenské a systémové hranici se navzájem nedůvěřivě sledovali z jedné strany příslušníci československé pohraniční stráže, z druhé strany bavorská pohraniční policie, celní úředníci a příslušníci Spolkové ochrany hranic spolu s pozorovateli americké armády. Pokusy o útěk z Československa jen málokdy končily úspěšně, řada osob při přecházení hranic zahynula.

Sudetští Němci ve Spolkové republice, nejprve organizovaní v názorových společenstvích Ackermann-Gemeinde, Seliger-Gemeinde a Witiko-Bund, založili Sudetoněmecké krajanské sdružení (Sudetendeutsche Landsmannschaft), které se dodnes člení podle okresů a oblastí původu. Mnozí stále chovali naději, že po brzkém zhroucení komunistického režimu bude možný návrat. Bavorská vláda v čele s předsedou dr. Hansem Ehardem převzala roku 1954 patronát nad sudetskými Němci, označovanými jako „čtvrtý bavorský kmen" (vedle Starobavorů, Franků a Švábů). Pravidelné srazy a péče o lidovou kulturu a zvyky staré vlasti udržovaly živou vzpomínku na staré tradice, ale i na odsun/vyhnání. Od roku 1989 se řada sudetských Němců angažuje v projektech ve staré vlasti.

Ale Bavorsko se stalo útočištěm i pro Čechy. Po komunistickém převratu v roce 1948 sem přišla první vlna uprchlíků, druhá – ještě silnější – se přes hranice přelila v roce 1968 po násilném ukončení Pražského jara. Řadě emigrantů bylo poskytnuto ubytování „v táboře Valka"-Lager v Norimberku, do doby, než mohli pokračovat dále v cestě nebo než našli ve Spolkové republice práci a bydlení. Někteří emigranti se stali spolupracovníky americké rozhlasové stanice Radio Free Europe/Rádio Svobodná Evropa, která roku 1951 zahájila činnost v Mnichově. Pravidelné vysílání v českém jazyce mělo za cíl prolomit komunistický informační monopol. V Scheinfeldu ve středních Frankách vzniklo z iniciativy knížete Karla Schwarzenberga „Československé dokumentační středisko nezávislé literatury", jehož zásluhou mohla být uchovávána a šířena díla zakázaných autorů.

V roce 1989 se komunismus v Evropě zhroutil a to znamenalo i konec jejího rozdělení železnou oponou. Pro Německo se stal podzim 1989 výchozím bodem pro znovusjednocení v roce 1990. Čtyři tisíce východoněmeckých uprchlíků, kteří se zabarikádovali ve velvyslanectví Spolkové republiky v Praze a požadovali vycestování na Západ, byly předzvěstí těchto změn. Pro Československo začal koncem roku 1989 návrat k demokracii. S tím související postupné urovnávání mezistátních a společenských vztahů mezi Německem resp. Bavorskem a Česko-Slovenskem resp. Českou republikou dnes velmi pokročilo. Rozvinula se řada různorodých přeshraničních kooperací. Po vstupu České republiky do Evropské unie se Bavorsko a Čechy opět ocitly pod jednou společnou střechou. *Ludwig Eiber*

Mitteleuropa 1923
Střední Evropa 1923

Litauen/Litva

Niederlande/
Nizozemsko

Danzig/Gdaňsk

Berlin

Belgien/
Belgie

Deutsches Reich/Německá říše

Warschau/Varšava

Sowjetunion/
Sovětský svaz

Luxemburg/
Lucembursko

Saargebiet/Sársko

Polen/Polsko

Prag/Praha
Böhmen/Čechy

Bayern/
Bavorsko

Tschechoslowakei/

München/
Mnichov

Frankreich/
Francie

Československo

Schweiz/
Švýcarsko

Wien/Vídeň

Österreich/
Rakousko

Budapest/
Budapešť

Ungarn/Maďarsko

Rumänien/Rumunsko

Italien/Itálie

Königreich der Serben, Kroaten und Slowenen/
Království Srbů, Chorvatů a Slovinců

Belgrad/Bělehrad

Bukarest/
Bukurešť

6.1

6.1 Die Niederlage Deutschlands und Österreich-Ungarns im Ersten Weltkrieg veränderte die politische Landkarte Mitteleuropas. Die Auflösung der k. u. k. Donaumonarchie führte zur Gründung von neuen Staaten wie der Tschechoslowakischen Republik.

Mitteleuropa 1923
Entwurf: Heinz Muggenthaler, Regen/Haus der Bayerischen Geschichte Augsburg

Als Ergebnis der Verträge von Versailles, St. Germain und Trianon 1919/20 entstanden mit Polen, der Tschechoslowakei und teilweise dem Königreich der Serben, Kroaten und Slowenen neue Staaten, die damit ihre seit langem angestrebte Eigenstaatlichkeit erreichten. Österreich und Ungarn wurden zu eigenständigen Staaten. Die neu gegründete Tschechoslowakei beanspruchte die bisherigen Außengrenzen des Königreichs Böhmen. Die Grenze des slowakischen Staatsteils zu Ungarn wurde erst nach längeren Auseinandersetzungen im Vertrag von Trianon 1920 endgültig festgelegt. 1921 zählte die Tschechoslowakei 14 Millionen Einwohner, davon waren 50 Prozent Tschechen, 23 Prozent Deutsche, 15 Prozent Slowaken und sechs Prozent Ungarn. Die Deutschen lebten vor allem in den Grenzgebieten zum Deutschen Reich im Norden und Westen und zu Österreich im Süden – eine Region, die nun immer öfter als Sudetenland bezeichnet wurde. Hier dominierten die Sudetendeutschen mit 80 bis über 90 Prozent. Es gab dort nur wenige Orte, die einen bedeutenden Anteil tschechischer Bevölkerung aufwiesen.

   Parallel zur tschechoslowakischen Staatgründung im Oktober 1918 proklamierten die deutsch-böhmischen Abgeordneten im Wiener Reichsrat unter Führung von Lodgman von Auen die Errichtung einer Provinz „Sudetenland" als Teil Deutsch-Österreichs. Als dies von Wien abgelehnt wurde, betrieben die Sozialdemokraten und Sozialisten, die nach dem Zusammenbruch der Monarchie

Porážka Německa a Rakousko-Uherska v 1. světové válce změnila politickou mapu střední Evropy. Rozpad c. k. podunajské monarchie vedl k založení nových států, mezi nimi Československé republiky.

Mapa střední Evropy 1923
Návrh: Heinz Muggenthaler, Regen

in beiden Gebieten tonangebend waren, den „Anschluss" Deutsch-Österreichs und der deutsch dominierten tschechischen Grenzgebiete „an das sozialistische Deutschland". Im Vorentwurf der Reichsverfassung waren diese Gebiete als Teile des Deutschen Reichs vorgesehen. Der Zusammenschluss scheiterte am Veto der Alliierten, die das Deutsche Reich, das sie für den Krieg verantwortlich machten, nicht stärken, sondern schwächen wollten, um es von einem weiteren Krieg abzuhalten.

Der zwischen Österreich und 27 alliierten und assoziierten Mitgliedern am 10. September 1919 geschlossene Vertrag von St. Germain legte fest, dass Böhmen und Mähren Teil der Tschechoslowakei werden, damit auch die im Oktober 1918 gebildeten, den Anschluss an Österreich bzw. das Deutsche Reich anstrebenden deutsch-böhmischen Provinzen. Außerdem beinhaltete der Vertrag das Verbot des Anschlusses Österreichs an das Deutsche Reich.

Die Grenze zwischen Bayern und Böhmen blieb unverändert, aber die Grenze war nun eine andere. Sie war nun nicht mehr die Schnittstelle zwischen zwei verbündeten Reichen, vielmehr trennte sie zwei einander misstrauisch beobachtende Staaten. Der Umgang mit der grenznahen deutschsprachigen Bevölkerung durch die tschechische Regierung wurde nun für Bayern zu einem Kriterium für die Beziehung zur Tschechoslowakei. *L. E.*

Až do doby, kdy byla zhotovena oficiální státní vlajka, vlála na Hradčanech tato standarta – dárek sokolské skupiny Hodonín.

První standarta prezidenta republiky
Praha, březen 1920; tkanina, vyšívaná, 150 x 150

6.2 Bis zur Anfertigung einer offiziellen Staatsflagge wehte diese Standarte über dem Hradschin – ein Geschenk der Sokol-Gruppe, des tschechischen Turnvereins, in Hodonín.

Erste Standarte des Präsidenten der Republik
Prag, März 1920; Webstoff, gestickt, 150 x 150; Národní muzeum, Praha (H8 – 13108)
Lit.: Slavík 2001

Die aus weißem Webstoff gefertigte Flagge wurde von den Frauen der Hodoníner Familie Pech genäht. Pech, zu jener Zeit Vorsitzender des örtlichen Sokol-Verbands, war Mitglied einer Delegation, die am 7. März 1920 nach Prag fuhr, um T. G. Masaryk zum Geburtstag zu gratulieren. Bei dieser Gelegenheit schenkte er dem Präsidenten die Standarte, die bis zur Anfertigung einer offiziellen Staatsflagge

6.2

über dem Hradschin wehte. Danach erhielt sie, versehen mit der Beschriftung „Geschenk der Bürger Hodoníns an ihren großen Sohn", ihren Platz in einem der Repräsentationsräume. Nach dem Tod Masaryks wurde sie der Familie Pech zurückgegeben, die sie während der Okkupation versteckte. Die Pechs vererbten die Standarte über drei Generationen, bevor sie 1986 die Abteilung Tschechische Zeitgeschichte des Nationalmuseums erwarb.

In der Mitte der Flagge ist das Große Staatswappen der Tschechoslowakischen Republik eingestickt. Es zeigt zwei Wappenschilde zwischen zwei stehenden Löwen. Auf dem vorderen Schild ist das böhmische Wappen zu sehen, auf dem hinteren die Symbole weiterer Länder und Regionen der ersten Tschechoslowakischen Republik: Slowakei (oben rechts), Karpato-Ukraine (oben links), Mähren (Mitte rechts), Schlesien (Mitte links), Ratibor (unten rechts), Opava (unten Mitte) und Těšín (unten links). Der Schriftzug unter dem Wappen besagt: „Pravda vítězí" („Die Wahrheit siegt"). *St. S.*

6.3

6.3 Am 28. Oktober 1918 forderten Prager Bürger am Denkmal des tschechischen Nationalheiligen Wenzel auf dem Wenzelsplatz die Ausrufung eines selbstständigen tschechoslowakischen Staats.

Großdemonstration auf dem Wenzelsplatz in Prag am 28. Oktober 1918
Fotografie; Česká tisková kancelář, Praha
Lit.: Strauss 1934; Galandauer 1988; Hoensch 1992; Klimek 1994

28. října 1918 žádali Pražané u pomníku
českého národního světce Václava na
Václavském náměstí vyhlášení samostatné
ho československého státu.

Velká demonstrace na Václavském náměstí
v Praze 28. října 1918
fotografie

Am Montag, dem 28. Oktober 1918, fanden in Prag friedliche Demonstrationen statt, bei denen unter Hochrufen auf den amerikanischen Präsidenten Woodrow Wilson und auf den tschechischen Exilpolitiker Tomáš Masaryk ein eigener Nationalstaat der Tschechen und Slowaken gefordert wurde. Auslöser war – in der zerfallenden Habsburgermonarchie – das Waffenstillstandsangebot der Wiener Regierung an die Alliierten. Der Prager Nationalausschuss („Národní výbor"), in dem alle tschechischen Parteien zusammenarbeiteten, hatte für diesen Tag vorerst nur die Übernahme des Prager Getreideamts am Wenzelsplatz vorgesehen. Angesichts der Demonstrationen beschloss der Nationalausschuss kurzfristig – und entgegen den Absprachen mit der in Paris gebildeten provisorischen Regierung – die Verwaltung in den böhmischen Ländern sofort zu übernehmen. Am Abend des 28. Oktober wurde in Prag der „selbständige tschecho-slowakische Staat" proklamiert. In Paris und Washington war die Staatsbildung bereits wenige Tage zuvor durch Edvard Beneš und Tomáš Masaryk verkündet worden.

Grundlage für die erfolgreiche Staatsgründung war die Entwicklung einer sozial und politisch hoch differenzierten tschechischen „Nationalgesellschaft ohne Staat" vor 1914. Das nationale Autonomieprogramm und die Loyalität gegenüber der Habsburgermonarchie waren auch danach und bis weit in das Jahr 1918 für die Mehrheit der Tschechen bestimmend geblieben, obwohl in den Kriegsjahren verbotene nationale Organisationen wie der tschechische Turnverband im Untergrund gegen das österreichische Militärregime agitierten (der so genannte Heimatwiderstand). Hingegen hatte das tschechische Exil unter Masaryk und Beneš (Auslandsaktion) seit 1915 zielstrebig auf einen unabhängigen Staat von Tschechen und Slowaken hingearbeitet. Dank der auf Seiten der Alliierten kämpfenden „tschechoslowakischen Legionen" war der Pariser Nationalrat als Krieg führende Macht anerkannt worden, was sich für die künftige Tschechoslowakei bei den Pariser Friedensverhandlungen als besonders vorteilhaft erweisen sollte.

Das Jahr 1918 war in Böhmen nicht nur von nationalpolitischen Aktionen bestimmt, sondern vor allem von Streiks und Hungerdemonstrationen, darunter als größte tschechische Veranstaltung der am 14. Oktober erfolgreich durchgeführte Generalstreik, bei dem eine sozialistische Neugestaltung gefordert worden war. Mit der von allen tschechischen Parteien getragenen Unabhängigkeitserklärung vom 28. Oktober 1918 gelang es der tschechischen Politik trotz aller innerer Spannungen, die nationale Geschlossenheit zu wahren. Am 28. Oktober und in den Folgetagen übernahm der Prager Nationalausschuss gewaltfrei und im Einvernehmen mit österreichischen Beamten und Militärs alle staatlichen Behörden und Kasernen. Zu seinen ersten Aufgaben gehörte es, die Bevölkerung mit Nahrungsmitteln zu versorgen und die zurückkehrenden Soldaten zu demobilisieren.

Als erster Staat erkannte das Deutsche Reich durch seinen Prager Konsul Fritz von Gebsattel die Regierung der Tschechoslowakei an. Die Staatsgründung von 1918 wurde in der Folgezeit zum revolutionären Akt stilisiert. Der 28. Oktober war in der Tschechoslowakei Nationalfeiertag und ist dies seit 1993 auch in der Tschechischen Republik. *R. L.*

Tomáš Garrigue Masaryk byl zakladatelem Československé republiky a jejím prvním prezidentem v letech 1918 až 1935.

Oficiální fotografie prezidenta republiky Tomáše Garrigue Masaryka

František Drtikol (1883–1961), 1919

6.4 Thomáš Garrigue Masaryk war der Gründer und erste Staatspräsident der Tschechoslowakischen Republik von 1918 bis 1935.

Offizielle Fotografie des Staatspräsidenten Thomáš Garrigue Masaryk
František Drtikol (1883–1961), 1919; Uměleckoprůmyslové muzeum v Praze
Lit.: Hoffmann 1988; Opat 1997; Loewenstein 2000; Čapek 2001

Der Philosoph und Staatsmann Masaryk gehört zu den herausragenden Persönlichkeiten Böhmens und der Tschechoslowakei im 20. Jahrhundert. Der 1850 im südwestmährischen Göding/Hodonín geborene Masaryk besuchte das deutsche Gymnasium in Brünn und danach das Akademische Gymnasium in Wien, um von 1872 bis 1876 in Wien und Leipzig Philosophie zu studieren. Er habilitierte sich 1879 in Wien mit einer soziologischen Arbeit über den Selbstmord. 1879 wurde er Dozent in Wien. Seit 1882 lehrte Masaryk als Professor an der Prager tschechischen Universität. An die Öffentlichkeit trat er 1886 mit seinen Stellungnahmen zu den gefälschten, angeblich mittelalterlichen Königinhofer und Grünberger Handschriften. 1887 engagierte er sich erstmals politisch durch die Gründung der Gruppe „Die Realisten", für die er 1891 auf der Liste der „Jungtschechen" in den österreichischen Reichsrat gewählt wurde. 1900 gründete er die „Realistische Partei", deren Abgeordneter er von 1900 bis 1914 in Wien war. Er nahm insbesondere zu Nationalitätenfragen und zur österreichisch-ungarischen Außenpolitik auf dem Balkan Stellung und trat zudem für das Frauenwahlrecht ein. Im politischen Leben der österreichisch-ungarischen Monarchie nahm Masaryk mit seiner „unpolitischen Politik" die Position eines häufig umstrittenen Außenseiters ein, der in der Regel Mehrheitsauffassungen widersprach. Er bekämpfte den Antisemitismus und tschechische nationale Mythen. Zugleich wendete er sich gegen eine unkritische Russophilie und gegen den gesellschaftlichen Machtanspruch der katholischen Kirche. 1880 trat der katholisch aufgewachsene Philosoph zur tschechischen evangelisch-reformierten Kirche über.

Nach dem Ausbruch des Ersten Weltkriegs ging er nach Frankreich. Masaryk war maßgeblich daran beteiligt, dass im westeuropäischen Exil (Frankreich, Italien) und seit 1917 in Russland tschechoslowakische Auslandsarmeen entstanden. Diese „Legionen" verhalfen der entstehenden Tschechoslowakei zur internationalen Anerkennung als Staat und als alliierte Macht, was auch ihre Position auf den Pariser Friedensverhandlungen 1919 stärkte. Mit dem Pittsburgher Abkommen vom 30. Mai 1918 gelang es Masaryk, Tschechen und Slowaken auf einen gemeinsamen Staat festzulegen, woraufhin er am 18. Oktober 1918 in Washington, unterstützt vom amerikanischen Präsidenten Woodrow Wilson, die tschechoslowakische Unabhängigkeit ausrief. Seit Herbst 1918 setzte

6.4

er sich als Staatspräsident für den Aufbau eines demokratisch-republikanischen Staats und für eine „Entösterreicherung" von Politik und Gesellschaft ein, um die Etablierung und Stabilisierung der von vielen Konfliktlinien durchzogenen Tschechoslowakei zu fördern. Missverständliche Äußerungen aus dieser Zeit über die Deutsch-Böhmen als „Immigranten und Kolonisten" blieben für seine weitere Politik ohne Einfluss. Masaryk hielt Kontakt mit deutsch-böhmischen Politikern und befürwortete die Regierungsbeteiligung der deutschen aktivistischen Parteien (zum Aktivismus vgl. Kat.-Nr. 6.10). Im Mai 1927 wurde er mit den Stimmen dieser deutschen Parteien erneut zum Staatspräsidenten gewählt. Nach 1933 unterstützte er Flüchtlinge und Verfolgte des Nationalsozialismus und förderte u. a. die Einbürgerung des aus München geflohenen Thomas Mann und seiner Familie. 1935 folgte ihm im Präsidentenamt sein langjähriger politischer Partner Edvard Beneš nach. Am Staatsbegräbnis Masaryks 1937 nahm auch die deutsche Bevölkerung regen Anteil: Die Lafette mit seinem Sarg wurde von tschechischen, deutschen, slowakischen, polnischen, ruthenischen und ungarischen Soldaten eskortiert; diese symbolisierten die sechs Völker der Tschechoslowakei.   *R. L.*

6.5 Kurt Eisner strebte ein gutnachbarschaftliches Verhältnis zur neu entstandenen Tschechoslowakischen Republik an.

a) „Demonstration 7. Nov. 1918" Friedenskundgebung der Sozialdemokratischen und der Unabhängigen Sozialdemokratischen Partei in München auf der Theresienwiese
Franz Xaver Hartl; Postkarte; Münchner Stadtmuseum (93/727-88)

b) „FÜR FREIHEIT UND RECHT", „KURT EISNER, Bayerischer Ministerpräsident"
Ludwig Welsch, München, 1918; Postkarte, 14,3 x 9,1; Sammlung Karl Stehle, München
Lit.: Grau 2001; Beyer 1988; Eisner 1979

Die Postkarte (a) zeigt die Friedenskundgebung vom 7. November 1918 aus der Position beobachtender Münchner Bürger. Tatsächlich kamen die Teilnehmer der Kundgebung, zu der Sozialdemokraten und Gewerkschaften aufgerufen hatten, überwiegend aus der Arbeiterschaft und dem Mittelstand. Berichte sprachen von 100 000 bis 200 000 Teilnehmern. Vor der Bavaria auf der Theresienwiese hatten sich Redner an zwanzig verschiedenen Plätzen aufgestellt, unter anderen sprachen der bayerische SPD-Vorsitzende Erhard Auer, der Münchner USPD-Vorsitzende Kurt Eisner und der Vertreter des Bayerischen Bauernbundes Ludwig Gandorfer.
Während sich die Masse der Versammlungsteilnehmer dem Demonstrationszug der (Mehrheits-)Sozialdemokratischen Partei mit Auer anschloss und zum Friedensengel marschierte, zog eine Minderheit unter Führung Eisners über die Schwanthaler Höhe zum Kasernenviertel in Neuhausen. Auf dem Weg schlossen sich ihnen viele Soldaten an. Schließlich versammelten sich die Teilnehmer im Mathäser-Bräu, wo ein Münchner Arbeiter- und Soldatenrat mit Eisner als 1. Vorsitzenden gebildet wurde. Eisner rief den „Freistaat Bayern", also die Republik aus und erklärte die Monarchie für abgelöst. Ein provisorischer Nationalrat unter anderem aus Räten und Landtagsabgeordneten wählte Eisner zum bayerischen Ministerpräsidenten und zum Minister für Äußeres. Über einen Beauftragten nahm Eisner sofort Verhandlungen mit der neuen tschechoslowakischen Regierung auf, um die Fortführung der Kohlelieferungen aus Nordböhmen sicherzustellen. Auch war er an einem guten Verhältnis zur Tschechoslowakischen Republik interessiert. Dieses Vorgehen wurde ihm von deutsch-böhmischer Seite als Verrat an den Bemühungen um einen Anschluss der deutschsprachigen Grenzgebiete an Österreich bzw. das Deutsche Reich ausgelegt.
Die Landtagswahlen am 12. Februar 1919 brachten für Eisner und die USPD eine vernichtende Niederlage und machten das wahre politische Kräfteverhältnis in Bayern sichtbar. Die neu gegründete katholische Bayerische Volkspartei (35 Pro-

Kurt Eisner usiloval o dobré sousedské vztahy s nově založenou Československou republikou.

a) „Demonstration 7. Nov. 1918" Mírová manifestace Sociálnědemokratické a Nezávislé sociálnědemokratické strany v Mnichově na Theresienwiese
Franz Xaver Hartl; pohlednice

b) „FÜR FREIHEIT UND RECHT", „KURT EISNER, Bayerischer Ministerpräsident"
Ludwig Welsch, Mnichov, 1918; pohlednice, 14,3 x 9,1

FÜR FREIHEIT UND RECHT

KURT EISNER, Bayerischer Ministerpräsident   6.5

zent) und die Sozialdemokratische Partei Erhard Auers (33 Prozent) waren die großen Gewinner.

Eisner wollte mit seinem Rücktritt den Weg zu einem parlamentarischen und demokratischen Alltag öffnen, als er auf dem Weg in den Landtag am 21. Februar 1919 ermordet wurde. Die Tat löste eine neue revolutionäre Welle aus, die im April 1919 in der Ausrufung der Räterepublik gipfelte und mit deren blutiger Niederschlagung im Mai 1919 endete. Das nun in München herrschende politische Klima begünstigte den Aufstieg der Nationalsozialisten. Das Verhältnis Bayerns zur Tschechoslowakei war zunehmend von Distanz und Ablehnung geprägt.

Auf der Rückseite der Postkarte mit dem Bildnis Kurt Eisners (b) ist handschriftlich vermerkt: „In glühender Verehrung! Eduard Denk(?) Geschrieben am Halswehtage, dem 27. Febr. 1919./Für Recht u. Freiheit!/Zum Andenken an den tapferen u. unerschrockenen Mann Kurt Eisner, der uns den Frieden und die Republik mit seinem Blute erkauft hat! Ein Märtyrer!!/7. Nov. 1918 †21. Febr. 1913"

L. E.

Teprve roku 1923 dostal Svobodný stát Bavorsko, založený v roce 1918, svůj nový znak s „korunou národa".

Státní znak Bavorska z roku 1923, kopie podle úřední předlohy
železný plech, smalt, 40 x 50

6.6 Erst 1923 erhielt der 1918 gegründete Freistaat Bayern sein neues Wappen mit der „Volkskrone".

Staatswappen Bayerns von 1923, Nachbildung nach der amtlichen Vorlage
Eisenblech, Emaille, 40 x 50; Bayerisches Hauptstaatsarchiv München
Lit.: AK Wappen in Bayern 1974; Volkert 1980; AK Otto Hupp. Meister der Wappenkunst 1984

Mit der Revolution vom November 1918 verlor das Wappen von 1835 (vgl. Kat.-Nr. 1.14) seine Gültigkeit. Gleich nach dem Ende der Monarchie bekam der Wappenzeichner Otto Hupp (1859–1949) den Auftrag, ein neues Wappen für den Freistaat zu entwerfen. Im Dezember 1919 legte er dem Ministerium für Unterricht und Kultus mehrere Entwürfe vor, doch erst am 20. Juli 1923 wurde einer davon vom Bayerischen Landtag angenommen und im Gesetz- und Verordnungsblatt vom 27. November 1923 veröffentlicht. Das Wappen war bis zum Jahr 1936 in Verwendung. Verglichen mit dem heraldisch unbefriedigenden Wappen des Königreichs von 1835 oder dem des heutigen Freistaats von 1946 (Entwurf von Eduard Ege) schuf Hupp ein gestrafftes und aussagekräftiges Wappen in bester heraldischer Tradition. In das erste (und wichtigste) Feld der Vierung setzte Hupp die bayerischen Rauten. Der Pfälzer Löwe im zweiten Feld der Vierung verlor seine typische rote Krone, die man als monarchisches Attribut betrachtete.

Für Schwaben wählte Hupp als Symbol die drei Stauferlöwen, die nicht als ganzes, sondern nur angeschnitten gezeigt werden – ein Hinweis darauf, dass der Freistaat mit seinem Regierungsbezirk Schwaben nur einen Teil des schwäbischen Stammesgebiets umfasst. Für Franken steht der Würzburger „Rechen" – drei silberne Spitzen in Rot. Aus der Königskrone auf dem Wappen wurde eine so genannte „Volkskrone" (Laubkrone, Bürgerkrone). Die beiden Löwen als Wappenhalter behielt man bei, freilich ohne Bekrönung. Das alte Wappen von 1835 wurde nun zum Familienwappen des Hauses Wittelsbach.

R. H.

6.6

6.7

6.7 Unter Führung der Sozialdemokraten wurde am 4. März 1919 bei Demonstrationen in den deutsch-böhmischen Städten der Anschluss an Deutsch-Österreich und damit indirekt auch an Deutschland gefordert. Bei der teilweise gewaltsamen Auflösung der Versammlungen durch tschechoslowakisches Militär waren auch Tote zu beklagen.

Sozialdemokratische Kundgebung in Teplitz-Schönau am 4. März 1919

Fotografie; Seliger-Archiv im Archiv der sozialen Demokratie der Friedrich-Ebert-Stiftung, Bonn

Lit.: Strauß 1925/26; Zeßner 1976; Rank 1996

Die Fotografie zeigt die Hauptredner der sozialdemokratischen Kundgebung am 4. März 1919 auf dem Markplatz von Teplitz-Schönau/Teplice-Šanov mit dem 1909 errichteten – und 1920 als Symbol der Germanisierung gestürzten – Denkmal von Kaiser Josef II. Auf der Rampe des Denkmals sind von links nach rechts zu sehen: Josef Seliger (1870–1920), Führer der deutsch-böhmischen Sozialdemokratie und 1918/19 stellvertretender Landeshauptmann der deutsch-österreichischen Provinz Deutsch-Böhmen, Josef Hofbauer (1886–1948), Redakteur der sozialdemokratischen Teplitz-Schönauer Tageszeitung „Freiheit", und Rudolf Rückl (1887–1932), sozialdemokratischer Funktionär in Teplitz-Schönau.

In seiner Rede forderte Josef Seliger, dass „Deutsch-Böhmen" als Teil der „freien deutschösterreichischen sozialistischen Republik" im „großen, freien sozialistischen Deutschland" aufgehen solle. Er verband dabei das von dem amerikanischen Präsidenten Wilson vertretene Prinzip der nationalen Selbstbestimmung mit der großdeutschen nationalen Position und mit dem sozialistischen Programm der altösterreichischen Sozialdemokratie, die 1911 in verschiedene nationale Parteien zerfallen war. Seliger befand sich im März 1919 bereits im Exil in Sachsen und war illegal zur Demonstration nach Teplitz-Schönau gereist.

Die deutsch-böhmische Sozialdemokratie hatte für den 4. März, den ersten Sitzungstag der neuen deutsch-österreichischen Nationalversammlung in Wien, einen Generalstreik ausgerufen. Diesem Aufruf schlossen sich alle anderen deutsch-böhmischen Parteien an. Der Protest richtete sich gegen die tschechoslowakische Regierung, die im November und Dezember 1918 die deutschen Gebiete unter ihre Verwaltung genommen und dort die Teilnahme an den Wahlen zur Nationalversammlung der Republik Österreich verboten hatte. Zudem hatte man damit begonnen, diese Gebiete auch durch die Abstempelung aller Geldscheine in den neuen tschechoslowakischen Staatsverband einzugliedern. In zahlreichen deutsch-böhmischen Städten fanden daraufhin Demonstrationen statt. Auf tschechischer Seite wurde ein Aufstand befürchtet, weshalb Militär und Polizei alarmiert waren. Durch deren zum Teil brutales Einschreiten fanden mehrere Dutzend Deutsche und Tschechen, darunter Frauen und Jugendliche,

Pod vedením sociálních demokratů byl při demonstracích ve většinově německých městech 4.března 1919 vznesen požadavek připojení k Německému Rakousku a tím nepřímo i k Německu. Mnohde násilné rozpuštění shromáždění československým vojskem si vyžádalo i oběti na životech.

Sociálně demokratická demonstrace 4. března 1919 v Teplicích-Šanově

fotografie

den Tod. Das blutige Ende des Generalstreiks und die bis zum Spätsommer 1919 geführten Pariser Friedensverhandlungen machten den Sozialdemokraten ebenso wie anderen deutschen Parteien und der deutsch-böhmischen Öffentlichkeit deutlich, dass die Pläne eines Anschlusses ihrer Gebiete an die Republik Österreich aussichtslos waren. In der Folge vollzogen sie schrittweise ihre Integration in die Tschechoslowakei.

Seligers Parole „Wir stehen erst am Anfang der europäischen Revolution" ist im Zusammenhang mit den Wahlerfolgen der Sozialdemokraten in Deutschland und Österreich sowie mit dem in Sachsen durchgeführten mitteldeutschen Generalstreik zu sehen. Kurz darauf wurden in Budapest die ungarische Räterepublik, dann in Augsburg und München die bayerische Räterepublik ausgerufen. Nordböhmen wurde später das Zentrum der deutschen Kommunisten, die sich 1920/21 von der traditionell starken deutschen Sozialdemokratie abspalteten und mit den tschechischen Kommunisten zur einzigen übernationalen Partei der Tschechoslowakei vereinigten.

Der 4. März ist für sudetendeutsche Vertriebenenorganisationen heute der „Gedenktag für das nationale Selbstbestimmungsrecht", wobei jedoch die ursprünglich sozialistisch-revolutionäre Zielrichtung ausgeblendet wird.   *R. L.*

6.8 In Bayern prägte die soziale Zugehörigkeit das Parteienspektrum, in der Tschechoslowakei wurde es von der nationalen Zuordnung dominiert.

Wahlergebnisse in der Tschechoslowakei in den 1920er- bis 1930er-Jahren
nach: Oskar Krejčí, Kniha o volbách, Praha 1994
Lit.: Thränhardt 1973

In Bayern standen sich nach der sozialen Struktur der Mitgliedschaft Arbeiterparteien und bürgerliche Parteien, nach der Haltung zur Republik republiktreue und republikfeindliche Parteien gegenüber. Die bürgerlichen Parteien (Bayerische Volkspartei als stärkste Partei, von 1919 bis 1933 immer Regierungspartei, Bayerischer Bauern- und Mittelstandsbund, Deutschnationale Volkspartei, Deutsche Demokratische Partei, Deutsche Volkspartei) dominierten, die Arbeiterparteien (Sozialdemokratische Partei, Unabhängige Sozialdemokratische Partei, Kommunistische Partei) erreichten bei den Reichstagwahlen maximal etwa ein Drittel der Stimmen, meist nur etwa ein Viertel. Der Aufstieg der bürgerlich strukturierten Nationalsozialistischen Deutschen Arbeiterpartei (NSDAP), die bei der Landtagswahl 1924 mit 17,1 Prozent einen ersten Höhepunkt erreichte, durchbrach dieses Schema; sie erreichte in Bayern bei den Landtagswahlen 1932 fast ein Drittel der Wählerstimmen, darunter auch viele aus dem Arbeitermilieu. Die die Republik ablehnenden Parteien (NSDAP, DNVP, KPD) wurden zwar bis 1932 stärker, erreichten aber in Bayern keine Mehrheit. Die nicht mehr ganz regulären Reichstagswahlen im März 1933 brachten der nationalsozialistisch/deutschnationalen Koalitionsregierung in Bayern zwar 47 Prozent, aber keine Mehrheit. Während der NS-Diktatur garantierten das Verbot anderer Parteien, die Mobilisierung der Massen und auch der Terror eine fast hundertprozentige Zustimmung.

In der Tschechoslowakischen Republik waren die Parteien vorrangig nach nationaler Zugehörigkeit gebildet. So gab es eine u. a. (sudeten)deutsche und eine tschechoslowakische Sozialdemokratische Partei, die aber in den 1930er-Jahren eng zusammenarbeiteten, sowie eine (sudeten)deutsche, eine tschechoslowakische und eine slowakische Volkspartei. Die einzige übernationale Partei war die kommunistische, die sich als Sektion der Kommunistischen Internationale begriff.

Die tschechische und (sudeten)deutsche Parteienstruktur waren sehr ähnlich: Es gab jeweils eine proletarisch geprägte sozialdemokratische Partei, einen bäuerlich ausgerichteten Landbund bzw. Landpartei, eine Volkspartei, national ausgerichtete Parteien mit der Einschränkung, dass die tschechoslowakische nationalsozialistische Partei keine Entsprechung zur sudetendeutschen nationalsozialistischen Partei (DNSAP) war, die in antisemitischer, antirepublikanischer und völkischer Orientierung sowie in ihrer Aggressivität der NSDAP Hitlers nahestand.

Entsprechend der mehrfach segmentierten Parteienstruktur waren die Stimmenanteile der einzelnen Parteien bei den Parlamentswahlen relativ klein. Die stärkste Partei, die Tschechoslowakische Republikanische Landpartei und Heimatscholle (Republikánská strana zemědělského a malorodnického lidu) lag bei 13 bis 15 Prozent, die zweitstärkste, die tschechoslowakischen Sozialdemokraten (Československá sociálně-demokratická strana dělnická) außer 1920 bei maximal 13 Prozent, die drittstärkste Kraft bildeten schon die Kommunisten mit rund zehn Prozent. 1935 wurde allerdings die Sudetendeutsche Partei mit 15,2 Prozent stärkste Partei in der Nationalversammlung. Die Regierungsbildungen waren dementsprechend schwierig; Koalitionen mehrerer Parteien waren nötig.   *L. E.*

6.9 Der Agrarier Franz Spina und der Sozialdemokrat Ludwig Czech, beide Sudetendeutsche, amtierten in den verschiedenen tschechoslowakischen Regierungen als Minister.

Die Regierung Malypetr (1934–1935) bei ihrem Rücktritt in Lány, dem zweiten, außerhalb von Prag gelegenen Amtssitz des Präsidenten Masaryk
Fotografie, 4. Juni 1935; Národní archív, Praha

Die Abbildung zeigt von links:
Milan Hodža (1878–1944), Landwirtschaftsminister
Als Mitglied des slowakischen Flügels der Agrarpartei (Republikánská strana zemědělského a malorodnického lidu – RSZML) war der bedeutende tschechoslowakische Politiker an der Entwicklung der Wirtschaftspolitik und der Modernisierung der Landwirtschaft, insbesondere an der Bodenreform, beteiligt. Das Landwirtschaftsressort leitete er von 1922 bis 1926 und von 1932 bis 1935, danach war er bis September 1938 Ministerpräsident. Als Gegner des Prager Zentralismus setzte er in den 1930er-Jahren eine Stärkung der slowakischen Position innerhalb der Tschechoslowakischen Republik durch. Nach der Unterzeichnung des Münchner Abkommens emigrierte Hodža zunächst nach London, nach dem Zerwürfnis mit Edvard Beneš in die USA.

Emil Franke (1880–1939), Minister für Post- und Telefonwesen
Als Mitglied der Tschechoslowakischen nationalsozialistischen Partei (Československá strana národně socialistická – ČSNS), eine betont nationalistische Partei, die aber nichts mit dem deutschen Nationalsozialismus gemein hatte, arbeitete Franke in mehreren Regierungen mit. Das Postressort leitete er von 1929 bis 1936, von 1936 bis 1938 war er Bildungsminister.

Edvard Beneš (1884–1948), Außenminister
Als Mitglied der Tschechoslowakischen Nationalsozialistischen Partei (ČSNS) wurde Beneš 1935 Präsident der Republik. An der Spitze des Außenministeriums stand er seit dessen Gründung im Jahr 1918. Nach dem Münchner Abkommen trat Beneš zurück und emigrierte. 1940 übernahm er die Führung der tschechischen Exilregierung und wurde wieder als Staatspräsident anerkannt. Nach dem Krieg amtierte er bis zu seinem Rücktritt und Tod 1948.

Josef Černý (1885–1971), Innenminister
Das Mitglied der Agrarpartei (RSZML) leitete das Innenministerium von 1932 bis 1938. In dieser Funktion half Černý antifaschistischen deutschen Emigranten, trat gegen die Sudetendeutsche Partei auf und erwirkte 1938 deren Verbot. Dafür wurde er von der sudetendeutschen Presse oft attackiert. Während der Okkupation zog er sich aus dem politischen Leben zurück, 1948 emigrierte er in die USA.

Agrárník Franz Spina a sociální demokrat Ludwig Czech, oba sudetští Němci, byli členy různých československých vlád.

Vláda J. Malypetra (1934–1935) při demisi v Lánech, druhém, mimopražském úředním sídle prezidenta Masaryka
fotografie, 4. června 1935

zleva:

Milan Hodža (1878–1944), ministr zemědělství

Emil Franke (1880–1939), ministr pošt a telegrafů

Edvard Beneš (1884–1948), ministr zahraničních věcí

Josef Černý (1885–1971), ministr vnitra

Jan Malypetr (1873–1947), předseda 13. československé vlády

Ludwig Czech (1870–1942), ministr veřejných prací

Tomáš Garrigue Masaryk (1850–1937), první prezident Československa v letech 1918–1935

Rudolf Bechyně (1881–1948), ministr železnic

Jan Dostálek (1883–1955), ministr průmyslu, obchodu a živností

Bohumír Bradáč (1881–1935), ministr národní obrany

Ivan Dérer (1884–1973), ministr spravedlnosti

Alfréd Meissner (1871–1950), ministr sociální péče

Karel Trapl (1881–1940), ministr financí

6.9

Jan Krčmář (1877–1950), ministr školství a národní osvěty

Jan Šrámek (1870–1956), ministr pro sjednocení zákonů a organizace správy

Franz Spina (1868–1938), ministr veřejného zdravotnictví a tělesné výchovy

Jan Malypetr (1873–1947), Ministerpräsident der 13. tschechoslowakischen Regierung
Als Mitglied der Agrarpartei (RSZML) stand Malypetr in den Jahren der Weltwirtschaftskrise an der Spitze dreier Regierungen (1932–1935), die eine größere politische Destabilisierung verhinderten und die demokratische Entwicklung des Landes förderten.

Ludwig Czech (1870–1942), Minister für öffentliche Angelegenheiten
Der deutsch-böhmische Sozialdemokrat (Deutsche Sozialdemokratische Arbeiterpartei – DSAP) galt als Fachmann in sozialen Fragen. Zwischen 1929 und 1938 leitete er zeitweilig auch die Ressorts für Gesundheitswesen und Soziales. 1942 wurde er wegen seiner jüdischen Herkunft in das Theresienstädter Ghetto deportiert, wo er im selben Jahr starb.

Tomáš Garrigue Masaryk (1850–1937), erster Präsident der Tschechoslowakei in den Jahren 1918–1935 (vgl. Kat.-Nr. 6.4).

Rudolf Bechyně (1881–1948), Eisenbahnminister
Der tschechische Sozialdemokrat (Československá sociálně demokratická strana dělnická – ČSDSD) leitete das Ministerium in den Jahren 1925 und 1926 sowie von 1932 bis 1938, gleichzeitig übte er die Funktion des stellvertretenden Ministerpräsidenten aus. Er arbeitete eng mit den deutschen Sozialdemokraten zusammen, kämpfte gegen alle irredentistischen Bestrebungen im Lande, insbesondere gegen die Sudetendeutsche Partei. 1939 emigrierte er nach London, wo er während des Kriegs im Exilstaatsrat, einem aus Vertretern der einzelnen Parteien zusammengesetzten Gremium, mitwirkte.

Jan Dostálek (1883–1955), Minister für Industrie, Handel und Gewerbe
Als Mitglied der Tschechoslowakischen Volkspartei (Československá strana lidová – ČSL) leitete Dostálek das Ressort von 1934 bis 1935. Von 1929 bis 1934

und von 1935 bis 1938 war er Minister für öffentliche Angelegenheiten. Nach dem Münchner Abkommen, das er nicht akzeptierte, zog er sich aus dem politischen Leben zurück.

Bohumír Bradáč (1881–1935), Verteidigungsminister
Als Mitglied der Agrarpartei (RSZML) leitete Bradáč das Verteidigungsministerium von 1932 bis 1935. Von 1929 bis 1932 war er als Agrarminister mit den Problemen der auch für die Landwirtschaft spürbaren Weltwirtschaftskrise konfrontiert.

Ivan Dérer (1884–1973), Justizminister
Der slowakische Sozialdemokrat (ČSDSD) wirkte in mehreren Regierungen mit, von 1929 bis 1934 leitete er das Bildungsministerium, von 1934 bis 1938 war er an der Ausarbeitung einer neuen Nationalitätengesetzgebung und an Verhandlungen mit der Sudetendeutschen Partei beteiligt. Nach dem Münchner Abkommen zog sich Dérer aus dem politischen Leben zurück. Während der Okkupation war er im Pankrác und in Theresienstadt inhaftiert, später war er unter dem kommunistischen Regime in Haft.

Alfréd Meissner (1871–1950), Minister für Sozialwesen
Der Sozialdemokrat (ČSDSD) leitete das Sozialministerium von 1934 bis 1935, von 1929 bis 1934 war er Justizminister. Während der Okkupation war Meissner in Theresienstadt inhaftiert.

Karel Trapl (1881–1940), Finanzminister
Der parteilose Karel Trapl war der führende tschechische Finanzmann und leitete das Finanzministerium von 1931 bis 1936. Während der Weltwirtschaftskrise trug er zur Lösung einer Reihe wirtschaftlicher Probleme bei.

Jan Krčmář (1877–1950), Minister für Schulwesen und Volksbildung
Der parteilose Professor der Rechte an der Philosophischen Fakultät der Karlsuniversität Prag leitete das Bildungsministerium in den Jahren 1926 und von 1934 bis 1935.

Jan Šrámek (1870–1956), Minister für Verwaltungsorganisation und Vereinheitlichung der Gesetze
Als Mitglied der Volkspartei (Československá strana lidová – ČSL) arbeitete Šrámek mit Agrariern (RSZML) und Nationalen Sozialisten (ČSNS) zusammen. Šrámek erzielte Erfolge bei den Verhandlungen des Staates mit der katholischen Kirche und dem Vatikan. Das Verwaltungsressort leitete er von 1929 bis 1938. Nach dem Münchner Abkommen, das er ablehnte, emigrierte er 1939 nach London, wo er von 1940 bis 1945 an der Spitze verschiedener Exilregierungen stand. Nach 1948 war Šrámek unter dem kommunistischen Regime in Haft.

Franz Spina (1868–1938), Minister für Gesundheitswesen und Körperkultur
Der deutsch-böhmische Agrarier (Bund der Landwirte – BdL) leitete das Ressort von 1929 bis 1935. Während der ersten Republik war Spina ein bedeutender Vertreter des deutschen Aktivismus. In fachlichen Angelegenheiten arbeitete er mit tschechischen Agrariern (RSZML) zusammen, von 1926 bis 1929 leitete er das Ministerium für öffentliche Angelegenheiten – mit seinem Amtsantritt 1926 trat erstmals ein deutsch-böhmischer Minister in die Regierung ein. Von 1935 bis 1938 war Spina Minister ohne Ressort. Nach der Vereinigung des Bundes der Landwirte mit der Sudetendeutschen Partei reichte er seinen Rücktritt ein und zog sich aus dem politischen Leben zurück. *Z. K.*

6.10

6.10 Gemeinsame deutsch-tschechische Feiern am tschechoslowakischen Staatsgründungstag verdeutlichen die von deutschen Sozialdemokraten, Landbündlern und Christlichsozialen vertretene Politik des „Aktivismus", also einer loyalen Mitarbeit im tschechisch dominierten Parteienstaat der Tschechoslowakischen Republik.

Feiern zum 15. Gründungsjubiläum der Tschechoslowakischen Republik am 28. Oktober 1933 (Republikfeier) auf dem Marktplatz von Tetschen an der Elbe/Děčín
Fotografie; Seliger-Archiv im Archiv der sozialen Demokratie der Friedrich-Ebert-Stiftung, Bonn
Lit.: Klepetař 1937; Brügel 1967; Burian 1969; Seibt 1997; Broklová 1999; Kracik 1999

Am 28. Oktober 1933, dem 15. Gründungsjubiläum der Tschechoslowakei, begingen Deutsche und Tschechen den Staatsfeiertag in großem Umfang gemeinsam. Demonstrativ beteiligten sich zum ersten Mal zahlreiche deutsche Vereine und Korporationen offiziell an den Feierlichkeiten. Die Prager Zeitung „Bohemia" titelte daraufhin: „Gemeinsame Staatsfeier. Die allgemeine Wendung zum Aktivismus". In Tetschen/Děčín, wo fünf Sechstel der Bevölkerung deutsch und ein Sechstel tschechisch waren, übernahm der deutsche Stadtrat den Ehrenschutz über die Veranstaltung. Angesichts der nationalsozialistischen Machtübernahme in Deutschland und der ersten Flüchtlingswelle von Sozialdemokraten, Demokraten, Kommunisten und Juden aus Deutschland bekannten sich die deutschen „aktivistischen" Parteien zu Demokratie und Rechtsstaat und bekundeten ihre Loyalität zur Republik. 1933 stand noch gut die Hälfte der sudetendeutschen Bevölkerung hinter den aktivistischen Parteien, obwohl auch bei deren Wählern völkisch-nationale Positionen verbreitet waren und die nationale Euphorie in Deutschland bereits nach Böhmen ausstrahlte.

Die „Deutsche Sozialdemokratische Arbeiterpartei in der Tschechoslowakei" (DSAP), die als einzige deutsche Partei bereits mit ihrem Namen ihre Loyalität dokumentierte, war traditionell die stärkste deutsche Partei in Böhmen. Seit 1920 waren die Sozialdemokraten darum bemüht, über einen konstruktiven politischen Dialog und die parlamentarische Mitarbeit zu einem deutsch-tschechischen Ausgleich zu kommen. Grundidee des „Aktivismus" war eine national betonte Mitarbeit im Staat bei gleichzeitiger Relativierung des nationalen Einheitsgedankens. Diesem Programm hatten sich in den frühen 1920er-Jahren – nicht zuletzt aufgrund der positiven Wirtschaftsentwicklung der Tschechoslowakei – der Bund der Landwirte, die Deutsche Christlichsoziale Volkspartei und die kleinen deutschen bürgerlichen Parteien sowie deren parteinahe Organisationen ange-schlossen. Die Regierungsbeteiligung deutscher bürgerlicher Parteien seit September 1926 – und später auch der Sozialdemokratie – bildete den Höhepunkt des deutschen Aktivismus in der Tschechoslowakei. Die Aktivisten standen 1933 Hitlers Machtübernahme ablehnend gegenüber.

Die Erfolge des Aktivismus blieben durch das Bestreben der tschechischen Politik und Gesellschaft, ihre nationale Unabhängigkeit durch den Aufbau eines Nationalstaates zu sichern, und auch wegen der für die exportorientierte Tschechoslowakei katastrophalen Wirkungen der Weltwirtschaftskrise beschränkt. Nach 1935 verhandelten die jungaktivistischen Flügel von Sozialdemokratie, Landbund und Christlichsozialen erfolglos mit der tschechischen Regierung über die Anerkennung der Deutschen als „zweites Staatsvolk". Nach Auflösung der anderen aktivistischen Parteien im März 1938 stand die DSAP als einzige ver-bliebene aktivistische Partei der Sudetendeutschen Partei gegenüber.   *R. L.*

6.11 Die Arbeitslosigkeit und das Elend in den sudetendeutschen Gebieten in den 1930er-Jahren bildeten eine der Ursachen für den raschen Aufstieg der Sudetendeutschen Heimatfront.

Stillgelegte Glasschleiferei in Nordböhmen
Marie Stachova (1907–1989); Fotografie, 1935; Uměleckoprůmyslové muzeum v Praze (GF 47763)
Lit.: Birgus/Mlčoch 2005

Marie Stachová, eine bekannte tschechische Fotografin, vermerkte auf der Rück-seite ihrer Aufnahme: „Eine von vielen eingestellten Glasschleifereien; nur der Dachstuhl dröhnt dumpf und die Traurigkeit scheint von den zugedeckten Maschinen und dem herabfallenden Putz." In den 1920er-Jahren hatte die Tschechoslowakei einen wirtschaftlichen Aufschwung erlebt und noch 1930 gab es nur 34 000 Arbeitslose, als im Deutschen Reich infolge der Weltwirtschaftskrise schon über drei Millionen Menschen ohne Beschäftigung waren. Als jedoch das Exportaufkommen bis 1933 auf rund ein Drittel des vorherigen Niveaus einbrach und die Industrieproduktion auf 60 Prozent des Werts von 1929 sank, folgte ein dramatischer Sturz in die Krise. Im März 1933 gab es in der Tschechoslowakei fast eine Million Arbeitslose, das entsprach einer Quote von 17,5 Prozent.

Allerdings war die Arbeitslosigkeit ungleich verteilt; vor allem die deutsche Bevölkerung war davon betroffen, was damit zusammenhing, dass im sudetendeut-schen Nordböhmen die exportorientierten Konsumgüterindustrien konzentriert waren, die unter der Wirtschaftskrise besonders litten. Das Ausmaß des sozialen Elends konnte auch der (sudetendeutsche) Sozialminister Ludwig Czech (DSAP) durch Hilfsmaßnahmen wie erhöhte Arbeitslosengelder, Lebensmittelkarten („Czech-Karten") und Arbeitsbeschaffungsmaßnahmen der öffentlichen Hand nur geringfügig mildern. Von sudetendeutscher Seite wurde der Vorwurf erhoben, dass sudeten-deutsche Unternehmen bei staatlichen Aufträgen benachteiligt würden und dass tschechische Ban-ken diesen Kredite verweigerten. Der staatlich ge-förderte Ausbau der Industrie in den tschechischen Gebieten führte dort zu einem starken Rückgang der Arbeitslosigkeit (11 Prozent im Januar 1936), während in den sudetendeutschen Gebieten im Ja-nuar 1936 etwa 300 000 Deutsche Arbeit suchten (fast 20 Prozent).

Die mit der hohen Arbeitslosigkeit einherge-hende Verelendung trug wesentlich zum Aufstieg der Sudetendeutschen Heimatfront/Sudetendeut-schen Partei bei. Jenseits der Grenze, im Deutschen

Nezaměstnanost a chudoba v sudeto-německých oblastech ve třicátých letech byly jednou z příčin prudkého vzestupu Sudetoněmecké vlastenecké fronty.

Zrušená brusírna skla v severních Čechách
Marie Stachová (1907–1989); fotografie, 1935

6.11

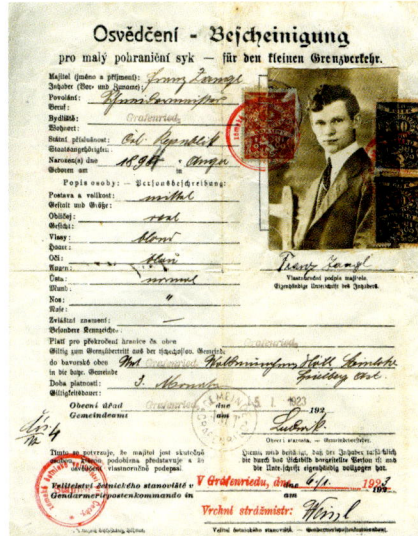

6.12

K přecházení české hranice potřebovali Němci cestovní pas. Obyvatelé pohraničí si mohli ve své domovské obci požádat o hraniční propustky pro časté překračování hranic.

Průkaz obce Grafenried/Lučina (ČSR) pro Franze Zangla pro „malý pohraniční styk", 6. ledna 1923

papír, předtisk s fotografií, rukopisnými údaji a razítky resp. kolky

„Svaz Němců" usiloval o obnovení nošení krojů, ve kterém spatřoval „vyznání němectví".

Plakát chebské přehlídky krojů pořádané Svazem Němců

Michael Josef Göhsl (1898–1950), 1937; tisk/ papír (R)

Reich, hatte neben sonstigen Arbeitsbeschaffungsmaßnahmen vor allem Hitlers Aufrüstungsprogramm für die Beseitigung der Arbeitslosigkeit gesorgt. Tausende Sudetendeutsche hatten so im Reich Arbeit gefunden und berichteten zu Hause über den Wirtschaftsaufschwung dort.   *L. E.*

6.12 Zum Passieren der tschechischen Grenze benötigten Deutsche einen Reisepass. Bewohner des Grenzgebiets konnten bei ihrer Heimatgemeinde Grenzscheine für häufige Grenzübertritte erhalten.

Ausweis der Gemeinde Grafenried (Tschechoslowakei) für Franz Zangl für den „kleinen Grenzverkehr", 6. Januar 1923
Papier, Vordruck mit Foto, handschriftlichen Angaben und Stempeln bzw. Stempelmarken; Grenzland- und Trenck-Museum Waldmünchen
Lit.: Eisch 1996

Für den Grenzübertritt von Bayern in die Tschechoslowakei und umgekehrt war seit 1919 ein Reisepass notwendig. Entsprechend den gegenseitigen Vereinbarungen zwischen dem Deutschen Reich und der Tschechoslowakei konnten Bewohner grenznaher Orte eine „Bescheinigung für den kleinen Grenzverkehr" erhalten. Sie wurde für eine beschränkte Zeit ausgestellt, berechtigte zum beliebig häufigen Überschreiten der Grenze zum Besuch bestimmter benachbarter Orte. Die Bescheinigung für den Schneidermeister Franz Zangl aus Grafenried (heute Lučina) erlaubte ihm den Besuch der bayerischen Orte Untergrafenried, Waldmünchen, Höll, Steinlohe, Spielberg und Ast. Sie galt drei Monate.

Der „kleine Grenzverkehr" wurde lebhaft genutzt. Viele versuchten ihre Einkäufe am Zoll vorbei über die Grenze zu bringen. Der Kleinschmuggel von Tabak, Safran, Knöpfen, Spitzen und Ähnlichem aus der Tschechoslowakei gehörte zum Alltag.   *L. E.*

6.13 Auch vom „Bund der Deutschen" wurde die Trachtenerneuerung vorangetrieben. Das Tragen der Tracht wurde als „Bekenntnis zum Deutschtum" verstanden.

Plakat zum Egerländer Trachtentag des Bundes der Deutschen
Michael Josef Göhsl (1898–1950), 1937; Druck/Papier (R); Státní okresní archiv Cheb (N 297)
Lit.: Die Festfolge des Karlsbader Trachtentages 1937, Nr. 169; Jahresbericht des Egerlandgaues 1938; Egerländer Volkstracht 1937, Nr. 171; Jaworski 2006; Weger 2002; Weinmann 1985, S. 170 f.

Eine Egerländerin in Tracht mit Goldhaube und Trachtenschmuck, die Linke an die Hüfte gelegt, die Rechte zum Gruß erhoben, lädt ein zum „1. Egerländer Trachtentag" in Karlsbad/Karlovy Vary am 25. Juli 1937. Das Plakat schuf der Karlsbader Maler und Grafiker Michael Josef Göhsl, der nach dem Besuch der Kunstgewerbeschule in Teplitz-Schönau/Teplice an der Kunstakademie in Prag bei August Brömse studierte und als freischaffender Künstler in der Bäderstadt tätig war.

Hinter der die ganze Plakatfläche einnehmenden Figur ist das Signet des „Bundes der Deutschen" zu erkennen. Er trat mit dem „Deutschen Kulturverband", dem „Deutschen Turnverband", dem „Reichsverband des Bundes der deutschen Landjugend" und den Bünden der Egerländer Gmoin als Veranstalter des Trachtentags auf. Dieser wurde mit den nur scheinbar unpolitischen Attraktionen „Trachten und Volkskunstschau", „Volkstanz und Trachtenwettbewerb" sowie „Bundesausstellung" beworben. Im Karlsbader Badeblatt wurde der Trachtentag als „Kundgebung für die Egerländer Tracht, Egerländer Sitte u. Brauchtum" angekündigt. Hauptprogrammpunkte waren die vormittägige „Arbeitstagung der Gaukulturkammer" zum Thema „Heimatforschung und Heimatpflege", der Trachtenfestzug am frühen Nachmittag und die anschließende „Großkundgebung für die Heimatbewegung". Wie auf der Tagung von Anton Krauß und Josef Hanika vor allem am Beispiel der Trachtenpflege und Trachtenerneuerung auf die „Schutzarbeit" der Heimatbewegung eingegangen wurde, stand die Kundgebung im Zeichen des „völkischen" Einsatzes bei Heimatarbeit und Heimatforschung. Hauptredner waren der Bundesvorsteher des „Bundes der Egerländer" und der Reichsjugendführer der sudetendeutschen Landjugend.

In den vom „Bund der Deutschen" vorangetriebenen Bestrebungen zur planmäßigen Trachtenerneuerung hatte der 1934 gegründete „Gau Egerland" eine Vorreiterrolle inne. Seit Mitte der 1930er-Jahre arbeitete man hier daran, mit der planmäßigen Wiederverbreitung der Tracht ein „Bekenntnis zum Deutschtum" abzulegen. Die „Volkstumsverbände" erklärten die „Volkstrachten" als bevorzugte Festkleidung für ihre Veranstaltungen und als „Ehrenkleid, das das Bekenntnis zu Stamm, Volk und Heimatboden" demonstriere. Bei der Erneuerung der „Volkstracht" arbeitete man in der Person des Volkskundlers Josef Hanika, der sich 1937 mit einer Arbeit über „Sudetendeutsche Volkstrachten" habilitierte, auch mit der universitären Volkskunde zusammen.

Aus den Beschreibungen des Trachtentags wird ersichtlich, dass der nationale Gedanke die Grundlage des kulturellen und gesellschaftlichen Engagements der Schutzvereine darstellte. Man betonte – und das geschah von deutscher wie von tschechischer Seite – die Eigenständigkeit und Besonderheit der eigenen Kultur, die es gegen die aggressiven Nachbarn zu verteidigen gelte. Durch Symbole wie die Trachten wurde ein nationales Selbstbild konstruiert und popularisiert. *E. F.*

6.13

6.14 Dekorative Rundstühle kamen ab Mitte des 19. Jahrhunderts im Egerland in Gebrauch.

V oblasti Chebska přišly od poloviny 19. století do módy dekorativní kruhové židle.

Egerländer Rundstuhl

wohl Josef Zuber, um 1850; Weichholz, bemalt, 74 x 74 x 46; Krajské muzeum Cheb (O 30)
Lit.: Deneke 1983; Hofmann 1928; Lidové umění v českých zemích 2004; Schmidt 1978

Chebské lidové malované křesílko

pravděpodobně Josef Zuber, kolem 1850; měkké dřevo, malované, 74 x 74 x 46

Der aus Weichholz gefertigte Rundstuhl besitzt ein halbkreisförmiges Sitzbrett, entlang dessen Rundung eine entsprechend gebogene Armlehne läuft. Er hat vier schräg nach außen gestellte, gedrechselte Beine. Die Lehne wird von sechs geschnitzten Säulen getragen, die als Figuren ausgebildet sind: Man erkennt vier Egerländer Musikanten mit Flöte, Geige, Ziehharmonika und Dudelsack und ein Brautpaar. Alle Figuren sind in Egerländer Tracht gekleidet. Die weibliche Figur ist durch das angedeutete Glockenbändel, einen um die Stirn getragenen Messingring mit einzeln angebrachten Messingblättern, die beim Gehen einen glockenähnlichen Klang erzeugen, als Braut gekennzeichnet.

Der Karlsbader Volkskundler Josef Hofmann datiert das Auftauchen solcher Stühle in die Mitte des 19. Jahrhunderts; seit dieser Zeit fand man sie vor allem „in besseren Häusern". Während die in der Mehrheit verwendeten einfachen Rundstühle (mit nicht selten zu kleiner, unbequemer Sitzfläche und geringer Standfestigkeit) häufig von Bauern oder Knechten selbst gefertigt worden seien, wird als Hersteller für diese bemalten „Rundstöll" ein Bastler aus dem Dorf Amonsgrün/ Úbočí bei Marienbad/Mariánské Lázně genannt. Dieser „Noglschmid", der aufgrund einiger signierter Stücke als Josef Zuber zu identifizieren ist, fertigte neben Stühlen auch andere Holzgegenstände wie Windräder oder Wasserspeier.

6.14

Bereits im frühen 20. Jahrhundert gelangten die Egerländer Rundstühle in die Volkskunstsammlungen der großen Museen, so 1912 in das Volkskundemuseum Wien. Dort wurden die meist in kräftigen Farben bemalten Sitzmöbel als Ausläufer der seit dem frühen 18. Jahrhundert blühenden Egerländer Möbelmalerei präsentiert. Auch in die um die Wende vom 19. zum 20. Jahrhundert in den westböhmischen Bädern in großer Zahl entstehenden Gaststätten im „Egerländer Styl" hielten solche Stühle als Ausdruck des bunten ländlichen Lebens Einzug. *E. F.*

6.15 Die Egerländer Gmoin entwickelten sich von heimatlichen Stammtischen zu nationalen Schutzverbänden. Sie waren ab 1920 im „Bund der Egerländer Gmoin" organisiert. Dessen Wahlspruch lautet „Füa(r) unna Hâimat âll's!"

Postkarte des „Bundes der Egerländer Gmoin"
Gustav Zindel (1883–1959); 1920er-Jahre, gelaufen 1930; Druck/Papier, 14,1 x 9,3; Sammlung Karl Stehle, München
Lit.: Eghalanda halt's enk z'samm 1993; Gustav Zindel 1994; Jaworski 2006; Siegl 1921

Aus heimatlichen Stammtischen von Egerländer Arbeitsmigranten des späten 19. Jahrhunderts entwickelten sich zunächst in den früh industrialisierten Gebieten Nordböhmens und im Ausland die so genannten „Egerländer Gmoin" (Gemeinden). Sie dienten zum einen der Geselligkeit, zum anderen erfüllten sie soziale Aufgaben. Als ihr Dachverband wurde 1907 in Tetschen/Děčín der „Bund der Egerländer Vereine Österreichs" ins Leben gerufen. Nach dem Ende des Ersten Weltkriegs verstärkte man in diesen Vereinen die „Volkstumsarbeit". Als Hauptaufgabe wurde nun die Gründung von Vereinigungen im Egerland selbst angesehen. Die Gmoin entwickelten sich immer mehr zu nationalen Schutzverbänden. 1920 wurde der „Bund der Egerländer Gmoin, Sitz Bodenbach" gegründet. Bundesvorsteher wurde Richard Siegl, der dieses Amt bis zu seinem Tod 1942 innehatte.

Die Postkarte – Nr. 10 einer vom Bund der Egerländer Gmoin herausgegebenen Serie – wirbt für dessen Wahlspruch: „Füa(r) unna Hâimat âll's!" Diesen Aufruf hatte Richard Siegl im August 1920 in Eger/Cheb beim Fest des Bundes der Deutschen in Böhmen kreiert: „Draß in da Fremd, in Eghaland, / As allan Hearzn schalls: / In Freid u Leid treu bis zan Taud, / Füar unna Haimat alls." Auf der von dem erzgebirgischen Maler Gustav Zindel gestalteten Karte weist ein unter einer (deutschen) Eiche stehender Egerländer in Tracht, die Rechte ans Herz gelegt, mit seiner Linken auf das im Mittelgrund des Bildes dargestellte Egerländer Dorf. Seine ernste Miene unterstreicht die Geste des Mannes. Es drohe – so soll vermittelt werden – Gefahr für die Heimat, die auch durch das am Baumstamm befestigte Egerer Wappen und die Hauptsehenswürdigkeiten der Stadt Eger – Schwarzer Turm und Doppelkapelle der Egerer Burg – im linken Bildhintergrund als das Egerland charakterisiert ist. Diese Gefahr könne nur durch den Einsatz aller, so macht der Wahlspruch deutlich, abgewendet werden.

E. F.

6.15

6.16 Der „Volksbund Deutsche Wacht" propagierte über Postkarten den Anschluss Deutsch-Österreichs und Deutsch-Böhmens und verbreitete antitschechische Propaganda.

Propagandapostkarte des „Volksbunds Deutsche Wacht"
1920er-Jahre; Druck/Papier, 9 x 14; Sammlung Karl Stehle, München
Lit.: Jaworski 1977; Jaworski 1978

Der 1912 gegründete Volksbund Deutsche Wacht (VDW) ging nach dem Ersten Weltkrieg als „Deutsche Wacht, bayerische Ostmark des VDA" in dem größeren „Verein für das Deutschtum im Ausland" (VDA) auf. Er blieb aber in seiner organisatorischen Struktur erhalten; 1930 zählte er 113 Ortsgruppen.

Zu seinen Zielen gehörte es, den „Anschlußgedanke(n) mit Deutsch-Österreich und besonders mit Deutschböhmen und dem Böhmerwaldgau ... stetig wachzuhalten und zu fördern". In Versammlungen, Vorträgen und Publikationen beschwor der Volksbund die „völkische Gefahr, die der bayerischen Ostmark von Seiten der Tschechen droht," in den lebhaftesten Farben. Ein Produkt dieser Fantasien ist die hier gezeigte Postkarte, die einen fratzenhaft verzerrten Tschechen zeigt, der bayerisches Gebiet bedroht. Dagegengestellt ist der Deutsche, der das Schwert für die Revanche für den „durch Verrat 1918" verlorenen Krieg schmie-

6.16

det. Die Postkarte existiert mit verschiedenen Beschriftungen auf der Rückseite. Auf dem vorliegenden, an Rechtsanwalt Simon in Vilshofen gerichteten Exemplar wird die Abhaltung einer Versammlung angeregt, auf einer anderen wird zur Spende für eine Notkirche in Haidmühle aufgerufen.

Der VDW versuchte in Bayern Veranstaltungen tschechischer Verbände, tschechische Schulgründungen oder die Abhaltung von Sprachkursen zu verhindern. Der Geschäftsführer des VDW, Hans Rückel, forderte 1925 vor Abgeordneten der bayerischen Regierungsparteien die Unterstützung der Staatsregierung bei den Bestrebungen, „ein größeres Bayern zu schaffen als es heute ist, ein Bayern, zu dem auch Böhmen und das Egerland gehört" (zit. nach Jaworski).

Die Deutsche Wacht war nur einer von mehreren Schutzverbänden, die zum einen in Bayern und im Reichsgebiet für den Anschlussgedanken und gegen die Tschechoslowakei agitierten und zum anderen versuchten auf die Sudetendeutschen in diesem Sinne Einfluss zu nehmen. Neben dem Verein für das Deutschtum im Ausland gilt dies auch für den Sudetendeutschen Heimatbund in Passau. Im bayerischen Grenzgebiet fand diese Agitation jedoch wenig Widerhall, da sie in den alltäglichen Erfahrungen keine Bestätigung fand. Hier wurden vielmehr die große wirtschaftliche Not und die zu geringe staatliche Hilfe beklagt. *L. E.*

6.17 Eine mit einem Sperrvermerk versehene Fotografie: Düster blickend, stehen die mächtigsten Männer des NS-Regimes bei der Erinnerungsfeier an den missglückten Putschversuch vom 9. November 1923 beieinander.

Adolf Hitler, Hermann Göring und Ernst Röhm in München bei der Feier am 9. November 1933 zur Erinnerung an den Hitler-Putsch
Heinrich Hoffmann; Fotografie; Bayerische Staatsbibliothek, München (Slg. Hoffmann 8656)
Lit.: Kershaw 1998; Wirsching 2001

Adolf Hitler, Führer der NSDAP und deutscher Reichskanzler, war Ende 1933 noch nicht der unumschränkte Diktator. Noch verfügte Reichspräsident Hindenburg über wesentliche Befugnisse und die Reichswehr bildete einen eigenen Machtfaktor. Hermann Göring, Mitglied der NSDAP-Führung, preußischer Ministerpräsident und Innenminister und damit Chef der Gestapo, Reichsminister für Luftfahrt, galt als der zweitmächtigste Mann des Regimes. In Konkurrenz zu ihm stand Ernst Röhm, der als Stabschef das Millionenheer der SA befehligte und zugleich als Reichsminister ohne Geschäftsbereich und bayerischer Staatsminister im Verwaltungsapparat Einfluss besaß. Röhm galt auch als Drahtzieher für Morde an Emigranten wie Theodor Lessing in Marienbad/Mariánské Lázně.

Zcenzurovaná fotografie: nejmocnější muži nacistického režimu stojí pospolu, se zachmuřeným pohledem, při vzpomínkové slavnosti u příležitosti výročí nezdařeného pokusu o puč 9. listopadu 1923.

Adolf Hitler, Hermann Göring a Ernst Röhm 9. listopadu 1933 v Mnichově při vzpomínkové slavnosti u příležitosti výročí Hitlerova puče
Heinrich Hoffmann; fotografie

6.17

Röhms Ambitionen, die SA zur „Volksarmee" zu machen, die Androhung einer „zweiten Revolution" brachte ihn in Gegensatz zu Reichswehr und Mitgliedern der NS-Führung wie Göring.

Links von Röhm, mehr zu ahnen als zu sehen, ist auf der Fotografie ein Soldat der Reichswehr mit Stahlhelm zu sehen – gleichsam ein Symbol: Die Reichswehr betrachtete Hitler als Vollstrecker ihrer Absichten. Die Weimarer Republik hatte die Grenzen zu Polen und zur Tschechoslowakei nie vertraglich anerkannt. Die Eingliederung des Sudetengebietes und die Unterordnung des tschechischen Gebietes wurden schon in den 1920er-Jahren in Denkschriften angesprochen. Als Hitler in seiner Rede vor den Spitzen der Reichswehr am 3. Februar 1933 seine Pläne für Aufrüstung und territoriale Expansion skizzierte, erhielt er großen Beifall. Am 30. Juni 1934 ließ Hitler auf Druck der Reichswehr, Görings und anderer NS-Führer Röhm wegen angeblichen Hochverrats verhaften und im Gefängnis München-Stadelheim erschießen. Die SA schied als Machtfaktor aus, der Aufstieg Heinrich Himmlers, Reinhard Heydrichs und der SS, die an der Aktion maßgeblich beteiligt waren, begann.

Die Fotografie stammt von einem Kontaktbogen aus dem Archiv von Heinrich Hoffmann – nur dieser war befugt offizielle Fotografien von Hitler aufzunehmen. Der Bogen enthält eine Bildfolge mit drei Aufnahmen dieser Einstellung. Der Kontaktbogen ist mit einem Sperrvermerk versehen, der die Verbreitung dieser Bilder untersagte. Offensichtlich erschienen Hoffmann diese Bilder ungeeignet.

L. E.

Tzv. „Ostmarkstraße" byla budována ve třicátých letech jako vojenskostrategická cesta souběžná s českou hranicí.

Ostmarkstraße u Regenu mezi Poschetsriedem a Kasbergem
fotografie, 1937/38

6.18 Die Ostmarkstraße wurde in den 1930er-Jahren als militärstrategische Straße parallel zur tschechischen Grenze gebaut.

Ostmarkstraße bei Regen zwischen Poschetsried und Kasberg
Fotografie, 1937/38; Staatsarchiv Amberg (Reg. d. Oberpfalz 8177)

Der Bau der „Ostmarkstraße" geht auf Überlegungen schon in der Zeit vor 1933 zurück. Die Trasse war nach militärstrategischen Überlegungen geplant. Sie verlief parallel zur tschechischen Grenze im Abstand von 20 bis 30 km. Damit wurden zwar die Verbindungen im Grenzraum verbessert, nicht aber die Verbindungen dorthin.

Erste Baumaßnahmen an Teilabschnitten begannen 1933/34 im Zusammenhang mit den Arbeitsbeschaffungsprogrammen der NS-Regierung. Ein Großteil der Bauarbeiten wurde in Handarbeit ausgeführt. Erst 1937/38 im Zusammenhang mit den Aufmarschplänen zur Zerschlagung der Tschechoslowakei wurden die Baumaßnahmen forciert und auf Weisung Hitlers allein fünf Millionen Reichsmark für ihren Bau bereitgestellt, die vor allem der Verbindung zweier Truppenübungsplätze galten. Der Bau der Ostmarkstraße wirkte sich kaum auf eine Verbesserung der Verhältnisse im bayerischen Grenzgebiet zur Tschechoslowakei aus, das in den 1920er/30er-Jahren ein Notstandsgebiet war. Von 1925 bis 1933 wanderten ca. 22 000 Menschen aus dem Grenzgebiet ab. In München wurde weniger die Not der Menschen als Anlass zum Handeln genommen als vielmehr die „Grenzpolitik", die Frage „des Schutzes und der Förderung des Deutschtums an der bayerischen Ostgrenze" gegenüber den „Expansionsbestrebungen der Tschechen auf wirtschaftlichem und kulturellem Gebiet" (Ministerpräsident Held, 1926). Versuche, vom Reich finanzielle Unterstützung zu erwirken, hatten nur begrenzten Erfolg. Es fehlten klare Vorstellungen, wie den Notstandsgebieten langfristig zu helfen sei. Industrieansiedlung wurde wegen der „Überindustrialisierung Deutschlands" abgelehnt, auch erhob das Militär Einspruch gegen Investitionen und Aufträge ins Grenzgebiet, Wirtschaftsunternehmen protestierten gegen die Begünstigung der dortigen Konkurrenz.

Das NS-Regime vereinigte die an der Grenze zur Tschechoslowakei gelegenen Regierungsbezirke Oberfranken, Oberpfalz und Niederbayern zum NSDAP-Gau

6.18

„Bayerische Ostmark". Noch stärker als zuvor standen nun „grenzpolitische Aspekte" bei Förderungsmaßnahmen im Vordergrund. 1936 schrieb der „Völkische
Beobachter" über das NS-Programm für die Grenzgebiete: „Mehr Menschen
an die Grenze!" Tatsächlich verlief aber die Entwicklung gegenläufig. Von 1933
bis 1939 verließen wieder über 20 000 Menschen das Gebiet. Zwar verbesserte
sich die Lage ab 1935/36, doch blieb die Grenzregion relativ rückständig. Die
industriellen Kapazitäten wurden in den bereits bestehenden Zentren ausgebaut
und das Militär vertrat weiter den Standpunkt, dass östlich der Naab keinerlei Industrie angesiedelt werden sollte. Als 1937 ein „Notprogramm für die Bayerische
Ostmark" aufgelegt wurde, waren fünf Millionen Reichsmark für den Ausbau
der Infrastruktur vorgesehen. Hinzu kamen die oben erwähnten fünf Millionen
Reichsmark für den Bau der Ostmarkstraße. Insgesamt blieb die Hilfe aber begrenzt. So sah ein Vertreter der Reichsstelle für Raumordnung auf einer Tagung
zur Notlage der Grenzgebiete Ende 1937 nur die Lösung, dass diese sich „in erster
Linie selbst helfen" müssten. *L. E.*

6.19 Die Errichtung von Konzentrationslagern gehörte zu den ersten Maßnahmen des NS-Regimes. Fotografien und Gemälde aus dieser Zeit waren Teil
der NS-Propaganda.

a) Häftlinge im Konzentrationslager Dachau beim Appellstehen
Friedrich Franz Bauer im Auftrag der SS; Fotografie, Juli 1938; Bundesarchiv, Außenstelle
Ludwigsburg

b) Häftlinge bei der Arbeit im Steinbruch des Konzentrationslagers Flossenbürg
Fotografie, um 1940; KZ-Gedenkstätte Flossenbürg

c) Granitbrüche Flossenbürg
Erich Mercker, 1938/40; Öl/Leinwand, 120 x 120; Deutsches Historisches Museum, Berlin (Mü.
Nr.: 11703, DHM: L 98/360)
Lit.: Konzentrationslager Dachau 2005; Zámečník 2002; Siegert 1996; Skriebeleit 1999;
Pechstaedt 2003

Am 22. März 1933 war in Dachau eines der ersten Konzentrationslager der NS-
Herrschaft errichtet worden. Bis zu 2 500 Personen, vor allem politische Gegner
aus der Arbeiterbewegung, waren in den Anfangsjahren dort inhaftiert und der
Willkür und dem Terror der SS ausgesetzt. Nach dem Anschluss der sudetendeut-

*Zřizování koncentračních táborů patřilo
k prvním opatřením nacistického režimu.
Dobové fotografie a obrazy byly součástí
nacistické propagandy.*

*a) Vězni při apelu v koncentračním táboře
Dachau*
*Friedrich Franz Bauer na zakázku SS; fotografie,
červenec 1938*

*b) Vězni při práci v kamenolomu koncen-
tračního tábora Flossenbürg*
fotografie, kolem r. 1940

c) Žulové lomy Flossenbürg
Erich Mercker, 1938/40; olej/plátno, 120 x 120

6.19 a

6.19 b

6.19 c

schen Gebiete im Oktober 1938 kamen etwa 2 000 dort verhaftete Sozialdemokraten, Gewerkschafter und Kommunisten hinzu. Kurz darauf folgten mindestens
mehrere Hundert der nach dem Pogrom vom 9. November 1938 in den Sudetengebieten verhafteten Juden (andere wurden in das Konzentrationslager Sachsenhausen deportiert). Nach der Besetzung des tschechischen Gebiets im März
1939 kamen im Konzentrationslager Dachau bis Kriegsende mehrere Tausend
tschechische Gegner des NS-Regimes hinzu. Unter den über 2700 inhaftierten
Geistlichen befand sich auch eine Anzahl aus Bayern, dem Sudetengebiet und
dem Protektorat Böhmen und Mähren. Insgesamt waren bis 1945 über 200 000
Gefangene im Konzentrationslager Dachau, etwa 32 000 Tote sind mit ihren
Namen erfasst. Aus dem Gesamtgebiet der Tschechoslowakei waren hier über
8 000 Personen inhaftiert, über 1 600 Tote, darunter 917 Juden und 70 Sudetendeutsche, sind namentlich bekannt.

Im Mai 1938 hatte die SS mit Flossenbürg ein weiteres Konzentrationslager in
Bayern errichtet. In den Steinbrüchen mussten die Gefangenen Schwerstarbeit
unter unmenschlichen Bedingungen leisten. Viele Häftlinge überlebten diese
Strapazen nicht. Während des Kriegs wurden auch in den Sudetengebieten zahlreiche Außenlager unterhalten. Von 1938 bis 1945 waren insgesamt etwa 100 000
Häftlinge in Flossenbürg, von ihnen kamen rund 30 000 ums Leben. Bisher sind
über 3 800 tschechische Gefangene namentlich erfasst; 600 von ihnen starben.
Unter den tschechischen Gefangenen waren 500 Frauen und 700 Personen jüdischen Glaubens oder jüdischer Herkunft.

Die Aufnahmen des Fotografen und SS-Angehörigen Friedrich Franz Bauer,
der wegen seiner Beziehungen zu Himmler im Konzentrationslager Dachau foto-
grafieren durfte, und die Aufnahme der Häftlinge im Steinbruch des Konzentrationslagers Flossenbürg sind ebenso wie das Gemälde von Erich Mercker Teil
einer nationalsozialistischen Propagandainszenierung. Die Konzentrationslager
werden dargestellt als Orte der Umerziehung, Disziplin und Ordnung.

Anders als bei den Fotografien ist nicht bekannt, wer das Gemälde von Mercker veranlasst hat. Es gibt die Sichtweise des Regimes wieder und zeigt das Konzentrationslager als eine scheinbar ganz normale Welt. Das Bild lässt – abgesehen
von den gestreiften Häftlingsuniformen – alles vermissen, was auf die Unmensch-
lichkeit dieser Lager hindeutet: die Bewachung durch die SS, Schikanen und
Misshandlungen, die völlige physische Erschöpfung. So steht es in einer Linie mit
der propagandistischen Inszenierung von Konzentrationslagern, wie sie das NS-
Regime vor allem in den Jahren von 1933 bis 1936 betrieb.   *C. G.*

6.20 Der Nationalsozialismus hatte unter den Deutschen in der Tschecho-slowakei bis 1933 nur begrenzten Einfluss.

Wahlplakat der Deutschen Nationalsozialistischen Arbeiterpartei für die Wahl zur Tschechoslowakischen Nationalversammlung (Abgeordnetenhaus) am 27. Oktober 1929

herausgegeben vom N.S.D.A.P.-Verlag (sic!) Aussig, Druckerei Franz Ulbricht, Aussig; Druck/Papier (R); Bundesarchiv Koblenz
Lit.: Whiteside 1963; Smelser 1979; Luh 1991

Die „Deutsche Nationalsozialistische Arbeiterpartei" (DNSAP) errang bei den Parlamentswahlen von 1929 – mit einem nach Vorbild der NSDAP geführten Wahlkampf – gut zehn Prozent der deutschen Stimmen und acht Mandate. Sie wurde damit die viertstärkste deutsche Partei. Die Wählerschaft, die in der Früh-zeit aus Arbeitern bestanden hatte, umfasste nun nicht mehr nur das Kleinbürger-tum und die niedere Beamtenschaft, sondern hatte sich auf weitere Gesellschafts-schichten ausgedehnt. Die seit 1929 mit finanzieller Unterstützung der NSDAP in Deutschland erreichte Wählermobilisierung brachte der Partei angesichts der schlechten Wirtschaftslage und der steigenden Arbeitslosigkeit bei den Kommu-nalwahlen von 1931/32 ihre größten Erfolge.

Die im Mai 1918 in Wien gegründete und sich dann auf die Tschechoslowakei konzentrierende DNSAP war Nachfolgerin der 1903 in Nordböhmen entstande-nen „Deutschen Arbeiterpartei", die als erste in Mitteleuropa im Rahmen eines sozialrevolutionären Programms den Gleichheitsgrundsatz auf die „Volksgemein-schaft" einschränkte und den Ausschluss jüdischer Mitglieder („Arierparagraf") praktizierte. Das alldeutsche Programm zielte auf die Vereinigung aller deutschen Siedlungsgebiete in einem „sozialen" Nationalstaat. Die DNSAP war autoritär ausgerichtet, sozialistisch und antimarxistisch sowie völkisch-nationalistisch und antitschechisch. Ihr anfangs stark antikapitalistisches Programm wandelte sich allmählich zu einem deutschnational-genossenschaftlichen bzw. ständisch-völkischen. Seit 1926 veranstaltete die DNSAP „Völkische Tage", die unter der Parole „Sudetendeutsche Stände vereinigt euch!" standen. In wirtschaftlicher wie in politischer Hinsicht strebte die Partei nach „völkischen Selbstverwaltungskör-pern" und lehnte die Tschechoslowakei als „Zwangsstaat" radikal ab. Zusammen mit der 1919 gegründeten bürgerlich nationalistischen „Deutschen Nationalpar-tei" unter Rudolf Lodgman von Auen bildete sie seit 1922 als „Deutsche Kampf-gemeinschaft" den Kern der „Negativisten", die eine unversöhnliche antistaatliche und antiparlamentarische Fundamentalopposition verfolgten.

Trotz zahlreicher Unterschiede – die DNSAP war ideologisch gemäßigter und vertrat innere Demokratie anstelle des Führerprinzips – bestanden seit 1920 enge Kontakte zur NSDAP in Deutschland und in Österreich. Vertreter der DNSAP waren im Umfeld des Münchner Hitler-Putsches von 1923 auch in Bayern aktiv, sie traten bei Parteitagen der NSDAP in Nürnberg auf und beteiligten sich seit 1929 an deren Wahlkämpfen, insbesondere in Bayern, Sachsen und Schlesien. 1931 wurde die DNSAP faktisch zu einer Filiale der NSDAP in der Tschechoslo-wakei und propagierte offen die gewaltsame Einbeziehung der sudetendeutschen Gebiete in ein Großdeutsches Reich. Zur Vorbereitung wurde mit der Organisati-on „Volkssport" eine paramilitärische Organisation, vergleichbar den politischen Kampfgruppen SA (Sturmabteilung) und SS (Schutzstaffel) der NSDAP, aufge-baut. Diese Organisation wurde von tschechoslowakischen Gerichten als repu-blikfeindlich verboten, die führenden Parteipolitiker wurden zu Gefängnisstra-fen verurteilt. Dem daran anknüpfenden Parteiverbot vom 4. Oktober 1933 kam die DNSAP – ebenso wie die DNP – durch Selbstauflösung zuvor. Während die führenden Parteipolitiker nach Deutschland flüchteten, wechselten die meisten Parteimitglieder später zur Sudetendeutschen Heimatfront (vgl. Kat.-Nr. 6.21).

Das in kräftigen Farben gehaltene Wahlplakat der DNSAP steht im Kontrast zu dem in dieser Zeit in Deutschland gebräuchlichen Dreiklang Schwarz-Weiß-Rot, greift dies aber durch die Farbgestaltung der Schrift und die das zentrale

Nacionální socialismus měl na Němce v Československu do roku 1933 jen omezený vliv.

Volební plakát Německé nacionálně socia-listické strany dělnické k volbám do Národního shromáždění republiky Československé (Poslanecké sněmovny) 27. října 1929

vydalo nakladatelství N.S.D.A.P.-Verlag (sic!) Aussig; tiskárna Franz Ulbricht, Ústí nad Labem; tisk/papír (R)

6.20

Motiv einrahmenden nationalsozialistischen roten Wimpel mit schwarzem Hakenkreuz auf weißem Grund auf. Farbe des Mittelpunkts ist das Kornblumenblau der deutschnationalen Bewegung aus der Habsburgerzeit, daneben tritt der Farbdreiklang Schwarz-Rot-Gold/Gelb.

Die Zusammenarbeit der sozialen Schichten und Berufsgruppen (Stände) wird dreifach symbolisiert: in der Mitte durch eine Figurengruppe, bestehend aus einem nicht mehr ganz jugendlichen Arbeiter mit Hammer, flankiert von einem jungen Bauern mit Sense und einem bärtigen Lehrer mit Frack und Glatze, der eine Kladde unter dem Arm trägt. Alle drei heben zusammen eine Erdscholle zur Sonne empor. Auf der Scholle stehen äußerst eng beieinander: ein strohgedecktes Fachwerkbauernhaus, flankiert von einer Fabrik und einem Schulhaus. Die drei Personen stehen auf einem felsartig wirkenden Boden, der durch die „deutsche" Druckschrift gekennzeichnet ist. Vor dem durch mehrfach geschachtelte niedrige Bergkämme (des böhmischen Beckens) gekennzeichneten Hintergrund stehen mit einer rauchenden Fabrikanlage und einem pflügenden Bauern weitere Symbole für Industrie und Landwirtschaft. *R. L.*

„Sudetoněmecká vlastenecká fronta" se snažila získat nové členy prostřednictvím plakátů, letáků a tiskových kampaní.

Plakát „Jeden národ, jedna vůle, jeden cíl!"

Sudetoněmecká vlastenecká fronta/Sudetendeutsche Heimatfront (SHF); Richard Assmann (1887–1965), 1934; tisk/papír (R)

6.21 Die „Sudetendeutsche Heimatfront" warb mit Plakaten, Flugblättern und Presseaktionen um Mitglieder.

Plakat der Sudetendeutschen Heimatfront (SHF)
Richard Assmann (1887–1965), 1934; Druck/Papier (R); Bayerisches Hauptstaatsarchiv, München (Plakatsammlung 14237)
Lit.: Smelser 1980; Boyer/Kučera 1996; Eschenbächer 1998; Gebel 2000

Am 1. Oktober 1933 erließ Konrad Henlein (1898–1945) in Eger/Cheb einen Aufruf zur Gründung der „Sudetendeutschen Heimatfront" (SHF) als nationale, parteiübergreifende Sammelbewegung aller Deutschen in der Tschechoslowakei. Damit kamen langwierige Bemühungen der deutschen nationalistischen Kräfte, sich zusammenzuschließen und zugleich die führende politische Kraft im deutschen Lager zu werden, zum Abschluss. Wiederholte Versuche in den frühen 1920er-Jahren, in der Tschechoslowakei eine deutsche Einheitspartei zu schaffen, waren gescheitert. Unter Henlein, der bis 1933 dem völkischen Deutschen Turnverband (DTV) vorstand, formierte sich die Sammlungsbewegung anfangs vor allem aus Anhängern der 1933 verbotenen negativistischen Parteien (Deutsche Nationalsozialistische Arbeiterpartei/DNSAP und Deutsche Nationalpartei/DNP) sowie aus Mitgliedern der deutschen Schutzvereine, insbesondere des Deutschen Kulturverbands und des DTV. Ideologisch war das Programm von ständestaatlichen Vorstellungen des Wiener Nationalökonomen Othmar Spann (1878–1950) und des italienischen Faschismus beeinflusst. Finanziell wurde die Bewegung massiv vom reichsdeutschen Nationalsozialismus unterstützt.

Die SHF war straff und nach dem Führerprinzip streng hierarchisch organisiert. Ziele waren die politische, ideologische und organisatorische Zusammenfassung aller Bevölkerungsschichten und -gruppierungen der Deutschen in der Tschechoslowakei (Arbeiterschaft, Bauern, Gewerbetreibende und Intelligenz) und die Schaffung einer eigenständigen nationalen Verwaltungseinheit (territoriale Autonomie). Der Grundgedanke war dabei, dass nur die nationale Separation einem „Volk" Gerechtigkeit und Wohlstand garantieren könne. Zählte die SHF im Oktober 1933 erst gut 8 500 Mitglieder, so waren es im Oktober 1934 bereits mehr als 70 000. Für das rasante Mitgliederwachstum waren neben der erfolgreichen Propagandatätigkeit drei Faktoren maßgeblich: die sozialen Folgen der Weltwirtschaftskrise, die Enttäuschung über die Erfolglosigkeit des deutschen Aktivismus in der Tschechoslowakei und die Erfolge der NSDAP und Hitlers in Deutschland. Da Staatspräsident Masaryk und die tschechoslowakische Regierung ein Verbot der SHF scheuten, wurde die Bewegung unter der Auflage, sich

6.21

als „Partei" zu bezeichnen, unter ihrem neuen Namen „Sudetendeutsche Partei" (SdP) zu den Parlamentswahlen im Mai 1935 zugelassen. *B. V./R. L.*

6.22 Spätestens im November 1937 unterstellte sich Konrad Henlein mit seiner Sudetendeutschen Partei ausdrücklich dem Befehl Hitlers.

Wahlplakat der Sudetendeutschen Partei (SdP)
Alfons Heinrich (1907–1944), Verlag Karl Hermann Frank, Karlsbad, Druck August Hempel, Tetschen; Druck/Papier (R); Státní okresní archiv Cheb
Lit.: Smelser 1980; Schmutzer 1992; Zimmermann 1999; Gebel 2000; Marek, 2005

Aus den tschechoslowakischen Parlamentswahlen vom 19. Mai 1935 ging die Sudetendeutsche Partei (SdP) überraschend als stimmenstärkste Partei des Landes hervor. Bei der Mandatszahl wurde sie jedoch von der tschechischen Agrarpartei übertroffen. Unter den sudetendeutschen Wählern erlangte die SdP sogar mehr als zwei Drittel der abgegebenen Stimmen. Profitiert hatte sie dabei vor allem von der Instrumentalisierung der Weltwirtschaftskrise im Wahlkampf, deren Folgen in den deutschen Industriegebieten der Tschechoslowakei besonders stark zu spüren waren, sowie vom Einsatz moderner Propagandamittel. So gestaltete die SdP ihre gut organisierten Kundgebungen mit wehenden Fahnen und Marschmusik als Massentreffen der „Volksgemeinschaft" und nahm über ihre lokalen und überregionalen Parteizeitungen massiv Einfluss auf die sudetendeutsche öffentliche Meinung. Durch erhebliche Finanzhilfen aus Deutschland konnte sie im Vergleich zu anderen Parteien deutlich mehr Flugblätter und Plakate als Werbemittel einsetzen und ihre Zeitungen konkurrenzlos billig verkaufen.

Innerhalb der SdP verschärften sich seit 1936 die Auseinandersetzungen zwischen dem eher traditionell orientierten Flügel, der eine Lösung der Nationalitätenfrage innerhalb des bestehenden Staates anstrebte, und der radikalen Gruppe, die auf eine Angliederung der deutschen Gebiete an das Deutsche Reich hinarbeitete. Unter Einflussnahme aus Berlin setzten sich die „Radikalen" durch. Spätestens im November 1937 unterstellte sich Henlein mit seiner Partei ausdrücklich dem Befehl Hitlers. Unterdessen stiegen die Mitgliederzahlen der SdP weiter, seit 1938 wurde auf Nichtmitglieder unter den Sudetendeutschen in vielfältiger Weise Druck ausgeübt, um sie zum Eintritt in die Partei zu bewegen. Die SdP wurde endgültig zu einer Massenorganisation, die Zahl ihrer Mitglieder stieg von ca. 385 000 im Oktober 1935 über 770 000 im März 1938 bis auf 1 349 180 im Juli 1938 an. Nach der Angliederung Österreichs an das Deutsche Reich im März 1938 vollzogen die bürgerlichen deutschen Parteien in der Tschechoslowakei kollektiv den Beitritt zur SdP, die damit faktisch zur nationalen deutschen Einheitspartei wurde. Die sudetendeutsche Sozialdemokratie und die übernational organisierte Kommunistische Partei waren für die Sudetendeutschen die einzigen verbliebenen Alternativen. Die Kommunalwahlen vom Mai/Juni 1938 fanden in einigen deutschen Gemeinden mangels Gegenkandidaten erst gar nicht statt. Insgesamt erreichte die SdP in diesen Kommunalwahlen Rekordergebnisse von 75 bis über 90 Prozent.

Auf dem Karlsbader Parteitag im April 1938 bekannte sich Henlein erstmals öffentlich zur nationalsozialistischen Ideologie. Innenpolitisch verschärfte die SdP seit Frühjahr 1938 ihren Konfrontationskurs mit der tschechoslowakischen Regierung durch immer neue Forderungen nach dem (mit Hitler abgesprochenen) Prinzip: „Immer etwas mehr fordern, als die Gegenseite gerade zugestehen kann." Unter Ausnutzung ihrer Kontakte ins europäische Ausland, insbesondere nach Großbritannien, trug die SdP im Sommer 1938 zur Internationalisierung der „Sudeten-Frage" bei. Mit der Gründung von sudetendeutschen Freikorps in Bayern und Sachsen und einem „Freiwilligen Schutzdienst" im Inland, der vom Deutschen Reich aus mit Waffen versorgt wurde, bereitete die SdP zugleich militärische Aktionen in der und gegen die Tschechoslowakei vor. *B. V./R. L.*

Nejpozději v listopadu 1937 se Konrad Henlein se svou Sudetoněmeckou stranou výslovně podřídil Hitlerovu velení.

Volební plakát: „Přese všechno – od 19. května [1935] 100 000 nových členů. SdP Konrad Henlein"

Alfons Heinrich (1907-1944), nakladatelství Karl Herrmann Frank, Karlovy Vary, tisk August Hempel, Děčín; tisk/papír (R)

6.22

Hitlerův rozhlasový projev 12. září 1938 s ostrými protičeskými výpady vedl v sudetských oblastech k protestním pochodům a demonstracím na podporu požadavku připojení k Německu, docházelo také k útokům na veřejné budovy a sociálnědemokratické „Lidové domy".

České zpravodajství o situaci v sudetských oblastech 12. a 13. září 1938
Světozor 1938, str. 660–661

6.23 Hitlers Rundfunkrede am 12. September 1938 mit scharfen antitschechischen Ausfällen führte im Sudetengebiet zu Aufmärschen mit der Forderung nach Anschluss an Deutschland sowie zu Angriffen auf öffentliche Gebäude und sozialdemokratische „Volkshäuser".

Tschechische Berichterstattung über die Situation im Sudetengebiet am 12. und 13. September 1938
Světozor 1938, S. 660–661; Národního knihovna České republiky, Praha
Lit.: Brandes 2004

„Die Henlein-Bewegung zeigt ihr wahres Gesicht" – so überschrieb die Zeitschrift „Světozor" ihren Artikel. Nachdem die Anhänger der Sudetendeutschen Partei am 12. September 1938 Hitlers Rede mit scharfen antitschechischen Ausfällen auf dem Nürnberger Parteitag im Radio gehört hatten, waren sie in Massen auf die Straßen und Plätze der Städte und Dörfer geströmt, hatten sich zu Marschkolonnen formiert und für den Anschluss an Deutschland demonstriert. Noch am selben Abend und besonders am folgenden Tag griffen sie öffentliche Gebäude, tschechische Schulen, sozialdemokratische „Volkshäuser" und Konsumläden an und lieferten sich Scharmützel mit der Polizei. Am 13. September verhängte die Regierung das Standrecht über eine Reihe von deutschen Bezirken und verbot am 16. September die Sudetendeutsche Partei und ihre Parteimiliz, den „Freiwilligen Selbstschutz".

Eine der abgedruckten Fotografien soll die Wohnung des Abgeordneten Friedrich Zippelius in Teplitz-Schönau/Teplice zeigen: Sonst voll lebhaften Treibens, wehten jetzt die Vorhänge aus der verlassenen Wohnung. Zippelius hatte sich wie die meisten SdP-Führer durch die Flucht über die Grenze nach Deutschland in Sicherheit gebracht. Die übrigen Fotografien stellten Beispiele „aus der stürmischen Situation" dar: Die Aufrührer hatten öffentliche Aushänge sowie Amts- und Straßenschilder mit Teer oder Farbe beschmiert und auf der Schule der tschechischen Minderheit ein Hakenkreuz und die Worte „Heil Hitler" angebracht.   *D. B.*

Pochod Republikánské obrany (Republikanische Wehr) v Ústí nad Labem v roce 1937 demonstroval sílu a připravenost sociálnědemokratických organizací k boji a současně přihlášení se k Československé republice.

Pochod Republikánské obrany (Republikanische Wehr) v Ústí nad Labem, začátek července 1937
fotografie

6.24 Der Aufmarsch der Republikanischen Wehr in Aussig 1937 demonstratierte Stärke und Kampfbereitschaft der sozialdemokratischen Organisationen, zugleich war er ein Bekenntnis zur Tschechoslowakischen Republik.

Aufmarsch der Republikanischen Wehr in Aussig, Anfang Juli 1937
Fotografie; Seliger-Archiv im Archiv der sozialen Demokratie der Friedrich-Ebert-Stiftung, Bonn

Den Höhepunkt des Treffens der Verbände der sozialdemokratischen Republikanischen Wehr, das vom 3. bis 7. Juli 1937 in Aussig/Ústí nad Labem stattfand, bildete der Marsch der Kolonnen zum Kundgebungsplatz vor dem Volkshaus. Es war eine machtvolle Demonstration, mitgeführte Nationalflaggen der Tschechoslowakei signalisierten das Bekenntnis zur Republik und die Ablehnung eines Anschlusses an Hitler-Deutschland. Der Aufmarsch sollte zeigen, dass die Sozialdemokratie zum Kämpfen bereit war, auch wenn die Sudetendeutsche Partei bei den Nationalratswahlen 1935 mit zwei Dritteln der deutschen Stimmen übermächtig geworden war und großen Zulauf erhielt. Die Republikanische Wehr verstand sich als Kampfbund zum Schutz der eigenen Versammlungen und Stätten gegen zunehmende Aggressionen und Bedrohungen seitens der Sudetendeutschen Partei, in der Mitglieder der verbotenen Nationalsozialistischen Partei an Einfluss gewonnen hatten.

Die Fotografie zeigt den Vorbeimarsch am sozialdemokratischen Volkshaus. Über dem Restaurant, Café und den Versammlungssälen hatten die DSAP, die Gewerkschaften und Nebenorganisationen ihre Büros, in den oberen Etagen wohnten Funktionäre sozialdemokratischer Organisationen. Volkshäuser gab es in allen Kreisstädten, sie waren organisatorisches und kulturelles Zentrum und

6.24

Begegnungsstätte der Sozialdemokratie. Die Industriestadt Aussig war eine der Hochburgen der Sozialdemokratie, entsprechend eindrucksvoll war das Volkshaus dimensioniert.
L. E.

6.25 Abzeichen und Anstecknadeln für den Eintritt in Veranstaltungen sozialdemokratischer Organisationen bewahrte man zur Erinnerung auf. Öffentlich getragen, waren sie ein Bekenntnis zur Sozialdemokratie.

Abzeichen sudetendeutscher sozialdemokratischer Organisationen
1920er-/1930er-Jahre; Seliger-Archiv im Archiv der sozialen Demokratie der Friedrich-Ebert-Stiftung, Bonn
Lit.: Weg Leistung Schicksal 1972

In der Sozialdemokratischen Partei der k.u-k. Monarchie waren Deutsche und Tschechen bis 1911 vereint gewesen. Als sich 1911 die tschechischen Sozialdemokraten abtrennten, blieb die deutsch-böhmische Sozialdemokratie weiter Teil der Gesamtpartei. Erst die tschechoslowakische Staatsgründung erzwang die Bildung einer eigenen deutschen sozialdemokratischen Partei in diesem neuen Staat. Das bereits breit ausgebaute sozialdemokratische Organisationsnetz wurde weiter entwickelt und man könnte sagen, dass sozialdemokratische Organisationen das Leben von der Wiege bis zur Bahre begleiteten.

Im Zentrum stand die politische Partei, die Deutsche Sozialdemokratische Arbeiterpartei (DSAP). Das Parteiabzeichen war das schlanke „S" im Dreieck. Zunächst unter ihrem Parteivorsitzenden Josef Seliger (1870–1920) auf den Beitritt zum Deutschen Reich orientiert, wandte sich die DSAP unter seinem Nachfolger Ludwig Czech stärker einer integrationsbereiten „aktivistischen" Politik zu. Czech trat 1929 als Minister in die tschechische Regierung ein. Bei den Parlamentswahlen 1929 erreichte die DSAP 6,9 Prozent, das waren 40 Prozent des deutschen Stimmenblocks.

Mit der Errichtung der NS-Diktatur im Deutschen Reich und dem Aufstieg der von ihr geförderten völkisch und zunehmend nationalsozialistisch orientierten sudetendeutschen Sammlungsbewegung (Sudetendeutsche Heimatfront, ab 1935 Sudetendeutsche Partei) betonte die DSAP ihre antifaschistische Ein-

Odznaky a jehlice, opravňující ke vstupu na akce sociálnědemokratických organizací, si majitelé schovávali na památku. Jejich veřejným nošením se hlásili k sociální demokracii.

Odznaky sudetoněmeckých sociálnědemokratických organizací
20./30. léta 20. století

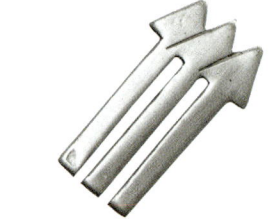

Naléhavými výzvami na plakátech varovala sudetoněmecká sociální demokracie před nebezpečím nacistického režimu – avšak bezúspěšně.

a) „Chraňte vlast", volební plakát kandidátky č. 6 (DSAP) k volbám roku 1935 proti nacionálněsocialistickému ohrožení
tisk/papír (R)

b) „SPOLUOBČANÉ! Jde o všechno", výzva předsedy DSAP Wenzela Jaksche k setrvání v Československé republice a smírné dohodě, 14. září 1938
nakladatelství Josef Hellmich, Praha/Hempeldruck Děčín; tisk/papír (R)

stellung, ihre republikanische Orientierung und damit die Unterstützung der tschechoslowakischen Republik. Das „Drei-Pfeil"-Abzeichen, das von der „Eisernen Front" der deutschen Sozialdemokratie aus dem Reichsgebiet übernommen worden war, signalisierte den Kampf gegen den Faschismus. Zur Abwehr der Übergriffe von Seiten sudetendeutscher Nationalsozialisten und SHF/SdP-Anhängern, zum Schutz der eigenen Veranstaltungen und auch als Schutztruppe für die Republik entstand die Republikanische Wehr, ähnlich dem Reichsbanner der deutschen Sozialdemokratie. Sie trat auf ihren Treffen in Aussig/Ústí nad Labem im Juli 1937 oder in Warnsdorf/Varnsdorf noch am 18. September 1938 offensiv für die Tschechoslowakische Republik ein und bekämpfte die „Heim ins Reich"-Bestrebungen der Sudetendeutschen Partei.

Zum engeren Kreis der politischen sozialdemokratischen Organisationen gehörte auch die „Sozialistische Jugend" (SJ), hier mit einem Abzeichen des Treffens in Bodenbach/Podmokly 1936 vertreten. Das sozialdemokratische Organisationswesen reichte jedoch weit über den politischen Bereich hinaus. Dazu gehörten Gewerkschaften, Genossenschaften, Sport- und Kulturorganisationen, Verbände wie der Touristenverein „Die Naturfreunde", die Arbeitersänger oder der starke Arbeiter Turn- und Sportbund (ATUS), der unter anderem das Bundesturnfest in Aussig 1930 oder das Kinderturnfest in Teplitz-Schönau/Teplice 1934 veranstaltete (vgl. auch Kat.-Nr. 6.5).

Viele Funktionäre und Mitglieder der DSAP, der Republikanischen Wehr und anderer sozialdemokratischer Organisationen flohen vor der drohenden Verhaftung nach dem 1. Oktober 1938 in das tschechische Gebiet und später nach England oder Skandinavien. In England führte der noch im März 1938 gewählte neue Vorsitzende Wenzel Jaksch die sudetendeutsche Exil-Sozialdemokratie, bis sie nach der Rückkehr in die Bundesrepublik in der SPD aufging. *L. E.*

6.26 Mit eindringlichen Plakaten warnte die sudetendeutsche Sozialdemokratie vor der Gefahr, die vom deutschen NS-Regime ausging – jedoch vergeblich.

a) Wahlplakat der DSAP im Wahlkampf 1935 gegen die nationalsozialistische Bedrohung
Druck/Papier (R); Bundesarchiv Koblenz

b) Aufruf des DSAP-Vorsitzenden Wenzel Jaksch vom 14. September 1938 zum Verbleib in der Tschechoslowakischen Republik und einer friedlichen Einigung
Verlag Josef Hellmich, Prag/Hempeldruck Tetschen; Druck/Papier (R); Bayerisches Hauptstaatsarchiv München (Plakatsammlung 19067)

Das Plakat „Schützt die Heimat! Wählt Liste 6" stammt aus dem Wahlkampf zu den Parlamentswahlen 1935, in denen die Deutsche Sozialdemokratische Arbeiterpartei in der Tschechoslowakei (DSAP) die Listennummer 6 führte. Abgesehen von dieser Angabe findet sich kein Hinweis auf die Partei.

Das Plakatmotiv ist eine Warnung vor dem NS-Regime jenseits der Grenze. Der Tod mit dem Hakenkreuz auf der Stirn beugt sich über den Bergkamm herüber. Er trägt eine brennende Fackel in der Linken und greift mit der Rechten nach einem idyllisch gelegenen Dorf. Links im Hintergrund sind schemenhaft Menschen vor einer Guillotine und einem Galgen zu sehen.

Doch das Ergebnis der Parlamentswahlen 1935 zeigte, dass diese Warnung angesichts der sozialen Not in den sudetendeutschen Gebieten und dem Rüstungsboom jenseits der Grenze wirkungslos blieb. Die erstmals kandidierende Sudetendeutsche Partei, mit Führerkult und öffentlichem Erscheinungsbild orientiert am Beispiel der NSDAP, erhielt auf Anhieb zwei Drittel der deutschen Stimmen und wurde mit 15,2 Prozent stärkste Partei im tschechoslowakischen Parlament.

Das zweite Plakat verzichtet auf Bilder und Symbolik. Die Schlagzeile „MITBÜRGER! Es geht um alles!" ist eindringlich genug. Herausgeber und Verant-

6.26 a

6.26 b

wortlicher sind genau benannt: „Deutsche sozialdemokratische Arbeiterpartei in der ČSR. Der Vorsitzende: Wenzel Jaksch". Wenzel Jaksch (1896–1966) wurde 1938 auf dem Höhepunkt der Krise um das Sudetengebiet zum Parteivorsitzenden gewählt, der Aufruf im September desselben Jahres verfasst. Jaksch fordert angesichts der Kriegsdrohung Hitlers eine friedliche Lösung: „Nationale Gleichberechtigung, weitgehende Selbstverwaltung unserer Angelegenheiten, wirtschaftlicher Wiederaufbau und soziale Hilfe können erreicht werden ohne Krieg." Die von Jaksch beschworenen Gefahren lassen ihn als einen weit vorausschauenden Politiker erkennen: „Ein Deutschtum ..., welches wieder die verhängnisvolle Bahn der imperialistischen Gewaltpolitik einschlägt, das Gleichberechtigung ablehnt und nach Vorherrschaft über andere Völker strebt, wird früher oder später in einen blutigen Konflikt mit der aufstrebenden slawischen Welt und mit den jungen Völkern des Südostens verstrickt werden. In einer gewaltsamen Entscheidung wird wieder eine waffenstarrende Welt gegen das deutsche Volk aufstehen. Die Sudetendeutschen werden das erste Schlachtopfer sein. Ihre Heimat würde im Zusammenprall der Weltkräfte vernichtet, ihre Zukunft ausgelöscht." Der Aufruf schließt mit der Aufforderung: „Vereinigung aller Kräfte für Frieden und Freiheit, für eine bessere Zukunft der Sudetendeutschen, für ein neues Europa gleichberechtigter Völker!"

L. E.

6.27 Prag war für Emigranten aus Bayern ein Ort der Zuflucht, der Hilfe, des Austauschs, eine Etappe auf dem langen Weg der Flucht vor Hitler.

a) Ansicht von Prag mit Hradschin
Fotografie, 1943; Bayerische Staatsbibliothek, München

b) Drehscheibe Prag
Inszenierung

Max Brod (1884–1968), deutschsprachiger jüdischer Schriftsteller, Freund und Förderer Franz Kafkas, Redakteur beim „Prager Tagblatt", unterstützte emigrierte Schriftsteller und Journalisten, indem er ihre Texte kaufte, auch wenn er sie nicht alle veröffentlichen konnte. Brod emigrierte 1939 nach Palästina.

Zenzl Mühsam (1884–1962), eine bayerische Bauerntochter, Frau des Schriftstellers und Anarchisten jüdischer Herkunft, Erich Mühsam, floh nach dessen Ermor-

Praha byla pro bavorské emigranty útočištěm, místem pomoci a výměny, jednou etapou na dlouhé cestě útěku před Hitlerem.

a) Pohled na Prahu s Hradčany
fotografie, 1943

b) Křižovatka Praha
inscenace

dung im Konzentrationslager Oranienburg im Juli 1934 nach Prag. Ein Jahr später ging sie in die Sowjetunion, um den Nachlass ihres Mannes zu publizieren. Sie wurde dort verhaftet und verbrachte Jahre in Zwangsarbeitslagern und Verbannung. 1955 durfte sie in die DDR ausreisen.

Theodor Lessing (1872–1933), Schriftsteller und Sozialist jüdischer Herkunft, hatte sich mit kritischen Studien, unter anderem über Hindenburg, Feinde geschaffen. 1933 emigrierte er nach Marienbad/Máriánské Lázně. Am 30. August 1933 wurde er dort in seinem Arbeitszimmer erschossen. Die beiden wohl vom SA-Führer Ernst Röhm beauftragten Mörder flohen nach München, wo sie von der SA versteckt wurden.

Karl Amadeus Hartmann (1905–1963), Münchner Komponist, widmete sein 1933 entstandenes Orchesterwerk „Miserae", das in Prag am 2. September 1935 beim Musikfest der Internationalen Gesellschaft für Neue Musik uraufgeführt wurde, den Häftlingen im Konzentrationslager Dachau: „Meinen Freunden, die hundertfach sterben mussten, die für die Ewigkeit schlafen – wir vergessen Euch nicht (Dachau 1933–1934)". Hartmanns Werke wurden in der NS-Zeit nicht aufgeführt.

Erika Mann (1905–1969), Tochter von Thomas Mann, gründete im Januar 1933 in München zusammen mit ihrem Bruder Klaus und der Schauspielerin Therese Giehse das politische Kabarett „Die Pfeffermühle". Kurz darauf folgte Erika Mann ihren Eltern in die Schweiz ins Exil. Die „Pfeffermühle" wurde dort fortgeführt und gastierte 1934 auch in Prag. Erika Mann wurde wegen ihrer Kabarettauftritte die deutsche Staatsbürgerschaft entzogen.

L. E.

Z československého exilu vyzývali emigrovavší členové vedení Sociálnědemokratické strany k odboji a publikovali zde spisy o zločinech nacistického režimu.

a) Neuer Vorwärts. Sociálnědemokratický týdeník

č.1, 18. června 1933, Karlovy Vary; noviny, 46,8 x 31,5

b) „Adolfe Hitlere Tvé oběti žalují! Sonnenburg, Hohnstein. Papenburg. Lichtenburg. Dachau. Oranienburg. Apel na svědomí světa"

Karlovy Vary: Verlagsanstalt Graphia, 1934; kniha, 21 x 15

6.28 Aus dem Exil in der Tschechoslowakei riefen die emigrierten Mitglieder des SPD-Vorstands zum Widerstand auf und veröffentlichten Schriften über die Verbrechen des NS-Regimes.

a) Neuer Vorwärts. Sozialdemokratisches Wochenblatt
Nr. 1, 18. Juni 1933, Karlsbad; Zeitung, 46,8 x 31,5; Bibliothek der Friedrich-Ebert-Stiftung, Bonn

b) „Adolf Hitler Deine Opfer klagen an! Sonnenburg, Hohnstein. Papenburg. Lichtenburg. Dachau. Oranienburg. Ein Appell an das Gewissen der Welt"
Karlsbad: Verlagsanstalt Graphia, 1934; Buch, 21 x 15; Bibliothek der Friedrich-Ebert-Stiftung, Bonn
Lit.: Lämmert 1976–1990 (Lieselotte Maas); Eckert 2000; Heumos 1998; Mehringer 1998; Becher/Heumos 1992; Buchholz/Rother 1995

Mehrere Mitglieder des SPD-Parteivorstands, unter ihnen die beiden Vorsitzenden Otto Wels und der aus Fürth stammende Hans Vogel, waren im Frühjahr 1933 vor dem NS-Terror in die Tschechoslowakei geflohen und gründeten in Prag den Exilvorstand „SOPADE". Die Schwesterpartei DSAP unterstützte sowohl die zahlreichen Flüchtlinge als auch den Aufbau einer Exilorganisation. DSAP-Verlage wie Graphia in Karlsbad/Karlovy Vary druckten sozialdemokratische Exilschriften, die zum Teil für die Emigration, zum größeren Teil aber für die im Untergrund fortbestehenden sozialdemokratischen Organisationen im Reich bestimmt waren.

Als erste Zeitung erschien am 18. Juni 1933 der „Neue Vorwärts" mit dem Aufruf zum Widerstand: „Zerbrecht die Ketten! Die Geschlagenen von heute werden die Sieger von morgen sein." Die Nationalsozialisten nahmen dies zum Anlass, um die SPD zu verbieten. Der „Neue Vorwärts" erschien bis 1937 in Karlsbad als Organ des Exilvorstands. Ab Oktober 1933 wurde die „Sozialistische Aktion" herausgegeben, die als Dünndruckausgabe ins Reich geschmuggelt wurde. Auch andere Zeitschriften, Bücher und Tarnschriften nahmen ihren Weg über die geheimen Transportwege zu den Mitgliedern im Reich, darunter auch das hier gezeigte Buch über die Konzentrationslager, das Berichte über elf Lager enthält. Drei ehemalige Häftlinge, Fritz Ecker, Wenzel Rubner sowie ein anonym bleibender jüdischer Häftling, beschrieben detailliert den Terror im Konzentrationslager Dachau. Auch das „Prager Manifest" („Kampf und Ziel des revolutionären Sozialismus/Die Politik der Sozialdemokratischen Partei Deutschlands"), das der Exilvorstand am 20. Januar 1934 beschlossen hatte, gelangte als Tarnschrift unter dem Titel „Die Kunst des Selbstrasierens" ins Reich.

Um die Verbindung zu den Widerstandsorganisationen im Reich und den Schmuggel der illegalen Literatur zu organisieren, wurden Grenzsekretariate eingerichtet. Als Kontaktperson nach Nordbayern fungierte der ehemalige sozialdemokratische Reichstagsabgeordnete Hans Dill in Mies/Stříbro, nach Südbayern der junge Waldemar von Knoeringen in Neuern/Nýrsko, der zugleich der innerparteilichen Opposition „Neu Beginnen" angehörte (vgl. Kat.-Nr. 6.29). Die Kuriere waren wie die Widerstandsorganisationen intensiver Überwachung ausgesetzt. Durch den Einsatz von Spitzeln versuchte die Gestapo die Exilorganisation und ihre Verbindungen ins Reich auszukundschaften. Das NS-Regime bestrafte Besitz und Weitergabe der Schriften schwer. Das erste Hochverratsverfahren vor dem Reichsgericht in Leipzig, in dem die Weitergabe sozialdemokratischer Schriften als Vorbereitung zum Hochverrat definiert und bestraft wurde, galt dem in Hof in Bayern wohnenden Sozialdemokraten sudetendeutscher Herkunft, Johann Kirschneck. Dieser hatte im Juli 1933 die Dünndruckausgabe des „Neuen Vorwärts" nach Hof geschmuggelt. Seine Verurteilung wegen Vorbereitung zum Hochverrat wurde der Präzedenzfall für alle weiteren Verfahren gegen Sozialdemokraten.

Zunehmende Bedeutung gewann für die SOPADE die Beschaffung von Informationen über die Vorgänge im Deutschen Reich. Berichte gelangten auf verschiedenen Wegen zum Parteivorstand, durch Besucher aus dem Reich, durch Briefe, durch Kuriere. Hinzu kam die Auswertung von Zeitungen, Schrifttum und anderer Quellen. Daraus wurden die so genannten „Deutschland-Berichte der Sopade" zusammengestellt, die von 1934 bis 1938 in Prag herausgegeben wurden und zu den wichtigsten regimeunabhängigen Quellen über Leben, Alltag, Widerstand und Verfolgung in der Zeit des Nationalsozialismus gehören. Angesichts des zunehmenden deutschen Drucks auf die tschechische Regierung und die daraus folgenden Einschränkungen der Arbeitsmöglichkeiten verlegte der SOPADE-Vorstand seinen Sitz im Mai 1938 nach Paris. *L. E.*

6.28

6.29 Waldemar von Knoeringen organisierte die Verbindungen aus der Emigration in Böhmen zu den illegalen sozialdemokratischen Organisationen in München. Nach dem Krieg führte er die bayerische SPD.

Deutscher Reisepass für Waldemar von Knoeringen (1906–1971), ausgestellt am 3. März 1933
Národní archiv, Praha (PR 1931-1940, sign. K 1992/24)
Lit.: AK Den Menschen durch Bildung mündig machen 2006; Mehringer 1989

Waldemar von Knoeringen, aus katholischem schwäbischem Adel stammend, war für die bayerische Sozialdemokratie eine untypische Erscheinung. Seit 1926 Mitglied der Partei, trat der „rote Baron" auf Versammlungen energisch gegen die nationalsozialistische Bewegung auf. Nach der Machtübernahme Hitlers 1933 floh Waldemar von Knoeringen zunächst nach Österreich, dann 1934 in die Tschechoslowakei. Die SOPADE, der Exilvorstand der SPD, setzte ihn als Grenzsekretär in Neuern/Nyrskó ein. Unter dem Tarnnamen „Michel" nutzte er seine Verbindungen zu sozialdemokratischen Organisationen in München, um sozialdemokratische Schriften, aber auch solche von „Neu Beginnen", einer innerparteilichen Oppositionsgruppe, der er sich anschloss, nach München zu

Waldemar von Knoeringen organizoval z emigrace v Československu spojení s ilegálními sociálnědemokratickými organizacemi v Mnichově. Po válce vedl bavorskou SPD.

Německý cestovní pas Waldemara von Knoeringen (1906–1971), vystaven 3. března 1933

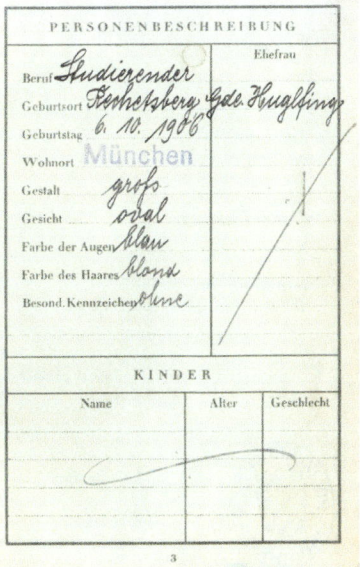

6.29

schmuggeln und Informationen von dort zu bekommen.

Im Oktober 1938 floh er nach Frankreich, 1940 ging er nach Großbritannien, wo er von 1940 bis 1942 maßgeblich für die britische Propaganda arbeitete, die über den „Sender der Europäischen Revolution" verbreitet wurde, den Knoeringen mit leitete. 1943/44 wertete er in Nordafrika erbeutete deutsche Korrespondenz und Feldpostbriefe aus und befragte gefangengenommene deutsche Soldaten. Ab 1944 setzte er diese Arbeit unter Kriegsgefangenen in England fort. In London beteiligte er sich an den Diskussionen des sozialdemokratischen Exils über die Programmatik und Organisationsstruktur der Nachkriegssozialdemokratie.

Nach seiner Rückkehr aus England 1946 nahm Knoeringen maßgeblichen Einfluss auf den Neuaufbau der bayerischen Sozialdemokratie. Von 1947 bis 1963 war er SPD-Landesvorsitzender in Bayern und von 1958 bis 1962 einer der stellvertretenden Parteivorsitzenden auf Bundesebene. Von 1946 bis 1970 gehörte er dem Bayerischen Landtag an, von 1947 bis 1962 als SPD-Fraktionsvorsitzender. 1954 konzipierte er die Viererkoalition, die für vier Jahre die Alleinregierung der CSU in Bayern ablöste. Auch am Godesberger Programm der SPD wirkte er mit. *L. E.*

Týdeníky „Protiútok" a „Dělnické ilustrované noviny" patřily k nejvýznamnějším komunistickým tiskovinám šířeným ilegálně v Říši.

a) „Hitler žene do války"
in: „der Gegenangriff", asi květen 1934, Praha; tisk/papír, 23,5 x 15,9

b) Arbeiter-Illustrierte Zeitung (AIZ)
zvláštní číslo Bilance Třetí říše, 11. 1. 1934, Praha; grafická úprava titulní a zadní strany: John Heartfield; tisk/papír, 15 x 21

6.30 Die Wochenzeitung „der Gegenangriff" und die „Arbeiter Illustrierte Zeitung" zählten zu den wichtigsten kommunistischen Presseerzeugnissen, die illegal im Reich verbreitet wurden.

a) „Hitler treibt zum Krieg"
in: „der Gegenangriff", ca. Mai 1934, Prag; Druck/Papier, 23,5 x 15,9; Staatsarchiv München (StAnw. 7972)

b) Arbeiter-Illustrierte Zeitung (AIZ)
Sondernummer Bilanz des Dritten Reichs, 11.1.1934, Prag; Gestaltung Titelseite und Rückseite: John Heartfield; Druck/Papier, 15 x 21; Staatsarchiv München (GStA OLG 3068)
Lit.: Lämmert 1976–1990 (Lieselotte Maas); Willmann 1974; Heumos 1998; Mallmann 1998

Die Zeitung „der Gegenangriff" wurde seit Ende April 1933 in Prag herausgegeben und war damit die erste kommunistische Zeitungsgründung im Exil. Sie „stand ganz in der Tradition der kommunistischen Massenblätter der Weimarer Republik" (Lieselotte Maas) und erschien ab Oktober 1933 wöchentlich bis zur Einstellung 1936. Gemäß der Idee des Klassenkampfes wurde der Faschismus als eine vorübergehende Erscheinung betrachtet, dem die „proletarische Revolution" folgen würde. Neben Berichten über die Entwicklung in Deutschland gehörten ideologische Auseinandersetzungen mit anderen Exilorganisationen zum Themenspektrum.

Die „Arbeiter-Illustrierte Zeitung" (AIZ) war in der Weimarer Republik mit einer halben Million Auflage eine der großen Illustrierten gewesen. Willy Münzenberg, der die KPD-Presse aufbaute, hatte mit Autoren wie Kurt Tucholsky, Anna Seghers, Erich Kästner und durch innovative Gestaltung wie den Fotocollagen John Heartfields eine moderne Zeitschrift geschaffen. Nach dem Verbot der kommunistischen Presse wurden Redaktion und Produktion der „AIZ" nach Prag verlegt, wo sie unter Chefredakteur Franz Carl Weiskopf bis 1938 (ab 1936 unter dem Titel „Volks-Illustrierte") erschien. Ihre Themen waren die Vorgänge in Hitler-Deutschland, die Kriegsvorbereitungen, der Terror gegen Andersdenkende

und der Widerstand. In der Ausgabe vom 11. Januar 1934 bildet die Unterstützung deutscher Industrieller für Hitler den Aufmacher. Auf der Rückseite wird an die in Konzentrationslagern und den SA-Folterhöllen ermordeten oder von der NS-Justiz zum Tod verurteilten Genossen erinnert. Beide Umschlagseiten sind von John Heartfield gestaltet, der mit seinen Fotocollagen der Bildberichterstattung neue Impulse gab.

Der „Gegenangriff", die „AIZ" und andere kommunistische Schriften und Flugblätter wurden heimlich über die Grenze geschmuggelt und von Kurieren zu den illegal fortbestehenden Organisationen in Nürnberg, Regensburg, München, Augsburg und an andere Orte gebracht. Für diese Aufgabe hatte die KPD zunächst in Reichenberg/Liberec, dann in Prag eine Leitung aufgebaut. Sie war zunächst vor allem nach Norden, nach Sachsen, Brandenburg und Schlesien, gerichtet; aber auch nach Nord- und Südbayern bestanden enge Beziehungen.

Die beiden hier vorliegenden Zeitschriften entstammen Akten des Sondergerichts München (Gegenangriff) bzw. des Oberlandesgerichts München (AIZ). Die Akten beziehen sich auf Münchner Kommunisten, die wegen des Besitzes bzw. der Weitergabe dieser Schriften angeklagt und verurteilt worden waren.

L. E.

6.31 Die in Prag von Emigranten herausgegebene satirische Wochenschrift „Der Simpl" hatte ihr Vorbild im Münchner „Simplicissimus" der 1920er-Jahre. Der Prager „Simpl" wollte nicht nur eine Zeitschrift für das Exil sein, sondern zielte auf die gesamte deutschsprachige Bevölkerung in der Tschechoslowakei.

Der Simpl. Prager Satirische Wochenzeitschrift
Prag, 1934, Nr. 1, 25. September 1934, Nr. 2, 2. Oktober 1934; Druck/Papier, 34 x 50; Freie Universität Berlin, Universitätsbibliothek
Lit.: Lämmert 1990, Bd. 4, S. 81–87 (Lieselotte Maas)

Im Januar 1934 erschien die Exilzeitschrift zunächst unter dem Titel „Der Simplicus", ab September 1934 unter dem neuen Titel „Der Simpl" und versuchte damit eine Fortsetzung des vom NS-Regime mittlerweile gleichgeschalteten Münchner „Simplicissimus" zu sein. Bis September 1934 erschien zur deutschen eine – nur geringfügig abweichende – tschechische Parallelausgabe. Auch wenn der „Simpl" vor allem ein politisches Kampfblatt sein wollte, sorgte er für Unterhaltung. Die politische Satire zog manchen Eingriff der tschechischen Zensur nach sich oder

Satirický týdeník „Der Simpl", vydávaný v Praze německými emigranty, měl předlohu v mnichovském „Simplicissimu" dvacátých let. Pražský „Simpl" nechtěl být pouze exilovým časopisem, nýbrž měl ambice oslovit veškeré německy mluvící obyvatelstvo v Československu.

*Der Simpl. Pražský satirický týdeník
Praha, 1934, č.1, 25. září 1934, č.2, 2. října 1934; tisk/papír, 34 x 50*

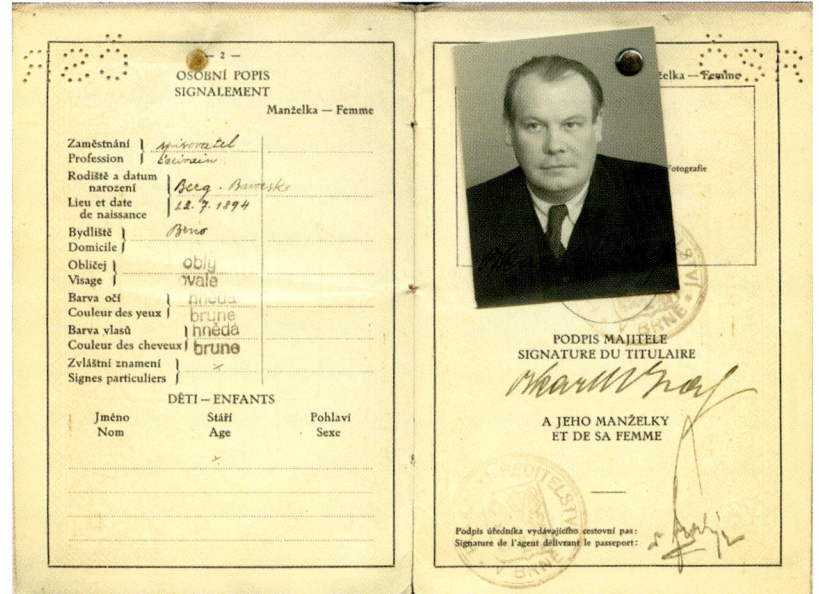

OSOBNÍ POPIS
SIGNALEMENT

Manželka — Femme

Zaměstnání / Profession	spisovatel / écrivain
Rodiště a datum narození / Lieu et date de naissance	Berg. Bayer. 12.7.1894
Bydliště / Domicile	Brno
Obličej / Visage	oblý / ovale
Barva očí / Couleur des yeux	hnědá / brune
Barva vlasů / Couleur des cheveux	hnědá / brune
Zvláštní znamení / Signes particuliers	x

DĚTI — ENFANTS

Jméno Nom	Stáří Age	Pohlaví Sexe
	x	

PODPIS MAJITELE
SIGNATURE DU TITULAIRE

Oskar M Graf

A JEHO MANŽELKY
ET DE SA FEMME

Podpis úředníka vydávajícího cestovní pas:
Signature de l'agent délivrant le passeport:

6.32

Proteste der deutschen Gesandtschaft und sudetendeutscher Nationalsozialisten. Der „Simpl" zeigte das deutsche Volk im Elend, das alle zu Nazigegnern machen würde und beförderte die Hoffnung auf ein baldiges Ende der blutigen NS-Diktatur. Aber die Satire erreichte hier ihre Grenzen: „... für den Witz fehlte dem Simplicus die Freiheit, lachen zu können, im Feld der Karikatur holte die Wirklichkeit die satirischen Übertreibungen immer wieder ein" (Lieselotte Maas).

Während die Rückseite der hier gezeigten Ausgabe Nr. 1 unter dem Titel „Berliner Sozialismus" auf die Not der Arbeiterschaft und die zunehmende Kluft zwischen Arm und Reich anspielt, gilt die Titelseite der Nr. 2 dem berühmt-berüchtigten Waffenhändler Sir Basil Zaharoff und seiner Hoffnung auf künftige Kriege. *L. E.*

Československo poskytlo útočiště mnoha spisovatelům a intelektuálům.

Československý cizinecký pas Oskara Marii Grafa, vystaven v Brně/Brünn dne 12. dubna 1938

15 x 10

6.32 In der Tschechoslowakei fand eine Reihe von Schriftstellern und Intellektuellen Zuflucht.

Tschechoslowakischer Fremdenpass von Oskar Maria Graf, ausgestellt in Brünn am 12. April 1938

15 x 10; Monacensia. Literaturarchiv und Bibliothek München (Konv. Oskar Maria Graf; Mappe 11)

Lit.: Schoeller 1994; Bollenbeck 1985

Im Februar 1933 reiste Oskar Maria Graf aus München zu einer Vortragsreise nach Österreich. Es war noch keine Flucht vor Hitler, kein Entschluss zur Emigration. Allerdings zeigte der nun einsetzende Terror der Nationalsozialisten unmissverständlich, dass an eine Rückkehr des bekennenden (und bekannten) Sozialisten nicht zu denken war. Mirjam Sachs, Grafs Lebensgefährtin und spätere zweite Ehefrau, verließ München überstürzt mit wenigen Habseligkeiten in Richtung Wien. Dort, im Kreis von literarischen und politischen Freunden, lebte sich der Schriftsteller schnell ein. Erstaunt musste er feststellen, dass sein Name nicht auf der „Schwarzen Liste" zu finden war, viele seiner Werke hingegen zierten die „Weiße Liste", also die amtlich empfohlenen Titel. Gegen diese Vereinnahmung durch die verhassten Nationalsozialisten protestierte Graf in seinem berühmten Aufruf „Verbrennt mich!" in der Wiener Arbeiter-Zeitung im Mai 1933. Im Juni 1934 wurde der Schriftsteller offiziell ausgebürgert.

Das Wiener Exil endete jäh nach den Februarkämpfen 1934, dem Verbot der Sozialistischen Partei Österreichs und der gnadenlosen Verfolgung der sozialdemokratischen Schutzbündler. Graf musste befürchten nach Deutschland abgeschoben zu werden. Mit Mirjam Sachs floh er nach Brünn/Brno in Mähren. Es gab gute Gründe für diese Wahl: Die Tschechoslowakei unter dem liberalen Präsidenten Masaryk half vielen bedrohten Intellektuellen durch die Ausstellung von Fremdenpässen, unter anderem auch Thomas Mann. Viele Tschechen sprachen Deutsch (zeitlebens weigerte sich Graf, eine Fremdsprache zu lernen), es gab eine starke linke Arbeiterbewegung, eine vitale Literaturszene – Graf nahm im Juni 1938 als Delegierter am internationalen PEN-Kongress in Prag teil – und auch Publikationsmöglichkeiten.

Mit dem Einmarsch der Nationalsozialisten im März 1938 in Österreich standen die Zeichen für den deutschen Schriftsteller und seine Lebensgefährtin jedoch erneut auf Flucht. Der hier gezeigte Fremdenpass, ausgestellt im Juli 1938,

6.33

ermöglichte dem staatenlosen Oskar Maria Graf die Planung weiterer Schritte. Nachdem England, Norwegen und die Schweiz einen Exilantrag abgewiesen haben, reisten Graf und seine Lebensgefährtin nach New York. Zwei vor Jahren ausgewanderte Geschwister bürgten für den nahezu mittellosen Autor.   F. S.

6.33 Für die meisten jüdischen Emigranten war die Tschechoslowakei nur eine Durchgangsstation vor der Weiterreise in westliche Länder und vor allem nach Palästina.

Abreise jüdischer Emigranten vom Wilson-Bahnhof in Prag Richtung Palästina
Fotografie, 1934; Česká tisková kancelář, Praha (FO 388580)

Mindestens 5 000 jüdische Emigranten flohen vor dem NS-Terror aus Deutschland in die Tschechoslowakei. Das entspricht etwa 20 Prozent der auf rund 20 000 geschätzten deutschen Emigranten, von denen die meisten aus politischen Gründen geflohen waren.

Die jüdischen Emigranten wurden von jüdischen und tschechischen Hilfsorganisationen betreut. Entsprechend einer Verordnung der tschechoslowakischen Regierung von 1934 durften deutsche Bürger jüdischer Abstammung nicht an Deutschland ausgeliefert werden. Von den jüdischen Emigranten blieb nur ein kleiner Teil in der Tschechoslowakei, etwa 4 000 reisten von Prag weiter in Richtung Palästina. Von den 1938/39 noch in der Tschechoslowakei Verbliebenen konnten nur wenige dem Holocaust entkommen.   L. E.

6.34 Tschechische nationale Organisationen wie der Turnverband „Sokol" demonstrierten ihre Bereitschaft, die Tschechoslowakische Republik gegen Abtretungsforderungen zu verteidigen.

„1918–1938 20 let Republiky Česko-Slovenské" („20 Jahre Tschechoslowakische Republik")
O. Ušák; Postkarte, 10,5 x 15,8; Sammlung Karl Stehle, München
Lit.: Celovsky 1958; Uhlíř 1997

Anfang Juli 1938 kamen die Mitglieder des „Sokol" (Falke) zu ihrem X. Turnfest nach Prag. Sie feierten den 75. Jahrestag der Gründung dieser nationalen Turnbewegung und begingen den 20. Jahrestag der Gründung der Tschechoslowakischen Republik. Die Botschaft der Postkarte appelliert an die Standfestigkeit der tschechischen Nation: Der „Sokol" mit rotem Hemd und Federbusch breitet seine

Pro většinu židovských emigrantů bylo Československo jen průchozí stanicí na cestě dále na západ a hlavně do Palestiny.

Odjezd židovských emigrantů z Wilsonova nádraží v Praze směrem do Palestiny
fotografie, 1934

České národní organizace jako tělocvičný spolek Sokol demonstrovaly ochotu bránit Československou republiku proti požadavkům odstoupení pohraničí.

„1918–1938 20 let Republiky Česko-Slovenské"
O. Ušák; pohlednice, 10,5 x 15,8

6.34

20 let
Republiky
Česko-
Slovenské

1918
1938

Arme aus – vom Grenzgebiet im Westen über Prag, Brünn/Brno und Pressburg/Bratislava bis Karpatenrussland im Osten. An die Verteidigungsbereitschaft erinnern auch die tschechischen Legionäre des Ersten Weltkriegs, die auf Seiten der Entente gekämpft hatten, in ihrer italienischen, französischen und russischen Uniform, hinter ihnen marschieren Soldaten der Armee.

Die Existenz der Tschechoslowakischen Republik war zu dieser Zeit in höchstem Maße bedroht. Die Sudetendeutsche Partei hatte nach dem „Anschluss" Österreichs alle deutschen Parteien, mit Ausnahme der Sozialdemokraten und Kommunisten, aufgesaugt. Sie hatte am 24. April 1938 im Karlsbader Programm ein Bekenntnis zum Nationalsozialismus abgelegt. Bei den Kommunalwahlen im Mai und Juni hatte sie rund 85 Prozent der deutschen Stimmen erhalten. Offiziell plädierte die Sudetendeutsche Partei vor allem für territoriale Autonomie, insgeheim aber hatten ihre Führer Hitler zugesagt, stets mehr zu fordern, als die tschechoslowakische Regierung gewähren könne. Im Deutschen Reich entfesselte Goebbels eine aggressive Propaganda gegen die Tschechoslowakei als „Völkerkerker" und „Vorposten der Sowjetunion". Deren Beistandspakt mit der Tschechoslowakei war an die Bedingung gebunden, dass Frankreich seinem Verbündeten zu Hilfe komme, während Frankreich sich wiederum zu schwach fühlte, ohne Großbritannien einzugreifen. Die britische Regierung verfolgte jedoch eine Politik des Ausgleichs mit dem Italien Mussolinis und der Beschwichtigung (appeasement) Deutschlands. Sowohl Großbritannien als auch Frankreich forderten die Tschechoslowakei auf, der Sudetendeutschen Partei so weit wie nur irgend möglich entgegenzukommen. Gegen eine solche Politik der Zugeständnisse protestierten besonders die Verbände der Tschechen in den Grenzgebieten, die deutschen Sozialdemokraten und der „Sokol".   D. B.

Když Hitler hrozil vojenským vpádem, donutily Velká Británie a Francie československou vládu k souhlasu s odstoupením pohraničních oblastí s více než padesátiprocentním podílem německy mluvícího obyvatelstva. České obyvatelstvo protestovalo na velkých demonstracích.

Masové protesty před československým parlamentem v Praze 22. září 1938
fotografie

6.35 Als Hitler mit dem Einmarsch drohte, erzwangen Großbritannien und Frankreich die Zustimmung der tschechoslowakischen Regierung zur Abtretung der Grenzgebiete mit mehr als 50 Prozent deutschsprachiger Bevölkerung. In großen Kundgebungen protestierte die tschechische Bevölkerung dagegen.

Massenproteste vor dem tschechoslowakischen Parlament in Prag am
22. September 1938
Fotografie; Bundesarchiv Koblenz (ADN-Archiv G III 1,4 1938)

Noch am Abend des 21. und am 22. September 1938 versammelte sich vor dem Parlamentsgebäude in Prag eine wachsende Menschenmenge, die gegen die Abtretung der Sudetengebiete protestierte. Zu parallelen Kundgebungen kam es in vielen anderen Städten. Nach Chamberlains Verhandlungen mit Hitler in Berchtesgaden am 15. September hatten sich Frankreich und Großbritannien darauf geeinigt, von der Tschechoslowakei die Abtretung der Sudetengebiete zu fordern. Sie teilten der Prager Regierung am 19. September mit, dass sie für die Aufrechterhaltung des Friedens gezwungen seien, die Abtretung aller Grenzgebiete zu fordern, in denen über 50 Prozent der Bevölkerung deutschsprachig waren.

Die Prager Regierung lehnte diese Forderung ab und schlug stattdessen vor, ein Verfahren gemäß dem deutsch-tschechoslowakischen Schiedsvertrag von 1926 einzuleiten. Um 2 Uhr in der Nacht zum 21. September forderten jedoch die Gesandten der beiden Westmächte Staatspräsident Beneš in ultimativer Form auf, ihren „Rat" anzunehmen, um einen unmittelbar bevorstehenden deutschen Einmarsch zu verhindern. Andernfalls werde die Tschechoslowakei ihrem Schicksal überlassen. Am späten Nachmittag beugte sich die Prager Regierung dem Ultimatum und ihr Außenminister teilte diese Entscheidung der Presse mit. Zugleich beschloss die Regierung ihren Rücktritt zugunsten eines Fachkabinetts unter der Führung General Syrovýs. Beneš hielt eine Rundfunkansprache, in der er die Nation zu Ruhe und Einheit aufforderte.

In zahlreichen Städten und vor allem in Prag kam es zu Protesten gegen die Forderung der Westmächte. „Schande über Frankreich und England", „Weg mit der Regierung, wir stehen zur Armee, gebt uns Waffen" waren die Parolen der Menschen auf den Straßen. In Prag sprachen mehrere Abgeordnete vom Balkon des Parlaments zu den Versammelten, unter ihnen der KP-Vorsitzende

6.35

Gottwald. Anschließend begaben sich die Abgeordneten zur Burg, um dem Präsidenten die Forderung zu überbringen nicht zu kapitulieren. In den nächsten Tagen schien es so, als würden die Westmächte der Tschechoslowakei doch gegen Deutschland militärisch beistehen. Umso größer war die Enttäuschung, als am 30. September 1938 das Ergebnis der Münchner Konferenz bekannt wurde. Zwar kam es in Prag neuerlich zu Demonstrationen, doch die Kraft der Protestbewegung war gebrochen. *D. B.*

6.36 „Peace for our time" erreicht zu haben glaubte der britische Premierminister Chamberlain mit der Unterzeichnung des Münchner Abkommens. Ein halbes Jahr später sollte Hitler Prag besetzen lassen.

Die Unterzeichner des Münchner Abkommens vom 29. September 1938
München, 30. September 1938; Fotografie, Heinrich Hoffmann; Bayerische Staatsbibliothek, München (Fotoarchiv Hoffmann 20644)
Lit.: Rönnefarth 1961; Smelser 1980; Leoncini 1988; Glotz 1990

Das Münchner Abkommen wurde am 30. September 1938, einen Tag nach der Übereinkunft, von den Regierungschefs der beteiligten vier Staaten unterschrieben. Die Unterzeichnung fand in Hitlers Arbeitszimmer im „Führerbau" der neu errichteten NSDAP-Reichsleitung in München statt.

Auf der Fotografie ist links der Konservative britische Premierminister Neville Chamberlain (1869–1940) zu sehen, der von 1937 bis 1940 im Amt war. Er gilt als die Verkörperung der Appeasement-Politik, also einer Politik, die durch übergroße Nachgiebigkeit gegenüber Diktaturen diese letztlich stärkt anstatt sie einzudämmen.

Der französische Ministerpräsident Edouard Daladier (1884-1970) gehörte der Radikal-Sozialistischen Partei an. Er war 1936 maßgeblich an der Bildung einer „Volksfrontregierung" unter Einschluss der Kommunisten beteiligt. Von 1938 bis 1940 war er, wie zweimal zuvor 1933 und 1934, Ministerpräsident. Mit seiner Regierung verfocht auch er eine Politik des Kompromisses mit Deutschland.

Neben Adolf Hitler steht der italienische Diktator Benito Mussolini (1883 bis 1945). Ursprünglich Marxist, gründete er 1919 die Faschistische Bewegung, die mit ihm nach dem Marsch auf Rom im Oktober 1922 die Macht in Italien errang. Seit 1925 baute er eine Einparteien-Diktatur auf. Mit Hitler begründete er im Oktober 1936 die Achse Berlin – Rom, im Juni 1940 trat das von Mussolini geführte faschistische Italien auf Seiten Deutschlands in den Krieg ein. 1943 wurde

Britský ministerský předseda Chamberlain věřil, že podepsáním Mnichovské dohody byl zachráněn „mír pro naši dobu". O půl roku později už Hitler obsadil Prahu. Čtyři státníci po podpisu dohody pózují fotografovi: Neville Chamberlain (1869–1940), britský ministerský předseda; Edouard Daladier (1884–1970), francouzský ministerský předseda; Adolf Hitler (1889–1945), německý „Vůdce a říšský kancléř"; Benito Mussolini (1883–1945), italský ministerský předseda a „duce"; hrabě Galeazzo Ciano (1903–1944), italský ministr zahraničí. Britský ministerský předseda Chamberlain věřil, že bylo dosaženo „Peace for our time". O půl roku později už Hitler obsadil Prahu.

Signatáři Mnichovské dohody ze dne 29. září 1938
Mnichov, 30. září 1938; fotografie, Heinrich Hoffmann

6.36

Mussolini abgesetzt und führte nach seiner Befreiung durch deutsche Truppen ein Schattenregime. Neben dem „Duce" steht sein Schwiegersohn Graf Ciano (1903–1944), der von 1936 bis 1943 italienischer Außenminister war. Sein deutsches Pendant, der Nationalsozialist Joachim von Ribbentrop (1893–1946), Außenminister seit Februar 1938, ist zusammen mit dem Staatssekretär des deutschen Auswärtigen Amts, Ernst Freiherr von Weizsäcker (1882–1951), in der zweiten Reihe zwischen den beiden Diktatoren zu sehen.   *L. B.*

Adolf Hitler vynutil pod pohrůžkou války mnichovskou dohodu o odstoupení německojazyčných pohraničních oblastí Československa.

a) Spis Mnichovské dohody: „Mnichovská dohoda uzavřená mezi Německou říší, Spojeným královstvím Velké Británie a Severního Irska, Francií a Itálií o opětovném sjednocení sudetoněmeckého území s Německem včetně čtyř doplňujících prohlášení ze dne 29. září 1938 včetně protokolu ze dne 28. října 1938 k provedení Mnichovské dohody"
psací stroj, vlastnoruční podpisy/papír, 56 x 36

b) Mapa: „Národnostní skupiny v Československu", s rukopisným značením oblastí vstupu vojsk a termínů, s ručními značkami ministrů zahraničí
příloha k Mnichovské dohodě ze dne 29. září 1938; barvotisk/papír, 48 x 104

6.37 Adolf Hitler hatte mit Kriegsdrohungen das Münchner Abkommen über die Abtretung der deutschsprachigen Grenzgebiete der Tschechoslowakei erpresst.

a) Akte des Münchner Abkommens: „Münchner Abkommen zwischen dem Deutschen Reich, dem Vereinigten Königreich von Großbritannien und Nordirland, Frankreich und Italien über die Wiedervereinigung des Sudetendeutschen Gebiets mit Deutschland nebst dazugehörigen vier Erklärungen vom 29. September 1938 nebst Protokoll vom 28. Oktober 1938 zur Durchführung des Münchener Abkommens"
Schreibmaschine, eigenhändige Unterschriften/Papier, 56 x 36; Politisches Archiv des Auswärtigen Amts, Berlin

b) Karte: „Volksgruppen in der Tschechoslowakei", mit handschriftlichen Markierungen zu den Einmarschzonen und -terminen sowie Handzeichen der Außenminister
Beilage zum Münchner Abkommen vom 29. September 1938; Farbdruck/Papier, 48 x 104; Politisches Archiv des Auswärtigen Amts, Berlin
Lit.: Rönnefarth 1961; Smelser 1980; Leoncini 1988; Glotz 1990

Das Münchner Abkommen markiert den Tiefpunkt der Beziehungen zwischen dem Deutschen Reich und der Tschechoslowakei. Ohne direkte Beteiligung des betroffenen Staates, nämlich der Tschechoslowakei, wurden die mehrheitlich von Deutschen bewohnten Gebiete Böhmens und Mährens (sudetendeutsche Gebiete) dem Deutschen Reich zugeschlagen. In der Folge musste die Tschechoslowakei auch Land an Polen und Ungarn (Karpato-Ukraine) abtreten. Das verbleibende Staatsgebilde überlebte nur kurze Zeit. Mit dem Münchner Abkommen hatte das nationalsozialistische Deutschland nach dem Einmarsch in das entmilitarisierte Rheinland am 7. März 1936 und dem Anschluss Österreichs im März 1938 das Ende der territorialen Revision der Pariser Vorortverträge von

Geheime Reichssache

A b k o m m e n

zwischen Deutschland, dem Vereinigten Königreich,

Frankreich und Italien,

getroffen in München, am 29. September 1938.

Deutschland, das Vereinigte Königreich,

Frankreich und Italien sind unter Berücksichtigung

des Abkommens, das hinsichtlich der Abtretung des

sudetendeutschen Gebiets bereits grundsätzlich er-

zielt wurde, über folgende Bedingungen und Modali-

täten dieser Abtretung und über die danach zu er-

greifenden Massnahmen übereingekommen und erklären

sich durch dieses Abkommen einzeln verantwortlich

für die zur Sicherung seiner Erfüllung notwendigen

Schritte.

1.) Die Räumung beginnt am 1.Oktober.

2.) Das Vereinigte Königreich, Frankreich und Italien

vereinbaren, dass die Räumung des Gebiets bis zum

10.Oktober vollzogen wird, und zwar ohne Zerstörung

irgendwelcher bestehender Einrichtungen, und dass

die Tschechoslowakische Regierung die Verantwortung

dafür trägt, dass die Räumung ohne Beschädigung der

bezeichneten Einrichtungen durchgeführt wird.

- 2 -

3.) Die Modalitäten der Räumung werden im Einzelnen durch

einen internationalen Ausschuss festgelegt, der sich

aus Vertretern Deutschlands, des Vereinigten König-

reichs, Frankreichs, Italiens und der Tschechoslowakei

zusammensetzt.

4.) Die etappenweise Besetzung des vorwiegend deutschen

Gebietes durch deutsche Truppen beginnt am 1.Oktober.

Die vier auf der anliegenden Karte bezeichneten Ge-

bietsabschnitte werden in folgender Reihenfolge durch

deutsche Truppen besetzt:

Der mit I bezeichnete Gebietsabschnitt am 1.und

2.Oktober, der mit II bezeichnete Gebietsabschnitt

am 2. und 3.Oktober, der mit III bezeichnete Gebiets-

abschnitt am 3.,4.und 5.Oktober, der mit IV bezeichnete

Gebietsabschnitt am 6. und 7.Oktober.

Das restliche Gebiet vorwiegend deutschen Charakters

wird unverzüglich von dem obenerwähnten internationalen

Ausschuss festgestellt und bis zum 10.Oktober durch

deutsche Truppen besetzt werden.

5.)

- 3 -

5.) Der in § 3 erwähnte internationale Ausschuss wird

die Gebiete bestimmen, in denen eine Volksabstimmung

stattfinden soll. Diese Gebiete werden bis zum Ab-

schluss der Volksabstimmung durch internationale For-

mationen besetzt werden. Der gleiche Ausschuss wird

die Modalitäten festlegen, unter denen die Volksab-

stimmung durchgeführt werden soll, wobei die Modali-

täten der Saarabstimmung als Grundlage zu betrachten

sind. Der Ausschuss wird ebenfalls den Tag festsetzen,

an dem die Volksabstimmung stattfindet; dieser Tag

darf jedoch nicht später als Ende November liegen.

6.) Die endgültige Festlegung der Grenzen wird durch

den internationalen Ausschuss vorgenommen werden.

Dieser Ausschuss ist berechtigt, den vier Mächten

Deutschland, dem Vereinigten Königreich, Frankreich

und Italien in bestimmten Ausnahmefällen geringfügi-

ger Abweichungen von der streng ethnographischen Be-

stimmung der ohne Volksabstimmung zu übertragenden

Zonen zu empfehlen.

7.)

- 4 -

7.) Es wird ein Optionsrecht für den Übertritt in

die abgetretenen Gebiete und für den Austritt aus

ihnen vorgesehen. Die Option muss innerhalb von

sechs Monaten vom Zeitpunkt des Abschlusses dieses

Abkommens an ausgeübt werden. Ein deutsch-tsche-

choslowakischer Ausschuss wird die Einzelheiten der

Option bestimmen, Verfahren zur Erleichterung des

Austausches der Bevölkerung erwägen und grundsätzli-

che Fragen klären, die sich aus diesem Austausch

ergeben.

8.) Die Tschechoslowakische Regierung wird innerhalb

einer Frist von vier Wochen vom Tage des Abschlus-

ses dieses Abkommens an alle Sudetendeutschen aus

ihren militärischen und polizeilichen Verbänden ent-

lassen, die diese Entlassung wünschen. Innerhalb

derselben Frist wird die Tschechoslowakische Regierung

sudetendeutsche Gefangene entlassen, die wegen poli-

tischer Delikte Freiheitsstrafen verbüssen.

München, den 29. September 1938.

[signatures: Mussolini, Neville Chamberlain, ...]

6.37 a

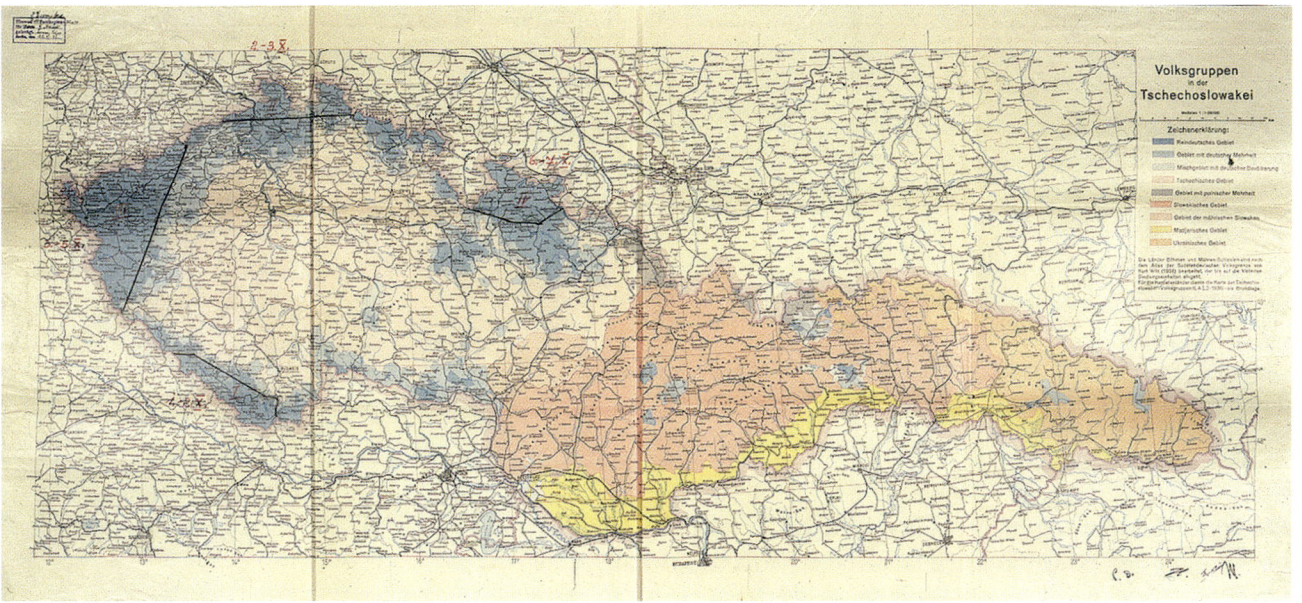

1919 erreicht. Zugleich war ein weiterer entscheidender Schritt auf dem Weg zur Entfesselung des Zweiten Weltkriegs getan.

Die dem Abkommen vorangehende Krise war auch durch die sich steigernden aggressiven Forderungen der nationalsozialistisch gesteuerten Sudetendeutschen Partei ausgelöst worden, die sich dem Führungsanspruch Hitlers untergeordnet hatte. Im Karlsbader Programm vom 24. April 1938 verlangte sie offiziell noch die Autonomie der sudetendeutschen Landesteile, stellte dann aber, gelenkt von Berlin, auf den Anschluss zielende Forderungen. Seit der so genannten Maikrise 1938 (tschechische Teilmobilisierung als Antwort auf deutsche Truppenbewegungen an der Grenze) drohte Hitler wiederholt mit Krieg, den die Weltmacht Großbritannien, das seinen Hauptgegner in der Sowjetunion sah, vermeiden wollte. Das seit 1937 in London unter der Führung des Konservativen Neville Chamberlain regierende Kabinett strebte einen friedlichen Ausgleich mit dem Deutschen Reich an. Es gestand Hitler-Deutschland im Prinzip die bisherigen Erfolge zu und war auch in der Sudetenfrage zu Konzessionen bereit, wenn nur der Friede in Europa erhalten blieb. Zwei Besuche Chamberlains bei Hitler und weitere diplomatische Vermittlungsversuche der Briten blieben erfolglos, denn Hitler strebte die vollständige militärische Zerschlagung der Tschechoslowakei an. So genügte ihm auch nicht die der Tschechoslowakei von Frankreich und Großbritannien am 21. September 1938 abgenötigte Zustimmung zur Abtrennung der überwiegend deutsch besiedelten Gebiete. Hingegen erreichte der italienische Diktator Mussolini, der sich auf Bitten Londons hin als Vermittler profilieren konnte, das Treffen in München, das, gegen den Wunsch Hitlers, mit dem bekannten Ergebnis endete.

Das Abkommen bezieht sich auf die Abtretungserklärung der tschechoslowakischen Regierung und regelt eigentlich nur die Modalitäten der Besetzung und der Übergabe. Zum Vertrag gehören mehrere Karten. Die hier vorliegende handelsübliche Karte mit den Nationalitäten der Tschechoslowakei kennzeichnet die überwiegend von Deutschen besiedelten Gebiete in blauer Farbe. Mit blauem Stift sind die Einmarschgebiete bezeichnet und nummeriert sowie der Einmarschtermin festgelegt. Im Gebiet I, dem Böhmerwald, war der 1.–8. Oktober festgelegt, im Gebiet II, in Nordböhmen, der 2.–3. Oktober, im Gebiet III, dem Egerland, der 3.–5. Oktober und im Gebiet IV, Böhmisch-Schlesien, der 6.–7. Oktober 1938. Rechts unten befinden sich die Handzeichen der vier beteiligten Außenminister.

L. B.

6.38 Die am Münchner Abkommen beteiligten Staatsmänner wurden bei ihrer Heimkehr begeistert begrüßt. Überall herrschte Erleichterung, dass ein Krieg vermieden worden war.

a) Bericht über die Rückkehr Chamberlains nach London von der Unterzeichnung des Münchner Abkommens
in: The illustrated London News, 8.10.1938, Titelseite und S. 622; Druck/Papier (R); Bayerische Staatsbibliothek, München (2 Per. 15f [193,29])

b) „Die Friedenstat von München"
in: Illustrirte Zeitung, 20.10.1938, Titelseite und S. 523; Druck/Papier (R); Bayerische Staatsbibliothek, München (2 Per. 26f [191,b])

c) „Praha manifestuje pro obranu republiky" („Prag demonstriert für die Verteidigung der Republik")
in: Světozor, 29.9.1938, Titelseite und S. 675; Druck/Papier (R); Národního knihovna Česke republiky, Praha

Dem britischen Premierminister Chamberlain wurde bei seiner Rückkehr nach London ein triumphaler Empfang zuteil. Schon am Flughafen begrüßten ihn jubelnde Londoner. Den Höhepunkt erreichte die Begeisterung, als er von dort in den Buckingham Palast fuhr, wo ihn das Königspaar begrüßte, um sich dann mit ihm auf dem Balkon der applaudierenden Menge zu präsentieren. Sein Ausspruch „I believe it is peace for our time" sollte sich jedoch als grobe Fehleinschätzung der Ambitionen Hitlers erweisen.

Die deutschen Medien, gelenkt von Propagandaminister Goebbels, feierten die Münchner Konferenz als überragenden Erfolg Hitlers, die Leipziger „Illustrirte Zeitung" titulierte ihn als „Wahrer des Friedens". Das Treffen der vier Staatschefs und die Unterzeichnung des Abkommens wurden minutiös in Film und Bild dargestellt. Auch in Deutschland war die Erleichterung groß, dass ein Krieg vermieden worden war.

Die Entscheidung der tschechischen Regierung über die Abtretung der deutschsprachigen Gebiete war im Grunde schon mit der von britischen und französischen Abgesandten erzwungenen Abtretungserklärung gefallen. Beide Länder hatten gedroht der Tschechoslowakischen Republik im Falle ihrer Weigerung das Verteidigungsbündnis aufzukündigen. Das hätte für die Tschechoslowakei bedeutet, dem von drei Seiten zu erwartenden deutschen Angriff allein gegenüber zu stehen. Staatspräsident Beneš wurde für die Unterzeichnung der Abtretungserklärung später stark kritisiert.   L. E.

6.39 Die Hoheitszeichen an der ehemaligen Grenze zur Tschechoslowakei wurden beim Einmarsch der deutschen Truppen abgerissen.

a) Abriss eines tschechischen Grenzzeichens
Anfang Oktober 1938; Fotografie; Bundesarchiv Koblenz

b) Deutsche Wehrmachteinheiten vor dem Zollamt in Höll/Waldmünchen beim Einmarsch in das ehemals tschechische Grenzgebiet
Fotografie; Annemarie Babl, Waldmünchen

Entsprechend dem Münchner Abkommen sollte der Einmarsch in das Egerland vom 3. bis 5. Oktober 1938 stattfinden. Am Morgen des 5. Oktober 1938 nahmen Wehrmachteinheiten aus der Amberger Garnison vor dem deutschen Zollamt in Höll bei Waldmünchen Aufstellung. Nach einer Ansprache ihres Kommandeurs rückten sie ab über die Grenze. Auf der anderen Seite, im sudetendeutschen und nun reichsdeutschen Gebiet, wurden sie von der jubelnden Bevölkerung empfangen. Zum Ritual des „Anschlusses" gehörte auch der Abriss der tschechischen Grenzpfähle mit dem Wappen der Republik. Die deutschen Grenzschilder wurden in den folgenden Wochen an der neuen Grenze zum Restgebiet der Tschechoslowakischen Republik aufgestellt.   L. E.

Státníci, kteří podepsali Mnichovskou dohodu, byli při návratu domů nadšeně vítáni. Všude nastalo ulehčení, že se podařilo odvrátit hrozbu války.

a) Zpráva o Chamberlainově návratu do Londýna po podpisu Mnichovské dohody
in: The illustrated London News, 8.10.1938, titulní strana a str. 622; tisk/papír (R)

b) „Mírový čin v Mnichově"
in: Illustrirte Zeitung, 20.10.1938, titulní strana a str. 523; tisk/papír (R)

c) „Praha manifestuje pro obranu republiky"
in: Světozor, 29.9.1938, titulní strana a str. 675; tisk/papír (R)

Tabule s výsostnými znaky na bývalé hranici s Československem byly strženy při vpádu německých vojsk.

a) Stržení českého hraničního znaku
počátek října 1938; fotografie

b) Jednotky německého wehrmachtu před celnicí v Höll/Waldmünchen před vkročením do dříve českého pohraničí
fotografie

6.39 a   6.39 b

Pro převážnou většinu německého obyvatelstva v sudetských oblastech bylo připojení k „Velkoněmecké říši" naplněním požadavku sebeurčení. O zinscenování Hitlerovy cesty Sudetami jako „triumfálního tažení" se postarala propaganda – nadšený jásot mas byl však skutečný.

Hitler na cestě Sudetami: 3. října 1938 v Aši

fotografie: Presse-Bild Zentrale, Berlín (pravděpodobně Heinrich Hoffmann); pohlednice, 10,7 x 15,1

6.40 Der überwiegende Teil der deutschen Bevölkerung im Sudetengebiet empfand den Anschluss an das „Großdeutsche Reich" als Erfüllung ihrer Forderung nach Selbstbestimmung. Die Rundfahrt Hitlers durch das Sudetengebiet war als „Triumphzug" propagandistisch in Szene gesetzt, aber der Jubel der Menge war echt.

Hitler auf seiner Sudetenrundfahrt am 3. Oktober 1938 in Asch
Fotografie: Presse-Bild Zentrale, Berlin (vermutlich Heinrich Hoffmann); Postkarte, 10,7 x 15,1; Sammlung Karl Stehle, München
Lit.: Zimmermann 1999; Gebel 2000

Am 3. und 4. Oktober 1938 besuchte Hitler das Egerland, ein Besuch, der von den Propagandaabteilungen der NSDAP und der Sudetendeutschen Partei (SdP) gründlich vorbereitet worden war. Hakenkreuzfahnen und -girlanden schmückten die Straßen, in Eger/Cheb begrüßte Konrad Henlein, der Führer der SdP, Hitler auf dem Marktplatz, in Karlsbad/Karlovy Vary fand die Parade der Wehrmacht statt. Viele Sudetendeutsche standen jubelnd Spalier, für sie war der Wunsch von 1918 in Erfüllung gegangen, der Anschluss an das Deutsche Reich. Dieser zog in der Folge die Eingliederung der politischen Organisationen und der bisherigen Verwaltung unter den NS-Herrschaftsapparat nach sich. Die Sudetendeutsche Partei war nicht nur ideologisch, sondern auch organisatorisch an das Vorbild der reichsdeutschen NSDAP angeglichen worden, sodass ihre Überführung in die NSDAP bereits am 11. Dezember 1938 abgeschlossen werden konnte. SdP-Mitglieder mussten jedoch noch eine Überprüfung durchlaufen, bevor sie in die NSDAP übernommen wurden. Bis zum April 1943 stieg die Zahl der ehemaligen SdP-Mitglieder in der NSDAP auf 526 790. Auf- und ausgebaut wurden die der Partei angegliederten Organisationen wie die Hitlerjugend und die NS-Frauenschaft sowie die angeschlossenen Verbände wie die Deutsche Arbeitsfront und die Nationalsozialistische Volkswohlfahrt. Die ehemaligen Mitglieder des „Freiwilligen Selbstschutzes", einer Art Parteimiliz, und des „Sudetendeutschen Freikorps", das in der zweiten Septemberhälfte Überfälle auf tschechisches Gebiet unternommen hatte, drängten vor allem in die SA. Mit fast 129 000 Angehörigen war die sudetendeutsche SA ebenso wie die sudetendeutsche NSDAP die mitgliederstärkste Gruppe des gesamten Reichs.

Die SS-Oberabschnitte Dresden, Breslau und Bayreuth teilten sich den lang gestreckten Sudetengau auf, was zu Kompetenzstreitigkeiten führte. Erst 1944 erfolgte die Unterstellung unter den „Höheren SS- und Polizeiführer in Böhmen und Mähren" mit Sitz in Prag. In Reichenberg/Liberec, der Hauptstadt des Gaus, amtierten jedoch die Befehlshaber der Sicherheitspolizei und des Sicherheitsdienstes sowie der Ordnungspolizei mit ihren Untergliederungen in den drei Regierungsbezirken des Sudetengaus. Das Reichssicherheitshauptamt stand jenem Teil der NSDAP-Gauleitung (einschließlich Henlein) feindlich gegenüber, der aus dem Kameradschaftsbund mit seinen ständestaatlichen Vorstellungen gekommen war. Heydrich erreichte, dass einige der ehemaligen Mitglieder des

6.40

Kameradschaftsbundes abgesetzt, einige auch verhaftet wurden, doch hielt Hitler an Henlein als „Führer des Sudetendeutschtums" fest.

Auch die Justiz wurde nach deutschem Vorbild reorganisiert und gleichgeschaltet. Zuständig für den Sudetengau waren die neu geschaffenen Gerichte wie das Oberlandesgericht Leitmeritz/Litoměřice bzw. die Sondergerichte in Eger, Leitmeritz und Troppau/Opava, soweit nicht der Volksgerichtshof in Berlin Verfahren an sich zog. *D. B.*

6.41 Die zunehmende Bedrohung von NS-Gegnern, Juden und Tschechen in den Sudetengebieten führte zu einer Fluchtwelle, die ihren Höhepunkt in den Wochen nach dem Münchner Abkommen erreichte.

Eine tschechische Familie verlässt mit ihrer Habe das Sudetengebiet, 1938/39
Fotografie; Česká tisková kancelář, Praha (FO 91415)
Lit.: Gebhart 1999

Rostoucí ohrožení, ve kterém se ocitli odpůrci nacistického režimu, Židé a Češi v sudetoněmeckých oblastech, vedlo k uprchlické vlně, jež dosáhla svého vrcholu v týdnech po podepsání Mnichovské dohody.

Česká rodina se svým majetkem opouští Sudety, 1938/39
fotografie

Seit dem so genannten Anschluss Österreichs im März und dem Sieg der Sudetendeutschen Partei bei den Kommunalwahlen im Mai/Juni 1938 fürchteten Tschechen, Juden und deutsche Antifaschisten den Anschluss auch der Sudetengebiete an das „Großdeutsche Reich" und die damit einhergehende Entrechtung und Verfolgung. Die anfangs schwache Fluchtwelle schwoll an, als sich die Prager Regierung am 22. September dem britisch-französischen Ultimatum unterwarf, die Grenzgebiete an das „Großdeutsche Reich" abzutreten, und erreichte in den Tagen und Wochen nach dem Münchner Abkommen und dem Einmarsch der Wehrmacht ihren Höhepunkt.

Von ursprünglich 22 000 Juden waren zur Zeit der Volkszählung im Mai 1939 nur noch 2 000 in den abgetretenen Gebieten geblieben. Auch über 10 000 sudetendeutsche Sozialdemokraten und Kommunisten trieb der Terror zuerst der Sudetendeutschen Partei und seit der Annexion auch der Gestapo aus ihrer Heimat. Viele Juden und deutsche Antifaschisten flüchteten weiter ins Ausland. Bis zum Sommer 1939 registrierte das Prager „Amt

6.41

für Flüchtlingsfürsorge" über 139 000 tschechische Flüchtlinge aus den Sudeten-gebieten, zu denen etwa 37 000 Staatsangestellte mit ihren Familien kamen, um die sich die jeweilige Prager Zentralbehörde kümmern musste. Je später die Men-schen flohen, umso weniger von ihrem Besitz konnten sie auf den Lastwagen oder in den Zügen mitnehmen. Nach der Errichtung des „Protektorats Böhmen und Mähren" im März 1939 gewährte die Protektoratsregierung vor allem mittellosen Flüchtlingen einen Vorschuss auf eine geplante Entschädigung, die jedoch nie ausgezahlt wurde. *D. B.*

Již v září 1938 začalo v sudetských ob-lastech zatýkání odpůrců Sudetoněmecké strany a nacistického režimu. Řada osob byla mučena a zavlečena do koncent-račních táborů.

Zatýkání sociálních demokratů a komunistů v Aši
fotografie, říjen 1938

6.42 Im Oktober 1938 begannen im Sudetengebiet die Verhaftungen von Gegnern der Sudetendeutschen Partei und des NS-Regimes. Viele wurden misshandelt und in Konzentrationslager verschleppt.

Verhaftung von Sozialdemokraten und Kommunisten in Asch
Fotografie, Oktober 1938; Statni okresní archiv Cheb

Dem Einmarsch der deutschen Wehrmacht in die sudetendeutschen Gebiete folgte die Gestapo. Die Sudetendeutsche Partei hatte schon seit 1936 „schwarze Listen" geführt, nach denen nun politische Gegner verhaftet wurden. Vielfach nahmen Ordner des von Henlein im März 1938 gegründeten und von der SA im Reich ausgebildeten „Sudetendeutschen Freikorps" und SdP-Anhänger die Ver-haftungen vor und lieferten die Gefangenen an die Gestapo aus. Misshandlungen und Demütigungen begleiteten die Festnahmen und Verhöre. Über 13 000 NS-Gegner wurden in diesen Tagen verhaftet, einige von ihnen wurden ermordet. Die Festgenommenen wurden in die Konzentrationslager Dachau und Buchenwald oder in Gefängnisse gebracht. Vom 12. Oktober 1938 bis zum Jahresende trafen im Konzentrationslager Dachau über 2 000 Gefangene aus den sudetendeutschen Gebieten ein, bis zum Juli 1939 nochmals über 600. Die meisten kamen nach wenigen Monaten wieder frei, aber bekannte Funktionäre wie Alois Ullmann – Geschäftsführer des Arbeiter- Turn- und Sportbundes, Funktionär der Repub-likanischen Wehr und Mitglied des DSAP-Parteivorstands – blieben bis 1945 in Haft. Mindestens 70 Sudetendeutsche sind im Konzentrationslager Dachau umgekommen.

Etwa 13 000 deutsche Emigranten und sudetendeutsche NS-Gegner flohen in das nicht besetzte tschechische Gebiet. Nicht wenige wurden zurückgewiesen, andere kehrten zurück, als sich die Lage etwas beruhigt hatte, und wurden dann verhaftet. Wer in der Tschechoslowakei bleiben konnte, musste im März 1939

6.42

6.43 a

6.43 b

erneut fliehen, als Hitler auch dieses Gebiet besetzen ließ. Diese Personen versuchten nun über Polen nach Großbritannien zu kommen, wohin große Gruppen sozialdemokratischer und kommunistischer Sudetendeutscher geflohen waren. Wenzel Jaksch, der DSAP-Vorsitzende, führte dort die „Treugemeinschaft Sudetendeutscher Sozialdemokraten in England". Er verhandelte ergebnislos mit der tschechoslowakischen Exilregierung über die Zukunft der Sudetendeutschen. Nach dem Krieg ging er in die Bundesrepublik und war 1951 an der Gründung der Seliger-Gemeinde, einer Gesinnungsgemeinschaft sudetendeutscher Sozialdemokraten, beteiligt. Außerdem wurde er Mitglied des Sudetendeutschen Rats. 1957 wurde Jaksch für die SPD in den Bundestag gewählt, ab 1961 war er Vizepräsident der Bundesversammlung der Sudetendeutschen und übernahm 1964 das Amt des Präsidenten des Bundes der Vertriebenen. *L. E.*

6.43 Der Terror gegen Juden in der „Anschlusszeit" setzte sich im Sudetenland im Novemberpogrom am 9./10. November 1938 fort.

a) Brennende Synagoge in Reichenberg
10. November 1938; Fotografie; Sudetendeutsches Archiv, München

b) Seite aus einem jüdischen Gebetbuch
teilweise verbrannt beim Pogrom am 9. November 1938 in Eger; Druck/Papier, Brandspuren (R); Krajské muzeum Cheb
Lit.: Hahn 1998; Osterloh 2006

Teror, namířený proti Židům během anexe pohraničí, pokračoval v sudetoněmeckých oblastech dále v Listopadovém pogromu roku 1938.

a) Hořící synagoga v Liberci
10. listopadu 1938

b) Stránka ze židovské modlitební knihy
částečně shořela při pohromu 9. listopadu 1938 v Chebu; tisk/papír, stopy ohně (R)

In der Nacht vom 9. auf den 10. November 1938 verwüsteten und plünderten vor allem Angehörige von SA, Gestapo, Hitlerjugend, lokaler NSDAP und SS auch im „Sudetengau" jüdische Geschäfte, zerstörten in den Synagogen das Inventar und schändeten die Kultgegenstände der jüdischen Gemeinden. Viele Synagogen wurden in Brand gesetzt, so in Reichenberg/Liberec, Gablonz/Jablonec nad Nisou, Aussig/Ústí nad Labem und Marienbad/Mariánské Lázně. Eine Reihe jüdischer Gotteshäuser ging erst am folgenden Tag in Flammen auf, wie auch jenes in Reichenberg. Verschont blieben nur Synagogen, die nicht ohne Gefahr für die Nachbarhäuser abgebrannt werden konnten. Insgesamt wurden im Sudetenland mindestens 44 Synagogen zerstört und 63 jüdische Friedhöfe verwüstet.

Die Täter verhöhnten, erniedrigten und misshandelten zahlreiche Juden und raubten deren Besitz. Eine unbekannte Zahl von Menschen wurde ermordet. Gleichzeitig führten SA und Gestapo auch im Sudetenland die von Gestapo-

Chef Heinrich Müller angeordneten Verhaftungen jüdischer Bürger durch. Die meisten wurden in die Konzentrationslager Dachau und Sachsenhausen gebracht. Einige blieben in improvisierten Lagern im Sudetenland selbst interniert. Die Verhaftungsaktion war nicht als dauerhafte Maßnahme geplant, sondern sollte vor allem dazu dienen, die Vertreibung der Juden aus Deutschland zu forcieren. Bis Frühjahr 1939 wurden fast alle Häftlinge, unter der Auflage, binnen einer festgesetzten Frist zu emigrieren, entlassen.

Diskriminierung und Terror führten zu einer großen Fluchtwelle. Bereits bis Dezember 1938 war über die Hälfte der ursprünglich rund 29 000 im Sudetenland ansässigen Juden in die Tschechoslowakische Republik geflohen. Mehr als 15 000 Juden wurden dort als Flüchtlinge registriert.　　　　　*J. O.*

Vztek a roztrpčení vyvolala u českého obyvatelstva okupace země jednotkami německého wehrmachtu 15. března 1939.

a) Příchod německých vojsk do Prahy 15. března 1939
Josef Novák, fotografie

b) Výzva vrchního velitele Heeresgruppe 3 Blaskowitze obyvatelům Prahy, 15. března 1939
plakát (R)

6.44 Mit Wut und Verbitterung erlebte die tschechische Bevölkerung die Besetzung ihres Landes durch Truppen der deutschen Wehrmacht am 15. März 1939.

a) Einzug deutscher Truppen in Prag am 15. März 1939
Josef Novák, Fotografie; Česká tisková kancelář, Praha (FO 84501)

b) Aufruf des Oberbefehlshabers der Heeresgruppe 3, Blaskowitz, an die Prager Bevölkerung vom 15. März 1939
Plakat (R); Vojenský historický ústav Praha – Armádní muzeum
Lit.: Tvarůžek 1992; Brandes 1969/1975, S. 15–23

Schon in der Nacht zum 15. März 1939 kam es in der Prager Innenstadt zu Unruhen und Zusammenstößen zwischen Tschechen und Deutschen. Als deutsche Truppen am Vormittag in die Hauptstadt einrückten, zeigten die überraschten Prager deutlich ihre Wut über die Okkupation. Auf Plakaten mussten sie lesen, dass die Wehrmacht die vollziehende Gewalt übernommen hatte. Unmittelbar vorher hatten sich die Ereignisse überstürzt: Die Prager Zentralregierung hatte in der Nacht vom 9. auf den 10. März die Regierung der autonomen Slowakei unter Tiso entlassen und das Standrecht über die Slowakei verhängt. Tiso fuhr am 13. März nach Berlin, wo Hitler ihn drängte, die Unabhängigkeit der Slowakei auszurufen, da er andernfalls die Annexion des Landes durch Ungarn akzep-

44 b

6.44 a

tieren würde. Unter diesem Druck erklärte der Landtag der Slowakei, der am 18. Dezember 1938 auf der Basis einer Einheitsliste unter der Dominanz der klerikalen Slowakischen Volkspartei gewählt worden war, am 14. März 1939 die Unabhängigkeit. Daraufhin entschloss sich die Prager Regierung, den Präsidenten der Republik, Hácha, sowie Außenminister Chvalkovský nach Berlin zu entsenden, um einen Satellitenstatus, wie die Slowakei ihn hatte, auszuhandeln. Dies gelang nicht; Hitler verlangte vielmehr Háchas Zustimmung zum Einmarsch der Wehrmacht und zur Eingliederung in das Deutsche Reich. Göring verlieh dieser Forderung mit der Drohung Nachdruck, bei Widerstand Prag bombardieren zu lassen. Schließlich wurde eine gemeinsame Erklärung veröffentlicht, in der Hácha „das Schicksal des tschechischen Volkes vertrauensvoll in die Hände des Führers des Deutschen Reiches legt" und Hitler dieses „unter den Schutz des Deutschen Reiches nehmen und ihm eine seiner Eigenart gemäße autonome Entwicklung seines völkischen Lebens gewährleisten wird".

Da die Regierung der Armee und Polizei befohlen hatte, keinen Widerstand zu leisten, vollzog sich die Besetzung des Landes im Allgemeinen ohne Zwischenfälle. Hitler eilte mit seiner Begleitung auf die Prager Burg, wo sein Erlass über die Errichtung des „Protektorats Böhmen und Mähren" vom 16. März 1939 ausgearbeitet wurde. Das Protektorat werde Teil des „Großdeutschen Reiches", sei autonom und verwalte sich selbst. Als „Wahrer der Reichsinteressen" werde ein Reichsprotektor nach Prag entsandt, der die tschechische Protektoratsregierung ernennen und entlassen, ihr „Ratschläge erteilen", aber auch „im gemeinsamen Interesse notwendige Anordnungen treffen" könne. Reichsprotektor wurde Konstantin von Neurath, ab 1943 Wilhelm Frick, Staatspräsident blieb Emil Hácha. Tatsächlich wurde die Kompetenz der Protektoratsregierung jedoch in den folgenden Monaten und Jahren immer weiter eingeschränkt, bis sie mit der Ernennung von Heydrich zum „stellvertretenden Reichsprotektor" im September 1941 zum reinen Durchführungsorgan von Weisungen aus Berlin bzw. des Reichsprotektors wurde. *D. B.*

6.45 Karl Hermann Frank, ab 1939 Staatssekretär und Höherer SS- und Polizeiführer im Protektorat, ab 1943 Staatsminister für Böhmen und Mähren war einer der Hauptverantwortlichen für die NS-Besatzungspolitik im „Protektorat Böhmen und Mähren".

Karl Hermann Frank und Jaroslav Krejčí bei Hitler anlässlich des 5. Jahrestags der Errichtung des Protektorats Böhmen und Mähren in Schloss Kleßheim bei Salzburg, 15. März 1944
Heinrich Hoffmann; Fotografie; Bayerische Staatsbibliothek, München (Fotoarchiv Heinrich Hoffmann 53495)
Lit.: Brandes 1969/1975; Küpper 2004

Am 19. Januar 1942 installierte Heydrich eine neue Protektoratsregierung in der Tschechoslowakei. An die Stelle des bisherigen Ministerpräsidenten Eliáš, der wegen seiner Verbindung zur Widerstandsbewegung in einem Schauprozess zum Tod verurteilt worden war, berief Heydrich Justizminister Krejčí zum Vorsitzenden einer Regierung, in der ein Deutscher das wichtigste Ministerium, nämlich für Wirtschaft und Arbeit, und Emanuel Moravec, ein Kollaborateur aus Überzeugung, das Propaganda-Ministerium übernahmen.

Zusammen mit Krejčí empfing Hitler am 15. März 1944 Karl Hermann Frank, den er am 20. August 1943 zum „Deutschen Staatsminister für Böhmen und Mähren" ernannt hatte. Dieser ehemalige stellvertretende Vorsitzende der Sudetendeutschen Partei hatte sich bei der tschechischen Bevölkerung unter dem ersten Reichsprotektor Neurath besonders verhasst gemacht und war mit verantwortlich für die Terrorwellen nach den Prager Demonstrationen im Herbst 1939, während des Ausnahmezustands nach Heydrichs Entsendung in das Protektorat im Herbst 1941 und nach dessen Ermordung im Sommer 1942. Frank hatte

Karl Hermann Frank, od roku 1939 státní sekretář a vyšší vůdce SS a policie v protektorátu, od roku 1943 „státní ministr pro Čechy a Moravu", byl jedním z hlavních představitelů nacistické okupační politiky v „Protektorátu Čechy a Morava".

Karl Hermann Frank a Jaroslav Krejčí u Hitlera na zámku Kleßheim u Salzburgu, dne 15. března 1944 u příležitosti 5. výročí zřízení Protektorátu Čechy a Morava
Heinrich Hoffmann; fotografie

6.45

Pläne zur „Germanisierung" des Protektorats vorangetrieben, die für die Tschechen je nach „rassischer Bewertung" „Umvolkung", Deportation nach Osten bzw. „Sonderbehandlung" vorsahen. In stärkerem Maße als Neurath hatte sich Frank dafür eingesetzt, schon während des Krieges erste Schritte zum Aufbau „deutscher Siedlungsbrücken" durch das Protektorat zu unternehmen. Zur Vorbereitung wurden neue Truppenübungsplätze angelegt, auf denen nach dem Krieg Deutsche angesiedelt werden sollten, und die dort lebenden Tschechen vertrieben. In eine solche Siedlungsbrücke über Prag sollte dann auch Theresienstadt/Terezín einbezogen werden. Nach den ersten Niederlagen der Deutschen vor Moskau im Dezember 1941 versuchte Frank allerdings, die Ziele seiner Politik vor der Öffentlichkeit zu verschleiern, um die tschechische Bevölkerung zu „entpolitisieren" und um die Produktion der Rüstungsindustrie im Protektorat nicht zu gefährden. Zwei Wochen nach dem Empfang bei Hitler bezeichnete Frank sich in einer geheimen Rede als „nüchternen, realen Interessenpolitiker". Frank wurde von der Tschechoslowakei zum Tod verurteilt und im Mai 1946 hingerichtet.

Die Fotografie zeigt neben Frank und Krejčí in der Mitte Hans-Heinrich Lammers, Chef der Reichskanzlei, rechts Martin Bormann, Leiter der NSDAP-Parteikanzlei.

D. B.

K budování mocenského aparátu byli najímáni noví členové do jednotek SS a policejních útvarů. Sem patřily jak divize SS-Totenkopf (Smrtihlav), které měly na starost stráž v koncentračních táborech, tak gestapo, které organizovalo sledování a perzekuci odpůrců nacistického režimu a Židů.

a) „Sudetoněmečtí muži"
kolem 1939; náborový plakát (R)

b) Uniforma SS-Obersturmführer
vojenský kabát s opaskem, čepice; látka, kůže

6.46 Zum Ausbau des Herrschaftsapparats wurde für den Eintritt in SS-Einheiten und Polizeiformationen geworben. Dazu gehörten sowohl die SS-Totenkopfverbände, die die Konzentrationslager bewachten, wie die Gestapo, die die Überwachung und Verfolgung von NS-Gegnern und Juden organisierte.

a) „Sudetendeutsche Männer"
um 1939; Werbeplakat (R); Bayerisches Hauptstaatsarchiv München (Plakatsammlung 14307)

b) Uniform eines SS-Obersturmführers
Waffenrock mit Koppel, Mütze; Stoff, Leder; Deutsches Historisches Museum, Berlin (U. 70.77)
Lit.: Zimmermann 1999; Brandes 1969/1975

Zusammen mit der Wehrmacht rückten vom 1. bis 10. Oktober 1938 bzw. am 15. März 1939 „Einsatzgruppen" bzw. „Einsatzkommandos" in die Sudetengebiete bzw. das restliche Böhmen und Mähren ein. Sie unterstanden dem Reichssicherheitshauptamt und hatten die Aufgabe, NS-Gegner festzunehmen, gegnerische Organisationen aufzulösen und tschechoslowakische Polizeibehörden zu besetzen. Aus ihnen entwickelten sich je ein Sicherheitsdienst-Leitabschnitt in Reichenberg/Liberec und Prag sowie Staatspolizei-Leitstellen in Reichenberg, Prag und Brünn/Brno. Während der lang gestreckte Sudetengau auf drei „Höhere SS- und Polizeiführer", nämlich in Breslau, Dresden und Bayreuth, aufgeteilt wurde, konnte sich Karl Hermann Frank im Protektorat die Zuständigkeit für alle Dienststellen der SS und Polizei sichern.

Im Sudetengau waren bis Ende 1938 bereits mindestens 2500 Personen verhaftet worden, zumeist sudetendeutsche Sozialdemokraten und Kommunisten, im Protektorat waren es in den ersten beiden Monaten 4639 Personen, unter ihnen vor allem Kommunisten und Emigranten aus Deutschland bzw. Österreich. Die Gestapo baute einen effektiven Apparat von Filialen in den Landkreisen (Sudetengau) und Oberlandratsbezirken (Protektorat) auf. Sie rekrutierte ein Heer von Spitzeln unter Sudetendeutschen und tschechischen Faschisten. Unter Folter erklärten sich einige verhaftete Tschechen bereit, für die Gestapo zu arbeiten, und ließen sich in tschechische Widerstandsgruppen einschleusen. „Jagdkommandos" wie in anderen besetzten Gebieten stellte Frank erst unter dem Eindruck des Aufstands in der Slowakei (29. August bis 28. Oktober 1944) auf, als Partisanen aus dem Osten in das Protektorat eindrangen bzw. Fallschirmgruppen von britischen und sowjetischen Flugzeugen über Böhmen und Mähren abgesetzt wurden.   *D. B.*

6.46

6.47 Etwa 600 000 tschechische Arbeiter mussten während des Kriegs im Reich für die deutsche Rüstungsindustrie arbeiten.

Deutsche und ausländische Arbeiter im BMW-Werk München
Fotografie; BMW AG Konzernarchiv, München
Lit.: Museli pracovat pro Říši 2004; Werner 2006

Asi 600 000 českých dělníků muselo během války pracovat v Říši pro německý zbrojní průmysl.

Němečtí a zahraniční dělníci v továrně BMW Mnichov
fotografie

Im Sommer 1939 arbeiteten etwa 50 000 Männer und Frauen aus dem Protektorat Böhmen und Mähren im Reichsgebiet. Es wurde die Arbeitspflicht für Männer von 16 bis 25 Jahren bzw. ab 1941 bis 50 Jahre eingeführt. Als das Deutsche Reich wegen der hohen Verluste nach dem Angriff auf die Sowjetunion zusätzliche Arbeitskräfte mobilisieren musste, wurde die Arbeitsverwaltung umgestellt. Ein Deutscher übernahm 1942 das Wirtschaftsministerium in der Protektoratsverwaltung und die Zuständigkeit für die Arbeitsämter. Im Jahr 1942 wurden 135 000 Arbeitskräfte ins Reich geschickt. In der Folge wurden ganze Jahrgänge junger Tschechen zwangsweise zur Arbeit im Reich verpflichtet. Von November 1942 bis März 1943 waren fast 70 000 junge Leute in der Rüstungsindustrie tätig, von November 1943 bis Mai 1944 kamen nochmals rund 27 000 Jugendliche des Jahrgangs 1924 hinzu. Die Zahl der insgesamt zwischen 1939 und 1945 zeitweise

6.47

im Reich arbeitenden Tschechen wird auf rund 600 000 geschätzt. Die meisten waren in Lagern untergebracht, die vielfach unzureichend ausgestattet waren. Die Verpflegung war oft schlecht. Die Arbeitszeit betrug anfangs zehn, später zwölf Stunden. Die tschechischen Arbeitskräfte wurden nach deutschem Tarif bezahlt.

Die Arbeit für das Deutsche Reich, das die Tschechoslowakische Republik zerstört und besetzt hatte und die Bevölkerung unterdrückte, stand nicht hoch im Kurs. So nahm die Zahl derer zu, die sich weigerten, für die deutsche Rüstungsindustrie zu arbeiten, oder langsam arbeiteten bzw. Sabotage betrieben. Allein im Oktober 1943 wurden über 9 000 „Arbeitsvertragsbrüche" registriert, bei Razzien in der ersten Dezemberhälfte verhafteten Gestapo und Polizei im Protektorat deswegen 3 000 Personen. Viele kamen für einige Tage oder Wochen in so genannte Arbeitserziehungslager, andere in Konzentrationslager. Bei Sabotage verhängten die Gerichte meist Todesurteile.

Eine der Firmen, die in großem Stil Zwangsarbeiter beschäftigte, waren die Bayerischen Motorenwerke (BMW) in München. Im Stammwerk und in München-Allach verdreifachte sich von 1939 bis 1944 die Zahl der Beschäftigten von 10 000 auf 30 000. Drei Viertel des Zuwachses waren ausländische Arbeitskräfte, darunter Zwangsarbeiter, Kriegsgefangene und KZ-Häftlinge. Auch eine Anzahl tschechischer Arbeitskräfte arbeitete in den Fabriken. So kamen im Dezember 1943 allein im Rahmen der Zwangsverpflichtung 800 „Jungtschechen" des Jahrgangs 1924 zu BMW. Sie wurden in Arbeitslagern untergebracht. Außerdem arbeiteten in verschiedenen KZ-Außenlagern tschechische KZ-Häftlinge für BMW. *L. E.*

Po obsazení Čech a Moravy v březnu roku 1939 se prudce zvýšila německá kapacita výroby zbraní a munice o čtvrtinu.

Výroba děl v továrně v protektorátu fotografie

6.48 Die Besetzung von Böhmen und Mähren im März 1939 erhöhte die deutsche Kapazität der Waffen- und Munitionsproduktion schlagartig um ein Viertel.

Waffenproduktion in einer Fabrik im Protektorat
Fotografie; Vojenský historický ústav Praha – Armádní muzeum, Praha

Der technische Entwicklungsstand der tschechischen Waffenindustrie gehörte neben der strategischen und geopolitischen Bedeutung der böhmischen Länder zu den wichtigsten Gründen, die das NS-Regime veranlassten im März 1939 die Kontrolle über Böhmen und Mähren zu übernehmen. Durch die Annexion dieses Gebiets stieg die Kapazität der Waffen- und Munitionsproduktion um 26 Prozent. Die tschechische Waffenindustrie war imstande, den Bedarf einer 40–45

Divisionen starken Armee mit einer Gesamtzahl von 1,5 Millionen Soldaten zu decken. Dazu trugen vor allem die Škoda-Werke Pilsen/Plzeň und die Waffenwerke in Brünn/Brno bei, aus denen später die in die Reichswerke „Hermann Göring-AG" eingegliederte „Waffenunion Škoda – Brünn GmbH" entstand. Zu einem Anstieg der gesamten Industrieproduktion im Protektorat kam es ab 1941. In der Waffenindustrie spielten Zentralisierung und Vereinheitlichung eine große Rolle. Alle bedeutenden Unternehmen wurden auf die Produktion deutscher Waffenprogramme hin ausgerichtet. Die Fabriken Aero, Avia und ČKD-Praga, die zunächst vor allem Einzelkomponenten herstellten, entwickelten sich binnen Kurzem zu wichtigen Produzenten von Schul-, Übungs-, Aufklärungs- und Allzweckflugzeugen. Zu Kriegsende wurden auf dem Gebiet des Protektorats Jagdflugzeuge der Typen Messerschmitt Bf 109, Focke-Wulf Fw 190 und Messerschmitt Me 262 hergestellt bzw. endgefertigt. Den Schwerpunkt bildeten jedoch die Entwicklung von Panzern und Selbstfahrgeschützen sowie die Produktion von Artilleriewaffen und Munition. Letztere reichte von kleinkalibrigen Infanteriegeschossen bis hin zu Granaten für Marinegeschütze und wurde in Stückzahlen von Hundertmillionen berechnet. Eines der bekanntesten Produkte der Waffenindustrie im Protektorat war wahrscheinlich der leichte Jagdpanzer 38(t), dessen Geschoße imstande waren, die Frontpanzerung des sowjetischen Kampfpanzers T-34 aus einer Entfernung von 700 m zu durchschlagen. *M. Bu.*

6.49 Im Auftrag Hitlers übernahm der Chef des Reichssicherheitshauptamts, Reinhard Heydrich, im September 1941 die Führung des „Protektorats Böhmen und Mähren". Mit der Verkündung des Ausnahmezustands, Massenverhaftungen und von Standgerichten ausgesprochenen Todesurteilen begann eine Welle des Terrors.

Hitler auf der Prager Burg, links hinter ihm Heinrich Himmler, rechts Reinhard Heydrich
Fotografie, 15./16. März 1939; Vojenský historický ústav Praha – Armádní muzeum, Praha

Am 16. März 1939 wurde der Rest der böhmischen Länder als autonomes Gebiet unter der Bezeichnung „Protektorat Böhmen und Mähren" in den nationalsozialistischen Herrschaftsbereich eingegliedert. Dies geschah auf der Grundlage eines von Hitler diktierten Erlasses, der von den Reichsministern Frick, von Ribbentrop und Lammers unterzeichnet war. Das Protektorat erstreckte sich über eine Fläche von 49 362 km² und zählte 7 456 000 Einwohner (einschließlich der 224 500 dort lebenden Deutschen). Die Flagge des Protektorats war die weiß-rot-blaue Trikolore, die zusammen mit der Reichsflagge ausgehängt wurde. Offizielles Symbol war ein quadratisches Wappen in Form eines Schildes. Die tschechische Hymne wurde erst gespielt, nachdem die beiden deutschen Hymnen erklungen waren.

Das Protektorat gehörte zu den wirtschaftlich hoch entwickelten Gebieten Europas, auf seinem Territorium befanden sich ca. 70 Prozent des Industriepotenzials der ehemaligen Tschechoslowakischen Republik. In NS-Kreisen, wo man sich dieser außerordentlichen Bedeutung bewusst war, sprach man deshalb auch vom „eisernen Herzen" bzw. „stählernen Kern" des Reichs und ein Besuch der „alten deutschen Stadt" Prag gehörte für die deutsche Elite zum guten Ton. Ende 1940 wurde das Protektorat trotz des Widerstands der tschechischen Regierung auch in das Reichszollgebiet eingegliedert.

Z pověření Hitlera převzal šéf Hlavního úřadu říšské bezpečnosti, Reinhard Heydrich, v září roku 1941 vedení „Protektorátu Čechy a Morava". Celou zemi zaplavila vlna teroru: byl vyhlášen výjimečný stav, začalo masové zatýkání a vynášení rozsudků smrti stannými soudy.

Hitler na Pražském hradě, za ním vlevo Heinrich Himmler, vpravo Reinhard Heydrich
fotografie, 15./16. března 1939

6.49

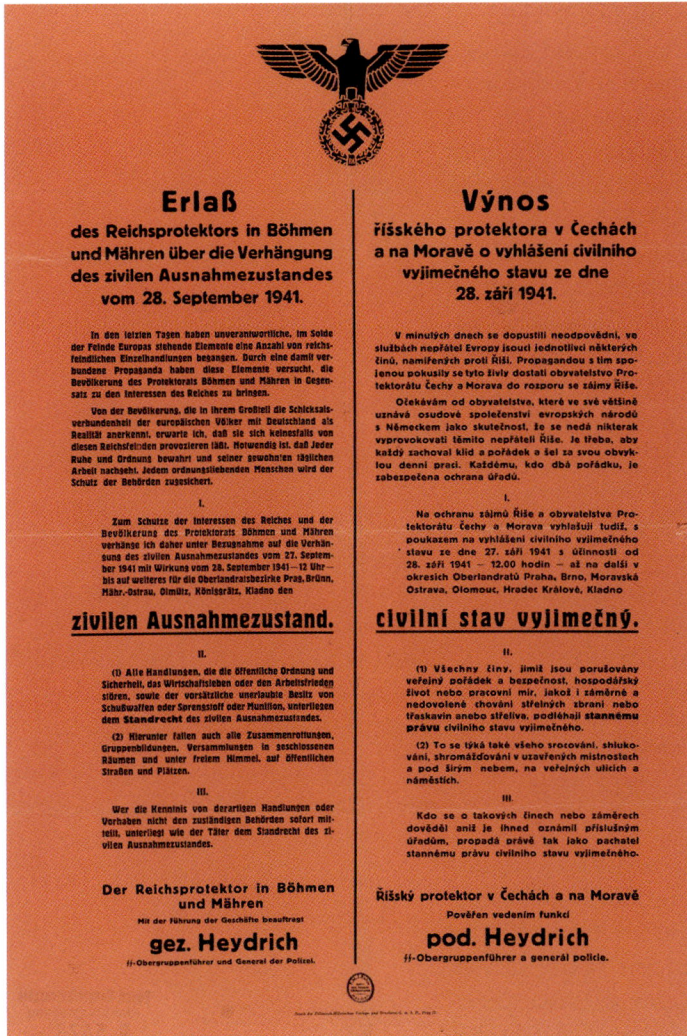

Oberste Verwaltungsinstitution war die Behörde des Reichsprotektors, dieser waren unmittelbar die Oberlandräte untergeordnet. Formal stand der Staatspräsident an der Spitze des Protektorats, die entscheidende Rechtsgewalt lag jedoch beim Reichsprotektor, dessen Kompetenzen als direkter Führerstellvertreter über die eines Reichsministers hinausgingen. Die tschechische Regierung war mehr oder weniger zur Legalisierung einer Okkupationsverwaltung gezwungen, die eindeutig die „Germanisierung" Böhmens und Mährens anstrebte. Das Protektorat verlor seine eigene Armee und wurde in außenpolitischen Belangen ausschließlich durch die Reichsregierung in Berlin vertreten. Dem Protektoratsgesandten kam eine lediglich symbolische Rolle zu.

Als Staatsbürger des Protektorats galten alle Einwohner nichtdeutschen „arischen" Ursprungs, Juden wurden zu bloßen Staatsangehörigen erklärt, die eine rechtlich minderere Stellung hatten. Die deutsche Sprache wurde der tschechischen gleichgestellt, im amtlichen Verkehr war sie ihr übergeordnet. Während man sich in den ersten Monaten der Okkupation korrekt zu geben suchte, wich dieser Trend bald brutaler Unterdrückung, die 1942, nach dem Attentat auf Heydrich, ihren Höhepunkt erreichte.

Die einzige zugelassene tschechische politische Partei war die „Nationale Gemeinschaft" („Národní souručenství"), deren Vorstand gewissermaßen das aufgelöste Parlament vertrat. Dem Naziterror fielen mindestens 120 000 tschechische Einwohner des Protektorats sowie die böhmischen Juden zum Opfer. Die Aufhebung des Protektorats Böhmen und Mähren erfolgte durch eine Erklärung des Tschechischen Nationalrats am 5. Mai 1945. Das von sowjetischen und amerikanischen Truppen besetzte Gebiet wurde in die neue Tschechoslowakische Republik inkorporiert. *M. Bu.*

6.50

Jmenování Heydricha zastupujícím říšským protektorem s sebou přineslo vlnu zatýkání, poprav a deportací.

Nařízení úřadujícího říšského protektora Reinharda Heydricha ze dne 28. září 1941 o vyhlášení výjimečného stavu
tisk/papír (R)

6.50 Mit der Ernennung Heydrichs zum stellvertretenden Reichsprotektor setzten Verhaftungen, Hinrichtungen und Deportationen ein.

Verordnung Reinhard Heydrichs als Geschäftsführender Reichsprotektor am 28. September 1941 über die Verhängung des Ausnahmezustands
Druck/Papier (R); Bayerisches Hauptstaatsarchiv München
Lit.: Kárný 1997; Čvančara 2004; Brandes 1969/1975

Reinhard Heydrich (1904–1942) war eine der zentralen Figuren des NS-Herrschaftsapparats als Chef des Reichssicherheitshauptamts, der gemeinsamen Zentrale der aus Gestapo und Kripo bestehenden Sicherheitspolizei (Sipo) und des Sicherheitsdienstes der SS (SD). Damit war er für alle Aktivitäten dieser Dienste im Reich und in den besetzten Gebieten zuständig. Im Sommer 1941 wurde er von Göring mit der „Endlösung der Judenfrage" betraut, also der Vorbereitung und Durchführung des Völkermords an den europäischen Juden.

Nach dem deutschen Angriff auf die Sowjetunion formierte sich zunehmender Widerstand gegen die Besatzungsherrschaft im Protektorat. Dass Hitler persönlich im September 1941 Heydrich dorthin sandte, um das Aufbegehren im Keim zu ersticken, zeigt den Stellenwert, den man der tschechischen Industrie für die deutsche Rüstungsproduktion zumaß.

Heydrich setzte eine Welle des Terrors gegen den tschechischen Widerstand in Gang. Er verhängte am 28. September 1941 den Ausnahmezustand und ließ General Alois Eliáš, den Ministerpräsidenten der tschechischen Protektoratsregierung, wegen seiner Verbindungen zur Exilregierung in London zum Tod verurteilen und hinrichten, ebenso weitere Generäle. Standgerichte verhängten allein bis Ende November 1941 über 400 Todesurteile, davon 60 Prozent wegen Widerstandstätigkeit. Die Gestapo deportierte etwa 1300 Menschen in das Konzentrationslager Mauthausen, nur wenige überlebten. Heydrich leitete im Protektorat mit der Ghettoisierung und Deportation der hier lebenden Juden die „Endlösung" ein. Er befahl erste Maßnahmen für eine „rassisch-völkische" Bestandsaufnahme der tschechischen Bevölkerung, an deren Ende der Völkermord durch Ausrottung bzw. Assimilierung stehen sollte.

Heydrich starb am 4. Juni 1942 in Prag an den Folgen eines Attentats des tschechischen Widerstands (vgl. Kat.-Nr. 6.51). *L. E.*

6.51 Das Attentat auf den stellvertretenden Reichsprotektor Heydrich markiert den Höhepunkt des tschechischen Widerstands. Es war der einzige gelungene Anschlag auf einen Spitzenrepräsentanten des NS-Regimes und damit zugleich ein Hauptereignis des europäischen Widerstands.

a) Das durch die Bombenexplosion beschädigte Auto Heydrichs am Tatort
Prag, Polizeifotografie, 27. Mai 1942; Vojenský historický ústav Praha – Armádní muzeum

b) Die Attentäter Jan Kubiš (1913–1942) und Josef Gabčík (1912–1942)
Fotografien; Vojenský historický ústav Praha – Armádní muzeum
Lit.: Burian u. a. 2002; Haasis 2002

Der Chef des Reichssicherheitshauptamts, SS-Obergruppenführer und Polizeigeneral Reinhard Heydrich, der im September 1941 als stellvertretender Reichsprotektor an die Stelle Konstantin von Neuraths getreten war, führte sich im Protektorat Böhmen und Mähren mit einer Terrorwelle ein, zu deren ersten Opfern hohe Armeeoffiziere einschließlich der Generäle gehörten. Die tschechoslowakische Exilregierung in London entsandte daraufhin im Dezember 1941 die Fallschirmspringergruppe ANTHROPOID ins Protektorat, mit dem Ziel Heydrich zu töten. Die Gruppe bestand aus den Unterfeldwebeln Josef Gabčík (1912–1942) und Jan Kubiš (1913–1942), Angehörigen der tschechoslowakischen Auslandsarmee in Großbritannien, die auch an Gefechten in Frankreich teilgenommen hatten. Sie führten das Attentat in den Vormittagsstunden des 27. Mai 1942 in dem Prager Vorort Libeň/Lieben aus, den Heydrich täglich mit seinem Mercedes auf dem Weg von seinem Wohnsitz in Panenský Břežan in die Prager Innenstadt durchquerte. Heydrich wurde durch die von Kubiš geworfene Granate schwer verletzt. Es kam zu einer kurzen Schießerei, bevor den Attentätern die Flucht gelang. Heydrich wurde in ein nahe gelegenes Krankenhaus gebracht. Am Ort des Attentats blieben eine weggeworfene Maschinenpistole, ein Popelinemantel, eine Mütze, ein Damenfahrrad und zwei Aktentaschen zurück, deren eine eine Ersatzgranate enthielt.

Die schnelle Ergreifung der Attentäter wurde zu einer Frage des Prestiges. Keine Stunde nach dem Anschlag, am 27. Mai um 11.30 Uhr, wurde in Prag die Einstellung des Straßen- und Eisenbahnverkehrs angeordnet, am Abend wurde die ganze Stadt hermetisch abgeriegelt. Plakataushänge informierten über die Umstände des Attentats und in Abständen von einer halben Stunde wurden Radioaufrufe gesendet. Um 16.30 Uhr wurde im

Atentátem na zastupujícího říšského protektora Heydricha vyvrcholila činnost českého odboje. Byl jediným zdařeným útokem na vrcholného představitele nacistického režimu a tím současně ústřední událostí evropského odbojového hnutí.

a) Výbuchem poškozený Heydrichův automobil na místě činu

Praha, policejní fotografie, 27. května 1942

b) Atentátníci Jan Kubiš (1913–1942) a Jozef Gabčík (1912–1942)

fotografie

6.51 a

Jan Kubiš *Josef Gabčík* 6.51 b

Oberlandratsbezirk Prag der Ausnahmezustand verhängt, der um 21.32 Uhr auf das ganze Protektorat erweitert wurde. In der Hauptstadt herrschte vom 27. Mai 22.00 Uhr bis zum 28. Mai 6.00 Uhr für die gesamte Zivilbevölkerung Ausgangssperre, alle öffentlichen Einrichtungen waren geschlossen, der öffentliche Verkehr war lahmgelegt. Aus Dresden, Wien, Berlin, Breslau, Opava, Waldenburg, Potsdam, Würzburg und Leipzig bewegten sich Polizeiaufgebote in Richtung Prag. Es herrschte Meldepflicht. Wer sich nach dem 29. Mai 1942 in der Hauptstadt aufhielt, ohne polizeilich gemeldet zu sein, konnte standrechtlich zum Tod verurteilt werden. Wer nicht gemeldete Personen beherbergte, war ebenfalls mit der Todesstrafe bedroht.

Heydrich erlag am 4. Juni 1942 den Folgen des Attentats. Wenige Tage später wurde in einer Abschreckungsaktion das Dorf Lidice/Liditz von der Landkarte ausradiert: Alle erwachsenen Männer wurden erschossen, Frauen und Kinder in Konzentrationslager deportiert. Auf die Ergreifung der Attentäter war eine außergewöhnlich hohe Belohnung von zwei Millionen Reichsmark ausgesetzt. Die Attentäter wurden am 18. Juni 1942 aufgrund von Informationen, die ein Überläufer der Gestapo gegeben hatte, gestellt. Nach einigen Stunden erbitterten Widerstands nahmen die Attentäter, die sich in einer Kirchenkrypta verschanzt hatten, das Leben. *M. B.*

V odvetu za atentát na Heydricha dal Hitler postřílet všechny mužské obyvatele Lidic; lidické ženy byly odvlečeny do koncentračních táborů a děti deportovány. Domy byly vypáleny a zničeny trhavinami, celé místo srovnáno se zemí. Podobná odvetná akce byla provedena v Ležákách.

Těla 173 lidických mužů zastřelených gestapem
fotografie, 10. června 1942

6.52 Als Vergeltung für das Attentat auf Heydrich ließ Hitler alle männlichen Einwohner des Dorfs Lidice/Liditz erschießen, die Frauen in Konzentrationslager verschleppen und die Kinder deportieren. Die Häuser wurden gesprengt, der Ort einplaniert. Ähnliches geschah im Dorf Ležáky.

Leichen der 173 von der Gestapo erschossenen Männer aus Lidice bei Kladno
Fotografie, 10 Juni 1942; Památník Lidice
Lit.: Stehlík 2004

Eine Woche nach dem Attentat auf Reinhard Heydrich, am 27. Mai 1942, fiel der Gestapo bei der Fahndung nach den Attentätern ein Brief in die Hände, durch den die Ermittler auf zwei ehemalige Offiziere der tschechoslowakischen Armee aus dem Dorf Lidice bei Kladno aufmerksam wurden, die seit Dezember 1939 verschollen und vermutlich Mitglieder der tschechoslowakischen Auslandsarmee waren. Obgleich sich nach der Verhaftung ihrer Familienmitglieder die Vermutung, dass es sich bei den Verschollenen um die Attentäter handelte, nicht bestätigte, war das Schicksal der Bewohner von Lidice besiegelt.

Nach Verständigung mit Hitler telegrafierte der Staatssekretär im Protektorat Böhmen und Mähren, Karl Hermann Frank, den Beschluss Hitlers nach Prag, dass alle männlichen Erwachsenen in Lidice zu erschießen, alle Frauen „in ein Kon-

6.52

zentrationslager zu überstellen", „eindeutschungsfähige" Kinder an SS-Familien ins Reich zu geben und die übrigen „einer anderen Erziehung zuzuführen" seien. Die Ortschaft sei „niederzubrennen und dem Erdboden gleich zu machen". Am Abend des 9. Juni 1942 wurde das Dorf von Gestapo und Schutzpolizei hermetisch abgeriegelt, der Bürgermeister musste alle Schriftstücke übergeben, Männer im Alter über 15 Jahren wurden auf den größten Hof des Dorfs gebracht, Frauen und Kinder in die Schule, von wo aus sie am Morgen des 10. Juni nach Kladno abtransportiert wurden. Den 173 auf dem Hof der Familie Horák festgehaltenen Männern stand der Pfarrer Josef Štemberk bei. Ab 7.00 Uhr morgens des 10. Juni wurden die Männer an die Scheunenwand geführt, wo sie in Gruppen zu fünft, später zu zehnt hingerichtet wurden. Die jeweils Nächsten mussten sich vor ihren erschossenen Nachbarn aufstellen. Niemandem wurde der Grund der Exekution genannt. Wie der Chef der Gestapo in Kladno anführte, gingen die Männer von Lidice „frei, aufrecht und tapfer" in den Tod. Nach den letzten Schüssen lagen 173 Tote vor der Scheunenwand; der älteste Mann war 84, der jüngste 15 Jahre alt gewesen. Von den 196 Frauen starben 53, von den 105 Kindern überlebten nur 17. Im Dorf Ležáky, wo eine weitere Gruppe von Fallschirmspringern der tschechoslowakischen Auslandsarmee Unterstützung gefunden hatte, wurde in ähnlicher Weise verfahren. Alle 33 Männer und Frauen wurden erschossen, von den elf Kindern überlebten nur zwei. Die Einebnung Lidices, die vom Reichsarbeitsdienst durchgeführt wurde, dauerte bis zum 1. Juli 1942.

Die Mordaktion in Lidice erregte weltweit Empörung. Die Auslöschung und Entvölkerung Lidices bestärkte die Führung des tschechoslowakischen Exils in ihren Plänen, die deutsche Bevölkerung aus der Tschechoslowakei auszuweisen. Heute erinnert in Lidice eine Gedenkstätte an die Opfer.   *M. Bu.*

6.53 Der Grafiker und Künstler Vojtěch Preissig druckte in seinem Haus illegale Flugblätter und die Zeitschrift „V boj", die bedeutendste des tschechoslowakischen Widerstands. Er wurde 1940 verhaftet und starb 1944 im Konzentrationslager Dachau.

„Česká republika trvá! Takový ted' má znak" („Die tschechische Republik lebt! Ein solches Wappen hat sie jetzt")
Vojtěch Preissig (1873–1944), 1939; farbiger Linolschnitt/Papier, 49 x 30,5; Uměleckoprůmyslové muzeum v Praze (G 2227/c,d)
Lit.: Vlček 1968; Vlček 2004, S. 71; Vlčková 2005

Vojtěch Preissig (1873–1944) gilt als einer der ausdrucksstärksten Künstler der Moderne in der tschechischen Grafik. Preissig begann seine künstlerische Karri-

Grafik a umělec Vojtěch Preissig tiskl ve svém domě ilegální letáky a časopis „V boj", který byl nejvýznamnější tiskovinou československého odboje. Roku 1940 byl Preissig zatčen a v roce 1944 zemřel v koncentračním táboře Dachau.

„Česká republika trvá! Takový teď má znak"

Vojtěch Preissig (1873–1944), 1939; barevný linoryt/papír, 49 x 30,5

6.53

ere in Prag, wo er nach Studien an der Kunstgewerbeschule und nach einem Studienaufenthalt in Paris – hier arbeitete er unter anderem im Atelier Alfons Muchas – sein eigenes, vor allem auf Gebrauchsgrafik ausgerichtetes Atelier gründete. Bald machte er sich auf dem Gebiet der Buchkunst, der Gestaltung von Druckerzeugnissen, der Typografie und Gelegenheitsgrafik einen Namen. Berühmt wurde er aber vor allem durch seinen innovativen Umgang mit der Technik des Tiefdrucks – Radierung und Aquatinta –, die er in seinem Album „Coloured etchings" von 1906 zur Vollendung führte. Zum Jahreswechsel 1909/10 siedelte Preissig in die USA über, wo er bis Mitte der 20er-Jahre als Pädagoge am Wentworth Institute in Boston wirkte. Der Grafikindustrie erschloss er die billige und einfache Technik des Linolschnitts, die – vor allem dank Preissigs erfolgreicher Serie von Kriegswerbeplakaten aus dem Jahr 1917 – ein außergewöhnlich positives Echo fand. Ende der 20er-Jahre wandte er sich der Buchkunst zu und arbeitete als Art Director in der polygrafischen Industrie. Die Unzufriedenheit über die Kommerzialisierung der Gebrauchsgrafik ließ ihn in die Tschechoslowakei zurückkehren, wo seine Arbeit jedoch nicht auf das erwartete Verständnis stieß. Er wandte sich nun einem neuen Gebiet seines Schaffens zu – der Malerei und der künstlerischen Grafik. Die Rückkehr zur Gebrauchsgrafik erfolgte erst während der Okkupation durch Hitler, als Preissig mit seinen mutigen Aktivitäten den Widerstand unterstützte. In seinem Haus druckte er illegale Flugblätter und die Zeitschrift „V boj", das bedeutendste Periodikum des tschechischen Widerstands. Im Herbst 1940 wurde Preissig verhaftet. Er starb 1944 im Konzentrationslager Dachau.

Das Flugblatt „Česká republika trvá!" ist eines der wenigen erhaltenen Exemplare illegaler Druckerzeugnisse. Es knüpft in der Wirkung der großflächig aufgetragenen Grundfarben an Plakate aus der Zeit des ersten Widerstands an, unterscheidet sich von diesen aber durch seinen historisierenden Charakter, der sich nicht nur in der dekorativen Gestaltung der Schrift, sondern vor allem auch in der Stilisierung des böhmischen Löwen zeigt. Dieser geht auf einen Entwurf von Josef Mánes zurück, worauf Preissig mit der Signatur „J. M." hinweist. Im Prager Kunstgewerbemuseum ist ein ähnlicher Probedruck „revolutionärer" Briefmarken erhalten geblieben.   *L. V.*

Nacistické soudy vynesly během války desetitisíce rozsudků smrti nad osobami, které se stavěly na odpor režimu či okupaci. Jedním z popravčích míst byla věznice v Mnichově-Stadelheimu.

a) Gilotina ve věznici Praha-Pankrác
fotografie, kolem 1945

b) Kniha poprav věznice Mnichov-Stadelheim
1943–1945, čísla 1058 až 1070, popravy 8. a 20. června 1944; kniha s rukopisnými záznamy, 29 x 22

6.54 Die NS-Justiz fällte während des Kriegs Zehntausende von Todesurteilen gegen Menschen, die gegen das Regime oder die Besatzung aufbegehrten. Einer der Hinrichtungsorte war das Gefängnis in München-Stadelheim.

a) Guillotine im Gefängnis Prag-Pankrac
Fotografie, um 1945; Česká Tisková Kancelář, Praha (FO 357291)

b) Hinrichtungsbuch der Justizvollzugsanstalt München-Stadelheim
1943–1945, Zugangsnummern 1058 bis 1070, Hinrichtungen am 8. und 20. Juni 1944; Buch mit handschriftlichen Eintragungen, 29 x 22; Justizvollzugsanstalt München
Lit.: Brandes 1969; Glettler/Lipták/Míškova 2004

Im Verlauf des Kriegs stieg die Zahl der Hinrichtungen von Regimegegnern und gegen die deutsche Herrschaft Kämpfenden dramatisch an. Nach den Unterlagen der Justizvollzugsanstalt München-Stadelheim wurden dort 1939 und 1940 jeweils 24, 1941 schon 79, 1943 dann 210, 1944 schließlich 377 und 1944 dann 393 Menschen hingerichtet. Eine Aufstellung aus der Nachkriegszeit listet 203 tschechische Opfer namentlich auf.

Scharfrichter war der Münchner Johann Reichart, der auch in Stuttgart, Weimar, Dresden und Wien Hinrichtungen ausführte. Bis zur Anstellung eines eigenen Henkers 1943 amtierte er auch in Prag, wo die Hinrichtungen im Gefängnis Pankrac vollzogen wurden.

Die Guillotine aus München-Stadelheim wurde 1945, wenige Wochen vor Kriegsende, mit einer Gruppe zum Tode Verurteilter in das Zuchthaus Straubing gebracht. Auch aus fränkischen Strafanstalten wurden Todeskandidaten dorthin transportiert. Die angeordneten Hinrichtungen kamen nicht mehr zur Ausführung. Die Guillotine soll in die Donau geworfen worden sein.

Die aufgeschlagene Seite des Hinrichtungsbuchs enthält 13 Namen, die – mit Ausnahme von Hans Günther Trepke, Heinrich Veverka und Ambros Tragbauer – alle aus Böhmisch-Trübau/Česká Třebová stammten.

Franz Podlesak, Franz Mrvik und Josef Radimecky wurden ebenso wie Josef Hampcl, Oldrich Dubrava, Alois Haupt, Cenek Zajicek, Leopold Jandera, Josef und Oldrich Mrstvy sowie Frantisek Pacl und Anton Kraus wegen Vorbereitung zum Hochverrat von einem Reisesenat des Berliner Volksgerichtshofs unter Vorsitz Freislers in Nürnberg am 17. März 1944 zum Tod verurteilt. Die Richter beschuldigten die Angeklagten, in Böhmisch-Trübau 1942 eine kommunistische Organisation gebildet und Gelder zur Unterstützung von Angehörigen Verhafteter gesammelt zu haben. Die Verurteilten wurden in das Gefängnis in München-Stadelheim gebracht und dort am 8. bzw. 20. Juni 1944 hingerichtet.

Heinz Günther Trepke, Heinrich Veverka und Ambros Tragbauer, die ebenfalls am 8. Juni 1944 enthauptet wurden, waren von Kriegsgerichten der Wehrmacht wegen Fahnenflucht zum Tod verurteilt worden. Nähere Angaben fehlen, außer für Heinrich Veverka, geboren 1899 in Prag, ledig, promovierter Jurist mit Studium in Prag, Paris und Straßburg und von 1928 bis 1938 in Prag als Rechtsanwalt tätig. 1939 zog er aus gesundheitlichen Gründen nach Sestri Levante in Italien und wurde dort am 3. Februar 1944 verhaftet. Er wurde nach München gebracht, hier vom Gericht der Division 467 am 8. Juni 1944 wegen Fahnenflucht zum Tod verurteilt und am Nachmittag des gleichen Tages in Stadelheim um 17.05 Uhr mit der Guillotine enthauptet.   *L. E.*

6.54

6.55 Mit dem Amtsantritt Reinhard Heydrichs als Reichsprotektor wurden die zweisprachigen roten Plakate, mit denen Hinrichtungen bekannt gemacht wurden, zu einer Alltagserscheinung in Prag.

„Bekanntmachung/Oznámení" über Hinrichtungen
Prag, Ende September 1941; Druck/Papier (R); Bayerisches Hauptstaatsarchiv München (Plakatsammlung 05479)

Mit dem Amtsantritt Reinhard Heydrichs als Reichsprotektor hatte eine Welle des Terrors in der Tschechoslowakei begonnen. Rote Plakate verkündeten am

S nástupem Reinharda Heydricha do úřadu říšského protektora se začaly v pražských ulicích objevovat červené dvojjazyčné plakáty oznamující popravy.

„Bekanntmachung/Oznámení" popravy
Praha, konec září 1941; tisk/papír (R)

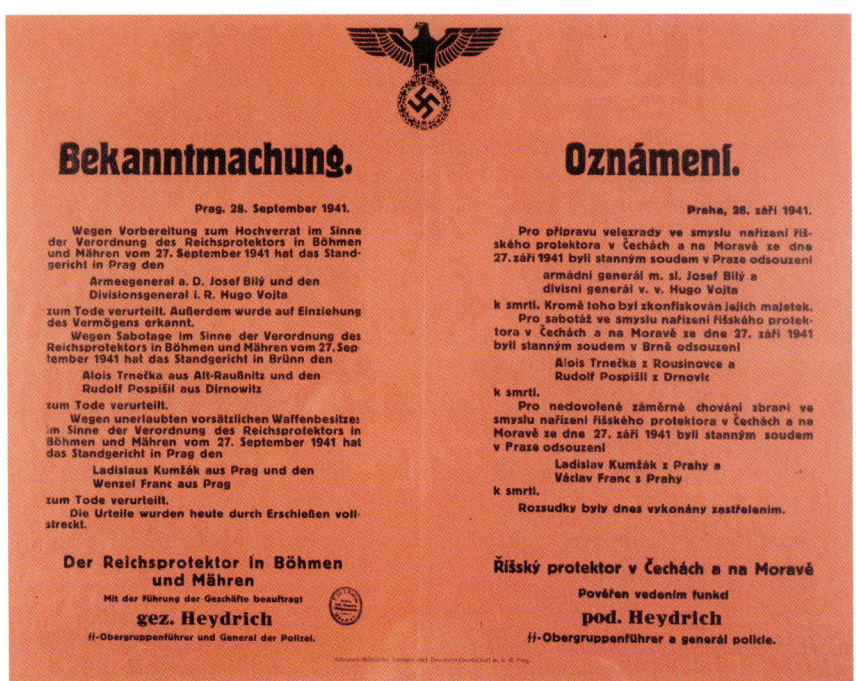

6.55

28. September 1941 die Verhängung des Ausnahmezustands, die Einrichtung von Standgerichten in Prag und Brünn/Brno sowie erste Todesurteile und ihre Exekution. Wie auch im Reichsgebiet üblich, wurden Bekanntmachungen über Exekutionen, gedruckt auf blutroten Plakaten, öffentlich angeschlagen.

Das hier gezeigte Plakat nennt sechs Todesurteile in drei Gruppen. Die Hinrichtung der beiden pensionierten tschechoslowakischen Generäle Josef Bílý und Hugo Vojta zielte gegen den militärischen Widerstand und dessen Verbindungen zum Exil in London (vgl. Kat.-Nr. 6.58). Die angekündigte Hinrichtung von Alois Trnečka und Rudolf Pospišil wegen Sabotage verweist auf die zunehmende Behinderung der Rüstungsproduktion. Das Todesurteil gegen Ladislaus Kumžák und Wenzel Franz wegen verbotenen Waffenbesitzes deutet auf ihre Zugehörigkeit zu einer Widerstandsorganisation hin. *L. E.*

V mnichovské odbojové skupině „Anti-nazistische Deutsche Volksfront" spolup-racoval český tlumočník, který umožňoval kontakt s organizací sovětských válečných zajatců „Bratrská spolupráce válečných zajatců".

Ilegální leták „Budík"
Antinazistische Deutsche Volksfront (ADV); Mnichov, 1944; tisk/papír (R)

6.56 In der Münchner Widerstandsgruppe der „Antinazistischen Deutschen Volksfront" arbeitete ein tschechischer Dolmetscher mit, der die Verbindung zur Organisation sowjetischer Kriegsgefangener „Brüderliche Zusammenarbeit der Kriegsgefangenen"(BSW) ermöglichte.

Illegale Flugschrift „Der Wecker"
Antinazistische Deutsche Volksfront (ADV); München, 1944; Druck/Papier (R); Bundesarchiv Berlin (NJ 1434 Bd. 8)
Lit.: Bretschneider 1968

Auch in Bayern gab es während des Kriegs erheblichen Widerstand gegen das NS-Regime. Am bekanntesten wurde die „Weiße Rose", ein Kreis von Münchner Studenten um die Geschwister Scholl und Professor Kurt Huber. Auch der Widerstandskreis des 20. Juli hatte Unterstützer in Bayern. Aus den verbotenen Arbeiterorganisationen bildeten sich kleine Widerstandsgruppen. Einzelne katholische Geistliche und Laien stellten sich engagiert gegen das Regime. Hinzu kamen die vielfältigen und zahlreichen Beispiele von individuellem Protest, Verweigerung, regimekritischen Äußerungen und öffentlich geäußerten Zweifeln am „Endsieg". Die breiteste Resonanz fand der Aufruf zum Widerstand durch die „Freiheitsaktion Bayern" gegen Kriegsende.

Charakteristisch für den Widerstand in Bayern sind kleine Gruppen Gleichgesinnter, die aus ihrer Ablehnung von NS-Ideologie, NS-Regime und Krieg heraus handelten, wie die „Antinazistische Deutsche Volksfront" (ADV). Die Gruppe bestand im Kern aus nur wenigen Personen: Karl Zimmet, Hans und Emma Hutzelmann, die Gründer der „Antinazistischen Deutschen Volksfront", die sich aus der „Christlich-sozialen Partei" der 1920er-Jahre kannten, deren Münchner Leiter Zimmet gewesen war, und einige weitere Mitglieder. Seit 1941 hörten die Mitglieder der ADV regelmäßig ausländische Sender und diskutierten die Nachrichten. Zimmet verfasste Flugblätter, in denen er zum Sturz des Regimes aufrief. Gemeinsam brachten sie ab Ende 1943 mehrere Ausgaben der Flugschrift „Der Wecker" heraus. Die vorliegende Ausgabe ruft auf zum „Glauben oder Denken": „Hitler hat diesen Krieg verloren. Er führt das deutsche Volk, wenn es ihm weiter folgt, ins volle Verderben. Noch gibt es Rettung für Deutschland und sein schaffendes Volk. Diese Rettung heisst: Schluss mit Hitler und Schluss mit dem Krieg." Der „Wecker" wurde mit Matrizen vervielfältigt, andere Flugblätter ließ Zimmet in der Druckerei des ihm bekannten NS-Gegners Rupert Huber herstellen.

Über Emma Hutzelmann kam die Gruppe 1943 mit Mitgliedern der großen illegalen Organisation sowjetischer Kriegsgefangener und Zwangsarbeiter „Brüderliche Zusammenarbeit der Kriegsgefangenen" (BSW) in Kontakt, die im gleichen Betrieb arbeiteten wie sie. Der Tscheche Karel Mervart, der ebenfalls im Sommer 1943 mit dem Münchner Leiter der BSW, Iwan Korbukow, bekannt geworden war, dolmetschte bei den Zusammenkünften und übersetzte die Flugblätter ins Russische. Später unternahm er auch Fahrten nach Wien und Prag, um für die BSW Verbindungen zu knüpfen.

6.56

Die Mitglieder der „Antinazistischen Deutschen Volksfront" wurden Anfang Januar 1944 von der Gestapo verhaftet. Zimmet überlebte in einer Heil- und Pflegeanstalt, Emma Hutzelmann gelang am 31. Juli 1944 die Flucht aus der Haft. Sie starb bei einem Luftangriff. Hans Hutzelmann, Rupert Huber und Karel Mervart wurden vom Volksgerichtshof zum Tod verurteilt und am 15. Januar 1945 im Zuchthaus Brandenburg hingerichtet. *L. E.*

6.57 Das Beispiel der Karlsbader Widerstandsgruppe um Valentin Meerwald zeigt die Neuformierung der sudetendeutschen Arbeiterorganisationen in der Illegalität.

Urteil des Volksgerichtshofs vom 28. Juni 1944 gegen Mitglieder der Widerstandsgruppe Meerwald aus Karlsbad
Maschinenschrift/Papier (R); Bundesarchiv Berlin (NJ 5994/3)
Lit.: Grünwald 1986; Hasenöhrl 1983

Karlovarská odbojová skupina sdružená kolem Valentina Meerwalda byla jednou z nově zformovaných sudetoněmeckých dělnických organizací v ilegalitě.

Rozsudek lidového soudního dvora ze dne 28. června 1944 nad členy odbojové skupiny Meerwald z Karlových Varů
strojopis/papír (R)

Der sudetendeutsche Widerstand ist in seiner Breite und seinen Strukturen wenig erforscht. Einzelne Geistliche und religiös orientierte Laien brachte ihre Ablehnung der NS-Ideologie und des Regimes und ihr widerständiges Handeln aufs Schafott oder ins Konzentrationslager. Über oppositionelles Verhalten breiter Bevölkerungskreise ist bislang wenig bekannt. Trotz der Verfolgung 1938/39 blieben die Kommunikationsstrukturen der sudetendeutschen Arbeitermilieus intakt. So konnten hier mitgliederstarke Widerstandsorganisationen entstehen. Zu ihnen gehörten Sozialdemokraten, Gewerkschafter und Kommunisten. Ihre Aktivitäten waren weitreichend, wie die Unterstützung von Kriegsgefangenen und Zwangsarbeitern oder Sabotagemaßnahmen.

Auslöser für die Neuformierung einer politischen Widerstandsgruppe durch Valentin Meerwald war der deutsche Angriff auf die Sowjetunion. Viele Mitglieder der Arbeiterorganisationen hielten nun eine Niederlage der deutschen Wehrmacht für möglich und nahmen alte Kontakte wieder auf. Meerwald baute eine Vereinigung auf, der sowohl Kommunisten als auch Sozialdemokraten angehörten. Es wurden Mitgliederbeiträge erhoben und weitere Zellen und Ortsgruppen gegründet. Die Mitglieder gaben illegale Schriften weiter, hörten alliierte Rundfunksender und führten politische Diskussionen; außerdem sammelten sie Geld, um die Angehörigen von Inhaftierten zu unterstützen. Die NS-Justiz verhängte in drei Prozessen – einer vor dem Volksgerichtshof, zwei vor dem Oberlandesgericht in Litoměřice/Leitmeritz – schwerste Strafen gegen Mitglieder der Gruppe. So schrieb der Sozialdemokrat Karl Kutschera aus der Todeszelle: „Liebe Angehörigen ich frage Euch, was ich verbrochen habe, das ich so jung sterben muß. Hab nur meine Pflicht getan allen meinen Mitmenschen gegenüber." *L. E.*

6.58 Über Funk hielt der tschechische Widerstand Verbindung mit der Exilregierung in London.

Funkgerät
Vojenský historický ústav Praha – Armádní muzeum

Český odboj udržoval rádiové spojení s exilovou vládou v Londýně.

Vysílačka

Der tschechische Widerstand – in Friedenszeiten entstanden – konnte nicht an Strukturen eines militärischen Widerstands anknüpfen und war daher von Anfang an durch den Mangel an Waffen und Munition geprägt. Die ersten Widerstandsorganisationen bildeten sich kurz nach Entstehung des Protektorats am 16. März 1939. Hierbei handelte es sich sowohl um militärische als auch zivile Gruppen, deren hauptsächliches Ziel die Wiederherstellung der Tschechoslowakei in den vor dem Münchner Abkommen (vgl. Kat.-Nr. 6.36) bestehenden Grenzen war. Eine Ausnahme bildete die Kommunistische Partei der Tschechoslowakei (KSČ), die die Verwirklichung einer sozialen Revolution anstrebte.

Die wichtigsten einheimischen Widerstandsorganisationen waren die militärische Nationalverteidigung, ON (Obrana národa), das Politische Zentrum,

6.58

PÚ (Politické ústředí), der Landes-Nationalausschuss (Zemský národní výbor) sowie der Petitionsausschuss „Wir bleiben treu!" PVVZ (Petiční výbor Věrni zůstaneme!). Nach der Liquidierung des Landes-Nationalausschusses vereinigten sich die übrigen Organisationen im Koordinationsausschuss des Heimatwiderstandes, ÚVOD (Ústřední vedení odboje domácího), dessen Ziele in der umfangreichen programmatischen Erklärung „Za svobodu. Do nové Československé republiky" („Für Freiheit und eine neue Tschechoslowakische Republik") niedergelegt waren. Eine außergewöhnliche Rolle spielte auch die Sokolgemeinschaft im Widerstand (Obec sokolská v odboji), die mit jedem Schlag der Gestapo gegen den ÚVOD an Bedeutung gewann. Zu einem gravierenden Einschnitt kam es nach dem Attentat auf den stellvertretenden Reichsprotektor Reinhard Heydrich, nach dem der tschechische Widerstand nahezu vollständig liquidiert wurde (vgl. Kat.-Nr. 6.50 ff.).　　　　　*M. Bu.*

Rudolf Císař vybudoval v Praze široce rozvětvenou odbojovou organizaci a i během svého věznění v koncentračním táboře Dachau vyvíjel odbojovou činnost.

Rudolf Císař jako vězeň v koncentračním táboře Dachau
fotografie, 1943/44

6.59 Rudolf Cisař baute in Prag eine weit verzweigte Widerstandsorganisation auf und entwickelte auch während der Haft im Konzentrationslager Dachau Widerstandsaktivitäten.

Rudolf Cisař als Häftling im Konzentrationslager Dachau
Fotografie, 1943/44; KZ-Gedenkstätte Dachau
Lit.: Slovníková 1988; Konzentrationslager Dachau 2005, S. 192

Rudolf Cisař (1904–1985) war Gründer der linksorientierten Widerstandsorganisation RU-DA und stand in Verbindung zu anderen Widerstandsgruppierungen. Die Zentrale befand sich in Prag, Zellen gab es in Pilsen/Plzeň, Ostrau/Ostrava und anderen tschechischen Orten. Zur Führung gehörten auch M. Hrubeš und M. Kremlová, die seine Nachfolger werden sollten. RU-DA beschaffte gefälschte Ausweise und verbreitete illegale Zeitungen wie „Rudé právo" („Rotes Recht"), „V boj" („Zum Kampf") und „Český Kurýr" („Tschechischer Kurier"). Politische, wirtschaftliche und militärische Informationen wurden über Funk und Kuriere an die Exilregierung in London und nach Moskau weitergegeben.

Rudolf Cisař wurde am 21. Oktober 1941 verhaftet. Über das Konzentrationslager Mauthausen kam er 1942 in das Konzentrationslager Dachau. Von dort nahm er über eine Zivilangestellte eines Außenkommandos Kontakt mit RU-DA auf. Über diese Verbindung wurden große Mengen an Medikamenten und ein Fotoapparat ins Lager geschmuggelt. Cisař sandte im Gegenzug Berichte, Dokumente und belichtete Filme nach Prag. Auch die hier gezeigte, heimlich aufgenommene Fotografie, auf der Rudolf Cisař vorne links zu sehen ist, wurde vermutlich auf diese Weise nach Prag geschickt. Im August 1944 wurden weitere RU-DA Mitglieder verhaftet und die Organisation damit weitgehend zerschlagen. Von den etwa 140 Mitgliedern wurden 13 hingerichtet.　　　*L. E.*

6.59

6.60 Das Polizeigefängnis in der Kleinen Festung Theresienstadt außerhalb des Ghettos wurde auch als „Konzentrationslager" bezeichnet. Etwa 32 000 Männer und Frauen, politische Gegner des NS-Regimes und der deutschen Besatzungsherrschaft, gingen von 1940 bis 1945 durch dieses Gefängnis, etwa 2 600 starben hier an den schlechten Lebensbedingungen, Misshandlungen oder durch Hinrichtung.

a) Informationstafel am Gestapogefängnis Kleine Festung Theresienstadt mit der ursprünglichen Bezeichnung des Gefängnisses „Geheime Staatspolizei – Staatspolizeileitstelle Prag – Pol. Gefängnis Theresienstadt"
Holz, Farbe, 48 x 60; Památník Terezín (PT 220)

b) Tor mit der Aufschrift „Arbeit macht frei" im Gestapogefängnis Kleine Festung
Fotografie; 9. 5. 1945; Česká Tisková Kancelář, Praha (FO01210511)

Theresienstadt/Terezín wurde am Ende des 18. Jahrhunderts als Festung gegründet, die sich aus der Großen und der Kleinen Festung zusammensetzt. Die massiven Wälle der Großen Festung umgeben bis heute die unweit des Zusammenflusses von Elbe und Eger gelegene Stadt.

Ins Bewusstsein der Weltöffentlichkeit rückte Theresienstadt in jüngerer Vergangenheit als Ort des Leidens Zehntausender unschuldiger Menschen. Nach der deutschen Besetzung der Tschechoslowakei im Jahr 1939 richtete die Prager Gestapo dort am 10. Juni 1940 ein Polizeigefängnis ein, dem während der ganzen Zeit seines Bestehens der SS-Hauptsturmführer Heinrich Jöckel vorstand. In das als „Geheime Staatspolizei – Staatspolizeileitstelle Prag – Politisches Gefängnis Theresienstadt" umbenannte Gefängnis wurden aus verschiedenen Dienststellen der Gestapo tschechische und mährische Patrioten, Mitglieder zahlreicher Widerstandsgruppen sowie Antifaschisten aus vielen europäischen Staaten gebracht. Außer Tschechen, die ca. 90 Prozent der Insassen ausmachten, wurden hier auch Bürger der Sowjetunion, Jugoslawen, Polen, Franzosen, Italiener, britische und sowjetische Kriegsgefangene sowie Angehörige zahlreicher weiterer Nationen festgehalten. Die überfüllten Zellen durchliefen ca. 27 000 Männer und 5 000 Frauen. Die Kleine Festung hatte den Charakter eines Durchgangsgefängnisses, von wo aus die Inhaftierten vor Gericht, in Gefängnisse und Zuchthäuser, vor allem aber in Konzentrationslager gebracht wurden.

Die zynische Aufschrift „Arbeit macht frei" wurde im Sommer 1940 auf Anordnung des Gefängniskommandanten am Gefängnistor angebracht. Die Lebensbedingungen der Gefangenen verschlechterten sich von Jahr zu Jahr. In zunehmendem Maße wurden sie zu entkräftenden Arbeiten gezwungen. So genannte Innenkommandos gewährleisteten Instandhaltung und Betrieb des Gefängnisses, bearbeiteten die angrenzenden Felder und führten Bauarbeiten auf dem Gefängnisareal aus. Ab 1941 waren die Gefangenen in Außenkommandos eingeteilt. Zu den zahlenmäßig stärksten gehörten „Reichsbahn" und „Richard". Das Kommando „Richard" arbeitete ab 1944 in Leitmeritz/Litoměřice am Bau unterirdischer Fabriken für die Konzerne Auto-Union und Osram. Diese Kommandos waren gefürchtet wegen der langen Fußmärsche zur Arbeit und zurück und der Tyrannei der Aufseher und Bewacher. Die Arbeit der Gefangenen wurde den Firmen vom Gefängnis in Rechnung gestellt, die dafür erhaltenen Beträge erreichten monatlich eine Höhe von mehr als 100 000 Reichsmark.

Von 1943 an fanden in der Kleinen Festung Hinrichtungen statt, bei denen die so genannte „Sonderbehandlung" – die Hinrichtung auf Befehl der Gestapo ohne gerichtliches Verfahren – praktiziert wurde. Auf diese Weise wurden hier ca. 300 Gefangene ermordet. Bei der letzten Hinrichtung am 2. Mai 1945 wurde das Leben von 52, in der Mehrzahl jungen Menschen ausgelöscht. In der Kleinen Festung starben infolge der schlechten Lebensbedingungen und der anstrengenden Arbeit ca. 2 600 Gefangene, weitere Tausende kamen nach der Deportation in andere Konzentrationslager ums Leben. *M. L.*

Policejní věznice v Malé pevnosti mimo areál ghetta byla označována také jako „koncentrační tábor". Asi 32.000 mužů a žen, politických odpůrců nacistického režimu a německé okupační moci prošlo v letech 1940 až 1945 tímto vězením, asi 2.600 osob zemřelo v důsledku špatných životních podmínek, týrání nebo bylo popraveno.

a) Informační tabule na věznici gestapa Malá pevnost Terezín s původním názvem věznice „Geheime Staatspolizei – Staatspolizeileitstelle Prag – Pol. Gefängnis Theresienstadt"
dřevo, barva, 48 x 60

b) Vězni v policejní věznici Malá pevnost, procházející branou s nápisem „Prací ke svobodě" do prostor I. vězeňského dvora
fotografie; 9. 5. 1945

6.60

6.60

*Koncentrační tábor v Litoměřicích byl
vybudován jako pobočka tábora Flossenbürg a byl jedním z největších projektů
„Jägerstabu", zřízeného v roce 1944.
Celkem 18 000 vězňů zde pracovalo na
stavbě podzemních továren a ve výrobě,
4 500 jich zde zemřelo v důsledku
„úplného opotřebení prací".*

*a) Strážní věž koncentračního tábora
Litoměřice, za plotem tábora osvobození
vězni s ošetřovatelským personálem
fotografie, 1945*

*b) Vězeňská blůza českého politického
vězně Břetislava Lukeše
látka*

c) Dřevěný obušek

6.61 Das Außenlager Leitmeritz des Konzentrationslagers Flossenbürg gehörte zu den größten Projekten des 1944 eingerichteten „Jägerstabs". Insgesamt
18 000 Gefangene arbeiteten hier am Bau unterirdischer Fabriken und in der
Produktion, 4 500 von ihnen starben durch „Vernichtung durch Arbeit".

a) Wachturm des Außenlagers Leitmeritz, hinter dem Lagerzaun befreite
Gefangene mit Pflegepersonal
Fotografie, 1945; Památník Terezín (PT-A 106)

b) Häftlingsjacke des tschechischen politischen Gefangenen Břetislav Lukeš
Stoff; Památník Terezín (PT 861)

c) Holzknüppel eines Häftlingsfunktionärs
Památník Terezín (PT 494)

Als durch Luftangriffe der Alliierten 1944 die deutsche Rüstungsindustrie schwer
getroffen war, entschloss sich die NS-Führung, sie zu dezentralisieren und einen
Teil der Produktion, insbesondere die von Jagdflugzeugen, unter die Erde zu
verlegen. In Leitmeritz/Litoměřice sollte zu diesem Zweck ein ehemaliges Kalk-
bergwerk unter der Bídnice-Ebene genutzt werden. Im Frühjahr 1944 wurde dort
unter der Leitung des SS-Führungsstabs B 5 mit dem Bau unterirdischer Fabriken
für die Konzerne Auto-Union und Osram begonnen. Aus den großen Konzentrationslagern wie Dachau, Flossenbürg, Groß Rosen, Auschwitz, Buchenwald und
Ravensbrück kamen Transporte mit Tausenden von Menschen. Diese stammten
aus Deutschland sowie aus den von den Deutschen besetzten Gebieten, besonders
der Sowjetunion, Jugoslawien, der Tschechoslowakei, Polen, Frankreich, Belgien,
den Niederlanden, Italien. Unter ihnen bildeten die ca. 4 000 Juden aus verschiedenen Ländern eine besonders drangsalierte Gruppe.

Für die Häftlinge wurden in einer ehemaligen Armeekaserne Unterkünfte eingerichtet, die als Außenlager zum Konzentrationslager Flossenbürg gehörten. Die
Gefangenen bauten die Stollen für die unterirdischen Fabrikhallen aus. Zum Teil
wurden sie zusammen mit Zwangsarbeitern in Rüstungswerkstätten (Maybach,
AEG, Siemens-Halske) eingesetzt. Einige Monate lang arbeitete beim Bau auch
ein tausendköpfiges Kommando von Häftlingen aus dem Gestapogefängnis der
Kleinen Festung Theresienstadt (vgl. Kat.-Nr. 6.60).

Die unmenschliche Behandlung, der Hunger, die harte Arbeit unter Tage be-
wirkten, dass von den 18 000 Häftlingen, die hierher deportiert worden waren,
noch vor Ablauf eines Jahres 4 500 starben. Die Unterkünfte waren überfüllt. In
der Zeit vom 15. November 1944 bis zum 14. April 1945 bewegte sich die Zahl
der Gefangenen zwischen 4 717 und 7 046 Personen. Das Lagerregime war dem
Bau der unterirdischen Fabriken und ab Dezember 1944 auch der Waffenproduktion im hierher verlegten Betrieb des Chemnitzer Konzerns Auto Union untergeordnet, der den Tarnnamen „Elsabe AG" trug. Die SS
als Aufsichtsorgan war an einer maximalen Ausnutzung
der Gefangenen interessiert. Die Kommandanten und
die Mitglieder des Lagerapparats verordneten Strafen
und ab Sommer 1944 auch Hinrichtungen, insbesondere
für Fluchtversuche. Einige Häftlingsfunktionäre waren
Kriminelle. Die Kapos der Arbeitskommandos und
Angehörige der Lagerpolizei quälten und ermordeten
Mitgefangene. Einige waren an den von der SS im Lager
vollzogenen Hinrichtungen beteiligt. Die letzten beiden
Kommandanten gehörten zu den brutalsten und waren
für die drastische Verschlechterung der Lebensbedingungen im Lager sowie für die Ausbreitung einer Ruhr-
und Typhusepidemie im Jahr 1945 verantwortlich. Kranke und arbeitsunfähige Häftlinge wurden vor allem nach
Flossenbürg, Dachau und Mauthausen überführt. In der
ersten Märzhälfte des Jahres 1945 wurden, im Bestreben

6.61 a

die Sterberate zu senken, 1200 kranke Männer in das Todeslager Bergen-Belsen deportiert.

In den letzten Kriegstagen vernichteten die Angehörigen des SS-Führungsstabes B5 und der SS-Lagerkommandantur sowie Vertreter der jeweiligen Firmen alle schriftlichen Unterlagen. Ende April wurden einige Tausend Gefangene mit einem Evakuierungstransport fortgebracht. Die überlebenden jüdischen Gefangenen wurden dem nahe gelegenen Ghetto Theresienstadt übergeben. In den Tagen vom 6. bis 8. Mai 1945 wurde das Lager Leitmeritz aufgelöst und die restlichen Häftlinge freigelassen. Beim Eintreffen von Einheiten der Roten Armee in der Nacht vom 8. zum 9. Mai 1945 befanden sich in den Unterkünften 1200 erschöpfte und kranke Häftlinge. Um diese kümmerte sich aus Theresienstadt herangezogenes tschechisches und sowjetisches Arzt- und Pflegepersonal.

Břetislav Lukeš, der mit dem Transport am 5. Dezember 1944 aus dem Konzentrationslager Flossenbürg nach Leitmeritz gekommen war, trug die Häftlingsnummer 37.971. Im Kommando „Elsabe" eingesetzt, das bei der Firma Auto-Union arbeitete, war er mit dem Buchstaben „E" (Elsabe) vorne und hinten auf der Häftlingsjacke gekennzeichnet.   *M. L.*

6.61 b

6.62 Im Konzentrationslager Dachau waren sudetendeutsche, bayerische und tschechische Häftlinge, ob NS-Gegner oder Juden, in gleicher Weise dem Terror ausgeliefert.

Befreite tschechische Häftlinge bei der Vorbereitung eines Lastwagens für die Heimreise
Dachau, Mai/Juni 1945; Fotografie; KZ-Gedenkstätte Dachau
Lit.: Konzentrationslager Dachau 2005; Zámečník 2002

V koncentračním táboře Dachau byli vydáni napospas teroru stejnou měrou sudetoněmečtí, bavorští i čeští vězni, ať už byli odpůrci nacismu či Židé.

Osvobození čeští vězni při přípravě nákladního vozu na cestu domů
Dachau, květen/červen 1945; fotografie

Das 1933 errichtete Konzentrationslager Dachau war zu Beginn vor allem ein Lager für politische Gegner des NS-Regimes aus Bayern gewesen. Bis 1937 waren dort über 13 000 Personen eingeliefert worden. Mit Beginn des Zweiten Weltkriegs wurden nach und nach aus fast ganz Europa Menschen nach Dachau gebracht. Von Oktober 1938 bis Juli 1939 kamen über 2 600 sudetendeutsche NS-Gegner in das Konzentrationslager Dachau. Nach dem Novemberpogrom 1938 wurden 11 000 Juden aus Bayern, den annektierten Sudetengebieten sowie aus Österreich, Südwest- und Westdeutschland in Dachau inhaftiert. Infolge der Besetzung des tschechischen Gebiets im März 1939 kamen bis Kriegsende mehrere Tausend tschechische Gegner des NS-Regimes hinzu. Unter den über 2 700 im Konzentrationslager Dachau inhaftierten Geistlichen stammten 447

6.62 b

aus Deutschland und Österreich (94 Tote) und 109 aus der Tschechoslowakei (24 Tote). Aus der Tschechoslowakei waren insgesamt über 8 000 Menschen in Dachau inhaftiert; über 1 600 Tote, von ihnen 917 Juden und 70 Sudetendeutsche, sind namentlich bekannt. Insgesamt gingen über 200 000 Gefangene durch das Konzentrationslager Dachau, etwa 32 000 Tote sind namentlich erfasst, ihre Gesamtzahl wird auf über 40 000 geschätzt.   *L. E.*

Zastupující říšský protektor Heydrich nařídil na podzim 1941 první deportace Židů z protektorátu a dal vybudovat ghetto Terezín.

a) Dopis úřadujícího říšského protektora Reinharda Heydricha vyššímu veliteli SS a policie Hansi Frankovi ze dne 25. ledna 1942 ohledně svého pověření ze strany Göringa, aby zajistil „celkové řešení židovské otázky"

strojopis/papír (R)

b) Židovská dívka (pravděpodobně Vendulka Foglová) před deportací, s číslem transportu 671

Jan Lukas; fotografie

6.63 Reichsprotektor Heydrich ordnete im Herbst 1941 die ersten Deportationen von Juden aus dem „Protektorat Böhmen und Mähren" und die Errichtung des Ghettos Theresienstadt an.

a) Brief des geschäftsführenden Reichsprotektors Reinhard Heydrich an den Höheren SS- und Polizeiführer Hans Frank vom 25. Januar 1942 über Heydrichs Beauftragung durch Göring, eine „Gesamtlösung der Judenfrage" herbeizuführen
Maschinenschnitt/Papier (R); Vojenský historický ústav Praha – Armádní muzeum

b) Jüdisches Mädchen (vermutlich Vendulka Foglová) vor der Deportation
Jan Lukas; Fotografie; Helena Lukas, New York

Der Brief Heydrichs vom 25. Januar 1942 nennt als Betreff die „Endlösung der Judenfrage". Er wurde fünf Tage nach der Wannsee-Konferenz verfasst, auf der der geplante Völkermord an den europäischen Juden besprochen worden war. Zu den als „eingeleitet" bezeichneten Maßnahmen gehörten die Deportation mehrerer Tausend Juden aus dem „Protektorat Böhmen und Mähren" in die Ghettos von Lodz und Minsk sowie die Umwandlung der Festungsstadt Theresienstadt/Terezín in ein Ghetto, wie am 17. Oktober 1941 beschlossen worden war. Auf der Wannsee-Konferenz wurde auch entschieden, das Ghetto Theresienstadt nicht mehr als Sammel- und Durchgangsstation für die aus dem Protektorat deportierten Juden zu nutzen, sondern dort ein „Altersghetto" für aus dem Deutschen Reich deportierte Juden einzurichten.

6.63 b

Die Fotografie des jüdischen Mädchens – vermutlich Vendulka Foglová – mit dem Judenstern und der Transportnummer 671 führt das Schicksal der von der „Endlösung" Betroffenen vor Augen. Der tschechische Fotograf Jan Lukas hat vermutlich das letzte Bild des Mädchens aufgenommen.

Das „Altersghetto" war vor allem ein propagandistischer Coup. Ein Großteil der nach Theresienstadt Deportierten wurde im Vernichtungslager Auschwitz ermordet. Ein anderer Teil wurde durch die SS 1944 für die Sklavenarbeit in Konzentrationslagern im Reichsgebiet ausgewählt. So trafen im Oktober und November 1944 zwei Transporte mit jeweils 1500 Menschen in den Außenlagern des Konzentrationslagers Dachau in Kaufering und Mühldorf ein. Unter diesen waren auch tschechische und deutsche Juden aus Theresienstadt. In den Kauferinger und Mühldorfer Lagern praktizierten SS und „Organisation Todt" die so bezeichnete „Vernichtung durch Arbeit". Der schnelle Vormarsch der amerikanischen Truppen rettete vielen dort Gefangenen das Leben.   *L. E.*

6.64 Zdenka Eismannová, eine begabte Zeichnerin und Porträtistin, hielt während ihres Aufenthalts in Theresienstadt vor allem das Leben in den Frauenunterkünften fest. Sie wurde nach Auschwitz deportiert und kam dort am 6. September 1943 ums Leben.

Das Leben auf den Doppelstockpritschen
Zdenka Eismannová (1897–1943); Aquarell, Bleistift, 45,2 x 34,5; Památník Terezín (PT 12 312)

In der ehemaligen K. u. K. Festungsstadt Terezín/Theresienstadt wurde am 24. November 1941 ein Ghetto als Sammel- und Durchgangslager für jüdische Gefangene errichtet. Ursprünglich war es für die jüdische Bevölkerung des Protektorats Böhmen und Mähren bestimmt. Ab der zweiten Hälfte des Jahres 1942 wurden auch Menschen jüdischen Glaubens oder jüdischer Herkunft aus Deutschland und Österreich dorthin gebracht, denen später Transporte jüdischer Gefangener aus den Niederlanden, Dänemark, der Slowakei und Ungarn folgten. Insgesamt wurden ca. 140 000 Juden nach Theresienstadt deportiert, zu denen gegen Kriegsende mehr als 15 000 weitere Gefangene hinzukamen, die vor der näher rückenden Front aus verschiedenen Konzentrationslagern evakuiert worden waren. So durchliefen das Ghetto Theresienstadt insgesamt ca. 155 000 Männer, Frauen und Kinder. Mehr als 118 000 von ihnen kamen ums Leben, die meisten – nahezu 84 000 Menschen – nach der Deportation aus Theresienstadt in die Vernichtungs- und Arbeitslager.

Menschen jüdischen Glaubens oder jüdischer Herkunft aus Deutschland bildeten mit 42 219 Personen die zweitgrößte Gruppe der Insassen im Theresienstädter Ghetto. Die bayerischen Juden, insgesamt 3 096, von denen nur 297 überlebten, wurden zunächst in Augsburg, Fürth, Nürnberg, Regensburg, Würzburg und München konzentriert. Von dort aus gingen dann Sammeltransporte nach Theresienstadt. Vom 4. Juni 1942 bis zum 23. Februar 1945 verließen allein München 35 solche Transporte.

Zu den bedrückendsten Seiten des Ghettolebens gehörten die furchtbare Enge und der vollständige Verlust der Privatsphäre. Vor dem Krieg lebten in Theresienstadt, die Militärgarnison eingerechnet, ca. 7 500 Personen. Im September 1942, als die Zahl der Gefangenen ihren Höchststand erreichte, drängten sich innerhalb der Festungsmauern 58 491 Männer, Frauen und Kinder. Der Raum, der früher für eine Person bestimmt war, musste nun für mehr als acht Personen ausreichen und betrug 1,65 m². Die Deportierten waren in ehemaligen Kasernen, Wohnhäusern der Zivilbevölkerung, welche die Stadt bis Mitte des Jahres 1942 verlassen musste, neu gebauten Holzbaracken, aber auch in Notunterkünften wie in Schuppen und Kasematten sowie auf Dachböden untergebracht. So hausten im Oktober 1942 auf den Dachböden 6 034 Personen. Oft lagen die Menschen auf dem nackten Fußboden oder auf ihren Koffern.

In den Kasernen und Häusern dienten enge Pritschen als notdürftiges Bett, das den „Wohnraum" der Gefangenen darstellte. Eine Geißel waren Ungeziefer, Mäuse und Ratten, die – neben der drangvollen Enge – zur Ausbreitung von Infektionskrankheiten beitrugen. Zu den schwierigen

Zdenka Eismannová, pozoruhodná kreslířka a portrétistka, zachytila během svého pobytu v Terezíně hlavně život v ženských ubytovnách. Byla deportována do Osvětimi, kde zahynula 6. září 1943.

Život na palandách
Zdenka Eismannová (1897–1943); akvarel, tužka, 45,2 x 34,5

6.64

Wohnbedingungen kamen die elementarste Lebensbedürfnisse betreffenden hygienischen Probleme. Im Ghetto herrschte ein katastrophaler Mangel an Brunnen, Waschräumen, Toiletten und Kanalisation. Die schwierige Situation in den Unterkünften wurde erschwert durch die von der SS-Kommandantur wiederholt angeordneten Lichtverbote, die als grausame Kollektivstrafe für die geringsten Übertretungen eingesetzt wurden. Der ständige Kampf mit diesen menschenunwürdigen Lebensbedingungen, mit Krankheiten, aber auch die völlige Zerstörung jeglicher Privatsphäre bildeten die essenziellen Bestandteile des Lebens im Ghetto.

V. B.

6.65 Etwa 25 000 Urnen mit Asche verstorbener Ghettobewohner vernichtete und vergrub die SS gegen Kriegsende, um die Spuren ihrer Verbrechen zu beseitigen. Die Pappurnen, in denen man die Asche der Opfer aufbewahrte, waren in der Kartonwerkstatt des Ghettos Theresienstadt gefertigt worden.

Urne
Karton, 20 x 15 x 15; Památník Terezín (PT 13 424)

Im Ghetto Theresienstadt starben ca. 35 000 Menschen. Die offiziell am häufigsten angegebenen Todesursachen sind Darmkatarrh, Erkrankungen der Atemwege, Altersschwäche sowie Herz- und Infektionskrankheiten. Vor allem der Gesundheitszustand älterer Menschen wurde durch Unterernährung, schlechte hygienische Bedingungen sowie durch Heimweh und den Verlust jeglicher Privatsphäre drastisch verschlechtert. Die Mehrzahl der Todesfälle kann daher als vorzeitig bezeichnet werden.

In der Anfangsphase wurden die Toten in spezielle Räume in den verschiedenen Kasernen gebracht und nach einer kurzen Zeremonie direkt auf den Friedhof überführt. Der Leichenwagen wurde nur von Vertretern der unbewaffneten Ghettowache sowie von tschechischen Gendarmen begleitet. Diese „Begräbnisse" fanden oft bei Nacht statt, damit die in der Stadt verbliebene Zivilbevölkerung möglichst nichts davon erfuhr.

Nach der Umwandlung der ganzen Stadt in ein Ghetto wurde eine zentrale Leichenhalle eingerichtet, in die man die Toten brachte und für das Begräbnis herrichtete. Bis zum Jahr 1944 war für den Weg zum Zeremonienraum ein Passierschein vonnöten. Es wurden ca. 35 Tote zusammen verbrannt, in Zeiten hoher Sterblichkeit auch mehrmals täglich. Nach dem Gebet und der Ansprache des Rabbiners durften die Hinterbliebenen den Wagen mit dem Sarg bis zur Schranke an der Ghettogrenze begleiten. Für den Abschied von Verstorbenen nichtjüdischer Religionszugehörigkeit diente die benachbarte christliche Leichenhalle.

Auf dem Friedhof wurden die Toten zunächst in Einzelgräbern, ab Juli 1942 in Massengräbern beerdigt. In diesen lagen anfangs 24 Tote in Särgen, später bis zu 60 Leichen ohne Sarg. Das letzte Massengrab wurde am 6. Oktober 1942, bereits nach Inbetriebnahme des Krematoriums, ausgehoben.

Anfang Oktober 1942 waren alle vier Öfen des Krematoriums in Betrieb, in denen täglich bis zu 180 Tote eingeäschert werden konnten. Hier wurden auch die Opfer aus dem Polizeigefängnis der Gestapo in der Theresienstädter Kleinen Festung sowie die Toten aus dem nahe gelegenen Konzentrationslager Leitmeritz/Litoměřice verbrannt. Mit Ausnahme einer kurzen Zeitspanne im Frühjahr 1945 war das Krematorium bis zur Befreiung des Ghettos in Betrieb und weiter während einer Typhusepidemie und in der Zeit der Repatriierung der Gefangenen. Der Betrieb wurde am 4. August 1945 eingestellt.

Im Inneren der Festungswälle war das Kolumbarium für die Urnen mit der Asche der verstorbenen Gefangenen eingerichtet. Tausende dieser Kästen waren dort zu langen Reihen geordnet. Nach der Abfahrt des letzten Transports aus Theresienstadt in Richtung Osten am 28. Oktober 1944 begannen die Angehörigen der SS im Ghetto die Spuren ihrer Verbrechen zu verwischen. Im November

1944 ordneten sie an, die Asche der verstorbenen Häftlinge zu vernichten. 22 000 Urnen wurden in die Eger geworfen und weitere 3 000 in der Nähe des Konzentrationslagers Leitmeritz vergraben. *V. B.*

6.66 Das Ende der deutschen Herrschaft über Prag begann mit dem Abreißen und Zerstören der verhassten deutschen Herrschaftssymbole wie deutschsprachigen Schildern, Fahnen, Hoheitszeichen sowie Hitler-Bildern und -Büsten.

Demolierte Hitler-Büste
Prag, Mai 1945; Messing; Vojenský historický ústav Praha – Armádní muzeum

Nach der Kapitulation Berlins, verbunden mit der Nachricht vom Tod Adolf Hitlers, kam es in vielen Orten Böhmens und Mährens, die unter der Kontrolle deutscher Einheiten standen, zum offenen Aufbegehren gegen die Okkupationsmacht und zur spontanen Proklamation der Tschechoslowakischen Republik.

Der Aufstand, der am 1. Mai 1945 in Přerov ausbrach, griff rasch – auch wenn er nicht erfolgreich war – auf weitere Städte und Gemeinden vor allem in Ost- und Nordostböhmen über. In Prag begann die tschechische Einwohnerschaft am 4. Mai mit der Beseitigung der zweisprachigen Aufschriften und Straßenschilder. Den Auftakt zum Prager Aufstand, dessen Leitung später der Tschechische Nationalrat (ČNR) übernahm, bildete die Besetzung des Rundfunkgebäudes durch tschechische Aufständische in den Vormittagsstunden des 5. Mai 1945. Am Tag darauf wurde Prag zum Brennpunkt erbitterter Positionskämpfe, denn die Moldau-Brücken boten für die aus dem Osten abziehenden deutschen Einheiten die letzte Möglichkeit, in amerikanisch besetztes Gebiet zu gelangen. Nach dem Eingreifen von Truppen der Waffen-SS aus dem SS-Übungslager Böhmen wurde die Lage zunehmend unübersichtlich. Die Aufständischen, die kaum über Waffen verfügten, konnten die Situation jedoch mithilfe von Angehörigen der russischen Befreiungsarmee unter General Wlassow stabilisieren. Die langwierigen Verhandlungen zwischen dem Tschechischen Nationalrat und Vertretern der deutschen Führung mündeten in die Unterzeichnung des „Protokolls über die Kapitulation der deutschen Wehrmacht in Prag und Umgebung", das am 8. Mai 1945 in Kraft trat. Auf der Basis dieser Vereinbarung zogen die deutschen Einheiten mit Waffen und Ausrüstung aus Prag ab. Schwere Waffen ließen sie an der Stadtgrenze zurück. So konnten die in den frühen Morgenstunden des 9. Mai in Prag einrollenden sowjetischen Panzer ohne große Verluste den letzten Widerstand einiger Fanatiker brechen. *M. Bu.*

6.67 Die deutschsprachigen Schilder im Straßenbild waren Ausdruck der deutschen Herrschaft. So richtete sich die Wut der Bevölkerung beim Prager Aufstand Anfang Mai 1945 auch besonders gegen diese Symbole.

Zweisprachiges Straßenschild mit übermalter deutscher Benennung
Blech, emailliert, weiße Buchstaben auf rotem Grund, 80 x 40; Národní muzeum, Praha (H8 – 11165)
Lit.: Slavík 2001

6.67

Während des Zweiten Weltkriegs waren im okkupierten Rest der Tschechoslowakei, dem „Protektorat Böhmen und Mähren", Schulen, Ämter, kulturelle Institutionen und andere öffentliche Räume zwei-

Konec německé nadvlády v Praze provázelo strhávání a ničení nenáviděných symbolů okupace: cedulí s německými nápisy, vlajek, státních znaků a portrétů a bust Hitlera.

Poničená busta Hitlera
Praha, květen 1945; mosaz

Německé pouliční tabule byly výrazem německé nadvlády v protektorátu. Hněv českého obyvatelstva se při Pražském povstání začátkem května 1945 soustředil obzvláště na tyto symboly.

Pouliční tabule s německým a českým názvem – německý název během Pražského povstání v květnu 1945 zamalován
plech, smaltovaný, bílá písmena na červeném pozadí, 80 x 40

6.68

sprachig – tschechisch und deutsch – ausgeschildert. Den damaligen Bestimmungen entsprechend war jeweils oben die deutsche, darunter die tschechische Aufschrift angebracht. Beim Aufstand im Mai 1945 wurden deutsche Schilder zerstört oder übermalt.   *St. S.*

Urputný boj o rozhlas byl jedním z ohnisek povstání, při kterém přišlo o život asi 1 700 Čechů, 1 000 Němců a 300 vojáků Vlasovovy armády.

Pražské povstání proti německé okupační moci, začátek května 1945: mrtví před budovou rozhlasu

fotografie

6.68 Der erbittert geführte Kampf um den Rundfunk markierte einen der Brennpunkte des Aufstands. Insgesamt kamen dabei etwa 1 700 Tschechen, 1 000 Deutsche und 300 Soldaten der Wlassow-Armee ums Leben.

Aufstand in Prag gegen die deutsche Besatzungsherrschaft Anfang Mai 1945: Tote vor dem Rundfunkgebäude
Fotografie; Česká tisková kancelář, Praha (FO 1060197)
Lit.: Kokoška 2005; Brandes 1969/1975, Bd. 2, S. 113–146

Der Prager Aufstand vom 5. bis 8. Mai 1945 forderte auf tschechischer Seite fast 1 700, auf deutscher etwa 1 000 und unter den Wlassow-Soldaten etwa 300 Opfer. 51 Gebäude wurden völlig zerstört, 314, darunter das Altstädter Rathaus, schwer beschädigt. Zum Aufstand hatte eine spontane Entwicklung geführt. Nach der Kapitulation Berlins am 2. Mai erwarteten die Prager einen Umsturz auch in ihrer Stadt. Amerikanische Truppen nahmen bereits Pilsen/Plzeň, sowjetische Brünn/Brno ein. Prager Ladenbesitzer weigerten sich, Reichsmark anzunehmen, von öffentlichen Gebäuden wurden die deutschsprachigen Schilder entfernt und am 5. Mai begann der Rundfunk nur noch in tschechischer Sprache zu senden. Um die Kontrolle des Senders entbrannten heftige Kämpfe.

Diese Entwicklung zwang die Führer des Widerstands, das Signal zum Aufstand zu geben. In der Nacht zum 6. Mai errichtete die Prager Bevölkerung etwa 1 600 Barrikaden, um die Stadt gegen die Kampfgruppen der Waffen-SS und Wehrmacht zu verteidigen, die sich der Stadt näherten. Am Abend des 6. Mai griff jedoch die 1. Division der antisowjetischen „Russischen Befreiungsarmee" des Generals Wlassow zugunsten der in die Enge getriebenen Aufständischen ein, zog aber am Abend des nächsten Tages ab, um sich in amerikanische Kriegsgefangenschaft zu begeben. Am 7. Mai drangen deutsche Einheiten ins Prager Zentrum vor, wobei sie Männer vor sich hertrieben, die Barrikaden abbauen mussten.

Um 16 Uhr des 8. Mai unterzeichneten beide Seiten ein Protokoll über „die Durchführung der Kapitulation der deutschen Wehrmacht" in Prag und Umgebung: Die deutschen Truppen sollten zusammen mit Frauen und Kindern ungehindert abziehen können. Kurz nach Mitternacht am 9. Mai erreichten jedoch

6.69 a

sowjetische Panzer den Stadtrand von Prag und griffen abziehende deutsche Einheiten an. Von dem vereinbarten freien Abzug der Deutschen war nun nicht mehr die Rede: „Fangt die deutschen Mörder und erschlagt sie, wenn sie Widerstand leisten", forderte der „Tschechische Nationalrat" über den Rundfunk.   *D. B.*

6.69 Der Aufstand in Prag ging über in Racheakte und Zwangsmaßnahmen gegen Deutsche.

a) Zusammengetriebene und mit Hakenkreuzen gekennzeichnete Deutsche in Prag
Fotografie, Mai 1945; Česká Tisková Kancelář, Praha (FO 1132487)

b) Frau mit Pflasterstein, bewacht von bewaffneten Tschechen, Prag
Svatopluk Sova; Fotografie, Mai 1945; Originalabzug, 30 x 40; Soukromá Sbirka, Praha
Lit.: Glotz 2003, S. 202–206; Brandes 1975

Die deutsche Bevölkerung in Prag wurde nach dem Aufstand im Mai 1945 aus ihren Wohnungen vertrieben. Deutsche wurden mit Hakenkreuzen auf der Kleidung gekennzeichnet und in provisorische Internierungslager gebracht. Die Suche nach Beteiligten an der deutschen Besatzungsherrschaft war begleitet von Misshandlungen. Manche Verdächtige wurden zu Tode geprügelt oder ermordet, zahlreiche Frauen vergewaltigt. Viele Unschuldige wurden Opfer.

In den Lagern wurden die Menschen schikaniert und geschunden. Sie litten an Hunger und Krankheiten, Kinder starben an Unternährung. Die Arbeitsfähigen wurden zu Aufräumarbeiten eingesetzt und mussten zum Beispiel das beim Aufstand zum Barrikadenbau aufgerissene Pflaster wieder in Stand setzen.   *L. E.*

6.70 Aus Reichenberg und Umgebung wurden schon während der „wilden" Vertreibung bis Mitte August 1945 etwa 25 000 Deutsche aus ihren Häusern vertrieben und in die sowjetische Besatzungszone abgeschoben. Die übrigen Reichenberger wurden 1946 mit der Bahn abtransportiert.

Abmarsch der Deutschen aus dem Sammellager Reichenberg, 1946
Fotografie; Česká tisková kancelář, Praha (FO 168448)
Lit.: Staněk 2002; Staněk 2005, S. 159–162

Reichenberg/Liberec, Hauptstadt des „Reichsgaus Sudetenland", hatte 1939 fast 70 000 Einwohner. In den ersten Nachkriegsmonaten sperrten Angehörige der tschechoslowakischen und sowjetischen Armee, besonders aber der verschiedenen bewaffneten Einheiten, die sich als „Revolutionsgarden" bezeichneten und die tatsächliche Macht in der Stadt ausübten, ihnen verdächtige Deutsche in ein Lager

Pražské povstání vyústilo v akty pomsty a donucovací opatření vůči Němcům.

a) Skupina Němců označených hákovým křížem
fotografie, Praha květen 1945

b) Žena s dlažební kostkou pod dozorem ozbrojených Čechů
Svatopluk Sova; fotografie, Praha květen 1945; originál, 30 x 40

Z Liberce a okolí bylo již během „divok-ého" odsunu do poloviny srpna 1945 vyhnáno přibližně 25 000 Němců a odsunuto do sovětské okupační zóny. Zbylé obyvatele Liberce odvezly v roce 1946 vlakové transporty.

Odchod Němců ze sběrného tábora Liberec, 1946
fotografie

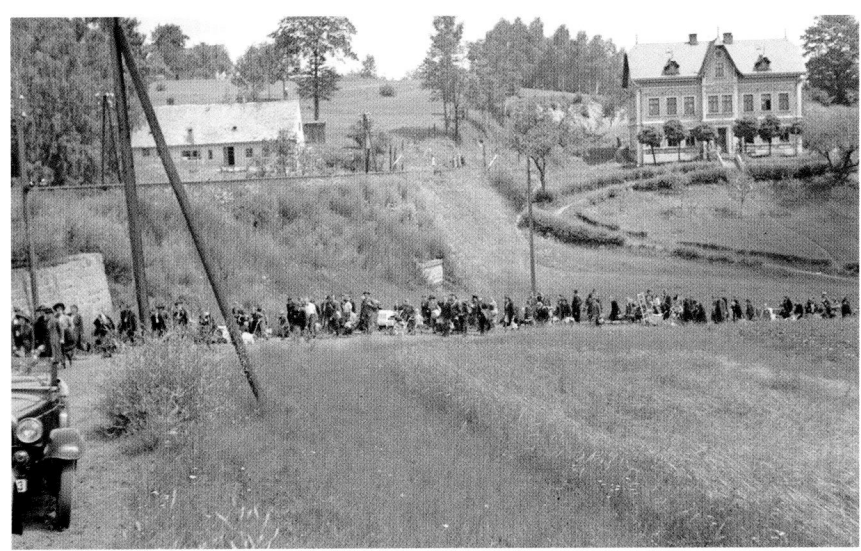

6.70

auf dem Messegelände. Zahlreiche Plünderungen und Gewalttaten gingen auf das Konto dieser Soldateska; 607 deutsche Reichenberger begingen Selbstmord. Bis Mitte August 1945 ließ die Bezirksverwaltungskommission aus Reichenberg und Umgebung etwa 25 000 Deutsche mit einem Gepäck von höchstens 30 kg in die sowjetische Besatzungszone „evakuieren".

Die Potsdamer Konferenz hatte die vorläufige Einstellung der Zwangsaussiedlung verfügt. Am 20. November 1945 einigte sich der Alliierte Kontrollrat für Deutschland darauf, 1 750 000 Deutsche aus der Tschechoslowakei in die US-Zone und weitere 750 000 in die sowjetische Besatzungszone zu dirigieren. Die Amerikaner bestanden darauf, dass nur komplette Familien abgeschoben würden, die pro Person 50 kg Gepäck, darunter Lebensmittel für drei Tage, sowie 1 000 Reichsmark mitnehmen durften, und verlangten, dass die Deutschen vor der Ausweisung ärztlich untersucht und die Transporte von deutschen Ärzten und Krankenschwestern begleitet würden. Den Deutschen wurde der Termin der Aussiedlung meist erst ein bis zwei Tage zuvor mitgeteilt. Dann brachte man sie in Sammellager, wo sie bis zu drei Wochen auf den Abtransport warten mussten, und von dort zu den Eisenbahnstationen. Die Aussiedlung in die US-Zone setzte Ende Januar, diejenige in die Sowjetzone Mitte Juni ein und war im Oktober 1946 abgeschlossen. Zurück blieben insgesamt etwa 220 000 Deutsche, deren Zahl in den folgenden Jahren weiter abnahm, besonders durch die Zusammenführung von Familien. *D. B.*

Poměry v internačních táborech byly často děsivé: nesnesitelné životní podmínky, násilnosti a ponižování byly na denním pořádku. Teprve na podzim roku 1945 se situace vězňů zlepšila.

Odchod pátého transportu Němců do americké okupační zóny z internačního tábora Praha-Modřany dne 16. května 1946
fotografie

6.71 Die Verhältnisse in den Internierungslagern waren oft schrecklich: Unzureichende Lebensbedingungen, Gewalttätigkeiten und Demütigungen waren an der Tagesordnung. Erst im Herbst 1945 verbesserte sich die Lage der Inhaftierten.

Abmarsch des fünften Transports von Deutschen in die amerikanische Besatzungszone aus dem Internierungslager Prag-Modřany am 16. Mai 1946
Fotografie; Česká tisková kancelář, Praha (FO 00144519)
Lit.: Staněk 1996; Pasák 1994

Auf dem Prager Territorium gab es mehrere Sammellager, die meisten Deutschen waren im Strahov-Stadion interniert. Am 8. Juli 1945 befanden sich unter den deutschen Internierten 625 Frauen, 326 Männer und 195 Kinder. In den 25 Lagern Groß-Prags lebten 1 313 deutsche, 81 tschechische und 32 Kinder anderer Nationalität. Dem Sozialpädagogen und Pazifisten Přemysl Pitter gelang es 318 deutsche Kinder aus diesen Lagern herauszuholen und in seinen Kinderheimen zusammen mit jüdischen Waisenkindern zu versorgen, bis sie in Anfang 1946 mit ihren Müttern nach Bayern abtransportiert wurden.

120 000 Deutsche wurden in etwa 500 als „Lager" bezeichneten Einrichtungen interniert. Zu den Insassen gehörten Personen, die eines Verbrechens während der Okkupation verdächtigt, solche, die benachbarten Betrieben als Arbeitskräfte zugewiesen wurden, und schließlich diejenigen, die auf den Abtransport nach Deutschland warten mussten. Provisorische Unterkünfte, unzureichende Hygiene und Gesundheitsfürsorge, anstrengende Arbeit oft über zwölf Stunden täglich und unzureichende Nahrung hatten Erschöpfung, Unterernährung, Krankheiten und Todesfälle zur Folge, vor allem bei alten Menschen und Kindern. Obgleich Vorschriften dies verboten, ließen sich die bunt zusammen gewürfelten Wachmannschaften in vielen Lagern zu Gewalttätigkeiten – Prügel und Misshandlungen – und Schikanen hinreißen; selbst Hinrichtungen wurden vollzogen. Erst ab September 1945 konsolidierten sich die Verhältnisse in den Lagern.   *D. B.*

6.71

6.72 Auf der Konferenz in Potsdam vom 17. Juli bis 2. August 1945 beschlossen die Alliierten die Überführung der deutschen Bevölkerung aus der Tschechoslowakei, Polen und Ungarn in das besetzte Deutschland.

a) Auszug aus dem Potsdamer Abkommen vom 2. August 1945, „XIII. Ordnungsgemäße Überführung deutscher Bevölkerungsanteile"
aus: Amtsblatt des Kontrollrats in Deutschland, 1945, Ergänzungsblatt 1; Bayerische Staatsbibliothek, München (4 Z 49.97–1945/1948)

b) Churchill, Truman und Stalin auf der Potsdamer Konferenz, Juli 1945
Fotografie; Bundesarchiv Koblenz (Bild 183 H 27035)
Lit.: Brandes 2005, S. 444–460

Na Postupimské konferenci, konané od 17. července do 2. srpna 1945, rozhodly spojenecké mocnosti o transferu německého obyvatelstva z Československa, Polska a Maďarska do obsazeného Německa.

a) Výtah z Postupimské dohody ze dne 2. srpna 1945, „XIII. Spořádaný transfer německého obyvatelstva"

b) Churchill, Truman a Stalin na Postupimské konferenci, červenec 1945
fotografie

Nach dem Ende des Zweiten Weltkriegs in Europa trafen sich Churchill, Truman und Stalin mit ihren Außenministern und Beratern zu einer Konferenz im Potsdamer Schloss Cecilienhof. Als in Großbritannien die Konservativen die Wahl zum Unterhaus verloren, trat der Labour-Politiker Attlee an Churchills Stelle und unterzeichnete das gemeinsame Communiqué, das so genannte „Potsdamer Abkommen". Im Abschnitt XIII erklärte die Konferenz, dass „die deutsche Bevölkerung oder Bestandteile derselben, die in Polen, Tschechoslowakei und Ungarn zurückgeblieben sind", nach Deutschland überführt werden müsse, allerdings „in ordnungsgemäßer und humaner Weise". Die drei Regierungen sollten Pläne dazu vorlegen. Der Alliierte Kontrollrat werde sich über die Verteilung der Deutschen auf die Besatzungszonen einigen. Bis dahin seien die „Überführungen" („transfers") einzustellen.

Mit der Forderung nach einer „ordnungsgemäßen und humanen" Durchführung der Aussiedlung reagierten die drei Großmächte auf die Kritik in der westlichen Presse über die brutalen Ausschreitungen während der so genannten „wilden Vertreibung" aus dem Gebiet jenseits von Oder und Neiße und der Tschechoslowakei. Über eine halbe Million Deutscher war bereits aus der Tschechoslowakei vertrieben worden, die meisten von ihnen aus dem sowjetisch besetzten Gebiet, während die Amerikaner in dem von ihnen besetzten Westböhmen keine Zwangsaussiedlung duldeten.

6.72

Zu scharfen Auseinandersetzungen hatte auf der Konferenz die Frage geführt, wie die Westgrenze Polens zu ziehen sei und wie viele Deutsche deshalb aus den neuen polnischen Gebieten auszuweisen seien. Solche Fragen wurden für das Gebiet der Tschechoslowakei nicht gestellt. Präsident Beneš und die Regierung hatten schon vor der Konferenz die Zustimmung zu ihrer Forderung erreicht, die Grenzen, die vor dem Münchner Abkommen bestanden hatten, wiederherzustellen und die überwiegende Mehrheit der Deutschen auszusiedeln. *D. B.*

Dekrety, vydané v letech 1945/46 prezidentem republiky Edvardem Benešem, jsou dodnes sporným bodem mezi Českou republikou a Německem. Dekrety o odejmutí státního občanství Němcům, konfiskaci majetku, pracovní povinnosti a potrestání účasti na nacistických zločinech předcházely „řízenému" odsunu.

a) Dekret č. 12 ze dne 21. června 1945 o konfiskaci a rozdělení zemědělského majetku Němců, Maďarů a československých kolaborantů, str. 17

b) Dekret č. 33 ze dne 2. srpna 1945 o potrestání nacistických zločinců a (československých) zrádců mimořádnými lidovými soudy, str. 57

c) Dekret č. 108 ze dne 25. října 1945 o konfiskaci nepřátelského (německého a sudetoněmeckého) majetku, str. 248

d) Zákon č. 115 o právnosti jednání souvisících s bojem o znovunabytí svobody Čechů a Slováků, str. 922

6.73 Die 1945/46 vom Präsidenten der Republik, Edvard Beneš, erlassenen Dekrete sind bis heute ein Streitpunkt zwischen Tschechien und Deutschland. Dekrete über die Aberkennung der Staatsbürgerschaft für Deutsche, die Enteignung, die Arbeitspflicht und die Bestrafung wegen Beteiligung an NS-Verbrechen gingen der „geregelten" Vertreibung voraus.

a) Dekret Nr. 12 vom 21. Juni 1945 über die Beschlagnahme und Verteilung landwirtschaftlichen Vermögens von Deutschen, Ungarn und tschechoslowakischen Kollaborateuren, S. 17

b) Dekret Nr. 33 vom 2. August 1945 über die Bestrafung der NS-Verbrecher und der (tschechoslowakischen) Verräter durch außerordentliche Volksgerichte, S. 57

c) Dekret Nr. 108 vom 25. Oktober 1945 über die Beschlagnahme feindlichen (deutschen und sudetendeutschen) Vermögens, S. 248

d) Gesetz Nr. 115 über die Straflosigkeit von strafbaren Handlungen im Zusammenhang von Widerstand und „wilder Vertreibung" vom 8. Mai 1946, S. 922
Národní archiv, Praha (Knih. A, Sbírka zákonů a nařízení, ročník 1945, 1946)
Lit.: Die Deutschen und Magyaren in den Dekreten des Präsidenten der Republik 2003

Im Londoner Exil einigten sich die tschechoslowakischen Politiker auf die Theorie der Rechtskontinuität der 1918 gegründeten Tschechoslowakischen Republik. Der Rücktritt Beneš' vom Amt des Präsidenten der Republik am 5. Oktober 1938 sei erzwungen gewesen und deshalb rechtlich ungültig. Der Präsident wurde im September 1940 ermächtigt, auf Vorschlag der Regierung Dekrete mit Gesetzeskraft zu erlassen. Die Provisorische Nationalversammlung bestätigte am 28. März 1946, dass alle Präsidenten-Dekrete „von Anfang an als Gesetze gelten".

Eine Reihe von Dekreten betraf „staatlich unzuverlässige Personen", zu denen die Angehörigen der deutschen Minderheit gezählt wurden. Als „Deutsche" galten alle Personen, die sich bei den Volkszählungen von 1930 oder 1939 zum Deutschtum bekannt hatten. Am 19. Mai 1945 wurde ihr gesamtes Vermögen unter „nationale Verwaltung" gestellt und kurz darauf ihr landwirtschaftliches und später ihr übriges Eigentum konfisziert. Die Deutschen wurden zur Arbeit verpflichtet und oft außerhalb ihres Wohnorts eingesetzt und in Arbeitslagern untergebracht. Für Verbrechen in der NS-Zeit wurden Sondergerichte eingerichtet, die innerhalb von drei Tagen zu einem Urteil kommen mussten, gegen das es keine Berufung gab.

Den Deutschen wurde die tschechische Staatsbürgerschaft rückwirkend aberkannt, und zwar ab dem Zeitpunkt, an dem sie die deutsche Staatsbürgerschaft angenommen hatten. Wer dagegen der Tschechoslowakischen Republik treu geblieben war, sich am Kampf um ihre Befreiung beteiligt oder unter dem nazistischen und faschistischen Terror gelitten hatte, behielt die tschechoslowakische Staatsbürgerschaft. Ein Gesetz vom 8. Mai 1946 bestimmte, dass ein Verbrechen nicht zu bestrafen sei, wenn es im Kampf gegen die Besatzungsmacht begangen worden war oder „auf eine gerechte Vergeltung für Taten der Okkupanten und ihrer Helfer gerichtet war". Diese Straflosstellung betraf nicht nur die Kriegszeit, sondern auch das halbe Jahr bis zum 28. Oktober 1945, dem Tag des Zusammentritts der Provisorischen Nationalversammlung.   *D. B.*

6.74 Die tschechoslowakische Regierung ordnete 1945 an, alle Deutschen mit Armbinden oder Abzeichen mit dem Buchstaben „N" für „Němec" („Deutsche") zu kennzeichnen. Antifaschisten erhielten eine rote Armbinde mit einem Schutzvermerk.

a) Weiße Armbinde mit Zeichen „N"
1945/46; Stoff, weiß, mit aufgenähtem schwarzen „N", 9 x 16; Sudetendeutsches Archiv, München

b) Rote Armbinde mit Schutzvermerk für Antifaschisten
1945/46; Stoff, rot, mit aufgedruckter Schrift; Seliger-Archiv im Archiv der sozialen Demokratie der Friedrich-Ebert-Stiftung, Bonn
Lit.: Slapnicka 1999

Nach Kriegsende berief sich die tschechoslowakische Regierung zur Wiedereinsetzung ihrer Staatlichkeit auf zwei Rechtsquellen: die Dekrete des Exil-Präsidenten Edvard Beneš („Beneš-Dekrete") und das von Klement Gottwald am 5. April 1945 verkündete „Regierungsprogramm der Nationalen Front" („Kaschauer-Programm"). Alle Maßnahmen gegen die deutschen und ungarischen Bürger in der Tschechoslowakei beruhten auf diesen Grundlagen, die bis zum ersten Zusammentreten der Provisorischen Nationalversammlung, dem 28. Oktober 1945, erlassen worden waren.

Die Beneš-Dekrete bestimmten für die deutschen und ungarischen Bürger der Tschechoslowakei Folgendes:
– entschädigungslose Enteignung des privaten Vermögens sowie Zwangsverwaltung des Wirtschaftsvermögens,
– Entziehung der politischen Staatsbürgerrechte und Ausschluss von der Beteiligung an der Staatsmacht,
– Aberkennung der tschechoslowakischen Staatsbürgerschaft für Deutsche und Ungarn als Grundlage der Vertreibung,
– Reduzierung der Lebensmittelzuteilung für Deutsche auf die bisher den Juden gewährten Mengen,
– Einführung der Arbeitspflicht für Personen deutscher Volkszugehörigkeit,
– Internierung der Deutschen in Arbeits- und Sammellagern,
– Aburteilung von Deutschen durch außerordentliche Volksgerichte ohne das Recht auf Berufung, Gnadengesuche oder aufschiebende Wirkungen bei Verhängung der Todesstrafe („Retributionsdekret").

Československá vláda vydala roku 1945 nařízení, že všichni Němci musí nosit viditelné označení: bílou pásku na rukávu nebo odznaky s písmenem „N" („Němec"). Antifašisté měli pásku rudé barvy.

a) Bílá rukávová páska s písmenem „N"
1945/46; látka bílé barvy, s našitým černým „N", 9 x 16

b) Rudá rukávová páska s ochrannou doložkou pro antifašisty
1945/46; látka rudé barvy, s natištěným nápisem

6.74 a

6.74 b

Diese Maßnahmen galten nicht für jene Deutschen, die als Antifaschisten eingestuft wurden. In vielen Fällen jedoch wurde diese Einstufung verwehrt oder ignoriert.

Ohne ausdrückliche Dekrete wurden auf dem Verordnungsweg weitere diskriminierende Maßnahmen gegen die Deutschen in der Nachkriegs-Tschechoslowakei angewandt:
– Kennzeichnung der Deutschen durch Armbinden mit N (Němec = Deutscher). Antifaschisten, meist Sozialdemokraten und Kommunisten, erhielten eine rote Armbinde mit einem Schutzvermerk,
– Auflösung und Enteignung aller deutschen und ungarischen Vereine,
– Schließung der deutschen Schulen und Hochschulen,
– Verbot der Abhaltung von Gottesdiensten in deutscher Sprache,
– Ablieferungspflicht für Fahrräder und Radioapparate,
– Verbot der Benutzung öffentlicher Verkehrsmittel und des Betretens der Bürgersteige.

Mit Gesetz vom 8. Mai 1946 wurden alle zwischen dem 30. September 1938 und dem 28. Oktober 1945 begangenen Handlungen im Zusammenhang mit dem Widerstand gegen die deutsche Besatzung bzw. mit der „wilden Vertreibung", auch wenn sie nach geltendem Recht strafbar gewesen wären, nachträglich für rechtmäßig erklärt, die Täter also von der rechtlichen Verantwortung für solche Taten befreit („Straffreistellungsgesetz").

O. K.

Po osvobození byly do Malé pevnosti Terezín nejprve umisťovány osoby obviněné z účasti na nacistických zločinech. Později sloužila jako „sběrné středisko" pro Němce čekající na transport.

Svazek klíčů vězně z internačního tábora Terezín, pravděpodobně Ewalda Bercherta z Prahy
železo, 16,5 x 3,9 x 2,5

6.75 Nach der Befreiung wurde die Kleine Festung von Theresienstadt zunächst zur Unterbringung von Personen benutzt, die der Beteiligung an Nazi-Verbrechen beschuldigt wurden. Später diente sie als Sammellager für Deutsche vor dem Abtransport.

Schlüsselbund eines im Internierungslager Theresienstadt internierten Gefangenen, vermutlich Ewald Berchert aus Prag
Eisen, 16,5 x 3,9 x 2,5; Památník Terezín (PT 929/4)

In Zusammenhang mit der Aussiedlung von Deutschen und Ungarn wurden viele Menschen in Lager verbracht. Eines dieser Lager wurde unmittelbar nach Kriegsende in der Kleinen Festung Theresienstadt/Terezín eingerichtet, einem Ort, der zum Symbol für die in Böhmen und Mähren verübten Verbrechen der Nationalsozialisten geworden war. Ursprünglich zur Internierung von Personen gedacht, die sich schwerer Vergehen am tschechischen Volk schuldig gemacht hatten, diente das Lager bis Ende Februar 1948 als „Sammelzentrum". Interniert waren hier Personen deutscher Nationalität verschiedener sozialer Stellung und aller Altersgruppen, einschließlich alter Menschen und Kinder. Ca. 10 Prozent von ihnen mussten sich vor einem außerordentlichen Volksgericht verantworten, 900 waren Mitglieder der NSDAP. Unter den Insassen befanden sich Kriegsgefangene, Mitarbeiter von Gestapo und Sicherheitsapparat sowie ehemalige Aufseher der Kleinen Festung, darunter der frühere Gefängniskommandant H. Jöckel. Die Mehrzahl der Internierten hatte bereits vor dem Münchner Abkommen in der Tschechoslowakei gelebt, den Rest bildeten in erster Linie Deutsche, die während der Okkupation in das Land gekommen waren, sowie Kriegsflüchtlinge.

Das Lager durchliefen mindestens 3 725 Personen, 2 080 Männer, 1 645 Frauen. Im Sommer 1945 erreichte die Zahl der Insassen mit 2 700 Personen ihren Höchststand. Danach sanken die Zahlen – aus verschiedenen Gründen wie Tod, Flucht und Verlegung von Internierten, die an andere Lager, Sammelzentren, Gefängnisse oder Gerichte übergeben wurden. Schlechte Lebensbedingungen, Unterernährung und Infektionskrankheiten trugen dazu bei, dass im Lager nachweislich 548 Menschen starben. Weitere Personen fielen Gewalttaten seitens der Aufseher zum Opfer. Die Gesamtzahl der Toten wird auf 600 Personen geschätzt.

M. P.

6.75

6.76 Die „geregelte" Vertreibung im Jahr 1946 war mit Ausweisungsbefehlen, Eigentumsregistrierung und Transportlisten bürokratisch organisiert. Bis auf Habseligkeiten, die in einer Kiste oder einem Koffer Platz fanden, Handgepäck und etwas Geld musste alles zurückbleiben.

a) Ausweisungsbefehl des örtlichen Nationalausschusses gegen Gustav und Marie Neubaer (richtig Neubauer) aus dem Dorf Kremetschau bei Hohenstadt
Papier/Druck, 29,5 x 20,5; Stadtarchiv Waldkraiburg (Sammlung Varia)

b) Liste über bei der Ausweisung in der Wohnung zurückgelassene Gegenstände
Maschinenschrift/Papier, 30 x 21; Heimatkreis Reichenberg Stadt und Land e.V., Augsburg

c) Verladung der Habe der zur Vertreibung aufgerufenen Familien in der Vorstadt von Tachau/Tachov
1946, heimliche Aufnahme von Franz Vcelac; Stadtmuseum Weiden
Lit.: Staněk 2002; Hrabovec 1995

Morgens um 5.30 am 11. Juni 1946 sollten sich Gustav Neubauer und seine Frau vor dem Ortsnationalausschuss des Dorfes Kremetschau/Křemačov einfinden, heißt es in dem beschönigend als „Übersiedlungsanzeige" bezeichneten Ausweisungsbefehl des Sicherheitsreferenten des Nationalausschusses des Bezirks Hohenstadt/Zabřeh. Pro Person durften ein Koffer mit 50 kg, zudem Handgepäck mit 10 kg Gewicht sowie 1000 Reichsmark und Lebensmittel für sieben Tage mitgenommen werden. Dies war die Ausstattung, die die Vertreter der amerikanischen Besatzungszone gegenüber den tschechoslowakischen Behörden durchgesetzt hatten. Die Schlüssel der verlassenen Wohnung mussten am Sammelplatz abgegeben werden. Zuvor wurde ein Verzeichnis der Einrichtung sowie der zurückgelassenen Kleidung und Wäsche angefertigt. Beide Dokumente geben einen Hinweis darauf, wie die „geregelte" Zwangsaussiedlung im Jahr 1946 in den meisten Fällen abgelaufen ist. Doch auch in dieser Phase konnten die übergeordneten Behörden Willkür und Diebstahl von Wachmannschaften und örtlichen Machtorganen oft nicht verhindern.

D. B.

„Řízený" odsun v roce 1946 byl byrokraticky organizovaný: byly vystavovány příkazy k vyhoštění, prováděla se registrace majetku, existovaly transportní seznamy. S sebou si Němci mohli vzít jen to, co se vešlo do bedny nebo kufru, jedno osobní zavazadlo a malé množství peněz.

a) Příkaz Místního národního výboru k vyhoštění Gustava a Marie Neubaer (správně Neubauer) z vesnice Křemačov u Zábřehu
papír/tisk, 29,5 x 20,5

b) Seznam věcí, zanechaných v bytě odsunutých
papír, 30 x 21

c) Vykládání majetku rodin určených k odsunu na předměstí Tachova
1946, Franz Vcelac, fotografie

6.76 c

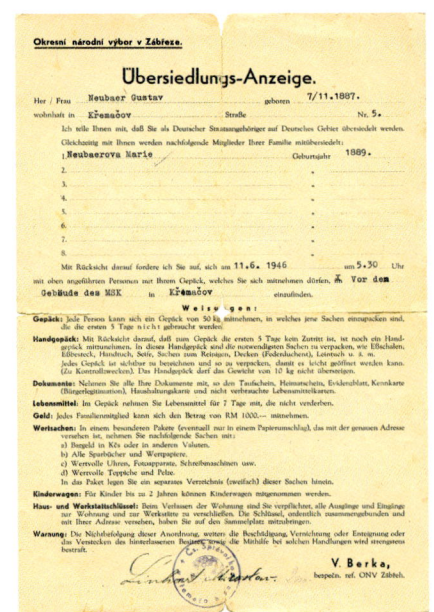

6.76

V době tzv. divokého odsunu bylo až do léta 1945 vyhnáno 700 000 až 800 000 sudetských Němců. Mnoho z nich se stalo obětí týrání a brutality.

Týrání sudetských Němců odsouzených Národním výborem v Lanškrouně
fotografie, 1945

6.77 In der Zeit der so genannten wilden Vertreibung bis zum Sommer 1945 wurden 700 000 bis 800 000 Sudetendeutsche vertrieben. Viele wurden Opfer von Misshandlungen und Grausamkeiten.

Misshandlung der vom Nationalausschuss verurteilten Sudetendeutschen in Landskron
Fotografie, 1945; Sudetendeutsches Archiv, München

Der Prager Aufstand vom 5. Mai 1945 stellte den Auftakt jener Maßnahmen dar, welche von der tschechoslowakischen Exilregierung in London unter Edvard Beneš geplant und von seinem Parteifreund Hubert Ripka am 17. Mai 1941 in Manchester so der Weltöffentlichkeit vorgetragen wurde: „Wir hoffen, dass dieser Krieg die Möglichkeit dazu geben wird, die Frage der deutschen Minderheit ein für allemal zu lösen ... Es wird notwendig werden, mit allen hierzu geeigneten Mitteln – einschließlich einer eventuellen organisierten Anwendung des Prinzips des Bevölkerungstransfers – Deutschland daran zu hindern, seine nationalen Minderheiten für seine großdeutschen Ziele zu missbrauchen." Der Aufstand hatte sich von Prag aus rasch ausgebreitet und ergriff zunächst das Protektoratsgebiet und den von sowjetischen Truppen besetzten Teil des Landes. Die Leidtragenden waren die Deutschen in den größeren Städten und in den Sprachinseln. Besonderes Aufsehen erregte der Brünner Todesmarsch ab dem 31. Mai 1945 zur österreichischen Grenze.

Die unrühmlichste Rolle bei den Ausschreitungen gegenüber den Sudetendeutschen spielten die „Revolutionsgarden" und die Nationalausschüsse („Národní Výbory"). In Landskron/Lanškroun veranstalteten Partisaneneinheiten auf dem Marktplatz ein Tribunal, vor dem sich alle männlichen deutschen Bewohner für ihr Verhalten in der Zeit nach 1938 zu verantworten hatten. Zahlreiche Deutsche überlebten die grausamen Prozeduren nicht.

Bis zum Beginn der Potsdamer Konferenz am 17. Juli 1945 schob man bei den so genannten wilden Vertreibungen 700 000 bis 800 000 Sudetendeutsche nach allen Richtungen über die Grenzen ab. Der tschechische Informationsminister

6.78

Václav Kopecký erklärte am 29. Mai 1945 in Prag: „Wir wollen unseren großen Sieg über die Deutschen zu einer gewaltigen nationalen Offensive ausnutzen, um das Grenzgebiet unseres Landes von Deutschen zu säubern."   *O. K.*

6.78 Přemysl Pitter verurteilte die nach dem Krieg einsetzende Gewalt gegen die deutsche Bevölkerung, kritisierte die Behandlung der Deutschen in den Internierungslagern und bemühte sich um eine Verbesserung der dort herrschenden Zustände.

Přemysl Pitter mit Kindern aus Internierungslagern im Garten des mittelböhmischen Schlosses Lojovice
Fotografie, 1945/47; Pedagogické muzeum J. A. Komenského v Praze

Přemysl Pitter (1885–1976), ein Mann der Toleranz und Humanität, Pädagoge und Erzieher, Fürsprecher des Christentums und des Friedensgedankens, widmete sein von den Schrecken des Ersten Weltkriegs gezeichnetes Leben der Hilfe für andere Menschen. Von den 20er-Jahren bis 1951 war er im Prager Stadtteil Žižkov tätig, wo er 1933 das Milíč-Haus, eine Einrichtung für außerschulische Kindererziehung, eröffnete. Dort lebten 1934 auch 18 Kinder aus deutschen antifaschistischen Emigrantenfamilien. Im Zweiten Weltkrieg stand er jüdischen Familien zur Seite und plante gemeinsam mit seinen Mitarbeitern Hilfsmaßnahmen für Kinder nach dem Krieg. Seine pädagogische Arbeit gipfelte in der zweijährigen Aktion „zámky" („Schlösser"), mit der ihn die Sozialkommission des Tschechischen Nationalrats am 15. Mai 1945 betraute: Auf den in Erholungsheime umgewandelten Schlössern Štiřín, Olešovice, Kamenice und Lojovice sowie in der Pension Ládví bei Prag „sammelte" Pitter Kinder unterschiedlicher Nationalitäten aus deutschen Konzentrationslagern oder tschechischen Internierungslagern. Hier wurde ihnen medizinische Betreuung, hochwertige Ernährung, liebevolle Behandlung und eine Erziehung zuteil, die keine Unterschiede zwischen Nationalitäten machte.

Pitter verurteilte die nach dem Krieg einsetzende Gewalt gegen die deutsche Bevölkerung in der Tschechoslowakei und wandte sich gegen die Behandlung der Deutschen in den Internierungslagern. Dafür wurde er von vielen seiner Landsleute kritisiert, was ihn jedoch nicht von seinen Bemühungen abbrachte. Während der Vertreibung der Deutschen versuchten er und seine Mitarbeiter, Kontakte zwischen Kindern und ihren Verwandten herzustellen. Durch die Aktion „zámky" erhielten 810 Kinder, von denen die Hälfte Deutsche waren, Pflege und Betreuung. In der Folgezeit, bis 1950, widmete sich das Büro des Milíč-Hauses

Přemysl Pitter odsuzoval poválečné násilnosti na německém obyvatelstvu, kritizoval zacházení s Němci v internačních táborech a usiloval o zlepšení poměrů v nich panujících.

Přemysl Pitter s dětmi z internačních táborů v zahradě zámku Lojovice ve středních Čechách
fotografie, 1945/47

6.79

der Suche nach vermissten Kindern bzw. deren Eltern, wobei es mit deutschen Suchorganisationen zusammenarbeitete. Nach dem kommunistischen Putsch 1948 wurde die Arbeit schwieriger: 1951 entzog man Pitter die Leitung des Milíč-Hauses, die Staatssicherheit begann sich für ihn zu interessieren. Am 26. August 1951 emigrierte er in die Bundesrepublik Deutschland, wo er sein Engagement im Emigrantenlager Valka bei Nürnberg fortsetzte (vgl. Kat.-Nr. 6.119). Seine Arbeit trug ihm viele Auszeichnungen ein, so 1973 das Bundesverdienstkreuz Erster Klasse, vor allem aber den dauerhaften Dank derer, denen er in der schwersten Zeit ihres Lebens geholfen hatte. *E. Ši./M. T.*

Ve dne v noci projížděly v roce 1946 transporty odsunutých Němců, každý po 40 vagonech, hraničním nádražím Furth im Wald nebo Schirnding z Československa do Bavorska.

a) Vlakový transport z Mariánských Lázní
fotografie, 1946

b) Seznam jmen prvního transportu odsunutých Němců přes Furth im Wald 24. ledna 1946 ze Suchého Vrbného u Českých Budějovic do Würzburku
titulní list a seznam jmen: vagon 11, anglický způsob psaní, strojopis/papír

6.79 Tag und Nacht rollten im Jahr 1946 die Züge der Vertriebenentransporte mit jeweils 40 Waggons über die Grenzbahnhöfe Furth im Wald oder Schirnding aus der Tschechoslowakei nach Bayern.

a) Abtransport aus Marienbad/Mariánské Lázně
Fotografie, 1946; Česká Tisková Kancelář, Praha

b) Namensliste des ersten Vertriebenentransports über Furth im Wald am 24. Januar 1946 von Suché Vrbné bei Budweis/České Budejovice nach Würzburg
Titelblatt und Namensliste Waggon 11, englische Schreibweisen, Maschinenschrift/Papier; Stadt Furth im Wald – Stadtarchiv

Die Züge mit den Vertriebenen kamen aus Prachatitz/Prachatice und Saaz/Žatec, Budweis/České Budějovice und Mährisch-Schönberg/Šumperk, Komotau/Chomutov und Tachau/Tachov. Nicht selten war ihr Ziel der Augsburger Hauptbahnhof, denn dieser war der größte Zielbahnhof für Vertriebenentransporte in die amerikanische Besatzungszone. Befördert wurden – nach der Übereinkunft der tschechoslowakischen Regierung mit Vertretern der amerikanischen Besatzungsbehörden – 1200 Menschen pro Zug, je 30 pro Güterwaggon. Die Umsiedlung sollte nach den Exzessen der „wilden Vertreibungen" des Jahres 1945 in „ordnungsgemäßer und humaner Weise" erfolgen, so der Artikel XIII des Potsdamer Protokolls vom August 1945. Für die am 25. Januar 1946 angelaufene Aktion richtete die tschechische Regierung im ganzen Land Sammellager für die zur Vertreibung bestimmten Deutschen ein. 75 Lager waren es in Böhmen, 29 in Mähren und drei in der Slowakei, welche den „odsun", tschechisch für „Abschub", bewältigen sollten.

Für die Sudetendeutschen bedeuteten die Aussagen des Potsdamer Protokolls über die „menschenwürdige und ordnungsgemäße Durchführung" der Vertreibung die Mitnahme von notwendiger Kleidung, Gepäck mit einem Gewicht von

6.80

30–50 kg und Bargeld in Höhe von maximal 1 000 Reichsmark. Die Tschechoslowakei sollte für einen drei Tage reichenden Lebensmittelvorrat sorgen und
auf der Fahrt im tschechischen Staatsgebiet warme Verpflegung verteilen. Die
Familien durften nicht auseinander gerissen werden und in den Wintermonaten
war der Transport von Kranken nicht vorgesehen. Dies war im „Protokoll der Besprechung zwischen Vertretern der amerikanischen Militärregierung in Deutschland und Vertretern der Tschechoslowakei am 8. und 9. Januar 1946 über die
Modalitäten der Ausweisung von Sudetendeutschen und ihrer Übernahme in die
amerikanische Besatzungszone Deutschlands" vereinbart worden. Die Realität
kontrastierte jedoch häufig mit den offiziellen Festlegungen.

Bei der ersten Volkszählung der Nachkriegszeit am 29. Oktober 1946 wurden in Bayern 1 657 765 Flüchtlinge und Heimatvertriebene gezählt, darunter
871 863 aus der Tschechoslowakei (Sudetenland, Böhmen und Mähren sowie aus
den deutschen Sprachinseln in der Slowakei).   *O. K.*

6.80 Die ersten tschechoslowakischen Neusiedler kamen schon während der
„wilden Vertreibung" in das Sudetengebiet und übernahmen Häuser, Handwerksbetriebe und Bauernhöfe von Sudetendeutschen. Den Höhepunkt
erreichte die Zuwanderung 1947, als 1,9 Millionen Menschen zugewandert
waren.
Ankunft einer tschechischen Neusiedlerfamilie und Übernahme eines früher
von Sudetendeutschen bewohnten Hauses
Fotografie, 1947; Česká tisková kancelář, Praha (FO 268118)
Lit.: Wiedemann 2007

První českoslovenští dosídlenci přicházeli
do Sudet ještě v průběhu „divokého"
odsunu a přebírali od sudetských Němců
domy, řemeslné provozovny a statky.
Dosídlování vyvrcholilo v roce 1947, kdy
do pohraničí přišly 1,9 miliony osob.

Příchod české rodiny dosídlenců a předání
domu, dříve obývaného sudetskými Němci
fotografie, 1947

Die Masse der Neusiedler war gekommen, bevor die organisierte Aussiedlung
der Deutschen im Januar 1946 begann. Für diese etwa 800 000 Pioniere, die sich
vorwiegend aus ärmeren sozialen Schichten rekrutierten, bot die Migration eine
Chance zu beruflichem und sozialem Aufstieg und einer Verbesserung ihrer Le-
benssituation. Allein die Aussicht, dass es zur Zwangsaussiedlung der Deutschen
kommen würde, veranlasste Hunderttausende, sich in die Grenzgebiete aufzu-
machen, um dort Bauernhöfe, Handwerksbetriebe, Geschäfte, Gaststätten und
Häuser in „nationale Verwaltung" zu übernehmen.

Erst ab Herbst 1945 wurde die Zuwanderung behördlich gesteuert und organisiert. Etwa drei Viertel der neuen Siedler kamen aus dem tschechischen Binnenland. Zu ihnen gesellte sich eine Reihe anderer Gruppen: Slowaken waren

mit knapp 160 000 Personen neben den Tschechen am stärksten vertreten. Diese Gruppe wurde durch die Zuwanderung von Auslandsslowaken, die über die Hälfte aller „Remigranten" ausmachten, noch vergrößert. Die Mehrheit der insgesamt etwa 200 000 Tschechen und Slowaken aus einer Reihe von anderen Staaten – meist Nachfolgestaaten der Habsburgermonarchie – kam erst ab 1947 in die Grenzgebiete, als die Massenbesiedlung aus dem Binnenland bereits beendet war und einen Stand von 1,9 Millionen Menschen erreicht hatte. Gruppenspezifische Unterschiede – ethnische, regionale und konfessionelle – prägten und teilten die neue Gesellschaft in den Grenzgebieten in den ersten Nachkriegsjahren in tschechische und deutsche Altsiedler, Neusiedler und die Remigranten, unter denen die Tschechen aus dem seit 1945 gänzlich sowjetukrainischen Wolhynien in Bezug auf Sprache, Kleidung, Tradition, oft auch hinsichtlich Konfession und antikommunistischer Einstellung eine besondere Rolle spielten. Sie ließen sich vor allem in den Gebieten um Saaz/Žatec und Podersam/Podbořany nieder.   *D. B.*

Žebřiňák, transportní bedna, kufr a batoh připomínají vyhnání Němců z Československa.

a) Žebřiňák s bednou z vrbového dřeva a batohem rodiny Schulzových z Vrchlabí (Krkonoše)

dřevo, železo, 120 x 55 x 60

b) Transportní bedna s nápisem „Tachau 896 Gruppe A. Roppert"

dřevo, železné kování, černě pomalované, 50 x 30 x 27

c) Transportní bedna s nápisem „Fam. Anton Hofmann, Reichenau 473, Kr. Gablonz a.N."

dřevo, železo, 56 x 86 x 52

d) Transportní kufr s nápisem „FRANZ LANGER PIRNIK, KR. STERNBERG 5 PERS. Wg. 25"

lepenka, dřevo, kůže, kov, 40 x 81 x 50

6.81 Leiterwagen, Transportkiste, Koffer und Rucksack erinnern an die Vertreibung der Deutschen aus der Tschechoslowakei.

a) Leiterwagen mit Weidenkiste und Rucksack der Familie Schulz aus Hohenelbe (Riesengebirge)
Holz, Eisen, 120 x 55 x 60; Riesengebirgsmuseum, Marktoberdorf

b) Transportkiste mit der Aufschrift „Tachau 896 Gruppe A. Roppert"
Holz, Eisenbeschläge, schwarz bemalt, 50 x 30 x 27; Sudetendeutsches Archiv, München

c) Transportkiste mit der Aufschrift „Fam. Anton Hofmann, Reichenau 473, Kr. Gablonz a. N."
Holz, Eisen, 56 x 86 x 52; Isergebirgs-Museum Neugablonz

d) Transportkoffer mit der Aufschrift „FRANZ LANGER PIRNIK, KR. STERNBERG 5 PERS. Wg. 25"
Pappe, Holz, Leder, Metall, 40 x 81 x 50; Museum der Stadt Neutraubling

Die hier gezeigten Erinnerungsstücke an Flucht und Vertreibung stehen für sehr unterschiedliche Erfahrungen. Der Leiterwagen war wahrscheinlich das häufigste Transportmittel der Flüchtenden aus dem deutschen Osten. Die Sudetendeutschen konnten den Leiterwagen allerdings in den meisten Fällen nur in der Zeit der „wilden Vertreibung" über die Grenze nach Österreich oder Deutschland retten. Wer davon betroffen war, hatte oft nur eine halbe Stunde Zeit, seine Habseligkeiten für den Fußmarsch zur Grenze zusammenzuraffen.

Der Rucksack gewann eine besondere Bedeutung, die er auch später bewahrte. In vielen Erzählungen ist davon die Rede, dass in grenznahen Gebieten Wagemutige nachts zurückkehrten und Gegenstände und Nahrungsmittel holten, die

6.81 a

6.81 d

zurückgebliebene Familienmitglieder an bestimmten Stellen im Wald versteckt hatten. Auch in den ersten Monaten der Nachkriegszeit, als man in Lagern und Notbehausungen lebte, blieb der Rucksack ein unentbehrliches Behältnis, das Erkauftes und Erbetteltes aufnahm.

Ein ebenso erinnerungsträchtiger Gegenstand ist für viele sudetendeutsche Familien der Koffer, ein stabiler Holzkoffer mit Griffen, der für Fußmärsche viel zu schwer war. Er war das typische Behältnis bei der „geregelten Vertreibung", die im Januar 1946 einsetzte. In diesem konnten das erlaubte 30 kg, später 50 kg schwere Gepäck transportiert werden, zunächst – oft mit dem Leiterwagen – ins Sammellager, wo sich der Inhalt durch die Kontrollen noch einmal verringerte, und von dort zum Bahnhof. Spätestens hier blieben die Leiterwägen in der Regel zurück. In den Viehwaggons, mit denen die Vertriebenen weggebracht wurden, gewannen die Holzkoffer eine neue Funktion, die sie später im Lager noch lange beibehalten sollten: Sie wurden zum Sitzmöbel. *E. Ha.*

6.82 Über 600 000 vertriebene Sudetendeutsche wurden im Grenzdurchgangslager Furth im Wald registriert, ärztlich untersucht und verpflegt und dann per Bahn zu ihrem Zielbahnhof transportiert.

Vertriebenentransport im Bahnhof Furth im Wald
Fotografie, 1946; Stadt Furth im Wald – Stadtarchiv
Lit.: Maier 1999

Um die vielen Vertriebenen aus der Tschechoslowakei aufnehmen zu können, wurde auf Anordnung des Bayerischen Staatsministeriums des Innern die Errichtung von Durchgangslagern an zentralen Grenzübergängen angeordnet, so in Wiesau in der Oberpfalz und in Furth im Wald. Die Stadt Furth im Wald verfügte über einen groß ausgebauten Grenzbahnhof, unmittelbar daneben wurde das Grenzdurchgangslager errichtet. Vor allem sudetendeutsche Vertriebene, insgesamt 618 961, kamen 1946 über Furth im Wald nach Bayern. Die angekommenen Vertriebenen wurden hier registriert, mit DDT „entlaust", ärztlich untersucht und verpflegt. Nach zwei bis drei Stunden verließ der Transport den Bahnhof wieder in Richtung Zielbahnhof. Schwerkranke wurden in ein Hilfskrankenhaus gebracht, ihre Familienangehörigen blieben im Lager zurück.

Auch in den folgenden Jahren kamen Ausweisungstransporte, Kriegsgefangene, illegale Grenzgänger über das Grenzdurchgangslager Furth im Wald nach Bayern. 1947 waren es nur knapp 4 000 Menschen, die registriert wurden. 1948, nach der kommunistischen Machtübernahme in der Tschechoslowakei, stiegen die

V hraničním tranzitním táboře Furth im Wald bylo více než 600 000 odsunutých sudetských Němců registrováno, lékařsky vyšetřeno a zaopatřeno a pak vlakem dopraveno k cílovému nádraží.

Transport vyhnanců v nádraží Furth im Wald
fotografie, 1946

6.82

Zahlen wieder an, insgesamt kamen 24 000 Sudetendeutsche und über 1 100 Ausländer, zumeist tschechoslowakische Bürger, über die Grenze bei Furth im Wald. Das Durchgangslager war mit bis zu 2 400 Personen völlig überfüllt. 1949 gingen die Zahlen auf wenige Tausend zurück, bis 1950 eine erneute Aussiedlungsaktion über 130 00 Sudetendeutsche über das Durchgangslager nach Bayern brachte. 1951 ging die Zahl der Personen aus der Tschechoslowakei weiter zurück. Ab 1952 wurde das Lager für die Durchschleusung von „Ostzonenflüchtlingen" verwendet und schließlich 1954 mangels Bedarf als Durchgangslager aufgehoben. Es bestand weitere drei Jahre als Wohnlager. Eine der Baracken steht heute noch, eine andere wird im Haus der Geschichte der Bundesrepublik in Bonn als Museumsstück bewahrt. *W. P./L. E.*

Ze 109 osob, vyhnaných z Lipoltova u Chebu, jich v 50. letech žilo 80 v Bavorsku, 29 v jiných spolkových zemích nebo v NDR. Z 88 osob, vyhnaných z Libova u Ústí nad Labem, zahynuly dvě během transportu, 29 žilo v 50. letech v Bavorsku, 49 v jiných spolkových zemích nebo v NDR. Osud osmi osob zůstal nevyjasněn.

Mapy

a) Místa, kde se usadili vyhnanci z Lipoltova u Chebu

b) Místa, kde se usadili vyhnanci z Libova u Ústí nad Labem

50. léta, sestaveno podle údajů z kartotéky rodných obcí Charity Pasov

6.83 Von den aus Lappitzfeld bei Eger vertriebenen 109 Menschen lebten in den 1950er-Jahren 80 in Bayern, 29 in anderen Bundesländern oder in der DDR. Von den aus Lieben bei Aussig vertriebenen 88 Personen starben zwei auf dem Transport, 29 lebten in den 1950er-Jahren in Bayern, 49 in anderen Bundesländern oder in der DDR. Das Schicksal von acht Personen ist ungeklärt.

Karten

a) Niederlassungsorte der Vertriebenen aus Lappitzfeld bei Eger

b) Niederlassungsorte der Vertriebenen aus Lieben bei Aussig

1950er-Jahre, erstellt nach Angaben in der Heimatortskartei der Caritas/Kirchlicher Suchdienst, Heimatortskartei, Passau

Die Karten zeigen anhand zweier Dörfer exemplarisch die Wege der Vertriebenen: Die aus dem zunächst amerikanisch besetzten Lappitzfeld/Lipoltov in Westböhmen Vertriebenen gingen in den Westen, während die aus dem sowjetisch besetzten Lieben in Nordböhmen Vertriebenen vor allem nach Norden und Nordwesten zogen. Im Fall von Lieben/Libov ústí nad Labem ist auch die Phase der wilden Vertreibung über die Grenze zur sowjetisch besetzten Zone bedeutsam. Diese beiden Beispiele zeigen – trotz der überschaubaren Einwohnerzahlen – die Grundlinien der Vertreibung auf. Die Karteien der Caritas geben darüber hinaus Auskunft über die Opfer der Vertreibung und über Personen, deren Schicksal nicht geklärt ist.

Auffällig bei den Niederlassungsorten ist, dass es keine größere Ansammlung von Einwohnern aus einem Herkunftsort gibt. Diese breite Verteilung über die Besatzungszonen hängt zum einen mit den Vorgaben der amerikanischen Militärbehörden zusammen, die verhindern wollten, dass sich Vertriebene aus einem Ort geschlossen in einer Siedlung niederließen. Zum anderen gab es im zerstörten Deutschland keinen verfügbaren Siedlungs- oder Wohnraum, um die Einwohnerschaft ganzer Dörfer oder Städte geschlossen anzusiedeln. Trotzdem entstanden an vielen Orten neue Siedlungen oder Stadtteile, in denen vor allem oder fast ausschließlich Vertriebene lebten. *L. E.*

První přístřeší nalezli vyhnanci v barákových táborech a opuštěných továrních halách, dříve sloužících válečným účelům.

a) Barákový tábor Pürten/Waldkraiburg

fotografie

b) Hostinec „Heimatstüberl" v uprchlickém táboře Dachau-Ost

fotografie, kolem 1950

6.84 Erste Unterkünfte fanden die Heimatvertriebenen in Barackenlagern und aufgegebenen Fabrikgebäuden, die kriegswichtigen Zwecken gedient hatten.

a) Barackenlager Pürten in Waldkraiburg

Fotografie; Stadtmuseum Waldkraiburg

b) Gaststätte „Heimatstüberl" im Flüchtlingslager Dachau-Ost

Fotografie, um 1950; KZ-Gedenkstätte Dachau

Flucht und Vertreibung von Millionen Deutscher aus dem Osten stellten eine europäische Tragödie größten Ausmaßes dar, deren Folgen bis zum heutigen Tag spürbar sind. Ihre Aufarbeitung und Heilung stellt die europäischen Völker – nicht nur die Deutschen – vor außerordentliche politische und ethische

6.84 b

6.84 a

Aufgaben. Für die meisten Betroffenen waren es traumatische Ereignisse, die ihr weiteres Leben bestimmen sollten. Nicht nur der Verlust der Heimat, der Verlust von Hab und Gut, Wohnung und Grundbesitz, von sozialen Kontakten zu Freunden, Verwandten und Bekannten, der Verlust von Hausrat, von privaten Dokumenten und Erinnerungsstücken, Fotografien und Tagebüchern gehörte zu den prägenden Erlebnissen der Vertriebenen, sondern vor allem die damit in Verbindung stehenden Akte von Erniedrigung, Grausamkeit, Leid und die Angst um das nackte Überleben.

Die Zielbahnhöfe der jeweiligen Transporte wurden nach – für die Vertriebenen nicht erkennbaren – bevölkerungspolitischen Prinzipien ausgewählt. Die Betroffenen konnten nicht bestimmen, in welche Gegend der amerikanischen Zone sie gebracht wurden. Meist endete die Fahrt in Städten, wo große Durchgangslager eingerichtet worden waren. Von dort verteilte man die Neuankömmlinge auf das Land, wo Arbeitsmöglichkeiten und Versorgungslage etwas besser waren. Die Hauptlast des Neuanfangs trugen die Frauen, die Kinder und die alten Leute. Die mittellosen Menschen hatten keine andere Wahl als neu anzufangen, aufzubauen und ihr Leben wieder in die Hand zu nehmen. Der Prozess der beruflichen und wirtschaftlichen Eingliederung der Heimatvertriebenen war relativ schnell von Erfolg gekrönt; die seelisch-geistige Einbindung dauerte etwas länger. Erste Unterkünfte fanden die Heimatvertriebenen in allen Arten von Barackenlagern und aufgegebenen Fabrikgebäuden. So entstanden in Bayern häufig auf dem Bunkergelände früherer Munitionsfabriken Siedlungen für Vertriebene und Flüchtlinge wie in Waldkraiburg, Kaufbeuren-Neugablonz, Geretsried, Traunreut, Neutraubling, Bubenreut und an vielen anderen Orten. *O. K.*

6.85 Wie Waldkraiburg, Traunreut und Geretsried entstand auch Neugablonz auf dem Gelände einer ehemaligen Munitionsfabrik. Neugablonz war die einzige Stadt, in der Vertriebene aus einem Ort sich wieder geschlossen ansiedelten.

Neugablonz von Norden, im Hintergrund Kaufbeuren
Luftaufnahme, 1959; Luftbildverlag Hans Bertram GmbH, Memmingerberg
Lit.: Neugablonz 1986; Waldkraiburg 1999; Fendl 2006

Die Luftaufnahme von Neugablonz verdeutlicht die Lage der Stadt mitten im Wald. Dies ist kein Zufall. Neugablonz liegt auf einem Gelände früherer Barackenbauten. Hier wurde 1939 ein Werk der Dynamit-Aktiengesellschaft (DAG) errichtet. Als Standorte für solche kriegswichtigen Produktionsanlagen wählte man bevorzugt Wälder, die eine bessere Tarnung ermöglichten. Muni-

Stejně jako Waldkraiburg, Traunreut a Geretsried byl i Neugablonz vybudován v areálu bývalé muniční továrny. Neugablonz byl jediným městem, kde místní pospolitost tvořili vyhnanci z jedné obce.

Neugablonz ze severu, v pozadí Kaufbeuren
Letecký snímek, 1959

tionsfabriken standen auch am Anfang der Vertriebenenstädte Waldkraiburg, Traunreut und Geretsried, während Neutraubling auf dem Gelände eines 1936 errichteten Fliegerhorsts entstand.

Das „Werk Kaufbeuren" war nach zweijähriger Bauzeit 1941 in Betrieb genommen worden. Zwei Lager dienten als Unterkünfte für die Beschäftigten. Das Lager „Riederloh" wurde direkt von der DAG betrieben. In diesem Barackenlager lebten von 1939 bis 1941 die deutschen Beschäftigten der beteiligten Baufirmen und von 1941 bis 1945 deutsche und ausländische Zwangsarbeiter. Das Lager „Riederloh II" wurde 1944 von der SS als Außenlager des Konzentrationslagers Dachau errichtet. In diesem Lager herrschten grausame Zustände. Von den etwa 1000 jüdischen Häftlingen, die nach der Räumung des Konzentrationslagers Auschwitz hierher gebracht worden waren, starben fast die Hälfte.

Nach Kriegsende diente das Lager Riederloh zunächst der Inhaftierung von 3000 SS-Angehörigen. Im Spätherbst 1945 sprengten die Amerikaner etwa 60 von 180 Gebäuden auf dem DAG-Gelände, nachdem vorher alles irgendwie Brauchbare abtransportiert worden war. Von den ursprünglichen Plänen, das gesamte Werk zu sprengen, nahm man wieder Abstand, vermutlich, weil inzwischen klar war, dass Bayern eine große Menge Vertriebener würde aufnehmen müssen, wofür sich die ehemaligen Werksgelände mit ihren Barackenlagern und Fabrikationsbunkern anboten. Bis dahin mussten allerdings noch viele Hürden genommen werden. Für Neugablonz wurde der Ingenieur Erich Huschka, der aus der Nähe von Gablonz/Jablonec nad Nisou stammte, entscheidend. Er erlebte das Kriegsende in Bayern und wollte wenigstens einer kleinen Gruppe von Gablonzern einen Neuanfang ihrer weltweit bekannten Glas- und Schmuckwarenindustrie ermöglichen. Im Juni 1946 schloss er einen Pachtvertrag für zwei Drittel des DAG-Geländes, also drei Monate, bevor das Gesetz für Beschaffung von Siedlungsland in Kraft trat. Heute wird Huschka als „Vater von Neugablonz" bezeichnet. Mit Flugblättern wurde für die Ansiedlung von Gablonzern in Kaufbeuren-Hart geworben. Es sollte die gleiche arbeitsteilige Struktur, wie sie für die Glas- und Schmuckindustrie in Gablonz typisch gewesen war, beibehalten werden.

Schon 1946 nahmen etwa 120 selbstständige Betriebe unter primitivsten Bedingungen die Arbeit auf. Nirgendwo sonst gelang es so viele Vertriebene aus einer Region geschlossen wieder anzusiedeln: Insgesamt fanden 18 000 Menschen aus Gablonz und Umgebung in Neugablonz Aufnahme. Für viele von ihnen stellte das Lager Riederloh, das bis 1954 bestand, die erste Wohnstatt in der „neuen Heimat" dar. 1950 wurden die ersten Wohnblöcke errichtet. Etwa zwanzig Jahre dauerte es, bis die Ortsansicht von Neugablonz nicht mehr von Bunkergebäuden bestimmt wurde. Nicht alle wurden abgerissen, vielmehr wurden sie umgebaut, sodass die meisten nun nicht mehr als ehemalige Bunker zu erkennen sind.

E. Ha.

Mnozí zušlechtovatelé skla, kteří uprchli či byli vyhnáni z Čech, svým uměním zásadně ovlivnili sklářské umění a řemeslo ve své nové vlasti a nové podněty přinesli zejména sklářským hutím v Bavorském lese.

Rytecké náčiní

pravděpodobně fa. Becker, Haida/Nový Bor (s laskavým upozorněním Gernota Merkera, Kelheim)

6.86 Viele aus Böhmen vertriebene oder geflohene Glasveredler prägten mit ihrem Können Glaskunst und Glashandwerk in ihrer neuen Heimat und gaben insbesondere den Glashütten im Bayerischen Wald neue Impulse.

Gravurzeug
wohl Fa. Becker, Haida/Nový Bor (freundlicher Hinweis von Gernot Merker, Kelheim); Rimpler, Zwiesel
Lit.: Wildfeuer 2004

Was das nötige Handwerkszeug betraf, so war es für den 1911 im nordböhmischen Morgenthau/Rousínov geborenen Emil Rimpler ein relativ einfacher Start in sein neues Leben in Zwiesel, wohin er 1945 aus britischer Kriegsgefangenschaft gekommen war. Seine Frau, die mit der Tochter noch in Nordböhmen war, schickte ihm sein Gravurzeug, das sie vor dem Zugriff der tschechischen Behörden gerettet hatte. Auf ein selbst gezimmertes Regal gestellt bildete es die erste Ausstattung des Glasveredelungsbetriebs, den Emil Rimpler in den Kellerräumen des Hauses

Mückenburg in der Bahnhofstraße in Zwiesel eröffnete. Damit begann die Erfolgsgeschichte eines Unternehmens, das zu seinen besten Zeiten in den 1970er-Jahren rund 70 Mitarbeiter beschäftigte. Emil Rimpler hatte sich nach seiner Lehrzeit an der Glasfachschule in Bor/Haida schon in den frühen 1930er-Jahren für längere Zeit in Zwiesel bei seinem Onkel Anton Pech aufgehalten, der an der dortigen Glasfachschule unterrichtete. Rimpler arbeitete unter anderem bei den „Vereinigten Zwieseler Pirnaer Farbglaswerken AG" (heute Schott Zwiesel), bevor er in die Tschechoslowakei zurückkehrte und 1936 dort seinen eigenen Betrieb aufbaute.

6.86

Den neuen Betrieb baute Emil Rimpler – unterstützt von seiner Familie, die ihm 1948 nach Zwiesel folgte – vor allem mit Glasfacharbeitern aus Böhmen auf, deren Ansiedlung er unterstützte, indem er Zuzugsgenehmigungen, Werkzeuge, Rohstoffe und Rohglas über die Militärregierung und später über die bayerischen Ministerien besorgte.

Um mit der Schaffung von Wohnraum eines der drängendsten Probleme angesichts der Kriegszerstörungen und der Neuansiedlung in Folge von Flucht und Vertreibung zu lösen, war Emil Rimpler Gründungs-, von 1947 bis 1978 Vorstands- und ab 1978 Aufsichtsratsmitglied der Zwieseler Baugenossenschaft e.G. Nach böhmischem Vorbild initiierte Emil Rimpler die später auf ganz Bayern ausgedehnte „Innung des glasveredelnden Handwerks", die entscheidend zur Qualitätssicherung und -entwicklung dieses Handwerks beitrug. Bis zu seinem Tod am 6. Dezember 1999 fungierte er als Obermeister der Innung. Rimpler erkannte auch früh die Bedeutung des Tourismus für die Region und insbesondere für das Glashandwerk. 1956 gehörte er zu den Mitbegründern des Fremdenverkehrsvereins Zwiesel, von 1969 bis 1990 fungierte er als Vorsitzender des Vereins Naturpark Bayerischer Wald.

Mit der Firma Rimpler existiert in Zwiesel heute nur mehr ein einziges in unmittelbarer „nordböhmischer" Tradition stehendes selbstständiges Unternehmen. Gleichwohl ist unübersehbar, dass die nach 1945 in den Bayerischen Wald gekommenen böhmischen Glasveredler mit ihrem Können, ihren Ideen und ihrem Engagement Glaskunst und Glashandwerk im Bayerischen Wald entscheidend geprägt haben. *S. L.*

6.87 Viele aus Gablonz an der Neiße vertriebene Sudetendeutsche ließen sich in Kaufbeuren nieder und begründeten den Stadtteil „Neugablonz". Sie brachten die Modeschmuckindustrie nach Bayern und hatten damit auch international Erfolg.

Gablonzer Modeschmuck
Kaufbeuren-Neugablonz, 1950er-Jahre; Ketten aus Glasperlen, Glassteine, Textilfaden und Metall;
Isergebirgs-Museum Neugablonz
Lit.: Rössler 1979

Gablonz an der Neiße/Jablonec nad Nisou im nordböhmischen Isergebirge entwickelte sich im Lauf des 19. Jahrhunderts zu einem Zentrum der Glas- und Modeschmuckindustrie. Aus dem böhmischen Dorf wurde eine renommierte Handelsstadt mit weltweiten Geschäftskontakten. Die Grundlage dieser Entwicklung war die Erfindung der so genannten Glasdrückerei, einer speziellen Technik zur Massenproduktion von Glaskurzwaren wie Perlen, Steinen und Knöpfen. Diese Technik war Mitte des 18. Jahrhunderts im Isergebirge entwickelt und bis zur Vertreibung der deutschen Bevölkerung ab 1945 nur dort ausgeübt worden.

Heimatvertriebene Gablonzer brachten die Glasdrückerei und andere Fertigkeiten ins Allgäu und bauten in Kaufbeuren-Neugablonz ihre Modeschmuckindustrie wieder auf. Nach dem Motto „An Kichntiesch und ej Zängl, mieh brauch mr ne" („Einen Küchentisch und eine kleine Zange, mehr brauchen wir nicht") begannen sie 1946 unter primitivsten Bedingungen wieder Schmuck herzustellen. In den Baracken einer ehemaligen Schießpulver- und Munitionsfabrik nahe

Řada sudetských Němců vyhnaných z Jablonce nad Nisou se usadila u Kaufbeuren a založila „Nový Jablonec" – „Neugablonz". Do Bavorska přivezli bižuterní průmysl, ve kterém docílili mezinárodních úspěchů.

Módní šperk z Neugablonz
Kaufbeuren-Neugablonz, 50. léta 20. století; náhrdelníky ze skleněných perel, skleněných kamínků, textilního vlákna a kovu

6.87

Kaufbeuren entstanden die ersten „Kollektionen" aus Abfallmaterial: Blechdosen, Holzreste, Papier, Knochen, sogar Kartoffelmehlteig und Quarkmasse wurden zu Schmuck verarbeitet.

Seit den 1950er-Jahren entwickelte sich Neugablonz zu einem international bekannten Zentrum des Modeschmucks. „Wir schmücken die Frauen der Welt" war der selbstbewusste Slogan der Neugablonzer Industrie. Aus dieser Zeit stammen auch die ausgestellten Schmuckstücke. Sie orientieren sich technisch und stilistisch noch an den im Isergebirge hergestellten Modellen. So war Simili-Schmuck oder Strass ein sehr erfolgreicher Artikel der Gablonzer Industrie. Similisteine bestehen aus Bleikristallglas, das geschliffen und auf der Rückseite verspiegelt wird, um den Glanz echter Diamanten nachzuahmen.

Die beiden Glasperlenkolliers bestehen aus so genannten Wickelperlen. Dabei werden dünne Glasstäbchen erhitzt, dann wird das zähflüssige Glas um einen mit Kaolin bestäubten Metalldraht gewickelt. Die Wickelperle kann entweder mithilfe einer Metallform regelmäßig geformt oder mit einer Zange frei gestaltet werden. Die Kolliers zeigen beide Varianten. Mit den Techniken der Glasdrückerei und des Perlenwickelns wird bis heute in der Gablonzer Industrie gearbeitet.

E. H.

Vaflovač patřil ke skrovnému majetku, který se na útěku podařilo zachránit cukrářce Marlene Wetzel-Hackspacher z Mariánských Lázní. Symbolizuje význam průmyslníků a řemeslníků vyhnaných z Československa v procesu znovubudování německého hospodářství – a důležitou roli, kterou v této historii úspěchu hrály ženy.

Vaflovač na výrobu karlovarských oplatek
litina, dřevo, 45 x 80 x 20

6.88 Ein Waffeleisen gehörte zu den wenigen Habseligkeiten, die die Konditorin Marlene Wetzel-Hackspacher aus Marienbad/Mariánské Lázně retten konnte. Es kann als Symbol für die große Bedeutung heimatvertriebener Industrieller und Handwerker beim Wiederaufbau der deutschen Wirtschaft stehen – und als Zeichen für die wichtige Rolle, die Frauen in dieser Erfolgsgeschichte spielten.

Waffeleisen für die Herstellung von Karlsbader Oblaten
Gusseisen, Holz, 45 x 80 x 20; Wetzel – Karlsbader Oblaten- und Waffelfabrik, Dillingen
Lit.: Augustin 2002; Fendl 1996; Habel 1998; Hörmann 2004

(Karlsbader) Oblaten sind als kurgemäße Backwaren seit dem Ende des 18. Jahrhunderts bekannt. Sie besaßen zunächst keine Füllung und waren ihrer leichten Verdaulichkeit wegen als Krankenkost beliebt. Die erste Nachricht von der Oblatenerzeugung in Karlsbad/Karlovy Vary soll auf das Jahr 1788 zurückgehen. Das Backen von Oblaten war damals ein Privileg der Karlsbader Bürgersfrauen. Im 19. Jahrhundert entwickelte es sich zu einer eigenen Industrie. Gegen Ende des Jahrhunderts wurde die Oblatenherstellung ein Privileg der Zuckerbäcker. Auch Marienbad/Márianské Lazně erhebt den Anspruch, der Ort zu sein, an dem die Oblate erfunden wurde. Ein namenloser Mönch des Klosters Tepl gilt als Bäcker der ersten Dessertoblate. Andere Quellen nennen Karl Reitenberger, den Neffen des Tepler Abtes, als Erfinder des süßen Backwerks. Durch Oblatenmädchen wurde das Gebäck in den Cafés und Gartenrestaurants der Kurorte verkauft. Verpackt in dekorativen Papp- oder Weißblechdosen, machten die Oblaten in aller Welt Werbung für die westböhmischen Bäder.

Das hier gezeigte Oblateneisen stammt aus dem Besitz von Marlene Wetzel-Hackspacher. Die gelernte Konditorin, die 1946 ihre Heimat Marienbad verlassen musste, rettete es, im Kinderwagen verborgen, ins schwäbische Zöschingen. Als erste Frau Bayerns legte die verwitwete Marlene Wetzel 1948 die Meisterprüfung im Konditorenhandwerk ab, um unmittelbar danach einen eigenen Betrieb zu gründen, der bis heute erfolgreich produziert. 1957 wurde die Oblatenherstellung automatisiert, Handeisen fanden keine Verwendung mehr. Das Rezept der aus Butter, Zucker und Mehl hergestellten Oblaten, von denen jeweils zwei mit einer Füllung aus Butter, Zucker, gerösteten Mandeln und verschiedenen Gewürzen zusammengebacken werden, wird bis heute als Betriebsgeheimnis bewahrt.

E. F.

6.88

6.89

6.89 Die kommunistische Machtübernahme 1948 führte die Tschechoslowakei ins kommunistische Lager und ließ die bayerisch-tschechische Grenze zu einer Grenze zwischen zwei Systemen werden.

Der tschechoslowakische KP-Vorsitzende Klement Gottwald schreitet die Parade der Volksmiliz-Einheiten auf dem Altstädter Ring in Prag ab
Fotografie, 28. Februar 1948; Česká Tisková Kancelář, Praha

Ende Februar 1948 wurde aus der innenpolitischen Dauerkrise, die seit Monaten in der Tschechoslowakei geschwelt hatte, eine offene Regierungskrise: Am 20. Februar reichten zwölf Minister nichtkommunistischer Parteien aus Protest gegen die Bestrebungen der Kommunistischen Partei der Tschechoslowakei (KSČ), die Polizei und den Sicherheitsapparat unter ihre Kontrolle zu bekommen, ihren Rücktritt ein. Ihre Hoffnung, damit Neuwahlen zu erzwingen und so die Dominanz der Kommunisten zu brechen, erfüllte sich nicht. Am 25. Februar nahm Präsident Beneš den kommunistischen Lösungsvorschlag für die Krise an und berief eine erneuerte Regierung der Nationalen Front unter KP-Chef Gottwald in ihr Amt. Formal blieb das Mehrparteiensystem erhalten; faktisch lag die Macht fortan in den Händen der Kommunisten, die das System rasch nach ihren Vorstellungen umgestalteten.

Die Gründe für diesen „weichen" Übergang zum Stalinismus in der Tschechoslowakei sind vielfältig: Zum einen hatte es sich bereits bei der nach Kriegsende entstandenen Ordnung um eine gelenkte Demokratie ohne Opposition und mit deutlichen Defiziten im Bereich der Gewaltenteilung sowie der Rechtssicherheit gehandelt. Zum anderen konnte die KSČ sowohl aufgrund ihrer Haltung im Zweiten Weltkrieg als auch durch ein optimistisches Aufbauprogramm weite Teile der Bevölkerung für sich gewinnen. Ihre Stellung wurde zudem durch einflussreiche Massenorganisationen wie die Einheitsgewerkschaft gestützt. Dieser Unterstützung durch außerparlamentarische Kräfte bediente sich die kommunistische Partei in den Februartagen und baute sie weiter aus, u. a. durch die Gründung von Volksmilizen als bewaffneten Einheiten der Partei.

Die kommunistische Machtübernahme in der Tschechoslowakei war weder ein blutiger Putsch noch war sie von der Sowjetunion gelenkt – doch die Furcht vor bürgerkriegsähnlichen Zuständen und einer sowjetischen Intervention spielten für ihren Verlauf und Ausgang eine wichtige Rolle. *C. B.*

Po komunistickém převratu v roce 1948 se Československo zařadilo do komunistického bloku a bavorsko-česká hranice se stala rozhraním mezi dvěma politickými systémy.

Předseda Komunistické strany Československa Klement Gottwald při přehlídce Lidových milicí na Staroměstském náměstí v Praze
fotografie, 28. února 1948

„Sněm budovatelů silné a šťastné republiky"– to bylo heslo VIII. sjezdu československých komunistů. Poté, co se v roce 1948 chopili moci, se realita tomuto heslu začala stále více vzdalovat.

Plakát k VIII. sjezdu Komunistické strany Československa ve dnech 28.–31. března 1946

Zdeněk Rossmann, Praha, 1946; tisk/papír (R)

6.90 „Tag der Erbauer einer starken und glücklichen Republik" war die Parole für den Parteitag der tschechoslowakischen Kommunisten. Nach ihrer Machtübernahme 1948 blieb davon in der Realität nicht viel übrig.

Plakat zum VIII. Parteitag der KSČ, 28.–31. März 1946
Zdeněk Rossmann, Prag, 1946; Druck/Papier (R); Moravska galerie v Brne

Der Architekt, Grafiker, Szenograf und Fotograf Zdeněk Rossmann (1905–1984) war ein bedeutender Repräsentant der tschechoslowakischen Zwischenkriegs-Avantgarde. Von 1932 bis 1938 lehrte er Grafikdesign an der Hochschule für Bildende Künste in Bratislava/Pressburg und von 1939 bis 1943 an der Kunstgewerbeschule in Brno/Brünn, wo er als einer der Hauptvertreter des Modernismus und Funktionalismus die Ideen des Bauhauses weiterentwickelte. Von Rossmann stammen mehrere Plakate für die Kommunistische Partei der Tschechoslowakei (KSČ), die im ersten – noch von demokratischen Parteien geführten – Wahlkampf nach dem Krieg von großer Wirksamkeit waren. Im Frühjahr 1946 hatte die Tschechoslowakische Nationalsozialistische Partei (Československá strana národně socialistická, ČSNS) ca. 580 000 Mitglieder, die Sozialdemokraten 380 000 und die Volkspartei über 370 000, die rechtsgerichtete Agrarpartei war verboten. Die KSČ, die mit einer Mitgliederbasis von einer Million die stärkste politische Partei in der Nachkriegstschechoslowakei war, rief auf ihrem VIII. Parteitag unverhohlen zum Kampf um die Macht auf. Zum Parteivorsitzenden wurde Klement Gottwald gewählt, zu ihrem Generalsekretär Rudolf Slánský. Gottwald beendete seine auf dem Kongress gehaltene Rede mit den Worten Stalins: „Solche Festungen gibt es nicht, die die Bolschewiki nicht einnehmen könnten!" Verbündeter der KSČ war die Vereinigte Revolutionäre Gewerkschaftsbewegung (Revoluční odborové hnutí) mit Antonín Zápotocký an der Spitze. Eines der wichtigsten Propagandamittel war nach sowjetischem Vorbild das massenhaft verbreitete Plakat, neben dem Flugblatt erachteten es die Parteiideologen als wirksame Waffe im Kampf um Einfluss und Macht.

Rossmanns Plakat für den VIII. Parteitag der KSČ ist eine konsequente Umsetzung der kommunistischen Fortschrittsideologie. Dargestellt ist eine Industrielandschaft mit einem Dorf zwischen Feldern und einer rauchenden Fabrik am Horizont als Verkörperung des „leuchtende Morgen". Die Blicke der sieben Dargestellten sind in diese Zukunft gerichtet. Gestützt wird die Pyramide der optimistischen Erbauer des Kommunismus durch einen misstrauisch dreinblickenden Bauern. Seite an Seite mit ihm steht – in festem Bund von Stadt und Land – ein Arbeiter mit einem Bolzenschneider (einem zeitgenössischen Witz nach handelt es sich dabei um „štípačky" – eine Kneifzange zum Durchschneiden des Eisernen Vorhangs). Als Vertreterin der arbeitenden Intelligenz blickt hinter ihm eine bebrillte junge Lehrerin kommenden Tagen entgegen. Ein Bergarbeiter vertritt die Rolle der Schwerarbeiter. Den Platz zwischen dem Bergmann und der Lehrerin nimmt – als Vorstufe des Gipfels – ein lachendes Dorfmädchen ein. Der Gipfel selbst – metaphorischer Ausdruck für den Weg des Fortschritts unter der Führung der KSČ – ist personifiziert durch ein optimistisch strahlendes junges Paar mit der wehenden Flagge der Tschechoslowakischen Republik.

Mit dem Plakat gestaltete Zdeněk Rossmann eine vollendete Ikonografie kommunistischer Typen in spätmodernistischem Geist, indem er über die kommunistische Partei als führende Kraft des Volkes bei der Erneuerung der vom Krieg zerstörten Republik und als Hauptorganisatorin beim Aufbau einer modernen Industriegesellschaft inszenierte. *M. S.*

6.90

6.91 Viele Gegner des kommunistischen Regimes, aber auch eigene Parteigänger, waren nach der kommunistischen Machtübernahme 1948 für Jahre in Lagern interniert.

Straflager Vojna bei Příbram
gesehen von der Zufahrtsstraße ins Lager, in der Bildmitte die Förderanlagen des Schachts Vojna 2, im Hintergrund die Unterkunftsbaracken; Fotografie, um 1950; Hornické muzeum Příbram

Mitten im Wald, 5 km südöstlich von Příbram, einem für seine Eisen-, Silber- und Uranvorkommen, vor allem aber für seine Wallfahrt berühmten Ort, befindet sich heute das Areal des Mahnmals Vojna. Seinen Namen erhielt das 1947 bis 1949 von deutschen Kriegsgefangenen errichtete Kriegsgefangenenlager von dem in der Nähe gelegenen Berg Vojna. Gegen Ende der 1940er-Jahre waren, entsprechend den internationalen Verträgen, die deutschen Kriegsgefangenen nach Deutschland entlassen worden. Anschließend wurden hier politisch Verfolgte bis 1951 ohne Gerichtsurteil interniert. Nach dem kommunistischen Putsch im Februar 1948 beherrschte die Kommunistische Partei der Tschechoslowakei 40 Jahre lang das Land. Verletzung der Menschenrechte und Einschränkung der Freiheit waren an der Tagesordnung. Von 1951 bis 1961 waren in Vojna vorwiegend nach Schauprozessen Verurteilte in Haft. Zu den Gefangenen gehörten Angehörige der Exilarmeen in Großbritannien und der Sowjetunion sowie Partisanenkämpfer, die gegen die deutsche Besatzungsherrschaft gekämpft hatten, bürgerliche Oppositionelle, Schriftsteller, Wissenschaftler, Geistliche, Sportler. Die als „Zöglinge" bezeichneten Häftlinge füllten ab Mitte 1948 das Arbeitslager, dessen Kapazität 1600 Personen betrug. Schrittweise entstand hier das größte Arbeitslager zur Uranförderung in der Tschechoslowakei.

Von 16 historisch wichtigen Bauten, die erhalten blieben, sind die Lagerkommandantur, die so genannte Korrektion, der Bunker, die Unterkunft G, das Krankenrevier, die Kulturbaracke zu nennen. Im Januar 2001 wurde das Gelände zum Kulturdenkmal erklärt, 2005 als Gedenkstätte der Öffentlichkeit übergeben. Es ist heute eine Außenstelle des Bergbaumuseums. *J. V./U. H.*

Odpůrci komunistického režimu, ale i členové vlastní strany byli po komunistickém převratu v roce 1948 internováni v táborech.

Pracovní tábor Vojna u Příbrami

pohled z příjezdové cesty směrem do tábora, uprostřed těžní zařízení šachty Vojna 2, v pozadí ubytovací baráky; fotografie, kolem r. 1950

6.91

6.92 Der Einmarsch sowjetischer Truppen in Prag beendete den Prozess der Demokratisierung und Liberalisierung in der Ära Dubček.

a) Demonstranten werfen Molotow-Cocktails gegen sowjetische Panzer in Prag
21. August 1968; Libor Hajski; Fotografie; Česká Tisková Kancelář, Praha

b) Plakat gegen den sowjetischen Einmarsch
Prag, Ende August 1968; Druck/Papier (R); Vojenský historický ústav Praha – Armádní muzeum

Der Reformkommunismus der Ära Dubček brachte 1968 eine Liberalisierung und Demokratisierung der erstarrten kommunistischen Herrschaftsverhältnisse und gab einer kritischen Öffentlichkeit Raum. Die Erleichterung der Reisemöglichkeiten ließ den Eisernen Vorhang durchlässiger werden. Viele Tschechen nutzten die Möglichkeit als Touristen die Bundesrepublik, Frankreich oder Italien zu besuchen. Die Zahl der Tschechoslowakei-Besucher aus dem Westen stieg ebenfalls. Um dieser Lockerung der „kommunistischen Disziplin", der Durch-

Vpád sovětských vojsk do Československa ukončil proces demokratizace a liberalizace Dubčekovy éry.

a) Demonstranti házejí zápalné lahve na sovětské tanky v Praze
21. srpna 1968; Libor Hajski; fotografie

b) Plakát proti sovětské okupaci
Praha, konec srpna 1968; tisk/papier (R)

brechung der rigiden ideologischen, politischen und militärischen Abschirmung gegenüber dem Westen zu begegnen, befahl die sowjetische Führung die Intervention von Truppen der Warschauer-Pakt-Staaten in der Tschechoslowakei. Sowjetische Panzer beendeten im August 1968 den Versuch, im Kommunismus mehr Freiheiten zu gewähren. Eine Welle von tschechoslowakischen Flüchtlingen kam über die Grenze nach Bayern, viele Touristen aus dem Osten kehrten nicht mehr in ihre Heimat zurück. Ein Teil von ihnen blieb in Bayern und verstärkte die tschechische Kolonie, die sich vor allem in München gebildet hatte.

Das Plakat kombiniert geschickt die Elemente Panzer, Totenschädel und SS-Runen im Schriftzug SSSR (tschechisch für UdSSR). Es signalisiert die militärische Bedrohung durch die sowjetischen Truppen und verknüpft sie mit der Bedrohung, wie sie die SS für die Tschechoslowakei dargestellt hatte. Ende August 1968 war die Prager Innenstadt voll mit Plakaten dieser Art, die die sowjetischen Truppen zum Heimkehren aufforderten: „Už nikdy na věčne časy!" („Nie und nimmer für ewige Zeiten!")   *L. E.*

Stopy sovětské okupace v západních Čechách a v Praze v srpnu 1968.

Na cestě od bavorsko-českých hranic u Furth im Wald do Prahy
22. srpna 1968; Hartmut Wolff, 22 fotografií

6.93 Begegnungen mit dem sowjetischen Einmarsch in Westböhmen und Prag im August 1968.

Auf dem Weg von der bayerisch-tschechischen Grenze bei Furth im Wald nach Prag
22. August 1968; Hartmut Wolff, 22 Fotografien; Hartmut Wolff, Furth im Wald

Als der Bus- und Reiseunternehmer Hartmut Wolff in den Nachrichten vom Einmarsch der Truppen des Warschauer Pakts in der Tschechoslowakei hörte, machte er sich mit dem Auto auf den Weg nach Prag. Die Grenze konnte er ohne Schwierigkeiten passieren. Mit einer Minox-Kamera dokumentierte er die Situation: eine lange Schlange tschechoslowakischer Autos mit Menschen, die das Land verlassen wollten, dazwischen auch Touristen aus dem Westen mit der gleichen Absicht, Menschenschlangen vor Lebensmittelgeschäften, Menschenansammlungen vor dem Rundfunkgebäude in Pilsen/Plzeň, sowjetische Militärkonvois, in den Graben gefahrene, umgestürzte Lastwagen, in Prag Kanonen auf einer der

6.93

Moldaubrücken, im gemeinsamen Protest versammelte Menschen auf dem Wenzelsplatz, Plakate und Transparente mit Aufrufen an die sowjetischen Truppen abzuziehen, niedergewalzte Barrikaden aus Autos vor dem Rundfunkgebäude.

L. E.

6.94 Unter dem kommunistischen Regime kam es zu zahlreichen Fluchtversuchen aus der Tschechoslowakei über die bayerische Grenze.

Gescheiterter Fluchtversuch an der tschechischen Staatsgrenze bei Pomezí/Mühlbach am 18. Juni 1965

Fotografie; Muzeum Policie České republiky, Praha

Lit.: Pejčoch 2006

Im Frühjahr 1965 begannen der Fahrer Helmuth Totzauer (geb. 1942) und der Elektromonteur Hartmuth Novotný (geb. 1943) aus Sokolov/Falkenau die Flucht aus der Tschechoslowakei zu planen. In der Endphase ihrer Vorbereitungen, im Juni 1965, weihten sie den Schlosser Bohumil Skalický (geb. 1941) in ihre Pläne ein. Alle drei arbeiteten im Tagebau Medard I im Sokolover Braunkohlengebiet. Am 17. Juni 1965 trafen sie sich gegen 18.00 Uhr im Sokolover Restaurant „Plzeňka" zu einer letzten Besprechung. Nach 20.45 Uhr verließen sie das Lokal und Totzauer fuhr mit einem gestohlenen Autokran zur Ortschaft Svatava, wo Novotný und Skalický warteten, dann fuhren sie zum nahen Wald, wo sie Metallplatten versteckt hatten, mit denen sie das Fahrzeug präparieren wollten. Gegen

Za vlády komunistického režimu se mnozí pokoušeli o útěk z Československa přes bavorskou hranici.

Nezdařený pokus o přechod československé státní hranice u Pomezí/Mühlbach 18. června 1965

fotografie

6.94

2.30 Uhr waren sie kurz hinter Eger/Cheb angekommen, wo sie die Metallplatten montierten, die sie vor den Schüssen der Grenzwache schützen sollten. Wenige Minuten später entdeckte ein Grenzwächter den Kran und forderte sie durch Winkzeichen mit der Taschenlampe zum Anhalten auf. Die Flüchtlinge fuhren jedoch weiter und durchbrachen die erste Schranke. Um 2.42 Uhr eröffnete ein Grenzsoldat das Feuer, er gab Alarm, weitere fünf Grenzsoldaten und der führende Offizier kamen hinzu. Binnen Kurzem verschossen sie ca. 300 MG-Ladungen, von denen die Mehrzahl ihr Ziel traf. So kam der Tatra, wenngleich er alle Schranken durchbrochen hatte, mit zerschossenen Reifen und dem schwer verletztem Fahrer noch auf tschechoslowakischem Gebiet zum Stehen. Nur die sofortige Überführung in ein Krankenhaus rettete Totzauer das Leben. Er wurde zu drei Jahren Freiheitsentzug verurteilt. Skalický bekam zwei und Novotný eineinhalb Jahre Haft. Alle drei wurden jedoch vorzeitig aus dem Gefängnis entlassen. D. P.

Pozorovací věže v bezprostřední blízkosti hraničního plotu byly součástí československých hraničních zátarasů a sloužily ke kontrole hraničního pásma.

Pozorovací věž jižně od Všerub/Neumark bei Neuaign/Eschlkam
fotografie, kolem 1980

6.95 Die Beobachtungstürme in unmittelbarer Nähe des Grenzzauns dienten zur Überwachung des Grenzraums.

Beobachtungsturm südlich von Všeruby/Neumark bei Neuaign/Eschlkam
Fotografie, um 1980; Bundespolizeiamt Schwandorf
Lit.: Amberger 2000; Balk 1986; Heigl 2006; Jílkuv 2006, Navara 2006

Die Grenze der Tschechoslowakei wurde in der Zeit des Eisernen Vorhangs durch die „Pohraniční straž", die Grenzwache, gesichert, die dem Ministerium des Inneren unterstand. Drei Grenzbrigaden in Cheb/Eger, Domažlice/Taus und Sušice/Schüttenhofen mit einer Gesamtstärke von ca. 5000 Soldaten waren an der 356 km langen Grenze zur Bundesrepublik Deutschland verteilt. Sie waren für die Sicherung der Grenze an und zwischen den Grenzübergängen sowie für den Bau, die Instandhaltung und den Betrieb der Grenzsperranlagen zuständig. Die Hauptlast der operativen Grenzsicherung lag bei den Grenzkompanien, die in unmittelbarer Nähe zum Grenzzaun lagen. Von den Grenzkompanien aus wurden Streifen eingesetzt, Beobachtungstürme besetzt und Alarmkräfte bereitgehalten. Bei Auslösung eines Grenzalarms, z. B. durch die Meldung eines freiwilligen Grenzhelfers oder die Anzeige einer Störung im Signalzaun, wurde zunächst die Alarmstreife zur Überprüfung des Sachverhalts eingesetzt. Gleichzeitig wurden weitere Kräfte alarmiert um im Fall eines Fluchtversuchs den Flüchtling vor Erreichen der Grenze abzufangen und festzunehmen. Entlang der Grenze zu Bayern waren Ende der 80er-Jahre 47 Grenzkompanien im Einsatz.

Angeschlossen an das Grenzmeldenetz waren die hölzernen, später aus Stahl gefertigten Beobachtungstürme, unmittelbar östlich des Signalzauns und an anderen für die Überwachung der Grenzsperrzone wichtigen Stellen. Der hier gezeigte Turm stand bis 1990 ca. 1 km südlich von Všeruby rund 400 m von der Landesgrenze entfernt. Nur wenige der nach dem „Baukastenprinzip" gemäß den jeweiligen Anforderungen errichteten Türme waren ständig besetzt.   *R. B.*

6.95

6.96 Von der tschechischen Seite her stieß man schon am Beginn der mehrere Kilometer breiten Sperrzone auf Warnschilder. Die Grenzzaunanlagen, die die Flucht von Bewohnern der Tschechoslowakei verhindern sollten, lagen noch weit vor der eigentlichen Grenze.

a) Hinweisschild „POZOR! Hraniční pásmo. Vstup jen na povolení.“ („ACHTUNG! Grenzsperrzone. Betreten nur mit Genehmigung“.)
Metallprägeschild, ca. 70 x 48; Sammlung Reinhold Balk, Hahnbach

b) Tschechische Grenzanlage
Fotografie, 1970er-Jahre; Foto Beer, Waldmünchen

c) Hoheitsschild „Československá Socialistická Republika“ („Tschechoslowakische Sozialistische Republik“)
Metallprägeschild, ca. 71 x 52,5; Sammlung Reinhold Balk, Hahnbach
Lit.: Amberger 2000; Balk 1986; Heigl 1985; Navara 2006; Jílkuv 2006

Entlang der Grenze verlief auf der tschechischen Seite, meist mehrere Kilometer breit, die Grenzsperrzone, die nur mit besonderer Genehmigung betreten werden durfte und in Landkarten als weißer Bereich, ohne weitere Angaben abgebildet war. Ihre Begrenzung zum inneren Staatsgebiet war durch Warntafeln, die vor dem Betreten warnten, Verkehrsschilder, Schlagbäume und Straßensperren lückenlos gekennzeichnet.

Die Grenzsperranlagen befanden sich innerhalb dieser Sperrzone und waren bis zu 5 km vom eigentlichen Grenzverlauf entfernt. Der frühere grenznah verlaufende 5 000-Volt-Hochspannungszaun wurde ab 1968 durch ein von der eigentlichen Grenze weit entfernt verlaufendes Grenzsperrsystem ersetzt. Das Kernstück dieser neuen Sperranlage bildete der Signalzaun. Diese Signalwand war 2,20 bis 2,50 m hoch und bestand aus zwanzig übereinander an Kunststoffisolatoren montierten Stacheldrahtreihen. An der darauf montierten T-förmigen Krone waren vier weitere Stacheldrahtreihen angebracht. Die Drähte wurden, jeweils gegensätzlich gepolt, mit Schwachstrom gespeist. Ein in manchen Abschnitten isoliert in der Erde verlaufender Draht sollte ein unbemerktes Untergraben des Zauns verhindern. Die im Zaun befindlichen Personen- und Kfz-Durchlässe waren mit einem Schließmechanismus versehen und zusätzlich mit Signaldrähten gesichert.

Der Signalzaun verlief inmitten eines 3 bis 4 m breiten, geeggten und von Unkraut frei gehaltenen Spurenstreifens. Vorzäune dienten zur Abhaltung des Wildes vom Signalzaun, um Fehlalarme zu vermeiden. Auf der Krone des ostwärtigen Zauns waren teilweise Auslösedrähte für Leuchtraketen oder Knallkörper angebracht. Bei jedem Kurzschluss, bei jeder Unterbrechung eines Stromkreises, z. B. beim Öffnen eines Durchlasses, und bei jeder Störung eines Signalabschnitts wurde in der Unterkunft der Grenzwachkompanie akustischer und optischer Alarm ausgelöst. Eine Lampe zeigte den betroffenen Abschnitt an, ein Zählwerk registrierte jede Signalauslösung und jede Abschaltung, wenn z. B. Grenzwachsoldaten den Zaun passierten. Weitere wichtige Elemente des Sperrsystems waren das Grenzmeldenetz, gut ausgebaute Kolonnenwege, Beobachtungstürme, Alarmstände, Stolperdrahtsysteme zum Abschuss von Leuchtraketen, Lichtschrankenanlagen und Scheinwerfer. Teilweise wurden auch Betonhöcker, stählerne Andreaskreuze, Spanische Reiter und Stacheldrahtrollen verwendet. Im tschechoslowakischen Grenzsperrsystem befanden sich jedoch, bis auf Ausnahmen in den 50er-Jahren, keine Minen und zu keinem Zeitpunkt Selbstschussanlagen. *R. B.*

Na české straně hranice se nacházely výstražné tabule již v zakázaném pásmu, z bavorské strany byl štít s výsostným státním znakem viditelný teprve v bezprostřední blízkosti hranice, na hraničních přechodech. Hraniční pásmo s ploty z ostnatých drátů, které měly znemožnit každý pokus o útěk z Československa, od 60. let začínalo již několik set metrů před samotnou hranicí.

a) Informační tabule „POZOR! Hraniční pásmo. Vstup jen na povolení.“
kovová tabule, cca 70 x 48

b) Český hraniční plot se strážní věží
fotografie, 70. léta 20. století

c) Tabule s výsostným znakem „ČESKOSLOVENSKÁ SOCIALISTICKÁ REPUBLIKA“
kovová tabule, cca 71 x 52,5

6.96 c

6.96 b

Při ostraze státní hranice spoléhalo Československo na příslušníky „Pohraniční stráže" a poplachové systémy, např. „KLON", napojený na signální stěnu.

a) Stejnokroj příslušníka Pohraniční stráže Československá socialistická republika

model 63, vlna, viskozová střiž, polyester, velikost 56 (blůza, kalhoty); velikost 57 (čepice); velikost 40 (košile), polyamid (vázanka), kůže, kov (opasek), kůže (brašna), kůže (boty)

b) Signální ústředna „KLON"
Svaz sovětských socialistických republik, 2. polovina 50. let 20. století; kov, sklo, 32 x 37 x 21(15)

6.97 Bei der Kontrolle der Grenze setzte die Tschechoslowakei auf die Grenzwachen der „Pohraniční stráž" und auf Alarmsysteme wie den mit dem Stacheldrahtzaun verbundenen „KLON".

a) Uniform eines Angehörigen der Grenzwache der Tschechoslowakischen Sozialistischen Republik
Modell 63, Wolle, Viskosezellwolle, Polyester, Größe 56 (Bluse, Hose); Größe 57 (Kappe); Größe 40 (Hemd); Polyamid (Krawatte), Leder, Metall (Koppel), Leder (Tasche), Leder (Schuhe); Museum Policie České republiky, Praha (KP 18/86 [Bluse], 19/86 [Hose], 173/93 [Kappe], 777/73 [Hemd], 198/73 [Krawatte], 944/74 [Koppel], 197/74 [Tasche], 946/74 [Schuhe])

b) Signalverarbeitungsanlage KLON
Sowjetunion, 2. Hälfte 1950er-Jahre; Metall, Glas, 32 x 37 x 21 (15); Museum Policie České republiky, Praha (KP 224/66, 5-IF/15)
Lit.: Pulec 2006; Svoboda 1988; Weis u. a. 1986

Die Uniform Modell 63 war für Soldaten des Grundwehrdienstes bei der Grenzwache bestimmt und wurde in ähnlicher Form seit 1967/68 getragen. Die hier gezeigte Uniform entspricht in etwa den durch den „Befehl des Innenministers der ČSSR, Nr. 3/1979" angeordneten und am 1. Juli 1979 in Kraft getretenen Vorschriften. Die Zugehörigkeit zur Grenzwache wurde zum einen durch das 1968 eingeführte Ärmelzeichen, zum anderen durch die auf den grünen Kragenspiegeln angebrachten Symbole ausgedrückt. Ein hellgrünes Hemd und, bei Soldaten des Grundwehrdienstes, eine dunkelgrüne Krawatte ergänzten die Uniform. Die Mütze war grün, mit violetter Borte. Das Koppel mit Metallschnalle war in dieser Ausführung schon seit 1963 in Gebrauch. Als Fußbekleidung wurden bei den Grenztruppen ausschließlich so genannte „Kanadier", Schnürschuhe des Modells 60, benutzt.

Die aus sowjetischer Produktion stammende Signalverarbeitungsanlage „KLON" war wichtigster Bestandteil des ab Mitte der 1950er-Jahre zur Überwachung der Staatsgrenze genutzten Signalsystems. Auf dieser Grundlage wurden die anfangs auf Relais-, dann auf Halbleiterbasis funktionierenden Signalanlagen U60, U70 und U80 entwickelt. Der vielreihige Stacheldrahtzaun war mit Schwachstrom geladen und leitete Signale weiter, wenn die Drähte berührt wurden. „KLON" zeigte den Ort an, an dem die Störung aufgetreten war.   *V. R.*

Od 60. let byla na vrcholcích hor v českém pohraničí zřizována odposlechová stanoviště, vybavená nejmodernějšími přístroji ke kontrole leteckého provozu a rádiového spojení.

Radiolokátor na Čerchově/Schwarzkopf
fotografie, kolem r. 1990

6.98 Seit den 1960er-Jahren wurden im tschechischen Grenzgebiet auf Bergrücken Horchposten mit modernstem technischem Gerät zur Überwachung des westlichen Flug- und Funkverkehrs errichtet.
Radaranlage auf dem Čerchov/Schwarzkopf
Fotografie, um 1990; Foto Beer, Waldmünchen
Zu Zeiten des Eisernen Vorhangs befand sich auf tschechischer Seite ein dichtes Netz von Luftüberwachungs- und Abhöreinrichtungen. Diese reichten von speziellen Beobachtungstürmen über im Grenzraum verteilte kleinere Anlagen bis hin zu großen Radaranlagen, wie z. B. auf dem Dyleň/Tillenberg, Zvon/Plattenberg, Čerchov/Schwarzkopf und dem Poledník/Mittagsberg.

Die großen Anlagen wurden nicht nur von der tschechoslowakischen Armee und dem Geheimdienst betrieben, sondern insbesondere von der sowjetischen Armee, die großes Interesse an diesen vorgeschobenen Horchposten hatte. Die Anlagen waren mit modernstem technischem Gerät bestückt. Darüber hinaus wurden mobile elektronische Überwachungssysteme eingesetzt. Die Radaranlagen dienten hauptsächlich der Erfassung des Flug- und Fernmeldeverkehrs im Westen, wie dem zivilen und militärischen Funkverkehr sowie dem Postricht- und Flugfunk. Außerdem gab es so genannte „Luftbeobachtungstürme" östlich der Grenzsperranlagen, die mit Soldaten der tschechoslowakischen Luftwaffe besetzt waren, die durch visuelle und akustische Wahrnehmung die technisch bedingte Erfassungslücke im Bereich von tiefer fliegenden Luftfahrzeugen schließen sollten.

6.98

Die Fotografie zeigt die Radaranlage auf dem Čerchov/Schwarzkopf. Oben ist der verkleidete alte Aussichtsturm zu sehen, rechts daneben das um 1900 errichtete Touristenheim (Chýše Pasovského), das Ende der 1980er-Jahre abgebrochen wurde. Die übrigen Einrichtungen stammen aus der Zeit des Eisernen Vorhangs. Heute sind die Horchanlagen abgebaut und der Čerchov ist wieder ein beliebtes Ausflugsziel geworden.   R. B.

6.99 Die Überwachung des Grenzraums, z. B. um Fluchtversuche und Veränderungen der Sperranlagen erkennen zu können, gehörte zu den Hauptaufgaben der bundesdeutschen Grenzbeamten.

Bundesdeutsche Grenzüberwachungsbeamte am Großen Osser (Lkr. Cham)
Fotografie, um 1975; Wilhelm Dietl, Sattelpeilnstein
Lit.: 50 Jahre BGS 2001; Bayerische Grenzpolizei 1998; Schmidt 2001; 700 Jahre Zoll in Furth im Wald 2001

Auf deutscher Seite wurde die bayerisch-tschechische Grenze von Bundesgrenzschutz (BGS), Bayerischer Grenzpolizei und Zollgrenzdienst überwacht. Im Auftrag der NATO war darüber hinaus die US-Armee als militärische Organisation zur Grenzüberwachung eingesetzt. 1946 wurde in Bayern zum Schutz der innerdeutschen Grenze und der Grenze zur Tschechoslowakei die Bayerische Grenzpolizei eingerichtet. Sie arbeitete im Auftrag der US-Militärregierung und wurde von dieser auch ausgerüstet. Nach der Gründung der Bundesrepublik Deutschland 1949 erhielt der Bund 1951 angesichts des sich abzeichnenden „Kalten Kriegs" durch eine Änderung des Grundgesetzes u. a. die Zuständigkeit für den Grenzschutz und die Einrichtung von Bundesgrenzschutzbehörden.

In mehreren Verwaltungsabkommen zwischen dem Bund und dem Land Bayern wurde letzterem die Aufgabe der polizeilichen Kontrolle des grenzüberschreitenden Verkehrs übertragen. Dies beinhaltete Passkontrolle und Überprüfung der Grenzübertrittspapiere, aber auch die technische Überprüfung der Fahrzeuge. Bundesweit einzigartig waren in Bayern in der polizeilichen Überwachung der grünen Grenze, also des Bereichs zwischen den Grenzübergängen, sowohl der Bundesgrenzschutz als auch die Bayerische Grenzpolizei tätig. Während die Bayerische Grenzpolizei einzelpolizeilich gegliedert war, überwachte seit Beginn der 1960er-Jahre der Bundesgrenzschutz die Grenze von den Grenzschutzabteilungsstandorten Nabburg, Schwandorf und Deggendorf aus.

K hlavním úkolům pohraničníků Spolkové republiky patřila ostraha hraničního pásma, i na území Československa, aby zaregistrovali pokusy o útěk a změny hraničních zátarasů.

Pohraniční orgány Německé spolkové republiky na vrcholku Velkého Ostrého (okres Cham) při kontrole pohraničního pásma.
fotografie, kolem 1975

Für die Kontrolle des grenzüberschreitenden Warenverkehrs an der bayerisch-tschechischen Grenze war die Bundeszollverwaltung nicht nur an den Grenzübergängen zuständig. Zur Überwachung der grünen Grenze wurde der Grenzzolldienst eingesetzt, der mit entlang der Grenze verteilten Zollkommissariaten diese Aufgabe wahrnahm.

Aus den Grenzlagern (Bordercamps) Hof, Weiden, Rötz und Regen heraus führte die US-Armee ihre militärische Grenzüberwachungstätigkeit durch. *R. B.*

Na německé straně hranice byly výstražné tabule určeny především příslušníkům americké armády. Samotná hranice byla – na hraničních přechodech povinně – značena tabulemi s výsostnými znaky Německé spolkové republiky a Svobodného státu Bavorsko.

a) Tabule s výsostným znakem Německé spolkové republiky

70. léta 20. století; smalt, oválný tvar, cca 71 x 52,5

b) Informační tabule „ATTENTION 50 METERS TO BORDER"

kovová tabule, 122 x 72

6.100 Auf deutscher Seite der Grenze warnten Schilder auch US-Militärangehörige. Die Grenze selbst war – obligatorisch bei Grenzübergängen – mit den Hoheitsschildern der Bundesrepublik Deutschland und des Freistaats Bayern gekennzeichnet.

a) Hoheitsschild der Bundesrepublik Deutschland
1970er-Jahre; Emaille, oval ca. 71 x 52,5; Bundespolizeiamt Schwandorf

b) Hinweisschild „ATTENTION 50 METERS TO BORDER"
Metallprägeschild, 122 x 72; Sammlung Reinhold Balk, Hahnbach
Lit.: Hofmann 1996

Die Grenze war von deutscher Seite aus frei zugänglich. Die Grenzlinie war und ist durch Grenzsteine und -zeichen gekennzeichnet. Dennoch war es ein weit verbreiteter Irrtum, dass der Raum zwischen der durch die Grenzmarkierungen gekennzeichneten Grenzlinie und den tschechoslowakischen Sperranlagen Niemandsland wäre. Wer diese Grenzlinie übertrat, konnte verhaftet und von tschechoslowakischen Gerichten wegen illegalen Grenzübertritts zu Haftstrafen verurteilt werden.

Im Bundesgebiet waren entlang der Grenze Hinweisschilder in englischer Sprache aufgestellt. Sie sollten den Angehörigen der US-Armee, die als „Auge und Ohr" der NATO diese Grenze militärisch überwachten, die Orientierung erleichtern und sie auf die nahe Grenze hinweisen. An zur Grenze führenden Straßen und Wegen waren 1 km und nochmals 50 m vor der Grenze Hinweisschilder aufgestellt, letztere trugen die Aufschrift „ATTENTION 50 METERS TO BORDER" („Achtung 50 Meter zur Grenze"). In unmittelbarer Grenznähe standen und stehen auf deutscher Seite auch heute noch an Straßen und Wegen, die von der Grenzlinie aus in das Landesinnere der Bundesrepublik Deutschland führen, die Hoheitsschilder der Bundesrepublik Deutschland und dahinter die des Freistaats Bayern.

In der Zeit des Eisernen Vorhangs war ein Passieren der Grenze für Personen nur an den offiziellen Grenzübergängen Schirnding (Straße und Bahn), Waidhaus, Furth im Wald (Straße und Bahn), Bayerisch Eisenstein und Philippsreuth möglich. Seit 1. Mai 2004 sind die Zollkontrollen durch den EU-Beitritt der Tschechischen Republik entfallen. Eine Vielzahl neuer Grenzübergänge und Wanderwege steht für den Grenzübertritt zur Verfügung. Die Kontrolle der Grenzübertrittspapiere erfolgt durch deutsche und tschechische Polizeibeamte, teilweise zusammen in gemeinsam betriebenen Grenzübergängen. Seit diesem Zeitpunkt stehen an der Grenze auf beiden Seiten Grenzschilder mit dem EU-Wappen und darin die Länderbezeichnung „Bundesrepublik Deutschland" bzw. „České Republiky". Mit Inkrafttreten des Schengener Abkommens auch an dieser Grenze, voraussichtlich Anfang 2008, wird sie zur Schengen-Binnengrenze werden. Dies hat zur Folge, dass die Grenzkontrollen entfallen werden und die Grenze an jeder Stelle überschritten werden darf. *R. B.*

6.99

6.102

6.101 Die Kontrolle und Bewachung der Grenze sowie die Beobachtung des tschechischen Gebiets gehörten zu den Hauptaufgaben der Grenzpolizisten.

Uniform eines Grenzoberjägers der Bayerischen Grenzpolizei
1950–1955; Stoff, Metall, Leder; Bayerisches Armeemuseum Ingolstadt (3/128 ff)

Die Anfänge der Bayerischen Grenzpolizei gehen auf das Jahr 1946 zurück. Die Organisation war auch notwendig geworden, um den illegalen Lebensmittelhandel mit den östlichen Nachbarländern, wie der Tschechoslowakei, zu unterbinden. Die Grenzpolizei unterstand dem Innenministerium. Als Folge der politischen Veränderungen in Europa nach der Beseitigung des Eisernen Vorhangs wurde die Grenzpolizei als eigenständiger Verband 1998 aufgelöst. Die Uniform ist heute von allergrößter Seltenheit.   *E. A.*

Kontrola a ostraha hranice a pozorování českého území – to byly hlavní úkoly pohraniční policie.

Stejnokroj příslušníka bavorské pohraniční policie (Grenzoberjäger)
1950–1955; látka/textilie, kov, kůže

6.102 Die „Horchstationen" auf dem Hohen Bogen unterstanden amerikanischen, französischen und deutschen Streitkräften. Sie konzentrierten sich auf Fernmelde- und Elektronische Aufklärung bis weit hinein in das Gebiet des Warschauer Pakts.

Abhöranlagen auf dem Hohen Bogen bei Furth im Wald, aufgenommen von der tschechischen Seite
Fotografie, um 1980; Muzeum Policie České republiky, Praha

Jahrzehntelang waren die militärischen Anlagen auf dem Hohen Bogen geheimnisumwoben. „Radar-" und „NATO-Türme" nennt sie noch heute der Volksmund. In Wahrheit betrieben dort oben Angehörige der amerikanischen, französischen und deutschen Streitkräfte Anlagen der Fernmelde- und Elektronischen Aufklärung. Sie gewannen ihre Erkenntnisse durch das Erfassen und Auswerten von elektromagnetischen Ausstrahlungen, die sich, von den Führungs- und Waffensystemen fremder Staaten ausgehend, über nationale Grenzen hinweg ausbreiten. Zur Durchführung ihres Auftrags bedienten sie Antennensysteme, Empfangs- und Peilgeräte sowie Analyse- und Datenverarbeitungsanlagen.

Im Bereich der Fernmeldeaufklärung suchten die Sprechfunkaufklärer Ausstrahlungen bekannter und unbekannter Fernmeldegeräte. Die Beobachtungsfunker konzentrierten sich auf die Ausstrahlungen von Radargeräten und Waffenelektronik auf dem Boden und in der Luft.

Die hier gezeigte Fotografie dürfte vor 1980 aufgenommen worden sein. Sie zeigt (von rechts) einen Teil der amerikanischen Antennenanlage und das Unterkunftsgebäude, gefolgt von den Antennenträgern der Franzosen aus Stahl bzw. Beton. Mit Ausnahme der Helical-(Wendel-)antennen auf dem Turm ganz links

Odposlechové stanice na vrcholku Hoher Bogen byly podřízeny americké, francouzské a německé armádě. Soustředily se na rádiový a elektronický průzkum hluboko na území Varšavské smlouvy.

Odposlouchávací stanice na Hoher Bogen u Furth im Wald, snímáno z české strany
fotografie, kolem 1980

6.103

befanden sich die Antennenanlagen der Franzosen unter Radomen aus dielektrischem Material. Zu erkennen sind daher lediglich die Lastenaufzüge.

Auf der Spitze des großen deutschen Fernmeldeturms sieht man die „Nachrichtenantenne" zur Flugfunkerfassung. Auf der Plattform im 12. Obergeschoss stehen links ein Lastenaufzug, rechts eine Antenne für Fernmeldeaufklärung. Auch die Antennen auf den Plattformen des 7. und 8. Obergeschosses dienten zur Fernmeldeaufklärung. Der kleinere Antennenträger links neben dem Fernmeldeturm ist mit der Empfangsantenne für die „PPM-Anlage" der Heereskompanie bestückt. Das Gros der Empfangsantennen befand sich, wettergeschützt, hinter einer dielektrischen Außenhaut auf den Plattformen 9 bis 16. *R. N. H.*

6.103 Der Durchbruch durch den Grenzzaun mit einem gepanzerten Fahrzeug und die Fahrt quer durch das Sperrgebiet öffnete einem tschechischen Ingenieur und seiner Familie 1953 den Weg in die Freiheit.

Fluchtfahrzeug
Fotografie, 1953; Foto Beer, Waldmünchen

Im Lauf der Zeit wurden zahlreiche Fluchtversuche über die Grenze unternommen. Viele versuchten es zu Fuß über die grüne Grenze oder versteckt in Fahrzeugen oder Zügen, andere wollten mit einem Lastkraftwagen die Sperren am Grenzübergang überwinden, manchen gelang die Flucht mit selbst gebauten Fluggeräten. Erfolgreich war 1953 die Flucht eines tschechischen Ingenieurs mit seiner Familie, der die Grenze bei Höll nahe Waldmünchen überwand. Die Fotografie zeigt das von einem US-Soldaten bewachte Fluchtfahrzeug, ein umgebautes Panzerfahrzeug der früheren tschechischen Armee.

Die Bayerische Grenzpolizei registrierte allein von 1968 bis 1970 über fünfzig erfolgreiche Fluchtversuche, hinzu kamen tschechische Besucher, die sich in Bayern von ihren Reisegruppen absetzten und nicht zurückkehrten, sowie eine Flugzeugentführung. Aber in den Akten finden sich auch Meldungen über missglückte Fluchten. Am 18. November 1968 beispielsweise wurde ein tschechischer Grenzpolizist auf deutschem Gebiet tot aufgefunden. Er hatte sich noch über die Grenze retten können, war aber dort seinen Schussverletzungen erlegen. Im Juni 1969 wurden sieben Jugendliche aus Pilsen/Plzeň bei dem Versuch, die Grenze bei Eisenstein mit einem Lastwagen zu durchbrechen, im Kugelhagel gestoppt. Ein Student wurde dabei erschossen, die anderen verhaftet. *L. E.*

Haidt/Zhuři 1935

6.104 a

Haidt/Zhuři 1998

6.104 Fotografien verschwundener Orte im Sudetengebiet und Ansichten von der bayerisch- tschechischen Grenze führen zurück in eine bewegte Geschichte

PC-Station
a) Verschwundene Orte im Sudetenland
aus: Zmizelé Sudety – Das verschwundene Sudetenland; Antikomplex, Praha; Zdeněk Procházka, Domášlice

b) Die bayerisch-tschechische Grenze von Kaiserhammer bis zum Dreisessel
Programmierung: Resmedia GmbH, Augsburg; Fotovorlagen: Bayerisches Hauptstaatsarchiv, München, Bundespolizeiamt, Schwandorf, Foto Beer, Waldmünchen, Grenzpolizeiinspektion Freyung, Landestormuseum, Furth i.W., Muzeum policie České republiky, Praha, Vojenský ústřední archiv – Armádní muzeum, Praha, Annemarie Babl, Waldmünchen, Wilhelm Dietl, Sattelpeilnstein, Sammlung Stefan Fendt, Aichach, Erwin † und Traudl Hofmann, Maxhütte-Haidhof, F. Kraus, Silberbach/Selb, Karl-Heinz Paulus, Freyung, Sammlung Karl Stehle, München

In dem von der tschechischen Gruppe „Antikomplex" 2004 veröffentlichten Buch „Zmizelé Sudety – Das verschwundene Sudetenland" und der gleichnamigen Ausstellung werden Fotografien sudetendeutscher Landschaften, Orte und Gebäude aus der Zeit vor 1945 und von heute gegenübergestellt. Vielfach sind Dörfer und Bauernhöfe völlig verschwunden, die Flächen von Gras und Wald überwuchert.

   Die Grenzfotografien dokumentieren hundert Jahre der bayerisch-tschechischen Grenzverhältnisse: vom Picknick bayerischer und österreichisch-ungarischer Zöllner, über die Grenzverschiebung 1938, den Eisernen Vorhang bis zur Grenzöffnung 1989 und die Entwicklung des Grenzverkehrs seither.   *L. E.*

Ve fotografiích zmizelých míst v Sudetech a pohledech na bavorsko-českou hranici opět ožívá pohnutá historie.

PC Station:
a) Zmizelá místa v Sudetech
b) Bavorsko-česká hranice od Kaiserhammeru až po Třístoličník

6.105

6. 105 Mit öffentlichen Veranstaltungen, ab 1950 mit dem jährlich an Pfingsten abgehaltenen „Sudetendeutschen Tag", machen die Sudetendeutschen auf ihre Interessen und Forderungen aufmerksam.

Sudetendeutsche Kundgebung am 18. September 1949 in München vor der Feldherrnhalle
Fotografie; Haus der Bayerischen Geschichte, Augsburg
Lit.: Franzen 2005; Seibt 2002; Zimmermann 2005; Franzen 1997

Seit der frühen Nachkriegszeit versammelten sich – zumeist auf öffentlichen Plätzen – Tausende von Flüchtlingen und Vertriebenen zu so genannten Heimattreffen. Die Kundgebungen, in der Regel von den Landsmannschaften veranstaltet, standen ganz im Dienst ihrer Forderungen nach Durchsetzung des „Heimat- und Selbstbestimmungsrechts". Erste Gruppen wurden 1947 in Memmingen und Regensburg gegründet. Das erste Pfingsttreffen der Sudetendeutschen Landsmannschaft fand 1949 in Kempten im Allgäu statt. Der seitdem jährlich abgehaltene Sudetendeutsche Tag ist bis heute das wichtigste erinnerungskulturelle Ereignis im Kontext der Vertriebenenpolitik.

Die zentralen politischen Verbände der in der Bundesrepublik organisierten Sudetendeutschen sind die Sudetendeutsche Landsmannschaft (SL) und der Sudetendeutsche Rat (SR), die im Selbstverständnis gemeinhin auch als „Volksgruppenführung" figuriert. Die 1948 auf Kreis- und 1950 auf Bundesebene gegründete Sudetendeutsche Landsmannschaft konstituierte sich 1954 in der bis heute im Wesentlichen gültigen Form: An der Spitze stehen die Bundesversammlung, der Bundesvorstand und der Sprecher. Entscheidendes Merkmal der Landsmannschaft, die Mitglied des Dachverbands des Bundes der Vertriebenen ist, stellt ihre außenpolitische Orientierung dar: Die „Heimatpolitik" mit dem Ziel der „Rückgewinnung der Heimat" hatte stets vorrangigen Charakter.

Ein strukturell, personell und inhaltlich eng mit der Sudetendeutschen Landsmannschaft verknüpftes Gremium ist der 1955 gegründete Sudetendeutsche Rat, der sich aus der „Arbeitsgemeinschaft zur Wahrung sudetendeutscher Interessen" entwickelte. Neben dem Präsidium und einem Generalsekretariat besteht er aus einem Plenum, das aus drei Kurien zu je zehn Personen zusammengesetzt ist: Die erste wird von der Bundesversammlung der Sudetendeutschen Landsmannschaft gewählt und besteht aus Delegierten der Sudetendeutschen Landsmannschaft, die zweite setzt sich aus sudetendeutschen Bundestagsabgeordneten zusammen, die von den Fraktionsvorständen der im Bundestag vertretenen Parteien ernannt werden, und die dritte Personengruppe wird je zur Hälfte von den beiden ersten Kurien bestimmt. Ziel des Sudetendeutschen Rats war und ist es, den Rechtsanspruch der Sudetendeutschen auf ihre Heimat auf der Grundlage des Selbstbestimmungsrechts durchzusetzen. *K. E. F.*

6.106   6.107

6.106 Rudolf Lodgman von Auen gehörte zu den profiliertesten sudetendeutschen Politikern seit dem letzten Jahrzehnt der k. u. k.-Ära. In der Bundesrepublik repräsentierte er die Sudetendeutsche Landsmannschaft von
1950 bis 1959 als Sprecher.

Rudolf Lodgman von Auen, bayerischer Landesvorsitzender der Sudetendeutschen Landsmannschaft, als Redner bei einer Kundgebung der Sudetendeutschen Landsmannschaft in München am 18. September 1949
Fotografie; Haus der Bayerischen Geschichte, Augsburg
Lit.: Salzborn 2005; Hahn 1998; Stickler 2004

Die Sudetendeutsche Landsmannschaft versteht sich als offizielle Vertretung aller
nach 1945 vertriebenen Deutschen aus Böhmen und Mähren sowie ihrer Nachkommen. Gegliedert sowohl nach heutigen als auch nach ehemaligen Wohnsitzen
(Heimatkreisen), umfasste sie in den 1950er-Jahren bis zu 350 000 Mitglieder.
Rudolf Lodgman von Auen (1877–1962) bekleidete das Amt des Sprechers von
1950 bis 1959. Er hatte vor 1918 dem böhmischen Landtag und dem österreichischen Reichsrat angehört, war 1918/19 Landeshauptmann von Deutschböhmen und von 1919 bis 1926 Mitglied bzw. Abgeordneter, von 1922 bis 1926 auch
Vorsitzender der Deutschen Nationalpartei in der Tschechoslowakei gewesen.

K. E. F.

*Rudolf Lodgman von Auen patřil od
posledního desetiletí existence monarchie
k nejvýraznějším sudetoněmeckým
politikům. Ve Spolkové republice
byl v letech 1950–1959 mluvčím
Sudetoněmeckého krajanského sdružení
(Sudetendeutsche Landsmannschaft).*

*Rudolf Lodgman von Auen, bavorský
zemský předseda Sudetoněmeckého krajanského sdružení, jako řečník na demonstraci Sudetoněmeckého krajanského
sdružení v Mnichově dne 18. září 1949*
fotografie

6.107 Die Ackermann-Gemeinde ist die katholische Gesinnungsgemeinschaft
der Sudetendeutschen.
Hans Schütz, Bundesvorsitzender der Ackermann-Gemeinde, 1946–1970
Fotografie; Sudetendeutsches Archiv, München
Lit.: Piegsa 1998; Glassl/Pustekovsky 1971

Die Ackermann-Gemeinde wurde 1946 von ehemaligen deutschen katholischen
Politikern und Studenten aus der Tschechoslowakei gegründet. In ihrem Namen
bezieht sie sich auf die mittelhochdeutsche Erzählung „Der Ackermann von
Böhmen" von Johannes von Saaz. Leitlinien der mehrere tausend Mitglieder zäh-
lenden Organisation waren zunächst das „Recht auf die Heimat", bis später die
christliche Versöhnungsarbeit in den Fokus ihrer Tätigkeit rückte.

Bundesvorsitzender von 1946 bis 1970 war Hans Schütz (1901–1982). Er
hatte seine politische Karriere in der aktivistisch eingestellten Deutschen Christlich-Sozialen Volkspartei der Vorkriegszeit begonnen und setzte sie nach der Vertreibung in der CSU fort, unter anderem von 1949 bis 1962 als Mitglied des Bun-

*Ackermann-Gemeinde je katolické názo-
rové společenství sudetských Němců.*

*Hans Schütz, spolkový předseda Acker-
mann-Gemeinde, 1946–1970*
fotografie

6.108   6.109

destags und von 1964 bis 1966 als bayerischer Arbeitsminister. Er war führendes Mitglied der Sudetendeutschen Landsmannschaft und des Sudetendeutschen Rats.   *K. E. F.*

Podnět ke sjednocení sudetoněmeckých sociálních demokratů vzešel od emigrantů jako Richard Reitzner, kteří byli v roce 1938 nuceni před nacistickým terorem uprchnout do Velké Británie.

Richard Reitzner (1893–1962), spoluzakladatel a předseda Seliger-Gemeinde
fotografie

6.108 Der Anstoß zur Sammlung der sudetendeutschen Sozialdemokraten ging von Emigranten wie Richard Reitzner aus, die 1938 vor dem NS-Terror nach Großbritannien fliehen hatten müssen.

Richard Reitzner (1893–1962), Mitbegründer und Vorsitzender der Seliger-Gemeinde
Fotografie; Seliger-Archiv im Archiv der sozialen Demokratie der Friedrich-Ebert-Stiftung, Bonn
Lit.: Jauernig 1968; Bachstein 1974; Martin 1996

Als „Gesinnungsgemeinschaft sudetendeutscher Sozialdemokraten" bezeichnet sich die 1951 in München von früheren DSAP-Mitgliedern gegründete Seliger-Gemeinde. Ihre Gründungsmitglieder waren 1938 vor dem nun auch in den Sudetengebieten herrschenden NS-Terror nach England geflohen. Die Vereinigung benannte sich nach dem ersten Vorsitzenden der Deutschen Sozialdemokratischen Arbeiterpartei in der Tschechoslowakei (DSAP), Josef Seliger. Sie setzt sich für das Selbstbestimmungsrecht der Sudetendeutschen und die Bewahrung der Tradition der „sudetendeutschen Arbeiterbewegung" ein. Richard Reitzner (1893–1962) war nicht nur führendes Mitglied der Sudetendeutschen Landsmannschaft und des Sudetendeutschen Rates, sondern auch Mitbegründer und Vorsitzender der Seliger-Gemeinde. Seit 1920 Mitglied der DSAP, war er 1938 nach Großbritannien emigriert. Reitzner war 1947/48 stellvertretender Staatssekretär für das Flüchtlingswesen in Bayern und von 1949 bis zu seinem Tod 1962 SPD-Bundestagsabgeordneter.   *K. E. F.*

Witiko-Bund reprezentoval pravé křídlo sudetoněmeckých názorových společenství.

Walter Becher, zakládající člen a v letech 1956–1958 předseda Witiko-Bundu jako řečník při sudetoněmecké slavnosti
fotografie, 1968

6.109 Der Witiko-Bund repräsentiert den rechten Flügel der sudetendeutschen Gesinnungsgemeinschaften.

Walter Becher, Gründungsmitglied und 1956–1958 Vorsitzender des Witiko-Bundes, als Redner auf einer sudetendeutschen Veranstaltung
Fotografie, 1968; Sudetendeutsches Archiv, München
Lit.: Smelser 1980; Herde/Stolze 1987; Becher 1990

Benannt nach einem Roman von Adalbert Stifter versteht sich der Witiko-Bund als „nationale Gesinnungsgemeinschaft" der Sudetendeutschen. Die 1950 gegründete, 800 bis 1000 Mitglieder zählende Vereinigung setzte sich zunächst vor allem aus ehemaligen Nationalsozialisten, Mitgliedern der Sudetendeutschen Partei und Vertrauten Konrad Henleins zusammen. Die Ziele der rechtsnationalen Gruppierung kulminierten in der Forderung nach der „Rückgliederung des Sudetenlandes" an Deutschland.

Gründungsmitglied und von 1956 bis 1958 Bundesvorsitzender war Walter Becher, vor 1945 Redakteur des sudetendeutschen NSDAP-Gauorgans „Die Zeit". Von 1950 bis 1962 war er Mitglied des Bayerischen Landtags, unter anderem für den Block der Heimatvertriebenen und Entrechteten. Von 1965 bis 1980 gehörte er für die CSU dem Bundestag an. Becher war führendes Mitglied des Sudetendeutschen Rats und von 1968 bis 1982 Sprecher der Sudetendeutschen Landsmannschaft. *K. E. F.*

6.110 Die Professoren Karl Bosl und Ferdinand Seibt verhalfen als Leiter dem 1956 gegründeten historischen Forschungsinstitut Collegium Carolinum zu internationalem Ruf als einer „tragenden Säule für den bayerisch-tschechischen Dialog".

a) Professor Dr. Karl Bosl (1908–1993) als Leiter des Collegium Carolinum
Fotografie; Haus der Bayerischen Geschichte, Augsburg

b) Professor Dr. Ferdinand Seibt (1927–2003) als Leiter des Collegium Carolinum
Fotografie; Gertrud Seibt, Haar

Eine „tragende Säule für den bayerisch-tschechischen Dialog" (Staatsminister Thomas Goppel, 2006) ist das 1956 als „Forschungsstelle für die böhmischen Länder" gegründete Collegium Carolinum in München. Es wurde zunächst gemeinsam von Bundesregierung und Freistaat Bayern, bald aber ausschließlich von Bayern finanziert. Der Name erinnert an die 1945 aufgelöste Prager Deutsche Universität, deren Mitglieder zumeist aus der Tschechoslowakei vertrieben worden waren. Heute setzt sich der Trägerverein Collegium Carolinum aus vierzig kooptierenden Hochschullehrern zusammen, die durch Forschungen über Vergangenheit und Gegenwart der böhmischen Länder ausgewiesen sind.

Der Erste Vorsitzende des Collegium Carolinum leitet die Forschungsstelle mit ca. zehn wissenschaftlichen und nichtwissenschaftlichen Mitarbeiterinnen und Mitarbeitern. Es werden Buchreihen herausgegeben, die Zeitschrift „Bohemia", ein biographisches Lexikon, ein sudetendeutsches Mundartenwörterbuch u. a. Ferner werden wissenschaftliche Tagungen veranstaltet sowie alljährliche „Bohemistentreffen" für jüngere Fachkräfte. Mitarbeiter und Mitarbeiterinnen des Collegium Carolinum, das heute den Status eines Instituts an der Ludwig-Maximilians-Universität München hat, bieten dort und am Regensburger Bohemicum Lehrveranstaltungen an. Die Bibliothek, integriert in die Bibliothek des Sudetendeutschen Hauses, ist die wichtigste Forschungsbibliothek zur Bohemistik in Deutschland.

Das Profil des Collegium Carolinum wurde wesentlich geprägt von zwei Historikern, die als Vorsitzende in besonderer Weise die bayerisch-böhmischen Beziehungen verkörperten: Der Oberpfälzer Historiker Karl Bosl, Professor an der Münchner Universität und Geschäftsführender bzw. Erster Vorsitzender des Collegium Carolinum von 1958 bis 1979, bewahrte dessen wissenschaftlichen Charakter vor tagespolitischer Vereinnahmung, wie auch sein Nachfolger, der aus Nordböhmen stammende Ferdinand Seibt, der sich schon als Münchner Student für konstruktive Erneuerung deutsch-tschechischer Beziehungen eingesetzt hatte. Als Professor der Universität Bochum leitete er das Collegium Carolinum von 1980 bis 2003. Es gelang ihm auch, als die kommunistische Tschechoslowakei Kontakte zum Collegium Carolinum unterband, solche Verbindungen inoffiziell zu pflegen. So konnten nach der Wende die Wissenschaftsbeziehungen zwischen Prag und München erheblich intensiviert werden.

Díky svým ředitelům, profesoru Karlu Boslovi a profesoru Ferdinandu Seibtovi, si historický výzkumný ústav Collegium Carolinum, založený v roce 1956, vydobyl mezinárodní věhlas jako „nosný pilíř bavorsko-českého dialogu".

a) Profesor Dr. Karl Bosl (1908–1993) jako ředitel Collegia Carolina
fotografie

b) Profesor Dr. Ferdinand Seibt (1927–2003) jako ředitel Collegia Carolina
fotografie

6.110 a

6.110 b

Seit 2002 unter Leitung des Münchner Professors für Osteuropäische Geschichte, Martin Schulze Wessel, gilt die Arbeit des Collegium Carolinum weiterhin der Gesamtgeschichte der böhmischen Länder, vor allem der Zeitgeschichte.

H. L.

Spolek Adalberta Stiftera (Adalbert-Stifter-Verein) kladl vedle sudetoněmeckých témat obzvláštní důraz na společná, německo-česká témata z historie a kultury.

Johanna von Herzogenberg, jednatelka Spolku Adalberta Stiftera, provází svou výstavou o Janu Nepomuckém
fotografie, 1971

6.111 Der Adalbert Stifter Verein widmete sich neben sudetendeutschen Themen in besonderer Weise übergreifenden, Deutsche und Tschechen gemeinsam betreffenden geschichtlichen und kulturellen Themen.

Johanna von Herzogenberg, Geschäftsführerin des Adalbert-Stifter-Vereins, führt durch die von ihr gestaltete Nepomukausstellung
Fotografie, 1971; Adalbert-Stifter-Verein, München
Lit.: Adalbert-Stifter-Jahrbuch; 50 Jahre Adalbert-Stifter Verein 1998; Herzogenberg 1999

Schon vor der 1949 erfolgten Aufhebung des „Koalitionsverbots" für die Heimatvertriebenen durften einige Organisationen aufgrund ihrer karitativen, religiösen oder kulturellen Zielsetzungen tätig werden. Zu ihnen gehörte der Adalbert-Stifter-Verein, der bereits 1947 gegründet und vom Münchner Polizeipräsidium „lizenziert" worden war. Seinen Bezug zu Adalbert Stifter zu begründen unternahm Wilhelm Hausenstein bei der Gedenkfeier zum 80. Todestag des Dichters am 28. Januar 1948. Auf einer ersten sudetendeutschen Kulturtagung in Bad Aibling zu Pfingsten 1948 wurde der umfassende Auftrag formuliert, „in allen kulturellen Fragen des Sudetendeutschtums federführend zu wirken", wobei Kunst, Wissenschaft und Volkstumspflege nicht nur unter den eigenen Landsleuten gefördert, sondern auch „in würdiger Form den Altbürgern vorgeführt werden" sollte. 1952 wurde Johanna von Herzogenberg als Geschäftsführerin berufen. Aus der Verlagstätigkeit kommend, prägte sie über dreißig Jahre lang das Programm des Vereins wesentlich mit. Ihr Anliegen war es, die übergreifenden, das heißt Tschechen und Deutschen gemeinsamen Themen gegenüber den rein sudetendeutschen nicht zu kurz kommen zu lassen. In historischer Perspektive bedeutete dies ein Anknüpfen an den böhmischen „Landespatriotismus" der Zeit vor der nationalen Spaltung. Auf lange Sicht wurde diese Horizonterweiterung zur solidarischen Hilfe für das jahrzehntelang kommunistisch gemaßregelte und eingeengte kulturelle Milieu in der Tschechoslowakei, woraus sich spätestens seit dem Prager Frühling vielfältige Kontakte zu tschechischen Wissenschaftlern und Kulturschaffenden entwickelten, die mit der Wende 1989 voll zur Geltung kamen. Die letzte Ausstellung des Adalbert-Stifter-Vereins vor jenem Datum galt dem Thema „Drehscheibe Prag. Deutsche Emigranten 1933–1939" und konnte 1990 auch in Prag gezeigt werden. Die bedeutendsten Ausstellungen davor hatten 1971 dem hl. Johannes von Nepomuk (München, Passau, Wien) und 1978 Kaiser Karl IV. (Nürnberg, gemeinsam mit dem Bayerischen Nationalmuseum) gegolten.

A. W.

6.111

Charta německých vyhnanců z vlasti se odvolávala na ideál mírové Evropy. Neústupně trvala na právu na vlast jako základním lidském právu, požadovala rovné zacházení a „vyrovnání břemen" ze strany státu.

Charta německých vyhnanců, podepsána 5. srpna 1950 ve Stuttgartu
tisk/papier (R)

6.112 Die Charta der deutschen Heimatvertriebenen orientiert sich am Ideal eines friedlichen Europas. Sie beschwor ein „Grundrecht auf Heimat" und stellt die Forderung nach Gleichbehandlung und einen Lastenausgleich durch den Staat.

Charta der deutschen Heimatvertriebenen, unterzeichnet am 5. August 1950 in Stuttgart
Druck/Papier (R); Bund der Vertriebenen, Bonn
Lit.: Piegsa 2000; Franzen 2000; Stickler 2004

Am 5. August 1950 wurde in Stuttgart vor Mitgliedern der Bundesregierung, der Kirchen und der Parlamente von den Sprechern der Landsmannschaften der Vertriebenen sowie der Vorsitzenden des Zentralverbands der vertriebenen Deutschen (ZvD) die Charta der deutschen Heimatvertriebenen unterzeichnet und verkündet. Das Datum war bewusst gewählt: Am darauf folgenden Tag jährte sich die Verabschiedung des Potsdamer Abkommens von 1945. Vorangegangen waren Verhandlungen einer gemeinsamen Kommission des ZvD und der Landsmannschaften. Mit der aus dieser Zusammenarbeit resultierenden Charta sollte ein „Grundgesetz der Vertriebenen" geschaffen werden.

Den Rahmen der Deklaration bildete eine Großveranstaltung mit 150000 Teilnehmern vor dem Stuttgarter Neuen Schloss. Der „unbekannte Vertriebene", ein bis heute namentlich nicht bekannter junger Mann, verlas die Charta. Der Bundesminister für Angelegenheiten des Marshall-Plans, Franz Blücher (FDP), stellte den Vertriebenen schnelle staatliche Hilfe in Aussicht. Zudem sprachen mehrere Vertriebenenpolitiker.

Der stark national und christlich inspirierte Inhalt der Charta war von der Suche der Interessenvertreter nach einem gemeinsamen Nenner bestimmt. Gefunden wurde er ganz allgemein im „von Gott geschenkten Grundrecht auf Heimat": Auf eine konkrete Grenzfestlegung konnten sich die Unterzeichner nicht einigen, da diese Frage beispielsweise für Vertriebene aus Ostpreußen eine ganz andere Bedeutung besaß als für diejenigen aus der Tschechoslowakei. Daneben wurden auch Forderungen nach staatlicher Gleichbehandlung und einem Lastenausgleich erhoben. Diesen Ansprüchen standen selbst auferlegte Pflichten gegenüber, die sich am Ideal eines friedlichen Europas orientierten. *K. E. F.*

6.113 Im Jahr 1962 übernahm der Freistaat Bayern offiziell die Schirmherrschaft über die Sudetendeutschen, die als „vierter Stamm Bayerns" aufgenommen wurden.

Schirmherrschaft des Freistaats Bayern über die sudetendeutsche Volksgruppe, 7. November 1962
Druck/Papier, 41,6 x 63,8; Sudetendeutsches Archiv, München
Lit.: Franzen 2007

Am 7. November 1962 unterzeichnete der bayerische Ministerpräsident Hans Ehard die Schirmherrschaftsurkunde der Bayerischen Staatsregierung über die „sudetendeutsche Volksgruppe". Am selben Tag übergab Ehard in einer feierlichen Zeremonie in der Münchner Schack-Galerie die Urkunde an den Sprecher der Sudetendeutschen Landsmannschaft, Hans-Christoph Seebohm. Das Dokument bekräftigt in schriftlicher Form die bereits anlässlich der Eröffnung des 5. Sudetendeutschen Tages im Juni 1954 mündlich übernommene Schirmherrschaft.

Vorausgegangen waren seit 1945 zahlreiche Patenschaften bayerischer Kommunen für ehemalige sudetendeutsche Städte und Gemeinden. Außerdem existierten seit 1950 bereits Patenschaften anderer Bundesländer über weitere Gruppen von Flüchtlingen und Vertriebenen; die Stadt Regensburg hatte 1951 zudem eine Patenschaft über die „sudetendeutsche Volksgruppe" übernommen.

Unter Anspielung auf die schon 1956 erfolgte Bezeichnung der Sudetendeutschen als „vierter Stamm Bayerns" durch Ministerpräsident Wilhelm Hoegner werden die Sudetendeutschen in der Urkunde als „Stamm unter den Volksstämmen Bayerns" bezeichnet. Zusammen mit der Anerkennung der Sudetendeutschen Landsmannschaft als offizieller Vertretung aller Sudetendeutschen markiert das Dokument in dem Bestreben, „das Volkstum der Sudetendeutschen zu erhalten", vor allem den Versuch, die kollektive Identität der Sudetendeutschen in der Nachkriegszeit zu etablieren und zu sichern. Politisch relevant wurde die Verbriefung der Schirmherrschaft in der Diskussion um den Prager Vertrag von 1973 und in der Debatte um die so genannten Beneš-Dekrete besonders seit 2002: Innerhalb dieser historischen Kontexte übernahm die Bayerische Staatsregierung jeweils unter expliziter Bezugnahme auf die Schirmherrschaft eine Anwaltsfunktion für die „heimatpolitischen" Anliegen der Sudetendeutschen Landsmannschaft.

Die Schirmherrschaft wurde 2004 vom bayerischen Ministerpräsidenten Edmund Stoiber aus Anlass ihres 50. Jahrestags erneuert und erweitert. *K. E. F.*

V roce 1962 Svobodný stát Bavorsko oficiálně převzal patronát nad sudetskými Němci, označovanými jako „čtvrtý bavorský kmen".

Patronát Svobodného státu Bavorsko nad sudetoněmeckou národnostní skupinou, 7. listopadu 1962
papír, 41,6 x 63,8

6.113

Město Augsburg převzalo patronát nad Němci vyhnanými z Liberce, a věnovalo jejich památce kašnu. Na mnoha místech v Bavorsku se nacházejí pamětní desky a památníky připomínající vyhnání sudetských Němců.

Model Liberecké kašny v Augsburgu
Egon Hartmann, 1980; bronz, v. 95, průměr 29

6.114

6.114 Augsburg übernahm die Patenschaft über die Vertriebenen aus Reichenberg/Liberec und diese stifteten ihrer Patenstadt einen Brunnen. In vielen Orten in Bayern finden sich heute Gedenktafeln und Denkmale, die an die Vertreibung der Sudetendeutschen erinnern.

Modell des Reichenberger Brunnens in Augsburg
Egon Hartmann, 1980; Bronze, H. 95, Ø 29; Heimatkreis Reichenberg Stadt und Land e.V., Augsburg
Lit.: Hartmann 1994; Haun 1984
In memoriam. Mahnmale und Gedenkstätten der Vertriebenen und Flüchtlinge in Deutschland und in ihren Herkunftsgebieten: www.bund-der-vertriebenen.de
Übersicht über bestehende Paten- und Partnerschaften: www.sudeten.de

Ein wesentlicher Bestandteil des „unsichtbaren Fluchtgepäcks" der vertriebenen Sudetendeutschen sind die Erinnerungen an die „alte Heimat". Schon bald nach der neuen Sesshaftwerdung wurde vielerorts versucht diese Erinnerungen für künftige Generationen festzuhalten und sich gleichzeitig die neue Heimat in gewisser Weise anzueignen, indem in ihre Landschaft ein Zeichen der alten eingefügt wurde. Der Reichenberger Brunnen in Augsburg ist dafür ein sinnfälliges Beispiel. 1980 wurde er von den Vertriebenen aus Stadt und Land Reichenberg ihrer Patenstadt Augsburg gestiftet. Schon 1955 hatte Augsburg diese Patenschaft übernommen. Gemeint ist damit eine „freiwillige Obhutübernahme" über ein sudetendeutsches Gebiet und die von dort stammenden Menschen. Heute gibt es 188 solcher Patenschaften. Manche Patenstädte, so auch Augsburg, sind inzwischen auch eine Städtepartnerschaft mit der heutigen tschechischen Kommune, in diesem Fall Liberec, eingegangen. Im Falle Augsburgs geschah dies unter Einbeziehung der vertriebenen Reichenberger.

In vielen Patenstädten unterhalten die Vertriebenen Heimatstuben, so auch in Augsburg die Reichenberger Heimatstube. Meist verpflichtet sich die Stadt, die Betreuung dieser Einrichtungen zu übernehmen, wenn sie von den ehrenamtlichen Mitarbeitern nicht mehr geleistet werden kann. In den Patenstädten finden regelmäßige Heimattreffen statt, es werden Straßen nach Orten der jeweiligen Patenregion benannt und auch Denkmäler aufgestellt.

Der Reichenberger Brunnen in Augsburg, der vor der Kongresshalle steht, wurde von Egon Hartmann entworfen. Auf kleinstem Raum sind hier Erinnerungssymbole an Stadt und Region Reichenberg zusammengefügt. Gestaltungsprinzip ist der angedeutete Verlauf der Lausitzer Neiße, in dessen Linienführung Reliefs angebracht sind. Die Darstellungen verwenden erinnerungsträchtige Symbole. Es finden sich Architekturmotive wie das Reichenberger Rathaus, Fachwerkhäuser und Kirchen des Umlands, aber auch Porträts von Persönlichkeiten wie dem Feldherrn Wallenstein, dem Industriellen Heinrich von Liebieg, dem Erfinder Ferdinand Porsche oder dem Maler Josef Ritter von Führich. Farbige Wappen sind in die Brunnensäule eingelassen, kurze Texte erläutern die Darstellungen.

E. Ha.

Takzvané „Heimatstuben", „domovské světnice", byly většinou zidealizovanou vzpomínkou na ztracenou vlast – současně však plnily funkci mostu mezi vyhnanci a starousedlíky.

Bochovská domovská světnice (Buchauer Heimatstube) v Pappenheimu, 1971
fotografie

6.115 Auch wenn die Heimatstuben meist idealisierte Rückblicke auf die verlorene Heimat zeigten, waren sie zugleich Brücken zwischen den Vertriebenen und der ortsansässigen Bevölkerung.

Buchauer Heimatstube in Pappenheim, 1971
Fotografie; Sudetendeutsches Archiv, München
Lit.: Heinz 1926; Kuhn 1983, S. 60–62; Träger 1993, S. 22–27, 31–43

Nach dem Zweiten Weltkrieg entstanden zahlreiche Heimatstuben der Sudetendeutschen, die die Erinnerung an die alte Heimat bewahren sollten. Ausstellungsstücke und Dokumente stammten aus dem Wenigen, was im Vertreibungsgepäck mitgeführt worden war. Es entstanden eher idealisierte Bilder und Rückblicke auf die verlorene Heimat. Doch hatten die Heimatstuben eine wichtige Integrationsfunktion sozusagen als Brücke zwischen den Vertriebenen und der ortsansässigen

Bevölkerung. Ein Beispiel hierfür findet sich in der Stadt Pappenheim (Lkr. Weißenburg-Gunzenhausen). Die Stadt Buchau/Buchov im ehemaligen Kreis Luditz/Žlutice und Regierungsbezirk Eger hatte 1939 etwa 1680 Einwohner. Viele von ihnen fanden nach der Vertreibung 1945/46 in Pappenheim eine neue Bleibe. 1953 übernahm die Stadt Pappenheim die Patenschaft für Buchau. Die Fotografie zeigt einen Ausschnitt aus der Buchauer Heimatstube, die 1964 im Alten Schloss in Pappenheim eingerichtet wurde. Typisch sind die relativ unsystematische Anordnung der Exponate und die fehlende didaktische Aufbereitung der Sammlung. Man erkennt zahlreiche Bilddokumente, Spinngerätschaften, weitere Einrichtungsgegenstände und einen hölzernen Bildstock, dessen Inschrift – „Die weiße Frau vom Hartenstein" – auf die populäre Sagengestalt von Buchau verweist. Eine regionaltypische Luditzer Frauentracht, bestehend aus Goldhaube mit Schleifenband, Hemd mit Hals- und Ärmelkrausen, Leibchen mit Bänderzug, Schultertuch, Rock und Schürze ist auf eine Schaufensterpuppe aufgezogen. Im Mittelpunkt der Aufnahme steht ein Wandgemälde des akademischen Künstlers Oswald Voh (1904–1979). Bildthema ist die Versinnbildlichung der Patenschaft zwischen Pappenheim und Buchau in Gestalt zweier Burgfräulein. *V. D.*

6.115

6.116 Die Ostdeutsche Galerie in Regensburg ist eine Kunstsammlung von Werken deutscher Künstler aus den ehemals deutschen Ostgebieten und den deutschen Siedlungsgebieten in Ost- und Südeuropa.

Flüchtlinge
Heribert Losert (1913–2002); 1978; Druck, handsigniert; Original: Aquarell, 50 x 40; Emmy Losert, Wörth a. D.
Lit.: Rupprecht 1981; Saß 1994

„Ostdeutsche Galerie" v Řezně je sbírkou děl německých umělců z bývalých německých východních oblastí a německých sídelních oblastí ve východní a jižní Evropě.

Uprchlíci
Heribert Losert (1913–2002); 1978; tisk, ručně signováno; originál: akvarel, 50 x 40

Der Sitz der Ostdeutschen Galerie in Regensburg steht in Zusammenhang mit der von der Stadt Regensburg übernommenen Schirmherrschaft für die Belange der Sudetendeutschen. Die Galerie geht auf eine Sammlung des Adalbert-Stifter-Vereins aus den 1950er-Jahren zurück, die 600 böhmische Künstler umfasste.

Als Heribert Losert 1978 das Aquarell „Flüchtlinge" schuf, gehörte er bereits zu den bekannten Meistern der Aquarellmalerei in Deutschland.

6.116

Nicht vergessen, aber „verarbeitet" waren zu jener Zeit seine sechs Jahre als Soldat und Kriegszeichner und die Flucht mit Frau und Töchtern aus seiner Heimatstadt Troppau nach Bayern, wo er als freischaffender Maler und Kunstpädagoge in München und Wörth an der Donau lebte.   C. G.

Malby a kresby uchovávají vzpomínku na vyhnání.

Vzpomínkový list na nucené vysídlení sudetských Němců

Richard Assmann (1887–1965); 50. léta 20. století; papír, potištěný, popsaný, 43,2 x 32,3

6.117 In Gemälden und Zeichnungen wurde die Erinnerung an die Vertreibung festgehalten.

Gedenkblatt an die Zwangsaustreibung der Sudetendeutschen
Richard Assmann (1887–1965); 1950er-Jahre; Papier, bedruckt, beschrieben, 43,2 x 32,3;
Dr. Walter Assmann, München
Lit.: Sturm 1979, Bd. 1

6.117

Das Gedenkblatt zeigt einen Zug von Menschen unter Militärbewachung auf dem Weg zum Sammellager oder zum Vertreibungstransport. Alle haben Gepäckstücke dabei. Die an der Spitze gehende Frau und ein in einer kleinen Gruppe abseits stehender Geistlicher sind mit einem schwarzen N auf aufgenähten Stofffetzen als Deutsche („Němci") gekennzeichnet (vgl. Kat.-Nr. 6.74 a). Anhand der Landschaft im Hintergrund und der Architekturdetails ist das nordmährische Gebirgsland als Ort des Geschehens auszumachen. „Heimatvertrieben weil Deutsch geblieben!" ist in einem Schriftband notiert. Das Blatt schließt mit der Mahnung ab: „Deutsche Jugend vergiss die Heimat deiner Väter nicht!" Das Textfeld lässt Platz für die Namen der vertriebenen Familienmitglieder, der Vermissten und Gestorbenen.

Das Gedenkblatt wurde von dem aus Troppau/Opava stammenden Maler und Illustrator Richard Assmann, der in Wien und München studierte, Mitte der 1950er-Jahre geschaffen. In welcher Auflage es vertrieben wurde, ist nicht bekannt.   E. F.

Po pádu komunistického režimu řada Čechů zmiňovala, jak důležité pro ně bylo vysílání Rádia Svobodná Evropa.

Nahrávání rozhlasové hry pro československou redakci Rádia Svobodná Evropa v Mnichově za přispění příslušníků americké armády

fotografie, 50. léta 20. století, zleva Rozina Jadrna, Tibor Molek, neznámá osoba, režisér: Luboš Kaválek

6.118 Nach dem Ende der kommunistischen Herrschaft bekundeten viele Tschechen, wie wichtig ihnen die Sendungen von Radio Free Europe gewesen waren.

Aufnahme eines Hörspiels für die tschechoslowakische Redaktion von Radio Free Europe in München mit Unterstützung von US-Armee-Angehörigen
Fotografie,1950er-Jahre, von links Rozina Jadrna, Tibor Molek, unbekannt, Regisseur Luboš Kaválek; Radio Free Europe, Praha

Radio Free Europe wurde 1950 in München gegründet, um die Bevölkerung in den Ostblockstaaten zu erreichen und die kommunistische Nachrichtenkontrolle zu durchbrechen. Der amerikanische Präsident Harry S. Truman gab dem Sender den Auftrag: „Tell the truth." Am 1. Mai 1951 begann der regelmäßige Sendebetrieb, zunächst mit elfeinhalb Stunden Sendung für die Tschechoslowakei.

In der Folge baute man die Sendeleistung aus, verlängerte die Sendezeiten und erweiterte die Programmvielfalt. Die kommunistischen Störsender hatten nur begrenzt Erfolg. In der tschechoslowakischen Redaktion, geleitet von Ferdinand Peroutka, arbeiteten Emigranten, die Presse- und Rundfunknachrichten sowie andere Quellen auswerteten und Sendemanuskripte erstellten. Emigrierte Schriftsteller und Künstler kamen zu Wort. Ab 1951 wurden bei günstigem Wind

6.118

auch Ballons mit Flugblättern von Standorten nahe der bayerisch-tschechischen Grenze über die Grenze in die Tschechoslowakei geschickt.

Nach der Niederschlagung des Prager Frühlings 1968 kam eine zweite Welle von Flüchtlingen aus der Tschechoslowakei. Im Gegensatz zu den stärker bürgerlich-national geprägten Emigranten der Zeit nach 1948 waren diese vielfach Anhänger des kommunistischen Reformflügels gewesen. Auch für sie wurde Radio Free Europe zu einer Möglichkeit, die von nicht regimekonformen Informationen abgeschnittenen Bürger ihrer Heimat zu erreichen, sei es durch politische Informationen und Diskussionen, sei es durch Protestlieder, westliche Schlagermusik, Kultursendungen oder Sportberichte. Sänger wie Karel Kryl (vgl. Kat.-Nr. 6.122) erreichten ein großes Publikum. Aufmerksam wurde die politische Entwicklung in der Tschechoslowakei beobachtet und über oppositionelle Bewegungen, Dissidenten und zum Beispiel über die Charta 77 berichtet. Nach dem Ende der kommunistischen Herrschaft bekundeten viele Hörer, wie wichtig ihnen die Sendungen von RFE gewesen waren. 1995 verlegte Radio Free Europe seinen Hauptsitz von München nach Prag. *L. E.*

6.119 Das Valka-Lager war eine Durchgangsstation für viele tschechische Flüchtlinge.
500 tschechoslowakische Flüchtlinge treffen im Valka-Lager in Nürnberg ein
November 1949; Fotografie; Pressearchiv Nürnberger Nachrichten/Nürnberger Zeitung

Tábor „Valka-Lager" byl průchozí stanicí pro řadu českých uprchlíků.

500 československých uprchlíků při příjezdu do Valka-Lager v Norimberku
listopad 1949; fotografie

Am 23. November 1949 schrieben die Nürnberger Nachrichten zu der abgebildeten Fotografie: „Über 500 Nationaltschechen im Lager Langwasser. Mit Sack und Pack treffen die Tschechen im Lager ein. Mancher hat noch einen geringen Teil seiner Habe gerettet, andere tragen nur ein kleines Bündel unter dem Arm." Nach der kommunistischen Machtübernahme 1948 flohen zahlreiche Tschechen und Slowaken, die Gegner der Kommunisten waren oder nicht unter ihrer Herrschaft leben wollten. Viele von ihnen gelangten zunächst in Auffanglager. Das Valka-Lager in Nürnberg-Langwasser, das größte in Bayern, zählte 1951 etwa 4300 Personen aus 28 Nationen. Auch die Asylverfahren wurden dort bearbeitet.

Ende April 1952 lebten 746 Tschechen und 496 Slowaken im Lager und bildeten damit die stärkste Gruppe. Drei tschechische und ein slowakischer Geistlicher betreuten die Flüchtlinge aus ihrer Nation. Seit 1950 gab es auch eine dreiklassige tschechische Schule sowie ein tschechisches Kulturhaus und ein eigenes Kino. Den tristen Alltag unterbrachen religiöse und nationale Feiern. Die meisten Flüchtlinge blieben nur vorübergehend im Lager, bis sie in anderen Ländern

6.119

Aufnahme oder in der Bundesrepublik Arbeit und Wohnung fanden. Im Mai 1960 wurde das Valka-Lager geschlossen. In Zirndorf bei Nürnberg wurde in einer ehemaligen Polizeikaserne eine neue Unterkunft für ausländische Flüchtlinge eröffnet. Nach dem Einmarsch der Warschauer-Pakt-Truppen in der Tschechoslowakei im August 1968 kam eine neue Welle tschechoslowakischer Flüchtlinge nach Zirndorf.

L. E.

Sokol byl protějškem německých tělocvičných spolků. Také v Mnichově mají sokolské spolky dlouhou tradici.

Mnichovská sokolská skupina na sletu v Praze, vpředu v historické sokolské uniformě Johan Trunčík
Pavel Rycl; fotografie, 2006

6.120 Der „Sokol" war das Gegenstück zu den deutschen Turnvereinen. Auch in München haben Sokol-Vereine eine lange Tradition.

Die Münchner Sokol-Gruppe auf dem Sokol-Treffen in Prag, voran in historischer Sokol-Uniform Johan Trunčík
Pavel Rycl; Fotografie, 2006; TV Sokol e.V., München

Schon seit der Mitte des 19. Jahrhunderts gab es in München tschechische Vereine. Auch die Gründung des „Sokol" (vgl. Kat.-Nr. 5.58) strahlte bis hierher aus. In München, Augsburg und Nürnberg entstanden noch im 19. Jahrhundert Sektionen, die auch an den nationalen Treffen in Prag teilnahmen. Auch in der Zeit nach dem Ersten Weltkrieg bestanden Sokol-Vereine an den genannten Orten. Nach dem Zweiten Weltkrieg gründeten politische Emigranten wiederum tschechoslowakische Kultur- und Sportorganisationen. Der heutige „Sokol Mnichov" geht auf eine Gründung im

6.120

Jahr 1973 zurück. Gemeinsamer Sport (Volleyball, Gymnastik), Geselligkeit und Ausflüge halten die Gruppe zusammen. Seit 1974 wird die Zeitschrift „Sokolik" herausgegeben. Die Teilnahme an internationalen Sokol-Treffen in Zürich und Wien bestärkte die Verbindung zur internationalen Sokol-Organisation; erst seit dem Ende der kommunistischen Ära sind auch wieder Sokol-Treffen in Prag möglich. *L. E.*

6.121 Der Dirigent Rafael Kubelík wurde in den 1960er- und 1970er-Jahren zum „musikalischen Wahrzeichen" Münchens.

Rafael Kubelík (1914–1996) als Dirigent des Symphonieorchesters des Bayerischen Rundfunks
25. Juni 1979; Fotografie, Werner Neumeister; Haus der Bayerischen Geschichte, Augsburg

Rafael Kubelík wurde am 29. Juni 1914 als Sohn des berühmten tschechischen Geigers Jan Kubelík in Býchory in der Nähe von Prag geboren. Von 1929 bis 1933 studierte er Komposition, Klavier, Geige und Dirigieren am Prager Konservatorium. 1934 stand er erstmals am Pult der Tschechischen Philharmonie und wurde 1941 deren Chefdirigent. Als solcher hatte er unter der Beschränkung der künstlerischen Betätigung und Repressalien der deutschen Besatzung zu leiden. Nach 1945 hoffte er auf eine freie künstlerische Entfaltung, doch wurde er bald enttäuscht. Nach der Machtübernahme der Kommunisten im Februar 1948 begann eine durchgreifende „Säuberung" in allen Bereichen des öffentlichen Lebens. Dies führte zu einer Emigrationswelle. Rafael Kubelík nutzte die Einladung zu Gastspielen in Großbritannien im Juli 1948, um seiner Heimat den Rücken zu kehren. Seine Empfindungen drückte er später so aus: „Ich habe meine Heimat verlassen, um nicht mein Volk zu verlassen."

Seine internationale Karriere führte Kubelík im Februar 1960 erstmals an das Pult des Symphonieorchesters des Bayerischen Rundfunks, das ihn 1961 als Chefdirigenten gewinnen konnte. In den knapp zwei Jahrzehnten seiner Tätigkeit wurde Rafael Kubelík zum „musikalischen Wahrzeichen" Münchens. Er steht für eine fast 20-jährige Erfolgsperiode des Symphonieorchesters des Bayerischen Rundfunks. Aufgrund seiner angeschlagenen Gesundheit trat Rafael Kubelík 1979 als Chefdirigent zurück, blieb aber dem Orchester als Gastdirigent bis zu seinem Rückzug aus dem öffentlichen Leben verbunden. Nach dem Fall des Eisernen Vorhangs kehrte Kubelík im April 1990 erstmals wieder in seine Heimat zurück. Am 12. Mai stand er bei dem von ihm 1946 ins Leben gerufenen Festival „Prager Frühling" nach 42 Jahren wieder in seinem Heimatland auf dem Podium – mit Smetanas „Má vlast"/„Mein Vaterland". Rafael Kubelík starb am 11. August 1996 in Kastanienbaum bei Luzern in der Schweiz, das seit 1953 sein Wohnort war. *S. B.*

6.121

6.122 Karel Kryls Lied „Bratříčku, zavírej vrátka" („Brüderchen, mach das Tor zu"), entstanden im August 1968 nach dem Einmarsch sowjetischer Truppen in Prag, wurde zum Symbol des tschechischen „rebellischen Folks".
a) **Karel Kryl**
Fotografie, um 1970; Otto Dlabola, Praha
b) **Gitarre von Karel Kryl**
Holz, Metall, 100 x 38 x 12; Archiv Karel Kryl, Passau
Lit.: www.karelkryl.de

Karel Kryl, der „Dichter mit Gitarre", wie er oft genannt wurde, entstammte einer Buchdruckerfamilie. Die Druckerei seines Vaters wurde 1948 von den Kommunisten geschlossen, der Vater zu Zwangsarbeit verurteilt. Seit 1962 schrieb Karel Kryl Gedichte und vertonte sie zur Gitarre. 1965 wurden erste Lieder im Rundfunkstudio in Aussig/Ústí nad Labem aufgenommen, es folgten Auftritte

Dirigent Rafael Kubelík se v 60. a 70. letech stal mnichovskou „hudební pamětihodností".

Rafael Kubelík (1914–1996) jako dirigent Symfonického orchestru Bavorského rozhlasu
25. června 1979; fotografie

Píseň Karla Kryla „Bratříčku, zavírej vrátka", která vznikla v srpnu 1968 po příchodu sovětských vojsk do Prahy, se stala symbolem českého „odbojného folku".

a) Karel Kryl
fotografie, kolem 1970
b) Kytara Karla Kryla
dřevo, kov, 100 x 38 x 12

6.122

in Klubs. Die erste LP „Bratříčku, zavírej vrátka", 1968 aufgenommen, wurde ein großer Erfolg. Das Titellied landete auf Platz 1 der Hitparade und wurde fast zu einer Hymne, „zum Symbol des tschechischen rebellischen Folks" (Melanie Agne, Český Rozhlas). Im März 1969 wurde der Song wegen „antisowjetischen Inhalts" verboten.

Karel Kryl kehrte im September 1969 von einer Tournee in Deutschland nicht in seine Heimat zurück. In München bei Radio Free Europe, wo Kryl als Redakteur arbeitete, produzierte er seine zweite Platte „Rakovina" („Krebs"), die in falschen Hüllen auch in die Tschechoslowakei geschmuggelt wurde. Weitere Schallplattenaufnahmen folgten. Seine Lieder erreichten auch in der Tschechoslowakei ein breites Publikum und wurden populär, obwohl der Besitz seiner Schallplatten bestraft wurde.

Bei der „samtenen Revolution" im November 1989 stand Karel Kryl neben Vaclav Havel auf dem Balkon am Wenzelsplatz. Er erlebte eine triumphale Rückkehr in die tschechischen Konzertsäle. Sein Gedichtband „Kniška" wurde in einer Auflage von 100 000 Exemplaren gedruckt, weitere Bücher erschienen. Seine Schallplatten wurden neu aufgelegt und erreichten hohe Verkaufszahlen. Er erhielt Ehrungen wie die Silberne Gedenkmedaille der Karls-Universität und Auszeichnungen wie den František-Kriegl-Preis oder den „tschechischen Grammy" Siň slávy. Trotz dieser Erfolge in seiner Heimat kehrte Karel Kryl nach München zurück, wo er 1994, kurz vor seinem 50. Geburtstag, starb. _L. E._

Dokumentační středisko v Scheinfeldu plnilo funkci archivu českého hnutí za občanská práva a samizdatové literatury.

a) Československé dokumentační středisko nezávislé literatury, Scheinfeld
foto, kolem r. 1988

b) Jiří Kovtun: „Slovo má poslanec Masaryk"
kniha, drobnotisk, 9,5 x 6,2 x 2, se zvětšovacím sklem (zasunuto do hřbetu knihy)

c) Jan Patočka: „První skica k podobizně"
strojopis/průklepový papir, 20,5 x 13,5 x 2

6.123 Das Dokumentationszentrum in Scheinfeld bildete das Archiv der tschechischen Bürgerrechtsbewegung und der Samisdat-Literatur.

a) Dokumentationszentrum zur Förderung der unabhängigen tschechoslowakischen Literatur, Scheinfeld
Fotografie, um 1988; Vilém Prečan, Praha

b) Jiři Kovtun: „Slovo má poslanec Masaryk" („Das Wort hat der Abgeordnete Masaryk")
Buch, Kleindruck, 9,5 x 6,2 x 2, mit Vergrößerungsprisma (im Buchrücken eingeschoben); Vilém Prečan, Praha

c) Jan Patočka: „Prvni skica k podobizně" („Erster Entwurf zu einem Porträt")
Maschinenschrift/Durchschlagpapier, 20,5 x 13,5 x 2; Vilém Prečan, Praha

Das „Dokumentationszentrum zur Förderung der unabhängigen tschechoslowakischen Literatur" wurde von Jiři Pelikan, Pavel Tigrid, Jiři Gruša, Vilém Prečan und anderen im März 1986 in Hannover gegründet. Fürst Karl zu Schwarzenberg, seit 1984 Präsident der Internationalen Helsinki-Föderation für Menschenrechte, brachte das Zentrum im November 1986 in seinem Schloss in Scheinfeld in Mainfranken unter. Er setzte sich für inhaftierte Bürgerrechtler ein und unterstützte Václav Havel und die Charta 77.

Die Leitung des Dokumentationszentrums übernahm der Historiker Vilém Prečan, der 1976 aus der Tschechoslowakei emigriert war. Prečan hielt seitdem über geheime Verbindungen Kontakt zu Václav Havel und Ludvík Vaculík und wurde zum Archivar und Chronisten der von Václav Havel, Jiři Hájek, Jiři Dienstbier und anderen am 1. Januar 1977 gegründeten tschechoslowakischen Bürgerrechtsbewegung Charta 77.

Das Dokumentationszentrum in Scheinfeld sammelte Samisdat-Literatur aus der Tschechoslowakei und richtete auch einen kleinen Verlag ein. Im Westen erschienene, aber in der Tschechoslowakei verbotene Bücher wurden so verkleinert, dass sie z. B. in eine Zigarettenschachtel passten. Über die vielfältigen Verbindungen des Zentrums wurden sie dann in die Tschechoslowakei geschmuggelt. Seit 1983 wurde Prečan dabei von Wolfgang Scheur, dem Kulturreferenten der Botschaft der Bundesrepublik in Prag, unterstützt. Auch religiöse Literatur fand so ihren Weg in die Tschechoslowakei. In Bayern förderten unter anderem die

Professoren Karl Bosl, Martin Broszat und Kurt Kluxen das Dokumentationszentrum.

Nach der „samtenen Revolution" im November 1989 wählten die Abgeordneten des tschechoslowakischen Parlaments Václav Havel zum Präsidenten der
Tschechoslowakei. Havel ernannte Fürst Schwarzenberg zum Kanzler des Präsi-
dialamts. Vilém Prečan gründete 1990 das Institut für Zeitgeschichte in Prag und
wurde dessen Leiter. Die Sammlungen des Dokumentationszentrums befinden
sich heute im Nationalmuseum in Prag.   *L. E.*

6.124 Die Durchtrennung des Grenzzauns war das Symbol für das Ende des
„Eisernen Vorhangs". Eine 40 Jahre lang bestehende massiv befestigte Staats-,
Militär- und Systemgrenze hatte ihre Funktion verloren.
Symbolische Beseitigung der Grenzanlagen zwischen Deutschland und der
Tschechoslowakei bei Waidhaus/Rozvadov durch die Außenminister Genscher
und Dienstbier
Fotografie, 23. Dezember 1989; Josef Lehnerer, Schwandorf
Lit.: Umbruch in Europa 1990; Dokumente zur Deutschlandpolitik 1998

Spektakulärer Beginn des Zusammenbruchs des so genannten Ostblocks war der
Abbau des Stacheldrahts an der Grenze zu Österreich durch ungarische Soldaten
seit dem 2. Mai 1989. In der Folge strömten ab Juli 1989 verstärkt Menschen aus
der DDR nach Ungarn, um von dort aus in die Bundesrepublik Deutschland und
damit in die Freiheit zu gelangen. Gleichzeitig flüchteten bis Anfang September
3 500 DDR-Bürger in die bundesdeutsche Botschaft in Prag. Insgesamt 17 000
DDR-Flüchtlinge verließen im Oktober 1989 Prag mit dem Zug in Richtung
Bundesrepublik.

Anspielend auf jene Grenzöffnung zwischen Ungarn und Österreich durch-
schnitten am 23. Dezember 1989 der Außenminister der Bundesrepublik
Deutschland, Hans-Dietrich Genscher, und sein tschechoslowakischer Kollege
Jirí Dienstbier bei Waidhaus/Rozvadov mit einem Bolzenschneider den Zaun,
der beide Länder trennte und beseitigten damit symbolisch den „Eisernen Vorhang". Wenige Tage später, am 29. Dezember 1989, wurde Václav Havel, Freund
und Weggefährte des Außenministers Jirí Dienstbier, zum Präsidenten der Tschechoslowakei gewählt. Die erste Auslandsreise der beiden Freunde führte sie im
Januar 1990 zunächst nach Ost-Berlin, anschließend nach München.

Der Liberale Hans-Dietrich Genscher war von 1974 bis 1992 Bundesminister
des Auswärtigen und Vizekanzler, zunächst an der Seite der Sozialdemokraten,
seit 1982 neben dem Christdemokraten Helmut Kohl. Er galt als Garant für die
Beständigkeit der Außenpolitik der Bundesrepublik Deutschland.

Jirí Dienstbier war von Dezember 1989
bis 1992 Außenminister in Prag. Der Sohn
eines Ärzteehepaars aus Mittelböhmen war
und ist Journalist, war 1977 Mitverfasser der
„Charta 77" und beteiligte sich im Dezember
1989 maßgeblich neben Václav Havel an der
Gründung des „Bürgerforums". Der liberale
Literat und Politiker setzte sich von Anfang
an für einen Ausgleich mit Deutschland ein,
stieß aber auch auf harsche Kritik der organisierten Sudetendeutschen, deren Vertreibung
er freilich als ungerecht verurteilte. Im März
1998 wurde er Menschenrechtsbeauftragter
der Vereinten Nationen für das frühere Jugoslawien.   *L. B.*

6.124

Abgekürzt zitierte Literatur

50 Jahre Adalbert-Stifter-Verein 1947–1997, München 1998

700 Jahre Zoll in Furth in Wald, Festschrift, Furth im Wald 2001

Ackermann, Konrad: Die Grundherrschaft des Stiftes Waldsassen 1133–1570, in: Kraus, Andreas (Hg.): Land und Reich – Stamm und Nation. Probleme und Perspektiven bayerischer Geschichte. Festgabe für Max Spindler zum 90. Geburtstag, Bd. 1, München 1984 (Schriftenreihe zur bayerischen Landesgeschichte 78), S. 385–394

Agostinetti, Paola Piana: Archeologia, lingua e scrittura dei Celti d'Italia, Rom 2004

Ahrndt, Mareile: Karl Klostermann (1848–1923) als Schriftsteller in zwei Sprachen. Die allmähliche Wandlung eines Deutschen zum tschechischen Literaten, Frankfurt am Main 1995

AK 1803. Wende in Europas Mitte. Vom feudalen zum bürgerlichen Zeitalter. Begleitband zur Ausstellung im Historischen Museum Regensburg, hg. von Peter Schmid und Klemens Unger, Regensburg 2003

AK Alfons Mucha. 1860–1839, Darmstadt 1998

AK Alphonse Mucha. The Spirit of Art Nouveau, hg. von Victor Arwas, Jana Brabcová-Orlíková und Anna Dvořák, New Haven 1998

AK Als Frieden möglich war. 450 Jahre Augsburger Religionsfrieden, hg. von Carl A. Hoffmann, Regensburg 2005, Kat.-Nr. VI.1, S. 457 f. (genaue Beschreibung mit ausführlicher Literatur)

AK Amor als Topograph. 500 Jahre Amores des Conrad Celtis. Ein Manifest des deutschen Humanismus, hg. von Claudia Wiener, Schweinfurt 2002

AK Aus 1200 Jahren. Das Bayerische Hauptstaatsarchiv zeigt seine Schätze, hg. von Albrecht Liess, München 1979 (Ausstellungskataloge der Staatlichen Archive Bayerns 11)

AK Bavaria, Germania, Europa. Geschichte auf Bayerisch, hg. von Michael Henker u. a., Augsburg 2000 (Veröffentlichungen zur Bayerischen Geschichte und Kultur 42/2000)

AK Bedřich Havránek 1821–1899, Praha 1985

AK Bohemia Sancta. Poklady křesťanského umění z českých zemí, hg. von Dana Stehlíková, Praha 2004

AK Böhmen – Landkarten aus fünf Jahrhunderten, hg. von Reinhold Stracke, München 1979

AK České sklo I., hg. von Dagmar Hejdová und Olga Drahotová, Praha 1989

AK Cosmas Damian Asam 1686–1739. Leben und Werk, hg. von Bruno Bushart und Bernhard Rupprecht, München 1986

AK Das Fürstentum der Oberen Pfalz. Ein wittelsbachisches Territorium im Alten Reich, München 2004 (Ausstellungskataloge der Staatlichen Archive Bayerns 46)

AK Dějiny v obrazech. Historické náměty v umění 19. století v Čechách [Geschichte in Bildern. Historische Themen in der Kunst des 19. Jahrhunderts in Böhmen], hg. von Naděžda Blažíčková-Horová, Praha 1996, S. 47, Nr. 23

AK Den Menschen durch Bildung mündig machen. Der bayerische Sozialdemokrat Waldemar von Knoeringen 1906–1971, Bonn 2006

AK Der Goldschatz vom Neupfarrplatz. Ein spätmittelalterlicher Münzfund in Regensburg, Regensburg 1997

AK Der Winterkönig. Friedrich V. Der letzte Kurfürst aus der Oberen Pfalz, hg. von Peter Wolf u. a., Augsburg 2003 (Veröffentlichungen zur Bayerischen Geschichte und Kultur 46/03)

AK Die Bajuwaren. Von Severin bis Tassilo 488–788, hg. von Hermann Dannheimer und Heinz Dopsch, Korneuburg 1988

AK Die Dientzenhofer. Barocke Baukunst in Bayern und Böhmen, Rosenheim 1991

AK Die Kaisermacher. Frankfurt am Main und die Goldene Bulle 1356–1806, hg. von Evelyn Hils-Brockhoff, Frankfurt am Main 2006

AK Die Macht des Silbers. Karolingische Schätze im Norden, hg. von Egon Wamers und Michael Brandt, Regensburg 2005

AK Die Macht des Silbers. Karolingische Schätze im Norden, hg. von Egon Wamers und Michael Brand, Regensburg 2005

AK Die Parler und der schöne Stil 1350–1400. Europäische Kunst unter den Luxemburgern, hg. von Anton Legner, Köln 1978

AK Die Welt von Byzanz – Europas östliches Erbe, hg. von Ludwig Wamser, München 2004

AK Eine Symphonie aus Glas. Riedel seit 1756. Zehn Generationen Glasmacher, hg. von Edith Szentgyörgyi und Claus Josef Riedel, Innsbruck 1994

AK Europas Mitte um 1000. Beiträge zur Geschichte, Kunst und Archäologie, hg. von Alfred Wieczorek und Hans-Martin Hinz, Stuttgart 2000/01

AK Gelehrtes Regensburg. Stadt der Wissenschaft. Stätten der Forschung im Wandel der Zeit, hg. von der Universität Regensburg, Regensburg 1995

AK Glyptothek München 1830–1980. Jubiläumsausstellung zur Entstehungs- und Baugeschichte, hg. von Klaus Vierneisel und Gottlieb Leinz, München 1980

AK Großer Auftritt. Piloty und die Historienmalerei, hg. von Reinhold Baumstark und Frank Büttner, München 2003

AK Heiliges Römisches Reich Deutscher Nation. 962 bis 1806. Von Otto dem Großen bis zum Ausgang des Mittelalters, hg. von Matthias Puhle und Claus-Peter Hasse, Dresden 2006

AK Historismus – umělecké řemeslo 1860–1900, hg. von Brožová, Jarmila, Praha 1975/76

AK Hodiny ze sbírek Chebského muzea, Karlovarského muzea v Karlových Varech, Západočeského muzea v Plzni, hg. von Jan Mergl, Cheb 1989

AK In Europa zu Hause – Niederländer in München um 1600, hg. von Thea Vignau-Wilberg, München 2005

AK Johannes von Nepomuk 1393–1993, hg. von Reinhold Baumstark, Johanna von Herzogenberg und Peter Volk, München 1993

AK Johannes von Nepomuk 1971, bearb. von Franz Matsche, München 1971

AK Josef Mánes 1820/1871, Praha 1971

AK Julius Mařák a jeho žáci [Julius Mařák und seine Schüler], hg. von Naděžda Blažíčková-Horová, Prag 1999

AK Kaiser Heinrich II. 1002–1024, hg. von Josef Kirmeier u. a., Augsburg 2002 (Veröffentlichungen zur Bayerischen Geschichte und Kultur 44/2002)

AK Kaiser Karl IV. 1316–1378, München 1978

AK Kaiser Karl IV. Staatsmann und Mäzen, hg. von Ferdinand Seibt, 2. Aufl., München 1978

AK Kaspar M. Graf von Sternberg. Naturwissenschaftler und Begründer des Nationalmuseums, Prag 1998

AK Kostbarkeiten aus kirchlichen Schatzkammern, hg. von Achim Hubel, München/Zürich 1979

AK Kulturregion Goldener Steig/Kulturní oblast Zlatá stezka. Aufsätze zur Ausstellung des Adalbert-Stifter-Vereins 1995

AK Liturgie zur Ehre des hl. Wolfgang. Der hl. Wolfgang in der Kleinkunst, Regensburg 1994 (Bischöfliche Zentralbibliothek Regensburg, Kataloge und Schriften)

AK Lumière et ténèbres. Art et civilisation du baroque en Bohême, Palais des Beaux-Arts Lille, hg. von Vít Vlnas, Paris 2002

AK Luther mit dem Schwan – Tod und Verklärung eines großen Mannes, hg. von der Lutherhalle Wittenberg in Verbindung mit Gerhard Seib, Berlin 1996

AK Malířská rodina Mánesů [Die Malerfamilie Mánes], hg. von Naděžda Blažíčková-Horová, Praha 2002

AK Maria Theresia und ihre Zeit. Zur 200. Wiederkehr des Todestages, hg. von Walter Koschatzky, Wien 1980

AK Maria-Hilf. Ein Cranach-Bild und seine Wirkung, hg. von Jürgen Lenssen, Würzburg 1994

AK München wie geplant. Die Entwicklung der Stadt von 1158 bis 2008, München 2004

AK Mythen der Nationen. Ein europäisches Panorama, hg. von Monika Flacke, Berlin 1998

AK Norenberc – Nürnberg 1050 bis 1806. Eine Ausstellung des Staatsarchivs Nürnberg zur Geschichte der Reichsstadt, bearb. von Peter Fleischmann, München 2000 (Ausstellungskataloge der Staatlichen Archive Bayerns 41)

AK Nürnberg – Kaiser und Reich, München 1986 (Ausstellungskataloge der Staatlichen Archive Bayerns 20)

AK Ornament and Figure. Medieval Art from Germany, Nürnberg 2000

AK Otto Hupp. Meister der Wappenkunst (1859–1949), München 1984 (Ausstellungskataloge der Staatlichen Archive Bayerns 19)

AK Památky národní minulosti, hg. von Josef Kočí, Vlastimil Vondruška u. a., Praha 1989

AK Prag um 1600. Kunst und Kultur am Hofe Rudolfs II., Freren 1988

AK Prague. The Crown of Bohemia 1347–1437, hg. von Barbara Drake Boehm und Jiří Fajt, New Haven u. a. 2005

AK Rudolf II. and Prague. The Court and the City, Prague 1997

AK Rudolf II. und Prag. Kaiserlicher Hof und Residenzstart als kulturelles und geistiges Zentrum Mitteleuropas, hg. von Eliška Fučíkova u. a., Prag/London/Mailand 1997

AK Rugendas. Eine Künstlerfamilie in Wandel und Tradition, hg. von Björn R. Kommer, Augsburg 1998

AK Salz Macht Geschichte, hg. von Manfred Treml, Rainhard Riepertinger und Evamaria Brockhoff, Augsburg 1995 (Veröffentlichungen zur Bayerischen Geschichte und Kultur 30/95)

AK Sigismundus Rex et Imperator. Kunst und Kultur zur Zeit Sigismunds von Luxemburg 1387–1437, hg. von Imre Takács, Mainz 2006

AK Sláva barokní Čechie. Umění, kultura a společnost 17. a 18. století, hg. von Vít Vlnas, Praha 2001

AK Unter deinem Schutz ... das Marienbild in Göttweig, hg. von Gregor Lechner und Michael Grünwald, Göttweig 2005/06

AK Václav Brožík (1851–1901), hg. von Naděžda Blažíčková-Horová, Praha 2003

AK „Vorwärts, vorwärts sollst du schauen ...". Geschichte, Politik und Kunst unter Ludwig I., hg. von Johannes Erichsen u. a., München 1986 (Veröffentlichungen zur Bayerischen Geschichte und Kultur 8/86)

AK Wahl und Krönung in Frankfurt am Main. Kaiser Karl VII. 1742–1745, Bd. 2, hg. von Rainer Koch und Patricia Stahl, Frankfurt am Main 1986

AK Wallfahrt kennt keine Grenzen, hg. vom Bayerischen Nationalmuseum, München 1984

AK Wappen in Bayern, München 1974 (Ausstellungskatalog der Staatlichen Archive Bayerns 8)

AK Wege zur Moderne und die Ažbe-Schule in München, hg. von Katarina Ambrozić, Wiesbaden 1988

AK Weichenstellungen. Eisenbahnen in Bayern 1835–1920, hg. von den Staatlichen Archiven Bayerns, München 2001

AK Welt im Umbruch. Augsburg zwischen Renaissance und Barock, Augsburg 1980

AK Wittelsbach und Bayern, hg. von Hubert Glaser, Bd. 2/1, München/Zürich 1980

AK Wittelsbach und Bayern, hg. von Hubert Glaser, Bd. 3/2, München 1980

Albrecht, Dieter: Maximilian I. von Bayern 1573–1651, München/Wien 1998

Albrecht, Dieter: Staat und Gesellschaft. Zweiter Teil: 1500–1745, in: Handbuch der Bayerischen Geschichte, begr. von Max Spindler, hg. von Andreas Kraus, Bd. 2, 2. Aufl., München 1988, S. 625–663

Allgemeines Lexikon der Bildenden Künstler. Von der Antike bis zur Gegenwart (Thieme-Becker), Leipzig 1909 ff.

Amberger, Franz (Hg): Grenzenlos, Straubing 2000

Ambronn, Karl-Otto: Archivalien des Staatsarchivs Amberg zur Geschichte der Beziehungen zwischen Böhmen und der Oberpfalz, in: Verhandlungen des Historischen Vereins für Oberpfalz und Regensburg 131 (1991), S. 270–280

Amelung, Peter: Die Stammbücher des 16/17. Jahrhunderts als Quelle der Kultur- und Kunstgeschichte, in: AK Zeichnung in Deutschland. Deutsche Zeichner 1540–1640, 2. Bde., Stuttgart 1979, Bd. 2, S. 211 f.

Angerer, Martin (Hg.): Regensburg im Mittelalter. Katalog der Abteilung Mittelalter im Museum der Stadt Regensburg, Regensburg 1995

Archaeologické sbírky 1863, Nr. 191

Archiv der Hauptstadt Prag, fond S.V.U. Mánes sign. 2.1.2, Präsenzbuch des Vereins Škréta in München (16. 5. 1885–13. 1. 1888)

Ascherl, Heinrich: Geschichte der Stadt und Herrschaft Neustadt a. d. Waldnaab, Neustadt a. d. Waldnaab 1982

Ascherl, Heinrich: Neustadt WN unter Karl IV., in: Oberpfälzer Heimat 23 (1979), S. 65–72

Assmann, Jan N.: Die Krönung Friedrichs V. von der Pfalz zum König von Böhmen im St. Veits Dom zu Prag am 4. November 1619, in: AK Welt – Macht – Geist. Das Haus Habsburg und die Oberlausitz 1526–1635, hg. von Joachim Bahlcke und Volker Dudeck, Görlitz/Zittau 2002, S. 350–352

Atlas der Länder der Böhmischen Krone, hg. von Eva Semotanová, Praha 2004

Augustin, Milan: Die Anfänge der Karlsbader Oblaten, in: Karlsbader Historische Schriften, Bd. 1, München/Karlovy Vary 2002, S. 56–67

Autorenkollektiv: 100 zajímavostí ze staré Plzně, Plzeň 2003

Bachinger, Karl: Verkehrswesen, in: Brusatti, Alois (Hg.): Die Wirtschaftliche Entwicklung, Wien 1973 (Die Habsburgermonarchie 1848–1918 1), S. 278–306

Bachstein, Martin K.: Die Beziehungen zwischen sudetendeutschen Sozialdemokraten und dem deutschen Exil: dialektische Freundschaft?, in: Drehscheibe Prag. Zur deutschen Emigration in der Tschechoslowakei 1933–1939, München 1992, S. 46f.

Bachstein, Martin K.: Wenzel Jaksch und die sudetendeutsche Sozialdemokratie, München 1974 (Veröffentlichungen des Collegium Carolinum 29)

Bahlcke, Joachim/Eberhard, Winfried/Polívka, Miloslav: Böhmen und Mähren, Stuttgart 1998 (Handbuch der Historischen Stätten)

Bahlcke, Joachim: Land und Dynastie: Böhmen, Habsburg und das „Temno", in: Koschmal, Walter/Nekula, Marek/Rogall, Joachim: Deutsche und Tschechen. Geschichte, Kultur, Politik, 2. Aufl., Regensburg 2003, S. 57–65

Bahlcke, Joachim: Regionalismus und Staatsintegration im Widerstreit. Die Länder der Böhmischen Krone im ersten Jahrhundert der Habsburgerherrschaft (1526–1619), München 1994

Baier, Vladimír: Dudácká hudba a zpěváci na domažlicku, in: Český les. Příroda, historie, život, Praha 2005, S. 641–648

Balk, Reinhold: Die Grenzwache der CSSR, Lübeck 1986 (Schriftenreihe BGS Fortbildung Aktuell, Sonderausgabe I/86)

Basařová, Gabriela/Hlaváček, Ivo: České pivo, Pacov 1999

Bauer, Rotraud/Haupt, Herbert (Hg.): Das Kunstkammerinventar Kaiser Rudolfs II., 1607–1611, in: Jahrbuch der Kunsthistorischen Sammlungen in Wien 72, NF XXXIV (1976), S. XI–191

Bayerisch-böhmische Nachbarschaft, hg. von Frank Boldt und Rudolf Hilf, München 1992

Becher, Peter/Heumos, Peter (Hg.): Drehscheibe Prag. Zur deutschen Emigration in der Tschechoslowakei 1933–1939, München 1992

Becher, Peter: Adalbert Stifter. Sehnsucht nach Harmonie. Eine Biographie, Regensburg 2005

Becher, Walter: Zeitzeuge. Ein Lebensbericht, München 1990

Běhna, Pavel/Kaše, Jiří/Kučera, Jan P.: Velké Dějiny zemí Koruný České, Svázek X 1740–1792, Praha, Litomyšl 2001

Beierlein, Johann Peter: Die Medaillen und Münzen des Gesammthauses Wittelsbach, München 1901

Berchtold, Klaus: Österreichische Parteiprogramme 1868–1966, München 1967

Bergau, Rudolf: Der Schöne Brunnen zu Nürnberg, Berlin 1871

Bernheimer, Francisca: Georg Wilhelm Vestner und Andreas Vestner – Zwei Nürnberger Medailleure, München 1984

Berning, Benita: Dante Deo et Ordinum Concordia. Zur böhmischen Königskrönung Friedrichs von der Pfalz, in: Historica, Series Nova 10 (2003), S. 117–133

Beyer, Hans: Die Revolution in Bayern 1918/19, Berlin 1988

Biemann, Fritz: Dominik Biemann's Dealings with the Dealer Steigerwald in Frankfurt am Main, in: Journal of Glass Studies 10 (1968), S. 168–170

Bierhaus-Rödiger, Erika: Die historische Landschaftsmalerei in München unter König Ludwig I., in: AK Münchner Landschaftsmalerei 1800–1850, hg. von Armin Zweite, München 1979

Birgus, Vladimír/Mlčoch, Jan: Česká Fotografie 20. století, Praha 2005

Blažíček, Oldřich Jakub: Škrétova mapa Evropy, in: Časopis Společnosti přátel starožitností českých 60 (1952), S. 134–141

Blažíčková-Horová, Naděžda: Bedřich Havránek, Praha 1994

Blažíková-Horová, Naděžda (Hg.): Dějiny v obrazech. Historické náměty v umění 19. století v Čechách [Geschichte in Bildern. Historische Sujets in der Kunst des 19. Jahrhunderts in Böhmen], Praha 1996

Blecking, Diethelm (Hg.): Die slawische Sokolbewegung. Beiträge zur Geschichte von Sport und Nationalismus in Osteuropa, Dortmund 1991 (Veröffentlichungen der Forschungsstelle an der Universität Dortmund B 42)

Blessing, Werner K.: „Grenzverhärtung". Modernisierungsfolgen an einem mitteleuropäischen Beispiel: Böhmens Grenze zu Bayern und Sachsen vom 18. bis zum 20. Jahrhundert, in: Sturm, Roland (Hg.): Grenzen und Grenzüberschreitungen – Brücken von Region zu Region, Erlangen 2002 (Zentralinstitut für Regionalforschung der Universität Erlangen-Nürnberg, Arbeitspapier 5), S. 61–73

Bobková, Lenka: Neuböhmen – ein Land der Böhmischen Krone im Norden Bayerns, in: Die Oberpfalz – Land der Pfalzgrafen in der Mitte Europas. Festschrift zum 35. Bayerischen Nordgautag in Vohenstrauß, hg. vom Oberpfälzer Kulturbund, Regensburg 2004, S. 47–52

Boehmer, J. F.: Regesta imperii III, Frankfurt am Main 1839

Bohatcová, Mirjam: Unbekannte, in Regensburg entdeckte Pilsner Drucke aus dem 16. Jahrhundert, in: Germanoslavica. Zeitschrift für germano-slavische Studien I/VI (1994)

Boldt, Frank/Hilf, Rudolf (Koord.): Bayerisch-böhmische Nachbarschaft, München 1992

Bollenbeck, Georg: Oskar Maria Graf mit Selbstzeugnissen und Bilddokumenten, Reinbek bei Hamburg 1985

Boockmann, Hartmut/Dormeier, Heinrich: Konzilien, Kirchen- und Reichsreform, Stuttgart 2005 (Gebhardt Handbuch der deutschen Geschichte 8)

Bosl, Karl (Hg.): Handbuch der Geschichte der böhmischen Länder, Stuttgart 1974

Bosl, Karl: Böhmen und seine Nachbarn, München/Wien 1976

Boyer, Christoph/Kučera, Jaroslav: Die Deutschen in Böhmen, die Sudetendeutsche Partei und der Nationalsozialismus, in: Möller, Horst u. a. (Hg.): Nationalsozialismus in der Region. Beiträge zur regionalen und lokalen Forschung und zum internationalen Vergleich, München 1996, S. 273–285

Boyer, Christoph: Nationale Kontrahenten oder Partner? Studien zu den Beziehungen zwischen Tschechen und Deutschen in der Wirtschaft der ČSR (1918–1938), München 1999

Brandes, Detlef: „Besinnungsloser Taumel und maßlose Einschüchterung". Die Sudetendeutschen im Jahre 1938, in: Jahrbuch der Heinrich-Heine-Universität Düsseldorf 2004, S. 221–240

Brandes, Detlef: Der Weg zur Vertreibung 1938–1945. Pläne und Entscheidungen zum „Transfer" der Deutschen aus der Tschechoslowakei und aus Polen, 2. Aufl., München/Wien 2005

Brandes, Detlef: Die Tschechen unter deutschem Protektorat 1939–1945, 2 Bde., München/Wien 1969/1975

Brather, Sebastian: Archäologie der westlichen Slawen. Siedlung, Wirtschaft und Gesellschaft im früh- und hochmittelalterlichen Ostmitteleuropa, Berlin/New York 2001 (Ergänzungsbände zum Reallexikon der Germanischen Altertumskunde 30)

Bratká, Petr: Český historik Jiří Kořalka po deseti letech: tisk k sedmdesátým narozeninám, Tábor 2001

Braun, Karl: Der 4. März 1919. Zur Herausbildung sudetendeutscher Identität, in: Bohemia 37/2 (1996), S. 353–380

Bräunlein, Manfred: Die Ostbahnen. Königlich privilegiert und bayerisch. Von den Anfängen bis zur Verstaatlichung 1851 bis 1875, Nürnberg 2000

Braunová, Dagmar/Frýda, František/Mergl, Jan: České sklo ze sbírek Západočeského muzea v Plzni, Plzeň 1984

Braunová, Dagmar: Renesanční a barokní emailované sklo, Plzeň 1980

Braunová, Dagmar: Užité umění ve sbírkách Západočeského muzea v Plzni/Applied Arts in the Collections of the West Bohemian Museum in Pilsen/Angewandte Kunst in den Sammlungen das Westböhmischen Museum in Pilsen, Plzeň 2003 (CD-ROM)

Bräutigam, Günther: Bildwerke des Spätmittelalters, in: Pörtner, Rudolf (Hg.): Das Schatzhaus der deutschen Geschichte. Das Germanische Nationalmuseum, Düsseldorf/Wien 1982, S. 199–225

Bretschneider, Heike: Der Widerstand gegen den Nationalsozialismus in München 1933 bis 1945, München 1968

Brix, Michael: Niederbayern, München/Berlin 1988 (Dehio Handbuch der deutschen Kunstdenkmäler, Bayern II)

Broecke, Marcel P. R. van den: Ortelius Atlas Maps. An illustrated guide, Westrenen 1996

Brok, Jindřich/Brožová, Jarmila/Lukáš, Václav: Severočeské sklo 19. století, Jablonec nad Nisou 1970

Broklová, Eva: Politická kultura německých aktivistických stran v Československu 1918–1938 [Die politische Kultur der deutschen aktivistischen Parteien in der Tschechoslowakei 1918–1938], Praha 1999

Brožková, Helena/Hejdová, Dagmar: České sklo. Uměleckoprůmyslové muzeum v Praze, Praha 1989

Brožová, Jarmila: Bemalte Gläser im altdeutschen Stil, in: Höltl, Georg (Hg.): Das Böhmische Glas 1700–1950, Passau 1995

Brubaker, Rogers: Nationalism Reframed. Nationhood and the National Question in the New Europe, Cambridge 1996

Brügel, Johann Wolfgang: Tschechen und Deutsche 1918–1928, München 1967

Buchenrieder, Fritz: Neue Untersuchungen an den Seligenthaler Fürstenfiguren, in: AK Wittelsbach und Bayern, hg. von Hubert Glaser, München/Zürich 1980, Bd. ½, S. 463–468

Buchholz, Marlis/Rother, Bernd (Hg.): Der Parteivorstand der SPD im Exil. Protokolle der Sopade 1933–1940, Bonn 1995

Bundesministerium des Innern: 50 Jahre BGS 1951–2001, Melsungen 2001

Buran, Dušan (Hg.): Gotika, Bratislava, Slovenská národná galéria + Slovart 2003 (Dejiny slovenského výtvarného umenia)

Burian, Michal/Knížek, Aleš/Rajlich, Jiří/Stehík, Eduard (Hg.): Assassination. Operation Anthropoid 1941–1942, Prag 2002

Burian, Peter: Chancen und Grenzen des sudetendeutschen Aktivismus, in: Bosl, Karl (Hg.): Aktuelle Forschungsprobleme um die Erste Tschechoslowakische Republik, München/Wien 1969, S. 133–149

Bushart, Bruno: Asam als Zeichner, in: AK Cosmas Damian Asam 1686–1739. Leben und Werk, hg. von Bruno Bushart und Bernhard Rupprecht, München 1986, S. 51–61

Čapek, Karel: Gespräche mit Masaryk, Stuttgart/München 2001

Castelin, Karel: Grossus Pragensis – Der Prager Groschen und seine Teilstücke 1300–1547, 2. Aufl., Braunschweig 1973

CD-Aufnahme historischer tschechischer Dudelsackmusik mit ausführlicher Dokumentation: Dudy a dudácká muzika 1909, hg. von der Etnologický ústav Akademie věd České republiky, Praha 2001 (Nejstarší zvukové záznamy lidové hudby v Čechách I.)

Čechura, Jaroslav: Zimí král aneb české dobrodružství Fridricha Falckého, Praha 2004

Celovsky, Boris: Das Münchener Abkommen 1938, Stuttgart 1958

České Malířství 19. století, Katalog stálé expozice Sbírky umění 19. století. Klášter sv. Anežky České [Katalog der Dauerausstellung der Sammlung des 19. Jahrhunderts im Agneskloster], hg. von Naděžda Blažíčková-Horová, Praha 1998

Chytil, Karel / Friedl, Antonin: Kříž Přemysla Otakara II. v pokladu dómu v Řezně, Praha 1931

Cironisová, Eva: Český plzeňský pivovar SVĚTOVAR (1910–1933), in: Západočeský historický sborník 6 (2000)

Cironisová, Eva: Měšťanský pivovar v Plzni 1942–1992, Manuskript

Cironisová, Eva: Organizace prodeje Plzeňského Prazdroje v českých zemích a na Slovensku (1842–1992), in: Západočeský historický sborník 8 (2003)

Cironisová, Eva: Plzeňský společenský pivovar PRIOR, in: Západočeský historický sborník 3 (1997)

Codreanu-Windauer, Silvia; Wanderwitz, Heinrich: Das Regensburger Judenviertel. Geschichte und Archäologie, in: Schmid, Peter (Hg.): Geschichte der Stadt Regensburg, Bd. 1, Regensburg 2000, S. 607–633

Cogan, Miroslav: Riedlovské dekorativní sklo 1880–1900, in: Ars vitraria 8 (1986), S. 49–65

Collegium Carolinum in Zwiesel vom 2. bis 4. Mai 2005, hg. von Robert Luft und Ludwig Eiber, München 2007 (Veröffentlichungen des Collegium Carolinum 111)

Čornějová, Ivana: Das „Temno" im mitteleuropäischen Kontext. Zur Kirchen- und Bildungspolitik im Böhmen der Barockzeit, in: Bohemia 34 (1993), S. 342–358

Crownig, Glory: Silver Torah Ornaments of the Jewish Museum New York, New York 1996

Čvančara, Jaroslav: Heydrich, České Budejovice 2004

Dějiny Plzně v datech, Plzeň 2004

Demetz, Peter: Böhmen böhmisch. Essays, Wien 2006

Deneke, Bernward: Bauernmöbel. Ein Handbuch für Sammler und Liebhaber, München 1983

Denkstein, Vladimir/Drobná, Zoroslava/Kybalová, Jana: Lapidárium Národního musea, sbírka české architektonické plastiky XI. až XIX. Století, Praha 1958

Denkstein, Vladimir: 2. Praha, Národní muzeum: pavéza se sv. Václavem a s motivy kutnohorského znaku – Inv.-Nr. 482, Taf. 5– 8, in: Sborník národního muzea v Praze A XVI (1962), Nr. 4 f., S. 188 f.

Der Goldschatz vom Neupfarrplatz – Ein spätmittelalterlicher Münzfund in Regensburg. Beiträge von Gerd Stumpf, Silvia Codreanu-Windauer, Heinrich Wanderwitz, Regensburg 1997

Deutsches Wörterbuch von Jacob und Wilhelm Grimm, Bd. 14 (Achter Band), Nachdruck München 1984 (Leipzig 1893)

Die Anfänge der Grafen von Bogen-Windberg, Windberg 1999 (Windberger Schriftenreihe 4)

Die Deutschen und Magyaren in den Dekreten des Präsidenten der Republik. Studien und Dokumente 1940–1945, Praha 2003

Die Festfolge des Karlsbader Trachtentages, in: Deutsche Tageszeitung (Karlsbader Badeblatt), Nr. 169 vom 24. 7. 1937

Die Kunstdenkmäler von Bayern, Oberpfalz und Regensburg, Bd. XIX, Bez. Amt Sulzbach, München 1910

Die Schlacht bei Mühldorf 28.September 1322, hg. vom Heimatbund Mühldorf a. Inn, Mühldorf 1993

Dinkelacker, Susanne: Böhmische Barockarchitektur in Bayern: Berbling, Frauenzell und die Pläne für St. Elisabeth in München, München 1987 (Miscellanea bavarica monacensia 140), S. 29 ff.

Doering, Oscar: Des Augsburger Patriciers Philipp Hainhofer Beziehungen zum Herzog Philipp II. von Pommern-Stettin: Correspondenzen aus den Jahren 1610–1619, Wien 1894/1901 (Quellenschriften für Kunstgeschichte und Kunsttechnik des Mittelalters und der Neuzeit NF. VI, X)

Dokumente zur Deutschlandpolitik. Deutsche Einheit. Sonderedition aus den Akten des Bundeskanzleramtes 1989/90, bearb. von Hanns Jürgen Küsters und Daniel Hofmann, München 1998

Dold, Alban / Eizenhöfer, Leo: Das Prager Sakramentar, Bd. 1: Lichtbildausgabe, Beuron 1944, Bd. 2: Prolegomina und Textausgabe, Beuron 1949

Donebauer, Fritz u. a.: Beschreibung der Sammlung böhmischer Münzen und Medaillen des Max Donebauer, Prag 1888

Dorfner, Dominik: Hussiten. Vom Scheiterhaufen in Konstanz zu den Brandstätten der Oberen Pfalz, 2. Aufl., Neukirchen b. Hl. Blut (Schriftenreihe Wallfahrtsmuseum Neukirchen b. Hl. Blut 6a)

Dotzauer, Winfried: Die Deutschen Reichskreise in der Verfassung des Alten Reiches und ihr Eigenleben (1500–1806), Darmstadt 1989

Drahotová, Olga: Barokní řezané sklo 1600–1760, Praha 1989

Drehscheibe Prag. Zur deutschen Emigration in der Tschechoslowakei 1933–1939, München 1992

Dresler, Václav: Básník Šumavy, Brno 1914

Dubský, Bedřich: Jihozápadní Čechy v době římské, Strakonice 1937, S. 84, Táb. X

Dubský, Bedřich: Pravěk jižních Čech, Blatná 1949, S. 425–491

Dünninger, Eberhard: Weltwunder Steinerne Brücke. Texte und Ansichten aus 850 Jahren, Amberg 1996

Durdík, Jan: Cep bojový, in: AK Památky národní minulosti. Katalog historické expozice Národního muzea v Praze v Lobkovickém paláci, hg. von Josef Kočí, Vlastimil Vondruška u. a., Praha 1989, S. 91, Kat.-Nr. 276

Durdík, Jan: Husitské vojenství, Praha 1953

Dvorak, Gerold (Hg.): Karl/Karel Klostermann 1848–1923, Passau 1998

Džambo, Jozo: Die Slawen – deutsche und österreichische Zerrbilder, in: AK Gleiche Bilder, gleiche Worte. Deutsche, Österreicher und Tschechen in der Karikatur (1848–1948), hg. von Peter Becher und Jozo Džambo, München 1997, S. 29–41

Ebneth, Rudolf/Schmid, Peter (Hg.): Der Landshuter Erbfolgekrieg, Regensburg 2004

Eckert, Rainer: Emigrationspublizistik und Judenverfolgung. Das Beispiel Tschechoslowakei, Frankfurt am Main u. a. 2000

Egerländer Volkstracht und das Dirndlkleid beherrschen das Straßenbild. Der erste Egerländer Trachtentag ein überwältigender Erfolg, in: Deutsche Tageszeitung (Karlsbader Badeblatt), Nr. 171 vom 27.7.1937, S. 2f.

Eghaland halt's enk z'samm. Geschichte und Gegenwart der Egerländer Gmoin, hg. vom Bund der Egerländer Gmoin, Marktredwitz 1993 (Schriftenreihe Egerland-Museum Marktredwitz 5)

Eichinger, Wolfgang/Losert, Hans: Ein merowingerzeitliches Brandgräberfeld östlich-donauländischer Prägung bei Großprüfening. Stadt Regensburg, Oberpfalz, in: Das Archäologische Jahr in Bayern 2003 (2004), S. 98–101

Eichler, Ernst u. a.: Beiträge zur slavisch-deutschen Sprachkontaktforschung. I: Siedlungsnamen im oberfränkischen Stadt- und Landkreis Bamberg. II: Siedlungsnamen im oberfränkischen Stadt- und Landkreis Bayreuth, Heidelberg 2001–2006

Eikenberg, Wiltrud: Das Handelshaus der Runtinger zu Regensburg. Ein Spiegel süddeutschen Rechts-, Handels- und Wirtschaftslebens im ausgehenden 14. Jahrhundert. Mit einem Beitrag von Walter Boll, Göttingen 1976 (Veröffentlichungen des Max-Planck-Instituts für Geschichte 43)

Ein Jahrhundert unter Dampf. Die Eisenbahn in Deutschland 1835–1919, hg. vom DB Museum Nürnberg, Nürnberg 2005

Eisch, Katharina: Grenze. Eine Ethnographie des bayerisch-böhmischen Grenzraums, München 1996

Eisner, Freya: Kurt Eisner: die Politik des libertären Sozialismus. Frankfurt am Main 1979

Endres, Rudolf: Der Fränkische Reichskreis, Augsburg 2003 (Hefte zur Bayerischen Geschichte und Kultur 29)

Erichsen, Johannes: Princeps Armis Decoratus. Zur Ikonographie Kurfürst Maximilians I., in: AK Wittelsbach und Bayern, hg. von Hubert Glaser, Bd. 2/1, München/Zürich 1980, S. 196–224, Kat.-Nr. 33

Eschenbächer, Jens-Hagen: Zwischen Schutzbedürftigkeit und Alleinvertretungsanspruch: die Beziehungen der Sudetendeutschen Heimatfront zu den traditionellen bürgerlichen deutschen Parteien in der Tschechoslowakei, 1933–1935, in: Bohemia 39 (1998), S. 323–350

Essenwein, August: Katalog der im germanischen Museum befindlichen Bautheile und Baumaterialien aus älterer Zeit, Nürnberg 1868

Eucharistia, deutsche eucharistische Kunst, München 1960

Evans, R. J. W.: Das Werden der Habsburgermonarchie 1550–1700. Gesellschaft, Kultur, Institution, Wien/Köln/Graz 1986

Evans, Robert W.: Rudolf II. Ohnmacht und Einsamkeit, Graz/Wien/Köln 1980

Fajt, Jiří/Sršen, Lubomir: Lapidárium Národního muzea Praha, Praha 1993

Fechtnerová, Anna (Hg.): Katalog grafických listů univerzitních tezí uložených ve Státní knihovně ČSR v Praze, Praha 1984 (Th. 463)

Fendl, Elisabeth: Aufbaugeschichten. Eine Biographie der Vertriebenengemeinde Neutraubling, Marburg 2006 (Schriftenreihe der Kommission für deutsche und osteuropäische Volkskunde 91)

Fendl, Elisabeth: Kurgemäße Köstlichkeiten: die Oblaten, in: Andenken aus dem Egerland. Handwerk und Volkskunst, hg. vom Bund der Egerländer, Marktredwitz 1996 (Schriftenreihe Egerland-Museum Marktredwitz 11), S. 76–80

Finscher, Ludwig (Hg.): Die Mannheimer Hofkapelle im Zeitalter Carl Theodors, Mannheim 1992

Fischer, Erich: Porzellan und Steingut aus Böhmen und Mähren, Marktredwitz 1994

Fischer, Klaus: Der Regensburger Fernhandel und der Kaufmannsstand im 15. Jahrhundert, Diss. Erlangen 1990

Fischer, Klaus: Im Namen Gottes und des Geschäfts zur Stadtfreiheit – Fernhändlertum und Autonomie der Kommune Regensburg im Mittelalter, in: Angerer, Martin/Wanderwitz, Heinrich unter Mitarbeit von Eugen Trapp (Hg.): Regensburg im Mittelalter. Beiträge zur Stadtgeschichte vom frühen Mittelalter bis zum Beginn der Neuzeit, Regensburg 1995, S. 147–158

Fischer, Thomas: Das bajuwarische Reihengräberfeld von Straubing, Kallmünz 1993 (Kataloge der Prähistorischen Staatssammlung München 26)

Fischer, Thomas: Spätzeit und Ende. Von den Römern zu den Bajuwaren, in: Czysz, Wolfgang u. a. (Hg.): Die Römer in Bayern: 358–411, Stuttgart 1995

Flacke, Monika (Hg.): Mythen der Nationen. Ein europäisches Panorama, Berlin 1998

Floh-Wagnes, Elma: Manfred Graf Clary und Aldringen: Der letzte k. k. Statthalter in der Steiermark, Graz 1952

Frankenberger, Otakar: Husitské válečnictví po Lipanech, Praha 1960

Franz, Heinrich Gerhard: Dientzenhofer und „Hausstätter". Kirchenbaumeister in Bayern und Böhmen, München/Zürich 1985

Franzen, K. Erik: Kann man vor Rache verzichten? Heute vor 50 Jahren wurde die „Charta der deutschen Heimatvertriebenen" verlesen, in: Frankfurter Rundschau Nr. 180 vom 5. August 2000, S. 21

Franzen, K. Erik: Sudetendeutsche Tage als Gedenkstätten!? Die Erinnerung an NS-Diktatur und Krieg in politischen Reden von Vertretern der Sudetendeutschen Landsmannschaft 1950–1995, in: Cornelißen, Christoph u. a. (Hg.): Diktatur – Krieg – Vertreibung. Erinnerungskulturen in Tschechien, der Slowakei und Deutschland seit 1945, Essen 2005 (Veröffentlichungen der Deutsch-Tschechischen und Deutsch-Slowakischen Historikerkommission 13), S. 197–219

Franzen, K. Erik: Verpaßte Chancen? Die Verträge zwischen Bonn und Prag im Urteil der Sudetendeutschen, in: Bohemia 38 (1997), S. 85–111

Franzen, K. Erik: Von ungeliebten Fremden und dem „vierten bayerischen Stamm". Die Sudetendeutschen in Bayern nach dem Zweiten Weltkrieg, in: Bayern und Böhmen. Kontakt, Konflikt, Kultur. Vorträge der Tagung des Hauses der Bayerischen Geschichte und des Collegium Carolinum in Zwiesel, hg. von Robert Luft und Ludwig Eiber, München 2007 (Veröffentlichungen des Collegium Carolinum 111)

Fried, Pankraz: Thesen und Theorien zur Herkunft der Bajuwaren, in: Müller, Rainer A. (Hg.): Die Bajuwaren, München 1988 (Hefte zur Bayerischen Geschichte und Kultur 6), S. 5–12

Friedhuber, Inge: Der „Fuggersche Ehrenspiegel" als Quelle zur Geschichte Maximilians I. Ein Beitrag zur Kritik der Geschichtswerke Clemens Jägers und Sigmund von Birkens, in: Mitteilungen des Instituts für Österreichische Geschichtsforschung 81 (1973), S. 101–138

Friesinger, Herwig/Daim, Falko (Hg.): Typen der Ethnogenese unter besonderer Berücksichtigung der Bayern, Teil 2, Wien 1990 (Österreichische Akademie der Wissenschaften. Philosophisch-Historische Klasse. Denkschriften 204. Veröffentlichungen der Kommission für Frühmittelalterforschung 13)

Fritz, Johann Michael: Goldschmiedekunst der

Gotik in Mitteleuropa, München 1982

Frolík, Jan: Kruzifixanhänger, in: AK Europas Mitte um 1000. Beiträge zur Geschichte, Kunst und Archäologie, hg. von Alfred Wieczorek und Hans-Martin Hinz, Stuttgart 2000/01, Bd. 1, S. 260

Frolík, Jan: The Witch, the Sorcerer and Christianity at Prague Castle, in: The Story of Prague Castle, Prague 2003, S. 71

Frýda, František/Hus, Miroslav: Plzeňské městské dělostřelectvo, in: Střelecká revue 10 (1986)

Frýda, František: Plzeňská městská zbrojnice I, Plzeň 1988

Fučíková, Eliška: Die Prager Residenz unter Rudolf II., seinen Vorgängern und Nachfolgern, in: AK Rudolf II. und Prag. Kaiserlicher Hof und Residenzstadt als Kulturelles und geistiges Zentrum Mitteleuropas, Prag/London/Mailand 1997, S. 2–71

Furth im Wald 1332–1982, Furth im Wald 1982

Galandauer, Jan: Tschechische Sozialdemokraten zwischen Internationalismus und Nationalismus (1889–1914), in: Mommsen, Hans/Kořalka, Jiří (Hg.): Ungleiche Nachbarn. Demokratische und nationale Emanzipation bei Deutschen, Tschechen und Slowaken (1815–1914), Essen 1993, S. 107–117

Galandauer, Jan: Vznik Československé republiky 1918. Programy, projekty, předpoklady [Entwicklung der Tschechoslowakischen Republik 1918. Programme, Projekte, Voraussetzungen], Praha 1988

Gall, Lothar (Hg.): 1848. Aufbruch zur Freiheit, Frankfurt 1998

Gamber, Klaus: Das Prager Sakramentar als Quelle für die Regensburger Stadtgeschichte in der Zeit der Agilolfinger, in: Verhandlungen des historischen Vereins für Oberpfalz und Regensburg 115 (1975), S. 203–230

Gamber, Klaus: Der Erzbischof Methodius von Mähren vor der Reichsversammlung in Regensburg des Jahres 870, in: Ecclesia Reginensis, Regensburg 1979, S. 154–164

Gebel, Ralf: „Heim ins Reich!" Konrad Henlein und der Reichsgau Sudetenland (1938–1945), 2. Aufl., München 2000 (Veröffentlichungen des Collegium Carolinum 83)

Gebhart, Jan: Migrationsbewegungen der tschechischen Bevölkerung in den Jahren 1938–1938. Forschungsstand und offene Fragen, in: Brandes, Detlef/Ivaničková, Edita/Pešek, Jiří: Erzwungene Trennung. Vertreibungen und Aussiedlungen in und aus der Tschechoslowakei 1938–1947 im Vergleich mit Polen, Ungarn und Jugoslawien, Essen 1999, S. 13–25

Gehringer, Erich: Lokalisierung historischer Glashüttenstandorte im Bayerischen Wald. Eine Darstellung der Glashüttengeschichte vom ausgehenden 13. Jahrhundert an bis in den Beginn des Industriezeitalter, Diss. Bamberg 2000

Geisler, Hans: Das frühbairische Gräberfeld Straubing-Bajuwarenstraße I, Rahden 1998 (Internationale Archäologie 30)

Geschichte Bayerns. Von den Anfängen bis zur Gegenwart, hg. von Andreas Kraus, München 1983

Gläsel, Adolf/Treml, Rudolf (Hg.): Glaube, Glanz und Gloria. 300 Jahre sakrale Kunst aus der Stiftsbasilika Waldsassen, Waldsassen 2005

Glassl, Horst/Pustekovsky, Otfrid (Hg.): Ein Leben – drei Epochen. Festschrift für Hans Schütz zum 70. Geburtstag, München 1971

Glatz, Anton C. (Red.): Gotické umenie z bratislavských zbierok. Mestské múzeum v Bratislave, Slovenská národná galéria v Bratislave, Bratislava 1999

Glettler, Monika/Lipták, Ľubomír/Míšková, Alena (Hg.): Geteilt, besetzt, beherrscht. Die Tschechoslowakei 1938–1945: Reichsgau

Sudetenland, Protektorat Böhmen und Mähren, Slowakei, Essen 2004 (Veröffentlichungen der Deutsch-Tschechischen und Deutsch-Slowakischen Historikerkommission 11, zugleich Veröffentlichungen zur Kultur und Geschichte im östlichen Europa 25)

Glotz, Peter (Hg.): München 1938. Das Ende des alten Europa, Essen 1990

Glotz, Peter: Die Vertreibung: Böhmen als Lehrstück, München 2003

Gobiet, Ronald (Bearb.): Der Briefwechsel zwischen Philipp Hainhofer und Herzog August d. J. von Braunschweig-Lüneburg, München 1984

Goethe, Johann Wolfgang: Wilhelm Meisters Lehrjahre, in: Goethes Werke, Bd. 7, kommentiert von Erich Trunz, München 1998 (Hamburger Ausgabe), bes. S. 23

Gollwitzer, Heinz: Ludwig I. von Bayern. Königtum im Vormärz. Eine politische Biographie, 2. Aufl., München 1987

Grau, Bernhard: Kurt Eisner: 1867–1919. Eine Biografie, München 2001

Graus, František: Die Handelsbeziehungen Böhmens zu Deutschland und Österreich im 14. und zu Beginn des 15. Jahrhunderts, in: Historica 2 (1960), S. 77–110

Graus, František: Die Problematik der deutschen Ostsiedlung aus tschechischer Sicht, in: Schlesinger, Walter (Hg.): Die deutsche Ostsiedlung des Mittelalters als Problem der europäischen Geschichte, Sigmaringen 1975 (Vorträge und Forschungen XVIII), S. 31–70

Grimme, Ernst Günther: Michael Neher: Aachens Dom im Jahre 1853, in: Aachener Kunstblätter des Museumsvereins 53 (1985), S. 8f.

Grosser, Thomas: Die Integration der Vertriebenen in der Bundesrepublik Deutschland. Annäherungen an die Situation der Sudetendeutschen in der westdeutschen Nachkriegsgesellschaft am Beispiel Bayerns, in: Im geteilten Europa. Tschechen, Slowaken und Deutsche und ihre Staaten 1948–1989, hg. von Hans Lemberg, Jan Křen und Dušan Kováč, Essen 1998, S. 41–94

Großes Theater auf kleiner Bühne. Marionetten aus Böhmen, Viechtach o. J., Broschüre

Großmann, Ulrich/Häffner, Hans-Heinrich (Hg.): Burg Lauf an der Pegnitz. Ein Bauwerk Karls IV., Regensburg 2006 (Schriften des Deutschen Burgmuseums 2)

Grundler, Franz/Dorfner, Dominik: Hussen, Hymnen, Helden, Mythen. Auf den Spuren der Hussiten, Amberg 2005

Grünsteudel, Günther: „Die Hornisten der Wallersteiner Hofkapelle", in: Zeitschrift des historischen Vereins für Schwaben 97 (2004), S. 229–251

Grünsteudel, Günther: Art. „Rosetti, Antonio", in: Ludwig Finscher (Hg.): Die Musik in Geschichte und Gegenwart, 2., neu bearb. Ausgabe, Personenteil, Bd. 14, Kassel 2005, Sp. 417–424

Grünsteudel, Günther: Das „Schwäbische Mannheim". Zur Geschichte der Wallersteiner Hofkapelle, in: Rieser Kulturtage 13 (2000), S. 475–491

Grünsteudel, Günther: Wallerstein – das „Schwäbische Mannheim". Text- und Bilddokumente zur Geschichte der Wallersteiner Hofkapelle (1747–1825), Nördlingen 2000

Grünwald, Leopold: Sudetendeutscher Widerstand gegen Nationalsozialismus. Für Frieden, Freiheit, Recht, Benediktbeuern 1986

Gustav Zindel. Bilder vom Volksleben, hg. vom Bund der Egerländer Gmoin, Marktredwitz 1994 (Schriftenreihe Egerland-Museum Marktredwitz 7)

Haasis, Hellmut G.: Tod in Prag. Das Attentat auf Reinhard Heydrich, Reinbek bei Hamburg 2002

Habel, Eva: Marlene Hackspacher, Gründerin und Inhaberin der Firma Wetzel Karlsbader Oblaten, in: AK Geschichte der Frauen in Bayern. Von der Völkerwanderung bis heute, hg. von Agnete von Specht, Augsburg 1998 (Veröffentlichungen zur Bayerischen Geschichte und Kultur 39/98), S. 342–344

Hahn, Eva: Die Sudetendeutschen in der deutschen Gesellschaft: ein halbes Jahrhundert politischer Geschichte zwischen „Heimat" und „Zuhause", in: Lemberg, Hans u. a. (Hg.): Im geteilten Europa. Tschechen, Slowaken und Deutsche und ihre Staaten 1948–1989, Essen 1998 (Veröffentlichungen des Instituts für Kultur und Geschichte der Deutschen im östlichen Europa 10), S. 111–133

Hahn, Karl Josef: Kristallnacht in Karlsbad, Prag 1998

Hall, Murray G. u. a. (Hg.): Die Muskete. Kultur- und Sozialgeschichte im Spiegel einer satirisch-humoristischen Zeitschrift 1905–1941, Wien 1983

Haller, Reinhard: „... und unser Geld bliebe im eigenen Lande!" Wallfahrtsantipropaganda am Beispiel der bayerischen Pfingstprozessionen zum Heiligen Berg bei Příbram in Böhmen (1795 bis 1939), in: AK Wallfahrt kennt keine Grenzen. Themen zu einer Ausstellung des Bayerischen Nationalmuseums und des Adalbert Stifter Vereins, München, hg. von Lenz Kriss-Rettenbeck und Gerda Möhler, München/Zürich 1984, S. 155–167

Haller, Reinhard: „Blassiuß Keitzl, Burger und glas Handler in der grauenau", in: Der Bayerwald 64/1 (1972), S. 21–29

Haller, Reinhard: „Einmal im Leben auf den Heiligen Berg ..." Bayerische Wallfahrten nach Böhmen, Grafenau 1995

Haller, Reinhard: Böhmische Madonnen in Bayern, Grafenau 1974

Hamacher, Bärbel: Prag – Weißer Berg, in: AK Cosmas Damian Asam 1686–1739. Leben und Werk, hg. von Bruno Bushart und Bernhard Rupprecht, München 1986, S. 246 f

Hamperl, Wolf-Dieter: Gold- und Silberschmiedekunst in Eger (1360–1760), in: Schreiner, Lorenz (Hg.): Kunst in Eger. Stadt und Land, München/Wien 1992, S. 382–403

Handbuch der Historischen Stätten Böhmen und Mähren, hg. von Joachim Bahlcke, Winfried Eberhard und Miloslav Polívka, Stuttgart 1998

Handbuch der Historischen Stätten Deutschlands, Bd. 7, hg. von Karl Bosl, Stuttgart 1965

Hantschmann, Katharina: Porträtbüste Graf Sigmund von Haimhausen, in: AK Bustelli. Nymphenburger Porzellanfiguren des Rokoko, hg. von Renate Eikelmann, München 2004, S. 324–328, Kat.-Nr. 189

Hartinger, Walter: Die Wallfahrt Neukirchen bei Heilig Blut. Volkskundliche Untersuchung einer Gnadenstätte an der bayerisch-böhmischen Grenze, in: Beiträge zur Geschichte des Bistums Regensburg 5 (1971), S. 23–240

Hartinger, Walter: Volkstanz, Volksmusikanten und Volksmusikinstrumente in der Oberpfalz zur Zeit Herders, Regensburg 1980 (Studien zur musikalischen Volkstradition 1)

Hartmann, Egon: Ein Brunnen erzählt... Der Reichenberger Brunnen in Augsburg, 2. erw. Aufl., München 1994

Hartmann, Johannes (Hg.): Eisenerz und Morgenglanz. Geschichte der Stadt Sulzbach-Rosenberg, Sulzbach-Rosenberg 1999 (Schriftenreihe des Stadtmuseums und Stadtarchivs Sulzbach-Rosenberg 12)

Hartmann, Peter Claus: Karl Albrecht – Karl VII. Glücklicher Kurfürst, unglücklicher Kaiser, Regensburg 1985

Hasenöhrl, Adolf (Hg.): Kampf Widerstand Verfolgung der sudetendeutschen Sozialdemokraten, Stuttgart 1983

Hassenpflug-Elzholz, Eila: Böhmen und die böhmischen Stände in der Zeit des beginnenden Zentralismus. Eine Strukturanalyse der böhmischen Adelsnation um die Mitte des 18. Jahrhunderts, München/Wien 1982 (Veröffentlichungen des Collegium Carolinum 30)

Haun, Helmut: Die Patenschaften als Stützpfeiler der Schirmherrschaft, in: Unter dem weißblauen Schild. 30 Jahre Schirmherrschaft Bayerns über die Sudetendeutschen, zusammengestellt von Dr. Ute Reichert-Flögel, München 1984, S. 88 f.

Hausberger, Karl: Geschichte des Bistums Regensburg, Regensburg 1989, 2 Bde.

Hauschke, Sven: Globen und wissenschaftliche Instrumente. Die europäischen Höfe als Kunden Nürnberger Mathematiker, in: AK Quasi Centrum Europae. Europa kauft in Nürnberg 1400–1800, Nürnberg 2002

Hawel, Peter: Schöne Madonnen. Meisterwerke gotischer Kunst, Würzburg 1984

Heigl, Rupert: Der Eiserne Vorhang – Eine Reise an das Ende der Welt, Burglengenfeld 1985

Heinersdorff, Richard: Die K.u.K. privilegierten Eisenbahnen 1828–1918 der Österreichisch-Ungarischen Monarchie, Wien/München 1975

Heinz, Anton: Gedenkbuch der Stadt Buchau, Bd. 1–3, Buchau 1926, Abschrift (masch.) von Anni Schliffke, o. O. (1990), Standort: Egerländer Studienbücherei im Egerland-Museum Marktredwitz

Hejdová, Dagmar: Klášterecký porcelán. Uměleckoprůmyslové muzeum v Praze, Praha 1994

Hejdová, Dagmar: Nejstarší výrobky klášterské porcelánky ve sbírkách UPM v Praze, in: ACTA UPM VIII, C. COMMENTATIONES 1, Sborník statí na počest 70. výročí narození PhDr Emanuela Pocheho, DrSc. Uměleckoprůmyslové muzeum v Praze, Praha 1973, S. 85–96

Henker, Michael: „Auf dass die Baiern recht oft an ihr Vaterland denken". Historische Elemente in Festzügen im Bayern König Ludwig I., in: AK „Vorwärts, vorwärts sollst du schauen ...". Geschichte, Politik und Kunst unter Ludwig I. Aufsätze, hg. von Johannes Erichsen u. a., München 1986 (Veröffentlichungen zur Bayerischen Geschichte und Kultur 9/86), S. 497–519

Herde, Georg/Stolze, Alexa: Die Sudetendeutsche Landsmannschaft, Köln 1987

Hergemöller, Bernd-Ulrich: Fürsten, Herren und Städte zu Nürnberg 1355/56. Die Entstehung der „Goldenen Bulle" Karls IV., Köln/Wien 1983 (Städteforschung A 13)

Herkomer, Hubert: Heilsgeschichtliches Programm und Tugendlehre. Ein Beitrag zur Kultur- und Geistesgeschichte der Stadt Nürnberg am Beispiel des Schönen Brunnens und des Tugendbrunnens, in: Mitteilungen des Vereins für Geschichte der Stadt Nürnberg 63 (1976), S. 192–216

Herzogenberg, Johanna von: Bilderbogen. Aus meinem Leben, München 1999 (Lebensbilder zur Geschichte der Böhmischen Länder 7)

Herzogenberg, Johanna von: Marianische Geographie an böhmischen Wallfahrtsorten, in: Alte und Moderne Kunst 16/114 (1971), S. 9–22

Heß, Wolfgang/Klose, Dietrich O. A.: Vom Taler zum Dollar 1486–1986, München 1986

Heumos, Peter: Tschechoslowakei, in: Krohn, Claus-Dieter u. a. (Hg.): Handbuch der deutschsprachigen Emigration 1933–1945, Darmstadt 1998, Sp. 411–426

Higounet, Charles: Die deutsche Ostsiedlung im Mittelalter, Berlin 1986

Historie a současnost podnikání na Plzeňsku, Žehušice 2002

Hlaváček, Ivan: Johannes von Nepomuk und seine Zeit, in: AK Johannes von Nepomuk 1393–1993, hg. von Reinhold Baumstark, Johanna von Herzogenberg und Peter Volk, München 1993, S. 13–19

Hlaváček, Ivo: Plzeňský Gambrinus, Plzeň 1969

Hlaváčka, Milan: Jubilejní výstava 1891, Praha 1991

Hlaváčka, Milan: Karel Albrecht – příběh druhého zimního krále, Praha 1997

Hoensch, Jörg K.: Geschichte der Tschechoslowakei, 3. Aufl., Stuttgart 1992

Hoensch, Jörg K.: Přemysl Otakar II. von Böhmen: der goldene König, Graz/Wien/Köln 1989

Hof- und Staatshandbuch des Königreichs Bayern von 1914

Hoffmann, Roland J.: T. G. Masaryk und die tschechische Frage. Nationale Ideologie und politische Tätigkeit bis zum Scheitern des deutsch-tschechischen Ausgleichsversuchs vom Februar 1909, München 1988 (Veröffentlichungen des Collegium Carolinum 58)

Hoffmann, Roland J.: Zur Aufnahme der Flüchtlinge aus der ČSR in der US-Zone Deutschlands nach der kommunistischen Machtergreifung vom Februar 1948, in: Bohemia 36 (1995), S. 69–112

Hofmann, Erwin: Zwischen Bayern und Böhmen – Wanderungen zu historischen Grenzzeichen von Hof bis Passau, Regensburg 1996

Hofmann, Friedrich H.: Eine Nymphenburger Porträtbüste, in: Münchner Jahrbuch der bildenden Kunst (1909), S. 66–69

Hofmann, Friedrich H.: Geschichte der bayerischen Porzellanmanufaktur Nymphenburg, Leipzig 1923

Hofmann, Josef: Die ländliche Bauweise, Einrichtung und Volkskunst des 18. und 19. Jahrhunderts der Karlsbader Landschaft, Karlsbad 1928

Hojda, Zdeněk/Vlnas, Vít: Tschechien: „Gönnt einem jeden die Wahrheit", in: Flacke, Monika (Hg.): Mythen der Nationen: ein europäisches Panorama, 2. Aufl., München/Berlin 2001, S. 502–527

Hojda, Zdeněk: Prag – München und die bildenden Künstler im 19. Jahrhundert, in: Bayerisch-böhmische Nachbarschaft, hg. von der Bayerischen Landeszentrale für politische Bildungsarbeit, München 1992, S. 141–154

Hojda, Zdeněk: Reflexe baroka mezi Skyllou a Charybdou – zamyšlení po deseti letech, in: Fejtová, Olga/Ledvinka, Václav/Pešek, Jiří/Vlnas, Vít (vyd.): Barokní Praha – Barokní Čechie 1620–1740. Sborník příspěvků z vědecké konference o fenoménu baroka v Čechách, Praha, Anežský klášter a Clam-Gallasův palác, 24.–27. září 2001, Praha 2004, S. 1017–1024

Höltl, Georg (Hg.): Das böhmische Glas 1700–1950, Passau 1995

Homolka, J.: Umění doby posledních Přemyslovců, Roztoky u Prahy 1982

Honl, Ivan: Kartografické kuriozum. Ročenka československých knihtiskařů 12 (1929)

Hörmann, Friedrich: Marlene Wetzel-Hackspacher. Immer nur weiter. Mein bewegtes Leben, Glött 2004

Horn, Alfred/Kubinszky, Mihály: K.u.k. Eisenbahn Bilderalbum. Die Eisenbahnen in der österreichisch-ungarischen Monarchie auf alten Ansichten, Wien 1992

Horpeniak, Vladimír: Der Goldbergbau und die Region Bergreichenstein im historischen Rückblick, in: Gold Zinn Fluorit/Zlato Cín Fluorit. Beiträge zur bayerisch-böhmischen Montangeschichte, Theuern 2000 (Schriftenreihe des Bergbau- und Industriemuseums Ostbayern in Theuern 36), S. 135–147

Horský, Zdeněk/Škopová, Otilie: Astronomy Gnomonics, Prague 1968

Horský, Zdeněk: Hodiny sluneční na polokouli, in: AK Památky národní minulosti. Katalog historické expozice Národního muzea v Praze v Lobkovickém paláci, hg. von Josef Kočí, Vlastimil Vondruška u. a., Praha 1989, S. 130, Kat.-Nr. 446

Horský, Zdeněk: Sluneční hodiny Marka Purmanna v československých sbírkách, in: Zprávy Československé společnosti pro dějiny věd a techniky 6/26 (1966), S. 48–53

Horyna, Mojmír/Uher, Vladimír: Kryštof/Christoph Dientzenhofer (1655–1722). K 350. výročí narození génia českého baroka. Zum 350. Geburtstag des genialen böhmischen Barockbaumeisters, Praha 2005

Hrabovec, Emilia: Vertreibung und Abschub. Deutsche in Mähren 1945–1947, Frankfurt am Main 1995

Hrabussay, Zoltán: Výroba a výrobcovia hudobných nástrojov v Bratislave, in: Hudobnovedné štúdie V, Bratislava 1961, S. 197–238

Hubel, Achim: Der Regensburger Domschatz, München/Zürich 1976 (Kirchliche Schatzkammern und Museen 1)

Hubková, Jana: Die Gelegenheitsdichtung von Šimon Lomnický von Budeč aus den Jahren 1619–1621. Von der Krönung Friedrich von der Pfalz zu den ersten Reaktionen auf die Schlacht am Weißen Berg, in: Acta Comeniana 15/16 (XXXIX-XL), Praha 2002, S. 183–226

Hueber, Fortunat: Zeitiger Granatapfel Der allerscheinbaristen Wunderzierden In denen Wunderthätigen Bildsäulen Unser L. Frawen/ der allerheiligisten Jungfräwlichen Mutter Gottes Maria Bey zweyen hoch=ansehentlichen Völckern der Bayrn und Böhamen. Besonders Von der Blutfleissenden Bildsaulen der gnaden-reichisten Himmelkönigin und Trösterin aller Betrübten zu Newkirchen in Chur=Bayern/ am Ober Böhamer Wald gelegen, München 1671

Illmann, Erich: Der Schüleraustausch in der 1. Tschechoslowakischen Republik 1918–1938. Ein Beispiel für deutsch-tschechisches Miteinander, Mainz 2002

Immel, Ute: Die deutsche Genremalerei im 19. Jahrhundert, Diss. Ludwigshafen 1967

Irmscher, Hans Dietrich: Politisches Bewußtsein und poetische Form am Beispiel von Adalbert Stifters „Witiko", in: Pohlheim, Karl Konrad (Hg.): Literatur aus Österreich. Österreichische Literatur, Bonn 1981, S. 93–127

Jahresbericht des Egerlandgaues des Bundes der Deutschen über das Arbeitsjahr 1937, hg. vom Egerlandgau des Bundes der Deutschen, Karlsbad o. J. (1938)

Jalowetz, Eduard: Plzeňské pivo ve světle praxe a vědy, Plzeň 1999

Jánský, Jiří: Kronika česko-bavorské hranice – Chronik der böhmisch-bayerischen Grenze (zweisprachig), 5 Bde., Domažlice 2000–2006

Jauernig, Edmund: Sozialdemokratie und Revanchismus. Zur Geschichte und Politik Wenzel Jakschs und der Seliger-Gemeinde, Berlin 1968

Jaworski, Rudolf: Deutsche und tschechische Ansichten. Kollektive Identifikationsangebote auf Bildpostkarten in der späten Habsburgermonarchie, Innsbruck/Wien/Bozen 2006

Jaworski, Rudolf: Die „Bayerische Ostmark" in der Weimarer Republik, in: Zeitschrift für bayerische Landesgeschichte 41 (1978), S. 241–270

Jaworski, Rudolf: Vorposten oder Minderheit? Der sudetendeutsche Volkstumskampf in den Beziehungen zwischen der Weimarer Republik und der ČSR, Stuttgart 1977

Jílkuv, Alena a Tomáš a kolektiv: Železná Opona – Československa státní hrananice od Jáchymova po Bratislavu 1948–1989, Pilsen 2006

Jubilejní výstava zemská (1891), Praha 1894

Kaiser, Michael: Im Kampf um die Kur und die Obere Pfalz. Maximilian von Bayern und seine Politik gegen Friedrich V. von der Pfalz, in: Laschinger, Johannes (Hg.): Der Winterkönig. Königlicher Glanz in Amberg, Amberg 2004 (Beiträge zur Geschichte und Kultur der Stadt Amberg 1), S. 27–45

Kalina, Walter F.: Die Mariensäulen in Wernstein am Inn (1645/47), Wien (1664/66), München (1637/38) und Prag (1650), in: Österreichische Zeitschrift für Kunst und Denkmalpflege 58 (2004), S. 43–61

Kallert, Kristina: Landesheilige in Böhmen: Das Denkmal oder die Denkmäler, in: Koschmal, Walter/Nekula, Marek/Rogall, Joachim: Deutsche und Tschechen. Geschichte, Kultur, Politik, 2. Aufl., Regensburg 2003, S. 162–178

Kammel, Frank Matthias: Mittelalterliche Türen mit Metalltreibarbeiten aus Nürnberg. Notizen zum Bestand und zur Forschungsproblematik, in: Gotika v západních čechách (1230–1530). Sborník přispěvkůz mezinárodního vědeckého symposia, Prag 1998, S. 136–147

Kammel, Frank Matthias: Rautenrapporte aus dem Gesenke. Spätmittelalterliche Türen mit Reliefarmaturen, in: Anzeiger des Germanischen Nationalmuseums 2006, S. 7–63

Karel IV. císař z Boží milosti. Kultura a umění za vlády Lucemburků, hg. von Jiří Fajt, Praha 2006

Kárný, Miroslav: Deutsche Politik im „Protektorat Böhmen und Mähren" unter Reinhard Heydrich 1941–1942. Eine Dokumentation, Berlin 1997

Kaul, Oskar (Hg.): Anton Rosetti. Ausgewählte Sinfonien, Leipzig 1912, S. IX–XXXV, rev. Nachdruck Wiesbaden 1968

Keller, Erwin: Der nordalpine Teil der Raetia secunda im 5. Jahrhundert, in: Bott, Gerhard (Hg.): Die Völkerwanderungszeit im Karpatenbecken, Nürnberg 1988, S. 77–88

Kershaw, Ian: Hitler 1989–1936, Stuttgart 1998

Kindermann, Heinz: Theatergeschichte Europas, Salzburg 1964

Kirchweger, Franz: Die Reichskleinodien in Nürnberg in der frühen Neuzeit (1525–1796): zwischen Glaube und Kritik, Forschung und Verehrung, in: AK Heiliges Römisches Reich Deutscher Nation 962–1806. Altes Reich und neue Staaten 1495–1806, Bd. 2, hg. von Heinz Schilling, Werner Heun und Jutta Götzmann, Berlin 2006, S. 187–199

Klaban, Pavel: Jungmann ve výtvarném umění 19. století, in: Literární archiv. Sborník Památníku národního písemnictví 8/9 (1974), S. 114, Abb. 3

Klepetař, Harry: Seit 1918 ... Eine Geschichte der Tschechoslowakischen Republik, Mährisch-Ostrau 1937

Klesse, Brigitte/Saldern, Axel von: 500 Jahre Glaskunst. Sammlung Biemann, Rastatt 1978

Klimek, Antonín u. a. (Hg.): Vznik Československa 1918. Dokumenty československo zahraniční politiky [Die Entstehung der Tschechoslowakei 1918. Dokumente zur tschechoslowakischen Außenpolitik], Praha 1994

Klostermann, Karel: Im Böhmerwaldparadies, Passau 2005 (in tschechischer Fassung erstmals 1893)

Klučina, Petr: Zbroj a zbraně, Evropa 6.–17. století, Praha 2004

Kokoška, Stanislav: Praha v květnu 1945. Historie jednoho povstání, Praha 2005

Konečná, Hana (Red.): Soupis repertoáru ND v Praze 1881–1983 [Zusammenschrift des Repertoirs ND in Prag 1881–1983], Národní divadlo, Prag 1983

Konzentrationslager Dachau 1933 bis 1945. Text- und Bilddokumente zur Ausstellung, hg. vom Comité Internationale de Dachau, Dachau 2005

Kořalka, Jiří: Bavorská a saská korespondence Františka Palackého 1836–1846, in: Husitský Tábor. Sborník Muzea Husitského revolučního hnutí 5 (1982), S. 209–252

Kořalka, Jiří: Nationsbildung im 19. Jahrhundert: Bayern und Böhmen im Vergleich, in: Eiber, Ludwig/Luft, Robert (Hg.): Bayern und Böhmen. Kontakt, Konflikt, Kultur. Vorträge der Tagung des Hauses der Bayerischen Geschichte und des Collegium Carolinum in Zwiesel, München 2007 (Veröffentlichungen des Collegium Carolinum 111)

Kořalka, Jiří: Nationsbildung und nationale Identität der Deutschen, Österreicher, Tschechen und Slowaken um die Mitte des 19. Jahrhunderts, in: Hoensch, Jörg K./Lemberg, Hans (Hg.): Begegnung und Konflikt. Schlaglichter auf das Verhältnis von Tschechen, Slowaken und Deutschen 1815–1989, Essen 2001, S. 39–54

Kořalka, Jiří: Welche Nationsvorstellungen gab es 1848 in Mitteleuropa?, in: Jaworski, Rudolf/Luft, Robert: 1848/49. Revolutionen in Ostmitteleuropa, München 1996 (Bad Wiesseer Tagungen des Collegium Carolinum 18), S. 29–45

Kořán, Ivo: Braunové, Praha 1999

Koreny, Fritz: Die heilige Margareta auf dem Drachen. Versuch einer Standortbestimmung, in: Bulletin du musée hongrois des beaux-arts, 102/0 (2005), S. 53–68

Koschmal, Walter/Nekula, Marek/Rogall, Joachim: Deutsche und Tschechen. Geschichte, Kultur, Politik, 2. Aufl., Regensburg 2003

Kotrba, Viktor: Neue Beiträge zur Geschichte der Dientzenhofer, in: Umění 21 (1973), S. 161–190

Koula, Jan: Vývoj českých pušek od dob husitských, in: Světozor XXXII, Praha 1898, S. 316 f.

Kracik, Jörg: Die Politik des deutschen Aktivismus in der Tschechoslowakei 1920–1938, Frankfurt am Main 1999

Krämer, Werner: Graffiti auf Spätlatènekeramik aus Manching, in: Germania 60 (1982), S. 489 ff.

Krämer, Werner: Sind die Bayern keltischer Abstammung, in: AK Das keltische Jahrtausend, hg. von Hermann Dannheimer und Rupert Gebhard, München 1993 (Ausstellungskataloge der Prähistorischen Staatssammlung 23), S. 249 f.

Kraus, Andreas: Das wittelsbachische Kaisertum. Karl Albrecht im diplomatischen Ringen um das habsburgische Erbe, in: AK Wahl und Krönung in Frankfurt am Main. Kaiser Karl VII. 1742–1745, Bd. 1, hg. von Rainer Koch und Patricia Stahl, Frankfurt am Main 1986, S. 77–85

Krausen, Edgar: Die handgezeichneten Karten im Bayerischen Hauptstaatsarchiv sowie in den Staatsarchiven Amberg und Neuburg a. d. Donau bis 1650, Neustadt a. d. Aisch 1973 (Bayerische Archivinventare 37), Nr. 32–34.

Křen, Jan: Die Konfliktgemeinschaft. Tschechen und Deutsche 1780–1918, 2. Aufl., München 2000

Kropáček, Jiří: Prager Veduten. Ansichten der Stadt 1493–1908, Praha 1995

Kroutvor, Josef: Pražský chodec. Dějiny českého plakátu 1980–1945, Praha, UPM 1985

Krusy, Hans: Gegenstempel auf Münzen des Spätmittelalters, Frankfurt am Main 1974

Kruta, Venceslas: Les Celtes. Histoire et dictionnaire, Paris 2000

Krzoska, Marukus: Die Peripherie bedrängt das Zentrum. Wien, Prag und Deutschböhmen in den Badeni-Unruhen 1897, in: Maner, Hans-Christian (Hg.): Grenzregionen der Habsburgermonarchie im 18. und 19. Jahrhundert. Ihre Bedeutung und Funktion aus der Perspektive Wiens, Münster 2005

Ksoll-Marcon, Margit: Grenzüberschreitende Eisenbahnverbindungen, in: AK Weichenstellungen. Eisenbahnen in Bayern 1835–1920, hg. von den Staatlichen Archiven Bayerns, München 2001, S. 274–282

Kubková, Jana: Ecce lignum crucus, in quo salus mundi pependit, in: Život v archeologii středověku – Das Leben in der Archäologie des Mittelalters – Life in the archaeology of the middle ages, Praha 1997, S. 402–407

Kubů, František/Zavřel, Petr: Der Goldene Steig: historische und archäologische Erforschung eines bedeutenden mittelalterlichen Handelsweges, Passau 2001

Kučera, Jaroslav: Minderheit im Nationalstaat. Die Sprachenfrage in den tschechisch-deutschen Beziehungen 1918–1938, München 1999

Kudrnáč, J.: Vojenský tábor z doby husitských válek v Klučově, in: Památky archeologické LXIV/1 (1973), S. 105–142

Kuhn, Heinrich: Sudetendeutsche Heimatsammlungen. Museen, Archive, Galerien, Bibliotheken, Heimatstuben, Privatsammlungen, München 1983

Kuna, Martin/Profantová, Naďa (Hg.): Počátky raného středověku v Čechách. Archeologický výzkum sídelní aglomerace kultury pražského typu v Roztokách [The onset of the Early Middle Ages in Bohemia. Archeological research at a large settlement site of the Prague-type culture at Roztoky], Praha 2005

Kupčík, Ivan: Alte Landkarten. Von der Antike bis zum Ende des 19. Jahrhunderts, 7. Aufl., Prag/Hanau 1992

Kupčík, Ivan: Mappae Bavariae. Thematische Karten von Bayern bis zum Jahr 1900, Weishorn 1995

Kupferschmied, Thomas Johannes: Die „Schweppermann-Kapelle" in Wimpasing und die Kaiserschlacht des Jahres 1322, in: Das Mühlrad. Beiträge zur Geschichte des Inn- und Isengaues XLIII (2001), S. 99–154

Küpper, René: Karl Hermann Frank als Deutscher Staatsminister für Böhmen und Mähren, in:

Glettler, Monika/Lipták, L'ubomír/Miškova, Alena (Hg.): Geteilt, besetzt, beherrscht. Die Tschechoslowakei 1938–1945: Reichsgau Sudetenland, Protektorat Böhmen und Mähren, Slowakei, Essen 2004 (Veröffentlichungen des Instituts für Kultur und Geschichte der Deutschen im östlichen Europa 25), S. 31–52

Küster, Hansjörg: Geschichte des Waldes. Von der Urzeit bis zur Gegenwart, München 1998

Kuthan, Jiří: Aristokratická sídla období romantismu a historismu, Praha 2001

Květ, Radan/Manske, Dietrich J.: Vor- und frühgeschichtliche Stege und Wege zwischen Bayern und Böhmen. Ein Überblick, Kallmünz 2005 (Regensburger Beiträge zur Regionalgeographie und Raumplanung 10)

Lábek, Ladislav: Z historie plzeňského obchodu a průmyslu, Plzeň 1926

Lämmert, Eberhard (Hg.): Handbuch der deutschen Exilpresse 1933–1945, 4 Bde., München/Wien 1976–1990 (Lieselotte Maas)

Laschinger, Johannes: Die Amberger Zinnblechhandelsgesellschaft, in: AK Der seidige Glanz. Zinn in Ostbayern und Böhmen, Theuern 2001 (Schriftenreihe des Bergbau- und Industriemuseums Ostbayern 42), S. 65–85

Laschinger, Johannes: Spital, Stiftungen, Armenwesen, in: Hartmann, Johannes (Hg.): Eisenerz und Morgenglanz. Geschichte der Stadt Sulzbach-Rosenberg, Sulzbach-Rosenberg 1999 (Schriftenreihe des Stadtmuseums und Stadtarchivs Sulzbach-Rosenberg 12), S. 251–266

Layer, Adolf: Die Hochblüte der Johann-Nepomuk-Verehrung im Bistum Augsburg, in: Jahrbuch des Vereins für Augsburger Bistumsgeschichte e.V. 9 (1975), S. 199–220

Lechner, Theodor: Die Privat-Eisenbahnen in Bayern. Eine Betrachtung nach der geschichtlichen, technischen und wirtschaftlichen Seite, München/Berlin 1920

Lehrberger, Gerhard: Sigmund von Haimhausen. Entdecker und Förderer Flurls, in: AK Mathias von Flurl, hg. von Gerhard Lehrberger und Johannes Prammer, Straubing 1993, S. 76–81

Leistner, Gerhard: Katalog der Schausammlung. Gemälde, Skulpturen, Plastiken und Objekte. Katalog der Dauerausstellung Regensburg, Regensburg 1997, S. 15

Lenk, Carsten: Wenzel und Michel – Die Lesbarkeit nationaler Stereotypen am Beispiel deutscher und tschechischer Karikaturen, in: AK Gleiche Bilder, gleiche Worte. Deutsche, Österreicher und Tschechen in der Karikatur (1848–1948), hg. von Peter Becher und Jozo Džambo, München 1997, S. 14–21

Leoncini, Francesco: Die Sudentenfrage in der europäischen Politik. Von den Anfängen bis 1938, Essen 1988

Lexikon České literatury. Osobnosti, díla, instituce, Bd. 2 und 3, Praha 1993/2000

Lexikon der christlichen Ikonographie, hg. von Wolfgang Braunfels, Freiburg i. Br. 1974 ff.

Lexikon des Mittelalters, Bd. 7, 1995

Lidové umění v českých zemích. Volkskunst aus Böhmen, AK 15+10 European Identities, hg. vom Österreichischen Museum für Volkskunde, Wien 2004, S. 74–77

Liermann, Hans: Die Goldene Bulle und Nürnberg, in: Mitteilungen des Vereins für Geschichte der Stadt Nürnberg 47 (1956), S. 107–123

Limouze, Dorothy A.: Aegidius Sadeler (c. 1570–1629): Drawings, Prints and Art Theory, Diss. Princeton 1990

Lindahl, Fritze: Dagmar korset Orø- og Roskilde korset, Århus, Viborg 1980

Lindenmann, Bernd Wolfgang: Ferdinand Tietz: 1708–1777. Studien zu Werk, Stil und Ikonographie, Weißenhorn 1989

Lipowsky, Felix Joseph: Baierisches Musik-Lexikon, München 1811

List, Ulrich: Untersuchungen zum Transportwesen und den Transportwegen des Systems der „Goldenen Straße" zwischen dem mittelfränkischen und dem böhmischen Becken, Kallmünz 2007 (Regensburger Beiträge zur Regionalgeographie und Raumplanung 11), im Druck

Lněničková, Jitka: Brusiči, malíři a rytci ve Vimperku, in: Keramika a sklo 3 (2003), S. 31–33

Lněničková, Jitka: Sklářský příběh ze Šumavy. O firmě založené Josefem Meyrem roku 1772, Sušice/Kašperské Hory 1997

Lněničková, Jitka: Sklo v Praze, Praha 2002

Lněničková, Jitka: Vývoj sklářství v Jizerských horách. Rozvoj podnikání rodiny Riedelů, diplomová práce, Praha 1986

Loewenstein, Bedřich: Der unpolitische Politiker T. G. Masaryk (1850–1937), in: Bohemia 41/1 (2000), S. 261–178

Loibl, Richard: „Korn um Salz". Der Passauer Salzhandel im 15. und 16. Jahrhundert, in: AK Weißes Gold. Passau. Vom Reichtum einer europäischen Stadt, hg. von Herbert W. Wurster, Passau 1995, S. 191–208

Losert, Hans / Szameit, Erik: Österreichisch-deutsche Ausgrabungen in einer Wüstung des frühen Mittelalters bei Dietstätt. Gemeinde Schwarzach b. Nabburg, Landkreis Schwandorf, Oberpfalz, in: Das Archäologische Jahr in Bayern 2002 (2003), S. 102–104

Losert, Hans: Das frühmittelalterliche Gräberfeld von Altenerding in Oberbayern und die Ethnogenese der Bajuwaren, in: Losert, Hans/Pleterski, Andrej (Hg.): Altenerding in Oberbayern. Struktur des frühmittelalterlichen Gräberfeldes und Ethnogenese der Bajuwaren, Berlin, Bamberg, Ljubljana 2003, S. 9–497, S. 113, Verbreitungskarte 7, Liste A80, Abb. 12

Losert, Hans: Die slawische Besiedlung Nordostbayerns, in: Vorträge des 11. Niederbayerischen Archäologentages, Deggendorf 1993

Losert, Hans: Ein byzantinisches Reliquienkreuz aus der Umgebung von Altfalter. Gemeinde Schwarzach bei Naabburg, Landkreis Schwandorf, Oberpfalz, in: Das archäologische Jahr in Bayern 1991 (1992), S. 153–155

Losert, Hans: Ein gut erhaltener Brunnen aus einer frühmittelalterlichen Wüstung bei Dietstätt, Gemeinde Schwarzach b. Nabburg, Landkreis Schwandorf, Oberpfalz, in: Denkmalpflege Informationen B 136 (2007)

Losert, Hans: Eine Wüstung unbekannten Namens bei Dietstätt in der mittleren Oberpfalz, in: Ericsson, Ingolf/Losert, Hans (Hg): Aspekte der Archäologie des Mittelalters und der Neuzeit. Festschrift für Walter Sage, Bonn 2003 (Bamberger Schriften zur Archäologie des Mittelalters und der Neuzeit 1), S. 279–291

Lovag, Zsuzsa: Byzantine Type Reliquary Pectoral Crosses in the Hungarian National Museum, in: Folia Archeologica 22 (1971), S. 143–164

Lovag, Zsuzsa: Die Einflüsse der byzantinischen Pektoralkreuze auf die Bronzekunst Ungarns im 11./12. Jahrhundert. Metallkunst von der Spätantike bis zum ausgehenden Mittelalter, Berlin 1982

Löw, Raimund: Der Zerfall der „Kleinen Internationale". Nationalitätenkonflikte in der Arbeiterbewegung des alten Österreich (1889–1914), München 1984

Luft, Robert: Nationale Utraquisten in Böhmen, in: Godé, Maurice/Le Rider, Jacques/Mayer, Françoise (Hg.): Deutsche, Juden und Tschechen in Prag 1890–1924, Montpellier 1994, S. 37–51

Luh, Andreas: Der Deutsche Turnverband in der Ersten Tschechoslowakischen Republik. Vom völkischen Vereinsbetrieb zur volkspolitischen Bewegung, 2. Aufl., München 2006 (Veröffentlichungen des Collegium Carolinum 62)

Luh, Andreas: Die Deutsche Nationalsozialistische Arbeiterpartei im Sudetenland: völkische Arbeiterpartei und faschistische Bewegung, in: Bohemia 32/1 (1991), S. 23–38

Lunga, Radek/Petrbok, Václav: Die literarische Tradition der Verehrung des Heiligen Wenzel zwischen Augsburg und Prag im 17. und 18. Jahrhundert, in: O! werthestes Vatter-Land, Kultur Deutschböhmens 17.–19. Jahrhundert, Ústí nad Labem 2003, S. 45–64

Lutovský, Michal: Kolínský knížecí hrob (Sborník Národního Muzea, Řada A – Historie, 48)

Lutovský, Michal: Pokus o rekonstrukci původního vzhledu kalicha z kolínského hrobu (Časopis Národního Muzea, řada historická, 156)

Lutz, Kosmas: Der Bau der bayerischen Eisenbahnen rechts des Rheines, München/Leipzig 1883

Lutze, Eberhard: Flötenbläser und Sängerin aus einem Gartenkonzert, in: Roselius, Ludwig (Hg.): Deutsche Kunst, Bd. 1. Bremen/Berlin 1935, Kat.-Nr. 58, 59

Machilek, Franz: Deutsche Hussiten, in: Seibt, Ferdinand (Hg.): Jan Hus – zwischen Zeiten, Völkern, Konfessionen. Vorträge des Internationalen Symposions in Bayreuth vom 22. bis 26. September 1993, München 1997 (Veröffentlichungen des Collegium Carolinum 85), S. 267–282

Machilek, Franz: Waldsassen – Saar – Ebrach. Lebensstationen des 14. Ebracher Abtes Winrich (1276–1290), in: Wiemer, Wolfgang: Festschrift Ebrach. 200 Jahre nach der Säkularisation 1803, Ebrach 2004, S. 37–63

Mages, Emma: Eisenbahnbau, Siedlung, Wirtschaft und Gesellschaft in der südlichen Oberpfalz, Kallmünz 1984 (Regensburger historische Forschungen 10)

Mai, Ekkehard: Akademie, Sezession und Avantgarde – München um 1900, in: Zacharias, Thomas (Hg): Tradition und Widerspruch. 175 Jahre Kunstakademie München, München 1986, S. 145–178

Maier, Susanne: Das Grenzdurchgangslager Furth im Wald 1946–1957, Stamsried 1999

Majer, Jiří: Der böhmische Erzbergbau im 14. und 15. Jahrhundert. Grundzüge seiner Entwicklung und Auswirkungen, in: Tasser, Rudolf/Westermann, Ekkehard (Hg.): Der Tiroler Bergbau und die Depression der europäischen Montanwirtschaft im 14. und 15. Jahrhundert, Innsbruck 2004 (Veröffentlichungen des Südtiroler Landesarchivs 16), S. 108–117

Majer, Jiří: Po kovových stezkách dějin Československa, Příbram 1991

Malík, Jan: Das Puppentheater in der Tschechoslowakei, Prag 1948

Mallmann, Klaus-Michael: Kommunisten, in: Krohn, Claus-Dieter u. a. (Hg.): Handbuch der deutschsprachigen Emigration 1933–1945, Darmstadt 1998, Sp. 493–506

Malý, Karel: Der böhmische Staat – ein Teil des Reiches?, in: Willoweit, Dietmar/Lemberg, Hans (Hg.): Reiche und Territorien in Ostmitteleuropa. Historische Beziehungen und politische Herrschaftslegitimation, München 2006, S. 163–170

Marek, Pavel: Sudetoněmecká strana [Die Sudetendeutsche Partei], in: Malíř, Jiří / Marek, Pavel (Hg.): Politické strany. Vývoj politických stran a hnutí v českých zemích a Československu 1861–2004 [Politische Parteien. Die Entwicklung der politischen Parteien und Bewegungen in den böhmischen Ländern und in der Tschechoslowakei], Bd. 1: 1861–1938, Brno 2005, S. 893–912

Martin, Hans-Werner: „ ... nicht spurlos aus der Geschichte verschwinden." Wenzel Jaksch und die Integration der sudetendeutschen Sozialdemokraten in die SPD nach dem II. Weltkrieg (1945–1949), Frankfurt am Main u. a. 1996

Maué, Claudia: Die Bildwerke des 17. und 18. Jahrhunderts im Germanischen Nationalmuseum, Teil 1: Franken, Mainz 1997

Mauritz, Markus: Tschechien, Regensburg 2002 (Ost- und Südosteuropa. Geschichte der Länder und Völker)

Mehringer, Hartmut: Sozialdemokraten, in: Krohn, Claus-Dieter u. a. (Hg.): Handbuch der deutschsprachigen Emigration 1933–1945, Darmstadt 1998, Sp. 475–493

Mehringer, Hartmut: Waldemar von Knoeringen. Eine politische Biographie. Der Weg vom revolutionären Sozialismus zur sozialen Demokratie, München u. a. 1989

Meixner, Christoph: „Die Harmoniemusik am Hof der Fürsten von Thurn und Taxis. Musikpflege im Zeichen politischen und gesellschaftlichen Wandels", in: Omonsky, Ute/Boje, E. Hans (Hg.): Geschichte und Aufführungspraxis der Harmoniemusik, Michaelstein 2006 (Michaelsteiner Konferenzberichte 71), S. 237–247

Meixner, Christoph: „Musik und Theater in der Zeit der Reichstage", in: Emmerig, Thomas (Hg.): Musikgeschichte Regensburgs, Regensburg 2006, S. 131–185

Merhautová, A.: Ostrovský klášter a jeho výroba keramiky, in: Stehlíková, Dana/Brych, V. (Hg.): 1000 kláštera na Ostrově (999–1999). Sborník příspěvků k jeho hmotné kultuře v raném a vrcholném středověku, Praha 2003, S. 29–42

Měšťan, Anonín: Geschichte der tschechischen Literatur im 19. und 20. Jahrhundert, Köln/ Wien 1984

Mey, Ellen: Porzellan aus Hof und Oberkotzau, Hof 2002

Meyer, Hans: Böhmisches Porzellan und Steingut. Leipzig 1927

Micus, Rosa: Regensburg. Blicke auf die Stat, Regensburg 2006

Molitor, Johannes: Alte Beziehungen zwischen Ostbayern und Böhmen, in: Deggendorfer Geschichtsblätter 20 (1999), S. 119–168

Mommsen, Hans: Die mitteleuropäische Sozialdemokratie im Konflikt zwischen Internationalismus und nationaler Loyalität, in: Mommsen, Hans/Kořalka, Jiří (Hg.): Ungleiche Nachbarn. Demokratische und nationale Emanzipation bei Deutschen, Tschechen und Slowaken (1815–1914), Essen 1993, S. 91–106

Morava, Georg J.: Franz Palacký. Eine frühe Vision von Mitteleuropa, Wien 1990

Mucha, Jiří: Alfons Mucha. Ein Künstlerleben. Aus dem Tschechischen von Gustav Just, Berlin 1986

Mucha, Jiří: Kankán se svatozáří. Život a dílo Alfonse Muchy [Cancan mit Heiligenschein. Leben und Werk von Alfons Mucha], Praha 1969

Munack, Wiltrud: Der Regensburger Maler Hans Kranzberger (1804–1850). Monographie und Werkverzeichnis, Regensburg 2005 (Regensburger Studien und Quellen zur Kulturgeschichte 15)

Mundt, Barbara: Historismus, Kunstgewerbe zwischen Biedermeier und Jugendstil, München 1981

Münzer-Glas, Beatrix: Gründer-Familien-FamilienGründungen, Hohenberg 2002

Murray, Sterling E.: The Music of Antonio Rosetti. A Thematic Catalog, Warren/Michigan 1996

Museli pracovat pro Říši. Nucené pracovní nasazení českého obyvatelstva v letech 2. světové války, Státní ústřední archiv v Praze, Praha 2004

Mžyková, Marie: Vojtěch Hynais, Praha 1989

Navara, Luděk: Vorfälle am Eisernen Vorhang, Straubing 2006

Nechvátal, Bořivoj: Frühmittelalterliche Reliquienkreuze aus Böhmen, in: Památky Archaeologické LXX (1979), S. 213–251, Abb. 1; 2, Abb. 2; 2, Abb. 3; 3

Nekula, Marek: Die deutsche Walhalla und der tschechische Slavín, in: Brücken. Germanistisches Jahrbuch Tschechien – Slowakei, NF 9/10 (2001/02), S. 87–106

Neruda, Jan: Z umělecke výstavy [Aus der Kunstausstellung] (1861), in: Neruda, Jan: Výtvarné umění a hudba [Bildende Kunst und Musik], Praha 1962 (Spisy Jana Nerudy/Schriften Jan Nerudas) S. 21–31

Netzle, Hans: Das süddeutsche Wander-Marionettentheater, München 1938

Neugablonz. Stadtteil der ehemals Freien Reichsstadt Kaufbeuren im Allgäu. Entstehung und Entwicklung, hg. von der Leutelt-Gesellschaft durch Susanne Rössler und Gerhart Stütz, Schwäbisch Gmünd 1986

Neuhaus, Helmut: Das Reich in der frühen Neuzeit, München 1997 (Enzyklopädie Deutscher Geschichte 42)

Nikl, Ivan (Hg.): Karel Klostermann, spisovatel Šumavy, Klatovy 2000

Nolte, Claire E.: The Sokol in the Czech Lands to 1914. Training for the Nation, Basingstokes 2002

Novák, Luděk: Antonín Machek, Praha 1962

Novotný, Jan: Sokol v životě národa [Der Sokol im Leben der Nation], Praha 1990 (Slovo k historii 25)

Obermann, Heiko A.: Hus und Luther. Der Antichrist und die zweite reformatorische Bewegung, in: Seibt, Ferdinand (Hg.): Jan Hus – Zwischen Zeiten, Völkern, Konfessionen. Vorträge des Internationalen Symposions in Bayreuth vom 22. bis 26. September 1993, München 1997 (Veröffentlichungen des Collegium Carolinum 85), S. 319–346

Obermayer, Ingrid: Max Haushofer (1811–1866), München 1978 (Sonderdruck aus Oberbayerisches Archiv 102)

Očenášek, Augustín u. a. (Hg.): Památník sletu Slovanského sokolstva roku 1912 v Praze [Erinnerungsschrift des Turnfestes der slawischen Sokolschaft im Jahr 1912 in Prag], Praha 1919

Opat, Jaroslav: Evropan a světoobčan T. G. Masaryk [Der Europäer und Weltbürger T. G. Masaryk], Praha 1997

Osterloh, Jörg: Nationalsozialistische Judenverfolgung im Reichsgau Sudetenland 1938–1945, München 2006 (Veröffentlichungen des Collegium Carolinum 105)

Otáhal, Milan: František Palacký und die tschechischen Liberalen, in: Jaworski, Rudolf/Luft, Robert: 1848/49. Revolutionen in Ostmitteleuropa, München 1996 (Bad Wiesseer Tagungen des Collegium Carolinum 18), S. 47–56

Palacký, Franz: Gedenkblätter. Auswahl von Denkschriften, Aufsätzen und Briefen, Prag 1874

Pánek, Jaroslav: Das politische System des böhmischen Staates im ersten Jahrhundert der habsburgischen Herrschaft (1526–1620), in: Mitteilungen der Gesellschaft für österreichische Geschichtsforschung 97 (1989), S. 54–82

Pasák, Tomáš: Přemysl Pitters Initiative bei der Rettung deutscher Kinder im Jahre 1945 und seine ablehnende Haltung gegenüber der inhumanen Behandlung der Deutschen in den tschechischen Internierungslagern, in: Brandes, Detlef/Kural, Václav: Der Weg in die Katastrophe. Deutsch-tschechische Beziehungen 1938–1947, Essen 1994

Paulus, Helmut-Eberhard: Anmerkungen zur Steinernen Brücke in Regensburg. Zur Wechselwirkung zwischen der skulpturalen Ausstattung, der Architektur und der Verbildlichung bürgerlicher Rechte, in: Romanik in Regensburg: Kunst, Geschichte, Denkmalpflege. Beiträge des Regensburger Herbstsymposions zur Kunstgeschichte und Denkmalpflege, Bd. 2, Regensburg 1996, S. 50–53

Paulus, Helmut-Eberhard: Der Regensburger Brückenlöwe. Zum Wappentier der Staufer an der Steinernen Brücke, in: Ars Bavarica 47/48 (1987), S. 1–10

Paulusbrunn. Schicksal einer zerstörten Böhmerwaldgemeinde, Weiden 1984

Pazaurek, Gustav E.: Anton Wilhelm Mäuerl, ein deutscher Glasschneider in London, Stuttgart 1935

Pazaurek, Gustav E.: Gläser der Empire- und Biedermeierzeit, Leipzig 1923

Pazaurek, Gustav E.: Metallreflexe in der Keramik und Glasindustrie, in: Das Kunstgewerbe 2 (1901), S. 9–16

Pazaurek, Gustav E.: Moderne Gläser, Leipzig o. J. (1901)

Pechstaedt, Volkmar von: Erich Mercker. Landschafts-, Industrie- und Städtemaler, Göttingen 2003

Pejčoch, Ivo: Obrněný automobil Totzauer, in: Historie plastikového modelářství 4 (2006), S. 15–17

Petráň, Josef: Na téma mýtu Bílá hora, in: Hledíková, Zdeňka (Hg.): Traditio et cultus, miscellanea historica bohemica Miloslao Vlk, archiepiscopo Pragensi, ab eius collegis amicisque ad annum sexagesimum dicata, Praha 1993

Petrasová, T. / Lorenzová, H.: Sochařství romantického hostorismu, in: Dějiny českého výtvarného umění 1790–1890, III/I (2001), S.286–292

Piegsa, Bernhard: Auf der Gratwanderung zwischen „Verzichtlertum" und „Revanchismus". Die Sudetendeutsche Ackermann-Gemeinde, in: Endres, Rudolf (Hg.): Bayerns vierter Stamm. Die Integration der Flüchtlinge und Heimatvertriebenen nach 1945, Köln/Weimar/ Wien 1998 (Bayreuther historische Kolloquien 12)

Piegsa, Joachim: Die „Charta der deutschen Heimatvertriebenen". Verständigung aus christlichem Antrieb der Deutschen mit ihren östlichen Nachbarn, Münster 2000

Piendl, Max: Die Grafen von Bogen. Jahrbuch des Historischen Vereins für Straubing 55–57 (1953–1955)

Piersol, Jon R.: The Oettingen-Wallerstein Hofkapelle and its Wind Music, Diss. Univ. of Iowa 1972

Pittrof, Kurt: Dominik Biemann. Böhmischer Glasgraveur des Biedermeier, Stuttgart 1993

Pleinerová, Ivana: Die altslawischen Dörfer von Brežno bei Louny. Archeologizký Ústav Akademie Věd ČR Praha, Praha/Louny 2000

Plitek, Karl-Heinz: Fichtelgebirgsmuseum Wunsiedel. Begleitbuch zu den Abteilungen, Wunsiedel 1998

Poche, Emanuel: Böhmisches Porzellan, Prag 1956

Podlaha, Antonín/Šittler, Eduard: Chrámový poklad u sv. Víta v Praze, Praha 1903

Podlaha, Antonín: Úcta k sv. Václavu v Oberlauterbachu v Horních Bavořích, Časopis katolického duchovenstva 65/90 (1924), S. 508–513

Pokorný, Jiří: Vereine und Parteien in Böhmen, in: Rumpler, Helmut/Urbanitsch, Peter (Hg.): Politische Öffentlichkeit und Zivilgesellschaft. 1. Teilbd.: Vereine, Parteien und Interessenverbände als Träger der politischen Partizipation, Wien 2006 (Die Habsburgermonarchie 1848–1918 VIII/1), S. 609–704

Polc, Jaroslav: Die Heiligsprechung des Johannes von Nepomuk, in: AK Johannes von Nepomuk 1393–1993, hg. von Reinhold Baumstark, Johanna von Herzogenberg und Peter Volk, München 1993, S. 51–57

Pöllath, Ralph: Karolingerzeitliche Gräberfelder in Nordostbayern. Eine archäologisch-historische Interpretation mit der Vorlage der Ausgrabungen von K. Schwarz in Weismain und Thurnau-Alladorf, Bd. 3, München/Scheßlitz 2002

Pörnbacher, Hans: Johannes von Nepomuk als Landespatron Bayerns, in: AK Johannes von Nepomuk 1393–1993, hg. von Reinhold Baumstark, Johanna von Herzogenberg und Peter Volk, München 1993, S. 70–79

Pospíšilová, M.: Zapomenuté divadlo aneb kostýmní slavnosti v 19. století, in: Umění a řemesla (1983), S. 32–36

Prahl, R.: Český Slavín i Alhambra, in: Album Amicorum, sborník ku počtě prof. Horyny, 2005, S. 105–113

Prahl, Roman/Bydžovská, Lenka (Hg.): Freie Richtungen. Die Zeitschrift der Prager Sezession und Moderne, Praha 1993

Prahl, Roman: Figurální malba a „národní klasika" [Figurenmalerei und „nationale Klassik"], in: Dějiny českého výtvarného umění [Geschichte der böhmischen bildenden Kunst], Bd. 3/1, 1780/1890▪, Praha 2001, S. 306–341

Prahl, Roman: München und die Anfänge des Modernismus, in: Zeitenblicke 5 (2006), Nr. 2 vom 19. September 2006

Präsidium der Bayerischen Grenzpolizei: Bayerische Grenzpolizei 1946–1998, München 1998

Praxl, Paul: Der Goldene Steig, Grafenau 1983

Praxl, Paul: Der Goldene Steig. Salzwege von Passau nach Böhmen, in: Salz Macht Geschichte, Aufsätze, hg. von Manfred Treml, Wolfgang Jahn und Evamaria Brockhoff, Augsburg 1995 (Veröffentlichungen zur Bayerischen Geschichte und Kultur 29/95), S. 332–340

Preiss, Pavel: Allegorie der natürlichen und offenbarten Erkenntnis, in: AK Kunst des Barock in

Böhmen. Skulptur, Malerei, Kunsthandwerk, Bühnenbild, Recklinghausen 1977, S. 233 f., Kat.-Nr. 133 (mit alter Bibliografie)

Preiss, Pavel: Freska Jana Hiebla v knihovním sale Klementina, in: Pocta dr. Emmě Urbánkové. Spolupracovníci a přátele k 70. narozeninám, Praha 1979, S. 285–306

Preiss, Pavel: Zu den Werken der Asam in Böhmen und Schlesien, in: AK Cosmas Damian Asam 1686–1739. Leben und Werk, hg. von Bruno Bushart und Bernhard Rupprecht, München 1986, S. 69–75

Preißer, Karl-Heinz: Oberpfälzisch-böhmische Wirtschaftsbeziehungen, in: Treffen an der Grenze. 2. Böhmisch-Oberpfälzer Archivsymposium 1994, Ústí nad Labem 1997, S. 57–69

Press, Volker: Das wittelsbachische Kaisertum Karls VII. Voraussetzung von Entstehung und Scheitern, in: AK Wahl und Krönung in Frankfurt am Main. Kaiser Karl VII. 1742–1745, Bd. 1, hg. von Rainer Koch und Patricia Stahl, Frankfurt am Main 1986, S. 88–107

Pressler, Christine: Gustav Kraus. 1804–1852. Monographie und kritischer Katalog, München 1977

Přikryl, Karel: Měšťanský pivovar v Plzni 1892–1942, Plzeň 1995

Prinz, Friedrich: Auf dem Weg in die Moderne, in: Prinz, Friedrich (Hg.): Deutsche Geschichte im Osten Europas. Böhmen und Mähren, Berlin 1993, S. 304–378

Prinz, Friedrich: Böhmen im mittelalterlichen Europa. Frühzeit, Hochmittelalter, Kolonisationsepoche, München 1984

Prinz, Friedrich: Die böhmischen Länder vom Mittelalter bis zum Beginn der Neuzeit, in: Bayerisch-böhmische Nachbarschaft, hg. von der Bayerischen Landeszentrale für politische Bildungsarbeit, München 1992, S. 19–37

Profantová, Naďa: Das Fürstengrab von Kolín, in: AK Europas Mitte um 1000, hg. von Alfried Wieczorek und Hans Martin Hinz, Stuttgart 2000, S. 219–226

Profantová, Naďa: Stará Kouřim, Bez. Kolín, Grab 106b (Tschechien), in: AK Europas Mitte um 1000, hg. von Alfried Wieczorek und Hans-Martin Hinz, Stuttgart 2000, S. 214–218

Pulec, Martin: Organizace a činnost ozbrojených pohraničních složek. Seznamy osob usmrcených na státních hranicích 1945–1989, Praha 2006

Putzger – Atlas und Chronik zur Weltgeschichte, Berlin 2002

Rak, Jiří: Bývali Čechové. České historické mýty a stereotypy, Jinočany 1994

Rak, Jiří: Das „Bild des anderen" in der tschechischen Karikatur 1848–1948, in: AK Gleiche Bilder, gleiche Worte. Deutsche, Österreicher und Tschechen in der Karikatur (1848–1948), hg. von Peter Becher und Jozo Džambo, München 1997, S. 11–13

Rall, Hans/Rall, Marga: Die Wittelsbacher in Lebensbildern, Graz/Wien/Köln 1986

Rank, Sabine: Die Ereignisse vom März 1919 in Karlsbad und Kaaden. Ursachen, Ablauf und Folgen der deutsch-tschechischen Auseinandersetzungen nach dem Ersten Weltkrieg, masch. Magisterarbeit, Univ. Mainz 1996

Regal, Martin: Život a dílo Karla Klostermanna, Praha 1926

Reindel, Kurt: Bayern vom Zeitalter der Karolinger bis zum Ende der Welfenherrschaft (788–1180), in: Handbuch der Bayerischen Geschichte, begr. von Max Spindler, hg. von Andreas Kraus, Bd. 1, München 1981, S. 249–349

Reiner, Ludwig/Steger, Will/Schopf, Hans: Arbeitswelt der Waldglashütten, 2. Aufl., Riedlhütte 2004

Reitzenstein, Wolf-Armin Frhr. von: Ortsnamen mit Windisch/Winden in Bayern, in: Blätter für oberdeutsche Namenforschung 28/29 (1991/92), S. 3–76

Reklamebroschüre des Měšťanský pivovar v Plzni, Plzeň 1923

Richental, Ulrich: Chronik des Konstanzer Konzils 1414–1418. Faksimileausgabe (mit Geleitwort von Michael Müller), 2. Aufl., Konstanz 1984

Richterová, Alena/Čornejová, Ivana (Hg.): Jezuité a Klementinum, Praha 2006

Riedl, Christine: Johann Adam Schöpf (1702–1772). Maler in Bayern, Böhmen und Kurköln. Leben und Werk, in: Jahresbericht des Historischen Vereins für Straubing und Umgebung 93/1991 (1992), S. 123–372

Riezler, Sigmund von: Geschichte Baierns, Bd. 3, Gotha 1889

Rill, Bernd: Böhmen und Mähren. Geschichte im Herzen Mitteleuropas. Von der Urzeit bis zur Französischen Revolution, Bd. 1, Gernsbach 2006

Rönnefarth, Helmuth K. G.: Die Sudetenkrise in der internationalen Politik. Entstehung, Verlauf, Auswirkung, 2 Bde., Wiesbaden 1961

Rosetti-Forum 1–8 (2000–2007)

Rössler, Susanne: Gablonzer Glas und Schmuck. Tradition und Gegenwart einer kunsthandwerklichen Industrie, München 1995

Roth, Günther D.: Sigmund von Haimhausen – ein adliger Unternehmer. Wirtschaftspolitik zwischen Merkantilismus und freiem Unternehmertum, in: Spindler, Herbert (Hg.): Bayern im Rokoko. Aspekte einer Epoche im Umbruch, München 1989, S. 86–93

Rothe, Petra/Raisch, Dieter: Kunst im Böhmerwald, Grafenau 1993

Röthel, Hans Konrad: Der Figurenschmuck des Parks von Veitshöchheim von Ferdinand Tietz, Berlin 1943

Rott, Herbert (Hg.): Ludwig I. und die Neue Pinakothek, München 2003

Royt, Jan: Der heilige Wolfgang und seine Verehrung in Böhmen, Regensburg 1994

Royt, Jan: Die Verehrung der böhmischen Landespatrone im 17. und 18. Jahrhundert, in: AK České nebe – Böhmischer Himmel. Andachtsbildchen aus dem Kunstgewerbemuseum Prag, Neukirchen b. Hl. Blut 1995, S. 5–45

Royt, Jan: Gnadenstätte St. Maria de Victoria auf dem Weißen Berg, Prag 1996

Royt, Jan: Marianische Wallfahrtsorte in Böhmen und Mähren, in: AK České nebe – Böhmischer Himmel. Andachtsbildchen aus dem Kunstgewerbemuseum Prag, Neukirchen b. Hl. Blut 1995

Royt, Jan: Obraz a kult v Čechách 17. a 18. století, Praha 1999

Rupprecht, Bernhard: Heribert Losert Werkmonographie, Stuttgart 1981

Sage, Walter: Das Reihengräberfeld von Altenerding in Oberbayern, Berlin 1984 (I. Katalog der anthropologischen und archäologischen Funde und Befunde. Germanische Denkmäler der Völkerwanderungszeit A/XIV), S. 99 f., Taf. 42; S. 16 f., Taf. 186, S. 1 f.

Sagstetter, Maria Rita: Sulzbach im „neuböhmischen" Territorium Kaiser Karls IV., in: Eisenerz und Morgenglanz. Geschichte der Stadt Sulzbach-Rosenberg, hg. von der Stadt Sulzbach-Rosenberg, Amberg 1999 (Schriftenreihe des Stadtmuseums und Stadtarchivs Sulzbach-Rosenberg 12), Bd. 1, S. 61–82

Salzborn, Samuel: Ethnisierung der Politik. Theorie und Geschichte des Volksgruppenrechts in Europa, Frankfurt am Main/New York 2005 (Campus Forschung 880)

Saß, Hans Werker (Hg.): Heribert Losert. Ein Maler der Moderne, München 1994

Schack von Wittenau, Clementine: Karl Schmoll von Eisenwerth – Jugendstil und 20er Jahre, Stuttgart 1995

Schäfke, Werner: Ehrenfelder Glas des Historismus, Köln 1979

Schenk, Hans: Nürnberg und Prag. Ein Beitrag zur Geschichte der Handelsbeziehungen im 14. und 15. Jahrhundert, Wiesbaden 1969 (Giessener Abhandlungen zur Agrar- und Wirtschaftsforschung des Europäischen Ostens 46)

Schiedermair, Ludwig: Die Blütezeit der Öttingen-Wallerstein'schen Hofkapelle. Ein Beitrag zur Geschichte der deutschen Adelskapellen, in: Sammelbände der Internationalen Musikgesellschaft 9 (1907/08), S. 83–130

Schiedermeier, Werner: Klosterarbeiten, in: Historischer Verein Eichstätt. Sammelblatt 91 (1998), S. 35–53

Schilling, Wolfgang: Die Porzellanfabrik Waldsassen Bareuther und Co. Zur Geschichte eines mittelständischen Unternehmens, in: AK 125 Jahre Porzellan aus Waldsassen, hg. von Christine Bauer und Wilhelm Siemen, Hohenberg a. d. Eger 1991 (Schriften und Kataloge des Museums der Deutschen Porzellanindustrie 27), S. 22–65

Schindler, Joseph: Sct. Wolfgang in Böhmen, in: Mittheilungen des Vereines für Geschichte der Deutschen in Böhmen XXXIII (1895), S. 211–215

Schindler, Otto G.: Commedia dell'arte und Puppenspiel. Das Repertoire eines italienischen Marionettentheaters von 1778 aus Prag, in: Figura. Zeitschrift für Theater und Spiel mit Figuren 26 (1999), S. 3–7

Schlesinger, Gerhard: Die Hussiten in Franken. Der Hussiteneinfall unter Prokop dem Großen im Winter 1429/30, seine Auswirkungen sowie sein Niederschlag in der Geschichtsschreibung, in: Die Plassenburg 34 (1974)

Schmerber, Hugo: Die Baumeister Christoph und Kilian Ignaz Dientzenhofer, Prag 1903

Schmid, Alois/Weigand, Katharina (Hg.): Die Herrscher Bayerns, München 2001

Schmid, Alois: Die Judenpolitik der Reichsstadt Regensburg im Jahre 1349, in: Zeitschrift für bayerische Landesgeschichte 43 (1980), S. 589–612

Schmid, Alois: Karl VII. (1742–1745), in: Schindling, Anton / Ziegler, Walter: Die Kaiser der Neuzeit 1519–1918. Heiliges Römisches Reich, Österreich, Deutschland, München 1990, S. 215–231

Schmid, Emanuel: Die Feierlichkeiten anläßlich der Grundsteinlegung zur Walhalla 1830, in: Möseneder, Karl (Hg.): Feste in Regensburg. Von der Reformation bis zur Gegenwart, Regensburg 1986, S. 443–459

Schmidt, Berthold: Die späte Völkerwanderungszeit in Mitteldeutschland, Halle a. d. Saale 1961 (Veröffentlichungen des Landesmuseums für Vorgeschichte Halle 18)

Schmidt, Berthold: Die späte Völkerwanderungszeit in Mitteldeutschland. Katalog Südteil, Nord- und Ostteil, Berlin 1970 und 1976 (Veröffentlichungen des Landesmuseums für Vorgeschichte in Halle 25 und 29)

Schmidt, Ernst Eugen: „Sein polnisch Duday dises war ...". Bildquellen zur Geschichte der Sackpfeife, in: Der Dudelsack in Europa mit besonderer Berücksichtigung Bayerns, München 1996 (Volksmusiksammlung und -dokumentation in Bayern. Eine Schriftenreihe des Bayerischen Landesvereins für Heimatpflege e.V.), S. 15–45

Schmidt, Georg: Der Dreißigjährige Krieg, 4. Aufl., München 1999

Schmidt, Gerhard: Bewegung und Gegenbewegung. Internationale Gotik versus Schöner Stil, in: AK Karl IV. Kaiser von Gottes Gnaden. Kunst und Repräsentation des Hauses Luxemburg 1310–1437, hg. von Jiří Fajt, München/Berlin 2006, S. 541–547

Schmidt, Hans Jürgen: 50 Jahre BGS 1951–2001, Coburg 2001

Schmidt, Leopold: Alte bemalte Möbel aus dem Egerland, in: Volkskunst 1 (Februar 1978), S. 5–13

Schmidt, Peter: Die Große Schlacht. Ein Historienbild aus der Frühzeit des Kupferstichs, Wiesbaden 1992 (Bamberger Schriften zur Renaissanceforschung 22)

Schmidtchen, Volker: Technik im Übergang vom Mittelalter zur Neuzeit zwischen 1350 und 1600, in: Propyläen Technikgeschichte, Bd. 2, Berlin 1997, S. 209–598

Schmutzer, Reinhard: Der Wahlsieg der Sudetendeutschen Partei. Die Legende von der faschistischen Bekenntniswahl, in: Zeitschrift für Ostforschung 41 (1992), S. 345–385;

Schnelbögl, Fritz (Hg.): Das „Böhmische Salbüchlein" Kaiser Karls IV. über die nördliche Oberpfalz 1366/68, München/Wien 1973 (Veröffentlichungen des Collegium Carolinum 27)

Schoeller, Wilfried F.: Oskar Maria Graf. Odyssee eines Einzelgängers. Texte, Bilder, Dokumente, Frankfurt am Main 1994

Schöne-Chotjewitz, Katrin: Die Fachschule für Glasindustrie in Zwiesel unter Leitung von Bruno Mauder, Bd. 2, Passau 1997 (Schriften des Passauer Glasmuseums)

Schott, Sebastian: Die Geschichte der jüdischen Gemeinde in Regensburg im Mittelalter, in: Angerer, Martin / Wanderwitz, Heinrich unter Mitarbeit von Eugen Trapp (Hg): Regensburg im Mittelalter. Beiträge zur Stadtgeschichte vom frühen Mittelalter bis zum Beginn der Neuzeit, Regensburg 1995, S. 251–258

Schreyer, Klaus: Bayern – ein Industriestaat. Die importierte Industrialisierung. Das wirtschaftliche Wachstum nach 1945 als Ordnungs- und Strukturproblem, Wien 1969

Schrötter, Friedrich von (Hg.): Wörterbuch der Münzkunde, Berlin/Leipzig 1930

Schrötter, Georg: Eine Böhmerwald-Grenzkarte vom Jahre 1514, in: Die ostbairischen Grenzmarken 16 (1927), S. 173–179

Schwaiger, Georg: Der hl. Bischof Wolfgang von Regensburg (972–994). Geschichte, Legende und Verehrung, in: Beiträge zur Geschichte des Bistums Regensburg 6 (1972), S. 39–60

Schwarz, Ernst: Sprache und Siedlung in Nordostbayern, Nürnberg 1960

Schwarz, Ernst: Volkstumsgeschichte der Sudetenländer, 1. Teil: Böhmen, München 1965 (Handbuch der sudetendeutschen Kulturgeschichte 3)

Schwarz, Klaus: Regensburg während des ersten Jahrtausends im Spiegel der Ausgrabungen im Niedermünster, in: Jahresbericht der Bayerischen Bodendenkmalpflege 13/14 (1972/73), Bonn 1977, S. 7–98

Schwineköper, Berent: Der Handschuh im Recht, Ämterwesen, Brauch und Volksglauben, Sigmaringen 1981, unveränd. Nachdruck der Ausgabe Berlin 1938

Seibt, Ferdinand: Barockprobleme, in: Studia Comeniana et historica 8 (1978), S. 145–157

Seibt, Ferdinand: Das Jahr 1848 in der europäischen Revolutionsgeschichte, in: Jaworski, Rudolf/Luft, Robert (Hgg): 1848/49. Revolutionen in Ostmitteleuropa. Vorträge der Tagung des Collegium Carolinum in Bad Wiessee 1990, München 1996, S. 13–28

Seibt, Ferdinand: Deutschland und die Tschechen. Geschichte einer Nachbarschaft in der Mitte Europas, 3. aktualisierte Aufl., München 1997

Seibt, Ferdinand: Die Hussitenzeit als Kulturepoche, in: Seibt, Ferdinand: Hussitenstudien. Personen, Ereignisse, Ideen einer frühen Revolution, 2. Aufl., München 1991 (Veröffentlichungen des Collegium Carolinum 60), S. 27–59

Seibt, Ferdinand: Eine neue Nachbarschaft?, in: Seibt, Ferdinand: Deutsche, Tschechen, Sudetendeutsche. Analysen und Stellungnahmen zu Geschichte und Gegenwart aus fünf Jahrzehnten, München 2002 (Veröffentlichungen des Collegium Carolinum 100), S. 91–123

Seibt, Ferdinand: Hussitica. Zur Struktur einer Revolution, Köln/Graz 1965

Seibt, Ferdinand: Stifters „Witiko" als konservative Utopie, in: Deutsche und Tschechen. Beiträge zur Frage der Nachbarschaft zweier Nationen, München 1971 (Stifter-Jahrbuch NF. 9), S. 23–39

Sejbal, Jiří: Neue Erkenntnisse zum Münzwesen Karls IV. und Wenzels IV. in der böhmischen Pfalz, in: Kluge, Bernd/Weisser, Bernhard (Hg.): XII. Internat. Numismat. Kongress Berlin 1997, Akten II, Berlin 2000, S. 1070–1077

Seling, Helmut: Die Kunst der Augsburger Goldschmiede 1529–1868, München 1980

Sellner, Christiane: Gläserner Jugendstil aus Bayern – Die Poschinger- und Steigerwaldhütten 1890–1914, Grafenau 1992

Semotanová, Eva: Mapy Čech, Moravy a Slezska v zrcadle staletí, Praha 2001

Ševčíková-Korbelová, Helena: Umělecký spolek Škréta v Mnichově [Der Künstlerverein Škréta in München], in: Documenta Pragensia 5/2 (1985), S. 269–263

Sewering-Wollanek, Marlis: Brot oder Nationalität? Nordwestböhmische Arbeiterbewegung im Brennpunkt der Nationalitätenkonflikte (1889–1911), Marburg 1994

Seyfert, Ingeborg: Die Glasschneider-Familie Schmitzberger, in: Der Bayerwald 3 (1987), S. 22–36

Seyfert, Ingeborg: Franz Paul Zach (1820–1881). Ein Glasschneider aus Prag im Dienste der Steigerwald, in: Journal of Glass Studies 35 (1992), S. 79–88

Seyfert, Ingeborg: Glasmacher ohne Grenzen. Wanderung von Trägern berühmter Glasmachernamen hinüber und herüber die böhmischbayerische Grenze zu ebenfalls bekannten Glashütten vom 16. bis zum 19. Jahrhundert, in: Sklo bez hranic, Sušice 1998, S. 61–88

Seyfert, Ingeborg: Steigerwald. Gegründet 1833, München 1983

Seyfert, Ingeborg: Waldeinwärts auf alten Straßen, in: Der Bayerwald 69/4 (1977), S. 228–240

Seyfert, Ingeborg: Zur Glasgeschichte im Landkreis Regen bis zum Jahr 1945, in: Der Landkreis Regen. Heimat im Bayerischen Wald, hg. vom Kreistag des Landkreises Regen, Regen 1981, S. 190–219

Siegert, Toni: 30.000 Tote mahnen! Die Geschichte des Konzentrationslagers Flossenbürg und seiner 100 Außenlager von 1938 bis 1945, 6. Aufl., Weiden 1996

Siegl, Richard: Zur Tagung des Bundes der Eghalanda Gmoi(n), in: Unser Egerland 25 (1921), H. 8, 2. Mundartheft, S. 57 f.

Sixl, Paul: Entwickelung und Gebrauch der Feuerwaffen, in: Zeitschrift für historische Waffenkunde I (1897/99)

Skriebeleit, Jörg: Die Außenlager des KZ Flossenbürg in Böhmen, in: Benz, Wolfgang / Distel, Barbara (Hg.): KZ-Außenlager – Geschichte und Erinnerung, Dachau 1999 (Dachauer Hefte 15), S. 196–217

Sladkovská, Kamila: Česká účast ve válce o dědictví landshutské roku 1504, in: Husitský Tábor 16 (2007), im Druck

Slapnicka, Helmut: Die rechtlichen Grundlagen für die Behandlung der Deutschen und der Magyaren in der Tschechoslowakei 1945–1948, hg. vom internationalen Institut für Nationalitätenrecht und Regionalismus, München 1999

Slavík, Stanislav: Abteilung Tschechische Zeitgeschichte, in: Národní muzeum Praha, Museumsführer, Praha 2001, S. 47–56

Slovníková, Příručka: Český antifašismus a odboj, Praha 1988

Šmahel, František: Die hussitische Revolution, 3. Bde., Hannover 2002

Smelser, Ronald M.: Das Sudentenproblem und das Dritte Reich 1933–1938. Von der Volkstumspolitik zur nationalsozialistischen Außenpolitik, München/Wien 1980

Smelser, Ronald M.: Das Sudetenproblem und das Dritte Reich 1933–1938. Von der Volkstumspolitik zur nationalsozialistischen Außenpolitik, München/Wien 1980 (Veröffentlichungen des Collegium Carolinum 36)

Smelser, Ronald M.: Hitler and the DNSAP. Between Democracy and Gleichschaltung, in: Bohemia 20 (1979), S. 137–155

Soffner, Monika: Wallfahrtskirche Mariahilf, Amberg 1997 (Peda-Kunstführer 416)

Solar, Jan: Vimperské malované sklo, in: Ars vitraria 5 (1974), S. 66–74

Šolle, Miloš: Stará Kouřim a projevy velkomoravské kultury v Čechách. Praha 1966

Šorm, Antonín; Krajča, Antonín: Mariánské sloupy v Čechách a na Moravě. Příspěvek k studiu barokní kultury, Praha 1939

Spiegl, Walter: Böhmische Einflüsse, in: Sellner, Christine (Hg.): Der Gläserne Wald. Glaskultur im Bayerischen und Oberpfälzer Wald. Ein Führer zu den historischen Stätten, Glashütten und Museen in Ostbayern, München 1988, S. 26–35

Spiegl, Walter: Glas des Historismus. Kunst- und Gebrauchsgläser des 19. Jahrhunderts, Braunschweig 1980

Spitzlberger, Georg: Die Wittelsbacher Fürstenfiguren in der Afrakapelle zu Seligenthal, in: AK Wittelsbach und Bayern, hg. von Hubert Glaser, Bd. 1/2, München/Zürich 1980, S. 453–462

Springer, Anton Heinrich: Die Krisis der Malerei (1856), in: Busch, Werner/Beyrodt, Wolfgang (Hg.): Kunsttheorie und Malerei. Kunstwissenschaft (Kunsttheorie und Kunstgeschichte des 19. Jahrhunderts in Deutschland. Texte und Dokumente 1), Bd. 1, S. 220–223

Špurný, Tomáš: Dudacká hudba v německých jazykových oblastech, in: Český les. Příroda, historie, život, Praha 2005, S. 649–652

Sršeň, Lubomír/Hellich Josef/Machka, Antonína: Josef Jungmann, in: AK Památky národní minulosti. Katalog historické expozice Národního muzea v Praze v Lobkovickém paláci, hg. von Josef Kočí, Vlastimil Vondruška u. a., Praha 1989, S. 227f., Kat.-Nr. 879

Sršen, Lubomír: Alegorie přirozeného a zjeveného poznání, in: Vlnas, Vít (Hg.): Sláva barokní Čechie. Umění, kultura a společnost 17. a 18. století, Praha 2001, S. 232f., Kat.-Nr.I/6.68

Sršen, Lubomír: Allégorie de la connaissance naturelle et de la connaissance révélée, in: AK Lumière et ténèbres. Art et civilisation du baroque en Bohême, Paris 2002, S. 171, Kat.-Nr. 123

Sršeň, Lubomir: Národní Muzeum Praha. Museumsführer. Architektur, Schmuckwerk und die ursprüngliche Ausstattung des Hauptgebäudes des Nationalmuseums Prag, Praha 2000

Sršeň, Lubomír: Neznámý malíř-diletant: Hájení Staroměstské mostecké věže v červnu 1848, in: AK Památky národní minulosti. Katalog historické expozice Národního muzea v Praze v Lobkovickém paláci, hg. von Josef Kočí, Vlastimil Vondruška, u. a., Praha 1989, S. 249 f., Kat.-Nr. 994

Sršeň, Lubomír: Obchod s uměleckými předměty v Čechách v 1. polovině 19. století (K zakladatelské úloze Franze Zimmera), in: Sborník Národního muzea v Praze – Řada A – Historie 51/1–4 (1997), S. 17

Sršen, Lubomír: Průvodce: architektura, výzdoba a původní vybavení hlavní budovy, Národní Muzeum, Praha 1999

Šťavíková, Veronika: Eine tschechische „Bayernhymne". Zwei Winter, zwei Könige, in: Beiträge zur Geschichte im Landkreis Cham 22 (2005), S. 101–110

Staber, Joseph: Die Missionierung Böhmens durch die Bischöfe und das Domkloster von Regensburg im 10. Jahrhundert, in: Regensburg und Böhmen. Beiträge zur Geschichte des Bistums Regensburg 6 (1972), S. 29–37

Stafski, Heinz: Die Bildwerke in Stein, Holz, Ton und Elfenbein bis um 1450, Nürnberg 1965 (Kataloge des Germanischen Nationalmuseums Nürnberg. Die mittelalterlichen Bildwerke 1)

Stalla, Robert: Die Dientzenhofer und die kurvierte Architektur in Böhmen und Bayern, in: Eiber, Ludwig/Luft, Robert (Hg.): Bayern und Böhmen. Kontakt, Konflikt, Kultur. Vorträge der Tagung des Hauses der Bayerischen Geschichte und des Collegium Carolinum in Zwiesel, München 2007 (Veröffentlichungen des Collegium Carolinum 111)

Staněk, Tomáš: Německá skupina v českých zemích 1948–1989, Praha 1993

Staněk, Tomáš: Poválečné „excesy" v českých zemích v roce 1945 a jejich vešetřování, Praha 2005

Staněk, Tomáš: Tábory v českých zemích 1945–1948. Šenov u Ostravy 1996

Staněk, Tomáš: Verfolgung 1945. Die Stellung der Deutschen in Böhmen, Mähren und Schlesien (außerhalb der Lager und Gefängnisse), Wien u. a. 2002

Stehlík, Eduard: Lidice. Geschichte eines tschechischen Dorfes, Lidice 2004

Stehlíková, Dana: Encyklopedie českého zlatnictví, stříbrnictví a klenotnictví, Praha 2003

Stehlíková, Jarmila: Javorový list. Život a dílo nestora českých malířů Karla Javůrka, Benešov/Praha 1994

Steichele, Anton von: Das Bisthum Augsburg historisch und statistisch beschrieben…, Bd. 2: Die Landkapitel: Agewang, Aichach, Baiswail, Bayer-Mänding, Burgheim, Augsburg 1864, S. 255–258

Steiner, Peter Bernhard: Der gottselige Fürst und die Konfessionalisierung Altbayerns, in: AK Wittelsbach und Bayern, hg. von Hubert Glaser, Bd. 2/1, München/Zürich 1980, S. 252–263

Štembera, Petr: Plakáty velkých výstav konce 19. století, in: Starožitnosti a užité umění 4 (1997), S. 4–6

Stickler, Matthias: „Ostdeutsch heißt gesamtdeutsch". Organisation, Selbstverständnis und heimatpolitische Zielsetzungen der deutschen Vertriebenenverbände 1949–1972, Düsseldorf 2004

Sto let práce. Zpráva o Všeobecné zemské výstavě 1891, Praha 1893

Storck, Christopher P.: Kulturnation und Nationalkunst. Strategien und Mechanismen tschechischer Nationsbildung von 1860 bis 1914, Köln 2001

Stourzh, Gerald: Die Gleichberechtigung der Volksstämme als Verfassungsprinzip 1848–1918, in: Wandruszka, Adam / Urbanitsch, Peter (Hg.): Die Habsburgermonarchie 1848–1918, Bd. 3/2, Wien 1980, S. 975–1206

Strauß, Emil: Die Entstehung der Tschechoslowakischen Republik, Prag 1934

Strauß, Emil: Geschichte der deutschen Sozialdemokratie Böhmens, 2 Bde., Prag 1925/26

Stroh, Armin: Die Reihengräber der karolingisch-ottonischen Zeit in der Oberpfalz, in: Materialhefte zur Bayerischen Vorgeschichte 4 (1954), S. 29 f., Taf. 1, S. 1–8, Taf. 8,

Stromer, Wolfgang von: Der kaiserliche Kaufmann – Wirtschaftspolitik unter Karl IV., in: AK Kaiser Karl IV. Staatsmann und Mäzen, hg. von Ferdinand Seibt, 2. Aufl., München 1978, S. 63–73

Stromer, Wolfgang von: Ulman Stromer, 1329–1407. Das Handelshaus Stromer und die Papiermühle, in: AK Zauberstoff Papier, hg. von Jürgen Franzke, München 1990, S. 15–35

Stromer, Wolfgang von: Ulman Stromer. Leben und Leistung, in: Ulman Stromer. Püchel von mein geslecht und von abentewr. Teilfaksimile der Handschrift Hs 6146 des Germanischen Nationalmuseums Nürnberg, Kommentarband, bearb. von Lotte Kurras, Bonn 1990, S. 89–144

Strunz, Franz: Pils, Groll, Kubitschek. Über den Ursprung des hellen Bieres, in: Passauer Jahrbuch 47 (2005), S. 179–204

Stumpf, Gerd u. a.: Der Goldschatz vom Neupfarrplatz – Ein spätmittelalterlicher Münzfund in Regensburg, Regensburg 1997

Sturm, Heribert (Hg.): Biographisches Lexikon zur Geschichte der böhmischen Länder, Bd. 1, München/Wien 1979

Sturm, Heribert: Des Kaisers Land in Bayern, in: AK Kaiser Karl IV. Staatsmann und Mäzen, hg. von Ferdinand Seibt, München 1978, S. 208–212

Sturm, Heribert: Districtus Egranus. Eine ursprünglich bayerische Region, München 1991 (Historischer Atlas von Bayern, Teil Altbayern, Reihe 2, H. 2)

Sturm, Heribert: Tirschenreuth, München 1970 (Historischer Atlas von Bayern, Teil Altbayern, Reihe 1, H. 21)

Suchý, Václav: Měšťanský pivovar v Plzni 1842–1892, Plzeň 1892

Suckale, Robert: Das geistliche Kompendium des Mettener Abtes Peter. Klosterreform und Schöner Stil um 1414/15, in: Anzeiger des Germanischen Nationalmuseums 1982, S. 7–22

Sutter, Berthold: Die politische und rechtliche Stellung der Deutschen in Österreich 1848 bis 1918, in: Wandruszka, Adam/Urbanitsch, Peter

(Hg.): Die Habsburgermonarchie 1848–1918 Bd. III/1, Wien 1980, S. 154–339

Světozor XXIV (1890)

Svoboda, Bedřich: Čechy v době stěhování národů, Praha 1965

Svoboda, Bedřich: Zum Verhältnis frühgeschichtlicher Funde des 4. und 5. Jahrhunderts aus Bayern und Böhmen, in: Bayerische Vorgeschichtsblätter 27 (1963), S. 97–116

Svoboda, Jaroslav a kol.L Záštita socialismu, Praha 1988

Teichová, Alice: Wirtschaftsgeschichte der Tschechoslowakei 1916–1980, Wien 1988

Theinhardtová, Markéta: Historická Malba. Čechy [Historienmalerei. Böhmen] 1840–1860, in: Dějiny Českého výtvarného umění [Geschichte der böhmischen bildenden Kunst], Bd. 3/1, 1780/1840, Praha 2001, S. 326–341

Ther, Philipp: In der Mitte der Gesellschaft. Operntheater in Zentraleuropa 1815–1914, Wien/München 2006

Thränhardt, Dietrich: Wahlen und politische Strukturen in Bayern 1848–1953, Bonn 1973

Thunig-Nittner, Gerburg: Die Tschechoslowakische Legion in Rußland. Ihre Geschichte und Bedeutung bei der Entstehung der 1. Tschechoslowakischen Republik, Wiesbaden 1970

Timann, Ursula: Edelmetallgewinnung, -verkauf und -verarbeitung durch Nürnberger Kaufleute und Handwerker im Spätmittelalter, in: AK Gold im Herzen Europas, Theuern 1996 (Schriftenreihe des Bergbau- und Industriemuseums Ostbayern in Theuern 34), S. 199–215

Toman, Hugo: Husitské válečnictví za doby Žižkovy a Prokopovy, Praha 1898

Toman, Prokop: Nový Slovník československých výtvarných umělců [Neues Lexikon der tschechoslowakischen bildenden Künstler], 2 Bde., Praha 1947

Toranová, Eva: Zlatníctvo na Slovensku, Bratislava/Tatran 1983

Traeger, Jörg: Der Weg nach Walhalla. Denkmallandschaft und Bildungsreise im 19. Jahrhundert, Regensburg 1987

Träger, Gertrud: Denkmäler im Egerland. Kreis Luditz, Eichstätt 1993

Trapp, Eugen: Regensburg und sein Mittelalter – zwischen Kontinuität und Rezeption, in: Trapp, Eugen: Regensburg und sein Mittelalter. Wege der Wiederentdeckung, Regensburg 1995, S. 9–43 sowie Kat.-Nr. 3.3, S. 101

Treml, Robert: Gründung und Aufbau der Waldsassener Porzellanfabrik in der Ära Ries 1866–1884. Ein Beitrag aus der Sicht der Regionalgeschichte, in: AK 125 Jahre Porzellan aus Waldsassen, hg. von Christine Bauer und Wilhelm Siemen, Hohenberg a. d. Eger 1991 (Schriften und Kataloge des Museums der Deutschen Porzellanindustrie 27), S. 12–21

Tresp, Uwe: Söldner aus Böhmen. Im Dienst deutscher Fürsten: Kriegsgeschäft und Heeresorganisation im 15. Jahrhundert, Paderborn 2004 (Krieg in der Geschichte 19)

Třeštík, Dušan: Die Gründung des Prager und des mährischen Bistums, in: AK Europas Mitte um 1000: Beiträge zur Geschichte, Kunst und Archäologie, hg. von Alfred Wieczorek und Hans-Martin Hinz, Stuttgart 2000, S. 407–410

Trnek, Helmut: Daniel Fröschl – „kaiserlicher miniatormaler und antiquarius". Überlegungen zur geistigen Urheberschaft von Konzept und Gliederung des Inventars der Kunstkammer Kaiser Rudolfs II. von 1607–1611, in: Jahrbuch des Kunsthistorischen Museums Wien 3 (2001), S. 220–231

Troppannier, Elianna Gropplero di: Das bayerische Glas des Historismus, München 1988

Tupetz, Theodor: Die bairische Herrschaft in Böhmen 1741–1742, in: Historische Zeitschrift 42 (1879), S. 385–441

Tvarůžek, Břetislav: Okupace Čech a Moravy a vojenská správa (březen až duben 1939), in: Historie a vojenství 3 (1992), S. 30–65

Udolph, Ludger: Der Streit um die čechische Sprache in Böhmen vom Ende des 16. Jahrhunderts

bis 1620, in: Harder, Hans-Bernd/Rothe, Hans (Hg.): Später Humanismus in der Krone Böhmen 1570–1620. Studien zum Humanismus in den böhmischen Ländern IV, Dresden 1998 (Schriften zur Kultur der Slaven 3/22), S. 169–180

Uhlíř, Jan B.: X. všesokolský slet roku 1938 a podíl sokolstva na zápase na obranu republiky, in: Historie a vojenství 4 (1997), S. 47–70

Umbruch in Europa. Die Ereignisse im 2. Halbjahr 1989. Eine Dokumentation, hg. vom Auswärtigen Amt, Bonn 1990

Urbanitsch, Peter: Die Deutschen in Österreich. Statistisch-deskriptiver Überblick, in: Wandruszka, Adam/Urbanitsch, Peter (Hg.): Die Habsburgermonarchie 1848–1918, Bd. 3/1, Wien 1980, S. 33–153

Urbanitsch, Peter: Erläuterungen zur Sprachen- und Nationalitätenkarte der östereichisch-ungarischen Monarchie, in: Wandruszka, Adam/Urbanitsch, Peter (Hg.): Die Habsburgermonarchie 1848–1918, Bd. 3/2, Wien 1980, Anhang

Utz, Hans J.: Wallfahrten im Bistum Regensburg, neu bearb. von Karl Tyroller, 2. Aufl., München/Zürich 1989

Válka, Josef: Manýrismus a baroko v české kultuře 17. a 1. poloviny 18. století, in: Studia Comeniana et historica 8 (1978), S. 155–213

Válka, Josef: Rudolfine culture, in: Teich, Mikuláš (Hg.): Bohemia in History, Cambridge 1998, S. 117–142

Vašica, Josef: České literární baroko. Příspěvky k jeho studiu, Praha 1995 (1938)

Vaskovics, Laszlo: Gesellschaftliche Desorganisation und Familienschicksale. Flüchtlings- und Vertriebenenfamilien des Zweiten Weltkriegs, München 2002

Veldtrup, Dieter: Zwischen Eherecht und Familienpolitik. Studien zu den dynastischen Heiratsprojekten Karls IV., Warendorf 1988 (Studien zu den Luxemburgern und ihrer Zeit 2)

Velfl, Josef: Příbram v průběhu staletí, Příbram 2003

Velké dějiny zemí Koruny české, hg. von Frank Boldt, 5 Bde, Praha/Litomyšl 1999–2003

Vilímková, Milada/Brucker, Johannes: Dientzenhofer. Eine bayerische Baumeisterfamilie in der Barockzeit, Rosenheim 1989

VIRIBUS UNITIS. Das Buch vom Kaiser, Budapest/Wien/Leipzig 1898

Vítovský, Jakub: Lampa z pozostalosti kráľovnej Žofie Bavorskej v Mestskom múzeu v Bratislave, in: Ars 1 (1991), S. 45–58 (Journal of Institute of Art History of Slovak Academy of Sciences in Bratislava)

Vlček, Emanuel: Osudy českých patronů, Praha 1995

Vlček, Tomáš: Vojtěch Preissig – Průvodce výstavou životního díla Vojtěcha Preissiga, Národní galerie v Praze, Praha 2004

Vlček, Tomáš: Vojtěch Preissig, Památník národního písemnictví, 1968

Vlčková, Lucie: Válečné plakáty Vojtěcha Preissiga, in: Historie a vojenství LIV/1 (2005), S. 124–128

Vlnas, Vit (Hg.): The Glory of the Baroque in Bohemia. Essays on art, culture and society in the 17th an 18th centuries, Praha 2001

Vlnas, Vít: Quelle est „votre catastrophe"? Quelques remarques sur la Bohême des XVIIe et XVIIIe siècles, in: Lumiere et ténèbres. Art et civilisation du baroque en Bohême, Paris 2002, S. 24–29

Vogl, Elisabeth: Sulzbach-Rosenberg. Stadtgeschichte und Sehenswürdigkeiten, Regensburg 2006

Vokolková, Daniela: Nová připsání v Braunově řezbářském díle, in: Matyáš Bernard Braun. 1684–1738 (Sborník vědecké konference pořádané Národní galerií v Praze ve spolupráci s Československým komitétem dějin umění ve dnech 26. a 27. listopadu 1984), Praha 1988, S. 136–138, Abb. 110 und 111

Volbrachtová, Libuše: Distinktions- und Integrationsschwierigkeiten der Sudetendeutschen beim Einlebensprozeß, in: Die Flüchtlingsfrage in der deutschen Nachkriegsgesellschaft, hg. von Sylvia Schraut und Thomas Grosser, Mannheim 1996, S. 55–73

Volk, Peter: Ergänzungen und Korrekturen zum Ausstellungskatalog, in: Entwurf und Ausführung in der europäischen Barockplastik, hg. von Peter Volk, München 1986, S. 282, Abb. 283

Volk, Peter: Nepomukstatuen – Bemerkungen zu den Darstellungsformen in: AK Johannes von Nepomuk 1393–1993, hg. von Reinhold Baumstark, Johanna von Herzogenberg und Peter Volk, München 1993, S. 27–35

Volk, Peter: Nepomukstatuen – Bemerkungen zu den Darstellungsformen in: AK Johannes von Nepomuk 1393–1993, hg. von Reinhold Baumstark, Johanna von Herzogenberg, Peter Volk, München 1993, S. 27–35

Volkert, Wilhelm: Die Bilder in den Wappen der Wittelsbacher, in AK Wittelsbach und Bayern, hg. von Hubert Glaser, Bd. 1/1, München 1980, S. 13–27

Volkert, Wilhelm: Handbuch der bayerischen Ämter, Gemeinden und Gerichte 1799–1980, München 1983

Volkert, Wilhelm: Neustadt an der Waldnaab und die Fürsten Lobkowitz, in: Verhandlungen des Historischen Vereins für die Oberpfalz 100 (1959), S. 175–194

Vybíral, Jindřich: Století dědiců a zakladatelů. Architektura jižních Čech v období historismu, Praha 1999

Wabnitz, Gabriela: Die Mariahilf-Kirche in Amberg, München 1998

Wagner, Hermann: Die Aufschreibungen des Franz Poschinger (1637–1701) vom Glashüttengut Frauenau. Ein Beitrag zur Kultur- und Wirtschaftsgeschichte des Bayerischen Waldes, in: Glashistorische Forschungshefte Heft 2 (1985), S. 1–125

Waic, Marek (Hg.): Češi a Němci ve světě tělovýchovy a sportu [Die Deutschen und Tschechen in der Welt des Turnens und des Sports], Praha 2004

Waic, Marek u. a. (Hg.): Sokol v české společnosti 1862–1932 [Der Sokol in der tschechischen Gesellschaft 1862–1932], Praha 1997

Waldkraiburg erzählt. Geschichte einer jungen Stadt, Waldkraiburg 1999

Waldmünchen. Aus der 1000jährigen Geschichte einer Stadt an der Grenze, Waldmünchen 1983

Waldstein-Wartenberg, P. Angelus: Johannes von Nepomuk, böhmischer Landespatron – Verehrung und Widerspruch, in: AK Johannes von Nepomuk 1393–1993, hg. von Reinhold Baumstark, Johanna von Herzogenberg und Peter Volk, München 1993, S. 23–26

Wallner, Susanne: Zur Formen- und Dekorentwicklung der Porzellanfabrik Waldsassen Bareuther & Co. 1866–1991. Eine Auswahl, in: AK 125 Jahre Porzellan aus Waldsassen, hg. von Christine Bauer und Wilhelm Siemen, Hohenberg a. d. Eger 1991 (Schriften und Kataloge des Museums der Deutschen Porzellanindustrie 27), S. 66 ff.

Warthorst, Karl-Wilhelm: Die Glasfabrik Theresienthal, Freiburg 1996

Weber, Josef/Rambold, Franz-Xaver (Hg.): Die Schlacht bei Mühldorf, Festschrift zum Kraiburger Volksschauspiel Ludwig der Bayer oder der Streit von Mühldorf, Mühldorf 1922

Weg Leistung Schicksal. Geschichte der sudetendeutschen Arbeiterbewegung in Wort und Bild, Stuttgart 1972

Weger, Tobias: „Tracht" und „Uniform", Fahne und Wappen. Konstruktion und Tradition sudetendeutscher Symbolik, in: Fendl, Elisabeth (Hg.): Zur Ikonographie des Heimwehs. Erinnerungskultur von Heimatvertriebenen, Freiburg 2002 (Schriftenreihe des Johannes-Künzig-Instituts 6), S. 101–125

Weinmann, Josef (Hg.): Egerländer Biografisches Lexikon, Bd. 1. Bayreuth 1985

Weis, František u. a.: Stručný přehled dějin Pohraniční stráže, Praha 1986

Weiß, Lenz: Die Fraisch, in: Galgen, Fraisch und Schleiferstanz. Beiträge zur Geschichte unserer

Heimat, Pressath 2004 (Landkreis-Schriftenreihe 16), S. 57–60

Weißthanner, Alois: Der Kampf um die bayerisch-böhmische Grenze von Furth bis Eisenstein von den Hussitenkriegen bis zum Dreißigjährigen Kriege mit besonderer Berücksichtigung siedlungsgeschichtlicher Verhältnisse, in: Verhandlungen des Historischen Vereins von Oberpfalz und Regensburg 89 (1939), S. 187–358

Weltliche und Geistliche Schatzkammer. Bildführer, hg. vom Kunsthistorischen Museum Wien, Wien 1987

Werner, Constanze: Kriegswirtschaft und Zwangsarbeit bei BMW, München 2006

Werner, Emil: Die Antifa-Transporte in den Westen, in: Odsun: Die Vertreibung der Sudetendeutschen, Begleitband zur Ausstellung, München 1995, S. 277–298

Werner, Joachim: Die Herkunft der Bajuwaren und der „östlich-merowingische" Reihengräberkreis, in: Werner, Joachim (Hg.): Aus Bayerns Frühzeit. Friedrich WAGNER zum 75. Geburtstag, München 1962 (Schriftenreihe zur bayerischen Landesgeschichte 62), S. 229–250

Whiteside, Andrew G.: The Deutsche Arbeiterpartei 1904–1918: A Contribution to the Origins of Fascism, in: Austrian History Newsletter 4 (1963), S. 3–14

Wiedemann, Andreas: „Komm mit uns, das Grenzland aufbauen." Ansiedlung und neue Strukturen in den ehemaligen Sudetengebieten 1945–1952, Essen 2007

Wildfeuer, Bianca: Für des Glases höchste Zier, Regen 2004 (Schriftenreihe des Glasmuseums Frauenau 2)

Willmann, Heinz: Geschichte der Arbeiter-Illustrierten Zeitung (AIZ). 1921–1938, Berlin 1974

Wirsching, Alexander: „Man kann nur Boden germanisieren". Eine neue Quelle zu Hitlers Rede vor den Spitzen der Reichswehr am 3. Februar 1933, in: VfZ 49 (2001), S. 517–550

Witt, Günther: Die Entstehung des nordostbayerischen Eisenbahnnetzes. Politische, wirtschaftliche und verkehrsgeographische Motive und Probleme, Diss. masch., Universität Erlangen-Nürnberg 1968

Wittl, Günther: Die Entstehung des nordostbayerischen Eisenbahnnetzes. Politische, wirtschaftliche und verkehrsgeographische Motive und Probleme, Diss. Nürnberg 1968

Wolf, Peter: Der Griff nach der böhmischen Krone. Motive und Hintergründe, in: Laschinger, Johannes (Hg.): Der Winterkönig. Königlicher Glanz in Amberg, Amberg 2004 (Beiträge zur Geschichte und Kultur der Stadt Amberg 1), S. 85–101

Wolf, Peter: Gold als Handelsware. Der Edelmetallhandel zwischen Prag, Regensburg und Venedig im späten Mittelalter, in: AK Gold im Herzen Europas, Theuern 1996 (Schriftenreihe des Bergbau- und Industriemuseums Ostbayern in Theuern 34), S. 189–198

Wunderle, Elisabeth: Catalogus codicum manu scriptorum Bibliothecae Monacensi, T. 4: Katalog der lateinischen Handschriften der Bayerischen Staatsbibliothek München, Series nova, Ps. 2: Die Handschriften aus St. Emmeram in Regensburg, Bd. 1, Clm 14000–14130, Wiesbaden 1995

Young, Phillip Taylor: 2500 Historical Woodwind Instruments, New York 1982

Zahradník, Pavel: Dějiny metropolitního chrámu [Die Geschichte der Metropolitankirche], in: Líbal, Dobroslav/Zahradní, Pavel: Katedrála svatého Víta na pražském hradě [Die St. Veitskathedrale auf der Prager Burg], Praha 1999, S. 9–46

Zámečník, Stanislav: Das war Dachau, Luxemburg 2002

Zámečník, Stanislav: Das war Dachau, Luxemburg 2002

Zand, Gertrude/Holý, Jiří (Hg.): Tschechisches Barock. Sprache – Literatur – Kultur. České baroko. Jazyk – literatura – kultura, Frankfurt am Main 1999

Žáry, Juraj u. a.: Dóm sv. Martina v Bratislave, Bratislava/Tatran 1990

Zatschek, Heinz: Baiern und Böhmen in Mittelalter, in: Zeitschrift für bayerische Landesgeschichte 12 (1939), S. 1–36

Zehentmeier, Sabine: Leben und Arbeiten der Porzelliner in Nordostbayern (1870–1933), Hohenberg a. d. Eger 2001

Zeitler, Walther: Eisenbahnen in Niederbayern und der Oberpfalz. Die Geschichte der Eisenbahn in Ostbayern. Bau – Technik – Entwicklung, Weiden 1985

Żelasko, Stefania: Gräflich Schaffgotsch'sche Josephinenhütte. Kunstglasfabrik in Schreiberhau und Franz Pohl 1842–1900, Passau 2005

Zeman, Adolf/Lhotka, Václav/Laštovka, Vojtěch: K historii plzeňských pivovarů, Plzeň 1959

Zeman, Jiří: Lochenice. Z archeologických výzkumů na katastru obce. Acta Instituti Praehistorici Universitatis Carolinae Pragensis, Praha 1990 (Praehistorica XVI), S. 92f., Abb. 32, Abb. 37, S. 23, Taf. XXVIII, S. 7

Žemlička, Josef: Böhmen – von den slawischen Burgzentren zum spätmittelalterlichen Städtenetz (mit Berücksichtigung Mährens), in: Escher, Monika u. a. (Hg.): Städtelandschaft – Städtenetz – zentralörtliches Gefüge. Ansätze und Befunde zur Geschichte der Städte im hohen und späten Mittelalter, Mainz 2000, S. 233–254

Žemlička, Josef: Herrschaftszentren und Herrschaftsorganisation, in: AK Europas Mitte um 1000. Beiträge zur Geschichte, Kunst und Archäologie, hg. von Alfried Wieczorek und Hans-Martin Hinz, Bd. 1, Stuttgart 2000/01, S. 367–372

Zeßner, Klaus: Josef Seliger und die nationale Frage in Böhmen. Eine Untersuchung über die nationale Politik der deutschböhmischen Sozialdemokratie 1899–1920, Stuttgart 1976

Židovské tradice a zvyky. Židovské muzeum Praha, Praha 1995

Ziegler, Walter: Bayern, in: Schindling, Anton/Ziegler, Walter (Hg.): Die Territorien des Reichs im Zeitalter der Reformation und Konfessionalisierung. Land und Konfession 1500–1650, Bd. 1, Münster 1989 (Katholisches Leben und Kirchenreform im Zeitalter der Glaubensspaltung 49), S. 56–70

Ziegler, Walter: Die Verhältnisse im bayerischen Sudetenland im Jahr 1940 nach Regensburger SD-Berichten, in: Bohemia 15 (1974), S. 285–344

Ziffer, Alfred: Das historische „Service mit Perlen" für den Kurfürsten von Bayern, in: Auktionskatalog Neumeister, München: Das Bayerische Königsservice, Sonderauktion am 28. Juni 2006, S. 43–51

Zimmermann, Josef: Die Flötenmacher Friedrichs des Grossen, in: Zeitschrift für Instrumentenbau 14–17 (1940), S. 19

Zimmermann, Volker: Die Sudetendeutschen im NS-Staat. Politik und Stimmung der Bevölkerung im Reichsgau Sudetenland (1938–1945), Essen 1999

Zimmermann, Volker: Geschichtsbilder sudetendeutscher Vertriebenenorganisationen und „Gesinnungsgemeinschaften", in: Danyel, Jürgen/Ther, Philipp (Hg.): Nach der Vertreibung. Geschichte und Gegenwart einer kontroversen Erinnerung, in Zeitschrift für Geschichtswissenschaft 10 (2005), S. 912–924

Zinner, Ernst: Deutsche und niederländische astronomische Instrumente des 11. bis 18. Jahrhunderts, München 1956

Zlatá Praha VII (1890)

Zwicknagl, Anita: Die Bärnauer Knopfindustrie. Arbeits- und Lebensbedingungen von den Anfängen bis zum Ersten Weltkrieg, in: Heimat Landkreis Tirschenreuth. VHS-Schriftenreihe zur Landes- und Volkskunde 5 (1993), S. 106–121

Bildnachweis

Aichach, Sammlung Stefan Fendt 1.16; Altfalter, Heinrich Schwarz (Foto: Martin Schubert, Bamberg) 2.5a; Altfalter, Heinrich Schwarz (Foto: Helmut Voß, Bamberg) 2.5b; Amberg, Staatsarchiv 1.12, 2.26, 6.18; Amberg, Stadtmuseum (Foto: Wolfgang Steinbacher, Amberg) 4.44; Augsburg, Evangelisch-Lutherische Kirchengemeinde „Zu den Barfüßern" (Foto: Eckart Matthäus, Augsburg) 3.19; Augsburg, Haus der Bayerischen Geschichte 6.105, 6.106, 6.110a; Augsburg, Haus der Bayerischen Geschichte (Foto: Philipp Mansmann, München) 4.15, 4.42; Augsburg, Heimatkreis Reichenberg Stadt und Land e.V., 6.114; Augsburg, Kunstsammlungen und Museen 4.19; Augsburg, Staats- und Stadtbibliothek 3.23; Augsburg, Universitätsbibliothek 4.23; Bamberg, Staatsarchiv 3.10; Bärnau, Knopffabrik Seitz 1.22; Beratshausen, Dr. Christine Riedl-Valder 4.20; Berlin, Bundesarchiv 6.56, 6.57; Berlin, Deutsches Historisches Museum (Foto: Arne Psille, DHM) 6.19c, 6.46; Berlin, Freie Universität, Universitätsbibliothek 6.31; Berlin, Politisches Archiv des Auswärtigen Amts 6.37a, 6.37b; Bonn, Bibliothek der Friedrich Ebert-Stiftung 6.28a, 6.28b; Bonn, Bund der Vertriebenen (BdV) (Foto: Haus der Geschichte Bonn, Axel Thünker) 6.112; Bonn, Friedrich-Ebert-Stiftung, Archiv der sozialen Demokratie 5.69, 6.7, 6.10, 6.24; Bonn, Friedrich-Ebert-Stiftung, Archiv der sozialen Demokratie (Foto: Haus der Geschichte Bonn, Axel Thünker) 6.25, 6.74; Bonn, Seliger Archiv im Archiv der sozialen Demokratie 6.108; Brandýs nad Labem, Kolegiatní kapitula sv. Kosmy a Damiána ve Staré Boleslavi (Foto: Jan Rendek, Praha) 3.24a, 3.24b, 4.12; Bratislava, Múzeum mesta Bratislavy, Slowakei 1.2; Brno, Moravska galerie v Brne 6.90; Český Sternberk, Zdeněk Sternberg (Foto: Národní muzeum Praha) 1.19a, 1.19b; Cheb, Krajské muzeum 2.40, 6.14, 6.43; Cheb, Státní okresní archiv 6.13, 6.22, 6.42; Dachau, Archiv der KZ-Gedenkstätte 6.59, 6.62, 6.84; Deggendorf, Stadtarchiv 3.17c; Dillingen, Wetzel – Karlsbader Oblaten- und Waffelfabrik (Foto: Harald Frey, Egling) 6.88; Domažlice, Chodské muzeum (Foto: Wolfgang Steinbacher, Amberg) 1.4, 4.45; Domažlice, Steněk Procháska 6.104; Eichstätt, Abtei St. Walburg 4.40; Erlangen, Stromersche Kulturgut-, Denkmal- und Naturstiftung 2.41; Flossenbürg, KZ-Gedenkstätte 6.19b; Furth im Wald, Foto Wagner 1.13; Furth im Wald, Landestormuseum (Foto: Foto Wagner, Furth im Wald) 1.14; Furth im Wald, Stadt Furth im Wald – Stiftung Voithenberg (Foto: Foto Wagner, Furth im Wald) 1.21; Furth im Wald, Stadtarchiv 6.82; Furth im Wald, Hartmut Wolff 6.93; Haar, Gertrud Seibt 6.110b; Hahnbach, Sammlung Reinhold Balk (Foto: Wolfgang Steinbacher, Amberg) 6.96; Hamburg, Deutsche Presseagentur (Foto: Werner Neumeister) 6.121; Hohenberg a.d.Eger, Deutsches Porzellanmuseum (Foto: K. Maciejewski) 5.47b; Hohenberg a.d. Eger, Zentrales Archiv für die Deutsche für Porzellanindustrie 5.47a, 5.47c; Hradec Králové, Galerie moderního umění v Hradci Králové (Foto: Miroslav Beneš) 5.21; Ingolstadt, Bayerisches Armeemuseum 3.20, 4.29, 6.101; Ingolstadt, Stadtmuseum 2.37; Jablonec nad Nisou, Muzeum skla a bižuterie v Jablonci nad Nisou 5.27, 5.30; Kamenický Šenov, Sklářské muzeum 5.24; Kaufbeuren, Stadtmuseum 3.11; Kaufbeuren-Neugablonz, Isergebirgsmuseum 6.87; Koblenz, Bundesarchiv 6.20, 6.26a, 6.35, 6.39, 6.72; Kutna Hora, Římska-katolická farnost Kutna Hora – Sedlec 2.17; Landshut, Zisterzienserinnen Abtei Seligenthal (Foto: Derek Henthorn, München) 2.19; Lidice, Památník Lidice 6.52; Litoměřice, Oblastní muzeum 5.65b; London, Mark Harris Getty 4.1; London, Mucha Trust 2006, Sammlung Alphonse Mucha 5.20b; Ludwigsburg, Bundesarchiv Außenstelle Ludwigsburg 6.19a; Mainbernheim, Kgl. Privil. Schützengesellschaft (Foto: G. Voithenberg) 5.54; Markt Schwaben, Kgl. priv. Feuerschützengesellschaft 4.39; Marktoberdorf, Riesengebirgsmuseum (Foto: Werner Sienz, Kempten) 6.81; Memmingerberg, www.Luftbild-Bertram.de 6.85; Mühldorf, Kath. Kirchenstiftung Heldenstein, vertreten durch das Erzbischöfliche Ordinariat München, Kunstreferat 2.21; München, Adalbert-Stifter-Verein 5.49h, 5.64, 5.65a, 5.66, 6.111; München, Archäologische Staatssammlung – Museum für Vor- und Frühgeschichte (Foto: Manfred Eberlein) 2.1, 2.3; München, Dr. Walter Assmann 6.117; München, Bayerische Staatsbibliothek 1.10, 2.9, 2.33, 2.35, 3.1, 3.13, 5.5, 5.39, 6.17, 6.36, 6.45; München, Bayerische Staatsgemäldesammlungen (Foto: Gerhard Nixdorf – Artothek) 2.20; München, Bayerische Verwaltung der staatlichen Schlösser, Gärten und Seen. Museumsabteilung 3.26, 5.44; München, Bayerisches Hauptstaatsarchiv 1.7, 2.42, 4.30, 6.6, 6.21, 6.26b, 6.30a, 6.30b, 6.46, 6.50, 6.55; München, Bayerisches Nationalmuseum 4.10; München, BMW Group, Sparte Tradition (ST-1) 6.47; München, Česká obec sokolská (Foto: Pavel Rycl) 6.120; München, Fotomuseum im Münchner Stadtmuseum 6.5; München, Justizvollzugsanstalt 6.54; München, Metropolitankirchenstiftung Zu Unserer Lieben Frau 4.37; München, Monacensia. Literaturarchiv und Bibliothek 6.32; München, Museum Reich der Kristalle (Foto: Rupert Hochleitner) 2.45a–c, 4.37; München, Porzellan Manufaktur Nymphenburg 5.43; München, Privatbesitz 5.14, 5.58a; München, Dr. Rolf Schmidt genannt Waldschmidt 1.8; München, Staatliche Graphische Sammlung (Foto: M. Bienenstein) 4.3c; München, Staatliche Graphische Sammlung (Foto: Engelbert Seehuber) 4.3a, 4.28; München, Staatliche Münzsammlung 2.25, 2.46, 2.47, 2.48, 4.31, 4.32; München, Staatsarchiv München 6.30a, 6.30b; München, Karl Stehle 6.5, 6.15, 6.16, 6.34, 6.40; München, Münchner Stadtmuseum 3.25; München, Sudetendeutsches Archiv 5.60a, 5.60e, 5.60i, 6.43, 6.74, 6.77, 6.107, 6.109, 6.113, 6.115; München, Wittelsbacher Ausgleichsfonds (Foto: George Meister, München) 3.16; Neukirchen b. Hl. Blut, Familie Josef Neumeyer/Wallfahrtsmuseum (Foto: Alfons Bauernfeind, Viechtach) 3.14; Neukirchen b. Hl. Blut, Wallfahrtsmuseum (Foto: Alfons Bauernfeind, Viechtach) 4.43a, 4.43b; Neunburg vorm Wald, Schwarztaler Heimatmuseum 3.17a, 3.17b; Neustadt a. d. Waldnaab, Stadtmuseum (Foto: Wolfgang Steinbacher, Amberg) 2.28; Neutraubling, Museum der Stadt 6.81; Niederaltaich, Abtei Niederaltaich (Foto: Gerhard Lutz, Niederaltaich) 3.21; Nördlingen, Stadtarchiv (Foto: Foto Hirsch, Nördlingen) 4.22; Nürnberg, DB Museum 5.50, 5.51a, 5.51b; Nürnberg, Germanisches Nationalmuseum 2.30, 2.31a, 2.31b, 4.21; Nürnberg, Nürnberger Nachrichten (Foto: Gertrud Gerardi) 6.119; Nürnberg, Staatsarchiv Nürnberg 2.24, 2.29; Oberlauterbach, Katholische Kirchenstiftung „St. Wenzeslaus" Oberlauterbach (Foto: Georg Meister, München) 2.13; Ostrava, Galerie vytvarného umění v Ostravě 5.17; Paris, Louvre, Collection Rothschild/78LR (Foto: Gérard Blot, RMN) 3.3c; Praha, Archiv Karel Kryl (Foto: Harald Frey, Egling) 6.122b; Passau, Böhmerwaldmuseum 5.49 f; Passau, Glasmuseum 5.32, 5.35, 5.37, 5.40, 5.41, 5.42; Plzeň, Pivovarské muzeum (Foto: Wolfgang Steinbacher, Amberg) 5.48b–g; Plzeň, Západočeské muzeum v Plzni (Foto: Ivana Michnerová) 3.6b, 3.7a, 3.7b, 3.9, 4.4, 4.6, 5.22, 5.23, 5.48; Prachatice, Prachatické muzeum 5.31; Praha, Archeologický ústav AV ČR 2.4b; Praha, Art Collections of Prague Castle (Photo: Picture library of Prague Castle) 2.10; Praha, Česka spořitelna a.s., Centrala v Praze, odbor sprava majetku 1.9; Praha, Česka tiskova kancelar (Foto: Josef Novák) 6.44; Praha, Česka tiskova kancelar 6.3, 6.33, 6.41, 6.54, 6.60, 6.68, 6.69, 6.70, 6.71, 6.79, 6.80, 6.89, 6.92; Praha, Otto Dlabola 6.122; Praha, Galerie hlavního mesta Prahy 4.34; Praha, Metropolitní kapitula u sv. Víta 2.16; Praha, Muzeum hlavního mesta Prahy 5.26a, 5.26b, 5.28; Praha, Muzeum policie ČR 6.94, 6.97, 6.102; Praha, Národní archiv ČR 6.9, 6.29, 6.73; Praha, Národní galerie 4.18, 4.33, 4.38, 5.13, 5.15, 5.16a–c, 5.18; Praha, Národní galerie (Foto: Milan Posselt) 4.17a; Praha, Národní knihovna ČR 3.29, 4.17b, 5.67; Praha, Národní Muzeum 6.23, 6.38; Praha, Národní Muzeum (Foto: Jan Rendek, Praha) 1.3, 2.2b, 2.7, 2.8, 2.12, 2.18, 3.1a–c, 3.2, 3.6a, 3.15a, 3.15b, 3.28, 4.5, 4.25, 4.26, 5.1, 5.3, 5.4, 5.8, 5.9, 5.10, 5.11, 5.49, 5.56, 5.57, 5.59, 5.61, 5.62, 6.2, 6.67; Praha, Národní technické muzeum 5.49d, 5.49e; Praha, Památník národního písemnictví 5.6; Praha, Pedagogické muzeum J.A. Komenského 6.78; Praha, Radio Free Europe 6.118; Praha, Uměleckoprůmyslové muzeum (Foto: Gabriel Urbánek/Ondřej Kocourek) 3.30a, 4.7, 4.8, 4.9, 5.45, 5.58b, 5.63, 6.4, 6.53, 6.63; Praha, Uměleckoprůmyslové muzeum (Foto: Marie Stachova) 6.11; Praha, Vojenský historický ústav Praha – Armadní muzeum 3.8, 6.44, 6.48, 6.49, 6.51a, 6.51b, 6.58, 6.63, 6.66, 6.92; Praha, Židovské muzeum 4.13a, 4.13b, 4.14a, 4.14b; Příbram, Hornické muzeum 6.91; Regensburg, Archiv des Katharinenspitals (Foto: Wolfgang Steinbacher, Amberg) 2.38a, 2.38b; Regensburg, Diözesanmuseum (Leihgabe der Kath. Pfarrkirchenstiftung St. Emmeram, Regensburg) 2.15; Regensburg, Domschatzmuseum (Foto: Martin Frouz, Praha) 1.1; Regensburg, Domschatzmuseum (Foto: Wolfgang Ruhl, Regensburg) 4.36; Regensburg, Fürst Thurn und Taxis Kunstsammlungen (Foto: Studio Zink, Regensburg) 4.27a, 4.27b; Regensburg, Kunstforum Ostdeutsche Galerie 3.27, 5.12; Regensburg, Museen der Stadt – Historisches Museum 1.5, 1.20a, 2.4a, 2.6, 2.11, 2.36, 2.43, 5.7; Regensburg, Johannes Paffrath www.elf-punkt.de 6.125; Regensburg, Staatliche Bibliothek (Foto: Wolfgang Steinbacher, Amberg) 1.11, 3.22, 4.41; Sattelpeilnstein, Wilhelm Dietl 6.99; Schwandorf, Bundesgrenzschutz (Foto: Josef Lehnerer) 6.124; Schwandorf, Bundespolizeiamt (Foto: Wolfgang Steinbacher, Amberg) 1.17, 6.100a; Silberbach/Selb, F. Kraus 1.18b; Straubing, Gäubodenmuseum 2.2a; Straubing, Kreis- und Heimatmuseum Bogenberg (Foto: Susanne Fesl, Atting) 2.14; Stuttgart, Landesmuseum Württemberg (Foto: P. Frankenstein, H. Zwietasch) 2.32; Sulzbach-Rosenberg, Stadt Sulzbach Rosenberg (Foto: Wolfgang Steinbacher, Amberg) 2.25b, 2.27; Sušice, Muzeum Šumavy 4.46, 5.29; Tabor, Husitské muzeum v Táboře (Foto: Zdeněk Prchlík) 3.5; Terezín, Památník Terezín 6.6, 6.60, 6.61a–c, 6.64, 6.65, 6.75; Ústí nad Labem, Muzeum mesta Ústí nad labem 3.4; Velke Meziříčí, Muzeum Jan Penaz 5.19; Viechtach, Herbert Pöhnl, Rückseite; Viechtach, Privatsammlung Anita und Hartmut Naefe (Foto: Wolfgang Steinbacher, Amberg) 1.6; Vilshofen, Rosa Huber, Wolferstetter Bräu (Foto: Konrad Greineder) 5.48a; Vimperk, Muzeum při správě NP a CHKO Šumava ve Vimperku 5.25; Waldkraiburg, Stadtarchiv 6.76a, 6.84; Waldmünchen, Foto Beer 1.18a, 6.95, 6.96, 6.98, 6.103; Waldmünchen, Grenzland und Trenck-Museum 6.12; Waldmünchen, Privatbesitz 6.39; Waldmünchen, Stadt Waldmünchen 1.15; Waldsassen, Katholische Kirchenstiftung St. Johannes e.V. (Martin Frouz, Praha) 4.11; Weiden, Stadt Weiden (Foto: Franz Vcelak) 6.76c; Wien, Graphische Sammlung Albertina 4.2b, 4.2c, 4.3b, 4.3d; Wien, Kunsthistorisches Museum Gemäldegalerie 4.2a; Wien, Österreichische Nationalbibliothek 3.3b; Wörth a.d. Donau, Privatbesitz (Foto: Wolfgang Steinbacher, Amberg) 6.116; Würzburg, Mainfränkisches Museum (Foto: Rolf Nachbar) 4.35; Zwiesel, Anne-Marie Rimpler 5.70; Zwiesel, Anne-Marie Rimpler (Foto: Jim MacAnderson, Zwiesel) 6.86; Zwiesel, Glasmuseum Theresienthal (Foto: Jim MacAnderson) 5.34, 5.38; Zwiesel, Waldmuseum (Foto: Jim MacAnderson Zwiesel) 1.20b, 5.33a, 5.33b